rororo

Zu diesem Buch

Das Jahr 1945 markiert einen tiefen Einschnitt in die Geschichte des zwanzigsten Jahrhunderts: Deutschland, Europa und die Welt waren fortan geteilt. Durch einen ebenso tiefen Einschnitt ist diese Teilung inzwischen «überwunden»: Das Ende des Kalten Krieges – symbolisiert durch die Öffnung der Berliner Mauer im Herbst 1989 – sowie die Vereinigung Deutschlands und die Auflösung der Sowjetunion mit dem «Ostblock» stellen eine Zeitenwende dar. Auch wenn die Nachkriegsära erst mit dem fünfzigsten Jahrestag des Kriegsendes 1995 als abgeschlossen empfunden wird, für Europa begann bereits 1990 eine neue Epoche. So begeht die Bundesrepublik Deutschland den fünfzigsten Jahrestag ihrer Gründung in einer Zeit, in der die Waffenarsenale auf ein Minimum geschrumpft sind, in der frühere Feinde kooperieren, in der die meisten Staaten Europas aufs engste zusammenwachsen.

Diese Chronik zeichnet die Zeit von 1945 bis 1999 in Deutschland so detailliert wie möglich nach. Sie versammelt alle wichtigen Wendepunkte, aber auch scheinbar zweitrangige, gleichwohl erhellende Ereignisse der politischen Entwicklung. Der erste Teil (von 1945 bis 1949) und der dritte Teil (von 1990 bis heute) porträtieren die gesamtdeutsche Entwicklung vor und nach der Teilung. Im Mittelstück (von 1949 bis 1990) werden die Geschichte der Bundesrepublik und der DDR nebeneinandergestellt. Auf der linken Seite findet sich die Entwicklung der Bundesrepublik, auf der rechten Seite die der DDR – so zeigt sich, wie sehr beide ineinander und miteinander verwoben waren. Ein Personen- und ein Sachregister erschließen die Fülle des Materials.

Hartwig Bögeholz lebt als freier Publizist in Bielefeld. Jahrgang 1952, hat er viele der in diesem Buch versammelten Ereignisse erlebt und miterlebt. Als gelernter Soziologe erkundete er, mehrere Jahre auch von West-Berlin aus, die nur scheinbar festgefügten Gesellschaften des Ostens. Veröffentlichungen u.a.: «Gebt uns Demokratie oder gebt uns den Tod – China: Das Massaker und die Folgen» (rororo aktuell); «Der Krieg um Kuwait – Eine Chronologie mit allen UN-Resolutionen»; «Deutsch-deutsche Zeiten – Eine Chronik» (CD-ROM); weitere Bücher über Rußland, China und Hong Kong.

Die Fortschreibung dieser Chronik sowie zahlreiche zusätzliche Informationen finden Sie auf der Homepage des Autors:
www.boegeholz.de

Sie können den Autor auch per E-Mail erreichen:
info@boegeholz.de

Hartwig Bögeholz

Wendepunkte – die Chronik der Republik

Der Weg der Deutschen in Ost und West

Rowohlt Taschenbuch Verlag

Lektorat: Rüdiger Dammann
und Frank Strickstrock

Erweiterte Neuausgabe von
«Die Deutschen nach dem Krieg.
Eine Chronik», April 1995

Veröffentlicht im
Rowohlt Taschenbuch Verlag GmbH,
Reinbek bei Hamburg, April 1999

Umschlaggestaltung Beate Becker
(Foto: Presse- und Informationsamt
der Bundesregierung)
Satz Aldus und Franklin Gothic
auf Apple Macintosh, QuarkXPress 3.32
Gesamtherstellung Clausen & Bosse, Leck
Printed in Germany
ISBN 3 499 60761 1

Inhalt

Für

Ulf und Christian, die im Schatten
der Berliner Mauer geboren wurden und aufwuchsen

Lucas und Anne Sophie, die nach dem Fall
der Mauer geboren wurden

Vorwort

Was ist Geschichte? Geschichte ist ein unendlich breiter, niemals abreißender Strom unzähliger Ereignisse. Bedeutende und weniger bedeutende, interessante und weniger interessante, aufschlußreiche und weniger aufschlußreiche. Ereignisse, die von den Menschen gewollt oder herbeigeführt werden, nicht verhindert werden können oder einfach über sie hereinbrechen. Ereignisse, die das Leben der Menschen von Grund auf verändern, in andere Bahnen lenken oder auch daran vorbeigehen.

Diese Chronik versammelt wichtige, weichenstellende, bemerkenswerte, aber auch scheinbar zweitrangige, gleichwohl erhellende Ereignisse der politischen Entwicklung in Deutschland von 1945 bis 1999. Es sind dies nicht einfach fünfeinhalb Jahrzehnte. Die nunmehr fünfzig Jahre alte Bundesrepublik kann bereits auf eine in sich abgeschlossene Ära zurückblicken, die zutiefst vom Zweiten Weltkrieg geprägt ist. Erst mit der Vereinigung Deutschlands, dem Ende der Blockkonfrontation in Europa und der Milderung der sozialen und wirtschaftlichen Gegensätze endet dieser Krieg wirklich – wenn auch nicht überall in Europa Friede eingekehrt ist.

Eine solche Chronik kann nicht vollständig sein, weil Wahlergebnisse, Kabinettslisten, Affären, Staatsbesuche, Streiks oder Demonstrationen allein bereits ein Buch füllen würden. Um die tatsächliche Entwicklung möglichst getreu wiederzugeben, sind von Ende 1949 bis Mitte 1990 die Ereignisse in der Bundesrepublik Deutschland und in der DDR parallel dargestellt. Die linke Seite gehört der Bundesrepublik, die rechte Seite der DDR – symbolisiert durch die kleinen Landkärtchen. Dank dieser ungewohnten Darstellung wird an vielen Stellen deutlich, wie innig die feindlichen Brüder miteinander verbunden waren.

Alle Geschichts- und Politikwissenschaft in Ehren: Viele der Ereignisse sprechen für sich, sie erklären sich selbst und bedürfen keiner nachträglichen Interpretation – zumal für diejenigen, die sie erlebt haben. Um vor allem den Nachgeborenen das Verständnis für die politische Bedeutung zu erleichtern, habe ich Ereignisse mit innerem Zusammenhang oft an einem Datum zusammengefaßt. Erläuterungen oder Kommentierungen bleiben die Ausnahme. Ich habe mich bemüht, weder parteilich noch parteiisch zu sein, sondern im Sinne von Wahrhaftigkeit und Vollständigkeit alle Gesichter der politischen deutschen Nachkriegsgeschichte unvoreingenommen zu spiegeln.

Diese Chronik macht anschaulich, daß es Geschichte ohne Handelnde nicht gibt. Wie kaum eine andere historische Periode führen die fünfeinhalb Jahrzehnte deutscher Nachkriegsgeschichte vor Augen, daß Geschichte sich nicht ereignet, sondern gemacht wird. Nicht nur die herausragenden Umbrüche, auch die scheinbar unbedeutenden Ereignisse zeugen davon, daß über Wohl und Wehe einer Gesellschaft das Tun und Lassen der politischen Vertreter wie des Volkes entscheidet. Geschichte ist Menschenwerk, im Guten wie im Schlechten. Deshalb habe ich, sooft es Sinn gab, die Namen der jeweiligen Akteure, ob prominent oder unbekannt, angeführt.

Meine Hoffnung ist, daß Nutzer oder Leser diese Chronik nicht nur als Nachschlagewerk verstehen. Sie ist auch die Dokumentation einer Ära, die bedeutende Lehren vermitteln kann. Vielleicht deren wichtigste: Nichts ist ewig. Alles verändert sich im unaufhörlichen Strom der Ereignisse. Wäre es nach der Nazi-Führung gegangen, würden die Deutschen jetzt die ersten Jahrzehnte des tausendjährigen Reiches hinter sich gebracht haben. Wäre es nach der SED-Führung gegangen, würde die Mauer in hundert Jahren noch stehen. Wäre es nach vielen Gründervätern der Bundesrepublik gegangen, würden wir auch heute noch in einem Obrigkeitsstaat leben.

Wer in diesem Buch liest, wird rasch bemerken, daß es bei einer Vielzahl politischer Weichenstellungen, auch in der DDR, stets Alternativen gab. Daß es so gekommen ist, wie es kam, lag oft, zu oft auch daran, daß die Menschen stumm und tatenlos blieben. Im Herbst 1989 führten die Menschen in der DDR aller Welt vor Augen, welche Macht ein Volk in die Waagschale werfen kann. Fünfeinhalb Jahrzehnte Nachkriegszeit in Deutschland sind ein einziger Aufruf zum Eintreten für Wahrheit, Freiheit und Menschenwürde.

Die herangezogenen Quellen können ob ihrer Fülle nicht angeführt werden, zumal für ein und dasselbe Ereignis immer verschiedene Quellen verwendet wurden. Gedankt sei vor allem der gut bestückten Bibliothek der Universität Bielefeld. Für alle Fehler und Irrtümer dieses Buches, dessen Stoff für gewöhnlich ganze Redaktionen oder Institute auszulasten pflegt, bin ich allein verantwortlich.

Bielefeld — Hartwig Bögeholz

1945 bis 1949 –
Nation in der Niederlage

1945 bis 1949

Nation in der Niederlage

Der entsetzlichste Krieg der Menschheitsgeschichte geht zu Ende. Das «tausendjährige Reich», das sich die Welt unterjochen wollte, wird von den angegriffenen Nationen mit verzweifeltem Widerstand niedergerungen: Als erste deutsche Großstadt fällt am 20. Oktober 1944 Aachen, amerikanische Truppen nehmen die Metropole ein – die militärische Niederlage Deutschlands ist unabwendbar.

Am 27. Januar 1945 befreien sowjetische Truppen das Konzentrationslager Auschwitz, wo sie etwa 7000 verbliebene Häftlinge antreffen. Ob durch Filmaufnahmen unmittelbar nach der Befreiung oder den Aufruf ehemaliger Häftlinge vom 4. März 1945, in dem sie «die deutsche Regierung unter Führung Adolf Hitlers der größten Massenmorde und Greueltaten in der Geschichte der Menschheit» anklagen – auch die moralische Niederlage Deutschlands ist unabweisbar.

Doch die innere Größe zur rechtzeitigen Kapitulation geht der Nazi-Führung ab. Sie weiß, daß sie in den Abgrund stürzt – und will bewußt das ganze Land mit sich reißen. Im April 1945 erreichen die Gefechte das Endziel des alliierten Vormarsches, Berlin. Im Mai ist die Metropole des Deutschen Reiches wie viele andere der 131 von Luftangriffen getroffenen deutschen Städte in Trümmer gelegt. Mehr als vierhundertmal wurde Berlin bombardiert. Die Gebäude sind zu einem Fünftel vollständig zerstört und zur Hälfte schwer beschädigt; von den anderthalb Millionen Wohnungen sind zwei Fünftel total verwüstet, lediglich ein Viertel blieb ohne Schäden.

Zig Millionen Kubikmeter Schutt türmen sich auf. Die Versorgung mit Wasser, Strom und Gas sowie der öffentliche Verkehr sind zusammengebrochen. Von den 270 Brücken sind 110 unbenutzbar. U-Bahn-Schächte sind von den Nazis geflutet und bergen zahllose ertrunkene Flüchtlinge. Die Stadt ist übersät mit Leichen – gefallene Soldaten und ermordete Zivilisten, Frauen, die ob der grausamen, wohl die Hälfte der Berliner Frauen treffenden Vergewaltigungen durch die sowjetischen Eroberer, und ganze Familien, die angesichts des Zusammenbruchs ihrer Welt in den Selbstmord gingen. Lebten 1939 etwa 4,3 Millionen Einwohner in der Stadt, sind es jetzt nur noch 2,6 Millionen. Von denen, die in der Trümmerwüste verzweifelt zu überleben suchen, sind 63 Prozent Frauen und nur noch 37 Prozent Männer.
Diese Situation Berlins gibt ein Sinnbild für die innere Verfassung der Deutschen. Sie stürzen in ein selbstverschuldetes Trauma, das als schwere Bürde auf ihnen lastet. Zudem erwachsen daraus Veränderungen, die das Gesicht der Welt prägen werden. Deutschland wird von den Alliierten nicht nur besetzt, die Siegermächte übernehmen die gesamte Regierungsgewalt. Jede der vier Besatzungsmächte versucht auf ihre Weise, die deutsche Gefahr auszumerzen oder wenigstens zu zügeln. Sie wollen ihr Stück Deutschland prägen und treiben so den Zerfall der Anti-Hitler-Allianz voran. Bald zerschneidet der Ost-West-Gegensatz, ein Kind des von Deutschland entfesselten Krieges, das Land mitsamt seiner Hauptstadt. Die gerechtfertigte Niederlage erschüttert den Fortbestand der Nation.

1945

Befreiung

Weil ihre Welt zusammenbricht, erleben die meisten Deutschen das Kriegsende als existentielle Zäsur. Als Befreiung empfinden es nur diejenigen, die physisch befreit werden: die unbekannten und bekannten Widerstandskämpfer, die politischen Oppositionellen jeder Richtung, die aufgrund des arischen Rassenwahns Eingekerkerten, die Kriegsgefangenen aus zahllosen Ländern. All diesen öffnen sich nun die Tore von Zuchthäusern, Gefangenen- und Konzentrationslagern. Ungeteilt bleibt der erbitterte Kampf ums nackte Überleben, der um jede Mahlzeit, um Kleidung oder um ein Dach überm Kopf geführt werden muß. Auseinandergerissene und dezimierte Familien, Trümmer und Ruinen der zerbombten Städte, millionenfache Entwurzelung stehen für die Grunderfahrung dieses Jahres – «die Ordnung der Dinge hat aufgehört», vertraut die Zeitzeugin Ruth Andreas-Friedrich ihrem Tagebuch an.

19. März: Deutschlands Führer und Reichskanzler Adolf Hitler will sich und sein Land in den Abgrund reißen. Er befiehlt den deutschen Truppen, beim Rückzug alle für den Feind nutzbaren «militärischen, Verkehrs-, Nachrichten-, Industrie- und Versorgungsanlagen sowie Sachwerte» zu zerstören. Rüstungsminister Albert Speer, der Hitler eindringlich vor den Folgen warnt, hintertreibt mit anderen die Umsetzung dieses wahnwitzigen «Nero»-Befehls. Dennoch werden vielerorts Brücken, Geleise, Schleusen wie auch Fabriken gesprengt. Da kein KZ übergeben werden und kein Häftling in die Hände des Feindes fallen soll, beginnen Massaker und Todesmärsche. Standgerichte, deren einziges Strafmaß die Todesstrafe ist, suchen durch sinnlose Exekutionen Kampfwillen zu erhalten. Jugendliche ab 12 Jahren und Greise über 65 Jahren werden als «Volkssturm» zur Verteidigung aufgeboten und mit unzulänglicher Bewaffnung oft in den sicheren Tod geschickt.

16. April: Der Vormarsch der alliierten Armeen ist nicht aufzuhalten. Von Westen besetzen alliierte Truppen Deutschland bis zur Elbe, von Osten dringt die Rote Armee bis zur Oder vor. Heute beginnt die Offensive der sowjetischen Truppen gegen Berlin, am 25. April wird die deutsche Hauptstadt ein-

Eines der letzten Fotos Adolf Hitlers: Im Garten der Reichskanzlei in Berlin verleiht er Angehörigen der Hitlerjugend das Eiserne Kreuz

geschlossen, Stadtteil um Stadtteil, Häuserblock um Häuserblock wird erobert. Am 28. April ordnet der erste «Befehl des Chefs der Besatzung der Stadt Berlin», Generaloberst Nikolai Bersarin, an, daß sich innerhalb von 48 Stunden alle in Organisationen der NSDAP beschäftigten Gestapo- und Polizei-Beamten melden müssen, daß Kraft- und Wasserwerke, Versorgungsbetriebe und Bäckereien ihre Arbeit wiederaufzunehmen haben.

30. April: In den Mittagsstunden hissen die sowjetischen Unteroffiziere Jegorow und Meliton Kantarija die Flagge ihres Landes an der Außenseite des zerstörten Reichstages, während in dessen Keller noch gekämpft wird. Hitler erkennt die Unausweichlichkeit der militärischen Niederlage Deutschlands, am Nachmittag gegen 15.30 Uhr begeht er gemeinsam mit seiner Geliebten Eva Braun, die er in der Nacht vom 28. auf den 29. April ehelichte, Selbstmord durch Erschießen. Sein Leichnam wird am Führerbunker im Garten der Reichskanzlei verbrannt. (Die mit großer Wahrscheinlichkeit einzig erhaltenen Überreste Hitlers, Teile des Schädels und des Kiefers, ruhen heute in den Moskauer Verliesen der früheren sowjetischen Geheimpolizei KGB.) Zu seinem Nachfolger als Reichspräsident und Oberbefehlshaber der Wehrmacht berief Hitler zuvor den Großadmiral Karl Dönitz. Erst in den Abendstunden gelingt es sowjetischen Soldaten, die Fahne ihres Landes auf dem Dach des Reichstages zu hissen. Die weltbekannten Fotos und Filmaufnahmen dieses Vorgangs werden in den nächsten Tagen nachgestellt.

Aus Moskau wird die erste Gruppe von ausgewählten Funktionären der Exil-KPD nach Deutschland geflogen. In den nächsten Tagen folgen zwei weitere, alle sind nach ihren Leitern benannt. Die *Gruppe Ulbricht* kommt nach Bruchmühle bei Berlin, die *Gruppe Ackermann* in das von einem britischen Luftangriff am 13. Februar sinnlos zerstörte Dresden und die *Gruppe Sobottka* nach Schwerin in Mecklenburg. Grundsatz ihrer am 5. April in Moskau festgelegten Direktiven ist: «Die auf dem besetzten deutschen Gebiet tätigen Antifaschisten arbeiten in vollem Einvernehmen mit der Besatzungsbehörde und sorgen durch ihre Arbeit unter der Bevölkerung dafür, daß die Befehle und Anweisungen der Besatzungsbehörde als im Interesse des deutschen Volkes liegend unbedingt durchgeführt werden.»

Josef Stalin selbst gab im April, auf dem

Der sowjetische Soldat Meliton Kantarija hißt die rote Fahne auf dem Reichstagsgebäude

Höhepunkt der alliierten Zusammenarbeit, im engsten Kreis die Richtung an, wie später der jugoslawische Kommunist Milovan Djilas berichtet: «Dieser Krieg ist nicht wie frühere. Wer immer ein Gebiet besetzt, erlegt ihm auch sein eigenes gesellschaftliches System auf. Jeder führt sein eigenes System ein, so weit seine Armeen kommen. Es kann gar nicht anders sein.»

1. Mai: Ende April versuchte Reichsmarschall Hermann Göring, den Hitler 1939 zu seinem Nachfolger bestimmt hatte, von Berchtesgaden aus die Staatsführung an sich zu reißen. Hitler enthob ihn dafür aller Ämter und schloß ihn aus der NSDAP aus. Nach Hitlers Tod sind Joseph Goebbels, «Generalbevollmächtigter für den totalen Kriegseinsatz», und Reichsleiter Martin Bormann die höchsten Funktionäre im Führerbunker. Sie entsenden den General Hans Krebs als Parlamentär durch die Front zum sowjetischen Generaloberst Wassili Tschuikow, um über eine Beendigung der Kampfhandlungen zu verhandeln. Tschuikow berichtet seinem Oberbefehlshaber Marschall Georgi Schukow, der seinerseits telefonisch bei Stalin anfragt. Stalin gibt laut Schukow die Weisung, «daß weder mit Krebs noch mit anderen Nazis über etwas anderes zu verhandeln ist als über die bedingungslose Kapitulation». Goebbels geht darauf nicht ein. Im Angesicht der ausweglosen Lage läßt er seine sechs Kinder von einem Arzt vergiften, anschließend begeht er gemeinsam mit seiner Frau Selbstmord. Bormann gilt seitdem als verschollen.

Hitlers Nachfolger Großadmiral Dönitz wendet sich in einer Rundfunkansprache an die Deutschen: «Unser Führer, Adolf Hitler, ist gefallen. In tiefster Trauer und Ehrfurcht verneigt sich das deutsche Volk. Frühzeitig hatte er die furchtbare Gefahr des Bolschewismus erkannt und diesem Ringen sein Dasein geweiht. Am Ende dieses seines Kampfes und seines unbeirrbaren, geraden Lebensweges steht sein Heldentod in der Hauptstadt des Deutschen Reiches. Sein Leben war ein einziger Dienst für Deutschland. Sein Einsatz im Kampf gegen die bolschewistische Sturmflut galt darüber hinaus Europa und der gesamten Kulturwelt.» Amerikaner wie Briten lehnen diese verzweifelte, ihnen auch von anderen Nazi-Führern angetragene Offerte einer Kapitu-

Gruppe Ulbricht

Weil es ausschließlich von sowjetischen Vorgaben gesteuert ist, wird das Wirken der drei Gruppen in der späteren DDR-Geschichtsschreibung verschwiegen, heruntergespielt oder verfälscht. Der 1949 aus der DDR geflüchtete Wolfgang Leonhard, Mitglied der *Gruppe Ulbricht*, führt insgesamt fünfzehn falsche Versionen auf, bis 1985 wenigstens alle Namen der Mitglieder dieser Gruppe erstmals öffentlich genannt werden. Leonhard findet 1991 im SED-Zentralarchiv die «streng vertrauliche» Namensliste aller drei Gruppen, deren meiste Angehörige hochrangige Funktionen in der DDR einnehmen werden.

Die *Gruppe Ulbricht* residiert zunächst in Bruchmühle bei Berlin, wo der politische Stab der Armee Marschall Schukows stationiert ist, und danach in Berlin-Lichtenberg:
Walter Ulbricht, Fritz Erpenbeck, Otto Fischer, Gustav Gundelach, Richard Gyptner, Walter Köppe, Wolfgang Leonhard, Hans Mahle, Karl Maron, Otto Winzer.

Die *Gruppe Sobotka* siedelt in Schwerin und arbeitet in Mecklenburg und Vorpommern:
Gustav Sobottka, Willi Bredel, Gottfried Grünberg, Herbert Hentschke, Rudolf Herrnstadt, Georg Kahmann, Karl Raab, Bruno Schramm, Oskar Stefan, Stanislaw Switalla.

Die *Gruppe Ackermann* residiert zunächst in Radebeul bei Dresden, um in der Metropole Sachsens zu arbeiten:
Anton Ackermann, Egon Drager, Kurt Fischer, Peter Florin, Heinz Greif, Franz Greiner, Arthur Hoffmann, Hermann Matern, Fred Oelßner, Georg Wolf.

lation im Westen und der anschließend gemeinsamen Fortsetzung des Krieges im Osten strikt ab.

2. Mai: Während im brennenden Berlin die deutsche Front unter General Helmuth Weidling bedingungslos kapituliert, beginnt die KPD, ihre Vorstellungen eines neuen Deutschland in die Tat umzusetzen – deutlich vor allen anderen politischen Kräften und mit einem ausgearbeiteten Konzept. Binnen Tagen setzen die Initiativgruppen neue Verwaltungen ein, zunächst in den zwölf Bezirken, die nicht für die sowjetische Besetzung vorgesehen sind. Zwar bekleiden bürgerliche, sozialdemokratische oder parteilose Politiker wichtige Ämter – doch ist ihnen nur eine Rolle als Aushängeschild zugedacht. Wichtige Machtpositionen wie die Stellvertretung des Bürgermeisters, Justiz, Polizei, Personal und Bildung werden stets Kommunisten anvertraut.

In der Erinnerung von Wolfgang Leonhard erklärt Walter Ulbricht offenherzig: «Es muß demokratisch aussehen, aber wir müssen alles in der Hand haben.» Solch eine rigide Politik wird dadurch nahegelegt, daß viele Deutsche die Befreiung nicht als solche erleben, sondern als Zusammenbruch. Nach einer amerikanischen Umfrage dieser Tage hängt fast die Hälfte der Vorstellung an, der Nationalsozialismus sei an sich eine gute Sache gewesen, nur sei die Idee «schlecht» verwirklicht worden.

Eine Minderheit von Einzelpersonen und kleinen Gruppen, die in verschiedenen Orten Deutschlands mit dem Zerfall der nationalsozialistischen Herrschaft hervortreten, strebt einen grundlegenden Neuanfang an. Sie enteignen und übernehmen Fabriken und Güter, sie regeln die Versorgung und organisieren Verwaltungen neu, sie gründen Ausschüsse und rufen gar neue Parteien ins Leben. Ein antifaschistischer Geist beseelt diejenigen, die über den nackten Überlebenskampf hinausdenken – doch sie stoßen rasch an Grenzen. Denn im östlichen Deutschland bedrohen sie den Machtanspruch der aus Moskau heimgekehrten KPD-Emigranten, die einzig sich als Sachwalter der Parteilinie sehen. Bereits am 9. Mai schreibt Ulbricht in einem Brief an Georgi Dimitroff, den Generalsekretär der im Juni 1943 aufgelösten «Kommunistischen Internationale» (*Komintern*) und jetzt im Kreml für die Verbindung mit ausländischen KPs zuständig: «Die spontan geschaffenen KPD-Büros, die Volksausschüsse, die Komitees der ‹Bewegung Freies Deutschland› und die Ausschüsse der Leute des 20. Juli, die vorher illegal gearbeitet haben, treten jetzt offen auf. Wir haben diese Büros geschlossen.»

4. Mai: Auch im westlichen Deutschland werden die spontanen Initiativen rasch erstickt. Nach einer amerikanischen Geheimdienst-Analyse sind die antifaschistischen Gruppen «Ausdruck der aktivsten Kräfte im politischen Leben Deutschlands – Kräfte, die wir entweder unterdrücken oder uns zunutze machen können». Da die antifaschistische Orientierung leicht in eine antikapitalistische umschlagen könnte, werden die Gruppen auch von den Westalliierten aufgelöst, verboten oder in den Hintergrund gedrängt. In einigen Orten werden zunächst gar Nazis als Verantwortliche belassen, eingesetzt oder wiedereingesetzt, bis weniger belastete Personen gefunden sind.

In Köln, wo die Altstadt fast völlig zerstört ist und von einst 760000 Einwohnern nur noch 70000 Menschen leben, wird die Einsetzung des bürgerlichen Politikers Konrad Adenauer als Oberbürgermeister bekanntgegeben. Er stand als einer von etwa 1500 Deutschen auf der amerikanischen *White List of Persons in Germany believed to be Anti-Nazi or Non-Nazi* vom Dezember 1944. Adenauer, von 1917 bis zu seiner Amtsenthebung durch die Nazis im März 1933 schon einmal Oberbürgermeister in Köln, wurde bereits am 19. März vom amerikanischen Stadtkommandanten Raymond L. Hiles mit der Aufgabe betraut. Doch wurde die Einsetzung noch nicht formell vollzogen, weil Adenauer fürchtete, seine drei an der Front kämpfenden Söhne könnten von den Nazis erschossen werden. Eine mehr als begründete Sorge: Am 25. März wird in Aachen, das am 20. Oktober 1944 als erste deutsche Großstadt von amerikanischen Truppen erobert wurde, der von ihnen eingesetzte Oberbürgermeister Franz Oppenhoff ermordet – von einem hinter die Front geflogenen «Werwolf»-Kommando.

5. Mai: Die deutschen Truppen in Nordwestdeutschland, Holland und Dänemark kapitulieren.

6. Mai: Aus einem sowjetischen Lager für kriegsgefangene Offiziere in Strausberg wird General Helmuth Weidling gemeinsam mit anderen Generälen nach Berlin zurückgebracht. Vor laufenden Kameras werden sie durch die verwüstete Stadt gefahren, treffen Kolonnen von abmarschierenden deutschen Kriegsgefangenen und besichtigen den Führerbunker. Eigens für Filmkameras und Fotoapparate muß Weidling die Unterschrift unter die Kapitulationsurkunde der Berliner Front noch einmal vollziehen. Alle an diesem Tag entstandenen Aufnahmen werden als «original» verbreitet.

Kurt Schumacher, schwerkrank aus dem KZ zurückgekehrter und bald unumschränkter SPD-Führer in den Westzonen, spricht sich bei der Wiedergründung des Ortsvereins Hannover scharf gegen jegliche Annäherung von SPD und KPD aus. In späteren Erklärungen wirft er der KPD vor, «daß ihre verantwortlichen Sprecher erklären, ‹heute keine sozialistischen Forderungen› zu haben, und daß sie als Partei von

Kapitalismus, Unternehmertum und Privateigentum zu schwärmen beginnt. Die KP ist in ihrer politischen Theorie und Praxis ebenso vollständig zusammengebrochen wie das Nazitum und der Militarismus. Unter dem Gesichtspunkt deutscher Politik besteht kein zwingender Grund für ihre Weiterexistenz. Ebensowenig hat die Sozialdemokratie Veranlassung, für den geschwächten Parteikörper der KP den Blutspender abzugeben (...)»

7. Mai: Im US-Hauptquartier im französischen Reims unterzeichnen in den frühen Morgenstunden die von Großadmiral Dönitz entsandten Generaloberst Alfred Jodl und Generaladmiral Hans-Georg von Friedeburg die bedingungslose Kapitulation Deutschlands gegenüber allen Alliierten. Die Einstellung aller Kampfhandlungen wird für den 8. Mai um 23.01 Uhr Mitteleuropäischer Zeit, nach Sommerzeit 00.01 Uhr des 9. Mai, festgelegt. Stalin besteht indes auf der nochmaligen Unterzeichnung einer gleichlautenden Urkunde allein gegenüber der Sowjetunion. Am 8. Mai soll dieser Akt in der vormaligen Pionierschule in Berlin-Karlshorst stattfinden, das Datum ist bereits auf den Urkunden eingetragen. Doch die Anreise von Generalfeldmarschall Wilhelm Keitel, Generaloberst der Luftwaffe Hans-Jürgen Stumpff und Generaladmiral Hans-Georg von Friedeburg verzögert sich, so daß die Unterzeichnung erst in den frühen Morgenstunden des 9. Mai stattfinden kann – das Datum auf den Urkunden wird nicht geändert. Am Abend schießen die sowjetischen Soldaten in Berlin Salut für den Frieden. Aus allen Pistolen-, Gewehr- und Kanonenläufen dröhnen die Geschosse in den Himmel – die letzte Kugel beendet den Krieg. Fortan begehen Frankreich und die beiden späteren deutschen Staaten den 8. Mai als

Standgerichte gegen Kriegsmüde

Am Morgen des 6. Mai verlassen die Matrosen Wehrmann, Schilling, Gail und Schwalenberg ihr im dänischen Svendborg ankerndes Schnellboot, auf dem mit der Teilkapitulation «Waffenruhe» befohlen ist. Die vier wollen sich nach Hause durchschlagen, werden jedoch bald aufgegriffen. Am 9. Mai werden drei der vier von einem Standgericht unter dem Marinerichter Holzwig wegen eines «schweren Falls der Fahnenflucht im Felde» zum Tode verurteilt. Sie werden am 10. Mai erschossen, ihre Leichen werden dem Meer übergeben. (Der Richter Holzwig wird in der späteren Bundesrepublik wegen dieses Willkürurteils zwar angeklagt, aber freigesprochen.)

Noch am 29. Mai steht der Gefreite Kurt Petzold im norwegischen Steinsnes vor einem deutschen Kriegsgericht. Nach der Kapitulation verweigert Petzold am 10. Mai einen Befehl seines Kommandeurs mit den Worten: «Die Zeiten sind jetzt vorbei. Ich bin ein freier Mann. Ihr habt ausgeschissen, ihr Nazihunde. Ihr seid schuld an diesem Krieg. Ich werde den Engländern schon sagen, was ihr für Nazihunde seid, dann kommt meine Zeit.» Unter dem Marinerichter Hans Filbinger verurteilt das Kriegsgericht den Angeklagten wegen Gehorsamsverweigerung und Wehrkraftzersetzung zu sechs Monaten Gefängnis. (Der Richter Filbinger wird später Ministerpräsident von Baden-Württemberg.)

Unterzeichnung der bedingungslosen Gesamtkapitulation durch Vertreter des Oberkommandos der Wehrmacht in der Berufsschule von Reims: die deutsche Delegation unter Führung von Generaloberst Alfred Jodl, Chef des Wehrmachtsführungsstabes (Mitte), Generaladmiral Hans-Georg von Friedeburg, Oberbefehlshaber der Kriegsmarine (rechts) und Generalmajor Wilhelm Oxenius (links)

Tag des Kriegsendes, die Sowjetunion wie später auch Rußland indes den 9. Mai, als «Tag des Sieges».

Einige wenige deutsche Einheiten kämpfen noch weiter, zumeist um der drohenden Gefangennahme durch sowjetische Truppen zu entgehen und einen Weg in westalliierte Gefangenschaft zu finden – so im Kurland, in Ostpreußen, in der Tschechoslowakei sowie in Slowenien und Kroatien, wo die Kapitulation erst am 15. Mai erfolgt (Jugoslawien begeht diesen Tag als «Tag des Sieges»).

Die japanische Regierung verurteilt die deutsche Kapitulation als Vertragsbruch. Seit dem 27. September 1940 sind Japan, Deutschland und Italien, dessen faschistischer Führer Benito Mussolini am 28. April 1945 von Partisanen auf der Flucht ergriffen und umgebracht wird, durch den Drei-Mächte-Pakt verbunden.

9. Mai: Als Sonderbeauftragter der sowjetischen Regierung trifft Stalins enger Vertrauter Anastas Mikojan, Stellvertreter des Rates der Volkskommissare, in Berlin ein. Dort und in Dresden begutachtet er die Versorgungslage: «Menschen essen Gras und Rinde von den Bäumen.»

Stalin erklärt bei seiner Siegesansprache in Moskau: «Die Sowjetunion feiert den Sieg, wenn sie sich auch nicht anschickt, Deutschland zu zerstückeln oder zu vernichten.» Damit wird der Kurswechsel deutlich, den Stalin seit der Konferenz von Teheran vom 28. November bis zum 1. Dezember 1943 betrieb, als die Zerstückelung Deutschlands ins Auge gefaßt wurde. Auf der Konferenz von Jalta vom Februar 1945 wurde dieses Ziel nur noch als bloße Möglichkeit diskutiert, in die Kapitulationsurkunde findet der Begriff «Zerstückelung» keinen Eingang mehr. Offenbar glaubt Stalin, seine Reparationsforderungen über insgesamt zwanzig Milliarden US-Dollar, davon zehn Milliarden für die Sowjetunion, eher in einem ungeteilten Deutschland realisieren zu können. Auch zielt er darauf ab, ganz Deutschland dem sowjetischen Einflußbereich eingliedern und «sozialistisch» umgestalten zu können. Für diese Annahme spricht die rasch betriebene Ausbreitung der KPD im gesamtdeutschen Gebiet.

Im Tiroler Kitzbühel stellt sich Hermann Göring amerikanischen Soldaten. Er erhebt die Bedingung, mit General Eisenhower «von Mann zu Mann» über den Frieden zu verhandeln. Von einem Journalisten gefragt, ob er wisse, daß er auf der Liste der

Die Opfer

Mit der deutschen Kapitulation endet, wenn auch nur in Europa, der bisher schrecklichste Krieg der Menschheitsgeschichte. Das Deutsche Reich befand sich mit 67 Ländern im Kriegszustand. Ein Ziel der deutschen Kriegsführung wird erreicht – den Krieg irgendmöglich auf Kosten anderer Völker zu führen und, soweit es eben ging, vom deutschen Volk fernzuhalten. Der weitaus größte Blutzoll wird der Sowjetunion abverlangt, auch wenn deren über Jahrzehnte verbreitete Zahlen im neuen alten Rußland korrigiert werden. Von den 5 700 000 Sowjetsoldaten, die in deutsche Kriegsgefangenschaft gerieten, überleben nur 2 400 000. Die 5 700 000 jüdischen Opfer des Holocaust sind in den Zahlen ihrer Herkunftsländer eingeschlossen.
Belgien: 88 000 Tote, davon 76 000 Zivilisten;
Bulgarien: 20 000 Tote;
Dänemark: 1400 Tote;
Finnland: 84 000 Tote;
Frankreich: 600 000 Tote, davon 150 000 Zivilisten;
Griechenland: 420 000 Tote, davon 380 000 Zivilisten;
Großbritannien: 355 000 Tote, davon 60 500 Zivilisten;
Jugoslawien: 1 700 000 Tote, davon 1 400 000 Zivilisten;
Niederlande: 210 000 Tote, davon 198 000 Zivilisten;
Norwegen: 10 000 Tote;
Polen: 4 300 000 Tote, davon 4 200 000 Zivilisten, zudem 1 500 000 Tote in den polnischen Ostgebieten;
Rhodesien: 500 Tote (Askaris);
Rumänien: 378 000 Tote;
Sowjetunion: 26 600 000 Tote, davon 17 400 000 Zivilisten;
Spanien: 15 000 Tote, davon 10 000 Zivilisten;
Südafrika: 2220 Tote;
Tschechoslowakei: 375 000 Tote, davon 215 000 Zivilisten;
Ungarn: 420 000 Tote, davon 280 000 Zivilisten;
USA: 362 000 Tote (davon 100 000 im pazifischen Raum);
Deutschland mit Österreich: 4 926 000 Tote, davon 486 000 Zivilisten.

In Kriegsgefangenschaft geraten etwa 12 000 000 Deutsche, davon 3 800 000 in amerikanische, 3 700 000 in britische, 3 150 000 in sowjetische und 1 000 000 in französische. Die meisten Gefangenen werden binnen eines Jahres freigelassen, die letzten allerdings erst 1956. Etwa eine Million Deutsche kommen während ihrer Kriegsgefangenschaft zu Tode.

Etwa 10 000 000 ausländische Kriegsgefangene, Fremdarbeiter oder Verschleppte in Deutschland, die das Kriegsende erleben konnten, sind nun frei. Sie warten auf Heimkehr, machen sich selbst auf den Weg oder irren als *Displaced Persons* (DP) umher. Von Mai bis September 1945 werden in regulären Transporten allein aus den Westzonen 4 622 000 DPs repatriiert.

Bereits seit Anfang 1945 sind etwa 5 000 000 Deutsche aus dem Osten auf der Flucht. Nur mit der dürftigsten Habe fliehen sie meist zu Fuß zunächst vor der Roten Armee, dann vor der einsetzenden Rache durch die unterdrückten Völker Osteuropas. Sofern sie die endlosen Trecks überleben, treffen sie in vielen Orten Deutschlands auf Schilder wie dieses: «Achtung Flüchtlinge. Zuzug nach Berlin gesperrt. Benutzt die Umleitungen. Meidet die Stadtgrenze. Wandert westwärts.»

Kriegsverbrecher stehe, antwortet Göring: «Nein. Das überrascht mich sehr, denn ich wüßte nicht, warum.»

12. Mai: In einem Telegramm an den neuen amerikanischen Präsidenten Harry Truman, erst seit dem Tode Roosevelts am 12. April 1945 im Amt, prägt der britische Premierminister Winston Churchill einen neuen Begriff: «Die Lage in Europa bereitet mir allergrößte Sorge. Ein Eiserner Vorhang hat sich niedergesenkt. Es scheint durchaus wahrscheinlich, daß das gesamte Gebiet östlich der Linie Lübeck–Triest–Korfu bald völlig in die Hände der Russen übergeht.» Churchill selbst betrieb diese Spaltung Europas, als er Stalin im Oktober 1944 in Moskau eine Aufteilung des Balkans in Einflußgebiete vorschlug. Der berühmt gewordene Notizzettel zeigt in Churchills Handschrift folgende sowjetisch-britische Verteilung: Rumänien 90 Prozent – 10 Prozent, Griechenland 10 Prozent – 90 Prozent, Jugoslawien 50 Prozent – 50 Prozent, Ungarn 50 Prozent – 50 Prozent, Bulgarien 75 Prozent – 25 Prozent.

Mit dem Gesetz Nr. 191 und der *Information Control Regulation No. 1* (Nachrichten-Kontroll-Vorschrift) unterwerfen die Westalliierten alle deutschen Medien, voran die Presse, einer besonderen Genehmigung, der Lizenz. Bereits am 24. Januar erschienen als erste Nachkriegszeitung die *Aachener Nachrichten – Erste neudeutsche Zeitung*, unter amerikanisch-britischer Kontrolle und noch ohne Lizenzierung – diese erfolgt erst am 27. Juni durch die britische Militärregierung. Die sowjetische Besatzungsmacht bringt ab dem 16. Mai ihre offizielle Tageszeitung *Tägliche Rundschau* heraus, eine Woche später folgt als erstes lizenziertes Blatt die *Berliner Zeitung*, von zwei aus Moskau zurückgekehrten Emigranten als «Organ des Magistrats von Groß-Berlin» herausgegeben.

13. Mai: Unter Leitung von Hans Mahle, der zwei Tage zuvor vom sowjetischen Stadtkommandanten Generaloberst Nikolai Bersarin den Befehl dazu erhielt und deshalb die *Gruppe Ulbricht* verläßt, nimmt der *Berliner Rundfunk* den Betrieb wieder auf. Die erste Übertragung besteht aus dem Abspielen der Nationalhymnen der vier Siegermächte sowie dem Verlesen der Kapitulationsurkunde und der ersten Befehle des Stadtkommandanten. Bereits am 18. Mai findet im Funkhaus an der Masurenallee, das bis dahin Tausende Flüchtlinge beherbergte, das erste Konzert statt.

14. Mai: Die streng geheime «Direktive an den Oberbefehlshaber der US-Besatzungstruppen», im Herbst 1944 verfaßt, tritt in Kraft, sie wird erst am 17. Oktober veröffentlicht. Unter dem Kürzel JCS 1067 (Joint Chiefs of Staff, Komitee der amerikanischen Generalstabschefs) werden Grundsätze und Richtlinien formuliert, die in Abstufungen bald auch von der britischen und französischen Besatzungsmacht übernommen werden. Zentraler Satz von JCS 1067: «Deutschland wird nicht besetzt zum Zwecke seiner Befreiung, sondern als ein besiegter Feindstaat.» Im Gefolge des Plans des amerikanischen Finanzministers Henry Morgenthau, der Deutschland «in ein Land mit vorwiegend land- und weidewirtschaftlichem Charakter» verwandeln sowie in Stücke reißen wollte, zielt JCS 1067 auf eine umfassende Niederhaltung des Kriegsverlierers. Deutschen wird jede politische Betätigung, die nicht ausdrücklich genehmigt ist, verboten, für die Besatzer gilt ein Fraternisierungsverbot: «Bei der Durchführung der Besetzung und Verwaltung müssen Sie gerecht, aber fest und unnahbar sein. Die Verbrüderung mit deutschen Beamten und der Bevölkerung werden Sie streng unterbinden.» Einfache Soldaten und deutsche Fräuleins mißachten diese Rege-

Kartoffelernte im
Berliner Tiergarten

lung jedoch ebenso wie alliierte Kommandeure die oftmals unpraktikablen Grundsätze dieser bis Juli 1947 gültigen Direktive unterlaufen – allen voran der starke Mann der amerikanischen Zone, US-General Lucius D. Clay.

In Berlin wird die erste Teilstecke der U-Bahn freigegeben, Ende des Monats ist bereits wieder ein knappes Drittel des U-Bahn-Netzes in Betrieb.

15. Mai: In weiten Teilen Deutschlands leiden die Menschen Hunger. Für Berlin wird die Lebensmittelrationierung eingeführt, nach sowjetischem Vorbild mit unterschiedlichen Tagesrationen für Schwerst- und Schwerarbeiter, Arbeiter, Angestellte, Kinder bis zu 15 Jahren und «Sonstige». Unter die letzte Rubrik fallen Hausfrauen, Berufslose und Parteigenossen der NSDAP, ihre Lebensmittelkarte wird vom Volksmund «Hungerkarte» genannt. Dies sind die Rationen jener Tage: Brot – 300 bis 600 Gramm, Fleisch – 20 bis 100 Gramm, Fett – 7 bis 30 Gramm, Zucker – 15 bis 25 Gramm. Lediglich die Tagesration für Kartoffeln von 400 Gramm und die monatlichen Rationen sind für alle gleich: Kaffee-Ersatz – 100 Gramm, Tee – 20 Gramm, Salz – 400 Gramm. In allen Zonen gibt es dramatische Probleme bei der Versorgung, häufig liefert die auf Lebensmittelkarten erhältliche Tagesration nicht einmal 1000 Kalorien. Vergleichsweise gut funktioniert die Lebensmittelversorgung aufgrund der strikten Erfassung und Verteilung in der sowjetischen Zone, am schlechtesten in der französischen Zone, wo die Besatzer große Mengen deutscher Vorräte für ihre eigenen Bedürfnisse verbrauchen.

Nur wenige Menschen können sich leisten, Lebensmittel zu kaufen: Bei einem durchschnittlichen Monatslohn von 200 Reichsmark für Facharbeiter, sofern denn überhaupt Beschäftigung vorhanden ist, kostet ein Brot auf dem Schwarzmarkt 30 bis 40 Reichsmark, ein Kilogramm Zucker 90 Reichsmark. Ohnehin ist das Geld in der entstehenden Tauschwirtschaft mit ihren allgegenwärtigen Schwarzmärkten so gut wie bedeutungslos. Bald bilden sich feste Tauschgrößen, etwa ein Zentner Kartoffeln gegen fünfzehn Zentner Kohle. Den Rang einer neuen und stabilen Währung nehmen in den nächsten Jahren die Zigaretten ein. Sie sind halt- und gut teilbar, leicht zu transportieren und werden überall in Zahlung genommen. Ein erheblicher Teil der an die Besatzungstruppen zum eigenen Verbrauch gelieferten Zigaretten landet auf dem Schwarzmarkt, wo eine Stange *Chesterfield* mit 1000 bis 1500 Reichsmark gehandelt wird.

16. Mai: In Berlin öffnen dreißig Kinos, im Juli spielen bereits wieder 110 Filmtheater. Die ersten Omnibusse verkehren wieder, sie verbinden den nordöstlichen Stadtteil Weißensee mit der Innenstadt.

17. Mai: Unter dem parteilosen Oberbürgermeister Arthur Werner nimmt der neue Berliner Magistrat seine Arbeit auf. Seine personelle Zusammensetzung bestimmt weitgehend die *Gruppe Ulbricht*: Erster Stellvertreter wird Karl Maron; Arthur Pieck, der Sohn von Wilhelm Pieck, wird für Personal, Otto Winzer für Volksbildung und Paul Schwenk für Planung zuständig. Neben diesen vier «Moskauer» Kommunisten erhalten zwei «Heimatkommunisten», Ottomar Jeschke und Hans Jendretzky, untergeordnete Posten. Nach dem gängigen Schema bilden die sechs KP-Funktionäre die Minderheit, die Mehrheit des Magistrats stellen sieben «Bürgerliche» sowie je zwei Sozialdemokraten und Parteilose. Als Anfang Juli die westlichen Alliierten in ihre Berliner Sektoren einrücken, übernehmen sie die solcherart geschaffenen Bezirksverwaltungen wie auch den Magistrat.

23. Mai: Aufgrund von Befürchtungen der Sowjetunion über eine mögliche antisowjetische Allianz der Westalliierten mit der letzten, von Dönitz ernannten geschäftsführenden Reichsregierung wird diese aufgelöst. Bis auf ihre Versuche, deutsche Flüchtlinge und Soldaten vor der Roten Armee zu retten, hatte diese Regierung, die in Flensburg-Mürwik mit einer alliierten Kontrollkommission kooperierte und jeden Morgen die Reichskriegsflagge hissen ließ, ohnehin keine Bedeutung. Dönitz und die Mitglieder seines Kabinetts werden in Gefangenschaft genommen. Damit hört das 1871 begründete Deutsche Reich formell auf zu existieren, Deutschlands staatliche Existenz erlischt.

In Lüneburg wird der am Vortag an einem britischen Kontrollposten gefangengenommene «Reichsführer-SS», Heinrich Himmler, identifiziert. Es gelingt Himmler, durch Zerbeißen einer im Munde verborgenen Blausäurekapsel Selbstmord zu begehen. Bereits am 19. und 24. April traf Himmler in Lübeck den Vizepräsidenten des schwedischen Roten Kreuzes, Graf Folke Bernadotte, um ihn bei den Westmächten sondieren zu lassen, ob sie einen Separatfrieden eingehen würden. Als Hitler davon erfuhr, enthob er Himmler am 28. April aller Ämter und schloß ihn aus der NSDAP aus. Himmler, in Unkenntnis dieser Absetzung, sah weiterhin nur sich als Nachfolger Hitlers und verlegte seinen SS-Stab nach Plön, wo Großadmiral Dönitz ihm Unterstützung versprochen hatte. Mit Stabsbesprechungen, Tagesbefehlen und amtlichen Berichten hielt Himmler den Schein der Macht aufrecht, bis ihn die Regierung Dönitz Anfang Mai förmlich absetzte.

26. Mai: Im Titania-Kinopalast geben die Berliner Philharmoniker ihr erstes Nachkriegskonzert. Fast tausend Menschen lauschen der Vierten Symphonie von Tschaikowsky, von Goebbels als «jüdisches Machwerk» verdammt und verboten. Die Augenzeugin Ruth Andreas-Friedrich: «Wir sehen keinen Kinosaal. Wir sehen keine Ruinen. Wir haben vergessen, daß es Nazis gibt, einen verlorenen Krieg und Besatzungstruppen. Plötzlich ist alles unwichtig geworden. Wichtig ist nur, was die Geigen singen.»

28. Mai: Die amerikanische Besatzungsmacht setzt den letzten Vorsitzenden der katholischen Bayerischen Volkspartei der

Weimarer Zeit, Fritz Schäffer, als Ministerpräsidenten in Bayern ein.

1. Juni: In Hamburg werden die Hafenanlagen wieder in Betrieb genommen.

4. Juni: In geheimer Mission fliegen Walter Ulbricht, Anton Ackermann, Gustav Sobottka sowie weitere KPD-Funktionäre von Berlin-Tempelhof nach Moskau. Gemeinsam mit Wilhelm Pieck, dem Leiter des Exil-ZK, treffen sie Stalin und Andrej Schdanow, den Chefideologen der KPdSU. 1991 wird das von Pieck angefertigte Protokoll dieser Zusammenkunft aufgefunden und veröffentlicht. Danach bestimmte Stalin bereits zu diesem frühen Zeitpunkt, was später Wirklichkeit werden sollte: die «Perspektive – es wird zwei Deutschlands geben – trotz aller Einheit der Verbündeten». Die Runde kommt überein, sowjetischen Einfluß auf alle Teile Deutschlands anzustreben: «Einheit Deutschlands sichern durch einheitliche KPD». Entgegen der bisherigen Linie soll die KPD rasch als eigenständige Partei neu gegründet werden, aber eine verhüllte Programmatik ausrufen. «Charakter des antifaschistischen Kampfes: Vollendung der bürgerlich-demokratischen Revolution; bürgerlich-demokratische Regierung; Macht der Rittergutsbesitzer brechen; Rest des Feudalismus beseitigen». Ackermann entwirft darauf die erste legale programmatische Äußerung der Partei seit 1933. Der Text des Gründungsaufrufes für die KPD wird Georgi Dimitroff vorgelegt und von diesem abgesegnet.

5. Juni: Die Alliierten verkünden ihre «Erklärung in Anbetracht der Niederlage Deutschlands und der Übernahme der obersten Regierungsgewalt in Deutschland» sowie zwei Deklarationen über «das Kontrollverfahren in Deutschland» und «die Besatzungszonen in Deutschland». In vielen Ländern betrachten Volk wie Staatsmänner Deutschland als schuldig für den Ersten wie den Zweiten Weltkrieg, sie sehen brutalen Expansionismus als unveränderlichen deutschen Wesenszug. Um die deutsche Gefahr zu bannen, wollen die Alliierten zu härtesten Maßnahmen greifen – und das setzt absolute politische Verfügungsgewalt der Sieger über Deutschland voraus. Deshalb finden die Grundsätze der am 14. August 1941 vom amerikanischen Präsidenten Roosevelt und dem britischen Premierminister Churchill unterzeichneten «Atlantik-Charta» sowie einer Deklaration vom 1. Januar 1942, die bereits als «Erklärung der Vereinten Nationen» firmiert, auf Deutschland keine Anwendung. Darin wird jedem Volk das Recht zugestanden, sich die Regierungsform, unter der es leben will, selbst auszusuchen.

Nun konstatieren die Alliierten nicht die Übergabe einer besiegten Armee, sondern eines ganzen Volkes: Mit der bedingungslosen Kapitulation unterwirft sich Deutschland «allen Forderungen, die ihm jetzt oder später auferlegt werden». «Die Regierungen des Vereinigten Königreichs, der Vereinigten Staaten von Amerika, der Union der Sozialistischen Sowjetrepubliken und die Provisorische Regierung der Französischen Republik übernehmen hiermit die oberste Regierungsgewalt in Deutschland, einschließlich aller Befugnisse der deutschen Regierung, des Oberkommandos der Wehrmacht und der Regierungen, Verwaltungen oder Behörden der Länder, Städte und Gemeinden. Die Übernahme zu den vorstehend genannten Zwecken der besagten Regierungsgewalt und Befugnisse bewirkt nicht die Annektierung Deutschlands.»

Deutschland wird zwar in den Grenzen von 1937 in vier Besatzungszonen aufgeteilt, aber von einer Zerstückelung ist nicht die Rede. Der jeweilige Oberbefehlshaber übt für seine Zone die oberste Regierungsgewalt aus, die vier Oberbefehlshaber bilden gemeinsam den Kontrollrat, der nur einstimmig die «Deutschland als ein Ganzes betreffenden Angelegenheiten» entscheidet.

Um ihre Macht ausüben zu können, bauen die Besatzungsmächte umfangreiche Personalapparate auf. Deutschland wird nun regiert von 12000 Amerikanern unter General Dwight D. Eisenhower, der im I.G.-Farben-Haus in Frankfurt/Main residiert; von 25000 Briten unter Feldmarschall Bernard Law Montgomery, der sich im Kurhaus von Bad Oeynhausen einquartiert; von 11000 Franzosen unter General Jean de Lattre de Tassigny, der im Hotel «Stephanie» in Baden-Baden wohnt; von 60000 Sowjets unter Marschall Georgi Schukow, der in Berlin-Karlshorst amtiert.

9. Juni: Mit dem «Befehl Nr. 1» konstituiert Marschall Georgi Schukow, Oberbefehlshaber der sowjetischen Besatzungstruppen in Deutschland, die «Sowjetische Militäradministration in Deutschland» (SMAD) mit Sitz in Berlin-Karlshorst. Bereits am nächsten Tag erlaubt die SMAD im «Befehl Nr. 2» die Gründung antifaschistisch-demokratischer Parteien, worauf als einzige Partei die KPD vorbereitet ist, und freier Gewerkschaften sowie den Abschluß von Kollektivverträgen zwischen Arbeitern und Unternehmern in der SBZ.

10. Juni: Der Kontrollrat ordnet die Arbeitspflicht wie Meldepflicht für alle Männer von 14 bis 65 und für alle Frauen von 15 bis 50 Jahren an. Die Zuteilung der Lebensmittelkarten wird von der Erfüllung dieser Pflichten abhängig gemacht.

11. Juni: Als Zentralkomitee unterzeichnen sechzehn KPD-Führer, von denen dreizehn just aus sowjetischer Emigration zurückgekehrt sind, den in Moskau verfaßten Aufruf der KPD. Ungewöhnlich für eine kommunistische Partei jener Tage wird zunächst Selbstkritik geübt: «Wir deutschen Kommunisten erklären, daß auch wir uns schuldig fühlen, indem wir es trotz der Blutopfer unserer besten Kämpfer infolge einer Reihe unserer Fehler nicht vermocht haben, die antifaschistische Einheit der Arbeiter, Bauern und Intelligenz entgegen allen Widersachern zu schmieden, im werktätigen Volk die Kräfte für den Sturz Hitlers zu sammeln, in den erfolgreichen Kampf zu führen und jene Lage zu vermeiden, in der das deutsche Volk geschichtlich versagte.»

Naheliegenden Vorwürfen, als verlängerter Arm der Sowjetunion zu wirken, tritt die KPD entgegen: «Wir sind der Auffassung, daß der Weg, Deutschland das Sowjetsystem aufzuzwingen, falsch wäre.» Das Ziel Sozialismus/Kommunismus wird im Programm nicht einmal erwähnt, statt dessen verweisen die Unterzeichner auf eine davorliegende historische Etappe: «Mit der Vernichtung des Hitlerismus gilt es gleichzeitig, die Sache der Demokratisierung Deutschlands, die Sache der bürgerlich-demokratischen Umbildung, die 1848 begonnen wurde, zu Ende zu führen.» Solche Ausrichtung sucht gar noch dem angefeindeten Kapitalismus einen Weg zu bahnen: «Völlig ungehinderte Entfaltung des freien Handels und der privaten Unternehmerinitiative auf der Grundlage des Privateigentums». Dieser zur Verwunderung vieler Parteimitglieder wenig sozialistische Aufruf wird anderntags auf der Titelseite der *Deutschen Volkszeitung* veröffentlicht, die von nun als Zentralorgan der KPD erscheint.

15. Juni: Mit seinem Aufruf zum «Aufbau eines antifaschistisch-demokratischen Deutschlands», der ersten programmatischen Äußerung nach Kriegsende, ergreift der neue Berliner Zentralausschuß der SPD um Otto Grotewohl die Initiative für die Einheit der Arbeiterparteien: «Der politische Weg des deutschen Volkes in eine bessere Zukunft ist damit klar vorgezeichnet:

Demokratie in Staat und Gemeinde, Sozialismus in Wirtschaft und Gesellschaft! Wir sind bereit und entschlossen, hierbei mit allen gleichgesinnten Menschen und Parteien zusammenzuarbeiten. Wir begrüßen daher aufs wärmste den Aufruf des Zentralkomitees der Kommunistischen Partei Deutschlands vom 11. Juni 1945, der zutreffend davon ausgeht, daß der Weg für den Neubau Deutschlands von den gegenwärtigen Entwicklungsbedingungen Deutschlands abhängig ist und daß die entscheidenden Interessen des deutschen Volkes in der gegenwärtigen Lage die Aufrichtung eines antifaschistischen, demokratischen Regimes und einer parlamentarisch-demokratischen Republik mit allen demokratischen Rechten und Freiheiten für das Volk erfordern.»

Die weitreichendsten Forderungen der Berliner SPD sehen die Verstaatlichung von Banken, Versicherungsunternehmen, Bodenschätzen, Bergwerken und Energiewirtschaft sowie die «Erfassung des Großgrundbesitzes und der lebensfähigen Großindustrie und aller Kriegsgewinne für die Zwecke des Wiederaufbaus» vor. Mit diesen traditionell sozialistischen Zielen erscheint die SPD als die radikalere der beiden Arbeiterparteien, die KPD-Führung fürchtet deshalb, ins Hintertreffen zu geraten.

Der auf Betreiben der *Gruppe Ulbricht* gebildete achtköpfige «Vorbereitende Gewerkschaftsausschuß für Groß-Berlin», dem Otto Braß, Bernhard Göring, Roman Chwalek, Ernst Lemmer, Hermann Schlimme, Paul Walter, Jakob Kaiser und Hans Jendretzky angehören, ruft zum «Wiederaufbau freier, demokratischer Gewerkschaften» auf. Sie «sollen unter Zusammenfassung aller früheren Richtungen in ihrer Arbeit eine Kampfeinheit zur völligen Vernichtung des Faschismus und zur Schaffung eines neuen demokratischen Rechts der Arbeiter und Angestellten werden». Mit dieser Initiative kann die KPD nicht nur aus ihrer Außenseiterrolle heraustreten, sondern maßgeblichen Einfluß gewinnen. Aus der Bewegung für eine überparteiliche Einheitsgewerkschaft wird 1946 der *Freie Deutsche Gewerkschaftsbund* (FDGB) als starker Dachverband schwächerer Einzelgewerkschaften hervorgehen.

16. Juni: In Berlin kommt der sowjetische Stadtkommandant und leidenschaftliche Harley-Davidson-Fahrer Generaloberst Nikolai Bersarin ums Leben. Auf seinem schweren Motorrad gerät er mit überhöhter Geschwindigkeit unter einen Lastwagen seiner eigenen Truppen.

17. Juni: Ohne Konrad Adenauer, der seine Teilnahme wegen des politischen Betätigungsverbotes der Westalliierten mehrfach ablehnt, gründen in Köln achtzehn Personen, zumeist frühere Zentrums-Politiker wie Leo Schwering, Peter-Josef Schaeven, Wilhelm Warsch und Geistliche wie Joseph Kardinal Frings oder Pater Eberhard Welty, heimlich die «Christlich-Demokratische Volkspartei» (CDVP). Erst Ende September nimmt Adenauer, dem der Parteivorsitz angeboten wird, erst- und letztmals an einer Vorstandssitzung der umbenannten *Christlich-Demokratischen Partei* (CDP) teil. Der Chronist Klaus Dreher konstatiert die «paradoxe Situation, daß die Geschichte der CDU mit der Verweigerung desjenigen Mannes beginnt, bei ihr mitzutun, der sie einmal zu Macht und Ruhm führen sollte».

19. Juni: Vertreter des ZK der KPD und des Zentralausschusses der SPD beschließen die Gründung eines «gemeinsamen Aktionsausschusses». Gleichzeitig spricht sich die KPD gegen «Versuche einer überstürzten Vereinigung» aus, da sie sich in einer noch zu schwachen Position sieht, um die Bedingungen des Zusammenschlusses diktieren zu können.

26. Juni: In Berlin wird die *Christlich-Demokratische Union Deutschlands* (CDUD) von Gewerkschaftern wie Jakob Kaiser und Ernst Lemmer sowie früheren Zentrumspolitikern wie Andreas Hermes, Heinrich Krone, Ferdinand Friedensburg und Otto Nuschke gegründet. Auch die CDUD erhebt Sozialisierungsforderungen: «Dabei ist es unerläßlich, schon um für alle Zeiten die Staatsgewalt vor illegitimen Einflüssen wirtschaftlicher Interessenballungen zu sichern, daß die Bodenschätze in Staatsbesitz übergehen. Der Bergbau und andere monopolartige Schlüsselunternehmungen unseres Wirtschaftslebens müssen klar der Staatsgewalt unterworfen werden. Wir bejahen das Privateigentum, das die Entfaltung der Persönlichkeit sichert, aber an die Verantwortung für die Allgemeinheit gebunden bleibt.» Die CDUD bietet den anderen Parteien die Zusammenarbeit an: «Deutsche Männer und Frauen! Wir rufen Euch auf, alles Trennende zurücktreten zu lassen. Folgt unserem Ruf zu einer großen Partei, die mit den anderen Parteien der neuen Demokratie gemeinsam am Aufbau Deutschlands arbeiten will.» Am 10. Juli genehmigt die SMAD die Gründung, die sie von der Teilnahme am neuen Blocksystem abhängig macht.

US-Spezialtruppen erzwingen die Herausgabe der 21,8 Gramm umfassenden Radium-Reserve des Deutschen Reiches. Dieses an der Isar vergrabene radioaktive Material hat einen Wert von drei Millionen Dollar und wird von den USA als «Kriegsbeute» betrachtet.

Seit dem 25. April tagt in San Francisco die Gründungsversammlung der *Vereinten Nationen*. Einstimmig nehmen die Delegierten aus 47 Staaten nun die Charta an, die im Oktober 1944 in Dumbarton Oaks von den USA, der UdSSR, Großbritannien und China vorbereitet wurde. Damit hat der «Völkerbund», der am 18. April 1946 seine Selbstauflösung erklärt, seinen Nachfolger gefunden.

1. bis 4. Juli: Amerikanische und britische Truppen ziehen sich aus den von ihnen besetzten Teilen Sachsens, Thüringens, Sachsen-Anhalts und Mecklenburgs zurück und rücken dafür in die Westsektoren Berlins ein. Mit diesem von den Siegermächten vereinbarten Austausch geraten die bedeutenden Industriezentren Mitteldeutschlands von britischer oder amerikanischer unter sowjetische Besatzung. Diese Regionen westlich der Linie Wismar, Schwerin, Magdeburg, Dessau, Leipzig bis Zwickau umfassen mehr als ein Drittel der neuen Sowjetischen Besatzungszone (SBZ).

Von den zwanzig Berliner Bezirken werden zwölf den Westalliierten übergeben, womit die Stadt in den Grenzen von 1920 der Vier-Mächte-Verwaltung unterliegt. Der amerikanische Sektor umfaßt Zehlendorf, Steglitz, Schöneberg, Kreuzberg, Tempelhof und Neukölln. Spandau, Wilmersdorf, Charlottenburg und Tiergarten bilden den britischen Sektor. Pankow, Weißensee, Prenzlauer Berg, Mitte, Friedrichshain, Lichtenberg, Treptow und Köpenick liegen im sowjetischen Sektor, der 45,6 Prozent der Fläche und 36,8 Prozent der Einwohner umfaßt. Die beiden Stadtbezirke Wedding und Reinickendorf treten Briten und Amerikaner an Frankreich ab, das am 12. August nach Abschluß der Potsdamer Konferenz in den ihm zugeteilten Sektor Berlins einzieht. Noch vor dem Einzug der Westalliierten in ihre Sektoren demontieren die Sowjets so viele Industrieanlagen, daß der westliche Teil Berlins weit mehr als die Hälfte seiner industriellen Kapazität verliert.

1. Juli: Unter Kontrolle der SMAD wird in der sowjetischen Besatzungszone die «Deutsche Volkspolizei» aufgestellt und bald einer Zentralen Verwaltung unterstellt.

In den Westzonen werden die Polizeieinheiten strikt dezentralisiert.

4. bis 16. Juli: Als erste Besatzungsmacht bildet die SMAD in ihrer Zone Verwaltungsstrukturen. Sie setzt fünf deutsche Länder- oder Provinzregierungen ein, die aus Vertretern aller vier bisher zugelassenen Parteien und einigen Parteilosen zusammengesetzt werden. Damit werden für Mecklenburg (Mecklenburg und Westpommern), Sachsen-Anhalt (Halle-Merseburg, Magdeburg, Anhalt), Sachsen, Thüringen (Thüringen, Schmalkalden, Erfurt) und Brandenburg die Voraussetzungen geschaffen, die zentralistisch wiederaufgebaute Verwaltung politisch zu kontrollieren.

5. Juli: Von mehreren liberalen Initiativen tritt die Berliner mit dem Gründungsaufruf für die *Liberal-Demokratische Partei Deutschlands* (LDPD) an die Öffentlichkeit. «Die liberale Weltanschauung und die demokratische Staatsgesinnung» führen zu Forderungen, die nur in der Wirtschaftspolitik vom antikapitalistischen Geist jener Tage gestreift werden. Innerhalb der Parteien in der SBZ nimmt die LDPD den eher konservativen Platz ein: «Die Erhaltung einer einheitlichen deutschen Volkswirtschaft, des Privateigentums und der freien Wirtschaft ist die Voraussetzung für die Initiative und erfolgreiche wirtschaftliche Betätigung. Die Unterstellung von Unternehmungen unter die öffentliche Kontrolle ist nur gerechtfertigt, wenn die betreffenden Betriebe hierfür geeignet sind, und wenn ein überwiegendes Interesse des Gesamtwohls dies gebietet.» Zum Vorsitzenden wird Waldemar Koch gewählt, doch schon im Dezember 1945 löst ihn sein Stellvertreter Wilhelm Külz ab. Bis 1933 war Külz Mitglied der *Deutschen Demokratischen Partei* (DDP), Oberbürgermeister von Dresden und früherer Reichsinnenminister; ihm fällt in der Partei der größte Einfluß zu.

7. Juli: In der US-Besatzungszone wird wegen des heftigen Unmuts der amerikanischen Öffentlichkeit über den anhaltenden Einfluß von Nazis eine erste Entnazifizierungsverordnung erlassen. Personen, die vor dem 1. Mai 1937 in die NSDAP eintraten, sollen aus ihren Ämtern entfernt werden; diese Regelung gilt bei öffentlichen Verwaltungen für alle Beamten und Angestellten, im privaten Sektor jedoch nur für leitende Angestellte.

10. Juli: Die Vertreter der Oberkommandos der Sowjetunion, der USA und Großbritanniens in Berlin schaffen eine «Interalliierte Militärkommandantur» aus den Militärkommandanten Generaloberst Gorbatow, dem US-Generalmajor Floyd L. Parks und dem britischen Generalmajor Lyne. Am 11. Juli übernimmt diese Kommandantur, zu der nun auch der französische Militärkommandant eingeladen wird, die Kontrolle von Groß-Berlin.

14. Juli: In Berlin wird für die SBZ ein völlig neues politisches Gremium gegründet, die «Einheitsfront der antifaschistisch-demokratischen Parteien». «Unter gegenseitiger Anerkennung ihrer Selbständigkeit» schließen sich vier Parteien zusammen, «um mit vereinter Kraft die großen Aufgaben zu lösen». Der «Zentrale Blockausschuß», das oberste Gremium dieses sogenannten *Antifa-Blocks*, besteht aus je fünf Vertretern von KPD, SPD, CDU und LDPD. In allen Ländern und Provinzen, Kreisen, Städten und Gemeinden der SBZ werden nun «Blockausschüsse» gebildet, die eigentlich nur politische Beratungsorgane darstellen. Da Beschlüsse nur einstimmig «auf dem Wege der Vereinbarung» und nicht durch Abstimmung erfolgen dürfen, dient die Einheitsfront der Durchsetzung der Politik von SMAD und KPD und der Gängelung der anderen Parteien.

16. Juli: Der amerikanische Präsident

Potsdamer Konferenz: Winston Churchill, Harry S. Truman und Josef Stalin (von links)

Harry Truman zögert den Beginn der Potsdamer Konferenz hinaus, er unternimmt eine Fahrt durch das zerstörte Berlin. Endlich erreicht ihn die dringend erwartete Geheimnachricht. In der Wüste von New Mexico bei Alamogordo wird in den frühen Morgenstunden die erste Atombombe gezündet. Mit dem Projekt *Manhattan* glaubt Truman, ein enormes Druckmittel in der Hand zu haben. Er wundert sich über Stalins fast gleichgültige Reaktion, als er ihn während der Konferenz über den gelungenen Atomversuch informiert. Was Truman nicht weiß und Stalin noch im September 1946 in einem Interview mit *United Press* bestreitet: Bereits seit 1942 hat der sowjetische Führer Kenntnis vom hochgeheimen *Manhattan*-Projekt, seit Anfang 1943 läßt er unter dem Atomphysiker Igor Kurtschatow an einer eigenen Atombombe arbeiten. Auf ihrem Vormarsch nach Deutschland zielte die Rote Armee deshalb auch auf die schon bergbaulich erschlossenen Uranvorkommen in Sachsen und Thüringen. Die *Sowjetische Aktiengesellschaft Wismut* zählte im Jahr 1949 die ungeheure Zahl von mindestens 137000 Beschäftigten und blieb auch nach der Souveränität der DDR im Jahre 1955 direkt dem Moskauer Verteidigungsministerium unterstellt. Vor diesem Hintergrund muß Potsdam als Ausgangspunkt des atomaren Rüstungswettlaufes gelten.

17. Juli bis 2. August: Im Februar 1945 trafen sich in Jalta auf der Krim die Staatschefs der Sowjetunion, der USA und Großbritanniens, wo Frankreich, ohne seine Teilnahme, zur vierten Besatzungsmacht erklärt wurde. Zwar wurde in zentralen Fragen Einigkeit erzielt und Kooperation praktiziert: So drängten die USA die Sowjetunion zum Kriegseintritt gegen Japan und zur Zustimmung zur Gründung der *Vereinten Nationen*. Jedoch zeichneten sich bereits erste Kontroversen ab, vor allem um die Regierung und das Territorium Polens. Vom sowjetischen Vorgehen machten die USA ihre Entscheidung über einen sowjetischen Kreditwunsch von sechs Milliarden US-Dollar abhängig – er wird später abgelehnt. Mit der Einsetzung des «Lubliner Komitees» als Regierung und der Übertragung der deutschen Gebiete östlich der Oder-Neiße-Linie unter polnische Verwaltung am 21. April stellt die Sowjetunion die Westallierten in Potsdam vor vollendete Tatsachen.

Ursprünglich sollte die Konferenz im westlichen Teil Berlins stattfinden, doch aus Sicherheitsgründen wird das sowjetisch besetzte Potsdam gewählt – bezahlt wird die Konferenz dennoch von der Stadt Berlin. Die Delegationen wohnen in Babelsberg, das in drei Zonen mit Schlagbäumen und Kontrollposten geteilt wird. Entlang der Fahrtrouten und um den Tagungsort wird die verbliebene Bevölkerung aus Furcht vor

«Werwolf»-Attentaten evakuiert. Im ehemaligen Hohenzollernschloß Cecilienhof, vor dem Sowjetsoldaten einen fünfzackigen roten Blumenstern anlegten, treffen Truman, Stalin und Churchill bis zum 25. Juli zur ersten Periode mit neun Sitzungen zusammen. Am 28. Juli beginnt mit Clement Attlee, der aus den Unterhauswahlen als neuer britischer Premierminister hervorgeht, die zweite Periode mit vier Sitzungen. Frankreich ist nicht eingeladen, wird aber ebenso wie China um Mitwirkung bei der Umsetzung des am 2. August unterzeichneten Abkommens gebeten.

In der zentralen Frage, was Deutschland sei, kann keine Einigkeit erzielt werden. Während Truman eine Definition anstrebt, sieht Stalin Deutschland als Land «ohne irgendwelche festen Grenzen». So wird als «Ausgangspunkt» Deutschland in den Grenzen von 1937 betrachtet, eine endgültige Klärung dieser und anderer kontroverser Fragen wird auf einen in ungewisser Zukunft abzuschließenden Friedensvertrag verschoben. Faktisch werden damit die von der Sowjetunion gezogenen neuen Grenzen gebilligt: Der Teil Ostpreußens nördlich der Linie Braunsberg-Goldap mit Königsberg wird der UdSSR, das gesamte übrige Deutschland östlich der Oder-Neiße-Linie einem nach Westen verschobenen Polen zur Verwaltung übergeben.

Etwa 24 Prozent der Fläche Deutschlands von 1938 mit knapp zehn Millionen Menschen werden damit abgetrennt, was durch die ebenfalls festgelegte Vertreibung der Deutschen besiegelt wird. Denn die drei Regierungen beschließen, «daß die Überführung der deutschen Bevölkerung oder Bestandteilen derselben, die in Polen, der Tschechoslowakei und Ungarn zurückgeblieben sind, nach Deutschland durchgeführt werden muß. Sie stimmen darin überein, daß jede derartige Überführung, die stattfinden wird, in «ordnungsgemäßer und humaner Weise erfolgen soll».

Im Gegenzug akzeptiert Stalin eine neue Reparationsregelung, die nicht mehr eine fixe Summe (was eine Mitsprache der Sowjetunion in den Westzonen bedeutet hätte), sondern die Entnahme auf Zonenbasis und aus deutschen Auslandsguthaben festlegt. Nur in beschränktem Umfang werden der Sowjetunion Lieferungen aus den Westzonen zugestanden. Da die deutschen Gebiete östlich der Oder-Neiße-Linie nicht als Teil der sowjetischen Besatzungszone betrachtet werden, kann die Sowjetunion dort allerdings Reparationen nach eigenem Gutdünken entnehmen. Obgleich Deutschland ausdrücklich als Wirtschaftseinheit verwaltet werden soll, durchlöchert diese Reparationsregelung zunächst die wirtschaftliche, bald auch die politische Einheit.

Da die SMAD in ihrer Zone die politische Betätigung bereits wieder zuließ, rücken die Westalliierten von ihrer bisherigen Haltung ab, Deutschen jegliche politische Betätigung zu untersagen. In ganz Deutschland sind nun «alle demokratischen politischen Parteien» zu erlauben und zu fördern, der «Grundsatz der Wahlvertretung» soll eingeführt und «die Freiheit der Rede, der Presse und der Religion gewährt» werden. Vorzubereiten sind «die endgültige Umgestaltung des deutschen politischen Lebens auf demokratischer Grundlage und eine eventuelle friedliche Mitarbeit Deutschlands am internationalen Leben». Eine «zentrale deutsche Regierung» wird nicht errichtet werden, doch sollen «einige wichtige zentrale deutsche Verwaltungsabteilungen» aufgebaut werden.

Die Provisorische Regierung Frankreichs unter General Charles de Gaulle, die gegenüber den anderen Allierten am 7. August die Hauptabsichten des Abkommens akzeptiert, spricht sich eindeutig gegen diese zentralen Behörden aus. Sie strebt extrem föderalistische deutsche Strukturen an, weil sie hofft, damit die eigenen Gebietsansprüche auf das Saargebiet mit den bedeutenden Saargruben und Teile des Rheinlandes sowie auf eine Internationalisierung des Ruhrgebietes besser durchsetzen zu können – laut de Gaulle eine Frage von «Leben oder Tod» für sein Land. Bis 1948 folgt Frankreich fast schon besessen dieser Haltung, die die Arbeit des Alliierten Kontrollrates in einer Vielzahl von Fragen blockiert.

23. Juli: Kurz nach ihrem «Befehl Nr. 9» vom 21. Juli, der die schnellstmögliche Wiederingangsetzung der wichtigsten Bereiche anordnet, beginnt die SMAD in ihrer Zone mit der Abschaffung des Privateigentums an Produktionsmitteln und der Zerschlagung kapitalistischer Strukturen. Durch «Befehl Nr. 10» werden alle Banken, Sparkassen und Versicherungen entschädigungslos enteignet. Alle Bargeldbestände werden beschlagnahmt, die Konten gesperrt, wodurch die Sparer enteignet werden. Nach und nach werden neue «öffentliche» Landes-, Stadt- und Kreisbanken sowie Versicherungsanstalten geschaffen, lediglich während einer Übergangszeit werden kleine private Kreditinstitute wieder zugelassen.

Auch in den Westzonen werden im Sommer die Großbanken zerschlagen, allen voran die größten drei, *Deutsche Bank*, *Dresdner Bank* und *Commerzbank*. Sie hielten etwa 55 Prozent des Kapitals aller 653 deutschen Geschäftsbanken und übten weitreichenden Einfluß auf die deutsche Großwirtschaft aus. Diese drei Banken werden in dreißig Nachfolgeunternehmen entflochten. Zunächst in den Besatzungszonen und dann in der Bundesrepublik schließen sie sich jedoch wieder zusammen – im Jahr 1957 gründen sich diese drei Großbanken in alter Gestalt und unter altem Namen neu.

27. Juli: Im Hinblick auf die von den Alliierten geplante Verwaltung ganz Deutschlands errichtet die SMAD mit dem «Befehl Nr. 17» elf ihr zugeordnete deutsche Zentralverwaltungen, ohne die anderen Besatzungsmächte zu informieren oder zu konsultieren. Sie dienen zunächst als Hilfsorgan der SMAD, sind aber auch als Grundlage für eine künftige deutsche Zentralverwaltung gedacht.

30. Juli: Noch während der Potsdamer Konferenz tritt der Alliierte Kontrollrat in Berlin zu seiner ersten Sitzung zusammen. Er besteht aus den vier Oberbefehlshabern General Dwight D. Eisenhower, Feldmarschall Bernard Montgomery, Marschall Georgi Schukow sowie General Pierre Koenig und bildet das höchste Regierungsorgan in Deutschland. Der Vorsitz wechselt monatlich, die Tagungen finden am 10., 20. und 30. jeden Monats statt. Beschlüsse können nur einstimmig gefaßt werden. Als eigentliches Beratungs- und Entscheidungsorgan des Alliierten Kontrollrats wird der Koordinierungsausschuß gebildet, dem die vier stellvertretenden Militärgouverneure General Lucius D. Clay, Generalleutnant Brian Robertson, General Wassili Sokolowski und General Louis Koeltz angehören. Auf der nächsten Sitzung am 10. August nimmt der Kontrollrat seine Geschäftsordnung an. Er tagt dann erstmals in seinem künftigen Dienstgebäude, dem ehemaligen Berliner Kammergericht.

31. Juli: An eine Gruppe von sieben Personen, die Sozialdemokraten Wilhelm Knothe, Paul Rodemann und Hans Etzkorn, die Kommunisten Emil Carlebach und Arno Rudert, den Linken Otto Grossmann und Wilhelm Karl Gerst, Linkskatholik des früheren Zentrums, erteilen die amerikanischen Militärbehörden ihre erste Zeitungslizenz, aufgrund deren am nächsten Tag die *Frankfurter Rundschau* erscheint. Ebenfalls am 1. August wird in Berlin erstmals das britische Militärblatt *Der Berliner* veröffentlicht. Am 8. August folgt die *Allgemeine Zeitung*, eine vom amerikanischen Militär herausgegebene Tageszeitung für Berlin. Am gleichen Tag erscheint in Baden-Baden als erste deutsche Zeitung der französischen Besatzungszone das *Badener Tageblatt*.

Im nordböhmischen Aussig, tschechisch Usti nad Labem, wird eine Explosion im Munitionslager Schönpriesen als Anlaß zu einem Pogrom gegen ortsansässige Deutsche genommen. Die Opfer sind leicht zu erkennen, da Deutsche 1945 und 1946 in der Tschechoslowakei weiße Armbinden tragen müssen. Bald kursieren in Deutschland vage Schätzungen, mehrere tausend Deutsche seien ums Leben gekommen. Heute beziffern örtliche tschechische Forscher die Zahl der Todesopfer auf einige Dutzend bis hundert Menschen. Die Gewalttäter sind nach Berichten von Augenzeugen per Eisenbahn aus Prag herangeschaffte Tschechen, denen sich nur einige der Aussiger Tschechen anschließen. Viele der Umstände deuten auf ein zentral geplantes und inszeniertes Massaker hin. Am 5. Juni nimmt die tschechoslowakische Armee die bis dahin planlos betriebene Vertreibung der Deutschen in die Hand. Ende Juli befiehlt der Verteidigungsminister der bürgerlich-kommunistischen Regierung in Prag, General Ludvik Svoboda, den «Abschub» mit allen Mitteln zu erhöhen, um noch vor den Beschlüssen der Potsdamer Konferenz vollendete Tatsachen zu schaffen. Das Pogrom wird in der Tschechoslowakei über Jahrzehnte verschwiegen.

6. August: Ein amerikanisches Flugzeug wirft um 8.15 Uhr über der japanischen Stadt Hiroshima die erste Atombombe im Kriegseinsatz ab, am 9. August um 11.02 Uhr geht über Nagasaki die zweite nieder (der eigentlich vorgesehene Zielort Kokura wird wegen Nebels nicht bombardiert). Beide Städte werden weitgehend dem Erdboden gleichgemacht. Im Jahr 1990 beziffert die japanische Regierung die Gesamtzahl der oft nach langem Siechtum verstorbenen Todesopfer beider Abwürfe auf 296000. Noch heute fristen Hunderte Hibakusha, wie die Bombenüberlebenden in Japan heißen, in Pflegeheimen und Krankenhäusern ein qualvolles Dasein.

7. August: Obwohl seit April 1941 ein auf fünf Jahre angelegter Nichtangriffspakt zwischen den beiden Ländern gilt, tritt die Sowjetunion in den Krieg gegen Japan ein. Stalin nutzt die Gunst der Stunde, um vormals russische Gebiete zurückzugewinnen: die seit 1875 japanischen südlichen Kurileninseln sowie die von 1855 bis 1875 und dann ab 1905 wieder japanische südliche Hälfte der Insel Sachalin. Auch die Mandschurei, seit 1905 in eine nördliche russische und südliche japanische Einflußsphäre geteilt, hofft Stalin erobern und der Sowjetunion angliedern zu können.

10. August: Nach dem ersten, noch an den Fortbestand der Monarchie geknüpften Angebot vom Juli bietet der Gottkaiser Hirohito, gegen den Willen der Militärs, nun die bedingungslose Kapitulation an. Am 15. August können die Japaner zum ersten Mal die Stimme ihres *Tenno* vernehmen. Über den nationalen Rundfunk verkündet er in einer Aufzeichnung vom Vortag die Kapitulation Japans, wenn auch in wolkigen Umschreibungen: «Die Kriegslage hat sich nicht unbedingt zu Japans Vorteil entwickelt.» Deshalb müsse sein Volk «das Unerträgliche ertragen». Am 2. September unterzeichnen Außenminister Mamoru Shigemitsu und Generalstabschef Yoshigiro Umezu auf dem in der Bucht von Tokio ankernden US-Schlachtschiff «Missouri» die Kapitulationsurkunde und besiegeln damit die erste Kriegsniederlage in der mehr als zweitausendjährigen Geschichte Japans.

Erst am 16. November ist die Kapitulation aller größeren japanischen Einheiten abgeschlossen, die Entwaffnung vor allem versprengter Gruppen dauert bis ins Jahr 1946. Vereinzelte Soldaten wollen die Niederlage nicht wahrhaben oder erfahren nichts von ihr. Noch Mitte der siebziger Jahre werden in abgelegenen Gebieten Südostasiens kampfbereite japanische Soldaten entdeckt, die bei ihrer Rückkehr ins Reich der aufgehenden Sonne als Volkshelden empfangen werden.

8. August: In London unterzeichnen die Alliierten ein Abkommen über die Bildung eines Internationalen Militärgerichtshofes zur «Aburteilung der Kriegsverbrecher, für deren Verbrechen ein geographisch bestimmbarer Tatort nicht vorhanden ist». Das Abkommen, dem neunzehn weitere

Die Opfer

Im Fernen Osten verfolgte Japan einen radikalen Expansionskurs, der dem rohstoffarmen Inselreich eine beständige Zufuhr an Ressourcen sichern sollte. Nach der Annektierung von Formosa (dem heutigen Taiwan) im Jahr 1895, Korea im Jahr 1910 und einer Reihe von kleineren Inseln besetzte Japan ab 1931 die nordostchinesische Mandschurei. 1932 versuchte es erstmals, im chinesischen Shanghai Fuß zu fassen; 1937 begann die großangelegte Invasion Ost- und Südchinas. Auch gegen die Sowjetunion wurden zwei kleinere Attacken bei Wladiwostok und bei Khalkhin-Gol in der Mongolei unternommen, die jedoch scheiterten. 1940 wurde der nördliche Teil von Französisch-Indochina, heute Vietnam und Laos, besetzt.

Mit dem Luft- und U-Boot-Angriff auf den amerikanischen Marinehafen Pearl Harbour am 7. Dezember 1941 griff Japan nach der Herrschaft über den gesamten westpazifischen Raum. Ende 1942 erstreckte sich sein Machtbereich im Osten entlang der Datumsgrenze von den Aleuten bis zu den Gilbertinseln, von der Mandschurei im Norden bis zur nördlichen Hälfte Neuguineas im Süden sowie bis Burma, Siam (Thailand) und Niederländisch-Indien (heute Indonesien) im Westen. Die Zahlen der Opfer des Zweiten Weltkrieges in Asien treten zumeist in den Hintergrund. Etwa 20 000 000 Tote sind seit 1937 zu verzeichnen, wobei viele Menschen nicht durch direkte Kriegseinwirkungen, sondern durch Kriegsfolgen wie Zwangsarbeit, Hungersnöte oder Seuchen ums Leben kommen.

China: 10 000 000 Tote, davon 8 500 000 Zivilisten;
Niederländisch-Indien (heute Indonesien): 4 000 000 Tote, fast alle Zivilisten;
Malaya: 130 000 Tote, fast alle Zivilisten;
Philippinen: 120 000 Tote, davon 90 000 Zivilisten;
Korea: 70 000 Tote, fast alle Zivilisten;
Vietnam: 1 000 000 Tote, fast alle Zivilisten;
Indien: 1 500 000 Tote; fast alle Zivilisten, die einer Hungersnot in Bengalen zum Opfer fallen, sowie 36 000 Soldaten, von denen ein Teil in Europa und Nordafrika fiel;
Australien: 27 000 Tote (ein Teil der Soldaten fiel in Europa und Nordafrika);
Neuseeland: 10 000 Tote (ein Teil der Soldaten fiel in Europa und Nordafrika);
USA: 100 000 Tote (nur im pazifischen Raum);
Japan: 2 100 000 Tote, davon 400 000 Zivilisten.

Staaten von Abessinien bis Venezuela beitreten, bestimmt drei Tatbestände: Verbrechen gegen den Frieden, Kriegsverbrechen und Verbrechen gegen die Menschlichkeit. Es können einzelne Personen abgeurteilt wie auch Personengruppen und Organisationen für verbrecherisch erklärt werden. Damit wird zum ersten Mal in der Geschichte versucht, den Verstoß gegen allgemeine Grundsätze auf internationaler Ebene zu bestrafen, wenn auch rückwirkend.

14. August: In München gründet eine Gruppe von Politikern um Adam Stegerwald, ehemals Vorsitzender des Gesamtverbandes Christlicher Gewerkschaften, Karl Scharnagl, früherer und neuer Oberbürgermeister von München, und Josef Müller («Ochsensepp»), letzter Vorsitzender der Bayerischen Volkspartei vor 1933, und den Ministerpräsidenten Fritz Schäffer eine neue Partei. Auf Vorschlag von Müller, der eine übergreifende «Sammel- und Volkspartei aller Kreise» als Nachfolger der katholischen Bayerischen Volkspartei anstrebt, heißt sie *Christlich-Soziale Union*, bleibt aber zunächst auf München beschränkt.

16. August: Die Sowjetunion und Polen schließen einen Grenzvertrag, der bis auf geringe Abweichungen zugunsten Polens die «Curzon-Linie» als «endgültige» polnische Ostgrenze festlegt. Ostpreußen wird damit getrennt, der nördliche Teil mit Königsberg fällt faktisch an die Sowjetunion, der südliche Teil kommt unter «polnische Verwaltung». Durch diesen Grenzvertrag verliert Polen gegenüber 1939 ein Gebiet von etwa 180000 Quadratkilometern. Die dortige polnische Bevölkerung wird in die 103000 Quadratkilometer großen «wiedergewonnenen Gebiete» umgesiedelt, wie die der polnischen Verwaltung übergebenen deutschen Ostgebiete bezeichnet werden. Polen begibt sich damit in völlige Abhängigkeit von der Sowjetunion, da nur diese Rückhalt gegenüber deutschen Forderungen nach einer Grenzrevision zu bieten vermag.

25. August: US-Präsident Harry Truman erläßt die «Order Nr. 9604», die eine Fortsetzung der 1944 begonnenen Jagd nach «unsichtbaren Reparationen» befiehlt. Vor allem die *Field Information Agency – Technical* (FIAT) betreibt bis zum Sommer 1947 den größten Transfer von intellektuellen Leistungen, der jemals von einem Land in ein anderes stattfindet. Überall werden deutsche Blaupausen aufgespürt, die neuesten wissenschaftlichen und technischen Erkenntnisse gesammelt und der amerikanischen Industrie zur Verfügung gestellt. Im ersten Besatzungsjahr kommt es noch zu einem Informationsaustausch zwischen amerikanischen und sowjetischen Stellen. Bald organisiert FIAT auch regelrechte Messen von Beutetechnik und -technologien in den USA und betreut US-Firmendelegationen in Deutschland. Spätere Schätzungen beziffern die deutschen Verluste durch «unsichtbare Reparationen» auf fünf bis 20 Milliarden DM.

27. August: In ihrem «Befehl Nr. 42» ordnet die SMAD an, daß sich alle ehemaligen deutschen Offiziere, Mitglieder der NSDAP, der SS und SA sowie Mitarbeiter der Gestapo bei den Militärkommandanturen registrieren lassen müssen. Viele der Betroffenen werden dabei sogleich festgenommen. Ohnehin nehmen die sowjetische Geheimpolizei NKWD/MWD/NKGB bereits mit dem Einrücken nach Deutschland Verhaftungswellen vor, die auch bloße Verdächtige und Unschuldige sowie politisch Unliebsame treffen. Weil tatsächlich oder angeblich Belange der Besatzungsmacht berührt sind, verurteilen «Sowjetische Militärtribunale» in Willkürverfahren Zehntausende Deutsche. In der Regel werden 25 Jahre Zwangsarbeit verhängt, in einigen hundert Fällen gar das Todesurteil. Wer nicht in die Sowjetunion deportiert wird, wird interniert. Nach und nach werden auf deutschem Boden siebzehn Internierungslager eingerichtet, russisch «Speziallager» geheißen, viele auf dem Gelände ehemaliger Konzentrationslager, Kriegsgefangenenlager oder Gefängnisse. Mindestens 160000 Deutsche werden hier festgehalten; 65000 sterben an den elenden Lebensbedingungen, 36000 werden aus den Lagern in die Sowjetunion deportiert, 28000 werden entlassen. Die verbleibenden 31000 werden ab 1948 in den beiden ehemaligen Nazi-KZs Sachsenhausen und Buchenwald sowie in Bautzen zusammengelegt. Im Januar 1950 sitzen noch knapp 30000 Menschen in den «Speziallagern» ein. Bei deren Auflösung im Sommer 1950 wird nur die Hälfte freigelassen, die anderen verbleiben in anderweitiger Haft.

3. bis 11. September: Während in der Industrie viele Arbeiter auf Enteignungen drängen oder sie selbst durchführen, wagt die Landbevölkerung keine eigenständigen Schritte. Veränderungen kommen von oben: Alle Länder- und Provinzialverwaltungen der SBZ erlassen Verordnungen zur Durchführung einer Bodenreform. Von der Exil-KPD eigentlich erst für 1946 vorgesehen, wird die Bodenreform auf Druck der Sowjets nun vorgezogen. Widerstand kommt vor allem von der CDU der SBZ, die eine Entschädigung fordert und ihre Zustimmung verweigert. Unter dem Motto «Junkerland in Bauernhand» wird der private Großgrundbesitz über 100 Hektar liquidiert, lediglich Staatsbesitz, Versuchsanstalten und Kirchenland sind ausgenommen. So ist etwa ein Drittel der landwirtschaftlichen Nutzfläche betroffen: 3,3 Millionen Hektar und 14000 Betriebe werden entschädigungslos enteignet; mehr als

Schuldanerkenntnis der katholischen Bischöfe

Die Konferenz der katholischen Bischöfe Deutschlands veröffentlicht am 23. August in Fulda einen Hirtenbrief, der Bilanz zieht: «Furchtbares ist schon vor dem Kriege in Deutschland und während des Krieges durch Deutsche in den besetzten Ländern geschehen. Wir beklagen es zutiefst: Viele Deutsche, auch aus unseren Reihen, haben sich von den falschen Lehren des Nationalsozialismus betören lassen, sind bei den Verbrechen gegen menschliche Freiheit und menschliche Würde gleichgültig geblieben; viele leisteten durch ihre Haltung den Verbrechen Vorschub, viele sind selber Verbrecher geworden. Schwere Verantwortung trifft jene, die auf Grund ihrer Stellung wissen konnten, was bei uns vorging, die durch ihren Einfluß solche Verbrechen hätten verhindern können und es nicht getan haben, ja diese Verbrechen ermöglicht und sich dadurch mit den Verbrechern solidarisch erklärt haben.» Ihre harte, aber wenig genaue Kritik wie Selbstkritik wissen die Bischöfe mit ihrer Erwartung an die Neuordnung zu verknüpfen: «Wir hoffen, daß katholischen Eltern wieder die Möglichkeit gegeben ist, ihre Kinder in katholische Schulen zu schicken. Es gibt keine bessere Bürgschaft für die Gesundung der geistigen Lage als eine wahrhaft religiöse Erziehung, die in der Bekenntnisschule gesichert ist.»

Am 11. September 1945 erlebten die Gemeinden Rockau, Cunnersdorf und Helfenberg bei Dresden die Aufteilung des ehemaligen «Königlichen Rittergutes» Helfenberg

7000 Großgrundbesitzer und größere Bauern verlieren ihren Besitz.

Insgesamt 2,2 Millionen Hektar Land werden innerhalb weniger Monate an 560000 Empfänger übergeben: 120000 Familien landloser Bauern und Landarbeiter erhalten 930000 Hektar, 82000 Familien landarmer Bauern 274000 Hektar, 91000 Familien von Vertriebenen 763000 Hektar, 183000 Familien nichtlandwirtschaftlicher Arbeiter und Angestellten 115000 Hektar, 100000 Kleinpächter und Altbauern 104000 Hektar. Die restlichen 1,1 Millionen Hektar werden an staatliche, kommunale und gesellschaftliche Organe übergeben, woraus in der Folgezeit etwa 500 Volkseigene Güter hervorgehen.

Mit der Bodenreform ist fast die Hälfte der Höfe kleiner als 20 Hektar, eine kaum wirtschaftliche Größe. Angesichts hoher Ablieferungspflichten fliehen in der Folgezeit viele Bauern, ganze Dörfer leeren sich, die landwirtschaftliche Produktion sinkt deutlich. Um in der neugeschaffenen Kleinteiligkeit den politischen Einfluß der KPD und später der SED zu sichern, werden «Komitees der gegenseitigen Bauernhilfe» ins Leben gerufen, die 1946 in die *Vereinigung der gegenseitigen Bauernhilfe* (VdgB) übergehen.

In den Westzonen hingegen erfolgen kaum Eingriffe in die Eigentumsstruktur. Für die US-Zone verabschiedet der «Länderrat» im August 1946 das weitreichendste Gesetz. Danach müssen Großgrundbesitzer einen Teil ihrer 100 Hektar übersteigenden Fläche als Siedlungsland abgeben. Widerstand der Betroffenen und Verzögerungen seitens deutscher Behörden höhlen die Regelung jedoch aus. Bis Herbst 1947 werden von den eigentlich fälligen 290000 Hektar ganze 24000 Hektar tatsächlich abgegeben.

6. September: Im Ruhrgebiet werden mehr als 40 Großindustrielle, darunter Hugo Stinnes jun., von britischem Militär verhaftet. Gemäß der interalliierten Vereinbarung über die Verfolgung von Kriegsverbechern werden sie als Mitglieder des rheinisch-westfälischen Kohlekartells betrachtet. Stinnes kann keine Komplizenschaft mit den Nazis nachgewiesen werden. Im Juni 1948 wird er wieder auf freien Fuß gesetzt.

10. September: In Berlin gründen die bei den kommunalen Verwaltungen angesiedelten antifaschistischen Jugendausschüsse einen zentralen Jugendausschuß. Dank des starken Einflusses der KPD wird zu seinem Vorsitzenden der KPD-Funktionär Erich Honecker gewählt.

11. September bis 2. Oktober: In London findet die Erste Konferenz des Rats der Außenminister statt, der von der Potsdamer Konferenz geschaffen wurde. Für die USA nimmt James Byrnes teil, für die Sowjetunion Wjatscheslaw Molotow, für Großbritannien Ernest Bevin, für Frankreich Georges Bidault und für China Wang Shi-Tschieh. Über Deutschland wird kaum geredet, Süd- und Südosteuropa stehen im Mittelpunkt. Weil er die sowjetischen Positionen nicht durchsetzen kann, schlägt Molotow kurzerhand vor, den chinesischen Außenminister von der Erörterung europäischer Fragen auszuschließen und den französischen nur bei den Gesprächen über Italien hinzuzuziehen. Bis auf die Proklamation eines unabhängigen Österreich, dem das südliche Tirol jedoch nicht zurückgegeben werden soll, endet die Konferenz ohne Ergebnisse.

17. September: In Lüneburg beginnt der erste Kriegsverbrecherprozeß auf deutschem Boden. Am 15. April befreiten britische Truppen das Konzentrationslager Bergen-Belsen, in dem im März 1945 die fünfzehnjährige Anne Frank verstarb, deren Tagebuch eines der erschütterndsten Zeugnisse der Judenverfolgung liefert. Die britischen Einheiten trafen auf 60000 lebende Häftlinge und Tausende von Toten, die teils schon seit Wochen unbestattet auf dem Gelände des KZ lagen. Trotz größter Anstrengungen starben nach der Befreiung etwa 14000 Häftlinge an den Folgen der Unterernährung und an Seuchen. Ein britisches Militärgericht, dessen Richter, Ankläger wie Verteidiger Offiziere sind, verhandelt nun gegen die verhafteten Wachmannschaften. Da der größte Teil der SS-Wächter vor Ankunft der Briten abrückte und zudem etwa zwanzig Aufseher in den folgenden Wochen sterben, spricht das Militärgericht am 17. November 1945 Urteile nur gegen 44 Personen.

Zum Tode werden acht SS-Männer, darunter der Lagerleiter und frühere Kommandant von Auschwitz-Birkenau Josef Kramer, und drei SS-Aufseherinnen, Irma Grese, Elisabeth Volkenrath und Johanna Bormann, verurteilt. Sieben der Todesurteile werden auch wegen der in Auschwitz begangenen Verbrechen verhängt. Zu Freiheitsstrafen zwischen einem Jahr und lebenslänglich werden zwei SS-Männer, neun SS-Aufseherinnen und acht Kapos verurteilt. Freigesprochen werden sieben SS-Männer, vier SS-Aufseherinnen und drei Kapos. Die Todesurteile werden am 16. Dezember 1945 vom britischen Henker Albert Pierrepoint in Hameln vollstreckt.

19. September: Die amerikanische Besatzungsmacht beginnt, ihre Zone föderalistisch aufzubauen. Mit der «Proklamation Nr. 2» des Obersten Befehlshabers der amerikanischen Streitkräfte werden «Verwaltungsgebiete gebildet, die von jetzt ab als Staaten bezeichnet werden». Bayern behält weitgehend seine historischen Grenzen, Württemberg-Baden wird aus den nördlichen Hälften der alten Länder gebildet und Groß-Hessen aus der preußischen Provinz und einem Teil von Hessen-Darmstadt zusammengesetzt. (Anfang 1947 kommt das als Enklave in der britischen Zone liegende Bremen mit Bremerhaven zur US-Zone hinzu, wo der SPD-Politiker Wilhelm Kaisen zum Senatspräsidenten berufen wird.) Am 24. September wird Reinhold Maier Ministerpräsident von Württemberg-Baden, was er bis 1953 bleiben wird; sein Kultusminister wird Theodor Heuss. Beide gründen in diesen Tagen im traditionell liberalen Stammland die *Demokratische Volkspartei* (DVP). In Hessen wird Karl Geiler (Deut-

Sowjetische Demontage in den Werkshallen der Firma Kugelfischer in Schweinfurt

sche Demokratische Partei) Ministerpräsident.

20. September: Mit dem «Kontrollratsgesetz Nr. 2» wird der gesamte deutsche Außenhandel, der 1945 darniederliegt, sich aber 1946 wieder belebt, strengen Beschränkungen unterworfen. Bis 1949 werden alle diesbezüglichen Geschäfte ausschließlich durch die Alliierten oder die dafür geschaffenen Institutionen abgeschlossen.

22. September: Der General und Kriegsheld George S. Patton, Befehlshaber der 3. US-Armee, kritisiert die Entnazifizierung offen. Sie hemme den Wiederaufbau und schalte die intelligentesten Leute Deutschlands aus, obgleich «diese Naziangelegenheit das gleiche sei wie ein Wahlkampf zwischen Demokraten und Republikanern». Darauf kommandiert die amerikanische Militärregierung Patton am 5. Oktober in die Heimat und verschärft die Entnazifizierungsregelungen nach den Forderungen der US-Öffentlichkeit. Das «Gesetz Nr. 8» vom 26. September untersagt nun jedem, der der NSDAP oder einer ihrer Untergliederungen angehörte, jegliche Berufsausübung außer Handarbeit und untergeordneter Tätigkeit. Die Verantwortung für die Befolgung und Durchführung wird den wiedererrichteten deutschen Arbeitsämtern übertragen.

25. September: In den Westzonen beginnen die Demontagen. Bis Ende April 1951 demontieren die Westalliierten 323 Fabriken – etwa vier bis sieben Prozent der dortigen Industriekapazitäten. Die Sowjets, in deren Land über 30000 Industriebetriebe zerstört sind, bauen in ihrer Zone schon seit Mai ganze Anlagen ab. Bis Ende 1946 demontieren sie die ersten 1000 Werke, vornehmlich der Metall-, chemischen und optischen Industrie. Es kommt zu chaotischen Vorfällen: Oft wird ohne Plan, oft aufgrund einander widersprechender Befehle demontiert, so daß Anlagen durcheinandergeworfen, ohne Unterlagen versandt oder für die Wiedermontage nicht gekennzeichnet werden. Weil nach dem Leitsatz «Alles auf die Räder!» verfahren wird, stauen sich im Spätsommer die Demontagezüge vor dem sowjetischen Grenzbahnhof Brest auf mehr als 100 Kilometer.

Zum Symbol der rücksichtslosen Demontagen durch die Sowjets wird das zweite Eisenbahngleis. Ab Herbst 1945 wird in der SBZ auf 6300 Kilometer dieses zweite Gleis abgebaut und in die Sowjetunion verbracht, übrig bleibt (oft für Jahrzehnte) das leere Schotterbett. Zahllose Weichen sowie komplette Nebenstrecken und Anlagen der Elektrifizierung werden ebenfalls demontiert, so daß bis März 1947 Schienen in einer Gesamtlänge von 11800 Kilometer und einem geschätzten Gewicht von 700000 Tonnen entnommen werden. Das Schienennetz der SBZ wird damit auf die Hälfte des Standes von 1938 reduziert.

28. September: Der konservative bayerische Ministerpräsident Schäffer, der wenig später zu den Gründern der landesweiten CSU gehören wird, wird im Zuge der Patton-Affäre von der US-Militärregierung abgesetzt. An seine Stelle wird am 3. Oktober der Sozialdemokrat Wilhelm Hoegner berufen, dessen neuer Regierung bis Januar 1947 als Minister für Handel und Gewerbe der parteilose Wirtschaftswissenschaftler Ludwig Erhard angehört. Erhard weigerte sich in der Nazizeit, der NSDAP und der «Deutschen Arbeitsfront» beizutreten – was ihn um die Möglichkeit brachte, sich zu habilitieren.

1. Oktober: In der SBZ wird der geregelte Schulunterricht wiederaufgenommen. Mit einem gemeinsamen Aufruf leiten das ZK der KPD und der Zentralausschuß der SPD am 18. Oktober die «demokratische Schulreform» ein, in deren Verlauf nicht nur die Inhalte verändert werden, sondern anstelle der durch Säuberungen vertriebenen Pädagogen auch 40000 «Neulehrer» an die Schulen kommen. Kurzfristige Schulungen sollen sie für ihre Arbeit qualifizieren.

5. bis 7. Oktober: In Wennigsen bei Hannover findet die erste (und letzte) gesamtdeutsche SPD-Delegiertenkonferenz statt. Vor etwa 120 Genossen wendet sich Kurt Schumacher vehement gegen jede Annäherung von SPD und KPD, er bestreitet zudem den «zentralen Geltungsanspruch» des «Berliner Zentralausschusses». Die Konferenz endet mit dem Kompromiß, daß es keine gesamtdeutsche SPD geben werde, solange Deutschland in Zonen geteilt sei. Während das Mandat des Berliner Zentralausschusses auf die Sowjetzone beschränkt wird, wählt die Konferenz Schumacher einstimmig zum «politischen Beauftragten» der Partei in den Westzonen. Damit spiegelt sich die Spaltung Deutschlands auch in der Organisation der SPD.

6. Oktober: Kölns Oberbürgermeister Adenauer wird vom britischen Militärgouverneur John Ashworth Barraclough entlassen: «Nach meiner Ansicht haben Sie Ihre Pflicht gegenüber der Bevölkerung Kölns nicht erfüllt.» Adenauer hat Köln binnen acht Tagen zu verlassen, zudem darf er sich unter Androhung eines Militärgerichtsverfahrens nicht politisch betätigen (dieses Verbot wird am 4. Dezember 1945 aufgehoben). Hintergrund sind mutmaßlich höhere politische Ambitionen des jetzt knapp 70jährigen, die das Mißfallen der Briten hervorrufen.

In München lizenzieren die amerikanischen Militärbehörden die *Süddeutsche Zeitung*.

10. Oktober: Der Alliierte Kontrollrat verfügt mit seinem «Gesetz Nr. 2» das Verbot und die Auflösung aller NS-Organisationen in Deutschland, zudem untersagt er jegliche Neubildung irgendeiner dieser Organisationen.

12. Oktober: Der Alliierte Kontrollrat legt in seiner «Direktive Nr. 14» einen Stopp aller Löhne und Gehälter fest. Auf der Basis einer Nazi-Verordnung vom 12. Oktober 1939 werden die Einkommen eingefroren, eine Regelung, die im Grundsatz bis zum Herbst 1948 gilt.

14. Oktober: Der Alliierte Kontrollrat erklärt angesichts der «Tatsache, daß die I.G. Farbenindustrie sich wissentlich und in hervorragendem Maße mit dem Aufbau und der Erhaltung des deutschen Kriegspotentials befaßt hat», den *I.G.-Farben-Konzern* mit seinen 169 Gesellschaften für beschlagnahmt. Das Auslandsvermögen dieses vormals größten Chemiekonzerns der Welt, der seine bedeutendste Einzelinvestition in Auschwitz tätigte, wird enteignet. Obgleich das Potsdamer Abkommen die Entflechtung vorsieht, wird diese zunächst zögerlich, dann gar nicht mehr betrieben. *I.G. Farben* soll in der Bizone in 52 Einzelunternehmen zergliedert und an Treuhänder übergeben werden, die allerdings oft die früheren Leitungskräfte sind. Trotz der Entflechtung steigt der Aktienkurs von Ende Oktober 1945 bis Ende Januar 1946 auf das Doppelte. Die amerikanische Militärregierung stellt den Handel mit *I.G.-Farben*-Aktien unter scharfe Strafen.

Letztlich werden am 8. März 1946 einzig die *Leuna-Werke* in der SBZ wirklich enteignet und zu Volkseigenen Betrieben erklärt. In den Westzonen werden bis 1952 vier Nachfolgegesellschaften gegründet, die einst zu den Gründungsfirmen der *I.G. Farben* gehörten: *BASF, Bayer, Farbwerke Hoechst* und *Cassella Farbwerke*. Erst 1955 werden die *I.G. Farben* endgültig aufgelöst, Aktien der Liquidationsgesellschaft werden jedoch noch heute gehandelt.

15. Oktober: In der SBZ öffnet als erste Hochschule die Universität Jena ihre Pforten, im Januar und Februar 1946 folgen die Universitäten von Berlin, Halle, Greifswald und Rostock. Auch in der französischen

Gebeugt, aber nicht gebrochen

Vor der ersten, von der britischen Militärregierung ernannten Stadtverordnetenversammlung von Köln bringt Oberbürgermeister Adenauer am 1. Oktober 1945 zum Ausdruck, was als Grundstimmung konservativer Kreise in diesen Tagen gelten kann: «Wenn man auf der rechten Rheinseite steht, mitten unter den Trümmern, unter Hunderten von Rückwanderern, die bleich, müde abgehärmt ihre Habseligkeiten, das Wenige, das sie noch besitzen, mit sich schleppen; wenn man dann vor sich im Strom die gespenstischen Trümmer unserer einst so schönen Brücken sieht, und drüben, drüben auf dem linken Rheinufer ein unendliches Meer von zerstörten Häusern, in denen einst glückliche Menschen gewohnt haben, von Gebäuden und Kirchen, die fast tausend Jahre gestanden haben; und wenn man über allem in einsamer Größe den Dom sieht, unseren Dom, auch geschändet und zum Teil zerstört – wem krampft sich da nicht das Herz zusammen? Wer von uns möchte dann nicht verzweifeln ob der Größe dieser Not! Und doch wollen wir nicht verzweifeln. Wir wollen arbeiten. Es ist ein harter und steiniger Weg, der vor uns liegt. Wir sehen nur seinen trümmerbedeckten Anfang. Wir sehen nicht sein Ende. Wir wollen diesen Weg gehen. Wir wollen ihn gehen mit aller Kraft, die uns noch verblieben ist. Wir wollen ihn gehen mit Geduld, die stärker ist als alles. Mit hingebender Liebe zu unserem Volke und zu unserer Stadt (...) So wollen wir gemeinsam ans Werk gehen. Gebeugt, tief gebeugt, aber – meine Damen und Herren – nicht gebrochen.»

Zone, wo die Besatzungsmacht eine aktive und umfassende Kulturpolitik betreibt, öffnen in diesen Tagen die ersten Universitäten – Tübingen und Freiburg. 1946 gründet die französische Militärregierung in Mainz und Saarbrücken zwei neue Universitäten.

17. Oktober: In Stuttgart bildet der stellvertretende Militärgouverneur Clay aus den drei Ministerpräsidenten der Länder und dem Bremer Bürgermeister den «Länderrat» der amerikanischen Zone. Möglichst viel Verantwortung für die Selbstverwaltung geht damit an die Deutschen über, die Regierungsautorität wird dezentral organisiert. Ein Verbindungsbüro stellt sicher, daß die Deutschen den politischen Grundsätzen der USA folgen. Bis Anfang 1947 erreicht der «Länderrat» erhebliche Fortschritte bei der Umsiedlung der Flüchtlinge und beim Wiederaufbau des Transport- und Verkehrswesens sowie der Post.

18. Oktober: Im Saal des ehemaligen Volksgerichtshofes in Berlin tritt der Internationale Militärgerichtshof zusammen, um den Prozeß gegen 24 deutsche Hauptkriegsverbrecher zu führen. Dem Gericht gehören je ein Mitglied sowie je ein Stellvertreter aus den USA, aus Großbritannien, aus Frankreich und aus der UdSSR an. Den Vorsitz hat der britische Lord-Richter Geoffrey Lawrence inne, der dem Prozeß einen weitgehend fairen Verlauf zu geben weiß. Während jeder der Alliierten einen Hauptankläger, einen Stellvertreter und mehrere Hilfsankläger stellt, wird die Verteidigung der Angeklagten ausschließlich von deutschen Anwälten übernommen. Da in Berlin kein geeignetes Gebäude für einen derart großen Prozeß vorhanden ist, tagt das Gericht ab dem 20. November in Nürnberg, dem Ort der Nazi-Parteitage.

Unter der Chefredaktion von Hans Habe erscheint in München erstmals die *Neue Zeitung*, die bald eine Auflage von 1,5 Millionen erreicht. Als «Amerikanische Zeitung für die deutsche Bevölkerung» und offizielles Organ der amerikanischen Militärbehörden bringt sie im Gegensatz zu den deutschen Zeitungen vor allem nationale und internationale Nachrichten. Mit ihrem hohen Niveau erweitert sie das Blickfeld der deutschen Leser entscheidend. Allerdings kann sie ihre Bedeutung nur in den Nachkriegsmonaten halten, ab 1947 sinken Niveau und Auflage bis zur endgültigen Einstellung am 31. Januar 1955.

18. und 19. Oktober: Der neugewählte Rat der *Evangelischen Kirche in Deutschland* (EKD) hält in Stuttgart seine erste Tagung ab. Unerwartet reist eine achtköpfige Delegation des internationalen *Ökumenischen Rates der Kirchen* (ÖRK) unter dem Niederländer Willem Visser't Hooft an. Sie macht «einige Aussagen» zu den «Taten, die im Namen des deutschen Volkes begangen worden waren», zur Bedingung für die Aufnahme der deutschen Kirchen. Von den anwesenden elf deutschen Kirchenführern werden nur Martin Niemöller und Hans Asmussen von diesem eigentlichen Anliegen der ÖRK-Delegation in Kenntnis gesetzt. Darauf erörtert und verabschiedet der Rat der EKD die «Stuttgarter Erklärung», die als Schuldbekenntnis gedacht ist. Sie löst Diskussionen über die Rolle der Kirchen in der Nazizeit im allgemeinen und die Obrigkeitsorientierung der lutherischen Kirchen im besonderen aus.

30. Oktober: Die SMAD gibt den «Befehl Nr. 124» (Sequesterbefehl) über die «Beschlagnahme allen Eigentums des deutschen Staates, der NSDAP und ihrer Organisationen, der Verbündeten des Nazireiches und darüber hinaus all jener Personen, die von der SMAD durch besondere Listen oder auf eine andere Weise bezeichnet werden» heraus. Zudem sind alle «herrenlosen Handels-, Industrie- und landwirtschaftlichen Unternehmen» zu registrieren und provisorisch zu verwalten. Mit diesem und weiteren Befehlen legalisiert die SMAD zum einen faktische Enteignungen, die durch Arbeiter oder Behörden vorgenommen werden, zum anderen zerschlägt sie gezielt Privatunternehmen. So verfügt am 29. Oktober die Regierung Sachsens die entschädigungslose Enteignung des *Flick-Konzerns*, weil der Monopolkapitalist Flick ohnehin seiner Verurteilung entgegensehe.

31. Oktober: Die SMAD genehmigt die Bewaffnung der «Volkspolizei» in der SBZ.

4. November: In Ungarn bescherte die erste freie Nachkriegswahl, die am 7. Oktober für den Budapester Stadtrat stattfand, den Kommunisten, die mit den Sozialdemokraten eine gemeinsame Liste bildeten und sich der absoluten Mehrheit sicher fühlten, eine Niederlage. Während die bürgerliche «Unabhängige Partei der Kleinen Landwirte, Landarbeiter und Bürger» 121 Sitze erhielt, kam die vereinigte Linke nur auf 103 Sitze, 16 Sitze entfielen auf andere Parteien. Vor den heutigen Parlamentswahlen, bis 1990 die freiesten Wahlen, scheitern die Versuche der sowjetischen Besatzungsmacht, den Einfluß der Kommunistischen Partei über «gemeinsame Listen» zu sichern. So können die Ungarn frei und geheim wählen, die Wahlbeteiligung liegt bei 92,4 Prozent. Mit 57 Prozent erlangt die Partei der Kleinlandwirte die absolute Mehrheit, die KP landet vernichtend geschlagen bei knapp 17 Prozent der Stimmen.

16. November: Die *Krupp-Werke* werden von der britischen Militärregierung entschädigungslos beschlagnahmt. Statt der eigentlich vereinbarten Entflechtung sollen

Wir klagen an

In der *Stuttgarter Erklärung* der EKD heißt es: «Mit großem Schmerz sagen wir: Durch uns ist unendliches Leid über viele Völker und Länder gebracht worden. Was wir unserer Gemeinde oft bezeugt haben, das sprechen wir jetzt im Namen der ganzen Kirche aus: Wohl haben wir lange Jahre hindurch im Namen Jesu Christi gegen den Geist gekämpft, der im nationalsozialistischen Gewaltregiment seinen furchtbarsten Ausdruck gefunden hat; aber wir klagen uns an, daß wir nicht mutiger bekannt, nicht treuer gebetet, nicht fröhlicher geglaubt und nicht brennender geliebt haben. Nun soll in unseren Kirchen ein neuer Anfang gemacht werden. Gegründet auf die Heilige Schrift, mit ganzem Ernst ausgerichtet auf den Heiligen Herrn der Kirche, gehen sie daran, sich von glaubensfremden Einflüssen zu reinigen und sich selber zu ordnen. Wir hoffen zu dem Gott der Gnade und Barmherzigkeit, daß er unsere Kirchen als sein Werkzeug brauchen und ihnen Vollmacht geben wird, sein Wort zu verkündigen und seinem Willen Gehorsam zu schaffen bei uns selbst und bei unserem ganzen Volk.»

Diese Erklärung wird vorerst nicht veröffentlicht. Auf einen ersten empörten Bericht der *Neuen Rheinischen Zeitung* am 27. Oktober 1945 reagiert die EKD ausweichend, indem sie die Erklärung als «kirchlichen Akt» herunterspielt.

sie nur «treuhänderisch für das deutsche Volk» verwaltet werden, allerdings nicht an die alten Eigentümer zurückfallen. Der 1948 als Hauptkriegsverbrecher verurteilte Alfried Krupp von Bohlen und Halbach kommt jedoch schon im Februar 1951 durch eine Amnestie frei, sein Vermögen sowie das beschlagnahmte Eigentum des Konzerns werden ihm zurückerstattet. 1953 nimmt er seine alte Stellung im Familienunternehmen wieder ein, rasch gewinnt der *Krupp-Konzern* seine Position als führender Stahlkonzern Europas zurück.

20. November: Der Alliierte Kontrollrat einigt sich auf Ausführungsbestimmungen zur in Potsdam beschlossenen «Umsiedlung» der Deutschen aus Polen, der Tschechoslowakei und Ungarn in die vier Besatzungszonen. Insgesamt 6,65 Millionen Deutsche müssen, sofern sie nicht bereits geflohen sind, ihre Heimat verlassen und sollen wie folgt verteilt werden: Die US-Besatzungszone soll 1,75 Millionen Menschen aus der Tschechoslowakei und 500000 Menschen aus Ungarn aufnehmen. In die SBZ werden zwei Millionen Menschen aus den Polen zufallenden deutschen Ostgebieten und 750000 Menschen aus der Tschechoslowakei kommen. Der britischen Besatzungszone werden 1,5 Millionen Menschen aus Polen zugeführt. 150000 Menschen sollen aus Österreich in die kleinste Besatzungszone, die französische, gelangen.

21. November: In Berlin beginnt der *Rundfunk im amerikanischen Sektor* (RIAS) seine Sendungen.

25. November: Im von den Alliierten besetzten Österreich finden freie und geheime Parlamentswahlen statt, an denen 94 Prozent der Wahlberechtigten teilnehmen. Mit 85 Sitzen gewinnt die konservative ÖVP die absolute Mehrheit im 165köpfigen Nationalrat, die Sozialisten kommen auf 76 Sitze. Ganze 5,4 Prozent der Stimmen und vier Mandate entfallen trotz massiver sowjetischer Unterstützung auf die Kommunisten; sie selbst erwarteten ein Viertel, die Sowjetführung mindestens ein Drittel der Stimmen. Die Ergebnisse dieser und der vorherigen Wahlen in Ungarn lassen den Kreml aufschrecken, das Steuer wird jetzt in Richtung Einheitspartei herumgerissen. Auch in der SBZ entfacht die KPD eine, nach ihren zuvor verkündeten Maßstäben überstürzte Einheitskampagne. Zudem werden im sowjetischen Einflußbereich nur noch vereinzelt Wahlen zugelassen, die als frei und geheim gelten können.

1. und 2. Dezember: Die britische Militärregierung verhaftet 78 Ruhrindustrielle, die mit *Krupp*, den *Vereinigten Stahlwerken* und den *Deutschen Edelstahlwerken* verbunden sind. Ihr Vermögen wird beschlagnahmt. Am 22. Dezember wird der Kohlebergbau in der britischen Zone entschädigungslos enteignet.

14. Dezember: In Bad Godesberg kommen Vertreter der CDVP des Westens, der CDU aus Hessen, der CSVP aus Baden und der CDUD aus Berlin zu einem «Reichstreffen» zusammen – die geladene CSU Bayerns erscheint nicht. Die Delegierten einigen sich auf das politische Ziel eines «Sozialismus aus christlicher Verantwortung». Sie bestimmen ihn als «System planvoller Wirtschaftslenkung, das von der alten abendländischen Idee der freien und verantwortlichen Persönlichkeit belebt ist». Als einheitlicher Name wird *Christlich-Demokratische Union Deutschlands* (CDUD) festgelegt, doch schon in der Pressemitteilung über das Godesberger Treffen wird das zweite D weggelassen. Die Abkürzung CDU beginnt sich rasch einzubürgern. Konrad Adenauer, der sich später zu einem der Gründer der CDU erklären wird, nimmt lediglich als stiller Zuhörer teil.

16. bis 26. Dezember: In Moskau tagt die

Zweite Konferenz des Rats der Außenminister. Der US-Außenminister James Byrnes kommt der Forderung seines sowjetischen Amtskollegen Wjatscheslaw Molotow, die meisten europäischen Fragen ohne Frankreich und China zu erörtern, entgegen – nur der britische Außenminister Ernest Bevin wird noch hinzugezogen. Einziges greifbares Ergebnis ist der Plan, die Dritte Konferenz nach Paris und eine Friedenskonferenz der 21 Staaten, die aktiv im Krieg gegen Deutschland und seine Satellitenstaaten standen, für das Frühjahr 1946 einzuberufen.

17. Dezember: In München wird Josef Müller zum ersten «vorläufigen Landesvorsitzenden» der CSU gewählt. Am 31. Dezember veröffentlicht der «vorläufige Landesausschuß» die «Zehn Punkte der Christlich-Sozialen Union». Neben dem Wiederaufbau werden folgende «Leitsterne» formuliert: Verwirklichung christlicher Grundsätze in Erziehung, Wirtschaft und Öffentlichkeit, Schaffung eines freien demokratischen Staatswesens, Wiederherstellung des Rechtsstaates, soziale Gerechtigkeit, Rückkehr zur privaten wirtschaftlichen Initiative und Verantwortung unter Aufsicht des Staates und föderative Neugestaltung des Reiches. Am 8. Januar 1946 wird in München die eigentliche Gründung der CSU vollzogen, am gleichen Tag lizenziert die US-Militärregierung die neue Partei. Auf der ersten Landesversammlung wird Josef Müller am 17. Mai 1946 offiziell als Vorsitzender bestätigt.

19. Dezember: Innerhalb des Parteienblocks in der SBZ gibt es eine heftige Auseinandersetzung über die Bodenreform. Der CDU-Vorsitzende Andreas Hermes und sein Stellvertreter Walther Schreiber verweigern der entschädigungslosen Enteignung die Zustimmung. Darauf werden beide von der SMAD mit verschiedensten Mitteln unter Druck gesetzt. Hermes' Sohn soll bei Zustimmung vorzeitig aus sowjetischer Kriegsgefangenschaft entlassen werden, tatsächlich ist er bereits nach Deutschland transportiert. Hermes und Schreiber bleiben bei ihrer ablehnenden Haltung. Darauf greift die SMAD erstmals direkt in die Willensbildung einer deutschen demokratischen Partei ein: Sie setzt Hermes und Schreiber ab. Ihre Nachfolge treten Jakob Kaiser und Ernst Lemmer an.

20. und 21. Dezember: In Berlin kommen Vertreter des ZK der KPD und des Zentralausschusses der SPD zu einer gemeinsamen Konferenz zusammen, die als «Sechziger Konferenz» bekannt wird. Die SPD-Vertreter um Otto Grotewohl bringen ihre, nach der anfänglichen Einheitsbegeisterung aufgetretenen Vorbehalte zum Ausdruck. Etwa gegen die «Vorzugsstellung» der KPD, gegen die Aufstellung gemeinsamer Kandidatenlisten, gegen den physischen Druck auf einheitsunwillige Sozialdemokraten und gegen eine auf die SBZ beschränkte Vereinigung. Gleichwohl beharren sie nicht auf einer Urabstimmung der SPD-Mitglieder aller Zonen, sondern akzeptieren die vom ZK der KPD vorgeschlagene Sieben-Punkte-Erklärung. Während die KPD vor Monaten einen «politischen Klärungsprozeß» zur Voraussetzung machte, drängt sie unter dem Eindruck der KP-Wahlniederlagen in Ungarn und Österreich auf eine rasche Vereinigung. Die SPD-Führer der SBZ vertrauen auf die Zusagen der Sieben-Punkte-Erklärung. Am 3. und 4. Januar 1946 lehnen die SPD-Delegierten der britischen Zone die Vereinigung mit der KPD einstimmig ab, in der amerikanischen Zone sprechen sich am 6. Januar 144 von 150 Delegierten dagegen aus.

26. Dezember: Die französische Militärregierung beschlagnahmt die Kohlegruben an der Saar.

1946

Erstes Friedensjahr

Ein Volk sucht sein Überleben zu organisieren. Alles ist rationiert, alles wird auf Karten zugeteilt – doch es reicht oft nicht einmal für das Allernotwendigste. Aus dem einfachen Tauschhandel des Vorjahres ist der organisierte, an Rationierung, Erfassung und Steuer vorbeigeführte Schwarzhandel entstanden. Wohl drei Viertel aller Menschen beteiligen sich daran, ohne moralische Skrupel zu empfinden. Inmitten der anhaltenden Not finden Menschen einander, die sich für den Aufbau einer neuen Ordnung verantwortlich fühlen. Parteien werden gebildet, Programme verabschiedet, Posten geschaffen und vergeben. In allen Teilen Deutschlands finden Wahlen statt, an denen sich erstaunlich viele Menschen beteiligen. Sie ahnen oder wissen, daß jetzt Weichen gestellt werden, die über ihr Leben morgen oder übermorgen entscheiden werden. Und sie fühlen, daß Mächte an einem Teil Deutschlands zerren, die nicht danach fragen, was die Menschen wollen.

12. Januar: In seiner «Direktive Nr. 24» stellt der Alliierte Kontrollrat für ganz Deutschland Richtlinien für die «Entfernung und den Ausschluß von Nationalsozialisten und Personen, die den Bestrebungen der Alliierten feindlich gegenüberstehen, aus Ämtern und verantwortlichen Stellungen» auf. NSDAP-Mitglieder, die der Partei «aktiv und nicht nicht nur nominell angehört haben», sowie alliiertenfeindliche Personen werden dem Grundsatz unterworfen, «daß der Betroffene sofort und unbedingt zu entlassen und seinem Einfluß und seiner mittel- oder unmittelbaren Beteiligung an dem Betriebe oder Konzern, mit dem er verbunden war, ein Ende zu setzen ist». Trotz dieser gemeinsamen Direktive praktizieren die Alliierten die Entnazifizierung in ihren Besatzungszonen auf sehr unterschiedliche Weise.

21. Januar: Erstmals seit 1933 finden wieder freie Wahlen auf deutschem Boden statt, der erste, bei der amerikanischen Besatzungsmacht durchaus umstrittene Schritt auf dem Weg zur demokratischen Selbstbestimmung. In den Gebieten der US-Zone werden bei einer Wahlbeteiligung von 86 Prozent die Gemeinderäte gewählt. Heute in

Hessen, am 29. Januar in Bayern und Württemberg-Baden. In Hessen wird die SPD stärkste Partei vor der CDU, in Bayern die CSU vor der SPD, in Württemberg-Baden die CDU vor der SPD.

22. Januar: In Herford tagt der Zonenausschuß der CDU der britischen Besatzungszone, der sich zum wichtigsten Führungsgremium der entstehenden Partei entwickelt. Konrad Adenauer, der erst am 5. Januar seine Bereitschaft zur Mitarbeit in der CDU erklärt, setzt sich kurzerhand selbst als Versammlungsleiter ein, manövriert mögliche Rivalen geschickt aus – und wird prompt zum vorläufigen Vorsitzenden der CDU der britischen Zone gewählt.

2. Februar: US-Präsident Harry Truman entsendet den Vorsitzenden der Kommission für Hungerhilfe, seinen von 1929 bis 1933 amtierenden Amtsvorgänger Herbert Hoover, auf eine Weltreise durch 22 Länder. Hoovers Berichte nennen schreckenerregende Zahlen: In Deutschland ist die Lage von mehr als sieben Millionen Kindern und Erwachsenen verzweifelt, in Europa stehen insgesamt 140 Millionen Menschen in der Gefahr zu verhungern, weltweit sind «800 Millionen Menschen vom Hunger bedroht – das ist ein Drittel der Weltbevölkerung».

8. Februar: In Braunschweig treffen Kurt Schumacher und Otto Grotewohl zusammen. Der militante Antikommunist Schumacher versucht ein letztes Mal, die in der SBZ bevorstehende Vereinigung von SPD und KPD aufzuhalten – vergeblich. Da Grotewohl die Verschmelzung befürwortet, schlägt Schumacher als demonstrativen Akt die Selbstauflösung der SPD in der SBZ vor. Unmittelbar vor dem Vereinigungsparteitag richtet die westdeutsche SPD im April bei ihrem Parteivorstand zunächst in Hannover, dann in Bonn ein «Ostbüro» ein, das die Verbindung zu sozialdemokratischen Kräften in der SBZ aufrechterhält – später auch illegal. Von 1947 bis zu seiner Auflösung im Jahr 1966 wird das «Ostbüro» von Stephan G. Thomas geleitet.

9. bis 11. Februar: In Berlin gründet die Erste Zentrale Delegiertenkonferenz den *Freien Deutschen Gewerkschaftsbund* (FDGB), der bereits zwei Millionen Mitglieder verzeichnet. Bei den Delegiertenwahlen im Dezember 1945 erhält die KPD 312, die SPD 226 und die CDU nur drei Mandate, 17 Delegierte sind parteilos. Zu den Vorsitzenden werden Hans Jendretzky (KPD), Bernhard Göring (SPD) und Ernst Lemmer (CDU) gewählt.

22. Februar: In einer als «langes Telegramm» bekanntgewordenen Denkschrift an sein Außenministerium erklärt George F. Kennan, amerikanischer Geschäftsträger in Moskau, die Politik der Sowjetunion sei militant, aggressiv und expansionistisch. Mit den von der SMAD geschaffenen Zentralverwaltungen wolle die sowjetische Führung einen von ihr abhängigen Separatstaat in Ostdeutschland schaffen, um dann ihren Einfluß auf Westdeutschland auszudehnen. Deshalb könnten die USA kein Interesse an Zentralverwaltungen haben, sondern müßten sich auf die politische Organisation und Konsolidierung der Westzonen konzentrieren.

1. März: In Neheim-Hüsten wird Konrad Adenauer offiziell zum Vorsitzenden der CDU der britischen Zone gewählt, obgleich er seine Beitrittserklärung zur CDU noch nicht unterzeichnet hat – das tut er erst am 1. Juni. Der Zonenausschuß billigt ein von ihm entworfenes Parteiprogramm, das die Kontroverse um die Sozialisierung vertagt: «Die sich aufdrängende Frage der Vergesellschaftung der Wirtschaft ist zur Zeit nicht praktisch.» Als Perspektive für die CDU betrachtet Adenauer die im Programm enthaltene Formulierung des «mäßigen Besitzes», der zu fördern sei.

5. März: Die Ministerpräsidenten der amerikanischen Zone unterzeichnen in Stuttgart das «Gesetz zur Befreiung von Nationalsozialismus und Militarismus». Es setzt Minister für politische Befreiung ein und verpflichtet jeden Deutschen über achtzehn Jahren zum Ausfüllen eines Fragebogens mit 131 Fragen. Darin wird neben persönlichen Daten nach der Mitgliedschaft in mehr als fünfzig NS-Organisationen, nach der Stimmabgabe bei den Wahlen von November 1932 und März 1933, nach Reisen oder Wohnsitzen außerhalb Deutschlands («Feldzüge einbegriffen») wie nach der Kenntnis fremder Sprachen gefragt. Anhand der Antworten soll jeder Bürger von Spruchkammern in eine von der fünf Kategorien eingestuft werden: Hauptschuldige, Belastete, Minderbelastete, Mitläufer und Entlastete. Die Sühnemaßnahmen reichen bis zu zehnjährigem Arbeitslager und Einziehung des Vermögens. Anfang April haben sich die ersten Deutschen den Ausschüssen zu stellen, die je nach Einstufung die Strafen verhängen müssen.

Allein in der US-Zone wird der Fragebogen an 13 Millionen Menschen ausgegeben. In allen drei Westzonen ergeben sich 3,6 Millionen zu verhandelnde Fälle mit einem Mehrfachen an betroffenen Personen. Bürokratischer Formalismus und uneinheitliche Einstufung schaffen Ungerechtigkeiten. «Persilscheine» vorzugsweise von Geistlichen werden sogar verkauft, führen sie doch meist zur Einstufung als «Mitläufer». Bald werden durch diese Art der Entnazifizierung nicht mehr die eigentlich angestrebten Säuberungen, sondern vor allem Rehabilitierungen bewirkt.

In Fulton im amerikanischen Bundesstaat Missouri wiederholt Winston Churchill, Führer der Tory-Opposition im britischen Unterhaus, seine Befürchtungen über den «Eisernen Vorhang»: «Wir verstehen, daß Rußland seine Grenzen im Westen gegen einen eventuellen neuen deutschen Angriff sichern muß. Von Stettin an der Ostsee bis Triest an der Adria hat sich ein Eiserner Vorhang über den Kontinent gesenkt. Hinter jener Linie liegen alle Hauptstädte der alten Staaten Zentral- und Osteuropas: Warschau, Berlin, Prag, Wien, Budapest, Belgrad, Bukarest und Sofia. Alle jene berühmten Städte liegen in der Sowjetsphäre und alle sind sie in dieser oder jener Form nicht nur dem sowjetrussischen Einfluß ausgesetzt, sondern auch in ständig zunehmendem Maße der Moskauer Kontrolle unterworfen

Entnazifizierung

Der Fragebogen beschäftigt die Deutschen dermaßen, daß der 1951 erschienene autobiographische Roman «Der Fragebogen» von Ernst von Salomon noch zu einem Bestseller wird. Anhand jeder einzelnen der 131 Fragen skizziert von Salomon sarkastisch die Fragwürdigkeit dieser Art der Entnazifizierung: «Das Verfahren, welches sich durch diesen Fragebogen dokumentiert, kennt keinen Verteidiger, aber gerade, weil niemand weiß, welche Absichten es verfolgt, weiß auch niemand, ob in seiner Methode nicht doch unvermutet die Möglichkeit einer Wahrheitserschöpfung verborgen ist. Dieser Möglichkeit will ich dienen, in der Hoffnung, daß gleich mir noch vielen der gleiche Anreiz lächelt, so daß am Ende doch aus der Quantität der Antworten sich die Qualität eines wenigstens annähernd wahren Bildes extrahiert über das, was in unserem Lande geschah, und wie es eigentlich gewesen ist.»

Unterzeichnung der Gründungsurkunde der FDJ in Berlin durch Erich Honecker (links stehend) und weitere Mitglieder des Zentralen Jugendausschusses

(...) Die kommunistischen Parteien, die in allen diesen östlichen Staaten Europas bisher sehr klein waren, sind überall großgezogen worden, sie sind zu unverhältnismäßig hoher Macht gelangt und suchen jetzt überall die totalitäre Kontrolle an sich zu reißen. Fast in jedem Fall herrscht eine Polizeiregierung, und bisher ist mit Ausnahme der Tschechoslowakei noch nirgends die Demokratie eingeführt worden.» Am 13. März bezeichnet Stalin Churchill als «Hetzer eines Dritten Weltkrieges».

7. März: In Berlin wird aus den Jugendausschüssen die *Freie Deutsche Jugend* (FDJ) gegründet. Erich Honecker, bisher Vorsitzender des Zentralen Jugendausschusses, wird zum Vorsitzenden dieser neuen Einheitsorganisation gewählt. Weitere KPD-Funktionäre wie Hermann Axen, Edith Baumann, Heinz Keßler und Paul Verner bekleiden hohe Ämter in der FDJ. Auf der Gründungsurkunde ist auch der Name von Manfred Klein (CDU) verzeichnet, praktizierender Katholik und Mitglied des Studentenrates der Humboldt-Universität. Auf einer Sitzung des FDJ-Zentralrats am 30. November 1946 gerät Klein in Konflikt mit Honecker, weil er zur Wahrung der Überparteilichkeit die Unvereinbarkeit von FDJ-Posten und Parteiämtern fordert. Am 13. März 1947 wird Klein verhaftet, erst 1956 kommt er aus dem Zuchthaus frei. Im Januar 1948 berufen CDU und LDPD ihre Vertreter aus dem Zentralrat ab, da die Überparteilichkeit der FDJ nicht mehr gegeben sei.

26. März: Der Alliierte Kontrollrat trifft einen seiner wenigen gemeinsamen Beschlüsse. Er verabschiedet den ersten «Plan für Reparationen und den Nachkriegsstand der deutschen Wirtschaft». Der Plan betrachtet Deutschland «als einziges wirtschaftliches Ganzes» und geht von einer geschätzten Bevölkerungszahl von 66,5 Millionen aus. Mit Ausnahme des Bausektors sollen die industriellen Kapazitäten auf 50 bis 55 Prozent des besten Vorkriegsjahres 1938 beschränkt bleiben – als dauerhaftes Niveau der deutschen Friedenswirtschaft. Alle darüber hinausgehenden Produktionskapazitäten sollen entweder zerstört werden oder als Reparationsleistung an Länder gehen, die durch den Krieg geschädigt sind.

31. März: Nur in den West-Berliner Kreisverbänden der SPD findet eine Urabstimmung zur bevorstehenden Vereinigung von

SPD und KPD statt, in den vier teilnehmenden Ost-Berliner Kreisverbänden werden die Wahllokale umgehend von der SMAD geschlossen. Es sprechen sich 82 Prozent gegen «den sofortigen», nicht aber, wie oft behauptet, grundsätzlich gegen den Zusammenschluß aus. Denn 62,1 Prozent befürworten «ein Bündnis beider Parteien, welches gemeinsame Arbeit sichert und Bruderkampf ausschließt».

7. April: Um dem Einheitsdrängen der KPD entgegentreten zu können, wird die SPD Groß-Berlins neu konstituiert. Unter dem Schutz des Vier-Mächte-Status bleibt sie auch nach der Gründung der SED bestehen und kann bei Wahlen gegen diese antreten.

10. April: Der Alliierte Kontrollrat erlaubt die Bildung von Betriebsräten in ganz Deutschland, die vielerorts spontan entstanden sind und ungeachtet des Bremsens selbst durch KPD und SPD zahlreiche Fabriken übernommen haben. Der Kontrollrat geht jedoch in der Festlegung der Kompetenzen nicht über das Betriebsräte-Gesetz von 1920 hinaus. Deshalb drängen Belegschaften wie Gewerkschaften in allen Besatzungszonen auf den Abschluß von «Betriebsvereinbarungen», die den Lohnabhängigen Mitbestimmung vor allem bei Leitungs- und Planungsentscheidungen verschaffen. Allein in der SBZ werden bis März 1947 in etwa 14000 Betrieben, die 70 Prozent aller Arbeiter und Angestellten beschäftigen, solche Vereinbarungen durchgesetzt, die weitreichende Mitbestimmungsrechte schaffen.

21. und 22. April: Im ehemaligen Admiralspalast in Ost-Berlin treffen 548 sozialdemokratische und 507 kommunistische Delegierte zum «Vereinigungsparteitag» zusammen. Zuvor sprachen sich der 40. Parteitag der SPD, vom Zentralausschuß unter Otto Grotewohl organisiert, und der 15. Parteitag der KPD einstimmig für den Zusammenschluß aus. Der Vereinigungsparteitag nimmt das Statut (bei einigen Gegenstimmen, den ersten und letzten auf einem SED-Parteitag bis 1989) und die «Grundsätze und Ziele der SED» an. Darin heißt es: Die SED «kämpft als unabhängige Partei in ihrem Lande für die wahren nationalen Interessen ihres Volkes. Als deutsche sozialistische Partei ist sie die beste und fortschrittlichste nationale Kraft». Alle Leitungsfunktionen werden paritätisch besetzt: Als gleichberechtigte Vorsitzende werden Wilhelm Pieck (KPD) und Otto Grotewohl (SPD) gewählt. Auch im vierzehnköpfigen Zentralsekretariat sowie im achtzigköpfigen Parteivorstand sind KPD und SPD zu gleichen Teilen vertreten. Was der Mehrheit der Anwesenden von Freiwilligkeit getragen scheint, ist, wie spätere Aussagen und Dokumentenfunde belegen, das Ergebnis einer Strategie von KPD und SMAD, die in geschickter Weise Druck, Einschüchterungen, Konspiration und Versprechungen kombiniert.

Schon bald wird der Machtanspruch der moskautreuen KPD-Führer deutlich: Aus dem Zentralsekretariat werden außer den Parteivorsitzenden Otto Grotewohl und Wilhelm Pieck nur Walter Ulbricht und Hermann Matern (beide KPD) die Absetzungen, «Säuberungen» und Verhaftungen der nächsten Jahre in diesem Amt überstehen. Von den SPD-Führern werden zwischen 1947 und 1950 Max Fechner, Erich Gniffke, August Karsten, Käthe Kern, Helmut Lehmann und Otto Meier aus dem Amt gedrängt. Von den KPD-Führern werden zwischen 1949 und 1953 Anton Ackermann, Franz Dahlem, Paul Merker und Elli Schmidt ihre Positionen verlieren.

23. April: Als Zentralorgan der neuen SED erscheint erstmals das *Neue Deutschland.* Im August wird Adolf Ende (auch Lex Breuer oder Lex Ende genannt) Chefredakteur.

SED-Gründung: Wilhelm Pieck (links) und Otto Grotewohl auf dem Vereinigungsparteitag von KPD und SPD im Berliner Admiralspalast

25. April bis 16. Mai und 15. Juni bis 12. Juli: In zwei Perioden tagt die Dritte Konferenz des Rats der Außenminister in Paris. Der Neutralisierungs-Plan des US-Außenministers James Byrnes, Deutschland nach der Besatzungszeit für 25 Jahre entwaffnet und entmilitarisiert zu halten, wird von den anderen Alliierten abgelehnt. Während sich die Westalliierten wenigstens zu verschiedenen Kuhhandeln etwa in der Frage des Saargebietes bereit zeigen, blockiert der sowjetische Außenminister Wjatscheslaw Molotow jede Entscheidung deutscher Fragen. Offenbar sieht die sowjetische Führung andere Prioriäten als die wirtschaftliche Vereinigung der vier Besatzungszonen. Die Konferenz endet ohne greifbare Ergebnisse.
28. April und 26. Mai: Die amerikanische Besatzungsmacht setzt ihren Kurs fort, den Deutschen mehr und mehr Verantwortung zu übertragen. Nach den Gemeindewahlen vom Januar finden nun Wahlen zu den Kreis- und Stadträten in der US-Zone statt, womit eine demokratisch legitimierte Verwaltung von unten nach oben aufgebaut wird. Die CDU erhält im Durchschnitt 62,6 Prozent der Stimmen, die SPD 27,2 Prozent.
2. Mai: General Lucius D. Clay kündigt im Koordinierungsausschuß des Alliierten Kontrollrats an, daß die Lieferung weiterer Reparationen an die Sowjetunion und an Frankreich aus der US-Zone gestoppt wird. Dieser Schritt, dem Buchstaben nach ein Verstoß gegen das Potsdamer Abkommen, soll die anderen Alliierten zwingen, Deutschland als wirtschaftliche Einheit zu behandeln und ihre Wirtschaftspolitik zu koordinieren. Vor allem die Sowjets entziehen ihrer Besatzungszone fortlaufend Reparationen, ohne jemals Zahlen zu nennen, und erhalten zusätzlich die in Potsdam verabredeten Reparationen aus den Westzonen.
8. Mai: Im stark zerstörten Leipzig wird die älteste Messe der Welt wiedereröffnet.
9. bis 11. Mai: In Hannover findet der erste Nachkriegsparteitag der SPD der Westzonen und West-Berlins statt. Mit 244 von 250 Stimmen wird Kurt Schumacher zum Vorsitzenden gewählt, seine Stellvertreter werden Erich Ollenhauer und Wilhelm Knothe. Neben diesen bilden drei weitere besoldete Vorstandsmitglieder, Fritz Heine, Herbert Kriedemann und Alfred Nau, das sogenannte Büro der Westzonen. Programmatisch lehnt die SPD, wie Victor Agartz ausführt, den Liberalismus, den Monopol-

kapitalismus, den Ständestaat, einen zentralistischen Staatskapitalismus wie den Neu-Liberalismus ab. Alle kapitalistischen Methoden, den Aufbau des in Trümmern liegenden Landes zu bewältigen, würden scheitern. Statt dessen seien grundlegende strukturelle Änderungen nötig: Sozialisierungen und eine gelenkte Wirtschaft. In seinem Schlußwort grenzt Kurt Schumacher die SPD-Vorstellungen gegen kommunistische ab: «Die Vergesellschaftung der Produktionsmittel stellen wir uns nicht in jedem Falle, ja, meiner Ansicht nach in den meisten Fällen nicht als eine bloße Verstaatlichung vor. Wir können uns denken und wollen uns denken unter diesem Begriff eine Mannigfaltigkeit der Betriebsformen, der Organisationsformen, der nur das eine Prinzip gemeinsam sein soll: sozialistisch zu sein.»

13. Mai: Der Alliierte Kontrollrat ordnet in seinem «Befehl Nr. 4» die Zerstörung aller Nazi-Denkmäler und -Monumente bis zum 1. Januar 1947 an. Auch sind die Nazi-Museen aufzulösen sowie nationalsozialistische Schriften aus Bibliotheken und Buchhandlungen zu entfernen und abzuliefern.

17. Mai: In Potsdam-Babelsberg wird feierlich die staatliche *Deutsche Film-AG* (DEFA) gegründet, die die Filmproduktion auf dem riesigen Gelände der 1917 gegründeten Ufa (*Universum-Film-AG*), des größten deutschen Filmunternehmens, fortsetzt. Zunächst ist sie als GmbH organisiert, wird dann Ende 1947 in eine SDAG und schließlich 1953 in einen VEB umgewandelt. Bereits im Februar lief in den Kinos der SBZ die erste Wochenschau «Der Augenzeuge», eine der ersten Filmproduktionen ist «Die Mörder sind unter uns» von Wolfgang Staudte.

31. Mai: Die Interalliierte Kommandantur läßt in Groß-Berlin sowohl die SPD als auch die SED zu.

5. Juni: Aufgrund von Befürchtungen, die radikalen Demontagen könnten in der SBZ ein «ökonomisches Vakuum» mit unabsehbaren Folgen schaffen, beschließt die sowjetische Führung im Frühjahr 1946 eine neue Art der Reparationsleistung. Durch den «Befehl Nr. 167» der SMAD werden 213 der bereits sequestrierten und zur Demontage vorgesehenen Werke in Deutschland belassen, jedoch in «Sowjetische Aktiengesellschaften» (SAG), also in Eigentum der Sowjetunion, verwandelt. Die Reparationsleistungen werden nun aus der laufenden Produktion dieser Betriebe, darunter die modernsten und leistungsfähigsten Großbetriebe wie *Leuna, Buna, Krupp-Gruson* und die *Neptun-Werft*, entnommen. Nur direkte Lieferungen werden von der Sowjetunion als Reparationen anerkannt, Lieferungen an die Rote Armee oder sowjetische Handelsgesellschaften wie Zulieferungen deutscher Betriebe an die SAG-Werke, die allesamt zu Preisen von 1944 abgerechnet werden, jedoch nicht. Alles in allem entnimmt die Sowjetunion von 1945 bis 1953 Waren im Wert von 34,7 Milliarden Mark aus der laufenden Produktion der SBZ. Mit der Schaffung der SAG sind die Demontagen aber noch nicht beendet; obgleich Marschall Wassili Sokolowski sie am 21. Mai für abgeschlossen erklärt, werden sie noch bis April 1948 fortgesetzt. Insgesamt läßt die Sowjetunion 2000 bis 2400 Betriebe aller Art demontieren, womit der SBZ nach verschiedenen Schätzungen etwa dreißig Prozent ihrer industriellen Kapazitäten genommen werden.

In den Westzonen umfaßt die Liste der zu demontierenden Fabriken im März 1946 etwa 1800 Anlagen, doch wird sie fortlaufend zusammengestrichen: Im August 1947 sind es 858, im Februar 1949 nur noch 697 Fabriken. Doch die einschneidendsten Demontagen werden erst später vorgenommen, allen voran in der Stahlindustrie, wo 93 Prozent der Demontagen erst im Jahr 1949 erfolgen. Der Gesamtwert der aus den Westzonen überführten Anlagen wird auf eine Milliarde Dollar geschätzt. Ein unvorhergesehener Effekt tritt ein: Während die Empfängerstaaten die zumeist älteren demontierten Anlagen erhalten, werden in Westdeutschland neueste, aus den USA stammende und mit den dann gewährten Hilfsgeldern aus dem Marshallplan bezahlte Maschinen installiert.

15. bis 17. Juni: In Berlin findet der erste Parteitag der CDU der SBZ statt, zum Ersten Vorsitzenden wird Jakob Kaiser, zu den weiteren Vorsitzenden werden Ernst Lemmer, Reinhold Lobedanz und Leo Herwegen gewählt. Beflügelt durch die Wahlerfolge der CDU in den Westzonen, bekennt sich die CDU zu einem «christlichen Sozialismus», sie stehe weder rechts noch links, ihr Ziel sei die Demokratie. Deutschland habe «eine Brücke zu sein zwischen Ost und West, um Deutschlands, um Europas willen».

20. Juni: Die SED schlägt einen versöhnlichen Kurs gegenüber den Nazi-Mitläufern ein. Ihr Parteivorstand beschließt, ab jetzt die «Massen der nominellen Mitglieder der ehemaligen NSDAP» anders zu behandeln als die Kriegsverbrecher und aktiven Nazis: «Alle früheren einfachen Mitglieder der Nazipartei, die nicht besonders belastet sind und sich als aktive Mithelfer an der neuen demokratischen Ordnung betätigen, sollen als Staatsbürger anerkannt und behandelt werden. Die Sozialistische Einheitspartei Deutschlands tritt dafür ein, daß allen, die guten Willens sind, die Möglichkeit zur Mitarbeit und zu einem neuen Leben gegeben wird.»

30. Juni: Der demokratische Aufbau in der amerikanischen Besatzungszone erreicht die Landesebene. In Bayern und Hessen werden verfassunggebende Landesversammlungen gewählt. Die CSU erringt in Bayern mit 58,3 Prozent der Stimmen einen eindeutigen Sieg über die SPD mit 28,8 Prozent, die KPD mit 5,3 Prozent und die 1945 vom Rechtsanwalt und bayerischen Entnazifizierungsminister Alfred Loritz gegründete *Wirtschaftliche Aufbauvereinigung* (WAV) mit 5,1 Prozent. In Hessen wird die SPD mit 44,3 Prozent stärkste Partei, vor der CDU mit 37,3, der KPD mit 9,7 und der LDP / FDP mit 8,1 Prozent.

In Sachsen, der am stärksten industrialisierten Region der SBZ, findet ein Volksentscheid zum «Gesetz über die Übergabe von Betrieben von Kriegs- und Naziverbrechern in das Eigentum des Volkes» statt. 77,6 Prozent der abgegebenen Stimmen befürworten das Gesetz, 16,56 Prozent lehnen es ab, 5,8 Prozent der Stimmen sind ungültig. Damit wird das am 4. April 1946 von der Landesverwaltung verabschiedete Gesetz rechtskräftig. Gestützt auf diesen Volksentscheid, verabschieden bis August 1947 alle anderen Landes- und Provinzverwaltungen in der SBZ weithin gleichlautende Enteignungsgesetze.

1. Juli: Auf dem Bikini-Atoll der Marshallinseln zünden die USA ihre erste Atombombe nach Ende des Zweiten Weltkriegs, sie wähnen sich weiterhin als einzige Atommacht.

In Berlin wird auf Anordnung der SMAD die Deutsche Akademie der Wissenschaften wiedereröffnet.

6. bis 8. Juli: Der erste Parteitag der LDPD bestätigt den seit Dezember 1945 amtierenden Vorsitzenden Wilhelm Külz. Bis zu seinem Tod am 10. April 1948 bekleidet er dieses Amt.

20. Juli: Um der wirtschaftlichen Stagnation in Deutschland besser begegnen zu können, wiederholt der US-General Joseph T. McNarney im Alliierten Kontrollrat die Aufforderung seines Außenministers James Byrnes an die anderen Besatzungsmächte, ihre Zone mit der amerikanischen ökonomisch zu vereinigen. Wie nicht anders erwartet, lehnen die Sowjetunion und Frankreich das auch später wiederholte Angebot stets ab und kritisieren es als Verstoß gegen das Potsdamer Abkommen. Am 30. Juli geht nur Großbritannien auf die Offerte ein. General Lucius D. Clay weiß um die Zwiespältigkeit des Vorhabens: «Die Würfel für die wirtschaftliche Integration mit der britischen Zone sind gefallen. Damit wird die Entscheidung erzwungen, und wir hoffen zwar, daß das gemeinsame Vorgehen der vier Mächte dadurch beschleunigt wird, es kann aber auch die gegenteilige Wirkung haben.»

13. August: Die Alliierten Kommandeure geben Groß-Berlin eine «Vorläufige Verfassung», die auf Regelungen der Vor-Nazi-Zeit beruht und mit den Wahlen vom Oktober 1946 in Kraft tritt.

17. August: Mit dem «Befehl Nr. 253» ordnet die SMAD das Prinzip «gleicher Lohn für gleiche Arbeit» für alle Arbeiter und Angestellten, Männer, Frauen und Jugendlichen an.

23. August: Ein Jahr später als die amerikanische Besatzungsmacht schaffen die Briten in ihrer Zone neue Länder. Während Schleswig-Holstein nahtlos aus einer preußischen Provinz hervorgeht, wird die frühere Provinz Hannover um die Länder Oldenburg, Braunschweig und Schaumburg-Lippe erweitert und am 1. November 1946 in Niedersachsen umbenannt. Nordrhein-Westfalen wird bewußt als Verbindung des Ruhrgebietes und des ländlich-konservativen Westfalens geschaffen, um eine Übermacht der linken Wähler zu verhindern. Am 21. Januar 1947 schließt sich Nordrhein-Westfalen der letzte deutsche Kleinstaat Lippe-Detmold an.

30. August: In ihrer Zone bildet die französische Militärregierung das Land Rheinland-Pfalz. Mit völlig willkürlicher Grenzziehung umfaßt es die frühere bayerische Pfalz, den ehemaligen preußischen Regierungsbezirk Koblenz und Trier, vier Kreise der ehemaligen preußischen Provinz Hessen-Nassau sowie den linksrheinischen Teil Hessens (Rheinhessen).

5. bis 11. September: Die stellvertretenden Militärgouverneure der amerikanischen und britischen Besatzungszone, General Lucius D. Clay und Generalleutnant Brian Robertson, bilden einen Zwei-Mächte-Ausschuß. Er soll «für die Vereinigung der beiden Zonen verantwortlich und nur an Weisungen der beiden Regierungen gebunden sein». Clay und Robertson lassen deutsche Fachleute fünf deutsche Zentralämter als ausführende Organe bilden, die regional verteilt werden, um den Eindruck einer neuen Hauptstadt zu vermeiden. Wichtigstes Zentralamt wird das für Wirtschaft mit Sitz in Minden, die weiteren sind das für Finanzen in Bad Homburg, für Ernährung und Landwirtschaft in Stuttgart, für Verkehrswesen in Bielefeld und für Post in Frankfurt/Main.

6. September: Im Stuttgarter Opernhaus hält der US-Außenminister James Byrnes eine Rede, die entgegen den Bewertungen vieler Historiker in der Substanz wenig Neues, wohl aber einen veränderten Akzent bringt. Deutschland solle den durchschnittlichen europäischen Lebensstandard ohne Unterstützung durch andere Länder erreichen, deshalb müsse die Wirtschaft mit einer gemeinsamen Finanzpolitik aller Alliierten in Ordnung gebracht werden. Rheinland und Ruhrgebiet seien unbestritten deutsche Gebiete, die USA würden ausländische Ansprüche auf diese Territorien nicht unterstützen. Zudem verknüpft Byrnes auf Anregung von General Lucius D. Clay die USA und Westeuropa in außenpolitischer und militärischer Hinsicht: «Sicherheitsstreitkräfte werden unglücklicherweise wahrscheinlich noch lange Zeit in Deutschland bleiben müssen (...) Wir ziehen uns nicht zurück. Wir bleiben hier und werden unseren Anteil an der Last auf uns nehmen.» Für die deutschen Zuhörer gewinnen zwei andere Sätze die größte Bedeutung, weil sie erstmals eine Perspektive weisen: «Das amerikanische Volk wünscht, dem deutschen Volk die Regierung Deutschlands zurückzugeben. Das amerikanische Volk will dem deutschen Volk helfen, seinen Weg zurückzufinden zu einem ehrenvollen Platz unter den freien und friedliebenden Völkern der Welt.» Ludwig Erhards Kommentar steht für die Gefühle vieler Deutscher: «Seit dem Zusammenbruch wurde keine Tat so befreiend empfunden wie die durch die Rede des amerikanischen Außenministers proklamierte Absicht, dem deutschen Volk die Möglichkeit zu eröffnen, sein eigenes Schicksal zu gestalten.»

19. September: In einer Rede in Zürich fordert Winston Churchill, Führer der konservativen Opposition in Großbritannien, den Zusammenschluß Europas. Er regt die Errichtung «Vereinigter Staaten von Europa» und die Einberufung eines «Europäischen Rates» an. Aus der Sicht einer Siegermacht und Noch-Weltmacht äußert Churchill ein weitreichendes Zugeständnis: Ein «Wiedererstehen Europas ohne ein geistig großes Frankreich und ein geistig großes Deutschland» sei nicht möglich.

30. September und 1. Oktober: Nach vielmonatiger Verhandlung werden im Nürnberger Hauptkriegsverbrecherprozeß die Urteile gesprochen. Zwölf der 24 Angeklagten werden zum Tode verurteilt:

Hermann Göring, Reichsmarschall und lange Zeit Hitlers Kronprinz, er begeht kurz vor Vollstreckung des Urteils Selbstmord;

Joachim von Ribbentrop, Reichsaußenminister seit 1938;

Wilhelm Keitel, Chef des Oberkommandos der Wehrmacht;

Ernst Kaltenbrunner, seit Januar 1943 Nachfolger des ermordeten Heydrich als Chef des Reichssicherheitshauptamtes;

Alfred Rosenberg, Ideologe und Reichsminister für die besetzten Ostgebiete;

Hans Frank, Generalgouverneur von Polen;

Wilhelm Frick, Reichsinnenminister;

Julius Streicher, Herausgeber des Hetzblattes *Der Stürmer* und Gauleiter von Franken, er ruft noch auf den Stufen zum Galgen «Heil Hitler»;

Fritz Sauckel, Generalbevollmächtigter für den Arbeitseinsatz;

Alfred Jodl, Chef des Wehrmacht-Führungsstabes (Jodl wird im Februar 1953 von einer deutschen Spruchkammer posthum von den ihm angelasteten Verbrechen freigesprochen);

Arthur Seyß-Inquart, österreichischer Innenminister beim Anschluß an Deutschland und seit 1940 Reichskommissar der Niederlande;

Martin Bormann, Leiter der Parteikanzlei und Sekretär des Führers; gegen ihn wurde in Abwesenheit verhandelt. Er gilt als untergetaucht, mit 200000 Plakaten fahnden die Alliierten nach ihm. Bormann wird im Oktober 1954 vom Amtsgericht Berchtesgaden für tot erklärt. (Höchstwahrscheinlich nimmt sich Bormann bei einem Ausbruchsversuch aus Berlin Anfang Mai 1945 das Leben. Am 7. Dezember 1972 wird bei Bauarbeiten nahe der Berliner Invalidenbrücke ein Skelett entdeckt, das 1973 vom Berliner Institut für Gerichtsmedizin mit absoluter Sicherheit als das Bormanns identifiziert wird.)

Die Todesurteile werden in den frühen Morgenstunden des 16. Oktober 1946 vollstreckt, der amerikanische Henker Sergeant John Woods hängt zehn der Verurteilten. Ihre Leichen sowie Görings Überreste wer-

Nürnberger Hauptkriegsverbrecherprozeß: Verlesung der Urteilsbegründung. Erste Reihe von links: Hermann Göring, Rudolf Heß, Joachim von Ribbentrop, Wilhelm Keitel, Ernst Kaltenbrunner, Alfred Rosenberg, Hans Frank, Wilhelm Frick, Julius Streicher, Walter Funk, Hjalmar Schacht; dahinter von links: Karl Dönitz, Erich Raeder, Baldur v. Schirach, Fritz Sauckel, Alfred Jodl, Franz v. Papen, Arthur Seyß-Inquart, Albert Speer, Constantin Freiherr von Neurath, Hans Fritzsche; vorn die Verteidiger (von links) Otto Kranzbühler, Walter Siemers, Martin Horn, Robert Servatius, Hermann Jahrreiss, Carl Haensel, Franz Exner, Egon Kubuschok, Gustav Steinbauer; ganz vorn Otto Stahmer, Alfred Seidl, Fritz Sauter

den im Krematorium des Münchener Ostfriedhofs eingeäschert. Die Asche der Hingerichteten wird unter strenger Geheimhaltung verbracht; wie später bekannt wird, wird sie in die Isar gestreut.

Sieben Angeklagte werden zu langjährigen Haftstrafen verurteilt, die sie im Kriegsverbrechergefängnis von Berlin-Spandau verbüßen:

Rudolf Heß, bis zu seinem England-Flug im Mai 1941 Stellvertreter Hitlers als Parteivorsitzender, wird gegen die Stimme des sowjetischen Richters, der die Todesstrafe fordert, lebenslänglich inhaftiert (Heß, ab 1966 einziger Häftling in Spandau, begeht am 17. August 1987 Selbstmord);

Walter Funk, Reichswirtschaftsminister – lebenslänglich (Funk wird 1957 wegen schlechter Gesundheit freigelassen und verstirbt 1960);

Erich Raeder, Oberbefehlshaber der Kriegsmarine bis 1943 – lebenslänglich (Raeder wird 1955 wegen schlechter Gesundheit freigelassen und verstirbt 1960);

Baldur von Schirach, seit 1933 Reichsjugendführer und seit 1943 Gauleiter und

Reichsstatthalter in Wien – zwanzig Jahre (von Schirach verstirbt 1974);

Albert Speer, Chefarchitekt und Rüstungsminister, zeigt Einsicht in die Untaten – zwanzig Jahre (Speer verstirbt 1981);

Constantin von Neurath, Reichsaußenminister bis 1938 und Reichsprotektor von Böhmen und Mähren – fünfzehn Jahre (von Neurath wird im November 1954 von den Alliierten vorzeitig freigelassen und verstirbt 1956);

Karl Dönitz, Oberbefehlshaber der Kriegsmarine und Nachfolger Hitlers als Staatsoberhaupt – zehn Jahre (von Dönitz verstirbt 1980).

Daß der Prozeß nicht als «Sieger- oder Rachejustiz» geführt wurde, belegen die, wenn auch gegen den Einspruch des sowjetischen Richters ergangenen Freisprüche für drei Angeklagte:

Hjalmar Schacht, Reichsbankpräsident bis 1939 und Reichswirtschaftsminister bis 1937 (Schacht wird 1947 von einer deutschen Spruchkammer zu acht Jahren Arbeitslager verurteilt, im Berufungsverfahren von einem Gericht jedoch freigesprochen. Als Finanzberater gelangt er erneut zu Erfolg, er verstirbt 1970);

Franz von Papen, Vizekanzler bis 1934 und Botschafter in Wien und Ankara (von Papen wird später von einer deutschen Spruchkammer zunächst zu acht Jahren Arbeitslager und Einzug seines Vermögens verurteilt, erhält aber in der Berufungsverhandlung ein milderes Urteil. Er verstirbt 1969);

Hans Fritzsche, Chefkommentator des Großdeutschen Rundfunks (Fritzsche wird von einer bayerischen Spruchkammer zu zehn Jahren Zwangsarbeit verurteilt, jedoch 1950 amnestiert).

In Berlin treten Anfang Oktober 25 000 Arbeiter aus Protest gegen diese Freisprüche in einen Kurzstreik.

Der Angeklagte Robert Ley, Leiter der Arbeitsfront, entzog sich dem Prozeß durch Selbstmord am 25. Oktober 1945 im Gefängnis. Der Industrielle Gustav Krupp von Bohlen und Halbach war zu krank, um vor Gericht erscheinen zu können. Am 15. November 1945 entschied das Gericht deshalb, den Prozeß gegen ihn nicht zu führen, vielmehr die Vorwürfe für ein später abzuhaltendes Verfahren zurückzustellen.

Über die Aburteilung von Einzelpersonen hinausgehend, stuft das Gericht das Korps der Politischen Leiter der NSDAP (nicht jedoch die gesamte Partei), die Gestapo, den SD und die SS als verbrecherische Organisationen ein, nicht jedoch die SA, die Reichsregierung sowie Generalstab und Oberkommando der Wehrmacht. Der sowjetische Richter bekundet seine abweichende Auffassung, daß die Reichsregierung und Generalstab wie Oberkommando der Wehrmacht zu verbrecherischen Organisationen hätten erklärt werden sollen.

13. Oktober: In den Stadtstaaten der britischen Besatzungszone wird gewählt. In Bremen siegt die SPD mit 48,0 Prozent vor der CDU mit 19,3 Prozent, BDV / FDP mit 16,9 Prozent und der KPD mit 11,5 Prozent der Stimmen. Der SPD-Politiker Wilhelm Kaisen bildet eine Koalition aus SPD, BDV / FDP und KPD. In Hamburg siegt vor der CDU, die 26,7 Prozent erreicht, mit 43,1 Prozent ebenfalls die SPD. Die FDP kommt auf 18,2 Prozent, die KPD auf 10,4 Prozent der Stimmen. Max Brauer (SPD) bildet eine Koalition aus SPD, FDP und KPD.

20. Oktober: In der SBZ finden Wahlen zu den fünf Landtagen, den Kreistagen sowie zur Stadtverordnetenversammlung von Groß-Berlin statt – die letzten Wahlen mit konkurrierenden Listen und einer Wahlbeteiligung um 90 Prozent. Die von der SMAD eindeutig und nachhaltig bevorteilte SED erhält bei Stimmenanteilen zwischen 43,9

Prozent in Brandenburg und 49,5 Prozent in Mecklenburg in allen Landtagen die meisten Sitze, doch nirgends die absolute Mehrheit. Entsprechend dem Blockprinzip werden überall Allparteienregierungen gebildet: Unter den SED-Ministerpräsidenten Wilhelm Höcker in Mecklenburg, Rudolf Friedrichs in Sachsen und Rudolf Paul in Thüringen, unter Karl Steinhoff (SPD) in Brandenburg und Erhard Hübener (LDPD) in Sachsen-Anhalt.

Bei der Wahl zur Groß-Berliner Stadtverordnetenversammlung erleidet die SED dagegen eine dramatische Niederlage. Mit deutlichem Abstand siegt die SPD: In ganz Berlin erhält sie 48,7 Prozent der Stimmen, selbst im Ostsektor führt sie mit 43,6 Prozent unangefochten. Zweitstärkste Kraft wird die CDU mit 22,2 Prozent, während die SED mit 19,8 Prozent abgeschlagen wird (was noch unter den Ergebnissen der KPD bei jeder Wahl zwischen 1928 und 1933 liegt). Die LDPD kommt auf 9,3 Prozent. Unter Oberbürgermeister Otto Ostrowski (SPD) regiert zunächst ein Allparteien-Magistrat.

21. Oktober: In der SBZ läuft die Geheimoperation «Ossawakim» an, mit der deutsche Spezialisten aus allen rüstungsbedeutsamen Bereichen in die Sowjetunion zwangsverpflichtet werden. Bereits zwischen Mai und September 1945 werden deutsche Atomphysiker in die Sowjetunion verbracht. Auch die USA transportieren während ihrer Besetzung Thüringens bis Juni 1945 1300 deutsche Wissenschaftler ab, darunter alle führenden Köpfe der dortigen I.G. Farbenindustrie. Nun werden über Nacht 3000 Fachleute auf den Gebieten Uranprojekt, Luftfahrt, Raketen, Chemie und Optik mitsamt ihren Familien in verschiedene Teile der Sowjetunion verbracht. Eine letzte Welle erfolgt im Februar 1947, als einige Dutzend Chemieingenieure der ehemaligen I.G. Farben zwangsverpflichtet werden. Die ersten deutschen Experten werden im November 1949, die letzten im Februar 1958 aus der Sowjetunion zurückkehren. Weder Sowjets noch Amerikaner stören sich an der Nazi-Vergangenheit zahlreicher Fachleute.

22. Oktober: Ende November 1945 kommen die vier Alliierten überein, drei jeweils zwanzig britische Meilen breite Luftkorridore zwischen Hamburg, Bückeburg / Hannover sowie Frankfurt / Main und Berlin als auch eine besondere Kontrollzone mit einem Radius von zwanzig britischen Meilen um das Allierte Kontrollratsgebäude zu schaffen. In einer Vereinbarung wird heute die Lufthoheit innerhalb dieser Bereiche der «Alliierten Luftsicherheitszentrale» (Berlin Air Safety Center) übertragen.

28. Oktober: Die katholische *Bayernpartei* (BP) wird gegründet. Sie verfolgt einen radikal patriotischen Kurs mit monarchistischen Tendenzen und wendet sich gegen alles «Preußische» und Protestantische, aber auch gegen Flüchtlinge und Vertriebene. Für die CSU erwächst mit der am 29. März 1948 auf Landesebene zugelassenen Partei eine ernste Konkurrenz.

14. November: Der Parteivorstand der SED veröffentlicht einen Verfassungsentwurf für eine deutsche demokratische Republik, der für ganz Deutschland gelten soll. Der Entwurf, der die Einführung der Planwirtschaft und die Überführung der Bodenschätze in Volkseigentum vorsieht, wird von den Landtagen der SBZ gebilligt.

24. November: In Württemberg-Baden wird der Landtag gewählt. Die CDU gewinnt mit 38,4 Prozent der Stimmen, vor der SPD mit 31,9, der DVP / FDP mit 19,5 und der KPD mit 10,2 Prozent. Ministerpräsident Reinhold Maier (DVP) bildet eine Allparteien-Regierung, aus der die KPD am 27. Juli 1948 ausscheidet.

1. Dezember: In Hessen finden Landtagswahlen, der Volksentscheid über die Landesverfassung sowie eine Volksbefragung statt. Mit 42,7 Prozent der Stimmen siegt bei der Landtagswahl die SPD vor der CDU mit 30,9 Prozent. Ministerpräsident Christian Stock (SPD) bildet eine Koalitionsregierung mit der CDU. Mit einer Zustimmung von 76,8 Prozent wird die Landesverfassung angenommen.

In einer getrennten Volksbefragung sollen die Wähler darüber entscheiden, ob Artikel 41 der Landesverfassung in Kraft treten soll. Er sieht vor, den Bergbau, die Betriebe der Eisen- und Stahlerzeugung, die Energiewirtschaft und das «an Schienen und Oberleitungen gebundene» Verkehrswesen in Gemeineigentum zu überführen sowie Großbanken und Versicherungsunternehmen vom Staat beaufsichtigen oder verwalten zu lassen. 71,9 Prozent der abgegebenen Stimmen befürworten das Inkrafttreten, doch erhebt die amerikanische Militärregierung am 6. Dezember Einwände: Sie nimmt zahlreiche Unternehmen aus und verfügt, daß der Artikel 41 nicht im Sinn der Umwandlung von Privat- in Gemeineigentum, sondern nur als staatliche Aufsicht über private Unternehmer-Initiative verstanden werden dürfe. Im November 1947 und im Dezember 1948 wird der Artikel von den Amerikanern komplett suspendiert.

Auch in Bayern wird der Landtag gewählt. Eindeutiger Sieger ist die CSU, die mit 52,3 Prozent der Stimmen die absolute Mehrheit erreicht. Ihr Ministerpräsident Hans Ehard bildet dennoch eine Koalitionsregierung mit der SPD, die 28,6 Prozent erzielt, und der WAV, die auf 7,4 Prozent kommt. Gleichzeitig sprechen sich mehr als 70 Prozent der Wähler für die Annahme der neuen Verfassung des «Freistaates» aus.

2. Dezember: Am Rande der seit 4. November erfolglos tagenden Vierten Konferenz des Rats der Außenminister unterzeichnen die USA und Großbritannien in New York das Abkommen über die wirtschaftliche Fusion der amerikanischen und der britischen Besatzungszone. Zum 1. Januar 1947 wird offiziell die «Bizone» geschaffen, womit ein Großteil Deutschlands wieder nach einheitlichen Grundsätzen regiert und von äußerer Hilfe unabhängig gemacht werden kann: «Das Ziel der beiden Regierungen ist es, die wirtschaftliche Selbsterhaltung des Gebietes bis Ende 1949 zu erreichen.»

3. bis 12. Dezember: In den neugewählten Provinzial- und Landtagen der SBZ beginnen Diskussionen über die Verfassungen. Während die SED die «konsequente Verwirklichung des Prinzips der Volkssouveränität in Überwindung der bürgerlichen ‹Gewaltenteilung›» anstrebt, orientieren sich CDU und LDPD an der Weimarer Verfassung. Letztlich setzt sich die SED weitgehend durch, bis Februar 1947 werden die neuen Länderverfassungen verabschiedet.

14. und 15. Dezember: Auf ihrer Landesversammlung in Eichstätt gibt sich die CSU ihr erstes Grundsatzprogramm sowie «Richtlinien zur Überwindung der inneren und äußeren Not unseres Volkes» («Dreißig Punkte»). Als «neue und junge Partei» bekennt sich die CSU zum föderativen Aufbau eines einheitlichen Deutschland wie zur Schaffung einer europäischen Konföderation. Sie tritt für Wirtschaftsliberalismus ein und betrachtet den Mittelstandsbetrieb als Grundlage der bayerischen Wirtschaft, Großbetriebe dürften «unter keinen Umständen zu einem selbstsüchtigen und kapitalistischen Profitunternehmen ausarten».

22. Dezember: Frankreich schafft eine Zollgrenze zwischen seiner Besatzungszone und dem Saarland, das zunächst Teil die-

Zwei Männer tragen eine entkräftete Frau

ser Besatzungszone war, dann aber einem besonderen Regime unterstellt wurde. Der Zollgürtel bedeutet eine vollständige Abtrennung des im Juni 1946 um zwei rheinland-pfälzische Kreise vergrößerten Saargebietes vom deutschen Territorium.

31. Dezember: In seiner Silvesterpredigt äußert der Kölner Kardinal-Erzbischof Joseph Frings, man könne es keinem verwehren, das Dringendste zur Erhaltung des Lebens und der Gesundheit zu nehmen, wenn er es durch Arbeit oder Bitten nicht erhalte. Den Kölnern, denen in diesem Hungerwinter Tagesrationen mit knapp 750 Kalorien zukommen, ist dies als Rechtfertigung willkommen, vor allem Kohle von Zügen zu stehlen und von Bahngeleisen abzusammeln. Rasch kommt dafür ein neues Wort auf: Fringsen.

1947

Jahr des Hungers

Dieses Jahr ist für die Deutschen das schlimmste Nachkriegsjahr überhaupt, die Natur verschärft die ohnehin dramatischen Probleme. Überall hungern und frieren die Menschen im kältesten und längsten Winter seit einer Generation. In den Großstädten listen die Zeitungen lapidar auf, wer erfroren und verhungert in unbeheizten Wohnungen gefunden wird. Oft fällt die Stromversorgung aus. Die inländischen Wasserstraßen sind zwei bis drei Monate blockiert, Eisenbahnlokomotiven und Lastwagen versagen den Dienst, so daß das aus der zufriedenstellenden Ernte von 1946 stammende Getreide nur ungenügend verteilt werden kann. Zudem sorgen Streiks in den USA für erhebliche Verzögerungen bei den Lebensmittellieferungen. Dem extrem kalten und langen Winter folgt ein extrem heißer Sommer mit einer katastrophalen Ernte, so daß der nagende Hunger der Weggefährte des ganzen Jahres bleibt.

Januar: Angesichts des allgegenwärtigen Hungers werden in der Bizone Lebensmittelvorräte freigegeben, die eigentlich zur Verteilung an *Displaced Persons* gedacht sind. Daraus erhalten mehr als 3,5 Millionen Kinder nun eine tägliche «Schulspeisung» mit 350 Kalorien. Ab September werden die Hochschulen mit 150 000 Studenten einbezogen. Auch private Organisationen helfen, allen voran die im November 1945 gegründete *Cooperative for American Remittances to Europe* (CARE). Von Juni 1946 bis Juni 1960 verteilt CARE Spendenpakete im Wert von etwa 350 Millionen DM direkt an deutsche Familien.

In der SBZ sind Ende 1946 erst 42,1 Prozent des Produktionsniveaus von 1936 erreicht. Angesichts der Notsituation schafft die SMAD die niedrigsten Lebensmittelkarten ab, die fast sechs Millionen Menschen erhalten, setzt Wiedergutmachungslieferungen herab, verzichtet auf Reparationen aus der Konsumgüterproduktion, stellt Demontagen vorübergehend ein und übergibt 74 (allerdings meist unrentable) der 213 SAG-Betriebe an die Länderregierungen. Die SAG-Betriebe stellen einen Teil ihrer Produktion für die Versorgung der deutschen Bevölkerung bereit.

30. Januar bis 7. Februar: Erstmals reist

eine Delegation der SED-Führung in die Sowjetunion. Wilhelm Pieck, Otto Grotewohl, Walter Ulbricht, Max Fechner und Fred Oelßner machen sich mit der «Rolle und Tätigkeit der sowjetischen Gewerkschaften, mit Problemen der Steigerung der Produktion und der Verbesserung der Arbeits- und Lebensbedingungen bekannt». Am 31. Januar informiert Stalin die SED-Führer «ausführlich über die Deutschlandpolitik».

1. bis 3. Februar: In Ahlen tagt der Zonenausschuß der CDU der britischen Zone. Er verabschiedet einstimmig das «Ahlener Programm», das die weitreichendsten jemals von CDU-Gliederungen erhobenen Sozialisierungsforderungen enthält – jedoch nur, um Zeit zu gewinnen und die Sozialisierung zu verhindern. «Das kapitalistische Wirtschaftssystem ist den staatlichen und sozialen Lebensinteressen des deutschen Volkes nicht gerecht geworden (...) Durch eine gemeinwirtschaftliche Ordnung soll das deutsche Volk eine Wirtschafts- und Sozialverfassung erhalten, die dem Recht und der Würde des Menschen entspricht, dem geistigen und materiellen Aufbau unseres Landes dient und den inneren und äußeren Frieden sichert.» Konzerne sollen entflochten werden, Bergbau und eisenschaffende Großindustrie sollen vergesellschaftet werden, die Kontrolle des Geld-, Bank- und Versicherungswesens soll ausgebaut werden. «Lebensfähige Klein- und Mittelbetriebe sind um ihres volkswirtschaftlichen Wertes und ihrer sozialen Aufstiegsmöglichkeiten willen zu fördern. In Industrie, Handwerk und Gewerbe ist die private Unternehmertätigkeit zu erhalten und zu entwickeln.» Um sich von ähnlich gelagerten Forderungen vor allem der SPD abzugrenzen, wird eine wesentliche Einschränkung formuliert: «Die neue Struktur der deutschen Wirtschaft muß davon ausgehen, daß die Zeit der unumschränkten Herrschaft des privaten Kapitalismus vorbei ist. Es muß aber ebenso vermieden werden, daß der private Kapitalismus durch den Staatskapitalismus ersetzt wird, der noch gefährlicher für die politische und wirtschaftliche Freiheit des einzelnen sein würde.» Konrad Adenauer stimmt dem Programm zu, was ihn jedoch nicht hindert, in der Folgezeit Ansichten zu vertreten, die keineswegs mit den Ahlener Forderungen übereinstimmen.

13. Februar: Der *Nordwestdeutsche Rundfunk* sendet das Hörspiel «Draußen vor der Tür» von Wolfgang Borchert. Aufgrund der enormen Resonanz wird es mehrmals wiederholt und auch von anderen Sendern ausgestrahlt. Dieses bedeutendste Stück der «verlorenen Generation» schildert das Schicksal des Kriegsheimkehrers Beckmann, der die grauenhaften Erinnerungen an den Krieg nicht vergessen kann. Verzweifelt versucht er, einen Platz in der Gesellschaft zu finden, in der sich die eigentlich Schuldigen längst wieder etabliert haben. In der Schlußszene wendet sich Beckmann an den lieben Gott, den alten «Mann, an den keiner mehr glaubt»: «Und du – du sagst, ich soll leben! Wozu? Für wen? Für was? Hab ich kein Recht auf meinen Tod? Hab ich kein Recht auf meinen Selbstmord? Soll ich mich weiter morden lassen und weiter morden? Wohin soll ich denn? Wovon soll ich leben? Mit wem? Für was? Wohin sollen wir denn auf dieser Welt! Verraten sind wir. Furchtbar verraten.» Der Autor Wolfgang Borchert erliegt am 20. November 1947 in Basel im Alter von nur 26 Jahren schweren Krankheiten, einen Tag bevor «Draußen vor der Tür» in den Hamburger Kammerspielen uraufgeführt wird.

Die Stadtverordnetenversammlung von Groß-Berlin verabschiedet das Gesetz zur Überführung von Konzernen und anderen wirtschaftlichen Unternehmungen in Gemeineigentum, das nur in Ost-Berlin ausgeführt wird.

14. Februar: Die SED in der SBZ bildet eine Arbeitsgemeinschaft mit der KPD in den Westzonen zum Zwecke einer engen Zusammenarbeit.

25. Februar: Der Alliierte Kontrollrat erzielt Einigkeit nur noch in wenig bedeutenden Fragen. Mit dem «Gesetz Nr. 46» löst er den de facto ohnehin nicht mehr existenten Staat Preußen formell auf, da er «seit jeher Träger des Militarismus und der Reaktion in Deutschland gewesen» sei.

1. März: Der Parteivorstand der SED ruft zu einem Volksentscheid über die Bildung eines deutschen Einheitsstaates mit demokratischer Selbstverwaltung für Länder und Gemeinden auf.

7. bis 9. März: In Berlin wird «mit Unterstützung der SED» der *Demokratische Frauenbund Deutschlands* (DFD) gegründet. Zur Vorsitzenden der 180000 Frauen und Mädchen zählenden Organisation wird Anne-Marie Durand-Wever gewählt.

10. März bis 24. April: In gespannter Atmosphäre tagt die Fünfte Konferenz des Rats der Außenminister in Moskau. Trotz der drängenden Probleme wird Einigkeit einzig in zwei untergeordneten Fragen erzielt: Die Auflösung des Staates Preußen wird bestätigt und die Entlassung aller deutschen Kriegsgefangenen bis 31. Dezember 1948 vereinbart (jedoch von der Sowjetunion nicht eingehalten).

12. März: Zwei Tage nach Beginn der mit großen Hoffnungen bedachten Außenministerkonferenz in Moskau tritt der US-Präsident Harry Truman vor den amerikanischen Kongreß. Angesichts der Krise in Griechenland und der Türkei nach dem Rückzug Großbritanniens bittet Truman um die Bewilligung finanzieller und personeller Hilfsmittel. Um auch seine innenpolitischen Kritiker zu überzeugen, kleidet er sein Ersuchen in allgemeine, antikommunistische Grundsätze, die bald als «Truman-Doktrin» und Beginn des «Containment» (Eindämmung) firmieren: «Im gegenwärtigen Abschnitt der Weltgeschichte muß fast jede Nation ihre Wahl in bezug auf ihre Lebensweise treffen. Nur allzuoft ist es keine freie Wahl. Die eine Lebensweise gründet sich auf den Willen der Mehrheit und zeichnet sich durch freie Einrichtungen, freie Wahlen, Garantie der individuellen Freiheit, Rede- und Religionsfreiheit und Freiheit vor politischer Unterdrückung aus. Die zweite Lebensweise gründet sich auf den Willen einer Minderheit, der der Mehrheit aufgezwungen wird. Terror und Unterdrückung, kontrollierte Presse und Rundfunk, fingierte Wahlen und Unterdrückung der Freiheiten sind ihre Kennzeichen. Ich bin der Ansicht, daß es die Politik der Vereinigten Staaten sein muß, die freien Völker zu unterstützen, die sich der Unterwerfung durch bewaffnete Minderheiten oder durch Druck von außen widersetzen.»

Obgleich diese Rede den Kalten Krieg vorwegnimmt, indem sie die Welt säuberlich nach gegnerischen «Lebensweisen» (noch nicht nach Lagern) einteilt, reagiert die sowjetische Führung ruhig. Noch am 9. April erklärt Stalin in einem Interview mit einem amerikanischen Journalisten die Kooperation zwischen der Sowjetunion und den USA für wünschenswert. Eine einzige Einschränkung nennt er: «Man dürfe sich nicht dazu hinreißen lassen, das System des anderen zu kritisieren. Jedes Volk halte an dem System fest, an dem es festhalten wolle und könne (...) Man müsse die vom Volk gebilligten Systeme achten. Nur unter dieser Bedingung sei eine Zusammenarbeit möglich.»

20. April: In den Ländern der britischen Zone finden Landtagswahlen statt. Im bevölkerungsreichsten und wirtschaftlich bedeutendsten Nordrhein-Westfalen siegt die

CDU mit 37,6 Prozent der Stimmen, die SPD erlangt 32,0 Prozent, die KPD erhebliche 14,0 Prozent, das Zentrum 9,8 Prozent und die FDP 5,9 Prozent. Karl Arnold (CDU) bildet eine Regierung aus CDU, SPD, KPD und Zentrum. Dagegen gewinnt in Schleswig-Holstein die SPD mit 43,8 Prozent der Stimmen, vor der CDU mit 34,1 Prozent und dem *Südschleswigschen Verein* (SSV, aus dem 1948 der *Südschleswigsche Wählerverband* SSW hervorgeht), der Vertretung der dänischen Minderheit, mit 9,3 Prozent. Die FDP mit 5,0 Prozent und die KPD mit 4,7 Prozent gelangen nicht in den Landtag. Unter Hermann Lüdemann regiert die SPD allein. Auch in Niedersachsen siegt die SPD mit 43,4 Prozent der Stimmen. Die CDU wird mit 19,9 Prozent abgeschlagen, die Regionalpartei NLP / DP kommt auf 17,9 Prozent, die FDP auf 8,8 Prozent, die KPD auf 5,6 Prozent und das Zentrum auf 4,1 Prozent. Heinrich Kopf (SPD) bildet eine Regierung aus SPD, CDU, NLP / DP, Zentrum und KPD.

22. bis 25. April: In Bielefeld findet der Gründungskongreß des bald zwei Millionen Mitglieder zählenden *Deutschen Gewerkschaftsbundes* (DGB) der britischen Zone statt. Vorsitzender wird Hans Böckler. Am 27. April gründet sich der Bayerische Gewerkschaftsbund, kurz darauf die Gewerkschaftsverbände der französischen Zone. Wegen ihres relativ späten Neuaufbaus können die westdeutschen Gewerkschaften erst jetzt in die Auseinandersetzungen um den gesellschaftlichen und wirtschaftlichen Kurs Deutschlands eingreifen.

18. Mai: In den Ländern der französischen Zone finden Landtagswahlen statt. In Rheinland-Pfalz siegt die CDU mit 47,2 Prozent vor der SPD mit 34,3 Prozent der Stimmen, es folgen die DVP mit 9,8 Prozent und die KPD mit 8,7 Prozent. Peter Altmeier (CDU) bildet eine Allparteienregierung. In Baden erreicht die CDU mit 55,9 Prozent der Stimmen die absolute Mehrheit, die SPD kommt nur auf 22,3 Prozent, die LDP auf 14,2 Prozent und die KPD auf 7,6 Prozent. Leo Wohleb (CDU) bildet eine Koalitionsregierung von CDU und SPD. Ähnlich ist der Wahlausgang in Württemberg-Hohenzollern: Die CDU gewinnt 54,2 Prozent der Stimmen, die SPD nur 20,7 Prozent, die DVP 17,7 Prozent und die KPD 7,2 Prozent. Lorenz Bock (CDU) bildet eine Regierung von CDU, SPD und DVP.

29. Mai: Nach der gescheiterten Moskauer Außenministerkonferenz setzen die USA und Großbritannien darauf, die «Bizone» ökonomisch zu stabilisieren und auszubauen. Sie unterzeichnen das «Abkommen über die Neugestaltung der bizonalen Wirtschaftsverwaltung». Wichtigste Neuerung sind die Einsetzung des «Wirtschaftsrates», eine Art deutsches Parlament, das von den Landtagen der beiden Zonen gewählt wird, und des Exekutivausschusses, in das jede Landesregierung einen Vertreter entsendet.

30. Mai: Die SMAD verstaatlicht den Bergbau in der SBZ. Bereits seit September 1945 ist der gesamte Kohlebergbau in Sachsen der Landesverwaltung unterstellt und faktisch enteignet. In Sachsen-Anhalt und in Thüringen beschließen die Landtage in diesen Wochen Gesetze «Über die Überführung der Bodenschätze und Bergwerksbetriebe in die Hand des Volkes».

5. Juni: Anläßlich der Verleihung der Ehrendoktorwürde ruft in Harvard der amerikanische Außenminister George C. Marshall ein Aufbauprogramm für Europa aus. Rasch wird es als «Marshallplan» bezeichnet, bevor es im April 1948 den offiziellen Namen *European Recovery Program* (ERP) erhält. Augescheinlich liegt dieser Idee kein Plan oder Konzept zugrunde, vielmehr ist es eine Antwort auf die verheerende Krisen-

George C. Marshall (li): In Anerkennung seiner Bemühung um den Weltfrieden und den Wiederaufbau in Europa erhält Marshall am 10. Dezember 1953 den Nobelpreis (überreicht von Gunnar Jahn)

situation in Europa und besonders in Deutschland: «Unsere Politik richtet sich nicht gegen irgendein Land oder irgendeine Doktrin, sondern gegen Hunger, Armut, Verzweiflung und Chaos.» Angesichts unabwägbarer Risiken erscheint die Stabilisierung Europas als dringende Notwendigkeit. Als Vorbedingung für die amerikanische Hilfeleistung zur «wirtschaftlichen Wiederaufrichtung Europas» fordert Marshall ein «gemeinsames Programm» der europäischen Staaten, eine koordinierte Planung über die Verwendung der Kredite. Nicht nur die westlichen, auch die östlichen Staaten bekunden Interesse, voran Polen, die Tschechoslowakei und sogar die Sowjetunion.

5. bis 7. Juni: Der bayerische Ministerpräsident Hans Ehard lädt die Ministerpräsidenten aller deutschen Länder zu einer Konferenz nach München ein. Solange es keine zentrale politische Instanz in Deutschland gebe, müßten sich die Ministerpräsidenten als vorläufige Treuhänder des deutschen Volkes betrachten. Neben den drängenden wirtschaftlichen Nöten sollen auch politische Themen erörtert werden, was die westlichen Militärgouverneure, einige westliche Ministerpräsidenten und der SPD-Vorsitzende Kurt Schumacher aus unterschiedlichen Motiven ablehnen. Als deshalb keine Einigung über die Tagesordnung erzielt werden kann, reisen die ostdeutschen Ministerpräsidenten, die auch über die deutsche Einheit sprechen wollen, noch vor der offiziellen Eröffnung am 6. Juni wieder ab. Nach diesem Eklat wird die Konferenz unter den westdeutschen Ministerpräsidenten durchgeführt, sie erörtern die Überlebensfragen Ernährung, Wirtschaft, Flüchtlinge. Im nachhinein wird diese für 23 Jahre letzte Zusammenkunft ost- und westdeutscher Regierungschefs als letzte, nicht genutzte Chance zur deutschen Einheit gewertet.

11. Juni: Auf den «Befehl Nr. 138» der SMAD vom 4. Juni konstituiert sich die *Deutsche Wirtschaftskommission* (DWK), die Antwort auf die Gründung des Wirtschaftsrates der Bizone. Zunächst heißt sie noch «Ständige Wirtschaftskommission», erst am 12. Februar 1948 erhält sie ihren endgültigen Namen. Sie ist die zentrale deutsche Verwaltungsinstanz für die Wirtschaft und erhält nach und nach Vollmachten, die ihr die Funktion einer ersten Regierung der SBZ verleihen. Mit der Ausrufung der DDR geht die DWK 1949 in der Provisorischen Regierung auf.

24. Juni: Im April zwingen die drei nichtkommunistischen Parteien des Berliner Magistrats den Oberbürgermeister Otto Ostrowski (SPD) zum Rücktritt. Ihm wird zu große Nachgiebigkeit gegenüber der sowjetischen Besatzungsmacht vorgeworfen. Zum Nachfolger wird heute mit großer Mehrheit Ernst Reuter gewählt, der während der russischen Revolution als deutscher Kriegsgefangener zu den Bolschewiki überlief, zum Generalsekretär der KPD aufstieg, dann aber 1922 mit der KPD brach und zur SPD wechselte. Der sowjetische Vertreter in der Interalliierten Kommandantur verweigert jedoch seine Zustimmung und fordert die Wahl einer anderen Person, was die SPD entschieden ablehnt. Darauf wird die stellvertretende Oberbürgermeisterin Louise Schröder (SPD) zum amtierenden Oberbürgermeister erklärt, muß sich aber wegen Krankheit oft durch Bürgermeister Ferdinand Friedensburg (CDU) vertreten lassen.

25. Juni: In Frankfurt konstituiert sich der *Wirtschaftsrat* der Bizone mit 52 Abgeordneten. Je 20 Mitglieder stellen die CDU/CSU (die hier ihre Fraktionsgemeinschaft begründen) und die SPD, drei die KPD, vier die Liberalen, je zwei die «Deutsche Partei» und das «Zentrum» sowie einen die WAV. Während im «Wirtschaftsrat» die bürgerlichen Parteien in der Mehrheit sind, domi-

Sozialisierung

Im Namen seiner Regierung aus CDU, SPD, KPD (die jedoch am 7. Februar 1948 ausscheidet) und Zentrum spricht Nordrhein-Westfalens Ministerpräsident Karl Arnold (CDU, ehemals Kartellsekretär der christlichen Gewerkschaften) am 17. Juni 1947 die Grundstimmung jener Tage aus, die eine Sozialisierung zentraler Industrien für unumgänglich hält: «Das deutsche Volk und insbesondere die Menschen an Rhein und Ruhr sind entschlossen, eine öffentliche Ordnung aufzubauen, die der Wohlfahrt des Volkes und dem Frieden dient. Das gilt insbesondere für die Neuordnung unserer Wirtschaft. Das kapitalistische Wirtschaftssystem hat sich an seinen eigenen Gesetzen totgelaufen. Der natürliche Zweck der Wirtschaft, nämlich die Bedarfsdeckung des Volkes, wurde in sein Gegenteil verkehrt (...) Die bisherigen einseitigen Machtgebilde in der Großwirtschaft werden beseitigt und Neubildungen in der Zukunft werden dadurch verhindert, daß die deutsche Grundstoffindustrie (Kohlenwirtschaft, die stahl- und eisenerzeugende Industrie sowie die den Markt monopolistisch beherrschende Großchemie) in Gemeinwirtschaft überführt wird. Eine Beteiligung des privaten Großkapitals in den vorgenannten Betriebs- und Industriezweigen wird ausgeschlossen. Soweit im Zuge der Überführung der vorgenannten Industriezweige in Gemeinwirtschaft und im Interesse des Allgemeinwohles Enteignungen erforderlich werden, erfolgt eine Entschädigung nach Maßgabe der künftigen Gesetzgebung und nach den Grundsätzen der Gerechtigkeit. Kriegs- und Naziverbrecher werden entschädigungslos enteignet.»

niert im «Exekutivausschuß» die SPD. Als keine Einigung über die Besetzung des wichtigsten Ressorts, des Direktors des Wirtschaftsamtes (de facto ein Minister), zustande kommt, beschließt die SPD-Fraktion des «Wirtschaftsrates» unter dem Einfluß von Kurt Schumacher am 24. Juli, von sich aus in die «konstruktive Opposition» zu gehen. Damit begibt sich die SPD des aktiven Einflusses auf die Neugestaltung der Wirtschaft – alle Direktorenposten werden mit Politikern der CDU / CSU besetzt, die einen marktwirtschaftlichen Liberalismus verfolgen.

27. Juni bis 2. Juli: In Paris treffen die Außenminister Großbritanniens und Frankreichs, Ernest Bevin und Georges Bidault, zusammen, um über den Marshallplan zu beraten. Auch der sowjetische Außenminister Wjatscheslaw Molotow reist mit einer 89köpfigen Delegation an, was das starke Interesse seines Landes an dieser Konferenz und an amerikanischer Kredithilfe spiegelt. Als er seine Vorstellungen von bilateraler Kreditgewährung nicht durchsetzen kann, reist er ab. Von da an verurteilt die Sowjetunion den Marshallplan als Beschränkung der nationalen Souveränität und Bedrohung der wirtschaftlichen Unabhängigkeit. Weil die osteuropäischen Länder dennoch weiterhin Interesse am Marshallplan äußern und teils sogar ihre Teilnahme an einer weiteren Konferenz zusagen, die vom 12. Juli bis zum 22. September in Paris stattfindet, betrachtet die Sowjetführung den Plan als Bedrohung ihres Einflußbereiches. Mit massivem Druck werden die Länder gezwungen, ihre Zusagen zurückzunehmen. Zudem wird eine große Propagandakampagne begonnen, die den Marshallplan als Manöver zur Versklavung Europas, zur gesellschaftlichen Restauration und zur Teilung Deutschlands bezeichnet.

29. Juni bis 2. Juli: Der SPD-Parteitag in Nürnberg verabschiedet «Richtlinien für den Aufbau der Deutschen Republik» sowie Grundsätze zur Wirtschaftspolitik. Bisher hoffte die SPD noch auf den Durchbruch zur Macht, nun steht ihr eine lange Oppositionszeit bevor.

30. Juni: Die «Gesellschaft zum Studium der Kultur der Sowjetunion» wird gegründet, zu deren Vorsitzendem im Mai 1948 Jürgen Kuczynski gewählt wird. Am 2. Juli 1949 wird die Organisation in «Gesellschaft für Deutsch-Sowjetische Freundschaft» umbenannt.

4. bis 7. Juli: Von der zu beachtlichem Gewicht gelangten LDPD der SBZ und den liberalen Parteien der Westzonen wird in Eisenach die *Deutsche Demokratische Partei* (DDP) als einheitliche liberale Partei konstituiert. Zu gleichberechtigten Vorsitzenden werden Wilhelm Külz und Theodor Heuss gewählt. Doch schon im Januar 1948 zerbricht diese Einheit, weil die LDPD am von der SED gelenkten «Deutschen Volkskongreß» mitwirkt.

11. Juli: Die amerikanische Besatzungsdirektive JCS 1067 wird durch die Leitlinie JCS 1779 abgelöst. In deren Präambel wird die veränderte Politik, die alle Wirtschaftsrestriktionen aufhebt, deutlich: «Für ein geordnetes und blühendes Europa sind die wirtschaftlichen Beiträge eines stabilen und produktiven Deutschland (...) notwendig.»

18. Juli: Heute beginnt die 104. Zuteilungsperiode von Lebensmittelkarten und Bezugsscheinen – die Alliierten setzen das von den Nationalsozialisten im August 1939 begonnene System der Zuteilung in vierwöchigen Perioden fort. Angesichts drastisch verringerter Lebensmittellieferungen gehen die Zuteilungen als «Hungerrationen» in die Geschichte ein. Millionen Städter fahren ständig in restlos überfüllten Zügen, auf Trittbrettern stehend oder Puffern

Ein Junge kehrt vom «Hamstern» zurück

und Dächern sitzend, aufs Land. Verzweifelt versuchen sie bei den Bauern Lebensmittel zu ergattern, durch Kauf zu astronomischen Preisen in noch gültiger Reichsmark oder durch Tausch gegen kostbare Sachwerte. Wegen der dramatischen Situation kommt es in mehreren Städten der «Bizone» zu Protestkundgebungen gegen Hungerrationen und Demontagepolitik.

21. Juli: Mit ihrem «Befehl Nr. 180» wandelt die SMAD die bisherigen Provinzen Sachsen-Anhalt und Mark Brandenburg in Länder um.

23. Juli: Getreu der Linie der KPdSU lehnt das Zentralsekretariat der SED den Marshallplan ab. Verhängnisvolle «Auswirkungen der neuen amerikanischen Anleihepolitik» für Deutschland seien zu befürchten: «Der industrielle Westen wird in einen den Frieden bedrohenden Westblock eingegliedert. Die Macht der deutschen Konzernherren bleibt erhalten. Statt einer deutschen Friedenswirtschaft entsteht ein neues Herrschaftszentrum reaktionärer und kriegslüsterner Elemente. An die Stelle des Mitbestimmungsrechts der Arbeiterschaft am Aufbau der Wirtschaft tritt die Lohnsklaverei zugunsten ausländischer und deutscher Monopolkapitalisten.»

20. August: Der aus drei zivilen und einem Militärrichter bestehende «Amerikanische Militärgerichtshof Nr. 1» spricht in Nürnberg die Urteile im «Ärzteprozeß», der seit dem 25. Oktober 1946 geführt wird. Den Angeklagten werden zahllose verbrecherische medizinische Experimente an nichtdeutschen Staatsangehörigen vorgeworfen – bis zur Auswahl und Ermordung jüdischer Häftlinge, um ihre Skelette der «Jüdischen Skelettsammlung der Reichsuniversität Straßburg» zuzuführen. Wegen Kriegsverbrechen, Verbrechen gegen die Menschlichkeit und Mitgliedschaft in einer durch das Urteil des «Internationalen Militärgerichtshofes» für verbecherisch erklärten Organisation werden sieben Angeklagte zum Tode durch den Strang verurteilt:

Viktor Brack – Oberdienstleiter in der Führerkanzlei, SS-Oberführer;

Karl Brandt – Prof. Dr. med., Reichskommissar für das Sanitäts- und Gesundheitswesen, Begleitarzt Hitlers, Generalleutnant der Waffen-SS;

Rudolf Brandt – Dr. jur., Persönlicher Referent des Reichsführers-SS, Leiter des Minister-Büros im Reichsinnenministerium, SS-Standartenführer;

Karl Gebhardt – Prof. Dr. med., Chefarzt der

Heilanstalt Hohenlychen, Oberster Kliniker beim Reichsarzt SS, Leibarzt Himmlers, Präsident des Deutschen Roten Kreuzes;
Waldemar Hoven – Dr. med., Lagerarzt im KZ Buchenwald, SS-Hauptsturmführer;
Joachim Mrugowsky – Prof. Dr. med., Chef des Hygiene-Instituts der Waffen-SS, SS-Oberführer;
Wolfram Sievers – Generalsekretär der Gesellschaft Ahnenerbe (Forschungs- und Lehrgemeinschaft der SS), Direktor des Instituts für wehrwissenschaftliche Zweckforschung, SS-Standartenführer.

Die Ärzte und SS-Führer Fritz Fischer und Karl Genzken werden unter den gleichen Vorwürfen zu lebenslänglicher Haft verurteilt. Die Verteidigung der zum Tode Verurteilten reicht bald Anträge auf «Nachprüfung des Urteils» und Gnadengesuche an den US-Militärgouverneur und den Supreme Court der USA ein. Nachdem letzterer mit 5:3 Stimmen eine Überprüfung des Urteils abgelehnt hat, werden die Todesurteile am 2. Juni 1948 in Landsberg vollstreckt.

Wegen Kriegsverbrechen und Verbrechen gegen die Menschlichkeit werden drei Angeklagte zu lebenslänglicher, zwei zu zwanzig Jahren und einer zu fünfzehn Jahren Haft verurteilt. Ein Angeklagter wird wegen Mitgliedschaft in einer für verbrecherisch erklärten Organisation zu zehn Jahren Haft verurteilt. Sieben Angeklagte werden von den erhobenen Beschuldigungen freigesprochen.

Vor dem «Amerikanischen Militärgerichtshof Nr. 1» finden bis Mitte 1949 elf weitere große Prozesse statt, so gegen sechzehn führende Juristen, gegen Verantwortliche des «Wirtschaftsverwaltungshauptamtes der SS», gegen Leiter des «Rasse- und Siedlungshauptamtes der SS», gegen Führer der Einsatzgruppen, gegen höchste Offiziere der Wehrmacht sowie gegen die Industriellen Friedrich Flick, Alfried Krupp von Bohlen und Halbach sowie Leiter der I.G. Farben. In allen zwölf Prozessen sind 184 Personen angeklagt. Sieben fallen während der Verhandlungen durch Tod oder Krankheit aus, 35 werden freigesprochen, 98 zu Haftstrafen zwischen 18 Monaten und 20 Jahren und 20 zu lebenslanger Haft verurteilt. 24 Angeklagte werden zum Tode verurteilt, sieben im «Ärzte-Prozeß», drei im Prozeß um das «Wirtschaftsverwaltungshauptamt der SS» und vierzehn im «Einsatzgruppen-Prozeß». Nur 12 der Todesurteile werden tatsächlich vollstreckt.

1. September: Rudolf Paul, SED-Ministerpräsident von Thüringen, flüchtet in die Westzonen. Amerikanischen Vernehmern erklärt er, er habe sich angesichts von Hinweisen zur Flucht entschlossen, «restliche bourgeoise» Kräfte wie er würden gleich nach der bevorstehenden Londoner Konferenz der Außenminister verhaftet werden.

6. bis 8. September: Auf dem zweiten Parteitag der CDU in Berlin weist Jakob Kaiser seiner Partei die Aufgabe zu, «Wellenbrecher des dogmatischen Marxismus» zu sein. Er kritisiert die Politik der SED, fordert eine veränderte «Ordnung der Ostzone», wendet sich gegen die Reparationslieferungen aus der laufenden Produktion und spricht sich für eine Revision der Oder-Neiße-Grenze aus. Der Parteitag wählt Jakob Kaiser zum Ersten und Ernst Lemmer zum Zweiten Vorsitzenden.

10. September: Am Bannwaldsee bei Füssen treffen sich die Schriftsteller Hans Werner Richter, Alfred Andersch, Heinz Friedrich, Walter Kolbenhoff, Wolfdietrich Schnurre, Wolfgang Bächler, Walter Maria Guggenheimer, Nicolaus Sombart und Friedrich Minssen. Richter und Andersch geben seit August 1946 die Zeitschrift *Der*

Zeitschriftenblüte

«Noch war es zu übersehen. Doch die Flut stieg weiter. Noch mehr kulturelle Zeitschriften! Jede Zusammenstellung der Titel und Erscheinungsorte mußte unvollständig bleiben. Die Bibliotheken verzweifelten, eine Übersicht war kaum zu erlangen. Die Fülle ist nicht mehr zu bändigen.» Was die *Neue Zeitung* am 13. Januar 1947 konstatiert, ist nichts als die Wahrheit. Das geistige Vakuum der Nazizeit und die Suche nach neuen Orientierungen brauchen Stoff, genauer Lesestoff. 1946 / 47 gibt es bereits 200 kulturelle Zeitschriften, die oft mehr Leser finden als Zeitungen. Ob Literatur, Religion, Politik, Jugend, Familie, Frau oder reine Unterhaltung – jedes Interesse, jeder Geschmack wird bedient. Allerdings: Nach der Währungsreform überleben die meisten Blätter den Sprung in die Marktwirtschaft nicht, nun ist Illustriertes und Seichtes gefragt. Zu den einflußreichsten Zeitschriften in den Nachkriegsdebatten um die Neugestaltung Deutschlands gehören:

Der Ruf –
Unabhängige Blätter der jungen Generation
Hervorgegangen aus einer Zeitschrift für deutsche Kriegsgefangene in den USA, erscheint *Der Ruf* von August 1946 bis März 1949 in München. Zunächst wird er von Alfred Andersch und Hans Werner Richter herausgegeben und tritt für einen, allerdings vage bleibenden humanistischen Sozialismus ein. Nach dem vorübergehenden Verbot wird Walter von Cube neuer Chefredakteur, der den Kalten Krieg ins Blatt trägt.

Ende und Anfang –
Zeitung der jungen Generation
Erscheint von April 1946 bis Februar 1949 in Augsburg, herausgegeben von Franz Josef Bautz. Unter dem Einfluß von Theo Pirker und Ernst Schumacher fordert das Blatt ein christlich-sozialistisches Deutschland ein. Wegen seiner Angriffe auf die USA, die selbst die britische Labour-Regierung bevormunden würden, wird das Blatt im Sommer 1948 für drei Monate verboten.

Frankfurter Hefte –
Zeitschrift für Kultur und Politik
Erscheinen seit 1946 in Frankfurt, Herausgeber sind Eugen Kogon (dessen 1946 veröffentlichtes Buch «Der SS-Staat» zum Standardwerk wird und bis heute in 500 000 Exemplaren verkauft ist) und Walter Dirks. Ausgehend von einer differenzierten Analyse des Faschismus wird zwar die «produktive Utopie» des Sozialismus beschworen, aber doch ein vergleichsweise realistisches Programm entwickelt.

Ost und West – Beiträge zu kulturellen und politischen Fragen der Zeit
Erscheinen vom Juli 1947 bis zum Dezember 1949 in Berlin. Sie werden von Alfred Kantorowicz, der aus der KPD stammt, aber nicht der SED beitritt, herausgegeben. Er plant die Lizenz bei allen vier Besatzungsmächten zu beantragen, erhält sie aber allein in der SBZ – kurz nach Gründung der DDR wird sie jedoch kommentarlos annulliert. Das Blatt will durch kulturelle Diskussion der Teilung Deutschlands entgegenwirken.

Aufbau – Kulturpolitische Monatsschrift
Erscheint von 1945 bis 1958 in Berlin und wird vom im Juni 1945 gegründeten «Kulturbund zur demokratischen Erneuerung Deutschlands» herausgegeben. Unter Bezug auf das gemeinsame deutsche Kulturerbe wird zunächst der Antifaschismus als Grundlage für den Aufbau Deutschlands skizziert. Bald jedoch gewinnt die SED vorherrschenden Einfluß und richtet das Blatt nach ihren Zwecken aus.

Ruf heraus, deren Texte zur neuen Identitätsfindung der Deutschen beitragen wollen und vielfach das Mißfallen der Alliierten erregen. Der Zeitschrift wird die Lizenz entzogen, die Lizenz für eine geplante neue Zeitschrift wird nicht gewährt. Auf Einladung der Herausgeber treffen nun die Autoren zusammen und lesen sich gegenseitig die Texte vor, die nicht veröffentlicht werden können. Diese Tagung gilt als Gründung der *Gruppe 47*, die fortan als «literarische Ersatzhauptstadt» (Heinrich Böll) die «junge Literatur» sammelt und fördert.

20. bis 24. September: In Berlin tagt der Zweite Parteitag der SED mit 1111 Delegierten, darunter 271 westdeutsche. Er erklärt den «Kampf um die Einheit Deutschlands» zur Hauptaufgabe und bezeichnet die SED als führende politische Kraft in Deutschland. Die Partei fordert einen «Volksentscheid für die Gestaltung Deutschlands zu einem demokratischen Einheitsstaat mit dezentralisierter Verwaltung». Die auf dem Vereinigungsparteitag im April 1946 verabschiedeten «Grundsätze und Ziele» sollen bis zur Schaffung eines Parteiprogramms weitergelten. Ein besonders heikles Thema sind die anhaltenden Demontagen durch die Sowjets. Trotz der sowjetischen Ankündigungen über deren Einstellung rollt gerade die fünfte Welle an, so daß die Parteiführung den Wortbruch der Sowjets rechtfertigen muß. Wilhelm Pieck spricht von «Ergänzung der Demontagen», worauf nach Angaben Wolfgang Leonhards «eisiges Schweigen» herrscht.

22. bis 30. September: Als Informationsbüro der kommunistischen und Arbeiterparteien wird auf einer Geheimkonferenz im Kurort Szklarska Poreba (Schreiberhau) im Riesengebirge die *Kominform* gegründet. Mit diesem Gremium, das nicht als Nachfolger der *Komintern* konzipiert ist, will die KPdSU zum einen die osteuropäischen Staaten nach ihren Vorgaben ausrichten, zum anderen die amerikanischen Pläne in Westeuropa vereiteln. Deshalb sind neben den KPs Bulgariens, Polens, Rumäniens, Ungarns, der Tschechoslowakei, Jugoslawiens auch die beiden stärksten KPs Westeuropas aus Frankreich und Italien eingeladen. Die KP Albaniens und die SED sind lediglich durch Beobachter vertreten. Der Kreml-Ideologe Andrej Schdanow gibt das Konzept vor, dem alle zu folgen haben. Nach dem Ende des Zweiten Weltkrieges hätten sich zwei Lager gebildet, das imperialistische und antidemokratische unter Führung der USA, das antiimperialistische und demokratische unter Führung der Sowjetunion. Alle Belange seien dem Konflikt dieser Lager unterzuordnen. Erste Konsequenzen zeitigt diese neue Doktrin für die Tschechoslowakei: Obgleich die KP aus den relativ freien Wahlen zum ersten Nachkriegsparlament der Tschechoslowakei mit knapp 38 Prozent als stärkste Partei hervorging, wird die Tschechoslowakei mit ihrer Koalitionsregierung heftig kritisiert. Sie sei am stärksten in den Fesseln der parlamentarischen Demokratie gefangen, der KP wird die «baldige Lösung der Machtfrage» auferlegt. Im Februar 1948 reißt die KP unter ihrem Vorsitzenden Klement Gottwald in einem Umsturz die Macht an sich. Am 10. März stürzt Außenminister Jan Masaryk unter ungeklärten Umständen zu Tode, Staatspräsident Eduard Benesch tritt am 7. Juni zurück und verstirbt am 3. September.

5. Oktober: Frankreich unternimmt alles, das Saarland in seinen Händen zu behalten – während das übrige Deutschland hungert, werden ins Saarland Lebensmittel geliefert. Frankreich etabliert profranzösische Parteien und Politiker, die bei den heutigen Wah-

General Lucius Clay, 1947 bis 1949 Militärgouverneur in Deutschland

len 97,7 Prozent der Stimmen und 48 von 50 Sitzen erringen. Gegen die zwei Stimmen der KP befürworten alle Mandatsträger die neue Verfassung, die die wirtschaftliche Angliederung an Frankreich wie die «politische Unabhängigkeit des Saarlandes vom Deutschen Reich» festschreibt. Frankreich übernimmt die Landesverteidigung und die diplomatische Vertretung, die französischen Zoll- und Währungsgesetze sollen auf das Saarland angewendet werden, ein Vertreter der Regierung der Französischen Republik mit Verordnungsrecht soll die Zoll- und Währungseinheit sicherstellen. Am 3. Januar 1948 wird die französische Währung im Saarland eingeführt. Bald kommen die Eisenbahnen unter französische Regie, Französisch wird Pflichtfach an den Schulen, und das Saarland erhält eine eigene «Nationalität» mitsamt eigener Flagge. Wer prodeutsch ist, dessen Wohnung wird durchsucht, das Telefon abgehört und Briefe zensiert.

9. Oktober: Die SMAD schreibt in ihrem «Befehl Nr. 234» Maßnahmen zur Steigerung der Arbeitsproduktivität, die bei nur 50 Prozent des Vorkriegsniveaus liegt, und zur Verbesserung der Versorgung der Werktätigen vor, so mit einer lebensmittelkartenfreien warmen Tagesmahlzeit in zwei Kategorien A und B. Am 13. Oktober wird eine neue Arbeitsordnung eingeführt, die Arbeiter und Angestellte verpflichtet, «fristgemäß und sorgfältig die Leistungsnormen zu erfüllen». Sowohl die «Förderung der besten Arbeiter und Angestellten» durch öffentliche «Danksagungen» oder bevorzugte Beschaffung von «Kleidern, Schuhwerk und anderen Industriewaren» als auch «Strafmaßnahmen» bis hin zur Entlassung werden möglich. Während sich der FDGB diese Maßnahmen widerspruchslos als Hauptinhalt seiner Arbeit auferlegen läßt, üben zahllose Einzelgewerkschaften, Belegschaften, Betriebsräte und selbst SED-Betriebsgruppen teils heftigen Widerstand.

28. Oktober: General Lucius D. Clay, der noch im August 1946 die Einrichtung eines amerikanischen Propagandasenders «Radio Liberty» ablehnt, weil sie «nicht dem Geist der Vier-Mächte-Regierung» entspräche, bekennt sich erstmals zur ideologischen Konfrontation mit der Sowjetunion. Aus eigenem Antrieb äußert er auf einer Pressekonferenz, die USA begännen eine neue Verteidigung ihres Freiheitsideals, mit der «wir das angreifen, woran wir nicht glauben». «Zwar ist es richtig, daß wir nicht die Anweisung erhalten haben, den Kommunismus anzugreifen, aber man hat uns auch nicht gesagt, wir sollten auf einen solchen Angriff verzichten.» Westdeutschlands Bedeutung definiert Clay nunmehr so, «daß 42 Millionen Deutsche in der britischen und amerikanischen Zone der stärkste Vorposten gegen das kommunistische Vordringen sind, den es irgendwo gibt. Wir können in Deutschland scheitern, wenn wir nichts oder zuwenig tun, um dem deutschen Volk wieder eine deutsche Führung zu geben. Dafür ist es fast schon zu spät.»

25. November bis 15. Dezember: In London scheitert die Sechste Konferenz des Rats der Außenminister, nach dem wechselseitigen Austausch verschiedenster Anklagen wird sie ergebnislos abgebrochen. Der Rat der Außenminister ist kein Instrument der internationalen Politik mehr. Somit ist die Anti-Hitler-Koaliton endgültig zerbrochen und die Ost-West-Konfrontation in voller Schärfe entbrannt.

Dezember: Das Amerikanische Militärgericht in Dachau beendet seine Arbeit und wird aufgelöst. Es richtete über 1500 deutsche Angeklagte und verurteilte 420 davon zum Tode. Im Herbst 1947 wird seine Rechtsprechung von einer Untersuchungskommission unter Richter Gordon Simpson vom Obersten Gericht des Staates Texas überprüft. Die Kommission empfiehlt die Begnadigung von 29 der zum Tode Verurteilten, weil man Aussagen sowohl von Angeklagten als auch von Zeugen auf höchst fragwürdige Weise erlangt habe. Mit dem entbrannten Kalten Krieg wandelt sich die öffentliche Meinung in den USA erheblich.

1. Dezember: In der SBZ wird als Abteilung K 5 bei den Polizeiverwaltungen die politische Polizei geschaffen.

6. und 7. Dezember: In Berlin tritt auf Initiative der SED der erste «Deutsche Volkskongreß für Einheit und gerechten Frieden» zusammen. An ihm nehmen Vertreter von Parteien und Massenorganisationen der SBZ, aber auch Delegierte aus den Westzonen teil. Der Kongreß begründet eine Volkskongreßbewegung und verabschiedet eine Resolution zur Wiederherstellung der deutschen Einheit. Um diesen Kongreß erwächst die zweite Krise des «Blocks der antifaschistisch-demokratischen Parteien». Als die SED das Konzept des Volkskongresses vorschlägt, lehnt die CDU ab. Eine nur von den Parteien der SBZ getragene nationale Bewegung könne im Westen nicht zu Bedeutung gelangen. Mit welchen Methoden Widerspruch begegnet und die Ausrichtung der SBZ-Parteien betrieben wird, erweist sich nach dem Kongreß: Am 20. Dezember setzt die SMAD die Vorsitzenden des CDU-Hauptvorstandes, Jakob Kaiser und Ernst Lemmer, ab. Als Nachfolger wird der SED-freundliche Otto Nuschke eingesetzt, der die Eigenständigkeit seiner Partei aufgibt und zudem die Beziehungen zur CDU der Westzonen abreißen läßt. Kaiser und Lemmer gehen später in den Westen und werden Bundesminister unter Adenauer.

1948

Konfrontation

Der Kampf der Siegermächte um ihr Stück Deutschland entbrennt in aller Schärfe. Beide Großmächte suchen Vorposten zu schaffen, ihren Einflußbereich zu sichern. Ob jemand Nazi war, ist nun nicht mehr wichtig. Folglich wird die Entnazifizierung in Ost und West weitgehend eingestellt, nicht nur die Mitläufer danken es. Zu Beginn der Berlin-Blockade kehrt die Kriegsgefahr zurück, die die Menschen um ihr Leben wie um all die kleinen, mühsam erreichten Fortschritte fürchten läßt. Und dann kommt auf leisen Sohlen der größte, fieberhaft erwartete Fortschritt. Die doppelte Währungsreform verändert das Leben der Menschen und das Land. Sie bringt einen Wirtschaftsaufschwung – aber nur in einer Hälfte Deutschlands.

1. Januar: Auf Anordnung der britischen Militärregierung konstituiert sich der bereits als Militärsender in Betrieb befindliche *Nordwestdeutsche Rundfunk* (NWDR) mit Hauptsitz in Hamburg. Während viele deutsche Politiker dafür eintreten, die Rundfunkanstalten der Staatsaufsicht zu unterstellen, baut die britische Militärregierung den Sender nach dem Vorbild der BBC als unabhängige Anstalt des öffentlichen Rechts auf. Seine Leitung wird am 15. November an Adolf Grimme übergeben, auch die Vorzensur entfällt. Aus dem NWDR gehen 1953 der *Sender Freies Berlin* (SFB), 1954 der *Westdeutsche Rundfunk* (WDR) in Köln und 1955 der *Norddeutsche Rundfunk* (NDR) hervor. Im Herbst 1948 werden gleich dem NWDR in der US-Zone der *Bayerische Rundfunk*, der *Hessische Rundfunk* und *Radio Bremen* gegründet.

23. Januar: Auf Betreiben von General Lucius D. Clay verabschiedet der Wirtschaftsrat das «Nothilfegesetz zur Ermittlung, Erfassung und Verteilung von Lebensmitteln». Angesichts der anhaltenden Notlage sollen gehamsterte Vorräte bei Bauern, Händlern, Spediteuren, Gastwirten wie in allen privaten Haushalten erfaßt und beschlagnahmt werden. Unglaublich, aber wahr: Zu Zeiten dramatischen Papiermangels werden 25 Millionen Fragebogen gedruckt und verteilt – doch niemand füllt sie aus. Das verspottete «Speisekammer-Gesetz» verpufft wirkungslos.

3. Februar: Etwa drei Millionen Arbeitnehmer in der Bizone streiken wegen der schlechten Ernährungslage.

9. Februar: Nach dem Scheitern der Londoner Außenministerkonferenz entscheiden sich die USA und Großbritannien für den «kühnen Schritt». Sie treiben die Entwicklung der Bizone zu einem westdeutschen Separatstaat voran. Frankreich wird bedeutet, daß seine Zone keine Gelder aus dem Marshallplan erhält, wenn es diese nicht mit der Bizone zusammenschließt. Die politische Struktur der Bizone wird verändert: Die Zahl der Abgeordneten des Wirtschaftsrates, des Parlamentes, wird auf 104 verdoppelt; der Exekutivausschuß wird durch einen «Länderrat» ersetzt, in das jedes Land zwei Vertreter entsendet; die Direktoren bilden den «Verwaltungsrat», eine Art Kabinett; ein Deutsches Obergericht in Köln und am 1. März die *Bank Deutscher Länder* in Frankfurt werden gegründet. Damit ist im Kern bereits die politische Struktur der Bundesrepublik mit Bundestag, Bundesrat, Bundesregierung, Bundesverfassungsgericht und Bundesbank geschaffen. Am 2. März wird der immer noch parteilose Wirtschaftswissenschaftler Ludwig Erhard Direktor des Wirtschaftsamtes, er folgt auf Johannes Semler (CSU). Semler muß gehen, weil er seinem Ärger über die Alliierten in seiner «Hühnerfutterrede» Luft machte: «Was hat man für uns getan? Man hat uns Mais geschickt und Hühnerfutter, und wir bezahlen es teuer. Bezahlen es in Dollar aus deutscher Arbeit und deutschen Exporten. Und sollen uns noch dafür bedanken. Es wird Zeit, daß deutsche Politiker darauf verzichten, sich für diese Ernährungszuschüsse zu bedanken.»

10. Februar: In der LDPD kommt es zum Bruch. Auf einer Sitzung des erweiterten Parteivorstandes in Halle beschließt die Mehrheit, der Berliner Landesvorstand habe sich außerhalb der Partei gestellt. Beim zweiten Parteitag im Juli 1947 bezeichneten vor allem Berliner Delegierte die Politik des LDPD-Vorsitzenden Wilhelm Külz als «mit dem Odium des Opportunismus behaftet». Die Berliner LDPD lehnt sich ab jetzt an die FDP an, deren Landesverband sie später wird.

23. Februar bis 6. März und **20. April bis 2. Juni:** In London konferieren in zwei Sitzungsperioden die Außenminister der Westmächte, die bald auch die Außenminister der Benelux-Staaten hinzuziehen, über eine längerfristige Deutschlandpolitik. Neben wirtschaftlichen Beschlüssen wie die Teilnahme der Westzonen am Marshallplan enthalten die «Londoner Empfehlungen» eine bedeutsame Weichenstellung: Sie sprechen sich für die Bildung eines westdeutschen Staates aus, mit der Möglichkeit der späteren Wiederherstellung der deutschen Einheit. Die westlichen Militärgouverneure sollen den Ministerpräsidenten der Westzonen Vollmacht erteilen, «eine verfassunggebende Versammlung zur Ausarbeitung einer Verfassung einzuberufen». Frankreichs Zustimmung wird damit erkauft, daß sein besonderes Regime an der Saar anerkannt und eine Internationale Ruhrbehörde gebildet wird.

27. Februar: Die SMAD verfügt mit ihrem «Befehl Nr. 35» das Ende der Entnazifizierung in der SBZ, die entsprechenden Kommissionen stellen zum 10. März ihre Arbeit ein. Zwar gab es keine Gesamterfassung, doch eine Zahl der von Säuberungen Betroffenen: Insgesamt wurden 520730 Personen aus Dienststellen und Einrichtungen aller Art entfernt. Nun wird einem großen Personenkreis staatsbürgerliche Gleichberechtigung gewährt; Nazi- und Kriegsverbechen werden jedoch weiterhin verfolgt. Um den ehemaligen Wehrmachtsoffizieren und kleineren Nazi-Parteigenossen, die von CDU und LDPD nicht aufgenommen werden dürfen, eine politische Heimat zu geben, wird im Mai 1948 die *National-Demokratische Partei Deutschlands* (NDPD) zugelassen. Allen ehemaligen Nazis bleibt jedoch der Zugang zu Justiz, Polizei und leitenden Verwaltungsstellen verschlossen. In den Westzonen wird die Entnazifizierung in der zweiten Jahreshälfte 1948 abrupt eingestellt.

17. März: In Brüssel wird der *Brüsseler Pakt* geschlossen, das erste Nachkriegsbündnis in Europa. Offiziell gewähren sich Großbritannien, Frankreich und die Benelux-Staaten gegenseitig Schutz gegen eine erneute Aggression Deutschlands. Doch angesichts der im Februar erfolgten kommunistischen Machtergreifung in der Tschechoslowakei ist klar, daß sich dieses Bündnis vor allem gegen die Sowjetunion richtet. Der Brüsseler Pakt wird zur Keimzelle der NATO.

17. und 18. März: In Berlin tagt der zweite «Deutsche Volkskongreß», abermals mit Delegierten aus Ost- und Westdeutschland. Der Kongreß bezeichnet sich als einzigen Repräsentanten Gesamtdeutschlands, erkennt die Oder-Neiße-Linie als deutsche Ostgrenze an, beschließt ein Volksbegehren zur deutschen Einheit und beruft aus seiner Mitte den «Deutschen Volksrat». Dieses 400köpfige Gremium konstituiert sich am 19. März und wählt Wilhelm Pieck (SED), Otto Nuschke (CDU) und Wilhelm Külz (LDPD) zu Vorsitzenden des Präsidiums.

20. März: Der sowjetische Vertreter Marschall Wassili Sokolowski begehrt in der 82. Sitzung des Alliierten Kontrollrates Auskunft über die jüngsten Gespräche der Westmächte in London und über den Brüsseler Pakt. Als er keinen Aufschluß erhält, verliest Sokolowski eine vorbereitete Erklärung, in der er die Verletzung des Potsdamer Abkommens anklagt: «Das bedeutet, daß diese Delegationen den Kontrollrat zerstören und zu Grabe tragen und alle Beschlüsse vernichten, die über den Alliierten Kontrollrat in Deutschland angenommen wurden.» Anschließend erklärt der Marschall die Sitzung für vertagt, die sowjetischen Vertreter verlassen den Kontrollrat für immer – das Gremium wird beschlußunfähig. Mit diesem Auszug stellt der Kontrollrat seine Arbeit praktisch ein, bis zum 3. September 1971 gibt es damit nur noch einseitige Maßnahmen der Besatzungspolitik. Die alliierte Kriegskoalition ist endgültig zerbrochen, statt der Kooperation rückt nun die Konfrontation in den Vordergrund. Im Februar 1948 bringt Stalin nach dem Zeugnis von Milovan Djilas die Situation auf den Punkt: «Sie, die Westmächte, werden aus Westdeutschland eins ihrer eigenen Länder machen, und wir werden aus Ostdeutschland eins der unsrigen machen – das ist unvermeidlich.»

23. März: Der Sächsische Landtag beschließt ein Gesetz zur Wahrung der Rechte der einzigen nationalen Minderheit in der SBZ, der Sorben. Zwar untersagt die SMAD 1946 die Gründung einer sorbischen Partei, doch kann sich bereits am 10. Mai 1945 der «Bund Lausitzer Sorben Domowina» (Heimat) als antifaschistisch-demokratische Organisation gründen. Zunächst verfolgt die «Domowina» den Anschluß der Lausitz an die Tschechoslowakei, dann strebt sie die Bildung eines eigenen sorbischen Staates an.

April: In West-Berliner Zeitungen wie dem *Tagesspiegel* werden Listen der seit 1945 in Berlin spurlos verschwundenen Menschen veröffentlicht. Zumeist von sowjetischen Geheimpolizisten entführt, landen die Opfer in Gefängnissen oder Lagern auf deutschem wie sowjetischem Boden. Wie viele zu Tode kommen, wird nie ergründet. Angesichts der Untätigkeit der Berliner Polizei unter dem 1945 von den Sowjets eingesetzten Polizeipräsidenten Paul Markgraf (SED) gibt die Presse Verhaltenshinweise: «Laßt euch den Ausweis zeigen (...) Merkt euch die Dienstnummer, schreit laut, wenn man euch Gewalt antut, wehrt euch, schlagt um euch, erregt soviel Aufsehen wie möglich, damit Nachbarn, Familienmitglieder, Bewohner der umliegenden Häuser aufmerksam werden.»

1. April: Aufgrund neuer sowjetischer Kontrollforderungen werden amerikanische und britische Personenzüge, die auf dem Weg von den Westzonen nach West-Berlin sind, zur Umkehr veranlaßt. Am 3. April wird aller Frachtverkehr nur noch über Helmstedt zugelassen, die Bahnlinien von Berlin nach Hamburg und Nürnberg werden unterbrochen. In den folgenden Wochen gibt es ständig neue Behinderungen des alliierten und deutschen Transitverkehrs von und nach West-Berlin.

16. April: Nach der Unterzeichnung des «Auslandshilfegesetzes» durch den US-Präsidenten am 3. April wird in Paris die *Organization for European Economic Cooperation* (OEEC) zur Durchführung des Marshallplans gegründet. Teilnehmer sind 16 Staaten sowie das durch die Militärgouverneure vertretene Westdeutschland: Großbritannien, Frankreich, die Niederlande, Belgien, Luxemburg, Irland, Portugal, Italien, die Schweiz, Griechenland, die Türkei, Island, Norwegen, Dänemark, Schweden, Österreich. Mit einem schwachen Generalsekretariat und der mit Einstimmigkeit arbeitenden Vollversammlung bleibt die OEEC weit hinter den amerikanischen Erwartungen zurück. So muß sich die US-Regierung weit stärker als Führungsmacht engagieren, als sie ursprünglich für notwendig und möglich hielt. Westdeutschland erhält über die OEEC eine Finanzhilfe von 1,4 Milliarden US-Dollar.

17. April: Die SMAD stellt mit «Befehl Nr. 64» die Arbeit der «Sequester-Kommission» ein, die Überführung der Betriebe von Kriegsverbrechern in Volkseigentum gilt als abgeschlossen.

29. April: In der SBZ behaupten sich CDU und LDPD als einzige Kritiker der Vormachtstellung der SED. Beide bürgerlichen Parteien erfahren deshalb Zulauf, 1948 erreichen sie ihre größten Mitgliederzahlen – die CDU mit 231 000, die LDPD mit 197 000. In dieser Situation initiiert die SED die Gründung neuer Parteien, an deren Spitze kooperationsbereite Politiker gesetzt werden. Heute wird die *Demokratische Bauernpartei Deutschlands* (DBD) mit dem Vorsitzenden Ernst Goldenbaum gegründet, der dafür aus der SED austritt. Am 25. Mai wird in Berlin die *National-Demokratische Partei Deutschlands* (NDPD) mit dem Vorsitzenden Lothar Bolz ins Leben gerufen. Eines ihrer Gründungsplakate zeigt die Aufschrift «Gegen den Marxismus – für die Demokratie», gedruckt mit Genehmigung der SMAD, entspricht diese Ausrichtung doch der sowjetischen Taktik. Beide Neugründungen sollen CDU und LDPD schwächen, indem sie ihnen Mittel- und Kleinbauern (DBD) wie ehemalige Nazi-Sympathisanten (NDPD) entziehen.

21. Mai: In der SBZ wird die *Deutsche Emissions- und Girobank* gegründet, aus der am 20. Juli die *Deutsche Notenbank* hervorgeht.

23. Mai bis 13. Juni: Das vom zweiten Deutschen Volkskongreß beschlossene Volksbegehren «für eine unteilbare deutsche demokratische Republik» findet in der SBZ statt, wo 14,8 Millionen Wähler zustimmen. Trotz Verbots durch die Westalliierten stimmen auch 1,5 Millionen Wähler in den Westzonen zu. Nach der Verfassung der Weimarer Republik sind damit die Bedingungen erfüllt, einen Volksentscheid über die Einheit Deutschlands durchzuführen – doch findet dieser nicht statt. Der eigentlich zuständige Alliierte Kontrollrat ist durch den Auszug der Sowjets blockiert, die Westalliierten ignorieren den entsprechenden Antrag des «Deutschen Volksrates».

12. Juni: Bei Magdeburg sperren die Sowjets die Elbebrücke für den Fahrzeugverkehr, damit ist die Autobahn von Helmstedt nach West-Berlin unterbrochen. Mit Fähren wird der Verkehr notdürftig für einige Zeit aufrechterhalten.

16. Juni: Die Interalliierte Militärkommandantur für Groß-Berlin hält ihre letzte Sitzung ab, die sowjetischen Vertreter ziehen aus diesem Gremium aus. Zum Anlaß wird nachträglich der bevorstehende Befehl der westlichen Kommandanten genommen, in den Westsektoren die neue DM einzuführen.

18. Juni: Nach heftigen Diskussionen trifft der Wirtschaftsrat der Bizone eine grundlegende wirtschaftspolitische Weichenstellung. Die Mehrheit von CDU/CSU und FDP verabschiedet das von Ludwig Erhard entworfene sogenannte Leitsätzegesetz, das eine schrittweise Ablösung der Zwangs- und Zuteilungswirtschaft durch die «soziale Marktwirtschaft» bringt. Als die ersten Maßnahmen ergriffen werden, greift General Lucius D. Clay Erhard an, er habe in alliierte Rechte eingegriffen und Vorschriften eigenmächtig abgeändert. Erhard darauf: «Ich habe sie nicht abgeändert, ich habe sie aufgehoben!»

18. bis 20. Juni: In den drei Westzonen, jedoch nicht in West-Berlin, beginnt über dieses Wochenende die fieberhaft erwartete Währungsreform. Verzweifelt versuchten die Menschen, ihre Reichsmark zuvor noch in Sachwerte umzusetzen, was zu stündlich steigenden Preisen führte – etwa 300 Milliarden der weitgehend wertlosen Reichsmark kursieren. In größter Heimlichkeit werden aus den USA 500 Tonnen in der Bundesdruckerei von Washington gedruckte Geldscheine (*Operation Bird Dog*) in alle Teile Westdeutschlands verbracht, damit auch im letzten Dorf das Kopfgeld ausgezahlt werden kann. Jede Person kann gegen Vorlage ihrer Kenn- und Lebensmittelkarte 40 Reichsmark zum Kurs 1:1 in Deutsche Mark, so heißt die neue Währung, eintauschen, im August noch einmal 20 Reichsmark.

Ebenfalls zum Kurs von 1:1 werden regelmäßige Leistungen wie Löhne, Gehälter, Renten, Pensionen, Mieten umgestellt. Bargeld, Guthaben wie Schulden müssen angemeldet werden. Nicht abgeliefertes oder deklariertes Altgeld verfällt am 26. Juni. Bargeld, Sparguthaben wie Kredite und Hypotheken werden zunächst im Verhältnis 100:10 umgestellt. Schuldner ziehen daraus großen Gewinn, den sie jedoch im Lauf der nächsten Jahre an den Staat zurückzahlen müssen, der diese Gelder den Fonds für den Lastenausgleich zuführt. Während Aktien 1:1 umgestellt werden und Sachwerte voll erhalten bleiben, sind die Sparer gebeutelt. Am 4. Oktober werden ihre Guthaben abermals abgewertet, zum Kurs von 100:6,50 – womit die Währungsreform endgültig zu einer der größten Enteignungsaktionen der deutschen Geschichte wird.

Während dieses Wochenendes füllen sich die Schaufenster der Läden mit einer unglaublichen Warenvielfalt. Gleichsam über Nacht gelangen Güter zum Verkauf, die aus einem deutlichen Anstieg der Produktion stammen, aber über viele Monate gehortet wurden. Zahlreiche «Jedermann-Waren» lösen einen ersten Kaufrausch aus, der Schwarzmarkt verschwindet, zumal die Geldmenge strikt auf 10 Milliarden DM be-

Währungsreform: Andrang der Geldeinzahler an den Schaltern der Banken und Sparkassen

grenzt ist. Selbst der *Volkswagen* ist plötzlich binnen acht Tagen lieferbar – zum stolzen Preis von 5300 DM. In den nächsten Wochen werden zwar die meisten Preisbindungen aufgehoben, doch steigen die Preise selbst für die noch bewirtschafteten Waren sprunghaft an. Im zweiten Halbjahr 1948 erhöhen sich die Lebenshaltungskosten bei einem bis November geltenden Lohnstopp um 17 Prozent, die Arbeitslosenzahl verdoppelt sich auf fast eine Million Menschen. Die Industrieproduktion steigt sprunghaft an, von Juni bis Dezember um mehr als 50 Prozent.

23. bis 28. Juni: Trotz aller Abschottungsmaßnahmen bei der westdeutschen Währungsreform sind die Sowjets seit langem darüber informiert, durch ihren Agenten bei der britischen Botschaft in Washington, Donald MacLean. So können sie kurzfristig ihre Gegenreaktion in Gang setzen, denn zum einen droht die Überschwemmung der SBZ durch wertlose Reichs- und Rentenmark aus den Westzonen, zum anderen die Entwertung der geltenden Währung durch die neue, starke DM. Bereits am 19. Juni verbietet die SMAD den Umlauf von DM in der SBZ und Groß-Berlin.

Mit ihrem «Befehl Nr. 111», der am 23. Juni um 6 Uhr in Kraft tritt, ordnet die SMAD die Währungsreform für die SBZ und Groß-Berlin an. Vorerst werden keine neuen Geldscheine ausgegeben, sondern nur frisch gedruckte Coupons, die auf die alten Reichsmark- und Rentenscheine geklebt werden («Klebemark» oder «Tapetenmark» genannt). Jede Person kann sofort 70 Reichsmark zum Kurs 1:1 umtauschen. Sparguthaben werden gestaffelt abgewertet; bis 100 Reichsmark im Verhältnis 2:1, bis 1000 Reichsmark 5:1, bis 5000 Reichsmark 10:1. Alte Sparguthaben von vor 1945 werden generell 10:1 umgestellt, die neuen Beträge jedoch nicht ausgezahlt, sondern in Zwangsanleihen verwandelt. Alles Altgeld muß bis zum 28. Juni abgeliefert werden. Die Währungsreform in der SBZ dient indes auch politischer Bevorzugung. Während die Konten von Privatpersonen und normalen Unternehmen mit der Umstellung 10:1 drastisch abgewertet werden, werden die Konten von Volkseigenen Betrieben, SAGs, Parteien und Massenorganisationen zum Vorzugskurs 1:1 umgestellt.

Die SMAD setzt die Gültigkeit der neuen Währung nicht nur für die SBZ und den Ostsektor Berlins fest. Sie soll auch in West-Berlin gelten, wo die Verwendung anderer Währungen verboten wird. Darauf erklären die drei westlichen Stadtkommandanten den sowjetischen Befehl für «null und nichtig», sie führen ab dem 24. Juni die DM für West-Berlin ein. Um dem besonderen Status West-Berlins Rechnung zu tragen, werden die DM-Scheine mit dem Aufdruck «B» versehen («Bärenmark»). Während in Ost-Berlin ausschließlich Ostmark erlaubt sind, existieren in West-Berlin die beiden neuen Währungen nebeneinander. Auf dem freien Markt bildet sich zwischen DM und Mark zunächst ein Kurs von 1:2, bis Oktober dann von 1:4 heraus. Erst im März 1949 wird die Doppelwährung beendet, ab dann gilt in West-Berlin ausschließlich die DM.

23. Juni: Kurz vor Mitternacht schaltet die SMAD das Großkraftwerk Golpa-Zschornewitz ab, das Berlin seit Jahrzehnten mit Fernstrom versorgt. Die Kraftwerke West-Berlins können den ausbleibenden Strom nicht ersetzen.

23. und 24. Juni: In Warschau treffen die Außenminister der Sowjetunion und der osteuropäischen Volksdemokratien zusammen. Sie verurteilen die «Londoner Empfehlungen» als rechtsungültig und fordern statt dessen die Bildung einer gesamtdeutschen Regierung, den Abschluß eines Friedensvertrages auf der Grundlage des Potsdamer Abkommens, die Entmilitarisierung Deutschlands und Reparationsleistungen auch aus den Westzonen.

24. Juni: In der Nacht wird der Schienenverkehr nach West-Berlin auf der einzig verbliebenen Strecke von Helmstedt wegen «technischer Störungen» unterbrochen. Eine Umleitung wird ausdrücklich abgelehnt. Die Lebensmittellieferungen aus der SBZ in die Westsektoren werden eingestellt. Von sowjetischer Seite wird der Binnenschiffsverkehr stillgelegt. West-Berlin ist zu Lande und zu Wasser vollständig blockiert.

Der amerikanische Militärgouverneur, General Lucius D. Clay, schlägt Präsident Harry Truman vor, mit einem bewaffneten Konvoi die Blockade zu durchbrechen. Truman lehnt angesichts der Kriegsgefahr ab, verlegt aber sechzig B-29-Bomber («Atombomber») nach England. Clay ruft den im Juni 1947 gewählten, aber von den Sowjets bisher am Amtsantritt gehinderten Oberbürgermeister Ernst Reuter (SPD) zu sich, um ihn nach dem Durchhaltewillen der Berliner zu befragen. Reuter: «Es kann überhaupt keine Frage sein, wo die Berliner stehen. Die Berliner werden für ihre Freiheit eintreten, und sie werden jede Hilfe, die ihnen geboten wird, dankbar annehmen.»

25. Juni: Die Westalliierten stellen überrascht fest, daß die drei jeweils 20 englische Meilen breiten Luftkorridore nach Hamburg, Bückeburg und Frankfurt/Main ihr einzig verbriefter Zugang nach West-Berlin sind. Die Verbindungen zu Lande und zu Wasser beruhen lediglich auf mündlichen Vereinbarungen und Gewohnheitsrechten. General Lucius D. Clay befiehlt nun die Errichtung der Luftbrücke, worauf alliierte Maschinen neben Versorgungsgütern für ihre Truppen auch Güter für die Bevölkerung transportieren. Die US-Militärs nennen die anlaufende Aktion *Operation Little*

Vittles (vittels für victuals, Lebensmittel). Anderntags billigt die amerikanische Regierung diesen Befehl, doch halten Heeresminister Kenneth Royall und Luftwaffen-Stabschef Arthur H. Vandenberg die Versorgung West-Berlins aus der Luft für ein aussichtsloses Vorhaben. Auch bei den Briten und Franzosen gibt es Stimmen, die wegen der drohenden Kriegsgefahr den von den Sowjets angestrebten Rückzug aus Berlin befürworten.

28. Juni: US-Präsident Harry Truman billigt endgültig die von General Lucius D. Clay begonnene Luftbrücke: «Wir sind in Berlin, und da bleiben wir, punktum.» Ab sofort werden aus Alaska, Hawaii, Panama, der Karibik, den Bermudas, den Azoren, aus Japan sowie ganz Westeuropa alle verfügbaren amerikanischen Flugzeuge nach Deutschland verlegt. Die vorhandenen Transportkapazitäten können die Versorgung West-Berlins nur einen oder zwei Monate sichern. Ab heute beteiligen sich auch die Briten an der Luftbrücke, sie nennen die Aktion *Operation Plainfair;* zeitweilig wirken bei den Briten auch die Commonwealth-Länder Südafrika, Australien und Neuseeland mit. Frankreichs Flugzeuge sind fast alle in Indochina eingesetzt, deshalb beteiligt sich Frankreich nur indirekt.

Die *Kominform* veröffentlicht ihre einstimmig verabschiedete Resolution «Über die Fehler der KP Jugoslawiens» und verlegt ihren Sitz von Belgrad nach Bukarest. Unter ihrem Führer Josip Broz, genannt Tito, vermochten die jugoslawischen Kommunisten ihr Land selbst von der deutschen Besetzung zu befreien. Auch wenn sie im eigenen Land stalinistische Methoden anwandten, widersetzten sie sich dem Diktat der Moskauer Führung und verfolgten einen «eigenen Weg». Wegen ihrer anhaltenden Unbotmäßigkeit wird die jugoslawische KP nun mit einer Vielzahl von Vorwürfen überschüttet. Sie verfolge eine «feindselige Politik gegenüber der Sowjetunion», sie betrei-

Die Blockade

Die völlige Abschnürung bringt für West-Berlin eine dramatische Verschärfung der ohnehin angespannten Lage. Angesichts ständiger Gas- und Stromsperren ist das Kochen meist nur in wenigen Nachtstunden möglich. Im Winter 1948 / 49 stehen pro Kopf nur 12,5 Kilogramm Holz, Kohle oder Kohleersatz zur Verfügung. Allein die außergewöhnliche Milde dieses Winters verhindert eine Katastrophe.

Die meisten Berliner gehören zur Lebensmittelkartengruppe III. Deren Tagesration umfaßt offiziell 400 Gramm Brot, 50 Gramm Nährmittel, 40 Gramm Fleisch, 30 Gramm Fett, 40 Gramm Zucker, 400 Gramm Trockenkartoffeln, 5 Gramm Käse. Ein geflügeltes Wort jener Tage: «Wir Blockierten hungern nicht, aber wir sind ständig hungrig.» Oft können die Rationen nicht vollständig ausgegeben werden, an frischem Obst, Gemüse und Fleisch herrscht ein stetiger Mangel. Mitte Juli 1948 ruft der «Deutsche Städtetag» das «Hilfswerk Berlin» ins Leben. Es sammelt so viele Spenden, daß es fast sieben Millionen Tagesrationen für die West-Berliner zur Verfügung stellen kann.

Nach Kriegsende war die Industrieproduktion in West-Berlin halb so groß wie 1936 – während der Blockade sinkt sie noch einmal um 50 Prozent. Durch Produktionseinschränkungen und Stillegungen steigt die Arbeitslosigkeit von Juni 1948 bis Mai 1949 um 250 Prozent, hinzu kommen 50 000 bis 70 000 Kurzarbeiter. Monatlich werden etwa 2500 Tonnen «im blockierten Berlin hergestellte» Waren ausgeflogen.

be «verleumderische Propaganda über eine ‹Degeneration› der KP der Sowjetunion», sie habe «sich auf den Weg des Verrates an der Sache der internationalen Solidarität der werktätigen Völker und des Überganges auf die Positionen des Nationalismus begeben». Die «gesunden Kräfte» werden aufgerufen, ihre Führung «auszuwechseln und von unten auf eine neue internationalistische Führung der KP Jugoslawiens zu entwickeln». Zur Überraschung der Moskauer Führung veröffentlicht zwei Tage später *Borba*, das Zentralorgan der KP Jugoslawiens, die Kominform-Resolution wie auch die jugoslawische Antwort, in der die Vorwürfe zurückgewiesen werden und nunmehr die sowjetische Politik in Jugoslawien kritisiert wird.

29. und 30. Juni: Der Parteivorstand der SED beschließt die wirtschaftliche Ausrichtung nach Osten. Er billigt den ersten Zwei-Jahres-Plan der SBZ, der den Anschluß an den Rhythmus der Fünf-Jahres-Pläne der Sowjetunion herstellt. Danach soll die Produktion um ein Drittel und die Arbeitsproduktivität um 30 Prozent gesteigert werden. Mit diesem, am 21. Juli von der Deutschen Wirtschaftskommission übernommenen Plan für die Jahre 1949/50 wird die gesamte Ökonomie der zentralistischen Planwirtschaft unterworfen. Die SED hält für erfüllt, was ihr Spitzenfunktionär Walter Ulbricht als Voraussetzung formuliert, daß «die wirtschaftlichen Schlüsselstellungen in der sowjetischen Besatzungszone in die Hände des Volkes übergegangen sind».

1. Juli: In Frankfurt werden die «Londoner Empfehlungen» den Ministerpräsidenten der Länder der Westzonen in drei Dokumenten überreicht. Jeder der drei Militärgouverneure verliest eines der «Frankfurter Dokumente», die als erster Grundstein der späteren Bundesrepublik gelten. Die Ministerpräsidenten werden beauftragt, bis zum 1. September 1948 einen verfassunggebenden Parlamentarischen Rat aus Mitgliedern der westdeutschen Landtage einzuberufen, die bestehenden Ländergrenzen zu überprüfen und ein vorläufiges Besatzungsstatut zu erarbeiten. Allerdings werden diese ersten Schritte der westdeutschen Eigenständigkeit unter Vorbehalt gestellt: «Die Militärgouverneure werden die Ausübung ihrer vollen Machtbefugnisse wieder aufnehmen, falls ein Notstand die Sicherheit bedroht und um nötigenfalls die Beachtung der Verfassungen und des Besatzungsstatuts zu sichern.»

3. Juli: Die SMAD beginnt, bewaffnete «Kasernierte Bereitschaften» der Volkspolizei aufzustellen, als Vorstufe zu einer Armee. Im Jahr 1950 gehören diesen Einheiten mindestens 50000 Mann an, während Westdeutschland nicht über bewaffnete Kräfte verfügt.

Im ersten Schisma der kommunistischen Bewegung stellt sich das Zentralsekretariat der SED bedingungslos hinter die sowjetische Führung. «Die klare und eindeutige Stellungnahme für die Sowjetunion (ist) heute die einzig mögliche Position für jede sozialistische Partei.» Angesichts der durch die getrennte Währungsreform besiegelten Spaltung Deutschlands und im Gefolge der stalinistischen Gleichschaltung Osteuropas beschließt die Führung, die SED völlig nach den sowjetischen Vorgaben auszurichten. Unter ausdrücklicher Berufung auf die von Wilhelm Pieck geprägte Losung «Von der Sowjetunion lernen heißt siegen lernen» wird die SED von einer Massen- zur Kaderpartei umgeformt. Nach Angaben von Wolfgang Leonhard kündigt Walter Ulbricht bereits Anfang Juni in Halle den Beginn der «Parteisäuberung» an. Zahlreiche Beschlüsse des Parteivorstandes zwischen Juni und September erzwingen die Transformation der SED zur «Partei neuen Typs».

Eine amerikanische Transportmaschine im Landeanflug auf den Flughafen Tempelhof

In der Tat entspricht die SED nicht einer herkömmlichen KP: Bei etwa 19 Millionen Bewohnern der SBZ zählt sie fast zwei Millionen Mitglieder, etwa ein Drittel davon stammt aus der SPD. Die Sozialdemokraten vor allem werden Opfer der «Säuberung der Partei von feindlichen Elementen», die auf dem Weg zur zentralistisch geführten und disziplinierten Kaderpartei periodisch vorgenommen werden soll.

8. bis 10. Juli: Auf dem Rittersturz bei Koblenz konferieren die westdeutschen Ministerpräsidenten über die «Frankfurter Dokumente». Sie unterstützen die westdeutsche Staatsgründung, betonen aber, «daß es sich lediglich um ein Provisorium handelt sowie um eine Institution, die ihre Entstehung lediglich dem augenblicklichen Stand der mit der gegenwärtigen Besetzung Deutschlands verbundenen Umstände verdankt». Das zukünftige Gebilde solle deshalb nicht «Staat» heißen und keine Verfassung, sondern ein «Grundgesetz» erhalten, das nicht vom Volk, sondern von den Landtagen zu verabschieden sei.

13. Juli: Die 27 lutherischen, reformierten und calvinistischen Kirchenverbände aller Zonen, denen etwa 40 Millionen Gläubige angehören, billigen in Eisenach die «Grundordnung» der «Evangelischen Kirche in Deutschland» (EKD).

26. Juli: General Lucius D. Clay verhängt die erste Maßnahme der «Gegenblockade», er läßt den Güterverkehr von den Westzonen in die SBZ aus «technischen Gründen» sperren. Kurz danach werden begrenzte Exportverbote verhängt und sowjetische Aufträge an die US-Wirtschaft storniert. Zu einer Schließung des Panamakanals für sowjetische Schiffe entschließt sich die US-Regierung nicht. Von September 1948 bis Februar 1949 verschärfen die Westmächte die «Gegenblockade»: Ein Transportverbot in den Ostsektor Berlins sowie die Handelssperre zwischen den Westzonen und der SBZ werden konsequent durchgesetzt.

In Frankfurt einigen sich die Militärgouverneure und die westdeutschen Ministerpräsidenten nach mehreren Verhandlungsetappen über die «Frankfurter Dokumente». Während der Inhalt kaum verändert wird, werden statt der verfassunggebenden Versammlung ein «Parlamentarischer Rat» und statt der Verfassung ein «Grundgesetz» konzipiert.

1. August: Durch den Einschluß der französischen Besatzungszone mit Ausnahme des Saargebietes wird die «Bizone» zur «Trizone» erweitert. Ein populärer Schlager bezeichnet die Westdeutschen bald als die «Eingeborenen von Trizonesien».

2. August: In Moskau empfängt Stalin die Botschafter der drei Westmächte. Er teilt ihnen mit, Berlin habe aufgehört, die Hauptstadt Deutschlands zu sein, «weil die drei Westmächte Deutschland in zwei Staaten gespalten haben». Die Westmächte hätten das Recht, Truppen in West-Berlin zu halten, verwirkt. Nach dem Ende der Blockade müsse die Mark der SBZ auch in West-Berlin gelten. Zwar dürften die westlichen Zonen wirtschaftlich zusammengefaßt werden, aber keine Regierung erhalten. Könnten sich die Alliierten nicht einigen, «so werden sich die östliche und die westlichen Zonen auf unterschiedliche Art entwickeln».

5. August: Der «Block der antifaschistisch-demokratischen Parteien» in der SBZ nimmt die DBD und den FDGB, am 7. September auch die NDPD auf. Damit ist im wesentlichen das sogenannte Blocksystem etabliert, das mögliche politische Konkurrenz zur SED nicht nur einbindet, sondern alle Parteien bis zum Ende der DDR zu Erfüllungsgehilfen der SED degradiert.

6. August: Nach langen Debatten soll die Neuordnung für Deutschlands wichtigstes Industriezentrum, das Ruhrgebiet, beginnen. In Düsseldorf verabschiedet der Landtag von Nordrhein-Westfalen das Gesetz über die Sozialisierung der Kohlewirtschaft. Die Billigung wird nur möglich, weil sich die CDU-Fraktion unter dem Druck ihres linken Flügels der Stimme enthält. Am 23. August verweigert die britische Militärregierung die Zustimmung, eine solch gewichtige Frage solle von einer deutschen Regierung und nicht von einer Landesregierung entschieden werden.

10. bis 23. August: Auf der Insel Herrenchiemsee in Oberbayern tagt der am 25. Juli von den westdeutschen Ministerpräsidenten eingesetzte «Sachverständigenausschuß für Verfassungsfragen». Er erarbeitet «Richtlinien für ein Grundgesetz», das zu kontroversen Fragen unterschiedliche Lösungen vorschlägt. Diese Richtlinien dienen als Arbeitsgrundlage für den «Parlamentarischen Rat».

17. bis 19. August: In Enzisweiler bei Lindau findet die neunte und letzte Interzonenkonferenz der deutschen Gewerkschaften unter Teilnahme von FDGB-Vertretern aus der SBZ statt. Die Bestrebungen, einen gesamtdeutschen Gewerkschaftsbund zu gründen, scheitern endgültig.

31. August: General Lucius D. Clay setzt das nach heftigen Auseinandersetzungen zustande gekommene Betriebsrätegesetz in Hessen außer Kraft. Nach zweijähriger Vorbereitungszeit verabschieden SPD und CDU dieses Gesetz im Mai. Im August folgen Württemberg-Baden und Bremen mit ähnlichen Gesetzen. Die Bildung von Betriebsräten wird verpflichtend, sie erhalten weit-

Kundgebung von Anhängern von SPD, CDU und LDPD auf dem Platz der Republik

gehende Mitbestimmungsrechte. Clay lehnt eine zu weitgehende Mitbestimmung der Gewerkschaften gegenüber den Unternehmensleitungen ab, die durch die Entnazifizierung ohnehin geschwächt seien. Außerdem würden die Bergleute an der Ruhr ermuntert, gleiche Forderungen zu stellen. Im April 1950 setzt der Hohe Kommissar John McCloy die suspendierten Paragraphen wieder in Kraft.

1. September: Im mehr oder weniger zufällig ausgewählten Tagungsort Bonn tritt der «Parlamentarische Rat» zusammen, erst im Museum Koenig, dann in der Pädagogischen Akademie (dem heutigen Bundeshaus). Ihm gehören 65 stimmberechtigte Abgeordnete aus elf deutschen Landtagen an, CDU/CSU und SPD stellen je 27 Abgeordnete, die FDP fünf, das Zentrum, die Deutsche Partei und die KPD je zwei. Hinzu kommen fünf nicht-stimmberechtigte Westberliner Abgeordnete, drei von der SPD und je einer von CDU und FDP. Nur vier Frauen gehören dem Rat an, der wegen seines hohen Beamtenanteils bereits als «Beamtenparlament» bezeichnet wird. Mit den Stimmen aller Fraktionen außer denen der KPD wird Konrad Adenauer zum Präsidenten des Parlamentarischen Rates gewählt – sowohl CDU/CSU als auch SPD sind im Glauben, den unbequemen 72jährigen auf ein Ehrenamt beschränkt zu haben. Carlo Schmid (SPD) wird Vorsitzender des Hauptausschusses, des wichtigsten Arbeitsgremiums. Während der Arbeit am Grundgesetz füllt Adenauer das Amt jedoch so aus, wie er es gegenüber einem Parteifreund beschreibt: Es sei «bis auf weiteres der Präsident des Parlamentarischen Rats der alleinige Vertreter des deutschen Volkes gegenüber den Alliierten».

6. September: Abermals stören und behindern kommunistische Demonstranten Stadtverordnetenversammlung und Magistrat von Groß-Berlin, die noch im Stadthaus von Ost-Berlin tagen. Darauf beschließen die nicht-kommunistischen Abgeordneten, in den Westteil der Stadt, ins

Studentenhaus der TU, auszuweichen. Sie setzen Ernst Reuter ins Amt.

Der FDGB in Berlin spaltet sich. Eine «Unabhängige Gewerkschaftsorganisation» (UGO), die sich gegen die Übermacht der SED ausspricht, verläßt die Einheitsgewerkschaft.

9. September: Mehr als 300000 Berliner versammeln sich zu einer Kundgebung auf dem Platz der Republik, zu der SPD, CDU, LDP und die «Unabhängige Gewerkschaftsorganisation» aufrufen. Oberbürgermeister Ernst Reuter spricht diese Worte: «Ihr Völker der Welt, ihr Völker in Amerika, in England, in Frankreich, in Italien! Schaut auf diese Stadt und erkennt, daß ihr diese Stadt und dieses Volk nicht preisgeben könnt! (...) Wir haben unsere Pflicht getan, und wir werden unsere Pflicht weiter tun. Völker der Welt, tut auch ihr eure Pflicht und helft uns in der Zeit, die vor uns steht, nicht nur mit dem Dröhnen eurer Flugzeuge, nicht nur mit den Transportmöglichkeiten, die ihr hierherschafft, sondern mit dem standhaften unzerstörbaren Einstehen für die gemeinsamen Ideale, die allein unsere Zukunft und die auch allein euere Zukunft sichern können. Völker der Welt, schaut auf Berlin! Und Volk von Berlin, sei dessen gewiß, diesen Kampf, den wollen, diesen Kampf, den werden wir gewinnen!» Als sich im Anschluß erregte Berliner dem Brandenburger Tor nähern, um die rote Fahne herunterzuholen, eröffnen Sowjetsoldaten das Feuer und erschießen einen Jugendlichen.

11. bis 14. September: In Düsseldorf fordert der SPD-Parteitag ein Besatzungsstatut als Rechtsbasis für die Beziehungen zwischen den Besatzungsmächten und Westdeutschland.

15. und 16. September: Nach sowjetischem Vorbild richtet der Parteivorstand der

Adolf Hennecke bei der Arbeit im Bergbau

SED eine «Zentrale Partei-Kontrollkommission» ein, die Hermann Matern bis zu seinem Tod im Jahr 1971 leitet. Auch die untergeordneten Gliederungen müssen jeweils «Partei-Kontrollkommissionen» errichten. Diese Kommissionen werden das Hauptinstrument zur Ausschaltung unliebsamer Kräfte, wobei die Anklagen «Agenten des Ost-Büros der SPD», «Schumacher-Agenten», «antisowjetische Propaganda» oder «Gruppenbildung» lauten. Von 1948 bis 1951 werden schätzungsweise 200000 Menschen aus der SED entfernt, durch die Partei-Kontrollkommissionen gemaßregelt, zur Flucht gezwungen oder verhaftet. Mutmaßlich 400 Sozialdemokraten kommen in den Zuchthäusern der DDR oder in sowjetischen Straflagern ums Leben.

18. bis 20. September: Auf ihrem dritten Parteitag in Erfurt bestätigt die CDU den von der SMAD installierten Otto Nuschke

Der neue Arbeiter

In den Steinkohlenschacht «Gottes Segen» der Grube «Karl Liebknecht» in Lugau / Oelsnitz fährt am 13. Oktober der Bergmann Adolf Hennecke ein, am ersten Jahrestag des SMAD-«Befehls Nr. 234». Nach sorgfältigen Vorbereitungen stellt das SED-Mitglied in einer Hochleistungs-Schicht mit 387 Prozent der Normleistung einen Rekord auf. Hennecke erhält für seine herausragende Leistung einen Anzugstoff, anderthalb Kilo Fett, eine Flasche Trinkbranntwein, drei Schachteln Zigaretten und 50 Mark. Da die Arbeitsproduktivität auf der Hälfte des Vorkriegswertes stagniert, sucht die SED die 1947 ins Leben gerufene Aktivisten-Bewegung nach dem sowjetischen Vorbild der «Stachanow-Bewegung» zu nutzen. Fortan wird die Aktivisten-Bewegung Hennecke-Bewegung genannt und erlebt tatsächlich einen gewissen Aufschwung. Der Namenspatron jedoch erfährt heftige Anfeindungen: «Ich wußte, die Arbeiter in der Ostzone würden toben gegen mich. Aber in einer Sache war ich absolut sicher: Meine Kumpel in meinem Schacht, die würden zu mir halten (...) Und als ich dann ausfuhr, war alles ganz anders. Ich existierte mit einemmal nicht mehr. Meine Kumpel sahen mich nicht. Ich war für sie Luft (...) Es kamen Briefe, anonyme Briefe, mit Morddrohungen. Der Strick läge schon bereit und ähnliche Naziparolen.»

als Parteivorsitzenden. Generalsekretär wird Georg Dertinger.

20. September: Das Zentralsekretariat der SED faßt einen Beschluß «Über die Verstärkung des Studiums der Geschichte der KPdSU», mit dem Stalins «Geschichte der KPdSU (B), Kurzer Lehrgang» von 1938 zur Pflichtlektüre erklärt wird.

24. September: Im *Neuen Deutschland* erscheint Anton Ackermanns Artikel «Über den einzig möglichen Weg zum Sozialismus». Auf starken Druck hin schwört Ackermann der bisherigen Auffassung, Deutschland müsse einen eigenen Weg zum Sozialismus gehen, ab: «Diese Theorie von einem ‹besonderen deutschen Weg› bedeutet zweifellos eine Konzession an die starken antisowjetischen Stimmungen in gewissen Teilen der deutschen Bevölkerung (...) Diese Theorie enthält das Element einer Abgrenzung von der Arbeiterklasse und von der bolschewistischen Partei der Sowjetunion.»

22. Oktober: Der Deutsche Volksrat nimmt einstimmig den Verfassungsentwurf an, den sein Verfassungsausschuß für eine *Deutsche Demokratische Republik* vorlegt. Am 14. November wird der Entwurf bekanntgegeben und zur öffentlichen Diskussion gestellt.

Nach längeren Erwägungen siedelt Bertolt Brecht aus der Emigration nach Ost-Berlin über. Zusammen mit Erich Engel inszeniert er rasch sein 1939 geschriebenes Stück «Mutter Courage und ihre Kinder». Aus der deutschen Erstaufführung am 11. Januar 1949 geht das von Brechts Frau Helene Weigel geleitete *Berliner Ensemble* hervor.

November: Als Beitrag für die enormen Kosten zunächst der Blockade, später der Zuschüsse für West-Berlin wird das «Notopfer

Eröffnung einer Lebensmittel-Verkaufsstelle der HO in der Königstraße, Berlin, am 18. Dezember 1948

Berlin» eingeführt. Bis zum 1. Oktober 1956 muß jede natürliche Person in den Westzonen eine Sondersteuer zuzüglich zur Lohn- und Einkommensteuer entrichten. Darüber hinaus muß auf jede Postsendung, die außerhalb Berlins aufgegeben wird, eine Sondermarke im Wert von 2 Pfennig aufgeklebt werden.

12. November: Die Gewerkschaften in der Bizone rufen zu einem 24stündigen Proteststreik gegen die Wirtschaftspolitik der Besatzungsmächte und des Wirtschaftsrates unter Ludwig Erhard auf. Mehr als neun Millionen Arbeiter beteiligen sich an diesem größten Proteststreik seit 1920. Auch in der CDU/CSU melden sich kritische Stimmen zu Wort, die Erhards Wirtschaftspolitik als gescheitert bezeichnen.

15. November: Die ersten Verkaufsstellen der staatlichen Handelsorganisation (HO) werden eröffnet. Während die anderen Handelsbetriebe nur rationierte Waren zu subventionierten Preisen abgeben dürfen, können die HO-Läden bis 1958 ohne Bezugsscheine oder Lebensmittelkarten auch knappe Waren zu hohen Preisen frei verkaufen. Ein Kilogramm Margarine kostet zunächst 110 Mark, ein Kilogramm Mehl 20 Mark.

25. und 26. November: Schon im Mai 1948 beschließt die FDGB-Führung, die «Betriebsgewerkschaftsleitungen» (BGL) gegen die Betriebsräte auszubauen. Denn letztere würden versuchen, «das Vertrauen der gesamten Belegschaft zu erhalten, ohne daß sie dabei Rücksicht nahmen auf die Gesamtentwicklung der Wirtschaft». Im September 1948 wird den Betriebsräten die Zuständigkeit für die gesamte betriebliche Lohn- und Sozialpolitik entrissen und den BGL übertragen. Um die von der SED angestrebte Hierarchie FDGB–Einzelgewerkschaft–BGL zu festigen, werden die für Oktober angesetzten Betriebsratswahlen verzögert. Statt dessen hält der FDGB in Bitterfeld eine Arbeitstagung ausgewählter Funktionäre ab, die den Kampf gegen das «Nurgewerkschaftertum» rechtfertigt und beschließt, die «Betriebsräte mit den Betriebsgewerkschaftsleitungen zu vereinigen». Mit dieser Zwangsauflösung der Betriebsräte, die sie einst förderte, die aber jetzt ihrem Führungsanspruch im Wege stehen, entfremdet sich die SED von einem erheblichen Teil der Arbeiterschaft.

4. Dezember: Im Titania-Palast des West-Berliner Stadtteils Dahlem gründen Professoren und Studenten der Humboldt-Universität mit Unterstützung von Magistrat und US-Militärregierung die *Freie Universität* (FU).

5. Dezember: Am 2. Dezember verbietet die SMAD die im Juni auch mit den Stimmen der SED angesetzten Wahlen zu den Groß-Berliner Stadt- und Bezirksverordnetenversammlungen für den Ostsektor. Die SMAD erklärt den «provisorischen Magistrat» unter Friedrich Ebert (SED, Sohn des früheren Reichspräsidenten), den die am 30. November von der SED in die Deutsche Staatsoper einberufene «Außerordentliche Stadtverordnetenversammlung» wählte, zur einzig legitimen Regierung Berlins. Damit ist die Spaltung der Stadtverwaltung besiegelt, die heutigen Wahlen finden nur in den Westsektoren statt. Trotz Boykotts der SED und der sowjetischen Drohung, die Wahllisten «auszuwerten», liegt die Wahlbeteiligung zur Stadtverordnetenversammlung bei 86,3 Prozent. Klarer Sieger wird die SPD mit 64,5 Prozent der Stimmen, vor der CDU mit 19,4 und der LPD mit 16,1 Prozent. Noch die alte Stadtverordnetenversammlung wählt am 7. Dezember Ernst Reuter (SPD) zum Oberbürgermeister. Am 14. Januar 1949 bestätigt die neue Stadtverordnetenversammlung Reuter in seinem Amt, der darauf einen Magistrat aus SPD, CDU und FDP/LDP bildet. Sitz des nunmehr auf West-Berlin beschränkten Parlaments und Magistrats wird das Schöneberger Rathaus.

11. und 12. Dezember: In Heppenheim, wo 1847 das Vorparlament zur Nationalversammlung der Frankfurter Paulskirche tagte, treffen 89 Delegierte zu einem «Gesamt-Vertretertag» der liberalen, demokratischen Parteien der Westzonen und West-Berlins zusammen. Sie beschließen den Namen *Freie Demokratische Partei* (FDP, erst in den sechziger Jahren werden die Pünktchen eingeführt: F.D.P.), wählen Theodor Heuss zum Vorsitzenden und Franz Blücher zu seinem Stellvertreter und verabschieden die «Heppenheimer Proklamation», das bis 1957 einzige gemeinsame Programm. Darin bezeichnet sich die Partei als «Sammlung der politischen Kräfte, die den Gedanken der Freiheit und des Persönlichkeitsrechtes zum Richtmaß aller Entscheidung erheben.»

13. Dezember: «Auf Vorschlag der SED» beschließt der Zentralrat der FDJ in Berlin die Gründung einer Kinderorganisation. Nach sowjetischem Vorbild erfassen die *Jungen Pioniere* Kinder von der ersten bis zur siebten Schulklasse, die auf altersgemäße Art zu jungen Sozialisten erzogen werden sollen. Im August 1952 erhält die Pionierorganisation vom ZK der SED das Recht, den Namen «Ernst Thälmann» zu tragen. In der späteren DDR gehören bis zu 99 Prozent aller Kinder zwischen 6 und 13 Jahren den Pionieren an.

18. Dezember: Zum neuen Generalsekretär der CSU wird der junge Landrat von Schongau und Angehörige des Wirtschaftsrates der Bizone, Franz Josef Strauß, berufen.

23. Dezember: In Tokio werden sechs Militärs, darunter der General und Premierminister seit 1941, Hideki Tojo, sowie ein Zivilist als Kriegsverbrecher gehängt. Vom Juni 1946 bis zum November 1948 verhandelte das Internationale Militärgericht für den Fernen Osten gegen 28 Politiker und Militärs. Neben den sieben Todesurteilen werden 16 lebenslängliche und zwei befristete Haftstrafen verhängt, die einzigen Verurteilungen von Kriegsverbrechern in Japan. Fast alle Anklagen wurden wegen japanischer Verbrechen gegen westliche Opfer erhoben, obwohl diese weniger als ein Zehntel der Opfer der japanischen Aggression ausmachten.

28. Dezember: In London unterzeichnen die westlichen Siegermächte und die Benelux-Staaten das *Ruhrstatut*, mit dem das Ruhrgebiet der Kontrolle einer «Internationalen Ruhrbehörde» unterworfen wird.

30. Dezember: Im November äußert Otto Grotewohl in der theoretischen Zeitschrift der SED, *Einheit*, für ihn sei die volksdemokratische Ordnung des Ostens «der einzig mögliche und gangbare Weg auch für die Ostzone und ihre Wirtschaftsplanung». Vom 12. bis 24. Dezember besucht die SED-Führung Moskau, wo Stalin gegenüber Walter Ulbricht, Wilhelm Pieck (der die Worte notiert) und Otto Grotewohl am 18. Dezember äußert: «Ihr deutschen Kommunisten seid wie eure Vorfahren, die Teutonen. Ihr kämpft immer mit offenem Visier.» Das sei «vielleicht mutig, aber oft sehr dumm». Solange kein einheitlicher Staat existiere, gelte es sich zu «maskieren» und den «Sozialismus im Zickzack» anzuvisieren. Nach den Moskauer Instruktionen bestreitet Wilhelm Pieck nun in einem Interview mit dem *Neuen Deutschland*, daß in der SBZ bereits die Arbeiterklasse herrscht und damit die «Volksdemokratie» besteht: «Nein, das ist grundfalsch (...) Die Bedingungen in der sowjetischen Besatzungszone sind von denen der Volksdemokratien grundverschieden.»

31. Dezember: Der Film «Berliner Ballade» von Robert Stemmle, in dem Gert Fröbe die Hauptrolle des Otto Normalverbraucher spielt, feiert Premiere.

1949

Teilung

Eine Grenze entsteht, eine Grenze, die mitten durch ein Land verläuft. Die Elbe als Trennungslinie – für die Menschen ist es folgerichtig und unfaßbar zugleich. Folgerichtig, weil die neue Teilung der Welt in zwei feindliche Machtblöcke gerade Deutschland ergreifen muß. Unfaßbar, weil auseinandergerissen wird, was zusammengehört. Rasch ist sich die Mehrheit der Menschen in Ost und West einig, welcher Teilstaat gut und welcher schlecht ist. Hehre Reden von Antifaschismus, Arbeitereinheit und Sozialismus können nur notdürftig verhüllen, daß in der SBZ das Sowjetsystem installiert wird. Auch ohne statistische Erfassung ist klar, daß die Abstimmung mit den Füßen bereits begonnen hat. Bereits bis zur Ausrufung der DDR sind seit Kriegsende mehrere hunderttausend Menschen aus der SBZ und Ost-Berlin in den Westen geflüchtet.

17. Januar: Die Westalliierten errichten in Koblenz einen *Drei-Mächte-Ausschuß für militärische Sicherheit*. Dieses Militärische Sicherheitsamt hat das «Wiederaufleben militärischer Organisationen und militärischen Geistes zu verhindern» und darf alle Fabriken in Westdeutschland darauf überprüfen, ob sie Rüstungsgüter produzieren.

24. Januar: Der Parteivorstand der SED beschließt, die Arbeitsgemeinschaft zwischen der SED und der KPD in den Westzonen aufzulösen.

25. Januar: Als ökonomische Antwort auf den Marshallplan wird in Warschau der «Rat für gegenseitige Wirtschaftshilfe» gegründet (RGW, im Westen bald als *Comecon* benannt, die Abkürzung für *Council for Mutual Economic Assistance*). Er soll volkswirtschaftliche Arbeitsteilung und Koordination der beteiligten Länder Sowjetunion, Polen, Tschechoslowakei, Ungarn, Rumänien und Bulgarien ermöglichen, doch paßt ein solch multilaterales Konzept nicht zur unter Stalin aufgebauten Struktur mit Moskau als Zentrale und den anderen Ländern als bloße Befehlsempfänger. Von diesem Geburtsfehler kann sich der RGW niemals befreien.

25. bis 28. Januar: Erstmals findet die bereits mehrfach verschobene «Parteikonferenz» der SED statt. Sie vollendet die Umformung der SED zur «Partei neuen Typs» getreu dem sowjetischen Vorbild. Aus dem Zentralsekretariat wird ein kleines Spitzengremium gebildet, das «Politische Büro» (Politbüro), das schon vor Beginn der Parteikonferenz gewählt wird. Ihm gehören Wilhelm Pieck, Walter Ulbricht, Paul Merker, Franz Dahlem sowie die ehemaligen Sozialdemokraten Otto Grotewohl, Helmut Lehmann und Friedrich Ebert an. Das Prinzip der paritätischen Besetzung der Führungsgremien wird endgültig aufgehoben; der Beitritt zur SED wird erschwert, Bewerber müssen zunächst ein (für Arbeiter) oder zwei Jahre (für alle anderen) als Kandidat durchlaufen; «Fraktionen und Gruppierungen» innerhalb der SED werden untersagt; der demokratische Zentralismus mit «straffer Parteidisziplin» wird zum Organisationsprinzip erklärt.

28. Januar: Noch vor den Gewerkschaften, die bisher lediglich zonenweite Zusammenschlüsse kennen, schaffen sich die westdeutschen Arbeitgeber wieder eine Dachorganisation für alle Westzonen. In Köln konstituiert sich die *Bundesvereinigung der Deutschen Arbeitgeberverbände* (BDA). Sie ist noch nicht tariffähig, deshalb gibt sie ihren Mitgliedsverbänden vorerst Anleitungen, Empfehlungen und Richtlinien. Am 19. Oktober 1949 wird ebenfalls in Köln der *Bundesverband der Deutschen Industrie* (BDI) als Dachverband der Spitzenfachverbände der Industrie gegründet. Schließlich kommt am 27. Oktober 1949 der *Deutsche Industrie- und Handelstag* (DIHT) hinzu, der Zusammenschluß der regionalen Industrie- und Handelskammern.

30. Januar: In einem Interview mit der amerikanischen Nachrichtenagentur *International News Service* (INS) nennt Stalin die Bedingungen zur Beendigung der Blockade. Die Gegenblockade müsse aufgehoben und eine alliierte Außenministerkonferenz vor der Schaffung des westdeutschen Staates einberufen werden. Weil er die Währungsfrage nicht mehr erwähnt, haken die USA nach und erfahren, die Weglassung sei «nicht zufällig». Darauf finden zwischen den Vertretern der USA und der Sowjetunion im UN-Sicherheitsrat in New York mehrere Unterredungen statt.

18. und 19. März: Der Deutsche Volksrat billigt den Verfassungsentwurf für eine «deutsche demokratische Republik», der auch Wahlen zu einer «Volkskammer» vorsieht. Zudem sendet der Volksrat ein Schreiben an den Parlamentarischen Rat in Bonn, das ein gemeinsames Treffen in Braunschweig vorschlägt, um über die deutsche Frage zu beraten.

28. März: Die drei Westalliierten und die Benelux-Staaten legen 31 Grenzberichtigungen fest, die Westdeutschland insgesamt um ein Gebiet von 135 Quadratkilometern mit 13500 Einwohnern verkleinern.

4. April: In Washington gründen die drei Westalliierten, Kanada und die Benelux-Staaten die *North Atlantic Treaty Organization* (NATO). Der im März 1948 geschlossene Brüsseler Pakt geht in das neue Verteidigungsbündnis ein. Zum erstenmal schließen die USA damit ein Sicherheitsbündnis zu Friedenszeiten. Ihm treten bald auch Norwegen, Dänemark, Island, Portugal und Italien bei. Alle Mitgliedsstaaten verpflichten sich zu gegenseitigem militärischem Beistand, entscheiden allerdings eigenständig, mit welchen Mitteln sie der Beistandspflicht nachkommen.

5. bis 8. April: In Washington einigen sich die Außenminister der drei westlichen Alliierten Dean Acheson, Ernest Bevin und Robert Schuman auf ein Besatzungsstatut für die entstehende Bundesrepublik. Eine Alliierte Hohe Kommission, die am 20. Juni

Abstimmung des Grundgesetzes mit Stimmenthaltung der beiden KPD-Abgeordneten Max Reimann und Heinz Renner (1. und 2. Reihe links); in der ersten Reihe Carlo Schmid (3. von links), daneben Theodor Heuss

eingesetzt wird, löst die drei Militärregierungen ab. Sie soll die alliierten Vorbehalte ausüben, die die Souveränität der kommenden Bundesregierung begrenzen – etwa in der Regelung auswärtiger Angelegenheiten oder bei der Zustimmung zu Grundgesetzänderungen, Länderverfassungen, Gesetzen und Abkommen. Dafür versichern die drei Westmächte, daß dieses Besatzungsstatut innerhalb von achtzehn Monaten überprüft und gegebenenfalls revidiert wird.

9. April: Das westdeutsche «Tarifvertragsgesetz» stellt die Tarifautonomie wieder her. Arbeitnehmer und Arbeitgeber können nach langer Zeit des Lohnstopps die Lohn- und Arbeitsbedingungen wieder frei aushandeln.

20. April: Auf einem Kongreß ihrer Führungsgremien in Hannover präsentiert die SPD einen kompletten eigenen Entwurf für das Grundgesetz. Der Entwurf des Parlamentarischen Rates sieht einen «Finanzausgleich» vor, den der Bund zwischen den Ländern vornehmen kann. Diese Stärkung der Zentralgewalt wird von den Militärgouverneuren abgelehnt, sie erheben Änderungswünsche, auf die Konrad Adenauer einzugehen bereit ist. Dagegen wendet sich die SPD entschieden und erhält scheinbar recht, als die Militärgouverneure von ihren Außenministern zum Einlenken gezwungen werden. Doch der SPD-Entwurf des Grundgesetzes wird dem Parlamentarischen Rat gar nicht erst zugeleitet, er verschwindet in der Versenkung.

28. April: Das Ruhrstatut tritt in Kraft, das das Wirtschaftspotential des Ruhrgebietes der deutschen Verfügungsgewalt entzieht. Die «Internationale Ruhrbehörde» soll Kohle-, Koks- und Stahlproduktion des Ruhrgebietes zwischen dem deutschen Markt und den Nachbarländern verteilen. Dazu setzt sie innerdeutsche Verbrauchs-

und Exportquoten sowie Preise fest. Im Rat dieser Behörde sind die Westalliierten und Westdeutschland mit je drei Stimmen, die Benelux-Staaten mit jeweils einer Stimme vertreten. Vom wechselnden Vorsitz bleibt Westdeutschland ausgeschlossen. Am 18. Juli beginnt die Internationale Ruhrbehörde ihre Arbeit in Düsseldorf.

1. Mai: Als erster Ort der SBZ wird das Dorf Neuhardenberg im Kreis Seelow umbenannt. Nach langem Hin und Her heißt es ab heute «Marxwalde».

4. Mai: Die Sowjetunion muß in eine bedeutungsschwere politische Niederlage einwilligen, da sich die Auswirkungen der westlichen Gegenblockade für die SBZ zu zeigen beginnen. In New York unterzeichnen Vertreter der vier Alliierten das von Philip Jessup und Jakob Malik ausgehandelte Abkommen über die Beendigung der Blockade West-Berlins wie der Gegenblokkade der SBZ zum 12. Mai.

5. Mai: In London gründen Großbritannien, Frankreich, Italien, die Benelux-Staaten, Dänemark, Norwegen, Schweden und Irland den «Europarat». Ziel dieses zunächst lockeren Zusammenschlusses soll eine engere Verbindung zwischen den zehn Staaten sein. In Straßburg wird eine «Beratende Versammlung» geschaffen, der je nach Größe der Länder unterschiedlich viele Delegierte angehören. Sie gibt Empfehlungen an den aus den Außenministern der Mitgliedsstaaten bestehenden «Ministerrat». Noch 1949 treten Griechenland und die Türkei, 1950 dann Island bei.

8. Mai: Genau vier Jahre nach Kriegsende findet im Parlamentarischen Rat die Schlußabstimmung über das Grundgesetz statt. 53 der stimmberechtigten Abgeordneten stimmen dafür, dagegen votieren sechs der CSU und je zwei von DP, Zentrum und KPD. Am 12. Mai stimmen die Militärgouverneure dem Grundgesetz zu, sie erheben lediglich

Die Luftbrücke

Die Luftbrücke ist die spektakulärste humanitäre Aktion in der Geschichte der Luftfahrt. Eine Großstadt mit 2,5 Millionen Menschen über fast ein Jahr allein aus der Luft zu versorgen ist unvergleichlich. Mit 277 264 Flügen bis zum 12. Mai werden 1,83 Millionen Tonnen Güter nach West-Berlin geflogen, bis zum 30. September sind es 279 114 Flüge und 2,34 Millionen Tonnen Güter. Zwei Drittel der Fracht sind Kohle, ein Viertel Lebensmittel, der Rest besteht aus Rohmaterialien für die Berliner Wirtschaft. Selbst ein komplettes Kraftwerk gelangt, in Einzelteile zerlegt, in die Stadt, das spätere «Kraftwerk Reuter». Auf den Rückflügen werden in West-Berlin erzeugte Güter ausgeflogen.

Koordiniert von der am 20. Oktober gebildeten *Combined Airlift Task Force* in Wiesbaden fliegen die Maschinen über einen nördlichen und südlichen Korridor nach Berlin ein, während der mittlere Korridor den Rückflügen vorbehalten ist. Der Abstand zwischen den einzelnen Flugzeugen ist so gering, daß Piloten, die den Landeanflug verpassen, durchstarten und mit ihrer Fracht unverrichteterdinge nach Westdeutschland zurückkehren müssen.

Höhepunkt der Luftbrücke ist der 16. April 1949, als etwa 1400 Flugzeuge im Minutenabstand in Berlin landen und knapp 13 000 Tonnen Fracht einfliegen. Unablässig landen die DC-3, DC-4 oder C-74 auf den Berliner Flughäfen Tempelhof im amerikanischen Sektor, der im September 1948, und Gatow im britischen Sektor, der im April 1949 eine zweite Rollbahn erhält. Britische Flugboote nutzen die Havel als Lande- und Startbahn. Mitte Juli 1949 wird der Bau des Flughafens Tegel im französischen Sektor beschlossen, an dem 19 000 Berliner und Berlinerinnen

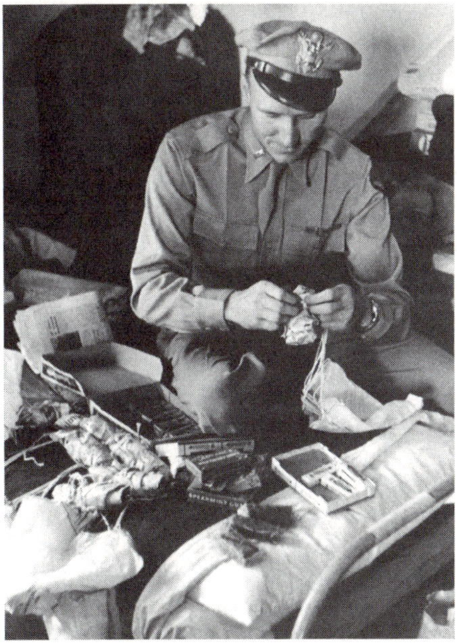

Leutnant Gail Halverson verpackt Süßigkeiten für die Berliner Kinder

Ein kleiner Junge mit einem von Halverson abgeworfenen Schokoladenpaket

rund um die Uhr arbeiten und ihn am 29. Oktober nach nur 85 Tagen Bauzeit fertigstellen.

In der Einflugschneise von Tegel gefährden zwei hohe Sendetürme des von den Sowjets kontrollierten *Berliner Rundfunks* den Flugbetrieb. Nachdem Gespräche über den Abbau ergebnislos bleiben, läßt der französische Stadtkommandant General Ganeval die Türme kurzerhand sprengen. Sowjetische Proteste sind vergeblich. Ohnehin ist für das Gelingen der Luftbrücke von entscheidender Bedeutung, daß die Konfrontation nicht total ist. Von den Sowjets erfolgen keine ernsthaften Behinderungen. Selbst die Alliierte Luftsicherheitszentrale bleibt während der gesamten Luftbrücke voll funktionsfähig – mit sowjetischer Beteiligung.

Die Luftbrücke fordert insgesamt 78 Todesopfer, amerikanische und englische Piloten sowie deutsches Hilfspersonal. Insgesamt 29 Maschinen verunglücken bei Start und Landung oder stürzen ab.

Berühmtester Flieger wird der amerikanische Leutnant Gail Halverson. In seiner Freizeit bastelt er kleine Fallschirme aus Taschentüchern, an die er Schokolade hängt und beim Landeanflug abwirft. Bald warten Tausende Kinder auf die Ankunft seiner Maschine, viele von ihnen bilden Clubs, die Taschentücher sammeln und unzählige kleine Fallschirme herstellen, die an die Piloten der «Rosinenbomber» übergeben werden. An Weihnachten 1948 wird der «Schokoladen-Flieger» und spätere Kommandant des Flughafens Tempelhof mit Tausenden Dankesbriefen überhäuft.

einige Vorbehalte bezüglich des Status von West-Berlin. Gleichzeitig verkünden sie das «Besatzungsstatut», das bei der Bildung der ersten Bundesregierung in Kraft treten soll. Die Militärgouverneure bestätigen auch, daß nicht eine Volksabstimmung, sondern mehr als zwei Drittel der Landtage das Grundgesetz annehmen solle. Nur der bayerische Landtag mit seiner CSU-Mehrheit stimmt dem Grundgesetz am 20. Mai nicht zu, weil er es für zentralistisch hält – er erkennt aber dessen Rechtsgültigkeit für Bayern an und spricht sich für die Zugehörigkeit Bayerns zur neuen Bundesrepublik aus.

10. Mai: Der Parlamentarische Rat stimmt über die Hauptstadt der künftigen Bundesrepublik Deutschland ab. Neben dem von Adenauer favorisierten Bonn stehen Frankfurt/Main, Stuttgart und Kassel zur Wahl. Dank nicht ganz lauterer Machenschaften, denen bald ein parlamentarischer Untersuchungsausschuß indes vergeblich nachspürt, bringt Adenauer alle CDU/CSU-Abgeordneten hinter Bonn. Mit 33 gegen 29 Stimmen entscheidet sich der Parlamentarische Rat für die Stadt am Rhein.

12. Mai: Die Blockade West-Berlins endet, um 0 Uhr heben sich die Schlagbäume. Als erste Fahrzeuge fahren zehn britische Lastwagen von Helmstedt nach Berlin, der erste Zug aus Westdeutschland, ein Güterzug mit Waggons voller Kohle, trifft um 6.30 Uhr am Bahnhof Zoo ein. Vorsorglich führen die Westalliierten die Luftbrücke bis zum 30. September 1949 weiter.

14. Mai: Für Groß-Berlin setzen die Westalliierten das «Kleine Besatzungsstatut» in Kraft, das die «Beziehungen zwischen Groß-Berlin und der Alliierten Kommandantur» regelt. Zwar wird Berlin nicht als «Land in die anfängliche Organisation der deutschen Bundesrepublik» einbezogen, aber die Westalliierten bekunden, «so weit wie möglich die gleichen liberalen Maßnahmen für Berlin anzuwenden».

15. und 16. Mai: In der SBZ wird der dritte Deutsche Volkskongreß gewählt. Erstmals stehen nicht mehr einzelne Kandidaten zur Wahl, statt dessen kann nur für oder gegen eine Einheitsliste aller Parteien und Massenorganisationen des Blocks gestimmt werden. Auf den Wahlzetteln heißt es: «Ich bin für die Einheit Deutschlands und einen gerechten Friedensvertrag. Ich stimme darum für die nachstehende Kandidatenliste zum Dritten Deutschen Volkskongreß.» Bei einer Wahlbeteiligung von 95,2 Prozent erkennt die SED-Führung rasch, daß die Einheitsliste keine Mehrheit erhalten könnte. Deshalb wird von der «Deutschen Verwaltung des Innern» angeordnet, die Auszählung nach neuen Gesichtspunkten zu wiederholen. Jetzt werden alle unausgefüllten oder ungültig gemachten Stimmzettel als Ja-Stimmen gezählt, nur diejenigen Stimmzettel werden als Nein-Stimme gezählt, bei denen das Kreuz im Kreis «Nein» gezeichnet ist. So kommt es zum offiziellen Ergebnis von 61,1 Prozent Ja-Stimmen (in Ost-Berlin sind es nur 51,6 Prozent) und 38,9 Prozent Nein-Stimmen. Die Sitzverteilung ist innerhalb der Einheitsliste von vornherein festgelegt: 25 Prozent der Sitze erhält die SED, je 15 CDU und LDPD, je 7,5 NDPD und DBD, 10 der FDGB, je 5 FDJ und Kulturbund, je 3,7 der Frauenbund und die VVN sowie je 1,3 Prozent die VdgB und die Genossenschaften.

23. Mai: In Bonn wird das Grundgesetz feierlich verkündet. Die Gründungsurkunde der *Bundesrepublik Deutschland* wird von den Ministerpräsidenten der Länder, den Präsidenten der Landtage und den Abgeordneten des Parlamentarischen Rates mit Ausnahme der Kommunisten Max Reimann und Heinz Renner unterzeichnet.

Die amerikanische Militärregierung ver-

STIMMZETTEL

für den Stimmkreis 3 Land Sachsen-Anhalt zum 3. Deutschen Volkskongreß

Ich bin für die Einheit Deutschlands und einen gerechten Friedensvertrag

Ich stimme darum für die nachstehende Kandidatenliste zum Dritten Deutschen Volkskongreß

1. **Prof. Agricola, Rudolf**, SED . . . Halle/Saale
2. **Beck, Arnold**, FDGB . . . Halle/Saale
3. **Bierling, Walter**, VdgB . . . Söhesten
4. **Bierks, Hans**, SED . . . . Zschornewitz
5. **Bininda, Robert**, CDU . . . Düben
6. **Bock, Erich**, LDP . . . . Halle/Saale
7. **Böhland, Max**, FDGB . . . Merseburg
8. **Büttner, Thekla**, LDP . . . Zeitz
9. **Dr. Damerow, Erich**, LDP Halle/Saale
10. **Dittmar, Karl**, FDGB . . . Halle/Saale
11. **Diez, Käte**, LDP . . . . Halle/Saale
12. **Einicke, Ludwig**, SED . . . Halle/Saale
13. **Prof. D. Fascher, Erich**, CDU Halle/Saale
14. **Feist, Gotth.**, FDGB . . . Halle/Saale
15. **Feist, Margot**, FDJ . . . Halle/Saale
16. **Prof. Dr. Frank, Heinrich**, SED . . . . Berlin
17. **Freyhof, Theo**, FDGB . . . Schkopau
18. **Fritzsch, Max**, FDGB . . . Halle/Saale
19. **Gieß, Hans**, SED . . . Leuna
20. **Götting, Gerald**, CDU . . . Nietleben
21. **Gutjahr, Karl**, SED . . . Halle/Saale
22. **Günther, Elfriede**, SED . Merseburg
23. **Gutsch, Heinrich**, CDU . . Naundorf
24. **Gysi, Klaus**, KB . . . . . Berlin
25. **Dr. Hauck, Kurt**, NDP . . Weißenfels
26. **Prof. Dr. Hellmann, Adolf**, NDP . . . . Halle/Saale
27. **Herbert, Otto**, Genossenschaft . . . . Halle/Saale
28. **Dr. Hertwig, Paula**, DFD Halle/Saale
29. **Dr. Herwegen, Leo**, CDU . Halle/Saale
30. **Prof. Hopp, Hanns**, KB . . Halle/Saale
31. **Horn, Richard**, KB . . . . Halle/Saale
32. **Jünger, Emanuel**, SED . . Weißenfels
33. **Kammerahl, Heinz**, SED . Halle/Saale
34. **Kamps, Otto**, LDP . . . . Halle/Saale
35. **Kern, Käte**, DFD . . . . Berlin
36. **Prof. Dr. Klemperer, Viktor**, KB . . . . Halle/Saale
37. **Knauf, Christa**, LDP . . Dölau
38. **Prof. Koenen, Bernard**, SED Halle/Saale
39. **Lahne, Gustav**, FDGB . . Muldenstein
40. **Dr. Lautz, Hermann**, LDP Bitterfeld
41. **Lehnig, Walter**, SED . . . Halle/Saale
42. **Lorenz, Ernst**, LDP . . . Halle/Saale
43. **Dr. Maaß, Hans**, LDP . . Halle/Saale
44. **Maier, Inge**, SED . . . . Halle/Saale
45. **Prof. Dr. Menner, Erich**, KB . . . . Bitterfeld
46. **Mertke, Willi**, SED . . . Ammendorf
47. **Menzel, Robert**, FDJ . . . Halle/Saale
48. **Miller, Anton**, CDU . . . Halle/Saale,
49. **Mittelstädt, Bruno**, LDP . Brehna
50. **Mödersheim, Karl**, SED . Leuna
51. **Prof. Oppenheim, Hans**, VVN Bitterfeld
52. **Posselt, Willi**, SED . . . Halle/Saale
53. **Dr. Rexrodt, Wilhelm**, LDP Halle/Saale
54. **Richter, Richard**, DBD . . Halle/Saale
55. **Rühle, Else**, NDP . . . . Halle/Saale
56. **Rühle, Otto**, NDP . . . . Halle/Saale
57. **Saulich, Johannes**, SED . Zeitz
58. **Schäfer, Paul**, CDU . . . Merseburg
59. **Schneider, Alwin**, FDGB . Delitzsch
60. **Schlegel, Max**, LDP . . . Lauchstädt
61. **Dr. Schwarze, Kurt**, LDP Halle/Saale
62. **Schwarzer, Rudolf**, SED . Halle/Saale
63. **Schütze, Wolf**, SED . . . Halle/Saale
64. **Selbmann, Käte**, SED . . Teltow/Potsdam
65. **Siewert, Robert**, SED . . Halle/Saale
66. **Stascewski, Walter**, SED . Bitterfeld
67. **Stein, Richard** SED . . . Kötzschen
68. **Taube, Paul**, SED . . . . Bitterfeld
69. **Teller, Günter**, SED . . . Halle/Saale
70. **Tittmann, Walter**, DBD . Burgwerben
71. **Walther, Alfred**, CDU . . Weißenfels
72. **Weidner, Fritz**, LDP . . . Naumburg
73. **Werner, Wilhelm**, LDP . Naumburg
74. **Wiesenthal, Hans**, CDU . Zeitz
75. **Prof. Dr. Winter, Ed.** . . Halle/Saale
76. **Dr. Wirth, Gustav**, SED . Leuna
77. **Prof. Dr. Zetkin, Maxim.**, SED . . . . Berlin

JA

NEIN

H (43) MDV Halle (S), Gr. Ulrichstr. 16 — E - 50111 - 5. 5. 49 - [illegible]

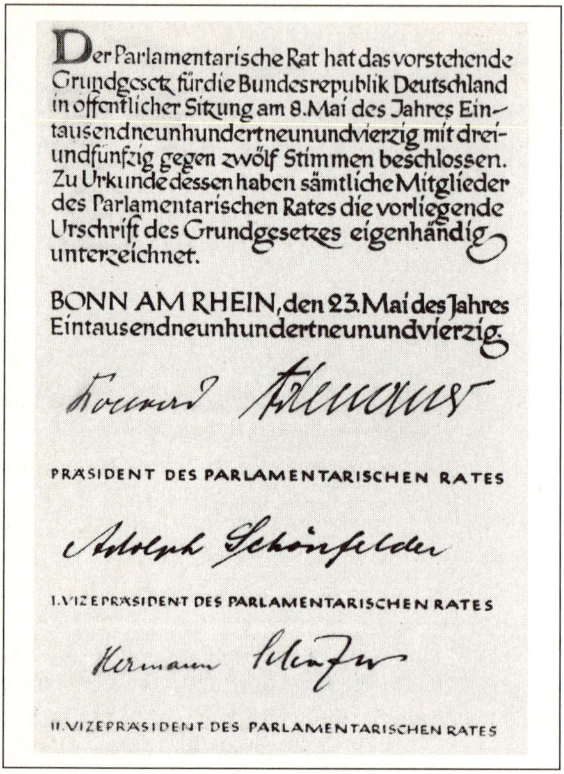
Der Parlamentarische Rat hat das vorstehende Grundgesetz für die Bundesrepublik Deutschland in öffentlicher Sitzung am 8. Mai des Jahres Eintausendneunhundertneunundvierzig mit dreiundfünfzig gegen zwölf Stimmen beschlossen. Zu Urkunde dessen haben sämtliche Mitglieder des Parlamentarischen Rates die vorliegende Urschrift des Grundgesetzes eigenhändig unterzeichnet.

BONN AM RHEIN, den 23. Mai des Jahres Eintausendneunhundertneunundvierzig.

PRÄSIDENT DES PARLAMENTARISCHEN RATES

I. VIZEPRÄSIDENT DES PARLAMENTARISCHEN RATES

II. VIZEPRÄSIDENT DES PARLAMENTARISCHEN RATES

Unterschriften des Präsidenten des Parlamentarischen Rates, Konrad Adenauer, und seiner Stellvertreter, Adolph Schönfelder und Hermann Schäfer, unter dem Grundgesetz der Bundesrepublik Deutschland

kündet für ihr Kontrollgebiet die «Allgemeine Genehmigung» Nr. 3, «wonach jeder, dem dieses deutsche Gesetze oder Gesetze der Militärregierung nicht anderweitig untersagen, berechtigt ist, Zeitungen, Magazine, Zeitschriften, Bücher, Broschüren, Plakate, Noten und sonstige Veröffentlichungen herauszugeben». Mit dieser Generallizenz endet die Einzellizenzierung der deutschen Presse.

23. Mai bis 20. Juni: Wie im Abkommen zum Ende der Berliner Blockade vereinbart, tritt in Paris die Siebte Konferenz des Rats der Außenminister zusammen. Der neue sowjetische Außenminister Andrej Wyschinski sucht das Rad der Geschichte zurückzudrehen – der Alliierte Kontrollrat solle auf der früheren Basis seine Tätigkeit wiederaufnehmen, um dann einem gesamtdeutschen Staatsrat zu weichen. Dagegen fordert der neue US-Außenminister Dean Acheson, die ostdeutschen Länder sollten der westdeutschen Föderation beitreten und freie Wahlen abhalten. Einigung gibt es nur darin, den Interzonenhandel und die Verkehrsverbindungen wiederaufzunehmen.

29. und 30. Mai: In Ost-Berlin konstituiert sich der dritte Deutsche Volkskongreß. Er bestätigt endgültig den bereits am 19. März angenommenen Verfassungsentwurf, verabschiedet ein Manifest an das deutsche Volk, beruft den zweiten Deutschen Volksrat (diesmal ohne Delegierte aus Westdeutschland) und fordert die Bildung einer «Nationalen Front für Einheit und gerechten Frieden».

17. Juni: Der Zentrale Blockausschuß des «Blocks der antifaschistisch-demokratischen Parteien» in der SBZ leitet seine Umbenennung in *Demokratischer Block* ein.

20. Juni: Die Alliierte Hohe Kommission wird eingesetzt, das im Januar gegründete Militärische Sicherheitsamt wird ihr unterstellt. Als Hohe Kommissare werden der Amerikaner John McCloy, der Brite Brian Robertson und der Franzose André Francois-Poncet ernannt.

8. August: Angesichts der Ungleichbehandlung der Westdeutschen durch die Währungsreform werden erste Regelungen des Lastenausgleichs geschaffen. Das «Gesetz zur Milderung dringender sozialer Notlagen» (Soforthilfegesetz), nach langem Zögern von den Westalliierten genehmigt, tritt in Kraft. Es gewährt nach dem Bedürftigkeitsprinzip «Unterhaltshilfen» für Arbeitsplatzbeschaffung, Wohnungsbau, Ausbildung, Renten. Insgesamt werden mehr als 6,3 Milliarden DM über diese Regelung bereitgestellt.

14. August: Bei den Wahlen zum Ersten Deutschen Bundestag treten vierzehn Parteien sowie unabhängige Kandidaten an. Sieger wird überraschend die auf Bundesebene formell noch nicht konstituierte, erst nach dem Krieg gegründete CDU mit der CSU («Wohlstand aus eigener Kraft!») mit 31,0 Prozent der Stimmen, knapp vor der traditionsreichen SPD («Erhard ruiniert die Wirtschaft, wer SPD wählt, wählt den Aufbau!») mit 29,2 Prozent. Drittstärkste Kraft wird die FDP (einschließlich der Demokratischen Volkspartei und der Bremer Demokratischen Volkspartei) mit 11,9 Prozent, die KPD kommt auf 5,7 Prozent. Kraft von Direktmandaten und Sonderregelungen gelangen neben drei unabhängigen Bewerbern noch sieben weitere Parteien in den Bundestag, obgleich sie unter fünf Prozent bleiben: Bayernpartei (BP), Deutsche Partei (DP), Zentrum, Wirtschaftliche Aufbauvereinigung (WAV), Deutsche Rechtspartei/Deutsch-Konservative Partei (DReP/DKP, ab 1950 «Deutsche Reichspartei» – DRP), Südschleswigscher Wählerverband (SSW).

17. August: Winston Churchill fordert die Aufnahme Deutschlands und des Saarlandes in den Europarat. Eine Einigung Europas ohne die Einbeziehung Deutschlands sei nicht möglich.

29. August: Die gewaltigen Anstrengungen der Sowjetunion, sich zur bisher einzigen Atommacht USA hinzuzugesellen, sind erfolgreich. Bei Semipalatinsk wird die erste Atombombe gezündet.

29. und 30. August: In Dürkheim beschließt der SPD-Parteivorstand Richtlinien für die Politik im Bundestag, die auch von der Bundestagsfraktion und den SPD-Ministerpräsidenten gebilligt werden. «Das Ergebnis der Wahlen vom 14. August beschwört die Gefahr herauf, daß die bisherige Wirtschaftspolitik fortgeführt, die deutsche Arbeitskraft ruiniert und die Spannungen zwischen den Klassen so gesteigert werden, daß die staatsbildenden Kräfte gelähmt und die deutsche Demokratie zerstört wird.» Die SPD gründet ihr erstes Nachkriegsprogramm auf das «Fundament sozialer Gerechtigkeit». In sechzehn Punkten werden eine «Politik der Vollbeschäftigung», «Planung und Lenkung der Kredite und Rohstoffe», die «Mitbestimmung der Arbeitenden in den Betrieben», aber auch die «politische und wirtschaftliche Entmachtung des großen Eigentums und der Manager durch Sozialisierung der Grundstoff- und Schlüsselindustrien» gefordert.

7. September: In Bonn konstituieren sich der Bundesrat und der erste Deutsche Bundestag. Zum Präsidenten des Bundestages wird der frühere Präsident des Frankfurter Wirtschaftsrates, Erich Köhler (CDU), gewählt – wegen seiner unglücklichen Amts-

Wahlplakate im August 1949

führung wird er jedoch schon im Oktober 1950 durch Hermann Ehlers (CDU) ersetzt. Die Abgeordneten der CSU, die eine Fraktionsgemeinschaft mit denen der CDU eingehen, gründen die CSU-Landesgruppe als «selbständige Vertretung bayerischer Interessen».

12. September: Die Bundesversammlung wählt Theodor Heuss (FDP), der als Nazi-Gegner 1933 im Reichstag dennoch aus Fraktionsdisziplin der DDP für Hitlers «Ermächtigungsgesetz» gestimmt hatte, mit 51,7 Prozent der Stimmen zum ersten Bundespräsidenten. Heuss versucht sogleich, an seiner Machtlosigkeit zu rütteln, die in deutlicher Abgrenzung zur Allmacht des Reichspräsidenten der Weimarer Verfassung im Grundgesetz festgelegt ist: Er fordert Adenauer auf, erst seine Kabinettsliste vorzulegen, sonst werde er ihn dem Bundestag nicht zur Wahl als Bundeskanzler vorschlagen. Adenauer lehnt ab, und Heuss fügt sich in die Rolle als neutrale Instanz.

15. September: Mit der knappsten möglichen Mehrheit von 202 der 402 Stimmen wählt der Deutsche Bundestag Konrad Adenauer (CDU) zum ersten Bundeskanzler – seine eigene Stimme gibt den Ausschlag. Er schlägt das Angebot der SPD zu einer Großen Koalition aus und bildet eine Koalitionsregierung aus CDU/CSU, FDP und DP. Deren dreizehn Minister, darunter der einzige evangelische CDU-Minister Gustav Heinemann, der ebenfalls evangelische, aber parteilose Ludwig Erhard sowie Fritz Schäffer (CSU), werden am 20. September ernannt. Am gleichen Tag gibt Adenauer seine erste Regierungserklärung, in der er neben den drängenden Aufbauproblemen seinen späteren Kurs der Westintegration andeutet: «Es besteht für uns kein Zweifel, daß wir nach unserer Herkunft und nach unserer Gesinnung zur westeuropäischen Welt gehören.»

21. September: Ab heute gilt das Besatzungsstatut, in Adenauers Worten «alles andere als ein Ideal», aber «ein Fortschritt gegenüber dem rechtlosen Zustand, in dem wir bis zum Inkrafttreten» gelebt haben. Zu diesem Anlaß planen die drei Hohen Kommissare einen Festakt zur Übergabe der Urkunden auf dem Petersberg bei Königswinter, was Adenauer jedoch ablehnt. Um den niedrigeren Rang der Deutschen deutlich zu machen, sollen die Hohen Kommissare auf, die Deutschen aber neben dem großen Teppich stehen und diesen erst zum Abschluß betreten. Adenauer, der nur mit fünf seiner Minister gekommen ist, um den Eindruck des Einholens einer Billigung zu vermeiden, stellt sich dennoch von Anfang an auf den Teppich – ein erster kleiner Schritt zur Souveränität.

Die westalliierte Lizenzpflicht für Journalisten und Künstler endet. In den Westzonen wurden seit Juni 1945 insgesamt 169 Lizenzen vergeben. Viele der Lizenzverleger haben in den vergangenen vier Jahren einen solchen Vorsprung gewonnen, daß die nun neu entstehende Konkurrenz weit schlechtere Chancen hat. Fast alle der heute in Deutschland führenden Verlage wie *Springer, Bauer, Burda* oder *Gruner & Jahr* gehen auf alliierte Lizenzen, teils sogar alliierte Initiativen zurück. Auf Anregung britischer Offiziere erstellen am 16. November 1946 einige Deutsche um Rudolf Augstein das neue Nachrichtenblatt *Diese Woche*, aus dem am 4. Januar 1947 *Der Spiegel* hervorgeht. Als erstes nicht mehr lizenziertes Blatt beginnt am 1. November 1949 die *Frankfurter Allgemeine Zeitung* ihr Erscheinen.

26. September: Ins Bundeskanzleramt wird als Ministerialdirigent ein Mann berufen, der bis zu seinem Ausscheiden aus dem Staatsdienst im Jahr 1963 heftige Kritik auf sich zieht. Hans Globke wird bald zu einem der engsten Mitarbeiter Adenauers, obwohl aus seiner Feder ein juristischer Kommentar der Nürnberger Rassengesetze stammt. Der NSDAP gehörte er nur deshalb nicht an, weil sein Aufnahmeantrag 1940 wegen seiner Zentrums-Vergangenheit und Kirchenkontakte abgelehnt wird. Globke, der mehrmals seinen Rücktritt anbietet und das Amt eines Staatssekretärs ausschlägt, steht für ein grundlegendes Problem. Bereits Ende 1948 läßt Adenauer als Präsident des Parlamentarischen Rates Personal für eine zukünftige Bundesverwaltung sichten. Eine Liste von 26 Namen für das künftige Innenministerium enthält nur einen einzigen ohne jegliche Nazi-Belastung. Fünfzehn der Kandidaten stammen aus dem Reichsinnenministerium, darunter Globke, acht aus dem preußischen Innenministerium. Aus dem Entnazifizierungsverfahren gehen drei als Mitläufer und 20 als Entlastete hervor, darunter Globke. Das Fazit dieser Sichtung: Unbelastetes Personal sei meist schon in anderen Stellungen tätig, deshalb blieben für die künftigen Bundesministerien nur Personen mit einer zumindest formalen Beziehung zum Nationalsozialismus.

1. Oktober: Die Ost-Berliner Humboldt-Universität wandelt ihre 1946 geschaffene «Vorstudienanstalt» in eine «Arbeiter-und-Bauern-Fakultät» (ABF) um, wie sie an allen Hochschulen der SBZ eingerichtet werden. Zugelassen werden Arbeiter- und Bauernkinder sowie Kinder der «werktätigen Intelligenz», die über eine abgeschlossene Grundschul- und Berufsausbildung verfügen und sich durch hervorragende Arbeitsleistungen in der Produktion auszeichnen. Bevorzugt werden von den VEB vorgeschlagene Bewerber. Zum Studienjahr 1963 stellen die ABF an den Universitäten ihre Arbeit ein. In seinem ersten Roman «Die Aula» von 1965 schildert Hermann Kant die Bedeutung der ABF.

4. Oktober: Der Parteivorstand der SED proklamiert die *Nationale Front des demo-*

Konrad Adenauer bei der Vereidigung als erster Bundeskanzler der Bundesrepublik Deutschland durch Bundestagspräsident Erich Köhler

kratischen Deutschland, die keine feste Organisation, sondern «breiteste Massenbewegung» sein soll. Als parteiübergreifende Nachfolgerin der Volkskongreß-Bewegung soll sie sich nicht nur auf die Parteien und Massenorganisationen, sondern auch auf die breite ehrenamtliche Mitarbeit von Bürgern gründen.

7. Oktober: Der dritte Deutsche Volksrat, am 30. Mai vom dritten Deutschen Volkskongreß berufen, erklärt sich in Ost-Berlin zur «Provisorischen Volkskammer». Als solche wählt er Johannes Dieckmann (LDPD) zum Präsidenten (was er bis zu seinem Tode 1969 bleiben wird), setzt die Verfassung, nach der eigentlich vorherige Volkskammerwahlen notwendig sind, für das Gebiet der SBZ in Kraft und bestimmt Ost-Berlin zur Hauptstadt der DDR. Zudem schafft der Volksrat eine «Provisorische Länderkammer» sowie eine «Provisorische Regierung». Damit ist die *Deutsche Demokratische Republik* (DDR) gegründet.

Bundeskanzler Konrad Adenauer (CDU) bezeichnet die im Entstehen begriffene «ostdeutsche Volksrepublik» als eine illegitime Institution.

8. Oktober: In Frankfurt/Main schließen die Bundesrepublik und die DDR ein Abkommen über den innerdeutschen Handel. Es gilt zunächst bis Juni 1950, wird dann aber bis März 1951 verlängert. Sein Volumen beträgt 287,7 Millionen Verrechnungseinheiten, einer der DM entsprechenden Kunstwährung, in der der Tausch zwischen DM und Mark abgewickelt wird.

10. Oktober: Die SMAD löst ihre Dienststellen auf und überträgt ihre Verwaltungsfunktionen an die «Provisorische Regierung der DDR». Für die verbliebenen Aufgaben wird die *Sowjetische Kontroll-Kommission* (SKK) ins Leben gerufen. Nach DDR-Angaben gab die SMAD während ihrer Tätigkeit seit 1945 insgesamt 1134 Befehle heraus, zu Fragen der Industrie 289, der Landwirtschaft 140 und der Volksbildung 70. Die

Antrittsbesuch von Bundeskanzler Konrad Adenauer bei den drei Hohen Kommissaren: (von links) John McCloy (USA), André Francois-Poncet (F) und Brian Robertson (GB)

meisten Befehle ergingen im Jahr 1946 – 361 an der Zahl.

Die fünf Landtage in der DDR wählen je nach Bevölkerungszahl verschieden viele Vertreter in die 34 Mitglieder zählende «Provisorische Länderkammer». Ost-Berlin entsendet angesichts des Vier-Mächte-Status von Groß-Berlin sieben «Beobachter».

11. Oktober: Die Provisorische Volkskammer und die Provisorische Länderkammer wählen in gemeinsamer Sitzung einstimmig Wilhelm Pieck (SED) zum Präsidenten der DDR. Pieck bekleidet dieses Amt bis zu seinem Tod am 7. September 1960. In seiner Antrittsrede sagt Pieck: «Diese Regierung, die die Interessen des gesamten deutschen Volkes wahrnimmt und die Legitimation besitzt, für das ganze deutsche Volk zu sprechen, wird durch ihre Arbeit den Kampf um den Frieden, um die nationale Einheit Deutschlands (...) auf einer höheren Ebene fortsetzen und zum Siege führen. Niemals wird die Spaltung Deutschlands, die Verewigung der militärischen Besetzung Westdeutschlands durch das Besatzungsstatut, die Losreißung des Ruhrgebiets aus dem deutschen Wirtschaftskörper von der Deutschen Demokratischen Republik anerkannt werden, und nicht werden wir ruhen, als bis die widerrechtlich von Deutschland losgerissenen und dem Besatzungsstatut unterworfenen Teile Deutschlands mit dem deutschen Kerngebiet, mit der Deutschen Demokratischen Republik, in einem einheitlichen demokratischen Deutschland vereinigt sind.»

12. Oktober: Die Provisorische Volkskammer bestätigt die Provisorische Regierung der DDR. Unter Ministerpräsident Otto Grotewohl (SED) gehören ihr sechs Minister der SED, drei der CDU, zwei der LDPD, je einer von NDPD, DBD und ein Parteiloser an. Vier Ministern, die nicht der SED angehören, werden SED-Staatssekretäre zugeordnet. Stellvertreter Grotewohls sind

Nach seiner Wahl zum Staatspräsidenten der DDR leistet Wilhelm Pieck den Amtseid auf die neugegründete Republik (rechts der Präsident der Volkskammer Johannes Dieckmann)

Walter Ulbricht (SED), Hermann Kastner (LDPD) und Otto Nuschke (CDU).

12. bis 14. Oktober: Aus einer Vielzahl von Landes- und Zonengewerkschaften gehen sechzehn neue Einzelgewerkschaften hervor, die in München nunmehr als Dachverband den bundesweiten *Deutschen Gewerkschaftsbund* (DGB) gründen. Der DGB zählt fünf Millionen Mitglieder, darunter auch 530000 Angestellte. Vorsitzender wird der 74jährige Hans Böckler, während der Nazizeit führender Kopf der illegalen Gewerkschaftsbewegung. In den «Münchener Grundsätzen» fordert der DGB eine staatliche Politik der Vollbeschäftigung, die Mitbestimmung der organisierten Arbeitnehmer in allen Bereichen, die Überführung der Schlüsselindustrien in Gemeineigentum und statt der «chaotischen Marktwirtschaft» seit der Währungsreform eine zentrale Wirtschaftsplanung.

15. bis 25. Oktober: Die DDR wird zunächst von der Sowjetunion, dann von Albanien, Bulgarien, China, Nordkorea, Polen, Rumänien, der Tschechoslowakei und Ungarn anerkannt. Die Provisorische Regierung wendet sich darauf an alle Regierungen der Welt und erklärt ihre Bereitschaft, auf der Grundlage der Gleichberechtigung diplomatische und wirtschaftliche Beziehungen aufzunehmen.

21. Oktober: Im Bundestag erklärt Bundeskanzler Konrad Adenauer (CDU), was für Jahrzehnte die westdeutsche Antwort auf die Gründung der DDR sein und als Alleinvertretungsanspruch in die Geschichte eingehen wird: «Nach dem völligen Zusammenbruch aller staatlichen Organisation in Deutschland mit der bedingungslosen Kapitulation kann aber eine Organisation in Deutschland nur dann den Anspruch darauf erheben, ein legitimer Staat zu sein, wenn sie auf dem freien Willen der Bevölkerung beruht. Es wird niemand behaupten können, daß die nunmehr geschaffene Organisation der Ostzone auf dem freien Willen der Bevölkerung dieser Zone beruht. Sie ist zustande gekommen auf Befehl Sowjetrußlands und unter Mitwirkung einer kleinen Minderheit ihm ergebener Deutscher (...) Die Bundesrepublik Deutschland fühlt sich auch verantwortlich für das Schicksal der achtzehn Millionen Deutscher, die in der Sowjetzone leben. Sie versichert sie ihrer Treue und ihrer Sorge. Die Bundesrepublik Deutschland ist allein befugt, für das deutsche Volk zu sprechen.»

1949 bis 1990 –
DIE GETEILTE NATION

Ein amerikanischer Soldat und ein Volkspolizist stehen sich an der weißen Grenzlinie gegenüber

Die geteilte Nation

Es bedurfte einer nie zuvor dagewesenen Allianz, um den entsetzlichsten Krieg der Menschheitsgeschichte zu beenden. Im Kampf gegen die Aggressoren Deutschland und Japan stellten alle Alliierten Trennendes hintan. Doch schon mit der Kapitulation des gemeinsamen Gegners brachen Gegensätze und Widersprüche offen aus, immer schärfer traten sie hervor, immer unnachgiebiger wurden sie vertreten, nicht nur in Europa.

Auch in Asien werden in der Folge des Zweiten Weltkrieges Länder geteilt, Korea und Vietnam. Doch in Europa ist die Situation eine besondere. Die entstandenen Machtblöcke durchschneiden den gesamten Kontinent, durchschneiden Deutschland in seiner Mitte, durchschneiden seine frühere Hauptstadt. Jeder weiß, daß die Bildung der beiden deutschen Separatstaaten nur zum geringeren Teil Sache der Deutschen war. Entscheidende Weichenstellungen werden in Washington, London und Moskau vorgenommen.

Auch wenn die doppelte Staatengründung äußerlich Ähnlichkeiten aufweist, ist die Ausgangssituation von Bundesrepublik und DDR extrem unterschiedlich. Natürlich behalten sich die westlichen Siegermächte zahlreiche Rechte vor, natürlich üben sie beträchtlichen Einfluß in Bonn aus – doch treiben sie die eigenständige Entwicklung der Bundesrepublik gezielt voran. Dagegen beraubt sich die DDR-Führung ihrer ohnehin geringen Möglichkeiten, indem sie das schon damals rückständige stalinistische System fast vollständig übernimmt – was keineswegs von Moskau erzwungen wird.

Damit sind die Rollen verteilt. Hier das eine Deutschland, das sich dank wirtschaftlicher Erfolge, politischer Stabilität und schrittweiser Erlangung der Souveränität leisten kann, den anderen Staat als nicht existent zu betrachten. Dort das andere Deutschland, das seine wirtschaftlichen Probleme, seinen mangelnden Rückhalt bei den Menschen und seine weitgehende Abhängigkeit vom großen Bruder durch eine Mischung aus Aggressivität nach innen wie außen und ideologischem Übereifer wettzumachen sucht.

Obgleich die unterschiedlichen Entwicklungswege beider Staaten die noch bestehenden Bindungen allmählich zerbrechen, bekennt sich jede Seite augenblicklich und wiederholt zur Einheit Deutschlands. All diese Bekenntnisse sind indes nicht wörtlich zu nehmen. Jeder der beiden Staaten bietet sich und nur sich als Kernland eines zukünftigen Gesamtdeutschland an.

Die geteilte Nation

Nur einmal erwächst die Chance, die Rhetorik der Wiedervereinigung zu durchbrechen, als die «Stalin-Note» vom März 1952 andeutet, das gesellschaftliche System der DDR könne zugunsten eines neutralen Gesamtdeutschland aufgegeben werden.
Weil aber in der Bundesrepublik die erste große Kontroverse, Westintegration oder Neutralität, zugunsten der vom Rheinländer Konrad Adenauer verfolgten Westbindung entschieden ist, wird diese Offerte Stalins lediglich als Störmanöver bewertet und nicht ausgelotet. Damit nimmt die Logik von Teilung und Gegeneinander ihren Lauf. Jedes der beiden Deutschländer fügt sich so nachhaltig in die Rolle als Vorposten seines Bündnisses, daß beide zum Musterknaben ihres Lagers aufsteigen. Über Jahrzehnte durchleben die feindlichen Bruderstaaten nicht nur zahlreiche hausgemachte Spannungen, sondern auch alle Wechselspiele im Verhältnis der Großmächte. Für die Nachgeborenen ist kaum zu ermessen, welche Kriegsangst mehrere Krisen hervorrufen, in denen der kalte in den heißen Krieg umzuschlagen droht. Und stets ist, die Rückschau liefert ein verzerrtes Bild, der Fortgang der Ereignisse höchst ungewiß. Ob es im Westen gern gehört wird oder nicht, für die DDR bedeutet der Mauerbau tatsächlich eine gewisse Stabilisierung, wenn auch um einen fürchterlichen Preis.
Von nun an müssen sich die Menschen in der DDR notgedrungen einrichten, doch sie finden sich nicht ab. Zum einen breitet sich das Gefühl aus, sie bezahlten mit Unfreiheit und Rückständigkeit allein für den verlorenen Krieg. Zum anderen blicken sie unablässig gen Westen. In der Bundesrepublik dagegen erwächst eine merkwürdige Mischung. Ein Teil betrachtet die Teilung mit Mauer und Schießbefehl als verdiente Strafe Deutschlands für den Faschismus, in die es sich nicht nur zu fügen gelte, deren Fortbestand gar zum Garanten für den Frieden in Europa erhoben wird. Manche gehen in Freiheit und Wohlstand so auf, daß sie sich nicht um jenes abweisende, graue Gemeinwesen im Osten scheren. Einige sprechen weiter von deutscher Einheit, doch betrachten sie einzig als ferne Möglichkeit.
Als schmerzende, nach Heilung verlangende Wunde wird die Teilung nur im Osten erlebt. Deshalb erkennen die politischen Kräfte der Bundesrepublik nicht, daß mutmaßlich auch schon vor dem Amtsantritt von Michail Gorbatschow im Jahr 1985 die Karten in der Sowjetunion neu gemischt werden.

DIE
BUNDESREPUBLIK
DEUTSCHLAND

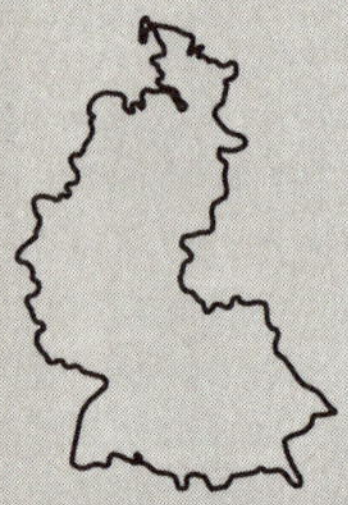

DIE
DEUTSCHE
DEMOKRATISCHE REPUBLIK

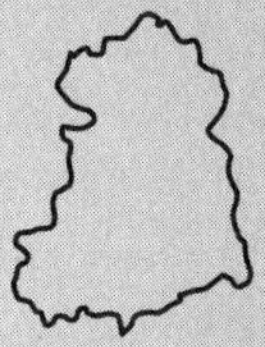

1949

Die Bundesrepublik Deutschland

Nach einer Umfrage in der amerikanischen Zone wissen im Juli 1949 nur 42 Prozent der Bundesdeutschen vom Grundgesetz. Die meisten Menschen werden vom alltäglichen Kampf um das Nötigste so in Beschlag genommen, daß sie den Aufbau des neuen Staates erst in zweiter Linie wahrnehmen. Doch wo sie Einfluß nehmen können, tun sie es. Bei den Wahlen zum neugeschaffenen Bundestag im August 1949 liegt die Wahlbeteiligung bei 78,5 Prozent, für Nachkriegszeiten eine tragfähige Mitwirkung.

22. November: Die Bundesrepublik schließt ihren ersten internationalen Vertrag. Bundeskanzler Konrad Adenauer (CDU) und die westalliierten Hohen Kommissare unterzeichnen das «Petersberger Abkommen», das die Aufnahme der Bundesrepublik in den Europarat ermöglicht und den am 30. November vollzogenen Beitritt zur «Internationalen Ruhrbehörde» festlegt. Weiterhin sagt die Bundesregierung zu, sich «mit allen in ihrer Macht befindlichen Mitteln zu bemühen, die Wiedererstehung bewaffneter Streitkräfte irgendwelcher Art zu verhindern». Als Gegenleistung reduzieren die Alliierten die Demontagen, die im Januar 1951 offiziell beendet werden. Aus diesem Grunde unterstützt der DGB im Gegensatz zur SPD das Abkommen, ein von Adenauer genutzter erster Widerspruch. Adenauer wertet das Abkommen, das er unter Ausschaltung des Bundestages schließt, als Wendepunkt im Verhältnis von Bundesrepublik und Westalliierten. In der nächtlichen und hitzigen Bundestagsdebatte vom 24. auf den 25. November bezeichnet Kurt Schumacher (SPD) Adenauer als «Bundeskanzler der Alliierten», weil er deutsche Souveränitätsrechte aufgegeben habe. Schumacher wird darauf für zwanzig Sitzungstage ausgeschlossen, die Strafe aber bald aufgehoben. Diese Kontroverse markiert das endgültige Auseinandergehen der außenpolitischen Orientierungen von CDU / CSU und SPD.

1949

Die Deutsche Demokratische Republik

Der Geist des Antifaschismus, des Antikapitalismus, der Einheit der Linken beseelt einen erheblichen Teil der politischen Kräfte. An diese Haltung sucht die SED anzuknüpfen, als sie die Gründung eines zweiten deutschen Staates betreibt. Natürlich sind die stalinistischen Prägungen sowohl der SED als auch der DDR offenkundig. Doch neigen viele dazu, dies als problematische, indes unvermeidbare Begleiterscheinungen in Kauf zu nehmen. Das höhere Ziel, eine politische Alternative zur Bundesrepublik schaffen, rechtfertigt ihnen die Geburtsfehler. Sie glauben an das, was Stalin in seinem Grußtelegramm schreibt: Die Gründung der DDR sei «ein Wendepunkt in der Geschichte Europas».

15. Oktober: Die DDR schließt ihr erstes internationales Abkommen. Mit Finnland wird ein Handelsabkommen unterzeichnet, das in einjähriger Laufzeit einen Warenaustausch im Wert von vier Millionen Dollar vorsieht.

5. November: Die Provisorische Regierung beschließt die Nationalhymne der DDR. Ihr Text stammt von Johannes R. Becher, ihre Melodie von Hanns Eisler. Der erste Vers lautet: «Auferstanden aus Ruinen und der Zukunft zugewandt, laß uns dir zum Guten dienen, Deutschland einig Vaterland. Alte Not gilt es zu zwingen, und wir zwingen sie vereint, denn es wird uns doch gelingen, daß die Sonne schön wie nie über Deutschland scheint.»

7. Dezember: Die Provisorische Volkskammer schafft durch Gesetz das Oberste Gericht, das Straftaten von «überragender Bedeutung» in erster und letzter Instanz entscheidet. Zur Stellvertretenden Vorsitzenden wird Hilde Benjamin (SED) berufen. 1927 trat sie in die KPD ein, 1942 wurde ihr Mann Georg im KZ Mauthausen ermordet. Beide Ereignisse prägen sie zutiefst. Als unnachgiebige Stalinistin wirkt sie bereits ab 1945 als Oberstaatsanwältin in Berlin-Lichterfelde. Viele der kommenden Schauprozesse leitet sie persönlich oder lenkt sie aus dem Hintergrund.

Kurt Schumacher

15. Dezember: Die Bundesrepublik und die USA unterzeichnen ein Abkommen, das die Verwendung von Finanzhilfen aus dem Marshallplan zum wirtschaftlichen Wiederaufbau der Bundesrepublik wie West-Berlins regelt. Zwischen 1945 und 1950 erhält Westdeutschland Hilfslieferungen aus dem Programm *Government Appropriation for Relief in Occupied Areas* (GARIOA). Zur Linderung unmittelbarer Nöte werden meist Lebensmittel geliefert, insgesamt haben die GARIOA-Hilfen einen Wert von 1,62 Milliarden Dollar. Seit Ende 1948 werden Westdeutschland Gelder aus dem Marshallplan (ERP) gewährt, allerdings als Kredit, über dessen Verwendung sich die USA zu entscheiden vorbehalten. Bis zum Ende der Laufzeit im Jahre 1952 erhält die Bundesrepublik insgesamt 1,56 Milliarden Dollar aus dem ERP, für ganz Europa werden 13 Milliarden Dollar bereitgestellt. Für diese Gelder werden vor allem Rohstoffe und Investitionsgüter in den USA gekauft.

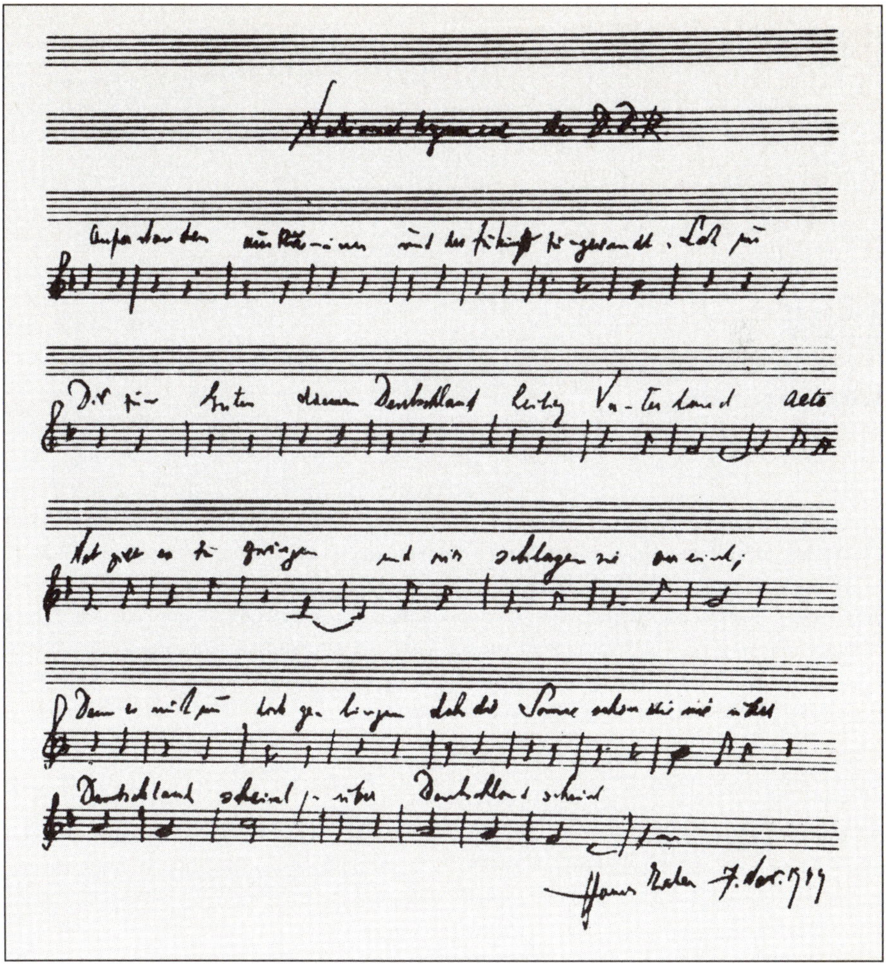

Original der Nationalhymne mit dem handschriftlichen Text von Hanns Eisler

1950

Westanschluß

Ein Schock für die Welt. Nur fünf Jahre nach dem Ende des Zweiten Weltkrieges sprechen wieder die Waffen. Im geteilten Korea überfällt der kommunistische Norden den prowestlichen Süden. In Westdeutschland bricht die Angst aus, auch hier könne der Kalte Krieg in einen «heißen» umschlagen. Der konsequente Westanschluß bringt die Wiederbewaffnung auf die Tagesordnung. Sie wird zum bestimmenden Thema, doch sie entzweit die West-deutschen. Viele, angesichts der Weltkriegserfahrung pazifistisch gesinnt, begründen nun die «Ohne-mich-Bewegung», die jede Aufrüstung entschieden ablehnt.

8. Januar: In Kiel wird der «Bund der Heimatvertriebenen und Entrechteten» (BHE) gegründet, der als Partei für die Belange der Vertriebenen eintritt und einen «wirklichen» Lastenausgleich fordert. Unter dem ersten Vorsitzenden Waldemar Kraft erzielt der BHE anfängliche Erfolge, ist jedoch nur in der zweiten Legislaturperiode in Bundestag und Bundesregierung vertreten. Nach der ohne Erfolg bleibenden Umbenennung in «Gesamtdeutscher Block» löst sich die Partei 1958 auf.

14. Januar: Die Alliierten Hohen Kommissare heben den Lizenzzwang für politische Parteien auf. Darauf gründen sich mehr als dreißig Parteien, darunter rechtsextreme und nationalsozialistische Gruppierungen, die bisher keine Zulassung erhalten hätten.

8. Februar: Die Hohen Kommissare untersagen der Bundesregierung, vertraglich vereinbarte Stahllieferungen an die DDR zu leisten.

28. Februar: Der amerikanische Hohe Kommissar John McCloy fordert gesamtdeutsche Wahlen am 15. Oktober, deren Voraussetzung persönliche und politische Bewegungs- und Betätigungsfreiheit seien.

1. März: Die Lebensmittelrationierungen laufen endgültig aus, ohnehin wurden die Lebensmittelmarken kaum noch verwendet, da die Waren in allen Geschäften und zum gleichen Preis auch ohne Marken erhältlich sind. Damit steht die Bundesrepublik besser da als ein Siegerland des Zweiten Weltkriegs – in Großbritannien können die Rationierungen erst 1952 beendet werden.

1950

Ostanschluß

Fast drei Jahrzehnte hält die SED geheim, daß ihre Führer Wilhelm Pieck, Otto Grotewohl, Walter Ulbricht und Fred Oelßner kurz vor der Gründung der DDR fast zwei Wochen in Moskau mit Stalins Führung konferierten. Wenn die Menschen dies wüßten, wäre die Staatsgründung für immer und ewig als Moskauer Geburt erschienen. So kann die SED, während sie die umfassende Ausrichtung gen Osten und den Ausbau ihrer Macht vorantreibt, noch den Anschein wahren, sie und ihre politischen Verbündeten würden eine deutsche, eine demokratische, eine Republik errichten.

17. Januar: Die Provisorische Regierung gibt den Beschluß der Sowjetunion bekannt, die unter ihrer Kontrolle eingerichteten Internierungslager «für ehemalige Naziaktivisten» in der DDR aufzulösen. Laut offiziellen Angaben werden von den Insassen 194 Frauen und 3248 Männer «zur Untersuchung ihrer verbrecherischen Tätigkeit und Aburteilung durch das Gericht der DDR» dem Innenministerium überstellt.

29. Januar: Mit der Macht der neuen Staatsorgane beginnt die SED, den verbliebenen Widerstand von bürgerlichen Politikern und Sozialdemokraten gegen ihren Kurs zu brechen. Während die SED eine von ihr angeführte Einheitsliste für die anstehenden Wahlen durchsetzen will, fordern zahlreiche Kräfte freie Wahlen mit konkurrierenden Listen. Der stellvertretende CDU-Vorsitzende Hugo Hickmann wird heute zur Niederlegung aller Parteiämter gezwungen. Drei Wochen vor Gründung der DDR forderte er eine «Demokratisierung der Ostzone» und eine «politische Linie des Neutralismus». Für ihn bedeutete «die Errichtung des Weststaates durchaus noch keine Nötigung zur Errichtung eines Oststaates». Gleichzeitig wird der sächsische Finanzminister Gerhard Rohner (CDU), der Hickmann unterstützt, amtsenthoben. In Thüringen entzieht sich wenig später der stellvertretende Ministerpräsident und Finanzminister Leonhard Moog (LDPD) seiner drohenden Verhaftung durch die Flucht nach West-Berlin. Vom Obersten Gericht wird er am 8. Dezember 1950 in Abwesen-

3. März: In Paris unterzeichnen der französische Außenminister Robert Schuman und der saarländische Ministerpräsident von Frankreichs Gnaden, Johannes Hoffmann, zwölf Konventionen, die das Saarland als Protektorat an Frankreich binden. Frankreich übernimmt den militärischen Schutz des Saarlandes, vertritt es diplomatisch und sichert sich in einem über 50 Jahre laufenden Pachtvertrag die Saargruben. Am 1. März spricht sich Bundeskanzler Adenauer gegen die Abtrennung des Saarlandes von der Bundesrepublik aus. Jetzt kritisiert er Frankreich heftig, die Konventionen seien «ein schwerer Schlag für die Sache der französisch-deutschen Verständigung». Der Begriff Protektorat sei für die Saar noch untertrieben, «man könnte auch von einer Kolonie sprechen, obwohl wir das nicht tun». Am 10. März legt Adenauer im Bundestag Rechtsverwahrung gegen die Konventionen ein, da nach der Erklärung der vier Siegermächte vom 5. Juni 1945 kein Teil Deutschlands an einen anderen Staat übertragen werden dürfe.

28. März: Unverändert ist die Wohnungssituation katastrophal, zwölf Millionen Westdeutsche wohnen noch zur Untermiete – sind also bei anderen Familien zwangseinquartiert. Deshalb verabschiedet der Bundestag das erste Gesetz zum sozialen Wohnungsbau nahezu einstimmig. Mit staatlicher Finanzierung werden 1,8 Millionen Wohnungen für sechs Millionen Menschen gebaut. Sie sollen zu einer Miete von 1,00 DM bis 1,10 DM pro Quadratmeter an Familien mit einem Monatseinkommen unter 600 DM vermietet werden. Zur breiten Förderung des privaten Wohnungsbaus billigt der Bundestag am 15. März 1951 das Wohnungseigentumsgesetz. Auf der Grundlage dieser und weiterer Gesetze, die zum einen Wohnungsbau für sozial Schwache besonders fördern, zum anderen Rentabilitätsgesichtspunkte wiedereinführen, werden in der Bundesrepublik zwischen 1950 und 1964 mehr als acht Millionen Wohnungen gebaut, davon über zwei Millionen Eigentumswohnungen und Eigenheime.

2. April: Der «Bundestagsausschuß für Besatzungskosten» veröffentlicht erstmals Zahlen. Danach haben die Westalliierten im Jahr 1949 von der Bundesrepublik 4,5 Milliarden DM erhalten, was der Hälfte der gesamten Einnahmen des Bundes entspricht. 1950 werden die Besatzungskosten auf 5,5, 1951 bereits auf 6,6 Milliarden DM steigen.

Mai: Von vierzehn westlichen Staaten unter Führung der USA wird das *Coordinating Comitee for East-West-Trade-Policy* (Cocom) gegründet. Es stellt ein Verzeichnis über alle Erzeugnisse auf, deren Export in Ostblockstaaten, darunter auch die DDR, verboten ist («Cocom-Liste»).

9. Mai: In Bonn beschließt die Bundesregierung die Empfehlung an den Bundestag, dem Europarat beizutreten. Bundesinnenminister Gustav Heinemann (CDU) und der Gesamtdeutsche Minister Jakob Kaiser (CDU) fürchten, dieser Schritt vertiefe die deutsche Spaltung, akzeptieren indes die Kompromißformel, der Zusammenschluß Europas «werde als notwendiger Weg für die Herstellung der deutschen Einheit angesehen». Später ändert Bundeskanzler Konrad Adenauer (CDU) diese Formulierung ohne Rücksprache; es heißt nun, der europäische Zusammenschluß «ist ein notwendiger Weg».

Nach der heftigen Kontroverse um das Saarland ändert die französische Regierung ihre bisherige Politik der wirtschaftlichen Schwächung Deutschlands. Nunmehr setzt sie auf eine feste Einbindung, um den «Erbfeind» zügeln zu können. In Paris billigt der französische Ministerrat den nach Außenheit wegen «Sabotage» zu fünfzehn Jahren Zuchthaus verurteilt.

8. Februar: Aus der «Hauptverwaltung für den Schutz des Volkseigentums» im Innenministerium bildet die Provisorische Volkskammer das Ministerium für Staatssicherheit, Minister wird Wilhelm Zaisser (SED). Als selbständige Einrichtung untersteht der zunächst auch *Staatssicherheitsdienst* (SSD), später umgangssprachlich *Stasi* genannte Apparat einzig dem Politbüro der SED.

15. Februar: Seit dem 7. Januar fungiert das Sekretariat der Volkskongreß-Bewegung als Sekretariat der Nationalen Front, am 3. Februar wandelt sich das erweiterte Präsidium des Deutschen Volkskongresses zum «Nationalrat der Nationalen Front». Heute verabschiedet der Nationalrat als oberstes Organ das «Programm der Nationalen Front des demokratischen Deutschland». Es fordert einen dauerhaften Frieden durch Herstellung der Einheit Deutschlands, Abschluß eines Friedensvertrages und Abzug aller Besatzungstruppen. Die Aktivitäten der Nationalen Front in der Bundesrepublik werden bald als verfassungsfeindlich eingestuft.

2. März: Die Provisorische Regierung erklärt, gesamtdeutsche Wahlen seien nur nach Abzug der Besatzungstruppen und nach Zulassung aller politischen Parteien, also auch der SED in der Bundesrepublik, durchführbar.

24. März: In Ost-Berlin wird die *Deutsche Akademie der Künste* gegründet. Staatspräsident Wilhelm Pieck (SED) beruft Arnold Zweig zu deren Präsidenten. Der ursprüngliche benannte Heinrich Mann verstirbt wenige Tage vor der Gründung.

19. April: Die Provisorische Volkskammer verabschiedet das «Gesetz der Arbeit». Es garantiert das Recht auf Arbeit, strebt aber auch eine Erhöhung der Arbeitsproduktivität an, unter anderem durch Lohnabzüge bei Ausschußproduktion. Das Gesetz sieht auch den Abschluß von «Betriebsverträgen» vor, die mit einer Verordnung vom 8. Juni 1950 als «Betriebskollektivverträge» (BKV) bestimmt werden. Alle Betriebe müssen solche Verträge mit den «Betriebsgewerkschaftsleitungen» abschließen, für deren Ausgestaltung aufgrund der Planvorgaben jedoch kaum Spielraum besteht. Mit Unruhen, Protesten und Streiks reagieren viele Belegschaften auf die meist von oben vorgelegten BKV. Wenn dennoch im Jahr 1951 etwa 5000 BKV abgeschlossen werden, ist das vielerorts einzig nachhaltigen Drohungen geschuldet. Am 27. November 1951 zieht das Politbüro der SED eine erste Bilanz: «Bei der Beratung und Beschlußfassung über den Betriebskollektivvertrag traten in diesem Jahr alle Fehler und Schwächen der gewerkschaftlichen Massenarbeit in Erscheinung.»

21. April: Die Provisorische Volkskammer erhebt den 8. Mai als «Tag der Befreiung» und den 7. Oktober, den Tag der Staatsgründung, zu gesetzlichen Feiertagen.

24. bis 29. April: Vor dem Obersten Gericht der DDR wird der erste große Schauprozeß gegen eine Gruppe von bereits im Oktober 1949 verhafteten Staats- und Wirtschaftsfunktionären geführt. Hauptangeklagte sind der aus der SPD stammende Willi Brundert (SED), früherer Ministerialdirektor im Ministerium für Wirtschaft und Verkehr in Sachsen-Anhalt, und Leo Herwegen (CDU), früherer Minister für Arbeit und Sozialfürsorge in Sachsen-Anhalt sowie Landesvorsitzender seiner Partei. Sie werden «illegaler» Wertpapiertransaktionen zugunsten der 1945 in der SBZ enteigneten Dessauer *Deutsche Continental Gasgesellschaft* beschuldigt. Als «Agenten westdeutscher Konzerne, die die Überminister Robert Schuman benannten Plan, der eine Zusammenfassung der Produktionen von Kohle, Eisen und Stahl Frankreichs und Deutschlands unter einer gemeinsamen obersten Aufsichtsbehörde vorsieht. Mit dieser Montanunion, zu der der Beitritt auch allen anderen Ländern offensteht, tritt anstelle der Kontrolle Deutschlands erstmals Kooperation.

Adenauer bezeichnet die Montanunion als «wirklich eine echte Voraussetzung», «daß zwischen Frankreich und Deutschland in Zukunft jeder Konflikt ausgeschaltet ist». Dagegen bekämpft die SPD unter ihrem Vorsitzenden Kurt Schumacher das «Sechser-Europa» von Europarat und Montanunion erbittert. Schumacher nennt es «konservativ und klerikal, kapitalistisch und kartellistisch». Er lehnt jede Perspektive der Westintegration ab.

12. bis 15. Mai: In London konferieren die Außenminister der Westmächte über die Deutschlandfrage. Sie bilden einen Ausschuß, der die zugesagte Revision des Besatzungsstatuts vornehmen soll. In ihrem Kommuniqué bekunden die Außenminister die friedliche Wiedervereinigung Deutschlands als «oberstes Ziel» der Politik der Alliierten.

30. Mai: Etwa 10000 westdeutsche Teilnehmer am «Deutschlandtreffen» der FDJ in Ost-Berlin werden bei ihrer Rückreise in die Bundesrepublik von westdeutschen Organen aufgehalten. Sie müssen anderthalb Tage an der innerdeutschen Grenze campieren, um sich registrieren zu lassen. Schon am 1. Mai protestierte eine halbe Million Menschen in West-Berlin gegen das «Deutschlandtreffen».

13. Juni: Mit Ausnahme der KPD unterstützen alle Fraktionen eine Erklärung, die Paul Löbe (SPD), Alterspräsident des Bundestages, zur Oder-Neiße-Linie abgibt. «In der zwischen der DDR und Polen getroffenen Vereinbarung vom 6. Juni 1950 wird die völker- und staatsrechtlich unhaltbare Behauptung aufgestellt, daß zwischen der sowjetisch besetzten Zone Deutschlands und Polen eine sogenannte Friedensgrenze festgelegt worden ist. Gemäß dem Potsdamer Abkommen ist das deutsche Gebiet östlich von Oder und Neiße als Teil der sowjetischen Besatzungszone Deutschlands der Republik Polen nur zur einstweiligen Verwaltung übergeben worden. Das Gebiet bleibt ein Teil Deutschlands (...) Niemand hat das Recht, aus eigener Machtvollkommenheit Land und Leute preiszugeben oder eine Politik des Verzichts zu betreiben (...) Die Mitwirkung an der Markierung der Oder-Neiße-Linie als angeblich ‹unantastbare› Ostgrenze Deutschlands, zu der sich die sogenannte provisorische Regierung der ‹DDR› bereitgefunden hat, ist ein Beweis für die beschämende Hörigkeit dieser Stelle gegenüber einer fremden Macht. Der Bundestag weiß, daß er bei der Zurückweisung dieser Handlung auch im Namen der Deutschen in der sowjetischen Besatzungszone spricht.»

15. Juni: Der Bundestag beschließt gegen die Stimmen der SPD den Beitritt der Bundesrepublik als assoziiertes Mitglied zum Europarat, der am 8. Juli in Straßburg vollzogen wird. Am 2. Mai 1951 wird die Bundesrepublik Vollmitglied.

19. Juni: Als erste gesetzliche Maßnahme zur Linderung der Kriegsfolgen beschließt der Bundestag das «Heimkehrergesetz». Es gewährt ehemaligen Kriegsgefangenen besondere Rechte und Vergünstigungen, so ein Entlassungsgeld von 150 DM, Übergangsbeihilfen, Steuererleichterungen sowie Wohnungs- und Arbeitsplatzzuteilung. Am 30. Januar 1954 folgt das «Kriegsgefangenenentschädigungsgesetz».

30. Juni: Der Bundestag verabschiedet das

führung des Konzerns in Volkseigentum planmäßig sabotiert und dem demokratischen Wirtschaftsaufbau großen Schaden zugefügt haben», werden Brundert und Herwegen zu je fünfzehn Jahren Zuchthaus verurteilt. Brundert, späterer Oberbürgermeister von Frankfurt / Main, wird im März 1957, Herwegen im September 1956 entlassen.

26. April: In der sächsischen Stadt Waldheim, nördlich von Chemnitz, beginnen die «Waldheimer Prozesse». Bis Juni verurteilt ein Sondergericht mehr als 3300 Menschen, die im Januar nach Auflösung der sowjetischen Internierungslager an die DDR-Justiz überstellt worden waren, in Schnellverfahren. Nahezu alle Angeklagten werden ohne Beweisaufnahme, ohne Öffentlichkeit und, mit Ausnahme von zehn Schauprozessen, ohne Zeugen und Verteidiger abgeurteilt. Meist werden sowjetische Protokolle zugrunde gelegt, welche die Beschuldigten als Nazi- oder Kriegsverbrecher ausweisen. Freigesprochen werden nur wenige. Mehr als die Hälfte der Angeklagten erhält Haftstrafen zwischen 15 und 25 Jahren, vor allem wegen «Verbrechen gegen die Menschlichkeit». Auch 32 Todesurteile werden verhängt, von denen 24 in der Nacht zum 4. November 1950 vollstreckt werden.

15. Mai: Die sowjetische Führung erläßt der DDR als Geste des Großmuts die Hälfte der noch zu zahlenden Reparationsleistungen. Ministerpräsident Otto Grotewohl (SED) wird aufgefordert, ein entsprechendes «Bittschreiben» nach Moskau zu schicken. In Stalins «Antworttelegramm» ist die Regelung enthalten, die er anmaßend auch im Namen Polens trifft. Danach muß die DDR anstelle der angeblich noch fälligen 6,342 Milliarden Dollar nur 3,171 Milliarden Dollar aufbringen. Die Laufzeit wird auf 15 Jahre, von 1951 bis 1965, festgesetzt. Die DDR-Führung hat keinerlei Einfluß auf diese Entscheidung. Tatsächlich vermindern sich die Belastungen infolge der Entnahmen aus der laufenden Produktion im Jahr 1951 um fast die Hälfte, bringen jedoch kaum eine wirtschaftliche Entlastung. Denn die DDR muß nicht nur die Besatzungskosten und die «SAG Wismut», sondern auch die Aufrüstung mit «Kasernierter Volkspolizei» und Streitkräften finanzieren.

17. Mai: Das Volljährigkeitsalter wird von 21 auf 18 Jahre herabgesetzt. Bereits seit 1949 kann das aktive Wahlrecht ab 18 Jahren ausgeübt werden.

5. und 6. Juni: Die DDR sucht ein verbessertes Verhältnis zu ihren unmittelbaren Nachbarstaaten, indem sie auf sowjetischen Druck deren Forderungen erfüllt, die erfolgten Grenz- und Bevölkerungsverschiebungen festzuschreiben. Eine Regierungsdelegation unter Walter Ulbricht (SED) besucht Polen. In einer Deklaration wird die Markierung der bestehenden und festgelegten Oder-Neiße-Grenze vereinbart und die Unantastbarkeit dieser «Friedens- und Freundschaftsgrenze» erklärt. Im «Görlitzer Vertrag» zwischen Polen und der DDR wird die Oder-Neiße-Grenze am 6. Juli als «Staatsgrenze zwischen Deutschland und Polen» bestätigt.

15. Juni: Die Provisorische Regierung stimmt den Vorschlägen der «Außerordentlichen Kommission zur Untersuchung der Verbreitung des Kartoffelkäfers durch angloamerikanische Flugzeuge» über die verstärkte Bekämpfung des Kartoffelkäfers zu.

21. bis 23. Juni: Eine Regierungsdelegation der DDR unter Walter Ulbricht (SED) unterzeichnet in der Tschechoslowakei ein Abkommen, dessen zentraler Satz lautet: «Unsere beiden Staaten haben keine Gebiets- oder Grenzansprüche, und ihre Regierungen betonen ausdrücklich, daß die durchgeführte Umsiedlung der Deutschen

«Deutsche Beamtengesetz», das das Berufsbeamtentum für den Bund festschreibt.

19. Juli: Erstmals in ihrer mehr als 2000jährigen Geschichte schaffen sich die Juden in Deutschland ein zentrales Organ zur Vertretung ihrer Interessen. Delegierte jüdischer Landesverbände gründen in Frankfurt / Main den *Zentralrat der Juden in Deutschland,* der 1963 zur Körperschaft des öffentlichen Rechts erhoben wird. 1946 leben auf dem Gebiet der späteren Bundesrepublik und in Berlin etwa 250 000 Juden, zumeist osteuropäischer Herkunft. Etwa 100 000 von ihnen wandern in den nächsten Jahren in die USA aus, weitere 100 000 nach Israel, besonders nach der Proklamation von dessen Unabhängigkeit im Mai 1948. Die wenigen überlebenden und in Deutschland verbleibenden Juden (etwa 40 000) versuchen ihre Gemeinden wiederaufzubauen. Am 26. November 1949 ruft Bundespräsident Theodor Heuss (FDP) die emigrierten Juden zur Rückkehr nach Deutschland auf. Er lehnt eine «Kollektivschuld» der Deutschen ab, ruft seine Landsleute aber zu einer «Kollektivscham» auf.

6. August: Die Begeisterung für Europa mündet in symbolische Aktionen, die von offizieller Seite geduldet werden. Zwischen dem französischen Wissembourg und dem deutschen St. Germanshof brechen Studenten die Grenzschranken ab, verbrennen sie in einem Freudenfeuer und fordern

Koreakrieg

Am 25. Juni überschreiten nordkoreanische Truppen auf breiter Front den 38. Breitengrad, die Demarkationslinie zu Südkorea. Binnen weniger Wochen nehmen die Invasoren weite Teile des Landes mit der Hauptstadt Seoul ein. Die südkoreanischen Truppen werden auf ein kleines Gebiet um die Hafenstadt Pusan zusammengedrängt. Angesichts dieser Situation verurteilt der UN-Sicherheitsrat Nordkorea und beschließt, dem angegriffenen Südkorea «alle erforderliche Hilfe» zu geben.

Amerikanische Truppen, unterstützt von Soldaten aus Großbritannien, Frankreich, Australien, Neuseeland, Thailand, den Philippinen, Kanada, Griechenland, der Türkei, den Niederlanden, Belgien, Luxemburg, Kolumbien, Äthiopien und Südafrika greifen in den Konflikt ein. Den alliierten Streitkräften gelingt es, die nordkoreanischen Truppen zurückzudrängen. Am 7. Oktober überschreiten US-Soldaten die Grenze zu Nordkorea, am 19. Oktober wird die Hauptstadt Pjöngjang eingenommen. Um einer befürchteten Invasion Chinas frühzeitig entgegenzutreten, schleust China ab Oktober heimlich chinesische Truppen als «Freiwillige» nach Nordkorea, die ab November in die Kämpfe eingreifen. Unterstützt durch mehr als 700 000 chinesische Soldaten erzielen die nordkoreanischen Truppen erneute Erfolge. Nach mehrfachem Hin und Her setzt sich die Front ab Mai 1951 in der Nähe des 38. Breitengrades fest. Dieser erste Krieg der Blockkonfrontation löst weltweite Spannungen und die ernste Gefahr eines internationalen Krieges aus. Wiederholt fordern westliche Militärs und Politiker den Einsatz von Atombomben. Stalin läßt zwar Waffen an China und Nordkorea liefern und stellt sich in der Propaganda auf deren Seite, doch vermeidet er, daß sowjetische Streitkräfte in den Konflikt hineingezogen werden. Zudem läßt er die Tür für Verhandlungen geöffnet: In einem *Prawda*-Interview, das das *Neue Deutschland* am 17. 2. 1951 abdruckt, erklärt Stalin, ein neuer Krieg sei nicht unvermeidlich.

aus der Tschechoslowakischen Republik unabänderlich, gerecht und endgültig gelöst ist.»

29. Juni: Die SED stellt sich konsequent auf die Seite Nordkoreas. 350000 Werktätige folgen dem Aufruf des Groß-Berliner Komitees der «Kämpfer für den Frieden» zu einer Demonstration gegen die «USA-Aggression».

4. bis 6. Juli: Auf dem zweiten «Deutschen Schriftstellerkongreß» in Ost-Berlin wird der *Deutsche Schriftstellerverband* innerhalb des «Kulturbundes» gebildet. Seine Tagung steht unter dem Motto «Das neue Leben verlangt nach Gestaltung». Bodo Uhse (SED) wird zum Präsidenten gewählt.

8. Juli: Die Sowjetunion gibt 23 der SAG-Betriebe an die DDR zurück, die dafür 74,9 Millionen Mark zahlen soll. Aus nach 1989 aufgefunden Dokumenten geht hervor, daß die DDR den Wert der Betriebe auf nur 68,6 Millionen Mark beziffert. Auf Anweisung von Ministerpräsident Otto Grotewohl (SED) akzeptiert die DDR die sowjetische Forderung, um nicht «die weitere Entwicklung der freundschaftlichen Hilfsmaßnahmen seitens der UdSSR zu beeinträchtigen».

20. Juli: Nach der Totaldemontage im Frühjahr 1946 liefert das wiedererrichtete *Stahl- und Walzwerk Brandenburg* den ersten Stahl.

20. bis 24. Juli: Auf ihrem dritten Partei-

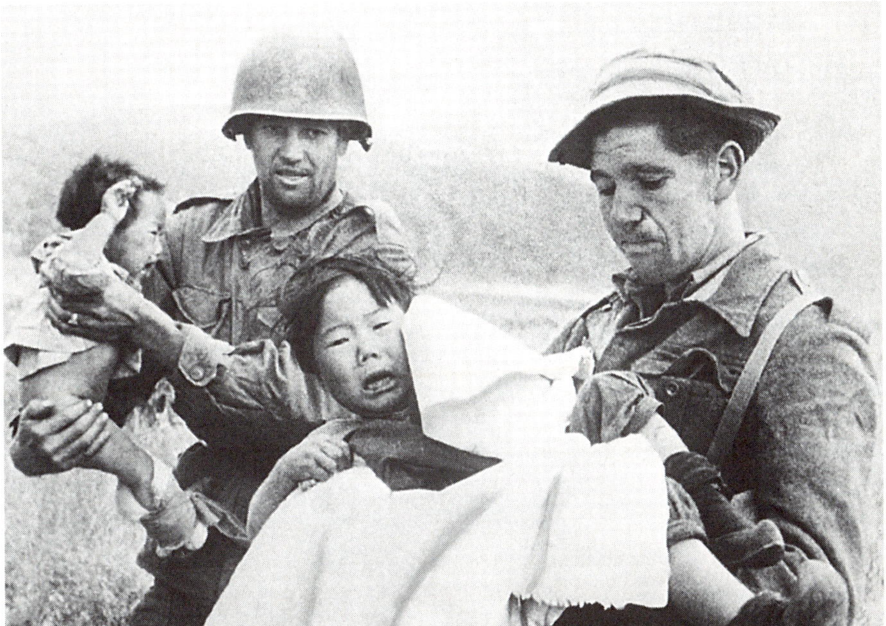

Britische Soldaten bringen koreanische Kinder in Sicherheit

Verzicht auf Rache

Auf dem ersten «Tag der Heimat» verabschieden die Vertreter von Vertriebenenverbänden und ostdeutschen Landsmannschaften am 5. August in Stuttgart die «Charta der deutschen Heimatvertriebenen»:

«1. Wir Heimatvertriebenen verzichten auf Rache und Vergeltung. Dieser Entschluß ist uns ernst und heilig im Gedenken an das unendliche Leid, welches im besonderen das letzte Jahrzehnt über die Menschheit gebracht hat.
2. Wir werden jedes Beginnen mit allen Kräften unterstützen, das auf die Schaffung eines geeinten Europa gerichtet ist, in dem die Völker ohne Furcht und Zwang leben können.
3. Wir werden durch harte, unermüdliche Arbeit teilnehmen am Wiederaufbau Deutschlands und Europas.

Wir haben unsere Heimat verloren. Heimatlose sind Fremdlinge auf dieser Erde. Gott hat die Menschen in ihre Heimat hineingestellt. Den Menschen mit Zwang von seiner Heimat trennen, bedeutet ihn im Geiste töten. Wir haben dieses Schicksal erlitten und erlebt. Daher fühlen wir uns berufen zu verlangen, daß das Recht auf die Heimat als eines der von Gott geschenkten Grundrechte der Menschheit anerkannt und verwirklicht wird.

Solange dieses Recht für uns nicht verwirklicht ist, wollen wir aber nicht zur Untätigkeit verurteilt beiseite stehen, sondern in neuen geläuterten Formen verständnisvollen und brüderlichen Zusammenlebens mit allen Gliedern unseres Volkes schaffen und wirken. Darum verlangen und fordern wir heute wie gestern:

1. Gleiches Recht als Staatsbürger, nicht nur vor dem Gesetz, sondern auch in der Wirklichkeit des Alltags.
2. Gerechte und sinnvolle Verteilung der Lasten des letzten Krieges auf das ganze deutsche Volk und eine ehrliche Durchführung dieses Grundsatzes.
3. Sinnvollen Einbau aller Berufsgruppen der Heimatvertriebenen in das Leben des deutschen Volkes.
4. Tätige Einschaltung der deutschen Heimatvertriebenen in den Wiederaufbau Europas.»

sofortige Bildung einer europäischen Regierung.

11. August: Angesichts des Koreakrieges nimmt die Versammlung des Europarats mit großer Mehrheit den Vorschlag des britischen Ex-Premiers Winston Churchill an, eine europäische Armee unter Beteiligung der Bundesrepublik aufzubauen.

22. August: Der Bundestag verabschiedet das «Notaufnahmegesetz», nach dem eine tag richtet sich die SED massiv nach dem sowjetischen Vorbild aus, die Festigung als «Partei neuen Typs» soll verstärkt werden. Dabei geht es weniger um politische Ziele als um den Ausbau der Machtposition: Der bisherige Parteivorstand wird durch das *Zentralkomitee* (ZK) ersetzt, dem 51 Vollmitglieder und 30 Kandidaten angehören. Die programmatischen «Grundsätze und Ziele» der Partei von 1946 werden für überholt erklärt und ein neues Programm angekündigt, doch hat die Führung keine Eile mit solchen inhaltlichen Festlegungen – das Programm wird erst 1963 angenommen. Dafür wird ein neues Parteistatut verabschiedet, das die Macht der Parteispitze als «demokratischen Zentralismus» festschreibt. Erstmals wird die 1949 von Louis Fürnberg verfaßte Jubelhymne «Die Partei» präsentiert, die später in der Versenkung verschwindet. Angesichts der Situation im Lande muß Otto Grotewohl vor dem Parteitag bekennen, daß der Kurs der SED heftigen politischen Widerstand erfährt: «Unmittelbar nach der Gründung der DDR versuchte eine Gruppe von Reaktionären, die sich in die bürgerlich-demokratischen Parteien, in die CDU und LDP, eingeschlichen hatte, reaktionäre Anschläge gegen die demokratische Gesetzlichkeit und Ordnung unserer Republik zu inszenieren. Worin bestand das Programm dieser Reaktionäre, was erstrebten Hickmann, Moog, Rohner, Herwegen und andere? Sie erstrebten die Wiederherstellung der alten imperialistischen Zustände.»

25. Juli: Auf der ersten Tagung des neuen ZK der SED werden Mitglieder und Kandidaten des Politbüros sowie die Mitglieder des Sekretariats des ZK und der ZPKK gewählt. Im 15köpfigen Politbüro stammen nur noch zwei der neun Mitglieder, Otto Grotewohl und Friedrich Ebert, und einer der sechs Kandidaten aus der SPD, Erich Mückenberger. Walter Ulbricht erhält das neugeschaffene Amt des Generalsekretärs des ZK der SED und wird damit endgültig zum starken Mann der Partei.

3. August: Angesichts erheblicher Schwierigkeiten, die oft irrealen sowjetischen Reparationsforderungen zu erfüllen, faßt die Provisorische Regierung einen Beschluß zur «Sicherung der Reparationslieferungen». Ein strenges Kontingentierungssystem, die Bildung eines Devisensonderfonds zugunsten der Reparationsproduktion, die Umstellung der Walzprogramme sowie die Mobilisierung «innerer Reserven» sollen den Vorrang der Reparationsproduktion zu Lasten anderer Aufträge sichern. Tatsächlich gelingt die Erfüllung des Reparationsplanes 1950. Doch Sündenböcke für den Fall der Nichterfüllung sind bereits gefunden. Es kursieren lange Listen von als schuldig betrachteten, bereits suspendierten oder gar verhafteten Betriebsleitern – ein Markstein der Stalinisierung der Wirtschaft.

17. August: Die Provisorische Regierung billigt den von der SED eingereichten Fünf-Jahr-Plan, der für die Periode von 1951 bis 1955 eine Steigerung der Erzeugung der Schwerindustrie um 108 Prozent, der gesamten Industrieproduktion um 90 Prozent, der landwirtschaftlichen Erträge um 25 Prozent und des Volkseinkommens um 60 Prozent vorsieht. Der Schwerpunkt dieses nach der sowjetischen «Tonnenideologie» ausgerichteten Plans liegt also beim Auf- und Ausbau der Schwerindustrie – zu Lasten der Konsumgüterindustrie. Walter Ulbrichts Versprechen vom 26. Juli 1949 «Jetzt kommt die Zeit der Erfolge» wird damit in bezug auf die Lebensverhältnisse der Bevölkerung vertagt.

24. August: Das ZK der SED nimmt eine umfassende «Säuberung» in der Parteiführung vor. Paul Merker, seit den zwanziger Jahren führender Kommunist, Lex Ende,

Aufenthaltserlaubnis und besondere Unterstützung nur solche Flüchtlinge erhalten, die die DDR oder Ost-Berlin wegen einer Gefährdung für Leib und Leben und ihre persönliche Freiheit verlassen. Dieses Gesetz soll die Flüchtlingswellen eindämmen helfen. Dennoch kommen zwischen 1950 und 1961 insgesamt 3,85 Millionen Menschen aus der DDR in die Bundesrepublik.

29. August: Bundeskanzler Konrad Adenauer (CDU) sucht die Lage nach dem Ausbruch des Koreakrieges und angesichts ausländischer Forderungen nach Aufstellung deutscher Truppen zu nutzen. In einem eilig verfaßten geheimen «Memorandum über die Sicherung des Bundesgebietes nach innen und außen» (Sicherheitsmemorandum) und einer weiteren Denkschrift «zur Frage der Neuordnung der Beziehungen der Bundesrepublik zu den Besatzungsmächten» bietet er im Alleingang die Aufstellung von zwölf deutschen Divisionen an – als Hebel, das Besatzungsstatut zu beenden und die volle Souveränität zu gewinnen. Über viele Jahre wurde der Wortlaut des «Sicherheitsmemorandums» nicht vollständig veröffentlicht.

1. September: Die von der Stadtverordnetenversammlung am 4. August beschlossene neue «Verfassung von Berlin» tritt in den Westsektoren in Kraft. Allerdings suspendieren die Alliierten diejenigen Bestimmungen, die West-Berlin zum Bundesland der Bundesrepublik erklären.

12. bis 19. September: In New York tagen die Außen- und Verteidigungsminister der drei Westalliierten. Sie können sich trotz der Offerte von Bundeskanzler Konrad Adenauer (CDU) nicht auf eine westdeutsche Wiederaufrüstung einigen, zu groß sind die Befürchtungen vor allem in Frankreich. Acheson, Bevin und Schuman kommen aber überein, eine europäische Armee unter deutscher Beteiligung zu schaffen. Die Bundesregierung wird bis zur Wiedervereinigung zur einzigen freien und gesetzlich konstituierten Regierung erklärt, die das deutsche Volk in internationalen Angelegenheiten vertreten könne. Zudem wird eine Sicherheitsgarantie ausgesprochen, jeder Angriff auf die Bundesrepublik oder auf West-Berlin, gleichgültig, von welcher Seite er auch kommen möge, werde wie ein Angriff auf die Alliierten selbst betrachtet.

13. September: Die Volkszählung ergibt eine Bevölkerungszahl von 47,70 Millionen im Bundesgebiet. Davon sind 9,6 Millionen erst während oder nach der Beendigung des Zweiten Weltkrieges zugewandert. Von diesen 9,6 Millionen sind 7,88 Millionen als «Vertriebene» anerkannt, das entspricht 16,5 Prozent der Gesamtbevölkerung. Zunächst verteilen sie sich ungleich: Schleswig-Holstein, Niedersachsen und Bayern kommen auf Flüchtlingsanteile von 35 Prozent, 24 Prozent und 19 Prozent. Durch verschiedene Aktionen werden viele der Flüchtlinge in andere Regionen umgesiedelt. Ganze Städte wie Espelkamp werden errichtet, um sie aufzunehmen. Nur die Stadtstaaten und Rheinland-Pfalz, wo die französische Besatzungsmacht ihn verhindert, bleiben ohne nennenswerten Zuzug von Vertriebenen und Flüchtlingen.

14. September: Der Bundestag verabschiedet eine Entschließung, die als ersten Schritt zur Wiedervereinigung gesamtdeutsche freie Wahlen in allen vier Besatzungszonen unter internationaler Kontrolle fordert. Gleichzeitig soll gegen alle Personen, «die an den Verbrechen gegen die Menschlichkeit» in der SBZ beteiligt sind, die Strafverfolgung im Gebiet der Bundesrepublik eingeleitet werden.

19. September: Die Bundesregierung faßt einen Beschluß zur politischen Betätigung von Beamten, Angestellten oder Arbeitern bis Juni 1949 Chefredakteur des *Neuen Deutschland,* Leo Bauer, Chefredakteur des *Deutschlandsenders,* Willy Kreikemeyer, bis 1949 Generaldirektor der *Deutschen Reichsbahn,* und andere werden aus der Partei ausgeschlossen. Ihnen werden Verbindungen zum angeblichen US-Agenten Noel H. Field angelastet, der 1948 in Budapest verhaftet, indes 1954 wegen Haltlosigkeit aller Vorwürfe aus der «Untersuchungshaft» entlassen wird. Kreikemeyer und Bauer werden sofort verhaftet, Ende und Merker erst nach dem Schauprozeß gegen Rudolf Slansky in der Tschechoslowakei 1952. Ende und Kreikemeyer überleben die «Bewährung in der Produktion» in Sachsen sowie das sowjetische Straflager nicht.

30. August bis 3. September: In Ost-Berlin tagt der dritte Kongreß des FDGB, der eine neue Satzung verabschiedet. Darin wird «die führende Rolle der Partei der Arbeiterklasse, der Sozialistischen Einheitspartei Deutschlands», ausdrücklich anerkannt.

31. August: Empört über die skandalösen «Waldheim-Prozesse», fordert der stellvertretende Ministerpräsident und CDU-Vorsitzende Otto Nuschke Ende Juli auf einer Regierungssitzung energisch, die Urteile von Waldheim für ungültig zu erklären und alle Fälle neu zu verhandeln. Ministerpräsident Otto Grotewohl (SED) ist irritiert und vertagt die Frage mehrmals. Heute stellt er sie überraschend und ohne Diskussion zur Abstimmung: Die SED-Minister lehnen die CDU-Forderung ab, die LDPD-Minister enthalten sich, alle CDU-Minister stimmen für die Ungültigkeitserklärung sämtlicher Waldheim-Urteile. Mutmaßlich ist dies der einzige Fall, in dem das Prinzip der Einstimmigkeit in der Regierung der DDR derart dramatisch durchbrochen wird. Am 6. September wird Helmut Brandt (CDU), der als Staatssekretär im Justizministerium von Amts wegen einige Waldheim-Prozesse beobachtete und Nuschke die Informationen lieferte, verhaftet und verurteilt – er kommt erst 1964 frei. Damit ist der Wille zur Opposition bei den CDU- Politikern endgültig gebrochen.

Die Volkszählung ergibt eine Einwohnerzahl von 17208800 Menschen für die DDR und von 1179300 für Ost-Berlin. In West-Berlin werden zu dieser Zeit 2142400 Einwohner gezählt.

7. September: In Ost-Berlin wird das im Zweiten Weltkrieg stark beschädigte Stadtschloß als «Feudalburg der Hohenzollern» gesprengt. Die SED-Führung will auf der Spreeinsel einen Aufmarschplatz schaffen, der nach eigens angestellten Berechnungen 320000 Menschen bei einer Standkundgebung Platz bietet.

15. September: Nach einer Kritik von Walter Ulbricht (SED) an der bisherigen und seiner Forderung nach einer eigenständigen Baupolitik der DDR werden «16 Grundsätze des Städtebaus» erlassen. Nach dem Motto «National in der Form – sozialistisch im Inhalt» werden neue Industriestädte aus dem Boden gestampft und neue Straßenzüge in den Großstädten errichtet. Bei ersten Kulturdenkmälern beginnt der Wiederaufbau, etwa bei der Berliner Staatsoper oder beim Zwinger und der Hofkirche in Dresden.

27. September: Die Provisorische Volkskammer beschließt das «Gesetz über den Mutter- und Kinderschutz und die Rechte der Frau». Ministerpräsident Otto Grotewohl (SED) nennt die wesentliche Zielsetzung des Gesetzes: «Der Fünf-Jahr-Plan setzt die Zahl der Beschäftigten in der Volkswirtschaft auf 7,6 Millionen fest. Die Gesamtzahl der Beschäftigten muß sich im Vergleich zu 1950 um 890000 erhöhen. Der große Bedarf an Arbeitskräften macht eine Erhöhung des Prozentsatzes der arbeiten-

im Bundesdienst gegen die demokratische Staatsordnung. «Die Gegner der Bundesrepublik verstärken ihre Bemühungen, die freiheitliche demokratische Grundordnung zu untergraben. Jede Teilnahme an solchen Bestrebungen ist unvereinbar mit den Pflichten des öffentlichen Dienstes.» Eine Liste benennt die einschlägigen Organisationen, von der KPD bis zur Vereinigung der Sowjetfreunde, von der FDJ bis zur «Vereinigung der Verfolgten des Naziregimes», aber auch die rechtsextreme «Sozialistische Reichspartei», die «Schwarze Front» und die «Nationale Front». Am 27. Februar 1951 stuft die Bundesregierung diese Organisationen als «verfassungsfeindlich» ein.

27. September: Der Bundestag verabschiedet das «Verfassungschutzgesetz», das die bereits vorhandenen Einrichtungen legalisiert und das dem Bundesinnenministerium unterstehende *Bundesamt für Verfassungsschutz* schafft. Erster Präsident wird Otto John, der nach zwölf abgelehnten Kandidaten von den Besatzungsmächten akzeptiert wird.

30. September: Der «Korea-Boom» erreicht die Bundesrepublik, deren Wirtschaft als einzige freie Kapazitäten und niedrige Produktionskosten bietet. Infolge des Koreakrieges steigt die weltweite Nachfrage nach Rohstoffen und Investitionsgütern sprunghaft an. Binnen nur dreier Monate, von Juli bis September 1950, wächst die bundesdeutsche Industrieproduktion um 20 Prozent. Allerdings steigen auch die Preise rasant an, es kommt gar zu Hamsterkäufen. Die Inflation wird so angeheizt, daß sowohl Bundeskanzler Konrad Adenauer (CDU) als auch die Westalliierten von Bundeswirtschaftsminister Ludwig Erhard eine umfassende Modifikation der «freien Marktwirtschaft» fordern. Doch Erhard beugt sich nicht – mit Erfolg. Bald sinkt die Arbeitslosenquote kontinuierlich, die Löhne steigen in zweistelligen Prozentraten. Einzig West-Berlin bleibt wegen seiner besonderen, oft als gefährdet erachteten Lage dramatisch zurück. Die Arbeitslosenquote liegt dort noch bei 30 Prozent, die Industrieproduktion beträgt zwar das Anderthalbfache von 1936 – doch hat Westdeutschland schon fast den dreifachen Wert erreicht. Das «Wirtschaftswunder», nach der Währungsreform noch unter Startschwierigkeiten leidend, setzt in der Bundesrepublik mit voller Kraft ein: In den fünziger Jahren beträgt das durchschnittliche Wirtschaftswachstum 8,6 Prozent im Jahr, in den sechziger Jahren sind es 4,9 Prozent, in den siebziger Jahren nur 2,7 Prozent, in den achtziger Jahren bis 1988 gar nur 1,6 Prozent.

1. Oktober: In Karlsruhe nimmt der Bundesgerichtshof (BGH) seine Arbeit auf. Bewußt stellt die Bundesregierung den BGH in die Tradition des früheren «Reichsgerichts», sowohl in personeller Hinsicht als auch beim «Geist dieses Gerichts». Präsident des Bundesgerichtshofes wird Herrmann Weinkauff, seit Mitte der dreißiger Jahre bis 1945 Mitglied des Reichsgerichtes.

5. Oktober: Im Eifelkloster Himmerod kommen ehemalige Offiziere der Deutschen Wehrmacht zu einer streng geheimen Konferenz zusammen, die Größe und Struktur einer künftigen deutschen Armee beraten soll. Ihre «Himmeroder Denkschrift» geht von zwölf deutschen Divisionen aus, allerdings im Rahmen einer integrierten europäisch-föderativen Armee unter atlantisch-europäischem Befehl. Die Hauptkampflinie des westlichen Bündnisses solle vom Rhein an die Elbe vorverlegt werden. Am 24. Oktober schlägt der französische Ministerpräsident René Pleven den sechs Staaten der Montanunion die Schaffung einer europäischen, übernational organisierten Armee vor. Die deutschen Truppen solden Frauen notwendig.» Eheschließung soll Frauen nicht hindern, einen Beruf auszuüben; auch wird eine nichteheliche Geburt ausdrücklich nicht als Makel bezeichnet. Zudem soll die Arbeit der Frauen sich nicht auf traditionelle Frauenberufe beschränken.

29. September: Die DDR tritt dem RGW bei, Folge der politischen wie wirtschaftlichen Ausrichtung nach Osten. Beträgt der Außenhandel der SBZ mit den Ländern des späteren RGW 1947 nur 8,7 Prozent des gesamten Außenhandels, sind es jetzt 72,3 Prozent. Am 5. Dezember verabschiedet das Politbüro der SED entsprechende Anweisungen zum Verhalten der DDR im RGW. Während «alle Möglichkeiten der Ausweitung des Handels mit den Teilnehmerländern des Rates auszuschöpfen» sind, ist der Handel mit den kapitalistischen Ländern weiter einzuschränken. Bei Verhandlungen innerhalb des RGW ist DDR-Kommissionen «nicht erlaubt, Wünsche und Forderungen der Partnerkommissionen abzulehnen». Diese sind vielmehr auf Sonderlisten zu erfassen und höchsten DDR-Gremien zur Entscheidung vorzulegen.

15. Oktober: Die nach der Verfassung der DDR eigentlich viel früher vorgeschriebenen Wahlen zur Volkskammer, die aus dem Herbst 1949 verschobenen Landtags- sowie die aus dem Jahr 1948 verschobenen Kreistags- und Gemeindewahlen finden statt. Es gibt keine Parteilisten mit Einzelkandidaten mehr, bis zum Ende der DDR werden nur noch Einheitslisten mit «Kandidaten der Nationalen Front» zur Wahl gestellt. Zudem fordert die Nationale Front, entgegen der Verfassung, zur offenen Stimmabgabe auf, ganze Hausgemeinschaften erscheinen geschlossen zur Stimmabgabe. So verzeichnet das amtliche Ergebnis der Volkskammerwahl bei einer Wahlbeteiligung von 98,44 Prozent eine Zustimmung zur Ein-

Führungsakte

Das neu eingeführte «Grundbuch» dient als Führungsakte, das eine jederzeitige Kontrolle aller SED-Mitglieder und -Kandidaten erlaubt, wie eine Anweisung des ZK offenbart: «Das Grundbuch dient zur personellen Registrierung der Mitglieder und Kandidaten der Partei. Es enthält neben den Angaben zur Person alle die Merkmale, die für die Partei zur Beurteilung des Mitgliedes bzw. Kandidaten wichtig sind. Damit ist der Partei die Möglichkeit gegeben, die Entwicklung eines jeden Mitglieds bzw. Kandidaten genau zu erkennen und es entsprechend seinen Fähigkeiten und Veranlagungen zu fördern. Die Grundlage für die Ausstellung des Grundbuches bildet der Fragebogen. Alle Eintragungen ins Grundbuch erfolgen nur mit der vom ZK gelieferten Spezialtinte und in gut leserlicher Handschrift. Nachdem das Grundbuch ausgefüllt ist, wird auf der zweiten Seite das auf der Rückseite mit der Mitgliedsbuch- bzw. mit der Kandidatenkartennummer (Spezialtinte) versehene Lichtbild mit zwei Ösen eingeheftet und mit dem Siegel (Prägestempel) versehen. Alle Veränderungen im Leben des Mitglieds bzw. Kandidaten müssen auf dem dazu vorgesehenen Benachrichtigungsschein der Kreisleitung zur Eintragung ins Grundbuch mitgeteilt werden.»

Trümmerfrauen

Erst 1950 sind Berlins Zigmillionen Kubikmeter Schutt beseitigt. Einige neue Erhebungen bis zu einer Höhe von 120 Metern sind den Trümmern zu verdanken: Teufelsberg, Insulaner, Fort Hahneberg, die Berge im Volkspark Friedrichshain, am Lochowdamm, am Borsigdamm und im Humboldthain. Die Räumung ist zum großen Teil Werk der mehr als 40 000 Trümmerfrauen. Ihnen vor allem ist zu verdanken, daß der Wiederaufbau überhaupt möglich ist. Oftmals mit bloßen Händen räumen sie Schuttberge, mit notdürftigstem Werkzeug klopfen sie Ziegelsteine sauber, ohne Hilfsmittel bergen sie Brauchbares aus den Ruinen. Bis zu tausend Steine putzt eine Trümmerfrau pro Tag – eine nicht ungefährliche Arbeit. Allein im Jahr 1946 verunglücken 9957 Trümmerfrauen, davon 22 tödlich. Der von der Stadtverwaltung bezahlte Stundenlohn beträgt 63 Pfennig, wichtiger ist indes die Lebensmittelkarte für Schwerarbeiter, mit der viele Frauen ihre Familien ernähren. Gedankt wird ihnen ihr Einsatz kaum, mit dem «Wirtschaftswunder» geraten die Trümmerfrauen bald in Vergessenheit. Erst Mitte der sechziger Jahre erwacht das Interesse der Öffentlichkeit. Einen Klub der Trümmerfrauen ruft die Berliner Anni Mittelstädt ins Leben, die bis zu ihrem Tod am 5. September 1987 vor allem die Jugend mahnt: «So etwas darf nicht noch einmal in Deutschland passieren.»

len allerdings einem europäischen Hohen Kommissar unterstellt sein. Nur zwei Tage darauf ernennt Bundeskanzler Konrad Adenauer (CDU) den CDU-Abgeordneten Theodor Blank zum «Beauftragten des Bundeskanzlers für die mit der Vermehrung der alliierten Truppen zusammenhängenden Fragen». In Wahrheit bereitet die «Dienststelle Blank» den Aufbau deutscher Truppen vor, sie ist die Keimzelle des künftigen Bundesverteidigungsministeriums.

11. Oktober: Der erste Rücktritt eines Bundesministers ist zu verzeichnen. Bundesinnenminister Gustav Heinemann (CDU) verläßt aus Protest gegen Adenauers eigenmächtig verfaßtes «Sicherheitsmemorandum» die Regierung, sein Nachfolger wird Robert Lehr (CDU). Gemeinsam mit Helene Wessel, die aus dem Zentrum austritt, schließt sich Heinemann der Opposition gegen die Wiederaufrüstung an und gründet am 21. November 1951 die «Notgemeinschaft für den Frieden Europas». 1952 geht daraus die *Gesamtdeutsche Volkspartei* (GVP) hervor, die die Wiedervereinigung und Neutralisierung Deutschlands anstrebt, aber scheitert. 1957 treten Heinemann und Wessel zur SPD über.

heitsliste von 99,72 Prozent. Nach dem festgelegten Schlüssel erhält die SED 100 Sitze, CDU und LDPD jeweils 60, der FDGB 40, NDPD und DBD jeweils 30, FDJ und Kulturbund je 20, DFD und VVN je 15 sowie VdgB und Genossenschaften je fünf Sitze. Dank ihrer Mitglieder in den Massenorganisationen hält die SED die absolute Mehrheit inne. Auch in den Landtagen dominiert die SED, in allen Ländern stellt sie die Ministerpräsidenten. Der Widerstand in den anderen Parteien ist mit diesen Wahlen weitgehend gebrochen.

20. und 21. Oktober: In Prag tagen die osteuropäischen Außenminister, erstmals nimmt auch der Außenminister der DDR, Georg Dertinger (CDU), an einem solchen Treffen teil. Die «Prager Deklaration» protestiert entschieden gegen die Aufrüstung der BRD und lehnt die entsprechenden New Yorker Beschlüsse der Westalliierten ab. Unverzüglich solle ein Friedensvertrag mit ganz Deutschland geschlossen werden – unter Wiederherstellung der Einheit des deutschen Staates. Bis dahin solle ein «Gesamtdeutscher Konstituierender Rat» aus Vertretern beider deutscher Staaten eine gesamtdeutsche Regierung vorbereiten und bei der Ausarbeitung des Friedensvertrages mitwirken.

26. und 27. Oktober: Das ZK der SED beschließt den Umtausch aller Parteimitgliedsbücher im ersten Halbjahr 1951, was eine politische Überprüfung der gesamten Mitgliedschaft bedeutet. Vor mehr als 6000 Prüfungskommissionen werden alle Mitglieder und Kandidaten auf ihre politische und ideologische Zuverlässigkeit untersucht. Vor allem unter dem Vorwurf des «Sozialdemokratismus» werden 150000 Parteiausschlüsse verfügt. 18000 Mitglieder werden wegen ideologischer Mängel in den Kandidatenstand zurückversetzt, bei 4000 Kandidaten wird die Kandidatenzeit verlängert, und 60000 Doppelzählungen werden korrigiert. Zugleich treten 30000 Mitglieder und Kandidaten aus der Partei aus. Im Rahmen der Überprüfung wird über jedes verbliebene Mitglied ein «Grundbuch» sowie eine für das ZK bestimmte «Nachweiskarte» angelegt. Zwischen 1948 und 1952 sinkt die Mitgliederzahl der SED von 2 auf 1,2 Millionen.

1. November: Das erste «Parteilehrjahr» der SED beginnt, in dessen Verlauf etwa eine Million Mitglieder und Kandidaten systematisch Grundfragen des Marxismus-Leninismus, die Geschichte der deutschen wie sowjetischen Arbeiterbewegung und die aktuelle Politik der SED studieren.

4. und 5. November: In Ost-Berlin tagt unter Vorsitz des Schriftstellers Arnold Zweig der erste «Deutsche Friedenskongreß» mit Teilnehmern aus allen Teilen Deutschlands, er verabschiedet Richtlinien für den «Friedenskampf gegen die Remilitarisierung Westdeutschlands».

8. November: Die Volkskammer beschließt auf ihrer konstituierenden Sitzung Gesetze über die Regierung der DDR und über die Zusammensetzung der Länderkammer. Die Zusätze «Provisorisch» für Volkskammer und Regierung entfallen damit. Otto Grotewohl (SED) wird mit der Regierungsbildung beauftragt. Am 15. November tritt die neue Regierung ihr Amt an. Für sie wird auch die Bezeichnung Ministerrat geprägt, ab 1952 wird sie nur noch als Ministerrat bezeichnet. Sie besteht aus 17 Fachministerien, von denen die Ministerien für Schwerindustrie, Maschinenbau und Leichtindustrie das vorherige Industrieministerium ersetzen. Das vorherige Ministerium für Planung wird durch die «Staatliche Plankommission» abgelöst, die für zentrale Wirtschaftslenkung und deren Kontrolle in bezug auf die Fünf-Jahr-Pläne

19. Oktober: Der Bundestag verabschiedet das sozialpolitisch bedeutsame «Bundesversorgungsgesetz», das die Versorgung der Kriegsopfer regelt. Vor allem sind Heil- und Krankenbehandlung der Kriegsversehrten sowie Rentenzahlungen an Hinterbliebene vorgesehen, also an Witwen, Witwer, Waisen und Eltern, die ihren Ernährer verloren haben.

20. bis 22. Oktober: Lange zögert Konrad Adenauer den ersten Bundesparteitag der CDU hinaus, er agiert derweil als selbsternannter Bundesvorsitzender. Auf dem Parteitag in Goslar konstituiert sich die CDU endlich auf Bundesebene. Konrad Adenauer wird offiziell zum Bundesvorsitzenden gewählt, seine Stellvertreter werden Jakob Kaiser und Friedrich Holzapfel. Anstelle des Generalsekretariats in Frankfurt/Main wird eine Bundesgeschäftsstelle in Bonn geschaffen, die Konrad Adenauer während seiner gesamten Regierungszeit jedoch nur ein einziges Mal betritt. Er führt seine Kanzlerpartei vom Palais Schaumburg aus.

24. Oktober: Auf Initiative des amerikanischen Nationalkomitees für ein freies Europa finanzieren 17 Millionen US-Bürger die «Freiheitsglocke», die von General Lucius D. Clay in West-Berlin überreicht wird. Dieser Nachbau jener Glocke von Philadelphia, die 1776 die Unabhängigkeit der USA verkündete, läutet täglich um 12 Uhr im Turm des Schöneberger Rathauses.

22. November: In Stuttgart bestreitet die deutsche Nationalmannschaft ihr erstes Länderspiel seit dem Zweiten Weltkrieg. Sie schlägt die Schweiz mit 1:0.

12. Dezember: Nachdem er Einigkeit mit Bundeskanzler Konrad Adenauer (CDU) wie dem SPD-Vorsitzenden Kurt Schumacher erzielt hat, erfährt der frühere Wehrmachts-Geheimdienstler Reinhard Gehlen vom Staatssekretär Hans Globke, daß die Bundesregierung die «Organisation Gehlen» in den Bundesdienst übernimmt, sobald Souveränität und Finanzierung gegeben sind. Gehlen leitete von 1942 bis 1945 die Abteilung «Fremde Heere Ost» beim Generalstab des Heeres. Wegen seiner ausgezeichneten Kenntnisse der Sowjetunion läßt ihn die amerikanische Besatzungsmacht ab 1946 einen für sie tätigen deutschen Nachrichtendienst aufbauen. Diese «Organisation Gehlen» nimmt 1947 ihren Sitz in Pullach bei München.

15. Dezember: Der Bundestag verabschiedet Richtlinien «zum Abschluß der Entnazifizierung», die «die Periode der schematischen Bewertung ganzer Personengruppen wegen ihrer Zugehörigkeit zu Organisationen oder Einrichtungen der nationalsozialistischen Herrschaft» beendet. Entnazifizierungsverfahren der Kategorien 3 bis 5 sind nicht mehr zulässig, in die Kategorien 1 und 2 eingestuften Betroffenen wird die Einstufung in eine günstigere Kategorie ermöglicht. Für alle Gruppen werden die Freizügigkeits-, Berufs- und Tätigkeitsbeschränkungen sowie die Vermögenssperren aufgehoben.

19. Dezember: In Brüssel beschließen die Außenminister der Westalliierten, daß ihre Hohen Kommissare mit der Bundesrepublik deren Beteiligung an der gemeinsamen Verteidigung erörtern sollen. Auch soll das Besatzungsstatut durch Verträge ersetzt werden.

zuständig ist. Bereits drei Viertel der Industrieproduktion werden in den verstaatlichten Betrieben erzeugt, davon 2600 zentral und 1800 von den Ländern geleitet. Nur noch ein Viertel stammt aus den 17000 kleineren und mittleren Privatbetrieben.

30. November: Ministerpräsident Otto Grotewohl (SED) schlägt in einem Brief an Bundeskanzler Konrad Adenauer (CDU) die Bildung eines paritätisch besetzten «Gesamtdeutschen Konstituierenden Rates» zur Vorbereitung gesamtdeutscher Wahlen und Einleitung von Regierungsbildung wie Friedensverhandlungen vor.

15. Dezember: Die Volkskammer beschließt das «Gesetz zum Schutz des Friedens». Danach muß strafrechtlich verfolgt werden, wer «gegen Teilnehmer am Kampf für den Frieden wegen ihrer Tätigkeit hetzt». Weil sich die DDR-Führung als Hauptkraft im Friedenskampf betrachtet, kann sie damit jede Kritik kriminalisieren.

1951

Neue Träume

Holz auf Rädern: Wegen seiner mit Kunstleder überzogenen Sperrholzkarosserie wird das Gefährt «Leukoplastbomber» genannt. Nicht das erste neue Auto der Nachkriegszeit, aber das mit Abstand preiswerteste unter den Viersitzern. Die Firma Lloyd der Bremer Borgward-Gruppe offeriert den «LP 300», den zehn PS auf eine Höchstgeschwindigkeit von stolzen 75 km / h beschleunigen, für 3324 DM. Der Preis für einen Austauschmotor: 98 DM. Obgleich die Stundenlöhne vieler Arbeiter noch bei 1,50 DM liegen – der erste Lloyd und seine Nachfolgemodelle entwickeln sich zum Verkaufsschlager der fünfziger Jahre. Der Traum vom (auto)mobilen Menschen breitet sich rasch aus.

9. Januar: Eine Abordnung des Bundestages, der sich der Justizstaatssekretär Walter Strauß (CDU) anschließt, wird beim amerikanischen Hohen Kommissar John McCloy vorstellig. Unter Bundestagspräsident Hermann Ehlers (CDU) setzen sich Vertreter aller Parteien mit Ausnahme der KPD unverblümt für eine Amnestierung verurteilter Naziverbrecher ein.
15. Januar: Bundeskanzler Konrad Adenauer (CDU) lehnt die Vorschläge ab, die Otto Grotewohl in seinem Brief vom 30. November 1950 unterbreitete, und erinnert an die Entschließung des Bundestages vom 14. September 1950.
18. Januar: Willy Forsts Film «Die Sünderin» löst den größten Filmskandal der Nachkriegsgeschichte aus. Eine kurze Szene, in der sich Hildegard Knef als offenherzige Dirne Maria nackt zeigt, verhindert über Monate die Freigabe durch die *Freiwillige Selbstkontrolle* (FSK). Als Forst sich weigert, Änderungen vorzunehmen, gibt die FSK den Film letztlich frei, worauf die Beauftragten der Kirchen in der FSK zurücktreten. Nach der heutigen Uraufführung protestieren vor allem Kirchenleute gegen «Unmoral und Nihilismus» des Films, Boykottaktionen werden organisiert, es gibt sogar polizeiliche Aufführungsverbote.

Für West-Berlin wird im deutschen Recht die Todesstrafe abgeschafft; in der Bundesrepublik ist sie seit 1949 bereits durch das Grundgesetz abgeschafft.

1951

Klassenauseinandersetzungen

Der nun beginnende Fünf-Jahr-Plan, dessen tonnenschwerer Entwurf mit einem Sonderflugzeug zur Absegnung nach Moskau geflogen wurde, richtet die ostdeutsche Wirtschaft einseitig auf die Schwerindustrie aus. Zudem führt die SED heftige «Klassenauseinandersetzungen», so daß an eine Besserung der Lebenslage kaum zu denken ist. In der Stunde verdient ein Maurer 1,60 Mark, ein Schlosser 1,78 Mark, brutto. Die Mehrheit der Arbeiter muß ihre Familien von weniger als 312 Mark im Monat ernähren, ebenfalls brutto. Zwar sind Preise herabgesetzt und ein Teil der Rationierungen aufgehoben – doch bleiben zahllose Lebensmittel und Konsumgüter Mangelware, zudem läßt die Qualität oft zu wünschen übrig.

1. Januar: Als symbolischer Auftakt für den ersten Fünf-Jahr-Plan der DDR wird auf der grünen Wiese bei Fürstenberg / Oder der Grundstein für den Hochofen I des *Eisenhüttenkombinats Ost* (EKO) gelegt. Diese erste Anlage des geplanten größten Hüttenkombinats der DDR wird bereits am 19. September in Betrieb genommen. Die Wahl dieses Standorts am Rand der DDR ist nicht den Transportmöglichkeiten geschuldet, wie später behauptet wird, sondern eine politische Geste gen Osten. Weitere Großkomplexe werden bald in Calbe (*Eisenwerke West*) und in Lauchhammer (Großkokerei) errichtet.

10. Januar: Der 18jährige Oberschüler Hermann Joseph Flade wird vom Landgericht Dresden wegen «Boykotthetze» und «versuchten Mordes» zum Tode verurteilt. Am 16. Oktober 1950 wird Flade in Olbernhau im Erzgebirge festgenommen, weil er zu den Wahlen selbstgefertigte Flugblätter verteilt. Bei seiner Festnahme verletzt Flade einen Volkspolizisten mit einem Messer, was das Gericht als «Mordversuch» bewertet. Das Gericht konstatiert, seine «Flugblätter enthielten durchweg Hetze gegen die DDR». Internationale Proteste retten Flade das Leben. In der Revisionsverhandlung wird er am 19. Januar zu fünfzehn Jahren Zuchthaus verurteilt. Ebenfalls am 10. Januar wird Pfarrer Arthur Langer vom Oberlandesgericht Dresden verurteilt, weil er Flade westliche Zeitschriften übergab. We-

Hildegard Knef mit Gustav Fröhlich in einer Szene des Films «Die Sünderin»

31. Januar: Der amerikanische Hohe Kommissar John McCloy amnestiert unter erheblichem Druck der deutschen wie amerikanischen Öffentlichkeit alle Urteile der Nürnberger Nazi-Prozesse unter fünfzehn Jahren. Von 142 Verurteilten spricht McCloy 77 frei – allen voran die Industriellen, die bis Ende Februar sämtlich aus der Haft entlassen werden. Die weiteren Strafen werden vielfach herabgesetzt, so daß 1958 die letzten, eigentlich lebenslänglich verurteilten Naziverbrecher aus der Haft freikommen.

6. März: Angesichts von Adenauers Kurs der Westintegration gewähren die Westalliierten der Bundesrepublik weitere Souveränitätsrechte. Eine kleine Revision des Besatzungsstatuts erlaubt der Bundesrepublik, ein eigenes Außenministerium zu errichten und diplomatische Beziehungen aufzunehmen. Am 15. März nimmt das neue Auswärtige Amt seine Arbeit auf; den Posten des Bundesaußenministers übernimmt bis zum 6. Juni 1955 der beste Mann, den sich Bundeskanzler Konrad Adenauer (CDU) vorstellen kann – er selbst. Voraussetzung für diese Zugeständnisse ist die Anerkennung der deutschen Auslandsschulden aus der Vor- und Nachkriegszeit durch die Bundesrepublik.

16. März: Als Sonderpolizei des Bundes wird der Bundesgrenzschutz aufgestellt. Seine Truppenstärke wird zunächst auf 10000, nach dem 17. Juni 1953 auf 20000 Mann festgesetzt, er wird dem Bundesinnenministerium unterstellt. Seine Hauptaufgabe ist es, entlang der Grenze zur SBZ einen Sicherheitsgürtel zu ziehen.

31. März: In München steht der SS-Obergruppenführer und General der Waffen-SS Erich von dem Bach-Zelewski vor einer Spruchkammer. Er wirkte während des Zweiten Weltkrieges als Höherer SS- und Polizeiführer für das rückwärtige Gebiet der Heeresgruppe Mitte. 1943 wurde er zum Chef der Partisanenbekämpfung an der gesamten Ostfront ernannt. Im August 1941 beobachtete er die Reaktion Heinrich Himmlers, als dieser hundert Insassen des Gefängnisses von Minsk erschießen läßt. Himmler wankt, fällt beinahe in Ohnmacht und beginnt, als zwei jüdische Frauen nicht mit der ersten Salve getötet werden, zu schreien. Bach-Zelewski hält Himmler dann nach eigenem Bekunden entgegen: «Sehen Sie in die Augen der Männer des Kommandos, wie tief erschüttert sie sind! Solche Männer sind fertig für ihr ganzes Leben. Was züchten wir uns damit für Gefolgsmänner heran? Entweder Nervenkranke oder Rohlinge!» Dieses Vorkommnis führte mutmaßlich zu Himmlers Befehl, «humanere» Methoden des Massenmords zu finden, worauf ab Frühjahr 1942 Vergasungswagen eingesetzt werden. Im Nürnberger Hauptkriegsverbrecherprozeß tritt gen Verbrechens gegen den Frieden im Sinne des neuen «Gesetzes zum Schutze des Friedens» erhält der Geistliche eine achtjährige Zuchthausstrafe.

13. Januar: Die *Leuna-Werke*, größter Produktionsbetrieb der DDR, erhalten anläßlich des ersten Fünf-Jahr-Planes den Namen Leuna-Werk «Walter Ulbricht». Nach dem Vorbild Stalins treibt vor allem Walter Ulbricht (SED) den Personenkult in der DDR voran, wenn er auch die wahnwitzigen Ausmaße des sowjetischen Stalinjubels nicht erreicht.

30. Januar: Im Anschluß an eine Regierungserklärung Otto Grotewohls (SED) wendet sich die Volkskammer an den Bundestag. Gemeinsam solle ein paritätisch besetzter «Gesamtdeutscher Konstituierender Rat» einberufen werden, der die Einsetzung einer provisorischen gesamtdeutschen Regierung vorbereiten solle.

22. Februar: Das Staatssekretariat für Hochschulwesen wird gebildet, das die einheitliche Leitung aller Hochschulen übernimmt und zum 1. September das Zehn-Monate-Studienjahr mit genauen Studien- und Stoffplänen einführt. Obligatorisch werden das gesellschaftswissenschaftliche Grundstudium sowie russischer Sprachunterricht.

5. März: Das Präsidium der Volkskammer appelliert an die Alliierten, noch 1951 über den Abschluß eines Friedensvertrages mit Deutschland zu verhandeln.

15. bis 17. März: Das ZK der SED be-

Sportvereinigungen

Ob Lokomotive Leipzig, Empor Rostock oder Dynamo Berlin – die Namensgebung für Sportvereinigungen ist nicht frei, sondern wird streng reglementiert. Der «Vorname» eines Clubs kündet von dem Betrieb, der ihn trägt:

Aktivist – Bergbau
Aufbau – Bauindustrie
Chemie – Chemische Industrie
Dynamo – Volkspolizei, Stasi
Einheit – Staatliche und kommunale Verwaltungen
Empor – Handel und Versorgung
Fortschritt – Textil- und Lederindustrie
Lokomotive – Reichsbahn
Medizin – Gesundheitswesen
Motor – Metallverarbeitende Industrie
Post – Postwesen
Rotation – Presse, graphische Betriebe, Bühne, Film und Funk
Stahl – Hüttenindustrie und Maschinenbau
Traktor – Land- und Forstwirtschaft
Turbine – Energiebetriebe
Vorwärts – Kasernierte Volkspolizei, später NVA
Wismut – Wismut-Erzbergbau
Wissenschaft – Universität und Hochschulen

Bach-Zelewski als einer der wichtigsten Zeugen der Anklage auf, um der beantragten Auslieferung an die Sowjetunion zu entgehen. Ohne die von allen anderen Naziführern praktizierte Leugnung und Beschönigung bekennt er: «Die Hauptaufgabe der Einsatzgruppen der Sicherheitspolizei war die Vernichtung der Juden, Zigeuner und der Politischen Kommissare.» Auch habe sich die Wehrmacht an zahlreichen Greueltaten beteiligt. Darauf bezeichnet der Angeklagte Alfred Jodl den Zeugen als «das dreckige Schwein da».

Die Spruchkammer verurteilt Bach-Zelewski heute zu zehn Jahren Arbeitslager und Einzug seines Vermögens. Indes rechnet die Berufungskammer seine Untersuchungshaft auf die Strafe an, so daß er nur noch eine Art Hausarrest verbüßt. Als einziger Naziführer gesteht Bach-Zelewski uneingeschränkt und öffentlich seine Mitwirkung an zahlreichen Schreckenstaten sowie deren Ausmaße ein: Er zeigt sich im Jahre 1952 wegen seiner Beteiligung am Massenmord selbst an. Bezeichnend für das politische Klima jener Jahre ist die Reaktion der Justiz. Trotz seiner Selbstanzeige wird Bach-Zelewski niemals wegen seiner Naziverbrechen belangt, sie werden stillschweigend übergangen. Als solle er für seine Eingeständnisse bestraft werden, wird er vielmehr am 15. Dezember 1958 unter Mordverdacht in anderer Sache verhaftet. Wegen Teilnahme an Morden während des «Röhm-Putsches» von 1934 wird er 1961 zu vier Jahren und zehn Monaten Gefängnis verurteilt. 1962 wird er abermals angeklagt, diesmal wegen Mordes an sechs deutschen Kommunisten im Jahr 1933. 1964 wird er in dieser Sache zu lebenslänglichem Gefängnis verurteilt, jedoch 1971 beurlaubt. Bach-Zelewski verstirbt am 8. März 1972 in München.

10. April: Der Bundestag verabschiedet das «Gesetz über die Mitbestimmung der Arbeitnehmer in der eisenschaffenden Industrie und im Bergbau». Die Koalitionsparteien FDP und DP verweigern die Zustimmung, doch Bundeskanzler Konrad Adenauer (CDU) zögert nicht, sich die Mehrheit bei der SPD zu beschaffen. Bereits 1947 führt die britische Besatzungsmacht die paritätische Mitbestimmung in der Montanindustrie ein, um das Wiederaufleben der alten Machtstrukturen in Deutschlands Waffenschmiede zu verhindern. Das Bundesgesetz sichert diese paritätische Beteiligung der Arbeiter und Angestellten in den Aufsichtsräten von Kapitalgesellschaften mit mehr als 1000 Beschäftigten. Ein neutrales zusätzliches Mitglied, auf das sich beide Seiten einigen müssen, soll Pattsituationen verhindern. Zudem wird durch den Aufsichtsrat als gleichberechtigtes Mitglied im Unternehmensvorstand ein Arbeitsdirektor bestellt, der jedoch nicht gegen die Stimmen die Arbeitnehmervertreter gewählt werden kann.

11. bis 19. April: Erstmals besucht Bundeskanzler Konrad Adenauer (CDU) Frankreich. Während seiner Reise wird am 18. April der Vertrag über die «Europäische Gemeinschaft für Kohle und Stahl» (Montanunion) von Frankreich, Italien, den Benelux-Staaten und der Bundesrepublik unterzeichnet. Er hat eine Laufzeit von fünfzig Jahren und tritt am 24./25. Juli 1952 in Kraft. Mit ihm werden eine Reihe von Institutionen wie Hohe Behörde, Parlamentarische Versammlung, Ministerrat und Gerichtshof geschaffen, die die Keimzelle eines europäischen Bundesstaates sein sollen. Das «Ruhrstatut» entfällt mit der Montanunion.

11. Mai: Der Bundestag verabschiedet einstimmig das «Gesetz zur Regelung der Rechtsverhältnisse der unter Artikel 131 des stimmt «unter den Bedingungen heftiger Klassenauseinandersetzungen» seine Politik in Kultur und Sport. Im Dokument «Der Kampf gegen den Formalismus in Kunst und Literatur, für eine fortschrittliche deutsche Kultur» wird die Hinwendung zum Sozialistischen Realismus der Sowjetunion gefordert. Der Formalismus sehe die «Bedeutung eines Kunstwerkes nicht in seinem Inhalt, sondern in seiner Form». «Formgebung in der Kunst, die nicht vom Inhalt des Kunstwerkes bestimmt wird, führt in die Abstraktion.» Ein weiterer Beschluß bestimmt «Die Aufgaben auf dem Gebiet der Körperkultur und des Sports». Planmäßig soll die demokratische Sportbewegung ausgeweitet werden, der 1948 von FDGB und FDJ gegründete *Deutsche Sport-Ausschuß* soll als eigenständiges Leitungsorgan des Sports wirken. An die Stelle lokaler Vereine sollen Betriebssportgemeinschaften treten, deren Namen von ihrer jeweiligen «Produktionsbasis» künden.

17. März: Nach einer Probeaufführung diskutieren Bertolt Brecht und der Komponist Paul Dessau mit SED-Funktionären um Präsident Wilhelm Pieck über ihre 1940 geschriebene und bereits angenommene Oper «Das Verhör des Lukullus». Da die Autoren Änderungen der für die Deutsche Staatsoper geplanten Aufführung ablehnen, wird das Stück abgesetzt – erstes Opfer des Kampfes gegen den (angeblichen) «Formalismus». Später willigen Brecht und Dessau in eine Überarbeitung ein. So wird der Titel geändert und eine Szene eingefügt, deren Aufruf «positiv und anfeuernd gehalten» ist. Das überarbeitete Stück wird am 12. Oktober als «Die Verurteilung des Lukullus» in den Spielplan der Deutschen Staatsoper Berlin aufgenommen.

22. April: In Ost-Berlin wird das *Nationale Olympische Komitee* (NOK) der DDR gegründet. Erster Präsident wird Kurt Edel. Am 8. Mai lehnt das *Internationale Olympische Komitee* (IOC) in Wien den sogleich gestellten Aufnahmeantrag des NOK der DDR ab.

5. Juni: Vor dem Zentralrat der FDJ verkündet deren Vorsitzender Erich Honecker (SED) das «Stalin-Aufgebot» zur Vorbereitung der Weltjugendfestspiele. Hauptinhalt ist die Erzielung eines Planvorsprungs, um die Planerfüllung durch die Teilnahme an dem Festival nicht zu gefährden.

13. bis 15. Juni: Das ZK der SED beschließt, «neue Methoden zur Erhöhung der Arbeitsproduktivität» und das Prinzip der «Wirtschaftlichen Rechnungsführung» in den VEBs einzuführen.

17. Juli: Das Politbüro der SED wertet den Deutschen Evangelischen Kirchentag in West-Berlin aus. «Der Kirchentag war für uns kein positives Ereignis. Wir haben zugelassen, daß unsere Jugend nach West-Berlin verschleppt wurde. Dort wurde sie von Agenten bearbeitet. Jetzt geht der Kampf bei uns los. Sie haben sich ein großes Netz von Stützpunkten und Agenten geschaffen (...) Die Kirche ist jetzt die einzige, gegen uns kämpfende Massenorganisation.» Die SED-Führung zieht folgende Schlußfolgerung: «Wir müssen eine christliche Plattform für die evangelischen Christen entwickeln. Alle Äußerungen positiver Natur sind zusammengestellt in einer Broschüre herauszugeben. (...) Alles, was nicht für unsere Absicht oder gegen uns gerichtet ist, wird weggelassen.»

3. August: Das erste Stalin-Denkmal der DDR wird in Ost-Berlin enthüllt.

5. bis 19. August: Ost-Berlin erlebt die dritten «Weltfestspiele der Jugend und Studenten», an denen 26000 Jugendliche aus über 100 Ländern sowie zwei Millionen deutsche Jugendliche teilnehmen. In ihrem Namen wird eine Grußbotschaft an Stalin

Unterzeichnung des Schuman-Planes (Montanunion) in Paris: (von links) Paul von Zeeland (Belgien), Joseph Beck (Luxemburg), Joseph Meuvice (Belgien), Carlo Sforza (Italien), Robert Schuman (Frankreich), Konrad Adenauer, Dirk Stikker (Niederlande), Jan van der Brieste (Niederlande)

Grundgesetzes fallenden Personen» und setzt es rückwirkend zum 1. April in Kraft. Dadurch erhalten etwa 150000 Personen, die am 8. Mai 1945 im öffentlichen Dienst standen, durch Arbeits- oder Wehrpflicht, Vertreibung oder Entnazifizierung ihre Stellung verloren und noch nicht wiedereingenommen haben, Versorgungsansprüche und, allerdings unklar gelassene, Wiederverwendungsmöglichkeiten im Staatsdienst. Nur zwei Personengruppen werden diese Ansprüche nicht gewährt: Entnazifizierten mit den (äußerst seltenen) Einstufungen «Hauptschuldiger» oder «Belasteter» sowie den Angehörigen der «Geheimen Staatspolizei» (Gestapo). Bund, Länder und Gemeinden müssen zwanzig Prozent ihres Besoldungsaufwandes für die «131er» ausgeben. In vielen Bereichen, zumal in der Justiz, stellt sich die Kontinuität rasch her: Selbst Nazirichter, sogar Angehörige des berüchtigten «Volksgerichtshofes», werden wieder eingestellt. Von den später 11500 Richtern in der Bundesrepublik waren etwa 5000 bereits in der Nazizeit an Gerichten tätig.

7. Juni: Im Gefängnis von Landsberg werden die letzten von den Alliierten verhängten und nach mehrfacher Überprüfung nicht revidierten Todesurteile gegen Naziverbrecher vollstreckt. Trotz heftiger Proteste der gesamten deutschen Öffentlichkeit bis hin zum Vizekanzler Franz Blücher (FDP) werden sieben Personen gehenkt:

Oswald Pohl – am 3. November 1947 als einer von vier Angeklagten im Nürnberger Prozeß des «Wirtschafts- und Verwaltungshauptamtes der SS» zum Tode verurteilt;

Otto Ohlendorf – als SS-Gruppenführer wegen seiner Verantwortung als Befehlsha-

Dritte Weltjugendfestspiele im August 1951 in Berlin; Eröffnungsfeier: (von links nach rechts) Margot Feist (die zukünftige Frau Honeckers), Rosa Thälmann, Walter Ulbricht, Erich Honecker, Wilhelm Pieck, Otto Grotewohl

gesandt, in der «die revanchelüsterne Politik der westdeutschen Imperialisten» angeklagt wird. Westdeutschen Jugendlichen wird der Besuch der Weltfestspiele untersagt, der Bundesgrenzschutz sucht die Ausreise zu verhindern.

16. August: Zur direkten Kontrolle des Kulturschaffens werden neue Institutionen gebildet. Der Ministerrat beschließt die Gründung eines «Amtes für Literatur und Verlagswesen», das ab 1. September Verlagslizenzen genehmigt, geplante Bücher begutachtet und Papierkontingente verteilt. Am 31. August führt Ministerpräsident Otto Grotewohl (SED) die «Staatliche Kommission für Kunstangelegenheiten» mit diesen Worten in ihr Amt ein: «Die Idee in der Kunst muß der Marschrichtung des politischen Kampfes folgen.»

1. September: Ab sofort erhebt die DDR von allen zivilen Fahrzeugen im Transitverkehr von und nach West-Berlin Straßenbenutzungsgebühren.

15. September: Erneut fordert die Volkskammer mit dem Appell «Deutsche an einen Tisch» den Bundestag auf, gesamtdeutsche Beratungen über die Durchführung freier, gleicher, geheimer und demokratischer Wahlen für ganz Deutschland und über den Abschluß eines Friedensvertrages aufzunehmen. Sie verzichtet nun auf die paritätische Besetzung des «Gesamtdeutschen Konstituierenden Rates». Am 10. Oktober bezeichnet die Volkskammer die Mehrzahl der «Vierzehn Punkte» des Bundestages vom 27. September als annehmbare Verhandlungsgrundlage.

27. September: Zwischen der DDR und der Sowjetunion werden ein Handelsabkommen für die Jahre 1952 bis 1955 und ein Abber der Einsatzgruppe D für die Exekution von 90000 Menschen auf der Krim im April 1948 zum Tode verurteilt;

Werner Braune – als Kommandeur der Einsatzgruppe D ebenfalls wegen Massenexekutionen auf der Krim zum Tode verurteilt;

Erich Naumann – als SS-Brigadeführer wegen Massenexekutionen von Juden in Litauen zum Tode verurteilt;

Paul Blobel – als SS-Standartenführer und Kommandeur der Einsatzgruppe C wegen der Massenexekution von 34000 Juden in Babi Jar bei Kiew zum Tode verurteilt;

Georg Schallenmair – Kommandant des Lagers Mühldorf;

Hans Schmidt – SS-Oberscharführer, Adjutant von Buchenwald.

26. Juni: Das Bundesinnenministerium verfügt die Auflösung der KPD-nahen «Freien Deutschen Jugend» (FDJ), die etwa 35000 Mitglieder zählt, in der Bundesrepublik. Bei Friedenskundgebungen der FDJ werden Ende September 800 Personen vorsorglich festgenommen.

9. Juli: Als erster Staat der Alliierten beendet Großbritannien mit dem gesamten *Commonwealth* den Kriegszustand mit Deutschland. Frankreich folgt diesem Schritt am 13. Juli, die USA vollziehen ihn am 19. Oktober. Am 26. August teilt das Auswärtige Amt mit, daß bis dahin 17 von 67 Staaten den Kriegszustand mit Deutschland beendet haben.

30. August: Das ob der Eile bei seiner Verabschiedung «Blitzgesetz» genannte Strafrechtsänderungsgesetz nimmt die 1945 vom Alliierten Kontrollrat gestrichenen Staatsschutzbestimmungen des Dritten Reiches aus dem Jahr 1934 wieder ins Strafgesetzbuch auf: Hochverrat, Staatsgefährdung, Landesverrat.

8. September: Nach langen Bemühungen, vor allem des amerikanischen Sonderbotschafters John Foster Dulles, wird in San Francisco der Friedensvertrag zwischen Japan und seinen ehemaligen Gegnern unterzeichnet. Nur die Sowjetunion und Indien sind nicht beteiligt, Indien schließt 1952 einen bilateralen Friedensvertrag. Japan verliert alle Besitzungen und Kolonien außerhalb seiner Hauptinseln, erhält jedoch seine Souveränität zurück und muß keine Reparationen mehr zahlen. Damit ist der Inselstaat gleichberechtigt in den Kreis der Nationen zurückgekehrt. Im Anschluß an die Unterzeichnung tagen die Außenminister der drei Westmächte vom 9. bis 14. September in Washington. Sie kommen überein, auch die Beziehungen mit der Bundesrepublik auf eine neue Grundlage zu stellen. Das Besatzungsstatut soll durch neu auszuhandelnde Verträge ersetzt werden, das demokratische Deutschland soll «auf der Grundlage der Gleichberechtigung in eine kontinental-europäische Gemeinschaft» einbezogen werden und an der westlichen Verteidigung mitwirken.

20. September: Die Bundesrepublik und die DDR schließen das «Berliner Abkommen», das den Interzonenhandel zwischen den «Währungsgebieten» regelt. Mit dieser Kompromißkonstruktion wird die Anerkennung der Staatlichkeit der DDR umgangen, indes wird West-Berlin als Teil der Bundesrepublik und Ost-Berlin als Teil der DDR behandelt.

27. September: Bundeskanzler Konrad Adenauer (CDU) fordert vor dem Bundestag erneut die «Abhaltung freier, allgemeiner, gleicher, geheimer und direkter Wahlen in ganz Deutschland zu einer verfassunggebenden Nationalversammlung». Der Bundestag billigt vierzehn Grundsätze, die die Bundesregierung dann an die Vereinten Nationen, die vier Besatzungsmächte sowie an die Sowjetzone übermittelt. Aus Vertretern kommen über wissenschaftlich-technische Zusammenarbeit geschlossen. In den nächsten Monaten werden mit allen Ländern Osteuropas Handelsabkommen für die Jahre 1952 bis 1955 unterzeichnet.

3. Oktober: Ein Erlaß des Innenministers streicht die *Zeugen Jehovas* am 31. August 1950 aus der Liste der zugelassenen Religionsgemeinschaften. Seit diesem faktischen Verbot ist die «von New York aus gesteuerte» Sekte schärfsten Verfolgungen ausgesetzt. Das Oberste Gericht verurteilt heute neun führende Mitglieder der Zeugen Jehovas zu hohen Zuchthausstrafen, wegen «aktiver Spionage, Sabotage der friedlichen Entwicklung der DDR sowie Verleumdung der Volkswahlen, der Sowjetunion und der Volksdemokratien».

Vor dem Landgericht Zwickau findet ein Prozeß gegen 19 Oberschüler aus Werdau statt. Die meisten der Schüler um Hans-Joachim Gäbler, Karl-Heinz Eckardt und Theobald Max Körner sind Kinder von SED-Parteigenossen. Sie werden wegen Mitarbeit in der West-Berliner «Kampfgemeinschaft gegen Unmenschlichkeit» angeklagt und zu Zuchthausstrafen zwischen zwei und fünfzehn Jahren verurteilt – obgleich sechs der Angeklagten noch Jugendliche sind.

8. Oktober: Eine Preissenkung vor allem bei Textilien und Backwaren sowie die Aufhebung der Rationierung aller Produkte mit Ausnahme von Fleisch, Fett und Zucker tritt in Kraft.

23. bis 25. Oktober: Das 1947 wiedergegründete, gesamtdeutsche PEN-Zentrum spaltet sich. In Ost-Berlin wirkt ab nun das «Deutsche PEN-Zentrum Ost und West», das sich erst 1967 in «PEN-Zentrum der DDR» umbenennt.

26. bis 30. Oktober: Die Volkspolizei besetzt die West-Berliner Exklave Stein-

Politische Beeinflussung

Am 18. Oktober beschwert sich die SED-Landesleitung Sachsen, Abteilung Staatliche Verwaltung / Justiz, sie sei über den Prozeß gegen die Werdauer Oberschüler nicht unterrichtet worden. Offenbar gebe es eine der SED bisher unbekannte Anweisung des Ministeriums für Staatssicherheit, daß bei solchen Prozessen weder die Partei noch die Staatsverwaltung informiert werden dürfe. «Uns ist bekannt, daß in den letzten Monaten eine ganze Reihe ähnlicher Prozesse gegen Oberschüler in verschiedenen Gegenden Sachsens stattgefunden hat. Da uns darüber vorher keine Nachricht zugegangen ist und keine Berichte darüber vorliegen, ist die Partei nicht in der Lage, eine politische Beeinflussung der Prozesse hinsichtlich Vorbereitung, Durchführung und Auswertung vorzunehmen. Auch die allgemeinen politischen Schlußfolgerungen (z. B. hinsichtlich der Arbeit an den Oberschulen) konnten wegen des Fehlens der konkreten Unterlagen nicht gezogen werden. Deshalb ist die Aufhebung der Anweisung des Ministeriums für Staatssicherheit mit dem Meldeverbot an die Partei dringend notwendig.»

neutraler Mächte sollen internationale Kontrollorgane gebildet werden, die die Vorbereitung und Durchführung der Wahlen sichern. Am 6. Februar 1952 beschließt der Bundestag die entsprechende Wahlordnung zu einer verfassunggebenden Deutschen Nationalversammlung.

In einer Regierungserklärung beantwortet Adenauer eine scharf formulierte Note Israels an die vier Siegermächte vom 12. März, die 1,5 Milliarden US-Dollar Reparationen von der Bundesrepublik verlangt. Er bekundet die Bereitschaft der Bundesregierung zur materiellen Wiedergutmachung, «um damit den Weg zur seelischen Bereinigung unendlichen Leidens zu erleichtern». Am 20. März 1952 beginnen in Wassenaar bei Den Haag die Verhandlungen mit Israel sowie einer Delegation von 23 jüdischen Organisationen außerhalb Israels, der sogenannten *Claims Conference*.

28. September: In Karlsruhe nimmt das *Bundesverfassungsgericht* unter seinem Präsidenten Hermann Höpker-Aschoff seine Arbeit auf. Seine beiden Senate werden vom Bundestag und vom Bundesrat besetzt. Der Erste Senat gilt wegen der Mehrheit von Richtern, die der SPD zugerechnet werden, als «rot», der Zweite Senat wegen seiner Mehrzahl von CDU-nahen Richtern als «schwarz».

7. November: Bundespräsident Theodor Heuss (FDP) lehnt ein Zusammentreffen mit DDR-Präsident Wilhelm Pieck (SED) ab, das letzterer am 2. November vorschlug.

22. November: In Paris einigen sich Bundeskanzler Konrad Adenauer (CDU) und die Außenminister der drei Westmächte auf den Entwurf eines «Generalvertrages», der an die Stelle des Besatzungsstatuts treten und die Grundlage für die neuen Beziehungen darstellen soll. Auch kommen sie in den Grundzügen einer *Europäischen Verteidigungsgemeinschaft* (EVG) überein.

3. bis 8. Dezember: Bundeskanzler Konrad Adenauer (CDU) besucht Großbritannien; dies ist der erste offizielle Staatsbesuch eines deutschen Regierungschefs seit 1925.

4. Dezember: In Darmstadt konstituiert sich das «Deutsche PEN-Zentrum (Bundesrepublik)». Präsident wird Erich Kästner, Generalsekretär Kasimir Edschmid.

9. Dezember: Im Südwesten der Bundesrepublik entscheidet die Bevölkerung in einer Volksabstimmung über die Bildung eines neuen Bundeslandes. Während die französische Besatzungsmacht die ehemaligen Länder Baden und Württemberg in die drei Gebiete Baden, Württemberg-Baden und Württemberg-Hohenzollern teilte, wird nun ein Südweststaat mit dem 1952 festgelegten Namen Baden-Württemberg geschaffen, was von 69,7 Prozent der Wähler befürwortet wird.

20. Dezember: Die UN-Vollversammlung beschließt auf Vorschlag der Bundesregierung, eine Kommission einzusetzen, die in beiden Teilen Deutschlands die Voraussetzungen für gesamtdeutsche Wahlen prüfen soll.

stücken südlich von Wannsee, deren 200 Bewohner keinen direkten Zugang nach West-Berlin haben. Nach heftigen Protesten vor allem der Westmächte wird die Besetzung nach fünf Tagen beendet.

2. November: Präsident Wilhelm Pieck (SED) schlägt in einem Brief an Bundespräsident Theodor Heuss (FDP) vor, daß beide Staatsoberhäupter bald zur Erörterung gesamtdeutscher Probleme zusammentreffen.

25. November: Das ZK der SED proklamiert, durch das «Nationale Aufbauwerk» die deutsche Hauptstadt Berlin «schöner und großzügiger als je zuvor aufzubauen». Am 22. Dezember konstituiert sich das «Nationale Komitee für den Neuaufbau Berlins», dessen Vorsitzender Lothar Bolz (NDPD) wird.

27. November: Das Politbüro der SED fordert eine veränderte Einstellung zur Intelligenz, mit der «sektiererischen» Haltung müsse Schluß gemacht werden. An die regionalen Parteileitungen ergeht die Anweisung, Angehörige der Intelligenz bei der wissenschaftlichen Arbeit und durch Gewährung materieller Sondervergünstigungen im persönlichen Bereich zu fördern und zu unterstützen.

3. Dezember: Das *Internationale Olympische Komitee* (IOC) legt fest, daß die Bundesrepublik bei der Besetzung der gesamtdeutschen Olympiamannschaften für 1952 federführend sein soll. Die Beteiligung der DDR soll internen Regelungen vorbehalten bleiben. Von seiten der DDR-Vertreter wird dies nicht akzeptiert, worauf die Verhandlungen nun abgebrochen werden – damit werden keine DDR-Sportler an den bevorstehenden Olympiaden in Oslo und Helsinki teilnehmen.

11. Dezember: Die Delegation der DDR spricht sich vor dem Politischen Ausschuß der UN in Paris gegen die Einsetzung einer UN-Kommission zur Kontrolle der Wahlen in beiden Teilen Deutschlands aus. Dies sei eine Einmischung in die deutschen Angelegenheiten und habe keine rechtliche Grundlage. Am 16. Januar 1952 verweigert die DDR der UN-Kommission die Einreise. In ihrem Bericht vom 30. April 1952 stellt die UN-Kommission das Scheitern ihrer Mission fest, im August 1952 stellt sie ihre Arbeit ein.

19. Dezember: Der 1949 begonnene Talsperrenbau Sosa nahe Aue im Erzgebirge wird fertiggestellt. Diese Staumauer ist das erste «Zentrale Jugendobjekt» der FDJ, zahlreiche FDJler wirken an diesem Bau mit.

21. Dezember: Die SED-Führung schafft sich ein eigenes wissenschaftliches Organ, in Ost-Berlin wird das «Institut für Gesellschaftswissenschaften beim ZK der SED» gegründet. Anläßlich seines 25jährigen Bestehens wird das ab 1962 von Otto Reinhold geleitete Institut am 21. Dezember 1976 zur Akademie erhoben.

1952

Volle Souveränität

In der Aussöhnung mit dem jungen Staat Israel liegt Zündstoff. Ein jüdischer Fanatiker, der gegen die Wiedergutmachungsverhandlungen protestieren will, sendet eine Briefbombe an Bundeskanzler Konrad Adenauer (CDU). Beim Öffnen kommt der Sprengmeister Karl Reichert ums Leben. Zwar wird der Attentäter ermittelt, doch wird die Angelegenheit auf Weisung Adenauers unterdrückt, weil er «das Judentum mit dem Fanatismus eines einzelnen» nicht belasten will. Antisemitische Ressentiments brechen wieder auf, sie bleiben jedoch nicht unbeantwortet: So erhebt sich bei zahlreichen Aufführungen der neuen Filme von Veit Harlan scharfer Protest – Harlan drehte in enger Zusammenarbeit mit Joseph Goebbels 1940 den antisemitischen Hetzfilm «Jud Süß» und 1944 / 45 den Durchhaltestreifen «Kolberg».

11. Januar: Gegen die Stimmen der SPD ratifiziert der Bundestag den Vertrag über die Gründung der Montanunion.

8. Februar: Nach einer hitzigen Wehrdebatte stimmt der Bundestag gegen die Stimmen der SPD einem deutschen militärischen Beitrag bei voller internationaler Gleichberechtigung zu.

1. März: Ein Symbol für das gewandelte Verhältnis zwischen der Bundesrepublik und den Besatzungsmächten: Großbritannien gibt die Verwaltung der Insel Helgoland, seit 1945 geräumt und als Übungsziel für die britische Luftwaffe genutzt, zurück in deutsche Hände.

25. März: Die Bundesrepublik als eigentlicher Adressat der sowjetischen Note vom 10. März unterhält keine eigenen Beziehungen mit Moskau. Deshalb beantworten die Westmächte die Note. Frankreich lehnt jede Neutralisierung und Bewaffnung Deutschlands strikt ab, die USA wollen die Bedingungen möglichst hochschrauben, Großbritannien sieht einen Versuch, die westliche Integrationspolitik zum Scheitern zu bringen, Bundeskanzler Konrad Adenauer (CDU) spricht von einem «Störmanöver» gegen den «Generalvertrag» und die EVG. So werden in der Antwortnote Bedingungen formuliert, von denen klar ist, daß sie von der Sowjetunion nicht akzeptiert werden. Verhandlungen über einen Friedensvertrag

1952

Aufbau des Sozialismus

Allerorten sind die Kriegsfolgen immer noch unübersehbar. In Ost-Berlin soll mit «freiwilligen» Arbeitseinsätzen endlich die Enttrümmerung vollendet werden. In dieser Lage, in der laut Karl Marx «nur der Mangel verallgemeinert, also mit der Notdurft auch der Streit um das Notwendige wieder beginnen und die ganze alte Scheiße sich herstellen müßte», ruft die SED den sofortigen «Aufbau des Sozialismus» aus. Was das heißt, bekommen alle zu spüren – voran die Kunst und die Kirche, die regelrechte Unterdrückungsmaßnahmen erleben.

3. Januar: Generalstaatsanwalt und Justizminister erlassen eine Anweisung über die Durchführung bestimmter Strafverfahren. Danach sollen Verfahren vor einer erweiterten Öffentlichkeit stattfinden, wenn die Straftat von allgemeinem Interesse sei, «weil sie sich gegen die Grundlagen unserer antifaschistisch-demokratischen Ordnung, insbesondere gegen die Erfüllung des Fünf-Jahr-Planes richtet», und wenn die Durchführung «auf weitere Bevölkerungskreise erzieherisch einwirken soll». Nach westlichen Beobachtungen werden im Jahr 1950 mindestens 78293 Personen, im Jahr 1951 mindestens 61710 Personen aus politischen Gründen zu Haftstrafen verurteilt.

4. Januar: Das *Neue Deutschland* veröffentlicht eine Kritik der Ernst-Barlach-Ausstellung in der Deutschen Akademie der Künste. Im Kampf der SED gegen den «Formalismus» wird Barlach verächtlich gemacht: «Barlachs Bauern sind dumpfe, tölpelhafte Urwaldbären, die einen ziemlich stark ausgeprägten Zug zum Tierischen haben. Bauern, gesehen mit den Augen eines verzweifelnden Kleinbürgers. Die progressive Kraft, die die Bauernklasse unter Führung der Arbeiterklasse im Kampf für eine bessere Gesellschaft entfalten kann, ist in seinen Gestalten auch nicht andeutungsweise spürbar.»

9. Januar: Die Volkskammer verabschiedet

sollen erst aufgenommen werden, wenn die «Voraussetzungen für freie Wahlen geschaffen sind». Zudem soll es einer künftigen gesamtdeutschen Regierung freistehen, Bündnisse einzugehen – womit der Beitritt zur «Europäischen Verteidigungsgemeinschaft» gemeint ist.

2. Mai: Ein Briefwechsel zwischen Bundespräsident Theodor Heuss (FDP) und Bundeskanzler Konrad Adenauer (CDU) bestätigt das «Deutschlandlied» von August Heinrich Hoffmann von Fallersleben als Nationalhymne. Das Lied nach der Melodie von Joseph Haydn war bereits von 1922 bis 1945 deutsche Nationalhymne. Bei staatlichen Anlässen wird nur die dritte Strophe gesungen: «Einigkeit und Recht und Freiheit für das deutsche Vaterland! Danach laßt uns alle streben, brüderlich mit Herz und Hand! Einigkeit und Recht und Freiheit sind des Glückes Unterpfand – blüh im Glanze dieses Glückes, blühe, deutsches Vaterland!»

11. Mai: In Essen wird bei einer Demonstration der «Friedenskarawane der Jugend» der Westdeutsche Philipp Müller aus München, der der verbotenen FDJ angehört, von einem Polizisten erschossen. Darauf finden am 12. Mai Protestkundgebungen in der DDR und am 16. Mai in Essen statt.

16. Mai: Gegen die Stimmen von SPD und KPD verabschiedet der Bundestag das «Lastenausgleichsgesetz», das die größte Vermögensabgabe der Geschichte Deutschlands in Gang setzt. Alle Vermögen, die am Stichtag der Währungsreform 5000 DM übersteigen, werden mit einer Abgabe von 50 Prozent belegt. Doch so radikal, wie sich das Gesetz liest, wird es nicht gehandhabt: Bei immobilen Vermögenswerten wird der niedrige und unverändert bleibende Einheitswert und nicht der aktuelle Verkehrswert zugrunde gelegt, so daß die tatsächliche Belastung von Jahr zu Jahr geringer wird. Aus den Mitteln dieser Abgabe und staatlichen Zuschüssen werden bis 1979, als die Abgabepflicht erlischt, knapp 114 Milliarden DM an den Ausgleichsfonds gezahlt, den das Bundesausgleichsamt in Bad Homburg als Sondervermögen verwaltet. Bis zur Zahlung der letzten Kriegsschadenrente nach dem Jahr 2000 werden mutmaßlich 146 Milliarden DM nach einem gestaffelten System vor allem an Flüchtlinge und Vertriebene gezahlt worden sein.

26. Mai: In Bonn unterzeichnen die Außenminister der drei Westmächte, Dean Acheson, Anthony Eden, Robert Schuman, und Bundeskanzler Konrad Adenauer (CDU) den «Generalvertrag». Adenauer, der die vorhergehenden Verhandlungen persönlich führt und lediglich ein kleines Gremium von sechs Bundestagsabgeordneten informiert, gelingt es nicht, die von ihm bevorzugte und stets verwendete Bezeichnung «Deutschlandvertrag» durchzusetzen. Im Generalvertrag sowie den vier Zusatzverträgen wird sorgsam der Begriff «Friedensvertrag» vermieden, um die Vier-Mächte-Regelungen nicht zu berühren. Gleichwohl enthalten die Dokumente eine Friedensregelung, die Deutschland die weitgehende Gleichberechtigung innerhalb der westeuropäischen Gemeinschaft gibt. Das Besatzungsstatut wird aufgehoben, die Hohe Kommission aufgelöst – die Bundesrepublik erhält «die volle Macht eines souveränen Staates über ihre inneren und äußeren Angelegenheiten». Alliierte Sonderrechte bleiben bestehen bezüglich Berlins, der Wiedervereinigung und eines Friedensvertrages, der Truppenstationierung sowie Maßnahmen zur Aufrechterhaltung der Sicherheit im Falle eines Angriffs oder innerer Unruhen. Deutschlands endgültige Grenzen zu regeln bleibt einem frei vereinbarten Friedensvertrag vorbehalten. Es wird fest-

Die Neubauten in der Stalinallee im Jahr 1959

einen Gesetzentwurf für die Durchführung freier und geheimer gesamtdeutscher Wahlen zu einer Nationalversammlung. Darin sind alle wesentlichen Forderungen, die der Bundestag im September 1951 mit seinen «Vierzehn Punkten» erhob, berücksichtigt. Auch die Vier-Mächte-Kontrolle wird in der Präambel nun für möglich erklärt.

In diesen Wochen mehren sich die Anzeichen, daß die Sowjetunion, ohne Rücksicht auf die SED, ernsthaft eine Wiedervereinigung Deutschlands dulden könnte, sofern Gesamtdeutschland neutralisiert wird. Über diplomatische Kanäle wird gestreut, daß Moskau dafür einen hohen Preis zu zahlen bereit sei.

5. Februar: In Ost-Berlin legt Ministerpräsident Otto Grotewohl (SED) den Grundstein für den Bau der Stalinallee, an der 3000 neue Wohnungen entstehen sollen.

10. März: Angesichts der bevorstehenden Unterzeichnung der Verträge der Europäischen Verteidigungsgemeinschaft überreicht der stellvertretende sowjetische Außenminister Andrej Gromyko den Botschaftern der drei Westmächte in Moskau eine von Stalin persönlich unterzeichnete Note. Mit Deutschland soll ein Friedensvertrag geschlossen werden, der es als einheitlichen Staat wiederherstellt und den Abzug sämtlicher ausländischen Streitkräfte beinhaltet. Allerdings müsse sich Deutschland verpflichten, «keinerlei Koalition oder Militärbündnisse einzugehen, die sich gegen irgendeinen Staat richten, der mit seinen Streitkräften am Krieg gegen Deutschland teilgenommen hat». Das Territorium Deutschlands wird den Beschlüssen der Potsdamer Konferenz entsprechend bestimmt; es soll Verteidigungsstreitkräfte selbst unter Beteiligung «ehemaliger Nazis» besitzen dürfen und alle demokratischen Rechte genießen (ohne daß Wahlen erwähnt werden). Sämtliche Beschränkungen für Wirtschaft und Handel sollen aufgehoben werden. Für den Bestand der sozialistischen Errungenschaften der DDR wird keine Garantie verlangt. Um ihre anderslaugelegt, daß dieser Generalvertrag nur zusammen mit dem EVG-Vertrag in Kraft treten darf. In einem der Zusatzdokumente läßt Adenauer festschreiben, daß deutsche Gerichte die von den alliierten Militärgerichten abgeurteilten Naziverbrechen nicht wiederaufgreifen dürfen. Er will einerseits neue Diskussionen über die deutsche Schuld vermeiden und andererseits möglicherweise mildere Urteile deutscher Gerichte verhindern.

27. Mai: In Paris unterzeichnen die Außenminister Frankreichs, Italiens, der Benelux-Staaten und der Bundesrepublik den Vertrag über die *Europäische Verteidigungsgemeinschaft* (EVG). Nach denen Frankreichs sollen die Streitkräfte der Bundesrepublik mit 407 000 Mann die zweitstärksten werden. Alle Truppen sollen einem übernationalen Oberbefehl unterstellt sein. Als Organe der EVG sollen eine Kommission, ein Ministerrat, eine Parlamentarische Versammlung und ein Gerichtshof entstehen.

19. Juli: Nach heftigen Diskussionen und Proteststreiks verabschiedet der Bundestag das «Betriebsverfassungsgesetz» gegen die Stimmen von SPD und KPD. Die Forderungen der Gewerkschaften, die weitgehenden Mitbestimmungsregelungen der Montanindustrie zu übernehmen, werden von Bundeskanzler Adenauer abgelehnt. So bleiben die wichtigen Entscheidungen in Händen der Unternehmer. Nur ein Drittel der Aufsichtsratssitze von Kapitalgesellschaften mit mehr 500 Beschäftigten muß mit Arbeitnehmervertretern besetzt werden. Gewählt werden diese Vertreter von der Belegschaft; falls mehr als zwei Sitze zu besetzen sind, können auch «Betriebsfremde» gewählt werden. Damit können erstmals nicht den Unternehmen angehörende Gewerkschaftsvertreter in die Aufsichtsräte einziehen. Zudem erhalten die Betriebsräte, durch das Gesetz zur Zusammenarbeit mit dem Arbeitgeber verpflichtet, Mitspracherechte in personellen, Mitbestimmungsrechte in sozialen Angelegenheiten und Informationsrechte auch in wirtschaftlichen Fragen. 1955 regelt das «Personalvertretungsgesetz» die Rechte von Beamten, Angestellten und Arbeitern des öffentlichen Dienstes in ähnlicher Weise.

25. Juli: Mit dem Inkrafttreten des Vertrages über die Europäische Gemeinschaft für Kohle und Stahl (EGKS, Montanunion) stellt die «Internationale Ruhrbehörde» ihre Tätigkeit ein. Damit entfällt das von vielen bundesdeutschen Politikern als diskriminierend empfundene Ruhrstatut mit seinen Beschränkungen der deutschen Stahlproduktion.

8. August: Nach der Anerkennung der deutschen Auslandsschulden durch die Bundesrepublik im Jahr 1951 werden die Verpflichtungen nun beziffert. Die seit Februar tagende Londoner Schuldenkonferenz erhebt ursprünglich Forderungen von 29,5 Milliarden DM, die aber von der deutschen Delegation unter dem Bankier Hermann Josef Abs auf 14,3 Milliarden DM heruntergehandelt werden. Diese Schuld ist rückzahlbar in Jahresraten von zunächst 567 Millionen, ab 1958 dann 765 Millionen DM. Am 27. Februar 1953 wird die Regelung durch Vertreter der Bundesrepublik und neunzehn betroffener Staaten unterzeichnet, später treten dem Abkommen zwölf weitere Staaten bei. Zunächst sind die Jahresraten eine große Belastung für die devisenschwache Bundesrepublik, doch nach Jahren des Wirtschaftswunders können die Schulden sogar vorzeitig zurückgezahlt werden.

20. August: In Bonn verstirbt der SPD-Vorsitzende Kurt Schumacher im Alter von nur 56 Jahren.

27. August: Der designierte US-Außenminister John Foster Dulles ruft anstelle des tende Haltung vorzubringen, reisen Walter Ulbricht, Wilhelm Pieck und Otto Grotewohl (alle SED) vom 29. März bis zum 10. April nach Moskau.

9. April: Die Sowjetunion beantwortet die Note der Westmächte vom 25. März. Sie lehnt erwartungsgemäß ab, daß eine UN-Kommission die Voraussetzungen für freie Wahlen in Deutschland prüft. Doch die «Durchführung freier gesamtdeutscher Wahlen» unter Kontrolle der vier Mächte wird ausdrücklich zugesichert.

8. Mai: Die Regierung kündigt den Aufbau «nationaler Streitkräfte» an.

9. Mai: Als neuer Minister des Innern wird Willi Stoph (SED) vereidigt.

16. Mai: Die Grenzpolizei wird dem Ministerium für Staatssicherheit unterstellt.

22. bis 25. Mai: Auf dem dritten Deutschen Schriftstellerkongreß konstituiert sich der *Deutsche Schriftstellerverband* als eigenständige Organisation. Zur Präsidentin wird Anna Seghers (SED), zum Sekretär Kurt Bartel (genannt Kuba, SED) gewählt.

26. und 27. Mai: Als Reaktion auf die Unterzeichnung des «Generalvertrages» erläßt der Ministerrat die «Verordnung über Maßnahmen an der Demarkationslinie zwischen der Deutschen Demokratischen Republik und den westlichen Besatzungszonen Deutschlands». Entlang der Westgrenze und der Ostsee wird eine Sperrzone geschaffen. Zu Land besteht sie aus einem zehn Meter breiten Kontrollstreifen, einem 500 Meter breiten Schutzstreifen und einer fünf Kilometer breiten Sperrzone. Für die Einreise in diese Zone müssen DDR-Bürger einen Passierschein beantragen. Im Zuge der anlaufenden Grenzsicherungsmaßnahmen werden 8000 «unzuverlässige» Personen aus dem Grenzgebiet umgesiedelt, etwa 3000 fliehen in die Bundesrepublik. In der Folge verlieren 40000 West-Berliner ihre Anwesen und Grundstücke in den Sperrzo-

Anna Seghers mit Thomas Mann in Weimar (Mai 1955)

nen entschädigungslos. Mit diesen Maßnahmen ist die Grenze zur Bundesrepublik nicht mehr ungehindert passierbar. Während zwischen West-Berlin und der DDR ein Sperrgürtel geschaffen und die Mehrzahl der Straßenübergänge geschlossen wird, bleiben die Demarkationslinien zwischen West- und Ost-Berlin dank des Vier-Mächte-Status geöffnet. Als erste beschränkende Maßnahme stellt die DDR im Januar 1953 die Straßenbahn- und Busverbindungen ein, die die Sektorengrenze überschreiten.

27. bis 29. Mai: Auf ihrem vierten «Parlament» verabschiedet die FDJ eine «Verfassung», die «die führende Rolle der Arbeiterklasse und der großen Sozialistischen Einheitspartei Deutschlands auf allen Gebieten des demokratischen Aufbaus» anerkennt. Zugleich entsagt die FDJ dem Pazifismus und legt sich auf die militärische Verteidigung der DDR fest.

3. Juni: Ein Vertrag zwischen der DDR und

bisherigen «schwächlichen Prinzips der Eindämmung» eine neue aktive Politik der «Befreiung» der unter «kommunistischem Joch» lebenden Völker aus. Diese Politik müsse hart «am Rand des Krieges» betrieben werden. Im September springt Bundeskanzler Konrad Adenauer auf den Zug auf: «Bisher haben wir immer von der Wiedervereinigung gesprochen. Aber wir sollten künftig lieber Befreiung sagen. Unser Ziel ist die Befreiung unserer achtzehn Millionen Brüder und Schwestern in der Sowjetzone.»

10. September: In Luxemburg unterzeichnen Bundeskanzler Konrad Adenauer (CDU) und der israelische Außenminister Moshe Sharett das «Wiedergutmachungsabkommen» in einer schweigend absolvierten Zeremonie. Die Bundesregierung verpflichtet sich zu Sachlieferungen und Barzahlungen über insgesamt 3,45 Milliarden

Versöhnung mit dem Judentum

Vor dem Bundesparteiausschuß der CDU spricht Bundeskanzler Konrad Adenauer am 6. September 1952 deutliche Worte zur Aussöhnung mit Israel:

«Zu meinem großen Bedauern, der Ausdruck Bedauern ist absichtlich von mir etwas zurückhaltend gewählt worden, muß man feststellen, daß im deutschen Volk antisemitische Tendenzen wieder wach werden. (...) Und solche antisemitische, ich will nicht sagen Tendenzen, aber gewisse Neigungen nach dahin machen sich auch innerhalb unserer Partei geltend.

Nun möchte ich Ihnen folgendes sagen zu dem Abkommen mit Israel: Es ist absolut richtig, Deutschland, die Bundesrepublik, hat gegenüber der Republik Israel keine rechtlichen Verpflichtungen, aber die Bundesrepublik hat große moralische Verpflichtungen. Wenn auch wir, ich meine jetzt unseren Kreis, sich an diesen Greueltaten des Nationalsozialismus gegenüber dem Judentum nicht beteiligt haben, ein erheblicher Teil des deutschen Volkes hat sich daran beteiligt, und hat sich nicht nur aktiv daran beteiligt, ein gewisser Prozentsatz hat sich auch daran nachher bereichert. An dieser Tatsache können wir nicht vorübergehen. Ich erachte es für eine der vornehmsten moralischen Verpflichtungen des deutschen Volkes, daß es nach Kräften das tut, was man tun muß, durch eine meinetwegen symbolhafte Haltung doch zu zeigen, daß es nicht einverstanden ist mit dem, was in den Jahren des Nationalsozialismus dem Judentum angetan worden ist. Der Bundestag hat wiederholt in einstimmigen Entschließungen Bekundungen des Bedauerns über diese Freveltaten der Vergangenheit gegenüber den Juden ausgesprochen. Nun, wer den Mund spitzt, muß auch peifen. Worte sind billig. Es müssen den Worten aber auch die Taten folgen.

Es liegt in der Forderung des Staates Israel auch insofern ein gewisser rechtlicher Grund, als durch letzten Endes [von Deutschland] ausgelöste Maßnahmen Israels in einem solchen Maße Flüchtlinge, namentlich alte der Sowjetunion regelt die Rückgabe von weiteren 66 SAG-Betrieben an die DDR. Beide Seiten vereinbaren striktes Stillschweigen über die Einzelheiten der Rückgabe. Wiederholt bestreitet die DDR, daß sie insgesamt 1,75 Milliarden Mark, verteilt über drei Jahre und halb in bar, halb in Warenlieferungen, bezahlen muß.

Sowjetische und DDR-Einheiten besetzen mehrere West-Berliner Exklaven und riegeln West-Berlin für den Besucherverkehr weitgehend ab. Als Gegenmaßnahme blockieren britische Militärs und West-Berliner Polizei den in der West-Berliner Masurenallee gelegenen *Deutschlandsender*.

14. Juni: In Lauchhammer nimmt die erste Braunkohlen-Großkokerei der Welt ihren Betrieb auf.

1. Juli: Die Kasernierten Bereitschaften der Volkspolizei werden neu gegliedert. Ihr militärischer Charakter wird durch die neue Struktur offenkundig, die Bereitschaften teilen sich nun in «Kasernierte Volkspolizei», «Volkspolizei-See» und «Volkspolizei-Luft».

6. Juli: Im Ost-Berliner Zeughaus wird das «Museum für Deutsche Geschichte» feierlich eröffnet, jedoch bleiben wichtige Abteilungen geschlossen. Am 13. Juni inspiziert das Politbüro der SED unter Walter Ulbricht und Otto Grotewohl die Ausstellungen auf ideologische Korrektheit. Es bemängelt zahlreiche Punkte in den Abteilungen nach 1848: «Die wirkliche Linie des deutschen Volkes» komme nicht heraus, der «Kampf der deutschen Arbeiterklasse gegen den Imperialismus» trete nur ungenügend hervor, der illegale Kampf nach 1933 werde nicht ausreichend gewürdigt, die «Klassiker» seien zuwenig berücksichtigt. Weil die Mängel nicht mehr rechtzeitig behoben werden können, gibt das Politbüro nur die Abteilungen Vor- und Frühgeschichte, Mittelalter, 1517 bis 1848 und Marx-Engels frei. Die Abteilungen ab 1848 werden in der Folgezeit in Übereinstimmung mit der Parteilinie gebracht.

9. bis 12. Juli: In der Ost-Berliner Werner-Seelenbinder-Halle, nach einem kommunistischen Ringer benannt, der von den Nazis ermordet wurde, tritt die zweite Parteikonferenz der SED zusammen. (Der vierte Parteitag der SED wäre in diesem Jahr ohnehin fällig.) Völlig überraschend, ohne jede Vorankündigung ruft Walter Ulbricht vor den 1565 ordentlichen, 494 Gastdelegierten und mehr als 2500 Gästen eine neue politische Etappe für die DDR aus: «In Übereinstimmung mit den Vorschlägen aus der Arbeiterklasse, aus der werktätigen Bauernschaft und aus anderen Kreisen der Werktätigen hat das Zentralkomitee der Sozialistischen Einheitspartei beschlossen, der zweiten Parteikonferenz vorzuschlagen, daß in der Deutschen Demokratischen Republik der Sozialismus planmäßig aufgebaut wird.» Das Protokoll verzeichnet: «Die Delegierten und Gäste erheben sich von den Plätzen, spenden lang anhaltenden Beifall und bringen Hochrufe auf das ZK der SED aus.» Mitgliedschaft wie Funktionäre der SED sind durch die voraufgegangenen Maßregelungen und «Säuberungen» so diszipliniert, daß der neue Kurs «freudig» angenommen wird.

Inhaltlich wird diese Angleichung an die «Volksdemokratien» Osteuropas nur in wenigen Punkten bestimmt: Die «Stärkung der demokratischen Volksmacht» wird bald zur Neuordnung der staatlichen Gliederung führen; die «Organisierung bewaffneter Streitkräfte, die (...) imstande sind, die Errungenschaften der Werktätigen vor einem imperialistischen Angriff zu schützen», bedeutet verstärkte Aufrüstung; der Zusammenschluß der Bauern zu «Produktionsgenossenschaften (...) auf freiwilliger Grund-

Leute aus Deutschland und aus den seinerzeit von Deutschland besetzten Gebieten hat aufnehmen müssen, daß es dadurch schwere finanzielle Lasten bekommen hat. (...) zwischen dem Minister des Auswärtigen von Israel und mir wird eine Art symbolische Erklärung stattfinden, die zum Ausdruck bringen soll, daß nunmehr die Vergangenheit vergangen sein soll zwischen dem Judentum und zwischen Deutschland. Daran werden sich auch beteiligen die Vertreter der großen jüdischen Weltorganisation.

Ich hoffe, daß das Kabinett mir da keine besonderen Schwierigkeiten macht. Wenn es das machen sollte, würde das eine außenpolitische Katastrophe ersten Ranges bedeuten. Es würde nicht nur eine politische Katastrophe sein, es würde auch unser ganzes Bestreben, wieder ausländische Kredite zu bekommen, in sehr starkem Maße beeinträchtigen. Seien wir uns darüber klar, daß die Macht des Judentums auf wirtschaftlichem Gebiet außerordentlich stark ist nach wie vor, so daß diese, nun, der Ausdruck ist vielleicht etwas übertrieben, diese Versöhnung mit dem Judentum sowohl vom moralischen Standpunkt wie vom politischen Standpunkt, wie auch vom wirtschaftlichen Standpunkt ein unbedingtes Erfordernis für die Bundesrepublik ist.»

DM. Im Bundestag erhält dieses Abkommen am 18. März 1953 nur durch die Unterstützung der SPD eine Mehrheit, da zahlreiche Abgeordnete der konservativen Regierungsparteien fernbleiben oder sich enthalten. Der Bundestag fordert die Bundesregierung auf, nun auch einen Gesetzentwurf für die individuelle Entschädigung von Opfern des Nationalsozialismus vorzulegen.

19. September: Bundestagspräsident Hermann Ehlers (CDU) empfängt in Bonn eine Delegation der Volkskammer der DDR, die eine Erklärung überreicht. Die Unterredung dauert ganze 18 Minuten und bleibt ohne Ergebnis, sie wird in Bonn nicht als Kontaktaufnahme zwischen den Regierungen beider deutscher Staaten gewertet.

23. September: Die Westmächte übermitteln der Sowjetunion ihre vierte Note nach dem Stalin-Vorstoß vom 10. März. Auf diese Note erfolgt keine Antwort aus Moskau mehr, so daß der Notenwechsel zum sowjetischen Friedensvertragsentwurf endet.

24. bis 28. September: Auf ihrem Parteitag in Dortmund beschließt die SPD ein Aktionsprogramm, dessen Vorwort noch der verstorbene Kurt Schumacher verfaßte. Darin bündelt er die Grundgedanken seiner Politik seit 1945 als persönliche Abrechnung mit Adenauer: «Die Politik der deutschen Demokratie darf nicht eine Funktion der westlichen Besatzungsmächte sein.» Unter keinen Umständen dürften die Deutschen «in die Position des Unterworfenen sinken». «Ein neues nationales Selbstbewußtsein» müsse geschaffen werden, «gleich fern von dem frevelhaften Übermut der Vergangenheit und der heute weit verbreiteten Neigung, in jedem alliierten Wunsch eine Offenbarung europäischer Gesinnung zu sehen». Für Schumacher «ist die deutsche Einheit kein Fernziel, sondern das Nahziel». Der Parteitag wählt Erich Ollenhauer zum neuen Vorsitzenden. Das «Aktionsprogramm» setzt den Schumacher-Kurs mit der Ablehnung des EVG-Vertrages und der lage» leitet die Kollektivierung ein; mit der Bekundung «Der Sturz des Bonner Vasallen-Regimes ist die Voraussetzung für die Wiederherstellung der Einheit Deutschlands» wird jede nationale Verständigung ausgeschlossen.

Für die innenpolitische Entwicklung kündigt sich ein Kurs an, der keine Rücksichten zu nehmen bereit ist: «Das Hauptinstrument bei der Schaffung der Grundlagen des Sozialismus ist die Staatsmacht (...) Es ist zu beachten, daß die Verschärfung des Klassenkampfes unvermeidlich ist und die Werktätigen den Widerstand der feindlichen Kräfte brechen müssen.» Daß sogar die Mehrheit als feindliche Kraft gelten kann, werden in den nächsten Monaten die evangelischen Kirchen erfahren, deren Gläubige 80 Prozent der DDR-Bevölkerung ausmachen.

17. Juli: Der Ministerrat beschließt nach sowjetischem Vorbild, sich ein Präsidium zu geben, das eine effektivere Leitung von Staat und Wirtschaft bewirken soll.

23. Juli: Die DDR erhält eine neue staatliche Gliederung. Zwar bleiben die fünf historisch gewachsenen Länder formell bestehen, doch werden sie ihrer Bedeutung beraubt. Das von der Volkskammer beschlossene «Gesetz über die weitere Demokratisierung des Aufbaus und der Arbeitsweise der staatlichen Organe in den Ländern der DDR» gliedert die DDR in 14 neue Verwaltungsbezirke und 217 Kreise. Mit «wirtschaftlichen und verwaltungstechnischen Erfordernissen» wird diese neue zentralistische Struktur gerechtfertigt, die die alten Identitäten zerschlagen soll. So heißt es in der Präambel des Gesetzes, dem die Länderkammer zustimmt, es sei das «alte noch vom kaiserlichen Deutschland stammende System der administrativen Gliederung zu einer Fessel der neuen Entwicklung geworden».

24. Juli: Der Ministerrat schafft die Organisation *Dienst für Deutschland* (DD), die alle Jugendlichen nach Abschluß von Lehre oder Schulausbildung einem sechsmonatigen «freiwilligen» Arbeitsdienst zuführen soll. Am 6. August beginnt der Einsatz der ersten «Freiwilligen», die ein Tagegeld von einer Mark pro Tag erhalten. Sie sollen in verschiedenen Lagern, die ohne Planung und völlig unzureichend organisiert im Norden und Nordosten der DDR aus dem Boden gestampft werden, am Bau umfangreicher Militäreinrichtungen mitwirken. Weil die chaotische Situation kaum verbessert werden kann, wird die dem Reichsarbeitsdienst der Nazis nachempfundene Organisation im Juni 1953 stillschweigend wieder aufgelöst.

27. Juli: Das Politbüro der SED veröffentlicht eine Resolution, mit der der Sozialistische Realismus auch für die Filmkunst verordnet wird.

7. August: Der Ministerrat beschließt die Bildung der *Gesellschaft für Sport und Technik* (GST), die Jugendliche ab 14 Jahren und junge Erwachsene beiderlei Geschlechts paramilitärisch ausbilden soll. Die Heraushebung der wichtigsten Betätigungen spricht eine klare Sprache: «Von großer Bedeutung ist hierbei die Entwicklung des Segel- und Motorflugsports, des Flugmodell- und Fallschirmsports, des Motor- und Wasserfahrtsportes, des Schieß- und Geländesportes sowie des Amateurfunkens zum wahrhaften Massensport.» Bald wird die GST zur einzigen Möglichkeit, wie junge Leute solch aufwendige Sportarten betreiben können.

25. September: Für die betriebene Aufrüstung werden erfahrene Soldaten benötigt. Deshalb beschließt der Ministerrat einen Gesetzentwurf, mit dem die letzten noch geltenden Beschränkungen für ehemalige Mitglieder der NSDAP und Offiziere der faschistischen Wehrmacht aufgehoben wer-

Otto Ernst Remer auf einer Wahlversammlung der Sozialistischen Reichspartei in Wolfsburg

Aufrüstung sowie der Forderung nach deutscher Gleichberechtigung weitgehend fort.

2. Oktober: Großbritannien stößt zum Kreis der Atommächte. Die erste britische Atombombe wird auf einer der Monte-Bello-Inseln an der Westküste Australiens gezündet.

23. Oktober: Erstmals wird in der Bundesrepublik eine Partei verboten. Das Bundesverfassungsgericht verbietet die *Sozialistische Reichspartei* (SRP), im Oktober 1949 vom Nazi Otto Ernst Remer gegründet, weil sie die Menschenrechte verachte, Antisemitismus predige, die Demokratie bekämpfe und durch das Führerprinzip ersetzen wolle. Als Nachfolgeorganisation der SRP, die sich am 12. September in Erwartung des Verbots formell auflöste, tritt die «*Deutsche Reichspartei*» (DRP) auf, bleibt jedoch unbedeutend. 1964 beteiligen sich DRP-Führer an der Gründung der «*Nationaldemokratischen Partei Deutschlands*» (NPD).

1. November: Auf dem Atoll Eniwetok im Stillen Ozean zünden die USA ihre erste Wasserstoffbombe. Mit dieser Waffe, deren Vernichtungskraft ein Vielfaches der herkömmlichen Atombombe beträgt, wird ein neues Kapitel im Rüstungswettlauf aufgeschlagen.

4. November: Bei den Präsidentschaftswahlen in den USA gewinnt General Dwight D. Eisenhower, der Oberbefehlshaber der alliierten Streitkräfte im Zweiten Weltkrieg – im Kalten Krieg wird ein starker Mann benötigt. Neuer Außenminister wird John Foster Dulles, der gleichermaßen eine Politik der Stärke verficht.

3. Dezember: Vor dem Bundestag gibt Bundeskanzler Konrad Adenauer (CDU) eine pauschale Ehrenerklärung ab, mit der er das alte militärische Personal gewinnen möchte, ohne das eine Wiederbewaffnung nicht möglich ist. Deshalb betont er eine rein soldatische Tradition, ohne die Verstrickung des Militärs in die Naziverbrechen anzusprechen: «Ich möchte heute vor diesem Hohen Hause im Namen der Bundesregierung erklären, daß wir alle Waffenträger unseres Volkes, die im Namen der hohen soldatischen Überlieferungen ehrenhaft zu Lande, auf dem Wasser und in der Luft gekämpft haben, anerkennen. Wir sind überzeugt, daß der gute Ruf und die große Leistung des deutschen Soldaten trotz aller Schmähungen während vergangener Jahre in unserem Volke noch lebendig sind und auch bleiben werden. Es muß unsere gemeinsame Aufgabe sein, und ich bin sicher, wir werden sie lösen, die sittlichen Werte des deutschen Soldatentums mit der Demokratie zu verschmelzen.»

25. Dezember: An Weihnachten beginnt der NWDR mit der Ausstrahlung von Fernsehsendungen. Live wird ein knapp zweistündiges Programm gesendet. Am 26. Dezember können die Zuschauer an den bisher den. Zudem wird eine Verordnung erlassen, nach der DDR-Bürger über 17 Jahre, «die bereit sind, aktiv an der Sicherung der staatlichen Ordnung mitzuwirken», als «Helfer der Volkspolizei» eingesetzt werden können.

2. Oktober: Die Volkskammer verabschiedet das «Gesetz über die Verfassung der Gerichte». Diese erste Justizreform, der 1958 und 1963 weitere folgen, beseitigt die seit 1879 in Deutschland bestehende Gerichtsverfassung.

5. bis 14. Oktober: Erstmals nach dreizehn Jahren findet wieder ein Parteitag der KPdSU statt. Auf diesem neunzehnten Parteitag in Moskau ist nicht Stalin Hauptberichterstatter, sondern Georgi Malenkow, womit die Nachfolgefrage auf die Tagesordnung gebracht wird. Erst auf der Schlußsitzung ergreift Stalin das Wort. In seiner letzten Botschaft an Partei und Nation verkündet er das Ende der Epoche, in der die Sowjetunion allein stand. Jetzt sei sie von befreundeten «Stoßbrigaden» sozialistischer Länder umgeben. Dennoch sprechen Malenkow und andere von drohenden Gefahren, von einer Verschärfung der sozialen Konflikte und des Klassenkampfes. Die KPdSU tilgt den Zusatz «bolschewistisch» aus ihrem Namen und schafft außerordentlich personenstarke Führungsgremien. Später behauptet Nikita Chruschtschow, Stalin habe umfassende und blutige «Säuberungen» geplant und von vornherein die Ersatzleute für die ausersehenen Opfer mitwählen lassen.

7. Oktober: Am Jahrestag der Gründung der DDR werden bei der «Kasernierten Volkspolizei» militärische Dienstgrade und neue Uniformen eingeführt. Sie wird unter Mitwirkung sowjetischer Berater in zwei Armeekorps mit 110000 Mann gegliedert, aber ihre Tarnbezeichnung erst mit der Ausrufung der «Nationalen Volksarmee» am 18. Januar 1956 aufgeben. Im zweiten Halbjahr 1952 werden die ersten Arbeiterwehren als «Betriebskampfgruppen» gebildet.

24. Oktober: Die Sowjetunion startet erfolgreich ihre erste Großrakete, den von zwangsverpflichteten deutschen Wissenschaftlern angeleiteten Nachbau einer deutschen V 2. Nach diesem geheimgehaltenen Erfolg wird von der Moskauer Führung der Auftrag erteilt, eine Interkontinentalrakete zu entwickeln, die die USA zu erreichen in der Lage ist.

5. und 6. Dezember: In Ost-Berlin findet die erste Konferenz der Vorsitzenden der *Landwirtschaftlichen Produktionsgenossenschaften* (LPG) mit Vertretern des ZK der SED und der Regierung statt. Zu dieser Zeit gibt es erst 1900 LPG mit 37000 Mitgliedern, meist Landarbeiter und Neubauern. Die eine Million Einzelbauern zeigen sich widerstrebend. Sie verdanken ihre wenn auch kleinen Höfe der Bodenreform von 1946 und sehen keinerlei Veranlassung, diese persönliche Errungenschaft preiszugeben. Um die Kollektivierung überhaupt durchsetzen zu können, werden drei LPG-Typen angeboten, von denen Typ II lediglich eine Übergangsstufe darstellt. Bei Typ I wird nur die Feldwirtschaft kollektiv, die Tierhaltung jedoch individuell betrieben. Die höchste Stufe stellt Typ III dar, bei dem Äcker, Vieh, Maschinen und Gebäude kollektiv bewirtschaftet werden. Jedes LPG-Mitglied behält indes eine individuelle Hauswirtschaft, die jedoch höchstens einen halben Hektar und geringe Tierhaltung umfassen darf. Die Konferenz faßt einen Beschluß über die weitere Bildung und den Ausbau der LPG, zudem verabschiedet sie Musterstatuten und eine Musterbetriebsordnung.

8. Dezember: Ministerpräsident Otto Grotewohl (SED) muß eingestehen, daß die Ver-

Standardfernseher der fünfziger Jahre

etwa 4000 Fernsehgeräten erstmals die *Tagesschau* sehen. Die Ausstrahlung erfolgt zunächst nur in Nord- und Westdeutschland über die Sender Berlin, Hamburg, Hannover, Langenberg und Köln. 1953 kommen die Sender Frankfurt, Weinbiet, Baden-Baden und Stuttgart hinzu. Anfang 1955 gibt es 100000, im Herbst 1957 eine Million und im Dezember 1958 bereits zwei Millionen Fernsehgeräte.

Jüdische Herkunft

In Prag verurteilt der Staatsgerichtshof am 27. November den früheren Generalsekretär der KPČ, Rudolf Slansky, den früheren Außenminister Vladimir Clementis und acht andere Angeklagte meist «jüdischer Herkunft» als «trotzkistisch-titoistische Verräter und Feinde des Volkes» zum Tode. Bezeichnend für die Despotie, mit der operiert wird: In einem Brief an den Gerichtshof «fordert» Slanskys 12jähriger Sohn das Todesurteil für seinen Vater – später begeht der Sohn Selbstmord. Slansky selbst organisierte 1948 die erste und 1950 die zweite «Säuberung» der KPČ (der unter anderem sein jetziger Mitangeklagter Clementis wie auch der Totengräber des «Prager Frühlings» von 1968, Gustav Husák, zum Opfer fielen). 1963 werden Slansky und die anderen Hingerichteten, deren Asche auf vereisten Straßen in Prag verstreut wurde, rehabilitiert. Ausgehend von der Sowjetunion setzen auch in den anderen Ländern Osteuropas Verfolgungen jüdischer Bürger ein. Am 20. Dezember zieht das ZK der SED seine «Lehren aus dem Prozeß gegen das Verschwörerzentrum Slansky». In diesem Beschluß werden mehrere Personen als «zionistische Agenten», «Spione» und «Saboteure» diffamiert, wobei allein die jüdische Herkunft ausreicht: allen voran der an diesem Tag verhaftete Paul Merker, der bis 1956 in Haft bleibt. Mit diesen Vorwürfen wird auch Kurt Müller belegt, ein KPD-Führer aus der Bundesrepublik. Als Bundestagsabgeordneter der KPD wird er Anfang Mai 1950 zum ZK der SED gelockt und dort verhaftet. Er wird zu 25 Jahren Haft verurteilt und in die Sowjetunion verbracht, von wo er 1955 entlassen wird und in die Bundesrepublik zurückkehrt. Auch Leo Bauer und Bruno Goldhammer gehören zu den Opfern dieser kaum verhüllt antisemitischen Kampagne.

sorgung mit Grundnahrungsmitteln wie Butter, Fleisch, Gemüse und Zucker nicht ausreicht. Die Verantwortung für die «Fehlmengen» verteilt Grotewohl auf alle anderen, nur nicht auf die SED.

15. Dezember: Die Krise der DDR spitzt sich zu, an der Basis wächst der Unmut. Sündenböcke werden jetzt auch auf der Regierungsebene gefunden: Der Minister für Handel und Versorgung und einer von zwei LDPD-Vorsitzenden, Karl Hamann, wird unter dem Vorwurf, seit Jahren die Versorgung in der DDR sabotiert zu haben, mit seinen Staatssekretären Rudolf Albrecht (DBD) und Paul Baender (SED) verhaftet. Am 15. Januar 1953 wird der Außenminister und stellvertretende CDU-Vorsitzende Georg Dertinger unter der Beschuldigung «feindlicher Tätigkeit» verhaftet. Am 20. und 21. Januar beschließt der Hauptvorstand der CDU, eine genaue Überprüfung aller verantwortlichen Funktionäre in Partei und Staatsapparat vorzunehmen.

21. Dezember: Zu Ehren von Stalins heutigem 73. Geburtstag beginnen aus dem Fernsehzentrum Berlin-Adlershof die Versuchssendungen des neuen Mediums. Erstmals wird die *Aktuelle Kamera* ausgestrahlt, die als tägliche Nachrichtensendung bis zum Ende der DDR gesendet wird. Anfang 1953 gibt es ganze 300 Fernsehgeräte in der DDR, die Zahl steigt bis Ende 1955 auf 13600 angemeldete Empfangsgeräte. Am 3. Januar 1956 nimmt der *Deutsche Fernsehfunk* offiziell den Sendebetrieb auf, sein Programm umfaßt zunächst 2,2 Stunden täglich.

1953

Wirtschaftswunder

Langsam kommt das Wirtschaftswunder auf Touren. Mit der Devise «Ärmel aufkrempeln, zupacken, aufbauen» suchen sich die Menschen die Schatten der Vergangenheit von der Seele zu schuften. Ihre harte Arbeit läßt sie an den Errungenschaften der neuen Zeit teilhaben. Erst 3,5 von hundert Haushalten verfügen über eine Waschmaschine, nur fünf über einen Kühlschrank, knapp zehn über einen Elektroherd. Nach amerikanischem Vorbild stehen elektrische Haushaltsgeräte ganz obenan auf der Wunschliste. Weil nicht nur die Binnenwirtschaft boomt, sondern auch Export- und Devisenüberschuß in ungeahnte Höhen hinaufschießen, kann ein neuer Traum wahr werden. Im folgenden Jahr gewährt die Bundesregierung jedem Bundesbürger 1500 DM, auf Antrag auch mehr, zum freien Umtausch in andere Währungen. Die Reiselust breitet sich aus, vor allem ins unangefochtene Traumland jener Tage – bella Italia.

15. Januar: Der britische Hohe Kommissar meldet, daß er nach dem revidierten Besatzungsstatut sieben Deutsche unter dem Vorwurf verhaften ließ, sie bedrohten die Sicherheit der alliierten Truppen in Deutschland. Im Mittelpunkt steht Werner Naumann, ehemaliger SS-Brigadeführer und jüngster Staatssekretär des Deutschen Reiches, 1950 aus dem Untergrund aufgetaucht und in eine legale Existenz gelangt, der einen Kreis von etwa hundert früheren Nazi-Führern um sich schart. Die britischen Behörden mutmaßen, daß diese «Gruppe ehemaliger führender Nazis sich mit Plänen zur Wiederergreifung der Macht in Westdeutschland befaßt». Ab Ende November 1952 berichten ausländische Zeitungen über die engen Kontakte dieser Gruppe zur nordrhein-westfälischen FDP, vor allem zum Landtagsabgeordneten Ernst Achenbach, zum Landesvorsitzenden Friedrich Middelhauve und zum Landesgeschäftsführer Wolfgang Döring. Achenbach bahnt die Verbindung bereits im August 1950 an. Middelhauve beschäftigt in der Düsseldorfer FDP-Zentrale wissentlich sechs ehemalige SS- und NSDAP-Funktionäre. Außerdem ist er federführend beim «Deutschen

1953

Volksaufstand

Im Januar versetzt die *Prawda* ganz Osteuropa in Angst und Schrecken. Von «jüdischen Mörderärzten» im Kreml ist die Rede, von «Bestien der Menschheit» – ein untrügliches Zeichen für eine neue, breitangelegte Welle blutigen Terrors. Wenige Wochen später folgt eine Nachricht aus Moskau, die das Ende eines entsetzlichen Alptraumes verheißt: Stalin ist tot. Auch in der DDR atmen die Menschen auf. Sie wagen sogar Widerstand gegen den Kurs der SED, denn eigentlich weisen die Zeichen der Zeit in Richtung einer neuen, einer friedlicheren Politik. Doch «Stalins Gespenst nimmt Ulbricht bei der Hand und läßt ihn eine Saat säen, die böse aufgehen soll». Heinz Brandts Worte umreißen das Schicksal des Volksaufstandes, der mit großen Hoffnungen antritt, doch blutig niedergeschlagen wird.

4. Januar: Das ZK der SED kündigt eine Überprüfung aller Mitglieder an, die vor 1945 in westlichen Staaten gelebt haben. In den bevorstehenden Repressionen werden Kommunisten, die die Nazizeit in der westlichen Emigration überdauerten, gezielt verfolgt.

20. Januar: Der Generalsekretär der *Vereinigung der Verfolgten des Naziregimes* (VVN) gibt den Ausschluß jüdischer Mitglieder als «zionistische Agenten» bekannt.

3. Februar: Weil der «Aufbau des Sozialismus» weitgehend nach sowjetischem Vorbild ausgerichtet ist, wird auch die «Tonnenideologie» übernommen. Diese einseitige Orientierung auf Mengenerzeugung führt zu erheblicher Verschwendung von Material und Energie. Angesichts dieser Entwicklung ruft das ZK der SED heute einen «Feldzug für strenge Sparsamkeit» aus. Am 4. Februar fordert Otto Grotewohl vor der Volkskammer alle Werktätigen zur strengen Sparsamkeit auf.

11. Februar: In Kleinmachnow verurteilt das Bezirksgericht Potsdam nach mehrtägigem Schauprozeß neun Angeklagte als «Schädlinge» und «Saboteure» zu hohen Zuchthausstrafen. Das Verfahren unter an-

Empfang für Adenauer im Weißen Haus durch Präsident Dwight D. Eisenhower (links) und Außenminister John Foster Dulles

Programm» mit stark nationaler Orientierung, das der NRW-Landesverband im November 1952 beim FDP-Bundesparteitag in Bad Ems einbringt. Darin ist von der «Überwindung des Unglücks, das über uns kam», und von «Deutschlands tiefster Erniedrigung» die Rede. In der FDP führen diese Vorfälle zu einer tiefen Krise. Eine Kommisderem gegen die ehemaligen Bürgermeister von Kleinmachnow Fritz Rosenbaum und Fritz Liebenow sowie gegen einige Makler und Hausverwalter wird offen «antizionistisch» geführt.

21. und 22. Februar: Der Zentralvorstand der VVN beschließt, die Tätigkeit der VVN einzustellen, da das «Erbe der antifaschistischen Widerstandskämpfer zur Sache des ganzen Volkes» geworden sei. Statt dessen wird das «Komitee der Antifaschistischen Widerstandskämpfer» gebildet.

5. März: In Moskau wird der Tod von Josef Wissarionowitsch Dschugaschwili, genannt Stalin, bekanntgegeben – eine dramatische Erschütterung für das auf den Tyrannen ausgerichtete politische System Osteuropas. Unzählige Menschen nicht nur in der Sowjetunion erleben Stalins Tod als Verlust einer gottähnlichen Vaterfigur. Zunächst wird Georgi Malenkow Ministerpräsident und Führer des Parteipräsidiums, doch ist er erkennbar nur ein Übergangskandidat. In der neuen «kollektiven Führung» nimmt Lawrenti Berija Platz zwei ein, danach folgen Wjatscheslaw Molotow, Kliment Woroschilow und schließlich der Moskauer Parteichef Nikita Chruschtschow, der am 14. März zum Ersten Sekretär des ZK gewählt wird. Hinter den Kulissen stellt jedoch Berija, seit 1938 mächtiger und ob seiner Willkür gefürchteter Chef der Geheimpolizei, die Weichen für seinen Aufstieg. Die Ungewißheit über den weiteren Kurs der KPdSU wirkt sich besonders stark auf die SED aus, deren Führung blindgläubig zu Stalin steht.

17. März: Das ZK der SED beschließt, zum Gedenken an den verstorbenen Stalin das Wohngebiet des *Eisenhüttenkombinates Ost* bei Fürstenberg/Oder ab 7. Mai in Stalinstadt umzubenennen.

9. April: Trotz Krise und eines Höhepunktes der Fluchtwelle, vor allem unter der bäuerlichen Bevölkerung, verschärft die SED den Klassenkampf nach innen. Der Ministerrat beschließt, daß ab 1. Mai etwa zwei Millionen Menschen, mehr als ein Zehntel der Bevölkerung, keine Lebensmittelkarten mehr erhalten. Als zynische Begründung wird genannt, daß «die Möglichkeit besteht, Waren frei zu kaufen». Nach politischen Kriterien werden die Opfer bestimmt: private Unternehmer und Großhändler, Handwerker mit mehreren Beschäftigten, in West-Berlin tätige Pendler, selbständige Rechtsanwälte und Steuerberater, Gaststättenbesitzer und Einzelhändler, Eigentümer «devastierter» Landwirtschaftsbetriebe und Hausbesitzer, die überwiegend vom Mietzins leben – einschließlich ihrer Kinder über 15 Jahren.

15. April: Aufgrund der sich zuspitzenden Lage in der DDR, für die weitgehend Walter Ulbricht verantwortlich gemacht wird, erlegt das Politbüro der KPdSU der SED eine Verlangsamung der Entwicklungsgeschwindigkeit beim «Aufbau des Sozialismus» auf. Die Kollektivierung der Landwirtschaft, weitreichende Enteignungen und Konflikte mit den Kirchen lassen nicht nur eine Wirtschaftskatastrophe, sondern auch einen Aufstand der Bevölkerung befürchten. Teile der Führung der KPdSU ermuntern Reformkräfte um Wilhelm Zaisser, seit 1950 Minister für Staatssicherheit, und Rudolf Herrnstadt, seit 1949 Chefredakteur des *Neuen Deutschland*, zur Entwicklung einer Alternative nicht etwa zur bisherigen Politik der SED, sondern zu Walter Ulbricht.

20. April: Die Bischöfe der Evangelischen Kirchen protestieren öffentlich gegen den «Druck, der in Glaubens- und Gewissensfragen auf Glieder der evangelischen Kirche innerhalb der Deutschen Demokratischen Republik ausgeübt wird». Die Behinderungen der Kirchenarbeit, das besonders harte sion der Bundes-FDP unter Thomas Dehler bezichtigt Achenbach, Middelhauve und Döring der Parteischädigung. Diese Vorfälle tragen maßgeblich zum Weg der FDP in die liberale Mitte bei.

28. Januar: Der britische Außenminister Anthony Eden berichtet dem Unterhaus, Naumann habe mit seinem Kreis die Parteien unterwandern wollen, um das parlamentarische System zu beseitigen. Allerdings sei die Verschwörung auf lange Sicht angelegt, eine unmittelbare Bedrohung der demokratischen Ordnung sei nicht gegeben. In der westdeutschen Öffentlichkeit bricht ein Sturm der Entrüstung los – nicht über die Nazi-Verschwörer, sondern über das (angeblich) nicht rechtsstaatliche Vorgehen der Briten. Just in diesen Tagen veröffentlicht der amerikanische Hohe Kommissar die Ergebnisse einer Umfrage, nach der nur 39 Prozent der Deutschen den Nationalsozialismus ablehnen, im Mai 1951 waren es noch 40 Prozent. Waren im Mai 1951 nur 34 Prozent überzeugt, daß der Nationalsozialismus dem Lande mehr Gutes als Schlechtes gebracht habe, sind es jetzt 44 Prozent.

19. März: Nach der ersten Lesung im Juli 1952 und der zweiten Lesung im Dezember 1952 entscheidet nach der dritten Lesung nun der Bundestag über den Generalvertrag und den EVG-Vertrag. Gegen die Stimmen von SPD und KPD werden beide Verträge ratifiziert.

7. bis 17. April: Bundeskanzler Konrad Adenauer (CDU) besucht die USA. Für die Deutschen bringt diese lange und triumphale Reise das Ende des Ausgestoßenseins, sie fühlen sich nach Adenauers Worten nunmehr «in den Kreis und in die Gemeinschaft der freien Völker» aufgenommen. Das Foto von Adenauers Kranzniederlegung am Grabmal des Unbekannten Soldaten auf dem Washingtoner Heldenfriedhof Arlington geht als eindrucksvolles Zeugnis dieser Entwicklung um die Welt.

19. Mai: Das am 25. März vom Bundestag verabschiedete Bundesvertriebenengesetz tritt in Kraft. Es bestimmt als Vertriebene alle Deutschen, die ihren Wohnsitz in den deutschen Ostgebieten in den Grenzen von 1937 oder im Ausland verloren haben. Flüchtlinge sind danach Deutsche, die wegen einer «besonderen Zwangslage» aus der DDR und Ost-Berlin übergesiedelt oder geflüchtet sind. «Wirtschaftliche Gründe allein rechtfertigen nicht die Anerkennung als Sowjetzonenflüchtling.» Jeder sechste Deutsche in der Bundesrepublik gehört zu einer der beiden Personengruppen.

25. Juni: Der Bundestag verabschiedet ein neues Bundeswahlgesetz. Es erhöht die Zahl der Abgeordneten von 400 auf 484, die je zur Hälfte über Direktmandate und Landeslisten gewählt werden, und ermöglicht Überhangmandate. Jeder Wähler erhält zwei Stimmen. Die Fünf-Prozent-Klausel wird nun auf das gesamte Bundesgebiet bezogen, Parteien müssen sie überspringen oder mindestens ein Direktmandat gewinnen, um im

Flüchtlinge aus der DDR 1952 / 53

Juli 1952	15190
August	18045
September	23331
Oktober	19475
November	17156
Dezember	16970
Januar 1953	22396
Februar	31613
März	58605
April	36695
Mai	35484
Juni	40381
Juli	17260
August	14682

Vorgehen gegen die Jungen Gemeinden und die Evangelischen Studentengemeinden, deren Mitglieder zu Hunderten von Oberschulen und Hochschulen relegiert werden, werden scharf kritisiert. Seit der zweiten Parteikonferenz der SED im Juli 1952 werden 72 Pfarrer und Jugendleiter verhaftet und oft unter der Anklage der «Boykotthetze» verurteilt.

25. April: Im Parteiorgan *Prawda* begrüßt die neue sowjetische Führung die Vorschläge von US-Präsident Dwight D. Eisenhower als bedeutend und richtig. Er hatte am 15. April an die Sowjetunion appelliert, das alte Vertrauen zwischen den Großmächten durch Abschluß eines Waffenstillstandes in Korea und eines Staatsvertrages für Österreich sowie die Vereinbarung von Rüstungsbeschränkungen wiederherzustellen.

5. Mai: Am 135. Geburtstag von Karl Marx beschließen das ZK der SED und der Ministerrat, die sächsische «Arbeiterstadt» Chemnitz in Karl-Marx-Stadt umzubenennen. Dies wird am 10. Mai vollzogen.

13. Mai: Seit April erfolgen punktuell Arbeitsniederlegungen, etwa im Jenaer *Zeiss-Werk* oder im Mansfelder *Kombinat «Wilhelm Pieck»*, der wichtigsten Kupferhütte der DDR. Heute streiken die Facher (Schlackensteinarbeiter) im Mansfelder Kupferbergbau von Eisleben gegen die Minderung ihres Lohns, die sich aus Normenerhöhungen ergibt, die im Betrieb nicht umgesetzt werden können. In den folgenden Wochen zieht sich eine Welle von Protesten, Arbeitsniederlegungen, Demonstrationen durch viele Orte der DDR, darunter Finsterwalde, Gotha, Hennigsdorf, Karl-Marx-Stadt, Nordhausen, Treptow und natürlich auch Ost-Berlin. Mit Repressalien wie Drohungen, Entlassungen, Verhaftungen oder Verurteilungen versuchen SED und Staatsorgane die Ausbreitung der Arbeiterunruhen einzudämmen.

13. und 14. Mai: Angesichts der Ungewißheit über den weiteren Kurs Moskaus treibt Walter Ulbricht (SED) die Stalinisierung der DDR voran. Womöglich ein Alleingang, der vor einer von ihm befürchteten Aufweichung im Moskauer Machtzentrum des Kommunismus vollendete Tatsachen schaffen soll. Womöglich ein mit konservativen Teilen der Sowjetführung abgesprochener Plan. Im ZK der SED gelingt es Ulbricht, den Ausschluß seines stärksten Gegenspielers, des Altkommunisten Franz Dahlem, aus Politbüro und ZK durchzusetzen – wegen «politischer Blindheit gegenüber feindlichen Agenten» und «nichtparteigemäßen Verhaltens zu seinen Fehlern». (Dahlem erhält 1954 eine «strenge Rüge», wird jedoch 1956 rehabilitiert und Ende 1957 wieder ins ZK aufgenommen.) Zudem wird festgelegt, Walter Ulbrichts 60. Geburtstag am 30. Juni als «politischen Höhepunkt» zu begehen. Damit müssen alle «Selbstverpflichtungs- und Wettbewerbsanstrengungen» auf diesen Tag abgestellt werden. Auch die auf dieser Tagung vom ZK beschlossene Erhöhung der Arbeitsnormen um mindestens zehn Prozent muß bis zu diesem «bedeutsamen Festtag» durchgesetzt sein. Für die Werktätigen ist dies der reine Hohn, denn der «Spitzbart» genannte Ulbricht befindet sich auf dem Tiefpunkt seines Ansehens. So wird gerade dieser, in der Sowjetunion erstmals kritisierte Personenkult zu einem wichtigen Auslöser für die folgenden Ereignisse.

28. Mai: Der Ministerrat beschließt, den am 9. April verfügten Ausschluß von der Lebensmittelkartenzuteilung für die meisten betroffenen Personengruppen rückgängig zu machen.

29. Mai: Die Sowjetunion entbindet den Oberkommandierenden der sowjetischen Truppen von der Ausübung von Kontrollfunktionen in der DDR, er fungiert nur noch

Der Volksaufstand

Am 17. Juni erhebt sich erstmals ein Volk gegen das stalinistische System und erschüttert es in seinen Grundfesten. Der Aufstand vor allem der Arbeiter reißt der Herrschaft der SED die Maske herunter – allein die Waffen der Besatzungsmacht retten sie. Heinz Brandt, damals SED-Funktionär, spricht aus, was die Kader der SED empfinden müssen: «Jetzt begrüßten wir die Panzer Unter den Linden, die uns von den Arbeitern befreiten, die wir hatten befreien wollen.» Die Debatte, ob die Menschen ihre sozialen Forderungen oder die politischen Forderungen nach freien Wahlen und Einheit Deutschlands an die erste Stelle setzen, ist verfehlt. In einer Situation, wo die SED die Wirtschaft bis zum Extrem politisiert, muß jede ökonomische Forderung ins Politische vorstoßen. Zudem bezieht sich in dieser Zeit jede politische Kraft, selbst die SED, wenn auch nur rhetorisch, auf die deutsche Einheit. Die neun Forderungen der Bitterfelder Streikleitung als klarster Ausdruck der Ziele des gesamten Volksaufstandes belegen es: Völlig zutreffend stellen die Menschen ihre unmittelbaren wirtschaftlichen und sozialen Begehren in den politischen Zusammenhang, wie er wirklich existiert. Ob administrativ durchgesetzte Normenerhöhungen, der Personenkult des «Spitzbartes», willkürliche Allmacht der staatlichen Gewaltorgane oder die Abriegelung der Grenze zur Bundesrepublik – alles ist Ausdruck der Herrschaft einer stalinistischen Partei in einem halben Land. Als erste Forderung wird stets die Freilassung der Verhafteten und die Verschonung von Repressalien erhoben, was vom *Neuen Deutschland* als «eine Losung der faschistischen Strolche» diffamiert wird, «die ihre Kumpane frei haben möchten». Noch am 7. Juli fordern verschiedene Ost-Berliner Belegschaften mit Streiks die Freilassung ihrer inhaftierten Kollegen.

Arbeiter aus der DDR marschieren durch das Brandenburger Tor nach West-Berlin

Nach Angaben des Ministers für Staatssicherheit fordert der Volksaufstand 25 Todesopfer, davon 19 Demonstranten, 2 Unbeteiligte und 4 Polizei- oder Stasiangehörige. Als verletzt werden 126 Demonstranten, 61 Unbeteiligte und 191 Polizei- oder Stasiangehörige genannt. Sowjetische Standgerichte in Ost-Berlin, Leipzig, Magdeburg, Rostock, Stralsund, Jena, Görlitz, Apolda, Gotha, Eisleben und anderen Städten verhängen eine unbekannte Anzahl von Todesurteilen als Oberkommandierender der ab März 1954 so benannten «Gruppe der sowjetischen Streitkräfte in Deutschland» (GSSD). Die Sowjetische Kontroll-Kommission (SKK) wird aufgelöst, statt dessen wird das Amt eines Hohen Kommissars der Sowjetunion in Deutschland geschaffen. Wladimir Semjonow, seit 1946 Politischer Berater des Vorsitzenden der SMAD und dann der SKK, wird zum Hohen Kommissar berufen. Für einen souveränen Staat höchst ungewöhnlich: An vielen, vor allem den entscheidenden Sitzungen von ZK und Politbüro nimmt Semjonow aktiv und maßgeblich teil.

Anfang Juni: Mutmaßlich zwischen dem 1. und 5. Juni reisen Walter Ulbricht, Otto Grotewohl und Fred Oelßner (alle SED) unter strenger Geheimhaltung nach Moskau. Von der sowjetischen Führung wird ihnen ein Dokument vorgelegt, das zahllose Fehler der SED auflistet, die in Moskau tiefe Besorgnis hervorrufen: «Das alles schafft eine ernste Gefahr für die politische Beständigkeit der Deutschen Demokratischen Republik.» Als Hauptursache wird genannt, daß «fälschlicherweise der Kurs auf einen beschleunigten Aufbau des Sozialismus in Ostdeutschland genommen worden war». Noch von Moskau aus gibt die Delegation Weisung an die SED-Führung in Ost-Berlin, die Formulierung «beschleunigter Aufbau des Sozialismus in der DDR» nicht mehr zu verwenden.

6. und 7. Juni: Auf einer Konferenz des ZK der SED und der Regierung mit «Vertretern der Landwirtschaft» in Ost-Berlin werden einige Maßnahmen der Zwangskollektivierung zurückgenommen. Es soll keine Enteignungen und Verhaftungen wegen Ablieferungsrückständen mehr geben, Gerichtsurteile gegen Bauern sollen «überprüft werden», die bisher nicht vorhandene Austrittsmöglichkeit aus der LPG wird angekündigt. Bauern, die «unter dem Einfluß feindlicher Propaganda und wegen überspitzter Maßnahmen staatlicher Organe die Republik verlassen haben», werden zur Rückkehr aufgefordert.

9. Juni: Bereits am 5. Juni berät das Politbüro der SED die neue Lage. Jeder Anwesende erhält das Moskauer Dokument mit der Auflage, sich verbindlich zu äußern, ob er dem «neuen Kurs» zustimme oder nicht – höchst ungewöhnlich für die Arbeitsweise der SED. Nun tritt das Politbüro zu einer Sondersitzung zusammen. Ohne den «Neuen Kurs» zu erwähnen, spricht es sich für dessen Einleitung aus. Selbst Mitglieder, die Walter Ulbricht ergeben sind wie Erich Honecker, kritisieren den Generalsekretär und dessen Politik. Im zwei Tage darauf veröffentlichten Kommuniqué heißt es: «Das Politbüro des ZK der SED ging davon aus, daß seitens der SED und der Regierung der DDR in der Vergangenheit eine Reihe von Fehlern begangen wurden.» «Eine Folge war, daß zahlreiche Personen die Republik verlassen haben.» Viele Maßnahmen der letzten Monate werden zurückgenommen, um «der entschiedenen Verbesserung der Lebenshaltung aller Teile der Bevölkerung und der Stärkung der Rechtssicherheit» zu dienen. Der neue Kurs macht allen Zugeständnisse – nur nicht den Arbeitern. Die brisante Frage der Erhöhung der Arbeitsnormen wird nicht angesprochen.

16. Juni: Agitatoren der SED versuchen die bereits gestern in einen kurzen Ausstand getretenen Bauarbeiter vom Block 40 der Ost-Berliner Stalinallee zu besänftigen, doch sie werden verjagt. Die Bauarbeiter beschließen, gegen die Normenerhöhungen in den Streik zu treten. Sie bilden einen Protestzug, der zum Haus der Ministerien an der Leipziger Straße zieht. Unterwegs schließen sich zahlreiche weitere Arbeiter an. Mehrere tausend sind es schließlich, die gegen Deutsche, die unverzüglich vollstreckt werden. Auch mindestens vierzig Angehörige der Roten Armee, die sich weigern, Waffengewalt einzusetzen oder Hinrichtungen vorzunehmen, werden standrechtlich erschossen. Nur drei dieser Mutigen sind namentlich bekannt: Unteroffizier Nikolai Tjaljakow, Gefreiter Alexander Stschubia und Schütze Wassili Djatkowksy. Ihrer erinnert ein Gedenkstein an der Potsdamer Chaussee in West-Berlin: «Den russischen Offizieren und Soldaten, die sterben mußten, weil sie sich weigerten, auf die Freiheitskämpfer des 17. Juni zu schießen.»

Schwur für das gesamte deutsche Volk

Bei der Trauerfeier für die Opfer des Aufstandes am 17. Juni in der DDR legt Bundeskanzler Konrad Adenauer (CDU) am 23. Juni einen «Schwur für das gesamte deutsche Volk» ab:

«Unsere Herzen sind von Trauer erfüllt, da wir unserer Toten gedenken, der Toten, die ihr Blut dahingaben für die Freiheit, deren Blut von brutalen und grausamen Machthabern vergossen wurde, um ihre tyrannische Herrschaft aufrechtzuerhalten. Mit uns trauern Millionen Deutscher, mit uns trauern alle in anderen Ländern, die die Sklaverei hassen und die Freiheit lieben.

Von tiefem Mitleid sind wir erfüllt im Gedanken an das Leid und den Schmerz der Hinterbliebenen, im Gedenken an die anderen Opfer dieser grausamen Tyrannenherrschaft: Die Verwundeten und Verletzten, an diejenigen, die sie ins Gefängnis geworfen haben, die sie suchen und verfolgen, um ihre Wut, ihren Haß und ihre Angst an ihnen auszulassen.

Mit elementarer Wucht ist dieser Aufstand ausgebrochen. Aus einer Welle der Unzufriedenheit an der Baustelle in der Frankfurter Allee wurde eine ungeheure Woge der Erbitterung, der Verzweiflung, die über das ganze große Gebiet, über Ost-Berlin, über Magdeburg, Brandenburg, Leipzig, Chemnitz, Dessau und Gera, über das Gebiet des Uranbergbaus, über die Landbevölkerung in Sachsen und Mecklenburg, wie überhaupt über die gesamte Sowjetzone hinwegging.

Wie ein Orkan brach die aufgestaute Verzweiflung und Not los gegen Sklaverei und Unterdrückung, nicht achtend Tod und Gefahr. Wie ungeheuer der Druck ist, der nun seit Jahr und Tag auf diesem Teil Deutschlands lastet, das zeigt das Aufbäumen dieser Millionen gegen ihre kommunistischen und russischen Machthaber. Nicht russische Panzer und Maschinengewehre, nicht Maschinenpistolen der Kommunisten konnten sie schrecken, sie davon abhalten, ihr Leben zu wagen und zu opfern.

In Ehrfurcht neigen wir uns vor ihnen und in Ehrfurcht grüßen wir sie: Sie alle, die Toten und die Lebenden, die vor der ganzen Welt Zeugnis dafür ab-

«Nieder mit den Normen» und den «Rücktritt der Regierung» fordern. Sie verlangen Ulbricht und Grotewohl zu sprechen, doch nur Fritz Selbmann (SED), Minister für Erzbergbau und Hüttenwesen und Nazi-Verfolgter, bringt genug Mut auf – die Arbeiter lassen ihn nicht zu Wort kommen. Auch der Volkskammer-Abgeordnete Robert Havemann (SED) wird niedergeschrieen.

Am Nachmittag wird über Lautsprecherwagen die Zurücknahme der Normenerhöhungen bekanntgegeben: Angesichts der zunehmenden Unruhen und Proteste unter der Arbeiterschaft weicht das Politbüro der SED zurück. Dem Ministerrat wird auferlegt, die «obligatorische Erhöhung der Arbeitsnormen als unrichtig aufzuheben». Diese Nachricht erreicht oder überzeugt die streikenden Bauarbeiter der Stalinallee jedoch nicht – sie rufen für den nächsten Tag zum Generalstreik auf.

Informationen über diese Ereignisse beziehen die DDR-Bürger nur aus den Westmedien, vor allem vom RIAS und dem NWDR. Am späten Nachmittag bringt eine Delegation der Ost-Berliner Bauarbeiter ihre Resolution zum RIAS. Dieser sendet ab 19.30 Uhr den Wortlaut mit folgenden Forderungen: Auszahlung der Löhne nach den alten Normen, sofortige Senkung der Lebenshaltungskosten, freie und geheime Wahlen, keine Maßregelung der Streikenden und ihrer Sprecher. Den Aufruf zum Generalstreik sendet der RIAS jedoch nicht.

17. Juni: Überall in der DDR bricht die angestaute Erbitterung aus. Ein Volksaufstand gegen die SED beginnt, die Arbeiter und Bauern revoltieren gegen den Arbeiter-und-Bauern-Staat. In mindestens 272, wahrscheinlich sogar weit mehr als 300 Städten und Orten der DDR protestieren viele hunderttausend Menschen mit Streiks, Demonstrationen, Kundgebungen oder Aufruhr gegen die SED. Vor allem die Belegschaften von Großbetrieben ergreifen die Initiative. Auf Betriebsversammlungen wählen sie Streikleitungen und verabschieden ihre Forderungen, zu denen bald auch freie Wahlen gehören. Geschlossen und diszipliniert beteiligen sich die Arbeiter an den Demonstrationszügen. Vielerorts werden Funktionärsautos angezündet, Parteibüros wie Polizeireviere gestürmt und verwüstet, Akten verbrannt, politische Gefangene befreit, indem die Gefängnisse geöffnet werden, und Betriebe übernommen. Vereinzelt kommt es zu Fällen von Lynchjustiz gegen besonders verhaßte Funktionäre. Nichts vermag die aufgebrachten Menschen aufzuhalten, die SED und ihre Vertreter sind fast völlig von der Bildfläche verschwunden.

Trotz strömenden Regens versammeln sich am Vormittag Zehntausende Menschen im Ost-Berliner Zentrum. Ganze Betriebe und Baustellen stellen die Arbeit ein, den Arbeitern schließen sich Angestellte und Rentner, Schüler und Studenten an. Aus allen Teilen der Stadt treffen Demonstrationszüge von Großbetrieben ein, die 12000 Arbeiter des Stahl- und Walzwerks Hennigsdorf marschieren gar quer durch den französischen Sektor West-Berlins – noch ist Groß-Berlin eine offene Stadt. Ab 10 Uhr versuchen Ketten von Volkspolizisten Absperrungen zu bilden, dabei kommt es zu ersten Tätlichkeiten. Auf dem Potsdamer Platz schließen sich den Demonstranten aus Ost-Berlin auch viele Menschen aus West-Berlin an. Kurz nach 11 Uhr holen unter dem Beifall der Menge zwei junge Männer die rote Fahne vom Brandenburger Tor herunter und hissen die schwarz-rot-goldene, der Ost-Berliner Lastwagenfahrer Horst Ballentin und der West-Berliner Ralf S., Mitglied der SPD-Jugendorganisation «Die Falken». Damit sie hinaufklettern können, fertigt der Ostlegten, daß sie keine Versklavung mehr ertragen konnten, vor diesen Märtyrern der Freiheit.

Der ganzen Welt haben sie gezeigt, daß die Deutschen keine Sklaven sein wollen. Der ganzen Welt haben sie gezeigt, daß sie Tyrannei nicht mehr zu ertragen gewillt sind, daß die Zeit totalitärer Herrschaft für die Deutschen vorbei ist. Mit Waffen kann man ein unbewaffnetes, ein wehrloses Volk zu Boden schlagen, aber seinen Willen, seine Entschlossenheit, sich nicht zu beugen, kann man nicht aus seiner Brust reißen.

Wie ein Fanal wird dieser Aufstand wirken, bei uns in Deutschland und in der ganzen Welt, wie ein Fanal, das zeigt, daß Gewalt unseren Willen zur Freiheit nicht zu brechen vermag.

Neben die Trauer, neben das Mitleid tritt der Stolz auf diese Helden der Freiheit, der Stolz auf alle, die sich auflehnten gegen diese seit nunmehr acht Jahren währende Sklaverei. Das ganze deutsche Volk hinter dem Eisernen Vorhang ruft uns zu, seiner nicht zu vergessen, und wir schwören ihm in dieser feierlichen Stunde: Wir werden seiner nicht vergessen. Wir werden nicht ruhen und wir werden nicht rasten – diesen Schwur lege ich ab für das gesamte deutsche Volk – bis auch sie wieder Freiheit haben, bis ganz Deutschland wieder vereint ist in Frieden und Freiheit.

In tiefer Trauer, in tiefem Mitleid, in hoher Bewunderung gedenken wir aller Märtyrer der Freiheit. Wir wollen der Toten niemals vergessen, den Lebenden wollen wir helfen. Gott wird mit ihnen und mit uns sein.»

Bundestag vertreten zu sein. Da das Gesetz am 8. Juli in Kraft tritt, gilt es bereits für die bevorstehende Bundestagswahl.

3. Juli: Der Bundestag erklärt den 17. Juni, den Tag des niedergeschlagenen Volksaufstandes in der DDR, als «Tag der deutschen Einheit» zum gesetzlichen Feiertag.

29. Juli: Der Bundestag verabschiedet das «Bundesergänzungsgesetz für Opfer der nationalsozialistischen Verfolgung». Es sieht ein Volumen von vier Milliarden DM vor, tritt am 18. September in Kraft und wird später in «Bundesentschädigungsgesetz» umbenannt. Wer «wegen seiner gegen den Nationalsozialismus gerichteten politischen Überzeugung, aus Gründen der Rasse, des Glaubens oder der Weltanschauung durch das nationalsozialistische Regime verfolgt worden ist und hierdurch Schaden an Leben, Körper, Gesundheit, Freiheit, Eigentum, Vermögen oder in seinem beruflichen Fortkommen erlitten» hatte, soll entschädigt

Waffenstillstand in Korea

Bereits am 10. Juli 1951 beginnen in Korea Verhandlungen über einen Waffenstillstand, seit dem 25. Oktober 1951 werden sie in Panmunjon fortgesetzt. Erst am 27. Juli 1953 führen sie zum Erfolg. Mit geringfügigen Änderungen wird der 38. Breitengrad zur Grenze des zweigeteilten Landes erklärt. Die für den Abschluß eines Friedensvertrages in Genf vorgesehene Konferenz vom 26. April bis 20. Juli 1954 bleibt jedoch erfolglos.

Berliner Diplom-Volkswirt Werner Klaer ein einfaches Holzgerüst.

In Ost-Berlin fahren ab 9 Uhr die ersten sowjetischen Panzerspähwagen über den Alexanderplatz. Ab 12 Uhr tauchen schwere Panzer vom Typ T 34 am Potsdamer Platz, Unter den Linden und auf der Leipziger Straße auf. Schüsse aus Maschinenpistolen und Maschinengewehren bellen durch die Stadt. Mit bloßen Händen und Steinwürfen suchen die Demonstranten die Panzer aufzuhalten. Im Columbus-Haus am Potsdamer Platz wird eine Polizeiwache gestürmt, verwüstet und in Brand gesetzt – eine große schwarze Rauchwolke quillt hervor. Ab 13 Uhr verhängt der sowjetische Stadtkommandant, Generalmajor P. T. Dibrowa, den Ausnahmezustand und ein Ausgehverbot von 21 bis 5 Uhr über Ost-Berlin. Sowjetische Soldaten beziehen an allen wichtigen Orten Stellung. Dennoch halten die Unruhen bis zum Abend an, sie fordern auf beiden Seiten Todesopfer. Erst in den späten Abendstunden ist der Aufstand, an dem sich in Ost-Berlin mindestens 100 000 Menschen beteiligen, von der Sowjetarmee niedergeschlagen.

Welche Ausmaße der Volksaufstand erreicht, belegt diese offizielle Zahl: Innerhalb von 24 Stunden verhängen sowjetische Kommandeure den Ausnahmezustand über 167 der insgesamt 217 Land- und Stadtkreise der DDR.

Walter Ulbricht (SED) flüchtet sich in das Ferienheim des ZK in Kienbaum östlich von Berlin, wo er unter sowjetischem Schutz die Nachricht von der Niederschlagung des Aufstandes und seiner Rettung erhält.

18. Juni: Trotz des Aufmarsches sowjetischer Truppen finden in Halle-Merseburg und Magdeburg noch Demonstrationen statt. Die Streikkomitees übernehmen sogar zeitweise die Macht in diesen traditionellen Arbeiterhochburgen.

21. Juni: Die SED-Führung beginnt, den 17. Juni umzulügen. Das ZK beschließt, er sei der «Tag X», an dem die amerikanischen und deutschen Kriegstreiber «von Berlin aus die Deutsche Demokratische Republik aufrollen wollten». Die «westlichen Agenturen» hätten mit ihrer «faschistischen Provokation» die «eingeleitete Wendung zur Verbesserung der Lebenslage» in der DDR durchkreuzen wollen. In seinem Beschluß «Über die Lage und die unmittelbaren Aufgaben der Partei» legt das ZK eine Reihe von sozialpolitischen Maßnahmen fest. Deren wichtigste: Die Löhne sollen nicht nach den neuen, sondern den am 1. April 1953 geltenden alten Arbeitsnormen berechnet werden, die Mindestrenten werden um 10 Mark erhöht. Die SED zieht eine weitere Lehre aus dem Volksaufstand: Die bisher existierenden «Betriebskampfgruppen» werden unter der Bezeichnung «Kampfgruppen» stark ausgebaut.

22. Juni: Das Bezirksgericht Halle verurteilt die ehemalige SS-Aufseherin im KZ Ravensbrück, Erna Dorn, zum Tode. Während der Befreiung politischer Gefangener aus dem Gefängnis von Halle am 17. Juni war auch die zu 15 Jahren Zuchthaus verurteilte Erna Dorn freigekommen. Sie nahm offensichtlich an den weiteren Aktionen in Halle teil. Das diente der SED-Propaganda als ausgiebig zitierter Beleg, den «faschistischen Charakter» des Aufstandes «nachzuweisen».

23. und 24. Juni: Mitglieder und Kandidaten des Politbüros der SED besuchen Großbetriebe, um die Politik ihrer Partei zu rechtfertigen. Walter Ulbricht kommt in den Ost-Berliner VEB Großdrehmaschinenbau «7. Oktober», das frühere *Niles-Werk*. Einem Augenzeugenbericht zufolge, den Alfred Kantorowicz in seinem «Deutschen Tagebuch» veröffentlicht, muß sich Ulbricht hef-

Sowjetische Panzer in Ost-Berlin (Leipziger Straße / Potsdamer Platz)

werden. Unberücksichtigt bleiben diejenigen, die dem Nazi-Regime dienten, sowie Personen, die die freiheitlich-demokratische Grundordnung des Grundgesetzes bekämpfen. Zwar sind Widerstandskämpfer im Grundsatz einbezogen, doch viele Kommunisten unter ihnen werden aufgrund dieser Klausel nicht entschädigt.

6. September: Bei den Wahlen zum zweiten Deutschen Bundestag stellen sich zwölf Parteien. Während die CDU / CSU («Alle Wege des Marxismus führen nach Moskau!») mit 45,2 Prozent der Stimmen deutlich zulegt, bleibt die SPD, obgleich erstmals voll von den Gewerkschaften unterstützt, unter dreißig Prozent. Sie kommt nur auf enttäuschende 28,8 Prozent der Stimmen. Die beiden großen Parteien setzen sich deutlich von den kleineren ab: Die FDP / DVP erzielt 9,5 und der BHE 5,9 Prozent. Über Direktmandate gelangen noch die DP mit 3,3 Prozent und das Zentrum mit 0,8 Prozent in

Die Ziele des Aufstands

Seinen schärfsten politischen Ausdruck findet der Aufstand in Bitterfeld, wo er zu einer regelrechten Machtübernahme führt. Aus allen Betrieben der Region strömen die Arbeiter zusammen und wählen ein überbetriebliches Streikkomitee, unter dessen Leitung das Volkspolizei-Kreisamt, die Stadtverwaltung, die Dienststelle der Staatssicherheit und das Gefängnis besetzt werden. In einem Telegramm der Zentralen Streikleitung an die Regierung in Ost-Berlin sind die Forderungen des Volksaufstandes unmißverständlich benannt:

tige Kritik anhören: «Erklären Sie uns mal: wenn ich schlecht arbeite an meinem Kessel, dann fliege ich. Sie haben öffentlich gestanden, daß Sie politisch schlecht gearbeitet haben, aber Sie bleiben. Und was gedenken Sie nun zu tun?»

8. Juli: Auf einer Nachtsitzung sprechen sich von dreizehn anwesenden Mitgliedern des Politbüros der SED nur zwei für das Verbleiben Walter Ulbrichts in der Funktion des Generalsekretärs aus, Hermann Matern und Erich Honecker. Zwei zeigen sich unentschlossen, Erich Mückenberger und Fred Oelßner, alle anderen befürworten das Abtreten Ulbrichts. Ulbricht selbst gesteht Fehler ein, meint aber, daß er diese mit Hilfe des Politbüros korrigieren könne.

9. Juli: In Moskau läßt während einer Sitzung des Präsidiums des ZK der KPdSU die Mehrheit der Anwesenden, die sich auf Betreiben von Nikita Chruschtschow zuvor verständigte, Lawrenti Berija von einer Gruppe von elf Marschällen und Generälen unter Marschall Georgi Schukow verhaften. Am 7. September wird Chruschtschow formell als Erster Sekretär des ZK der KPdSU eingesetzt; die Tatsache, daß er nicht zu den ersten unter den Anwärtern auf Stalins Erbe zählte, zahlt sich jetzt aus. Am 24. Dezember meldet die amtliche sowjetische Nachrichtenagentur TASS, Berija sei mit sechs anderen Angeklagten nach einem Gerichtsverfahren zum Tode verurteilt und am Vortag hingerichtet worden. Es bleiben jedoch Zweifel, ob die Hinrichtungen nicht schon unmittelbar nach der Verhaftung vorgenommen wurden. Bald wird Berija beschuldigt, er habe die DDR als sozialistischen Staat liquidieren und das Ziel des «umfassenden Aufbaus des Sozialismus» aufgeben wollen. Mit diesen niemals dokumentierten Vorwürfen sollen die Fehler, die zum 17. Juni führten, nachträglich auf Berija abgewälzt werden.

11. Juli: Nach heftigen Protesten der Westmächte wird der Ausnahmezustand für Ost-Berlin aufgehoben. Auch in Leipzig endet er erst an diesem Tag.

14. Juli: Das Politbüro der SED sowie Ver-

«Wir Werktätigen des Kreises Bitterfeld fordern von Ihnen:

1. Rücktritt der sogenannten Deutschen Demokratischen Regierung, die sich durch Wahlmanöver an die Macht gebracht hat,
2. Bildung einer Provisorischen Regierung aus den fortschrittlichen Werktätigen,
3. Zulassung sämtlicher großen demokratischen Parteien Westdeutschlands,
4. Freie, geheime, direkte Wahlen in vier Monaten,
5. Freilassung sämtlicher politischer Gefangenen (direkt politischer, sogenannter Wirtschaftsverbrecher und konfessionell Verfolgter),
6. sofortige Abschaffung der Zonengrenze und Zurückziehung der Vopo,
7. sofortige Normalisierung des sozialen Lebensstandards,
8. sofortige Auflösung der sogenannten Nationalarmee,
9. keine Repressalien gegen einen Streikenden.»

Als am Nachmittag sowjetische Panzer auffahren, erteilt die Streikleitung Weisung, keinen Widerstand zu leisten und den Befehlen der Besatzungsmacht zu folgen. Es kommt in Bitterfeld zu keinen nennenswerten Ausschreitungen.

den Bundestag. Statt bisher zehn sind nur noch sechs Parteien vertreten. Die KPD, die den Volksaufstand in der DDR als «faschistischen Putsch» diffamiert, ist bei 2,2 Prozent der Stimmen und ohne Direktmandat nicht mehr im Bundestag vertreten.

29. September: Ernst Reuter (SPD), Berlins Regierender Bürgermeister, verstirbt in Berlin. Zu seinem Nachfolger wird am 22. Oktober Walther Schreiber (CDU) gewählt.

6. Oktober: Der zweite Bundestag wählt abermals Hermann Ehlers (CDU) zu seinem Präsidenten. Nach seinem Tod am 29. Oktober 1954 in Oldenburg wird am 17. November 1954 Eugen Gerstenmaier (CDU) zu seinem Nachfolger gewählt.

9. Oktober: Mit großer Mehrheit wählt der Bundestag Konrad Adenauer (CDU) erneut zum Bundeskanzler. Adenauer bildet eine Koalition aus CDU/CSU, FDP, DP und BHE, die über eine Zwei-Drittel-Mehrheit verfügt – die SPD ist einzige Oppositionspartei. Am 20. Oktober tritt sein zweites, vergrößertes Kabinett mit vierzehn Ressort- und vier Sonderministern sein Amt an. Von der CDU/CSU kommen Gerhard Schröder, früheres NSDAP-Mitglied, als Innenminister, Heinrich Lübke als Minister für Ernährung, Landwirtschaft und Forsten, Joseph Wuermeling als Familienminister und Franz Josef Strauß als Minister für besondere Aufgaben neu in die Bundesregierung. Vom BHE ist erstmals Theodor Oberländer, der 1923 gemeinsam mit dem putschenden Adolf Hitler zur Münchener Feldherrenhalle marschiert und Angehöriger der SS war, als Vertriebenenminister vertreten.

14. November: Die Hohe Kommission und die Bundesregierung verzichten ab sofort

Wahlplakate in Frankfurt/Main im September 1953

treter des FDGB-Bundesvorstandes und der Regierung beschließen, die Arbeitslöhne für Arbeiter in der volkseigenen Industrie in den unteren Lohngruppen um monatlich 20 bis 38 Mark zu erhöhen. Am 23. Juli erläßt der Ministerrat diese und andere Verordnungen, die unter anderem die Gehälter des Verkaufspersonals im staatlichen Handel um monatlich 50 Mark anheben sowie Steuererleichterungen für Handwerk und Privatwirtschaft bringen.

15. Juli: Die Amtsenthebung und Verhaftung des aus der SPD stammenden Justizministers Max Fechner (SED) wird bekanntgegeben. Grund ist ein Interview mit dem *Neuen Deutschland,* das am 30. Juni erscheint, aber am 2. Juli um eine brisante Berichtigung ergänzt wird. Der stellvertretende Chefredakteur des Parteiorgans reklamiert den Text der Berichtigung, doch auf ausdrückliche Anweisung des Presseamtes des Ministerpräsidenten bleibt diese Ergänzung enthalten: «Das Streikrecht ist verfassungsmäßig garantiert. Die Angehörigen der Streikleitung werden für ihre Tätigkeit als Mitglieder der Streikleitung nicht bestraft.» Mutmaßlich wird Fechner damit Opfer einer geplanten Provokation der Kräfte um Walter Ulbricht, die aufkommende Liberalisierungstendenzen unterbinden wollen. Fechner wird am 24. bis 26. Juli vom ZK aus der SED ausgeschlossen. Er bleibt in Haft, wird 1954 zu acht Jahren Zuchthaus verurteilt, aber am 26. April 1956 amnestiert. Zur Nachfolgerin Fechners wird Hilde Benjamin (SED) ernannt.

24. bis 26. Juli: Der Volksaufstand, der Walter Ulbricht (SED) entmachten wollte, rettet ihn. Angesichts der explosiven Lage in der DDR wagen die zögerlichen Neuerer in der Moskauer Führung nicht mehr, ihn fallenzulassen. Sie fürchten, dies würde als Zurückweichen verstanden werden und weitere, radikalere Forderungen nach sich ziehen. Nun sieht Ulbricht, der in den vergangenen Wochen mutmaßlich ohne Mehrheit im Politbüro war, seine Stunde gekommen. Nach einiger Selbstkritik geht Ulbricht im ZK der SED zur Gegenoffensive über. Er bezichtigt Rudolf Herrnstadt und Wilhelm Zaisser, in Moskau nun ohne Fürsprecher, des schlimmsten Vorwurfs – sie hätten eine «politische Plattform entwickelt und versucht, sie dem Politbüro aufzuzwingen». Auf dieser Grundlage «machte Genosse Zaisser den Vorschlag, Walter Ulbricht als Generalsekretär abzusetzen, und schlug als Ersten Sekretär des Zentralkomitees den Genossen Herrnstadt vor». Als Chefredakteur des *Neuen Deutschland* und als Minister für Staatssicherheit hätten sie einen «kapitulantenhaften Standpunkt» eingenommen. Herrnstadt und Zaisser werden aus dem ZK ausgeschlossen.

Im laufenden Wirtschaftsplan sollen 1,4 Milliarden DM aus der Schwerindustrie abgezogen und für die Produktion von Konsumgütern und Nahrungsmitteln verwendet werden. Als wichtigste organisatorische Maßnahme wird das Sekretariat des ZK in seiner bisherigen Form aufgehoben. Bei den Wahlen zum Politbüro und zu den Sekretären wird Walter Ulbricht zum Ersten Sekretär (bisher Generalsekretär) des ZK gewählt. Auf dieser Tagung teilt Otto Grotewohl mit, daß bisher etwa 18000 Strafverfahren und -urteile auf etwaige Härten überprüft seien, was zur Freilassung von 8871 Gefangenen geführt hätte.

24. Juli: Das Ministerium für Staatssicherheit verliert seine Selbständigkeit. Es wird dem Ministerium des Innern als Staatssekretariat eingegliedert. Der bisherige Minister Wilhelm Zaisser (SED) wird unter dem Vorwurf, am 17. Juni versagt zu haben, abgesetzt. Leiter des neuen Staatssekretariats wird Ernst Wollweber (SED), der die subti-

Order aus Moskau

Nach der deutschen Vereinigung wird das Dokument aufgefunden, das die neue Moskauer Parteispitze der SED-Führung Anfang Juni als Order übergibt. Vor allem die brutale Verfolgung der Kirche und die daraus resultierenden Spannungen rufen in Moskau ernste Besorgnis hervor. In der Moskauer Anweisung heißt es (Fehler im Original der deutschen Übersetzung, HB): «Einem nackten Administrieren in bezug auf die Geistlichen ist Schluß zu machen und die schädliche Praxis der groben Einmischung der Behörden in die Angelegenheiten der Kirche ist einzustellen. Alle Maßnahmen, die direkte Interessen der Kirche und der Geistlichen einengen, sind aufzuheben, und zwar: Beschlagnahme der karitativen Kirchenanstalten (Alten- und Waisenheime), Abnahme durch lokale Behörden brachliegender kirchlichen Bodenfläche, Entziehung der für die Kirche festgelegten Subventionen usw. Die Verfolgung der einfachen Teilnehmer der kirchlichen Jugendorganisation ‹Junge Gemeinde› ist einzustellen und die politische Arbeit unter ihnen zum Schwerpunkt zu machen. Es ist im Auge zu behalten, daß Repressalien gegenüber der Kirche und den Geistlichen nur dazu beitragen können, den religiösen Fanatismus der rückständigen Schichten der Bevölkerung zu stärken und ihre Unzufriedenheit zu vergrößern, darum muß als Hauptkampfmittel gegen den reaktionären Einfluß der Kirche und der Geistlichen eine tüchtig durchdachte Aufklärungs- und Kulturarbeit sein.»

Es ist bezeichnend für die innere Haltung der SED-Spitze, wie eilfertig sie auf die Moskauer Instruktion reagiert. Bereits am 10. Juni findet, offiziell auf Ersuchen der Evangelischen Kirchen, ein Gespräch zwischen mehreren Bischöfen, darunter Otto Dibelius, und Ministerpräsident Otto Grotewohl (SED) und Wilhelm Zaisser (SED), Minister für Staatssicherheit, statt. Das Kommuniqué gibt bekannt, daß über die «Wiederherstellung eines normalen Zustandes zwischen Staat und Kirche weitgehende Übereinstimmung» erzielt wird. Getreulich wird der Kirche zugesagt, was die sowjetische Anweisung vorgibt: «Es sind keinerlei weitere Maßnahmen gegen die sogenannte ‹Junge Gemeinde› und sonstige kirchliche Einrichtungen einzuleiten (...) Alle im Zusammenhang mit der Überprüfung der Oberschüler und der Diskussion über die Tätigkeit der ‹Jungen Gemeinde› aus den Oberschulen entfernten Schüler sind sofort wieder zum Unterricht zugelassen. (...) Die Urteile der Gerichte sind zu überprüfen und ungerechte Härten zu beseitigen.» Daß diese Wendung nur eine taktische ist, werden viele Christen in späteren Jahren erfahren müssen.

leren Methoden Zaissers beendet und mit brutaler Härte vorgeht. Bald wird die «Organisation Gehlen» als «Gegner Nummer 1» bezeichnet, der mit einem straff organisierten Apparat besondere Gefährlichkeit für die DDR habe. Ab Anfang November werden Verhaftete nur noch als «Gehlen-Agenten» bezeichnet. Für die Ergreifung von Reinhard Gehlen, tot oder lebendig, setzt Wollweber eine Kopfprämie von einer Million Mark aus.

12. August: Der Sowjetunion gelingt es, den Rüstungsabstand zu den USA entscheidend zu verringern. Knapp ein Jahr nach der ersten amerikanischen wird die erste sowjetische Wasserstoffbombe gezündet.

20. bis 22. August: Walter Ulbricht, Otto Grotewohl und Fred Oelßner (alle SED) verhandeln in Moskau über Maßnahmen zur Stabilisierung der DDR. Die sowjetische Führung zeigt Entgegenkommen: Sie erläßt der DDR alle Reparationsleistungen ab 1. Januar 1954, gibt zum gleichen Datum die restlichen 33 SAG-Betriebe unter Verzicht auf die eigentlich fälligen 2,55 Milliarden Dollar zurück, befreit «Deutschland» von der Zahlung jeglicher Nachkriegsschulden, begrenzt die Stationierungskosten der sowjetischen Truppen auf fünf Prozent der Staatseinnahmen der DDR (im Jahr 1954 dennoch 1,6 Milliarden Mark), gewährt einen Kredit über eine halbe Milliarde Rubel und stimmt der Umwandlung der beiderseitigen diplomatischen Vertretungen in Botschaften zu.

17. bis 19. September: Die SED-Spitze um Walter Ulbricht fühlt sich wieder fest im Sattel. Vor dem ZK leistet sich Ulbricht sogar Ausführungen zur Deutschlandfrage, er erneuert den Vorschlag, eine gesamtdeutsche Beratung zur praktischen Lösung der Fragen der Wiedervereinigung Deutschlands einzuberufen. Er will die Rückkehr der SED zu innerer Stabilität demonstrieren: Zwar gesteht Ulbricht erneut auch schwerwiegende Mängel in Wirtschaft und Versorgung ein, doch gleichzeitig kündigt er abermals die Erhöhung von Arbeitsnormen an. Zudem stellt er die Aufhebung der Lebensmittelrationierung für 1954 sowie Preissenkungen in Aussicht.

1. Oktober: Das seit der Verhaftung des Ministers Georg Dertinger (CDU) im Januar unbesetzte Amt des Ministers für Auswärtige Angelegenheiten übernimmt der bisherige Minister für Aufbau, Lothar Bolz (NDPD).

2. Oktober: Um ein Ventil für den anhaltenden Unmut zu schaffen, darf in Ost-Berlin als erstes Kabarett «Die Distel» eröffnen. Bald kommen die «Pfeffermühle» in Leipzig und die «Herkuleskeule» in Dresden hinzu. Jedoch unterliegen die Darbietungen allerlei Einschränkungen, so sind Witze über die oberste Partei- und Staatsführung, die Streitkräfte und die Freundschaft zur Sowjetunion grundsätzlich untersagt.

7. Oktober: In einer außerordentlichen Sitzung von Volkskammer und Länderkammer wird Wilhelm Pieck (SED) zum Präsidenten der DDR wiedergewählt.

24. Oktober: Der Ministerrat beschließt in außerordentlicher Sitzung die «bisher umfangreichste und bedeutendste Preissenkung» für Lebensmittel, Genußmittel und Verbrauchsgüter. Über 12000 Warenarten werden um 10 bis 25 Prozent billiger, jedoch nur lebensmittelkartenfreie Produkte, die frei in HO-Läden zu kaufen sind. Die Kaufkraft der Bevölkerung erhöht sich dadurch bis Ende des Jahres um 540 Millionen Mark. Für Butter, Brot und Zucker bleiben die Preise unverändert. Ein Liter Vollmilch kostet nun 1,60 Mark, ein Kilo Margarine 7 Mark, ein Kilo Schmalz 15 Mark, ein Kilo Kalbfleisch 16,20 Mark.

21. November: Nach der Bundesrepublik

darauf, von Deutschen beim Überqueren der Zonengrenze den Interzonenpaß zu verlangen.

17. Dezember: Weil das «131er»-Gesetz vom 11. Mai 1951 nicht allen früheren Nazibeamten Wiedereinstellung zusichert, erheben 34 ehemalige Beamte Klage. Allen voran ein ehemaliger Erster Staatsanwalt am Oberlandesgericht Stettin, der vorbringt, seine Beamten- und Versorgungsrechte hätten den Zusammenbruch des Deutschen Reiches unbeschadet überdauert. Heute entscheidet das Bundesverfassungsgericht in letzter Instanz. Es erklärt unmißverständlich: «Alle Beamtenverhältnisse sind am 8. Mai 1945 erloschen.» Die aus dem persönlichen Eid herrührende Treuepflicht der Beamten gegenüber Adolf Hitler könne nicht Quelle fortwirkender Ansprüche sein. Nach diesem Urteil des Bundesverfassungsgerichtes kommt es zu einem einmaligen Akt richterlicher Auflehnung. Unter dem Vorsitzenden Herrmann Weinkauff beschließt der Bundesgerichtshof, fast völlig mit ehemaligen Richtern der Nazizeit besetzt, am 20. Mai 1954, dem Urteil nicht zu folgen: «Der überwiegende Teil der deutschen Beamten hat sich (...) trotz des schimpflichen und rechtswidrigen Drucks (...) in erster Linie dem Staate und seinen legitimen Aufgaben verpflichtet» gefühlt. Der persönliche Treueeid auf Hitler habe nicht der Person, sondern dem «obersten Staatsorgan» gegolten. Am 19. Februar 1957 befaßt sich das Bundesverfassungsgericht erneut mit dem «131er»-Gesetz. Mit einer in der Bundesrepublik bis dahin unbekannten Klarheit listet es penibel auf, wie alle Gerichtsbarkeiten und Verwaltungszweige am Unrecht der Nazidiktatur beteiligt waren – das Schulwesen und die Staatsanwaltschaft, die Gerichte und die Gewerbeaufsicht, die Arbeitsverwaltung und der Zoll. Diejenigen, die sich «zum Beamtendienst im nationalsozialistischen Staat bereit fanden und dadurch ihre wirtschaftliche Existenzgrundlage für die Dauer des ‹Dritten Reiches› sicherten, müssen die Folgen ihrer eigenen Entscheidung grundsätzlich selber tragen». Indes, zu dieser Zeit sind nahezu alle Beamten der Nazizeit in den Staatsdienst zurückgekehrt.

schafft auch die DDR die Interzonenpässe ab, die ohnehin nur an wenige Menschen ausgegeben wurden. Der Minister des Inneren ordnet an, daß DDR-Bürger zum Passieren der Kontrollpunkte an der Demarkationslinie Personalbescheinigungen benötigen, die in Vorbereitung der Ausgabe neuer Personalausweise herausgegeben werden.

24. November: Von Juli bis Oktober muß jedes SED-Mitglied vor eine Kommission treten, die seine politische Zuverlässigkeit überprüft. Nach Schätzungen werden etwa 20000 Funktionäre und 50000 einfache Mitglieder als «Provokateure entlarvt». Ein erheblicher Teil der Ausgeschlossenen oder Zurückgestuften gehörte bereits vor 1933 der KPD oder der SPD an, die sich während des Volksaufstandes eher mit den Arbeitern als mit dem Parteiapparat verbunden fühlten. Im September konstatiert das Politbüro der SED, ein großer Teil der 1,2 Millionen Parteimitglieder habe «keine politische Ausbildung und Parteistählung», viele seien passiv oder verträten sozialdemokratische Ansichten, sogar «feindliche Elemente» seien darunter. Etwa 150000 bis 200000 «Parteiaktivisten», fast immer hauptamtliche Funktionäre, sollen die Partei nun neu ausrichten. Heute faßt das Politbüro den Beschluß, daß Mitglieder von «Parteiaktivs» nicht etwa durch Mitgliederversammlungen, sondern «durch die jeweils verantwortliche Leitung und deren Apparat» ausgewählt werden. Damit ist die Herrschaft der Funktionäre endgültig besiegelt, sie können sich ihre Mitgliedschaft nach Gutdünken zusammenstellen.

25. November: Das ZK der SED beschließt, daß die hauptamtlichen Sekretäre der Bezirksleitungen der SED mit Pistolen vom Kaliber 7,65 mm und je 25 Schuß Munition bewaffnet werden.

10. Dezember: Der Ministerrat beschließt die Verordnung über weitere «Verbesserung der Arbeits- und Lebensbedingungen» der Arbeiter und der Rechte der Gewerkschaften, mit denen das Gesetz der Arbeit vom April 1950 ergänzt wird. Angesichts der unverändert katastrophalen Wohnungssituation wird Betrieben, Kombinaten, staatlichen Organen, Verwaltungen, auch PGH die Bildung von «Arbeiter-Wohnungsbau-Genossenschaften» (AWG) ermöglicht. Zu günstigen Bedingungen können die Arbeiter in einer AWG auf eine Wohnung sparen, Hunderttausende Wohnungen werden durch die AWG errichtet. Weiterhin werden die Betriebe angehalten, ein eigenes Erholungswesen aufzubauen, zudem werden Preisermäßigungen für FDGB-Urlaubsreisen festgesetzt.

30. Dezember: Der Jahresproduktionsplan aller Steinkohlewerke der DDR wird erfüllt – zum ersten Mal seit 1945.

1954

Wir sind wieder wer

Die Gemeinschaft der Nationen begegnet Deutschland, das beide großen Kriege des Jahrhunderts entfesselte, immer noch mit starken Vorbehalten. Nur widerstrebend nehmen sie dieses Deutschland als gleichberechtigt in ihren Kreis auf. Da verhilft ein Sportereignis der lädierten deutschen Seele zur Wiederaufrichtung. Sensationell werden die Mannen um Fritz Walter und Helmut Rahn Fußballweltmeister – und mit ihnen viele Millionen Deutsche. Daß wenige Wochen später der Argentinier Juan Manuel Fangio auf einem Mercedes-Silberpfeil die Automobilweltmeisterschaft erringt, vervollständigt das Gefühl des «Wir sind wieder wer».

12. Januar: US-Außenminister John Foster Dulles formuliert das Konzept der «massiven Vergeltung» (*massive retaliation*). Die USA setzen nun auf Abschreckung, dies sei «wirksamer und weniger kostspielig».

25. Januar bis 18. Februar: In West-Berliner Kontrollratsgebäude konferieren die Außenminister der vier Siegermächte – erstmals seit dem Bestehen zweier deutscher Staaten. Zwar können sie sich auf Beschlüsse zu Korea und Vietnam einigen, doch in der deutschen Frage endet das Treffen ergebnislos. Während die Westmächte mit dem «Eden-Plan» freie Wahlen an den Anfang jeder Wiedervereinigung stellen wollen, fordert die Sowjetunion zunächst die Bildung einer gesamtdeutschen provisorischen Regierung. Zudem lehnt sie die Einbeziehung Gesamtdeutschlands in ein westliches Bündnis strikt ab.

17. Februar: Der SPD-Vorsitzende Erich Ollenhauer lehnt die Vorschläge ab, die das ZK der SED in seinem Brief vom 15. Februar darlegte.

26. März: Der Bundestag billigt gegen die Stimmen der SPD die «erste Wehrergänzung» des Grundgesetzes derart, «daß die Verteidigung einschließlich der Wehrpflicht für Männer vom vollendeten achtzehnten Lebensjahr an und des Schutzes der Zivilbevölkerung» zur Aufgabe des Bundes erklärt wird. Dies ist der Grundstein für die Wehrhoheit der Bundesrepublik.

24. Mai: Einige KPD-Funktionäre werden verhaftet, darunter die Bundestagsabgeordneten Fritz Rische und Walter Fisch. Ihre

1954

Erweiterte Souveränität

Im Vorjahr stand sie am Rand des Abgrunds, allein die Panzer des großen Bruders retteten die Herrschaft der SED. Als wäre nichts geschehen, setzt sie nun ihre Politik fort. Ihr starker Mann, der sächsisch näselnde «Spitzbart» Walter Ulbricht, findet im Inneren reichlich Sündenböcke, die er hinter Gittern verschwinden läßt. Im Äußeren erhält er von der Sowjetunion eine Belohnung für Wohlverhalten, der DDR werden «erweiterte Souveränitätsrechte» gewährt.

1. Januar: Die «SAG Wismut» wird in «SDAG Wismut» umgewandelt. Formell wird eine deutsche Kapitalbeteiligung von 50 Prozent eingeführt, erster Vorsitzender der «SDAG Wismut» wird Fritz Selbmann (SED), Minister für Schwerindustrie. An der Sonderstellung des hochgeheimen Uranbergbaus als Staat im Staate ändert sich jedoch nichts. Er bleibt weiterhin direkt dem Moskauer Verteidigungsministerium unterstellt, unterliegt einem vom sowjetischen Geheimdienst überwachten Sonderregime mit eigener Gerichtsbarkeit und wird bevorzugt mit Ausrüstung wie Konsumgütern versorgt. (So auch mit dem preiswerten Bergmannsschnaps, «Kumpeltod» genannt.) Vor allem aber bleibt der in höchstem Maße fahrlässige Umgang mit der Gesundheit der Bergleute und der Bevölkerung. Bereits 1949 liegen der DDR-Führung Berichte über menschenunwürdige Arbeits- und Lebensbedingungen vor, Ende 1951 stürmen wutentbrannte Bergleute ein Volkspolizeirevier im Saalfelder Revier. Doch die sowjetische Seite läßt alle Klagen unberücksichtigt. Bis zur endgültigen Einstellung der Urangewinnung und -lieferung im Jahr 1990 werden extreme Gesundheits- wie Umweltbelastungen die örtliche Bevölkerung treffen.

7. Januar: In einer außerordentlichen Plenartagung verabschiedet die Deutsche Akademie der Künste am 30. Juni 1953 zahlreiche Vorschläge für eine geänderte Kulturpolitik. Staatliche Organe sollen keine administrativen Maßnahmen in künstleri-

Mitwirkung am «Programm der nationalen Wiedervereinigung» wird als Aufforderung zum Hochverrat ausgelegt.

14. Juni: Das Kuratorium *Unteilbares Deutschland* konstituiert sich, dem zahlreiche Vertreter des öffentlichen Lebens angehören. Es will die menschlichen wie geistigen Kontakte zwischen den beiden deutschen Staaten aufrechterhalten und Interesse wie Hilfsbereitschaft im Westen fördern.

17. Juli: In West-Berlin wählt die Bundesversammlung Theodor Heuss (FDP) mit der überwältigenden Mehrheit von 85,6 Prozent der Stimmen für weitere fünf Jahre zum Bundespräsidenten. Dank seiner souveränen Amtsführung genießt Heuss auch das Vertrauen der Sozialdemokraten.

20. Juli: Nach einer Gedenkstunde für den Widerstand gegen Hitler, dem er selbst angehörte, verschwindet in West-Berlin der Präsident des Bundesamtes für Verfassungsschutz, Otto John. Nach später gemachten eigenen Angaben wird John betäubt und in die DDR entführt. Die Mutmaßungen in der Bundesrepublik reichen vom freiwilligen Übertritt aus politischen Motiven über seelische Störungen bis zum Verdacht, John sei Stasi- oder KGB-Agent. Bald tritt John öffentlich in der DDR auf, bei Pressekonferenzen und in Vorträgen spricht

Wir sind wieder wer

Kneipen mit Fernseher sind überfüllt, doch reichen die erst 30000 TV-Apparate nur für eine verschwindende Minderheit. Die Mehrheit der Deutschen lauscht an diesem 4. Juli gebannt dem Radio. WDR-Reporter Herbert Zimmermann kommentiert das Endspiel der Fünften Fußballweltmeisterschaft im Berner Wankdorfstadion. Deutschland, das sich unter anderem gegen die von Helmut Schön trainierte «National»mannschaft des Saarlandes qualifizieren mußte, tritt als krasser Außenseiter an. Hoher Favorit ist Ungarn, seit viereinhalb Jahren ohne Niederlage. Wenige Minuten vor Spielende schießt «Boss» Helmut Rahn das entscheidende 3:2 für Deutschland. Mit sich überschlagender Stimme schreit Zimmermann: «Rahn schießt – Tor, Tor, Tor, Tor! Tor für Deutschland!» – «Halten Sie mich für verrückt, halten Sie mich für übergeschnappt!» Beim Abpfiff gerät Zimmermann vollends außer sich, doch seine leidenschaftlichen Worte sprechen den Deutschen aus der Seele.

Erstmals seit dem Ende des Zweiten Weltkriegs darf Deutschland an der Fußballweltmeisterschaft teilnehmen – und gewinnt. Als zur Siegerehrung die deutsche Nationalhymne gespielt wird, singen die deutschen Fans die geächtete erste Strophe des Deutschlandliedes, worauf das Schweizer Radio seine Übertragung abbricht. Das «Wunder von Bern» erfüllt alle Deutschen mit Stolz auf den zerknitterten «Chef» Sepp Herberger und seine Spieler, die von Herkunft und Auftreten Kumpel sind – die Menschen verstehen diesen Sieg als Wiederherstellung ihres Selbstbewußtseins.

Bei der Heimkehr der ungarischen Nationalmannschaft kommt es zu Demonstrationen, dem ersten politischen Protest in Ungarn. Es werden Straßenbahnen umgestürzt und Schaufenster eingeschlagen. Die enttäuschten Menschen mutmaßen, daß das Spiel von der Staatsführung und dem Nationaltrainer gegen Mercedes-Autos verkauft wurde. Einige Spieler unternahmen tatsächlich während der Weltmeisterschaft Probefahrten in großen Westkarossen.

schen Fragen ergreifen – für Bücher sollen wieder Autoren und Verleger, für Spielpläne wieder Intendanten verantwortlich sein. Die SED-Führung lehnt diese Anregungen ab. Einziges greifbares Ergebnis der Kontroverse ist die heutige Schaffung eines Ministeriums für Kultur, zu dessen Minister der Dichter Johannes R. Becher (SED) berufen wird. Die berüchtigte «Staatliche Kommission für Kunstangelegenheiten» und das «Staatliche Komitee für Filmwesen» werden aufgelöst, ihre Aufgaben gehen an das neue Ministerium über. Das «Amt für Literatur und Verlagswesen» bleibt indes noch bis 1956 bestehen.

Der Ministerrat setzt einen «Ausschuß für Deutsche Einheit» ein, den Vorsitz übernimmt bis zu seinem Tode im Jahr 1960 Hans Loch (LDPD), ihm folgt Max Suhrbier (LDPD). Auf Tagungen und mit Dokumentationen kritisiert der Ausschuß die Entwicklung der Bundesrepublik, seine weitgehend erfolglose Tätigkeit wird 1965 sang- und klanglos eingestellt.

17. Januar: Die sowjetische Führung gibt den Beschluß bekannt, ab sofort 1600 Häftlinge aus DDR-Gefängnissen zu entlassen, die seit Mai 1945 von sowjetischen Militärgerichten in Deutschland wegen Kriegsverbrechen und Verbrechen gegen die Besatzungsmächte verurteilt wurden.

22. und 23. Januar: Im Dezember 1953 gibt die sowjetische Führung die Hinrichtung Berijas bekannt, für Walter Ulbricht das Signal, sich seiner Widersacher Rudolf Herrnstadt und Wilhelm Zaisser endgültig zu entledigen. Das ZK der SED schließt beide aus der Partei aus. Auch ihre Sympathisanten Anton Ackermann, Hans Jendretzky und Elli Schmidt werden nun gemaßregelt, sie werden aus dem ZK ausgeschlossen. Ackermann erhält zudem eine «strenge Rüge», Jendretzky und Schmidt erhalten nur eine «einfache Rüge». Damit hat Ulbricht die aus Moskau inspirierte Opposition innerhalb der SED-Führung niedergerungen.

15. Februar: In einem Brief an den Parteivorstand und alle Mitglieder der SPD appelliert das ZK der SED, gemeinsam mit KPD, DGB und FDGB die Vorschläge der Sowjetunion zur Lösung der deutschen Frage zu unterstützen und einen Vertrag über kollektive Sicherheit in Europa zu beraten.

25. März: Nach dem Scheitern der West-Berliner Außenministerkonferenz der Vier Mächte gewährt die Sowjetunion der DDR «erweiterte Souveränitätsrechte». Sie soll «nach eigenem Ermessen über ihre inneren und äußeren Angelegenheiten» einschließlich ihrer Beziehungen zur Bundesrepublik bestimmen. Der Hohe Kommissar überwacht die Tätigkeit der staatlichen Organe der DDR nicht weiter. Allein in Sicherheits- und Vier-Mächte-Fragen behält sich die Sowjetunion weiterhin Rechte vor. Damit ist die absolute Abhängigkeit der DDR von der Sowjetunion formal beendet.

30. März bis 6. April: Auf ihrem vierten Parteitag in Ost-Berlin zeigt sich die SED konsolidiert. Sie gibt sich ein neues Statut, das den freiwilligen Austritt aus der SED nicht mehr zuläßt – die Mitgliedschaft währt lebenslang, nur ein Parteiausschluß ist möglich. Das Mindestalter für den Eintritt wird von 16 auf 18 Jahre heraufgesetzt. Alle Mitglieder werden auf die Erziehung aller Werktätigen im Geiste des sozialistischen Internationalismus sowie auf die Verteidigung der Heimat verpflichtet. Eine wichtige Neuerung wird in der Wirtschaft eingeführt, die Parteiorganisationen der SED erhalten das Recht der Kontrolle über die Betriebsleitungen.

Auch gibt sich die SED nach Moskauer Vorbild nun eine «kollektive Führung». Der anpassungsfähige Walter Ulbricht räumt er sich gegen die Remilitarisierung und Renazifizierung in Westdeutschland aus.

20. bis 24. Juli: Nach dem Rückschlag bei den Bundestagswahlen von 1953 ändert und ergänzt die SPD auf ihrem Parteitag in West-Berlin ihr «Aktionsprogramm» vom September 1952. Die SPD bekundet, von einer Arbeiterpartei «zur Partei des Volkes» werden zu wollen. Eine Kommission unter Willi Eichler wird eingesetzt, die ein Grundsatzprogramm erarbeiten soll, das an die Stelle des «Aktionsprogramms» treten soll. Nach dem Scheitern aller Bemühungen der SPD gegen die Aufstellung der Bundeswehr gibt die Partei ihre ablehnende Haltung auf. Der Parteitag formuliert fünf Bedingungen, unter denen die SPD die «Verteidigung der Freiheit auch mit militärischen Mitteln» unterstützt.

6. August: Die am 6. Januar 1953 gebildete *Aktiengesellschaft für Luftverkehrsbedarf* (Luftag) wird in *Deutsche Lufthansa Aktiengesellschaft* umbenannt, nachdem zuvor der Name von der ehemaligen «Lufthansa» erworben wurde, die erst 1965 aus dem Handelsregister gelöscht wird. Nach einmonatigem Probebetrieb wird am 1. April 1955 der planmäßige Inlandsflugverkehr aufgenommen. Wegen der noch beschränkten Souveränität der Bundesrepublik wird der erste Flug von einem britischen Piloten und einem deutschen Copiloten geflogen. Im Laufe des Jahres 1955 wird auch der internationale Flugverkehr aufgenommen.

30. und 31. August: Nach erregter Debatte lehnt die französische Nationalversammlung mit großer Mehrheit den EVG-Vertrag ab. Die Gründe liegen in der verbreiteten Abneigung, militärische Verfügungsgewalt außer Landes zu geben, und in der Befürchtung, die französischen Interessen in den Kolonien könnten beeinträchtigt werden. Damit ist das Vorhaben einer militärischen Integration Westeuropas, das auch die politische Union vorantreiben soll, gescheitert. Bundeskanzler Konrad Adenauer (CDU) betrachtet dies als «die bitterste Enttäuschung und den größten Rückschlag» seiner Amtszeit, er spielt mit dem Gedanken an Rücktritt.

28. September bis 3. Oktober: In London suchen führende Politiker der USA, Kanadas, Großbritanniens, Frankreichs, Italiens, der Benelux-Staaten und der Bundesrepublik kurzfristig eine Ersatzregelung für die gescheiterte EVG zu finden. Während Bundeskanzler Konrad Adenauer ein militärisches Bündnis ohne Frankreich fordert, setzen die USA und Großbritannien eine von allen Beteiligten akzeptierte Lösung durch: Der Brüsseler Pakt wird reaktiviert und als *Westeuropäische Union* neu strukturiert, Italien und die Bundesrepublik sollen ihm beitreten, damit die westdeutsche Rüstung kontrolliert werden kann. Zudem soll die Bundesrepublik Mitglied der NATO werden und sich verpflichten, ihre Politik gemäß der UN-Charta sowie den Grundsätzen des Brüsseler Paktes und der NATO zu betreiben. Die Westmächte werden das Besatzungsstatut aufheben und die Bundesregierung weiterhin als einzige legitime Regierung in Deutschland behandeln. Mit diesen Vereinbarungen erhält die Bundesrepublik einen weit höheren Grad der Gleichberechtigung, als er im EVG-Vertrag vorgesehen war.

29. September: Bereits Mitte 1951 wendet sich die «Dienststelle Blank» an die beiden großen Kirchen, um die Fragen der Militärseelsorge zu erörtern. Heute werden mit der evangelischen Kirche die «Grundzüge der künftigen Militärseelsorge» erarbeitet, nach der Staat und Kirche gemeinsam die Veranwortung für die Ausführung tragen. Der Staat übernimmt den organisatorischen Aufbau und die Finanzierung, die ein: «Die bedeutende Rolle solcher Persönlichkeiten kann jedoch nur im Kollektiv zur richtigen Wirksamkeit kommen.» Ins Politbüro werden Friedrich Ebert, Otto Grotewohl, Hermann Matern, Fred Oelßner, Wilhelm Pieck, Heinrich Rau, Karl Schirdewan, Willi Stoph und Walter Ulbricht als Mitglieder, Erich Honecker, Bruno Leuschner, Erich Mückenberger, Alfred Neumann und Herbert Warnke als Kandidaten gewählt. Ulbricht wird als Erster Sekretär des ZK bestätigt.

21. April: Die Volkskammer verabschiedet das Gesetz über die Stiftung des «Vaterländischen Verdienstordens» (VVO). In dieser Zeit sucht die DDR qualifizierte Mitarbeiter für den Aufbau ihrer Streitkräfte. Deshalb werden zahlreiche Offiziere der früheren Deutschen Wehrmacht rehabilitiert, der neue (bis zum Ende der DDR überdauernde) Orden ist vorrangig für sie gedacht.

9. Juni: Das Oberste Gericht veröffentlicht die Verurteilung von Georg Dertinger (CDU), dem früheren Außenminister der DDR. Wegen angeblicher Verschwörertätigkeit, die mit Bonner Dienststellen den Sturz der Regierung und die Beseitigung der DDR vorbereitet haben soll, wird Dertinger zu fünfzehn Jahren Zuchthaus verurteilt. Er kommt 1964 frei. Seine Mitangeklagten erhalten Zuchthausstrafen von drei bis dreizehn Jahren. In einem Schauprozeß verurteilt das Oberste Gericht am 14. Juni vier Anführer des Volksaufstandes vom Juni 1953 als «Agenten westlicher Geheimdienste» zu Zuchthausstrafen zwischen fünf und fünfzehn Jahren. Am 14. Juli verurteilt das Oberste Gericht den früheren Minister Karl Hamann (LDPD) wegen «Sabotage an der Versorgung der Bevölkerung» zu zehn Jahren Zuchthaus. Hamann wird 1956 begnadigt. Vier Mitangeklagte aus Hamanns Ministerium werden drei bis sechs Jahre ins Zuchthaus geschickt.

27. bis 29. Juni: In der DDR findet die Volksbefragung «Für Friedensvertrag und Abzug der Besatzungstruppen oder EVG-Vertrag und Generalvertrag und Belassung der Besatzungstruppen auf 50 Jahre» statt. 93,6 Prozent der gültigen Stimmen fordern einen Friedensvertrag und den Abzug der Besatzungstruppen.

7. bis 11. Juli: Zum ersten und letzten Mal findet ein Deutscher Evangelischer Kirchentag in der DDR statt. Unter dem Motto «Seid fröhlich in der Hoffnung, geduldig in der Trübsal, haltet an im Gebet» kommen in Leipzig 500000 Menschen zusammen, darunter 100000 aus der Bundesrepublik. Auch führende Politiker aus Ost und West beteiligen sich.

21. August: Der Hamburger CDU-Bundestagsabgeordnete Karl-Franz Schmidt-Wittmack sucht in der DDR um Asyl nach, was ihm gewährt wird. Auf einer Pressekonferenz am 26. August kritisiert er scharf Bundeskanzler Konrad Adenauer (CDU), der die bundesdeutsche Bevölkerung nicht über seine wahren Ziele informiere.

3. September: Der Ministerrat beschließt umfassende Preissenkungen für Lebensmittel, Genußmittel und Gebrauchsgüter der HO. Außerdem werden die Post- und Telegrammgebühren herabgesetzt.

10. September: In Leipzig findet die erste «Gesamtdeutsche Arbeiter- und Gewerkschaftskonferenz» statt, an der auch tausend Westdeutsche teilnehmen. Diese jährlich zur Messe veranstaltete Konferenz strebt an, die «Aktionseinheit der Arbeiterklasse in Deutschland» wiederherzustellen.

17. Oktober: Bei den Volkskammerwahlen erhält die Einheitsliste der Nationalen Front bei einer Wahlbeteiligung von 98,4 Prozent eine Zustimmung von 99,46 Prozent. Die 400 Sitze in der Volkskammer werden nach dem bestehenden Schlüssel verteilt. Nur kirchliche Leitung obliegt je einem Militärbischof, der allein der Kirche verantwortlich ist. Militärgeistliche sind keine Soldaten, sie sind von staatlichen Weisungen unabhängig. Am 26. Juli 1957 werden diese Regelungen im «Gesetz über die Militärseelsorge» festgeschrieben.

19. bis 23. Oktober: Vier Konferenzen in Paris regeln die Beziehungen innerhalb der «westlichen Gemeinschaft» neu. Am letzten Tag werden die miteinander verknüpften *Pariser Verträge* von den verschiedenen Beteiligten unterzeichnet. Im ersten Vertrag vereinbaren die drei Westmächte und die Bundesrepublik eine Revision des Generalvertrages von 1952, ein Protokoll über die Beendigung des Besatzungsregimes sowie die Sicherheitsgarantien der Westmächte für Berlin. Die Neun-Mächte-Konferenz ändert und ergänzt den Brüsseler Pakt, dem Italien und die Bundesrepublik beitreten, und konstituiert so die *Westeuropäische Union* (WEU). Die Bundesrepublik unterwirft sich der Aufsicht des Rüstungskontrollamtes der WEU und verpflichtet sich, auf die Herstellung von ABC-Waffen zu verzichten. Die vierzehn NATO-Staaten laden die Bundesrepublik zum Beitritt ein, allerdings unter Sonderbedingungen: Die gesamten Streitkräfte der Bundesrepublik, die auf 500000 Mann beziffert werden, müssen in die NATO eingebracht werden und auf einen eigenen Generalstab verzichten. Dafür anerkennt die NATO die Bundesregierung als einzige legitime deutsche Regierung und verpflichtet sich dem Ziel der Wiedervereinigung Deutschlands. Schließlich unterzeichnen Frankreichs Ministerpräsident Pierre Mendès-France und Bundeskanzler Konrad Adenauer (CDU) das «Saar-Statut». Danach soll die Währungs- und Zollunion mit Frankreich bestehen- und die politische Autonomie des Saarlandes erhalten bleiben, aber Landesverteidigung und Außenpolitik einem der WEU verantwortlichen Kommissar übergeben werden. Alle demokratischen Freiheiten sollen wiederhergestellt werden. Binnen drei Monaten nach Inkrafttreten des Statuts soll die Bevölkerung darüber abstimmen.

13. November: Der Bundestag führt das Kindergeld ein. Zunächst wird für das dritte und jedes weitere Kind unter 18 Jahren ein monatliches Kindergeld von 25 DM gezahlt. Ab 1965 wird das Kindergeld ab dem zweiten, ab 1975 vom ersten Kind an gezahlt.

23. November: In einer Rede in Woodford erklärt der britische Premierminister Winston Churchill, er habe zum Ende des Zweiten Weltkriegs erwogen, deutsche Kriegsgefangene zu bewaffnen und einzusetzen, um einen weiteren Vormarsch der Sowjetunion zu verhindern.

2. Dezember: In den USA wird der Senator Joseph Raymond McCarthy vom Vorsitz des Ausschusses zur Untersuchung «unamerikanischer Umtriebe» abgelöst. Seit 1950 betreibt der Politiker der Republikaner eine antikommunistische Hetzjagd, die hysterische Züge annimmt. Als er im Februar einen General verhört und diesen wegen einer Nichtigkeit als unwürdig bezeichnet, eine amerikanische Uniform zu tragen, verbietet Kriegsminister Stevenson seinen Offizieren, vor dem Ausschuß aufzutreten. Zwar muß Stevenson diese Anordnung aufheben, doch setzt Präsident und General Dwight D. Eisenhower den Kongreß unter Druck, die Macht des Hexenjägers zu brechen.

In der Bundesrepublik eifert McCarthy Jahre später der Kampfverein «Rettet die Freiheit» nach. Im Februar 1959 gegründet, legt dieser Verein unter dem Vorsitz des jungen CDU-Bundestagsabgeordneten Rainer Barzel im Frühjahr 1960 das Rotbuch «Verschwörung gegen die Freiheit – Die kommunistische Untergrundarbeit in der Bun-

Die SED zur Weltmeisterschaft

Zwar wurde in der DDR über die Weltmeisterschaft berichtet, doch nur auf den hinteren Seiten und dann stets linientreu. Hämisch kommentierte das *Neue Deutschland* die Niederlage der Deutschen im ersten Spiel «gegen Ungarns Fußballkünstler, die von ihrem Arbeiter-und-Bauern-Staat alle Voraussetzungen erhalten, um hohe Leistungen zu erzielen.» Da konnte der Sieg der Deutschen im Finale nichts anderes sein als der Auftakt zu «einem neuen imperialistischen Raubkrieg, der natürlich mit keinem anderen Ergebnis enden würde als die beiden vorangegangenen. Der Fußballsieg soll die chauvinistische Position stärken, soll helfen, Adenauers Pläne schneller und auffälliger zu realisieren.»

180 Abgeordnete der vorherigen Legislaturperiode sind auch in der neuen Volkskammer vertreten. Acht der Abgeordneten von 1950 sind verhaftet, 17 in den Westen geflüchtet, 44 mußten auf Druck der SED oder der sowjetischen Besatzungsmacht ihr Mandat niederlegen.

19. November: Die neue Regierung unter Ministerpräsident Otto Grotewohl (SED) tritt ihr Amt an. Stellvertretende Ministerpräsidenten werden Walter Ulbricht, Willi Stoph, Heinrich Rau (alle SED), Otto Nuschke (CDU), Hans Loch (LDPD), Lothar Bolz (NDPD) und Paul Scholz (DBD). Vorsitzender der Staatlichen Plankommission wird Bruno Leuschner (SED). Der SED gehören 20 der 28 Minister an.

29. November bis 2. Dezember: In Moskau befindet die Konferenz der Außenminister der sozialistischen Staaten, die Ratifizierung der «Pariser Verträge» werde den deutschen Militarismus stärken und zu einer Militärdiktatur in Westdeutschland führen. Deshalb sei insbesondere die DDR gezwungen, Gegenmaßnahmen zu ergreifen. Eine Lösung der deutschen Frage sei nur bei Verzicht auf die Remilitarisierung möglich.

desrepublik» vor. Darin werden Institutionen und Personen aufgelistet, die als «linksverdächtig» gelten. Insgesamt 453 bekannte Persönlichkeiten werden genannt, von Pastor Martin Niemöller über den Schauspieler Victor de Kowa bis zum CDU-Bundestagsabgeordneten Peter Nellen, der daraufhin zur SPD übertritt.

15. Dezember 1954 bis 27. Februar 1955: Im Bundestag kommt es zu den bislang heftigsten Debatten über die Weichenstellungen für die Bundesrepublik. Bundeskanzler Konrad Adenauer (CDU) bezeichnet das Scheitern der EVG als den «größten Erfolg der Sowjetunion auf dem europäischen Schauplatz des Kalten Krieges». Für ihn sind die «Pariser Verträge» die «Wiederherstellung der deutschen Souveränität im Bereich der Bundesrepublik», sie können «Deutschland und seine Nachbarn aussöhnen und einen dauernden Bund der europäischen Völker begründen». «Das Vertragswerk macht die Bundesrepublik erst fähig, die Spaltung Deutschlands zu beseitigen und die sich mit der Wiedervereinigung stellenden Aufgaben zu bewältigen.» Adenauers Widersacher Erich Ollenhauer, Partei- und Fraktionsvorsitzender der SPD, sieht das Vertragswerk «als nicht vereinbar mit einer deutschen Politik (...), die die Wiedervereinigung Deutschlands in Freiheit als ihre vordringlichste Aufgabe betrachtet. Es wird nach unserer Überzeugung die Sicherheit der Bundesrepublik nicht erhöht, aber es wird die Wiedervereinigung Deutschlands aufs äußerste gefährdet.» Es sei «eindeutig der Aufrüstung der Bundesrepublik der Vorrang vor der Wiedervereinigung gegeben worden».

17. Dezember: Angesichts der wachsenden Bedeutung nuklearer Waffen beschließt der NATO-Rat die Verringerung der konventionellen Streitkräfte und die verstärkte Ausrüstung der Truppen mit taktischen Atomwaffen.

29. bis 31. Dezember: In Prag konferieren Repräsentanten der Volksvertretungen der DDR, Polens und der Tschechoslowakei. Sie fordern die französische Nationalversammlung auf, die Ratifizierung der «Pariser Verträge» abzulehnen. In einer Entschließung bekräftigen die drei Staaten, die Unantastbarkeit ihrer Grenzen gemeinsam zu gewährleisten.

1955

Schutz im Bündnis

Endlich, zehn Jahre nach der Kapitulation, endet das Besatzungsregime: Die Bundesrepublik erhält von den Westalliierten weitgehende Souveränität. Doch noch sind die Auswirkungen des Krieges deutlich spürbar, vor allem die Frage der deutschen Kriegsgefangenen und Internierten in der Sowjetunion bewegt die Menschen. Auf seiner bedeutenden Moskau-Reise erreicht Bundeskanzler Konrad Adenauer die Zusage für deren Freilassung. Als dann Soldaten und Zivilinternierte nach mehr als zehnjähriger Gefangenschaft zurückkehren, spielen sich an den Bahnhöfen erschütternde Szenen ab. Sie rufen ins Bewußtsein zurück, welch tiefe Wunden der Krieg geschlagen hat.

22. Januar: Im Ruhrgebiet treten 800000 Bergleute in einen Proteststreik, um die Montan-Mitbestimmung zu verteidigen.

29. Januar: In der Frankfurter Paulskirche, dem Sitz der Nationalversammlung von 1848/49, protestieren auf Einladung von SPD und DGB etwa tausend Wissenschaftler, Politiker und andere Persönlichkeiten gegen die «Pariser Verträge». Die Versammlung verabschiedet das «Deutsche Manifest», dessen Kernsätze lauten: «Die Aufstellung deutscher Streitkräfte in der Bundesrepublik Deutschland und in der Sowjetzone muß die Chancen der Wiedervereinigung für unabsehbare Zeit auslöschen und die Spannung zwischen Ost und West verstärken. Eine solche Maßnahme würde die Gewissensnot großer Teile unseres Volkes unerträglich steigern. Das furchtbare Schicksal, daß sich Geschwister einer Familie in verschiedenen Armeen mit der Waffe in der Hand gegenüberstehen, würde Wirklichkeit werden.» Das zur Unterschriftensammlung verbreitete Manifest endet: «Das deutsche Volk hat ein Recht auf seine Wiedervereinigung!» Die von dieser Versammlung ausgehende «Paulskirchen-Bewegung» fordert eine Volksabstimmung über die «Pariser Verträge», kann deren Annahme jedoch nicht verhindern.

17. Februar: In Düsseldorf schließen die Ministerpräsidenten der Bundesländer ein Abkommen, das eine Vereinheitlichung des Schulwesens erreichen soll. Als gemeinsa-

1955

Schutz im Bündnis

Schon jetzt sind die typischen Mängel, Probleme, Schwierigkeiten vorhanden, die die DDR durch ihre gesamte Existenz begleiten werden. Unglaublicher Bürokratismus, verbreitete Ineffektivität und extreme Zentralisierung erzeugen zwangsläufig eine Scheu vor der Verantwortung, ersticken Initiativen und fördern Desinteresse. Zur stehenden Wendung wird: «Wenn das die jeweilige Führung wüßte...» Sie weiß es. Natürlich gibt es auch jetzt schon geschönte Statistiken, wie sie in der Endphase der DDR gang und gäbe werden. Doch die, die die Macht in Händen halten, haben keine Macht, Entscheidendes zu ändern.

7. Januar: Der Ost-Berliner Magistrat beschließt, daß ab dem 10. Januar West-Berliner und Westdeutsche in allen Gaststätten, Hotels, Imbißstuben, Kiosken und im ambulanten Handel mit DM im Verhältnis 1:1 bezahlen müssen.

14. Januar: Die Sowjetunion veröffentlicht im Rundfunk eine «Erklärung zur deutschen Frage». Die Ratifikation der «Pariser Verträge» durch die Bundesrepublik würde die Teilung Deutschlands verewigen. Im Falle des Verzichts auf die Ratifikation würde die Sowjetunion dagegen gesamtdeutsche «freie Wahlen» unter «internationaler Aufsicht» zulassen, wenn alle Teile Deutschlands frei blieben von militärischen Bindungen.

25. Januar: Dreieinhalb Jahre nach den Westalliierten erklärt die Sowjetunion den Kriegszustand mit Deutschland für beendet. Bis April vollziehen auch die anderen Länder Osteuropas diesen Schritt.

27. Januar: Werktätige des VEB Braunkohlenwerkes Nachterstedt senden einen offenen Brief an den Schriftstellerverband, in dem sie mehr und bessere Bücher über das heutige Leben der Werktätigen fordern: «Wir sind der Meinung, in den Werken, die die Arbeit der Werktätigen für ein neues Leben schildern, sollte auch die Rolle unserer Partei und ihrer besten Kader im Betrieb künstlerisch behandelt werden.» Dieser «Nachterstedter Brief» ist nicht spontan entstanden, sondern ein von der SED initime Schultypen werden die Volks-, die Realschule und das Gymnasium festgelegt. Nach dem Krieg entstanden unter dem Einfluß der Besatzungsmächte und aufgrund der Kulturhoheit der Länder sehr unterschiedliche Schulformen.

27. Februar: Nach langen Debatten ratifiziert der Bundestag trotz heftiger Opposition auch außerhalb des Parlaments die «Pariser Verträge», gegen die Stimmen der SPD. 174 SPD-Abgeordnete wollen die Verträge mit einer Normenkontrollklage wegen des «Saar-Statuts» zu Fall bringen, doch weist das Bundesverfassungsgericht diese Klage am 4. Mai ab.

27. Februar bis 1. März: Der Schah des Iran, Mohammed Rezah Pahlewi, und seine Gattin Kaiserin Soraya besuchen die Bundesrepublik. Mit seiner für Nachkriegsverhältnisse unglaublichen Prachtentfaltung bewegt das kaiserliche Paar die Massen wie niemand sonst in dieser Zeit.

5. Mai: Am 20. April hinterlegen die USA ihre Ratifikationsurkunde der «Pariser Verträge» in Bonn, heute vollziehen Großbritannien und Frankreich diesen Schritt. Damit treten die Verträge in Kraft: Die Westmächte sind nicht länger Besatzungsmächte in der Bundesrepublik, das Besatzungsstatut wird aufgehoben. Allerdings bleiben Vorbehaltsrechte der drei Westmächte in gesamtdeutschen Fragen und beim inneren Notstand bestehen. Die weitgehend souveräne Bundesrepublik Deutschland wird am 7. Mai Mitglied der WEU und am 9. Mai Mitglied der NATO. In Paris bekundet Bundeskanzler Konrad Adenauer (CDU) seine Hoffnung, die Westintegration werde zur deutschen Einheit führen: «Wir sitzen nun im stärksten Bündnis der Geschichte. Es wird uns die Wiedervereinigung bringen.»

9. Mai: Ab heute sind alle Straftaten der Nazizeit, die mit einer gesetzlichen Höchststrafe von bis zu zehn Jahren bedroht sind, verjährt – etwa Körperverletzung mit Todesfolge oder Freiheitsberaubung. Damit können nur noch vorsätzliche Tötungsdelikte verfolgt werden.

15. Mai: In Wien wird der Österreichische Staatsvertrag durch die Außenminister der vier Siegermächte unterzeichnet. Die Alpenrepublik erhält ihre Unabhängigkeit zurück, darf sich jedoch nicht Deutschland anschließen und muß sich zu immerwährender Neutralität verpflichten. Erstmals nach dem Ende des Zweiten Weltkriegs räumt damit die Sowjetunion ein von ihr besetzt gehaltenes Gebiet. In dieser Regelung sieht die westdeutsche Opposition gegen

Die «stumme» Hälfte der Erdbevölkerung

In Bandung auf der indonesischen Insel Java tagen vom 18. bis 24. April die Vertreter von 29 asiatischen und afrikanischen Staaten, die die bisher «stumme» Hälfte der Erdbevölkerung repräsentieren. Sie begründen damit die Bewegung der *Blockfreien*, die einen Weg zwischen den beiden großen Machtblöcken dieser Zeit sucht. Der indische Premierminister Jawaharlal Nehru, der ägyptische Staatspräsident Gamal Abdel Nasser, der chinesische Ministerpräsident Zhou Enlai und Indonesiens Präsident Ahmed Sukarno treten besonders hervor. Die Konferenz verurteilt jede Form von Rassismus und Kolonialismus, sie fordert die Gleichwertigkeit und Selbstbestimmung aller Völker sowie deren friedliche Zusammenarbeit.

Jugendweihe in der Gewerkschaftsschule in Rahnsdorf 1955

ierter Schachzug, um die Schriftsteller nach den Turbulenzen des Jahres 1953 wieder auf die Parteilinie zu bringen.

8. Februar: Im August 1953 verkündet der sowjetische Ministerpräsident Georgi Malenkow einen Kurs, der auf eine begrenzte Liberalisierung und Verbesserung der Versorgung zielt. Nikita Chruschtschow sucht Malenkow auszuschalten und bekämpft deshalb die neue Politik, die er später selbst praktiziert. Er macht sich das Militär zum Verbündeten, indem er den absoluten Vorrang der Schwerindustrie und damit der Rüstung betont. Gegen diese Allianz kann sich Malenkow nicht behaupten, wegen «rechter Abweichung» muß er heute zurücktreten. Sein Nachfolger wird der Chruschtschow-Vertraute Nikolai Bulganin, die Militärs werden mit dem Posten des Verteidigungsministers für Marschall Georgi Schukow belohnt.

18. Februar: Die Volkskammer schlägt dem Bundestag eine sofortige Aussprache zur Vorbereitung gesamtdeutscher Wahlen unter internationaler Kontrolle vor. Eine Abordnung der Volkskammer soll deren Standpunkt am 24. Februar, dem Beginn der Debatte über die «Pariser Verträge», im Bundestag darlegen – Bundestagspräsident Eugen Gerstenmaier (CDU) lehnt ab.

2. März: Nach der Ratifizierung der «Pariser Verträge» durch den Bundestag bezeichnet Otto Grotewohl (SED) die entstandene Lage als «nationalen Notstand». Die Volkskammer richtet eine «Proklamation an das deutsche Volk», in der eine gesamtdeutsche Volksbefragung über diese Frage vorgeschlagen wird: «Sind Sie für die friedliche Wiedervereinigung Deutschlands durch freie gesamtdeutsche Wahlen im Jahre 1955 und für das in der Frankfurter Paulskirche angenommene Deutsche

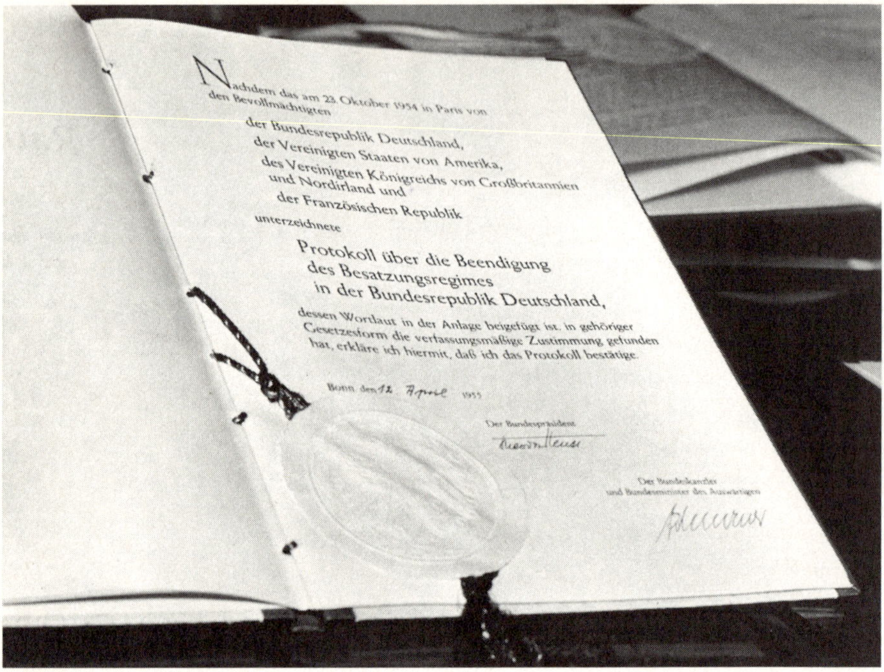

Protokoll über die Beendigung des Besatzungsregimes vom 12. April 1955 mit den Unterschriften von Bundespräsident Theodor Heuss und Bundeskanzler Konrad Adenauer

Adenauers Kurs ein Modell für Bundesrepublik, für Bundeskanzler Konrad Adenauer ist dies jedoch nur ein «klug berechneter Schritt» der Sowjetunion, um der Neutralisierung Deutschlands den Boden zu bereiten.

1. bis 3. Juni: Nunmehr Gleicher unter Gleichen, drängt die Bundesrepublik auf eine Fortsetzung der westeuropäischen Integration. Im italienischen Messina einigen sich die Außenminister der Montanunion auf die Schaffung eines Gemeinsamen Marktes und auf die gemeinsame Nutzung der Atomenergie zu friedlichen Zwecken.

7. Juni: Nach dem Inkrafttreten der «Pariser Verträge» schafft die Bundesregierung das Bundesministerium für Verteidigung (ab Dezember 1961 Bundesministerium der Verteidigung). Erster Minister wird der bisherige «Sicherheitsbeauftragte» Theodor Blank (CDU). Bundeskanzler Konrad Adenauer (CDU) gibt das Amt des Außenministers an Heinrich von Brentano (CDU) ab.

1. Juli: An einer Kontroverse über das Saar-Abkommen spaltet sich die BHE-Fraktion im Bundestag. Die Minister Oberländer und Kraft treten mit sieben weiteren Abgeordneten aus dem BHE aus; zwei schließen sich der FDP, die anderen am 18. Februar 1956 der CDU/CSU an. Die verbleibenden achtzehn BHE-Abgeordneten verlassen am 23. Juli die Regierungskoalition, die damit ihre Zwei-Drittel-Mehrheit verliert, und gehen in die Opposition.

9. Juli: Neun bedeutende Atomwissenschaftler warnen in einem Appell an die Weltöffentlichkeit vor den Gefahren eines Atomkrieges, der die Existenz der Mensch-

Manifest oder für die Pariser Kriegsverträge?»

27. März: Im Ost-Berliner Bezirk Köpenick finden die ersten Jugendweihen statt. An den Jugendweihen dieses Frühjahrs nehmen in der gesamten DDR 17,7 Prozent aller Jungen und Mädchen teil. Die Jugendweihe ist als staatlicher Akt für Schüler am Ende des achten Schuljahres gedacht, in dem die Jugendlichen in die «Reihe der Erwachsenen aufgenommen» werden. Dabei wird ein Gelöbnis abgelegt, in dem auch die «Führung der Arbeiterklasse und ihrer revolutionären Partei» bekräftigt wird. Die Vorbereitung für diesen atheistischen Ersatzritus für Konfirmation, Kommunion und Firmung erfolgt in «sozialistischen Jugendstunden». Am 13. November 1954 wird der «Zentrale Ausschuß für Jugendweihe» gebildet, dem die örtlichen Ausschüsse folgen, die Träger der Jugendweihe sind. Ab 1956 wird die Jugendweihe in das Familienstammbuch eingetragen. Obgleich die Teilnahme offiziell als freiwillig gilt und etwa mit der Konfirmation vereinbar sein soll, wird die Jugendweihe de facto zur Pflichtveranstaltung: Im Jahr 1960 nehmen 87,8 Prozent, im Jahr 1983 über 98 Prozent aller 14jährigen an der Jugendweihe teil. Wegen ihrer atheistischen Ausrichtung erklären die Kirchen die Jugendweihe für unvereinbar mit Konfirmation oder Kommunion, deren Bedeutung stark zurückgeht. Aus seelsorgerischen Gründen bieten die Evangelischen Kirchen Jugendgeweihten dennoch die Möglichkeit der Konfirmation, zum Teil nach einjähriger Wartezeit.

April: Die Sowjetunion übergibt den Flughafen Berlin-Schönefeld an die DDR. Nach der Aufnahme des Inlandsflugverkehrs eröffnet die *Deutsche Lufthansa* im Februar 1956 ihre erste internationale Verbindung, nach Warschau. 1963 wird die Deutsche Lufthansa in *Interflug* umbenannt.

12. April: Der Ministerrat meldet die Verhaftung von 521 westlichen Agenten und protestiert «gegen die Verwandlung und Ausnutzung Westberlins als Hauptzentrum der Spionage- und Diversionstätigkeit gegen die DDR».

1. Mai: Bei den Maidemonstrationen treten erstmals, wenn auch noch in provisorischer Montur, die «Kampfgruppen der Arbeiterklasse», die früheren Betriebskampfgruppen, in der Öffentlichkeit auf. Ihre Losung: «Bereit zur Arbeit und zur Verteidigung der Heimat!»

11. bis 14. Mai: In Warschau konferieren die osteuropäischen Regierungen. Die Sowjetunion, die Tschechoslowakei, Polen, Ungarn, Rumänien, Bulgarien, Albanien und die DDR schließen den über 20 Jahre laufenden «Warschauer Vertrag» über «Freundschaft, Zusammenarbeit und gegenseitigen Beistand». Im Westen wird das Militärbündnis bald als *Warschauer Pakt* bezeichnet. Für die DDR enthält der Vertrag eine Besonderheit, die wohl weder Übersetzungsfehler noch Ungenauigkeit ist: In den drei nichtdeutschen Fassungen des Vertrages wird festgelegt, daß die Teilnehmerstaaten im Ernstfall selbst über Umfang und Zeitpunkt ihres Beistandes bestimmen. In der deutschen Fassung heißt es dagegen, daß der für andere Teilnehmerstaaten zu leistende Beistand von diesen bestimmt wird. «In Abwehr der Bedrohung durch die Pariser Kriegsverträge» schaffen die Teilnehmerstaaten ein Vereintes Kommando ihrer Streitkräfte. Das Vereinte Oberkommando residiert in Moskau, an seiner Spitze amtiert stets ein sowjetischer General. In Friedenszeiten unterstehen dem Vereinten Oberkommando alle sowjetischen Truppen in der Tschechoslowakei, in Ungarn, Polen und der DDR, aber nur Teile der jeweiligen nationalen Landstreitheit aufs Spiel setze. Zu den Unterzeichnern gehören der britische Philosoph Bertrand Russell und der am 18. April verstorbene Albert Einstein. Am 12. Juli richten bei ihrer Tagung in Lindau am Bodensee dort versammelte Nobelpreisträger, darunter Otto Hahn, Werner Heisenberg, Adolf Butenandt und Max Born, einen ähnlichen Appell an die Atommächte.

18. bis 23. Juli: In Genf konferieren zum ersten Mal seit der Potsdamer Konferenz die Regierungschefs und Außenminister der vier Siegermächte: Dwight D. Eisenhower mit John Foster Dulles, Nikita Chruschtschow und Nikolai Bulganin mit Wjatscheslaw Molotow, Anthony Eden mit Harold Macmillan, Edgar Faure mit Antoine Pinay. Als Beobachter sind Delegationen der Bundesrepublik und der DDR zugelassen, eine erste internationale Aufwertung der DDR. Nach dem Beitritt der Bundesrepublik zur NATO und dem Beharren der Sowjetunion auf der Existenz zweier deutscher Staaten gibt es keinerlei Fortschritte in der deutschen Frage. In der Öffentlichkeit wird verzeichnet, daß offenbar keine der Seiten einen Krieg für die Erreichung ihrer Ziele erwägt.

5. August: Der Bundestag verabschiedet das «Landwirtschaftsgesetz», mit dem «die soziale Lage der in der Landwirtschaft tätigen Menschen an die vergleichbarer Berufsgruppen angeglichen werden» soll. Dieses Gesetz verpflichtet die Bundesregierung, alljährlich einen «Grünen Bericht» über die Lage der Landwirtschaft sowie einen «Grünen Plan» vorzulegen, der Maßnahmen und Gelder zur Verbesserung der Situation der Landwirtschaft auflistet. Ab 1968 werden beide Dokumente vereint. Zu den wichtigsten Maßnahmen gehören die bereits am 11. Juni 1953 vom Bundestag auf den Weg gebrachte Flurbereinigung, die vierzig Prozent der landwirtschaftlichen Nutzfläche erfaßt und die zersplitterten Flächen zusammenlegt, sowie die Aussiedlung von Höfen aus beengter Dorflage in die Feldmark.

9. bis 13. September: Mit einer mehr als hundert Köpfe zählenden Delegation reist Bundeskanzler Konrad Adenauer (CDU) nach Moskau. Da Verlauf wie Ausgang der Verhandlungen völlig offen sind, nimmt Adenauer nicht nur zahlreiche Experten mit. Er bezieht auch den Bundestag, den Bundesrat und die SPD in die Mitverantwortung ein: Kurt Georg Kiesinger (CDU), Vorsitzender des außenpolitischen Ausschusses des Bundestages, und dessen Stellvertreter Carlo Schmid (SPD) sowie Karl Arnold (CDU), Ministerpräsident von Nordrhein-Westfalen und im Bundesrat für Außenpolitik zuständig, reisen mit. In teils lautstark, zornig und gar mit erhobenen Fäusten geführten Verhandlungen geht es um zwei zentrale Fragen, die Aufnahme diplomatischer Beziehungen und die Freilassung der deutschen Kriegsgefangenen. Als Siegermacht des Zweiten Weltkrieges akzeptiert die Sowjetunion weder ein Junktim noch einen Bonner Alleinvertretungsanspruch in der Frage der Kriegsgefangenen, zumal bereits Gespräche mit der DDR geführt werden. Adenauer droht mit der Abreise. Gegen den Rat von Außenminister Heinrich von Brentano und der meisten Berater begnügt er sich letztlich mit einem Ehrenwort von Ministerpräsident Nikolai Bulganin für die Freilassung der verbliebenen etwa 10000 Kriegsgefangenen und 20000 Zivilinternierten. Die Aufnahme diplomatischer Beziehungen wird für Dezember 1955 vereinbart. Kritisierte die Bundesregierung bislang die (tatsächliche oder vermeintliche) Nachgiebigkeit der Westmächte gegenüber Moskau, muß sie sich diesen Vorwurf von nun an selbst gefallen lassen. Wenig später kräfte, jedoch die gesamten Seestreitkräfte der DDR, Polens und die sowjetische Ostseeflotte. Im Kriegsfall befiehlt das Oberkommando über die gesamten Streitkräfte aller Teilnehmerstaaten.

25. bis 27. Mai: Auf dem fünften «Parlament» der FDJ in Erfurt wird als Nachfolger für Erich Honecker (SED) der Schiffbauer Karl Namokel (SED) zum Ersten Sekretär des Zentralrats der FDJ gewählt.

26. Mai: Mit einem Besuch von Nikita Chruschtschow und Nikolai Bulganin in Jugoslawien wird das erste Schisma der kommunistischen Bewegung nach sieben Jahren beendet. Die sowjetische

Gelöbnis der Jugendweihe

«Liebe junge Freunde!

Seid ihr bereit, als junge Bürger unserer Deutschen Demokratischen Republik mit uns gemeinsam, getreu der Verfassung, für die große und edle Sache des Sozialismus zu arbeiten und zu kämpfen und das revolutionäre Erbe des Volkes in Ehren zu halten, so antwortet:

Ja, das geloben wir!

Seid ihr bereit, als treue Söhne und Töchter unseres Arbeiter-und-Bauern-Staates nach hoher Bildung und Kultur zu streben, Meister eures Faches zu werden, unentwegt zu lernen und all euer Wissen und Können für die Verwirklichung unserer großen humanistischen Ideale einzusetzen, so antwortet:

Ja, das geloben wir!

Seid ihr bereit, als würdige Mitglieder der sozialistischen Gemeinschaft stets in kameradschaftlicher Zusammenarbeit, gegenseitiger Achtung und Hilfe zu handeln und euren Weg zum persönlichen Glück immer mit dem Kampf für das Glück des Volkes zu vereinen, so antwortet:

Ja, das geloben wir!

Seid ihr bereit, als wahre Patrioten die feste Freundschaft mit der Sowjetunion weiter zu vertiefen, den Bruderbund mit den sozialistischen Ländern zu stärken, im Geiste des proletarischen Internationalismus zu kämpfen, den Frieden zu schützen und den Sozialismus gegen jeden imperialistischen Angriff zu verteidigen, so antwortet:

Ja, das geloben wir!

Wir haben euer Gelöbnis vernommen. Ihr habt euch ein hohes und edles Ziel gesetzt. Feierlich nehmen wir euch auf in die große Gemeinschaft des werktätigen Volkes, das unter Führung der Arbeiterklasse und ihrer revolutionären Partei, einig im Willen und im Handeln, die entwickelte sozialistische Gesellschaft in der Deutschen Demokratischen Republik errichtet.

Wir übertragen euch eine hohe Verantwortung. Jederzeit werden wir euch mit Rat und Tat helfen, die sozialistische Zukunft schöpferisch zu gestalten.»

Adenauer übergibt Bulganin am 13. September 1955 einen Brief, in dem er mitteilt, daß die Aufnahme diplomatischer Beziehungen mit der Sowjetunion nicht die Anerkennung der DDR bedeutet

macht Adenauer in einem Brief an Bulganin drei Rechtsvorbehalte geltend: Nichtanerkennung des territorialen Besitzstandes der Sowjetunion, Nichtanerkennung der DDR und die Aufrechterhaltung des Alleinvertretungsanspruchs der Bundesrepublik.

2. Oktober: Die skeptisch-aufbegehrende Nachkriegsjugend verliert ihr erstes großes Idol. Im Alter von 24 Jahren kommt der Schauspieler James Dean bei einem Autounfall in Kalifornien ums Leben. Nur drei Filme drehte er: «Denn sie wissen nicht, was sie tun», «Jenseits von Eden» und «Giganten». Sein Ruhm überlebt ihn bis heute.

9. Oktober: Mehr als zehn Jahre nach dem Ende des Zweiten Weltkrieges gibt die Sowjetunion die letzten Gefangenen und Internierten frei. Im Aufnahmelager Friedland trifft nach vieltägiger Eisenbahnfahrt der erste große Transport mit 602 Kriegsgefangenen ein. Insgesamt werden gemäß dem Ehrenwort, das der sowjetische Ministerpräsident Nikolai Bulganin Bundeskanzler Konrad Adenauer (CDU) gab, in den folgenden Wochen 9626 deutsche Kriegsgefangene und 20000 Zivilinternierte aus sowjetischen Arbeitslagern zurückkehren.

17. Oktober: Der CDU-Bundestagsabgeordnete Bernhard Winkelheide kündigt die Gründung eines *Christlichen Gewerkschaftsbundes Deutschlands* an, die jedoch erst 1959 vollzogen wird. Winkelheide wird darauf aus dem DGB ausgeschlossen.

23. Oktober: Nach einem freien Wahlkampf, in dem sich auch die prodeutschen Parteien unbehindert äußern können, lehnt

Führung akzeptiert nun die von Josip Tito verfochtene These verschiedener Wege zum Sozialismus und übt damit erste Kritik an Stalin.

1. und 2. Juni: Vor dem ZK der SED gibt Walter Ulbricht unumwunden zu, den Neuen Kurs nie gewollt zu haben: «Wir hatten niemals die Absicht, einen solchen falschen Kurs einzuschlagen, und wir werden ihn niemals einschlagen.»

13. bis 18. Juni: Auf seiner Tagung in Paris erkennt das IOC das NOK der DDR vorläufig an – allerdings unter der Auflage, sich bis auf weiteres an gesamtdeutschen Olympiamannschaften zu beteiligen.

24. bis 27. Juli: Auf ihrer Rückreise von der Genfer Konferenz machen Nikita Chruschtschow und Nikolai Bulganin Station in Ost-Berlin. Bei einer Massenkundgebung auf dem Marx-Engels-Platz am 26. Juli bekundet Chruschtschow erstmals die neue sowjetische «Zwei-Staaten-Doktrin». Zwar sei die Wiedervereinigung eine Angelegenheit der Deutschen. Doch lehne die Sowjetunion jede Änderung der politischen Gegebenheiten der DDR ab, eine Wiedervereinigung könne sie nur bei Wahrung der «sozialistischen Errungenschaften» der DDR akzeptieren. Im Kommuniqué heißt es: «Der Erreichung dieses Ziels würde am besten die Schaffung eines Systems kollektiver Sicherheit in Europa unter gleichberechtigter Teilnahme zunächst beider Teile Deutschlands und dann des vereinigten Deutschlands dienen.» Ohne die Annäherung zwischen der DDR und der Bundesrepublik sei eine Lösung nicht möglich.

12. August: Otto Grotewohl (SED) unterbreitet in der Volkskammer vier neue Vorschläge zur Annäherung beider deutscher Staaten: Systematische Milderung der bestehenden Spannungen, Erweiterung der Wirtschafts- und Handelsbeziehungen, umfassende Förderung der Entwicklung kultureller Beziehungen und Verbesserung der Bedingungen für den Verkehr zwischen beiden Staaten Deutschlands.

18. August: Auch das Handwerk soll vollständig in die Planwirtschaft eingegliedert und kollektiviert werden. Der Ministerrat beschließt die «Verordnung über Produktionsgenossenschaften des Handwerks» (PGH), in denen sich bisher selbständige Handwerker zusammenschließen sollen. Es werden Musterstatuten erlassen. Beim Typ 1 wird in den privaten Werkstätten produziert, jedoch werden die eigenen Produktionsmittel der Genossenschaft zur Verfügung gestellt; beim Typ 2 geht das Eigentum an Maschinen, Werkzeugen und Räumlichkeiten durch Verkauf an die PGH über.

27. August: Die NOKs der DDR und der Bundesrepublik beginnen Gespräche über die Entsendung einer gesamtdeutschen Mannschaft zu den Olympischen Spielen 1956 in Melbourne. Nach Ausscheidungswettkämpfen und politisch belasteten Kontroversen werden 138 Sportler aus der Bundesrepublik und 37 Sportler aus der DDR nominiert.

31. August: In der sächsischen Kleinstadt Hoyerswerda beginnt der Aufbau des größten Kombinats der DDR, des Gas-Kombinats «Schwarze Pumpe». Neben dem Kombinat wird die sogenannte Wohnstadt Hoyerswerda in fünf- bis zehnstöckigen Plattenbauten errichtet, durch die die bisherige Einwohnerzahl von 7000 verzehnfacht wird. Hoyerswerda wird zur zweiten «sozialistischen Stadt der DDR» erklärt, zur Musterstadt.

Präsident Wilhelm Pieck (SED) richtet ein Schreiben an die sowjetische Führung, in dem er um die vorzeitige Entlassung aller deutschen «Kriegsverurteilten» und ihre Rückführung in die Heimat ersucht.

17. bis 20. September: Unmittelbar nach

Begrüßung eines Heimkehrers aus sowjetischer Kriegsgefangenschaft im Lager Friedland

die Bevölkerung des Saarlandes in einer Volksabstimmung das Saar-Statut ab. Bei einer Wahlbeteiligung von 97,5 Prozent stimmen 67,7 Prozent der Bürger dagegen. Die Regierung unter Johannes Hoffmann tritt zurück. Frankreich erklärt sich daraufhin bereit, das Saarland an die Bundesrepublik anzugliedern.

27. Oktober bis 16. November: Die Außenminister der vier Siegermächte tagen in Genf, abermals sind Beobachterdelegationen aus der Bundesrepublik und der DDR zugelassen. Für die Sowjetunion schlägt Wjatscheslaw Molotow einen Konföderationsplan vor, zunächst sollten die beiden deutschen Staaten einen «Gesamtdeutschen Rat» bilden. Bis auf kleinere Bestände sollten alle ausländischen Truppen aus Deutschland abgezogen werden. Die Konferenz bringt keine konkreten Ergebnisse. Sie markiert aber den Beginn einer Periode, in der die beiden Blöcke ihre Existenz sowie ihre Einflußbereiche gegenseitig anerkennen und auf kriegerische Akte verzichten.

28. Oktober: Im März feierte er seine Premiere in den USA, nun findet die deutsche Erstaufführung statt. Der Film «Saat der Gewalt» (Blackboard jungle) von Richard Brooks begeistert die junge Generation, weil er offen die Probleme der sogenannten Halbstarken zeigt. Vor allem aber macht er einen Song schlagartig weltberühmt, der am 12. April 1954 in New York aufgenommen wurde und zunächst kaum Beachtung fand: «Rock around the clock», eigentlich ein althergebrachter, sanfter Rhythm-and-Blues-Song, wird in der Einspielung von «Bill Haley & His Comets» zur Hymne der nun beginnenden Rock-'n'-Roll-Welle.

12. November: Am 200. Geburtstag des preußischen Heerführers und Reformers Gerhard von Scharnhorst erhalten die ersten 101 freiwilligen Soldaten und Offiziere der Bundeswehr in Bonn ihre Ernennungsurkunden.

9. Dezember: Die Bundesregierung versucht, die Aufnahme der diplomatischen Beziehungen zu Moskau am 20. Dezember nicht als Anerkennung der sowjetischen Auffassung von der Existenz zweier deutscher Staaten erscheinen zu lassen. Sie rechtfertigt ihr Vorgehen als Ausnahmefall. Als Siegermacht des Zweiten Weltkrieges sei die Sowjetunion zu wichtig, ohne ihre Mithilfe könne es eine Einheit Deutschlands nie geben. Für alle anderen Länder findet der Diplomat Wilhelm Grewe im September eine Formel, die ab heute als «Hallstein-Doktrin», benannt nach dem Staatssekretär im Außenministerium Walter Hallstein, für siebzehn Jahre die Bonner Außenpolitik bestimmen wird: Die Bundesregierung werde die Aufnahme diplomatischer Beziehungen mit der DDR als einen «gegen die Lebensinteressen des deutschen Volkes gerichteten unfreundlichen Akt» ansehen und mit dem

Die wirkliche Lage

Auf seiner 25. Tagung befaßt sich das ZK der SED vom 24. bis zum 27. Oktober mit der wirklichen Lage im Lande. Unzählige Probleme, Mißstände und Absurditäten werden offen gebrandmarkt. Hermann Matern, Vorsitzender der ZPKK, spricht die Hauptschwierigkeiten an: «Wir haben schon öfter gesprochen über Erscheinungen des Bürokratismus und der Überzentralisation auf vielen Gebieten. Diese schädlichen Tatsachen gibt es in der Partei, im Staatsapparat, in der Industrie, in der Landwirtschaft und im Handel. Es wurden schon bisher öfter gute Maßnahmen besprochen und beschlossen. Sie brachten aber keine Besserung, weil sie wahrscheinlich irgendwo in der Durchführung steckenblieben. Mir scheint, daß in dieser Hinsicht sich der Zustand auf manchen Gebieten verschlechtert hat. Dadurch wird die Eigeninitiative und Verantwortungsfreudigkeit erstickt. Nicht wenige Schwierigkeiten haben ihre Ursachen mit im Bürokratismus und in der Überzentralisierung. Partei-, Staats- und Wirtschaftsfunktionäre weichen vor Schwierigkeiten zurück – treffen keine Entscheidungen, weil sie sich nicht voll verantwortlich fühlen, oder sie warten auf Anweisungen von oben und auf fertige Rezepte zur Lösung aller Fragen. Unsere Verordnungs- und Durchführungs-Verordnungs-Produktion fördert die Unselbständigkeit der Organe in den Bezirken, Kreisen und in den Orten, weil sie versucht, auf alle Fragen, Möglichkeiten und Zufälligkeiten eine erschöpfende Antwort zu geben.»

Am 13. November werden diese kritischen Worte Materns im *Neuen Deutschland* veröffentlicht. Doch seine Rede wird bei weitem nicht vollständig wiedergegeben, ebenso wie zahlreiche andere Beiträge der ZK-Tagung zwischen dem 26. Oktober und dem 22. November nur bereinigt im *Neuen Deutschland* erscheinen. So erfahren die Leser nicht, daß die Führung durchaus über die unzähligen Probleme informiert ist. Innenminister Karl Maron: «Es vergeht buchstäblich kein Tag, an dem nicht bei mir oder beim Staatssekretariat ein Brief eines Ministers oder auch der Zentralen Kommission für Staatliche Kontrolle eingeht mit dem Hinweis, daß auf diesem oder jenem Fachgebiet, in diesem oder jenem Bezirk oder Kreis erhebliche Mängel und Schwächen festgestellt wurden.»

Albert Stief aus Cottbus berichtet von einem typischen Einzelfall: «Für das Klubhaus in Forst brauchen wir für die Jugendgruppe eine Baßgeige. Nebenan im Geschäft steht eine Baßgeige zum Verkauf. Aber dieses Klubhaus ist ein gesellschaftlicher Träger, und das Ergebnis ist, sie konnten die Baßgeige nicht in dem Laden kaufen, sie mußten sich an den Genossen Minister wenden, um die Freigabe zum Kauf der Baßgeige durch das Großhandelskontor in Klingenthal zu erhalten. Ich denke, daß man auch solche Verfügungen aufheben muß. Sonst kann der Genosse Wach niemals seine Aufgaben als Minister für Handel und Versorgung lösen.»

Gastarbeitnehmer

Beschäftigte ausländische Arbeitnehmer in der Bundesrepublik Deutschland

Herkunftsland	1960	1965	30.6.1972	30.6.1977	30.6.1979
Belgien	–	6575	11005	9192	9424
Frankreich	9189	25787	50882	43631	47290
Griechenland	12885	181658	269689	162495	140139
Großbritannien	–	7636	18719	25247	30898
Italien	121311	359773	422220	281224	300442
Jugoslawien	8729	64060	471892	377206	367301
Niederlande	33356	59631	70434	42645	40106
Österreich	32132	59587	99326	74985	83698
Portugal	–	10509	63128	60160	59145
Spanien	9385	180572	183960	100311	89992
Türkei	–	121121	497296	517467	540471
Summe	226987	1076909	2158551	1694563	1708906

Abbruch der eigenen Beziehungen zum betreffenden Land beantworten.

20. Dezember: Die Wirtschaft der Bundesrepublik läuft auf Hochtouren. Trotz des anhaltenden Flüchtlingsstroms aus dem Osten fällt die Arbeitslosenquote unter die klassische Fünf-Prozent-Marke, die als Grenze zur Vollbeschäftigung gilt. Um aufkommende Beschäftigungslücken zu füllen, schließt die Bundesrepublik mit Italien ein Abkommen über die Anwerbung der ersten 100000 «Gastarbeiter». Bald reicht die Zufuhr preiswerter Arbeitskräfte vor allem aus dem armen Süden Italiens nicht mehr aus, so daß die bundesdeutschen Anwerber ab 1956 auch in Spanien, Griechenland und Jugoslawien tätig werden. Ab 1961 werden auch in der Türkei «Gastarbeiter» angeworben.

Mehrmals ruft die Schilderung grotesker Einzelfälle «Heiterkeit» hervor. Angesichts dieser Haltung stellt das Politbüro-Mitglied Alfred Neumann, da hier «doch die Spitzen der Macht versammelt» seien, «eine andere Frage. In der Diskussion haben viele Genossen gesprochen, auch solche, die – möchte ich sagen – eine ganze Portion Macht verkörpern und in den Händen halten. Worüber ist wenig gesprochen worden? Warum der Apparat nicht in der Lage war, die Durchführung der Beschlüsse zu gewährleisten. Es gibt interessante Berichte über alle möglichen Anekdoten unseres Bürokratismus. Ich könnte hier genauso lachen wie alle anderen. Aber es ist mir viel zu ernst. Warum wird das nicht verändert? Ist das Sache des Witzblattes, oder lachen wir über unsere Unfähigkeit?» Und: «Wer ändert? Das ZK stellte Fragen, ein Jahr vergeht, aber wer verändert? Es bleibt alles beim alten!»

dem Besuch von Bundeskanzler Konrad Adenauer (CDU) reist Otto Grotewohl (SED) nach Moskau. Seine Regierungsdelegation verhandelt über die volle Souveränität der DDR. Am Ende wird der «Vertrag über die gegenseitigen Beziehungen zwischen der DDR und der Sowjetunion» unterzeichnet. Die Sowjetunion löst ihre Hohe Kommission in Deutschland auf, sie setzt die Befehle und Anordnungen der SMAD und der SKK zum 7. August 1954 sowie die Kontrollratsbeschlüsse von 1945 bis 1948 für das Territorium der DDR außer Kraft. Zugleich wird vereinbart, daß sowjetische Truppen auch weiterhin in der DDR stationiert bleiben. Zudem behält sich die Sowjetunion vor, den Verkehr der Westalliierten von und nach West-Berlin zu kontrollieren.

18. September: In Leipzig wird das «Institut für Literatur» eröffnet, dessen Leitung Alfred Kurella (SED) übernimmt. In mehrjährigen Lehrgängen erhalten Schriftsteller eine Grundausbildung. Nach dem Tod des Dichters und Kulturministers Johannes R. Becher erhält das Institut im Jahr 1959 dessen Namen, obgleich Becher diese Einrichtung als «hyperformalistisches Retortenexperiment» bekämpfte.

26. September: Die Volkskammer verabschiedet das «Gesetz zur Ergänzung der Verfassung (Militärischer Schutz der Heimat)», das den Aufbau von Streitkräften regelt und den bewaffneten Dienst als «Ehrenpflicht» bezeichnet.

24. November: Das Präsidium des Ministerrats beschließt «Maßnahmen zur Verbesserung der Arbeit des Staatsapparates». Neben der Schaffung neuer Kommissionen wird das Ministerium für Schwerindustrie in die Ministerien für Berg- und Hüttenwesen, für Chemische Industrie sowie für Kohle und Bergbau aufgeteilt. Außerdem wird eine neue Arbeitsordnung für den Ministerrat verabschiedet, Walter Ulbricht (SED) wird zum ersten Stellvertreter des Vorsitzenden des Ministerrates berufen.

27. November: In der Ost-Berliner Nationalgalerie wird eine Ausstellung jener Gemälde eröffnet, die aus der Dresdner Gemäldegalerie stammen, als Kriegsbeute in die Sowjetunion kamen und am 1. April zurückgegeben wurden. Unter den Kunstwerken sind Raffaels «Sixtinische Madonna» und das «Urteil des Paris» von Peter Paul Rubens.

1956

Bruchstellen

Junge Leute, von ihren arbeitsamen Eltern vernachlässigt, entziehen sich der bürgerlichen Welt. In Cliquen finden sie sich zusammen und machen die Innenstädte unsicher. «Halbstarke» werden sie ob ihrer Pöbeleien, Protzereien und Provokationen genannt. Derart hysterisch reagiert die Öffentlichkeit, daß die im August des Jahres gegründete *Bravo* ausruft: «Schluß damit! Es gibt keine Halbstarken-Generation und keine Halbstarken-Gefahr. Es gibt ein paar Rowdies und die hat es immer gegeben.» Namens der «sauberen» Jugend greift *Bravo* die Verantwortlichen an: «Über Unfähigkeit von Behörden, über jahrelanges Palavern und Nichtstun wird mit vornehmem Schweigen hinweggegangen (...) Statt anzuerkennen, daß in dieser Generation, um die sich ja eigentlich niemand richtig kümmert, sehr viele ordentliche, fleißige, patente Kerle heranwachsen, verurteilt man ganze Jahrgänge zur Sippenhaft für ein paar Verbrecher.»

2. Januar: Aus Freiwilligen bildet die Bundeswehr die ersten Lehrkompanien, in Andernach für das Heer, in Nörvenich für die Luftwaffe und in Wilhelmshaven für die Marine.

20. Februar: Erstmals in der Geschichte der Bundesrepublik wird eine Landesregierung durch ein konstruktives Mißtrauensvotum gestürzt. Um im Bundesrat die Zwei-Drittel-Mehrheit der Bonner Regierungskoalition zu brechen, verläßt die nordrhein-westfälische FDP die Düsseldorfer Regierungskoalition und stimmt mit der SPD für die Ablösung des bisherigen Ministerpräsidenten Karl Arnold (CDU) durch Fritz Steinhoff (SPD). Steinhoff bildet die erste sozialliberale Koalition aus SPD und FDP sowie dem Zentrum. Der Grund für den Seitenwechsel der FDP liegt im Bundestagsantrag der CDU/CSU vom 15. Dezember 1955, der eine Änderung des Wahlrechts für den Bundestag anstrebt. Mit diesem neuen «Grabenwahlrecht», nach dem Direkt- nicht mit Listenmandaten verrechnet werden, würden die kleineren Parteien nur geringe Chancen auf Vertretung im Bundestag haben. Im Zuge dieser Kontroverse spaltet sich die Bonner FDP-Fraktion, die Mehrheit kündigt die Koalition mit der CDU/CSU auf. Doch sechzehn Bundestagsabgeordnete

1956

Tauwetter

In ganz Osteuropa sprechen die Menschen über jene geheimnisumwitterte Rede, mit der Nikita Chruschtschow den Tyrannen Stalin nun politisch beerdigt. Erleichterung und die Hoffnung auf kleine Freiheiten breiten sich aus. In Polen und Ungarn sehen die Völker ihre Chance, das ungeliebte System loszuwerden. Doch in der DDR sitzt der Schock des 17. Juni zu tief – allein kritische Geister in Partei und Kultur fordern Reformen, die Masse der Menschen zieht sich zurück in ihr Schneckenhaus.

10. bis 14. Januar: In Ost-Berlin tagt der mehrmals verschobene vierte «Deutsche Schriftstellerkongreß». Auf verschiedene kritische Äußerungen poltert Walter Ulbricht (SED): «Wir stellen doch nicht Anforderungen auf Grund irgendwelcher himmlischer Wünsche, sondern wir haben die Gewohnheit, Anforderungen zu stellen, die notwendig sind (...) Es gilt, Mut im Kampf gegen die Einflüsse der bürgerlichen Ideologie zu beweisen, die uns hauptsächlich hindern, noch größere Aufgaben zu lösen. Da muß man Mut beweisen! Was sonst Mut betrifft, so ist die Sache doch eine solche: Es gehört kein Mut dazu, zum Beispiel kritische Äußerungen bei uns zu machen. Was wird bei uns nicht alles an Dummheiten geschrieben und gesagt!» Der Kongreß nimmt ein neues Statut des Deutschen Schriftstellerverbandes an und fordert die Durchsetzung des Sozialistischen Realismus. Zu Vorsitzenden werden Anna Seghers, Hans Marchwitza und Erwin Strittmatter (alle SED) gewählt.

18. Januar: Die bisher versteckte Aufrüstung kann nach der Gewährung der Souveränität für die DDR nun offen betrieben werden. Die Volkskammer verabschiedet das Gesetz über die Schaffung der *Nationalen Volksarmee* (NVA), deren Kern die nunum Martin Euler, darunter vier Bundesminister, verlassen die FDP und unterstützen weiterhin die CDU / CSU – sie gründen am 23. April die *Freie Volkspartei* (FVP), die sich im Januar 1957 der DP anschließt.

21. Februar: Die Bundesregierung beschließt, die neue Dienststelle *Bundesnachrichtendienst* (BND) zu schaffen, die dem Bundeskanzleramt angegliedert ist. Ab 1. April wird der bisher als «Organisation Gehlen» existierende informelle Nachrichtendienst in den BND überführt, der Sitz bleibt in Pullach. Die politische Kontrolle wird bald von einem Vertrauensmännergremium wahrgenommen, das aus den Fraktionsvorsitzenden der im Bundestag vertretenen Parteien besteht.

6. März: Der Bundestag verabschiedet die «zweite Wehrergänzung» des Grundgesetzes, die die parlamentarische Kontrolle der neuen Streitkräfte regelt. Im Frieden liegen Befehls- und Kommandogewalt beim Verteidigungsminister, im Kriegsfall beim Bundeskanzler, die beide dem Parlament verantwortlich sind. Während die SPD diese Wehrergänzung billigt, wird das «Soldatengesetz», das den Status der Soldaten regelt und der Bundeswehr ihren Namen gibt, gegen ihre Stimmen verabschiedet.

4. Juni: Frankreich und die Bundesrepublik einigen sich darauf, das Saarland in zwei Stufen in die Bundesrepublik einzugliedern. Heute bildet Ministerpräsident Hans Egon Reinert (CDU) eine Koalitionsregierung aus den Heimatbund-Parteien. Ab 1. Januar 1957 wird das Saarland politisch, ab 31. Dezember 1959 auch wirtschaftlich zur Bundesrepublik gehören. Am 27. Oktober wird der «Saar-Vertrag» in Luxemburg unterzeichnet, der Bundestag ratifiziert ihn am 14. Dezember. Die wirtschaftliche Eingliederung wird dann vorgezogen, sie erfolgt bereits am 5. Juli 1959. Frankreich behält Abbau- und Kaufrechte für ein Drittel der saarländischen Kohleförderung, zudem werden Mosel und Oberrhein ausgebaut, so daß die lothringischen Erze besser verschifft werden können.

21. Juli: Heftige Debatten werden darüber geführt, wie die deutschen Streitkräfte die der NATO zugesagte Stärke von 500000 Mann erhalten könnten. SPD und FDP lehnen aus unterschiedlichen Gründen die allgemeine Wehrpflicht ab. Mit 269 gegen 166 Stimmen bei 20 Enthaltungen verabschiedet

Suezkrieg

Nach dem Abzug der britischen Truppen im Juni 1956 nationalisiert Ägypten am 26. Juli die *Suezkanalgesellschaft*, die bisher in britischen, französischen und amerikanischen Händen lag. Aufgrund geheimer Absprachen intervenieren Israel, Großbritannien und Frankreich ab dem 29. Oktober militärisch. Die europäischen Mächte bombardieren die Kanalzone und landen Truppen bei Port Said. Erst auf Druck der UN, der USA und der Sowjetunion willigen die Invasoren am 6. November in einen Waffenstillstand ein. Im Dezember ziehen die britischen und französischen, im März 1957 die israelischen Truppen ab. Nach dem Suezkrieg fordert und erhält US-Präsident Dwight D. Eisenhower am 9. März 1957 vom Kongreß die Ermächtigung, im Nahen Osten auf das Hilfeersuchen eines dortigen Staates auch ohne Angriffsgefahr für die USA und ohne Kriegserklärung militärisch zu intervenieren. 1958 greifen die USA auf dieser Grundlage im Libanon militärisch ein.

mehr 75000 Mann der Kasernierten Volkspolizei bilden, und richtet das Ministerium für Nationale Verteidigung ein. Verteidigungsminister wird Willi Stoph (SED), der dieses Amt bis 1960 bekleidet.

26. Januar bis 6. Februar: Bei den siebten Olympischen Winterspielen im italienischen Cortina d'Ampezzo tritt eine gesamtdeutsche Mannschaft mit 58 Sportlern aus der Bundesrepublik und 18 aus der DDR an. Harry Glaß belegt im Spezialsprunglauf den dritten Platz und erringt damit die erste olympische Medaille für die DDR.

28. Januar: Die DDR unterstellt die Nationale Volksarmee dem Vereinten Oberkommando des «Warschauer Paktes». Im Gegensatz zu den Armeen der anderen Teilnehmerstaaten wird die NVA voll integriert, da sie keinen eigenen Generalstab, sondern nur einen Hauptstab als Zentrale Kommandostelle besitzt. Die größte von NVA-Offizieren selbständig befehligte Einheit ist die Division.

14. bis 25. Februar: Am letzten Tag des zwanzigsten Parteitages der KPdSU hält der Generalsekretär Nikita Chruschtschow eine Rede, die mit einigen Verbrechen Stalins abrechnet und den Beginn einer begrenzten Entstalinisierung markiert. Diese Geheimrede wird wenige Wochen später nur im Ausland veröffentlicht; in der Sowjetunion wird sie auf Parteiversammlungen lediglich laut vorgelesen, erst unter Michail Gorbatschow wird der Text freigegeben. Nichtsdestotrotz strahlt die Wirkung der Geheimrede in alle osteuropäischen Länder aus, sie erzeugt große Hoffnungen. Auch eine Delegation des ZK der SED unter Walter Ulbricht und Otto Grotewohl nimmt an diesem Parteitag teil – Ulbricht kehrt als ‹erklärter Antistalinist› aus Moskau zurück. Am 4. März schreibt er im *Neuen Deutschland* im völligen Gegensatz zu allen seinen bisherigen Bekundungen: «Wenn man von Genossen gefragt wird, ‹ob Stalin zu den Klassikern des Marxismus gehört›, kann man darauf nur antworten: Zweifellos hat Stalin nach dem Tode Lenins bedeutende Verdienste beim Aufbau des Sozialismus und im Kampf gegen die parteifeindlichen Gruppierungen der Trotzkisten, Bucharinleute und bürgerlichen Nationalisten. Als sich Stalin jedoch später über die Partei stellte und den Personenkult pflegte, erwuchsen der KPdSU und dem Sowjetstaat bedeutende Schäden. Zu den Klassikern des Marxismus kann man Stalin nicht rechnen.»

15. und 16. Februar: Nach sich häufender Kritik an der bürokratischen Arbeitsweise der Sozialversicherung wird dem FDGB die alleinige Trägerschaft und Verantwortung für das Sozialversicherungswesen der DDR übergeben. Die bisher mitversicherten Selbständigen wie Bauern, Handwerker oder Kleinunternehmer werden ausgegliedert und in eine eigene Versicherungsanstalt überführt.

1. März: Das Ministerium für Nationale Verteidigung und die Verwaltungen der Militärbezirke der Land-, Luft- und Seestreitkräfte beginnen ihre Tätigkeit. Dieser Tag gilt als offizieller Gründungstag der Nationalen Volksarmee.

24. bis 30. März: In Ost-Berlin tagt die dritte Parteikonferenz der SED. Sie wäre der geeignete Ort für eine Debatte über die Entstalinisierung, doch wagen nur zwei Funktionäre darauf einzugehen. Karl Schirdewan, der zweite Mann in der SED-Spitze: «Es muß gesagt werden, daß die Korrektur der Fehler und Irrtümer Stalins, die Weiterentwicklung der marxistischen Erkenntnisse über Fragen unserer heutigen Entwicklung von den Lehren und Erfahrungen des Leninismus aus erfolgte (...) Was die Würdigung Stalins anbelangt, so müssen wir unsere bisherigen Anschauungen einer Revi-

Zwei Stunden nach Verkünden des KPD-Verbots schließt die Polizei die Redaktion des Parteiorgans «Freie Volkszeitung» in Hamburg

der Bundestag das Gesetz über die allgemeine Wehrpflicht, die am 21. Juli für alle Männer zwischen dem 18. und 45. Lebensjahr eingeführt wird – ausgenommen West-Berlin. Die Wehrpflichtigen haben das Recht auf Wehrdienstverweigerung. Am 24. Dezember setzt der Bundestag die Dauer des Grundwehrdienstes auf zwölf Monate fest, mit der Möglichkeit der freiwilligen Verlängerung auf achtzehn Monate.

17. August: Auf Drängen des amerikanischen Hohen Kommissars und zum Unverständnis der Briten und Franzosen, wo starke Kommunistische Parteien existieren, stellt die Bundesregierung am 16. November 1951 beim Bundesverfassungsgericht den Antrag auf Verbot der KPD. Heute erklärt das Gericht die *Kommunistische Partei Deutschlands* mitsamt ihren Hilfs- und Nachfolgeorganisationen für verfassungswidrig. Eine Welle von Prozessen gegen KPD-Mitglieder schließt sich an. Der Parteivorsitzende Max Reimann ist mit Funktionären und Material vor dem Urteil in die DDR gegangen. Von dort aus wird die nun illegale Partei weiter gelenkt und finanziert.

sion unterziehen (...) in den letzten fünfzehn Jahren seiner leitenden Arbeit sind Fehler und Irrtümer in seinem Wirken aufgetreten, durch die der Sache des Sozialismus Schaden entstanden ist.» Willi Bredel, Altkommunist und Schriftsteller, gesteht als einziger ein, daß es «durch die auf dem zwanzigsten Parteitag der KPdSU aufgeworfenen Probleme nicht wenige und keine unbedeutenden Auseinandersetzungen in unserer Partei und mit unseren Werktätigen gab». Bredel übt auch maßvolle Kritik an Ulbricht: «Wenn unsere jungen Genossen Stalin Seite für Seite und Wort für Wort in sich aufgenommen haben, ist das dann ihre, und zwar ihre alleinige Schuld? Ist es nicht auch und vor allem unsere Schuld, die der älteren Generation? Das Parteistudium ist doch so, wie Genosse Ulbricht es geschildert hat, kritiklos viele Jahre durchgeführt worden. Wir sollten, so meine ich, jetzt weniger die jungen Genossen dafür auslachen, sondern etwas mehr Selbstkritik üben.»

Mit ihrer Kritik bleiben Schirdewan und Bredel allein. Hermann Matern ruft gar auf, gegen die «Verleumdungen» Ulbrichts «noch fester, noch geschlossener» hinter der Führung zu stehen. Die SED-Spitze erkennt die Wende der Moskauer Politik nicht hinreichend – sie stellt bei dieser Parteikonferenz Wirtschaftsfragen in den Mittelpunkt. Sie ruft den «Beginn einer neuen industriellen Umwälzung auf der Basis der Ausnutzung der Kernenergie, des weiteren Ausbaus der Schwerindustrie und der ununterbrochenen Entwicklung des technischen Fortschritts» aus. Der zweite Fünf-Jahr-Plan 1956 bis 1960 soll mit einer Erhöhung der Arbeitsproduktivität in der Industrie den 7-Stunden-Arbeitstag und in Teilen der Industrie die 40-Stunden-Woche ohne Lohneinbußen bringen. Beide Ziele werden nicht erreicht.

1. Mai: Einheiten der Nationalen Volksarmee leiten die Ost-Berliner Maidemonstration ein: «Soldaten, Unteroffiziere und Offiziere defilieren zum ersten Mal in der Geschichte der DDR am Internationalen Kampf- und Feiertag der Arbeiterklasse vor den Ehrentribünen».

30. Mai: In einer Regierungserklärung unterbreitet Otto Grotewohl (SED) einen «Acht-Punkte-Vorschlag der DDR zur innerdeutschen Entspannung». Er sieht die Annäherung und Verständigung beider deutscher Staaten, die Nichteinführung der Wehrpflicht sowie die zahlenmäßige Begrenzung der Streitkräfte in beiden deutschen Staaten vor.

4. Juni: Die siebzehnte Preissenkung für Konsumgüter tritt in Kraft. Textilien werden um 25 bis 30 Prozent, Oberbekleidung bis zu 60 Prozent, Fahrräder, Kameras, Faltboote, Rundfunkgeräte und Uhren um 20 bis 50 Prozent billiger.

22. Juni: Im polnischen Poznan (Posen) beginnt ein Streik der Arbeiter der *Zispo-Werke*, der sich gegen Normerhöhung, Lohnsenkung und Versorgungsmängel richtet. Nach einer Woche wird aus dem Streik ein politischer Aufstand, der durch Einsatz regulärer Truppen mit Panzern und Flugzeugen niedergeschlagen wird – es gibt Tote und Verletzte. Im Juli beschließt das ZK der *Polnischen Vereinigten Arbeiterpartei* (PVAP) zwar Lohnerhöhungen, doch kaum politische Veränderungen. Am 5. Juli sprechen sich «die Werktätigen der DDR auf Protestversammlungen der Nationalen Front gegen die Provokationen faschistischer Agenten» in Poznan aus.

26. Juni: Als Zeichen gegen die bevorstehende Einführung der Wehrpflicht in der Bundesrepublik reduziert der Ministerrat die Truppenstärke der Nationalen Volksarmee von 120000 auf 90000 Mann und verzichtet demonstrativ auf die Einführung der

Polnischer Weg

Während einer Sitzung des Politbüros der PVAP in Warschau kommt es am 15. Oktober zu heftigen Demonstrationen, auf denen die Machtübernahme von Wladislaw Gomulka gefordert wird. Als Nationalkommunist von 1951 bis 1954 inhaftiert, genießt er breite Unterstützung in der Bevölkerung. Um seine Wahl zu verhindern, fliegt Nikita Chruschtschow am 19. Oktober überraschend nach Warschau. Die polnische Führung vermag in «aufrichtigen, schwierigen und bitteren» Auseinandersetzungen das drohende Eingreifen der bereits mobilisierten sowjetischen Truppen abzuwenden. Am 20. Oktober wird Gomulka zum Ersten Sekretär des ZK der PVAP gewählt, sogleich kündigt er mehr Freiheit, Demokra-

Selbst dem Politbüro der KPD gehören nun SED-Funktionäre an, so Erich Glückauf. Vom Gebiet der DDR strahlt der *Freiheitssender 904* Agitationsendungen aus. Die Mitgliederzahl der KPD geht von jetzt 70000 auf 7000 im Jahr 1968 zurück. Ab 1965 verstärkt die KPD-Führung, die eine Neugründung strikt ablehnt, ihre Bemühungen um Aufhebung des Verbots.

24. September: In Brüssel unterzeichnet Bundeskanzler Konrad Adenauer (CDU) ein deutsch-belgisches Abkommen über die Grenzregelung, durch das Gebiete an die Bundesrepublik zurückgegeben werden.

Revolution in Ungarn

Ermuntert durch die Vorgänge in Polen, beginnen am 20. Oktober an den ungarischen Hochschulen Studentenversammlungen, auf denen weitreichende Forderungen gestellt werden: Pressefreiheit, sofortiger Rückzug der Sowjettruppen, die Zulassung eines demokratischen Mehrparteiensystems, die Garantie der Bürger- und persönlichen Freiheitsrechte, die Einstellung der wirtschaftlichen Ausbeutung sowie die Bestrafung der für den stalinistischen Terror Verantwortlichen. Am 23. Oktober versammeln sich in Budapest 100000 Menschen zu einer Solidaritätskundgebung für Polen. Als der Staatssicherheitsdienst AVH die Versammlung gewaltsam auseinandertreibt, löst dies einen spontanen Volksaufstand aus. Hilflos erklärt die Führung der *Partei der Ungarischen Werktätigen* (MDP) den erst am 13. Oktober wiederaufgenommenen Imre Nagy zum neuen Ministerpräsidenten. Wegen seiner Glaubwürdigkeit wird ihm als einzigem zugetraut, die Welle der Proteste, den beginnenden Generalstreik, die Angriffe auf die verhaßten Sicherheitsorgane sowie Sowjetkasernen und -einrichtungen aufhalten zu können. Janos Kadar übernimmt das Amt des Ersten Sekretärs der MDP. Nach einem «Hilferuf» des Politbüro-Mitglieds György Marosan greifen am 24. Oktober die in Ungarn stationierten sowjetischen Truppen ein – der Volksaufstand weitet sich zum Bürgerkrieg aus. Zwar kann Nagy durch die Ankündigung politischer Veränderungen die Einstellung der Kampfhandlungen erreichen, doch rücken die sowjetischen Truppen am 1. November erneut aus. Tags darauf erklärt Nagy den Austritt Ungarns aus dem «Warschauer Pakt» und ruft die Neutralität aus.

tie und Unabhängigkeit an. Auch wenn er nur die Abkehr von der Kollektivierung der Landwirtschaft wirklich durchsetzt und bis zu seiner Absetzung im Dezember 1970 letztendlich scheitert – Gomulkas Politik liefert erstmals den Beweis, daß innerhalb des «Ostblocks» auch liberalere Alternativen wenigstens versucht werden können.

allgemeinen Wehrpflicht. Trotz Schwierigkeiten bei der Rekrutierung von Soldaten wird bis auf weiteres das Prinzip der Werbung von Freiwilligen beibehalten.

26. und 27. Juni: In Karl-Marx-Stadt erheben auf dem von der FDJ veranstalteten zweiten «Kongreß junger Künstler» Nachwuchsautoren ihre Stimme. Im Namen von Manfred Bieler, Manfred Streubel und Jens Gerlach erklärt Heinz Kahlau: «Die Kunst braucht die geistige Freiheit, die Kunst braucht Toleranz (...) Bis auf wenige Ausnahmen wurden die Künstler zu Ausrufern von Parteibeschlüssen, von Regierungsverordnungen (...) Eine Unzahl von Werken jedoch, deren Schöpfer den Kommunismus für den einzig richtigen Weg der Menschheit halten, liegen in ihren Schränken und werden nicht veröffentlicht.» Bereits am 31. Mai weist der Leipziger Literaturwissenschaftler Hans Mayer die bisher gängige und auf Stalin zurückgehende Ansicht, Schriftsteller seien «Ingenieure der Seele», als völlig falsch zurück.

6. Juli: In Rostock fordert Walter Ulbricht (SED) die Jugend Westdeutschlands auf, sich der Bedrohung durch die an diesem Tag vom Bundestag angenommene Wehrpflicht zu entziehen und in der DDR friedlicher Arbeit nachzugehen.

27. bis 29. Juli: Auch die SED wird vom «Tauwetter» erreicht. Ausgehend von Nikita Chruschtschows Geheimrede vom Februar und einer Erklärung des ZK der KPdSU vom 30. Juni zur «Überwindung des Personenkults» breitet sich eine zaghafte Liberalisierung aus, die nach einem Roman Ilja Ehrenburgs von 1954 als «Tauwetter» bezeichnet wird. Nun verabschiedet das ZK der SED eine Resolution über die «nächsten ideologischen Aufgaben der Partei». «Es ist erforderlich, daß wir unsere bisherige Arbeit auf allen Gebieten selbstkritisch beurteilen, entschlossen alle Hemmnisse und Fehler aufdecken und beseitigen und nach neuen Lösungen für verschiedene Fragen suchen.» Der «Dogmatismus» in allen Gebieten des geistigen Lebens wird kritisiert, der wissenschaftliche Meinungsstreit befürwortet. Scharfe

Unter Mithilfe des sowjetischen Botschafters Juri Andropow bildet Janos Kadar am 4. November in Szolnok eine «Revolutionäre Arbeiter-und-Bauern-Regierung», die dank der sowjetischen Panzer die Macht übernimmt. Erst am 11. November gelingt es der Sowjetarmee, die «Konterrevolution» brutal niederzuschlagen. Nach offiziellen Angaben kommen 3000 Menschen ums Leben, und 13 000 werden verletzt – die tatsächlichen Zahlen liegen weit höher. Angesichts der rasch einsetzenden Repressionswelle, in deren Verlauf 2000 Todesurteile vollstreckt und Zigtausende Menschen verhaftet werden, fliehen mehr als 200 000 Ungarn ins Ausland. Imre Nagy wird nach einem Geheimprozeß zusammen mit seinen Mitarbeitern Pal Maleter und Miklos Gimes am 16. Juni 1958 hingerichtet. Ihre Leichname werden in Budapest verscharrt.

Der Dritte Weg
Im Gegensatz zu Polen und Ungarn, wo die Auseinandersetzung mit dem Stalinismus weite Bevölkerungskreise bewegt, bleibt die Entstalinisierung in der DDR ein Thema von kritischen Funktionären und Intellektuellen. Eine zumeist aus SED- Mitgliedern bestehende Gruppe bildet sich um Wolfgang Harich, Chefredakteur der *«Deutschen Zeitschrift für Philosophie»*, Lektor beim *Aufbau-Verlag*, Theaterkritiker und Philosophie-Dozent an der Humboldt-Universität. Sie formuliert ein Programm für einen durchgreifend reformierten Kommunismus, das eine radikale Kampfansage an die SED-Spitze darstellt:
«1. Umstellung der Produktion auf die Erhöhung des Lebensstandards nach dem Vorbild des neuen Kurses. Beseitigung der Normentreiberei. Einführung der Gewinnbeteiligung in allen verstaatlichten Betrieben, gesetzliche Regelung der Alterspension, Abschaffung des Prämiensystems für Spitzenfunktionäre, Gründung von Arbeiterräten, Gleichstellung und Förderung der mittelständischen Industrie.
2. Auflösung der landwirtschaftlichen Produktionsgenossenschaften und Entwicklung eines gesunden Klein- und Mittelbauerntums.
3. Wiederherstellung der Geistesfreiheit und der Autonomie der Universitäten, Beendigung des Kirchenkampfes, Auflösung des Staatssicherheitsdienstes und Garantierung der Rechtssicherheit.
4. Erweiterung des Blocksystems unter der Führung einer reformierten SED, Aufstellung von Einheitslisten des Blocks mit mehreren Kandidaten, so daß die Bevölkerung wirklich wählen kann, Wiederherstellung der Souveränität des Parlaments und durchgreifende Entbürokratisierung des gesamten Verwaltungsapparates.
5. Entwicklung einer Außenpolitik, die an dem Bündnis mit dem sozialistischen Lager bei Wahrung der völligen Unabhängigkeit und Gleichberechtigung festhält.»

1. Oktober: Erstmals können die Gewerkschaften die seit langem geforderte 45-Stunden-Woche bei vollem Lohnausgleich in einem Tarifvertrag festschreiben. Im «Bremer Abkommen» erzielt die IG Metall diesen Durchbruch in der Arbeitszeitverkürzung. Bisher liegt die tatsächliche Arbeitszeit knapp unter 50 Stunden pro Woche. Bis Mitte 1957 wird die neue Regelung in allen Industriezweigen durchgesetzt.
16. Oktober: Bundeskanzler Konrad Adenauer (CDU) bildet sein Kabinett um. Verteidigungsminister Theodor Blank (CDU) verliert sein Amt an den bisherigen Atomminister Franz Josef Strauß (CSU), der die Bewaffnung der Bundeswehr mit Atomwaffen entschieden befürwortet.
24. Oktober: In Schleswig-Holstein beginnt ein vielwöchiger Streik der Metallarbeiter. 88 Prozent der Gewerkschaftsmitglieder stimmen für den Ausstand, der bei der Lohnfortzahlung in den ersten Krankheitstagen die Gleichstellung der Arbeiter mit den Angestellten fordert. Erstmals wird ein Arbeitskampf mit gewaltigem Aufwand geführt. Die bestreikten Unternehmen erhalten Zuwendungen aus Solidaritätsfonds, sie werfen der IG Metall vor, den sozialen Frieden zu stören. Der Streikausschuß wehrt sich mit einer eigenen Tageszeitung, zudem wird ein umfangreiches Kulturprogramm organisiert. Beide Seiten versuchen, ihre Position nachhaltig in der Öffentlichkeit zu präsentieren. Während die IG Metall

Eine solchermaßen reformierte SED soll mit der westdeutschen SPD zusammengehen: «Uns trennt von der SPD gegenwärtig zwar vieles (bürgerlich-demokratische Illusionen, Tendenzen zum Opportunismus usw.), aber vor allem trennt uns von der SPD der Stalinismus. Darum muß sich die SED vom Stalinismus trennen, bevor eine Zusammenarbeit mit der SPD wirklich ehrlich möglich werden kann.» Als erster Schritt wird die «konspirative Zusammenarbeit der oppositionellen SED-Genossen mit der SPD zur Bekämpfung des Stalinismus» bestimmt, «damit die ehrlichen und gesunden Kräfte der SED die SED von innen her erobern können.» Auf dieser Grundlage würde die Einheit der beiden Parteien ermöglicht, wobei «keine Partei die andere schlucken darf.» «Stalinisten, die sich bis zuletzt an den Verbrechen der Ulbricht-Gruppe beteiligt haben, dürfen nicht in die neue Arbeiterpartei aufgenommen werden, sondern nur solche Kräfte, die aktiv gegen die stalinistische Entartung der SED gekämpft haben.»

Kritik wird an Justizministerin Hilde Benjamin und Generalstaatsanwalt Ernst Melsheimer geübt, obgleich beide im Amt belassen werden. Eine Strafrechtsreform und die Entlassung von etwa 21000 Häftlingen werden angekündigt. Hinter der lapidaren Formel «Ferner werden eine Reihe früherer Beschlüsse aufgehoben» verbirgt sich die Rehabilitierung und Aufhebung der Parteistrafen für Franz Dahlem, Anton Ackermann, Hans Jendretzky und Elli Schmidt. Mutmaßlich werden all diese Beschlüsse gegen Walter Ulbricht gefaßt, der in diesen Wochen ohne Mehrheit ist.

13. September: Der FDGB schließt mit dem Ministerium für Arbeit und Berufsausbildung eine Vereinbarung, nach der die untersten Ortsklassen C und D im Lohnsystem der sozialistischen Wirtschaft zum 1. Oktober aufgehoben werden. Diese Regelung wird für die Privatindustrie und die Handwerksbetriebe übernommen.

4. bis 6. Oktober: In Weimar beraten Vertreter der LDPD unter Generalsekretär Manfred Gerlach und der FDP unter dem stellvertretenden Parteivorsitzenden Erich Mende über Fragen der friedlichen Wiedervereinigung Deutschlands und Möglichkeiten der Zusammenarbeit beider Parteien in dieser Frage. Im Kommuniqué werden praktische Wege zur Förderung der Wiedervereinigung vorgeschlagen.

20. Oktober: Mit Wissen von Bundeskanzler Konrad Adenauer trifft Bundesfinanzminister Fritz Schäffer (CSU), der neue Impulse für die Wiedervereinigung anstrebt, in Ost-Berlin den sowjetischen Botschafter Georgi Puschkin. An der Unterredung nimmt auch der stellvertretende DDR-Verteidigungsminister Vincenz Müller (NDPD), ein Freund der Familie Schäffer, teil. Angesichts der folgenden Ereignisse in Ungarn bleibt dieser Kontakt, wie auch ein Gespräch Schäffers mit dem NDPD-Politiker Otto Rühle im März 1957, ohne Resultate.

25. und 26. Oktober: Auf Kundgebungen und Ansprachen läßt die SED die Werktätigen der DDR «ihre Solidarität mit dem Kampf der Werktätigen der Ungarischen Volksrepublik gegen den konterrevolutionären Putsch vom 24. Oktober» erklären. Am 6. November begrüßt das ZK der SED nach ihrem Sieg über die «Konterrevolution» die neue «Revolutionäre Arbeiter-und-Bauern-Regierung» Ungarns und ihr Programm.

12. bis 14. November: Das ZK der SED berät über die Rechte der Arbeiter in den Betrieben und billigt Vorschläge zur Einden zweiten Kompromiß befürwortet, reicht die Ablehnung unter den Streikenden für eine Fortführung des Ausstandes. Zwar wird auch der dritte Kompromiß am 9. Februar 1957 von 57,7 Prozent der Gewerkschaftsmitglieder abgelehnt, doch fordern die Statuten der IG Metall eine höhere Ablehnung für eine Fortsetzung des Streiks. Am 15. Februar 1957 wird die Arbeit wiederaufgenommen. Später wird die IG Metall vom Bundesarbeitsgericht zu hohen Entschädigungszahlungen an die Unternehmen verurteilt, da sie die Tarifvertragsbedingungen nicht eingehalten habe.

6. November: In den USA wird Präsident Dwight D. Eisenhower in seinem Amt bestätigt, zum Außenminister beruft er abermals John Foster Dulles.

22. Dezember: Der im Juli 1954 auf ungeklärte Weise in die DDR gelangte Otto John, bis dahin Präsident des Bundesamtes für Verfassungsschutz, kehrt im Dezember 1955 zurück. Seine Flucht von Ost- nach West-Berlin gelingt auffällig leicht. Heute wird John vom Bundesgerichtshof zu vier Jahren Zuchthaus verurteilt, wegen «landesverräterischer Fälschung in Tateinheit mit landesverräterischer Konspiration im besonders schweren Fall». John, der keine Geheimnisse verriet, bemüht sich nach seiner vorzeitigen Haftentlassung mehrfach, indes vergeblich um die Wiederaufnahme seines Verfahrens.

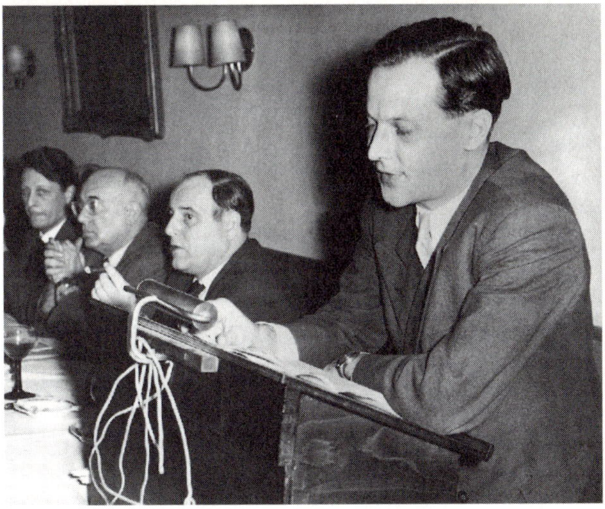

Wolfgang Harich auf einer Diskussionsveranstaltung, im Hintergrund Johannes R. Becher (3. von rechts) und Stephan Hermlin (4. von rechts)

führung der 45-Stunden-Woche sowie zur Erhöhung der Altersrenten. Bereits am 16. November verabschiedet die Volkskammer das Gesetz über die Erhöhung der Vollrenten um 30 Mark und die Festsetzung der Mindestrenten in Höhe von 105 Mark.

22. November bis 8. Dezember: Bei den Olympischen Spielen im australischen Melbourne belegt die gesamtdeutsche Mannschaft, die unter der schwarz-rot-goldenen Fahne mit dem Olympiaemblem antritt, den vierten Platz in der inoffiziellen Nationenwertung. Als erste Sportlerin der DDR bei Sommerspielen erringt Christa Stubnick am 28. November eine Medaille, sie gewinnt Silber im Einhundert-Meter-Lauf.

29. November: In seiner Ost-Berliner Wohnung wird Wolfgang Harich (SED) verhaftet. Offiziell heißt es, daß der Generalstaatsanwalt die «staatsfeindliche Gruppe» um Harich verhaften läßt, weil sie Verbindungen zum «Spionage-Ostbüro der SPD» sowie zum «reaktionären Petöfi-Kreis in Ungarn» unterhält und die Restaurierung der kapitalistischen Ordnung in der DDR anstrebt. Am 6. Dezember wird auch Walter Janka verhaftet, der seit 1952 den Aufbau-Verlag leitet.

31. Dezember: Walter Ulbricht (SED) bringt in einem Interview für das *Neue Deutschland* einen neuen Vorschlag in die Deutschlandfrage ein. Erstmals empfiehlt er eine Konföderation: «Nachdem in Deutschland zwei Staaten mit verschiedenen gesellschaftlichen Systemen bestehen, ist es notwendig, zunächst eine Annäherung der beiden deutschen Staaten herbeizuführen, später eine Zwischenlösung in Form der Konföderation zu finden, bis es möglich ist, die Wiedervereinigung und wirklich demokratische Wahlen zur Nationalversammlung zu erreichen.»

1957

Wiederbewaffnung

Bundeskanzler Konrad Adenauer (CDU) empört sich über neue Filme und Theaterstücke: «Finden Sie es denn richtig, daß man auf offener Bühne den Beischlaf darstellt?» Das Wirtschaftswunderland gibt sich gern und ausgiebig prüde – bis die Doppelmoral vor allem seiner Prominenten schlagartig enthüllt wird. In Frankfurt / Main wird das wohlhabende «Callgirl» Rosemarie Nitribitt ermordet aufgefunden. Die Polizei beschlagnahmt ihren Kundenkalender, ein Namensverzeichnis der neuen Führungsschicht der Bundesrepublik. Weil der Mord unaufgeklärt bleibt, werden einflußreiche Kreise der Vertuschung verdächtigt. Rasch wird 1958 das Leben der mondänen Lebedame mit Nadja Tiller in der Hauptrolle verfilmt – «Das Mädchen Rosemarie» wird ein Kassenschlager.

1. Januar: Als elftes Bundesland wird das Saarland der Bundesrepublik eingegliedert.
21. Januar: Der erste Meilenstein der bereits am 20. Oktober 1953 von Bundeskanzler Konrad Adenauer angekündigten großen Sozialreform passiert den Bundestag, nur die FDP stimmt dagegen. Mit dem Rentenreformgesetz wird rückwirkend zum 1. Januar statt der statischen die dynamische Rente eingeführt, womit die Renten um sechzig Prozent ansteigen! In gewissem Abstand folgen die Renten nun den Nettolöhnen, wodurch die Rentner stets am Wirtschaftswachstum teilhaben. Für die Jahre von 1953 bis 1955 liegt der monatliche Durchschnittsverdienst bei 356 DM, die Renten liegen weit darunter. Von 1957 bis 1969 steigen die Nettolöhne um 115,7 Prozent, die Renten um 110,5 Prozent. Das System beruht auf dem Generationenvertrag. Aus den aktuellen Beiträgen der Erwerbstätigen zur Rentenversicherung werden die laufenden Renten beglichen – in der Hoffnung, daß die nächste Generation das System fortzusetzen in der Lage ist. Der Grundsatz der Dynamisierung wird nach und nach auch auf andere Sozialleistungen angewendet.
6. Februar: Die Berlin-Debatte des Bundestages bestätigt Berlin als Hauptstadt von Deutschland. Innenminister Gerhard Schröder (CDU) äußert sich zur Planung und Durchführung des Baus eines Parla-

1957

Keine Opposition

Revisionismus, bürgerliche Ideologie, Dekadenz, Aufweichung – unzählige Feindbilder müssen gleichzeitig bekämpft und die Menschen überzeugt werden, daß keine Opposition nötig sei. Ist das weltliche Leben von lauter Gefahren geprägt, kann die SED himmelwärts sowjetische Triumphe feiern. In der Tat eröffnet der «Sputnik» ein völlig neues Zeitalter, er sprengt erstmals die irdische Begrenzung der Menschheit. Rund um die Welt ist der Name des Satelliten als erstes russisches Wort in aller Munde, überall werden kühne Visionen von Raumreisen und Raumstädten entworfen.

3. bis 8. Januar: In Moskau verhandelt eine Regierungsdelegation unter Otto Grotewohl (SED) mit der sowjetischen Führung. Beide Seiten betonen, daß alle Versuche, durch «feindliche Handlungen» die «volksdemokratische Ordnung in der DDR» zu untergraben, unterbunden werden. Die Sowjetunion erhöht ihre Warenlieferungen an die DDR um mehr als 30 Prozent gegenüber 1956 und gewährt einen Kredit über 340 Millionen Rubel.

9. Januar: Ein «Zentraler Beirat für Fragen der staatlichen Beteiligung an Privatbetrieben» wird gebildet. Auf dem Weg zur vollen Sozialisierung aller Wirtschaftseinheiten wird Privatunternehmern 1956 nahegelegt, eine staatliche Beteiligung in Form einer Kommanditgesellschaft aufzunehmen. Bisher haben nur 900 Privatunternehmer einen entsprechenden Antrag gestellt, der ihren Betrieb in einen halbstaatlichen verwandelt. 1972 werden die «Betriebe mit staatlicher Beteiligung» in der Industrie in Volkseigentum überführt.

18. Januar: Die Volkskammer beschließt das Gesetz über die schrittweise Einführung der 45-Stunden-Woche in der volkseigenen Industrie, im Verkehrs- und Nachrichtenwesen. Je nach Branche soll die neue Arbeitszeit am 1. März oder 1. April wirksam werden. Ab 1. Mai gilt das Gesetz auch in der privaten Industrie.

Der SPD-Vorsitzende Erich Ollenhauer am 3. Januar 1957 an der offenen Grenze zum Saarland, rechts neben Ollenhauer der saarländische Arbeitsminister Kurt Conrad

mentsgebäudes in Berlin. Mit den Arbeiten könne begonnen werden, wenn der Bundestag darüber entschieden habe, ob das alte Reichstagsgebäude wiederhergestellt oder ein neues Gebäude errichtet werden solle.

21. März: Aufgrund der neuentwickelten taktischen Atomwaffen einigt sich die NATO auf ein neues Konzept, das die seit Dezember 1952 im Dokument «MC 14/1» festgeschriebene «massive Vergeltung» modifiziert. Die Landstreitkräfte, vor allem die Bundeswehr, sollen mit ihrer konventionellen Rüstung in Mitteleuropa als «Schild» dienen, die frühzeitig einzusetzenden taktischen Atomwaffen als «Schwert».

25. März: Auf dem Kapitol in Rom unterzeichnen Frankreich, Italien, Belgien, die Niederlande, Luxemburg und die Bundesrepublik die Verträge zur Gründung der *Europäischen Wirtschaftsgemeinschaft* (EWG) und der *Europäischen Atomgemeinschaft* (Euratom). Sind alle bisherigen Zusammenschlüsse lediglich als Union konzipiert, wird der EWG das weitreichende Ziel der vollständigen wirtschaftlichen Integration gegeben. Alle Zoll-, Handels- und sonstigen Barrieren sollen abgebaut und durch eine koordinierte Politik ersetzt werden. Der Gemeinsame Markt soll auf «vier Freiheiten» fußen: der Freiheit des Austausches

29. Januar: Das Politbüro der SED verabschiedet einen «Argumentationshinweis» zur Änderung der Brotqualität. Weil die Produktion von Roggen zurückging, beschließt die Regierung der DDR die Einführung eines neuen Mischbrotes mit 15 Prozent Anteil des teureren Weizens. Trotzdem wird festgelegt, den Brotpreis unverändert zu lassen, während er in der Bundesrepublik steigt: «Jeder Werktätige in unserer Republik und in Westdeutschland kann sich anhand dieser Tatsachen selbst ausrechnen, wo die Sorge um den Menschen oberstes Gebot der Regierung ist.»

30. Januar bis 1. Februar: Vor dem ZK der SED konkretisiert Walter Ulbricht seinen Vorschlag einer Konföderation. Wegen des längeren Nebeneinanders zweier deutscher Staaten mit entgegengesetzter Gesellschaftsordnung sei die Wiedervereinigung nur noch über eine deutsche Konföderation und über einen paritätisch besetzten «Gesamtdeutschen Rat» möglich. Innenpolitisch wird die Zugehörigkeit der DDR zum «sozialistischen Lager» für unwiderruflich erklärt, Reformen werden abgelehnt. Ulbricht ruft das Ende des «Tauwetters» aus, er kritisiert scharf die «Aufweicherscheinungen» in sämtlichen wichtigen wissenschaftlichen Institutionen.

15. Februar: Der am 1. Juni 1956 als Nachfolger des starren Wjatscheslaw Molotow ins Amt gelangte neue Außenminister der Sowjetunion, der Chruschtschow-Vertraute Dimitri Schepilow, wird durch seinen Stellvertreter Andrej Gromyko ersetzt.

26. bis 28. Februar: In Rostock beraten Vorsitzende und Aktivisten der LPG über deren Festigung und weitere Entwicklung. Zu diesem Zeitpunkt bestehen in 65 Prozent der Gemeinden der DDR über 6200 LPG mit rund 220000 Mitgliedern. Sie bewirtschaften etwa 23 Prozent der landwirtschaftlichen Nutzfläche.

7. bis 9. März: Das Oberste Gericht der DDR verhandelt gegen Wolfgang Harich, Manfred Hertwig und Bernhard Steinberger. Sie werden zu Zuchthausstrafen von zwei bis zehn Jahren verurteilt; Wolfgang Harich kommt im Dezember 1964 frei. In der Urteilsbegründung heißt es: «Das Bestreben Harichs ging dahin, eine Änderung der gesamten Politik der Deutschen Demokratischen Republik zu erreichen. Unter Berufung auf mißverstandene Ergebnisse des 20. Parteitages der KPdSU erklärte er, es sei ein besonderer deutscher Weg zum Sozialismus erforderlich. Im Laufe des Sommers verdichteten sich seine Vorstellungen über diesen besonderen deutschen Weg zu bestimmten konkreten Forderungen. Nunmehr stellte er bei den Diskussionen, die er in erster Linie in der Betriebsparteiorganisation des Aufbau-Verlages und in der Redaktion des ‹Sonntags› führte, diese Forderungen in den Mittelpunkt (...) Die ständigen Forderungen und Diskussionen Harichs im Aufbau-Verlag führten dazu, daß er dort eine Gruppe von Intellektuellen finden konnte, die sich grundsätzlich mit seinen Forderungen einverstanden erklärte (...) Die Angeklagten stellten sich gegen die Politik der Regierung und wurden schließlich zu Verbrechern gegen den Staat. Sie schlossen sich zu einer konspirativen Gruppe zusammen, deren Leiter der Angeklagte Harich war. Sie sammelten Gleichgesinnte um sich und propagierten weitgehende Beseitigung der sozialistischen Errungenschaften und völlige Veränderung der Führung der Sozialistischen Einheitspartei Deutschlands und der Regierung der Deutschen Demokratischen Republik. Für den Fall der Nichterfüllung ihrer ultimativen Forderungen wollten sie deren Durchsetzung über Westberliner Sender oder von Polen aus erzwingen und zum Streik aufrufen (...) Mit diesem verrä-

Konrad Adenauer und Walter Hallstein unterzeichnen am 25. März 1957 in Rom den EWG-Gründungsvertrag

von Waren und Dienstleistungen, der Freiheit der Niederlassung, der Freiheit des Zahlungs- und Kapitalverkehrs sowie der Freizügigkeit. Der Bundestag ratifiziert die «Römischen Verträge» am 5. Juli mit großer Mehrheit, sie treten am 1. Januar 1958 in Kraft.

26. März: Im «Konkordatsstreit» um das Schulgesetz des Landes Niedersachsen entscheidet das Bundesverfassungsgericht, die dort enthaltene Abschaffung der Bekenntnisschule zugunsten der christlichen Gemeinschaftsschule sei verfassungskonform. Die der katholischen Kirche stark verbundene Bundesregierung wollte feststellen lassen, Niedersachsen habe durch Nichtachtung des 1933 geschlossenen Konkordats zwischen dem Deutschen Reich und der katholischen Kirche die gebotene Bundestreue verletzt. Das Konkordat wird vom Bundesverfassungsgericht als geltendes Recht eingestuft, doch wird im Schulrecht keine Bundestreue gefordert. Mit dieser Entscheidung wird die Kulturhoheit der Bundesländer gefestigt.

1. April: Die ersten zehntausend Wehrpflichtigen des Jahrgangs 1937 werden zur Bundeswehr einberufen. General Adolf Heusinger wird erster Generalinspekteur der Bundeswehr, mit Weisungsrecht gegenüber den Teilstreitkräften soll er den Gedanken der Gesamtstreitkräfte vertreten. Die Bundeswehr rückt auch in die Führungsebene der NATO ein: General Hans Speidel wird am 24. Januar Befehlshaber der NATO-Landstreitkräfte Europa-Mitte. Heusinger und Speidel waren bereits in der Nazizeit Generäle.

4. April: Auf einer Pressekonferenz spricht sich Bundeskanzler Konrad Adenauer für terischen Verhalten haben die Angeklagten die Grundlagen unseres Staates angegriffen und den Bestand des Staates gefährdet.»

9. März: Der Ministerrat beschließt nach sowjetischem Vorbild die Berufung eines Staatssekretärs für Kirchenfragen. Werner Eggerath (SED), früherer Ministerpräsident des Landes Thüringen, wird zum Staatssekretär ernannt. Er verschärft zunächst die Konflikte mit der noch gesamtdeutschen EKD.

12. März: Die DDR und die Sowjetunion schließen einen Vertrag über die zeitweilige Stationierung sowjetischer Streitkräfte in der DDR (Truppenstationierungsvertrag). Im Gegensatz zu ähnlichen Verträgen mit anderen Ländern Osteuropas sieht dieser lediglich «Konsultationen» mit der Regierung der DDR über Manöverbewegungen, Standortveränderungen und Stärke der Truppen vor. «Im Fall der Bedrohung der Sicherheit» kann das sowjetische Oberkommando ohne Mitspracherecht der DDR alle Maßnahmen ergreifen, die es für notwendig hält – eine Generalklausel, die die Souveränität der DDR einschränkt.

12. April: Die planwirtschaftliche Leitung einer ganzen Volkswirtschaft verursacht enorme Koordinierungsprobleme. Eine neue Institution soll abhelfen. Beim Ministerrat wird ein «Wirtschaftsrat» unter Bruno Leuschner (SED) geschaffen, der Planung und Durchführung der Volkswirtschaftspläne abstimmen sowie eine koordinierte Leitung der Ökonomie herbeiführen soll.

25. April: Der Zentralrat der FDJ beschließt endgültig den Charakter der Organisation: «Die Freie Deutsche Jugend ist die sozialistische Jugendorganisation der Deutschen Demokratischen Republik.» Sie versteht sich als «Reserve und zuverlässiger Helfer der SED» und will die Jugend zur «sozialistischen Weltanschauung» erziehen.

27. und 28. April: In Ost-Berlin wird als zentrale Sportorganisation der DDR der *Deutsche Turn- und Sportbund* (DTSB) gegründet. Sein erster Präsident wird Rudi Reichert (SED).

30. April: In einer Note unterbreitet die Regierung der Bundesregierung den Vorschlag des beiderseitigen Verzichts auf Atomrüstung.

10. Mai: Die DDR schließt ihren ersten Konsularvertrag, er wird in Moskau mit der Sowjetunion unterzeichnet.

30. Mai: Erstmals gibt ein sowjetischer Führer einer westlichen Fernsehanstalt ein Interview. Nikita Chruschtschow läßt sich vom US-Sender CBS befragen.

28. Juni: Für die Ereignisse des Jahres 1956 in Polen und Ungarn verantwortlich gemacht, sieht sich der Generalsekretär der KPdSU, Nikita Chruschtschow, in die Defensive gedrängt. Im Politbüro ist er bereits überstimmt, da gelingt es ihm, die Mehrheit im ZK für sich zu mobilisieren. Seine Hauptgegner Georgi Malenkow, Michail Kaganowitsch, Wjatscheslaw Molotow und Dimitri Schepilow werden zu Feinden der Partei erklärt und aus dem ZK, nicht jedoch aus der KPdSU ausgeschlossen. Am 4. Juli veröffentlicht und begrüßt das ZK der SED eilfertig den Beschluß des ZK der KPdSU über den Ausschluß der «parteifeindlichen Gruppe Malenkow, Kaganowitsch und Molotow» aus dem ZK der KPdSU.

23. bis 26. Juli: Unter der Anklage der konterrvolutionären Verschwörung gegen die Regierung Ulbricht verhandelt das Oberste Gericht der DDR gegen Walter Janka, Heinz Zöger, Gustav Just und Richard Wolf. Alle Angeklagten werden zu fünf Jahren Zuchthaus verurteilt. In der Urteilsbegründung heißt es: «Es ist festgestellt, daß die Zielsetzung der Gruppe auf die Veränderung gesetzlich geschützter gesellschaftli-

Einkleidung eines der ersten Wehrpflichtigen der Bundesrepublik in Hemer (Kreis Iserlohn)

die Ausrüstung der Bundeswehr mit Atomwaffen aus. Diese seien «nichts weiter als die Weiterentwicklung der Artillerie».

12. April: Erstmals in der Geschichte der Bundesrepublik mischen sich Intellektuelle in die Außenpolitik ein. Achtzehn führende Atomwissenschaftler Deutschlands, darunter Max Born, Otto Hahn, Werner Heisenberg, Max von Laue, Wilhelm Walcher und Carl Friedrich von Weizsäcker, wenden sich mit der «Göttinger Erklärung» an die Öffentlichkeit: «Die Pläne einer atomaren Bewaffnung der Bundeswehr erfüllen die unterzeichneten Atomforscher mit tiefer Sorge.» Unter dem Druck der Öffentlichkeit empfängt die Bundesregierung am 17. April eine Abordnung der Wissenschaftler. Auch Albert Schweitzer, Urwaldarzt und Friedensnobelpreisträger von 1952, schließt sich den Protesten an.

10. Mai: Im Bundestag beantwortet die Bundesregierung einer Große Anfrage der SPD-Fraktion vom 2. April zur Atombewaffnung der Bundeswehr. Bundesverteidigungsminister Franz Josef Strauß (CSU) äußert weit zurückhaltender als bisher, daß eine «isolierte Sicherheitspolitik der Bundesrepublik» nicht mehr möglich ist. Weder habe die Bundesregierung die Ausrüstung der Bundeswehr mit Atomwaffen verlangt, noch sei sie ihr angeboten worden. Aber die Bundesrepublik könne «den Streitkräften der USA nicht die Bereitstellung solcher Waffen verweigern», die denen der Roten Armee mindestens gleichwertig seien.

15. Mai: Bei den Weihnachtsinseln im Pazifik zündet Großbritannien seine erste Wasserstoffbombe.

21. Mai: Das Bundesverfassungsgericht in Karlsruhe urteilt über die Geltung des cher Verhältnisse gerichtet war. Es war beabsichtigt, die Wirtschaftsplanung und die gesellschaftliche Struktur der Deutschen Demokratischen Republik zu ändern.» Da der Prozeß der Abschreckung dient, müssen zahlreiche Schriftsteller und Journalisten teilnehmen, darunter Anna Seghers, Eduard Claudius, Willi Bredel, Bodo Uhse, Helene Weigel-Brecht. Keiner protestiert, als Georg Lukács zum «geistigen Vater der Konterrevolution in Ungarn» erklärt und Janka wegen seiner Verbindungen zu diesem «Verräter» verurteilt wird.

August: Die SED-Führung versucht, das von Moskau ausgehende, durch die Ereignisse in Polen und Ungarn beflügelte «Tauwetter» mit allen Mitteln aufzuhalten. Der seit 1948 in Leipzig lehrende Philosophie-Ordinarius der Karl-Marx-Universität, Ernst Bloch, wird wegen seiner Kontakte zu Wolfgang Harich und Georg Lukács von der Stasi überwacht. Seit Juni 1956 kämpft sich die SED-Parteigruppe des Philosophischen Instituts durch Blochs Hauptwerk «Das Prinzip Hoffnung», um es besser kritisieren zu können – vergeblich. So wird apodiktisch festgelegt, die Gedanken des Werks seien unmarxistisch, seine Kritik an der Gesellschaftsordnung der DDR zersetzend. Bloch wird zwangsweise emeritiert, seine Frau Karola wird aus der SED ausgeschlossen.

7. bis 14. August: Eine sowjetische Delegation unter Nikita Chruschtschow und Anastas Mikojan besucht die DDR. Sie bekundet ihre Zustimmung zu dem Vorschlag

Warum gibt es in der DDR keine Opposition?

«Manche Bürger fragen, warum es bei uns keine Opposition gibt, und meinen, zu einer richtigen Demokratie gehöre doch auch eine Opposition. Demokratie herrscht aber nicht dort, wo verschiedene Parteien gegeneinander auftreten, wo die Kraft der Arbeiterklasse gespalten ist und eine Opposition besteht. Im Gegenteil, das Vorhandensein oppositioneller Kräfte in bürgerlich-kapitalistischen Staaten offenbart den immer schärfer hervortretenden Interessengegensatz zwischen den sich an der Macht befindenden Monopolisten und Militaristen und der von der Macht ausgeschlossenen unterdrückten Bevölkerung.

Die Bourgeoisie kann die aus den unversöhnlichen Klassengegensätzen hervorwachsende Opposition nicht leugnen. Deshalb versucht sie diese zu einem ‹Charakteristikum wahrer Demokratie› für jeden Staat umzufälschen.

Aus solchen Auffassungen wird dann die absurde Behauptung abgeleitet, daß unser sozialistischer Staat der Arbeiter und Bauern nicht demokratisch sei, weil es bei uns ‹keine Opposition gebe›.

In unserer Deutschen Demokratischen Republik sind die Kriegsverbrecher, Monopolisten und Junker entmachtet. Hier gehören die Fabriken und Banken dem Volk. Die Armee, Polizei und Justiz – die Machtmittel des Staates – sind Instrumente der Werktätigen. Es gibt keinen Gegensatz zwischen der Politik unserer Regierung und den Interessen der gesamten Bevölkerung.» (*Neues Deutschland* vom 17. Mai 1957)

Göttinger Erklärung

«Die Pläne einer atomaren Bewaffnung der Bundeswehr erfüllen die unterzeichneten Atomforscher mit tiefer Sorge. Einige von ihnen haben den zuständigen Bundesministerien ihre Bedenken schon vor mehreren Monaten mitgeteilt. Heute ist die Debatte über diese Frage allgemein geworden. Die Unterzeichneten fühlen sich daher verpflichtet, ihrerseits auf einige Tatsachen hinzuweisen, die alle Fachleute wissen, die aber der Öffentlichkeit noch nicht hinreichend bekannt zu sein scheinen.

1. Taktische Atomwaffen haben die zerstörende Wirkung normaler Atombomben. Als ‹taktisch› bezeichnet man sie, um auszudrücken, daß sie nicht nur gegen menschliche Siedlungen, sondern auch gegen Truppen im Erdkampf eingesetzt werden sollen. Jede einzelne taktische Atombombe oder -granate hat eine ähnliche Wirkung wie die erste Atombombe, die Hiroshima zerstört hat. Da die taktischen Atomwaffen heute in großer Zahl vorhanden sind, würde ihre zerstörende Wirkung im ganzen sehr viel größer sein. Als ‹klein› bezeichnet man diese Bombe nur im Vergleich zur Wirkung der inzwischen entwickelten ‹strategischen› Bomben, vor allem der Wasserstoffbomben.

2. (...) Wir kennen keine technische Möglichkeit, große Bevölkerungsmengen vor dieser Gefahr sicher zu schützen. (...)

Wir wissen, wie schwer es ist, aus diesen Tatsachen die politischen Konsequenzen zu ziehen. Uns als Nichtpolitiker wird man die Berechtigung dazu abstreiten wollen. Unsere Tätigkeit, die der Tätigkeit der reinen Wissenschaft und ihrer Anwendung gilt und bei der wir viele junge Menschen unserem Gebiet zuführen, belädt uns aber mit einer Verantwortung für die möglichen Folgen dieser Tätigkeit. Deshalb können wir nicht zu allen politischen Fragen schweigen.

Wir bekennen uns zur Freiheit, wie sie heute die westliche Welt gegen den Kommunismus vertritt. Wir leugnen nicht, daß die gegenseitige Angst vor den Wasserstoffbomben heute einen wesentlichen Beitrag zur Erhaltung des Friedens in der ganzen Welt und der Freiheit in einem Teil der Welt leistet. Wir halten aber diese Art, den Frieden und die Freiheit zu sichern, auf die Dauer für unzuverlässig. Und wir halten die Gefahr im Falle ihres Versagens für tödlich.

Wir fühlen keine Kompetenz, konkrete Vorschläge für die Politik der Großmächte zu machen. Für ein kleines Land wie die Bundesrepublik glauben wir, daß es sich heute noch am besten schützt und den Weltfrieden noch am ehesten fördert, wenn es ausdrücklich und freiwillig auf den Besitz von Atomwaffen jeder Art verzichtet. Jedenfalls wäre keiner der Unterzeichneten bereit, sich an der Herstellung, der Erprobung oder dem Einsatz von Atomwaffen in irgendeiner Weise zu beteiligen. Gleichzeitig betonen wir, daß es äußerst wichtig ist, die friedliche Verwendung der Atomenergie mit allen Mitteln zu fördern, und wir wollen an dieser Aufgabe wie bisher mitwirken.»

Nikita Chruschtschow (rechts) am 13. August 1957 auf einer Kundgebung im Berliner Lustgarten. Am Mikrophon Walter Ulbricht

der DDR-Führung, die beiden deutschen Staaten sollten eine Konföderation bilden. Mit diesem Vorschlag soll eine internationale Aufwertung der DDR erreicht werden, die weithin noch nicht anerkannt ist. Wäre die DDR Beteiligter einer deutschen Konföderation, könnten viele ausländische Regierungen ihre Haltung überdenken.

2. Oktober: Vor der UN-Vollversammlung schlägt der polnische Außenminister Adam Rapacki die Bildung einer atomwaffenfreien Zone in Mitteleuropa vor. Die Sowjetunion billigt den Plan, nachdem Rapacki Ungarn ausgeklammert hat. Dieser «Rapacki-Plan» wird zeitweilig Bestandteil der Außenpolitik aller Staaten des Warschauer Paktes.

4. Oktober: Die Sowjetunion startet den 83 Kilogramm schweren Satelliten «Sputnik 1», der mit einer Rakete als erstes Menschenwerk in den Weltraum geschossen wird und den Erdball 92 Tage lang umkreist. In den westlichen Ländern reagiert man verängstigt, der «Sputnik-Schock» erschüttert vor allem die USA. Bisher wähnte sich die amerikanische Führung im Glauben an ihre uneinholbare Überlegenheit, die militärisch auf die Atombombe, auf Langstreckenbomber und auf den Nachbau der deutschen V-Raketen gegründet war. Mit dem Sputnik-Start ist klar, daß die Sowjetunion über Interkontinentalraketen verfügt, mit denen auch Atomsprengköpfe befördert werden können. Der «Sputnik-Schock» löst in den USA zunächst eine Welle der Panik und bald gigantische Anstrengungen aus. Am 3. November bringt die Sowjetunion mit der Hündin Laika das erste Lebewesen ins Weltall, ihr Satellit «Sputnik 2» wiegt bereits eine halbe Tonne.

7. Oktober: In gemeinsamer Sitzung wählen Volks- und Länderkammer Staatspräsident Wilhelm Pieck (SED) für weitere vier Jahre.

13. Oktober: Der Ministerrat verfügt überraschend den Umtausch der seit 1948 in Umlauf befindlichen «Deutschen Mark der Deutschen Notenbank» in neue Geldscheine. Diese «zweite Währungsreform» schöpft den Geldüberhang ab. Während Sparguthaben erhalten bleiben, werden alle Bargeldbestände nur bis zu einem Betrag von 300 Mark in neue Noten eingetauscht. Was darüber hinausgeht, muß auf Sonderkonten zur Überprüfung des «rechtmäßigen Besitzes» deponiert werden – wobei ein Großteil nicht wieder freigegeben wird.

Grundgesetzes für Berlin: «1. Berlin ist ein Land der Bundesrepublik Deutschland. 2. Das Grundgesetz gilt in und für Berlin, soweit nicht aus der Besatzungszeit stammende und noch heute aufrechterhaltene Maßnahmen der Drei Mächte seine Anwendung beschränken. 3. Durch den Vorbehalt der Militärgouverneure bei der Genehmigung des Grundgesetzes ist ausgeschlossen, daß Bundesorgane unmittelbar Staatsgewalt im weitesten Sinne, einschließlich Gerichtsbarkeit, über Berlin ausüben, soweit die Drei Mächte dies nicht inzwischen für einzelne Bereiche zugelassen haben.» Bundesgesetze gelten nicht von vornherein für West-Berlin, das Abgeordnetenhaus muß die Übernahme jedes einzelnen Gesetzes beschließen.

15. Juni: Am Ende seines Besuches in Österreich lehnt Bundeskanzler Konrad Adenauer (CDU) jede Form von Neutralität für Deutschland strikt ab, ebenso die Bildung einer entmilitarisierten Zone in Europa.

26. Juni: Zum Schutze der Soldaten wird in der Bundeswehr das Amt des «Wehrbeauftragten» geschaffen, an den sich jeder Soldat unmittelbar mit Beschwerden wenden kann.

1. Juli: Die ersten drei deutschen Divisionen werden der NATO unterstellt. Allerdings umfassen sie nur 60 bis 80 Prozent ihrer vollen Stärke von 13 000 Mann und sind nicht voll einsatzbereit.

4. Juli: Im Oktober 1950 erklärt Bundeswirtschaftsminister Ludwig Erhard, daß er eine wirksame Gesetzgebung gegen die Entstehung von Kartellen in der Wirtschaft anstrebt. Seitdem ist das «Gesetz gegen Wettbewerbsbeschränkungen» Gegenstand heftiger Kontroversen und Machenschaften. Heute wird dieses Gesetz vom Bundestag verabschiedet, das dem «Bundeskartellamt» die Aufgabe gibt, gegen Preisabsprachen, Bildung von Kartellen und Monopolen oder sonstige wettbewerbsmindernde Absprachen vorzugehen.

7. Juli: Während einer Wahlkampfrede beim CSU-Landesparteitag in Nürnberg greift Bundeskanzler Konrad Adenauer (CDU) die SPD mit aller Schärfe an: «Wir sind fest entschlossen, daß die SPD niemals an die Macht kommt. Warum sind wir so fest dazu entschlossen? Nicht etwa – glauben sie mir das – aus parteipolitischem Haß. Das ist nicht der Grund, sondern wir sind dazu so fest und zutiefst entschlossen, weil wir glauben, daß mit einem Sieg der Sozialdemokratischen Partei der Untergang Deutschlands verknüpft ist.»

29. Juli: In West-Berlin unterzeichnen die drei Westmächte und die Bundesrepublik die «Berliner Erklärung». Sie bekräftigt: «Die Wiedervereinigung Deutschlands bleibt gemeinsame Verantwortung der Vier Mächte, die 1945 die oberste Gewalt in Deutschland übernahmen.»

15. September: Bei den Wahlen zum dritten Bundestag triumphiert die CDU/CSU («Keine Experimente! Konrad Adenauer»). Die Ereignisse in der DDR von 1953, in Polen und Ungarn von 1956 gießen Wasser auf die Mühlen des Antikommunismus. Mit 50,2 Prozent der Stimmen erreicht die CDU/CSU erstmals die absolute Mehrheit. Die SPD landet trotz eines Zuwachses abgeschlagen bei 31,8 Prozent. Von insgesamt dreizehn Gruppierungen gelangen neben den großen Parteien nur noch die ohne Koalitionsaussage antretende FDP mit 7,7 Prozent sowie die DP, der die CDU drei sichere Wahlkreise für Direktmandate überläßt, mit 3,4 Prozent der Stimmen in den Bundestag. Damit setzt sich die Konzentration im Parteienwesen fort.

3. Oktober: Willy Brandt (SPD) wird zum Regierenden Bürgermeister Berlins ge-

15. Oktober: Zwischen der DDR und Jugoslawien wird die Aufnahme diplomatischer Beziehungen vereinbart.

16. bis 19. Oktober: Weil sich Nikita Chruschtschow selbst in Schwierigkeiten befindet, läßt er die von ihm ermunterte SED-Opposition um Karl Schirdewan und Ernst Wollweber fallen. Walter Ulbricht faßt wieder Fuß und geht im ZK der SED zur Gegenoffensive über. Er ruft eine Kampagne gegen den Revisionismus aus. Es kommt zu einem Zusammenstoß mit Fritz Selbmann, der als unter Hitler inhaftierter Antifaschist genug Mut hat, seine auf größere Eigenständigkeit der Betriebe zielende Wirtschaftspolitik vom Moskauer Vorbild zu lösen. Für einen Moskau-Emigranten wie Ulbricht begeht Selbmann das schwerste Sakrileg, als er sagt: «Für uns kommt das nicht in Frage, was jetzt in der Sowjetunion gemacht wird.» Eine Reihe von Funktionären übt Selbstkritik, so Kurt Hager, der 1956 vom polnischen Oktober «wichtige politische Lehren für uns» ableitete. Hager bleibt von Konsequenzen verschont, weil er offen spricht. «Aber andere haben nicht darüber gesprochen» – diese Worte Ulbrichts zielen auf Schirdewan, Wollweber, Fred Oelßner und Gerhart Ziller. (Letzterer begeht am 14. Dezember Selbstmord.) Paul Wandel wird von seinem Amt als ZK-Sekretär für Kultur und Erziehung «wegen ungenügender Härte bei der Durchsetzung der kulturpolitischen Linie» entbunden. Der Kulturbereich wird direkt an die Kandare genommen: Am 19. Januar 1960 wird eine Kommission für Fragen der Kultur beim Politbüro gebildet, deren Leitung Alfred Kurella übernimmt, der sich bald als Scharfmacher profiliert.

23. Oktober: In Lübbenau im Bezirk Cottbus wird der Grundstein für das größte Wärmekraftwerk der DDR gelegt, das neue Kraftwerk mit einer Leistung von 1300 Megawatt wird mit Braunkohle aus dem nahen Lausitzer Revier betrieben.

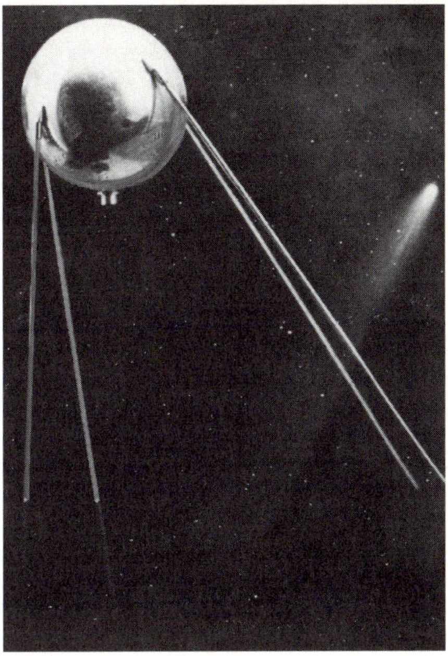

Sputnik 1

23. und 24. Oktober: Auf einer Kulturkonferenz des ZK der SED in Ost-Berlin greift der SED-Kulturfunktionär Alexander Abusch Georg Lukács, Ernst Bloch und Hans Mayer abermals heftig an. Den Hauptstoß richtet er jedoch gegen die «Dekadenz». Die Konferenz beschließt die «nächsten Aufgaben zur Verwirklichung der sozialistischen Kulturpolitik». Das Kulturministerium müsse alle Erscheinungen von Unkultur, bürgerlicher Ideologie und Tendenzen von westlicher Aufweichung entschieden bekämpfen. Vor allem auf dem Gebiet der Tanzmusik müßten der amerikanischen Unkultur Schlachten geliefert werden. Als «erstes Kampfziel» wird festgelegt, was am 2. Januar 1958 tatsächlich als Anordnung im Gesetzblatt steht: Bei allen Tanzveranstaltungen, selbst beim Strandwählt. Im Januar 1958 wird er auch Landesvorsitzender der SPD.

15. Oktober: Eugen Gerstenmaier (CDU) wird erneut zum Präsidenten des Bundestages gewählt.

16. bis 19. Oktober: Die Regierungschefs der NATO beschließen Maßnahmen zur Modernisierung der westlichen Verteidigung, so sollen die europäischen Streitkräfte mit Mittelstreckenraketen und Atomsprengköpfen ausgerüstet werden.

18. Oktober: Erstmals beschließt die Bundesregierung, die «Hallstein-Doktrin» von 1955 anzuwenden. Die Bundesrepublik bricht ihre diplomatischen Beziehungen zu Jugoslawien ab, da dieses am 15. Oktober die DDR anerkennt.

22. Oktober: Der 81jährige Konrad Adenauer (CDU) wird erneut zum Bundeskanzler gewählt. Er bildet eine Koalition aus CDU/CSU und DP. Neu in die Bundesregierung kommt unter anderem der Postminister Richard Stücklen (CSU), dessen Vorgänger Ernst Lemmer (CDU) das Ministerium für Gesamtdeutsche Fragen übernimmt. Obgleich er ihn seit vielen Jahren zu demontieren versucht, muß Adenauer widerstrebend seinen populären Wirtschaftsminister Ludwig Erhard als Vizekanzler akzeptieren.

31. Oktober: In Garching wird der erste Atomforschungsreaktor der Bundesrepublik in Betrieb genommen, das von der «Technischen Universität» München betriebene «Atomei».

funk an der Ostsee, müssen mindestens 60 Prozent der gespielten Werke von Komponisten stammen, die ihren Wohnsitz in der DDR, der Sowjetunion oder anderen Ländern Osteuropas haben. Neben der ideologischen beinhaltet diese Anordnung auch eine wirtschaftliche Dimension: Für die Aufführung westlicher Musik müssen Tantiemen in Devisen entrichtet werden.

1. November: Der bisherige Staatssekretär Erich Mielke (SED) wird Minister für Staatssicherheit.

14. bis 16. November: In Moskau beraten zwölf kommunistische und Arbeiterparteien aus den sozialistischen Ländern, die seit dem 4. November in der Sowjetunion weilende SED-Delegation leitet Walter Ulbricht. Eine gemeinsame Erklärung kritisiert den «Revisionismus» als «Hauptfeind» und legt «die Gesetzmäßigkeiten der proletarischen Revolution» dar. Diese Grundsätze vermag die KPdSU auch auf der Beratung von 64 kommunistischen und Arbeiterparteien aus aller Welt vom 16. bis 19. November durchzusetzen.

11. Dezember: Die Volkskammer beschließt eine Änderung des Paßgesetzes, wodurch die Zahl der Westreisen von 2,5 Millionen im Jahr 1957 auf 627000 im Jahr 1958 reduziert wird. Nunmehr kann jedes Verlassen der DDR auf illegalem Wege als «Republikflucht» mit Gefängnis bis zu drei Jahren geahndet werden. Zudem wird das Strafgesetzbuch geändert: Konnten politische Gegner bisher nur nach Artikel 6 der Verfassung belangt werden, werden nun die Verbrechen Staatsverrat, Spionage und Sammlung von Nachrichten geschaffen. Damit ist die Kontaktaufnahme mit nichtkommunistischen Organisationen ebenso wie das Erzählen politischer Witze unter scharfe Strafen gestellt.

16. Dezember: In Rossendorf bei Dresden wird der erste Atomreaktor der DDR in Betrieb genommen. Er soll Forschungszwecken dienen.

16. und 17. Dezember: Der Hauptvorstand der CDU ruft in Weimar die Mitglieder auf, «Kämpfer für den Sozialismus, tätige Mitarbeiter beim Aufbau der neuen Ordnung» zu sein. An die privaten Industrieunternehmer appelliert der Vorstand, staatliche Beteiligungen aufzunehmen, an die privaten Einzelhändler, Kommissionsverträge abzuschließen, an die Handwerker und Bauern, sich der genossenschaftlichen Produktion anzuschließen.

25. Dezember: In einem Brief an den Parteivorstand der SPD schlägt das ZK der SED eine Zusammenarbeit und den gemeinsamen Kampf für eine atomwaffenfreie Zone in Europa vor.

1958

Kampf dem Atomtod

Die Welt sorgt sich um die atomare Gefahr. In einem Appell an die «Vereinten Nationen» fordern fast zehntausend Wissenschaftler aus 44 Staaten die Einstellung aller Atombombenversuche. In Großbritannien findet unter dem Motto «Ban the bomb» erstmals ein «Ostermarsch» statt. Namens der Sowjetunion ruft Nikita Chruschtschow einen einseitigen Stopp der Atombombentests aus. Weil sich die Bundesregierung die Möglichkeit offenhält, auch die Bundeswehr atomar zu bewaffnen, erwächst zum zweiten Mal eine Bürgerbewegung in der Bundesrepublik. Im «Kampf dem Atomtod», aus dem 1960 der erste deutsche «Ostermarsch» mit tausend Teilnehmern hervorgeht, finden sich Angehörige aller Strömungen und Schichten vereint.

21. Januar: Frankreichs Verteidigungsminister Jacques Chaban-Delmas unterbreitet in Bonn Bundesverteidigungsminister Franz Josef Strauß (CSU) eine ebenso geheime wie überraschende Offerte. Frankreich wolle eine eigene Atombombe entwickeln, um von den USA unabhängig zu sein. Die zur Forschung benötigte Isotopen-Trennanlage Pierrelatte sei so teuer, daß Frankreich sie mit der Bundesrepublik und Italien gemeinsam bauen wolle. Strauß informiert Adenauer, der nach der Erinnerung von Strauß äußert: «Machen Sie es, aber wenn es Ärger gibt, weiß ich von nichts.» An Ostern wird in Rom ein Geheimabkommen unterzeichnet, das sogar die deutsche Mitwirkung an der Entwicklung und Produktion von Atomsprengkörpern vorsieht. Um die von der Bundesrepublik eingegangenen Beschränkungen zu umgehen, sollen die Atomsprengkörper in Frankreich entwickelt, produziert und, als deutsches Eigentum und von Deutschen kontrolliert, dort auch gelagert werden. Nach Bekundungen von Strauß stimmt der zeitweilig ins Privatleben zurückgekehrte starke Mann Frankreichs, General Charles de Gaulle, ausdrücklich zu. Als de Gaulle am 1. Juni, nach dem Verfall der Vierten Republik, die Macht in Frankreich wieder übernimmt, wird das Abkommen jedoch auf Eis gelegt und nicht umgesetzt.

23. Januar: In einer erregt geführten Bundestagsdebatte werden die bislang schärf-

1958

Der Sozialismus siegt

Kaum kann die Rationierung aufgehoben werden, viele Jahre nach der Bundesrepublik übrigens, kaum steigt der Lebensstandard, kaum arrangieren sich mehr Menschen mit den Verhältnissen – da gibt die SED ein neues Kampfprogramm aus: «Der Sozialismus siegt!» Binnen drei Jahren soll die DDR den Lebensstandard der Bundesrepublik übertreffen und so die Überlegenheit des Sozialismus beweisen. Aus dem Kalten Krieg geht der Wettstreit der Systeme hervor, der wirtschaftlich ausgefochten wird.

8. Januar: In einem Brief an Bundeskanzler Konrad Adenauer konstatiert der sowjetische Ministerpräsident Nikolai Bulganin, die Wiedervereinigung Deutschlands könne kein Thema einer eventuellen Gipfelkonferenz sein, nur der Weg einer Konföderation sei dafür noch offen. Am 12. Januar schaltet sich US-Präsident Dwight D. Eisenhower ein und bekräftigt, die 1955 in Genf vereinbarten freien Wahlen sollten die Wiedervereinigung zustande bringen. Am 20. Januar lehnt Adenauer jede Konföderation ab. Darauf hält Nikita Chruschtschow am 22. Januar in Minsk eine Rede, die sich von Genfer Vereinbarungen absetzt, und erklärt, «die Deutschlandfrage könne nur das deutsche Volk lösen».

15. bis 17. Januar: Unter dem Motto «Blitz contra Wattfraß» führt die FDJ Stromsparaktionen während der Spitzenbelastungszeiten durch.

3. bis 6. Februar: Im ZK der SED schaltet Walter Ulbricht abermals innerparteiliche Kontrahenten aus. Karl Schirdewan und Fred Oelßner werden aus dem Politbüro, Schirdewan und Ernst Wollweber, früherer Minister für Staatssicherheit, aus dem ZK ausgeschlossen. Bei den Nachwahlen wird neben anderen Erich Honecker ins Sekretariat des ZK gewählt. Ein Brief des ZK an die Grundorganisationen verurteilt die «opportunistische Politik der fraktionellen Gruppe Schirdewan, Wollweber und andere». In den nächsten Monaten wird fast ein Drittel der

Anti-Atom-Kundgebung vor dem Frankfurter Römer am 3. Juni 1958 mit über 10 000 Teilnehmern

sten Angriffe auf Bundeskanzler Konrad Adenauer (CDU) in Fragen der Wiedervereinigung geäußert. Thomas Dehler, von 1954 bis 1960 Vorsitzender der FDP: «Ich habe ihm nicht mehr geglaubt, daß er das deutsche Ziel, die Wiedervereinigung, anstrebt.» Gustav Heinemann (jetzt SPD) fordert Adenauers Rücktritt: «Wer Deutschland immer noch tiefer spalten will, kann es nicht besser machen als in Fortsetzung immer noch dieses Weges.» Beide werfen Adenauer vor, die Wiedervereinigung gar nicht gewollt zu haben und nicht zu wollen. Erst am 29. Januar bezieht Adenauer in einer Rundfunkansprache Stellung und legt den Grundsatz seiner Politik dar: «Wir müssen nach wie vor unablässig daran arbeiten, Sicherheit und Frieden diesen 52 Millionen zu erhalten. Und nur, wenn die Bundesrepublik frei bleibt, eröffnet sich auch den 17 Millionen Deutschen, die in der Sklaverei der Sowjetzone leben, ein Weg zur eigenen Freiheit.»

7. bis 19. März: In mehreren geheimen Gesprächen mit dem sowjetischen Botschafter in der Bundesrepublik, Andrej Smirnow, schlägt Bundeskanzler Konrad Adenauer (CDU) eine «Österreich-Lösung» für die DDR vor. Die Sowjetunion soll alle Truppen aus der DDR abziehen und dieser einen neutralen Status verleihen. Erstmals gibt Adenauer damit zu erkennen, daß er den Gedanken an eine Fortexistenz der DDR nicht mehr grundsätzlich ausschließt.

20. bis 25. März: Der Bundestag debattiert erbittert die Atombewaffnung der Bundeswehr. Mit den Stimmen von CDU / CSU und DP wird die Möglichkeit einer atomaren Ausrüstung der Bundeswehr im Rahmen der NATO gebilligt. Damit ist die Kontroverse zwar parlamentarisch entschieden, doch erreichen die außerparlamentarischen Proteste der am 7. März auf Anregung der SPD gegründeten Aktion «Kampf dem Atomtod» eine neue Stufe. Am 19. April protestieren zahllose Menschen auf Massenkundgebungen in vielen Städten der Bundesrepublik. In Hamburg demonstrieren 150000, in Bielefeld 30000 Menschen.

25. bis 28. April: Beim Besuch des stellvertretenden sowjetischen Ministerpräsidenten Anastas Mikojan in Bonn wiederholt Bundeskanzler Konrad Adenauer (CDU) seinen Vorschlag einer «Österreich-Lösung» für die DDR und regt Maßnahmen zur «Milderung der Not in der Sowjetzone» an. Angesichts der Unerreichbarkeit der Wiedervereinigung in absehbarer Zeit wagt Adenauer damit erste Schritte in einer neuen Richtung. Mikojan unterzeichnet in Bonn ein Wirtschaftsabkommen, das die Verdoppelung des Warenverkehrs binnen dreier Jahre vorsieht, ein Konsularabkommen sowie ein Abkommen über die Repatriierung deutscher Bürger, hauptamtlichen Funktionäre in den Bezirksleitungen ausgewechselt. Weil sie auf Liberalisierung und Demokratisierung hofften, werden sie nun unter dem Vorwurf von «Revisionismus» und «Opportunismus» geschaßt.

11. Februar: Mit dem zweiten «Luftschutzgesetz» und der Verordnung des Ministerrats über die «Organisation freiwilliger Luftschutzhelfer» wird der Zivilschutz geschaffen.

28. Februar bis 2. März: In Ost-Berlin legt die dritte Hochschulkonferenz der SED die Aufgaben der Universitäten und Hochschulen beim Aufbau des Sozialismus fest. Als sozialistische Bildungsstätten sollen sie die Wissenschaft eng mit der Praxis in Industrie und Landwirtschaft verbinden, sie sollen die Studenten zu qualifizierten Fachleuten wie «bewußten Sozialisten» erziehen.

6. März: Anläßlich der Hallenhandball-Weltmeisterschaft in Ost-Berlin wird die erste Fernseh-Direktübertragung von der DDR in die Bundesrepublik vorgenommen.

27. März: Der Generalsekretär der KPdSU, Nikita Chruschtschow, stellt Nikolai Bulganin kalt – der Oberste Sowjet wählt den sowjetischen Ministerpräsidenten ab. Zu seinem Nachfolger wird Chruschtschow gewählt, der damit zur unumschränkten Führungsperson in Moskau aufsteigt.

2. und 3. April: In Babelsberg veranstaltet die «Deutsche Akademie für Staats- und Rechtswissenschaft ‹Walter Ulbricht›» eine Konferenz über «Die Staatslehre des Marxismus-Leninismus und ihre Anwendung in Deutschland». Der Namensgeber der Akademie übt auf dieser Babelsberger Konferenz Kritik «am Zurückbleiben der Staats- und Rechtswissenschaften hinter den Fortschritten des sozialistischen Aufbaus». Ulbricht (SED) setzt hier den absoluten Vorrang von Partei und Staat gegenüber dem Recht durch.

24. und 25. April: Eine «Schulkonferenz» der SED in Ost-Berlin berät über die «Teilnahme der Schüler an Formen der produktiven Arbeit». Als Ziel wird die umfassende Verwirklichung der polytechnischen Bildung und Erziehung formuliert. Eine erste Maßnahme ist die Einführung des wöchentlichen Unterrichtstages in der sozialistischen Produktion, den ab 1. September alle Schüler der Klassen 7 bis 12 absolvieren müssen.

16. Mai: Im Namen des ZK der SED richtet Walter Ulbricht einen Brief an die Delegierten des SPD-Parteitages in Stuttgart. Erneut schlägt er eine Aktionsgemeinschaft aller Arbeiterparteien im Kampf für den Truppenabzug und die Blockfreiheit in Deutschland vor.

28. Mai: In einer gemeinsamen Sitzung beschließen Volkskammer und Länderkammer die Abschaffung aller Lebensmittelkarten ab 29. Mai. Damit endet die Rationierung, und es wird ein «einheitliches Preisniveau hergestellt». Zum Ausgleich der durch die höheren Preise bedingten Mehrausgaben werden für Gehälter bis 800 Mark Zuschläge gezahlt. Außerdem erhalten über drei Millionen Arbeiter und Angestellte mit einem Monatseinkommen unter 380 Mark Lohnerhöhungen. Ferner werden staatliche Kinderzuschläge und Geburtsbeihilfen beschlossen.

7. Juli: Die sowjetische Führung teilt der DDR mit, daß sie ab 1. Januar 1959 auf den Unterhaltsbeitrag der DDR für die Stationierung sowjetischer Truppen in Höhe von 600 Millionen Mark verzichtet.

10. bis 16. Juli: Unter der Losung «Der Sozialismus siegt» beschließt der fünfte Parteitag der SED in Ost-Berlin eine völlig irreale wirtschaftliche Perspektive für die DDR. Im ersten Halbjahr 1958 steigt die industrielle Bruttoproduktion gegenüber dem darunter Bewohner des Memellandes und Ostpreußens, aus der Sowjetunion.

30. April: Auch die Synode der EKD verwirft in West-Berlin «den mit Massenvernichtungsmitteln geführten totalen Krieg als unvereinbar mit dem Gewissen der Menschheit vor Gott. Sie bittet alle verantwortlichen Politiker, alles zu tun, was zu einer allgemeinen Abrüstung, nicht nur der Atomwaffen, sondern auch der sogenannten konventionellen Waffen führen kann. Sie bittet die Weltmächte, die Atombombenversuche einzustellen und nicht wiederaufzunehmen. Sie bittet in unserem gespaltenen Vaterland die beiden Regierungen, alles zu tun, um die Glaubens- und Gewissensfreiheit zu sichern, dem Frieden zu dienen, und eine atomare Bewaffnung deutscher Streitkräfte zu vermeiden.»

8. Mai: In einer Rede vor dem Berliner Abgeordnetenhaus überbringt der US-Außenminister John Foster Dulles eine Botschaft von Präsident Dwight D. Eisenhower, die die amerikanische Sicherheitsgarantie für Berlin ausdrücklich bekräftigt.

18. bis 23. Mai: Auf ihrem Parteitag in Stuttgart beschließt die SPD ein Stück Entmachtung ihres «Apparates», der für die Stagnation verantwortlich gemacht wird. Der farblose Erich Ollenhauer wird zwar als Parteivorsitzender bestätigt, doch werden ihm mit Waldemar von Knoeringen und Herbert Wehner profilierte Vertreter des rechten wie linken Parteiflügels als Stellvertreter zur Seite gestellt. Schon 1957 wählt die SPD-Bundestagsfraktion drei neue stell-

Kampf dem Atomtod

Die Kontroverse um eine mögliche Atombewaffnung der Bundeswehr entzweit die Westdeutschen und bringt erneut eine Bürgerbewegung hervor. In einem Aufruf äußern sich zahlreiche bekannte Persönlichkeiten, darunter Max Born, Heinrich Böll, Gustav Heinemann, Erich Kästner, Eugen Kogon, Elisabeth Lüders, Martin Niemöller, Erich Ollenhauer und Carlo Schmid: «Das deutsche Volk diesseits und jenseits der Zonengrenzen ist im Falle eines Krieges zwischen Ost und West dem sicheren Atomtod ausgeliefert. Einen Schutz dagegen gibt es nicht. Beteiligung am atomaren Wettrüsten und die Bereitstellung deutschen Gebietes für Abschußbasen von Atomwaffen können diese Bedrohung nur erhöhen. Ziel einer deutschen Politik muß deshalb die Entspannung zwischen Ost und West sein. Nur eine solche Politik dient der Sicherheit des deutschen Volkes und der nationalen Existenz eines freiheitlich-demokratischen Deutschlands. Wir fordern Bundestag und Bundesregierung auf, den Rüstungswettlauf mit atomaren Waffen nicht mitzumachen, sondern als Beitrag zur Entspannung alle Bemühungen um eine atomwaffenfreie Zone in Europa zu unterstützen. Wir rufen das gesamte deutsche Volk, ohne Unterschied des Standes, der Konfession oder der Partei auf, sich einer lebensbedrohenden Rüstungspolitik zu widersetzen und statt dessen eine Politik der friedlichen Entwicklung zu fördern: Wir werden nicht Ruhe geben, solange der Atomtod unser Volk bedroht.»

gleichen Vorjahreszeitraum um zehn Prozent und die Arbeitsproduktivität um acht Prozent. Angesichts dieser größten Zuwächse seit Beginn der fünfziger Jahre gibt Walter Ulbricht die Maßgabe, «bis 1961 (...) den Pro-Kopf-Verbrauch Westdeutschlands bei den Nahrungsmitteln und den wichtigsten industriellen Konsumgütern zu erreichen und zu übertreffen». Dieses «Kampfprogramm», den Lebensstandard der Bundesrepublik binnen nur dreier Jahre zu überholen, soll die «Überlegenheit der sozialistischen Gesellschaftsordnung der DDR» eindeutig beweisen. In den folgenden Monaten übertreffen sich die Parteien und Massenorganisationen darin, ihre Zustimmung zu diesem Programm zum Ausdruck zu bringen.

Die SED erweitert ihr Politbüro. Als Mitglieder gehören ihm nun Friedrich Ebert, Otto Grotewohl, Erich Honecker, Bruno Leuschner, Hermann Matern, Erich Mückenberger, Alfred Neumann, Albert Norden, Wilhelm Pieck, Heinrich Rau, Willi Stoph, Walter Ulbricht und Herbert Warnke an. Kandidaten sind Edith Baumann, Luise Ermisch, Paul Fröhlich, Kurt Hager, Alfred Kurella, Karl Mewis, Alois Pisnik und Paul Verner. Wie sich die SED-Führung die Mitwirkung ihrer Bevölkerung vorstellt, veranschaulichen die von Ulbricht persönlich verfaßten und ausgerufenen «Zehn Gebote der sozialistischen Moral».

4. September: In gleichlautenden Noten an die vier Siegermächte sowie in einer Note an die Bundesregierung schlägt die Regierung der DDR die Bildung einer Vier-Mächte-Kommission zur Vorbereitung eines Friedensvertrages mit Deutschland vor. Eine aus Vertretern beider deutscher Staaten gebildete Kommission solle hinzugezogen werden. Am 18. September stimmt die Sowjetunion dem Vorschlag der DDR zu.

9. September: Auf einer internationalen Pressekonferenz in Ost-Berlin legt der «Ausschuß für deutsche Einheit» Material vor, demzufolge in der Bundesrepublik ein «Volksnotstand» besteht. Danach befehligen 300 SS-Führer die Bundeswehr, sind 400 Nazi-Richter in leitenden Positionen der Justiz tätig und sind 400000 junge Menschen in die Fremdenlegion getrieben.

14. September: Im ehemaligen KZ Buchenwald auf dem Ettersberg bei Weimar wird die «Nationale Mahn- und Gedenkstätte Buchenwald» eingeweiht.

Oktober: In Leipzig findet erstmals die zentrale «Messe der Meister von morgen» (MMM) statt, auf der die besten, von Jugendkollektiven im Alter bis zu 25 Jahren entwickelten Neuerungen vorgestellt werden.

27. Oktober: Walter Ulbricht (SED) erklärt in einer Rede in Ost-Berlin, «ganz Berlin gehört zum Hoheitsgebiet der DDR». Was zunächst als Alleingang erscheint, bildet den Auftakt für eine bevorstehende Initiative aus Moskau.

3. und 4. November: Auf der «Zentralen Chemiekonferenz» im Klubhaus der Leuna-Werke «Walter Ulbricht» beschließen das ZK der SED und die Staatliche Plankommission ein Chemieprogramm. Unter dem Motto «Chemie gibt Brot, Wohlstand und Schönheit» soll die chemische Industrie ihre Produktion bis 1965 verdoppeln. Zudem soll bis 1965 mit sowjetischer Hilfe eine petrochemische Industrie aufgebaut werden. Der Investitionsaufwand wird auf 8,6 Milliarden Mark beziffert.

10. November: Auf dem Höhepunkt seiner persönlichen Macht und im Glauben an die Überlegenheit der Sowjetunion greift Nikita Chruschtschow zu einem Ultimatum. In seinen Erinnerungen bekennt er: «Es war mein Traum, derartige Bedingungen in Deutschland zu schaffen, daß die DDR ein vertretende Vorsitzende hinter Ollenhauer, die als «Reformer» gelten: Fritz Erler, Carlo Schmid und Herbert Wehner.

24. Juni: Weil die SPD ihre Niederlage bei den Bundestagswahlen von 1957 auch auf ihre finanzielle Unterlegenheit zurückführt, erhebt die SPD-geführte hessische Landesregierung Klage beim Bundesverfassungsgericht gegen die gesetzlichen Bestimmungen zur steuerlichen Absetzbarkeit von Parteispenden. Das Gericht bewertet die geltenden Bestimmungen als verfassungswidrig: «Da bei Spenden an politische Parteien der Bezieher eines großen Einkommens einen absolut und relativ höheren Betrag an Steuern spart als der Bezieher eines kleinen Einkommens, wird die politische Meinung des ersten sozusagen prämiiert. Eine solche durch ein Gesetz geschaffene unterschiedliche steuerliche Behandlung der Einflußnahme auf die politische Willensbildung je nach der Höhe des Einkommens verträgt sich aber nicht mit dem Grundsatz der formalen Gleichheit, der die Ausübung politischer Rechte in der freien Demokratie beherrscht.»

1. Juli: Im bürgerlichen Recht tritt das am 18. Juni vom Bundestag verabschiedete «Gleichberechtigungs-Gesetz» für Mann und Frau in Kraft. Es bringt in Ausführung des Artikels 3 des Grundgesetzes Neuregelungen beim Eherecht, beim ehelichen Güterrecht sowie bei der elterlichen Gewalt.

30. Juli: Das Bundesverfassungsgericht setzt die geplanten Volksbefragungen über die Ausrüstung der Bundeswehr mit Atomwaffen aus. Nach einem Gesetzentwurf der SPD-Bundestagsfraktion vom März beschließen die Bürgerschaften von Bremen und Hamburg sowie einige Städte in Hessen, ihre Bevölkerungen zu befragen. Wegen unzulässigen Eingriffs in die ausschließliche Zuständigkeit des Bundes betrachtet das Gericht die Volksbefragungen als verfassungswidrig. Die SPD respektiert diese Entscheidung, die Bewegung «Kampf dem Atomtod» ebbt rasch ab.

13. bis 17. August: Unter dem Motto «Unsere Sorge der Mensch – Unser Heil der Herr» findet der Deutsche Katholikentag in West- und Ost-Berlin statt.

3. September: Die Bundesregierung beschließt als Sofortmaßnahmen zur Linderung der Flüchtlingsnot in West-Berlin die Beschleunigung des Notaufnahmeverfahrens und eine Vermehrung des Lufttransports in die Bundesrepublik.

14. September: Um den Eindruck von Antrittsbesuchen zu vermeiden, treffen Bundeskanzler Konrad Adenauer (CDU) und Frankreichs Staatspräsident Charles de Gaulle nicht in den Hauptstädten zusammen. Auf der Rückkehr von seinem Urlaub besucht Adenauer de Gaulle in seinem Landhaus im lothringischen Colombey-les-deux-Églises. Obgleich de Gaulle die nationale Unabhängigkeit Frankreichs über alles stellt und alle bisherigen Projekte der europäischen Integration ablehnt, während Adenauer sie entschieden befürwortet und vorantreibt, einigen sich beide bereits bei diesem ersten Treffen darauf, besondere Beziehungen zwischen der Bundesrepublik und Frankreich aufzunehmen. Jeder sucht den anderen für seine politischen Ziele einzuspannen.

30. September: Die drei Westmächte lehnen den Vorschlag der DDR-Regierung vom 4. September, eine Vier-Mächte-Kommission zur Vorbereitung eines Friedensvertrages einzusetzen, ab. Die Bundesregierung lehnt den Plan am 17. November ebenfalls ab.

1. Oktober: In Bremerhaven trifft ein GI ein, ein amerikanischer Soldat, der seinen Wehrdienst in der Bundesrepublik ableisten muß. Hunderte Jugendliche erwarten ihren

Schaufenster würde, in dem die westliche Welt ein attraktives Arrangement moralischer, politischer und materieller Errungenschaften sehen und bewundern könnte.» Doch die Realität sieht anders aus. Nicht die DDR, sondern West-Berlin wirkt als «Schaufenster», als «Vorposten» oder auch nur als einfacher Fluchtweg. Um diesen bedeutenden Störfaktor auszuschalten, fordert Chruschtschow auf einer Kundgebung im Moskauer Sportpalast die Westmächte auf, ihr Besatzungsregime in West-Berlin binnen sechs Monaten zu beenden.

16. November: Bei einer Beteiligung von 98,89 Prozent bei den Volkskammerwahlen entfallen 99,87 Prozent der abgegebenen Stimmen auf die Einheitsliste der Nationalen Front. Die 400 Sitze werden nach dem geltenden Schlüssel auf die Parteien und Massenorganisationen verteilt.

27. November: In gleichlautenden Noten an

Walter Ulbrichts «Zehn Gebote der sozialistischen Moral»

1. Du sollst Dich stets für die internationale Solidarität der Arbeiterklasse und aller Werktätigen sowie für die unverbrüchliche Verbundenheit aller sozialistischen Länder einsetzen.
2. Du sollst Dein Vaterland lieben und stets bereit sein, Deine ganze Kraft und Fähigkeit für die Verteidigung der Arbeiter-und-Bauern-Macht einzusetzen.
3. Du sollst helfen, die Ausbeutung des Menschen durch den Menschen zu beseitigen.
4. Du sollst gute Taten für den Sozialismus vollbringen, denn der Sozialismus führt zu einem besseren Leben für alle Werktätigen.
5. Du sollst beim Aufbau des Sozialismus im Geiste der gegenseitigen Hilfe und der kameradschaftlichen Zusammenarbeit handeln, das Kollektiv achten und seine Kritik beherzigen.
6. Du sollst das Volkseigentum schützen und mehren.
7. Du sollst stets nach Verbesserungen Deiner Leistungen streben, sparsam sein und die sozialistische Arbeitsdisziplin festigen.
8. Du sollst Deine Kinder im Geiste des Friedens und des Sozialismus zu allseitig gebildeten, charakterfesten und körperlich gestählten Menschen erziehen.
9. Du sollst sauber und anständig leben und Deine Familie achten.
10. Du sollst Solidarität mit den um ihre nationale Befreiung kämpfenden und den ihre nationale Unabhängigkeit verteidigenden Völkern üben.

Auf dem sechsten Parteitag im Januar 1963 werden diese Gebote in das Parteistatut aufgenommen. Erst auf dem neunten Parteitag im Mai 1976 werden sie durch eine knappe Formulierung ersetzt: «Das Parteimitglied ist verpflichtet, die Normen der sozialistischen Moral und Ethik einzuhalten und die gesellschaftlichen Interessen über die persönlichen zu stellen.»

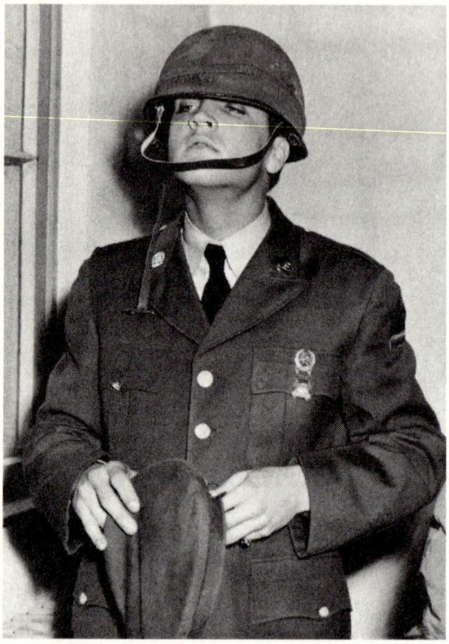

Elvis Presley als GI in Deutschland

Star, bekommen ihn allerdings nur flüchtig zu Gesicht. Das Rock-Idol Elvis Presley wird streng abgeschirmt und zu seiner Einheit im hessischen Friedberg gebracht. Am 26. Oktober tritt im Berliner Sportpalast Bill Haley mit seinen Comets auf, es kommt zu Tumulten von «Halbstarken».

26. November: Frankreichs Staatspräsident Charles de Gaulle, der wenige Tage zuvor die Atombewaffnung seines Landes angekündigt hat, und Bundeskanzler Konrad Adenauer (CDU) kommen in Bad Kreuznach zu ihrer zweiten Begegnung zusammen. Während die Bundesregierung die EWG durch eine Freihandelszone, der vor allem Großbritannien angehören soll, ergänzen möchte, befürwortet Frankreich zwar die EWG, lehnt jedoch die Freihandelszone ab, weil es um seine alleinige Führungsrolle in Westeuropa fürchtet. Dieser Zwist wird mit der Formel verkleistert, beide Seiten wollten die Zusammenarbeit der EWG mit anderen Ländern aufrechterhalten und weiterentwickeln.

1. Dezember: Als im Jahr 1956 die letzten deutschen Kriegsgefangenen und Zivilinternierten von der Sowjetunion freigelassen werden, findet die Justiz zahlreiche Täter wie Zeugen unter den etwa 30000 Personen. Die bis dahin schleppende Strafverfolgung wegen NS-Verbrechen wird erstmals intensiviert. Ein entscheidender Impuls für größere Anstrengungen der Justiz geht dann vom «Ulmer Einsatzgruppen-Prozeß» aus. Der ehemalige Polizeidirektor von Memel, der gleichzeitig als SS-Oberführer ein Einsatzkommando zur Massenerschießung von Juden im deutsch-litauischen Grenzgebiet führte, leitet nach dem Krieg unter falschem Namen ein Flüchtlingslager in Ulm. Aus dem Entnazifizierungsverfahren geht er als «nicht betroffen» hervor. Als seine wirkliche Identität aufgedeckt und er entlassen wird, erhebt er Klage auf Wiedereinstellung in den Staatsdienst. Aufgrund von Presseberichten melden sich Zeugen, die seine Beteiligung an den Massenerschießungen bestätigen. 1956 wird der Mann deshalb verhaftet und verurteilt.

Dieser breitangelegte «Ulmer Einsatzgruppen-Prozeß» deckt unübersehbar auf, daß zahlreiche im Osten begangene schwerste NS-Verbrechen bis dahin gerichtlich nicht geahndet sind. Als Reaktion fassen die Justizminister der Länder im Oktober 1958 in Bad Harzburg den Beschluß zur Bildung der «Zentralen Stelle der Landesjustizverwaltungen zur Aufklärung nationalsozialistischer Verbrechen», die in Ludwigsburg bei Stuttgart heute ihre Arbeit aufnimmt. Leiter der Zentralen Stelle wird der Oberstaatsanwalt Erwin Schüle, seit 1933 Angehöriger der SA und seit 1935 NSDAP-Mitglied. Bis 1965 kann Schüle ein eher zögerliches Vorgehen praktizieren, dann wird die drei Westmächte sowie an die Bundesrepublik und die DDR formuliert die Sowjetunion ihr «Berlin-Ultimatum». Sie kündigt das Besatzungsstatut für Groß-Berlin auf und fordert, innerhalb von sechs Monaten eine «entmilitarisierte Freie Stadt Berlin (West)» zu schaffen, die eine «selbständige politische Einheit» auf dem Territorium der DDR darstelle. Aus der bisherigen Zwei-Staaten-Theorie wird nun eine Drei-Staaten-Theorie. Durch die Remilitarisierung und Atomaufrüstung Westdeutschlands hätten die Westmächte das Potsdamer Abkommen verletzt, deshalb seien alle früheren Berlin-Abmachungen überholt. Die Aufrechterhaltung des Besatzungsregimes in West-Berlin sei völlig ungerechtfertigt und diene nur der «Wühltätigkeit der imperialistischen Kräfte gegen das sozialistische Lager». Deshalb hätten die Westmächte West-Berlin zu verlassen, sonst würde die Sowjetunion mit der DDR einen separaten Friedensvertrag abschließen und der DDR alle «Berlin-Rechte» übertragen.

2. Dezember: In einem offenen Brief an den Parteivorstand und alle Mitglieder der SPD wiederholt das ZK der SED seine Vorschläge «zur Bändigung des deutschen Militarismus», die nun auf die gesamte Arbeiterklasse, also auch auf die Gewerkschaften, ausgedehnt werden.

Jugendliche trommeln auf der Stalinallee die Wähler wach

Nationalsozialistische Straftaten
Nach Angaben der Landesjustizverwaltungen werden vom 8. Mai 1945 bis zum 1. Januar 1993 von den Staatsanwaltschaften Ermittlungen gegen insgesamt 105 059 Beschuldigte eingeleitet. Rechtskräftig verurteilt werden davon 6489 Angeklagte: 6199 zu befristeten Freiheitsstrafen, 12 zum Tode und 163 zu lebenslanger Freiheitsstrafe. Geldstrafen werden in 114 Fällen verhängt, zudem wird eine Verwarnung nach dem Jugendrecht ausgesprochen. Die Verfahren gegen 95 Prozent der Beschuldigten, 94 555 Personen, werden ohne Bestrafung abgeschlossen. Gründe sind Freispruch, Außerverfolgungssetzung, Nichteröffnung des Hauptverfahrens, Einstellung durch Gericht oder Staatsanwaltschaft, Tod des Beschuldigten oder Ähnliches. Am 1. Januar 1993 sind bei Staatsanwaltschaften und Gerichten noch Verfahren gegen 8145 Personen anhängig.

er zum Generalstaatsanwalt in Stuttgart hinaufbefördert. Als sein Nachfolger treibt der engagierte Oberstaatsanwalt Adalbert Rückerl die Arbeit entscheidend voran. Bis zum 31. Dezember 1993 leitet die Zentrale Stelle 7045 Vorermittlungsverfahren ein, die in vielen Fällen Sammelkomplexe mit einer großen Zahl von Beschuldigten und Straftaten darstellen. An die Staatsanwaltschaften werden 6985 Vorermittlungssachen abgegeben, um strafrechtliche Ermittlungsverfahren einzuleiten. Etwa 16 000 Verfahren wegen NS-Verbrechen werden von der Zentralen Stelle eingeleitet oder stehen mit ihrer Tätigkeit in engem Zusammenhang.

7. Dezember: Bei den Wahlen zum Berliner Abgeordnetenhaus wird mit 92,9 Prozent eine der höchsten Wahlbeteiligungen in der Geschichte der Bundesrepublik erreicht. Mit 52,6 Prozent der Stimmen erringt die SPD die absolute Mehrheit, vor der CDU mit 37,7 Prozent. Keine andere Partei gelangt ins Abgeordnetenhaus, auf die FDP entfallen 3,8, auf die SED ganze 1,9 Prozent. Unter dem Regierenden Bürgermeister Willy Brandt (SPD) wird angesichts der anhaltenden Krisensituation ein SPD-CDU-Senat gebildet.

29. Dezember: Die DM wird frei konvertierbar. Jeder Deutsche und Ausländer kann DM beliebig gegen andere Währungen eintauschen und Guthaben in diesen Währungen halten. Damit herrscht in der Bundesrepublik eine nahezu vollständige Liberalisierung des Devisenhandels, wie sie kaum ein anderes Land kennt. Gemeinsam mit zwölf anderen westeuropäischen Ländern wird im gleichen Zug ein «gemeinsamer Devisenmarkt» geschaffen, dessen Kurse sich am Dollar orientieren.

31. Dezember: In Noten an die Sowjetunion lehnen die Westmächte die einseitige Aufkündigung des Vier-Mächte-Status für Berlin strikt ab. Sie erklären sich allerdings zu Gesprächen über die europäische Sicherheit unter Einbeziehung der Berlin-Frage bereit – jedoch nicht unter dem Druck eines Ultimatums. Am 5. Januar 1959 schließt sich die Bundesregierung diesen Noten an. Sie verwahrt sich insbesondere gegen die Bildung einer «Freien Stadt» West-Berlin, die ein Dreiteilung Deutschlands bedeuten würde.

8. Dezember: Die neue Regierung unter Otto Grotewohl (SED) tritt ihr Amt an. Walter Ulbricht (SED) wird zum ersten Stellvertreter des Ministerpräsidenten wiederberufen. Die Volkskammer beschließt das Gesetz über die Auflösung der Länderkammer. Obgleich die Länder seit 1952 de facto nicht mehr existieren und die Landtage wegfielen, wird die Länderkammer 1954 und 1958 noch mit Abgeordneten besetzt, die von den Bezirkstagen gewählt werden. Die neuen Abgeordneten kommen heute das erste und letzte Mal zusammen, um der Auflösung ihrer Länderkammer zuzustimmen.

1959

Deutschland-Pläne

Nach einer vom dürftigen Programmangebot verursachten Flaute beginnt das Medium Fernsehen nun einen unvergleichlichen Siegeszug. An jedem der mehr als drei Millionen Geräte verfolgen im Durchschnitt vier Bundesbürger, drei Familienmitglieder und ein Gast, das Geschehen: etwa die Wahl eines von der Biederkeit der Zeit getragenen Sauerländers zum neuen Bundespräsidenten. Oder die Hula-Hoop-Welle. Oder den endgültigen Durchbruch zweier kritischer Schriftsteller: Günter Grass mit der «Blechtrommel» und Heinrich Böll mit «Billard um halb zehn». Oder die ersten Fotos von der Rückseite des Mondes, die die sowjetische Sonde «Lunik 3» zur Erde funkt.

6. Februar: Das Verteidigungsministerium bestellt in den USA die ersten 96 «Starfighter»-Kampfflugzeuge vom Typ F 104 G. Französische Mirage-Flugzeuge werden nicht mehr in Betracht gezogen, da die im Frühjahr 1958 vereinbarte Atomkooperation von Frankreich auf Eis gelegt ist. Der Kauf der «Starfighter», von denen das erste Exemplar im Oktober 1961 ausgeliefert wird, erweist sich als tragische Fehlentscheidung: Als 1987 der letzte von insgesamt 916 «Starfightern» außer Dienst gestellt wird, sind 269 Maschinen abgestürzt und 110 Piloten tödlich verunglückt.

14. Februar: Der «Deutsche Ausschuß für Erziehungs- und Bildungswesen» legt einen «Rahmenplan zur Umgestaltung und Vereinheitlichung des allgemeinbildenden öffentlichen Schulwesens» vor.

10. März: Der Regierende Bürgermeister von Berlin, Willy Brandt (SPD), lehnt die Einladung zu einem Gespräch mit Nikita Chruschtschow ab, der sich in Ost-Berlin aufhält.

18. März: Die SPD legt den maßgeblich von Herbert Wehner formulierten «Deutschland-Plan» vor. Sein Ziel ist die Schaffung einer entmilitarisierten und atomwaffenfreien «Entspannungszone» in Mitteleuropa, die aus NATO und Warschauer Pakt entlassen ist. Mit einer stufenweisen politischen und wirtschaftlichen Annäherung der beiden Teile Deutschlands sollen gesamtdeutsche Wahlen vorbereitet werden. In der

1959

Bitterfelder Weg

Erste wirtschaftliche Erfolge stellen sich ein. Der monatliche Durchschnittslohn der Arbeiter und Angestellten steigt von 460 Mark im Jahr 1957 auf nunmehr 531 Mark. Die Waschmaschine, der Kühlschrank, der Fernseher, das Motorrad, der jährliche Ostseeurlaub sind kein ferner Traum mehr. Dennoch, für die großen Aufbauprojekte muß vieles geopfert werden. Trotz der Einführung der Plattenbauweise sind 600 000 Menschen als wohnungssuchend registriert. Jedoch sind die Industrievorhaben, der ganze Stolz der Führung, unantastbar: Ausgehend vom Chemieprogramm werden sie gar zum Leitfaden der Kultur erklärt.

5. Januar: In Dresden wird die «erste sozialistische Militärakademie in der Geschichte Deutschlands» eröffnet, ihr wird der Name «Friedrich Engels» verliehen. 1962 wird sie zur Hochschule erklärt, 1965 erhält sie das Promotionsrecht. In drei- bis vierjährigen Kursen werden hier Offiziere aller Teilstreitkräfte ausgebildet. Offiziere, die für einen Generals- oder Admiralsrang vorgesehen sind, erhalten eine zusätzliche Ausbildung in der Sowjetunion.

7. Januar: Die DDR-Führung unterstützt die Sowjetunion in der Frage West-Berlins mit einer an Moskau übermittelten Note. Seit 1949 sei ganz Berlin Teil der DDR, deshalb sei es die «natürlichste Lösung», West-Berlin in die DDR einzugliedern.

10. Januar: Im Anschluß an ihr «Berlin-Ultimatum» veröffentlicht die sowjetische Führung den Entwurf eines Friedensvertrages mit Deutschland, das als die «beiden bestehenden deutschen Staaten» verstanden wird. In 48 Artikeln wird, ohne daß der Begriff erwähnt wird, eine Konföderation aus Bundesrepublik und DDR skizziert. Gegen zahlreiche Verpflichtungen wird Deutschland in den Grenzen, «wie sie am 1. Januar 1959 waren», volle Souveränität gewährt.

15. bis 17. Januar: Das ZK der SED beschließt eine Umgestaltung des Schulwesens. Ab 1964 soll die «zehnklassige, allgemeinbildende polytechnische Oberschule», kurz Oberschule, die achtklassige Grundschule als obligatorische Schulform ablösen.

Der «Starfighter» mit Pilot und komplettem Sicherungs- und Wartungsteam

Öffentlichkeit wird dieser Plan angegriffen und von der Bundesregierung ignoriert. Daß seine Veröffentlichung mit der Rückkehr von Fritz Erler und Carlo Schmid von einer Moskau-Reise zusammenfällt, trägt zu seiner stillschweigenden Beerdigung bei.

19. März: Der Bundestag verabschiedet zur breiteren Streuung des Eigentums das «Sparprämiengesetz», das am 1. Mai in Kraft tritt. Es gewährt Prämien für auf fünf Jahre festgelegte Spargelder, Aktien, Obligationen oder Investmentzertifikate.

20. März: Auch die FDP legt einen «Deutschland-Plan» vor. Vertretungen beider deutscher Staaten sollen einen Friedensvertrag aushandeln, der durch einen freien, unmittelbaren Volksentscheid angenommen und von einer künftigen gesamtdeutschen Regierung unterzeichnet wird. Das wiedervereinigte Deutschland soll keinem der bestehenden Bündnisse beitreten, sondern nur einem noch zu schaffenden Bündnissystem, dem alle vier Siegermächte angehören.

7. April: Im Februar versucht Bundeskanzler Konrad Adenauer (CDU), seinen ungeliebten Vizekanzler und Wirtschaftsminister Ludwig Erhard zur Kandidatur für das Amt des Bundespräsidenten fortzuloben. Erhard, der sich als «Vater des Wirtschaftswunders» für die Nachfolge als Bundeskanzler bereit hält, lehnt nach längerem

Am 1. September tritt das neue Lehrplanwerk in Kraft, am 12. November die neue Schulordnung, und am 2. Dezember verabschiedet die Volkskammer das «Gesetz über die sozialistische Entwicklung des Schulwesens in der DDR», das den neuen Schultyp und die zehnjährige Schulpflicht festschreibt.

27. Januar bis 5. Februar: Auf dem 21. Parteitag der KPdSU in Moskau festigt Nikita Chruschtschow seine Stellung, was ihn zu kühnen Perspektiven treibt: Als «ökonomisches Hauptziel» des neuen Sieben-Jahr-Planes wird festgelegt, bis 1970 die Pro-Kopf-Produktion der USA zu erreichen.

4. bis 12. März: Eine sowjetische Delegation unter dem Vorsitzenden des Ministerrates, Nikita Chruschtschow, besucht die DDR. Chruschtschow bestreitet, daß die sowjetische Note vom 27. November 1958 ultimativ gemeint sei und am 27. Mai eine Frist auslaufe. Er unterstreicht seine Bereitschaft zum Abschluß eines Friedensvertrages mit beiden deutschen Staaten. Am 9. März trifft Chruschtschow in Ost-Berlin mit dem Vorsitzenden der SPD, Erich Ollenhauer, zusammen – die Unterredung endet ergebnislos.

2. April: Das ZK der SED richtet einen Brief an den Parteivorstand sowie an alle Organisationen und Mitglieder der SPD, in dem es den «Deutschland-Plan» der SPD begrüßt und seinen Vorschlag zur Aktionseinheit beider Parteien und der Gewerkschaften erneuert.

8. April: In einem Brief an Bundeskanzler Konrad Adenauer (CDU) schlägt Otto Grotewohl (SED) vor, daß Vertreter beider Seiten noch vor der Genfer Außenministerkonferenz zu Vorverhandlungen über einen Friedensvertrag zusammentreffen.

24. April: Nach der Ausrufung des «Chemieprogramms» im November 1958 wird eine kulturpolitische Initiative angegliedert. Gemeinsam mit acht chemischen Großbetrieben schreibt der Mitteldeutsche Verlag in Halle ein Literaturpreisausschreiben aus. Künstler und Schriftsteller werden aufgerufen, «in die Betriebe zu kommen, auf die Bauplätze des Sozialismus zu gehen und in Romanen, Erzählungen, Bühnenwerken und Gedichten das Heldentum der Arbeit zu feiern». Das Politbüro der SED beschließt, diese Initiative mit einer kulturpolitischen Massenbewegung zu verzahnen. Unter dem Motto «Greif zur Feder, Kumpel! Die sozialistische Nationalkultur braucht dich!» versammeln sich im Kulturpalast des Elektrochemischen Kombinats Bitterfeld knapp 500 Kulturschaffende, Arbeiter und Funktionäre. Mit dieser «Ersten Bitterfelder Konferenz» sucht die SED die ideologische Abstützung ihres Wirtschaftsprogrammes zu sichern: Die Schriftsteller und Künstler sollen nach der Forderung Walter Ulbrichts «selbst am sozialistischen Aufbau teilnehmen», und die Arbeiter sollen ihre Erfahrungen zu den Höhen der Kultur hinauftragen. Dieser «Bitterfelder Weg» bleibt während der Ulbricht-Jahre bestimmend. Er soll einerseits die Künstler auf Aufbauhilfe orientieren, auch einengen, und andererseits die Arbeiter durch kulturelle Betätigung in die politische Massenarbeit einbinden. Die unzähligen Zirkel schreibender, malender und musizierender Arbeiter bringen indes mehr Peinlichkeiten als Anerkennenswertes zustande.

30. April: Im Kombinat «Schwarze Pumpe» beginnt die Produktion von Braunkohlenbriketts, und der erste elektrische Strom wird ans Netz gegeben.

12. bis 15. Mai: Auf dem sechsten «Parlament» der FDJ in Rostock wird das «Programm der jungen Generation für den Sieg des Sozialismus» ausgerufen. Horst Schu-

Nervenkrieg ab. Heute schlägt die CDU/CSU Adenauer selbst als Kandidaten vor. Adenauer stimmt zunächst zu, verzichtet dann aber, weil er sich in die Ohnmacht des Bundespräsidenten nicht fügen mag, am 5. Juni auf seine Kandidatur. Am 15. Juni benennt die Union Heinrich Lübke (CDU) als neuen Kandidaten.

1. Mai: Dreieinhalb Wochen vor Ablauf des «Berlin-Ultimatums» von Nikita Chruschtschow versammeln sich in West-Berlin mehr als eine halbe Million Menschen. Der Regierende Bürgermeister Willy Brandt (SPD) ruft der Welt zu: «Schaut auf das Volk von Berlin, dann wißt ihr, was die Deutschen wollen!»

11. Mai bis 20. Juni und **13. Juli bis 5. August:** In Genf konferieren die Außenminister der Vier Mächte über die Deutschland- und Berlin-Frage unter Beteiligung von Beobachter-Delegationen aus der Bundesrepublik und der DDR. Während der sowjetische Außenminister Andrej Gromyko den bereits bekannten Entwurf eines Friedensvertrags mit Deutschland vom November 1958 vorlegt, präsentiert der neue amerikanische Außenminister Christian A. Herter namens aller drei Westmächte einen Stufenplan «für die deutsche Wiedervereinigung, die europäische Sicherheit und eine deutsche Friedensregelung». Dieser «Herter-Plan» sieht Berlin als «einheitliche Stadt», die «ganz Deutschland» gehört, Ost-und West-Berlin sollten durch freie Wahlen vereinigt werden. Für ganz Deutschland sollten die Vier Mächte einen «Gemischten Ausschuß» aus 25 Vertretern der Bundesrepublik und 10 Vertretern der DDR einsetzen, der allgemeine, freie und geheime Wahlen vorbereiten solle. Die Vier Mächte sollten dann ihre Streitkräfte in Deutschland vermindern. Das wiedervereinigte Deutschland könnte frei einem Sicherheitspakt beitreten, jedoch würden Rüstungsbeschränkungen in einer festzulegenden Zone gelten.

1. Juli: In West-Berlin wählt die Bundesversammlung Heinrich Lübke (CDU) mit 50,7 Prozent der Stimmen zum neuen Bundespräsidenten. Aufgrund einer Entscheidung des Bundestagspräsidenten Eugen Gerstenmaier (CDU) wird den Berliner Abgeordneten volles Stimmrecht gewährt – was heftige Proteste von DDR und Sowjetunion hervorruft.

26. und 27. August: Als erster US-Präsident besucht Dwight D. Eisenhower die Bundesrepublik. Ihm wird ein überwältigender Empfang bereitet. Bundeskanzler Konrad Adenauer (CDU) faßt die Bedeutung des Besuches am 31. August in diese Worte: «Das heutige Deutschland ist ein anderes Deutschland als jenes unter Hitler. Der triumphale Einzug, der vor wenigen Tagen vom deutschen Volke dem siegreichen Heerführer gegen Hitler-Deutschland bereitet worden ist, beweist schlagender, als Worte es können, welch tiefer Gesinnungswechsel gegenüber dem Nationalsozialismus, seiner Doktrin und seinen Taten bei den Deutschen stattgefunden hat.»

15. bis 28. September: Während seiner USA-Reise trifft Nikita Chruschtschow für zwei Tage in Camp David mit US-Präsident Dwight D. Eisenhower zusammen. Im «Geist von Camp David» suchen beide die «friedliche Koexistenz». Sie einigen sich darauf, das Berlin-Problem unter sich zu verhandeln, ohne jede zeitliche Beschränkung. Die Nichtbefristung dürfe jedoch nicht, so Chruschtschow, zu einer Verzögerung auf unbestimmte Zeit führen. Damit ist das «Berlin-Ultimatum» ohne Fristsetzung verlängert, was faktisch eine Aufhebung bedeutet. Für Mai 1960 wird ein Gipfel der Vier Mächte in Paris vereinbart.

6. Oktober: Im Namen aller Fraktionen ermann (SED) wird zum neuen ersten Sekretär des Zentralrats der FDJ gewählt.

22. und 23. Mai: Das ZK der SED schlägt einen Nichtangriffspakt zwischen beiden deutschen Staaten vor. Am 19. Juni überreicht Außenminister Lothar Bolz (NDPD) den Teilnehmern der Außenministerkonferenz in Genf einen entsprechenden Entwurf.

22. Mai: Nach Angaben der Deutschen Zentralverwaltung für Statistik leben in der DDR 17310670 Einwohner.

13. bis 21. Juni: Der «Bitterfelder Weg» erlebt seine erste Massenveranstaltung. Im Bezirk Halle finden die ersten «Arbeiterfestspiele der DDR» mit einer großen Beteiligung statt. Etwa zehntausend Laienkünstler in 243 Volkskunstgruppen sowie 5000 Berufskünstler wirken mit an diesem «Höhepunkt des kulturellen Lebens».

13. September: Erstmals erreicht ein Raumgefährt den Mond. Die unbemannte sowjetische Raumsonde «Lunik 2» zerschellt auf der Oberfläche des Erdtrabanten, kann jedoch noch Daten übermitteln und einen Wimpel mit dem sowjetischen Emblem auswerfen.

Oktober: Das Fernsehen sendet im Oktober 1958 den ersten «Abendgruß» für Kinder. Nun wird, unter Rückgriff auf die Figur von E.T.A. Hoffmann, der «Sandmann» in die Sendung eingeführt. Rasch wird er der Liebling aller Kinder in Ost und West. Das westdeutsche Sandmännchen erreicht niemals auch nur annähernd die Popularität des DDR-Sandmanns. Dank zahlloser Proteste wird der Ost-Sandmann auch nach 1990 weitergeführt.

1. Oktober: Die Volkskammer beschließt den Sieben-Jahr-Plan zur Entwicklung der Volkswirtschaft 1959 bis 1965, der rückwirkend zu Anfang 1959 in Kraft gesetzt wird. Eigentlich gilt bis 1960 noch der Fünf-Jahr-Plan, doch setzt die KPdSU im Januar 1959

Liebling der Kinder in Ost und West: der «Sandmann» des DDR-Fernsehens

mit dem Sieben-Jahr-Plan einen neuen Rhythmus, dem die DDR nun zu folgen hat. Der neue Sieben-Jahr-Plan soll die vom fünften Parteitag der SED im Juli 1958 verkündete «ökonomische Hauptaufgabe», die Bundesrepublik bis 1961 beim Lebensstandard einzuholen, realisieren.

Vor der Volkskammer begründet Innenminister Karl Maron (SED), warum die schwarz-rot-goldene Flagge auf beiden Seiten das Staatswappen der DDR mit Hammer, Zirkel und Ährenkranz tragen soll: Diese Änderung «macht sich erforderlich, damit sich die Deutsche Demokratische Republik als der einzige rechtmäßige deutsche Staat auch in der Flaggenführung sichtbar von dem westzonalen Separatstaat unterscheidet».

10. bis 13. Dezember: Das ZK der SED zieht eine Zwischenbilanz der Agrarpolitik.

klärt Bundestagspräsident Eugen Gerstenmaier (CDU) zur neuen Flagge der DDR: «Nun beleidigen sie das deutsche Volk mit der Verfälschung seiner Fahne. Durch die von ihnen eingeführten neuen Symbole bringen sie zum Ausdruck, daß es nach ihrem Willen zwei deutsche Staaten geben soll. Das deutsche Volk jedoch wird nicht aufhören, sich dem zu widersetzen. Auf dem Deutschen Reichstag in Berlin wird vom 7. Oktober 1959 an die unverfälschte Fahne Deutschlands wehen.» In einem Großeinsatz der West-Berliner Polizei werden von Dutzenden S-Bahn-Gebäuden, die von der «Deutschen Reichsbahn» der DDR betrieben werden, die DDR-Flaggen heruntergerissen. Bei mehreren Handgemengen kommt es zu Verletzten. Am 18. Oktober einigen sich Bund und Länder, jegliche Zurschaustellung der Flagge mit Hammer und Sichel auf Bundesgebiet zu unterbinden.

22. Oktober: West-Berlin erlebt die Uraufführung von Bernhard Wickis Film «Die Brücke», der entschieden gegen den Krieg ausgerichtet ist. Er handelt von einer Gruppe Jugendlicher, die zum Ende des Zweiten Weltkriegs verheizt werden.

13. bis 15. November: Nach ihrem enttäuschenden Abschneiden bei den Bundestagswahlen von 1957 orientiert sich die SPD neu. Das seit 1925 geltende «Heidelberger Programm» wird auf einem außerordentlichen Parteitag durch das neue «Godesberger Programm» ersetzt. Es verzichtet auf weltanschauliche Festlegungen, nimmt statt sozialistischer oder marxistischer Theorien die parlamentarische Demokratie des Grundgesetzes zum Ausgangspunkt und fordert eine umfassende Demokratisierung der Gesellschaft. Durch die Formulierung von «Grundwerten» und «Grundforderungen» werden bisherige Barrieren etwa zu den Kirchen abgebaut. Sozialisierungen werden von einem «Grundsatz» zu einem «Mittel der Wirtschaftspolitik» herabgestuft, die Marktwirtschaft wird akzeptiert. In der Deutschlandpolitik schwenkt die SPD in Richtung der Bundesregierung, indem sie die Wiedervereinigung nicht mehr als unmittelbares Ziel bestimmt und die Landesverteidigung akzeptiert.

23. Dezember: Der Bundestag verabschiedet das Gesetz über die friedliche Nutzung der Atomenergie.

Zu diesem Anlaß meldet der erste Landkreis den totalen Vollzug der Kollektivierung: Am 12. Dezember sind alle Bauern des Landkreises Eilenburg bei Leipzig in LPG zusammengeschlossen. Republikweit werden erst 40 Prozent der landwirtschaftlichen Nutzfläche von 10132 LPG mit 435365 Mitgliedern bearbeitet.

18. Dezember: Das Abkommen über den Bau einer Erdölleitung vom sowjetischen Wolga-Ural-Gebiet nach Schwedt an der Oder, dem Zentrum der Petrochemischen Industrie, wird von der Sowjetunion, Polen und der DDR in Moskau unterzeichnet. 1964 wird diese Pipeline «Freundschaft» fertiggestellt, 1973 wird ein zweiter Strang in Betrieb genommen. Die DDR ist vollständig von Rohöleinfuhren abhängig, wobei die Sowjetunion 1960 95 Prozent, 1970 89 Prozent und 1980 87 Prozent der Importe liefert.

1960

Eigentum für alle

Mit ihrem enormen Wirtschaftswachstum entwickelt sich die Bundesrepublik zur modernen, sozial befriedeten und darob stabilen Industriegesellschaft. Es gibt viele gute Gründe, zufrieden zu sein: Vollbeschäftigung, die Verdoppelung der Stundenlöhne für Industriearbeiter seit 1950, die «Demokratisierung» des Konsums von der Musiktruhe bis zum Privatwagen, eine ausreichende Versorgung mit Wohnraum auch durch Eigentumswohnungen und Eigenheime, die beginnende Vermögensbildung der Arbeitnehmer, die Chancen für wirtschaftlichen und sozialen Aufstieg. Ob «nivellierte Mittelstands-» oder «Schichtengesellschaft», ein bedeutendes Resultat dieser Entwicklung ist das Verschwinden der proletarischen Subkultur der Weimarer Zeit.

4. Januar: Mehrere europäische Länder, die nicht zur *Europäischen Wirtschaftsgemeinschaft* (EWG) hinzugezogen wurden, unterzeichnen in Kopenhagen der Vertrag über die *Europäische Freihandelsgemeinschaft* (European Free Trade Association, EFTA). Das maßgebliche Großbritannien sowie Dänemark, Norwegen, Österreich, Schweden, die Schweiz und Portugal wollen bis zum 31. Dezember 1969 alle inneren Handelsschranken abbauen. Auch wird in dem Vertrag, der am 3. Mai in Kraft tritt, eine spätere Assoziierung mit der EWG ins Auge gefaßt. Am 26. Juni 1961 tritt auch Finnland der EFTA bei.

27. Januar: Bundeskanzler Konrad Adenauer (CDU) läßt den Brief von Walter Ulbricht vom 23. Januar mit dem Vorschlag einer Volksabstimmung über Abrüstung und einen Friedensvertrag ungeöffnet zurückgehen.

29. Januar: Der Fraktionsvorsitzende im Bundestag, Erich Mende, wird als Nachfolger von Reinhold Maier zum FDP-Vorsitzenden gewählt. 1916 geboren, ist Mende damit der erste Vorsitzende einer Partei der Bundesrepublik, der eine Kriegsjugend erlebte. Als Vertreter der eher nationalen Orientierung will er die absolute Mehrheit der CDU / CSU brechen, um die FDP in eine erneute Koalition mit CDU / CSU hineinzuführen. Eine Koalition mit der SPD lehnt Mende im Frühjahr 1961 ausdrücklich ab.

13. Februar: Auch Frankreich stößt zum

1960

Kollektivierung auf dem Land

Was als freiwilliger Zusammenschluß dargestellt wird, verdankt sich oftmals brutaler Gewalt. Stasi und Polizei fällt bei der Kollektivierung der Bauern eine tragende Rolle zu. Eine Bäuerin schreibt in ihre Beitrittserklärung, sie trete nur «auf Weisung der Kriminalpolizei» in die LPG ein – natürlich muß sie eine neue Erklärung verfassen. Mit der Bodenreform von 1945 erhielten Hunderttausende Einzelbauern die ersehnte eigene Scholle, deshalb sperren sie sich, diese mit dem Eintritt in die LPG wieder aufzugeben. Doch bleibt keine Wahl, sie müssen den Schritt vom Bauern zum Landarbeiter gehen. Die Zwangskollektivierung stürzt das Land in eine tiefe Krise.

6. Januar: In Ost-Berlin einigen sich die NOKs der DDR und der Bundesrepublik endgültig über eine gemeinsame Olympiamannschaft zu den bevorstehenden Winter- und Sommerspielen.

23. Januar: In einem Schreiben an Bundeskanzler Konrad Adenauer (CDU) schlägt Walter Ulbricht (SED) eine Volksabstimmung in ganz Deutschland über Abrüstung, einen Friedensvertrag sowie eine Konföderation vor. Erneut fordert Ulbricht den Status einer «Freien Stadt» für West-Berlin. Bei westdeutscher Atomrüstung droht er mit Raketenwaffen.

10. Februar: Die Volkskammer verabschiedet das Gesetz über die Bildung des «Nationalen Verteidigungsrates» sowie die Schaffung eines Ständigen Ausschusses für Nationale Verteidigung. Am 11. Februar wird Walter Ulbricht (SED) zum Vorsitzenden des Nationalen Verteidigungsrates und damit zum militärischen Oberbefehlshaber gewählt.

1. März: Die erste «Volkseigene Großhandelsgesellschaft» wird gebildet, sie soll die Verkaufsstellen der HO, des Konsums und des privaten Einzelhandels mit Obst und Gemüse versorgen.

30. März bis 2. April: Am 2. März findet in Moskau eine Agrarkonferenz der osteuropäischen Länder statt, die DDR ist durch Walter Ulbricht (SED) vertreten. Seit dem ungewöhnlich trockenen Sommer 1959 leiden alle Teilnehmerstaaten unter einer ern-

Kreis der Atommächte. In der Sahara wird die erste französische Plutoniumbombe gezündet. Angesichts dieses Grundsteins der *Force de Frappe* ruft Staatspräsident Charles de Gaulle aus: «Hurra für Frankreich – seit heute morgen ist es stärker und stolzer.» Bezeichnend für diese Ära, in der Staaten ohne Atombombe lediglich als Satellitenstaaten gelten.

29. und 30. März: Die Bundesregierung trifft mit Spanien und Griechenland Vereinbarungen zur Anwerbung von Gastarbeitern. Am 3. Mai schließt sich die Bundesrepublik dem Abkommen der WEU über Grenzarbeiter und Gastarbeiter an. Die bundesdeutsche Wirtschaft meldet in diesen Wochen, daß 410000 Arbeitskräfte fehlen.

6. April: In einer Erklärung klagen Bundesregierung und Bundestag die Zwangskollektivierung in der DDR an. «Solange ein Mensch auf einer Scholle sitzt, der mit Sachverstand, Fleiß und der Kraft seiner Arme den Boden bebaut, braucht er sich nicht auf die Gunst der Träger der Macht angewiesen zu fühlen. Zwar können diese ihn plagen (...), aber im Letzten bleibt er doch in den wesentlichen Bereichen seiner Lebensordnung ein unabhängiger Mann. Solche Leute will man drüben nicht mehr haben. Man will, daß im Lande nichts anderes mehr sei als abhängige ‹Arbeitskräfte› und ihre Antreiber. Darum hat man sich jetzt ans Bauernlegen gemacht (...) Das hat mit gerechter und sinnvoller Bodenreform nichts zu tun. Das ist schiere Vernichtung, Vernichtung, aus der neues Leben nicht sprießen kann. Denn, die hier ihre Höfe verlieren, bringen kein freiwilliges Opfer für das Gemeinwohl, sondern werden schlicht erpreßt. Das Böseste daran aber ist, daß man so tut, als freuten sie sich über die neue Ordnung.»

26. April: Der seit 1953 im Amt befindliche Bundesminister für Vertriebene, Theodor Oberländer (jetzt CDU, zuvor BHE), reicht seinen Rücktritt ein. Am 4. Mai wird er aus dem Amt entlassen. Gegen ihn wird ermittelt, weil er 1941 als Kommandeur des Bataillons «Nachtigall» in Lemberg Massenhinrichtungen polnischer Juden befohlen haben soll. Mangels Beweisen wird das bundesdeutsche Ermittlungsverfahren jedoch eingestellt. Vom 20. bis zum 29. April verhandelt dagegen in Ost-Berlin das Oberste Gericht der DDR gegen Oberländer. In diesem Schauprozeß wird er in Abwesenheit wegen Mordes und Kriegsverbrechen zu lebenslänglichem Zuchthaus verurteilt.

23. Juni: Gegen die Stimmen der SPD verabschiedet der Bundestag das «Gesetz über den Abbau der Wohnungszwangswirtschaft und über ein soziales Miet- und Wohnrecht». Nach und nach wird die seit 1923 bestehende Zwangsbewirtschaftung abgebaut und der Wohnungsmarkt in die soziale Marktwirtschaft einbezogen. Für die Durchführung wird für Orte und Gebiete eine Rangfolge von «weißen» und «schwarzen» Kreisen geschaffen, je nach Wohnungsbedarf. Zuletzt werden die Mieten in den «schwarzen Kreisen», den Großstädten und Ballungsräumen, freigegeben. Bis Ende 1965 soll die Wohnungszwangswirtschaft beendet sein.

29. Juni: Der Bundestag billigt die Privatisierung des Volkswagenwerkes in Wolfsburg. Je 20 Prozent des Kapitals gehen an den Bund und an das Land Niedersachsen, 60 Prozent im Nennwert von 360 Millionen DM werden an 1,5 Millionen Kleinaktionäre verkauft, deren Einkommen einen bestimmten Satz nicht überschreiten darf. Der Erlös dieses Verkaufs der «Volksaktien», der unter Ludwig Erhards Motto «Eigentum für alle» steht, fließt der *Stiftung Volkswagenwerk* zu. In ähnlicher Weise werden ab dem 9. Oktober 1959 der Montankonzern *Preus-*

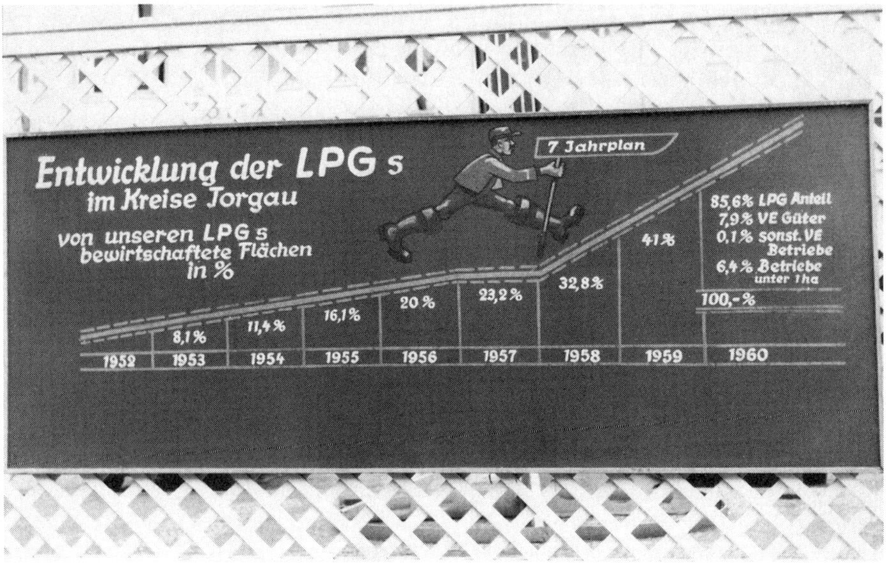

Tafel auf dem Marktplatz von Torgau

sten Krise der Landwirtschaft, gekennzeichnet durch Massenschlachtungen von Vieh sowie Aufzehrung der Nahrungsmittelreserven. Ausdrücklich faßt diese Konferenz keinen Beschluß über die Vollkollektivierung der jeweiligen Landwirtschaften, in Ungarn wird die Kollektivierung zunächst sogar gestoppt. Ulbricht will sich indes als Musterschüler präsentieren, er wirft das Steuer herum und setzt auf die brutale und unverzügliche Vollkollektivierung. Unmittelbar nach seiner Rückkehr wird am 4. März die letzte Phase der Kollektivierung eingeleitet, die auf der heutigen Tagung des ZK der SED abgesegnet wird. Binnen weniger Wochen wird der Anteil der LPG an der landwirtschaftlichen Nutzfläche von 40,2 auf 84,2 Prozent gesteigert, der Anteil der Einzelbauern sinkt von 51,8 auf 7,6 Prozent. Mit rigorosen Methoden, die vom Abstellen des Stroms über das Umstellen ganzer Dörfer durch Polizei bis zur Verhaftung widerspenstiger Bauern reichen, wird die Totalkollektivierung in allen Bezirken bis zum 14. April abgeschlossen. Am 25. April verkündet Walter Ulbricht vor der Volkskammer die Vollendung der Kollektivierung. Nun «eröffnen sich vor der Bauernschaft der Deutschen Demokratischen Republik die großen Perspektiven des stetig wachsenden materiellen und kulturellen Wohlstandes. Damit wurde die endgültige Befreiung der Bauern verwirklicht.»

17. April: Das ZK der SED veröffentlicht in einem Brief an die «Arbeiterschaft Westdeutschlands» den «Deutschlandplan des Volkes». Er schlägt den Verzicht auf Gewaltanwendung, die Bildung eines gesamtdeutschen paritätischen Ausschusses, den Verzicht auf Atomrüstung und Raketenbasen sowie die Verständigung über den Abschluß eines Friedensvertrages vor.

28. April: Auf Anordnung des Ministerrates darf die Bezeichnung «Deutschland» bei allen in der DDR hergestellten Karten und Atlanten nicht mehr verwendet werden.

sag sowie ab 1965 der Energiekonzern VEBA privatisiert.

30. Juni: Eine aufsehenerregende Grundsatzrede des stellvertretenden Parteivorsitzenden Herbert Wehner im Bundestag leitet die Annäherung der SPD-Führung an die Außen- und Deutschlandpolitik der Bundesregierung ein. Wehner verabschiedet den «Deutschland-Plan» der SPD von 1959 und legt die weitgehende Neuorientierung seiner Partei dar, die nunmehr die Integration in NATO und EWG als Basis jeder Deutschland- und Außenpolitik akzeptiert. Damit rückt die SPD von ihrer bisherigen Vorstellung ab, die Wiedervereinigung durch Bündnisfreiheit und ein europäisches Sicherheitssystem zu erreichen.

1. Juli: Die aus fünfzehn Abgeordneten bestehende Bundestagsfraktion der DP bricht wegen eines Streits über die Zusammenarbeit mit der FDP auseinander. Neun Abgeordnete mit Bundesverkehrsminister Hans-Christoph Seebohm und dem Minister für Angelegenheiten des Bundes und der Länder, Hans-Joachim von Merkatz, treten aus und wechseln am 20. September zur CDU/CSU- Fraktion.

20. Juli: Der neue Kurs der SPD stößt bei ihrer Studentenorganisation auf erbitterten Protest. Die SPD bricht deshalb alle Beziehungen zum *Sozialistischen Deutschen Studentenbund* (SDS) ab und stellt dessen Finanzierung ein. Im November 1961 erklärt die SPD die Mitgliedschaft im SDS mit der in der SPD für unvereinbar. Als neue Studentenorganisation gründet die SPD den *Sozialdemokratischen Hochschulbund* (SHB).

23. Juli: Die von achtzehn europäischen Ländern am 16. April 1948 in Paris gegründete *Organization for European Economic Cooperation* (OEEC) wird aufgelöst. An ihre Stelle tritt die *Organization for Economic Cooperation and Development* (OECD), der nun auch Spanien, die USA und Kanada sowie die EWG angehören. Die OECD soll den Welthandel intensivieren und die Entwicklungshilfe koordinieren.

25. Juli: Bundeskanzler Konrad Adenauer (CDU) läßt die privatrechtliche *Deutschland-Fernsehen GmbH* gründen, deren Kapital eigentlich der Bund zu 51 Prozent und die Länder zu 49 Prozent halten sollen. Handstreichartig unterzeichnen heute Adenauer und Bundesfinanzminister Fritz Schäffer (CSU) als «Treuhänder» für die Bundesländer den Gesellschaftervertrag, doch kein Bundesland übernimmt den für es vorgesehenen Anteil. Damit ist die Bundesregierung alleinige Gesellschafterin, wogegen Hamburg am 19. August das Bundesverfassungsgericht anruft.

29. und 30. Juli: Auf Schloß Rambouillet bei Paris schlägt Frankreichs Staatspräsident Charles de Gaulle Bundeskanzler Konrad Adenauer (CDU) überraschend vor, eine deutsch-französische Zweierunion mit einheitlicher Staatsangehörigkeit sowie gemeinsamer Verteidigungs- und Außenpolitik zu bilden. De Gaulle will diesen Bundesstaat als unbhängige Kraft gegen die Großmächte etablieren, doch Adenauer lehnt dieses Projekt nicht nur ab, er läßt die brisanten Vorschläge sogar aus dem Protokoll tilgen. Darauf unterbreitet de Gaulle Vorschläge für einen Staatenbund der sechs EWG-Staaten, die jedoch darauf hinauslaufen, die Selbständigkeit der EWG zurückzunehmen. Zudem will de Gaulle die von den USA dominierte NATO-Integration abschaffen – sein Ziel ist Frankreich als Atommacht ohne Bindungen an irgendwelche Partner. Weil er deren Tragweite nicht erkennt, lehnt Adenauer diese Vorschläge nicht ab – auf Drängen seiner Berater werden jedoch Nachbesserungsversuche unternommen, was zu einer monatelangen Verstimmung zwischen Bonn und Paris führt.

1. Mai: Über Swerdlowsk im Ural schießt die Sowjetunion das US-Spionageflugzeug U-2 ab. Seit 1952 unternehmen die USA Einsätze mit sehr hoch fliegenden Flugzeugen, die die in dieser Region verstreuten hochgeheimen sowjetischen Atomanlagen auskundschaften sollen. Der Pilot Gary Powers überlebt. Nach langen Verhandlungen wird er mit dem der Spionage bezichtigten US-Studenten Frederic Pryor am 10. Februar 1962 auf der «Brücke der Einheit» zwischen West-Berlin und Potsdam gegen den in den USA verhafteten KGB-Agenten Rudolf Abel ausgetauscht. Bei der Abwicklung betätigt sich erstmals der in beiden Teilen Berlins zugelassene Rechtsanwalt Wolfgang Vogel aus Ost-Berlin als Vermittler zwischen Ost und West.

Nikita Chruschtschow nimmt den Abschuß zum Anlaß, die bevorstehende Vier-Mächte-Gipfelkonferenz platzen zu lassen. Er fliegt zwar nach Paris, wo der Gipfel vom 16. bis 18. Mai tagen soll, verlangt aber eine persönliche Entschuldigung von US-Präsident Dwight D. Eisenhower sowie Verhandlungen über die Einstellung der US-Aufklärungsflüge. Eisenhower lehnt ab, worauf der Gipfel abgesagt wird. Auf der Rückreise macht Chruschtschow Station in der DDR, wo er dem Drängen der SED-Führung auf eine Regelung «noch in diesem Jahr» eine Absage erteilt. In Ost-Berlin erklärt er am 20. Mai auf einer Kundgebung, er sei zu Verhandlungen mit der Eisenhower-Administration nicht mehr bereit, sondern warte ab, bis eine neue amerikanische Regierung ihr Amt im Januar 1961 angetreten habe.

7. Mai: In Moskau wird der von Nikita Chruschtschow geförderte Leonid Breschnew Nachfolger des altersschwachen Kliment Woroschilow als Vorsitzender des Obersten Sowjets. Auf dieses repräsentative Amt des Staatsoberhauptes wird Breschnew gleichsam abgeschoben, allen Anzeichen nach will Chruschtschow ihn nun von den wirklichen Schaltstellen der Macht fernhalten.

4. bis 12. Juni: Der «Bitterfelder Weg» prägt unverändert die Kulturpolitik. Im Bezirk Karl-Marx-Stadt finden die zweiten «Arbeiterfestspiele der DDR» statt. Am 8. Juni tagt dabei die erste «Konferenz schreibender Arbeiter».

14. Juli: In einer westdeutschen Zeitung erscheint ein Bericht, daß Verteidigungsminister Willi Stoph (SED) als Soldat der Deutschen Wehrmacht einen Artikel in seiner Regimentszeitung veröffentlichte. Darin habe er als sein größtes Erlebnis die Teilnahme an einer Parade zu Adolf Hitlers Geburtstag geschildert. Stoph, der dies in seinen Personalakten verschwieg, gesteht die Richtigkeit des Artikels ein. Walter Ulbricht und Erich Honecker entbinden ihn darauf von seinem Amt als Verteidigungsminister. Der bisherige stellvertretende Minister und Generaloberst Heinz Hoffmann (SED) wird heute zum neuen Minister für Nationale Verteidigung berufen.

22. Juli: Unter Teilnahme von Vertretern vierzehn afrikanischer Länder wird in Ost-Berlin das «Komitee der DDR für die Solidarität mit den Völkern Afrikas» gegründet. Durch Unterstützung dieser Länder erhofft sich die DDR, von mehr Regierungen des Schwarzen Kontinents anerkannt zu werden.

29. August: Das Innenministerium erläßt eine Verordnung, die von Bundesbürgern, die anläßlich eines Heimkehrertreffens in West-Berlin vom 31. August bis zum 4. September auch Ost-Berlin besuchen wollen, eine gültige Aufenthaltsgenehmigung verlangt. Dies sei erforderlich, da das «Revanchistentreffen» für die DDR eine «Gefährdung der Ordnung und Sicherheit des friedlichen Lebens ihrer Bevölkerung» bedeute. Am 8. September wird unbefristet

John F. Kennedy (links) und sein Vorgänger Dwight D. Eisenhower bei der Amtsübergabe am 20. Januar 1960

18. August: In den USA wird die erste «Anti-Baby-Pille» auf den Markt gebracht.

24. August: Die SPD will die Erneuerung auch in personeller Hinsicht. In West-Berlin wählt der Parteirat einstimmig den mit 47 Jahren als jung geltenden Willy Brandt, seit 1957 Regierender Bürgermeister von Berlin und nicht dem Parteipräsidium angehörend, zum Kanzlerkandidaten für die Bundestagswahl 1961. Er soll die frische Alternative zum 84jährigen Konrad Adenauer darstellen.

25. August bis 12. September: Bei den Olympischen Spielen in Rom schneidet die gesamtdeutsche Mannschaft äußerst erfolgreich ab. Sie erringt 12 Goldmedaillen, darunter Armin Hary und Hans-Günther Winkler, 19 Silber- und 11 Bronzemedaillen.

10. September: Das «*Allied Travel Office*» der Westalliierten, ein 1945 als Hilfsorgan des Alliierten Kontrollrates entstandenes Reiseamt, schränkt die Ausstellung von Reisedokumenten an DDR-Bürger ein. Alle DDR-Bürger müssen vor Reisen in NATO-Staaten beim Alliierten Reiseamt eine Genehmigung beantragen.

30. September: Die Bundesregierung kündigt das am 16. August in neuer Fassung und erstmals auf unbegrenzte Zeit mit der DDR vereinbarte «Berliner Abkommen», das den Interzonenhandel regelt, zum Jahresende. Damit soll die DDR bewegt werden, die Kontrolle des Besucherverkehrs, die Nichtanerkennung der Bundespässe von West-Berlinern und die Behinderungen des Güterverkehrs zu beenden. Allerdings beugt sich die DDR diesem Druck nicht.

18. Oktober: Der Berliner Senat fordert die Bundesregierung auf, künftig West-Berlin durch eine «Berlin-Klausel» in internationale Verträge einzubeziehen.

8. November: Der 43jährige John Fitzgerald Kennedy wird mit knapper Mehrheit über seinen Herausforderer Richard Milhous Nixon zum neuen Präsidenten der USA gewählt. Kennedy tritt mit dem Appell an, die Herausforderungen einer veränderten Welt als «New Frontier», als neue Herausforderung, anzunehmen. Seine weitreichenden Reformprogramme finden vor allem unter den Jugendlichen und Intellektuellen Anklang.

21. bis 25. November: Auf ihrem Parteitag in Hannover bestätigt die SPD Willy Brandt als Kanzlerkandidaten für die Bundestagswahl 1961 und gibt ihm eine reformerische Mannschaft zur Seite, deren prominenteste Köpfe Max Brauer, Fritz Erler, Alex Möller, Carlo Schmid, Fritz Steinhoff und Georg August Zinn sind.

24. November: Die im Bundestag verbliebenen sechs Abgeordneten der DP vereinigen sich mit dem BHE/GB zur *Gesamtdeutschen Partei* (GDP). Nach dem Scheitern der GDP bei den Bundestagswahlen vom September 1961 wird die Fusion am 30.

festgelegt, daß die Einreise von Bundesbürgern nach Ost-Berlin grundsätzlich genehmigungspflichtig ist.

7. September: Staatspräsident Wilhelm Pieck (SED) verstirbt in Ost-Berlin. Am 12. September wird das Amt des Staatspräsidenten abgeschafft und durch ein neues kollektives Staatsoberhaupt ersetzt, den «Staatsrat der DDR». Er besteht aus dem Vorsitzenden, sechs Stellvertretern, sechzehn Mitgliedern und einem Sekretär. Zum Vorsitzenden dieses «obersten Regierungsorgans» wird Walter Ulbricht (SED) gewählt, auf den das Amt förmlich zugeschnitten ist. Seine Machtfülle umfaßt die Ratifizierung und Kündigung internationaler Verträge, die allgemeinverbindliche Auslegung der Gesetze, die Berufung der Mitglieder des Nationalen Verteidigungsrates, das Begnadigungsrecht – ja er kann sogar Beschlüsse mit Gesetzeskraft erlassen. Ulbrichts Stellvertreter werden Otto Grotewohl (SED), Johannes Dieckmann (LDPD), Heinrich Homann (NDPD), Hans Rietz (DBD) sowie die Generalsekretäre ihrer Parteien, Manfred Gerlach (LDPD) und Gerald Götting (CDU).

8. September: Der Ministerrat beschließt eine Denkschrift über die allgemeine und vollständige Abrüstung beider deutscher Staaten, die an die UN-Vollversammlung übermittelt wird. Darin wird der Bundesrepublik «totale Militarisierung und atomare Aufrüstung» vorgeworfen.

13. September: Die DDR erkennt mit Wirkung vom 15. September die bundesrepublikanischen Reisepässe der West-Berliner nicht länger an, nur noch die West-Berliner Personalausweise werden von den DDR-Behörden akzeptiert. Zudem benötigen West-Berliner nun ein Visum.

4. Oktober: Vor der Volkskammer gibt Walter Ulbricht (SED) eine programmatische Erklärung zur geschichtlichen Mission der DDR ab, die den weiteren Vormarsch des Sozialismus verkörpere. Neben allen Lobpreisungen findet er auch kritische Worte, die sich aus seinem Munde jedoch absurd ausnehmen: «Es wird noch zu sehr kommandiert, abgewiesen, anderen über den Mund gefahren, rechthaberisch aufgetreten und bevormundet. Wieviel Sympathien, gute Vorschläge und ehrliche Bereitwilligkeit gehen dabei verloren, wenn man die Menschen so behandelt, wenn man sie verärgert, ihre Gefühle verletzt, sie kränkt. Das passiert noch immer in staatlichen Dienststellen, auf Versammlungen, in den Betrieben und Wohnbezirken. So kann man die Menschen wahrlich nicht an uns heranziehen.» Ulbricht beendet auch die Phase der atheistischen und antiklerikalen Propaganda: «Das Christentum und die humanistischen Ziele des Sozialismus sind keine Gegensätze.» Mit diesem Leitsatz sucht Ulbricht die Zustimmung der Kirchen zum sozialistischen Aufbau, zudem will er sie zu einer Absage an die «westdeutschen NATO-Kirchen» bewegen. Die antikirchliche Polemik wird bald auf westdeutsche Adressaten umgestellt, doch bleiben die Verbote für Kirchenführer der DDR, an kirchlichen Veranstaltungen in der Bundesrepublik teilzunehmen. Im November wird der bisherige, für den Konfrontationskurs stehende Staatssekretär für Kirchenfragen, Werner Eggerath (SED) abgelöst. Sein Nachfolger wird der eher auf Ausgleich bedachte Hans Seigewasser (SED), der dieses Amt bis zu seinem Tod am 18. Oktober 1979 bekleidet.

6. November: In Moskau beginnt eine mehrtägige Konferenz von 81 kommunistischen und Arbeiterparteien, die die Bedeutung der KPdSU als «Vorhut der kommunistischen Weltbewegung» bekräftigt. Doch werden alle anderen marxistisch-leninistischen Parteien als «unabhängig und gleich-

Oktober 1961 rückgängig gemacht.

28. Dezember: In Bonn einigt sich Bundeskanzler Konrad Adenauer (CDU) mit dem sowjetischen Botschafter Andrej Smirnow über ein deutsch-sowjetisches Handelsabkommen. Es wird am 31. Dezember in Bonn unterzeichnet.

29. Dezember: Die Bundesregierung muß nachgeben; sie nimmt ihre Kündigung des «Berliner Abkommens» über den Interzonenhandel vom 30. September zurück, weil die DDR ihren Forderungen nicht nachgibt. Nach vierwöchigen Verhandlungen vereinbaren heute beide Seiten, das Abkommen mit allen am 16. August festgelegten Zusätzen zum 1. Januar 1961 in Kraft treten zu lassen.

berechtigt» bezeichnet. Es kommt zu Meinungsverschiedenheiten mit den Vertretern der chinesischen KP, die den bevorstehenden Bruch zwischen Moskau und Peking signalisieren. Damit steht die sowjetische Führung vor der neuen Situation, daß sowohl im Westen als auch im Osten Konflikte erwachsen können.

Dezember: Die DDR-Führung reagiert auf die Kündigung des «Berliner Abkommens» durch die Bundesregierung am 29. August. Vor dem ZK der SED erklärt Bruno Leuschner, Vorsitzender der Staatlichen Plankommission, die vordringlichste Aufgabe sei die «Störfreimachung» der Wirtschaft. Alles sei so zu organisieren und umzustellen, daß es keine Störungen der Wirtschaft von der Bundesrepublik her geben könne. Von leitenden Kräften der Wirtschaft wird dieses Konzept wegen des unverhältnismäßig hohen Aufwandes kritisiert. Als offensichtlich wird, daß die sowjetischen und anderen osteuropäischen Lieferungen die westlichen nicht ersetzen können, wird die «Störfreimachung» 1962 aufgegeben.

1. Dezember 1960 bis 31. Januar 1961: Auf Anweisung der SED-Führung müssen alle SED-Mitglieder und -Kandidaten ihre Mitgliedsbücher und Kandidatenkarten umtauschen. Die Aktion dient der Überprüfung auf ideologische Zuverlässigkeit.

15. bis 17. Dezember: Namens des ZK der SED schlägt Walter Ulbricht einen «Frieden für zehn Jahre» und einen Nichtangriffspakt zwischen der DDR und der Bundesrepublik vor.

23. Dezember: Nach vielfältigen Bemühungen und Protesten, vor allem von westlichen Schriftstellern wie Erika Mann, Katia Mann, Halldor Laxness oder Hermann Kesten wird der in Bautzen inhaftierte Walter Janka aufgrund einer Verfügung Walter Ulbrichts vorzeitig aus der Haft entlassen. Janka muß sich in den folgenden Jahren als Filmdramaturg durchschlagen.

1961

Die Mauer

Den meisten Westdeutschen erscheint der Staat namens «DDR» als Fußnote der Geschichte, die irgendwann von selbst verschwinden wird – und sei es durch die anhaltende Fluchtwelle in den gelobten Westen. Um so fassungsloser reagieren sie nun, als der Dreibuchstabenstaat auf brutale Weise seine Existenz rettet. Nicht nur, daß die bisherigen Verbindungen zwischen Ost und West jäh unterbrochen werden. Mit Mauer und Abriegelung ist die Bonner Deutschlandpolitik an einem Wendepunkt angelangt – die DDR wird vorerst nicht von einer starken, ins westliche Bündnis integrierten Bundesrepublik aufgesogen.

23. Februar: Die Gewerkschaft *IG Bau, Steine, Erden* handelt einen heute unterzeichneten Tarifvertrag aus, der ab dem 1. Oktober 1962 eine jährliche Verkürzung der wöchentlichen Arbeitszeit um je eine Stunde festschreibt. Damit soll zum 1. Oktober 1965 die 40-Stunden-Woche erreicht werden.

28. Februar: Das Bundesverfassungsgericht erklärt die Gründung der *Deutschland-Fernsehen GmbH* durch die Bundesregierung, die ein zweites Fernsehprogramm betreiben soll, für verfassungswidrig. Zum einen werde die öffentliche Meinungsbildung durch ein Regierungsfernsehen gefährdet, zum anderen beeinträchtige das Vorgehen der Bundesregierung die Länderrechte. Dieses Urteil ist eine schallende Ohrfeige für die Bundesregierung und Bundeskanzler Konrad Adenauer (CDU). Gleichzeitig schreibt das Urteil die Struktur öffentlich-rechtlicher Fernsehanstalten der Länder für zweieinhalb Jahrzehnte fest.

6. März: Mit der ersten Aufwertung der DM gegenüber der internationalen Leitwährung, dem US-Dollar, um 4,76 Prozent beträgt der Wechselkurs statt 4,20 jetzt nur noch 4,00 DM für einen US-Dollar. Die Bundesregierung unternimmt diesen Schritt, um die Hochkonjunktur mit ihren steigenden Preisen zu dämpfen.

16. März: Der amerikanische Botschafter in Moskau, Llewellyn Thompson, warnt seine Regierung in einem Geheimtelegramm,

1961

Der Schutzwall

Das Bild, das Winston Churchill 1945 skizzierte, wird Wirklichkeit. Der Eiserne Vorhang senkt sich, um die Menschen am Fortlaufen zu hindern und das Ausbluten der DDR zu verhindern. Obgleich diese Aufgabe von Mauer und Abriegelung jedermann offensichtlich ist, verbreitet die SED die Legende vom «antifaschistischen Schutzwall», der den Frieden in Europa vor dem aggressiven Imperialismus der Bundesrepublik und der NATO rettet. Wer die Mauer von östlicher Seite betrachtet, sieht die Dinge anders: Er fühlt sich ein- und seine westdeutschen Verwandten ausgesperrt. Immerhin ist die Hälfte der Ostdeutschen mit einem Viertel der Westdeutschen durch familiäre Bande verknüpft.

16. bis 19. März: Unter dem Eindruck fallender industrieller Zuwachsraten, von 12,4 Prozent im Jahr 1959 auf jetzt 6,2 Prozent, setzt das ZK der SED auf neue Techniken. Die Kräfte sollen auf die Entwicklung der Grundstoffindustrien, des Maschinenbaus sowie der Steuerungs-, Meß- und Regeltechnik konzentriert werden.

28. und 29. März: In Moskau tagt der «Politische Beratende Ausschuß des Warschauer Paktes». Neben Beschlüssen über Maßnahmen zur Erhöhung der Verteidigungsbereitschaft und über eine modernere Ausrüstung der NVA wird die Abriegelung Ost-Berlins erörtert. Angesichts der Massenflucht legt Walter Ulbricht (SED) dar, weshalb verstärkte Stacheldrahtverhaue und Grenzkontrollen nicht ausreichen würden, sondern eine Betonmauer und Palisaden erforderlich seien. Angesichts nur vereinzelter Ablehnung fühlt sich Ulbricht bestärkt. Nach der Tagung beauftragt er Erich Honecker (SED), in größter Heimlichkeit mit den Vorbereitungen für den Mauerbau zu beginnen. Nach Angaben Willy Brandts erlaubt Nikita Chruschtschow eine Abriegelung zunächst nur mit Stacheldrahtsperren. Eine Mauer solle erst gebaut werden, wenn die Reaktion des Westens erkennbar sei.

12. April: Erstmals wird ein Mensch ins Weltall geschossen. Der sowjetische Kosmonaut Juri Gagarin schafft in der winzigen «Wostok-1»-Kapsel einen 100minütigen

daß die DDR die Berliner Grenze schließen könnte.

18. März: Auf ihrem Landesparteitag wählt die CSU mit überwältigender Mehrheit Franz Josef Strauß zum neuen Parteivorsitzenden. Er bekleidet dieses Amt bis zu seinem Tode im Jahr 1988.

7. und 8. April: Auf Einladung der Wochenzeitung «*Die Zeit*» findet in der Hamburger Universität ein Streitgespräch zwischen Schriftstellern aus der Bundesrepublik und der DDR statt. Arnold Zweig, Präsident des ostdeutschen PEN-Zentrums, sagt dort: «Und so danke ich Ihnen allen dafür, daß die Geistigkeit des Deutschen sich noch einmal ausbreiten kann, unabhängig von der Frage, ob wir gespalten sind oder nicht, ob wir einen Eisernen oder einen Goldenen Vorhang haben, der uns stört.» Der Leipziger Literaturwissenschaftler Hans Mayer übt deutliche Kritik an der Kulturpolitik in der DDR und bekennt sich zu literarischem Austausch.

11. April: Im August 1959 wird der ehemalige SS-Obersturmbannführer Adolf Eichmann, als Leiter des Judenreferats im «Reichssicherheitshauptamt» einer der Hauptverantwortlichen für die «Endlösung der Judenfrage», vom israelischen Geheimdienst-General Peter Malkin in Argentinien aufgespürt. Bis zum Frühjahr 1950 lebt Eichmann als der Holzfäller Otto Heninger in der Lüneburger Heide, unbehelligt. Dann hat er genügend Geld gespart, um sich über Genua nach Buenos Aires abzusetzen. Als Ricardo Klement baut er sich eine neue Existenz auf und holt 1952 sogar seine Familie nach. Zuletzt ist Eichmann als Leiter einer Unterabteilung bei der argentinischen Daimler-Benz-Niederlassung tätig. Seitens der Bundesrepublik Deutschland gibt es zu keiner Zeit ernsthafte Versuche, Eichmann zu ergreifen. Auf Anweisung des israelischen Premierministers David Ben Gurion ergreift ihn der «Mossad» am 11. Mai 1960. Neun Tage später wird er als reicher Schwerkranker, der im gelobten Land sterben wolle, in einem eigens eingeflogenen israelischen Flugzeug nach Israel entführt. Eichmanns Vernehmer, der Polizeihauptmann Avner W. Less, berichtet über seine erste Begegnung mit ihm: «Ich weiß nicht mehr, was ich erwartet hatte – wahrscheinlich einen Nazi, wie man ihn aus Filmen kannte: groß, blond, mit stechenden blauen Augen, ein brutales Gesicht, das herrische Arroganz ausstrahlt. Doch nun stand plötzlich ein ganz gewöhnlicher Mensch vor mir, wenig größer als ich, eher mager als schlank, mit sehr spärlichem Haarwuchs, kein Frankenstein und kein Teufel mit Klumpfuß und Hörnern.» Gegen Eichmann, für den im Gegensatz zu anderen Nazigrößen Selbstmord nicht in Betracht kommt, er will reden und sich verteidigen, beginnt heute vor dem Bezirksgericht von Jerusalem der Prozeß.

25. Mai: Am 5. Mai hat der amerikanische Astronaut Alan Shepard in der Kapsel «Mercury 3» einen just 15minütigen und knapp 500 Kilometer weiten Flug in den Weltraum und wieder zurück absolviert, da ruft US-Präsident John F. Kennedy als Antwort auf den sowjetischen Weltraumflug von Juri Gagarin ein kühnes Programm aus. Kennedy fordert von seinem Land, «die Führungsrolle bei der Eroberung des Weltraums zu übernehmen» und «noch vor dem Ende dieser Dekade einen Menschen auf dem Mond zu landen und heil zur Erde zurückzubringen». Dies ist der Startschuß zu einem der größten wissenschaftlich-technischen Projekte der Menschheit.

6. Juni: Ein Staatsvertrag zwischen den Ministerpräsidenten der Länder schafft das bundeseinheitliche *Zweite Deutsche Fernsehen* (ZDF) mit Sitz in Mainz. Es ist wie die Anstalten der ARD als öffentlich-rechtliche

Raumflug mit einer vollen Erdumkreisung. Gagarin wird in der Sowjetunion als Held gefeiert, sein Raumflug als Beleg für die Überlegenheit des Sozialismus genommen. Ein Extrablatt des *Neuen Deutschlands* verkündet «die historische Nachricht»: «Kommunismus verwirklicht kühnste Träume der Menschheit».

Die Volkskammer verabschiedet das «Gesetzbuch der Arbeit», das am 1. Juli in Kraft tritt. Entgegen allen Forderungen und den mehr als 23000 Abänderungsanträgen aus der Arbeiterschaft wird die wöchentliche Arbeitszeit bei sechs Arbeitstagen und 48 Stunden und der Jahresurlaub bei 12 Tagen belassen, lediglich Jugendliche erhalten nun 18 oder 21 Tage Urlaub. Das auch in der Verfassung verankerte «Recht auf Arbeit» wird durch zahllose Beschränkungen und Verpflichtungen nahezu zum Arbeitszwang. Nirgends wird das ebenfalls in der Verfassung verankerte Streikrecht erwähnt. Zur Regelung von Arbeitsstreitigkeiten werden «Konfliktkommissionen» geschaffen, die weitgehend vom FDGB dominiert werden und auch kleinere strafwürdige Handlungen aburteilen sollen. Damit kann der ordentliche Rechtsweg nicht mehr beschritten werden, lediglich in zweiter Instanz ist der Weg vor die Bezirksarbeitsgerichte noch möglich.

25. bis 27. Mai: In Ost-Berlin tagt der fünfte «Deutsche Schriftstellerkongreß», der als Vorsitzende Anna Seghers (SED) wiederwählt. Dieser Kongreß bringt die erste spektakuläre Begegnung von Schriftstellern aus beiden deutschen Staaten. Als geladene Gäste sind Günter Grass, Martin Walser und Peter Hamm anwesend – wegen ihres Eintretens gegen die Atombewaffnung in der Bundesrepublik gelten sie als natürliche Verbündete. Die Diskussionen kreisen deshalb mehr um die west- als die ostdeutsche Literatur, der geholfen werden soll, «von den Fesseln der antikommunistischen Beeinflussung» loszukommen. Hermann Kant greift Grass und Walser an: «Eine neue Art von Naturalismus, so scheint mir, obwaltet in der ‹Blechtrommel›, sie prägt weite Teile von ‹Halbzeit› und ist auch in anderen Romanen nachzuweisen. An die Stelle von Weite und Vielfalt sind soziale Enge und Perspektivschrumpfungen getreten.» Grass erwidert unmißverständlich: «Was fehlt diesem Staat nach meiner Meinung? Ein Lyriker wie Enzensberger dürfte hier gar nicht den Mund aufmachen, wenn er Bürger der DDR wäre. Natürlich, eine kleine Reise nach Leipzig oder nach Jena darf man machen, bekommt seinen Blumentopf, hält seine Rede, und es wird etwas vorgespielt, die Koexistenz, man besucht sich, es bleibt aber unverbindlich! Geben Sie den Schriftstellern die Freiheit des Wortes! Geben Sie einem Enzensberger in Ihrem Land die Freiheit, die er noch in Westdeutschland hat, obgleich diese Freiheit des Wortes gefährdet ist. Hier ist sie aber gar nicht vorhanden.» Von Autoren wie Funktionären der DDR wird beschworen, es gebe nur eine deutsche Literatur. Werke aus der DDR müßten auch in der Bundesrepublik verstanden werden.

3. und 4. Juni: In Wien treffen erstmals US-Präsident John F. Kennedy und Nikita Chruschtschow zusammen. Chruschtschow, der sein «Berlin-Ultimatum» von 1958 zum Unwillen der DDR-Führung ständig verlängert, glaubt den unerfahrenen und durch die mißlungene Invasion Kubas an der Schweinebucht geschwächten Kennedy beeindrucken zu können. Er ergeht sich in harschen Drohungen: Noch 1961 werde die Sowjetunion einen separaten Friedensvertrag mit der DDR schließen, falls die Westmächte die Forderung nach Abzug aus West-Berlin nicht erfüllten. Sollten die USA danach auf Besatzungsrechten

Eichmann in Jerusalem

Über den Prozeßverlauf schreibt Hannah Arendt ihr berühmtes Buch «Eichmann in Jerusalem – Ein Bericht von der Banalität des Bösen», das den Angeklagten charakterisiert: «Außer einer ganz ungewöhnlichen Beflissenheit, alles zu tun, was seinem Fortkommen dienlich sein konnte, hatte er überhaupt keine Motive; und auch diese Beflissenheit war an sich keineswegs kriminell, er hätte bestimmt niemals seinen Vorgesetzten umgebracht, um an dessen Stelle zu rücken. Er hat sich nur, um in der Alltagssprache zu bleiben, niemals vorgestellt, was er eigentlich anstellte. Es war genau das gleiche mangelnde Vorstellungsvermögen, das es ihm ermöglichte, viele Monate hindurch einem deutschen Juden im Polizeiverhör gegenüberzusitzen, ihm sein Herz auszuschütten und ihm wieder und wieder zu erklären, wie es kam, daß er es in der SS nur bis zum Obersturmbannführer gebracht hat und daß es nicht an ihm gelegen habe, daß er nicht vorankam. Er hat prinzipiell ganz gut gewußt, worum es ging, und in seinem Schlußwort vor Gericht von der ‹staatlicherseits vorgeschriebenen Umwertung der Werte› gesprochen.»

Vom 11. bis zum 15. Dezember wird das Urteil verlesen, das Adolf Eichmann mit wenigen Einschränkungen in allen fünfzehn Anklagepunkten schuldig spricht. Er habe Verbrechen «gegen das jüdische Volk» begangen, «in der Absicht, das jüdische Volk zu vernichten»; er habe «Verbrechen gegen die Menschheit» begangen; er sei Angehöriger der im Nürnberger Kriegsverbrecherprozeß als verbrecherisch eingestuften Organisationen SS, SD und Gestapo gewesen. Gegen Eichmann wird die Todesstrafe verhängt. Im Berufungsverfahren wird die Todesstrafe am 29. Mai 1962 bestätigt.

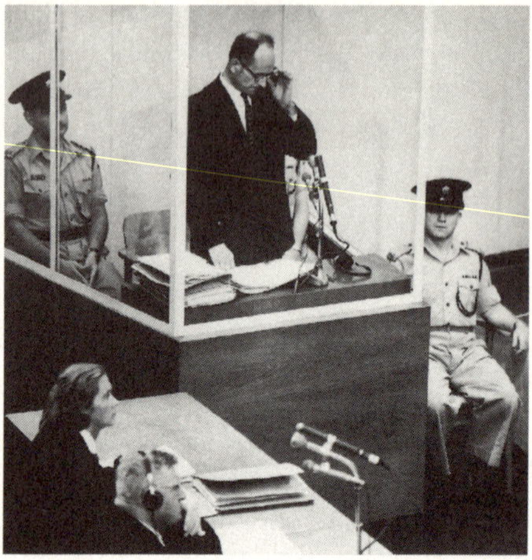

Adolf Eichmann vor dem Gericht in Jerusalem (22. Juni 1961)

Israels Präsident Izthak Ben-Zvi, bei dem ein Begnadigungsappell auch von Martin Buber eingeht, lehnt Eichmanns Gnadengesuch ab. Am 31. Mai 1962 wird Eichmann gehängt, seine Asche wird über dem Mittelmeer verstreut.

Die Entdeckung, Entführung, Verhaftung und Verurteilung Eichmanns löst in der Bundesrepublik die ersten ernsthaften Bemühungen aus, Naziverbrecher zu ergreifen und vor Gericht zu stellen. Zwar lehnt die Bundesregierung unter Vorwänden ab, die Auslieferung Eichmanns zu beantragen. Doch werden endlich eine Reihe von Massenmördern, die unter ihren richtigen Namen in der Bundesrepublik leben, verhaftet.

Da während der Nazizeit begangene Delikte wie Totschlag oder Beihilfe zum Mord ab dem 9. Mai 1960 strafrechtlich verjähren, kann juristisch nur noch wegen Mordes vorgegangen werden.

bestehen und das Territorium der DDR verletzen, würde Gewalt mit Gewalt, auch atomarer, beantwortet. Doch Kennedy läßt sich nicht einschüchtern. Die USA wollten sich nicht einmischen, was die Sowjetunion «in ihrer Interessensphäre» tue. Mit diesem mißglückten Gipfeltreffen steigert sich die Krisenstimmung, der Flüchtlingsstrom aus der DDR beschleunigt sich dramatisch.

14. Juni: Im *Neuen Deutschland* gesteht der stellvertretende Ministerpräsident Willi Stoph (SED) ein, «daß es zur Zeit bei der Versorgung mit Fleisch, Milch und Butter eine Reihe Schwierigkeiten gibt». Bei Milch herrscht ernster Mangel, für den Kauf von Butter werden gar Kundenlisten eingeführt. Die jedermann bekannte Ursache nennt Stoph nicht beim Namen, die Kollektivierung der Landwirtschaft. Ein Angebot der Bundesregierung für Lebensmittelhilfe wird von der SED-Führung abgelehnt.

15. Juni: In Ost-Berlin gibt Walter Ulbricht (SED) eine Pressekonferenz zur aktuellen Situation. Die Korrespondentin der *Frankfurter Rundschau*, Annamarie Doherr: «Ich möchte eine Zusatzfrage stellen. Herr Vorsitzender! Bedeutet die Bildung einer Freien Stadt Ihrer Meinung nach, daß die Staatsgrenze am Brandenburger Tor errichtet wird? Und sind Sie entschlossen, dieser Tatsache mit allen Konsequenzen Rechnung zu tragen?» Ulbrichts denkwürdige Antwort: «Ich verstehe Ihre Frage so, daß es in Westdeutschland Menschen gibt, die wünschen, daß wir die Bauarbeiter der Hauptstadt der DDR dazu mobilisieren, eine Mauer aufzurichten. Mir ist nicht bekannt, daß eine solche Absicht besteht. Die Bauarbeiter unserer Hauptstadt beschäftigen sich hauptsächlich mit Wohnungsbau, und ihre Arbeitskraft wird dafür voll eingesetzt. Niemand hat die Absicht, eine Mauer zu errichten. Ich habe vorhin schon gesagt: Wir sind für vertragliche Regelung der Beziehungen

Chruschtschow und Kennedy beim Gipfeltreffen in Wien (in der Mitte, 2. von links: Außenminister Andrej Gromyko)

zwischen West-Berlin und der Regierung der Deutschen Demokratischen Republik. Das ist der einfachste und normalste Weg zur Regelung dieser Fragen.»

16. Juni: Der im September 1958 aus der DDR geflüchtete SED-Funktionär und jetzige IG-Metall-Gewerkschafter Heinz Brandt wird in West-Berlin betäubt und entführt. Er erwacht im Stasi-Untersuchungsgefängnis Hohenschönhausen. Ihm wird die sofortige Freiheit angeboten, falls er erkläre, er sei freiwillig, aus Enttäuschung über die Bundesrepublik, in die DDR zurückgekehrt. In der Presse der DDR wird gemeldet, Brandt sei bei Ausführung eines Spionageauftrages verhaftet worden. Nach einjähriger Untersuchungshaft wird Brandt in einem Geheimprozeß vom Obersten Gericht zu dreizehn Jahren Zuchthaus verurteilt. In Bautzen II wird er in Isolationshaft gehalten und erst aufgrund internationaler Proteste,

Anstalt aufgebaut und finanziert sich aus eigenen Werbeeinahmen sowie einem Anteil von 30 Prozent an den Fernsehgebühren. Am 1. Juni beginnt bereits der Testbetrieb, im April 1963 nimmt das ZDF den regulären Sendebetrieb auf.

14. Juni: Auf der Grundlage des «Jaksch-Berichtes» des SPD-Abgeordneten und Vertriebenen-Funktionärs Wenzel Jaksch faßt der Bundestag einen Allparteienbeschluß mit der Forderung, die Ostpolitik zu intensivieren.

30. Juni: Der Bundestag regelt die soziale Fürsorge neu und verabschiedet das «Bundessozialhilfegesetz», das zum 1. Juni 1962 in Kraft tritt. Subsidiär tritt die Sozialhilfe mit Hilfen zum Lebensunterhalt sowie mit Hilfen in besonderen Lebenslagen ein.

2. Juli: Der Bundestag erweitert den Anwendungsbereich des «131er»-Gesetzes vom 11. Mai 1951 erheblich. Selbst die Angehörigen der Waffen-SS können nun Ansprüche geltend machen, sofern sie nur nachweisen, «wehrmachtsgleichen Dienst» geleistet zu haben – sogar Wachdienste in KZs werden von Gerichten als solcher eingestuft.

12. Juli: Der Bundestag verabschiedet das Gesetz zur Förderung der Vermögensbildung für Arbeitnehmer. Mit diesem «312-DM-Gesetz» unterliegen Sonderleistungen der Arbeitgeber, die diesen Betrag jährlich nicht übersteigen und vermögenswirksam angelegt werden, geringerer Besteuerung und sind zudem von Sozialversicherungsabgaben befreit.

25. Juli: Nach den Wiener Drohungen von Nikita Chruschtschow bekräftigt US-Präsident John F. Kennedy in einer Rundfunkrede die vom NATO-Rat im Frühjahr formulierten «drei Grundfreiheiten» (essentials), die allerdings auf West-Berlin beschränkt sind: das Recht auf Anwesenheit der Westmächte, das Recht auf den Zugang durch die DDR, die Sicherung der politischen Freiheit und Lebensfähigkeit West-Berlins. Egon Bahr (SPD), Pressechef des Berliner Senats, dazu: «Das ist fast eine Einladung für die Sowjets, mit dem Ostsektor zu machen, was sie wollen.» Am 26. und 27. Juli trifft in Sotschi am Schwarzen Meer John McCloy, der Abrüstungsbeauftragte von Kennedy, mit Nikita Chruschtschow zusammen. Chruschtschow bewertet Kennedys Rede als eine Art Kriegserklärung und droht seinerseits mit einer «Hundertmegatonnen-Superbombe», Auftakt zu einer geplanten Einschüchterungsoffensive. In der Folgezeit ergehen sich die Großmächte in Drohgebärden. Die Sowjetunion stoppt die Entlassung von 1,2 Millionen Soldaten und zieht Truppen im Umkreis von Berlin zusammen, die USA bringen ihre Streitkräfte auf die Maximalstärke von einer Million Mann. Kriegsangst breitet sich aus in Europa.

Das erste ZDF-Emblem

1. August: Das Lohnfortzahlungsgesetz tritt in Kraft. Es stellt für den Krankheitsfall Arbeiter mit Angestellten gleich. In den ersten sechs Wochen einer Erkrankung wird der volle Nettolohn weitergezahlt. Unbezahlte Karenztage fallen weg, das Krankengeld und die Krankenhauspflege werden von 26 auf 78 Wochen ausgedehnt.

so des Mathematikers und Philosophen Bertrand Russell, der die von der DDR verliehene Friedensmedaille zurückgab, im Mai 1964 nach Berlin-Pankow entlassen. Überraschend erhält er am 28. Mai 1964 die Ausreisegenehmigung nach Frankfurt/Main, wo er seine Arbeit für die IG Metall wiederaufnimmt.

3. und 4. Juli: Vor dem ZK der SED geht Walter Ulbricht mit den Funktionären ins Gericht: «Es ist bisher nicht gelungen, die Massen der Bevölkerung auch nur in den Grundfragen der Politik der Arbeiter-und-Bauern-Macht aufzuklären und zu überzeugen (…) Vor uns steht der Abschluß eines Friedensvertrages und die endgültige Regelung des Westberlin-Problems. Und was zeigt sich in diesem Moment, in dem wir an die Regelung dieser Probleme gehen? Es zeigt sich, daß wir die Folgen davon zu spüren bekommen, daß Grundorganisationen und führende Kader jahrelang der Frage von Westreisen, von Westberlin-Besuchen und der Republikflucht aus dem Wege gegangen sind. Der Opportunismus wurde zur Grundlage der Arbeit vieler Grundorganisationen und Funktionäre.»

6. Juli: Die Volkskammer verabschiedet den vom ZK der SED vorgelegten Entwurf eines «Deutschen Friedensplans».

8. Juli: Nikita Chruschtschow erklärt, er lasse sich durch Kriegsdrohungen nicht beeinflussen, sei jedoch bereit, für West-Berlin Garantien zu geben. Gleichzeitig kündigt er die Erhöhung der sowjetischen Verteidigungsausgaben um ein Drittel an.

19. bis 23. Juli: Der für ganz Berlin geplante Deutsche Evangelische Kirchentag kann wegen des Verbots der Ost-Berliner Behörden vom 8. Juli nur in West-Berlin stattfinden. Trotz Behinderungen nehmen zahlreiche Christen aus Ost-Berlin und der DDR daran teil.

3. bis 5. August: In Moskau beraten die Ersten Sekretäre der ZKs der kommunistischen und Arbeiterparteien der Warschauer-Pakt-Staaten über den Abschluß eines Friedensvertrages mit Deutschland und die «Regelung der West-Berlin-Frage». Neben anderen wird später Erich Honecker diese Tagung als entscheidend für den Mauerbau darstellen, was indes kaum mit dem tatsächlichen Zeitablauf übereinstimmen kann. Die DDR sei beauftragt worden, «die Grenze zur Bundesrepublik als auch zu West-Berlin unter Kontrolle zu nehmen».

4. August: Der Magistrat von Ost-Berlin erläßt eine Verordnung, wonach Ost-Berliner, die in West-Berlin arbeiten, rückwirkend ab dem 1. August ihre Mieten und öffentlichen Gebühren teilweise in DM zu bezahlen haben. Außerdem müssen sich die etwa 50000 Grenzgänger registrieren lassen. Mit diesen Schikanen sollen sie zur Aufgabe ihrer Arbeitsstellen in West-Berlin gedrängt werden.

6. und 7. August: Im Weltraum setzt die Sowjetunion weiterhin die Maßstäbe. Im Raumschiff «Wostok 2» unternimmt der Kosmonaut German Titow einen sensationellen Raumflug von 25 Stunden Dauer, bei dem er die Erde siebzehnmal umrundet. Für die sowjetische Führung ist dies eine Demonstration der Errungenschaften des Sozialismus, dieser Raumflug zeigt laut Nikita Chruschtschow «unsere Überlegenheit über das kapitalistische System».

10. August: Der neue Befehlshaber der sowjetischen Streitkräfte in der DDR, Marschall Iwan Konjew, lädt die drei westlichen Berliner Stadtkommandanten in sein Potsdamer Hauptquartier ein. Bis heute ist unklar, ob er sie darüber informiert, was am 13. August geschehen wird, und ob er ihnen zusichert, daß, was sich auch immer ereignen möge, ihre Rechte als Westmächte unberührt blieben.

13. August: Gebannt und gleichermaßen gelähmt, schaut die Weltöffentlichkeit auf Berlin. Doch die führenden Politiker der westlichen Welt reagieren gelassen. US-Präsident John F. Kennedy äußert nach Angaben seines Sekretärs Kenneth P. O'Donnell: «Das bedeutet, Chruschtschow hat nachgegeben. Wenn er noch die Absicht hätte, ganz Berlin zu besetzen, hätte er diese Mauer nicht gebaut.» Kennedy glaubt, daß die Berlin-Krise an diesem Tag endet, und schippert auf seiner Ferienjacht «Marlin» umher. Der britische Premierminister Harold Macmillan jagt weiter Moorhühner in Schottland.

14. August: Angeblich um eine Eskalation zu vermeiden, entschließt sich Bundeskanzler Konrad Adenauer (CDU), am Tage des Mauerbaus nicht nach Berlin zu reisen. Eine für heute in Regensburg geplante Wahlkampfrede hält er in Bonn, dabei fällt neben sachlicher Kritik an seinem Gegenkandidaten Willy Brandt (SPD) auch die Formulierung «Herr Brandt alias Frahm» – ein Verweis auf Brandts uneheliche Geburt wie dessen Emigration. In den nächsten Tagen setzt Adenauer den Wahlkampf ohne Unterbrechung fort.

16. August: Vor dem Rathaus Schöneberg versammeln sich 250 000 Menschen zu einer Kundgebung, die von Erschütterung und Ohnmacht geprägt ist. Einige der Transparente tragen diese Aufschriften: «Vom Westen verraten?», «Wo sind die Schutzmächte?», «Weiß der Westen keinen Rat?», «Papierne Proteste stoppen keine Tanks!». Willy Brandt (SPD), Regierender Bürgermeister von Berlin, teilt in seiner Rede mit, er habe dem US-Präsidenten John F. Ken-

NVA-Unteroffizier Conrad Schumann springt am 15. August 1961 an der Bernauer Straße in Berlin über den Stacheldraht in den Westteil der Stadt

11. August: Die Volkskammer bevollmächtigt den Ministerrat, «alle Maßnahmen vorzubereiten und durchzuführen, die sich aufgrund der Festlegungen der Teilnehmerstaaten des Warschauer Vertrages als notwendig erweisen». Angesichts der nun absehbaren Gegenmaßnahmen steigt die Fluchtwelle abermals dramatisch an.

13. August: Noch kurz nach Mitternacht treffen in West-Berlin zahlreiche Flüchtlinge aus Ost-Berlin und der DDR ein. Ab 1 Uhr verwehren Volkspolizisten an mehreren Sektorenüber-

Die Verlautbarungen zum Mauerbau

Auf der Frontseite des heutigen *Neuen Deutschlands* wird der Beschluß des Ministerrates vom Vortag veröffentlicht. Zur Erhaltung des Friedens sei es erforderlich, dem Treiben der westdeutschen Revanchisten und Militaristen sowie ihren Gebietsforderungen gegenüber der DDR einen Riegel vorzuschieben:

«Aus all diesen Gründen beschließt der Ministerrat der Deutschen Demokratischen Republik in Übereinstimmung mit dem Beschluß des Politischen Beratenden Ausschusses der Staaten des Warschauer Vertrages zur Sicherung des europäischen Friedens, zum Schutze der Deutschen Demokratischen Republik und im Interesse der Sicherheit der Staaten des sozialistischen Lagers folgende Maßnahmen:

Zur Unterbindung der feindlichen Tätigkeit der revanchistischen und militaristischen Kräfte Westdeutschlands und Westberlins wird eine solche Kontrolle an den Grenzen der Deutschen Demokratischen Republik einschließlich der Grenze zu den Westsektoren von Groß-Berlin eingeführt, wie sie an den Grenzen jedes souveränen Staates üblich ist. Es ist an den Westberliner Grenzen eine verläßliche Bewachung und eine wirksame Kontrolle zu gewährleisten, um der Wühltätigkeit den Weg zu verlegen. Diese Grenzen dürfen von Bürgern der Deutschen Demokratischen Republik nur noch mit besonderer Genehmigung passiert werden. Solange Westberlin nicht in eine entmilitarisierte neutrale Freie Stadt verwandelt ist, bedürfen Bürger der Hauptstadt der Deutschen Demokratischen Republik für das Überschreiten der Grenzen nach Westberlin einer besonderen Bescheinigung. Der Besuch von friedlichen Bürgern Westberlins in der Hauptstadt der Deutschen Demokratischen Republik (das demokratische Berlin) ist unter Vorlage des Westberliner Personalausweises möglich. Revanchepolitikern und Agenten des westdeutschen Militarismus ist das Betreten der Hauptstadt der DDR (demokratisches Berlin) nicht erlaubt. Für den Besuch von Bürgern der westdeutschen Bundesrepublik im demokratischen Berlin bleiben die bisherigen Kontrollbestimmungen in Kraft. Die Einreise von Bürgern anderer Staaten in die Hauptstadt der Deutschen Demokratischen Republik wird von diesen Bestimmungen nicht berührt (...)

Berlin, den 12. August 1961»

nedy gegenüber «Zweifel in die Reaktionsfähigkeit und Entschlossenheit der drei Mächte» geäußert und eine tiefe Vertrauenskrise konstatiert.

Zur gleichen Zeit führt Bundeskanzler Konrad Adenauer (CDU) eine Unterredung mit dem sowjetischen Botschafter in Bonn, Andrej Smirnow. Dieser versichert, die sowjetischen Maßnahmen seien nicht gegen die Bundesrepublik gerichtet. Im Kommuniqué sichert Adenauer zu, die Bundesregierung werde keine Schritte unternehmen, «welche die Beziehungen zwischen der Bundesrepublik und der Sowjetunion erschweren und die internationale Lage verschlechtern würden».

18. August: Zum ersten Mal in seiner Geschichte wird der Deutsche Bundestag aus seiner Sommerpause zu einer Sondersitzung zusammengerufen. Bundeskanzler Konrad Adenauer (CDU) gibt eine Regierungserklärung ab. Darin heißt es: «Die Schließung der Grenzen ist eine beispiellose Bankrotterklärung; sie zeigt, daß die Menschen, die in diesem Teil Deutschlands zu leben gezwungen sind, nur unter Anwendung physischen Zwangs daran gehindert werden können, dieses Paradies der Arbeiter und Bauern zu verlassen (...) Nahezu dreieinhalb Millionen Menschen sind in den zurückliegenden Jahren aus der Zone und dem Ostsektor von Berlin geflohen, weil ihnen keine andere Möglichkeit blieb, ein Leben in Freiheit zu führen. Unter Aufgabe ihres Berufs, unter Zurücklassung von Hab und Gut haben sie sogar die menschlichen Beziehungen abgebrochen, die sie mit ihrer Familie, mit ihren Verwandten, mit ihren Freunden verbanden. Für unzählige Menschen, die den gleichen Weg gehen wollten, ist nun die Tür zugeschlagen worden. Die

Familienszene am Stacheldraht in Berlin im August 1961

gängen Autofahrern die Fahrt nach West-Berlin. Gegen 2 Uhr treffen aus ihren Bereitstellungsräumen Einheiten der Volkspolizei, der Nationalen Volksarmee und der Betriebskampfgruppen mit Mannschaftswagen und Schützenpanzern an den Sektorengrenzen ein. Mit schwerer Bewaffnung beziehen sie Stellung. Unter ihrem Schutz beginnen Pioniereinheiten, Stacheldrahtverhaue anzulegen und Spanische Reiter aufzustellen. Bei der West-Berliner Polizei gehen die ersten Meldungen über eine Absperrung des Ostsektors ein, worauf die Posten verstärkt und alle Einsatzkommandos in den Alarmzustand versetzt werden.

Kurz nach 2 Uhr werden an mehreren Orten Straßen aufgerissen und Steine zu Barrikaden aufgetürmt. Am Potsdamer Platz werden erste Betonpfähle aufgestellt. Maschinengewehre werden in Stellung gebracht. An der Warschauer Brücke, Unter den Linden, in der Swinemünder Straße und am Alexanderplatz sammeln sich schwerpunktmäßig Panzer. Binnen weniger Stunden wird der Großteil der Sektorengrenze abgeriegelt. Wo noch keine Absperrungen bestehen, sind Postenketten aufmarschiert. Der U- und S-Bahn-Verkehr wird zum größten Teil eingestellt, lediglich der Bahnhof Friedrichstraße bleibt geöffnet. DDR-Bürgern wird verboten, weiterhin in West-Berlin zu arbeiten.

An unübersichtlichen Stellen, auf Ruinengrundstücken, bei zu weiträumigen Postenketten, an Flüssen, Kanälen oder Seen nutzen zahlreiche Menschen kurzentschlossen die letzte Chance zur Flucht. Am Ende des Tages sind 69 der bisherigen Übergangsstellen mit Stacheldraht abgesperrt oder zugemauert. Lediglich dreizehn besonders bezeichnete Übergänge bleiben zum Betreten des sowjetischen Sektors geöffnet.

14. August: In der Ost-Berliner Innenstadt fahren schwere Panzer auf, so am Marx-Engels-Platz und in den Seitenstraßen von Unter den Linden. Entlang der Absperrungen werden die militärischen und halbmilitärischen Einheiten verstärkt.

Wegen vorgeblicher «Provokationen» wird der Übergang am Brandenburger Tor geschlossen. Unterstützt von Panzern besetzen gegen 14 Uhr Volkspolizei und Betriebskampfgruppen die im Halbkreis verlaufende Grenzlinie vor dem Tor. Gegen Personen, die auf West-Berliner Gebiet gegen diese Abriegelung protestieren, werden Wasserwerfer und Tränengasgranaten eingesetzt. Am Abend werden Betonpfähle aufgestellt und Stacheldrahtzäune gezogen, in der Nacht strahlen Scheinwerfer die Sperranlagen an.

Walter Ulbricht (SED) besucht einen an der Grenze eingesetzten Truppenteil der Nationalen Volksarmee, dabei belobigt er die Offiziere und Soldaten: «Alle Befehle wurden präzise ausgeführt, alle waren zur Zeit dort, wohin sie gehörten.»

15. August: An verschiedenen Stellen der Berliner Grenze werden aus Betonteilen erste Abschnitte einer regelrechten Mauer errichtet.

16. August: Die Grenze zur Bundesrepublik wird für alle Einwohner Ost-Berlins und der DDR gesperrt. Von nun an sind nur noch Dienstreisen in den Westen möglich.

23. August: Von den zwölf bisher offengebliebenen Übergängen zwischen West- und Ost-Berlin werden fünf geschlossen, so daß jetzt nur noch sieben Kontrollstellen geöffnet sind:
Friedrichstraße – für Ausländer, Diplomaten und alliierte Soldaten; Bornholmer Straße; Heinrich-Heine-Straße – für Bürger der Bundesrepublik Deutschland; Chausseestraße; Invalidenstraße; Oberbaumbrücke; Sonnenallee – für die etwa

Bundesregierung gibt der Hoffnung, aber auch der Überzeugung Ausdruck, daß am Beginn der auch von ihr gewünschten Verhandlungen die Aufhebung dieser Maßnahmen stehen wird.»

19. August: Demonstrativ wird eine US-Kampfgruppe mit 1500 Mann über die Autobahn nach West-Berlin zur Verstärkung der Berliner Garnison entsandt. Während der Fahrt steht ihr Kommandeur in direkter Funkverbindung mit dem Weißen Haus, so riskant erscheint das Unternehmen. Doch die Einheit gelangt unbehindert an ihr Ziel. In West-Berlin trifft der US-Vizepräsident Lyndon B. Johnson zu einem zweitägigen Besuch ein. Johnson überbringt das Antwortschreiben von Präsident John F. Kennedy an Willy Brandt (SPD) – ein militärischer Konflikt könne nicht in Betracht gezogen werden. Mit Johnson kommt General Lucius D. Clay nach West-Berlin, der Organisator der Luftbrücke. Als Sonderbotschafter bleibt er bis Anfang 1962 in der Stadt.

20. August: Am Berliner Übergang Checkpoint Charlie fahren demonstrativ amerikanische Panzer auf, denen sich ebenso demonstrativ sowjetische Tanks gegenüberstellen.

22. August: Erst jetzt reist Bundeskanzler Konrad Adenauer (CDU) nach West-Berlin, wo ihm ein äußerst kühler Empfang bereitet wird. So bricht der Verleger Axel Cäsar Springer eine Unterredung mit Adenauer grußlos ab. Aus Ost-Berlin spielen Lautsprecher den politisch umgedichteten Schlager «Da sprach der alte Häuptling der Indianer ...».

1. September: Im Auftrag der *Deutschen Bundespost* eröffnet die *Lufthansa* das innerdeutsche Nachtluftpostnetz. Die Verbindung nach West-Berlin im Rahmen dieses Netzes wird der US-Fluggesellschaft *Pan American World Airways* übertragen, da die Alliierten sich die Luftverkehrsrechte für Berlin vorbehalten.

8. September: Eine Änderung des Richtergesetzes gibt allen Richtern und Staatsanwälten, die «in der Zeit vom 1. September 1939 bis 9. Mai 1945 in der Strafrechtspflege mitgewirkt» haben, die Möglichkeit, bis zum 30. Juni 1962 den Dienst zu quittieren – bei ungeschmälerten Pensionsbezügen. Ganze 149 ehemalige NS-Juristen machen von diesem Angebot Gebrauch.

14. September: Zwei F 84-Jagdbomber der Bundeswehr verirren sich während eines Übungsfluges in den Luftraum der DDR. Ihre Notrufe werden vom Flughafen Berlin-Tegel aufgenommen, wo die Flugzeuge unversehrt landen. Die Piloten werden von der französischen Besatzungsmacht festgenommen. Bereits am nächsten Tag dringen erneut zwei Jagdbomber der Bundeswehr in den Luftraum der DDR ein und fliegen über Rostock. Als Ursachen dieser Aktionen, die die seit dem Mauerbau existierenden Spannungen bedrohlich verschärfen, werden technisches und menschliches Versagen angegeben.

17. September: Bei den Wahlen zum vierten Deutschen Bundestag strebt die CDU/CSU («Adenauer, Erhard und die Mannschaft» – von Adenauer nur widerwillig akzeptiert) die absolute Mehrheit an. Kurz vor dem Mauerbau fällt sie jedoch in ein dramatisches Tief, wird indes durch den Mauerbau auf 45,5 Prozent der Stimmen hinaufgebracht. Mit 36,2 Prozent erzielt die SPD einen Zuwachs von 4,4 Prozent und ihr bis dahin bestes Ergebnis auf Bundesebene. Dennoch ist die Partei enttäuscht, da in ihren Augen allein der «Mauerbau Adenauer rettet». Neben den großen Parteien gelangt nur noch die FDP mit 12,8 Prozent in den Bundestag, alle anderen Gruppierungen scheitern. Die SPD schlägt die Bildung einer Allparteienregierung vor.

6000 West-Berliner, die in Ost-Berlin arbeiten und einen Sonderausweis besitzen.

Der Magistrat von Ost-Berlin ersucht den Senat, in West-Berlin Passierscheinbüros eröffnen zu können. Am nächsten Tag lehnen Senat und Westalliierte ab. Darauf richtet die DDR auf Flächen der *Deutschen Reichsbahn* in West-Berlin Büros für die Ausgabe von Aufenthaltsgenehmigungen ein, die jedoch am 26. August von den westlichen Stadtkommandanten geschlossen werden. Seitdem sind Besuche Ost-Berlins für West-Berliner nicht mehr möglich.

24. August: Der Ministerrat erläßt eine «Verordnung über Aufenthaltsbeschränkung», nach der Gerichte mißliebige Bürger aus ihrem Wohnort «ausweisen», an andere Orte «verbannen» und gar zu «Zwangsarbeit» verurteilen können.

25. August: Beim Versuch, den Humboldt-Hafen nach West-Berlin zu durchschwimmen, wird erstmals seit dem Mauerbau ein Flüchtling von Transportpolizisten erschossen. Es handelt sich um den 24jährigen Günter Litwin.

2. September: In einer Note teilt die Sowjetunion mit, sie halte die Luftkorridore nach Berlin nur den Alliierten offen.

In Düsseldorf veröffentlicht die Zeitschrift *Industriekurier* einen Leitartikel zur deutschen Frage, in dem es heißt: «Eine Wiedervereinigung, wie sie sich jeder deutsche Patriot erträumte – eine Wiedervereinigung mit Girlanden und wehenden Fahnen und siegreichem Einzug der Bundeswehr durchs Brandenburger Tor unter klingendem Spiel – eine solche Wiedervereinigung wird es auf absehbare Zeit nicht geben.» Über viele Jahre wird von den Medien der DDR eine verfälschte Fassung dieser Passage verbreitet, nach der sich die Bundeswehr ernsthaft darauf vorbereitet habe, mit klingendem Spiel durch das Brandenburger Tor zu marschieren.

4. September: Die FDJ ruft ihre Aktion «Blitz kontra NATO-Sender» aus, die im Volksmund bald «Aktion Ochsenkopf» genannt wird: «Seid ihr startklar zur großen Blitzaktion gegen Ochsenköpfe und geistiges Grenzgängertum?» Die Kampagne richtet sich gegen DDR-Bürger, die Westradio und -fernsehen empfangen. Zum Teil mit rüder Gewalt werden die Antennen in «Richtung Sozialismus und Frieden» gestellt.

15. September: Die bisherige «Deutsche Grenzpolizei» wird zum «Kommando der Grenztruppen» beim Minister für Nationale Verteidigung umgebildet und damit Teilstreitkraft der NVA. Das «Kommando Grenze» übernimmt ab 1. Oktober die Bewachung der Mauer wie der innerdeutschen Grenze. Dazu erläßt der Verteidigungsminister der DDR, Heinz Hoffmann (SED), einen Geheimbefehl. Danach haben ab sofort die Schußvorschriften der NVA Geltung, sie werden ausdrücklich auf «Wachen, Posten und Streifen der Grenztruppen der Nationalen Volksarmee an der Staatsgrenze West und Küste» erweitert.

20. September: An diesem Tag beginnt die Volkspolizei mit der Zwangsräumung von Häusern, die direkt an der Berliner Sektorengrenze liegen und somit Fluchtmöglichkeiten bieten. In der Harzer Straße zwischen Neukölln und Treptow werden zwanzig Mietshäuser mit etwa 250 Familien und an der Späthstraßenbrücke zwischen Britz und Johannisthal acht Einfamilienhäuser zwangsweise geräumt.

Die Volkskammer verabschiedet das «Gesetz zur Verteidigung der DDR», das dem Staatsrat nahezu uneingeschränkte Notstandsrechte gibt. Ausdrücklich werden die militärischen und zivilen Dienste zum Schutze der DDR «in Friedenszeiten wie auch im Verteidigungsfalle» geregelt.

Die 77jährige «Oma Schulze» flüchtet im September 1961 aus ihrem Fenster an der Bernauer Straße in den Westteil Berlins

25. Oktober: Weil das DDR-Innenministerium die Ausweispflicht für Angehörige der amerikanischen Militärmission in Zivil durchzusetzen sucht, beziehen am Berliner Übergang Checkpoint Charlie erneut amerikanische Panzer Stellung. Am 27. Oktober kommt es zu einer Konfrontation, als ihnen gegenüber sowjetische Panzer auffahren. Mit gesenkten Kanonenrohren bedrohen sich beide Einheiten – erstmals stehen sich amerikanisches und sowjetisches Militär feindlich gegenüber. Die Welt hält ob der Kriegsgefahr den Atem an. Erst am 28. Oktober werden die Panzer zurückgezogen.

25. bis 27. Oktober: Die Konferenz der Justizminister und -senatoren beschließt die Errichtung einer Zentralen Erfassungsstelle für Gewaltakte in der DDR. Das Land Niedersachsen, das die längste Grenze zur DDR hat, wird mit der Schaffung beauftragt. Am 24. November nimmt die *«Zentrale Erfassungsstelle der Landesjustizverwaltungen in Salzgitter»* unter Leitung von Staatsanwalt Friedrich Höse ihre Arbeit auf – als Zwei-Mann-Dienststelle. Grundstock sind Ermittlungsakten der West-Berliner Polizei über fünfzig Fälle, in denen Flüchtlinge geschlagen, beschossen oder getötet wurden. Am 25. Oktober 1963 wird die Zuständigkeit der «Zentralen Erfassungsstelle» auf Gewaltakte in der DDR ausgedehnt, für deren Verfolgung keine örtliche Zuständigkeit einer westdeutschen Staatsanwaltschaft gegeben ist.

Die Bernauer Straße

Die Bernauer Straße im Bezirk Wedding ist fast anderthalb Kilometer lang und führt durch reines Wohngebiet. Aufgrund ihrer besonderen Lage wird sie zum Symbol der Teilung. Die Wohnhäuser auf der nördlichen Seite und die Fahrbahn mit beiden Bürgersteigen gehören zu West-Berlin. Die Gebäude auf der südlichen Seite liegen in Ost-Berlin, wobei die Hauswand die Grenze darstellt. Seit dem 13. August flüchten zahlreiche Menschen aus ihren Häusern, sie brauchen nur vor die Haustür zu gehen. Rasch werden mehr als fünfzig Hauseingänge, darunter der Zugang zur Versöhnungskirche, 37 Läden und 1253 Fenster bis zum vierten Stockwerk hinauf zugemauert. Zum Teil noch während der Zumauerung von Türen und Fenstern flüchten Dutzende Menschen, es kommt zu dramatischen Vorfällen. Grenzer und Polizisten versuchen Flüchtlinge festzuhalten, als diese aus den Fenstern oberer Etagen auf den West-Berliner Bürgersteig springen wollen. Insgesamt vier Menschen kommen bei diesen Sprüngen zu Tode. Die beiden ersten Todesopfer von Fluchtversuchen sind hier zu beklagen: Am 19. August seilt sich der 57jährige Rudolf Urban ab und erleidet Knochenbrüche, an deren Folgen er am 17. September verstirbt. Am 22. August springt die 58jährige Ida Siekmann aus ihrer Wohnung auf den Bürgersteig, sie überlebt den Sturz nicht. Ab dem 24. September müssen etwa 2000 Menschen binnen vier Tagen ihre Wohnungen in diesen Grenzhäusern räumen. Vom 14. bis zum 19. Oktober werden weitere Grenzhäuser in der Bernauer Straße und Eckhäuser bis zu 150 Meter in die Seitenstraßen hinein geräumt. Später werden alle Grenzhäuser abgerissen.

22. September: Ernst Bloch, seit 1949 Inhaber des Leipziger Lehrstuhls für Philosophie, erklärt in einem Brief an die Deutsche Akademie der Wissenschaften, warum er, der den Mauerbau in der Bundesrepublik erlebte, nicht zurückkehrt: «Nach den Ereignissen vom 13. August, die erwarten lassen, daß für selbständig Denkende überhaupt kein Lebens- und Wirkungsraum mehr bleibt, bin ich nicht mehr gewillt, meine Arbeit und mich selber unwürdigen Verhältnissen und der Bedrohung, die sie allein aufrechterhalten, auszusetzen.»

10. und 11. Oktober: Auf einer Wirtschaftskonferenz des ZK der SED und des Ministerrats wird über die Erfüllung des Volkswirtschaftsplanes 1961 unter den neuen Bedingungen beraten. Um sich von der Bundesrepublik ökonomisch unabhängiger machen zu können, wird die Kollektivierung in Einzelhandel und Handwerk deutlich gebremst. Ohnehin gibt es seit 1960 vermehrte Versuche, aus den PGH auszutreten. 1962 erbringt das private Handwerk noch 70 Prozent aller Handwerksleistungen.

12. Oktober: Bei Zicherie im Landkreis Gifhorn wird der Dortmunder Journalist Kurt Lichtenstein von Volkspolizisten erschossen. Als Reporter der *Westfälischen Rundschau* begibt er sich wenige Meter auf DDR-Territorium, um dort tätige Landarbeiter zu filmen.

17. bis 31. Oktober: Auf dem 22. Parteitag der KPdSU in Moskau zeigt sich Nikita

6. November: In der Zentrale des Bundesnachrichtendienstes in Pullach wird der hochrangige und für die «Gegenspionage Sowjetunion» zuständige BND-Mitarbeiter Heinz Felfe verhaftet. Er gilt als bis dahin wichtigster Spion des KGB in der Bundesrepublik. Im Juli 1963 wird Felfe zu einer 14jährigen Haftstrafe verurteilt. Die Sowjetunion drängt auf seine sofortige Freilassung, doch sperrt sich die BND-Führung wegen seines zu großen Wissens. Darauf stellt die DDR für länger als ein Jahr alle Gespräche über humanitäre Angelegenheiten ein. Im Februar 1969 wird Felfe begnadigt und in die DDR entlassen. Die Sowjetunion läßt drei wegen Spionage verurteilte Heidelberger Studenten frei, die DDR bringt eine größere Anzahl von Häftlingen in den «Freikauf» ein.

7. November: Konrad Adenauer (CDU) wird zum vierten Mal zum Bundeskanzler gewählt, entgegen den Fraktionsstärken jedoch nur mit knapper Mehrheit. Der 85jährige bildet eine Koalitionsregierung aus CDU/CSU und FDP. Nachdem die FDP den Wahlkampf mit der Formel «Mit der CDU – ohne Adenauer» geführt hat, gibt sie jetzt nach und wird deshalb als «Umfaller» kritisiert. Da der von der FDP favorisierte Ludwig Erhard innerhalb der CDU noch nicht stark genug ist, macht die FDP nun den vorzeitigen Rücktritt Adenauers während der Legislaturperiode zur Bedingung. Außerdem fordert sie weit stärkeren Einfluß auf die Außenpolitik, so daß der bisherige Außenminister Heinrich von Brentano (CDU) auf dieses Amt verzichtet. Sein Nachfolger wird der bisherige Innenminister Gerhard Schröder (CDU). Der FDP-Vorsitzende Erich Mende tritt entsprechend seiner Ankündigung nicht in das Kabinett Adenauer ein. Am 24. November wird das neue Bundesministerium für Entwicklungshilfe geschaffen, erster Minister wird Walter Scheel (FDP). Mit Elisabeth Schwarzhaupt (CDU) als Gesundheitsministerin gehört nach starkem Druck der weiblichen Abgeordneten erstmals eine Frau dem Bundeskabinett an. Die Regierungserklärung verliest am 29. November Erhard für den erkrankten Adenauer.

Aufs Schandmaul

Seit dem Mauerbau haben die Menschen in der DDR nahezu keine Fluchtmöglichkeit mehr. Zahllose SED-Funktionäre nutzen dies, um ihnen Unliebsame mit allen Mitteln zu schikanieren. In Zeitungen und Flugblättern werden in den Monaten nach dem Mauerbau derartige Vorfälle offen geschildert. In der *Leipziger Volkszeitung* heißt es unter der Schlagzeile «Schlagkräftig": «Dieser oder jener mag in den letzten Tagen bezweifelt haben, ob es richtig ist, wenn Feinde unserer Republik ergriffen und verprügelt werden.» Die Antwort: Feinden müsse man «mit der Faust begreiflich» machen, um was es gehe. Eine kritische Bemerkung über die Mauer etwa oder der Empfang von Westradio reichen, um von Parteigenossen und ihren Helfershelfern terrorisiert zu werden. Die *Sächsische Zeitung*: «Da hilft nur die Faust aufs Schandmaul (...) seine Faust, die gewohnt ist, den Zimmermannshammer zu führen, unterstrich mit nachhaltiger Wirkung im Gesicht des Provokateurs diese Worte.» Erst zum Jahresende 1961 wird die Politik der «harten Faust» abgeblasen – nach der neuen Entstalinisierungsoffensive aus Moskau.

Chruschtschow vorsichtiger gegenüber dem Westen. Er verzichtet auf den Abschluß eines separaten Friedensvertrages mit der DDR bis zum Jahresende und hebt damit das «Berlin-Ultimatum» endgültig auf. Innenpolitisch rechnet er hart mit Stalin und dessen Gefolgsleuten ab. Der Parteitag beschließt, Stalins Leichnam aus dem Mausoleum auf dem Roten Platz zu entfernen. Nach einer indirekten Kritik Chruschtschows an China antwortet der chinesische Ministerpräsident Zhou Enlai vor dem Parteitag am 21. Oktober mit einer scharfen Rede und reist am 23. Oktober vorzeitig ab. Damit beginnt das zweite Schisma der kommunistischen Bewegung.

13. November: Die SED-Führung um Walter Ulbricht wird von der Moskauer Entstalinisierung überrascht, zielt ihr Kurs doch eher auf eine Restalinisierung. Dennoch paßt sie sich dem neuen Kurs an, heute werden äußerliche Maßnahmen beschlossen. Stalinstadt wird in Eisenhüttenstadt, die Ost-Berliner Stalinallee zum Teil in Karl-Marx-Allee um- und zum Teil in Frankfurter Allee zurückbenannt. Über Nacht verschwindet in Ost-Berlin das riesige Stalin-Denkmal.

30. November: Ministerpräsident Otto Grotewohl (SED) schreibt einen Brief an Bundeskanzler Konrad Adenauer (CDU), in dem er die vom ZK gebilligten Vorschläge zur «Normalisierung» der Beziehungen unterbreitet. So soll gegenseitig die Souveränität geachtet werden, die Reisepässe sollen anerkannt und die Staatsgrenzen markiert werden.

8. Dezember: Walter Ulbricht setzt sich in einer Rede in Leipzig vorsichtig vom «Modell Sowjetunion» ab. Die SED habe nicht die Absicht, «die Sowjetunion zu kopieren».

30. Dezember: Im sowjetischen Parteiorgan *Prawda* erscheint ein Interview mit Walter Ulbricht (SED), in dem er den Schaden, den die Massenflucht der DDR zufügte, auf 30 Milliarden Mark beziffert.

1962

Spiegel-Affäre

Das ist nicht neu. Wie Verteidigungsminister Franz Josef Strauß (CSU) mit Rückendeckung von Bundeskanzler Konrad Adenauer das lästige Nachrichtenmagazin *Der Spiegel* traktiert, setzt den autoritären Obrigkeitsstaat fort. Neu ist jedoch, daß so viele und darunter so viele jüngere Menschen spontan protestieren, daß die Presse vehement die Pressefreiheit verteidigt, daß die Gerichte sich von Adenauers Vorverurteilung («Abgrund von Landesverrat») nicht beeinflussen lassen. Ein Wendepunkt in der politischen Kultur der Bundesrepublik.

16. Januar: Der amerikanische Stadtkommandant teilt mit, daß die in der Umgebung des Berliner Checkpoint Charlie stationierten US-Panzer abgezogen werden.

26. Januar: Der Pressesprecher des Bundesverteidigungsministeriums, Oberst Gerd Schmückle, veröffentlicht in der Wochenzeitung *Christ und Welt* den Aufsatz «Die Wandlung der Apokalypse». Gegen die Ansicht vieler Militärs, sie vermöchten eine atomare Konfrontation zu steuern, stellt Schmückle fest, ein solcher Krieg sei nicht steuerbar. «Das schreckliche Bild vom Atomkrieg räumt der Abschreckung vom Kriege eine hohe Chance ein. Ein höhere Wahrscheinlichkeit als je zuvor in der Menschheitsgeschichte spricht dafür, daß der Krieg als Mittel der Politik in Europa ausgeschaltet wird.»

16. und 17. Februar: In Norddeutschland fordert die gewaltigste Flutkatastrophe dieses Jahrhunderts in Deutschland etwa 340 Todesopfer und richtet Schäden in Milliardenhöhe an. Zigtausende Menschen werden vom Wasser eingeschlossen oder verlieren ihr Obdach. Bei der Bewältigung der Katastrophe macht sich der Hamburger Innensenator Helmut Schmidt (SPD) einen bundesweit bekannten Namen. Der FDGB der DDR bietet als Hilfsmaßnahme 500 Kur- und Erholungsplätze für die Opfer an.

20. Februar: Erstmals gelingt den USA ein wirklicher Raumflug. Als erster Amerikaner umkreist der Astronaut John Glenn in der Kapsel «Mercury 6» die Erde, immerhin dreimal. Am 24. Mai tut es ihm Malcolm Scott Carpenter in der Kapsel «Mercury 7» gleich.

1962

Öffentlicher Tod

Kaum jemand kann jetzt noch vor dem Sozialismus davonlaufen. Wer es dennoch versucht, riskiert einen hohen Preis. Erstmals stirbt ein Flüchtling an den Schüssen der Grenzer vor den Augen der Weltöffentlichkeit. Peter Fechter, der diesen erschütternden Tod findet, ist nicht das erste und nicht das letzte Opfer der Mauer.

5. Januar: In einem Interview mit dem amerikanischen Sender CBS kündigt Walter Ulbricht (SED) die Einführung des Visazwanges für Ausländer an, die Ost-Berlin besuchen wollen. Das Völkerrecht gegenüber der DDR müsse geachtet werden: «Wann wir das einführen, werden wir sehen.»

5. und 6. Januar: Zu Weihnachten 1961 veröffentlicht das Politbüro der SED ein Dokument «Die Frau – der Frieden und der Sozialismus». Nach der jahrelangen Fluchtwelle herrscht verbreiteter Arbeitskräftemangel, deshalb soll «die Frau beim Aufbau des Sozialismus mehr als bisher zur Geltung kommen». 1961 sind 43,9 Prozent aller Beschäftigten Frauen, damit sind 64,8 Prozent aller erwerbsfähigen Frauen zwischen 16 und 60 Jahren berufstätig. Auf einer «Frauenkonferenz» des ZK der SED werden nun die weiteren Perspektiven festgelegt. Zum einen sollen die bereits berufstätigen Frauen, oft ohne Ausbildung, verbesserte Qualifikationen erhalten. Von 1961 bis 1968 verdoppelt sich die Zahl der Frauen mit Hoch- oder Fachschulabschluß. Zum anderen werden die nicht-berufstätigen Frauen aufgerufen, in auf Initiative des DFD entstandenen «Hausfrauenbrigaden» mitzuwirken. Diese werden zeitweilig gebildet und decken vorübergehenden Arbeitskräftebedarf insbesondere in Handel und Landwirtschaft.

18. Januar: Gegen das neue Zollgesetz der Bundesrepublik, in das auch West-Berlin einbezogen ist, legt die DDR bei den Westmächten Protest ein. Am 28. März verabschiedet die Volkskammer ein eigenes Zollgesetz, das «Westberlin» als nicht zum

22. Februar: Der Bundestag beschließt die Verlängerung des Grundwehrdienstes von zwölf auf 18 Monate.

24. Februar: In ihrem «Memorandum der Acht» kritisieren maßgebliche Vertreter des protestantischen Bildungsbürgertums wie Hellmut Becker, Klaus von Bismarck, Werner Heisenberg, Georg Picht, Ludwig Raiser, Carl Friedrich von Weizsäcker, Joachim Beckmann und Günter Howe die Politik der Bundesregierung. Sie fordern eine Normalisierung der Beziehungen zu den östlichen Nachbarn sowie die Anerkennung der Oder-Neiße-Linie als Grenze. Innenpolitisch treten sie für eine planvolle Sozialpolitik und eine durchgreifende Schulreform ein.

28. Februar: Bei den westdeutschen Kurzfilmtagen rufen 26 Filmemacher den Umbruch aus. Ihr «Oberhausener Manifest» endet mit den Sätzen: «Der alte Film ist tot. Wir glauben an den neuen.» In der Folgezeit entstehen zahlreiche Autorenfilme, die im Jahr 1966 mit Ulrich Schamonis «Es», Volker Schlöndorffs «Der junge Törless», Alexander Kluges «Abschied von Gestern» und Franz-Josef Spiekers «Wilde Reiter GmbH» die sogenannte Filmwende herbeiführen.

14. März: Die allmählich zwischen den Großmächten einsetzende Entspannung führt zur Schaffung eines ersten diplomatischen Gremiums, das Waffenverminderung herbeiführen soll. Auf der Grundlage einer UN-Resolution vom Dezember 1961 beginnt in Genf die Ständige 18-Mächte-Abrüstungskommission ihre Arbeit. Diesem Gremium gehören je fünf Länder von Ostblock und NATO sowie acht bündnisfreie Staaten an. Frankreich gehört der Kommission zwar an, boykottiert diese jedoch und entsendet vorerst keinen Vertreter.

20. März: Erstmals seit dem Zweiten Weltkrieg wird ein in Deutschland gebautes U-Boot in Dienst gestellt. Die Bundesmarine übernimmt das von den Kieler Howaldts-Werken gebaute «U-1».

21. März: Bundeswirtschaftsminister Ludwig Erhard ruft in einer Fernsehansprache die Gewerkschaften, Arbeitnehmer und Verbraucher zum «Maßhalten» auf, da sich in der Bundesrepublik eine Wirtschaftskrise entwickele: «Wir haben offenkundig das Gefühl für das Mögliche verloren.»

14. April: Nach dem Mauerbau suchen die USA nach Kompromissen in der Deutschlandfrage. Sie signalisieren der Sowjetunion ihre Bereitschaft, die Situation zu entschärfen. Der Bundesregierung wird bedeutet, bisherige Grundsätze wie die Nichtanerkennung der Oder-Neiße-Linie, des DDR-Staates oder der Vier-Mächte-Status von Berlin könnten Verhandlungsgegenstand sein. US-Präsident John F. Kennedy übermittelt der Bundesregierung fünf Punkte für neue Berlin-Gespräche, denen Bonn ultimativ binnen 48 Stunden zustimmen soll. Um diese Punkte, darunter die Bildung einer ständigen Konferenz der Stellvertretenden Außenminister der vier Alliierten über Deutschland und Berlin, zu torpedieren, geben entweder Bundeskanzler Konrad Adenauer (CDU) oder der CDU-Fraktionsvorsitzende Heinrich von Brentano diese Vorschläge an die Öffentlichkeit. Darauf kommt es zu einer erheblichen Verstimmung zwischen Bonn und der US-Regierung, die am 14. Mai beigelegt wird.

25. Mai: Das Bundeswirtschaftsministerium teilt mit, daß von seiten der DDR eine Ausweitung der Lieferungen im Interzonenhandel sowie die spätere Erstattung des Kaufpreises durch Gegenlieferungen gewünscht werde. Am 5. Juni macht Bundeskanzler Konrad Adenauer (CDU) die Kreditgewährung davon abhängig, daß die Mauer verschwinde.

Hoheitsgebiet der Bundesrepublik gehörend einstuft, aber auch nicht als Zollinland der DDR behandelt.

24. Januar: Auch in der DDR wird jetzt die allgemeine Wehrpflicht eingeführt, sie gilt für alle Männer vom 18. bis zum 50. Lebensjahr. Die Volkskammer verabschiedet das entsprechende Gesetz, das die Dauer des Wehrdienstes auf achtzehn Monate festsetzt. Im Gegensatz zu West-Berlin, das wegen des Vier-Mächte-Status von der Wehrpflicht der Bundesrepublik ausgenommen bleibt, wird das neue Gesetz auch in Ost-Berlin angewendet. Dagegen erheben am 10. Februar die drei westlichen Stadtkommandanten Protest beim sowjetischen Stadtkommandanten, der die Annahme jedoch verweigert. Wehrpflichtige können nun auch zu den Grenztruppen eingezogen werden. Zugleich wird ein Militärstrafgesetz verabschiedet.

21. bis 23. März: Die SED bestimmt nach dem Mauerbau ihr Verhältnis zur Bundesrepublik und zur deutschen Einheit neu; sie berät ein «Nationales Dokument», das zur «Volksaussprache» gestellt wird. Am 16. und 17. Juni verabschiedet der Nationalkongreß der Nationalen Front in Ost-Berlin dieses Papier, das weniger außen-, vielmehr innenpolitische Wirkung haben soll. Walter Ulbricht formuliert als Ausgangspunkt, «daß die deutsche Nation heute in zwei Staaten gespalten ist, die sich auf dem Boden Deutschlands feindlich gegenüberstehen, ein Zustand, den wir nicht wünschen und der nicht anhalten darf». Das Dokument selbst macht die Wiedervereinigung vom Sieg des Sozialismus in der DDR sowie der Überwindung von Militarismus und Imperialismus in der Bundesrepublik abhängig. Für eine längere Periode sei die friedliche Koexistenz in einer «deutschen Konföderation» möglich, die die DDR, die Bundesrepublik und «Westberlin, das auf dem Territorium der DDR» liegt, umfassen solle.

30. März: Der Ministerrat faßt einen Beschluß «Über die neue Stellung und die nächsten Aufgaben der Deutschen Akademie der Künste zu Berlin als sozialistische Akademie der DDR». Von 1962 bis 1965 ist der Schriftsteller Willi Bredel (SED), von 1965 bis 1982 der Filmregisseur Konrad Wolf (SED) ihr Präsident.

23. bis 26. Mai: An der Mauer in Berlin ereignen sich mehrere schwere Zwischenfälle. Während eines Fluchtversuches kommt es am 23. Mai zu einem Feuergefecht zwischen West-Berliner Polizisten und «Angehörigen der Grenzsicherungsorgane der DDR». Dabei wird der DDR-Unteroffizier Peter Göring tödlich getroffen. Vom 24. bis zum 26. Mai werden mehrere Sprengstoffanschläge auf die Grenzanlagen verübt. Dabei sprengen drei Personen an der Eberswalder Straße ein großes Stück aus der Mauer heraus. 1992 bekundet einer der beteiligten West-Berliner Polizisten, Senat, Polizei und der französische Geheimdienst seien über die Aktion informiert gewesen. Die DDR protestiert heftig gegen diese «Aggressionsakte».

25. Mai: Anläßlich des bevorstehenden Kölner Parteitags der SPD richtet das ZK der SED einen offenen Brief an alle SPD-Mitglieder und fordert sie auf, für die friedliche Koexistenz der beiden deutschen Staaten einzutreten. Die westdeutschen Arbeiter werden aufgefordert, in die DDR zu kommen und die Erfahrungen des sozialistischen Aufbaus zu studieren.

26. bis 28. Juni: Das ZK der SED berät den «Grundriß der Geschichte der deutschen Arbeiterbewegung», der im Entwurf unter Federführung von Walter Ulbricht vorgelegt wird. Dieser konsequent «parteiliche», von Verfälschungen strotzende Grundriß wird vom 10. bis 12. April 1963 endgültig

6. Juni: Bundeskanzler Konrad Adenauer (CDU) versucht, die von ihm konstatierte amerikanische Nachgiebigkeit gegenüber der Sowjetunion zu unterlaufen. Er sucht den direkten Kontakt zur Führung der Sowjetunion. Der erste Versuch durch den Botschafter in Moskau, Hans Kroll, schlägt allerdings fehl. Heute unterbreitet Adenauer dem sowjetischen Botschafter in Bonn, Andrej Smirnow, seinen Vorschlag eines zehnjährigen politischen Stillhalteabkommens, eines «Burgfriedens», gegen menschliche Erleichterungen in der DDR. Die Wiedervereinigung spricht Adenauer nicht an, er meint vage, was später zu tun sei, sollte man später überlegen. Dieser als Bremse gegen die amerikanischen Pläne gedachte Vorschlag wird vier Wochen später von Nikita Chruschtschow abgelehnt.

Die Volkszählung ergibt eine Bevölkerung für die Bundesrepublik von 53975000 sowie für West-Berlin von knapp 2200000 Menschen.

29. Juni: Einstimmig verabschiedet der Bundestag ein neues «Berlinhilfe-Gesetz», das zahlreiche Vorteile wie Steuerpräferenzen, Umzugskostenerstattungen, Abschreibungsvergünstigungen und Verbilligung der Flugreisen beinhaltet.

2. bis 8. Juli: Bundeskanzler Konrad Adenauer (CDU) und Frankreichs Staatspräsident General Charles de Gaulle wollen die Beendigung der «Erbfeindschaft» durch einen großen Vertrag besiegeln. Zur Vorbereitung finden wechselseitige Besuche statt. Adenauer besucht Frankreich, wo die deutsch-französische Parade auf dem Truppenübungsplatz von Mourmelon und das Hochamt in der Kathedrale von Reims die beginnende Versöhnung dokumentieren.

9. Juli: Über dem Johnston-Atoll im Pazifik zünden die USA erstmals eine Wasserstoffbombe im Weltraum.

17. bis 19. August: Nach dem Tode von Peter Fechter an der Mauer kommt es in West-Berlin zu den bisher schwersten Protesten, sie halten über drei Tage an. Zahllose Demonstranten verurteilen die Schüsse an der Mauer und greifen Sowjetsoldaten an. Außer handgreiflichen Auseinandersetzungen mit West-Berliner Polizei gibt es erstmals auch Attacken auf US-Militärpolizei. Erst am 24. August übergeben die Westmächte eine Protestnote an die Sowjetunion.

4. bis 9. September: Frankreichs Staatspräsident Charles de Gaulle besucht die Bundesrepublik, nach West-Berlin reist er nicht. Ihm wird ein begeisterter Empfang bereitet. In Bonn ruft de Gaulle in deutscher Sprache aus: «Wenn ich Sie alle so um mich versammelt sehe und Ihre Kundgebungen höre, empfinde ich noch stärker als zuvor die Würdigung und das Vertrauen, das ich für Ihr Volk, jawohl, das große deutsche Volk hege!»

26. Oktober: Die «Spiegel-Affäre», die richtiger «Strauß-Affäre» heißen sollte, beginnt. Am 8. Oktober veröffentlicht der *Spiegel* den Artikel «Bedingt abwehrbereit», der anhand der NATO-Stabsübung «Fallex 61» vom 6. bis 28. September die Strategie von Bundesverteidigungsminister Franz Josef Strauß (CSU) analysiert. Dieser hält am Konzept des vorbeugenden Schlages (*preemptive strike*) fest, obgleich die US-Regierung längst zum Konzept der flexiblen Erwiderung (*flexible response*) übergegangen ist. Dies wertet der *Spiegel*, der Strauß auch wegen der Kasernenbau-Affäre «Fibag» kritisierte, als Gefährdung des Friedens. Am 25. Oktober bescheinigt der Bundestag Strauß, in der «Fibag-Affäre» seine Dienstpflichten nicht verletzt zu haben – der letzte Anstoß für den Verteidigungsminister, endlich gegen den lästigen *Spiegel* vorzugehen.

verabschiedet. Er bildet dann die Leitlinie für die offizielle «Geschichte der deutschen Arbeiterbewegung» in acht Bänden, die zum 20. Jahrestag der SED-Gründung im April 1966 erscheint und binnen eines Jahres in einer Million Exemplare unters Volk gebracht wird. Obgleich die DDR darin als «das gesetzmäßige, historisch notwendige Ergebnis der geschichtlichen Entwicklung der letzten 120 Jahre» verklärt wird, wird die plumpe Geschichtsfälschung des «Grundrisses» nicht wiederholt.

4. Juli: Der Wiederaufstieg Willi Stophs (SED) beginnt, er wird zum ersten unter den Stellvertretern des Vorsitzenden des Ministerrates gewählt.

12. Juli: Seit dem 13. August 1961 wurden nach westlichen Ermittlungen 45 namentlich bekannte Personen bei Fluchtversuchen an der Mauer erschossen.

26. Juli: Es wird bekannt, daß die Ost-Berliner Behörden die Grundstücke der Versöhnungskirchengemeinde in der Bernauer

Fluchthilfe

Seit dem 13. August 1961 ist die DDR zwar weitgehend abgeriegelt, doch trotz aller Anstrengungen seitens der Führung ist es unmöglich, Mauer und Sperranlagen lückenlos zu errichten. Vom Mauerbau bis zum Ende der achtziger Jahre gelangen knapp 40 000 Menschen von Ost-Berlin und der DDR allein nach West-Berlin. Die meisten Flüchtlinge werden in den Jahren 1961 und 1962 gezählt, als noch Schlupflöcher vorhanden sind. Allerdings scheitern auch zahlreiche Fluchtversuche. Zwei typische Fälle: Am 7. September 1961 mißlingt fünf Jugendlichen die Flucht mit einem schweren LKW am Kontrollpunkt Marienborn, in der Nacht vom 16. zum 17. Juni 1962 bleiben neun junge Menschen mit einem gepanzerten Fahrzeug im Kugelhagel am «Checkpoint Charlie» stecken.

Je unüberwindlicher die Sperranlagen werden, desto angestrengter versuchen vor allem junge Leute in Ost und West, viele ausländische Studenten darunter, Fluchthilfe zu leisten. Unzählige Tunnel werden von West-Berlin nach Ost-Berlin und in andere angrenzende Orte gegraben, durch die eine unbekannte Zahl von Menschen flüchten kann. Der Tunnelbau endet, als es am 5. Oktober 1964 am Ost-Berliner Ausgang eines Tunnels an der Strelitzer Straße zu einem Feuergefecht kommt, bei dem ein DDR-Soldat erschossen wird.

Andere Fluchtwege werden erdacht und probiert. In präparierten Autos werden Fluchtwillige versteckt und ausgeschleust. Ausländische Diplomaten bringen in ihren Fahrzeugen, die dank ihrer Immunität unkontrolliert bleiben, DDR-Bürger durch die Absperrungen. Eine ganze Familie flieht in selbstgeschneiderten sowjetischen Uniformen mit einem zum Militärfahrzeug gewandelten sowjetischen Auto. Mit der Perfektionierung der Sperranlagen verliert die private Fluchthilfe an Bedeutung. Zunehmend bieten verschiedenartige Gruppen kommerzielle Fluchthilfe an, bei der gegen Zahlung hoher DM-Beträge Fluchtentschlossene aus der DDR herausgebracht werden. Die Aussichten auf erkleckliche Einnahmen locken allerdings auch zwielichtige und kriminelle Personen an, die von DDR-Bürgern oder ihren Verwandten im Westen lediglich Vorschüsse abkassieren – ohne ernsthaft zu einer Ausschleusung in der Lage zu sein. Darüber hinaus gelingt es der Stasi, zahlreiche Fluchthelfer-Organisationen von ihren Agenten unterwandern zu lassen.

Charles de Gaulle (links) mit Konrad Adenauer im offenen Wagen auf dem Bonner Marktplatz am 5. September 1962

Ermutigt von Bundeskanzler Konrad Adenauer, umgeht Strauß den zuständigen FDP-Justizminister Wolfgang Stammberger und ergreift mit zwei CDU-Staatssekretären zahlreiche rechtswidrige Maßnahmen: Unter dem Vorwurf des «Landesverrats» werden in der Nacht vom 26. auf den 27. Oktober die Verlagsräume des *Spiegels,*

Kuba-Krise

Zwischen dem 22. und 28. Oktober gerät die Welt an den Rand des Atomkrieges. Anfang Oktober gibt die Sowjetunion Waffenlieferungen an Kuba bekannt, da dieses durch die USA bedroht sei. Darauf entdecken amerikanische Aufklärungsflugzeuge, daß auf Kuba eine sowjetische Raketenabschußbasis errichtet wird. Von dort könnten auch mit atomaren Sprengköpfen bestückte Raketen jede Stadt der USA erreichen. US-Präsident John F. Kennedy verlangt von der sowjetischen Führung, die die Existenz der Abschußbasis leugnet, den Abbau und die Rückführung aller Raketen und Anlagen. Nachdem die USA eine Seeblockade für sowjetische Schiffe verhängt haben, die weitere Raketen herbeitransportieren, lenkt Nikita Chruschtschow ein. Gegen die Garantie der USA, keine Invasion Kubas zu unternehmen, gibt die sowjetische Führung den Befehl zum Abbau der Raketenabschußbasen. Offiziell wird die Kuba-Krise durch eine gemeinsame Note der USA und der Sowjetunion an den UN-Generalsekretär vom 7. Januar 1963 beigelegt.

Straße enteignet haben. Dazu gehören das Gemeindehaus, das Burckhardt-Ausbildungsheim für Gemeindeschwestern und die Versöhnungskirche selbst, deren seit dem Mauerbau zugemauerte Eingangstür genau auf der Grenze liegt. Im Februar 1985 wird zunächst das Kirchenschiff, dann auch der Kirchturm gesprengt.

13. August: Zum ersten Jahrestag des Mauerbaus schreibt das *Neue Deutschland*: «Für den Herbst 1961 drohte Krieg. Da traf die Regierung der DDR in Übereinstimmung mit den anderen Staaten des Warschauer Vertrages am 13. August die notwendigen Maßnahmen. Dadurch wurde mit einem Schlage der Ablauf des teuflischen Programms, das die Ultras sich ausgeheckt hatten, unterbrochen. Der Friede war gerettet – nicht nur für unseren Arbeiter-und Bauern-Staat, sondern auch für die Westberliner, für die Westdeutschen, ja vielleicht für die ganze Welt. Nachdem ein Jahr vergangen ist, können wir feststellen: Der Schutzwall, den wir gegen die Aggressoren errichtet haben, hat sich als haltbar erwiesen und dem Frieden Sicherheit gewährt (…) Im Verlaufe des vergangenen Jahres und besonders in den letzten Monaten sind immer wieder die Wogen verbrecherischer Anschläge gegen unseren Schutzwall gebrandet und abgeprallt. Alle diese Provokationen, die Sprengstoffattentate, die Agententunnel, die Morde an unseren Grenzpolizisten, bestätigen immer aufs neue, wie richtig es war, sich gegen dieses Gangsterreservat, gegen diesen Pulverkeller durch einen Wall zu schützen.»

17. August: Bei einem Fluchtversuch an der Berliner Zimmer- und Charlottenstraße wird der 18jährige Bauarbeiter Peter Fechter auf der Mauerkrone angeschossen. Wenige Schritte vor der Grenze bleibt der lebensgefährlich Verletzte liegen, er wird nicht geborgen. Die Volkspolizei wirft Rauchbomben. Fechters Hilferufe werden in Ost und West gehört, bis sie verstummen – doch greifen weder die Grenzer der DDR noch die anwesende amerikanische Militärpolizei ein. Erst eine Dreiviertelstunde nach den Schüssen tragen DDR-Grenzer das leblose Opfer fort. Peter Fechter verblutet zwischen den Stacheldrahtzäunen und ist damit der erste, der öffentlich an der Mauer stirbt.

Der verblutete Flüchtling Peter Fechter wird von DDR-Grenzern fortgetragen

22. August: Nach dem Mauerbau sucht die Sowjetunion Ost-Berlin aus der Vier-Mächte-Verantwortung herauszunehmen und der DDR einzugliedern. Sie löst ihre Stadtkommandantur in Berlin auf, deren Befugnisse werden dem Oberkommando der sowjetischen Truppen in der DDR übertragen. Nach heftigen Protesten der Westmächte, die ihre Stadtkommandanturen im Rahmen der Vier-Mächte-Verantwortung weiterführen, gibt das sowjetische Verteidisein Bonner Büro und mehrere Privaträume durchsucht. Sechs Personen werden auf Anweisung der Bundesanwaltschaft verhaftet, darunter Herausgeber Rudolf Augstein, der 104 Tage hinter Gittern sitzt, Verlagsdirektor Hans Detlev Becker, die Chefredakteure Claus Jacobi und Johannes Engel; Conrad Ahlers, der Autor des Artikels «Bedingt abwehrbereit», gar in Spanien. Unter massiver Mißachtung geltenden Rechts wird der *Spiegel*-Verlag bis zum 26. November von der Polizei besetzt gehalten, selbst die Zensur von Druckfahnen wird praktiziert.

Entgegen den Erwartungen der Bundesregierung solidarisiert sich die weitgehend adenauertreue Presse mit dem *Spiegel*, es kommt sogar zu einer spontanen Demonstration gegen die Übergriffe des Staates. Getrieben von den heftigen Protesten der Öffentlichkeit, verlangt die SPD Aufklärung im Bundestag. Adenauer, Strauß und Bundesinnenminister Hermann Höcherl (CSU) offenbaren nur stückchenweise die ganze Wahrheit und ihre Rolle in der Affäre. Letztlich wird offenbar, daß Strauß mit Rückendeckung Adenauers einen Rachefeldzug betrieb.

Dank der vehementen Reaktion der Öffentlichkeit und der gelassenen Reaktion der Gerichte, die keine Verfahren führen, wird der autoritäre Obrigkeitsstaat in die gesetzlichen Schranken verwiesen, Freiheitsrechte gewinnen gegenüber Staatsinteressen an Gewicht – eine Änderung des politischen Klimas mit langfristigen Folgen.

9. November: Nach einem ersten Entwurf für eine Notstandsgesetzgebung vom Januar 1960 legt die Bundesregierung nun einen neuen Entwurf vor. Während sich die SPD unter bestimmten Bedingungen zur Zustimmung bereit zeigt, lehnen die Gewerkschaften Notstandsgesetze strikt ab, weil sie eine Einschränkung des Streik- und Koalitionsrechtes fürchten. So werden die Ge-

Studentendemonstration in Frankfurt gegen die Verhaftung der Spiegel-Redakteure

Bericht der zuständigen Grenzbrigade über den Tod Peter Fechters

Ministerium des Innern — Geheime Verschlußsache!
1. Grenzbrigade (B) — O. U., den 17.08.1962
– Kommandeur –

Bericht

über das besondere Vorkommnis im Abschnitt der IV. Grenzabteilung, Charlottenstraße, am 17.08.1962, 14.15 Uhr, mit Anwendung der Schußwaffe gegen Grenzverletzer

Am 17.08.1962, um 14.15 Uhr, erfolgte durch eine männliche Person ein Grenzdurchbruch in der Zimmerstraße/Charlottenstraße, Unterabschnitt 1, 4. Kompanie, Posten 3, der IV. Grenzabteilung aus der Hauptstadt der DDR in Richtung Westberlin. Ein zweiter Grenzverletzer wurde dabei schwer verletzt ins VP-Krankenhaus eingeliefert, wo er gegen 15.15 Uhr verstarb. (...)

Gegen 14.15 Uhr beobachtete der Postenführer Unteroffizier Friedrich und Posten Gefr. Schreiber Ecke Zimmerstraße, Markgrafenstraße, wie eine männliche Person aus dem Hinterland über den 1. Drahtzaun den Kontrollstreifen überwand und in Richtung Mauer lief. Im Abstand von 2–3 Metern folgte eine weitere männliche Person, Unteroffizier Friedrich eröffnete sofort das Feuer auf beide Grenzverletzer. Die Entfernung von Postenführer zu den Grenzverletzern betrug etwa 50 m. Insgesamt gab der Postenführer 17 und der Posten 7 Schuß ab.

Die Nachbarposten Feldwebel Schönert und Gefreiter Buske vernahmen die Schüsse, beobachteten ebenfalls die Grenzverletzer unmittelbar an den Grenzsicherungsanlagen und eröffneten das Feuer. Feldwebel Schönert und Gefreiter Buske gaben insgesamt 11 Schuß ab.

Die 1. Person befand sich bereits zu diesem Zeitpunkt auf der Mauer im toten Winkel zu den Grenzposten, wodurch ein weiteres gezieltes Feuer auf Westberliner Territorium gerichtet wäre. Dem Grenzverletzer gelang es, die Mauer zu überwinden. Es muß angenommen werden, daß dieser Verletzungen davontrug, da er kurze Zeit später durch einen Westberliner Krankenwagen abtransportiert wurde.

Die zweite Person wurde getroffen und brach unmittelbar an der Mauer zusammen.

Unteroffizier Friedrich und Gefreiter Schreiber bezogen sofort Stellung im Graben, beobachteten das gegnerische Gelände und stellten fest:

Duepos * und Zivilpersonen trugen eine Leiter an die Mauer heran, mit der vermutlichen Absicht unter Verletzung des Territoriums der DDR, den verletzten Grenzverletzer zu bergen.

* Duepo = West-Berliner Polizei, benannt nach dem Polizeipräsidenten Erich Duensing.

werkschaften, voran die *IG Metall*, zum Ausgangspunkt einer außerparlamentarischen Opposition gegen die Notstandsgesetze.

19. November: Aus Protest gegen das Verhalten der CDU/CSU-Minister in der «Spiegel-Affäre» treten die fünf FDP-Minister zurück. Am 27. November folgen ihnen alle Minister von CDU/CSU nach, um Adenauer die Neubildung der Regierung zu ermöglichen. Franz Josef Strauß erklärt die bayerischen Landtagswahlen vom 25. November, bei denen die CSU die absolute Mehrheit der Sitze erringt, zum persönlichen Vertrauensbeweis und «verzichtet» auf ein Bundesministeramt. Zwar läßt Adenauer bei der SPD zum ersten Mal in der Geschichte der Bundesrepublik durchaus ernsthaft wegen einer Großen Koalition sondieren, doch bleiben diese Bemühungen ohne Erfolg. So muß er am 14. Dezember abermals eine Regierung aus CDU/CSU und FDP bilden. Unter den neu ins Kabinett gekommenen Ministern sind der Verteidigungsminister Kai-Uwe von Hassel sowie der Minister für Gesamtdeutsche Fragen Rainer Barzel (beide CDU). Adenauers Ära steht allerdings vor dem Ende, er muß im Koalitionspapier seinen Rücktritt zum Herbst 1963 zusagen – ein verfassungsrechtlich umstrittener Vorgang.

18. Dezember: Die Bundesregierung verhängt aufgrund eines Beschlusses, den der NATO-Rat im Angesicht der Kuba-Krise im November faßt, ein Exportverbot für Stahlröhren großen Durchmessers in die Sowjetunion. Seit 1959 werden diese Pipeline-Rohre trotz aller politischen Spannungen in erheblichem Umfang geliefert. Während etwa Großbritannien das Embargo lediglich als Empfehlung betrachtet und nur teilweise einhält, betrachtet die Bundesregierung es als rechtsverbindlich. Damit zwingt Bonn unter amerikanischem Druck deutsche Lieferanten zum Bruch ihrer Verträge. Nach dem Inkrafttreten am 18. März 1963 protestiert die Sowjetunion am 6. April 1963 wegen des Embargos für die dringend benötigten Röhren, sie bezeichnet das Bonner Vorgehen als Bruch des Völkerrechts.

24. Dezember: Durch den Mauerbau werden mehr als 4000 Kinder in der DDR von ihren Eltern getrennt, die sich entweder im Westen aufhalten oder dorthin flüchten. Der Berliner Senat und die Evangelische Kirche bemühen sich, eine Lösung für die Zusammenführung zu finden. Als neuer Minister für Gesamtdeutsche Fragen willigt Rainer Barzel (CDU) in den ersten Häftlingsfreikauf aus der DDR ein, der unter konspirativen Umständen vom Verleger Axel Cäsar Springer, dem Staatssekretär Ludwig Rehlinger und dem Rechtsanwalt Jürgen Stange angebahnt wird. Bundeskanzler Konrad Adenauer billigt den heimlichen Menschenhandel, lehnt indes jede Verantwortung für den Fall seines Bekanntwerdens ab. So werden zu Weihnachten 20 Häftlinge und 20 Kinder aus der DDR freigekauft – gegen drei Eisenbahnwaggons Kalidüngemittel für die DDR-Landwirtschaft.

Fotografen fotografierten unmittelbar an der Mauer auf der Leiter stehend den verletzten Grenzverletzer. Zur Verstärkung herangeführte Duepos und Zöllner, insgesamt etwa 50, bezogen Stellung und richteten ihre Waffen auf die im Abschnitt Charlotten-/Ecke Zimmerstraße eingesetzten Grenzposten. Vermutlich haben die Duepos kein Feuer auf unsere Grenzposten geführt. Überprüfungen ergaben, daß zwei Tränengaskörper mit Sprengsatz und 15 weitere Knallkörper von den Duepos auf unser Territorium geworfen wurden und unsere Grenzposten der Meinung waren, daß die Duepos das Feuer eröffnet hätten.

Vom KPP-Friedrichstraße eilten unmittelbar nach dem Vorkommnis der Oberfeldwebel Wursel und Gefreiter Lindenlaub an die Stelle der Handlung zur Unterstützung.

Zur Bergung des verletzten Grenzverletzers wurde durch die eigenen Kräfte aus der Ruine Zimmerstraße 72–74 ein Nebelvorhang gelegt, in dessen Schutz es dem Oberfeldwebel Wursel und Gefreiten Lindenlaub gelang, den Grenzverletzer zu bergen, einem Funkstreifenwagen zu übergeben und den Abtransport zum VP-Krankenhaus zu veranlassen.

(...)

Gegen 15.15 Uhr wurde dem Stab der Brigade mitgeteilt, daß der Grenzverletzer im VP-Krankenhaus seinen Verletzungen erlegen ist. Die Personalien des Grenzverletzers sind nicht bekannt, da keine Papiere aufgefunden wurden. Das Präsidium der Volkspolizei hat die Ermittlung der Person übernommen.

(...)

Gegen 17.30 Uhr wurde festgestellt, daß auf gegnerischer Seite, 4 Meter von der Mauer entfernt, gegenüber dem Tatort, ein Holzkreuz aufgestellt und Blumen abgelegt wurden.

Schlußfolgerungen:

1. Die Handlungen der Grenzposten waren richtig, zweckmäßig und zielstrebig. Der Schußwaffengebrauch war gerechtfertigt, wobei in Frage gestellt ist, ob mit gezieltem Einzelschießen die gleiche Wirkung erzielt hätte werden können.
2. Die Feuerführung auf den 2. Grenzverletzer wäre entgegen des Befehls des Ministers des Innern gewesen, da die Schüsse direkt auf Westberliner Gebiet in Richtung Springerkonzern eingeschlagen wären.
3. Die Legung der Nebelwand war zweckmäßig, wodurch dem Gegner die Sicht genommen und der verletzte Grenzverletzer geborgen werden konnte.
4. Vermutlich handelt es sich um eine vorbereitete Provokation, da vor der Ausführung der Grenzverletzung eine weibliche Person sich unmittelbar an den Grenzsicherungsanlagen auf Westberliner Gebiet befand und unser Gebiet beobachtete.

Der Freikauf – ein Menschenhandel

Kurz vor Ostern 1963 einigen sich Bundesminister Rainer Barzel, Staatssekretär Ludwig Rehlinger und Rechtsanwalt Jürgen Stange in München auf die Modalitäten des ersten Häftlingsfreikaufs gegen Bargeld. Die DDR gibt zu verstehen, daß 1000 Häftlinge gegen Geld die Freiheit erlangen könnten. Aus den 12 000 bei der Bundesregierung erfaßten politischen Gefangenen in der DDR suchen die Beauftragten der Bundesregierung 1000 Namen heraus. Auf Druck der DDR wird die Liste zunächst halbiert, dann auf hundert und schließlich auf zehn Namen reduziert. Tatsächlich kommen acht Häftlinge frei – gegen Zahlung von genau 340 000 DM in bar. Bald spielt sich das Verfahren ein, auch unter dem im Oktober 1963 ins Amt kommenden neuen Minister für Gesamtdeutsche Fragen, Erich Mende (FDP). Die Zahl der Freigekauften unterliegt allerdings Schwankungen, sowohl in der politischen Großwetterlage als auch in der Devisenversorgung der DDR. Bei Mangel an Westgeld werden kurzerhand einige Häftlinge mehr an die Bundesregierung «verkauft».

Zunächst verlangt die DDR pro Häftling ein pauschales «Kopfgeld» von 40 000 DM, das 1977 auf exakt 95 487 DM heraufgesetzt wird – mit dem Argument, die Ausbildungskosten müßten rückerstattet werden. Zusätzlich muß die Bundesregierung «Gebühren» für etwa 250 000 Personen entrichten, die die DDR mit einer offiziellen Ausreisegenehmigung verlassen dürfen. Von seiten der DDR werden dazu Listen mit jeweils 26 Namen erstellt. Bis Anfang der siebziger Jahre muß die Bundesregierung pro Liste 300 000 DM zahlen, dann steigt der Preis auf 500 000 DM. Nach Abschluß des Grundlagenvertrages sinkt der Preis pro Liste auf 50 000 DM. 1977 führt die DDR verschiedene Preisstufen ein; Listen mit 26 Namen kosten teils 50 000 DM, teils 100 000 DM. 1981 kommen «Sonderlisten» hinzu, bei denen 8000 DM pro Kopf gezahlt werden

Jahr	Haftentlassene	Gesamtkosten für die Bundesregierung (in DM)
1963	8	340 000,00
1964	888	35 320 000,00
1965	1541	41 297 270,29
1966	424	52 599 461,70
1967	531	32 274 063,95
1968	696	15 301 668,71
1969	927	48 957 448,27
1970	888	52 866 855,73
1971	1375	92 023 373,33
1972	731	70 013 393,73
1973	631	34 846 373,60
1974	1053	109 043 361,78
1975	1158	104 590 005,26
1976	1439	131 098 785,00
1977	1475	144 574 827,11
1978	1452	168 753 033,63
1979	890	107 552 963,82
1980	1036	133 776 616,36
1981	1584	179 984 763,11
1982	1491	179 274 196,71
1983	1105	104 246 450,57
1984	2236	390 095 143,17
1985	2669	209 100 710,38
1986	1450	249 430 170,48
1987	1209	207 840 679,91
1988	1048	234 161 985,58
1989	1840	269 973532,46
Insgesamt	31 775	3 399 337 134,64

Eingeleitete Maßnahmen:
1. Auf meinen Befehl wurden der Postenführer Unteroffizier Friedrich und der Unteroffizier Schreiber sowie der Oberfeldwebel Wursel und Gefreiter Lindenlaub prämiiert.
2. Das Vorkommnis wurde sofort in allen Einheiten der IV. Grenzabteilung ausgewertet.
3. Im Abschnitt Charlottenstraße / Zimmerstraße wurde verstärkte Beobachtung befohlen, 1. Offiziersbeobachter eingesetzt, die fotografische Sicherstellung der weiteren Handlungen des Gegners angewiesen und eine Hinterlandstreifensicherung eingesetzt.
Das Vorkommnis wird im Rapport nicht aufgeführt, um die Namen der Genossen geheimzuhalten.

– Oberst – (Tschitschke)

gungsministerium am 23. August bekannt, daß der Generalmajor der NVA, Helmuth Poppe, als Stadtkommandant von Ost-Berlin eingesetzt wird.

13. September: Im *Neuen Deutschland* erklärt Walter Ulbricht (SED), daß «die Grenzlinie in Deutschland nicht an der Elbe verläuft, sondern die Frontlinie mitten durch Westdeutschland geht».

30. September: In allen Betrieben, Verwaltungen, Hoch- und Fachschulen sowie in den Gemeinden werden «Reservisten-Kollektive» gebildet. Sie umfassen alle gedienten Reservisten der NVA, besitzen eine eigene Leitung und betreiben unter anderem Wehrkampfsport.

3. bis 5. Oktober: Das ZK der SED konstatiert den «Sieg der sozialistischen Produktionsverhältnisse» in der DDR, damit seien die «Grundaufgaben der Übergangsperiode vom Kapitalismus zum Sozialismus» im wesentlichen gelöst. Auch sei die Machtfrage endgültig und unwiderruflich zugunsten der Arbeiterklasse und des Sozialismus entschieden. In diesem Bewußtsein wird der sechste Parteitag einberufen, auf dem die nun beratenen und am 23. November veröffentlichten Entwürfe eines neuen Programms und Statuts verabschiedet werden sollen.

16. Oktober: Das Politbüro beschließt die Bildung von Kommissionen für sozialistische Wehrerziehung, die die Tätigkeit aller zuständigen staatlichen und gesellschaftlichen Organe koordinieren sollen. Eine besondere Rolle fallen der FDJ, die die Jugendlichen ideologisch auf den Waffendienst vorbereiten soll, und der GST, die ihnen eine vormilitärische Spezialausbildung vermitteln soll, zu.

11. Dezember: Als Leiter der Sektion Lyrik bei der Deutschen Akademie der Künste in Ost-Berlin ruft der Schriftsteller Stephan Hermlin über Zeitungsanzeigen zur Einsendung unveröffentlichter Gedichte auf. Auf dem heutigen Lyrikabend der Akademie liest Hermlin etwa fünfzig aus den über tausend eingesandten Gedichten vor. Im zweiten Teil der Veranstaltung treten unbekannte Künstler erstmals vor einem größeren Publikum auf. Darunter auch ein Liedermacher, dessen Werke für das lange angestaute Kritikbedürfnis innerhalb der DDR-Bevölkerung stehen: Wolf Biermann trägt auch das Gedicht «An die alten Genossen» vor, das den Konflikt der Generationen anspricht

muß. Der letzte Freikauf erfolgt noch im September 1990, wenige Tage vor der Wiedervereinigung, als die Grenzen längst geöffnet sind.
Weil die Zahlungen als Subvention und indirekte Anerkennung des SED-Regimes erscheinen könnten, ändert die Bundesregierung nach und nach die Abwicklung. Am 8. Juli 1964 legt eine Expertenrunde unter Minister Mende die Grundzüge einer neuen Regelung fest, die bis zum Ende des Freikaufs Bestand hat. Statt Bargeld sollen Waren und Güter geliefert werden, die direkt der DDR-Bevölkerung zugute kommen sollen. Auf westdeutscher Seite wird die EKD einbezogen, die ihr «Diakonisches Werk» in Stuttgart mit dem Direktor Ludwig Geißel beauftragt. Ab 1957 liefert die EKD vor allem dringend benötigte Rohstoffe direkt an den staatlichen Handel der DDR, der darauf den Gegenwert in DDR-Mark den dortigen Kirchen zur Verfügung stellt. Sowohl die direkte Hilfe als auch das sogenannte A-Geschäft sichern den Fortbestand zahlreicher kirchlicher Aktivitäten in der DDR.
Bereits am 19. August 1964 wird der erste Vertrag im neuen, absolut geheimen «B-Geschäft» unterzeichnet – er sieht die Lieferung von Südfrüchten gegen die Freilassung von Häftlingen vor. Von nun an erhält das Diakonische Werk Bargeldzahlungen der Bundesregierung, kauft damit entsprechend den Wünschen des DDR-Außenhandels Lebensmittel, Rohstoffe, Metalle sowie Industriegüter und läßt diese Waren in die DDR transferieren. Dafür wird die vereinbarte Zahl Häftlinge freigelassen. Für die DDR werden diese Sondergeschäfte A, B sowie das dem «A-Geschäft» ähnliche «C-Geschäft» der katholischen Kirche bald so bedeutend, daß sie im März 1966 einen Sonderstab mit besonderen Vollmachten schafft.
Mit dem Staatssekretär Alexander Schalck-Golodkowski (SED) und dem von der Stasi abgestellten Manfred Seidel (SED) an der Spitze entsteht daraus der *Bereich Kommerzielle Koordinierung* (KoKo). Er untersteht direkt den Politbüro-Mitgliedern Mielke und Mittag und kann unter besonderen Bedingungen arbeiten. Bis 1970 gehen die Warenlieferungen in die Staatsreserve der DDR ein, dann erhält «KoKo» den Auftrag, sie auf dem Weltmarkt gegen dringend benötigte Devisen zu verkaufen. So werden zahlreiche Lieferungen von der beauftragten DDR-Handelsfirma *Intrac* noch am Ursprungsort zu Bargeld gemacht. Aus diesen Quellen stammt der größte Teil der zweistelligen Millionen-DM-Beträge, die durchgängig auf dem 1969 eingerichteten Sonderkonto «0528» bei der *Deutschen Handelsbank* in Ost-Berlin, dem sogenannten Mielke-Konto, zu finden sind. Gleichen Ursprung haben die zwei Milliarden DM, die das 1974 geschaffene Sonderkonto «0628», das sogenannte Honecker-Konto, im Dezember 1989 als Guthaben ausweist.

Twist ohne Grenzen:
Szene aus dem Musikfilm
«Außer Rand und Band»

und damit der Parteiideologie zuwiderläuft.
Dezember: Vor dem Zentralrat der FDJ wendet sich dessen erster Sekretär Horst Schumann gegen die Absicht, aus den Jugendlichen «spießbürgerliche Musterknaben» zu machen. Tatsächlich schafft die FDJ nun einige Freiräume: Sie läßt 1963 kritische Dichter wie Wolf Biermann, Heinz Kahlau, Armin Müller und Paul Wiens lesen, sie organisiert öffentliche Streitgespräche über «heiße Eisen», sie sorgt für die Zulassung moderner Tanzmusik – selbst der FDJ-Chef Schumann tanzt den zuvor verbotenen «Twist».

1963

Adenauers Abgang

Eine Ära endet. Bundeskanzler Konrad Adenauer versäumt es, auf dem Höhepunkt von Macht und Ansehen abzutreten – statt dessen endet nun sein Abgang auf Raten. Neben diesem politischen Wendepunkt bewegt ein Unglück die Bundesbürger zutiefst. In der Eisenerzgrube von Lengede bei Salzgitter werden mehr als ein Dutzend Kumpel lebend unter Tage in Luftblasen eingeschlossen. In einer fieberhaften Bergungsaktion gelingt zwei Wochen nach dem Unglück die Rettung der letzten elf Überlebenden. Mit diesem «Wunder von Lengede» verstärkt sich der Glaube an die moderne Technik, an die Beherrschbarkeit des Unbeherrschbaren.

8. Januar: Der Bundestag verabschiedet das Bundesurlaubsgesetz, nach dem jedem Arbeitnehmer über 35 Jahre jährlich mindestens 18 Werktage bezahlten Urlaubs zustehen.

14. Januar: Zum zweiten Mal wendet die Bundesregierung die «Hallstein-Doktrin» an. Die diplomatischen Beziehungen zu Kuba werden abgebrochen, weil dieses am 12. Januar die DDR anerkennt.

17. Januar: Der Regierende Bürgermeister von Berlin, Willy Brandt (SPD), zeigt die Bereitschaft, die Einladung zu einem Gespräch mit Nikita Chruschtschow, der sich in Ost-Berlin aufhält, anzunehmen. Weil jedoch die CDU mit Bürgermeister Franz Amrehn droht, die Senatskoalition zu verlassen, sagt Brandt in letzter Minute ab.

22. Januar: In Paris unterzeichnen Frankreichs Staatspräsident Charles de Gaulle und Bundeskanzler Konrad Adenauer (CDU) den Vertrag über die deutsch-französische Zusammenarbeit, auch «Élysée-Vertrag» genannt. Sekundenlang halten sich die beiden alten Männer in den Armen, um die Versöhnung ihrer Länder zu symbolisieren. Im Vertrag wird der Ausbau der Beziehungen festgelegt: Jährlich wird es zwei Treffen der Staats- beziehungsweise Regierungschefs und vier Treffen der Außen- und Verteidigungsminister mit dem Ziel geben, «soweit wie möglich zu einer gleichgerichteten Haltung zu kommen». Die französischen Atomwaffen werden vom Vertrag nicht erfaßt. Weiterhin wird die Errichtung eines «Deutsch-Französischen Jugendwerkes»

1963

Neue Ökonomie

So dogmatisch Walter Ulbricht auch ist, angesichts des wirtschaftlichen Zurückbleibens gegenüber der Bundesrepublik wagt er den einzigen ernsthaften Reformversuch der zentralen Plan- und Befehlswirtschaft in der Geschichte der DDR. Was unter dem umständlichen Kürzel NÖSPL bekannt wird, mindert tatsächlich einige Defizite der Planwirtschaft, dient jedoch vor allem der Machtsicherung der SED. Letzten Endes muß das NÖSPL scheitern, weil die politische Struktur unverändert bleibt.

15. bis 21. Januar: Am 9. September 1962 veröffentlicht die Moskauer *Prawda* den Artikel «Plan – Gewinn – Prämie» von Professor Jewsei Liberman aus Charkow. Seine These, daß eine höhere Autonomie der Betriebe und eine Orientierung am Gewinn die produktivste Verwendung der Produktionsmittel bewirke, löst die «Liberman-Diskussion» aus. In deren Verlauf werden in der Sowjetunion ab Mitte November 1962 die Wirtschaftsverwaltung und der Planungsrat reformiert, weitere Reformen folgen 1965. (1970 distanziert sich Liberman von seinen Thesen und Vorschlägen.) Daß auch in der DDR die wirtschaftliche Entwicklung hinter den Wünschen der Führung wie der Bevölkerung zurückbleibt, gesteht Walter Ulbricht jetzt auf dem sechsten Parteitag der SED in Ost-Berlin ein. Die Arbeitsproduktivität in der DDR sei durchschnittlich 25 Prozent geringer als in der Bundesrepublik, es gebe Probleme eines zu niedrigen «Nutzeffektes der Investitionen». In dieser Situation, wo das Scheitern des utopischen Sieben-Jahr-Planes 1959 bis 1965 unübersehbar ist, werden die Impulse der «Liberman-Diskussion» dankbar aufgenommen. Ulbricht fordert Veränderungen hin zum «Grundsatz des höchsten ökonomischen Nutzeffekts» und der «materiellen Interessiertheit». Im Zuge dieser Neuorientierung gelangen neben Ideologen wie Kurt Hager und Paul Verner erstmals wirtschaftliche Fachkräfte ins Politbüro der SED: Erich Apel, Günter Mittag, Herbert Jarowinski, Georg Ewald und Gerhard Grüneberg. Kurz ins Auge gefaßt. Wegen dieser deutsch-französischen Sonderbeziehungen üben vor allem die USA heftige Kritik an Bonn. US-Präsident John F. Kennedy schreibt gar an Adenauer, die Bundesrepublik müsse sich klar sein, ob sie mit Frankreich oder den USA ihren Weg gehen wolle. Auch die anderen EWG-Staaten sprechen sich gegen die besonderen Beziehungen aus. So muß Adenauer vor der Ratifikation des Vertrages durch den Bundestag am 16. Mai eine Präambel akzeptieren, die die Partnerschaft mit den USA, die NATO-Integration sowie den EWG-Beitritt Großbritanniens fordert. Damit werden wesentliche Inhalte des deutsch-französischen Vertrages konterkariert.

28. und 29. Januar: Frankreich stürzt die EWG in ihrer erste große Krise. Die Verhandlungen über einen Beitritt Großbritanniens zur EWG scheitern am Einspruch Frankreichs, das die Briten als Helfer für die Vormachtstellung der USA in Europa kritisiert, weil es selbst die Führungsrolle einnehmen möchte. Dieser Krise in der EWG folgt eine Krise in der NATO, da Frankreich das vom 18. bis 21. Dezember 1962 in Nassau vorgelegte amerikanisch-britische Angebot, einer atlantischen multilateralen Atomstreitmacht (*Multilateral Nuclear Force*, MLF) beizutreten, aus dem gleichen Grund ablehnt.

17. Februar: Bei den Wahlen zum Berliner Abgeordnetenhaus erringt die SPD unter Willy Brandt mit 61,9 Prozent der Stimmen einen überwältigenden Sieg. Ermutigt durch den Wahlausgang skizziert Brandt, der eine Koalition aus SPD und FDP bildet, am 18. März vor dem Abgeordnetenhaus eine neue «Politik der kleinen Schritte»: «Die besonders unmenschlichen Auswirkungen der Mauer müssen gemildert werden. Für den Zugang nach Ost-Berlin müssen die West-Berliner jedenfalls allen anderen Menschen gleichgestellt werden. Niemand wird das Thema von der Tagesordnung streichen können, im Interesse der Menschlichkeit und der Vernunft, die willkürlich zerrissenen familiären und freundschaftlichen Bindungen zwischen beiden Teilen der Stadt wiederherzustellen.»

20. Februar: In West-Berlin wird das Theaterstück «Der Stellvertreter» von Rolf Hochhuth uraufgeführt. Es löst eine Debatte aus, warum Papst Pius XII. zu den Judenverfolgungen der Nazis geschwiegen hat.

7. März: Zwischen der Bundesrepublik und Polen wird ein Handelsabkommen unterzeichnet, das die Errichtung von Handelsmissionen vorsieht. Polen beschränkt die Tätigkeit dieser Mission konsequent auf wirtschaftliche Fragen, da es diplomatische Beziehungen nur bei Anerkennung der Oder-Neiße-Grenze aufnehmen will. Das Handelsabkommen bezieht sich auf das «Währungsgebiet der DM», schließt also West-Berlin ein. Weil ein Handelsabkommen, sieht die Bundesrepublik die «Hallstein-Doktrin» nicht berührt und unternimmt weitere Schritte gen Osten. Ähnliche Abkommen werden am 17. Oktober mit Rumänien, am 10. November mit Ungarn und am 6. März 1964 mit Bulgarien abgeschlossen. De facto erkennen die vier Länder damit das Vertretungsrecht der Bundesregierung für West-Berlin an – entgegen der Auffassung der Sowjetunion und der DDR, West-Berlin sei ein Territorium eigener Art und habe keine Bindung an die Bundesrepublik. Als die sowjetische und die DDR-Regierung erkennen, daß diese Handelsabkommen die Isolierung der DDR bewirken sollen, verhindern sie, daß auch die Tschechoslowakei ein Handelsabkommen unter Einbeziehung West-Berlins abschließt. Prag bricht die Verhandlungen im Mai 1965 ab.

23. April: Konrad Adenauers langjähriger

vor dem Parteitag wird das ZK-Mitglied Karl-Heinz Bartsch aus dem ZK ausgeschlossen und aller Funktionen im Ministerrat enthoben, weil er «seine Zugehörigkeit zur Waffen-SS verschwiegen hat und dadurch der Partei großen Schaden zufügte».

Der Parteitag verabschiedet ein neues Parteiprogramm, das unter dem Motto «Ein neues Zeitalter hat begonnen» die «Grundsätze und Ziele» von 1946 ablöst: «Die Sozialistische Einheitspartei Deutschlands ist die Partei des Sozialismus. Sie ist die Partei der Arbeiterklasse und des ganzen werktätigen Volkes. Sie ist die Partei des Friedens, der nationalen Würde und nationalen Einheit. Sie kämpft um die Überwindung der Spaltung der deutschen Nation, die von den deutschen und ausländischen Imperialisten hervorgerufen wurde.» Auf dieser Grundlage formuliert die SED einen umfassenden Führungsanspruch für «das gesamte gesellschaftliche Leben».

Die These von einer «gesamtdeutschen Arbeiterklasse» wird aufgegeben, da «die lang anhaltende Nachkriegskonjunktur es der westdeutschen Großbourgeoisie gestattete, Teile der Arbeiterklasse, des Kleinbürgertums und der Intelligenz ökonomisch zu korrumpieren und eine starke Arbeiteraristokratie entstehen zu lassen». Deshalb seien Illusionen über den «Charakter der kapitalistischen Gesellschaftsordnung» verbreitet.

Auf diesem Parteitag, zu dem auch Nikita Chruschtschow angereist ist, der am 17. Januar am Checkpoint Charlie erstmals die Mauer besichtigt, vertieft sich die Kontroverse zwischen der Sowjetunion und China. Der Vertreter der KP Chinas wird niedergeschrieen, und die SED-Führung meint, die Chinesen über den richtigen Kurs «belehren» zu müssen. Von der KP Chinas wird dieser Parteitag wenig später zum «Wendepunkt» erklärt, am 14. Juni besiegelt sie mit ihren «25 Punkten» die endgültige Spaltung der kommunistischen Weltbewegung.

30. Januar: An allen Instituten der Deutschen Akademie der Landwirtschaftswissenschaften in Ost-Berlin werden Wissenschaftliche Räte eingerichtet. Angesichts der anhaltenden Probleme in der kollektivierten Landwirtschaft sollen sie eine schnellere Umsetzung von Forschungsergebnissen in die Agrarpraxis bewirken.

4. Februar: Das Präsidium der Nationalen Front erklärt das neue Parteiprogramm der SED zum «Gesetz des gemeinsamen Handelns» aller Parteien und Massenorganisationen in der DDR.

7. Februar: Das Landwirtschaftsministerium wird aufgelöst. An seine Stelle treten zahlreiche neue Institutionen, die die Landwirtschaft anleiten sollen. Beim Ministerrat, in den Bezirken und Kreisen werden Landwirtschaftsräte mit Produktionsleitungen sowie Staatliche Komitees für die Erfassung und den Aufkauf landwirtschaftlicher Erzeugnisse und für Landtechnik und materiell-technische Versorgung gebildet.

26. Februar: Entsprechend dem neuen, vom sechsten Parteitag verabschiedeten Statut beschließt das Politbüro der SED «die Leitung der Parteiarbeit nach dem Produktionsprinzip». Bisher ist die Partei oberhalb der Betriebsebene nach dem Territorialprinzip aufgebaut, nun werden entsprechend der Parteireform der KPdSU neue Strukturen geschaffen: Auf allen Ebenen werden «Büros für Industrie und Bauwesen», «Büros für Landwirtschaft», «Ideologische Kommissionen» sowie «Kommissionen für Agitation» gebildet. Bald entwickeln die neuen Gremien dank der wirtschaftlichen Reformen beträchtlichen Einfluß. Deshalb kommen Befürchtungen auf, die SED könne

John F. Kennedy am 26. Juni 1963 in Berlin am Checkpoint Charlie

und beharrlicher Widerstand reicht nicht mehr aus – die CDU/CSU-Bundestagsfraktion nominiert den Bundeswirtschaftsminister Ludwig Erhard als Kanzlerkandidaten. Erhard, der erst Ende 1963 der CDU beitritt, aber seine Mitgliedschaft auf 1949 zurückdatieren läßt, soll Adenauer nach dessen bevorstehendem Rücktritt nachfolgen – diese endlich gefundene Regelung wirkt befreiend auf die CDU.

29. April bis 13. Mai: In Baden-Württemberg treten etwa 140000 Metallarbeiter für höhere Löhne in den Streik. Als Auftakt für zahlreiche weitere Tarifverhandlungen wird dieser Arbeitskampf erbittert geführt. Trotz Aussperrungen gelingt es den Arbeitern, ihre Forderungen größtenteils durchzusetzen.

10. Juni: In einer Rede vor der American University in Washington skizziert der US-Präsident John F. Kennedy seine «Strategie des Friedens». Die Machtblöcke seien «beide in einem unheilvollen und gefährlichen Kreislauf gefangen, in dem Argwohn auf der einen Seite Argwohn auf der anderen auslöst und in dem neue Waffen zu wiederum neuen Abwehrwaffen führen». Kennedy weist nicht nur dem Osten die Verantwortung zu: «Wir sind nicht hier, um Lob und Tadel zu verteilen oder mit den Fingern auf andere zu weisen.» Und: «Ich glaube, daß wir unsere eigene Haltung prüfen müssen.» Seine neue Leitlinie, die die bisher vorherrschende und für die Stagnation verantwortliche Ansicht aufgibt, der Osten wolle gar keine Verständigung, sondern nur Kampf: «Wir müssen unsere Politik so betreiben, daß es schließlich das eigene Interesse der Kommunisten wird, einem echten Frieden zuzustimmen.»

17. Juni: Bundespräsident Heinrich Lübke (CDU) erklärt den 17. Juni, den «Tag der Deutschen Einheit», zum offiziellen «Nationalen Gedenktag des deutschen Volkes».

23. bis 26. Juni: Der amerikanische Präsident John F. Kennedy besucht im Rahmen einer Europareise die Bundesrepublik und, als erstes westliches Staatsoberhaupt seit 1945, auch West-Berlin, wo er die Mauer besichtigt. Am Brandenburger Tor sind die Durchfahrten mit riesigen roten Fahnen verhängt, um Kennedy die Sicht zu nehmen. Ihm wird ein derart jubelnder Empfang bereitet, daß alle Mutmaßungen über eine Umorientierung der Deutschen in Richtung Frankreich verschwinden. In seiner Rede am Schöneberger Rathaus bekundet Kennedy vor 300000 Berlinern: «Alle freien Menschen, wo immer sie leben mögen, sind Bürger Berlins, und deshalb bin ich als freier Mann stolz darauf, sagen zu können ‹Ich bin ein Berliner›.» Die letzten, in Deutsch gesprochenen Worte lösen einen wahren Begeisterungssturm aus. Die politische Botschaft des jungen Präsidenten lautet, daß die Wiedervereinigung weder rasch noch leicht und ohnehin nur im Rahmen des zur «Wirtschaftspartei» herabsinken oder ihre organisatorische Geschlossenheit verlieren. Im Jahr 1966 wird die Neugliederung stillschweigend aufgegeben und rückgängig gemacht.

25. und 26. März: Das Politbüro der SED und das Präsidium des Ministerrats «beraten» mit Schriftstellern und Künstlern. Stephan Hermlin wird wegen des von ihm ermöglichten Auftritts von Wolf Biermann im Dezember 1962 zur Rede gestellt. Laut dem *Neuen Deutschland* vom 6. April verteidigt sich Hermlin: «Wolf Biermann habe ich an jenem Lyrikabend in der Akademie zum erstenmal gesehen. Ich halte ihn für ein sehr großes Talent, und ich möchte darum bitten, daß man ihn nicht aus den Augen läßt und daß sich die Partei weiter um ihn kümmert. Ich will mich auch weiter um ihn kümmern, wenn ihr es wollt. Biermann war Kandidat der Partei und ist vor wenigen Tagen ausgeschlossen worden.» Hermlin tritt wenige Tage später als Leiter der Sektion Lyrik bei der Deutschen Akademie der Künste zurück. Biermann kann bis 1965 einige eher unverfängliche Gedichte in Anthologien veröffentlichen und, nach jeweiliger Genehmigung der Texte, öffentlich auftreten.

17. April: Die Volkskammer billigt den Erlaß des Staatsrates vom 4. April über die grundsätzlichen Aufgaben und die Arbeitsweise der Rechtspflegeorgane sowie das Gerichtsverfassungsgesetz und das Gesetz über die Staatsanwaltschaft. Danach ist es Aufgabe der Rechtsprechung, «das sozialistische Staats- und Rechtsbewußtsein der Bürger zu festigen und ihre gesellschaftliche Aktivität, Wachsamkeit und Unduldsamkeit gegen jegliche Rechtsverletzungen zu erhöhen». Zudem führt die Volkskammer das Leistungsprinzip «Jeder nach seinen Fähigkeiten, jedem nach seiner Leistung» formell in das «Gesetzbuch der Arbeit» ein.

14. Mai: Als gesellschaftliches und staatliches «Kontrollorgan» soll wirken, was das ZK der SED und der Ministerrat zu bilden beschließen – die *Arbeiter-und-Bauern-Inspektion* (ABI). In ihr werden die bereits 1946 zur Bekämpfung von Wirtschaftsdelikten geschaffenen «Volkskontrollausschüsse» sowie die 1948 noch unter anderem Namen gebildete staatliche «Zentrale Kommission für Staatliche Kontrolle» verschmolzen. Die ABI untersteht direkt dem ZK der SED sowie dem Ministerrat und wird in Betrieben, Genossenschaften und Einrichtungen sowie in Städten, Wohngebieten und Gemeinden tätig. Ihre Aufgabe ist die systematische Kontrolle, ob die Beschlüsse der SED und der Regierung umgesetzt werden, ob Produktionspläne erfüllt werden, ob Disziplin oder Gesetze eingehalten werden. Auch die Prüfung von Vorschlägen und Eingaben aus der Bevölkerung wird von der ABI vorgenommen.

28. Mai bis 1. Juni: Auf dem siebten «Parlament» der FDJ in Ost-Berlin wird Horst Schumann als Erster Sekretär wiedergewählt.

16. bis 19. Juni: Erneut gelingt der Sowjetunion eine Premiere im All. Als erste Frau umkreist Walentina Tereschkowa in der Kapsel «Wostok 6» die Erde. Bei ihren 48 Erdumrundungen unternimmt sie gemeinsam mit der Kapsel «Wostok 5» den zweiten Gruppenflug im Weltall.

20. Juni: «In ernster Sorge um die Erhaltung und die Sicherung des Friedens» richtet die Regierung einen «Appell an die Bevölkerung Westdeutschlands», «gute menschliche Beziehungen zwischen der Bevölkerung beider deutscher Staaten» zu schaffen und «gewissenlosen Elementen, die den Frieden bedrohen, das Handwerk (zu) legen».

21. Juni: Die DDR errichtet ein «Grenzgeatlantischen Bündnisses zu verwirklichen sei.

4. und 5. Juli: Nach der Unterzeichnung des deutsch-französischen Vertrages treffen in Bonn erstmals Regierungsmitglieder beider Seiten zusammen. Dabei unterzeichnen sie das Abkommen über die Errichtung des «Deutsch-Französischen Jugendwerkes», das völlig neuartig aufgebaut ist. Alle Ebenen sind binational organisiert. Bis 1968 ist der Generalsekretär ein Franzose, das Generalsekretariat residiert in Deutschland; von 1969 bis 1973 befindet sich der Sitz in Frankreich, dafür bekleidet ein Deutscher das Amt des Generalsekretärs.

15. Juli: In einer Rede vor der Evangelischen Akademie in Tutzing prägt Egon Bahr (SPD), der Leiter des Presse- und Informationsamtes des Berliner Senats, die Formel vom «Wandel durch Annäherung». Bahr trägt ein neues, in einem Kreis um Willy Brandt entwickeltes Konzept der Ostpolitik vor und knüpft damit an «die Änderung des Ost-West-Verhältnisses, die die USA versuchen wollen», an. «Wenn es richtig ist, was Kennedy sagte, daß man auch die Interessen der anderen Seite anerkennen und berücksichtigen müsse, so ist es sicher für die Sowjetunion unmöglich, sich die Zone zum Zwecke einer Verstärkung des westlichen Potentials entreißen zu lassen. Die Zone muß mit Zustimmung der Sowjets transformiert werden. Wenn wir soweit wären, hätten wir einen großen Schritt zur Wiedervereinigung getan.» Unterhalb der juristischen Anerkennung der DDR gebe es erheblichen Bewegungsspielraum, die Nicht-Anerkennung dürfe die westdeutsche Politik nicht länger lähmen.

5. August: Ein erster Schritt zu einer neuen Entspannungspolitik im Atomzeitalter wird unternommen, genau achtzehn Jahre nach dem Atombombenabwurf auf Hiroshima. Die USA und die Sowjetunion handeln ein Abkommen über den Stopp von Atomwaffenversuchen aus – ohne ihre Verbündeten zu befragen. Heute wird dieses Abkommen von den Außenministern der USA, der Sowjetunion und Großbritanniens in Moskau unterzeichnet. Während Frankreich wie auch China den Beitritt demonstrativ verweigern, wird die Bundesrepublik von den USA zur Unterzeichnung gezwungen, sie wird erst am 19. August durch die Botschafter in Washington, Moskau und London vollzogen. Bonn sperrt sich gegen den Beitritt, weil auch die DDR dieses Abkommen unterzeichnet – was als Anerkennung der Existenz der DDR durch Bonn gewertet werden könnte.

31. August: Nach den verschiedenen Krisen der letzten Jahre wird am 20. Juni 1963 die Schaffung einer direkten Fernschreibverbindung zwischen dem Weißen Haus in Washington und dem Moskauer Kreml vereinbart. Der nun in Betrieb genommene «heiße Draht» soll in Spannungssituationen eine rasche und direkte Kommunikation zwischen der amerikanischen und sowjetischen Führung gewährleisten. Fehldeutungen der Absichten der anderen Seite und damit die unabsichtliche Auslösung einer atomaren Konfrontation sollen vermieden werden. Wegen zu großer Störanfälligkeit wird im Januar 1978 eine Satellitenverbindung eingerichtet.

23. September: Seit Wochen berichten verschiedene Medien darüber, daß zahlreiche ehemalige SS-, SD- und Gestapo-Angehörige im Bundesamt für Verfassungsschutz tätig sind. Am 8. September verteidigt Bundesinnenminister Hermann Höcherl (CSU) die Verfassungsschützer, die «nicht den ganzen Tag mit dem Grundgesetz unter dem Arm herumlaufen», sondern den Linksradikalismus und den Rechtsradikalismus bekämpfen und die Spionageabbiet» an der «Staatsgrenze» zwischen West-Berlin und der DDR, das vor allem Fluchtversuche verhindern soll. Unbefugtes Betreten und unbefugter Aufenthalt sind untersagt, ebenso der «unberechtigte» Austausch von Nachrichten oder Gegenständen und das Leisten «anderer Dienste» über die Grenze hinweg. DDR-Bürger, die im Grenzgebiet wohnen, erhalten Sonderausweise, die allein den Zugang noch erlauben.

24. und 25. Juni: Eine Wirtschaftskonferenz des ZK der SED und des Ministerrats bricht den ohnehin utopischen Sieben-Jahr-Plan 1959 bis 1965 ab und führt das *Neue Ökonomische System der Planung und Leitung der Volkswirtschaft* (NÖSPL, auch NÖS) ein. Am 11. Juli billigt der Ministerrat, am 15. Juli der Staatsrat diese neue zentrale Wirtschaftsrichtlinie. Mit einem «System der ökonomischen Hebel», als welche Selbstkosten, Preis, Gewinn, Kredit, Löhne und Prämien gelten, soll die «materielle Interessiertheit» den einzelnen Werktätigen wie den Betrieb zu besseren Leistungen anspornen. Zudem wird den volkseigenen Betrieben wie den 82 «Vereinigungen Volkseigener Betriebe» (VVB), die als Konzernspitzen der VEB wirken, mehr Selbständigkeit gewährt. Mit diesen Maßnahmen sowie der Industriepreisreform, die von 1964 bis 1967 in drei Etappen das weiterhin staatlich festgesetzte Preisniveau anhebt, wird die zentral gelenkte Staatswirtschaft in der Folgezeit tatsächlich etwas flexibler und leistungsfähiger. Einige Sektoren erleben sogar einen gewissen Aufschwung und erreichen die Planzahlen oder verfehlen sie nur knapp.

28. Juni bis 4. Juli: Zum 70. Geburtstag von Walter Ulbricht am 30. Juni reist eine sowjetische Delegation unter Nikita Chruschtschow an. Der Personenkult um Ulbricht, dessen Stellung fester denn je ist, erreicht absurde Ausmaße. Ein Slogan über den «Staatsmann neuen Typus» und «Adel der Menschlichkeit»: «Uns allen zum Nutzen – Walter Ulbricht zu Ehren – am 30. Juni planschuldenfrei». Die Werktätigen werden offiziell aufgefordert: «Mit sauberer Visitenkarte zum Geburtstage»! In Halle wird Ulbricht «zu Ehren» gar das Lustspiel «Das Brigadekind» aufgeführt.

3. Juli: Das Politbüro der SED und der Ministerrat fassen einen gemeinsamen Beschluß «Über die Grundsätze der weiteren Systematisierung des polytechnischen Unterrichts, der schrittweisen Einführung der beruflichen Grundausbildung und der Entwicklung von Spezialschulen und -klassen». Damit wird für die Klassen 9 und 10 der allgemeinbildenden Oberschulen schrittweise eine Grundausbildung für eine Gruppe verwandter Berufe eingeführt. Zudem werden zusätzlich zu den bereits bestehenden Spezialschulen für Sport und den 1952 eingeführten Spezialklassen mit erweitertem Russischunterricht mathematisch-naturwissenschaftliche Spezialschulen und -klassen geschaffen. Bis 1968 kommen in nahezu allen Fachbereichen weitere dieser Eliteeinrichtungen hinzu, so daß die Ministerin für Volksbildung, Margot Honecker, diese die Einheitsschule bedrohende Tendenz kritisiert. Etwa drei Prozent der DDR-Schüler finden Aufnahme in den Spezialschulen und -klassen, die als Einzugsbereich die gesamte DDR haben und deshalb oft als Internate geführt werden.

25. Juli: Die DDR tritt dem in Moskau von der Sowjetunion, den USA und Großbritannien erstunterzeichneten Abkommen über das Verbot von Atomwaffenversuchen in der Atmosphäre, unter Wasser und im Weltraum bei.

13. August: Im Westen sind bisher 65 Todesopfer an der Mauer mit Sicherheit bekannt. Laut der Zeitschrift *Volksarmee* wehr betreiben. Heute berichtet das kritische Fernsehmagazin *Panorama* von illegalen Abhörpraktiken des Bundesamtes für Verfassungsschutz, das Telefonate von Bundestagsabgeordneten abhört und deren Post kontrolliert. Seit zehn Jahren nutzt der Verfassungschutz die Nachrichtendienste der Westalliierten, die sich im «Generalvertrag» von 1955 das Abhören von Telefongesprächen und die Kontrolle von Briefen vorbehielten. In der Folgezeit berichten andere Medien über ähnliche Kontrollpraktiken beim Zoll und bei der Bundespost. Auf heftigen Druck aus Bonn verlieren der Chefredakteur von *Panorama,* Rüdiger Proske, und der Redakteur Karl-Heinz Wocker ihre Posten.

30. September: Seit 1959 beschäftigt sich die Öffentlichkeit verstärkt mit der unbewältigten Nazi-Vergangenheit. Als Symbolfigur gerät wiederholt der von Adenauer trotz aller Rücktrittsangebote im Amt gehaltene Staatssekretär im Bundeskanzleramt, Hans Globke (CDU), in die Kritik. In der DDR wird der Staatssekretär mit «mehr Macht als alle Minister zusammen», so der Journalist Walter Henkels, gar mit Steckbrief gesucht und in Abwesenheit im Juli 1963 in einem Schauprozeß vom Obersten Gericht zu lebenslangem Zuchthaus verurteilt. Heute tritt Globke zurück, wenige Tage vor seinem Dienstherren.

11. Oktober: In einem Schreiben an den Bundespräsidenten erklärt Bundeskanzler Konrad Adenauer (CDU), wie in den Koalitionsvereinbarungen festgelegt, seinen vorzeitigen Rücktritt zum 15. Oktober. An diesem Tag wird Adenauer in einer Sondersitzung des Bundestages feierlich verabschiedet. Bundestagspräsident Eugen Gerstenmaier (CDU) würdigt den «Alten», wie er genannt wird: «Der geschichtliche Rang dieser Stunde wird (...) schon daran deutlich, daß Sie, Herr Bundeskanzler, in hundert Jahren sturmbewegter deutscher Geschichte der einzige sind, der nach langer Regierungszeit unbesiegt und im Frieden von einem vergleichbaren Stuhle steigt und gelassen auf den Sitz zurückkehrt, von dem Sie hier am 15. September 1949 aufgestanden sind.» Am 16. Oktober wird Ludwig Erhard zum neuen Bundeskanzler gewählt. Er bildet wiederum eine Bundesregierung aus CDU/CSU und FDP, die weitgehend dem Adenauer-Kabinett entspricht. Neu zieht der FDP-Vorsitzende Erich Mende als Minister für Gesamtdeutsche Fragen und Vizekanzler ins Kabinett ein.

21. und 22. November: In Düsseldorf gibt sich der DGB ein neues, umfangreiches Grundsatzprogramm, in dessen Präambel es heißt: «Die Arbeitnehmer, das heißt die übergroße Mehrheit der Bevölkerung, sind nach wie vor von der Verfügungsgewalt über die Produktionsmittel ausgeschlossen.» Als zentrale Forderung erhebt der DGB deshalb die paritätische Mitbestimmung auf allen Ebenen.

22. November: Im texanischen Dallas wird der amerikanische Präsident John F. Kennedy ermordet. Nachfolger Kennedys wird sein Vizepräsident Lyndon B. Johnson. Der als Kennedys Mörder verhaftete Lee Harvey Oswald wird am 24. November vom Nachtclubbesitzer Jack Leon Rubinstein, genannt Jack Ruby, erschossen. Die Hintergründe des Attentats wie des Mordes am Verdächtigen werden niemals völlig aufgeklärt.

12. Dezember: Der frühere Bundespräsident Theodor Heuss (FDP) verstirbt in Stuttgart.

14. Dezember: Der SPD-Partei- und Fraktionsvorsitzende im Bundestag, Erich Ollenhauer, verstirbt in Bonn.

17. Dezember: Nachdem ihre bisherige Politik, die DDR in Anführungsstriche zu setzen, erfolglos geblieben ist, beschreitet die rechtfertigt Albert Norden, Mitglied im Politbüro der SED und für Agitation und Propaganda zuständig, vor Grenzern die Todesschüsse: «Ihr schießt nicht auf Bruder und Schwester, wenn ihr mit der Waffe den Grenzverletzer zum Halten bringt. Wie kann der euer Bruder sein, der die Republik verrät, der die Macht des Volkes verrät, der die Macht des Volkes antastet! Auch der ist nicht unser Bruder, der zum Feinde desertieren will. Mit Verrätern muß man sehr ernst sprechen. Verrätern gegenüber menschliche Gnade zu üben, heißt unmenschlich am ganzen Volke zu handeln.»

9. bis 15. September: Streitkräfte der DDR, der Sowjetunion, Polens und der Tschechoslowakei führen das gemeinsame Manöver «Quartett» im Süden der DDR durch. Die Leitung liegt beim NVA-Armeegeneral und Verteidigungsminister Heinz Hoffmann (SED), der bis Mitte der achtziger Jahre als einziger Stellvertreter des sowjetischen Oberkommandierenden des Warschauer Paktes mindestens drei große Manöver befehligt.

21. September: Das Politbüro der SED veröffentlicht ein Kommuniqué über Jugendfragen. Unter dem Motto «Der Jugend Vertrauen und Verantwortung!» fordert es die Verbesserung der klassenmäßigen Erziehung und wendet sich gegen kleinliche und ängstliche Reglementierung der Jugend wie gegen schädliche und feindliche Einflüsse. Zum heißdiskutierten Thema Tanz heißt es: «Welchen Takt die Jugend wählt, ist ihr überlassen: Hauptsache, sie bleibt taktvoll! Die Volkstänze aller Länder und Zeiten, die dem gesunden Lebensgefühl der arbeitenden Menschen entsprangen, kennen verschiedene Rhythmen und verschiedene Bewegungsformen. Wir sind für zündende Rhythmen, aber wir wenden uns scharf dagegen, daß mit ihnen Schlagertexte und andere Mittel ideologischer Diversion der imperialistischen Propaganda bei uns eingeführt werden. Wir bitten im Namen der Jugend alle Komponisten und Schlagerdichter, mehr phantasievollere Melodien und Texte zu produzieren, die unsere Jugend begeistern. In Zukunft wird man dann weniger in der DDR Westschlager singen.»

Selbst das Thema Liebe bleibt nicht verschont, vom Politbüro geregelt zu werden: «Verbote, Prüderie, Heimlichtuerei und Bestrafungen können diese Probleme nicht lösen. Sozialistisch ist, jungen Menschen zum Lebensglück zu verhelfen und nicht Tragödien zu schaffen (...) Jede echte Liebe zweier junger Menschen verdient ehrliche Anerkennung. Wir wollen echte, tiefe, saubere, menschliche Beziehungen und keine klösterliche Moral.»

22. September: Der Ministerrat beschließt vier Verordnungen, die den neuen Wirtschaftskurs untermauern sollen. Prämien sollen Anreize schaffen, zwecks besserer Maschinenlaufzeiten im Drei-Schicht-System zu arbeiten; für vorbildliche Leistungen bei der Planerfüllung kann Zusatzurlaub bis zu vier Tagen gewährt werden; der Schwangerschaftsurlaub für alle berufstätigen Frauen wird auf 14 Wochen verlängert. Zudem werden zum 1. Januar 1964 Rentenerhöhungen beschlossen, die viele der mehr als bescheidenen Renten ein wenig aufbessern.

20. Oktober: Die eigentlich bereits 1962 fälligen Volkskammerwahlen finden mit einjähriger Verzögerung statt. Abermals steht nur die Einheitsliste der Nationalen Front zur Wahl, zudem erfolgt die Abstimmung zumeist offen und nicht geheim. Die Einheitsliste erhält bei einer Wahlbeteiligung von 99,25 Prozent eine Zustimmung von 99,95 Prozent der abgegebenen Stimmen. Der Schlüssel, nach dem die Mandate verteilt werden, wird zugunsten der SED

Bundesregierung neue Wege. Im Herbst 1962 läßt Bundeskanzler Konrad Adenauer der DDR über Kurt Leopold, den Leiter der «Treuhandstelle für den Interzonenhandel», einen Handel anbieten, der Passierscheine für West-Berliner gegen Kredite an die DDR vorsieht. Die Vereinbarung scheitert am Widerstand innerhalb der Bundesregierung. Da Bundeskanzler Ludwig Erhard (CDU) auf Reisen und unerreichbar ist, gibt sein Vizekanzler Erich Mende (FDP) in letzter Minute grünes Licht für das erste Passierscheinabkommen, das heute von Beauftragten des Berliner Senats und der DDR unterzeichnet wird. Um den Charakter eines zwischenstaatlichen Abkommens zu vermeiden, werden zahllose komplizierte Regelungen getroffen: Die Ost-Berliner Beamten, die die Anträge für Passierscheine in West-Berlin entgegennehmen, firmieren als Postbedienstete. Als Hoheitsakt wird die Prüfung der Anträge und die Ausstellung der Passierscheine in Ost-Berlin vorgenommen. Ausgehändigt werden sie wieder in West-Berlin. Zudem gilt das Passierscheinabkommen nur für West-Berliner mit Verwandten in Ost-Berlin und nur für den Zeitraum vom 19. Dezember 1963 bis zum 5. Januar 1964. Seit 28 Monaten ist dies die erste Gelegenheit zu Besuchen, deshalb werden alle Erwartungen übertroffen – 790000 West-Berliner nutzen das Abkommen zu 1,2 Millionen Besuchen.

20. Dezember: In Frankfurt/Main beginnt der größte Massenmordprozeß der deutschen Rechtsgeschichte. Angeklagt sind 24 ehemalige Angehörige des Wachpersonals im KZ Auschwitz. Darunter sind der letzte Lagerkommandant und Hauptangeklagte, Richard Baer, der jedoch vor Prozeßbeginn verstirbt; ein weiterer Angeklagter, Hans Nierzwicki, wird für verhandlungsunfähig erklärt. Den verbleibenden 22 Angeklagten wird Mord oder Beihilfe zum Mord in zahllosen Fällen vorgeworfen: Robert Mulka, Karl Höcker, Wilhelm Boger, Hans Stark, Klaus Dylewski, Perry Broad, Johann Schoberth, Bruno Schlage, Franz Hofmann, Oswald Kaduk, Stefan Baretzki, Heinrich Bischoff, Arthur Breitwieser, Franz Lucas, Willi Frank, Willi-Ludwig Schatz, Victor Capesius, Josef Klehr, Herbert Scherpe, Emil Hantl, Gerhard Neubert und Emil Bednarek. Aus Gesundheitsgründen werden Bischoff und Neubert im März und Juli 1964 für verhandlungsunfähig erklärt.

Zu Beginn des Prozesse befinden sich dreizehn Angeklagte auf freiem Fuß. Erst im Laufe der Verhandlung erfolgen weitere Verhaftungen, nur drei Angeklagte, Schoberth, Breitwieser und Schatz, bleiben in Freiheit. Nachdem bereits in der Vorbereitung mehr als 1300 Zeugen aus zahlreichen Ländern gehört wurden, treten im Prozeß 359 Zeugen aus 19 Ländern auf.

Nach oft praktiziertem Muster leugnen die Angeklagten die ihnen zur Last gelegten Taten, sie können sich nicht erinnern oder lehnen Aussagen ab. Oft greift bei Zeugenaussagen vor allem der auf SS-Prozesse spezialisierte Verteidiger Hans Laternser dazu, die Glaubwürdigkeit der damaligen Opfer mit allen Mitteln zu erschüttern.

Am 19. August 1965 werden die Urteile verkündet, die deutlich unter den Anträgen der Staatsanwaltschaft bleiben. Die Angeklagten Schoberth, Breitwieser und Schatz werden freigesprochen. Siebzehn Angeklagte werden zu stark abgestuften Strafen verurteilt. Vier erhalten Freiheitsstrafen zwischen drei und vier Jahren, fünf Freiheitsstrafen zwischen fünf und neun Jahren, einer wird zu zehn Jahren Jugendstrafe und einer zu vierzehn Jahren Freiheitsstrafe verurteilt. Sechs Angeklagte, Kaduk, Bednarek, Baretzki, Klehr, Boger und Hofmann, erhalten lebenslange Freiheitsstrafen.

geändert. Sie bekommt statt bisher 100 nun 110 Mandate, CDU, LDPD, NDPD und DBD erhalten weiterhin je 45 Mandate, der FDGB entsendet statt 45 nun 60 Abgeordnete, die FDJ statt 25 nun 35, der DFD statt 25 nun 30 und der Kulturbund statt 15 nun 19 Abgeordnete. Unter den Vertretern der «Massenorganisationen» sind weitere SED-Mitglieder. Umfaßte die Volkskammer bisher 400 Sitze, wird sie nun auf 434 Sitze erweitert. Es kommen 66 Sitze für die Ost-Berliner Abgeordneten hinzu, die wegen des Vier-Mächte-Status von der dortigen Stadtverordnetenversammlung nominiert werden.

26. Oktober: Die DDR und die Sowjetunion unterzeichnen in Ost-Berlin ihr bisher größtes Abkommen über den Warenaustausch. Zwar wird das Volumen nicht beziffert, doch handelt es sich nach DDR-Angaben um «das weltgrößte Abkommen in den Außenhandelsbeziehungen zweier Staaten». In den Jahren von 1960 bis 1965 erreicht der Anteil der Sowjetunion am gesamten Außenhandel der DDR mit 42,8 Prozent den höchsten Wert.

13. und 14. November: Auf ihrer konstituierenden Sitzung wählt die Volkskammer Walter Ulbricht (SED) erneut zum Vorsitzenden des Staatsrates; am 6. Dezember wird Ulbricht abermals Vorsitzender des Nationalen Verteidigungsrates. Zudem bestätigt die Volkskammer Otto Grotewohl (SED) als Vorsitzenden des Ministerrats und Willi Stoph (SED) als ersten Stellvertreter. In der dreißig Minister umfassenden Regierung löst Friedrich Dickel (SED) Karl Maron (SED) als Innenminister ab, Margot Honecker (SED) wird Volksbildungsministerin.

8. Dezember: In einer Rundfunk- und Fernsehansprache erklärt Walter Ulbricht (SED) seine jederzeitige Bereitschaft zu Verhandlungen mit der neuen Bundesregierung unter Ludwig Erhard (CDU).

1964

Bildungskatastrophe

In London kreiert Mary Quant den Minirock, der die Oberschenkel kaum oder gar nicht mehr bedeckt. Rasend schnell tritt die neue Modeschöpfung ihren Siegeszug an, junge Frauen aller Länder zeigen mit dem «Mini» gern Bein. Radikaler noch fällt aus, was der natürlich männliche Designer Rudi Gernreich den Frauen anrät – die Oben-ohne-Bademode. Die Nachkriegsgeneration wendet sich von spießigen Konventionen und Werten ab. Heftig angefeindet, aber selbstbewußt bricht sie auf in eine neue Zeit. Zeigt sich die Wirtschaft neuen Impulsen noch aufgeschlossen, begegnen Politik und Bildungswesen der freieren Jugend mit weitgehender Erstarrung.

9. Januar: Vor dem Bundestag äußert sich Bundeskanzler Ludwig Erhard (CDU) kritisch zum Passierscheinabkommen, das «wie ein Trojanisches Pferd» sei. «Mittels solcher List und Tücke soll die Drei-Staaten-Theorie zu uns hineingeschleust werden. Es geht um den bewußten Versuch, West-Berlin von der Bundesrepublik, aus der Verantwortung der Bundesrepublik zu lösen, ebenso natürlich auch das Verhältnis zu den westlichen Schutzmächten zu lockern.» Diese Haltung bringt die Verhandlungen über das zweite, für Ostern und Pfingsten 1964 vorgesehene Passierscheinabkommen am 27. Februar zum Scheitern. Am 6. März werden in einem Gespräch zwischen Erhard und Willy Brandt die Meinungsverschiedenheiten beigelegt, worauf neue Passierscheinverhandlungen beginnen.

10. Januar: In einem Brief an Bundeskanzler Ludwig Erhard (CDU) fordert der Vorsitzende der illegalen KPD, Max Reimann, die Aufhebung des Verbotes seiner Partei.

15. und 16. Februar: Auf einem außerordentlichen Parteitag wählt die SPD in Bad Godesberg Willy Brandt zum neuen Vorsitzenden. Gleichberechtigte Stellvertreter werden Fritz Erler, der bald auch den Vorsitz der Bundestagsfraktion übernimmt, und Herbert Wehner. Damit erneuert sich die SPD auch personell.

14. bis 17. März: Zum Verdruß von Bundeskanzler Ludwig Erhard kandidiert der 88jährige Konrad Adenauer auf dem CDU-

1964

Stabilisierung

Die Teilung schmerzt die Menschen im Osten mehr als die im Westen. Wehmütig denken sie an die Zeiten zurück, als die Grenze noch passierbar war. Dank Mauer und Stacheldraht stabilisiert sich die DDR. Nun erfüllt die Führung denjenigen ihren sehnlichen Reisewunsch gen Westen, bei denen es nicht tragisch wäre, wenn sie dort blieben. Rentner, dadurch zu gesellschaftlichen Kostgängern herabgewürdigt, erhalten als erste Gruppe die Möglichkeit zu Westreisen.

2. Januar: Die Ausgabe neuer Personalausweise beginnt, in denen als Staatsangehörigkeit «Bürger der Deutschen Demokratischen Republik» genannt ist.

6. Januar: Walter Ulbricht (SED) sendet einen Brief an Bundeskanzler Ludwig Erhard (CDU), in dem er den Entwurf eines Vertrages zwischen der DDR und der Bundesrepublik über den umfassenden Verzicht von Kernwaffen vorlegt. Ulbricht erklärt ausdrücklich, dieser Vertrag brauche «die staatlichen Beziehungen (...) nicht zu präjudizieren», die DDR würde einen «ausdrücklichen Vorbehalt» der Bundesregierung akzeptieren. Weder nimmt Erhard den Brief an, noch beantwortet er ihn.

3. bis 7. Februar: Nach seinen Vorlesungen über «Naturwissenschaftliche Aspekte philosophischer Probleme» im Wintersemester beginnt das ZK der SED mit Angriffen auf Robert Havemann (SED). Ihm wird vorgeworfen, «daß er unter der Flagge des Kampfes gegen den Dogmatismus unsere Politik ändern will». Als Professor für physikalische Chemie an der Ost-Berliner Humboldt-Universität entwickelt er Gedanken, die bald als Buch unter dem Titel «Dialektik ohne Dogma?» weltbekannt werden, jedoch nicht mit der Linie der SED übereinstimmen. Havemann, von 1950 bis 1963 Abgeordneter der Volkskammer und im Jahr 1959 mit dem Nationalpreis bedacht, tritt seit 1956 für einen liberal interpretierten Marxismus ein.

Die neue Beinfreiheit: Der Minirock – Symbol des Erwachsenwerdens der Nachkriegsgeneration

Bundesparteitag in Hannover abermals für das Amt des Parteivorsitzenden – und wird für weitere zwei Jahre gewählt.

19. März: In diesem Jahr macht der Pädagoge Georg Picht Aufsehen mit seiner These von der «deutschen Bildungskatastrophe». Er konstatiert einen dramatischen Nachholbedarf der Bundesrepublik im Bildungswesen. Heute einigen sich die Ministerpräsidenten der Bundesländer auf einen quantitativen Schub beim Ausbau der Hochschulen. In Bochum, Bremen, Konstanz und Regensburg sollen neue Universitäten und in Dortmund eine neue Technische Hochschule errichtet werden. Doch wird diese Erweiterung der Kapazitäten (noch) nicht mit einer Strukturreform verbunden. Daran entzündet sich die Kritik vieler Studenten, die die längst überfällige «Demokratisierung der Hochschule» einklagen. Mit neuartigen, aus den USA übernommenen Aktionsformen wie *Go-in, Sit-in, Teach-in* werden die Forderungen nach der Abschaffung der Ordinarienuniversität, nach Einführung der Drittelparität zwischen Professoren, Assistenten und Studenten und nach dem politischen Mandat der Studentenschaften erhoben.

22. März: Vor dem Kongreß Ostdeutscher Landsmannschaften bekräftigt Bundeskanzler Ludwig Erhard (CDU) in Bonn abermals, daß seine Regierung die Oder-Neiße-Linie nicht als Grenze anerkennen werde.

31. März: Die Beatmusik ergreift die Jugend der Welt. Heute erlebt die US-Hitparade ein nie zuvor gekanntes Phänomen: Alle fünf ersten Plätze werden von Songs der Liverpooler Band *The Beatles* belegt, die erst

9. März: Über dem Thüringer Wald schießt ein sowjetischer Abfangjäger ein amerikanisches Militärflugzeug ab, dessen drei Piloten sich mit dem Fallschirm retten können. Sie werden zunächst in Haft genommen, aber am 21. und 27. März an die US-Behörden übergeben. Bereits am 28. Januar wurde ein US-Flugzeug bei Stendal abgeschossen, wobei die drei Insassen ums Leben kamen.

12. und 13. März: Professor Robert Havemann wird von der SED-Parteileitung der Humboldt-Universität aus der Partei ausgeschlossen, nur Wolfgang Heise stimmt dagegen. Wenig später wird er formwidrig als Direktor des Physikalisch-chemischen Instituts und als Professor der Humboldt-Universität entlassen. Dieses übereilte Verfahren wird bald zugunsten eines «ordnungsgemäßen» Disziplinarverfahrens revidiert – das Ergebnis bleibt jedoch das gleiche.

24. und 25. April: Wiederum im Kulturpalast des Elektrochemischen Kombinats tagt die «Zweite Bitterfelder Konferenz», nunmehr von der Ideologischen Kommission beim Politbüro der SED und dem Ministerium für Kultur veranstaltet. In der Vorbereitung werden Künstler und Schriftsteller aufgefordert, in Briefen ihre Ansichten zum «Bitterfelder Weg» niederzulegen. Mit seinem Brief vom 1. März lehnt Franz Fühmann entschieden ab, zum Verfassen von «Betriebsromanen» gedrängt zu werden. «Der üblich gewordene Weg: In einen Betrieb gehen und dort längere, auch lange Zeit mit einer Brigade zu arbeiten», stößt «schließlich einmal an eine Grenze, die nicht mehr zu überschreiten ist, obwohl jenseits noch weites Land liegt». Trotz solcher Kritik wird der «Bitterfelder Weg» als eine Art Auftragsliteraturprogramm bestätigt.

Auf der Konferenz schlägt Walter Ulbricht (SED) auch einen begrenzten Zeitungsaustausch mit der Bundesrepublik vor.

Robert Havemann mit seinem im Juni 1964 bei rororo aktuell erschienenen Buch «Dialektik ohne Dogma?»

Wenn das *Neue Deutschland* in der Bundesrepublik frei verkauft werden dürfte, könnten auch in der DDR westdeutsche Publikationen wie die *Süddeutsche Zeitung* oder *Die Zeit* zum Verkauf angeboten werden. Mit diesem Angebot läßt die DDR erstmals westdeutsche Journalistengruppen durchs Land reisen, die Offizielle treffen und Betriebe besichtigen können.

4. Mai: Die Volkskammer verabschiedet ein neues Jugendgesetz, das diesen bürokratischen, aber bezeichnenden Titel trägt: «Gesetz über die Teilnahme der Jugend der Deutschen Demokratischen Republik am Kampf um den umfassenden Aufbau des Sozialismus und die allseitige Förderung ihrer Initiative bei der Leitung der Volkswirtschaft und des Staates, in Beruf und Schule, bei Körperkultur und Sport». Während das erste Jugendgesetz von 1950 die Integration fördern sollte, soll dieses zweite die Jugend in den sozialistischen Aufbau einbinden.

im Oktober 1963 durch eine Fernsehshow der BBC über ihre Heimatstadt hinaus bekannt geworden ist, aber schon 1960 in Hamburg auftrat.

2. Juni: Nach dem Angebot Walter Ulbrichts (SED) für einen begrenzten Zeitungsaustausch stellt die Bundesregierung fest, das Urteil des Bundesverfassungsgerichts über das KPD-Verbot sowie die Gesetze über Staatsgefährdung ließen den Verkauf des *Neuen Deutschlands* in der Bundesrepublik nicht zu. Erst nach öffentlichen Protesten gibt die Bundesregierung diese engstirnige Haltung auf, zum Austausch kommt es jedoch nicht mehr. Im April 1966 gibt Hamburg den Bezug von Zeitungen und anderen Publikationen aus der DDR für die Hansestadt frei, auch Hessen lockert bald darauf seine Bestimmungen. Die entsprechenden Bundesgesetze über den Staatsschutz werden erst zum 1. August 1968 von der Großen Koalition so geändert, daß der Bezug von DDR-Publikationen in der Bundesrepublik befristet bis März 1971 freigegeben wird. Die sozialliberale Koalition hebt dann ab April 1971 alle Beschränkungen auf. Damit können erstmals seit September 1948, als die SBZ die Einfuhr von Westzeitungen untersagte und die Westzonen darauf die Ostzeitungen aus dem Postvertrieb ausschlossen, wieder östliche Presseerzeugnisse vertrieben werden.

5. Juni: Der Bundestag billigt einstimmig den Beitritt zum Moskauer Atomwaffenversuchsabkommen vom August 1963.

13. Juni: Die Bundesregierung läßt Nikita Chruschtschow wissen, er sei zu einem Besuch der Bundesrepublik willkommen, wenn er Gespräche mit Bundeskanzler Ludwig Erhard (CDU) für nützlich halte. Am 28. Juli empfängt Erhard Alexej Adschubej, den Schwiegersohn Chruschtschows und Chefredakteur der Regierungszeitung *Iswestija*, zu einem Vorbereitungsgespräch. Es wird Einvernehmen über den Besuch Chruschtschows erzielt, der von der Bundesregierung am 3. September offiziell angekündigt wird. In Teilen der Moskauer Führung gibt es allerdings Widerstand gegen diesen Versuch, eine Normalisierung des Verhältnisses zur Bundesrepublik einzuleiten.

1. Juli: In Berlin wird Heinrich Lübke (CDU) bereits im ersten Wahlgang als Bundespräsident wiedergewählt. Wegen seiner «Loyalität und seines Eintretens für Berlin» stimmt auch die SPD für Lübke, der 68,1 Prozent der Stimmen erhält. Diese Entscheidung bereitet den Weg für die spätere Große Koalition, als deren Befürworter Lübke gilt. Die Sowjetunion protestiert lediglich gegen die Abhaltung der Bundesversammlung in West-Berlin, führt aber keine Störaktionen durch – Nikita Chruschtschow will seinen geplanten Besuch der Bundesrepublik nicht unnötig belasten.

10. bis 12. Juli: Auf dem CSU-Parteitag in München entfacht Franz Josef Strauß, der sich als heimlicher Außenminister fühlt, eine Kontroverse zwischen «Gaullisten» und «Atlantikern» in der Bundesregierung. Er kritisiert Bundeskanzler Ludwig Erhard (CDU), die Chancen des deutsch-französischen Vertrages nicht genutzt zu haben. Ein enges Zusammengehen der Bundesrepublik und Frankreichs müsse den Auftakt für die «europäische Einigung» bilden. Ungewohnt deutlich reagiert Erhard, indem er auf seine Richtlinienkompetenz verweist und sich «keineswegs als Satellit der Vereinigten Staaten» bezeichnet. Damit beginnt eine monatelange Diskussion innerhalb der Bundesregierung, in der Außenminister Gerhard Schröder (CDU) zum Wortführer der «Atlantiker» aufsteigt. Die «Gaullisten» um Strauß verlieren jedoch bald mit der nationalistischen Blockadepolitik Frankreichs in EWG und NATO an Einfluß.

16. bis 18. Mai: In Ost-Berlin veranstaltet die FDJ ihr drittes und letztes «Deutschlandtreffen der Jugend». Unter der halben Million Teilnehmer sind 24000 aus der Bundesrepublik und 1000 aus West-Berlin. Als einzige offizielle Delegation aus dem Westen reist eine Abordnung des SDS an. Anläßlich des Treffens wird das *Jugendstudio DT 64* eingerichtet, das fortan nachmittags über den *Berliner Rundfunk* gesendet wird.

29. Mai bis 13. Juni: Eine Delegation unter Walter Ulbricht (SED) besucht die Sowjetunion. Am 12. Juni wird der «Vertrag über Freundschaft, gegenseitigen Beistand und Zusammenarbeit» zwischen der DDR und der Sowjetunion unterzeichnet, der am 26. September in Kraft tritt und für zwanzig Jahre gilt. Nachdem die Sowjetunion der DDR über fünf Jahre den Abschluß eines separaten Friedensvertrages in Aussicht gestellt hat, wird dieser nun endgültig fallengelassen. Als Ersatz erhält die DDR mit dem heute abgeschlossenen Vertrag eine Bestandsgarantie und eine Aufwertung ihres Status innerhalb des östlichen Bündnisses. West-Berlin wird in diesem Vertrag «als selbständige politische Einheit» betrachtet (nicht behandelt!), womit die Ansprüche der DDR abgeschlagen und die Vier-Mächte-Zuständigkeiten beibehalten werden. Damit ist die DDR erstmals in das bilaterale Vertragssystem des sowjetischen Einflußbereiches einbezogen.

25. bis 27. Juni: Der DFD veranstaltet unter dem Leitsatz «Unsere Republik braucht alle Frauen – alle Frauen brauchen die Republik» den ersten «Frauenkongreß» der DDR. Es wird über «die Rolle der Frauen beim umfassenden Aufbau des Sozialismus» beraten, weiterhin sollen die noch nicht berufstätigen Frauen für eine Erwerbstätigkeit und die im Arbeitsleben stehenden Frauen für eine Qualifizierung gewonnen werden.

15. Juli: Anstelle von Leonid Breschnew, der sich voll auf seine Parteifunktionen in der KPdSU «konzentrieren soll», wird in Moskau der bisherige stellvertretende Ministerpräsident Anastas Mikojan zum Vorsitzenden des Obersten Sowjets und damit zum Staatsoberhaupt der Sowjetunion gewählt.

30. Juli: Die Währung der DDR erhält einen neuen Namen. Hieß sie bisher «Deutsche Mark der Deutschen Notenbank», trägt sie ab jetzt die Bezeichnung «Mark der Deutschen Notenbank». Am 1. August wird mit der Ausgabe neuer Banknoten begonnen.

13. August: Nach drei Jahren wird im Westen diese Bilanz der Berliner Mauer gezogen:

Länge der Mauer: 15 Kilometer
Ausdehnung der Drahtsperren: 130 Kilometer
Bunker und Schützenstellungen: 232
Beobachtungstürme: 165
Stationäre Ostlautsprecher: 61
Zahl der Grenztruppen: 14000 Mann
Aktionen mit Schußwaffengebrauch: 833
Einsatz von Tränengas: 412
Festnahmen an der Mauer und der Berliner Zonengrenze: 1798
Haftstrafen wegen Beteiligung an Fluchtunternehmen: ca. 6000 Jahre
Haftstrafen für Fluchthelfer: ca. 1000 Jahre
Registrierte Schwerverletzte: 34
Registrierte Erschossene: 52 (hinzu kommen 52 Erschossene an der innerdeutschen Grenze).

ADN meldet, daß seit dem 13. August 1961 knapp 60000 westdeutsche und DDR-Bürger, die in Westdeutschland lebten, ihren Zuzug in die DDR beantragt hätten.

14. August: Nach langwierigen, bereits 1960 begonnenen Verhandlungen einigen sich die DDR und die Bundesrepublik auf

Begrüßung des einmillionsten Gastarbeiters Armando Sa Rodriguez

27. Juli: Das Wirtschaftswunder erreicht neue Dimensionen: Die Deutsche Bundesbank beginnt mit der Ausgabe von Tausend-DM-Scheinen.

29. Juli: Zum zweiten Mal in seiner Geschichte wird der Bundestag aus der Sommerpause zu einer Sondersitzung gerufen. Während beim ersten Mal der Bau der Mauer in Berlin den Grund gab, geht es heute um die geplante Erhöhung der Telefongebühren von 16 auf 20 Pfennig pro Einheit.

19. August: Der *Spiegel* berichtet, daß monatlich etwa 800000 Postsendungen aus der DDR an Westdeutsche in der Bundesrepublik durch Gerichtsbeschluß als «staatsgefährdend» eingestuft und amtlich vernichtet werden, ohne daß die Empfänger davon erfahren. Neben Zeitungen und Massendrucksachen gelangen auch private Briefe in den Reißwolf.

9. September: Die Vollbeschäftigung erreicht ihren Höhepunkt. Bei nur noch 102800 registrierten Arbeitslosen werden 680000 offene Stellen gemeldet. Am 10. September wird der millionste Gastarbeiter von Vertretern der Wirtschaftsverbände am Kölner Hauptbahnhof begrüßt. Der Portugiese Armando Sa Rodriguez erhält ein Moped zum Geschenk. Später erleidet er einen Arbeitsunfall und kehrt in seine Heimat zurück.

Ein Protokoll über den Eisenbahngüterverkehr von und nach West-Berlin wird vom Berliner Senat und der DDR unterein Abkommen über den Wiederaufbau der Saalebrücke nordwestlich von Hof. In den letzten Tagen des Zweiten Weltkrieges wurde diese Brücke der Autobahn Berlin–München teilweise zerstört. Mit der heutigen Vereinbarung, die nicht von der Bundesregierung, sondern von der «Treuhandstelle für den Interzonenhandel» unterzeichnet wird, übernimmt die DDR die Durchführung der Bauarbeiten sowie die Unterhaltung der Brücke, während die Bundesrepublik im Rahmen des Interzonenhandelsabkommens 5,5 Millionen Verrechnungseinheiten zahlt. Am 19. Dezember 1966 wird das bisher einzige deutsch-deutsche Bauprojekt seit der Spaltung Deutschlands dem Verkehr übergeben werden. Auf DDR-Seite heißt der neue Grenzübergang Hirschberg, auf Seite der Bundesrepublik Rudolphstein.

1. September: Die Volkskammer bestätigt den Erlaß des Staatsrates über die Straffreiheit für alle Flüchtlinge, die die DDR vor dem 13. August 1961 verlassen haben. Mit dieser Amnestie können «Republikflüchtige» wieder ungefährdet den Landweg zwischen der Bundesrepublik und West-Berlin benutzen und ihre Heimatorte in der DDR besuchen. Weiterhin verabschiedet die Volkskammer das Gesetz über die Nichtverjährung von Nazi- und Kriegsverbrechen, wonach für solche Delikte nun keinerlei Verjährung mehr gilt.

7. September: Als einziges Land des «Warschauer Paktes» schafft die DDR einen waffenlosen Dienst in ihren Streitkräften. Nach der Einführung der allgemeinen Wehrpflicht, die von den Kirchen kritisiert wird, soll der Konflikt nicht verschärft werden. Deshalb erläßt der «Nationale Verteidigungsrat» eine Anordnung, die den Dienst als «Bausoldat» ermöglicht: «Im Bereich des Ministeriums für Nationale Verteidigung sind Baueinheiten aufzustellen. Der Dienst in den Baueinheiten ist Wehrersatzdienst (...) Er wird ohne Waffe durchgeführt.» «Zum Dienst in den Baueinheiten werden solche Wehrpflichtigen herangezogen, die aus religiösen Anschauungen oder aus ähnlichen Gründen den Wehrdienst mit der Waffe ablehnen.» Bausoldaten sollen beim Straßen- und Anlagenbau, zur Beseitigung von Übungsschäden und bei Katastrophen eingesetzt werden. Ein gesondertes Überprüfungsverfahren wird nicht vorgenommen, doch erfährt der Betroffene erst bei der Einberufung, ob er als Bausoldat anerkannt ist oder nicht.

8. September: Der Ministerrat gestattet Rentnern Besuchsreisen in die Bundesrepublik und nach West-Berlin. Sie dürfen einmal jährlich eine Reise zu Verwandten mit einer Dauer bis zu vier Wochen unternehmen. Als am 2. November diese Möglichkeit erstmals wahrgenommen werden kann, besuchen 10000 Menschen den Westen. Bis zum 30. September 1965 sind es fast 1,67 Millionen Rentner, die ihre Angehörigen in der Bundesrepublik und West-Berlin besuchen.

21. September: Ministerpräsident Otto Grotewohl (SED) verstirbt. Am 24. September ernennt die Volkskammer auf Vorschlag Walter Ulbrichts (SED) den bisherigen ersten Stellvertreter Grotewohls, Willi Stoph (SED), zum Vorsitzenden des Ministerrates und wählt ihn auch zum Stellvertretenden Vorsitzenden des Staatsrates.

1. Oktober: Die Einführung von Postleitzahlen wird beschlossen. Weil die Deutsche Bundespost bereits 1961 Postleitzahlen einführte und dabei Zahlenreihen für die DDR freihielt, erhebt die Bundesregierung nun Protest. Tatsächlich kommt es zu zahlreichen Übereinstimmungen, die Postleitzahl 5300 zum Beispiel gilt für Weimar wie Bonn. Die Post der DDR empfiehlt fortan, daß Sendungen von der DDR in die Bundeszeichnet. Die bisherige Begrenzung von vierzehn Zügen täglich wird aufgehoben, zudem müssen die Züge nicht mehr ausschließlich über Helmstedt fahren, sie dürfen nun auch die Strecken von Büchen, Bebra und Hof benutzen.

24. September: Das zweite Passierscheinabkommen für West-Berliner wird unterzeichnet. Obgleich die DDR mehr Elemente der Anerkennung durchzusetzen versucht, akzeptiert sie nach der Weigerung des Senats die alte Formel, wonach die Regelung «nicht den Charakter eines zwischenstaatlichen Abkommens hat». Beauftragte des Ministerrats und des Senats vereinbaren eine ähnliche Regelung wie im Vorjahr, jedoch werden die Besuchszeiträume ausgeweitet. Im ersten Zeitraum vom 30. Oktober bis 14. November werden 571 000 Passierscheine für West-Berliner ausgestellt, zwischen dem 19. Dezember 1964 und dem 3. Januar 1965 sind es 823 500. Am 5. Februar 1965 werden die genauen Besuchszeiträume für Ostern und Pfingsten 1965 festgelegt. Vom 12. bis 25. April 1965 reisen 581 500, vom 31. Mai bis 13. Juni 1965 498 500 West-Berliner nach Ost-Berlin.

26. bis 28. Oktober: Die Ministerpräsidenten der Bundesländer einigen sich auf eine weitere Vereinheitlichung des Schulwesens. Als erster Schritt wird der einheitliche Beginn des Schuljahres am 1. August vereinbart. Diese Regelung soll zum 1. August 1967 wirksam werden. Die Bundesländer können entscheiden, ob sie im Zeitraum vom 1. April 1966 bis zum 31. Juli 1967 zwei «Kurzschuljahre» oder ein doppelzähliges «Langschuljahr» einführen.

1. November: Der CDU-Vorsitzende Konrad Adenauer beginnt heftige Angriffe auf die Innen- und Außenpolitik der Bundesregierung unter Bundeskanzler Ludwig Erhard (CDU). Unter dem Titel «So schafft es Erhard nicht!» bringt *Bild am Sonntag* ein Interview mit Adenauer: «Das deutsche Volk verlangt eine klare Politik und eine klare Führung. Wenn die ihm nicht geboten wird, dann ist es unzufrieden. Das deutsche Volk zieht auch eine Klarheit, die hart ist, einer Unklarheit vor, die weich erscheint.»

3. November: Der amtierende US-Präsident Lyndon B. Johnson wird mit überwältigender Mehrheit gegen seinen Konkurrenten Barry Goldwater zum neuen Präsidenten gewählt.

13. November: Die Bundesregierung veröffentlicht einen «Europa-Plan» mit dem Vorschlag, aus der EWG in zwei Phasen eine Europäische Politische Union zu bilden, die eine gemeinsame Außen-, Verteidigungs- und Kulturpolitik betreibt.

28. November: Aus den Resten der *Deutschen Reichspartei* (DRP) wird in Hannover die *National-Demokratische Partei Deutschlands* (NPD) gegründet. Ihre Führer sind der ehemalige DRP-Funktionär Fritz Thielen und der DRP-Funktionär Adolf von Thadden. Gespeist von den Opfern der Rezession und Ressentiments gegen alles «Linke» zieht die neonazistische Partei bald in viele Landtage ein: Im November 1966 in Hessen und in Bayern, im April 1967 in Rheinland-Pfalz und Schleswig-Holstein, im Juni 1967 in Niedersachsen, im Oktober 1967 in Bremen, im April 1968 in Baden-Württemberg. Die Stimmenanteile der NPD liegen zwischen 5,8 Prozent in Schleswig-Holstein und 9,8 Prozent in Baden-Württemberg. Der Aufstieg der NPD, die sich erst im November 1967 ein offizielles Programm gibt, sorgt im In- und Ausland für Beunruhigung.

15. bis 17. Dezember: Auf der Tagung des NATO-Ministerrats in Paris wirbt Außenminister Gerhard Schröder (CDU) noch für die multilaterale Atomstreitmacht (MLF) und die deutsche Teilnahme daran, obgleich republik mit der Ziffer «0» vor der Postleitzahl versehen werden. Bei Sendungen von der Bundesrepublik in die DDR rät die Deutsche Bundespost, ein «X» vor die Postleitzahl zu setzen.

6. Oktober: Aus Anlaß des bevorstehenden 15. Jahrestages der Gründung der DDR verkündet Walter Ulbricht auf dem heutigen Staatsakt eine Amnestie für etwa 10000 kriminelle wie politische Strafgefangene. Einige der bekanntesten Freigelassenen: Georg Dertinger (CDU), Heinz Brandt (Gewerkschafter der westdeutschen IG Metall), Wolfgang Harich und Erich Loest. Die Amnestie ist mit erheblichen finanziellen Leistungen der Bundesrepublik verbunden, doch wird dies ebenso wie beim Freikauf von beiden Seiten dementiert.

10. bis 24. Oktober: Bei den Olympischen Sommerspielen in Tokio tritt letztmals eine gesamtdeutsche Mannschaft an. Sie belegt in der inoffiziellen Nationenwertung mit zehn Gold-, 22 Silber- und 18 Bronzemedaillen den vierten Rang.

14. Oktober: Überraschend wird in Moskau Nikita Chruschtschow vollständig entmachtet, vorgeblich aus gesundheitlichen Gründen. Er wird zur Unperson erklärt und muß bis zu seinem Tode am 11. September 1971 zurückgezogen als Pensionär leben. Die, die ihn stürzen und ihm nachfolgen, verdanken ihren Aufstieg allesamt Chruschtschow: Neuer erster Sekretär des ZK der KPdSU wird Leonid Breschnew (ab 1966 läßt er sich wieder Generalsekretär nennen), neuer Vorsitzender des Ministerrates wird Alexej Kossygin. Zu der neuen «kollektiven Führung» gehören noch Nikolai Podgorny, der am 9. Dezember 1965 Anastas Mikojan als Vorsitzender des Obersten Sowjets und damit als Staatsoberhaupt ablöst, und der Chefideologe der Partei, Michail Suslow. Erst am 17. Oktober wird in der *Prawda* eine politische Abrechnung veröffentlicht, die Chruschtschow Subjektivismus und Hang zum Bürokratismus, Phantasterei und Personenkult vorwirft.

Das überraschte Politbüro der SED versagt erstmals einem Moskauer Machtwechsel die sofortige und bedingungslose Zustimmung. Angesichts der in letzter Zeit engen Zusammenarbeit von Walter Ulbricht mit Chruschtschow veröffentlicht das Politbüro vielmehr eine bedauernde Erklärung.

Der Moskauer Machtwechsel führt zu einer Kuriosität im Weltall. Auf Anordnung der Führung unter Chruschtschow, die neue Belege für die Überlegenheit des sowjetischen Systems wünscht, muß erstmals ein Raumflug mit drei Personen absolviert werden. So zwängen sich drei Kosmonauten in die eigentlich einsitzige «Woschod-1»-Kapsel. Zum Start am 12. Oktober erhalten sie eine Grußbotschaft noch von Chruschtschow, nach der Landung am 13. Oktober werden sie von der neuen Führung um Breschnew beglückwünscht.

16. Oktober: China zündet seine erste Atombombe. Das Projekt wird «596» genannt – nach dem Zeitpunkt, als Nikita Chruschtschow der chinesischen Führung im Juni 1959 mitteilte, die Sowjetunion würde China nicht, wie zugesagt, Prototyp und Fertigungswissen der Atombombe übergeben.

5. bis 11. November: Eine Delegation unter Walter Ulbricht und Willi Stoph besucht zur Feier des 47. Jahrestages der Oktoberrevolution Moskau und trifft mit der neuen Führung der KPdSU zusammen.

24. November: Durch den Mauerbau werden etwa 4000 Kinder in der DDR von ihren Eltern, die sich in der Bundesrepublik aufhalten und nicht zurückkehren oder dorthin flüchten, getrennt. Etwa 2500 dieser Kinder leben in Kinderheimen, etwa 1500 bei Verwandten oder Bekannten. Auf Bemühungen die USA und Großbritannien von dem Vorhaben bereits abzurücken beginnen und Frankreich es ablehnt. Im Februar 1966 verschwinden die MLF, von deren bundesdeutscher Beteiligung sich Schröder ein engeres Verhältnis zu den USA und damit größere politische Bewegungsfreiheit in Europa erhoffte, in der politischen Versenkung. Die Sowjetunion greift die MLF wegen der vorgesehenen bundesdeutschen Mitverfügung über Atomwaffen heftig an. Während der Tagung wird in der westdeutschen Presse von Überlegungen der Bundesregierung berichtet, die Grenze zur DDR und Tschechoslowakei mit einem Gürtel von Atomminen zu sichern. Diese Erwägungen habe die Bundesregierung dem NATO-Ministerrat vorgetragen. In der Presse wird heftige Kritik geübt, die Bevölkerung in dem betroffenen «Zonenrandgebiet» zeigt sich beunruhigt.

der Bundesregierung werden viele dieser Kinder nun mit ihren Familien zusammengeführt. Heute unterzeichnet die Volksbildungsministerin Margot Honecker (SED) eine «Vereinbarung zur Zuführung von Kindern aus Kinderheimen der DDR zu ihren republikflüchtigen Eltern». Darin wird für die Ausreise bestimmt, «daß diese Kinder körperliche oder geistige Gebrechen besitzen; an chronischen Erkrankungen leiden; Hilfsschüler sind oder erhebliche Erziehungsschwierigkeiten bereiten, die das Heimkollektiv gefährden und von denen eine positive Entwicklung nicht zu erwarten ist». Für die Ausreise dieser Kinder verlangt die DDR keinerlei Gegenleistung.

25. November: Im Einvernehmen mit Nikita Chruschtschow sendet die DDR während der Jahre 1963 und 1964 zahlreiche Signale an die Bundesrepublik, die für eine Bereitschaft zur Normalisierung und Entspannung stehen. Mit dem Sturz Chruschtschows endet diese Phase, die neue Moskauer Führung stellt die Zeichen wieder auf Konfrontation. Als erste Maßnahme der härteren Linie führt die DDR mit Wirkung ab dem 1. Dezember einen sogenannten Mindestumtausch ein, einen Zwangsumtausch für Besucher aus der Bundesrepublik, West-Berlin und dem nichtsozialistischen Ausland. West-Berliner müssen pro Kopf und Besuchstag drei DM, Bundesbürger und Ausländer fünf DM im Verhältnis 1:1 in «Mark der Deutschen Notenbank» eintauschen. Rentner und Kinder sind von dieser Regelung ausgenommen.

28. bis 31. Dezember: Die Volkszählung ergibt für die DDR einschließlich Ost-Berlin eine Bevölkerung von 17003600 Menschen. Damit hat sich die Einwohnerzahl gegenüber der letzten Volkszählung von 1950 um mehr als 1,3 Millionen Menschen verringert.

31. Dezember: In seiner Neujahrsansprache erklärt Walter Ulbricht (SED) die veränderte Haltung der DDR: «Wir machen uns keine Illusionen. Wir wissen, daß die in Westdeutschland herrschenden Kreise sich freiwillig keiner friedfertigen und den nationalen Interessen dienenden Politik zuwenden werden.» In der Konsequenz gibt die DDR keine Zugeständnisse mehr an die CDU-geführte Bundesregierung, sondern verlangt Regierungsverhandlungen über alle Fragen. Zudem bemüht sie sich um Kontakte und Kooperationen mit der SPD und den Gewerkschaften in der Bundesrepublik, in der Hoffnung, eine Front der Arbeiterparteien könnte das gesellschaftliche System der Bundesrepublik verändern. Und schließlich versucht sie, die «Hallstein-Doktrin» zu demontieren. Ulbricht erneuert seinen Vorschlag vom 27. Dezember über «Maßnahmen der Humanisierung», die neben Rüstungsbegrenzungen die Herstellung normaler Beziehungen nicht nur zwischen der DDR und der Bundesrepublik, sondern auch zwischen der DDR und West-Berlin vorsehen. Zudem sollen gegenseitige Handelsvertretungen geschaffen werden.

1965

Formierte Gesellschaft

Was die Gewerkschaften seit 1952 fordern, kann erstmals in einem Tarifvertrag festgeschrieben werden. Die Schuhindustrie beginnt mit der Einführung der 40-Stunden-Woche. Während sich die Arbeitnehmer noch über den seit Gründung der Bundesrepublik ungebrochenen Fortschritt freuen, stellen sich erste, deutliche Krisenanzeichen ein. Der Vater des Wirtschaftswunders setzt indes auf sein Erfolgsrezept. Bundeskanzler Ludwig Erhard (CDU) versucht, den Staat aus der Wirtschaft heraushalten. Statt politisch zu handeln, verteilt er Appelle und prägt das ungenaue Schlagwort von der «formierten Gesellschaft», aus dem seine Anhänger und Gegner exakt Gegensätzliches herauslesen.

14. Januar: Der Vorsitzende und außenpolitische Sprecher der SPD-Fraktion, Fritz Erler, schlägt in West-Berlin direkte deutsch-polnische Vorgespräche über eine Grenzregelung vor. Denn jedes deutsche Revisionsverlangen könne leicht eine geschlossene Front aller anderen Länder gegen die deutsche Einheit bewirken. Tags darauf wird Erler von der Bundesregierung kritisiert, weil seine Äußerungen eine «Verzichtsmöglichkeit» enthielten. Auch die SPD setzt sich ab, die einseitige Grenzziehung an Oder und Neiße und die damit verbundene Annexion deutschen Gebietes wird als nicht rechtsverbindlich bezeichnet. Im Gegensatz zu den Parteien greifen weite Teile der Öffentlichkeit, die die deutsche Einheit durch Liquidierung oder Isolierung der DDR nicht für erreichbar halten, Erlers Bemerkungen als Schritt in die richtige Richtung auf.

18. Januar: In einer Rundfunkansprache fordert Bundestagspräsident Eugen Gerstenmaier (CDU) eine weitere Perspektive als die der Wiedervereinigung: «Die Vorstellung über die geschichtlichen Ziele und Aufgaben Deutschlands haben sich ebenso gewandelt wie die Ziele von ehedem. Aber indem wir dazu mit Bewußtsein ja sagen, ist es uns verstattet, auch ja zu sagen zu der Wiederherstellung des Deutschen Reiches.»

25. Januar: Der SPD-Vorstand legt ein Memorandum zur Deutschland- und Ostpolitik vor, das Willy Brandt bereits im Mai 1964

1965

Erste Anerkennung

Verzweifelt sucht die DDR internationale Anerkennung zu erlangen. Im Jahr, da ihr in dieser Hinsicht ein Durchbruch gelingt, sperrt sie sich vehement gegen die Anerkennung der inneren Verhältnisse in der DDR. Erstmals zeigt ein Film das Arbeitsleben nicht, wie es sein sollte, sondern wie es wirklich ist. Im Jahr zuvor hat Erik Neutsch seinen allseits anerkannten Roman «Spur der Steine» veröffentlicht, den Frank Beyer nun verfilmt. Der beliebte Schauspieler Manfred Krug stapft als unbequemer, fast anarchistischer Brigadier Balla so glaubhaft über seine gar nicht planmäßig arbeitenden Baustellen, daß die SED die ersten Aufführungen niederschreien läßt und den Film dann verbietet.

Januar: Das *Institut für Meinungsforschung beim ZK der SED* nimmt seine Arbeit auf. Im Zusammenhang mit der Anerkennung und Entwicklung einer empirisch orientierten Soziologie läßt die SED-Führung Umfragen über die Stimmung der Bevölkerung wie über das Ansehen einzelner Spitzenfunktionäre durchführen. Die Ergebnisse werden geheimgehalten. Nur ein einziges Mal wurden aus der Arbeit dieses Instituts praktische Konsequenzen gezogen. Als Soldaten der NVA ihre Offiziere extrem negativ beurteilen, wird nach geeigneteren Kadern gesucht.

11. und 12. Februar: Das ZK der SED veröffentlicht ein «Manifest an das deutsche Volk und die Völker und Regierungen der Welt». Am 5. Mai stimmen die Volkskammer, der Staatsrat, der Ministerrat und der Nationalrat der Nationalen Front dem Manifest zu. Vor der Volkskammer bestimmt Walter Ulbricht (SED) «Die nationale Mission der Deutschen Demokratischen Republik und der Friedenskräfte Westdeutschlands» so, daß ein wiedervereinigtes Deutschland nur noch als ein sozialistisches Deutschland möglich sei.

24. Februar bis 2. März: Walter Ulbricht (SED) gelingt es erstmals, die weltpolitische Isolierung der DDR zu durchbrechen. Alle Bemühungen der Bundesregierung können nicht verhindern, daß die DDR einen bedeutsamen Schritt auf dem Weg zur internationalen Anerkennung vollzieht. Als er-

Demonstration in Berlin gegen die Verjährung von NS-Verbrechen

der US-Regierung vorstellt und im August 1964 schriftlich präsentiert. Weil die Inhalte von der Politik der Bundesregierung abweichen, ist das Memorandum bisher nicht veröffentlicht worden. Leitsatz ist, nicht auf die große Chance zur Wiedervereinigung zu warten, sondern alle außerpolitischen Chancen einer Zusammenarbeit mit den osteuropäischen Staaten einschließlich der DDR zu nutzen, um so eine Lösung der politischen Fragen vorzubereiten.

2. Februar: An der West-Berliner FU findet die erste kritische Informationsveranstaltung des SDS zum Vietnamkrieg statt.

7. Februar: Ägypten droht der Bundesrepublik mit dem Abbruch der diplomatischen Beziehungen, falls Bonn Israel weiter mit Waffenlieferungen unterstütze. Eine heftige Kontroverse beginnt. Die Bundesregierung stellt am 12. Februar Waffenlieferungen in Spannungsgebiete ein und kündigt am 15. Februar die Einstellung der Wirtschaftshilfe für Ägypten an, falls Kairo wie vorgesehen Walter Ulbricht empfangen werde. Als Ulbricht vom 24. Februar bis zum 2. März mit allen Ehren für ein Staatsoberhaupt in Ägypten empfangen wird, stellt die Bundesrepublik die Wirtschaftshilfe ein und nimmt diplomatische Beziehungen mit Israel auf.

12. Februar: Der Bundestag verabschiedet ein neues Ausländergesetz, das das Auslänstes nichtsozialistisches Land empfängt Ägypten Ulbricht mit allen Ehren eines Staatsoberhauptes. Zwar erkennt Kairo die DDR nicht diplomatisch an, dies geschieht erst am 10. Juli 1969, doch die mit dem Empfang vollzogene politische Anerkennung ist von weitreichender Bedeutung. Ägyptens Staatspräsident Gamal Abdel Nasser ist der charismatische Führer der arabischen Welt und einer der herausragenden Politiker in der Bewegung der *Blockfreien*. Ulbrichts Visite bahnt der DDR den Weg zu Kontakten mit zahlreichen Staaten Afrikas und Asiens.

25. Februar: Die Volkskammer verabschiedet das «Gesetz über das einheitliche sozialistische Bildungssystem», mit dem eine geschlossene Struktur von der Vorschulerziehung bis zum Hochschulwesen geschaffen wird. Jedem Bürger wird das gleiche Recht auf Bildung gewährt, der Gesellschaft wird die Pflicht zur Bildung auferlegt. Als Ziel gelten die «allseitig und harmonisch entwickelten sozialistischen Persönlichkeiten, die bewußt das gesellschaftliche Leben gestalten, die Natur verändern und ein erfülltes, glückliches, menschenwürdiges Leben führen». Kinder, Jugendliche und Erwachsene sollen befähigt werden, «die technische Revolution zu meistern und an der Entwicklung der sozialistischen Demokratie mitzuwirken». Die verschiedenen Stufen des Bildungssystems sollen deshalb eine moderne Allgemeinbildung, eine hohe Spezialbildung als auch «Charakterzüge im Sinne der sozialistischen Moral» vermitteln. Um vor allem die Ausrichtung auf den jeweiligen Kurs der SED-Führung zu sichern, ist bereits seit 1964 das Fach «Staatsbürgerkunde» (im Volksmund «Stabü») für die Klassen 9 bis 12 obligatorisch.

Als Einrichtungen des «einheitlichen sozialistischen Bildungssystems» gelten die nicht obligatorischen Stätten der Vorschulerziehung (Kinderkrippen und Kindergärten), die zehnklassige allgemeinbildende polytechnische Oberschule (POS), die Möglichkeiten zur Berufsausbildung, die Abiturstufe (hier vor allem die Erweiterte Oberschule, EOS), die Ingenieur- und Fachschulen, die Hochschulen und Universitäten sowie die Aus- und Weiterbildung für Erwachsene. Während die POS als bewußt geschaffener Gegensatz zum gegliederten Schulwesen der Bundesrepublik eine Gesamtschule darstellt, die alle Schüler umfaßt, ist der Zugang zur EOS sowie zu den Hochschulen starken Beschränkungen unterworfen. Neben dem erwarteten Bedarf in Wirtschaft und Gesellschaft entscheiden die gegebenen Kapazitäten, aber auch politisch-ideologische Zuverlässigkeit über den Aufstieg des einzelnen.

12. bis 16. März: Erstmals muß die Synode der evangelischen Kirche Berlin-Brandenburg getrennt tagen, weil den Synodalen aus West-Berlin die Einreise verweigert wird. Sowohl in Weißensee als auch in Spandau wird der gleiche Bericht der Kirchenleitung verlesen, beide Teilsynoden bekräftigen die Einheit ihrer Landeskirche.

16. bis 20. März: Bei einem Besuch Großbritanniens äußert der sowjetische Außenminister Andrej Gromyko die Ansicht seiner Führung, die Wiedervereinigung Deutschlands sei nicht mehr möglich, da sich beide Staaten schon zu unähnlich geworden seien.

18. März: Abermals vollführt die Sowjetunion eine «Großtat» in der Raumfahrt. Der Kosmonaut Alexej Leonow steigt als erster Mensch zu einem «Weltraumspaziergang» aus seinem Raumschiff «Woschod 2» aus.

7. April: Bei der Internationalen Farbfernsehkonferenz in Wien entscheiden sich alle Länder Osteuropas sowie Griechenland, Luxemburg, Monaco und Spanien für das fran-

Sowjetische Düsenjäger über der Berliner Kongreßhalle während der Bundestagssitzung am 7. April

derrecht in einem einzigen Gesetz zusammenfaßt. Es garantiert in der Bundesrepublik lebenden Ausländern alle Grundrechte.

10. März: Bundesjustizminister Ewald Bucher (FDP) berichtet dem Bundestag, ob bei allen Naziverbrechen die Verjährung unterbrochen ist, die aufgrund der bestehenden Gesetze am 8. Mai 1965 eintreten würde. Etwa 80000 Deutsche sind von deutschen, ausländischen und alliierten Gerichten bisher wegen Kriegs- oder Naziverbrechen verurteilt, davon 5000 bis 1949 in den Westzonen und 6000 ab 1949 in der Bundesrepublik. In der Mehrzahl der noch anhängigen Verfahren sei die Verjährung bereits unterbrochen oder bis zum Stichtag leicht zu unterbrechen. Bucher kann jedoch nicht ausschließen, daß nach dem 8. Mai 1965 «noch bisher unbekannte Taten von Bedeutung oder unbekannte Beschuldigungen von Rang bekannt würden». Dennoch bleibt die Bundesregierung bei ihrer Haltung, die Verjährung eintreten zu lassen.

Nach heftigem Druck aus dem In- und Ausland verabschiedet der Bundestag am 25. März einen Kompromiß, der den Beginn der Verjährung vom 8. Mai 1945 auf den 1. Januar 1950 verschiebt, weil deutsche Gerichte während der Besatzungszeit kaum Strafverfolgung von Naziverbrechen betreiben konnten. Die FDP stimmt dagegen, weil sie verfassungsrechtliche Bedenken gegen die faktisch rückwirkende Verlängerung der Verjährungsfrist hegt. Am 26. März tritt zösische SECAM-System. Damit wird auch die DDR dieses System verwenden – im Gegensatz zur Bundesrepublik, die ihr selbst entwickeltes PAL-System einsetzt. Erste Farbfernsehsendungen werden ab dem 3. Oktober 1969 ausgestrahlt.

26. bis 28. April: Vor dem ZK der SED erhebt Walter Ulbricht die Forderung von 120 Milliarden Mark Schadenersatz an die Bundesrepublik. Diesen Betrag errechnet er «aus den Reparationen, die die DDR für ganz Deutschland geleistet hat, unseren Verlusten an Nationaleinkommen durch Produktionsausfall, durch den gesellschaftlichen Aufwand für den Unterhalt, die Erziehung und die Ausbildung der abgeworbenen Kader, durch Grenzgängerei in West-Berlin, durch den Schwindelkurs und den Schmuggel nach West-Berlin sowie einige andere Verluste. Selbstverständlich fordern wir von der Bundesrepublik die Begleichung dieser Schulden an die DDR. Der uns zugefügte Verlust an Nationaleinkommen entspricht etwa der Summe der Investitionen, die wir in den Jahren von 1950 bis 1961 in unsere Volkswirtschaft hineingesteckt haben. Stellt euch vor, wie unsere Volkswirtschaft heute aussähe, wenn wir diese Summe von rund 120 Milliarden Mark zusätzlich investiert hätten.» Zwar wiederholt Ulbricht seine «Humanisierungs»-Vorschläge vom Dezember 1964, doch führt die Forderung nach Schadenersatz zu einer Verschärfung der deutsch-deutschen Spannungen.

8. bis 13. Juni: Die DDR erzielt einen weiteren außenpolitischen Erfolg. Der jugoslawische Staatschef Josip Tito, einer der Führer der Bewegung der *Blockfreien,* besucht die Republik.

24. Juni: Aus Gesundheitsgründen tritt der ohnehin einflußlose Lothar Bolz (NDPD) als Außenminister zurück. Sein Nachfolger wird Otto Winzer (SED), seit 1956 stellvertretender Außenminister.

Tito (rechts) und Ulbricht am 12. Juni 1965 in der Kongreßhalle am Alexanderplatz

14. Juli: Die DDR schließt in Moskau mit der Sowjetunion ein Abkommen über die Zusammenarbeit beim Bau von Atomkraftwerken in der DDR.

1. August: In einer Rundfunk- und Fernsehansprache erklärt Walter Ulbricht (SED), ein Sieg der CDU / CSU bei den bevorstehenden Bundestagswahlen werde die Wiedervereinigung «auf unabsehbare Zeit verhindern». Dennoch zeigt er sich bereit, mit einem neuen Bundeskanzler über die Wiedervereinigung zu verhandeln. Er schlägt zudem die Bildung einer gemeinsamen Wirtschaftskommission vor.

August: Im *Neuen Deutschland* wird erstmals die absolute Zahl der von 1950 bis 1964 errichteten Wohnungen genannt, bisher erfuhr die Öffentlichkeit einzig die Steigerungsraten. Danach wurden in diesem Zeitraum nur 800000 Wohnungen neu gebaut. (In der Bundesrepublik einschließlich West-Berlin wurden von 1949 bis 1962 7,1 Milliodeshalb Justizminister Bucher zurück, sein Nachfolger wird Karl Weber (CDU).

7. April: Der Bundestag hält nach achtjähriger Unterbrechung seine fünfte und letzte Plenarsitzung in West-Berlin ab, unter heftigen Protesten von Sowjetunion und DDR. Während der Sitzung donnern sowjetische Kampfflugzeuge im Tiefflug über die Kongreßhalle hinweg, zudem werden durch Manöver und schleppende Abfertigung erhebliche Störungen auf den Transitwegen hervorgerufen. Danach gestatten die Westalliierten nur noch Ausschuß- und Fraktionssitzungen des Bundestages in West-Berlin.

Mai: Das Bundesfinanzministerium legt eine Übersicht über die Nachkriegslasten der Bundesrepublik vor. Danach wurden bisher insgesamt 347,3 Milliarden DM aufgebracht: 140,8 Milliarden DM für Kriegsfolgekosten, 73 Milliarden DM für sonstige Aufwendungen der öffentlichen Verwaltung, 49 Milliarden DM für Besatzungs- und Besatzungsfolgekosten, 41,8 Milliarden DM für sonstige Kriegsfolgelasten und 28,6 Milliarden DM für Wiedergutmachungsleistungen.

7. Mai: Zum zwanzigsten Jahrestag des Kriegsendes hält US-Präsident Lyndon B. Johnson eine Fernsehansprache. Er fordert: «Wir müssen die langsame Erosion des Eisernen Vorhangs beschleunigen.» Zur deutschen Frage führt er aus: «Die Schande der Ostzone muß beendet werden. Sie ist für niemanden von echtem Interesse. Wir müssen die Deutschen frei machen, dabei aber den geschichtsträchtigen Besorgnissen gerecht werden, die alle verstehen.»

12. Mai: In Bonn wird nach ersten Vorankündigungen vom März bekanntgegeben, daß am nächsten Tag diplomatische Beziehungen zwischen der Bundesrepublik und Israel aufgenommen werden. Aus Protest gegen diesen Schritt schließen Ägypten, Irak, Syrien, Saudi-Arabien, Jordanien, der Libanon und der Sudan ihre Botschaften in Bonn.

18. bis 28. Mai: Unter jubelnder Begeisterung der Bevölkerung besucht die britische Königin Elisabeth II. erstmals die Bundesrepublik und West-Berlin. Nach einem halben Jahrhundert der Konfrontation symbolisiert dieser Besuch eine wieder begonnene Freundschaft, aufgrund deren die Bundesrepublik Großbritanniens Teilnahme an der europäischen Einigung befürwortet.

28. Mai: Erstmals treten Studenten in einen Streik. An der West-Berliner FU protestieren Hunderte Studenten und Assistenten gegen ein Redeverbot für den Schriftsteller Erich Kuby.

21. Juni: Die Verlängerung des zweiten Passierscheinabkommens für ein weiteres Jahr scheitert an der DDR, die als Grund nennt, der Regierende Bürgermeister Willy Brandt (SPD) habe ein Schreiben von Willi Stoph (SED) nicht beantwortet.

24. Juni: Seit Ende 1962 gewinnt die außerparlamentarische Opposition gegen die Notstandsgesetze an Bedeutung. Zu den Gewerkschaften gesellen sich bald auch Intellektuelle und studentische Organisationen. Im Mai 1965 verabreden der SDS, der SHB und der *Liberale Studentenbund Deutschlands* (LSD) ein gemeinsames Vorgehen. Breite Protestaktionen und Demonstrationen begleiten die Debatten im Bundestag. Der gemeinsame Druck vor allem auf die SPD zeigt heute, die Wahlen sind nicht allzu fern, einen ersten Erfolg: In zweiter Lesung scheitert die Grundgesetzänderung zugunsten der Notstandsverfassung im Bundestag am Nein der SPD-Abgeordneten. Dagegen werden mehrere «einfache Notstandsgesetze», zu deren Verabschiedung die einfache Mehrheit reicht, teils mit der, teils gegen die SPD angenommen. So wird ein «Zivilnen Wohnungen gebaut.) Damit müssen zahllose Menschen weiterhin in katastrophalen Wohnverhältnissen leben. Ein- oder Zwei-Raum-Wohnungen herrschen vor, die völlig ungenügend instand gehaltenen Altbauten kennen weder Zentralheizung noch Innentoilette, die meisten Wohnungen verfügen nicht über Dusche oder Bad. 1983 urteilt der Historiker Jürgen Kuczynski (SED): «Wieviel Unglück brachte vielen Familien bei uns eine Wirtschaftspolitik, die den Wohnungsbau zeitweise sträflich vernachlässigte.»

17. bis 28. September: Eine Delegation unter Walter Ulbricht (SED) besucht die Sowjetunion. Entgegen den Überlegungen von Erich Apel, im Politbüro der SED für Wirtschaftsfragen verantwortlich und Vorsitzender der Staatlichen Plankommission, der die DDR-Wirtschaft auch auf den Westen und damit den Weltmarkt ausrichten will, sieht Ulbricht darin ein zu großes politisches Risiko und stellt die Weichen für eine enge Verflechtung mit der sowjetischen Wirtschaft. In Moskau wird die Bildung einer «Paritätischen Regierungskommission für ökonomische und wissenschaftlich-technische Zusammenarbeit» vereinbart. Sie nimmt im März 1966 ihre Arbeit auf. Dieses zentrale Gremium koordiniert und lenkt fortan die wirtschaftliche und technische Kooperation beider Länder.

5. Oktober: An der Ost-Berliner *Volksbühne* wird die Komödie «Moritz Tassow» von Peter Hacks unter der Regie von Benno Besson uraufgeführt. Auf der Tagung des ZK der SED im Dezember 1965 bezeichnet der Schriftsteller Helmut Sakowski, Kandidat des ZK, dieses Bodenreform-Stück als rüpelhafte Obszönität. Heftig greift er alle an, die sich für diese «Pornographie von europäischem Rang» einsetzen.

8. Oktober: Der DDR gelingt ein weiterer Durchbruch auf internationaler Ebene. Auf Antrag des NOK der DDR beschließt das IOC in Madrid, künftig eine eigene Olympiamannschaft der DDR zuzulassen.

Bei den Olympischen Spielen des Jahres 1968 in Grenoble und Mexico City gelten jedoch noch gesamtdeutsche Protokollvorschriften. Beide deutschen Teams müssen unter der schwarz-rot-goldenen Flagge mit Olympia-Emblem und bei Beethovens «Hymne an die Freude» einmarschieren.

10. Oktober: Bei den Wahlen zu den örtlichen Volksvertretungen wird erstmals eine Neuerung wirksam, die die Volkskammer mit dem Gesetz für die Kommunalwahlen im Juni 1965 einführt. Auf den Einheitslisten dürfen Kandidaten ausgewählt werden, nur Bewerber mit mehr als 50 Prozent Zustimmung sind danach gewählt. Es sind jedoch mehrere Einschränkungen eingebaut, und die «offene» Stimmabgabe bleibt vielerorts obligatorisch. So werden 186 107 Abgeordnete gewählt – und ganze zwei abgelehnt.

16. bis 22. Oktober: «Das bedeutendste Manöver, das bisher auf deutschem Boden» stattfindet, lobt Walter Ulbricht (SED) in Thüringen. Truppen der DDR, der Sowjetunion, Polens und der Tschechoslowakei üben im gemeinsamen Manöver «Oktobersturm» die Abwehr eines Angriffs: «Die Manöverleitung geht von der Annahme aus, daß Bundeswehrverbände die DDR überfallen.» Auch der Einsatz atomarer Sprengkörper wird angenommen: «Truppen der Warschauer Vertragsstaaten antworten mit Kernwaffen mächtigerer Kaliber in größerer Zahl, danach treten Panzer und Mot.-Schützen zur Offensive an und vernichten den Aggressor auf seinem eigenen Territorium. Sie werden indirekt durch demokratische Kräfte Westdeutschlands unterstützt, die u. a. die Zerstörung von Brücken verhindern.»

schutzcorps» geschaffen, und Bauherren werden zur Errichtung von Schutzräumen verpflichtet – diese Gesetze werden jedoch durch das Haushaltssicherungsgesetz vom 20. Dezember suspendiert.

9. Juli: Auf dem Wirtschaftstag seiner Partei in Düsseldorf beschimpft Bundeskanzler Ludwig Erhard (CDU) in bezeichnendem Jargon Intellektuelle, die sich in die Politik einmischen. Ende Mai veröffentlichen 25 Autoren, darunter Rolf Hochhuth und Martin Walser, das Buch «Plädoyer für eine neue Regierung». Erhard dazu: «Neuerdings ist es ja Mode, daß die Dichter unter die Sozialpolitiker und Sozialkritiker gegangen sind. Wenn sie das tun, das ist natürlich ihr gutes demokratisches Recht, dann müssen sie sich aber auch gefallen lassen, so angesprochen zu werden, wie sie es verdienen, nämlich als Banausen und Nichtskönner, die über Dinge urteilen, von denen sie einfach nichts verstehen. Ich habe keine Lust, mich mit Herrn Hochhuth zu unterhalten über Wirtschafts- und Sozialpolitik, um das einmal ganz deutlich zu sagen und das Kind beim Namen zu nennen. Ich würde mir auch nicht anmaßen, Herrn Professor Heisenberg gute Lehren über Kernphysik zu erteilen. Ich meine, das ist alles dummes Zeug. Die sprechen von Dingen, von denen sie keine Ahnung haben. Sie begeben sich auf die Ebene eines Parteifunktionärs und wollen doch mit dem hohen Grad eines Dichters ernst genommen werden. Nein, so haben wir nicht gewettet. Da hört der Dichter auf, da fängt der ganz kleine Pinscher an.»

15. Juli: Vertreter des Bundes und der Länder unterzeichnen das Abkommen über die Gründung eines «Bildungsrates», der die notwendigen Reformen im Bildungswesen koordinieren und vorantreiben soll.

15. September: Beim Konzert der *Rolling Stones* in der West-Berliner Waldbühne kommt es zu schweren Krawallen. 87 Personen werden verletzt, 85 von der Polizei festgenommen, der Sachschaden beträgt mehrere Hunderttausend DM, die Waldbühne wird ramponiert. Nach dem Konzert werden siebzehn Züge der von der Deutschen Reichsbahn der DDR betriebenen S-Bahn teilweise schwer demoliert.

19. September: Bei den Wahlen zum fünften Deutschen Bundestag steht erstmals die Innenpolitik im Mittelpunkt. Der Wahlkampf wird vergleichsweise zurückhaltend geführt. Sieger wird die CDU/CSU («Es geht um Deutschland») mit 47,6 Prozent der Stimmen, unter Ludwig Erhards Führung wird das letzte Adenauer-Ergebnis noch verbessert. Die SPD («Sicher ist sicher – darum SPD») gewinnt zwar auf Kosten der FDP drei Prozent hinzu, erreicht aber nur 39,3 Prozent. Gegenüber den letzten Wahlen verliert die FDP, zieht aber mit 9,5 Prozent ungefährdet in den Bundestag ein.

20. bis 27. September: Unter Leitung des Staatssekretärs im Auswärtigen Amt, Karl Carstens (CDU), besucht eine offizielle Delegation Moskau. Er führt Gespräche über die Beziehungen beider Länder.

22. September: Der SPD-Vorsitzende und Kanzlerkandidat Willy Brandt zieht die Konsequenzen aus der Wahlniederlage. Er nimmt sein Bundestagsmandat nicht an, bleibt aber Parteivorsitzender und Regierender Bürgermeister von Berlin.

23. September: In West-Berlin werden fünf Gammler festgenommen, weil sie «Jesus war der erste Gammler» an die Wand der Gedächtniskirche schreiben.

14. Oktober: Der Rat der EKD veröffentlicht seine Denkschrift über «Die Lage der Vertriebenen und das Verhältnis des deutschen Volkes zu seinen östlichen Nachbarn». Nach einer ausführlichen Bestandsaufnahme gelangt die EKD zur Schlußfolgerung: «Eine volle Wiederherstellung des

19. Oktober: Das Schauspiel «Die Ermittlung – Oratorium in 11 Gesängen» von Peter Weiss erlebt eine Ringuraufführung an sechzehn Bühnen der DDR und der Bundesrepublik. In der DDR wird es in Ost-Berlin, Dresden, Rostock, Gera, Potsdam, Weimar, Erfurt, Leuna, Neustrelitz, Cottbus und Meinungen, in der Bundesrepublik unter anderem in Köln, Essen, München sowie in West-Berlin geboten.

29. Oktober: In der Hamburger Wochenzeitung *Die Zeit* erscheint der Aufsatz «Die Langeweile von Minsk», den der Autor Stefan Heym zuvor in mehreren ausländischen Zeitschriften publiziert. Der Titel nimmt Brechts Satz auf, es werde in der Sowjetunion erst dann bedeutende Literatur geben, wenn dort ein Roman mit den Worten beginne, Minsk sei eine der langweiligsten Städte der Welt. In der Sowjetunion sei dieser Fortschritt erreicht, doch für die DDR-Literatur konstatiert Heym mehr oder weniger deutlich deren Zurückbleiben.

6. November: Einige hundert «Bausoldaten» werden jährlich registriert und zum Teil zum «Baudienst» einberufen. Nahezu alle sind konfessionell gebunden; etwa drei Viertel von ihnen sind evangelisch und engagieren sich in der kirchlichen Basisarbeit. Auf ihren Druck bekennt sich die Evangelische Kirche in ihrer heutigen Handreichung «Zum Friedendienst der Kirche» zur seelsorgerlichen und praktischen Hilfe gegenüber den «Bausoldaten». Bald schon stellen die «Bausoldaten» eine wichtige Säule der kirchlichen Friedensarbeit dar. Einige Wehrpflichtige lehnen aus Gewissensgründen auch den «Baudienst» ab, so die Zeugen Jehovas. Diese Totalverweigerer werden zu Gefängnisstrafen nicht unter achtzehn Monaten verurteilt.

27. bis 29. November: Nach der Absetzung von Nikita Chruschtschow im Oktober 1964 benötigt die SED-Führung einige Zeit, um mit der neuen KPdSU-Spitze Einvernehmen zu erzielen. Die Moskauer Führung will nur noch die Leitlinien der Politik vorgeben und die Ausführung den jeweiligen Ländern überlassen, was Walter Ulbricht gerne aufnimmt. Auf dieser Grundlage verläuft der jetzige Besuch des Ersten Sekretärs des ZK der KPdSU, Leonid Breschnew, in der DDR «im Geiste völliger Einmütigkeit».

3. Dezember: Erich Apel, SED-Wirtschaftsführer und Planungschef der DDR, begeht Selbstmord durch Erschießen. Er fürchtet offenbar, das heute unterzeichnete Handelsabkommen zwischen der DDR und der Sowjetunion für 1966 bis 1970 werde sein Reformwerk des NÖSPL gefährden. Durch die darin vereinbarte engere Verflechtung wird die Wirtschaft der DDR stark an sowjetische Strukturen angekoppelt und hat sich nach Vorgaben aus Moskau zu entwickeln. Apels Nachfolger wird Günter Mittag.

5. Dezember: Vor der Tagung des ZK der SED eröffnet im *Neuen Deutschland* dessen Kulturredakteur Klaus Höpcke scharfe Angriffe auf Wolf Biermann, der seine Sammlung «Die Drahtharfe», die er in der DDR nicht publizieren kann, im West-Berliner *Wagenbach-Verlag* veröffentlicht. Höpcke ‹untersucht› diesen Vers Biermanns:

«Ich soll vom Glück Euch singen
einer neuen Zeit
doch Eure Ohren sind vom Reden taub.
Schafft in der Wirklichkeit mehr Glück!
Dann braucht Ihr nicht so viel Ersatz
in meinen Worten.»

Höpckes Befund: «Analysieren wir sachlich diesen ‹poetischen› Erguß. Herr Biermann weigert sich also, den schönen und hohen gesellschaftlichen Auftrag des Schriftstellers in unserer Republik zu erfüllen, den Aufbau der neuen gerechten Gesellschaftsordnung literarisch darzustellen. Sollen alten Besitzstandes, die in den ersten Jahren nach 1945 noch möglich gewesen wäre, ist zwanzig Jahre später unmöglich, weil sie Polen jetzt in seiner Existenz bedrohen würde, die Deutschland nach dem Gesagten zu respektieren hat.» Mit dieser nicht ausgesprochenen, aber faktisch gemeinten Anerkennung der Oder-Neiße-Linie als Grenze zwischen Deutschland und Polen löst die EKD heftige Diskussionen aus. In der westdeutschen Meinungsbildung wirkt diese Debatte als Zäsur zwischen der alten, ergebnislos gebliebenen Wiedervereinigungspolitik und der neuen Ostpolitik.

20. Oktober: Ludwig Erhard (CDU) wird zum neuen Bundeskanzler gewählt, er bildet eine Koalitionsregierung aus CDU/CSU und FDP. Auf Drängen der FDP wird Franz Josef Strauß (CSU) nicht ins Kabinett berufen. Neu kommen unter anderen Hans Katzer (CDU) als Minister für Arbeit und Soziales sowie Gerhard Stoltenberg (CDU) als Minister für Wissenschaft und Forschung in die Bundesregierung. Bundespräsident Heinrich Lübke (CDU) weigert sich, die Ernennungsurkunde von Außenminister Gerhard Schröder (CDU) zu unterzeichnen, den er für unfähig hält: «Ich bin zum äußersten Verfassungskonflikt entschlossen.» Bundeskanzler Ludwig Erhard tobt: «Das wollen wir doch mal sehen, ob Herr Lübke es wagen wird, die Ernennungsurkunde nicht zu unterschreiben. Schließlich bin ich es doch, der vom Volk gewählt wurde, nicht der Bundespräsident.» Lübke unterschreibt.

30. Oktober: In Köln hebt der Hauptausschuß des *Deutschen Sportbundes* seinen Beschluß vom 16. August 1961 auf, den Sportverkehr mit der DDR einzustellen.

10. November: In seiner Regierungserklärung stellt Bundeskanzler Ludwig Erhard (CDU) den Kampf gegen die Wirtschaftskrise in den Vordergrund: «Unser deutsches Modell einer modernen Wirtschafts- und Sozialordnung gerät aus dem Höhenflug des einstmals als ‹Wunder› erschienenen Erfolgs in die natürliche Phase allgemeiner, alltäglicher Bewährung.» «Die Obergrenze des möglichen Wirtschaftswachstums wird in den nächsten Jahren unter den heute gegebenen Bedingungen keinesfalls höher liegen als bisher. Es gibt keinen anderen Ausweg: Wir müssen unsere Ansprüche zurückstecken oder mehr arbeiten.» Mit einschneidenden Sparmaßnahmen, Mäßigung bei den Ausgaben, Verringerung der Subventionen und einer Finanzreform will die Koalitionsregierung die Krise bekämpfen. Um die Belange der Allgemeinheit gegen Partikular-Forderungen vor allem von Interessenverbänden zu verteidigen, prägt Erhard die Formel von der «formierten Gesellschaft», die die Autorität des Staates durch einen umfassenden Konsens stützen solle.

18. November und 5. Dezember: Auch die katholische Kirche wird von der Debatte um das deutsch-polnische Verhältnis erfaßt. Zum Ende des Zweiten Vatikanischen Konzils verfassen die polnischen Teilnehmer ein Schreiben an ihre deutschen Amtsbrüder. Darin zeigen sie Verständnis, daß «die polnische Westgrenze an der Oder und Neiße (...) für Deutschland eine äußerst bittere Frucht des letzten Massenvernichtungskrieges, zusammen mit dem Leid der Millionen von Flüchtlingen und vertriebenen Deutschen» sei. Doch die Oder-Neiße-Grenze ist «für unser Vaterland, das aus dem Massenmorden nicht als Siegerstaat, sondern bis zum äußersten geschwächt hervorging, (...) eine Existenzfrage». Für ihren Satz «Wir gewähren Vergebung und bitten um Vergebung» werden die Bischöfe von der polnischen Führung scharf kritisiert.

In ihrem Antwortschreiben sprechen die deutschen Konzilsteilnehmer die Grenze doch die arbeitenden Menschen für Herrn Biermann erst mehr Glück schaffen! Vielleicht wird er dann gnädig geruhen, es zu besingen?»

15. bis 18. Dezember: Das ZK der SED zieht eine erste Bilanz der NÖSPL-Wirtschaftsreformen, die trotz des unangetasteten Vorrangs der Investitionen zu Verbesserungen in der Versorgung der Bevölke-

Nihilismus, Skeptizismus, Anarchismus
Auf seiner Tagung vom 15. bis 18. Dezember unternimmt das ZK der SED einen Rundumschlag, um das geistige und kulturelle Leben wieder strikt auszurichten. Die Phase der kleinen Freiheiten während der NÖSPL-Politik wird schlagartig beendet. Willfährig billigt am 12. Januar 1966 der Vorstand des «Deutschen Schriftstellerverbandes» diese neue kulturpolitische Linie der SED.

So erklärt Alexander Abusch Wolf Biermann zur Unperson: «Ein junger Dichter, der seine Kloakenbegriffe benutzt zur Besudelung der Partei der Arbeiterklasse, für deren hohe Ziele sein eigener Vater von den Faschisten ermordet wurde.» Biermann erhält keinerlei Auftritts- und Veröffentlichungsmöglichkeiten mehr. In seiner Wohnung in der Berliner Chausseestraße spielt er seine Lieder auf Tonbänder, die dann in die Bundesrepublik geschmuggelt werden.

Alle Bereiche der Kultur werden überprüft. Selbst zwei neue DEFA-Filme, «Das Kaninchen bin ich» von Kurt Maetzig und «Denk bloß nicht, ich heule» von Frank Vogel, läßt sich das ZK vorführen – um sie zu verdammen. Horst Sindermann prägt das Schandurteil «Kaninchen-Filme», aufgrund dessen dann der größte Teil der diesjährigen DEFA-Produktion vernichtet, weggeschlossen oder abgebrochen wird. Die Fachzeitschrift *Film – Wissenschaftliche Mitteilungen* mit ihren Berichten über Gegenwartsfilme in Polen, Ungarn und der ČSSR wird scharf angegriffen. «Unter dem Mantel der Weltoffenheit» fördere sie Skeptizismus und Nihilismus.

Unter Verwendung des gängigen Spießbürger-Vokabulars stellt Walter Ulbricht die Machtverhältnisse klar: «Einige Kulturschaffende haben die große schöpferische Freiheit, die in unserer Gesellschaftsordnung für die Schriftsteller und Künstler besteht, so verstanden, daß die Organe der Gesellschaft auf jede Leitungstätigkeit verzichten und Freiheit für Nihilismus, Halbanarchismus, Pornographie oder andere Methoden der amerikanischen Lebensweise gewähren.» Wer so denkt, muß natürlich auch die Beatmusik scharf attackieren: «Die ewige Monotonie des ‹yeah, yeah, yeah› ist doch geisttötend und lächerlich.» Der Bericht des Politbüros konstatiert: «Dabei wurde übersehen, daß der Gegner diese Art Musik ausnutzt, um durch die Übersteigerung der Beat-Rhythmen Jugendliche zu Exzessen aufzuputschen.»

Am 1. November folgt die entsprechende Maßnahme: Der Minister für Kultur erläßt eine «Anordnung über Tanz- und Unterhaltungsmusik», die nunmehr auch alle Auftritte von «Laienmusikern» einer staatlichen Spielerlaubnis unterwirft.

Eine einzige Wortmeldung stemmt sich gegen diese Welle der Engstirnigkeit. Die Schriftstellerin Christa Wolf, bisher Kandidatin des ZK und auf dieser Tagung nicht wiedergewählt, kritisiert die Jugendpolitik: Die Jugend «wird entideologisiert, entpolitisiert, wir schmeißen ihr den Beat an den Kopf, anstatt sie mit geistigen Problemen so vollzustopfen, daß sie gar nicht anders kann, als nachzudenken, wozu sie lebt, wozu sie hier lebt; denn sie weiß es nicht.»

nicht an, bekennen aber: «Furchtbares ist von Deutschen und im Namen des deutschen Volkes dem polnischen Volke angetan worden. Wir wissen, daß wir die Folgen des Krieges tragen müssen, die auch für unser Land schwer sind.» Die Ansprüche der deutschen Vertriebenen und der jetzt in den deutschen Ostgebieten lebenden Polen müßten miteinander versöhnt werden: «Wenn diese Deutschen von ‹Recht auf Heimat› sprechen, so liegt darin – von einigen Ausnahmen abgesehen – keine aggressive Absicht. Unsere Schlesier, Pommern und Ostpreußen wollen damit sagen, daß sie rechtens in ihrer alten Heimat gewohnt haben und daß sie dieser Heimat verbunden bleiben. Dabei ist ihnen bewußt, daß dort jetzt eine junge Generation heranwächst, die das Land, das ihren Vätern zugewiesen wurde, ebenfalls als Heimat betrachtet.» Im *Neuen Deutschland* werden die ostdeutschen Bischöfe für ihre Unterschrift heftig angegriffen, sie hätten «gegen die Friedenspolitik unserer Regierung verstoßen».

25. November: Nach 23 Verhandlungsrunden wird das dritte Passierscheinabkommen für West-Berliner von Beauftragten des Senats und der DDR unterzeichnet. Für den Zeitraum vom 18. Dezember 1965 bis zum 2. Januar 1966 werden 824000 Passierscheine ausgestellt.

rung geführt haben. Mit gewisser Zufriedenheit führt Walter Ulbricht aus: «Das Neue Ökonomische System der Planung ist unser Instrument, mit dessen Hilfe wir die Aufgaben des umfassenden Aufbaus des Sozialismus und der technischen Revolution in der DDR lösen und den Übergang vom Kapitalismus zum Sozialismus mit dem vollständigen Sieg des Sozialismus in der DDR vollenden. Mit dem Neuen Ökonomischen System der Planung und Leitung schaffen wir uns auf der Grundlage der ökonomischen Gesetze des Sozialismus das eigentliche ökonomische System des Sozialismus in der DDR. Es ist das ökonomische System eines sozialistischen Staates, der die unerhörten Belastungen der imperialistischen Vergangenheit, insbesondere des faschistischen Weltkrieges und der Spaltung des Landes, im wesentlichen gemeistert hat.»

Das ZK beschließt den Beginn der «zweiten Etappe» der NÖSPL-Reformen. Ein Teil der Veränderungen wird rückgängig gemacht, indem Entscheidungsmacht von den VVB und einzelnen Betrieben auf zentrale Instanzen zurückverlagert wird, wodurch Parteiführung und Ministerrat gestärkt werden. Anstelle der Vielfalt einzelner, im Verlaufe eines Jahres gezahlter Prämien wird die sogenannte Jahresendprämie eingeführt.

18. Dezember: Als Gegenstück zum Ministerium für gesamtdeutsche Fragen in Bonn errichtet der Ministerrat ein Staatssekretariat für gesamtdeutsche Fragen, zu dessen Leiter Joachim Herrmann (SED) berufen wird.

20. Dezember: Die Volkskammer beschließt das «Familiengesetzbuch der DDR», das am 1. April 1966 in Kraft tritt. Damit wird das Familienrecht aus dem Zivilrecht herausgelöst, um als eigenständiges Gesetzbuch «sozialistische Beziehungen und ein sozialistisches Bewußtsein» in Ehe, Familie und Verwandtschaft zu fördern. Es bringt die völlige Gleichstellung von Mann und Frau und erklärt die Erziehung der Kinder zur vornehmsten Aufgabe der Eltern, gleichzeitig aber auch zu «Aufgabe und Anliegen der gesamten Gesellschaft». Das Familiengesetzbuch regelt auch die Scheidung neu. Nunmehr darf eine Ehe nur geschieden werden, «wenn das Gericht festgestellt hat, daß solche ernstlichen Gründe vorliegen, aus denen sich ergibt, daß diese Ehe ihren Sinn für die Ehegatten, die Kinder und damit auch für die Gesellschaft verloren hat». In den folgenden Jahrzehnten wird die Scheidungsquote der DDR pro 10000 Einwohner von 16,4 im Jahr 1966 auf 29,9 im Jahr 1982 steigen – ein international hoher Wert.

22. Dezember: Abermals soll eine Veränderung von Institutionen den Wirtschaftsproblemen abhelfen. Der Ministerrat löst den «Volkswirtschaftsrat» auf und errichtet an seiner Stelle neun Industrieministerien. Des weiteren wird die Einführung der Fünf-Tage-Woche in jeder zweiten Woche und die Verkürzung der wöchentlichen Arbeitszeit auf 45 Stunden mit Lohnausgleich für weitere drei Millionen Werktätige ab April 1966 beschlossen.

1966

Große Koalition

Die erste Wirtschaftskrise ergreift die Bundesrepublik, ab Herbst wird sie deutlich spürbar. In der CDU / CSU wird die dringend erforderliche Neuordnung der öffentlichen Finanzen sowie eine Mäßigung in Lohnpolitik und Sozialausgaben nur im Zusammengehen mit der SPD für möglich gehalten. Die SPD ihrerseits sucht endlich Regierungsbeteiligung auf Bundesebene, vor allem Herbert Wehner drängt seine Partei unnachgiebig in diese Richtung. Er fürchtet, der SPD könnte sonst auf lange Sicht die Tür zur Macht versperrt bleiben.

29. Januar: Seit Ende Juni 1965 boykottiert Frankreich mit seiner «Politik des leeren Stuhls» die Gremien der EWG, um den anderen Mitgliedsstaaten bedeutsame Zugeständnisse abzutrotzen. Es gelingt Frankreich, im heutigen «Luxemburger Kompromiß», der die zweite große EWG-Krise beendet, seine Forderungen und damit das alte nationale Prinzip durchzusetzen. Die Europäische Kommission erhält keine eigenen Einkünfte, im Ministerrat gilt in wichtigen Fragen das Vetorecht und nicht das Mehrheitsprinzip, das Europäische Parlament erhält keine weiteren Befugnisse.

5. Februar: West-Berlin erlebt die erste große Demonstration der entstehenden Studentenbewegung. Angeführt vom *Sozialistischen Deutschen Studentenbund* (SDS), dem *Sozialdemokratischen Hochschulbund* (SHB), dem *Liberalen Studentenbund Deutschlands* (LSD) und der *Humanistischen Union,* protestieren 2500 Studenten gegen den amerikanischen Krieg in Vietnam. Ihr nun häufig skandierter Ruf «Ho Ho Ho Chi Minh» bekundet ihre Solidarität mit dem Staatspräsidenten des 1954 selbständigen Nordvietnam, der seit 1941 gegen die Franzosen und seit 1955 gegen die USA für die Unabhängigkeit Indochinas kämpft. Nach der genehmigten Demonstration, während der erstmals ein Sitzstreik den Ku'damm blockiert, ziehen etwa 200 Personen vor das Amerika-Haus, einige werfen Eier gegen das Gebäude, andere setzen die Flagge der USA auf halbmast.

Die «Frontstadt» West-Berlin zeigt sich von dieser ersten Kritik an der «Schutzmacht» USA überfordert. Die Presse titelt

1966

Redneraustausch

Gesamtdeutscher Rhetorik fühlen sich die politischen Kräfte in Ost wie West verpflichtet. Nach vielen Jahren bloßer Bekundungen kommt es nun zum offiziellen Kontakt zwischen SED und SPD. Das Vorhaben eines Redneraustausches entsteht, doch sagt die SED, auch auf Wink aus Moskau, im letzten Moment ab. Sie weiß, daß ihr Bild der neunundneunzigkommaneunprozentigen Zustimmung zu schön ist, um wahr zu sein. Auch wenn die Sowjetunion keinen Einspruch erheben würde, ein Willy Brandt oder Fritz Erler könnte in der DDR zuviel Anklang finden.

12. Januar: Der Ministerrat setzt den Minister für Kultur, Hans Bentzien (SED), «wegen ernster Fehler in seinem Amt» ab und beruft Klaus Gysi (SED), bisher Leiter des Aufbau-Verlages in Ost-Berlin, des größten staatlichen Verlags der DDR.

13. Januar: Nach dem Staatssekretariat wird nun in Ost-Berlin ein Rat für gesamtdeutsche Fragen gebildet. Joachim Herrmann, der Staatssekretär für gesamtdeutsche Fragen, erklärt zu diesem Anlaß die Bereitschaft seiner Regierung zu Verhandlungen mit der Bundesrepublik auf der Grundlage völliger Gleichberechtigung.

7. Februar: Walter Ulbricht richtet namens des ZK der SED einen offenen Brief an die Delegierten des Dortmunder Parteitages der SPD und an alle Mitglieder und Freunde der Sozialdemokratie: «Wir geben offen zu, daß die SED allein die Deutschland-Frage auch nicht lösen kann. Aber die beiden größten Parteien Deutschlands könnten gemeinsam den entscheidenden Beitrag zur Lösung der Deutschland-Frage leisten.» Jedem SPD-Genossen wird die Grundfrage gestellt: «Bist du für Verhandlungen und für die Verständigung der Regierungen der beiden deutschen Staaten mit dem Ziel der Entspannung und der Schaffung der Voraussetzungen für ihre Zusammenarbeit und schrittweise Vereinigung?» Die SED schlägt noch für 1966 die Schaffung eines Gremiums «für die offene Aussprache der Deutschen aus Ost und West» vor.

28. Februar: Nach den ersten Erfolgen im Bemühen um internationale Anerkennung dokumentiert die DDR ihren Anspruch, als gleichberechtigter Staat behandelt zu wer-

«Eine Schande für Berlin!», rasch wird die Demonstration in den Dunstkreis der SED gerückt. Während einer Sympathie-Kundgebung für die USA werden Kritiker zum Bahnhof Zoo geprügelt, damit sie «nach dem Osten» verschwinden. Vor dem Abgeordnetenhaus erklärt der Senator für Polizei, Sicherheit und Ordnung Heinrich Albertz (SPD): «Ich habe der Polizeiführung eindringlich deutlich gemacht, daß jede in einem Rechtsstaat wie dem Land Berlin selbstverständlich zu gewährende Kundgabe politischer Meinungsäußerung den Keim der rechtswidrigen und aufrührerischen Ausnutzung durch die Kommunisten in sich trägt.» Albertz benennt der «Freien Universität» sechs Studenten, die an den Vorfällen am Amerika-Haus beteiligt waren, worauf die FU Disziplinarmaßnahmen einleitet.

9. Februar: Die Bundesregierung beschließt, das Lazarettschiff «Helgoland» in Südvietnam einzusetzen und die Kosten zu übernehmen, indes keine deutsche Soldaten zu entsenden.

17. und 18. Februar: In Washington konstituiert sich die «Nukleare Planungsgruppe» der NATO, in die als Kompensation für das Scheitern der MLF auch die Bundesrepublik aufgenommen wird.

7. März: Zwischen dem Berliner Senat und der DDR wird die vierte Passierscheinregelung vereinbart. Sie gilt über Ostern und Pfingsten 1966. Für den Zeitraum vom 7. bis zum 20. April werden 510000, vom 23. Mai

Vietnamkrieg

Nach dem entscheidenden Sieg der Vietnamesen bei Dien Bien Phu gegen die Franzosen im Mai 1954 wird auf der Genfer Indochina-Konferenz im Juli 1954 ein Waffenstillstand geschlossen. Das Abkommen teilt Vietnam durch eine am 17. Breitengrad verlaufende Demarkationslinie. Im Norden entsteht die kommunistische «Demokratische Republik Vietnam», im Süden die prowestliche «Republik Vietnam». Letztere schließt alsbald ein Abkommen mit den USA, die Südvietnam zu einem antikommunistischen Bollwerk ausbauen wollen. Gegen den im Juni 1956 ins Amt gelangten Präsidenten Ngo Dinh Diem entsteht das Oppositionsbündnis der *Nationalen Befreiungsfront* (FNL). Als *Vietcong* beginnen vor allem kommunistische Kämpfer einen anhaltenden Partisanenkrieg.

Ab 1962 erhält Präsident Diem erheblich verstärkte amerikanische Militärhilfe. 1964 entwirft die US-Regierung geheime Pläne für einen offenen Luft- und Landkrieg gegen Nordvietnam, um die Regierung in Hanoi zu stürzen. Am 7. August 1964 wird ein unklarer Vorfall im Golf von Tongking zum Anlaß genommen, erstmals das Territorium Nordvietnams zu bombardieren. Zunächst werden «ausgewählte Ziele» angegriffen, doch am 7. Februar 1965 befiehlt US-Präsident Lyndon B. Johnson «Vergeltungsangriffe», die rasch in einen offenen und breitangelegten Krieg gegen Nordvietnam übergehen. Nun werden ganze Städte und Industrieanlagen angegriffen, Kriegsschiffe schießen Granaten auf die Küstengebiete, Ernten werden durch Giftabwurf vernichtet und Wälder durch Chemikalien entlaubt, Napalm- und Phosphorbomben verursachen entsetzliche Schäden, Gefangene und Verdächtige werden gefoltert und ermordet.

Gegen diese Ausweitung des Krieges, die ein korruptes und diktatorisches Regime stützen soll, erwächst bald eine aktive Opposition in den USA. Sie speist sich aus traditionell den. Namens des Staatsrats beantragt Walter Ulbricht beim UN-Generalsekretär die Aufnahme der DDR in die *Vereinten Nationen*. Sie scheitert jedoch am Veto der Westmächte im Sicherheitsrat.

10. bis 25. März: Vor dem Obersten Gericht wird in Ost-Berlin gegen Horst Fischer, einen der Lagerärzte des ehemaligen KZ Auschwitz, verhandelt. Unter seinem richtigen Namen kann er zwanzig Jahre lang in dem kleinen Ort Spreenhagen im Kreis Fürstenwalde praktizieren, bis er entdeckt wird. Nach umfassender Beweisführung über die verbrecherischen Handlungen der SS-Ärzte in Auschwitz verurteilt das Gericht Fischer wegen Mittäterschaft an Morden von etwa 80000 Menschen zum Tode. Das Urteil wird vollstreckt.

25. März: Das ZK der SED antwortet auf den Brief der SPD-Führung vom 16. März mit einem neuen Vorschlag: Es sollen gemeinsame Veranstaltungen beider Parteien in Karl-Marx-Stadt und in Essen stattfinden, wobei die jeweilige Gastpartei auch Redner stellt.

29. März bis 8. April: Auf dem 23. Parteitag der KPdSU in Moskau wird die neue Parteiführung bestätigt. Einstimmig wird der bisherige erste Sekretär Leonid Breschnew wiedergewählt, er firmiert nun als Generalsekretär.

1. April: Für alle Werktätigen gilt jetzt die wöchentliche Arbeitszeit von 45 Stunden.

Die Deutsche Akademie der Wissenschaften in Ost-Berlin gibt bekannt, daß sie Professor Robert Havemann ausgeschlossen hat. Ein Antrag auf Ausschluß findet im Plenum keine Mehrheit, dennoch streicht das Präsidium unter Werner Hartke (SED), einem ehemaligen NSDAP-Mitglied und Angehörigen der Nazi-Abwehr, den vom Nazi-Volksgerichtshof zum Tode verurteilten, aber von sowjetischen Truppen befreiten Havemann aus der Mitgliedsliste und erteilt ihm Hausverbot.

21. April: Auf der Feier zum zwanzigsten Gründungstag der SED hält Walter Ulbricht in Ost-Berlin die Festrede «Über den Weg zum künftigen Vaterland der Deutschen». Vor dem Hintergrund des Gedankenaustauschs mit der SPD bekundet er die Bereitschaft der SED zur Normalisierung der Beziehungen zwischen beiden deutschen Staaten. Am 27. und 28. April bestätigt das ZK die Rede Ulbrichts und schlägt eine Verschiebung des Redneraustausches vor. Er solle nicht mehr im Mai, wie es die SPD am 14. April anregt, sondern erst im Juli stattfinden.

29. April: In Ost-Berlin findet ein erstes Sondierungsgespräch zwischen Beauftrag-

pazifistischen Gruppen, aus den Gegnern der Atomwaffenversuche, aus «alten» Linken, lokalen Gewerkschaftsgruppen, Vertretern von Schwarzen-Organisationen, Intellektuellen und studentischen Gruppen der «neuen» Linken. Sie alle sind sich einig in der Forderung, der grausame Krieg in Vietnam müsse umgehend beendet werden. Die Opposition ruft zur Wehrdienstverweigerung und zivilem Ungehorsam auf, Einberufungsbefehle werden öffentlich verbrannt, mit neuen Aktionen wie *Teach-ins* und ganzseitigen Anzeigen-Aufrufen in den Zeitungen wird die Kritik an der Regierung verbreitet.

Rasch gewinnt die Opposition an Bedeutung. Am 17. April 1965 findet der erste Marsch der Vietnamkriegsgegner auf Washington statt, etwa 25000 Menschen nehmen teil. An mehr als dreißig Universitäten und Colleges protestieren am 15. und 16. Oktober 1965 hunderttausend Studenten gegen den «schmutzigen Krieg in Vietnam».

bis zum 5. Juni 468000 Passierscheine ausgestellt.

Frankreich setzt seinen Kurs der Schwächung übernationaler Organisationen fort. Es erklärt seinen Austritt aus der militärischen Integration der NATO zum 1. Juli: Die französischen Vertreter werden aus den NATO-Stäben zurückgezogen, die Unterstellung der französischen Truppen in Deutschland unter das NATO-Kommando wird aufgehoben, die NATO wird um Verlegung ihres Hauptquartiers in ein anderes Land gebeten.

11. März: Die Strukturkrise von Kohle und Stahl bedroht eine ganze Region. Mehr als 300000 Bergleute treten im Ruhrgebiet in einen Warnstreik, um gegen die drohenden Zechenstillegungen zu protestieren.

16. März: Die erweiterte SPD-Parteispitze berät und verabschiedet die «Offene Antwort» auf den Brief des ZK der SED vom 7. Februar. Mit sieben Fragen sollen der SED die Voraussetzungen für einen wirklichen Dialog verdeutlicht werden: «Wie soll denn in Deutschland offen und unbefangen diskutiert werden, wenn auf Menschen geschossen wird, weil sie aus dem durch Minenfelder, Mauer und Drahtverhaue abgetrennten Teil ihres deutschen Vaterlandes ausbrechen wollen?» Das Schreiben wird in der DDR-Presse veröffentlicht.

21. bis 23. März: Auf ihrem Bundesparteitag in Bonn regelt die CDU die Nachfolge des seit 1950 amtierenden Parteivorsitzenden Konrad Adenauer. Noch 1965 zeigt er sich zu einer erneuten Kandidatur entschlossen, erst nach Druck aus der Partei erklärt er am 21. Dezember 1965 seinen Verzicht. Neuer Vorsitzender wird nun Bundeskanzler Ludwig Erhard, sein Stellvertreter Rainer Barzel.

25. März: In der Bundesrepublik werden seit Monaten neue Vorschläge oder Ideen zur Wiedervereinigung entwickelt, vorgebracht, auch wieder verworfen. Um den Vorwurf völliger Bewegungslosigkeit zu entkräften, unternimmt die Bundesregierung einen diplomatischen Schritt. In einer «Note zur Abrüstung und Sicherheit des Friedens» bietet sie allen Regierungen der Welt mit Ausnahme der DDR den Austausch von Gewaltverzichtserklärungen an. Die gegenseitige Versicherung, keine Gewalt anzuwenden, soll klarstellen, daß die Bundesrepublik die bestehenden Verhältnisse in Europa akzeptiert, ohne dies völkerrechtlich verbindlich anerkennen zu müssen. Doch bleibt diese «Friedensnote» ohne Wirkung, da Bonn von den alten Forderungen nicht läßt. Zwar verzichtet die Bundesregierung auf den Besitz, nicht jedoch auf die Mitverfügung über Atomwaffen. Zudem wird, als Konzession an die Landsmannschaften, erklärt, «daß Deutschland völkerrechtlich in den Grenzen von 1937 fortbesteht».

14. April: Der SPD-Parteivorstand unterbreitet dem ZK der SED konkrete Vorschläge zum geplanten Redneraustausch. Für Termine im Mai in Karl-Marx-Stadt und Hannover benennt die SPD Willy Brandt, Fritz Erler und Herbert Wehner als Redner.

2. Mai: Der SPD-Parteivorstand lehnt den Aufschub des geplanten Redneraustauschs auf Juli, wie ihn Walter Ulbricht während der Tagung des ZK der SED am 27. und 28. April vorschlägt, ab.

9. bis 14. Mai: Der Bundeskongreß des DGB lehnt jegliche Notstandsgesetzgebung entschieden ab, «welche die demokratischen Grundrechte einschränkte und besonders das Versammlungs-, das Koalitions- und das Streikrecht der Arbeitnehmer und ihrer gewerkschaftlichen Organisationen bedrohte». In den folgenden Wochen bildet sich das wesentlich vom SDS initiierte Kuratorium «Notstand der Demokratie», das sich im Januar 1968 in «Kampagne für Demokratie

Bauern einer LPG sortieren Kartoffeln für die Pflanzung

ten des Parteivorstands der SPD und des ZK der SED über den geplanten Redneraustausch statt.

9. Mai: Das erste, mit sowjetischer Hilfe errichtete Atomkraftwerk der DDR wird in Rheinsberg in Betrieb genommen.

26. Mai: In Ost-Berlin einigen sich Beauftragte von SPD und SED darauf, gemeinsam am 14. Juli in Karl-Marx-Stadt und am 21. Juli in Hannover Veranstaltungen abzuhalten. Als Redner benennt die SPD Willy Brandt, Fritz Erler und Herbert Wehner.

15. Juni: In einem Schreiben an Bundeskanzler Ludwig Erhard (CDU) kritisiert Ministerpräsident Willi Stoph (SED) scharf das geplante Bundesgesetz über das freie Geleit für SED-Funktionäre. Er fordert Erhard auf, «die völkerrechtswidrige Ausschließlichkeitsanmaßung aufzugeben und insbesondere alle gesetzlichen Bestimmungen und Grundsatzurteile, die auf den revanchistischen Forderungen nach den Grenzen des Deutschen Reiches von 1937 basieren, aufzuheben». Stoph drängt die Bundesregierung zur Kurskorrektur: «Es ist für die Regierung der westdeutschen Bundesrepublik höchste Zeit, ihre seit fast 17 Jahren betriebene Politik der Errichtung von Barrieren gegen die Annäherung und Verständigung beider deutscher Staaten zu beenden. Es ist an der Zeit, daß die Regierung der westdeutschen Bundesrepublik endlich die Grundprinzipien für das friedliche Zusammenleben zwischen den Staaten achtet.»

21. Juni bis 1. Juli: Frankreichs Staatspräsident General Charles de Gaulle besucht die Sowjetunion. Bereits 1963 durchbricht er als erster das Blockschema und knüpft zahlrei-

und Abrüstung» umbenennt. Zahlreiche Intellektuelle wirken hier mit, jedoch schließt sich der DGB nicht an.

1. bis 5. Juni: Der SPD-Parteitag in Dortmund bestätigt die Bereitschaft zum Redneraustausch mit der SED und die Absicht zur Verabschiedung einer Notstandsverfassung. Zur Entwicklung einer neuen Deutschlandpolitik wird die Bildung eines «Deutschen Rates» vorgeschlagen. Willy Brandt wird als Parteivorsitzender klar bestätigt.

22. Juni: An der West-Berliner FU gärt es. Neben dem Vietnamkrieg bewegt die Studenten die innere Verfassung ihrer Universität, da die Begrenzung der Studienzeit und Zwangsexmatrikulation eingeführt werden sollen. Von den Studenten wird dies auf der heutigen Vollversammlung als politische Disziplinierung gewertet, zumal seit der Demonstration vom 5. Februar alle politischen Veranstaltungen in Räumen der FU verboten sind. Erst heute wird dieses Verbot aufgehoben. Nach der Vollversammlung lassen sich etwa 3000 Studenten zu einer Sitzdemonstration nieder und beschließen ihre Forderungen in einer Resolution: «Was hier in Berlin vor sich geht, ist ebenso wie in der Gesellschaft ein Konflikt, dessen Zentralgegenstand weder längeres Studium noch mehr Urlaub ist, sondern der Abbau oligarchischer Herrschaft und die Verwirklichung demokratischer Freiheit in allen gesellschaftlichen Bereichen.»

23. Juni: Nach einem «Deutschlandgespräch» bei Bundeskanzler Ludwig Erhard (CDU), bei dem am 21. April Vertreter aller Bundestagsparteien über Probleme der bevorstehenden DDR-Kontakte beraten, verabschiedet der Bundestag heute ein dort entworfenes Gesetz. Es regelt die «befristete Freistellung von der deutschen Gerichtsbarkeit» und gewährt SED-Rednern in der Bundesrepublik freies Geleit, auch wenn Haftbefehle gegen sie vorliegen.

29. Juni: Nach der Absage des Redneraustausches mit der SPD durch die SED werden die geplanten Reden von Willy Brandt, Fritz Erler und Herbert Wehner über Rundfunk und Fernsehen der Bundesrepublik ausgestrahlt. Brandt äußert: «Was in den letzten Monaten geschehen ist, kann nicht mehr aus der Welt geschafft werden. In Deutschland ist wieder viel über Deutschland gesprochen worden. Der Wille, ein Volk zu bleiben, ist stark sichtbar geworden.»

10. Juli: Vor den heutigen Landtagswahlen in Nordrhein-Westfalen erklären die katholischen Bischöfe Nordrhein-Westfalens in einem Hirtenbrief, wenn auch nur indirekt, erstmals die SPD als wählbar für Katholiken. Bei der Wahl, die Bundeskanzler Ludwig Erhard (CDU) ausdrücklich zur Testwahl erklärt, verschieben sich die Gewichte. Die SPD gewinnt mehr als sechs Prozent und verfehlt mit 49,5 Prozent der abgegebenen Stimmen nur knapp die absolute Mehrheit. Die CDU verliert und kommt auf 42,8 Prozent, die FDP kann sich mit 7,4 Prozent behaupten. Dieser Wahlausgang wird als Warnzeichen verstanden, daß die Wähler vor allem Bundeskanzler Erhard die Bewältigung der anstehenden Probleme, voran die Krise von Kohle und Stahl im Ruhrgebiet, nicht zutrauen. Mit hauchdünner Mehrheit wird eine CDU-FDP-Koalition unter Ministerpräsident Franz Meyers (CDU) gebildet.

25. August: Die Bundeswehr erlebt ihre erste große Führungskrise. In einem Interview der *Neuen Ruhr-Zeitung* kritisiert der Luftwaffeninspekteur Generalleutnant Werner Panitzki im Zusammenhang mit den sich häufenden «Starfighter»-Abstürzen das Bundesverteidigungsministerium. Panitzki wird darauf am 12. August vom Dienst suspendiert. Am 13. August ersucht der Generalinspekteur der Bundeswehr, Geche Kontakte zu allen Ländern des Ostens, mit Ausnahme der DDR. De Gaulle sucht einen europäischen Weg zur Milderung der Konfrontation, unter Frankreichs Führung natürlich. Seine Gespräche im Moskauer Kreml beginnen symbolträchtig am 22. Juni, exakt 25 Jahre nach dem Beginn des deutschen Angriffs auf die Sowjetunion. Als Reiseziele wählt de Gaulle die «Heldenstädte», die aufs engste mit dem Zweiten Weltkrieg verknüpft sind: Moskau, Leningrad und Wolgograd, das frühere Stalingrad.

22. Juni: Walter Ulbricht (SED) unterbreitet in einer vertraulichen Mitteilung an Willy Brandt (SPD) den Vorschlag, noch vor dem Redneraustausch politische Besprechungen beider Parteien aufzunehmen.

23. und 24. Juni: In Leipzig tagt die vom ZK der SED und vom Ministerrat einberufene «Rationalisierungskonferenz». Sie propagiert erstmals die umfassende «sozialistische Rationalisierung». Diese soll nicht mehr nur in Einzelbereichen die Produktivität der Arbeit steigern, sondern in der gesamten Volkswirtschaft und in allen Phasen des Produktionsprozesses wirksam werden. Als Mittel werden Standardisierung und Konzentration der Produktion, Mechanisierung und Automatisierung sowie «die Entwicklung vielfältiger Kooperationsbeziehungen» genannt.

29. Juni: Auf einer internationalen Pressekonferenz in Ost-Berlin sagt Albert Norden namens der SED die mit der SPD geplanten gemeinsamen Veranstaltungen ab. Die Reaktion der DDR-Bevölkerung allein auf die Ankündigung der Veranstaltung mit Brandt, Erler und Wehner läßt die SED zurückschrecken. Zudem untersagt die sowjetische Führung diese Kontakte, weil sie von ihr nicht kontrollier- und steuerbare deutsch-deutsche Gespräche prinzipiell ablehnt. Als Vorwand nennt Norden das am 23. Juni vom Bundestag verabschiedete Gesetz über freies Geleit, das die DDR als «Handschellengesetz» kritisiert.

2. Juli: Das ZK der SED richtet ein «Offenes Wort» an alle Mitglieder und Freunde der SPD und der Gewerkschaften sowie alle Bürger der Bundesrepublik, «denen die Sicherung des Friedens in Deutschland am Herzen liegt». Für die nun zu beginnende «zweite Phase des Dialogs» dürfe es nicht darum gehen, «das Rad der Geschichte in der DDR zurückzudrehen. Das wird niemandem gelingen.»

4. bis 6. Juli: In Bukarest konferiert der Politische Beratende Ausschuß des Warschauer Paktes. Eine Erklärung über europäische Sicherheit enthält Vorschläge zur Abhaltung einer europäischen Sicherheitskonferenz, die zur Auflösung ausländischer Militärstützpunkte, zum Abzug ausländischer Truppen von fremden Territorien und zur Verminderung der Streitkräfte in beiden deutschen Staaten führen soll. Ziel soll ein europäisches Sicherheitssystem sein, das nach Auflösung von NATO und Warschauer Pakt entstehen könnte. Alle Teilnehmerstaaten werden auf die Solidarität zur DDR festgelegt, sie sollen vor jeglichen Verhandlungen mit der Bundesrepublik Deutschland von dieser die Anerkennung aller europäischen Grenzen einschließlich der Oder-Neiße-Grenze, die Aufgabe des Alleinvertretungsanspruchs und der «Hallstein-Doktrin» sowie die Anerkennung der DDR und West-Berlins als «selbständiger politischer Einheit» verlangen. Am 19. Juli bestätigen das Politbüro der SED und der Ministerrat der DDR diese Vorschläge.

24. bis 31. Juli: In Ost-Berlin findet mit 13 000 Teilnehmern die erste «Kinder- und Jugendspartakiade» statt. Solche nach dem Führer eines römischen Sklavenaufstandes benannten Sportfeste der kommunistischen Bewegung gibt es seit 1921. In der DDR werneral Heinz Trettner, um seine Entlassung, da er vor dem neuen Gewerkschaftserlaß des Ministers nicht gehört wurde. Verteidigungsminister Kai-Uwe von Hassel (CDU) versetzt Panitzki und Trettner heute in den einstweiligen Ruhestand, ihre Nachfolger werden Generalleutnant Johannes Steinhoff und General Ulrich de Maizière.

6. Oktober: Es beginnen Bemühungen um eine Fortsetzung der Passierscheinregelung für West-Berliner, die am 13. Dezember endgültig scheitern, weil die DDR jetzt formelle Verhandlungen mit dem Berliner Senat verlangt. Für sechs Jahre gibt es nun keine Besuchsmöglichkeiten für West-Berliner in Ost-Berlin.

17. bis 21. Oktober: In einem Bunker bei Ahrweiler in der Eifel tagt im Rahmen der NATO-Stabsübung «Fallex 66» zu «Übungszwecken» das sogenannte Notparlament aus 22 Abgeordneten aller drei Bundestagsparteien und 11 Vertretern der Bundesländer. Dieses Gremium ist zwar in den Entwürfen für die Notstandsgesetze vorgesehen, indes noch nicht legalisiert.

27. Oktober: Angesichts einer Deckungslücke von vier Milliarden DM im Haushaltsentwurf der Bundesregierung für 1967 beschließt das Kabinett unter Zustimmung der vier FDP-Minister als letztes Mittel Steuererhöhungen. Kategorisch spricht sich die FDP-Fraktion gegen Steuererhöhungen zum Ausgleich des Haushalts aus, sie fordert statt dessen den Abbau von Subventionen. Da diese Forderung von der CDU / CSU nicht akzeptiert wird, beendet die FDP die Koalition, ihre Minister treten zurück. Es kommt zur Regierungskrise. Bundeskanzler Ludwig Erhard (CDU) regiert mit einer Minderheitsregierung weiter, erfährt jedoch am 28. Oktober mit seinem Haushaltsentwurf einstimmige Ablehnung im Bundesrat. Als er erkennt, daß er den Rückhalt in seiner Partei verloren hat, gibt er am 2. November vor der CDU / CSU-Fraktion zu erkennen, daß eine Lösung der Krise an seiner Person nicht scheitern solle. Zum ersten Mal in der Geschichte der Bundesrepublik fordert darauf der Bundestag am 8. November den Bundeskanzler auf, die Vertrauensfrage zu stellen. Erhard lehnt dies jedoch als verfassungswidrig ab.

Die SPD bildet nun eine Kommission für Koalitionsverhandlungen, die bei der FDP sondiert. Am 10. November bahnt die CDU / CSU-Fraktion einer Lösung den Weg, sie nominiert den baden-württembergischen Ministerpräsidenten Kurt Georg Kiesinger, ein früheres NSDAP-Mitglied, als Kanzlerkandidaten. Er ist ein Kompromißkandidat zwischen dem «Atlantiker» und Außenminister Gerhard Schröder und dem «Gaullisten» und Fraktionsvorsitzenden Rainer Barzel.

Am 15. November treffen die Kommissionen von CDU / CSU und SPD erstmals zusammen, in zweiwöchigen Verhandlungen einigen sie sich auf die Bildung einer Großen Koalition. Vor allem in der SPD gibt es starke Widerstände, doch letztlich stimmen die Gremien der besonders von Herbert Wehner betriebenen erstmaligen Beteiligung ihrer Partei an einer Bundesregierung zu. Nach der Einigung erklärt Erhard am 30. November seinen Rücktritt, als erster Bundeskanzler während seiner Amtszeit.

13. November: Der britische Philosoph und Schriftsteller Bertrand Russell eröffnet in Stockholm das erste Tribunal des «Russell-Friedensinstitutes». Es hat die Kriegsverbrechen in Vietnam zum Thema. Dieses «Internationale Vietnam-Tribunal» tagt während der ersten Sitzungsperiode vom 2. bis zum 10. Mai 1967 in Stockholm, während der zweiten Periode vom 20. November bis zum 1. Dezember 1967 im dänischen Roskilde. Nach einer Befragung zahlden die Spartakiaden nun eingeführt, um systematisch die Kinder und Jugendlichen von der Ebene der Kreise bis zur ganzen Republik sportlich sichten zu können. Zum Ende der DDR sind es mehrere Millionen junge Menschen, die sich an den Vorwettkämpfen beteiligen. Diese Erfassung nahezu aller Kinder und Jugendlichen legt einen wesentlichen Grundstein für den beispiellosen sportlichen Aufstieg der DDR. Viele der Spitzensportler werden bei Spartakiaden entdeckt, die sich ähnlich den Olympischen Spielen in Sommer- und Winterwettbewerbe gliedern. Die politische Bedeutung verdeutlichen das Gelöbnis, die Flaggenparaden und die Anwesenheit höchster Funktionäre.

August: In der FDJ-Zeitschrift *Forum* beginnt der stellvertretende Chefredakteur Rudolf Bahro die sogenannte Lyrik-Debatte. Bekannte Lyriker werden um neue Gedichte wie um ihre Meinung zu mehreren Fragen gebeten: Ob die veränderte Gesellschaft zu Veränderungen ihrer Lyrik führe, wie sie die Wirkung von Gedichten beurteilten, welche Schaffensprobleme sie erlebten. Viele prominente Literaten, darunter Karl Mickel, Heinz Czechowski, Rainer Kirsch, Sarah Kirsch und Günter Kunert, nutzen die Gelegenheit. Alle bestehen sie auf dem Recht der subjektiven und damit möglicherweise auch schwer verständlichen Ausdrucksweise. Ihre Äußerungen sind so freimütig, daß sich die Parteiführung genötigt sieht, die Debatte durch lange Grundsatzartikel der Professoren Hans Koch, Horst Haase und Edith Braemer abwürgen zu lassen. Bahro, der das *Forum* verlassen muß, bekennt 1977 seine damalige Naivität: «Ich wußte nicht, daß ich eine Provokation gegen die Lyriker starte, als ich die Debatte vom Zaum brach (…) die Lyriker konnten dann nicht schreiben, was sie dachten, und so weit sie es doch noch schrieben, durfte ich es nicht mehr drucken.»

1. bis 12. August: Das ZK der KP Chinas ruft die «Große Proletarische Kulturrevolution» aus, die das Reich der Mitte für mehrere Jahre in Unruhen stürzt.

13. August: Zum fünften Jahrestag des Mauerbaus findet in Ost-Berlin eine Parade der Grenztruppen und der Kampfgruppen statt. Die drei westalliierten Stadtkommandanten bezeichnen dies in einer Erklärung als Verletzung der Vier-Mächte-Vereinbarungen.

26. September bis 2. Oktober: Beim Besuch einer Delegation unter Walter Ulbricht (SED) in Jugoslawien werden die seit Oktober 1957 bestehenden gegenseitigen Gesandtschaften zu Botschaften erhoben.

13. Oktober: Die Volkskammer verabschiedet das «Gesetz zum Schutze der Staatsbürger- und Menschenrechte der Bürger der Deutschen Demokratischen Republik». Darin heißt es: «Wer im Widerspruch zum Völkerrecht maßgeblich oder mit besonderer Aktivität daran mitwirkt, unter Zugrundelegung der Alleinvertretungsanmaßung der Bundesrepublik und der Ausdehnung der westdeutschen Gerichtshoheit Bürger der Deutschen Demokratischen Republik wegen Ausübung ihrer verfassungsmäßigen Staatsbürgerrechte zu verfolgen, zu ihrer Verfolgung aufzufordern oder die Verfolgung anzuordnen oder zu veranlassen, wird mit Gefängnis bis zu fünf Jahren bestraft, soweit nicht nach anderen Gesetzen eine höhere Strafe verwirkt ist.»

22. Oktober: Im *Neuen Deutschland* veröffentlicht die SED-Führung «Sechs Fragen» zur deutschlandpolitischen Situation, über die sie mit der SPD verhandeln will, da die CDU/CSU dokumentiert habe, «daß sie überhaupt gegen eine friedliche Regelung der deutschen Frage ist».

2. bis 4. November: Statt des eigentlich

Das Kabinett der Großen Koalition: (von links) Käte Strobel, Kurt Schmücker, Bundespräsident Heinrich Lübke, Kurt Georg Kiesinger, Hermann Höcherl, Willy Brandt, Karl Schiller, Gerhard Stoltenberg (halb verdeckt), Bruno Heck und Georg Leber

reicher Zeugen spricht das Tribunal die USA schuldig.

1. Dezember: Kurt Georg Kiesinger (CDU) wird zum neuen Bundeskanzler gewählt. Er bildet ein Kabinett der Gegensätze. Willy Brandt (SPD) wird Außenminister und Vizekanzler, der CSU-Vorsitzende Franz Josef Strauß Finanzminister. Die SPD übernimmt mit Herbert Wehner als Minister für Gesamtdeutsche Angelegenheiten, Karl Schiller als Wirtschaftsminister, Gustav Heinemann als Justizminister wichtige Ressorts.

5. Dezember: In West-Berlin verbreitet der SDS ein Flugblatt mit seinen Zielen. Darin werden Unruhen, Demonstrationen und Streiks als Mittel angekündigt, um die hochschulpolitischen Vorstellungen des SDS durchzusetzen.

8. Dezember: Die nordrhein-westfälische Regierungskoalition von CDU und FDP ist am Ende. Angesichts von Differenzen zwischen den Partnern führen im November SPD und FDP Gespräche über eine Neubildung der Regierung. Aufgrund der erzielten Einigung wird heute Ministerpräsident Franz Meyers (CDU) durch das zweite konstruktive Mißtrauensvotum in der Geschichte der Bundesrepublik gestürzt und von Heinz Kühn (SPD) abgelöst. Kühn würde lieber nach Bonner Vorbild eine Große Koalition bilden, was die SPD-Landtagsfraktion jedoch ablehnt. Darauf geht er eine Koalition mit der FDP unter Willy Weyer ein.

10. Dezember: Auf dem West-Berliner Ku'damm findet eine Demonstration gegen den Vietnamkrieg statt, die von der Polizei gewaltsam aufgelöst wird. Aus Protest dagegen erfolgt am 17. Dezember eine «Spaziergang-Demonstration», bei der die Teilnehmer mit Weihnachtspäckchen unter dem Arm herumlaufen. Auch hier reagiert die Polizei mit Gewalt und Festnahmen.

14. Dezember: Das Berliner Abgeordnetenhaus wählt den Pastor und bisherigen Senator für Polizei, Sicherheit und Ordnung Heinrich Albertz (SPD) zum neuen Regierenden Bürgermeister.

16. Dezember: Nach der Wahl von Kurt Georg Kiesinger (CDU) zum Bundeskanzler wird in Baden-Württemberg ein Nachfolger gewählt. Der Innenminister der bisherigen CDU-FDP-Koalition, Hans Filbinger (CDU), wird neuer Ministerpräsident. Nach Bonner Vorbild bildet er eine Koalitionsregierung aus CDU und SPD.

1965 anstehenden Schriftstellerkongresses wird nun die erste «Jahreskonferenz» des Deutschen Schriftstellerverbandes der DDR in Ost-Berlin abgehalten. Weil eine Verständigung angesichts der harten Kulturpolitik der SED nicht möglich ist, nehmen nur wenige Autoren, dafür um so mehr Funktionäre teil. Anna Seghers, die Präsidentin des Schriftstellerverbandes, äußert sich nachdenklich zu den stets bestrittenen Konflikten zwischen dem einzelnen und der Gesellschaft sowie zur Forderung, unablässig das Positive zu betonen: «Aber wenn jemand so klar sieht, wie er sehen muß, um einen ernsten Konflikt darstellen zu können, wird er auch Lichtpünktchen entdecken, auch die Keime von Anderswerden.»

30. November: In der Deutschlandpolitik beginnt die SED einen härteren Kurs. Heute wird eine neue Durchführungsbestimmung zum «Paßgesetz der DDR» veröffentlicht, nach der westliche Besucher unverzüglich ausgewiesen oder mit einem Ermittlungsverfahren bedroht werden, falls sie die Politik der «Alleinvertretungsanmaßung» vertreten.

2. Dezember: Im *Neuen Deutschland* wird eine Kampagne für die Rationalisierung ausgerufen. Der 32jährige Gerhard Kast, SED-Mitglied seit 1959 und Meister im Funkwerk Köpenick, darf stellvertretend für die neue Schicht der Wirtschaftsfachleute Kritik an Planungs- und Organisationsmängeln, an Leerlauf und ausbleibenden Zulieferungen üben: «Unser Betrieb darf nicht mehr auf Kosten anderer leben. Ich sage das, weil ich mich dafür verantwortlich fühle, daß unser Betrieb der Volkswirtschaft und uns allen künftig Gewinn bringt.» Die neue «Kast-Bewegung» soll bewirken, daß in jedem einzelnen Betrieb Bemühungen um rationellere Abläufe entfaltet werden.

15. bis 17. Dezember: Das ZK der SED bezieht Stellung zur Regierungserklärung von Bundeskanzler Kurt Georg Kiesinger (CDU) vom 13. Dezember. «Die neueste Entwicklung in der westdeutschen Bundesrepublik erfordert ein klärendes Wort.» Die von Kiesinger skizzierte Ostpolitik der Großen Koalition wird scharf abgelehnt.

1967

Studentenbewegung

Zum erstenmal in der Geschichte der Bundesrepublik steigen die Arbeitnehmereinkommen nur noch geringfügig an, zum erstenmal sinkt das Bruttosozialprodukt. Zwar vermag die Große Koalition durch eine neue, antizyklische Konjunkturpolitik ökonomisch gegenzusteuern, ab Sommer setzt tatsächlich ein rasanter Aufschwung ein. Aber die Innenpolitik leidet unter dem Zusammengehen der beiden selbstgerechten Politkolosse. Insbesondere die junge Generation, und darunter vor allem die Studenten, klagen in einer außerparlamentarischen Massenbewegung die überfällige politische und soziale Fortentwicklung der Gesellschaft ein.

1. Januar: In West-Berlin wird die «Kommune 1» gegründet. Drei Frauen und sieben Männer, darunter Uschi Obermaier, Rainer Langhans, Fritz Teufel und Dieter Kunzelmann, suchen die Alternative zu den herkömmlichen bürgerlichen Familienverhältnissen. Anpassung, Besitzdenken und Verklemmung sollen ein Ende haben, die Auflösung des Privaten soll die Individualität befreien: «Wer zweimal mit derselben pennt, gehört schon zum Establishment.» Die von großem Medienrummel begleitete «K1» wird zum Wegbereiter der sexuellen Revolution, der Infragestellung der Normalfamilie und der herkömmlichen Erziehung. Nach anderthalb Jahren bricht sie an der Frage der Waffenbeschaffung für terroristische Aktivitäten auseinander.

13. Januar: Bundeskanzler Kurt Georg Kiesinger (CDU) und Außenminister Willy Brandt (SPD) unternehmen ihre erste Auslandsreise nach Paris. In Unterredungen mit Staatspräsident General Charles de Gaulle suchen sie den deutsch-französischen Freundschaftsvertrag wiederzubeleben.

19. Januar: Die neue Bundesregierung nimmt die erste Hürde. Sie schließt die Deckungslücke des Bundeshaushalts 1967 in Höhe von 3,677 Milliarden DM durch Kürzungen bei allen Einzeletats über 2,531 Milliarden DM und Einnahmeverbesserungen über 1,146 Milliarden DM. Um mit Investitionstätigkeit antizyklisch agieren zu können, wird zugleich ein über Kreditaufnahme finanzierter Eventualhaushalt in Höhe von 2,5 Milliarden DM beschlossen.

1967

Eigene Staatsbürgerschaft

Die DDR gibt sich nun als ganzes Land. Ihre Führung verordnet den Menschen eine eigene Staatsbürgerschaft und will ihnen die DDR als «ihren Staat» präsentieren: «Alles für die DDR, unser sozialistisches Vaterland.» Auf allen Gebieten wird nun die Unabänderlichkeit der Verhältnisse betont, jede Alternative soll undenkbar werden.

25. Januar: Mit der Neuorientierung der Bundesregierung in der Ostpolitik tilgt die SED alle gesamtdeutschen Bezüge. Ab heute wird in allen offiziellen Verlautbarungen nicht mehr die Abkürzung «SPD» oder «NPD» gebraucht, sondern nur noch «SP» oder «NP». In diesen Wochen sind alle Zeitungen voll mit Erklärungen, warum «eine Vereinigung zwischen unserem sozialistischen Vaterland und der vom Monopolkapitalismus beherrschten Bundesrepublik unmöglich» sei. Mit dieser Linie versucht die SED-Führung, jegliche Initiativen und Einflüsse abzublocken, die auf die DDR übergreifen und ihre Herrschaft gefährden könnten.

31. Januar: Die DDR kritisiert empört die Aufnahme diplomatischer Beziehungen zwischen Rumänien und der Bundesrepublik: «Wenn der Außenminister der sozialistischen Republik Rumänien nicht bereit war, bei den Verhandlungen die Alleinvertretungsanmaßung zurückzuweisen und eindeutig zu erklären, daß unter den Bedingungen der Alleinvertretungsanmaßung und anderer revanchistischer Forderungen die Voraussetzungen für diplomatische Beziehungen noch nicht gegeben sind, so ist das bedauerlich.»

2. Februar: Das Staatssekretariat für gesamtdeutsche Fragen wird umbenannt, es heißt nun Staatssekretariat für westdeutsche Fragen. Entsprechend erhält der bisherige Rat für gesamtdeutsche Fragen einen neuen Namen. Staatssekretär Joachim Herrmann erklärt, daß «durch die Schuld

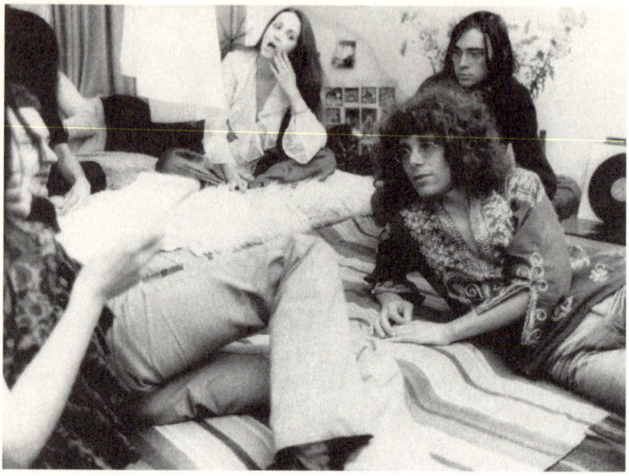

Mitglieder der Kommune I in Berlin, im Vordergrund Rainer Langhans

30. und 31. Januar: Beim Besuch des rumänischen Außenministers Corneliu Manescu in Bonn wird kurzfristig die Aufnahme diplomatischer Beziehungen zwischen der Bundesrepublik und Rumänien vereinbart. Indem sie zwei deutsche Botschaften in Bukarest akzeptiert, rückt die neue Bundesregierung von der «Hallstein-Doktrin» und dem Alleinvertretungsanspruch ab. Ungarn und Bulgarien, im Begriff Rumänien zu folgen, werden von der Sowjetunion an der Aufnahme diplomatischer Beziehungen mit der Bundesrepublik gehindert.

14. Februar: Bundeswirtschaftsminister Karl Schiller (SPD) ruft angesichts der seit Herbst 1966 einsetzenden scharfen Überproduktions- und Absatzkrise die «Konzertierte Aktion» ins Leben. Auf dem heutigen ersten Treffen von Gewerkschaften, Unternehmerverbänden, Ministerien und Bundesbank zeigen sich alle Beteiligten bereit, zur Überwindung der Rezession beizutragen. Die Bundesregierung legt «Orientierungsdaten» über Wachstum, Preise, Beschäftigungslage und Zahlungsbilanz vor, die als Grundlage für das Aushandeln von Tarifvereinbarungen akzeptiert werden.

22. Februar: Der Vorsitzende der SPD-Fraktion im Bundestag, Fritz Erler, verstirbt in Pforzheim. Am 14. März wird Helmut Schmidt zu seinem Nachfolger gewählt.

23. Februar: Zusammen mit dem Bundeshaushalt 1967 verabschiedet der Bundestag das erste konjunkturpolitische Investitionsprogramm der Bundesregierung, das zur Belebung der Investitionstätigkeit 2,5 Milliarden DM vor allem für die Bundesbahn, die Bundespost, den Straßen- und den Wohnungsbau bereitstellt. Am 8. September folgt bereits das zweite, von der «Konzertierten Aktion» befürwortete Konjunkturprogramm mit einem Volumen von 5,3 Milliarden DM, das in eine «mittelfristige Finanzplanung» (Mifrifi) von 1967 bis 1971 eingebettet ist.

7. März: Seit 1959 ist Edmund Rehwinkel Präsident des *Deutschen Bauernverbandes;* unter seiner Führung wird dieser Organisation die größte politische Durchschlagskraft aller Interessenverbände zugeschrieben. Auch seine Politik kann nicht verhindern, daß der Landwirtschaft, deren Produktion bereits 1950/51 wieder das Vorkriegsniveau erreicht, viele Kleinbetriebe verlorengehen.

des westdeutschen Monopolkapitals und seiner Bonner Regierung einschließlich der sozialdemokratischen Minister Begriffe wie ‹gesamtdeutsch› ihres Inhalts entleert und gegenstandslos geworden» seien.

8. bis 10. Februar: In Warschau tagen die Außenminister der Staaten des Warschauer Pakts. Als Antwort auf die neue Ostpolitik der Bundesregierung wird die «Hallstein-Doktrin» umgekehrt und eine Art «Ulbricht-Doktrin» formuliert. Kein Mitgliedsstaat des Warschauer Paktes darf diplomatische Beziehungen zur Bundesrepublik aufnehmen, bevor diese nicht die DDR, die Oder-Neiße-Grenze, die Selbständigkeit West-Berlins, den Verzicht auf jegliche atomare Teilhabe und die Ungültigkeit des «Münchener Abkommens» anerkennt: «Die Anerkennung der DDR und die Verteidigung ihrer souveränen Rechte ist zu einer der Hauptaufgaben des Kampfes um die europäische Sicherheit geworden. Die Existenz und die Entwicklung eines sozialistischen deutschen Staates, der auf dem Boden des Friedens steht, besitzt nicht nur grundlegende Bedeutung für das deutsche Volk, sondern auch für den Frieden in ganz Europa.»

20. Februar: Die DDR vollzieht einen bedeutenden Schritt der Abgrenzung zur Bundesrepublik. Die Volkskammer beschließt das Gesetz über die «Staatsbürgerschaft der DDR». Es folgt der neuen Linie der SED, die für die DDR und die Bundesrepublik unterschiedliche «Staatsvölker» und für West-Berlin eine «Bevölkerung» konstatiert. Aus diesem Grund wird das noch in der DDR-Verfassung geltende Prinzip der seit 1913 bestehenden einheitlichen deutschen Staatsbürgerschaft aufgegeben. Statt dessen wird eine «Staatsangehörigkeit» aller DDR-Bürger geschaffen – einschließlich derer, die nach 1949 ohne Genehmigung das Territorium der DDR und Ost-Berlins verlassen haben.

15. März: In Warschau unterzeichnen Polen und die DDR den «Vertrag über Freundschaft, Zusammenarbeit und gegenseitigen Beistand». Verträge mit weitgehend gleichem Inhalt und gleicher Bezeichnung werden am 17. März in Prag mit der Tschechoslowakei, am 18. Mai in Budapest mit Ungarn, am 7. September in Sofia mit Bulgarien unterzeichnet. Damit wird die DDR fest in das östliche Bündnis eingebunden, so daß sie auch bei der im Juli 1966 in Bukarest vorgeschlagenen Auflösung von NATO und Warschauer Pakt zugunsten eines europäischen Sicherheitssystems Bestandteil des östlichen Blocks bleiben würde.

31. März: Unter dem Titel «Jugend und Sozialismus» beschließt der Staatsrat «Zehn Grundsätze zur sozialistischen Jugendpolitik und ihre Verwirklichung». Der achte Grundsatz steht stellvertretend: «Sozialistische Jugendpolitik heißt heute: die gesamte Jugend so zu erziehen, daß sie sich überall ordentlich verhält, die Gesetze der Deutschen Demokratischen Republik und die Normen der sozialistischen Moral achtet.»

1. bis 7. April: In beiden Teilen Berlins wollen die Teilsynoden der EKD tagen. Weil ihnen die Zusammenkunft in Ost-Berlin untersagt wird, müssen die Synodalen der DDR-Landeskirchen nach Fürstenwalde ausweichen. In ihrer «Fürstenwalder Erklärung» bekennen sich darauf die evangelischen Kirchen in der DDR zur Gemeinschaft der *Evangelischen Kirche in Deutschland* (EKD), der einzigen gesamtdeutschen Institution, die noch in der DDR tätig sein kann. Trotz der Behinderung gelingt es, gemeinsam einen neuen Rat der EKD zu wählen.

17. bis 22. April: Auf ihrem siebten Parteitag in Ost-Berlin antwortet die SED auf die Regierungserklärung von Bundeskanzler Kurt Georg Kiesinger (CDU). Walter Ul-

Erstmals in der Geschichte der Bundesrepublik protestieren nun Zehntausende Bauern. Auf dem ersten außerordentlichen «Bauerntag» in Dortmund wenden sie sich gegen die Bonner Wirtschaftspolitik wie gegen die EWG-Agrarpolitik, die die Mitgliedsstaaten seit dem 30. Juli 1962 gemeinsam betreiben.

10. März: Die Große Koalition beeilt sich, mit ihrer überwältigenden Mehrheit die Notstandsgesetze und die erforderlichen Grundgesetzänderungen vom Bundestag verabschieden zu lassen. Begleitet von zahlreichen Protesten, bringt sie den nunmehr dritten Entwurf des Gesetzes zur Einführung einer Notstandsverfassung ein. Am 29. Juni findet die erste Lesung statt.

3. bis 5. April: Auf ihrem Bundesparteitag in Hannover verabschiedet die FDP ein neues Aktionsprogramm, das in 107 Thesen «Ziele des Fortschritts» bestimmt. Darin werden Verhandlungen gefordert, «die ein zeitlich begrenztes geregeltes Nebeneinander beider deutscher Teilgebiete zum Gegenstand haben».

6. April: Während des Besuches des US-Vizepräsidenten Hubert Humphrey in West-Berlin demonstrieren etwa 2000 Menschen gegen den Krieg in Vietnam. Erstmals setzt die Polizei zivile «Greiftrupps» ein, die «Störer» gezielt festnehmen sollen.

12. April: In einer Regierungserklärung legt Bundeskanzler Kurt Georg Kiesinger (CDU) sechzehn Vorschläge zur Entspannung des innerdeutschen Verhältnisses vor. Sie umfassen «Maßnahmen zur Erleichterung des täglichen Lebens», «Maßnahmen zur verstärkten wirtschaftlichen und verkehrspolitischen Zusammenarbeit» und «Rahmenvereinbarungen für den wissenschaftlichen, technischen und kulturellen Austausch».

19. April: In den Mittagstunden verstirbt Konrad Adenauer, wenige Wochen nach seinem 91. Geburtstag. Sein Tod lähmt das politische Leben in Bonn. Der Leichnam wird im Bundeskanzleramt aufgebahrt, das erstmals seine Türen für die Bevölkerung öffnet. Zigtausende nehmen Abschied von dem Mann, der die junge Bundesrepublik wie kein anderer prägte. Am 25. April wird Adenauer auf dem Waldfriedhof in Rhöndorf beigesetzt.

10. Mai: Angesichts der Rezession sucht die Bundesregierung über das Auflegen von Konjunkturprogrammen hinaus größeren Einfluß auf die wirtschaftliche Entwicklung. Wirtschaftsminister Karl Schiller (SPD) zielt nicht auf Einzeleingriffe, sondern auf eine «Globalsteuerung», die durch Veränderungen in den Rahmenbedingungen das Verhalten der Wirtschaftsteilnehmer beeinflußt. Diese Steuerung wird durch das heute vom Bundestag gebilligte «Gesetz zur Förderung der Stabilität und des Wachstums in der Wirtschaft» ermöglicht, das am 14. Juni in Kraft tritt. Bund und Länder werden zu einer fünfjährigen Finanzplanung verpflichtet, ein Konjunkturrat, der sich am 13. Juli konstituiert, soll die Abstimmung zwischen Bund, Ländern und Gemeinden gewährleisten.

Großbritannien übergibt seinen zweiten Antrag auf Mitgliedschaft in der *Europäischen Gemeinschaft*, deren Bildung aus den bisherigen Gemeinschaften bevorsteht. Im Frühjahr und Sommer stellen auch Irland, Dänemark und Norwegen entsprechende Gesuche.

22. und 23. Mai: In Braunschweig wählt der Bundesparteitag der CDU Bundeskanzler Kurt Georg Kiesinger zum neuen Parteivorsitzenden. Zudem wird die von Konrad Adenauer überlieferte Führungsstruktur reformiert, Bruno Heck übernimmt das neugeschaffene Amt des Generalsekretärs. Der Wandel von Adenauers ‹Kanzlerwahlverein› zur Mitgliederpartei, den der damals bricht schlägt ein Treffen der beiden Regierungschefs vor, die DDR sei zu gleichberechtigten Verhandlungen und zur Normalisierung der Beziehungen bereit. Eine «Vereinigung beider deutscher Staaten werde es erst im Sozialismus geben». «Die Imperialisten haben Deutschland gespalten. Die Arbeiterklasse der beiden deutschen Staaten wird es wieder zusammenfügen», im «engsten Bündnis» untereinander. Heute sei die Bundesrepublik «konföderationsunwürdig». Die DDR dagegen wird der Bevölkerung als unabänderlich dargestellt, die zentrale Parole lautet: «Alles für die DDR, unser sozialistisches Vaterland.» Zudem seien alle Klassengegensätze geschwunden, Walter Ulbricht ruft deshalb die «sozialistische Menschengemeinschaft» aus. Um ihre politische und ideologische Führung gerade in der Wirtschaft wieder stärker zu betonen, wird der Übergang vom NÖSPL zum «Ökonomischen System des Sozialismus» (ÖSS) beschlossen, mit dem «strukturbestimmende Aufgaben» formuliert werden.

24. bis 26. April: In Karlovy Vary (Karlsbad) konferieren 24 kommunistische und Arbeiterparteien Europas, die den im Juli 1966 in Bukarest vorgelegten Vorschlag eines europäischen Sicherheitssystems erneuern. Rumänien und Jugoslawien nehmen nicht teil.

3. Mai: Der Ministerrat beschließt die allgemeine Einführung der Fünf-Tage-Woche ab dem 28. August. Die wöchentliche Arbeitszeit beträgt dann für mehr als 6,5 Millionen Werktätige statt 45 nur noch $43\frac{3}{4}$ Stunden, bei dreischichtiger Arbeit statt 44 nur 42 Stunden. Im Zuge dieser Reform werden einige Feiertage abgeschafft und zu Werktagen erklärt: Ostermontag, Himmelfahrt, Bußtag und der 8. Mai («Tag der Befreiung»). An den drei kirchlichen Feiertagen sowie am Reformationstag soll den Werktätigen auf Wunsch unbezahlte Freizeit zum Besuch von Gottesdiensten gewährt werden.

10. Mai: Ministerpräsident Willi Stoph (SED) leitet mit einem Schreiben an Bundeskanzler Kurt Georg Kiesinger (CDU) einen ersten deutsch-deutschen Briefwechsel auf Regierungsebene ein. Stoph geht auf Kiesingers sechzehn praktische Vorschläge vom 12. April nicht ein, sondern fordert «ordnungsgemäße Vereinbarungen» vor allem über die Aufnahme normaler Beziehungen, über gegenseitigen Gewaltverzicht, die Anerkennung der gegenwärtigen Grenzen in Europa und die Halbierung der Rüstungsausgaben in beiden deutschen Staaten. Stoph lädt Kiesinger nach Ost-Berlin ein, zeigt sich indes auch zu einem Besuch in Bonn bereit.

10. bis 13. Mai: Auf dem achten «Parlament» und dem Pfingsttreffen der FDJ in Karl-Marx-Stadt wird Günther Jahn (SED) zum Nachfolger von Horst Schumann als Erster Sekretär des Zentralrats gewählt.

17. Mai: Der Wissenschaftler Adolf-Henning Frucht wird von der Stasi verhaftet. Als Leiter des Ost-Berliner Instituts für Arbeitsphysiologie erfährt er, daß die Chemischen Dienste der NVA einen neuen, extrem kältebeständigen Kampfstoff entwickeln, der gedacht ist, die US-Radaranlagen nördlich des Polarkreises außer Gefecht zu setzen. Um einen möglichen Angriff des Ostens zu verhindern, versucht Frucht, diese Mitteilung an den US-Geheimdienst zu überbringen. Da ihm dort zunächst kein Glauben geschenkt wird, bemüht sich Frucht mehrmals um Gehör – und wird von der Stasi entdeckt. Am 2. März 1968 verurteilt der Militärstrafsenat des Obersten Gerichts Frucht zu lebenslänglicher Freiheitsstrafe, wobei sein eigentliches Vergehen überhaupt nicht zur Sprache kommt – weil die Experimente mit chemischen Kampfstoffen nicht sein dürfen, können sie auch

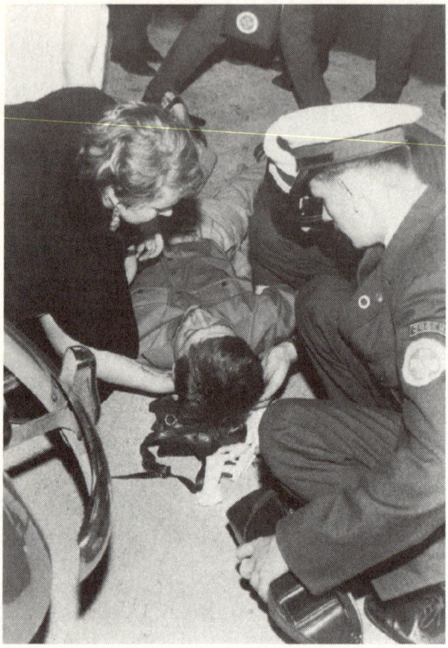

Benno Ohnesorg, von einer Polizeikugel tödlich getroffen, in der Krummestraße in Berlin

neugewählte geschäftsführende Vorsitzende Josef Hermann Dufhues 1962 eingeleitet hat, wird von Kiesinger und Heck entscheidend vorangetrieben.

24. Mai: In West-Berlin verteilen Fritz Teufel und Rainer Langhans ein von Dieter Kunzelmann verfaßtes Flugblatt. Es ruft dazu auf, nach dem Vorbild des Brüsseler Anschlages vom 22. Mai, bei dem 322 Menschen ums Leben kommen, Kaufhäuser anzuzünden. Der Feuertod im Kaufhaus entspreche dem Napalmtod in Vietnam.

2. Juni: Vom 27. Mai bis zum 4. Juni besucht Persiens Schah Rezah Pahlewi mit seiner zweiten Gattin Kaiserin Farah Diba die Bundesrepublik und West-Berlin. An fast allen Orten seines Aufenthaltes kommt es zu Protesten gegen den diktatorisch regierenden Monarchen. Die Bundesregierung veranlaßt deshalb ungewöhnlich scharfe Sicherheitsmaßnahmen, Autobahnen und selbst der Rhein werden für jeglichen Verkehr gesperrt, ganze Gebäude werden geräumt oder von der Polizei besetzt. Am 2. Juni besucht das kaiserliche Paar West-Berlin, wo es zu bürgerkriegsähnlichen Zuständen kommt. Während die Polizei tatenlos zusieht, wie eigens eingeflogene schahfreundliche Perser («Jubelperser») mit Totschlägern und Knüppeln auf Demonstranten einschlagen, betrachtet sie die etwa 3000 protestierenden Demonstranten als militärischen Gegner. In einem nichterklärten Notstand werden die massiven Polizeikräfte so eingesetzt, als bekämpften sie innere Unruhen oder einen kommunistischen Umsturzversuch. Mit Greiftrupps und Knüppeleinsätzen suchen sie jegliche Ansammlung zu verhindern.

In dieser aufgeheizten Situation wird der Student Benno Ohnesorg am späten Abend vom Polizeiobermeister Karl Heinz Kurras in einem Garagenhof der Krummen Straße ohne ersichtlichen Grund erschossen. Weitere Demonstranten werden durch Knüppeleinsätze schwer verletzt. In der Nacht läßt der Regierende Bürgermeister Heinrich Albertz (SPD) eine Erklärung verbreiten, die die Opfer zu Tätern macht: «Die Geduld der Stadt ist am Ende. Einige Dutzend Demonstranten, unter ihnen auch Studenten, haben sich das traurige Verdienst erworben, nicht nur einen Gast der Bundesrepublik Deutschland in der deutschen Hauptstadt beschimpft und beleidigt zu haben, sondern auf ihr Konto gehen auch ein Toter und zahlreiche Verletzte – Polizeibeamte und Demonstranten.»

Am Vormittag des 3. Juni versuchen einige Hundert Studenten Trauermärsche durchzuführen, diese werden jedoch von der Polizei unterbunden. Als eine Protestversammlung in der FU stattfindet, umstellt die Polizei das Gelände. Am Nachmittag erläßt nicht verraten werden. Am 18. Juni 1977 wird Frucht mit zehn anderen Häftlingen gegen den chilenischen Kommunisten Jorge Montes, den letzten politischen Häftling Chiles, ausgetauscht.

26. Mai: Der im Januar 1963 vom sechsten Parteitag der SED angekündigte «Perspektivplan 1964 – 1970» kann trotz vielfacher Bemühungen nicht im vorgesehenen Zeitraum fertiggestellt werden. Erst jetzt wird der Rest dieses Perspektivplans als Gesetz vorgelegt und von der Volkskammer verabschiedet. Damit bleiben die Volkswirtschaftspläne der Jahre 1964, 1965 und 1966 ohne Einbindung in die verbindliche mittelfristige Wirtschaftsplanung.

17. Juni: China zündet seine erste Wasserstoffbombe. Am 27. Juni veröffentlicht die sowjetische Führung eine Erklärung, daß China seine Atomwaffen womöglich gegen seine Nachbarländer einsetzen werde.

27. Juni: Nunmehr wendet sich die SED-Führung auch an CDU und CSU. In einem offenen Brief an die Mitglieder und Anhänger der Unionsparteien schlägt das ZK die Aufnahme von gleichberechtigten Verhandlungen über innerdeutsche Probleme und über die «Aufnahme normaler Beziehungen zwischen beiden deutschen Staaten» vor.

2. Juli: Bei den Volkskammerwahlen entfallen bei einer Wahlbeteiligung von 98,82 Prozent 99,93 Prozent der abgegebenen Stimmen auf die Einheitslisten der Nationalen Front. Die 434 Sitze der Volkskammer (ohne die 66 Sitze für Ost-Berliner Abgeordnete) werden nach dem bestehenden Schlüssel verteilt.

13. und 14. Juli: Die neue Volkskammer konstituiert sich. Walter Ulbricht (SED) wird zum Vorsitzenden des Staatsrates und des Nationalen Verteidigungsrates wiedergewählt, Willi Stoph (SED) wird erneut Vorsitzender des Ministerrats. Die berüchtigte Justizministerin Hilde Benjamin (SED), Symbolfigur der stalinistischen Willkürrepression, wird abgelöst. Ihr Nachfolger wird der 38jährige Kurt Wünsche (LDPD), 1953 und 1954 selbst von der «Stasi» inhaftiert. Es wird betont, daß es sich um einen normalen Wechsel handele und keine Änderung der Politik bedeute. Die DDR tilgt zunehmend die Hinweise auf besondere innerdeutsche Beziehungen. Das bisherige «Ministerium für Außenhandel und Innerdeutschen Handel» wird umbenannt, es heißt nun «Ministerium für Außenwirtschaft».

19. Juli: Die Qualifizierung von Frauen wird erleichtert. Der Minister für Hoch- und Fachschulwesen ordnet an, daß an den Fachschulen Sonderklassen eingerichtet werden, die berufstätigen Frauen und Müttern das Direkt- oder Abendstudium zu Ingenieuren, Ökonomen und Ingenieurökonomen ermöglichen.

21. Juli: Die Regierung sendet ein Memorandum an die Regierungen und Völker über ihre jüngsten Bemühungen zur Herstellung normaler Beziehungen zwischen beiden deutschen Staaten.

12. August: Am Vorabend des Jahrestages des Mauerbaus schreibt die Ost-Berliner Zeitung *BZ am Abend* unter dem Titel «Als es 13 schlug»: «Ein Sonntag vielleicht wie der morgige: sommerlich, ruhig, friedlich, jener 13. August 1961. Doch der Schein trog. Aus der jenseits des Brandenburger Tores anhebenden Welt vom Ku'damm bis zur Wallstreet strömten abgefeimteste Räuber, seit Jahren kaum behindert, herüber zu uns. Sie machten Westberlin zum Tummelplatz für Schmuggel, Menschenraub, Spionage, Diversion – ja sogar zur Aufmarschbasis einer militärischen Aggression. In typischer Überheblichkeit und Verkennung der realen Kräfte putzten sie schon die Marschstiefel, der Senat ein generelles Demonstrationsverbot und beschließt die Bildung von Schnellgerichten. Albertz verkündet in einer Rundfunkansprache, «die in unserer Rechtsordnung vorgesehene Möglichkeit zu nutzen, um die Kriminalität nachhaltig bekämpfen zu können, mit der Sicherheit und Ordnung in unserer Stadt untergraben werden sollen». Anschließend nimmt die Polizei zahlreiche grundlose Festnahmen vor, der Senat kündigt einen Polizeieinsatz gar für eine größere Beteiligung am Begräbnis von Ohnesorg an.

Eine regelrechte Pogromstimmung breitet sich aus, die die Stadt monatelang in eine Art Ausnahmezustand versetzt. Während der Todesschütze Kurras von der Anklage der fahrlässigen Tötung freigesprochen wird, versucht die Justiz den bereits in anderer Sache einmal festgenommenen Studenten Fritz Teufel, Mitglied der «Kommune 1», zum «steinewerfenden Rädelsführer» zu erklären – indes vergeblich. Diese Ereignisse tragen wesentlich zur Gewalttätigkeit in der Konfrontation von Studentenbewegung und Staatsmacht bei. Im gesamten Bundesgebiet löst der Tod von Ohnesorg zahllose Protestaktionen aus.

13. Juni: Bundeskanzler Kurt Georg Kiesinger antwortet auf den Brief von Ministerpräsident Willi Stoph vom 10. Mai. Er schlägt nun auch der DDR den Austausch von Gewaltverzichtserklärungen vor, wie er allen anderen Staaten in der sogenannten Friedensnote vom 25. März 1966 angeboten wurde. Die Realität, die von beiden Seiten anzuerkennen sei, sei «der Wille der Deutschen, ein Volk zu sein». Deshalb sollten «Beauftragte» beider deutscher Regierungen über die von ihm am 12. April vorgelegten praktischen Vorschläge verhandeln. Am 14. Juni erklärt Kiesinger im ZDF, die Anerkennung der DDR sei Verrat.

28. Juni: Auf Antrag Hessens erklärte 1958 das Bundesverfassungsgericht die steuerliche Absetzbarkeit für Parteispenden für verfassungswidrig. Ab 1959 gewähren sich die Bundestagsparteien deshalb direkte Zuschüsse aus dem Bundeshaushalt wie aus den Landeshaushalten für ihre «politische Bildungsarbeit»: Im Jahr 1965 erhält die SPD 19,7 Millionen DM, die CDU 18,1 Millionen DM, die CSU 5,8 Millionen DM und die FDP 7,4 Millionen DM. Abermals ruft Hessen dagegen das Bundesverfassungsgericht an, das am 19. Juli 1966 staatliche Zuschüsse zur allgemeinen Tätigkeit der Parteien für verfassungswidrig erklärt. Lediglich die Erstattung von «notwendigen Kosten eines angemessenen Wahlkampfes» sei zulässig. Heute verabschiedet der Bundestag fast einstimmig das neue «Parteiengesetz», das am 24. Juli in Kraft tritt. Danach erhält jede Partei, die bei Bundestagswahlen mehr als 2,5 Prozent der Zweitstimmen erringt, eine «Wahlkampfkostenpauschale» von 2,50 DM pro Stimme. Diese Regelung wird rückwirkend auf die Bundestagswahl vom 19. September 1965 ausgedehnt. Auf Antrag drei kleiner Parteien, darunter die NPD, erklärt das Bundesverfassungsgericht am 3. Dezember 1968 die 2,5-Prozent-Hürde für zu hoch und die rückwirkende Ausdehnung für verfassungswidrig. Am 13. Juni 1969 ändert der Bundestag das Parteiengesetz diesbezüglich, die 2,5-Prozent-Hürde wird durch eine 0,5-Prozent-Hürde ersetzt. Die in dieser Frage zutage getretene Selbstbedienungsmentalität der Bundestagsparteien erregt heftige Kritik in der Öffentlichkeit.

1. Juli: Die EWG wird zum Kern der neuen EG. Heute werden die Exekutiven von EWG, «Europäischer Gemeinschaft für Kohle und Stahl» und «Euratom» zur *Europäischen Gemeinschaft* (EG) verschmolum die Siegesparade über die ‹einkassierte› DDR – sogenannte, versteht sich – Unter den Linden abzuziehen. Da schlugen wir zu. So, daß nicht eine ihrer fast 100 Agentenzentralen Wind bekam. Diese Tat, bei der uns Verbündete treu zur Seite standen, machte europäische Geschichte.»

18. August: Mit der Verurteilung von 37 «Fluchthelfern» beginnt eine jahrelange Welle von Prozessen gegen Fluchthelfer. Dies hindert die Führung nicht, tags darauf 36 Häftlinge im Rahmen des «Freikaufs» in den Westen zu entlassen.

12. und 13. September: Anläßlich des 100. Jahrestages der Veröffentlichung des ersten Bandes von Karl Marx' «Das Kapital» veranstaltet das ZK der SED in Ost-Berlin eine Tagung. Walter Ulbricht nutzt die gefestigte Stellung der DDR als «Juniorpartner» der Sowjetunion, um erstmals politisch-ideologische Selbständigkeit zu demonstrieren. Er bestimmt den Sozialismus, der bei den Klassikern als kurze Übergangsphase auf dem Weg zur «klassenlosen Gesellschaft» des Kommunismus gilt, als «eine relativ selbständige sozialökonomische Formation in der historischen Epoche des Übergangs vom Kapitalismus zum Kommunismus im Weltmaßstab». Mit dieser These will Ulbricht zum einen dem Führungsanspruch der Sowjetunion entgegenwirken, zum anderen der Bevölkerung der DDR erklären, warum der angestrebte Kommunismus nicht näher rückt.

14. September: Die Institute für Marxismus-Leninismus bei den ZKs von KPdSU und SED geben ihre Absicht bekannt, gemeinsam die Herausgabe einer historisch-kritischen Marx-Engels-Gesamtausgabe (MEGA) vorzubereiten.

18. September: In seinem Antwortschreiben an Bundeskanzler Kurt Georg Kiesinger (CDU) legt Ministerpräsident Willi Stoph (SED) den «Entwurf eines Vertrages über die Herstellung und Pflege normaler Beziehungen zwischen der Deutschen Demokratischen Republik und der Bundesrepublik Deutschland» vor. Die normalen Beziehungen werden an Vereinbarungen geknüpft, so über Gewaltverzicht, über «die Anerkennung der bestehenden Grenzen in Europa, einschließlich der Oder-Neiße-Grenze und der Grenze zwischen der Deutschen Demokratischen Republik und der Bundesrepublik Deutschland, die Anerkennung West-Berlins als selbständige politische Einheit, die Anerkennung der Nichtigkeit des Münchener Abkommens von Anfang an sowie Verzicht beider deutscher Staaten, in irgendeiner Form Zugang zu Kernwaffen zu erlangen oder Kernwaffen auf ihrem Territorium zu lagern». Auch hier geht Stoph nicht auf den Vorschlag Kiesingers ein, Beauftragte beider Regierungen zu ernennen. Obgleich die DDR seit Jahren Regierungsverhandlungen fordert, schlägt sie das Angebot nun faktisch aus.

12. Oktober: In einer ersten Note an die Bundesregierung fordert die Sowjetunion vor jeglichen Verhandlungen eine Klarstellung, ob die Bundesregierung Gewaltverzichtserklärungen auch mit der DDR austauschen werde, «und zwar unter den gleichen Bedingungen wie mit den anderen sozialistischen Staaten». Während Bonn einen «abstrakten» Gewaltverzicht erklären will, der all seine politischen Ziele beibehält und einzig auf deren gewaltsame Durchsetzung verzichtet, drängt die Sowjetunion auf einen «konkreten» Gewaltverzicht, der alle Anerkennungsforderungen des Warschauer Paktes zu erfüllen habe. Angesichts des Aufstiegs der NPD beansprucht die Sowjetunion in einer weiteren Note vom 21. November ein Interventionsrecht nach der «Feindstaatenklausel» der UN-Charta. Danach darf sie als Siegermacht des Zweiten zen, deren Präsident der Belgier Jean Rey wird.

25. August: Anläßlich der Berliner Funkausstellung beginnt die Bundesrepublik als erstes europäisches Land mit der ständigen Ausstrahlung von Farbfernsehsendungen. Dabei wird das hierzulande entwickelte PAL-System verwendet.

26. September: Weil der Bericht des am 8. Juni eingesetzten Parlamentarischen Untersuchungsausschusses Polizei- wie politischer Führung schwere Versäumnisse beim Besuch des Schahs im Juni vorwirft, treten der Berliner Polizeipräsident Erich Duensing und Innensenator Wolfgang Büsch zurück. Die SPD ist zu einer Lösung der Regierungskrise nicht in der Lage. Da er über eine Mehrheit innerhalb seiner Partei nicht mehr verfügt, tritt heute auch der Regierende Bürgermeister, Heinrich Albertz, zurück: «Ich war am schwächsten, als ich am härtesten war, in jener Nacht des 2. Juni, weil ich dort objektiv das Falsche tat.» Am 19. Oktober wird Klaus Schütz (SPD) neuer Regierender Bürgermeister.

28. September: Bundeskanzler Kurt Georg Kiesinger (CDU) beantwortet das Schreiben Willi Stophs (SED) vom 18. August, ohne auf den darin enthaltenen Vertragsentwurf einzugehen. Kiesinger erinnert an seine Vorschläge vom 12. April und 13. Juni und schlägt deren (bisher nicht erfolgte) Veröffentlichung in der DDR vor. Eine Antwort der DDR erfolgt nicht mehr, damit endet dieser erste deutsch-deutsche Dialog auf Regierungsebene ohne Annäherung.

21. Oktober: In West-Berlin ziehen zum Internationalen Protesttag gegen den Krieg der USA in Vietnam 7000 Demonstranten mit Vietcong-Fahnen und Che-Guevara-Bildern über den Ku'damm. Am Abend kommt es zu schweren Auseinandersetzungen, bei denen mehrere Personen verletzt und 49 Demonstranten festgenommen werden.

1. November: Die Studentenbewegung kritisiert die althergebrachte Verfassung der Universitäten scharf. «Unter den Talaren Muff von tausend Jahren» lautet einer der bekanntesten Slogans. Innerhalb der FU wird von Studenten nun die «Kritische Universität» gebildet, die in den Worten von Rudi Dutschke «die Rückbesinnung auf den ursprünglichen Inhalt von Wissenschaft als Prozeß der Selbstbefreiung des Menschen durch Aufklärung» bewirken soll. Auf den Vorwurf, dieser Prozeß solle zur politischen Machtergreifung der linken Studenten führen, entgegnet Dutschke: «Machtergreifung, ich halte das Wort für falsch, denn es bedeutet, daß eine Minderheit versucht, die Macht zu ergreifen. Der Prozeß der Revolution, von dem viele von uns träumen oder ihn vorbereiten, ist ein Prozeß, der über die Selbstorganisation geht und nicht über die Manipulation. Selbstorganisation heißt: Man organisiert die eigenen Interessen, Bedürfnisse und vielleicht auch Leiden. Und das Bedürfnis der Studentenschaft, sich wissenschaftlich zu organisieren, führt zur ‹Kritischen Universität›.»

9. November bis 7. Dezember: Als Zugeständnis an die breite außerparlamentarische Opposition veranstaltet der Rechtsausschuß des Bundestages eine öffentliche Anhörung zu den Notstandsgesetzen in vier «Hearings». Obwohl auch zahlreiche Kritiker zu Wort kommen, verändert diese Anhörung die Positionen nicht.

Weltkrieges auch nach dem Austausch von Gewaltverzichtserklärungen militärisch gegen die Bundesrepublik vorgehen, falls diese den Frieden bedrohe. Am 8. Dezember weist die Sowjetunion in einer Note an die Westmächte und die Bundesregierung auf das Potsdamer Abkommen hin, das «die restlose Vernichtung der Nationalsozialistischen Partei und ihrer Filialen» und die «Nichtzulassung aktiven Nazismus zur politischen und gesellschaftlichen Betätigung» fordere.

30. November: Der Staatsrat faßt einen Beschluß «über die Aufgaben der Kultur bei der Entwicklung der sozialistischen Menschengemeinschaft». Alle Kunst- und Kulturschaffenden sollen den «Bitterfelder Weg» weiter beschreiten, ihre Werke haben «im Streben nach Schönheit und Wahrheit» die stabile und harmonische «sozialistische Menschengemeinschaft» zu fördern. Am 10. Januar 1968 berät der Präsidialrat des «Deutschen Kulturbundes», welche Aufgaben dieser Beschluß stellt.

1. Dezember: Die DDR benennt ihre Währung abermals neu. Aus «Mark der Deutschen Notenbank» wird nun «Mark der Deutschen Demokratischen Republik»; die Kurzbezeichnung lautet «Mark», die Abkürzung «M».

Befreites Berlin

Im Oktober führt Hans-Magnus Enzensberger ein Gespräch mit Rudi Dutschke, Bernd Rabehl und Christan Semler, das im August 1968 im «Kursbuch» veröffentlicht wird. Die Leichtigkeit, mit der den Studenten die Veränderung der Universität gelingt, läßt sie auf Höheres zielen – ihre Kritik wird zur Gesellschaftskritik, ihre Aktionen werden zur revolutionären Tat, die Selbstbefreiung der Studenten zur Befreiung der Gesellschaft: «Rabehl: Was machen wir? Die radikale Intelligenz muß die Universität auflösen, die Universität muß in die Gesellschaft übergehen; das heißt, sie muß an den direkten Problemen dieser Berliner Gesellschaft arbeiten, die Arbeiter zur Übernahme der Produktion erziehen, sich Gedanken darüber machen, wie dieses Stadtbild aufgelöst werden kann, wie die Rentner, die alten Leute zu ihrem Alter, zu ihrem Menschsein zurückfinden können, statt in den Hinterhöfen, in ihren engen Wohnungen herumzuhocken; sie wird die Bürokratie zerstören, die Polizei zerstören.»

Natürlich betrachten die universitären Revolutionäre ihre «Hypothese von einem befreiten Berlin» nicht isoliert, sondern im Umfeld von Bundesrepublik und DDR.

«Enzensberger: Von seiten der Bundesrepublik wäre folgende Reaktion denkbar: Flüchtlinge nehmen wir auf aus diesem Berlin, aber wir liefern nichts mehr, wir lassen keine Flugzeuge mehr starten und landen.

Dutschke: Politisch ist das zur Zeit überhaupt nicht denkbar. Jede Bundesregierung würde stürzen über einen solchen Fall. Ich halte es für ausgeschlossen, daß es zu einer vollen Blockade Westberlins durch die Bundesrepublik kommt.

Semler: Die Frage ist so kaum zu beantworten. Wir konstruieren das Modell einer Räterepublik in Westberlin, lassen aber dabei den gesellschaftlichen Prozeß in der Bundesrepublik, auch den in der DDR außer acht.»

1968

Notstandsgesetze

Aus späterer Sicht ist kaum zu erklären, warum die Notstandsgesetze eine solch erbitterte Kontroverse auslösen. Die Große Koalition treibt sie mit aller Macht voran, CDU und SPD verstehen ihr Vorgehen als staatstragend – für einen Staat, der es wert ist. Die Kritiker sehen darin den ersten Schritt auf dem Weg zu einem autoritären Staat, der sich angesichts gesellschaftlichen Wandels nicht ändern will.

1. Januar: Anstelle der bisherigen linearen Umsatzsteuer gilt ab heute die neue Mehrwertsteuer. Sie besteuert nur noch den jeweiligen Wertzuwachs, den die Ware durch Bearbeitung oder Verarbeitung erfährt, und ist somit nicht mehr Bestandteil der Kosten, sondern durchlaufender Posten für die Unternehmen. Der Steuersatz beträgt 10 Prozent und ermäßigte 5 Prozent für Lebensmittel und Bücher sowie andere Druckerzeugnisse. Ab 1. Juli werden die Steuersätze auf 11 und 5,5 Prozent heraufgesetzt.

15. Januar: In Bremen werden Fahrpreiserhöhungen im öffentlichen Nahverkehr verkündet. Rasch beginnen große Demonstrationen, die am 24. Januar eine Rücknahme der Erhöhungen erreichen. Ähnliche Proteste erleben im Laufe dieses und des nächsten Jahres zahlreiche weitere Städte, so Bochum, Duisburg, Freiburg, Oberhausen und Heidelberg. Gemeinsame Forderung ist der «Nulltarif», der die kostenlose Benutzung aller öffentlichen Nahverkehrsmittel erlauben soll. Mit der «Aktion Roter Punkt» werden mitnahmebereite Autofahrer und zu transportierende Fahrgäste zusammengeführt.

29. und 30. Januar: Auf ihrem Bundesparteitag in Freiburg stellt die FDP die Weichen für einen sozialliberalen Kurs. Der eher national orientierte bisherige Parteivorsitzende Erich Mende verzichtet auf eine Kandidatur. Zum neuen Vorsitzenden wird Walter Scheel gewählt, der jedoch zunächst jede Koalitionsaussage zugunsten der SPD vermeidet. Statt dessen umreißt Scheel ein außenpolitisches und der in den Parteivorstand gewählte Soziologe Ralf Dahrendorf ein innenpolitisches Reformprogramm.

1968

Tschechoslowakische Krankheit

Ganz in der Nähe geschieht etwas, das die Menschen in der DDR Hoffnung schöpfen läßt. In der Tschechoslowakei dürfen die Bürger nun ihre Meinung sagen, ohne Angst haben zu müssen; sie dürfen lesen, was sie wollen, sie dürfen reisen, wohin sie wollen. Sollte möglich sein, was viele in Osteuropa erträumen – ein Sozialismus mit menschlichem Antlitz? Er ist möglich – so lange, bis er von Gewehrläufen und Panzerketten blutig niedergeschlagen wird.

12. Januar: Die Volkskammer billigt ein neues Strafgesetzbuch und eine neue Strafprozeßordnung, die am 1. Juli 1968 in Kraft treten und die deutsche Rechtseinheit endgültig beenden. Einige der Reformen erklären Homosexualität unter Erwachsenen für straffrei, die Strafandrohung für homosexuelle Handlungen mit Jugendlichen wird herabgesetzt (indes für lesbische Beziehungen, die bisher nicht erfaßt wurden, erstmals eingeführt), der Tatbestand der Kuppelei und des Ehebruchs wird abgeschafft. Ausdrücklich werden neue Regelungen für den «Kampf gegen die verbrecherischen Anschläge auf den Frieden und die DDR» geschaffen, die Todesstrafe wird beibehalten. Zahlreiche neue Strafbestimmungen schaffen eine politische Willkürjustiz, die gegen jede unliebsame Aktivität gewendet werden kann. So werden unter Strafe gestellt: das Verlassen der DDR ohne Genehmigung, entweder als «ungesetzlicher Grenzübertritt» oder als «staatsfeindlicher Menschenhandel»; das Sammeln von «Nachrichten, die geeignet sind, die gegen die Deutsche Demokratische Republik oder andere friedliebende Völker gerichtete Tätigkeit von Organisationen, Einrichtungen, Gruppen oder Personen zu unterstützen»; wenn sich jemand mit «Organisationen, Einrichtungen, Gruppen oder Personen, die sich eine gegen die staatliche Ordnung der Deutschen Demokratischen Republik gerichtete Tätigkeit zum Ziel setzen, in Kenntnis dieser Ziele oder Tätigkeiten in Verbindung setzt».

15. und 16. Januar: Zu einem inoffiziellen Besuch hält sich die sowjetische Führungsspitze mit Leonid Breschnew, Alexej Kossygin und Nikolai Podgorny in Ost-Berlin auf.

Ralf Dahrendorf über die Erstarrung

«Unsere politischen Verhältnisse sind starr geworden nach außen: Die CDU/CSU insbesondere spricht gerne davon, wir Deutschen ‹seien wieder wer› in der Welt, unsere Stimme werde gehört. Das mag zutreffen in Lissabon, in Monrovia und in Kathmandu. Aber wer gelegentlich in Paris, in London oder in Washington mit den dort Verantwortlichen ohne jede diplomatische Immunität des Gedankens spricht, auch wer aufmerksam auf das hört, was aus Prag oder Moskau zu uns dringt, der weiß, daß unsere Stimme an all diesen Orten vermißt wird. Daß wir nicht geradezu beliebt sind in der Welt (und wir sind es nicht an den Stellen, die zählen), mag noch zu verschmerzen sein; daß wir dort eher mitleidig als Land ohne Ziel und Initiative abgetan werden, ist nicht mehr zu verschmerzen (...) Unsere politischen Verhältnisse sind starr geworden nach innen: Kaum erinnert man sich noch an große politische Initiativen im Bereich der Wirtschafts- oder Wissenschaftspolitik, Gesellschafts- oder Verfassungspolitik (wenn es sie in der Bundesrepublik überhaupt schon einmal gegeben hat). Wer heute zu den Menschen geht und mit ihnen spricht, kann mit Vokabeln wie ‹Verwaltungsreform›, ‹Finanzreform› oder ‹Hochschulreform› allenfalls noch ein müdes Lächeln hervorrufen; die Menschen winken ab, weil sie es schon wissen: ‹Es geschieht ja doch nichts› (...) An keinem Punkt ist die Unbeweglichkeit unserer politischen Verhältnisse so deutlich sichtbar wie an der Herrschaft der Formeln über das politische Denken, die längst schon den Weg zu den Sachen versperrt: ‹Freiheitlicher und sozialer Rechtsstaat›, ‹Wiedervereinigung in Frieden und Freiheit›, ‹Alleinvertretungsanspruch›, ‹Nichtanerkennung der Oder-Neiße-Linie›, ‹unsere Verbündeten› – wann ist wohl zuletzt und von der Wurzel her über solche Worte nachgedacht worden? (...) Es wäre gut, wenn unsere politischen Führer, die Regierungsgewohnten der CDU und die Zustimmungsgewohnten der SPD, einmal dem Gelächter ausgesetzt würden, mit dem heutzutage junge Leute das in Bonn leider üblich gewordene politische Gerede quittieren (...) Dann würden sie verstehen, woher die Unruhe kommt, die die einen zum Sturm auf die Kirchen und Gerichte, die anderen zu Wahlentscheidungen mit dem Denkzettel der NPD bewegt (...) Die politische Konzeption, die das Bündnis der Unbeweglichkeit sprengen könnte, das uns regiert, ist eine Konzeption der entschiedenen Veränderung der Richtung unserer sozialen Entwicklung, sie ist insofern die Konzeption einer neuen Gesellschaft. Wir brauchen eine Gesellschaftspolitik der Liberalität. Deren erstes Wort heißt ganz gewiß nicht ‹Sicherheit›; es heißt vielmehr: ‹Offenheit›.»

Thema ist auch die Entwicklung in der Tschechoslowakei: «In allen behandelten Fragen wurde volle Übereinstimmung erzielt.»

29. und 30. Januar: Alexander Dubček führt in Moskau Gespräche mit der sowjetischen Führung. Das Kommuniqué spricht von «herzlicher Freundschaft, Aufrichtigkeit und gegenseitigem Einvernehmen». Dubček besucht in der Folgezeit auch Warschau und Budapest, nicht aber Ost-Berlin, wo man die Ansteckung mit der «tschechoslowakischen Krankheit» am meisten fürchtet.

6. bis 18. Februar: Bei den Olympischen Winterspielen in Grenoble treten erstmals zwei deutsche Mannschaften an. Die Mannschaft der DDR erringt eine Gold- sowie je zwei Silber- und Bronzemedaillen, während das Team der Bundesrepublik je zwei Gold- und Silber sowie drei Bronzemedaillen gewinnt.

23. Februar bis 1. März: Erstmals wird die «Gruppe der sowjetischen Streitkräfte in

Der Prager Frühling

In der Tschechoslowakei bricht sich eine breite Reformbewegung Bahn, die im ideologischen Bereich 1963 auf der Kafka-Konferenz von Liblice einsetzte, wo das Dogma vom Sozialistischen Realismus eine erste Erschütterung erfuhr. Seit 1967 ergreift sie auch die Politik und führt nun zu personellen Veränderungen: Antonín Novotny, seit 1953 Erster Sekretär der KPČ, wird auf der ZK-Sitzung vom 3. bis 5. Januar 1968 des Amtes enthoben, bleibt aber Staatspräsident. Zu seinem Nachfolger wird der Parteisekretär der Slowakei, Alexander Dubček, gewählt, der bereits im Oktober 1967 den Rücktritt Novotnys forderte. Der Versuch Novotnys, sich durch einen Militärputsch an der Macht zu halten, scheitert im Ansatz. Darauf weitet sich der Reformprozeß zu einer mächtigen Volksbewegung aus, die alle Bevölkerungsgruppen erfaßt.

Bereits Ende Februar hörte die Zensur in der Tschechoslowakei faktisch auf zu existieren, als die bis dahin verbotene Zeitschrift *Literarni Listy* wieder erscheinen durfte. Im März wird die Zensur offiziell abgeschafft. Eine wahre Informationsexplosion setzt ein: Westliche Zeitungen und Zeitschriften werden zugelassen. Heimische Medien üben offene Berichterstattung und enthüllen zahlreiche Verbrechen der alten Führung, sie werden zur treibenden Kraft der Demokratisierung.

Nach dem Prinzip der Gewaltenteilung werden am 5. April eine neue Regierung sowie eine neue Führung der KPČ gebildet. Ministerpräsident Oldrich Cernik stellt die Vollendung der Demokratisierung der Rechte und bürgerlichen Freiheiten, die Vollendung der wirtschaftlichen und kulturellen Entwicklung sowie eine aktivere Außenpolitik und die Gewährleistung der Sicherheit des Landes ins Zentrum seiner Politik. Das ZK der KPČ nimmt ein weitreichendes Aktionsprogramm an, das grundlegende Veränderungen anstrebt und zum zentralen Dokument des «Prager Frühlings» wird. Erstmals in der Geschichte Osteuropas wird damit gleichzeitig durch eine kommunistische Partei «von oben» wie durch eine breite Volksbewegung «von unten» eine umfassende demokratische Reform in Politik, Wirtschaft und Gesellschaft angestrebt. Eine der wichtigsten Neuerungen ist die Reisefreiheit, die tschechoslowakischen Bürgern auch Besuche im Westen erlaubt.

31. Januar: Die Bundesrepublik und Jugoslawien nehmen ihre diplomatischen Beziehungen wieder auf, die im Oktober 1957 nach der Anerkennung der DDR durch Jugoslawien von der Bundesrepublik in Anwendung der «Hallstein-Doktrin» abgebrochen wurden. Damit rückt die neue Bundesregierung eindeutig von dieser Doktrin ab.

8. Februar: Eine Pressekonferenz in Frankfurt/Main, auf der die verbotene KPD ein neues Parteiprogramm vorlegen will, wird verboten. Nach einem Entscheid des Bundesgerichtshofes, Druck und Verteilung des neuen Parteiprogramms seien verfassungswidrig, beginnen umfangreiche Polizeiaktionen. Am 16. Februar erklärt Bundesjustizminister Gustav Heinemann (SPD), daß einer Neugründung auch unter dem Namen KPD nichts im Wege stünde – allerdings müsse die Neugründung auch im Parteiprogramm als solche erkennbar sein.

11. Februar: Beim Landesparteitag der West-Berliner SPD äußert sich der Regierende Bürgermeister Klaus Schütz zur APO: «Ihr müßt diese Typen sehen. Ihr müßt ihnen genau ins Gesicht sehen. Dann wißt ihr, denen geht es nur darum, unsere freiheitliche Grundordnung zu zerstören.»

17. Februar: Mit der Billigung des «Harmel-Berichts» des belgischen Außenministers Pierre Charles Harmel bestimmt der NATO-Ministerrat künftig neben der Verteidigung auch die Entspannung als Aufgabe des Bündnisses. Zudem wird mit dem Dokument «MC 14/3» formell die Einführung des Konzepts der «flexiblen Erwiderung» (*flexible response*) beschlossen, das einen lückenlosen Eskalationsverbund vorsieht. Seit 1960 folgen die USA diesem Konzept, mit dem sie bei Versagen der Abschreckung die Eskalation auf Europa begrenzen und von ihrem Territorium fernhalten wollen. Daraus rührt der jahrelange Widerstand der westeuropäischen Länder, zumal Frankreichs, gegen die «flexible Erwiderung» – sie wollen das Niveau der Abschreckung hochschrauben, um es gar nicht erst zu den untersten Eskalationsstufen kommen zu lassen, die allein Mitteleuropa treffen würden.

17. und 18. Februar: In der West-Berliner TU findet der von Rudi Dutschke und Christian Semler organisierte «Internationale Vietnam-Kongreß» statt. Dabei demonstrieren etwa 15000 Studenten mit Vietcong-Fahnen sowie Bildern von Che Guevara, Rosa Luxemburg, Karl Liebknecht, Leo Trotzki und Ernst Thälmann gegen die USA und den Vietnamkrieg. Spontan entsteht die neue Aktionsform, in langen Ketten untereinandergehakt in Blocks vorwärtszustürmen. Am 21. Februar veranstaltet der Senat eine Gegendemonstration unter dem Motto «Berlin darf nicht Saigon werden». Mehrere zehntausend Menschen kommen zum Rathaus Schöneberg, denn alle Beschäftigten im öffentlichen Dienst sowie bei zahlreichen Privatbetrieben haben dafür freibekommen. Die Transparente sprechen eine militante Sprache: «Teufel in den Zoo», «Dutschke Volksfeind Nr. 1», «Für ein Verbot des SDS». Ein Mann, der Dutschke ähnlich sieht, wird beinahe gelyncht.

1. März: Bundespräsident Heinrich Lübke (CDU) sieht sich genötigt, sich in einer Rundfunk- und Fernsehansprache gegen die vor allem aus der DDR erhobenen Vorwürfe zu verteidigen, er habe während der Nazizeit KZ-Baracken entworfen und Pläne dafür unterschrieben. Auf die Belegung der Baracken habe er keinen Einfluß gehabt. Zudem könne er sich «nach Ablauf eines Vierteljahrhunderts nicht mehr an jedes Schriftstück erinnern, das ich unterzeichnet habe». «Ich erinnere mich auch nicht, je solche Unterschriften geleistet zu haben.»

2. März: Der «Bensberger Kreis», eine freie Gruppe deutscher Katholiken, verabschie-

Deutschland» (GSSD) ein wenig aus ihrer fast totalen Isolierung herausgeholt. Am fünfzigsten Jahrestag der Sowjetarmee beginnt die erste «Woche der Waffenbrüderschaft» zwischen GSSD und NVA.

26. Februar bis 5. März: In Budapest treffen 67 kommunistische und Arbeiterparteien zu einem Konsultativtreffen zusammen. Eine Delegation der SED wird von Erich Honecker geleitet. Die rumänische Delegation reist wegen Meinungsverschiedenheiten ab. Es wird die Einberufung einer kommunistischen Weltkonferenz für Ende des Jahres in Moskau vereinbart.

10. März: Innenminister Generaloberst Friedrich Dickel (SED) untersagt NPD-Mitgliedern und Bürgern der Bundesrepublik und West-Berlins, «die sich im neonazistischen Sinne betätigen», die Einreise in und Durchreise durch die DDR.

11. März: Das Außenministerium veröffentlicht ein Gutachten von Völkerrechtlern der Leipziger Karl-Marx-Universität, das die Notstandsgesetzgebung der Bundesrepublik als grundgesetzwidrig bezeichnet, da sie «unbestreitbar der Vorbereitung von Angriffskriegen» diene.

13. März: In einer Fernsehrede nimmt Walter Ulbricht (SED) Stellung zum «Bericht zur Lage der Nation», den Bundeskanzler Kurt Georg Kiesinger (CDU) am 11. März abgibt. Ulbricht lehnt Kiesingers Vorstellungen über eine Verständigung in Sachfragen als unfruchtbar ab.

15. März: Weil die durchschnittliche Alters- und Invalidenrente im Jahr 1967 bei nur 165 Mark monatlich liegt, beschließt der Staatsrat ein neues Rentenrecht mit einer neuen Berechnungsgrundlage. Für alle Neurentner steigen die Renten ab dem 1. Juli damit um mehr als ein Drittel, die Altrentner müssen sich dagegen mit geringen Erhöhungen begnügen. Die Mindestrente wird auf 150 Mark monatlich erhöht.

23. März: In Dresden treffen kurzfristig die Führer der Sowjetunion, Polens, Ungarns, Bulgariens, der DDR und der Tschechoslowakei zusammen. Rumänien und Jugoslawien sind nicht vertreten, deren Führer Nicolae Ceauşescu und Josip Tito ihre Unabhängigkeit betonen. Dubček wird wegen der drohenden «Konterrevolution» in seinem Land mit Vorwürfen überhäuft. Bereits hier wird eine Invasion ins Auge gefaßt, doch gibt Leonid Breschnew vorerst Entwarnung (Otboi).

6. April: Erstmals in der Geschichte der DDR findet ein Volksentscheid statt. Bei einer Wahlbeteiligung von 98,05 Prozent stimmen 94,49 Prozent der abgegebenen Stimmen der neuen «sozialistischen» Verfassung zu, eine deutlich geringere Zustimmung als bei den vorangegangenen Volkskammerwahlen. In Ost-Berlin liegt die Zustimmung gar «nur» bei 90,96 Prozent, für SED-Maßstäbe ein beunruhigendes Ergebnis. Am 9. April tritt die neue Verfassung in Kraft. Ihr zufolge ist die DDR «ein sozialistischer Staat deutscher Nation», in ihrer Präambel sowie in den Artikeln 1 und 8 sind Bezüge auf die in zwei Staaten gespaltene «ganze deutsche Nation» enthalten.

13. April: Innenminister Generaloberst Friedrich Dickel (SED) verhängt weitere Durchreiseverbote. Als Begründung dienen der vom Potsdamer Abkommen vorgeschriebene Kampf gegen Nazismus, der Mordanschlag auf Rudi Dutschke und die Vorbereitung der Notstandsgesetze, bei der der neue, in West-Berlin wohnhafte Bundesinnenminister Ernst Benda (CDU) federführend ist. Es «kann den Ministern und leitenden Beamten der westdeutschen Bundesregierung bis auf weiteres die Durchreise durch das Hoheitsgebiet der Deutschen Demokratischen Republik nach West-Berlin nicht gestattet werden».

Rudi Dutschke (mit Megaphon) bei einer Demonstration in Frankfurt gegen den Vietnamkrieg am 5. Februar 1968

det in Köln einstimmig ein Memorandum, das entschieden eine Versöhnung mit Polen fordert. Wichtigster Schritt solle die bisher unterbliebene «Wiedergutmachung an den polnischen Opfern des nationalsozialistischen Terrors» sein.

11. März: Bundeskanzler Kurt Georg Kiesinger (CDU) legt den ersten «Bericht zur Lage der Nation» vor. Darin zeigt er sich bereit, «über alle praktischen Fragen des Zusammenlebens der Deutschen mit der Regierung in Ost-Berlin zu verhandeln». Er schlägt er der DDR Gespräche über einen gegenseitigen Gewaltverzicht vor.

17. bis 21. März: Der SPD-Parteitag in Nürnberg verschiebt die Entscheidung über die Einführung des Mehrheitswahlrechts, was einer Ablehnung dieses zentralen Bestandteils im Programm der Großen Koalition gleichkommt. Unter dem Eindruck der vorhergehenden Landtagswahlen, die der SPD Einbußen bescheren, fürchten die Sozialdemokraten, das Mehrheitswahlrecht werde die Vorherrschaft der CDU/CSU langfristig festschreiben. Das geltende Verhältniswahlrecht bietet dagegen der FDP Überlebenschancen – und der SPD einen möglichen Koalitionspartner. Der Parteitag wählt Willy Brandt erneut zum Vorsitzenden, seine Stellvertreter werden Helmut Schmidt und Herbert Wehner. Brandt spricht sich erstmals für die «Anerkennung bzw. Respektierung der Oder-Neiße-Linie» aus.

27. März: An den Universitäten und Hochschulen wird der Numerus clausus eingeführt, der den Zugang zu besonders begehrten Fächern über die Noten des Abiturzeugnisses und eine Wartezeit regelt.

28. März: Wegen der faktischen Ablehnung der Wahlrechtsreform durch den SPD-Parteitag tritt Bundesinnenminister Paul Lücke (CDU) zurück, sein Nachfolger wird am 2. April Ernst Benda (CDU).

2. April: Teile der Außerparlamentarischen Opposition begeben sich auf den Weg in den Terrorismus. In Frankfurt/Main werden Brandanschläge auf zwei Kaufhäuser verübt, bei denen Sachschaden entsteht. Unter dem Verdacht der Brandstiftung werden Gudrun Ensslin, ihr Freund Andreas Baader, Thorwald Proll und Horst Söhnlein festgenommen. Die juristische Verteidigung von Ensslin und Baader übernimmt der West-Berliner Rechtsanwalt Horst Mahler. Publizistisch tritt ihnen Ulrike Meinhof mit ihrer Kolumne in der Hamburger Zeitschrift *Konkret* zur Seite, die die Brandschläge auf die Kaufhäuser als Zentralen des «Konsum-

22. April: Der Staatsrat beschließt den Beginn einer staatlichen Strukturpolitik: «Die Planung volkswirtschaftlich strukturbestimmender Erzeugnisse, Erzeugnisgruppen, Verfahren und Technologien und die Konzentration auf diese Aufgabe wird zum Kernstück der zentralen Planung entwickelt.» So sollen zu kleine Produktionsserien und zersplitterte Sortimente verhindert sowie ein effizienterer Aufbau der Produktion herbeigeführt werden. Für die betroffenen Betriebe wird damit jedoch die neue Eigenverantwortung wieder zugunsten zentraler Instanzen eingeschränkt.

2. bis 5. Mai: Anläßlich des 150. Geburtstages von Karl Marx entwickelt Walter Ulbricht (SED) auf einer «wissenschaftlichen Session» den Marxismus-Leninismus weiter. Der Sozialismus der DDR besitze «Systemcharakter» und gehöre in «eine qualitativ neue Gesellschaftsformation»: «Das ökonomische System des Sozialismus in der DDR ist, historisch gesehen, die volle Einstellung einer hochindustriellen Gesellschaft auf die inneren Vorzüge und Triebkräfte der sozialistischen Produktionsweise und auf die Dynamik der wissenschaftlich-technischen Revolution.» Ulbricht will damit die «ökonomischen Hebel» des NÖSPL wie Gewinn und Preis nicht als üble Relikte einer überholten Ära, sondern als positive Instrumente des Sozialismus erscheinen lassen. Vor allem aber versucht er, die DDR zum Modell zu erheben. Weil die KPdSU den «Sozialismus» in der Sowjetunion seit 1936 verwirklicht sieht und ihr Land längst auf dem Weg zum «Kommunismus» glaubt, erhebt sie Führungsanspruch. Dagegen siedelt Ulbrichts Theorie die Sowjetunion und die DDR auf der gleichen langwährenden Entwicklungsstufe des «Sozialismus» an. Da die DDR seit 1963 über den höchsten Lebensstandard Osteuropas verfügt, will Ulbricht sie als Vorbild präsentieren.

11. Juni: Die DDR ergreift die bisher gravierendste Maßnahme gegen die Bindungen West-Berlins an die Bundesrepublik. Sie führt die Paß- und Visapflicht im Reise- und Transitverkehr von und nach West-Berlin ein. Bürger der Bundesrepublik und West-Berlins müssen nunmehr einen Reisepaß vorlegen und für jede Fahrt zwischen der Bundesrepublik und West-Berlin ein gebührenpflichtiges Visum der DDR-Behörden beantragen. Zudem wird eine «Steuerausgleichsabgabe» für den Güterverkehr eingeführt, die westliche Unternehmen für die Benutzung von Straßen und Wasserstraßen zu entrichten haben.

13. bis 15. Juni: Auf dem zehnten «Deutschen Bauernkongreß» in Leipzig wird über die Probleme des schrittweisen Übergangs zur industriemäßigen Leitung und Organisation in der Landwirtschaft und Nahrungsgüterwirtschaft beraten. Vor allem Gerhard Grüneberg, im SED-Politbüro für Agrarfragen zuständig und «Gott» der DDR-Landwirtschaft, treibt mit brachialen Methoden die Industrialisierung voran. Während die meisten LPG bisher gemischte Produktion betrieben, wird nun die prinzipielle Trennung von Tier- und Pflanzenproduktion durchgesetzt. Zudem wird die Anzahl der LPG stark verringert; 1960 gibt es 19000 LPG, 1970 nur noch 9000. Dementsprechend steigt die bewirtschaftete Fläche pro LPG von 280 Hektar im Jahr 1960 auf 600 Hektar im Jahr 1970 an. Im Jahr 1968 entstehen die ersten industriemäßigen Anlagen der Tierproduktion: die Eier- und Geflügelproduktion des «VEB Kombinat Industrielle Mast» in Königs Wusterhausen, der «VEB Rindermast Ferdinandshof» oder der «VEB Kombinat Industrielle Mast Schweinezucht- und Mastkombinat» in Eberswalde. Anfang der siebziger Jahre wird als Ziel gar die Schaffung des «Agrar-Industrie-Kom-

Andreas Baader und Gudrun Ensslin vor der Urteilsverkündigung im Kaufhaus-Brandstifter-Prozeß

terrors» rechtfertigt. Am 14. Mai werden Ensslin und Baader vom Frankfurter Schwurgericht zu je drei Jahren Zuchthaus verurteilt. Bis zur Entscheidung über ihre Berufung erhalten sie Haftverschonung. Kurz bevor das Urteil rechtskräftig wird, tauchen beide unter.

5. April: Der Bundestag regelt durch das «Gesetz zur Anpassung und Gesundung des deutschen Steinkohlebergbaus» die erste große Strukturkrise der westdeutschen Wirtschaft. Um Produktion und Absatz an den weit verringerten Bedarf anzupassen, werden die Unternehmenskonzentration wie der Personalabbau und die Neuansiedlung gefördert.

10. April: Die Ständige Konferenz der Kultusminister beschließt Grundsätze für eine strukturelle Neuordnung des Hochschulwesens, darunter eine «funktionsgerechte Mitsprache» auch der Studenten. Alle Ziele können indes nur verwirklicht werden, «wenn der Anteil der Bildungs- und Forschungsaufwendungen am Sozialprodukt in einem Maße erhöht wird, das den Rückstand der Bundesrepublik gegenüber vergleichbaren Industrieländern beseitigt».

11. April: Der vor allem von der Springer-Presse regelrecht verteufelte Studentenführer Rudi Dutschke wird an diesem Gründonnerstag Opfer eines Attentats. Am Kurfürstendamm in West-Berlin schießt der Anstreicher Josef Bachmann den Führer des SDS nieder, Dutschke wird schwer verletzt. Nach einem Schußwechsel mit der Polizei wird der Attentäter festgenommen; er erklärt, er habe Dutschke erschießen wollen, weil dieser ein Kommunist sei. In Berlin, Frankfurt, Hamburg, München und 22 anderen Städten brechen darauf die schwersten Unruhen der Studentenbewegung aus. Es kommt zu Barrikadenkämpfen und Straßenschlachten, bei denen in München der Fotograf Klaus Frings und der Student Rüdiger Schreck ums Leben kommen. Nach dem Aufruf des SDS «Enteignet Springer» versuchen Tausende in verschiedenen Städten, die Auslieferung von Zeitungen und Zeitschriften des Springer-Verlages zu verhindern. In Berlin werfen sie am Springer-Hochhaus an der Kochstraße Fenster ein, geraten mit Druckereiarbeitern in Auseinandersetzungen und zünden Lieferwagen an. 10000 Menschen demonstrieren vor plexes» bestimmt, in dem alle Betriebe der Vorleistung, der eigentlichen Produktion sowie von Verarbeitung und Handel zusammengefaßt sind.

16. Juni: Der Ministerrat verabschiedet eine «Grundsatzregelung» für die Jahre 1969 und 1970, die «volkswirtschaftlich strukturbestimmende Erzeugnisse, Erzeugnisgruppen, Verfahren und Technologien» mit Vorrang der zentralen Planung unterwirft. Damit sollen Investitionen auf wichtige Wirtschaftsbereiche wie die Chemie, die Elektrotechnik und Elektronik, den Maschinenbau und das Bauwesen konzentriert werden.

20. Juni: Die DDR erhöht den «Mindestumtausch» für alle westlichen DDR-Besucher auf zehn DM pro Person und Tag, für Besucher Ost-Berlins auf fünf DM, der im Verhältnis 1:1 in «Mark der DDR» getauscht werden muß. Kinder und Rentner bleiben davon befreit.

1. Juli: Außenminister Otto Winzer (SED) unterzeichnet in Moskau für die DDR den Vertrag über die Nichtverbreitung von Atomwaffen.

14. und 15. Juli: In Warschau treffen die Parteiführer der Sowjetunion, Polens, Ungarns, Bulgariens und der DDR zusammen. Die tschechoslowakische Führung lehnt die Teilnahme ab, sie bietet statt dessen Verhandlungen auf tschechoslowakischem Territorium an, sobald die sowjetischen Truppen abgezogen sind. Während Rumänien und Jugoslawien klar an Prags Seite stehen, schwanken die kommunistischen Parteien Westeuropas. Leonid Breschnew, Wladislaw Gomulka, János Kádár, Todor Schiffkoff und Walter Ulbricht senden aus Warschau einen Drohbrief an die Prager Führung: «Die Entwicklung der Ereignisse in Ihrem Lande beunruhigt uns zutiefst.» «Wir können jedoch nicht damit einverstanden sein, daß feindliche Kräfte Ihr Land vom Weg des Sozialismus stoßen und die Gefahr einer Lostrennung der Tschechoslowakei von der sozialistischen Gemeinschaft heraufbeschwören. Das sind nicht mehr nur Ihre Angelegenheiten.» «Wir werden niemals zulassen, daß der Imperialismus auf friedlichem oder unfriedlichem Wege, von innen oder von außen eine Bresche in das sozialistische System schlägt und das Kräfteverhältnis in Europa zu seinen Gunsten verändert.»

29. Juli bis 1. August: Auf dem Bahnhof der Grenzstadt Cierna nad Tisou verhandeln die tschechoslowakische und die sowjetische Führung. Die Sowjets reisen morgens mit dem Zug von ihrem Territorium an und fahren abends dorthin zurück. Einziges Ergebnis ist eine weitere Zusammenkunft der Führungen der Sowjetunion, Polens, Ungarns, Bulgariens, der DDR und der Tschechoslowakei. Schlagartig verschwindet alle Polemik gegen Prag aus den sowjetischen Medien. Das vereinbarte Treffen findet schon am 3. August in Bratislava statt, am Ende steht ein mehrdeutiges Kommuniqué. Es spricht einerseits von der «territorialen Integrität» und davon, daß «jede Bruderpartei, indem sie die Fragen der weiteren sozialistischen Entwicklung schöpferisch löst, die nationalen Besonderheiten und Bedingungen berücksichtigt». Andererseits wird «die gemeinsame internationale Pflicht aller sozialistischen Länder» beschworen, die erkämpften Errungenschaften «zu unterstützen, zu festigen und zu verteidigen».

9. August: Walter Ulbricht erneuert vor der Volkskammer seine Vorschläge zur europäischen Sicherheit und friedlichen Koexistenz auf der Basis des Status quo und der bestehenden Grenzen in Europa. Er beharrt auf völkerrechtlicher Anerkennung der DDR durch die Bundesrepublik. Doch greift er erstmals die von Bundeskanzler Kurt Georg Kiesinger (CDU) im Sommer 1967 andem Schöneberger Rathaus. Am Ostermontag nehmen 8000 Menschen an einer Kundgebung («Macht einen neuen Anfang») unter dem Funkturm teil, am Abend versammeln sich 4000 in der TU. An den seit 1960 zunächst gegen die Atombewaffnung veranstalteten «Ostermärschen» beteiligen sich an diesem Ostern 300000 Menschen.

13. April: Bundeskanzler Kurt Georg Kiesinger (CDU) kritisiert scharf die «kleinen, aber militanten linksextremistischen Kräfte, die sich die Zerstörung unserer parlamentarisch-demokratischen Ordnung offen zum Ziel gesetzt haben». Nachdenkliche Worte findet tags darauf Justizminister Gustav Heinemann (SPD), als er fragt, «was wir selber in der Vergangenheit dazu beigetragen haben könnten, daß ein Antikommunismus sich bis zum Mordanschlag steigerte und daß Demonstranten sich in Gewalttaten der Verwüstung bis zur Brandstiftung verloren haben. Sowohl der Attentäter, der Rudi Dutschke nach dem Leben trachtete, als auch die 11000 Studenten, die sich an den Demonstrationen vor Zeitungshäusern beteiligten, sind junge Menschen. Heißt das nicht, daß wir Älteren den Kontakt mit Teilen der Jugend verloren haben oder ihnen unglaubwürdig wurden? Heißt das nicht, daß wir Kritik ernst nehmen müssen, auch wenn sie aus der jungen Generation laut wird?»

28. April: Bei den Landtagswahlen in Baden-Württemberg können CDU und FDP ihre bisherigen Anteile in etwa behaupten, während die SPD dramatische Verluste von mehr als acht Prozent erleidet. Mit 9,8 Prozent erzielt die NPD, die ein härteres Vorgehen gegen die Studentenbewegung fordert, ihr bestes Ergebnis und zieht problemlos in den Stuttgarter Landtag ein.

30. April: In einer Sondersitzung diskutiert der Bundestag, in diesen Wochen vor allem mit der umstrittenenen Notstandsgesetzgebung befaßt, die «Osterunruhen». Innenminister Ernst Benda (CDU) erklärt, daß unter den Festgenommenen nur eine kleine Minderheit Schüler und Studenten, die große Mehrheit dagegen Arbeiter, Angestellte und Berufslose seien. Gleichwohl be-

Die Invasion der Tschechoslowakei

Gegen 21 Uhr des 20. August landen auf den Flughäfen von Prag, Bratislava und Ostrava bewaffnete sowjetische Kommandos, die die Flughafenanlagen in ihre Gewalt bringen. Danach fliegen im Minutenabstand zahlreiche Flugzeuge des Warschauer Paktes Soldaten und militärisches Gerät in die Tschechoslowakei. Ab 23 Uhr marschieren sowjetische, polnische, ungarische, bulgarische und Truppen der DDR von Ungarn, Polen und der DDR her in tschechoslowakisches Staatsgebiet ein. Um 1.30 Uhr am 21. August verabschiedet die Prager Führung eine Erklärung, die die Bevölkerung aufruft, keinen Widerstand zu leisten, weil die Verteidigung der Grenzen nunmehr unmöglich sei. Die Erklärung verurteilt den Einmarsch «als im Widerspruch stehend nicht nur zu den Grundprinzipien der Beziehungen zwischen den sozialistischen Staaten, sondern auch zu den Grundnormen des internationalen Rechts». Weiterhin wird festgestellt, daß die Prager Führung keine Kenntnis vom bevorstehenden Einmarsch hatte.

Gegen diese Erklärung stimmen nur die moskautreuen Funktionäre Vasil Bilak, Drahomir Kolder, Oldrich Svetska, Emil Rigo, Milos Jakes, Antonin Kapek und Alois Indra. Sie wurden Tage zuvor insgeheim von den Sowjets informiert und signalisierten ihr Einverständnis, weshalb die sowjetische Nachrichtenagentur Tass nun die Meldung verbreitet, die Invasion sei auf ein Hilfeersu-

Ein Bild, das um die Welt ging: Ein tschechoslowakischer Demonstrant stellt sich am 22. August 1968 vor dem Prager Universitätsgelände einem sowjetischen Panzer in den Weg

chen tschechoslowakischer Partei- und Staatsfunktionäre erfolgt. Bereits am 19. August beschloß das aus dem Urlaub gerufene Präsidium der KPdSU die militärische Intervention, wobei es – fälschlicherweise – davon ausging, daß Dubček höchstens die Hälfte der Parteimitglieder hinter sich weiß.

Die Sowjets lassen unmittelbar nach dem Einmarsch eine «Arbeiter-und-Bauern-Regierung» unter Indra auftreten, doch der erwartete Rückhalt auf tschechoslowakischer Seite bleibt völlig aus. Deshalb müssen die Sowjets den Gewaltakt, der von der Bevölkerung einmütig mit passivem Widerstand beantwortet wird, kaschieren. Ein Teil der Prager Führung wird gewaltsam nach Moskau verbracht, ein anderer Teil reist freiwillig dorthin. In mehrtägigen «Verhandlungen» diktiert die Sowjetführung den Tschechoslowaken das «Moskauer Protokoll», das am 26. August unterzeichnet wird.

Mehr als tausend Delegierte treffen sich am 22. August zum geheimen, außerordentlichen 14. Parteitag der KPČ in einer Halle des Prager Stahlkombinats. Einmütig bestätigen die Anwesenden Dubček und die anderen verhafteten Parteiführer in ihren Positionen, in den neu gewählten Gremien sind alle Reformer vertreten. Der Parteitag fordert den sofortigen Abzug aller Besatzungstruppen, die Freilassung aller Inhaftierten und die Wiederherstellung der bürgerlichen Freiheiten und Rechte. Sollten diese Forderungen nicht befolgt werden, werde am 23. August auf unbestimmte Zeit der Generalstreik ausgerufen. An alle befreundeten Parteien der Welt wird ein Hilfeersuchen gerichtet.

geregte Ernennung von Regierungsbeauftragten auf, indem er sich bereit zeigt, beim Bonner Verzicht auf den Alleinvertretungsanspruch «bevollmächtigte Missionen» in Bonn und Ost-Berlin zu schaffen.

12. August: In Karlovy Vary (Karlsbad) treffen in frostiger Atmosphäre Walter Ulbricht (SED) und Alexander Dubček zusammen. Da die tiefgreifenden Meinungsunterschiede bestehen bleiben, wird die Erfolglosigkeit im Kommuniqué so beschrieben: «Die Verhandlungen der Delegationen der SED und der KPČ trugen zum besseren gegenseitigen Verständnis bei.»

urteilt Benda den SDS als verfassungsfeindliche Organisation, für deren Verbot die Voraussetzungen gegeben seien. Doch sehe die Bundesregierung derzeit von einem Verbot ab, um keine unnötige Solidarisierung zu erzeugen. Helmut Schmidt (SPD) kritisiert «die elitäre Arroganz einiger akademischer Gruppen». Als einziger benennt Walter Scheel, Fraktionsvorsitzender der FDP und damit Vertreter der schwachen Opposition, eine der wichtigsten Ursachen für die außerparlamentarische Opposition – die Bildung der Großen Koalition und der Gewichtsverlust der Opposition im Parlament. Auch kritisiert Scheel das Vorgehen der Polizei als teilweise brutal.

7. Mai: Die Rezession endet, ein kräftiger Wirtschaftsaufschwung setzt ein. Nach Angaben der «Bundesanstalt für Arbeitsvermittlung und Arbeitslosenversicherung» übersteigt die Zahl der offenen Stellen erstmals seit zwei Jahren wieder die Zahl der Arbeitslosen.

11. Mai: Mit friedlichen Protestdemonstrationen und Großkundgebungen, an denen sich Zigtausende Menschen in zahlreichen Orten beteiligen, sprechen sich sowohl die Außerparlamentarische Opposition als auch die Gewerkschaften gegen die bevorstehende Annahme der Notstandsgesetze durch den Bundestag aus.

15. und 16. Mai: In zweiter Lesung verabschiedet der Bundestag mit überwältigender Mehrheit die Notstandsgesetze.

19. Mai: Während sich in Frankreich der am 3. Mai beginnende Aufstand der Studenten zu einer Revolte ausweitet, als eine breite Streikbewegung der Gewerkschaften mit Fabrikbesetzungen einsetzt, lehnt der DGB-Bundesvorstand ein ähnliches Vorgehen bezüglich der Notstandsgesetze ab: «Wie bisher wird der DGB alle Maßnahmen ausschließlich in eigener Verantwortung durchführen und sich nicht von anderen Gruppen in unkontrollierbare Aktionen drängen lassen. Der Bundesvorstand des DGB lehnt einen allgemeinen Streik (Generalstreik) zur Verhinderung der Notstandsgesetze ausdrücklich ab, denn er hält es für einen Verstoß gegen die Grundsätze der parlamentarischen Demokratie, gegen einen mit großer Mehrheit gefaßten Beschluß des Bundestages zum Streik aufzurufen.»

27. Mai: In einer Note an das Bundesaußenministerium willigen die drei Westmächte erst jetzt ein, daß ihre 1949 formulierten Vorbehaltsrechte, im Krisenfall einen Teil der deutschen Souveränität zu übernehmen, nach der Verabschiedung der Notstandsgesetzgebung erlöschen werden.

30. Mai: Trotz heftiger Proteste verabschiedet der Bundestag in dritter Lesung die Notstandsgesetze, ein Teil der Abgeordneten der SPD sowie fast alle der FDP stimmen dagegen. Diese Gesetze, die bereits am 28. Juni in Kraft treten, bestehen aus der Notstandsverfassung, den einfachen Notstandsgesetzen sowie dem Gesetz zur Beschränkung des Brief-, Post- und Fernmeldegeheimnisses. Für den Fall des inneren und äußeren Notstandes sowie bei Naturkatastrophen und außerordentlichen Unfällen werden ein «Notparlament» geschaffen, das Bundestag und Bundesrat für den Fall ihrer Verhinderung ersetzt, und zahlreiche Beschränkungen der Grundrechte ermöglicht. Mit der endgültigen Billigung der Notstandsgesetze verliert die APO rasch ihre Bedeutung, die Zusammenarbeit von Gewerkschaften und Studentenbewegung endet, die studentische Bewegung zerfällt in zahllose Strömungen und Gruppen unterschiedlichster Ausrichtung.

24. und 25. Juni: Die NATO-Ministerratstagung in Reykjavik nimmt den Bukarester Vorschlag des «Warschauer Paktes» vom Juli 1966 für Verhandlungen über europäische

21. August: In seinem Aufruf «An alle Bürgerinnen und Bürger der DDR!» rechtfertigen das ZK der SED, der Staatsrat und der Ministerrat im *Neuen Deutschland* die Okkupation der Tschechoslowakei, die 1938 schon einmal den Einmarsch deutscher Soldaten erlebte: «Für jeden Bürger der DDR wird beim Blick auf die Landkarte verständlich, daß für unsere Republik und für die anderen sozialistischen Bruderländer eine unerträgliche Lage geschaffen worden wäre, wenn die insbesondere vom westdeutschen Imperialismus inspirierten antisozialistischen Kräfte vom Süden, also von unserer Flankc her, ihre konterrevolutionäre Tätigkeit hätten betreiben können. Im Interesse der Sicherheit, im Interesse der Völker und des Weltfriedens konnten und durften die sozialistischen Bruderländer nicht zulassen, daß die ČSSR aus der Gemeinschaft der sozialistischen Staaten herausgebrochen wird. Indem die Regierungen unserer Länder dem dringenden Hilfeersuchen der tschechoslowakischen Patrioten und Internationalisten unverzüglich Folge leisten, geben sie ein leuchtendes Beispiel des sozialistischen Internationalismus, verwirklichen sie mit all ihnen zu Gebote stehenden Kräften die feierliche Verpflichtung der Erklärung von Bratislava, wonach die Unterstützung, die Festigung und der Schutz der sozialistischen Errungenschaften der Völker die gemeinsame internationale Pflicht aller sozialistischen Staaten ist.»

In Erfurt, Gotha, Dresden und Ost-Berlin demonstrieren Menschen gegen den Einmarsch und die Beteiligung von DDR-Truppen. Flugblattaktionen werden aus Frankfurt (Oder), Jüterbog, Karl-Marx-Stadt, Oschatz und Ost-Berlin gemeldet. Auf den Flugblättern in der Hauptstadt heißt es: «Bürger, Genossen. Fremde Panzer in der ČSSR dienen nur dem Klassenfeind. Denkt an das Ansehen des Sozialismus in der Welt. Fordert endlich wahrheitsgetreue Informationen. Niemand ist zu dumm, selbst zu denken.»

26. August: Die Mitglieder des Vorstandes des «Deutschen Schriftstellerverbandes» und die Vertreter der Bezirksverbände beschließen eine Erklärung, in der es heißt: «Die Bereitschaft, Frieden und Sozialismus zu schützen, hat in diesen Stunden unsere solidarische Tat gefordert. Konsequenz des Handelns muß sich vereinen mit Klarheit des Gedankens. Hierin liegen die besondere Möglichkeit und Verantwortung des künstlerischen Wortes und des Schriftstellers in unserer Zeit. Im Namen des Deutschen Schriftstellerverbandes, der Organisation der Schriftsteller der Deutschen Demokratischen Republik, erklären wir unsere Übereinstimmung mit der aktiven Friedenspolitik unseres Staates, der Partei der Arbeiterklasse und der Nationalen Front (...) Auf dem Boden unseres sozialistischen Bruderlandes, der ČSSR, ist die bestehende gesellschaftliche Ordnung des Sozialismus bedroht, die in 20jährigen Anstrengungen des tschechoslowakischen Volkes unter der Führung der KPČ errungen wurde. Sie mit allen Mitteln gegen die offenen und versteckten Feinde wie gegen die falschen Freunde zu verteidigen, ist eine notwendige Voraussetzung für den Frieden in Europa und den erfolgreichen Kampf der Sozialisten in aller Welt.» Diese Erklärung wird von 44 namhaften Schriftstellern unterzeichnet, darunter Alexander Abusch, Hermann Kant, Alfred Kurella, Dieter Noll, Ludwig Renn, Wolfgang Wangenheim.

10. September: Zum vierten Kongreß der GST vom 12. bis 14. September in Ost-Berlin erläßt die Regierung eine «Verordnung über die Gesellschaft für Sport und Technik». «Unter Führung der Sozialistischen Einheitspartei Deutschlands» habe die GST die Hauptaufgabe, «im System der

Sicherheit auf. Der Rat schlägt dem «Warschauer Pakt» eine beiderseitige und ausgewogene Truppenverminderung in Europa vor. Dieses «Signal von Reykjavik» wird von der ČSSR-Invasion zunächst in den Hintergrund gedrängt, führt aber am 30. Dezember 1973 zum Beginn der Wiener Verhandlungen über beiderseitigen und ausgewogenen Truppenabbau (*Mutual Balanced Forces Reduction*, MBFR).

28. Juni: Einstimmig billigt der Bundestag eine Amnestie für politische Straftaten wie etwa «hochverräterische Publikationen», «Verunglimpfung des Bundespräsidenten» oder «Beschimpfung der Bundesrepublik», die vor dem 1. Juli 1968 begangen wurden.

1. Juli: Noch vor Ablauf der auf zwölf Jahre angesetzten Übergangsphase setzt die EWG das Kernstück des Gemeinsamen Marktes in Kraft, die 1958 begonnene Zollunion. Ab heute gilt der Gemeinsame Zolltarif für gewerbliche Güter zwischen den Mitgliedsstaaten sowie gegenüber Drittländern in allen sechs EWG-Ländern.

In Washington, Moskau und London wird der Vertrag über die «Nichtweiterverbreitung von Atomwaffen» (*Treaty on the Non-Proliferation of Nuclear Weapons*) unterzeichnet. Dieser Atomwaffensperrvertrag tritt am 5. März 1970 in Kraft.

7. Juli: Bei einer Wahlbeteiligung von 41,4 Prozent sprechen sich bei einer Volksabstimmung in Bayern 74,8 Prozent der Wähler für die christliche Einheitsschule statt der Konfessionsschule aus. Bayern hat die höchste Zahl sogenannter Zwergschulen, ein Drittel aller Volksschulen sind ein- oder zweiklassig.

9. Juli: Ab sofort erstattet die Bundesregierung über Postämter und Poststellen die Visagebühren, die von Bundesbürgern und West-Berlinern bei Reisen in die DDR von den dortigen Behörden erhoben werden.

24. August: Nach einer mehrwöchigen Serie von Atombombentests zündet Frankreich seine erste Wasserstoffbombe über dem Muroroa-Atoll im Pazifik.

26. September: Auf einer Pressekonferenz in Frankfurt / Main wird die am Vortag vollzogene Konstituierung der *Deutschen Kommunistischen Partei* (DKP) bekanntgegeben. In einer Grundsatzerklärung vom 23. Januar 1969 bekennt sich die DKP zwar zum Grundgesetz und zu einer «lebendigen Demokratie». Doch rechtfertigt sie zugleich die Invasion der Tschechoslowakei als Beitrag zur «Weiterentwicklung der sozialistischen Demokratie». So wird ihre Bekundung, die «schematische Nachahmung des in der DDR beschrittenen Weges» komme für sie nicht in Frage, zur Phrase. Schon der erste Parteitag vom 12. und 13. April 1969 bekräftigt die Bindung an die SED, die vor allem unter dem 1973 erstmals gewählten Vorsitzenden Herbert Mies offen zugestanden wird. Während die DKP mit maximal 40 000 Mitgliedern bei Wahlen nahezu bedeutungslos bleibt, kann vor allem ihre Studentenorganisation *Marxistischer Studentenbund Spartakus* (MSB) an den Hochschulen Einfluß gewinnen. Die Bundesregierung unternimmt, augenscheinlich als Zeichen des guten Willens gen Moskau, keine Bemühungen für ein Verbot, sondern gibt durch Justizminister Gustav Heinemann (SPD) in einem Gespräch am 4. Juli 1968 grünes Licht für die Gründung.

14. Oktober: Bundespräsident Heinrich Lübke (CDU) kündigt seinen vorzeitigen Rücktritt zum 30. Juni 1969 an, um die Wahl eines neuen Bundespräsidenten zeitlich von der Bundestagswahl zu trennen. Im Herbst 1969 gehen die Legislaturperiode des Bundestages und die Amtszeit des Bundespräsidenten erstmals zur gleichen Zeit zu Ende.

16. Oktober: Nach einem Verbotsantrag

sozialistischen Wehrerziehung» die Jugendlichen im vorwehrpflichtigen Alter auf den bewaffneten Dienst vorzubereiten.

12. Oktober: Vor der Deutschen Akademie für Staats- und Rechtswissenschaft «Walter Ulbricht» in Potsdam hält der Namensgeber ein Grundsatzreferat über die Staatsmacht. Die Arbeiterklasse habe eine grandiose Aufgabe gelöst, indem sie aus der antifaschistischen Verwaltung heraus die Arbeiter-und-Bauern-Macht schuf und zu dem sozialistischen Staat entwickelte, der sich vor kurzem die sozialistische Verfassung gab. Nun müsse das gesamte gesellschaftliche Leben vom Marxismus-Leninismus durchdrungen werden.

12. bis 27. Oktober: An der Olympiade in Mexico City nehmen erstmals zwei deutsche Mannschaften teil, jedoch noch, wie vom IOC festgelegt, unter gemeinsamer Flagge und Hymne. Während die Bundesrepublik als «Deutschland» antritt, firmiert die DDR noch als «Ost-Deutschland». Im Medaillenspiegel erringt die DDR 9 Gold-, 9 Silber- und 7 Bronzemedaillen, die Bundesrepublik 5 Gold-, 10 Silber- und 10 Bronzemedaillen. Am 13. Oktober nimmt das IOC das NOK der DDR als gleichberechtigtes Mitglied auf, so daß die DDR-Mannschaft ab 1972 mit eigener Fahne, eigenem Emblem und eigener Hymne an den Olympischen Spielen teilnehmen wird.

21. bis 28. Oktober: Vor dem Ost-Berliner Stadtgericht wird gegen sieben Angeklagte, darunter Frank und Florian Havemann sowie Thomas Brasch, wegen ihrer Proteste gegen die Invasion der Tschechoslowakei verhandelt. Das Gericht stellt fest, «daß es das Ziel der Beschuldigten war, Bürger der Deutschen Demokratischen Republik gegen die sozialistische Gesellschaft aufzuwie-

Gegenstimmen aus dem Osten

Auf einer Großkundgebung in Belgrad verurteilt am 23. August Mijalko Todorovic, Sekretär des Exekutivkomitees des ZK des jugoslawischen Bundes der Kommunisten, die Invasion in aller Schärfe: «Jeder weiß, daß die Truppen in die Tschechoslowakei nicht einmarschierten, um den Sozialismus zu schützen, sondern daß sie marschierten, um die Wiedergeburt der Tschechoslowakei zu verhindern, den demokratischen Weg der ČSSR zum Sozialismus zu stoppen und den konservativen Kräften zu helfen.» Jugoslawien erklärt sich bereit, einer möglichen Exilregierung der Tschechoslowakei Asyl zu gewähren.

In Rumänien kursieren Meldungen über Truppenbewegungen nahe der Grenzen des Landes. Parteiführer Nicolae Ceaușescu verurteilt in einer von Rundfunk und Fernsehen übertragenen Rede unter freiem Himmel die Invasion der ČSSR. Er erklärt, das rumänische Volk werde niemandem und unter keinen Umständen gestatten, sein Territorium zu verletzen. Dieser spektakuläre Auftritt verschafft ihm in Rumänien viel Popularität und trägt ihm im Ausland den Ruf eines eigenwilligen, gleichfalls von einer Moskauer Intervention bedrohten Nationalkommunisten ein, der Sympathie, zumindest Aufmerksamkeit verdient.

des Senats bei den Westalliierten vom 3. Oktober beschließt der Berliner Landesverband der NPD seine Selbstauflösung.

4. November: In West-Berlin blockiert die Polizei eine Demonstration, worauf die «Schlacht am Tegeler Weg» entbrennt. Sie ist so gewalttätig, daß erstmals mehr Polizisten als Demonstranten verletzt werden.

4. bis 7. November: Angesichts der Großen Koalition setzt in der CDU eine programmatische Neubesinnung ein, die die Partei auf die gesellschaftlichen Veränderungen einstellen und gegen den Koalitionspartner SPD profilieren soll. Der Bundesparteitag der CDU in West-Berlin verabschiedet das «Berliner Programm», das das «Hamburger Programm» von 1953 ablöst und als erstes wirkliches Parteiprogramm der CDU gilt. Am Schlußtag ohrfeigt die mit dem französischen Rechtsanwalt Serge Klarsfeld verheiratete Deutsche Beate Klarsfeld den Bundeskanzler und CDU-Vorsitzenden Kurt Georg Kiesinger (CDU) wegen seiner Nazi-Vergangenheit.

5. November: Bei den Präsidentschaftswahlen in den USA gewinnt Richard Milhous Nixon gegen seine Mitbewerber Hubert Humphrey und George Wallace.

14. November: Nach der Neukonstituierung der DKP und der Aufhebung des Haftbefehls gegen ihn kehrt der Vorsitzende der verbotenen KPD, Max Reimann, aus der DDR in die Bundesrepublik zurück.

20. bis 22. November: Ausgehend von einer hohen Inflation in den USA verliert der Dollar, seit Juli 1944 «Leitwährung» der kapitalistischen Weltwirtschaft, gegenüber anderen Währungen an Wert. Zudem büßt auch der französische Franc seit den Mai-Unruhen erheblich an Wert ein, so daß eine internationale Währungskrise ausbricht. Monatelang wird über eine Aufwertung der DM spekuliert, die aufgrund der wirtschaftlichen Stärke der Bundesrepublik geboten scheint. In Bonn tagen nun die Fachminister und Notenbankpräsidenten der «Zehner-Gruppe», die aus den USA, Kanada, Frankreich, Großbritannien, Italien, Japan, den Niederlanden, Schweden, Belgien, der Bundesrepublik und der Schweiz als Beobachter besteht. Für diese drei Tage werden die Börsen Frankreichs, Großbritanniens und der Bundesrepublik geschlossen. Entgegen dem internationalen Druck wertet die Bundesregierung die DM nicht auf, sondern greift nur zu steuerlichen Maßnahmen – Importe werden ent-, Exporte belastet. Während die *Bild-Zeitung* «Jetzt sind die Deutschen Nr. 1 in Europa» titelt, wird in Westeuropa das Gespenst einer neuen «deutschen Gefahr» beschworen.

4. Dezember: Der Bundestag ändert das Grundgesetz, so daß jedermann Verfassungsbeschwerde erheben kann, wenn er sich in einem seiner Grundrechte verletzt sieht.

7. Dezember: In Frankfurt/Main wird die *Aktion für Demokratischen Fortschritt* (ADF) als Wahlbündnis linker Gruppen und Parteien gebildet. Ihre Forderungen ähneln stark denen der DKP.

geln». Als Drahtzieher werden die beiden bekanntesten Regimekritiker genannt und damit in die Nähe von «Staatsverbrechen» gerückt: «Zu ihrer gegen die sozialistische Ordnung in der DDR gerichteten Haltung wurden die Angeklagten von Robert Havemann und Wolf Biermann systematisch inspiriert.» Wegen «staatsfeindlicher Hetze» werden die Angeklagten zu Haftstrafen zwischen 15 und 27 Monaten verurteilt.

12. November: In Warschau erklärt der Generalsekretär der KPdSU, Leonid Breschnew, die Invasion der Tschechoslowakei zum allgemeinen Prinzip. Die Souveränität der sozialistischen Staaten sei derart begrenzt, daß sie «den Interessen des internationalen Sozialismus» nicht zuwiderlaufen dürfe. Bei Gefährdung des Sozialismus in einem Land seien alle Bruderländer zu «militärischer Hilfe» verpflichtet. Mit dieser «Breschnew-Doktrin» soll jegliche Reformbewegung nach dem Beispiel des «Prager Frühlings» von vornherein unterbunden werden.

Dezember: Der «VEB Sachsenring Automobilwerke Zwickau» will Erich Honecker und Günter Mittag, die sich im Rahmen einer Tagung am Ort befinden, den Prototyp P 603 des weiterentwickelten Trabant vorstellen. Beide erscheinen nicht zu der Präsentation in den Räumen der SED-Bezirksleitung Karl-Marx-Stadt. Statt dessen erfolgt über Nacht die Weisung, die Arbeiten unverzüglich einzustellen – obwohl alle maßgeblichen Minister bereits einer Produktionsaufnahme zugestimmt haben. Es werden die Worte Günter Mittags kolportiert, der alte Trabant genüge vollkommen. Als Chefkonstrukteur Werner Lang sich beklagt, wird er für zweieinhalb Jahre strafversetzt.

6. Dezember: Im Interzonenhandel werden neue Vereinbarungen bis 1975 geschlossen, die laut dem *Neuen Deutschland* ein Schritt sind, «um bestehende Behinderungen» abzubauen. Die Bundesrepublik leistet Ausgleichszahlungen für frühere Treibstofflieferungen aus der DDR; damit ist die seit Jahren kontroverse Frage der Mineralölsteuer geklärt. Für Investitionsgüter werden beträchtlich gestiegene, langfristige Lieferkontingente vereinbart, der Handelskredit für die DDR (Swing) wird erhöht, der bisherige Saldierungstermin am 30. Juni jeden Jahres wird gestrichen.

1969

Machtwechsel

In diesem Jahr übersteigt die Zahl der Bundesbürger, die mit dem Charterflugzeug in Urlaub reisen, erstmals die Ein-Millionen-Marke. Der Wirtschaftsaufschwung hält an, es gibt einiges zu verteilen. Nach dem Abwirtschaften der Großen Koalition, deren Gemeinsamkeiten erschöpft sind, entscheidet sich der Wähler nur knapp, aber dennoch für eine Reformpolitik. CDU und CSU werden nach zwanzigjähriger Regierungszeit in die Opposition geschickt, SPD und FDP verheißen «mehr Demokratie».

23. Januar: Bundestagspräsident Eugen Gerstenmaier (CDU) kündigt seinen Rücktritt an. Er steht in der öffentlichen Kritik, weil er Wiedergutmachungszahlungen für eine entgangene Professur in sechsstelliger Höhe beantragt und erhalten hat, die eine unter seiner Mitwirkung entstandene Novellierung des Wiedergutmachungsgesetzes überhaupt erst ermöglicht. Am 31. Januar vollzieht Gerstenmaier den Rücktritt, sein Nachfolger wird am 5. Februar der bisherige Verteidigungsminister Kai-Uwe von Hassel (CDU).

29. Januar: Seit 1949 fordert der Artikel 6 des Grundgesetzes, daß die Gesetzgebung gleiche Bedingungen für uneheliche Kinder schafft. Da der Bundestag diesem Auftrag während zweier Jahrzehnte nicht nachkommt, setzt das Bundesverfassungsgericht aufgrund der Klage einer Minderjährigen de facto ein Ultimatum. Wenn in den wenigen Monaten bis zum Ende der Legislaturperiode kein Gesetz verabschiedet wird, würden die Gerichte in dieser Frage dem Verfassungsgebot folgen – gegen die bestehenden, die Ungleichbehandlung beinhaltenden Gesetze. Der Bundestag beugt sich und verabschiedet am 19. August das die Diskriminierung unehelicher Kinder beseitigende Gesetz, das am 1. Juli 1970 in Kraft tritt.

12. Februar: Die FDP-Fraktion bringt im Bundestag den Entwurf eines Generalvertrages zwischen der Bundesrepublik und der DDR ein, um deren «Beziehungen für die Übergangszeit zu ordnen». Danach sollen Ständige Beauftragte ernannt, gegenseitiger

1969

Ulbrichts Abstieg

Auch Walter Ulbricht hält sich für unersetzlich, er bezeichnet sich selbst vor dem Politbüro tatsächlich als «unwiederholbar». Daß er die DDR in eine Lehrmeisterrolle hineindrängen will, findet in Moskau nicht eben Anklang. Dort sorgen die ersten Feuergefechte mit chinesischen Truppen für ganz andere Probleme – die Furcht vor einem bisher für undenkbar gehaltenen Krieg zwischen zwei Ländern, die sich als kommunistisch bezeichnen. Rasch werden in Moskau die Zeichen auf Entspannung mit dem Westen gestellt, ein Kurs, zu dem Ulbricht und der zu Ulbricht kaum paßt.

22. und 23. Januar: Auf der «Schrittmacherkonferenz» von Ministerrat und FDGB in Halle beraten 700 «Schrittmacher» aus allen Bereichen, wie mit der Bewegung «sozialistisch arbeiten, lernen und leben» der Wettbewerb zum 20. Jahrestag der DDR begangen werden soll.

6. Februar: Die Regierung protestiert gegen die beabsichtigte Abhaltung der Bundesversammlung, der erstmals auch NPD-Vertreter angehören, in West-Berlin. Sie richtet Protestnoten an die Bundesregierung und an die drei Westmächte. Der Innenminister verbietet den Mitgliedern der Bundesversammlung die Durchreise durch die DDR.

17. Februar: Walter Ulbricht (SED) reist zu Leonid Breschnew. Sie erörtern die Situation um Berlin und stellen eine «erhöhte Aktivität der militaristischen, revanchistischen und neonazistischen Kreise Westdeutschlands» fest.

21. Februar: In einem Brief an Willy Brandt (SPD) stellt Walter Ulbricht (SED) Besuchsmöglichkeiten für West-Berliner zu Ostern 1969 in Ost-Berlin in Aussicht – gegen den Verzicht auf die Abhaltung der Bundesversammlung in West-Berlin. Brandt lehnt dieses Ansinnen am 26. Februar ab. Im Einvernehmen mit der Bundesregierung fordert er eine ganzjährige Passierscheinregelung, was von der DDR abgelehnt wird.

2. bis 20. März: Nach andauernden Spannungen kommt es zu einer ersten militärischen Konfrontation zwischen der Sowjet-

Bundespräsidentenwahl am 5. März 1969 in Berlin (von links: die Sozialdemokraten Gustav Heinemann, Helmut Schmidt, Herbert Wehner und Willy Brandt; rechts im Hintergrund Karl Wienand)

Gewaltverzicht erklärt und Vereinbarungen «eines geregelten friedlichen Nebeneinanders» getroffen werden. CDU/CSU und SPD lehnen den Vertrag ab.

5. März: In West-Berlin wird Gustav Heinemann (SPD) zum ersten sozialdemokratischen Bundespräsidenten gewählt. Der bisherige Bundesjustizminister, der mit dem Leitsatz «Nicht weniger, sondern mehr Demokratie» antritt, erzielt im dritten Wahlgang einen knappen Vorsprung. Heinemanns Wahl wird nur möglich, weil der Bundesvorsitzende der FDP, Walter Scheel, bei seiner Partei eindringlich für ihn wirbt: «Für die Partei eine Frage auf Leben und Tod». Damit sucht Scheel den Weg für eine sozialliberale Regierungskoalition zu bereiten.

8. März: In einem Interview mit der *Stuttgarter Zeitung* erklärt der designierte Bundespräsident Gustav Heinemann (SPD) zur Bedeutung seiner Wahl: «Es hat sich jetzt ein Stück Machtwechsel vollzogen, und zwar nach den Regeln einer parlamentarischen Demokratie (...) Das ist hier nicht in breiter Front der Fall, das wird sich erst bei der Bundestagswahl ergeben, aber immerhin doch in einem beachtlichen Stück.» Das Ende der Großen Koalition ist bereits eingeläutet, sowohl SPD als auch CDU/CSU praktizieren schon Wahlkampf.

27. März: Die Bundesländer schließen einen Staatsvertrag über die Grundsätze zur Reform der wissenschaftlichen Hochschulen und über die Vereinheitlichung des Ordnungsrechts an den Hochschulen.

union und China. Im Grenzfluß Ussuri wird die Damjanski-Insel von beiden Seiten beansprucht. Hier beginnen Feuergefechte zwischen sowjetischen und chinesischen Grenztruppen, die fast drei Wochen andauern und zahlreiche Todesopfer fordern. Auch an anderen Abschnitten der Grenze wird geschossen. Das Entflammen dieses Konfliktherdes im Osten bewegt die sowjetische Führung unmittelbar zu Entspannungsgesten im Westen. Sie läßt ihre Drohungen gegen den Transitverkehr wegen der Bundespräsidentenwahl am 5. März in West-Berlin nicht Wirklichkeit werden.

17. März: In Budapest tagen die Teilnehmerstaaten des Warschauer Paktes, die nach den Erfahrungen der Invasion der Tschechoslowakei die Führungsstruktur des Warschauer Paktes verändern. Zugleich gehen von dieser Konferenz weitere Signale einer Entspannung aus, sie stellt alles Militärische in den Hintergrund und schraubt frühere Maximalforderungen zurück. Statt eines europäischen Sicherheitssystems wird nun eine europäische Sicherheitskonferenz angeregt; statt der Unwiderruflichkeit der Grenzen in Europa wird nun deren Unantastbarkeit gefordert; die Anerkennung der DDR und der Oder-Neiße-Grenze durch die Bundesrepublik wird nicht mehr zur Voraussetzung für Verhandlungen erklärt. Im Oktober schlagen die Außenminister des Warschauer Paktes in Prag eine Tagesordnung für die europäische Sicherheitskonferenz vor, im Dezember äußert sich der NATO-Ministerrat erstmals positiv.

28. und 29. April: Vor dem ZK der SED wendet sich Walter Ulbricht scharf gegen die Herstellung «staatsrechtlicher Beziehungen», die in der Bundesrepublik anstelle einer völkerrechtlichen Anerkennung der DDR erwogen wird: «Der vom Gegner häufig gebrauchte Begriff ist eine reine Zweckkonstruktion, die darauf hinausläuft, die DDR zu einer Art westdeutschen Bundeslandes zu degradieren. Das heißt, die geplante Annexion der DDR soll juristisch vorbereitet werden.»

4. Mai: Josef Blösche, der als SS-Unterscharführer eines Einsatzkommandos an Massenmorden an sowjetischen Zivilisten beteiligt war, wird vom Bezirksgericht Erfurt zum Tode verurteilt.

8. Mai: Als erstes nichtkommunistisches Land nimmt Kambodscha unter Prinz Sihanouk volle diplomatische Beziehungen zur DDR auf. Bis Ende 1970 vollziehen zwölf weitere Staaten der sogenannten Dritten Welt diesen Schritt.

12. Mai: Anstelle des verstorbenen Johannes Dieckmann (LDPD) wählt die Volkskammer Gerald Götting, bisher stellvertretender Vorsitzender des Staatsrates und Vorsitzender der CDU, zu ihrem Präsidenten.

28. bis 30. Mai: In Ost-Berlin tagt der sechste «Deutsche Schriftstellerkongreß». Unter der anhaltenden Erstarrung der Kulturpolitik ziehen sich viele Autoren zurück, die Parteitreuen beherrschen den Kongreß. Einzig Erwin Strittmatter (SED) wagt sich hervor, als er einen Brief verlesen läßt, der die Parteisicht der Literatur anprangert: «Es ist abstrus, die positiven und negativen Gestalten in einem literarischen Werk zu zählen und sie statistisch in Relation zu bringen; es ist absurd, wenn man abzählt, wie oft das Wort Sozialismus in einem Werk erscheint.» Anna Seghers (SED) wird als Präsidentin des Verbandes wiedergewählt, zudem wird ein neues Statut gemäß den Anforderungen des «entwickelten gesellschaftlichen Systems des Sozialimus» angenommen.

10. Juni: Bereits am 6. Mai beschließt die Thüringische Landeskirche, nicht mehr im

16. bis 18. April: Auf einem außerordentlichen Parteitag in Bad Godesberg nominiert die SPD Willy Brandt als Kanzlerkandidaten.

28. April: In diesem Jahr erreicht die Bundesrepublik wieder ihren früheren Platz als wichtigster westlicher Handelspartner der Sowjetunion. Zur Hannover-Messe reist erstmals der sowjetische Außenhandelsminister Nikolai Patolitschew an, er regt das erste große Gasröhren-Geschäft seit dem Embargo von 1962 an. Die Bundesrepublik liefert Großröhren für den Transport sibirischen Erdgases und bezieht dafür über zwanzig Jahre Erdgas aus der Sowjetunion. Der Vertrag wird am 1. Februar 1970 unterzeichnet. Zudem wird auf der Messe ein Kooperationsvertrag über den gemeinsamen Bau zweier Röhrenwerke abgeschlossen.

Frankreichs Staatspräsident General Charles de Gaulle tritt zurück. Er will ein Jahr nach den Studentenunruhen vom Mai 1968 eine Reform durchsetzen, die die Mitwirkung auf den Ebenen Nation, Region, Unternehmen und Universität einführt. In einer Volksabstimmung lehnen die Franzosen seine Pläne für die Regionen und den Senat jedoch ab. Am 15. Juni wird der Gaullist George Pompidou zum neuen französischen Staatspräsidenten gewählt.

12. Mai: Im Rahmen der seit Jahren beratenen Finanzverfassungsreform treten drei Grundgesetzänderungen in Kraft, die dem Bund neue Kompetenzen im Bildungs- und Hochschulwesen geben.

Vor dem Bundesgerichtshof beginnt der Spionage-Prozeß gegen den Nürnberger Fotogroßhändler Hannsheinz Porst. Er war gleichzeitig Mitglied von FDP und SED und soll über zehn Jahre Informationen an die Stasi geliefert haben. Am 8. Juli wird er zu 33 Monaten Gefängnis verurteilt.

19. Mai: Entsprechend der Koalitionsvereinbarung von CDU und FDP tritt der Ministerpräsident von Rheinland-Pfalz, Peter Altmeier, zur Hälfte der Legislaturperiode zurück. Als sein Nachfolger wird heute der CDU-Landesvorsitzende Helmut Kohl gewählt.

21. Mai: Der Bundeskongreß in München wählt Heinz Oskar Vetter, seit 1964 Vorsitzender der *IG Bergbau und Energie*, zum neuen Vorsitzenden des DGB. Er folgt damit dem aus Altersgründen scheidenden Ludwig Rosenberg nach.

4. Juni: Nach der Aufnahme diplomatischer Beziehungen Kambodschas zur DDR am 8. Mai friert die Bundesrepublik heute ihre Beziehungen zum südostasiatischen Land ein. Auf Drängen von Außenminister Willy Brandt (SPD) werden die Beziehungen nicht abgebrochen, wie es nach der formell noch geltenden «Hallstein-Doktrin» eigentlich geboten wäre. Trotz dieser Modifikation der «Hallstein-Doktrin» bricht Kambodscha seinerseits am 11. Juni die diplomatischen Beziehungen zur Bundesrepublik ab.

25. Juni: Der Bundestag verabschiedet das Erste und Zweite Gesetz zur Reform des Strafrechts. An die Stelle der alten Grundsätze von Schuld und Sühne tritt nun das Konzept von Toleranz und Resozialisierung. Die Zuchthausstrafe wird abgeschafft, an die Stelle verschiedener Strafarten wird die Einheitsstrafe gesetzt. Geldstrafen werden auf das System der Tagessätze umgestellt und können damit den Vermögensverhältnissen der Täter angepaßt werden. Des weiteren wird die Strafbarkeit von Ehebruch, Homosexualität unter Erwachsenen, Unzucht mit Tieren, Erschleichung des außerehelichen Beischlafs und des Zweikampfes aufgehoben. Bei Kuppelei wird Strafbarkeit auf die Förderung der Prostitution und bei pornographischen Schriften auf «harte» Pornographie beschränkt.

1945 ins Leben gerufenen gesamtdeutschen Zusammenschluß der *Evangelischen Kirche in Deutschland* (EKD) mitzuarbeiten. Obgleich die DDR-Kirchen ihre EKD-Mitgliedschaft seit Jahren nur noch formal ausüben können, stehen sie zur EKD. Nach dem Inkrafttreten der neuen Verfassung der DDR im April 1968 fürchten die Kirchen jedoch, daß die EKD offiziell für illegal erklärt und ihre eigene Handlungsfreiheit stark beschränkt wird. Aus diesen Gründen trennen sich die acht evangelischen Landeskirchen auf dem Gebiet der DDR von der EKD. Ihre Kirchenleitungen verabschieden die «Ordnung des Bundes der Evangelischen Kirchen der DDR» und konstituieren damit eine neue Dachorganisation. In der Bundesordnung wird gleichwohl der gesamtdeutsche Bezug bekräftigt: «Der Bund bekennt sich zu der besonderen Gemeinschaft der evangelischen Christenheit in Deutschland.» Vom 10. bis 14. September findet in Potsdam die erste Synode des neuen Bundes statt, sie wählt Bischof Albrecht Schönherr zum Vorsitzenden.

11. bis 13. Juni: Auf dem zweiten «Frauenkongreß», der unter dem Motto «Der Frauen Herz, Wissen und Tat für unseren sozialistischen Friedensstaat» in Ost-Berlin stattfindet, werden die Grundfragen der Gleichberechtigung für gelöst erklärt. Da jetzt 47,5 Prozent aller Beschäftigten Frauen und Mädchen sind, sei die Entwicklung ihrer Talente und Fähigkeiten die nächste Aufgabe.

7. bis 14. Juli: Eine vielköpfige Delegation

Staatsbürgerliche Erziehung

«Zur weiteren Entwicklung der staatsbürgerlichen Erziehung der Schuljugend» formulieren das Ministerium für Volksbildung und der Zentralrat der FDJ «sieben sozialistische Grundüberzeugungen»:

1. «Die Überzeugung von der historischen Mission der Arbeiterklasse»;
2. «die Überzeugung vom objektiven Charakter der Entwicklung in Natur und Gesellschaft»;
3. «die Überzeugung von der Gewißheit, daß die Zukunft der ganzen Menschheit der Sozialismus ist»;
4. «die Überzeugung von der historischen Aufgabe der DDR und der Verantwortung der Jugend bei der Gestaltung des entwickelten gesellschaftlichen Systems des Sozialismus»;
5. «die Überzeugung von der entscheidenden Rolle der ruhmreichen Sowjetunion und der sozialistischen Staatengemeinschaft in der weltweiten Auseinandersetzung zwischen Sozialismus und Imperialismus»;
6. «die Überzeugung, daß Demokratie, Freiheit und Menschlichkeit nur dort gesichert sind, wo das werktätige Volk unter Führung der Arbeiterklasse und ihrer Partei die politische Macht ausübt»;
7. «die Überzeugung, daß die Jugend ihres eigenen Glückes Schmied ist, indem sie die Rechte und Pflichten gegenüber der sozialistischen Gesellschaft bewußt wahrnimmt».

26. Juni: Am 26. Februar erklärt das Bundesverfassungsgericht die vom Bundestag vorgenommene Verschiebung der Verjährung für Kriegs- und Naziverbrechen vom März 1965 für verfassungsgemäß. Nun verabschiedet der Bundestag ein Strafrechtsänderungsgesetz, das die Verjährung für Völkermord, ein erst 1954 eingeführter und damit auf die Nazizeit nicht anwendbarer Straftatbestand, aufhebt und für Mord auf dreißig Jahre heraufsetzt.

18. Juli: Unter maßgeblicher Beteiligung der Bundesregierung wird ein Ausweg für den in die Krise geratenen Steinkohlenbergbau im Ruhrgebiet gefunden. Heute unterzeichnet Bundeswirtschaftsminister Karl Schiller (SPD) den Gründungsvertrag über die neue Holdinggesellschaft in Bergbau und Energiewerkschaft, die *Ruhrkohle AG*. Sie wurde am 27. November 1968 gegründet. 24 der 28 Bergwerksunternehmen gehören ihr an; damit faßt sie den zersplitterten Bergbau zusammen, baut in erheblichem Ausmaß Überkapazitäten ab, nimmt umfangreiche Rationalisierungen vor und verringert die Belegschaften drastisch.

21. Juli: Die Menschheit greift nach den Sternen – und die USA erzielen den größten Triumph ihrer Raumfahrt. Vier Tage nach dem Start erreicht das amerikanische Raumschiff «Apollo 11» eine Mondumlaufbahn. In der Mondfähre «Eagle» landen die Astronauten Neil Armstrong und Edwin Aldrin auf dem Mond, auf dessen Oberfläche sie zweieinhalb Stunden verbringen. Armstrongs Worte vor dem Betreten des Erdtrabanten: «Ein kleiner Schritt für einen Menschen, ein großer Schritt für die Menschheit.» Was damals noch nicht bekannt ist, enthüllen später die Archive in Moskau: Mit allen Mitteln versuchte die sowjetische Raumfahrt, vor den USA den Mond zu erreichen; schwere Fehlschläge vor allem bei der Trägerrakete verhindern dies.

22. Juli: Die Bundesregierung erklärt, sie werde das Hissen der DDR-Flagge sowie das Abspielen der DDR-Hymne bei Sportveranstaltungen nunmehr dulden.

2. September: Ausgehend von der Stahlindustrie, deren Lohnniveau nachhinkt, beginnen wilde Streiks. Viele Tarifverträge des Jahres 1968 stehen unter dem Eindruck der Wirtschaftskrise und schreiben die Verschlechterungen für die Arbeitnehmer für längere Zeit fest. Im Jahr 1969 belebt sich die Konjunktur jedoch heftig, in vielen Wirtschaftsbereichen werden Überstunden in nie gekanntem Ausmaß geleistet. Weil die Gewerkschaften an die Laufzeiten der Tarifverträge gebunden sind, die sich zudem an den Eckdaten der «Konzertierten Aktion» orientieren, treten mehrere zehntausend Arbeiter in verschiedenen Regionen gegen den Willen von Betriebsräten und Gewerkschaften in wilde Streiks. Angesichts der positiven Entwicklung der Unternehmensgewinne können sie vielfach Lohnerhöhungen durchsetzen, die nicht auf spätere Tarifverträge angerechnet werden.

28. September: Nach den Wandlungen in der Parteienlandschaft bringen die Wahlen zum sechsten Deutschen Bundestag kein eindeutiges Ergebnis. Die CDU / CSU («Auf den Kanzler kommt es an») behauptet sich mit 46,1 Prozent der Stimmen klar als stärkste Partei. Die SPD («Wir schaffen das moderne Deutschland») legt zu auf 42,7 Prozent und überschreitet damit erstmals die 40-Prozent-Marke. Dafür verliert die FDP («Wir schaffen die alten Zöpfe ab») dramatisch, ihr Anteil sinkt von 9,5 auf 5,8 Prozent. Mit Spannung wird das Abschneiden der NPD erwartet. Mit 4,3 Prozent gelingt es ihr zwar nicht, in den Bundestag einzuziehen – doch stimmen mehr als 1,4 Millionen Bundesbürger für diese neonazistische Partei. Aufgrund des einsetzenden Wirtbesucht die Sowjetunion – erstmals ohne Walter Ulbricht (SED). An seiner Stelle leitet Willi Stoph die Abordnung.

10. Juli: Vor dem Obersten Sowjet in Moskau erklärt der Außenminister Andrej Gromyko nach den Vorschlägen der NATO vom 10. April die Bereitschaft der sowjetischen Führung, Vier-Mächte-Verhandlungen über Berlin aufzunehmen. Seine Regierung sei zu einem Meinungsaustausch bereit, um künftig «Komplikationen» um West-Berlin zu vermeiden. Auch zeigt Gromyko Gesprächsbereitschaft gegenüber der Bundesrepublik, um ein Abkommen über den Verzicht auf Gewaltanwendung auszuhandeln. Am 12. September lädt die Sowjetunion die Bundesrepublik offiziell zu Gesprächen in Moskau ein.

29. und 30. Juli: Das ZK der SED beschließt die Vertiefung der wissenschaftlich-technischen und ökonomischen Zusammenarbeit mit der Sowjetunion. Walter Ulbricht stellt fest, daß die deutsch-sowjetische Freundschaft in eine neue und höhere Qualität hinübergewachsen sei.

16. September: In Ost-Berlin kommt es zu ersten Verhandlungen zwischen Ministerien der DDR und der Bundesrepublik. Heute einigen sich Vertreter des DDR-Verkehrsministeriums und der Hauptverwaltung der Deutschen Bundesbahn über den Verkehr westdeutscher Kalizüge durch DDR-Gebiet nahe Gerstungen, der 1967 unterbrochen wurde. Zudem erörtern Vertreter beider Verkehrsministerien Fragen der Straßenbauplanung und des Eisenbahnverkehrs sowie des Transits von Binnenschiffen. Am 19. September erörtern Vertreter beider Postministerien Fragen des innerdeutschen Postverkehrs.

29. September: Der Staatsrat der DDR ratifiziert den Atomwaffensperrvertrag vom Juli 1968.

3. Oktober: Aus Anlaß des bevorstehenden

schaftsaufschwunges verliert die NPD jedoch bald an Bedeutung.

29. September bis 15. Oktober: Sowohl die CDU/CSU als auch die SPD treten in Koalitionsverhandlungen mit der FDP. Trotz weitreichender Angebote seitens der CDU/CSU entscheidet sich die FDP letztlich für eine Koalition mit der SPD. Das neue Bündnis verfügt nur über eine schmale Mehrheit von 12 Stimmen, zumal einige der FDP-Abgeordneten diesen Kurs nur widerwillig akzeptieren.

21. Oktober: Willy Brandt (SPD) wird mit knapper Mehrheit zum neuen Bundeskanzler gewählt, er erhält nicht alle Stimmen von SPD und FDP. Brandt bildet eine Bundesregierung aus SPD und FDP, in der der FDP-Vorsitzende Walter Scheel Außenminister und Vizekanzler wird. Die beiden weiteren FDP-Minister sind Hans-Dietrich Genscher für Inneres und Josef Ertl für Ernährung, Landwirtschaft und Forsten. Die wichtigsten Minister der SPD sind Karl Schiller als Wirtschaftsminister, Helmut Schmidt wird Verteidigungsminister, Egon Franke übernimmt das umbenannte Ministerium für innerdeutsche Beziehungen, Erhard Eppler wird Minister für wirtschaftliche Zusammenarbeit.

28. Oktober: In seiner Regierungserklärung kündigt Bundeskanzler Willy Brandt (SPD) ein umfangreiches Reformprogramm in Staat und Gesellschaft an: «Wir wollen mehr Demokratie wagen.» Ein finanz- und wirtschaftspolitisches Sofortprogramm soll «Stabilisierung ohne Stagnation» bewirken. Der Begriff «Wiedervereinigung» kommt nicht vor, was von der CDU kritisiert wird. Statt dessen skizziert Brandt ein deutschlandpolitisches Programm, das die Existenz von «zwei Staaten in Deutschland» anerkennt – dies der Schlüsselsatz der neuen Ostpolitik. Mit der DDR, diese Abkürzung gebraucht er nun im Gegensatz zum Amtsvorgänger Kiesinger ohne Anführungszeichen, will Brandt «ohne Diskriminierung» verhandeln.

17. November: Die Entspannung nimmt Gestalt an. In Helsinki beginnen «Gespräche über die Begrenzung der Strategischen Rüstung» (*Strategic Arms Limitation Talks*, SALT) zwischen den USA und der Sowjetunion. Unter diesem Dach werden eine Reihe bilateraler Verhandlungen geführt, die eine Begrenzung nuklearstrategischer Waffen zum Inhalt haben. Darunter werden Waffen verstanden, mit denen die Territorien beider Großmächte vom jeweils anderen aus erreicht werden können.

28. November: Anfang 1967 fordern die USA die Bundesregierung erstmals auf, dem dort nur im unvollständigen Entwurf vorliegenden Atomwaffensperrvertrag beizutreten. Die Bundesregierung fürchtet vor allem, die Monopolisierung der Atomwaffen bei den Großmächten werde den Status quo in Europa und damit die deutsche Teilung verewigen. Zudem sieht sie wirtschaftliche und verteidigungsstrategische Nachteile für die Bundesrepublik. Unter heftiger Kritik, sie betreibe einen «Ausverkauf», läßt die neue Bundesregierung heute den Atomwaffensperrvertrag in Moskau, Washington und London unterzeichnen.

19. Dezember: Bundespräsident Gustav Heinemann (SPD) leitet Walter Ulbrichts Brief vom 17. Dezember zuständigkeitshalber an die Bundesregierung weiter.

zwanzigsten Jahrestages der DDR-Gründung beginnen einige Sender des *Deutschen Fernsehfunks*, darunter der neue Fernsehturm in Ost-Berlin, mit der Ausstrahlung des Zweiten Programms, in dem auch erste Sendungen im Farbsystem SECAM verbreitet werden.

28. November: In Ost-Berlin unterzeichnen die DDR und die Sowjetunion ein Abkommen, das den gegenseitigen visafreien Reiseverkehr zwischen den beiden Ländern ermöglicht.

17. Dezember: Heute faßt die Volkskammer einen Beschluß, den Walter Ulbricht (SED) anderntags als Schreiben an Bundespräsident Gustav Heinemann (SPD) sendet. Darin legt Ulbricht den Entwurf eines Vertrages «über die Aufnahme gleichberechtigter Beziehungen» zwischen der DDR und der Bundesrepublik vor, der einen Botschafteraustausch sowie die Aufhebung aller dem Vertrag entgegenstehenden Gesetze, Bestimmungen und Gerichtsentscheidungen der Bundesrepublik vorsieht.

1970

Die Ostverträge

Segen und Fluch des Fortschritts. In der Politik wird die neue Ostpolitik vom einen Lager gepriesen, vom anderen verdammt und erbittert bekämpft. In der Medizin bringt das Thalidomid-Schlafmittel «Contergan» Heil und Unheil zugleich. Von 1957 bis 1961 verkauft, verursachte es auch schwere Mißbildungen bei menschlichen Embryonen. Tausende Kinder vor allem mit verkümmerten Gliedmaßen werden allein in der Bundesrepublik gezählt. Der bisher größte Prozeß gegen die Verantwortlichen der «Chemie Grünenthal» wird nun ohne Urteil eingestellt, das Gericht kann die ungesetzlichen Handlungen nicht der individuellen Schuld einzelner Manager zuordnen. Die Firma vergleicht sich mit den Opfern außergerichtlich und zahlt die unglaubliche Summe von 114 Millionen DM.

14. Januar: Bundeskanzler Willy Brandt legt seinen ersten «Bericht zur Lage der Nation» vor. Darin lehnt er den Vertragsentwurf von Walter Ulbricht (SED) ab, den dieser als Vorsitzender des Staatsrates am 17. Dezember 1969 Bundespräsident Gustav Heinemann (SPD) übersandt hatte. Brandt regt statt dessen den Austausch von Gewaltverzichtserklärungen zwischen beiden deutschen Staaten an.

22. Januar: In einem Schreiben an Willi Stoph, den Vorsitzenden des Ministerrats, schlägt Bundeskanzler Willy Brandt Gespräche über den Austausch von Gewaltverzichtserklärungen und über die Regelung praktischer Fragen vor. Am 11. Februar antwortet Stoph und bietet ein persönliches Gespräch über die völkerrechtlichen Beziehungen in Ost-Berlin an. Brandt stimmt am 18. Februar lediglich dem Vorschlag eines persönlichen Treffens zu, lehnt indes die geforderte Anreise mit dem Flugzeug ab und besteht auf der Zuganreise mit Station in West-Berlin.

30. Januar bis 18. Februar: Erste Vorgespräche sozialliberaler Politiker in Moskau werden bereits 1969 geführt. Der FDP-Vorsitzende Walter Scheel redet am 24. und 25. Juli, der SPD-Fraktionsvorsitzende Helmut Schmidt am 20. bis 23. August mit der so-

1970

Wirtschaftskrise

Statt «Made in Germany» tragen DDR-Erzeugnisse nun «Made in GDR» als Herkunftsnachweis. Moderner werden sie dadurch nicht, auch wenn Walter Ulbricht davon träumt, die «Weltspitze zu überholen». Wahnwitzige Programme werden erdacht, verzehren gigantische Summen und bringen die Ökonomie aus den Fugen. Derweil beträgt das monatliche Nettoeinkommen von Arbeitern 645 Mark, müssen unzählige Menschen in armseligen Wohnungen hausen, kann die Landwirtschaft die Bevölkerung nicht ernähren. Immerhin werden fast doppelt so viele Autos, Kühlschränke und Waschmaschinen wie 1960 erzeugt. Über ein Auto verfügt jedoch nur jeder siebte, über Kühlschrank und Waschmaschine erst jeder zweite Haushalt. Zudem sinkt die Gesamtproduktion von Gebrauchsgütern seit 1967 wieder.

19. Januar: Mit der neuen Ostpolitik der sozialliberalen Bundesregierung gerät die SED in die Defensive. Solange sie sicher sein konnte, daß die alten Bundesregierungen nicht darauf eingehen würden, äußerte sie zahlreiche Einheitsappelle. Da die neue Bundesregierung von SPD und FDP die Initiative ergreift, vollzieht die SED nun einen abrupten Kurswechsel und setzt auf «Abgrenzung». Auf einer internationalen Pressekonferenz in Ost-Berlin erneuert Walter Ulbricht heute die Forderung, vor jedem Abkommen über Gewaltverzicht müsse die völkerrechtliche Anerkennung der DDR durch die Bundesrepublik stehen: «Die historische Notwendigkeit der friedlichen Koexistenz der beiden deutschen Staaten und die Erfahrungen der letzten zwanzig Jahre machen die vertragliche Vereinbarung völkerrechtlicher Beziehungen, frei von jeder Diskriminierung, unabdingbar.»

26. bis 28. Januar: Der sowjetische Verteidigungsminister Andrej Gretschko besucht die DDR. Seine Gespräche haben offenbar die Verringerung der sowjetischen Streitkräfte in der DDR (wie auch in den anderen Ländern Osteuropas) zum Gegenstand, um mehr Truppen an die chinesische Grenze verlegen zu können.

2. und 3. Februar: Die Landwirtschaft der

wjetischen Führung. Am 8. Dezember führt der deutsche Botschafter Helmut Allardt ein erstes Gespräch mit Außenminister Andrej Gromyko über einen gegenseitigen Gewaltverzicht. Heute beginnt Egon Bahr (SPD), Staatssekretär im Bundeskanzleramt, in Moskau die erste offizielle Verhandlungsrunde mit dem dienstältesten Außenminister der Welt, Andrej Gromyko, über einen Gewaltverzichtsvertrag zwischen beiden Staaten. Vom 28. Februar bis 21. März findet die zweite Gesprächsrunde in Moskau statt, nach der die Verhandlungsergebnisse im vertraulichen «Bahr-Papier» aufgeschrieben werden. Zur dritten Runde kommen Bahr und Gromyko vom 12. bis 22. Mai abermals in Moskau zusammen.

2. Februar: In einem Interview mit *Radio Bremen* kritisiert der Sprecher der Bundesregierung, Staatssekretär Conrad Ahlers (SPD), die Presse des Springer-Verlages scharf. «Die Springer-Zeitungen sind heute, die ‹Bild-Zeitung› allen voran, das, was man eine Kampfpresse nennt. Es ist eine Presse, die Nachrichten verfälscht, die eine Art von Politik betreibt, die nach meinem Eindruck mit dem, was wir in Artikel 5 unter der Meinungsfreiheit im demokratischen Staat verstehen, nicht zu vereinbaren ist.» Der Studentenprotest von 1968 erhalte heute seine Rechtfertigung durch das Verhalten des Springer-Konzerns. Diese Äußerungen lösen eine heftige Debatte aus, am 20. und 25. Februar auch im Bundestag.

5. und 6. Februar: Der Staatssekretär im Auswärtigen Amt, Georg Ferdinand Duckwitz, führt in Warschau vertrauliche Gespräche mit dem stellvertretendem Außenminister Jozef Winiewicz über das deutsch-polnische Verhältnis. Weitere Verhandlungsrunden über den Grenz-, Gewaltsverzichts- und Normalisierungsvertrag finden vom 9. bis 11. März, vom 22. bis 24. April, vom 8. bis 10. Juni und vom 23. bis 25. Juli statt. Obgleich Polen nur über polnische Fragen verhandeln und den Vertrag noch vor dem «Moskauer Vertrag» abschließen will, gibt die Bundesregierung aufgrund der gegebenen Machtverhältnisse einer Einigung mit der Sowjetunion den Vorrang.

21. März: Angesichts des Zerfalls der Studentenbewegung in eine reformistische Strömung, die sich auf den «Marsch durch die Institutionen» begibt, und eine Vielzahl von Splittergruppen gibt der SDS seine Auflösung bekannt. Eine in Heidelberg weiterarbeitende Gruppe wird vom Innenministerium Baden-Württembergs verboten.

26. März: Da jegliche Entspannungspolitik ohne eine Regelung für das krisenanfällige Berlin unzureichend bleiben muß, treten die Vier Mächte in Unterredungen ein. Im Sitz des ehemaligen Alliierten Kontrollrats in West-Berlin treffen die Botschafter, der sowjetische aus Ost-Berlin, die anderen aus Bonn, zu ihrem ersten Gespräch über Berlin zusammen. Als ersten konkreten Schritt lösen die Westalliierten das «Allied Travel Office» auf, das Reiseamt in West-Berlin, bei dem DDR-Bürger bisher Reisegenehmigungen für alle NATO-Staaten beantragen mußten. In wirkliche Verhandlungen münden die Gespräche jedoch erst Anfang 1971, als sich die Teilnehmer verständigen, Status- und Rechtsfragen weitgehend auszuklammern.

29. März: Auf ihren Wetterkarten zeigen ARD und ZDF nun nicht mehr Deutschland in den Grenzen von 1937, sondern ein Europa ohne Grenzen.

3. April: Der wegen Kaufhausbrandstiftung zu drei Jahren Freiheitsentzug verurteilte, jedoch untergetauchte Andreas Baader wird aufgrund einer Denunziation verhaftet. Sein Rechtsanwalt ist Horst Mahler, der am 14. Mai eine Ausführung Baaders aus der

DDR kann die Bevölkerung nicht ausreichend versorgen. Beim Besuch des sowjetischen Außenhandelsministers Nikolai Patolitschew wird die baldige Lieferung von 1,5 Millionen Tonnen Getreide aus der Sowjetunion vereinbart.

15. Februar: Zum Abschluß eines über fünf Jahre laufenden Abkommens über gegenseitigen Warenaustausch mit Frankreich wird die Errichtung eines Wirtschaftsbüros der französischen Industrie in Ost-Berlin vereinbart. Auch Österreich wird eine Vertretung der Bundeskammer der gewerblichen Wirtschaft in Ost-Berlin eröffnen.

16. Februar: In scharfen Worten kritisiert Erich Honecker vor der Parteihochschule «Karl Marx» des ZK der SED die SPD. «Unter Ausnutzung der wirtschaftlichen Potenzen des westdeutschen Imperialismus und der sozialdemokratischen Ideologie, einer Form der bürgerlichen Ideologie, soll die Regierung Brandt / Scheel versuchen, die Vorherrschaft über Europa schrittweise zu verwirklichen.» Die Politik der sozialliberalen Koalition sei vom Monopolkapital dazu ausersehen, zwei Aufgaben zu erfüllen: «Einmal soll sie im Sinne des langfristigen Eindringens in die sozialistischen Länder ‹das Tor nach dem Osten öffnen›. Zweitens soll sie angesichts der wachsenden Widersprüche das staatsmonopolistische System in Westdeutschland für die Auseinandersetzung mit dem Sozialismus effektiver machen.»

10. März: In Ost-Berlin beschließt die Regionalsynode Ost der Evangelischen Kirche in Berlin-Brandenburg, die aufgrund des Sonderstatus von Berlin nicht am Austritt der DDR-Landeskirchen aus der EKD teilnahm, ihre Trennung von der Regionalsynode West. Damit fällt das letzte kirchliche Bindeglied zwischen Ost und West. 1972 schaffen beide Regionalsynoden ein eigenes Bischofsamt, im November 1972 wird die Trennung abgeschlossen.

19. März: Nach unüberbrückbaren Meinungsverschiedenheiten über den Ort des Treffens und die Art der Anreise treffen sich Willi Stoph, Vorsitzender des Ministerrats, und Bundeskanzler Willy Brandt im grenznahen thüringischen Erfurt, dereinst Hochburg der deutschen Arbeiterbewegung. Dies ist das erste Treffen von Regierungschefs beider deutscher Staaten, es verläuft in frostiger Atmosphäre. Stoph legt einen Sieben-Punkte-Plan vor, der vor allem die «Herstellung normaler gleichberechtigter Beziehungen» bei Aufgabe des Alleinvertretungsanspruchs der Bundesregierung zum Ziel hat. Nach Angaben Brandts bekundet Stoph das Interesse, die stille Teilhabe der DDR an der EWG, durch das besondere innerdeutsche Verhältnis begründet, zu erhalten und auszubauen.

Brandt reist mit dem Zug an und logiert im Hotel «Erfurter Hof» am Bahnhofsvorplatz. Tausende versammeln sich dort und rufen mit überschäumender Sympathie «Willy, Willy – Willy Brandt ans Fenster!» Die Volkspolizei greift gewaltsam ein. Brandt zeigt sich kurz am Fenster: «So mahnte ich durch eine Bewegung meiner Hände zur Zurückhaltung. Man hat mich verstanden. Die Menge wurde stumm. Ich wandte mich schweren Herzens ab. Mancher meiner Mitarbeiter hatte Tränen in den Augen. Ich fürchtete, hier könnten Hoffnungen wach werden, die sich nicht würden erfüllen lassen.» Die Begeisterung für Brandt bekräftigt bei der SED-Führung um Walter Ulbricht die Besorgnis, engere Kontakte könnten Gefahren für die innere Stabilität der DDR zeitigen.

15. April: Obwohl seit 1969 ernste Krisenanzeichen zu beobachten sind, setzt der

Strafanstalt Berlin-Tegel in ein Dahlemer Institut veranlaßt. Dabei wird Baader gewaltsam befreit, wobei ein Universitätsangestellter lebensgefährlich verletzt wird und später verstirbt. Ulrike Meinhof spielt die führende Rolle bei dieser Befreiung. Im Untergrund bauen Meinhof, Baader, Ensslin und Mahler nun die «Rote Armee Fraktion» (RAF) auf. Nach dem Vorbild der südamerikanischen «Stadtguerilla», die der bolivianische Revolutionär Carlos Marighela in seinem «Minihandbuch des Stadtguerilla» skizziert, wollen sie durch Terror das staatliche Machtgefüge erschüttern und die unterdrückten, eingeschüchterten Massen zum bewaffneten Aufstand ermutigen. In der Folgezeit verübt die RAF zahlreiche Banküberfälle, Autodiebstähle sowie Anschläge. Es kommt zu mehreren Schießereien mit der Polizei, bei denen RAF-Angehörige erschossen werden: am 12. Juli 1971 in Hamburg Petra Schelm, am 5. Dezember 1971 in West-Berlin Georg von Rauch und am 2. März 1972 in Augsburg Thomas Weisbecker.

9. April: Die Bundesregierung beschließt, die Inschrift der Olympiamünzen zu ändern. Die erste Serie mit den Worten «Spiele der XX. Olympiade in Deutschland» wird vom IOC kritisiert, nun lautet der Text «Olympische Spiele 1970 in München».

16. April: In Wien wird die SALT-1-Konferenz eröffnet. Die USA und die Sowjetunion verhandeln in einer ersten Runde bis zum 14. August vertraulich über die Begrenzung strategischer Waffen.

4. Mai: Bei einer Demonstration gegen die am 30. April begonnene US-Invasion in Kambodscha erschießen Soldaten der Nationalgarde an der Kent-State-Universität in Ohio vier protestierende Studenten. Auch an der Jackson-State-Universität werden zwei Studenten bei Protesten erschossen, fünfzehn andere werden verletzt. Nach dieser dramatischen Zuspitzung der innenpolitischen Situation erheben sich in den USA und weltweit Proteste gegen das Vorgehen der US-Regierung. Am 9. Mai kommt es in West-Berlin zu Straßenschlachten. Anfang Juli wird die Invasion Kambodschas beendet.

21. Mai: In Kassel treffen Bundeskanzler Willy Brandt und Willi Stoph, Vorsitzender des Ministerrats der DDR, zum zweiten Mal zusammen. Tausende rechtsextreme Demonstranten versammeln sich in der Stadt, sie greifen das Auto der beiden Regierungschefs an, zerreißen die «Spalterflagge» und verhindern zunächst eine gemeinsame Kranzniederlegung für die Opfer des Faschismus. Die DDR-Delegation nutzt diese Vorfälle, um zum vorgelegten «20-Punkte-Memorandum» der Bundesregierung nicht Stellung nehmen zu müssen. Darin sind erste Vertragsvorschläge zur Gestaltung der künftigen innerdeutschen Beziehungen

Ministerrat in einer «Grundsatzregelung für die Gestaltung des Ökonomischen Systems des Sozialismus in der Deutschen Demokratischen Republik 1971 – 1975» das ÖSS fort.

17. April: Das ZK der SED beschließt, daß alle Mitglieder und Kandidaten der Partei ihre Parteidokumente im Zeitraum vom 1. September 1970 bis zum 31. Oktober 1970 umtauschen müssen. Mit 99,6 Prozent der knapp zwei Millionen Mitglieder und Kandidaten werden in dieser Zeit «persönliche Aussprachen» geführt. Nur an 0,46 Prozent wird das «neue Parteidokument» nicht ausgehändigt.

29. April: In Bonn wird der jahrelange Streit um den Kostenausgleich bei der Post beigelegt. Die DDR verlangt von der Bundesrepublik 1,8 Milliarden DM für Mehrleistungen ihrer Post, jetzt zahlt die Bundesregierung rückwirkend vom 1. Januar 1967 bis 1973 dreißig Millionen DM pro Jahr. Weiterhin wird die Schaltung neuer Fernsprech- und Fernschreibverbindungen in beiden Richtungen vereinbart.

Nach der Sowjetunion kauft nun auch die DDR komplette Großanlagen im Westen. Auf der Hannover-Messe erhält die bundeseigene *Salzgitter AG* als Generalunternehmer den Auftrag, in Hennigsdorf und Riesa zwei modernste Elektrostahlwerke zu er-

Willy Brandt in Erfurt: Tausende DDR-Bürger versammeln sich zu einer Sympathiekundgebung vor dem Erfurter Hof enthalten, bis hin zum Austausch von Ständigen Vertretern und beiderseitiger Mitgliedschaft in internationalen Organisationen. Stoph besteht auf voller völkerrechtlicher Anerkennung der DDR vor jedem Vertrag und fordert eine «Denkpause» – noch sind die Verhandlungen von Egon Bahr in Moskau nicht beendet. Gegenüber Brandt beschwert sich Stoph über die «Mordhetze», die im Vorfeld des Treffens gegen ihn betrieben worden sei, betont aber im gleichen Atemzug, daß die Zusammenarbeit in Wirtschaft, Verkehr und Post nicht leiden dürfe.

27. Mai: Die heutige Volkszählung ergibt eine Bevölkerungszahl für die Bundesrepublik einschließlich West-Berlin von 60 649 000 Menschen. Darunter sind 2 439 000 Ausländer, das sind vier Prozent der Wohnbevölkerung.

7. Juni: Im Landesteil Baden von Baden-Württemberg wird eine Volksabstimmung über die Wiederherstellung von Baden durchgeführt – und mit großer Mehrheit abgelehnt.

12. Juni: Teile des vertraulichen «Bahr-Papiers», das Entwürfe für den «Moskauer Vertrag» enthält, gelangen durch gezielte Indiskretion an die Öffentlichkeit. Von der CDU / CSU wird der Bundesregierung darauf «Ausverkauf» und «Verzichtspolitik» vorgeworfen. Weil im «Bahr-Papier» zur Oder-Neiße-Grenze dieselbe Formulierung verwendet wird, wie sie im «Warschauer Vertrag» stehen soll, zeigt sich zudem die polnische Führung pikiert: Das Selbstbewußtsein ihrer Nation ertrage kein «Geschenk der Russen». Als Zeichen des Entgegenkommens willigt die Bundesregierung in eine veränderte Reihenfolge ein, die die Grenzfeststellung dem Gewaltverzicht voranstellt und somit einen «Grenzvertrag» schafft.

16. Juni: Das Berliner Abgeordnetenhaus verabschiedet ein Gesetz, das als Reaktion auf die Gewalttätigkeiten der Studentenbewegung dem Innensenator das Recht gibt, bei drohender Gefahr für die freiheitlich-demokratische Grundordnung Handgranaten und Maschinengewehre von der Polizei einsetzen zu lassen. Aus Protest legen der ehemalige Regierende Bürgermeister Heinrich Albertz und der ehemalige Schulsenator Carl-Heinz Evers (beide SPD) ihre Abgeordnetenmandate nieder.

19. Juni: Mit großer Mehrheit setzt der Bundestag das aktive Wahlalter von 21 auf 18 Jahre und das passive Wahlalter von 25 auf 21 Jahre herab.

26. Juli bis 7. August: Bundesaußenminister Walter Scheel handelt in Moskau mit Außenminister Andrej Gromyko den endgültigen Text des Gewaltverzichtsvertrages aus.

11. bis 13. August: Bundeskanzler Willy Brandt und Außenminister Walter Scheel reisen nach Moskau, um dort mit Alexej Kossygin und Andrej Gromyko den «Moskauer Vertrag» zu schließen. Dieses am 12. August unterzeichnete Abkommen regelt den Gewaltverzicht und die Normalisierung der Beziehungen zwischen der Bundesrepublik und der Sowjetunion. Beide Seiten betrachten das Abkommen als Grundlage für eine dauerhafte Entspannung, die die bisherige Konfrontation ablöst. Allerdings will die deutsche Seite den Vertrag erst ratifizieren lassen, wenn zwischen den Vier Mächten ein befriedigendes Berlin-Abkommen geschlossen worden sei.

Zusätzlich zum Vertrag schreibt Scheel an Gromyko einen «Brief zur deutschen Einheit», den das sowjetische Außenministerium widerspruchslos entgegennimmt und der Oberste Sowjet bei der Ratifikation berücksichtigt. Darin hält Scheel fest, «daß dieser Vertrag nicht im Widerspruch zu dem politischen Ziel der Bundesrepublik richten. Allein das Werk in Hennigsdorf umfaßt ein Investitionsvolumen von 70 Millionen DM.

7. Mai: Die DDR eröffnet ein Außenhandelszentrum in Paris, ihre erste Einrichtung dieser Art in einem westlichen Land.

15. Mai: Walter Ulbricht, Willi Stoph und Erich Honecker beraten in Moskau mit Leonid Breschnew über das bevorstehende Gespräch Stophs mit Bundeskanzler Willy Brandt in Kassel.

30. Mai: In Ost-Berlin bezieht Erich Honecker erstmals Stellung zu den von Bundeskanzler Willy Brandt in Kassel vorgelegten «20 Punkten» – er lehnt sie entschieden ab. «Jene zwanzig Punkte (...) klammern gleichberechtigte völkerrechtliche Beziehungen nicht nur aus, sondern sind eine Absage an das Völkerrecht (...) In Wirklichkeit sind sie nichts anderes als die mit veränderten Begriffen umschriebene Alleinvertretungsanmaßung aller bisherigen Bonner Regierungen.»

1. Juli: Exportwaren werden nicht mehr mit «Made in Germany» gekennzeichnet. Ab sofort tragen sie als Herkunftsnachweis «Made in GDR» oder «Hergestellt in der DDR».

16. Juli: Walter Ulbricht versucht mit einer Rede in Rostock die deutschlandpolitische Initiative wiederzugewinnen. Er bescheinigt der Bundesregierung eine «gewisse Anerkennung der Realitäten».

28. Juli: Erich Honecker beginnt, auf eine Ablösung Walter Ulbrichts hinzuwirken, den er nicht nur für die zunehmenden Wirtschaftsprobleme, sondern auch für Widerstände gegen den sowjetischen Entspannungskurs verantwortlich macht. Heute sondiert Honecker insgeheim bei Leonid Breschnew in Moskau. Breschnew beklagt «eine gewisse Überheblichkeit» («er will mir Vorschriften machen»), erkennt aber auch die «Verdienste» Ulbrichts an. Er spricht sich «für die mittlere Variante aus», die Ulbricht auf den Vorsitz des Staatsrates beschränkt und Honecker die Parteiführung übergibt. Breschnew bestätigt Honecker als Nachfolgekandidaten: «Es ist schon jetzt so, daß sich die Dinge immer mehr in deiner Hand konzentrieren.»

4. und 5. August: Walter Ulbricht sendet eine persönliche Botschaft an die Staatsoberhäupter neutraler sowie der NATO angehörender Staaten Europas, in der er, auch stufenweise, die Aufnahme diplomatischer Beziehungen zur DDR nahegelegt. Sein Land gehöre zu den zehn leistungsfähigsten Industriestaaten der Welt und habe legitimen Anspruch auf gleichberechtigte Teilnahme an den Vereinten Nationen.

13. August: In Moskau unterzeichnen die DDR und die Sowjetunion ein Protokoll zur Koordinierung der Volkswirtschaftspläne von 1971 bis 1975. Mit 14 Milliarden Valuta-Rubel war bereits das Handelsabkommen für 1966 bis 1970 das größte jemals zwischen zwei Staaten geschlossene. Für 1971 bis 1975 wird nun ein Umfang von 22 Milliarden Valuta-Rubel vereinbart.

21. August: Nach einer Tagung des Warschauer Paktes treffen heute in Moskau Abordnungen der ZKs von SED und KPdSU unter Walter Ulbricht und Leonid Breschnew zusammen, wobei die beiden Parteiführer ein mehrstündiges Gespräch führen. Breschnew bringt danach seine «generelle Achtung für Gen. Walter Ulbricht zum Ausdruck». Entgegen den Erwartungen vor allem Erich Honeckers läßt die sowjetische Führung Ulbricht nicht fallen, sondern drängt ihn lediglich, die Probleme in der SED-Führung «in einer sachlichen Atmosphäre» zu lösen. Ulbricht nutzt dies sofort, um erneut aufzutrumpfen. Er spricht davon, die USA auf technologischem Gebiet zu schlagen: «Bis Anfang 1971 werden wir in

Vertrag zwischen der Bundesrepublik Deutschland und der Union der Sozialistischen Sowjetrepubliken

Die Hohen Vertragschließenden Parteien

IN DEM BESTREBEN, zur Festigung des Friedens und der Sicherheit in Europa und in der Welt beizutragen,
IN DER ÜBERZEUGUNG, daß die friedliche Zusammenarbeit zwischen den Staaten auf der Grundlage der Ziele und Grundsätze der Charta der Vereinten Nationen den sehnlichen Wünschen der Völker und den allgemeinen Interessen des internationalen Friedens entspricht,
IN WÜRDIGUNG der Tatsache, daß die früher von ihnen verwirklichten vereinbarten Maßnahmen, insbesondere der Abschluß des Abkommens vom 13. September 1955 über die Aufnahme der diplomatischen Beziehungen, günstige Bedingungen für neue wichtige Schritte zur Weiterentwicklung und Festigung ihrer gegenseitigen Beziehungen geschaffen haben,
IN DEM WUNSCHE, in vertraglicher Form ihrer Entschlossenheit zur Verbesserung und Erweiterung der Zusammenarbeit zwischen ihnen Ausdruck zu verleihen, einschließlich der wirtschaftlichen Beziehungen sowie der wissenschaftlichen, technischen und kulturellen Verbindungen, im Interesse beider Staaten,
SIND wie folgt übereingekommen:

Artikel 1

Die Bundesrepublik Deutschland und die Union der Sozialistischen Sowjetrepubliken betrachten es als wichtiges Ziel ihrer Politik, den internationalen Frieden aufrechtzuerhalten und die Entspannung zu erreichen.

Sie bekunden ihr Bestreben, die Normalisierung der Lage in Europa und die Entwicklung friedlicher Beziehungen zwischen allen europäischen Staaten zu fördern, und gehen dabei von der in diesem Raum bestehenden wirklichen Lage aus.

Artikel 2

Die Bundesrepublik Deutschland und die Union der Sozialistischen Sowjetrepubliken werden sich in ihren gegenseitigen Beziehungen sowie in Fragen der Gewährleistung der europäischen und der internationalen Sicherheit von den Zielen und Grundsätzen, die in der Charta der Vereinten Nationen niedergelegt sind, leiten lassen. Demgemäß werden sie ihre Streitfragen ausschließlich mit friedlichen Mitteln lösen und übernehmen die Verpflichtung, sich in Fragen, die die Sicherheit in Europa und die internationale Sicherheit berühren, sowie in ihren gegenseitigen Beziehungen gemäß Artikel 2 der achtzig Kombinaten die Automatisierung durchführen. Das ist ein neuer Schritt (...) Im Beschluß über Wissenschaftsorganisation haben wir im Prinzip gezeigt, wie wir die Weltspitze überholen wollen. Maßgeblich wird die Entwicklung der sozialistischen Ideologie sein, nicht das Gemisch der Übergangsperiode.»

5. September: Auf der Leipziger Messe erörtert der Außenwirtschaftsminister Horst Sölle (SED) mit den Staatssekretären im Bundeswirtschaftsministerium, Klaus Dieter Arndt und Detlev Karsten Rohwedder, Fragen des innerdeutschen Handels. Im Jahr 1969 weitete sich der Handel um mehr als 25 Prozent auf 3,65 Milliarden DM aus.

8. September: Das Politbüro der SED berät die wirtschaftliche Krise und deren akute Schwierigkeiten. Walter Ulbrichts ehrgeizige Modernisierungspläne erweisen sich als kostspielig und unrealistisch, da vielfach die Voraussetzungen fehlen oder nicht geschaffen werden können. Erich Honecker, Willi Stoph und Günter Mittag, der bisher Ulbrichts Politik stützte, sich jetzt jedoch auf Honeckers Seite schlägt, legen eine erschreckende Bilanz vor. Sie fordern, «erste Voraussetzungen zu schaffen, um die gesamte Volkswirtschaft zu stabilisieren und deren planmäßige Entwicklung wiederherzustellen». Das Politbüro streicht unrealistische Projekte, stellt Investitionsvorhaben zurück und richtet das Bauwesen auf den Wohnungsbau sowie den Bau von Schulen, Kindergärten und Dienstleistungseinrichtungen aus. Alle weiteren Konzeptionen und Pläne für 1971 bis 1975 müssen verworfen werden. Am 23. September legt der Ministerrat fest, «daß die Staats- und Wirtschaftsorgane verstärkte Anstrengungen zu unternehmen haben,

Industrielandschaft in der DDR: das EKO-Stahlwerk in Eisenhüttenstadt (Foto von 1991)

Charta der Vereinten Nationen der Drohung mit Gewalt oder der Anwendung von Gewalt zu enthalten.

Artikel 3
In Übereinstimmung mit den vorstehende Zielen und Prinzipien stimmen die Bundesrepublik Deutschland und die Union der Sozialistischen Sowjetrepubliken in der Erkenntnis überein, daß der Friede in Europa nur erhalten werden kann, wenn niemand die gegenwärtigen Grenzen antastet.

- Sie verpflichten sich, die territoriale Integrität aller Staaten in Europa in ihren heutigen Grenzen uneingeschränkt zu achten;
- sie erklären, daß sie keine Gebietsansprüche gegen irgend jemand haben und solche in Zukunft auch nicht erheben werden;
- sie betrachten heute und künftig die Grenzen aller Staaten in Europa als unverletzlich, wie sie am Tage der Unterzeichnung dieses Vertrages verlaufen, einschließlich der Oder-Neiße-Linie, die die Westgrenze der Volksrepublik Polen bildet, und der Grenze zwischen der Bundesrepublik Deutschland und der Deutschen Demokratischen Republik.

Artikel 4
Dieser Vertrag zwischen der Bundesrepublik Deutschland und der Union der Sozialistischen Sowjetrepubliken berührt nicht die von ihnen früher abgeschlossenen zweiseitigen und mehrseitigen Verträge und Vereinbarungen.

Artikel 5
Dieser Vertrag bedarf der Ratifikation und tritt am Tage des Austausches der Ratifikationsurkunde in Kraft, der in Bonn stattfinden soll.

Deutschland steht, auf einen Zustand des Friedens in Europa hinzuwirken, in dem das deutsche Volk in freier Selbstbestimmung seine Einheit wiedererlangt». So wird der Vorwurf entkräftet, die Anerkennung des Status quo verewige die deutsche Teilung. Auch die Vertragsformulierung, die Grenzen in Europa als «unverletzlich» zu betrachten, während die Sowjetunion sie als «unverrückbar» erklären wollte, entzieht Wiedervereinigung wie europäische Einigung einem Einspruch aus Moskau. Den Westalliierten versichert Scheel in einem Brief, der «Moskauer Vertrag» berühre nicht die Rechte der Vier Mächte.

8. Oktober: In einer konspirativen Wohnung in West-Berlin werden die des Terrorismus verdächtigen Horst Mahler, Monika Berberich, Irene Goergens, Brigitte Asdonk und Irene Schubert verhaftet.

9. Oktober: Aus Protest gegen die Politik der sozialliberalen Koalition verläßt der frühere FDP-Vorsitzende Erich Mende mit Siegfried Zoglmann und Heinz Starke seine Partei und wechselt zur CDU.

2. bis 18. November: Bundesaußenminister Walter Scheel handelt in Warschau den endgültigen Text des «Warschauer Vertrages» aus. Aus der Anerkennung der Oder-Neiße-Grenze ergibt sich nach Auffassung der Bundesregierung, allen noch östlich dieser Grenze lebenden Deutschen die Mögum die planmäßige und kontinuierliche Versorgung der Bevölkerung zu gewährleisten».

16. September: Die Volkskammer verabschiedet das Gesetz über die Zivilverteidigung und hebt dessen Vorläufer, das Luftschutzgesetz, auf. Bereits am 1. Juni wird die Zivilverteidigung an das Verteidigungsministerium angegliedert. Mit dieser «Einbeziehung in das Gesamtsystem der Landesverteidigung» kann der Wehrdienst in den Einrichtungen der Zivilverteidigung geleistet werden. Bei der Werbung um freiwillige Mitarbeiter werden vor allem Frauen angesprochen.

6. Oktober: Bei der Festveranstaltung zum 21. Jahrestag der DDR begrüßen Walter Ulbricht und Willi Stoph den Abschluß des «Moskauer Vertrages» als Fortschritt. Nun müßten «endlich normale völkerrechtliche Beziehungen» zwischen der DDR und der Bundesrepublik hergestellt werden.

12. bis 18. Oktober: In der DDR findet das Manöver «Waffenbrüderschaft» statt, an dem erstmals Stäbe und Truppen aller Armeen des Warschauer Paktes teilnehmen. In diesem bisher größten Manöver üben etwa 100 000 Soldaten auf nahezu dem gesamten Territorium der DDR, «jede Variante eines imperialistischen Überraschungsversuchs zu zerschlagen. Auf die Vielfalt imperialistischer Provokationen im politisch-psychologischen und militärischen Bereich muß mit entschlossenen politischen und militärischen Maßnahmen der verbündeten Staaten und Armeen unverzüglich an Ort und Stelle geantwortet werden.»

21. bis 30. Oktober: Erstmals besucht eine von Kurt Hager geleitete SED-Delegation auf Einladung der KPF offiziell Frankreich.

27. November: Weil die DDR fürchtet, in den laufenden Vier-Mächte-Verhandlungen über Berlin könnte die Sowjetunion einen Teil ihrer politischen Positionen preisgeben, schlägt sie im Oktober der Bundesrepublik separate Gespräche über Berlin vor. Die Bundesregierung lehnt das Thema ab, nimmt die Gesprächseinladung jedoch an. Heute treffen der Staatssekretär im Bundeskanzleramt, Egon Bahr, und der Staatssekretär beim Ministerrat, Michael Kohl, in Ost-Berlin erstmals zusammen. Dies ist der Beginn eines insgesamt zweijährigen «Meinungsaustausches», aus dem mehrere Verträge hervorgehen.

9. bis 11. Dezember: Das ZK der SED bemüht sich auf einer Parteikonferenz um eine «reale Einschätzung der inneren Lage, besonders der wirtschaftlichen und sozialen» – deshalb währt die Tagung einen Tag länger als vorgesehen. Erich Honecker hält sich zurück und läßt die Kritik an Walter Ulbrichts Kurs von anderen vortragen. Paul Verner erklärt, daß die Sicherung der Planerfüllung zu einer «hohen außerplanmäßigen Verschuldung» sowohl gegenüber den Ländern des RGW als auch gegenüber der Bundesrepublik und West-Berlin geführt habe. Willi Stoph kritisiert «subjektive Wünsche, die im Widerspruch zu den realen Möglichkeiten standen. Wir können keine Sprünge machen und zum Beispiel zehn Prozent Steigerung der Arbeitsproduktivität und der Produktion pro Jahr als Aufgabe stellen, ohne daß dafür die realen Voraussetzungen vorhanden sind.» Die Bilanz des Fünf-Jahr-Planes 1966 bis 1970 zeigt zwar eine jährliche Steigerung der Industrieproduktion von sechs Prozent, doch werden wichtige Ziele in der Energieversorgung, Zulieferindustrie, Nahrungsmittelversorgung und dem Bauwesen nicht erreicht. Vor allem für die Jahre 1969 und 1970 werden zahlreiche Planziele verfehlt, so steigt die Arbeitsproduktivität nur um die Hälfte des Plansolls. Es wird eine starke Modifizierung des «Ökonomischen Systems

Willy Brandt in Warschau: Kniefall vor dem Denkmal für die Opfer des Aufstands im Warschauer Ghetto

lichkeit zur Umsiedlung in die Bundesrepublik zu geben. Doch weigert sich die polnische Regierung, eine entsprechende Regelung in den Vertrag aufzunehmen. Statt dessen wird von beiden Seiten der Text einer «Information über Maßnahmen zur Lösung humanitärer Probleme» ausgehandelt, die die polnische Regierung dem Vertrag beigibt.

7. November: Am sowjetischen Ehrenmal in West-Berlin verletzt der 21jährige Krankenpfleger Ekkehard Weil den sowjetischen Wachsoldaten Iwan Schtscherbak durch zwei Schüsse. Der Attentäter will die Annäherung «zwischen SPD/FDP und den Kommunisten» verhindern. Am 8. März 1971 wird Weil vom Hohen Gericht der britischen Militärregierung in Berlin zu einer Freiheitsstrafe von sechs Jahren verurteilt.

14. November: Der Parteirat der SPD sieht sich genötigt, sich gegen den Kommunismus abzugrenzen. Die SPD wird «bei ihrem Bemühen um außenpolitische Verständigung mit den kommunistisch regierten Staaten niemals eine Verwischung der grundsätzlichen Gegensätze zulassen, die sozialdemokratische und kommunistische Zielvorstellungen und Durchsetzungsmethoden voneinander trennen». Eine Entschließung der Spitzengremien zur Zusammenarbeit mit DKP, SEW, SDAJ und FDJ (Berlin) legt fest: «Zwischen Sozialdemokraten und Kommunisten gibt es keine Aktionsgemeinschaft.»

6. bis 8. Dezember: Bundeskanzler Willy Brandt und Außenminister Walter Scheel reisen nach Polen. Am 7. Dezember unterzeichnen sie mit Jozef Cyrankiewicz und Stefan Jedrychowski den «Warschauer Vertrag». Brandt äußert dazu: «Meine Regierung nimmt die Ergebnisse der Geschichte an.» Während des Besuches legt Brandt zunächst einen Kranz am Grabmal des Unbekannten Soldaten nieder. Dann folgt die Kranzniederlegung am Mahnmal für den von Deutschen niedergeschlagenen Aufstand des Warschauer Ghettos. Spontan kniet Brandt vor dem Denkmal nieder, eine Geste, die er später erklärt: «Am Abgrund der deutschen Geschichte und unter der Last der Millionen Ermordeten tat ich, was Menschen tun, wenn die Sprache versagt.»

21. Dezember: Mit dem Krankenversicherungsänderungsgesetz werden Vorsorgeuntersuchungen zur Früherkennung von Krankheiten zur Pflichtleistung der Krankenkassen erklärt.

des Sozialismus» (ÖSS) beschlossen, die einer Aufgabe dieser Politik gleichkommt und abermals straffe zentrale Planung und Leitung in den Vordergrund stellt. In seinem Schlußwort versucht Ulbricht, objektive Gründe für die Krise anzuführen. Unter dem Eindruck großer Streiks, Demonstrationen und Proteste, die am 14. Dezember in Polen gegen weitreichende Preiserhöhungen beginnen, verhindert die Politbüro-Gruppe um Honecker die Veröffentlichung des Schlußwortes von Ulbricht, da es mit Inhalt und Verlauf der Tagung «nicht übereinstimmte». Am 17. Dezember muß Ulbricht einwilligen – eine deutliche politische Niederlage.

17. Dezember: Zur Vorbereitung des 25. Jahrestages der Gründung der SED referiert Walter Ulbricht zur nationalen Frage. Die einheitliche bürgerliche deutsche Nation bestehe nicht mehr. In der DDR habe sich ein «sozialistischer deutscher Nationalstaat» entwickelt, in dem sich der «Prozeß der Herausbildung einer sozialistischen Nation» vollziehe. Die Bundesrepublik hingegen sei «ein imperialistischer Staat der NATO» und verkörpere «den verbliebenen Teil der alten bürgerlichen deutschen Nation unter den Bedingungen des staatsmonopolistischen Herrschaftsystems».

Dezember: Um das Überqueren der Grenze in Richtung Bundesrepublik unmöglich zu machen, werden von nun an «Selbstschuß- und Meldeanlagen SM (Splittermine) 70» jeweils am letzten Grenzzaun installiert. An jedem vierten Betonpfahl werden sie in unterschiedlicher Höhe an der der DDR zugewandten Seite angebracht. Bei Berührung von Kontaktdrähten verschießen diese Geräte parallel zum Grenzzaun etwa 110 scharfkantige Projektile, die schwere innere Verletzungen hervorrufen und mit hoher Wahrscheinlichkeit zum Verbluten führen. Nach westlichen Schätzungen werden bis zum August 1983 etwa 60000 dieser Selbstschußanlagen aufgestellt.

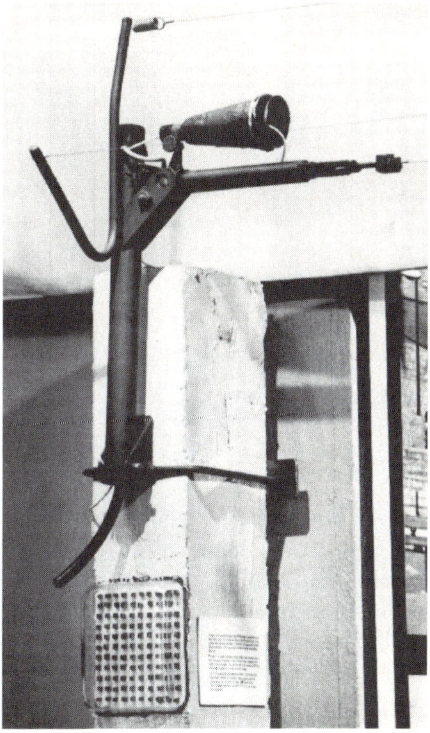

Die Selbstschußanlage SM 70

Dezember 1970 und Januar 1971: Walter Ulbricht nimmt eine Fraktionssitzung von CDU/CSU im Reichstag, ein Treffen der SPD-Fraktionsvorsitzenden von Bundestag und Landtagen sowie eine Zusammenkunft der FDP-Fraktionsvorsitzenden in West-Berlin zum Anlaß, um schwerste Behinderungen im Transitverkehr von und nach West-Berlin anzuordnen. Wegen schleppender, gelegentlich gar ausgesetzter Abfertigung werden an den Grenzkontrollpunkten Wartezeiten bis zu achtzehn Stunden registriert.

1971

Tabubruch

In einem «Haar- und Barterlaß» erlaubt Verteidigungsminister Helmut Schmidt im Februar den Soldaten der Bundeswehr das Tragen von längeren Haaren im Dienst – mit Haarnetz. Den Grund für diese Wandlung zur «German Hair Force» gibt der Zeitgeist ab: «Die Bundeswehr kann in ihrem Erscheinungsbild die Entwicklung des allgemeinen Geschmacks nicht unberücksichtigt lassen.» So fallen nach und nach weitere Tabus, in allen gesellschaftlichen Bereichen. Besonders spektakulär: Die öffentliche Selbstbezichtigung prominenter Frauen: «Ich habe abgetrieben.»

11. März: Nach den häufigen Störungen des Transitverkehrs von und nach West-Berlin beschließt die Bundesregierung, rückwirkend vom 1. Januar 1970 bis zum 30. September 1971 eine Billigkeitsentschädigung an den gewerblichen Güterfernverkehr zu zahlen. Pro zusätzlicher Wartestunde werden zehn DM gezahlt, jedoch nur bei Wartezeiten von mindestens zehn Stunden.
31. März: Mitte Oktober 1970 unternimmt die Bundesregierung erste Sondierungen in Prag. Heute beginnen die offiziellen Gespräche zwischen der Bundesrepublik und der Tschechoslowakei über die Normalisierung der Beziehungen beider Staaten. Staatssekretär Paul Frank vom Auswärtigen Amt verhandelt mit den stellvertretenden Außenministern Milan Klusak und Jiri Goetz. Weil die meisten Fragen ähnlich geregelt werden können wie in den anderen Ostverträgen, gibt es nur einen bedeutsamen Streitpunkt: Während die Tschechoslowakei die Anerkennung der Nichtigkeit des «Münchener Abkommens» von 1938 «von Anfang an» fordert, sucht die Bundesrepublik eine Nichtigkeitserklärung derart, daß schädliche Rechtsfolgen für die Sudetendeutschen ausgeschlossen werden. Obgleich auch hier ein Kompromiß in Aussicht steht, ziehen sich die Verhandlungen über zweieinhalb Jahre hin.
12. Mai: Finanzminister Alex Möller (SPD) tritt wegen der angespannten Haushaltslage zurück; Auslöser ist die Unnachgiebigkeit von Verteidigungsminister Helmut Schmidt, der sich von seinem Etat nichts abhandeln läßt. Wirtschaftsminister Karl

1971

Machtwechsel

Es ist kennzeichnend für die Verfassung der SED, daß sie aus sich heraus nicht zur Erneuerung fähig ist. Dreizehn Mitglieder und Kandidaten des Politbüros müssen heimlich einen Beschwerde- und Bittbrief an Leonid Breschnew schreiben. «Um größten Schaden und ernste Konflikte zu verhindern», soll er den längst überfälligen Führungswechsel in einem auf dem Papier souveränen Land herbeiführen. Nicht so sehr wegen seiner Innenpolitik, sondern weil Walter Ulbricht sich und seinen Staat in einer «Lehrmeisterrolle» wähnt, seine kühnen Vorhaben erstrecken sich wirklich bis zum Jahr 1990, wird er in Moskau zum Abtritt gezwungen.

1. Januar: Die dritte Volkszählung der DDR, die als «Volks-, Berufs-, Wohnraum- und Gebäudezählung» durchgeführt wird, ergibt eine Bevölkerungszahl von 17053699 Menschen.

21. Januar: Zehn Mitglieder und drei Kandidaten des Politbüros der SED um Erich Honecker schreiben einen Beschwerdebrief über Walter Ulbricht an Leonid Breschnew. Darin bitten sie den Generalsekretär der KPdSU, Ulbricht zum «freiwilligen» Rücktritt zu bewegen.

31. Januar: Nach 19jähriger Unterbrechung wird, wie im April 1970 vereinbart, der Telefonverkehr zwischen beiden Teilen Berlins wiederaufgenommen.

24. Februar: Der Ministerratsvorsitzende Willi Stoph schlägt in einem Schreiben an den Regierenden Bürgermeister von Berlin, Klaus Schütz (SPD), die Aufnahme direkter Verhandlungen zwischen der DDR und «dem Senat von Westberlin» über Besuchsmöglichkeiten von West-Berlinern vor. Schütz geht anderntags auf das Angebot «im Rahmen seiner Kompetenzen und mit Zustimmung der drei Mächte» ein. Am 6. März beginnen in Ost-Berlin die Verhandlungen über «beiderseits interessierende Fragen», bei denen die DDR großzügige Besuchsmöglichkeiten offeriert, wenn der Senat in einem Abkommen ihre politischen Forderungen erfüllt.

12. April: Nach dem 24. Parteitag der KPdSU, der vom 30. März bis 9. April in Moskau stattfindet, verkündet Leonid Breschnew dem trotz seiner 78 Jahre unverändert amtsfreudigen Walter Ulbricht, daß er zurückzutreten und dies als seine eigene

Schiller übernimmt nun auch das Finanzressort und wirkt fortan als «Superminister».

1. Juni: Die Bundesrepublik erlebt eine beispiellose Provokation. In der Illustrierten *Stern* bezichtigen sich auf Anregung der Journalistin Alice Schwarzer 374 teils prominente Frauen: «Ich habe abgetrieben.» Damit wird ein Tabu der Abtreibungsproblematik durchbrochen, denn in den politischen Diskussionen wird verdrängt, daß alljährlich viele zehntausend Abtreibungen illegal vorgenommen werden. Seit 1970 agieren zahlreiche Frauengruppen gegen den Paragraphen 218, der seit 1871 gilt und jeden Schwangerschaftsabbruch wie auch den Versuch mit Strafe bedroht. Auf dem ersten Frauenkongreß der Bundesrepublik im März 1971 in Frankfurt/Main wird der Paragraph 218 als exemplarisch für die Benachteiligung der Frauen in Gesellschaft, Wirtschaft und Politik bewertet. Im Sommer 1971 demonstrieren Hunderttausende Frauen wie auch Männer für eine ersatzlose Streichung des Paragraphen 218.

30. Juni: Die Bundesregierung beschließt, die Bezeichnungsrichtlinien vom 12. Mai 1961 und die Kartenrichtlinien vom 1. Februar 1961 aufzuheben. Darin war festgelegt, daß Deutschland auf Landkarten jeweils in den Grenzen des Deutschen Reiches vom 31. Dezember 1937 darzustellen und alle Orte darin mit ihren deutschen Namen zu bezeichnen sind. Bei umbenannten Orten, etwa Guben, das zu Wilhelm-Pieck-Stadt wurde, soll der neue Name nur genannt werden, wenn es «dem Verwendungszweck nach unumgänglich ist». Die Gebiete ostwärts der Oder-Neiße-Linie sind als «deutsche Ostgebiete, zur Zeit unter fremder Verwaltung» zu bezeichnen. «Das 1945 von der Sowjetunion besetzte Gebiet Deutschlands westlich der Oder-Neiße-Linie mit Ausnahme Berlins wird (...) als ‹Sowjetische Besatzungszone Deutschlands›, abgekürzt als

Die Anfänge der neuen Frauenbewegung

Weil sie bei ihren männlichen Kommilitonen dieselben autoritären Verhaltensmuster entdecken, die doch von der Studentenbewegung kritisiert werden, gründen SDS-Frauen im Januar 1968 in West-Berlin den «Aktionsrat zur Befreiung der Frau». Aus seinem Umkreis gehen die ersten antiautoritären «Kinderläden» und Kindergärten hervor, die in Alternative zu herkömmlichen Einrichtungen auch zur Befreiung von Männer- und Frauenrollen beitragen sollen. Im November 1968 folgt in Frankfurt/Main der «Weiberrat», aus dem 1973 das erste bundesdeutsche «Frauenzentrum» hervorgeht.

Unter dem Einfluß feministischer Autorinnen wie Betty Friedan, Kate Millet, Germaine Greer oder Simone de Beauvoir bildet sich eine Strömung, die sich von linken Positionen absetzt. Für die feministische Richtung ist nicht der Kapitalismus, sondern das Patriarchat der Hauptgegner – der Gegensatz von Frau und Mann wird als unüberbrückbar betrachtet. Rasch erwächst die Forderung nach Befreiung aller Lebensbereiche einschließlich der Sexualität sowie nach einer weiblichen «Gegenkultur». In vielen Städten entsteht ein Netzwerk von Fraueninitiativen, Selbsthilfegruppen und Kneipen, Verlagen und Werkstätten. Von September 1976 bis Mai 1984 erscheint die Frauenzeitschrift *Courage*, seit Februar 1977 das Frauenmagazin *Emma* unter Alice Schwarzer. 1976 wird in West-Berlin das erste «Frauenhaus» gegründet, dem zahllose weitere Zufluchtsstätten für mißhandelte Frauen folgen.

Entscheidung zu präsentieren habe. Gegen dieses Machtwort wagt auch der sonst so starrköpfige Ulbricht keinen Widerstand mehr. Ohne daß die Öffentlichkeit davon erfährt, sind die Würfel gefallen. Am 27. April übersendet das Politbüro der SED ein Schreiben an Breschnew, in dem «für das Verständnis und die Zustimmung zu dem von Genossen Walter Ulbricht unterbreiteten Vorschlag» gedankt wird.

3. Mai: Erstmals gibt ein osteuropäischer Parteiführer sein Amt zwar nicht aus eigenen Stücken, doch im Glauben der Öffentlichkeit freiwillig ab. Zu Beginn der Tagung des ZK der SED erklärt Walter Ulbricht, der als letzter der osteuropäischen Parteiführer Lenin noch persönlich gekannt hat: «Nach reiflicher Überlegung habe ich mich entschlossen, das Zentralkomitee auf seiner heutigen Tagung zu bitten, mich von der Funktion des Ersten Sekretärs des ZK der SED zu entbinden. Die Jahre fordern ihr Recht und gestatten es mir nicht länger, eine solche anstrengende Tätigkeit wie die des Ersten Sekretärs auszuüben. Ich erachte daher die Zeit für gekommen, diese Funktion in jüngere Hände zu geben, und schlage vor, Genossen Erich Honecker zum Ersten Sekretär zu wählen.» So geschieht es. Ulbricht erhält das einflußlose und seit dem Tode Wilhelm Piecks unbesetzt gebliebene Amt des «Vorsitzenden der SED». Zudem wird er gezwungen, sich ab sofort stets als Kranker zu präsentieren, andernfalls würde er zur «Unperson» erklärt werden.

14. Mai: Leonid Breschnew bietet im georgischen Tiflis, wo bei der Parade ihm zu Ehren erstmals wieder große Stalin-Bilder gezeigt werden, den USA Gespräche über eine gegenseitige Truppenverminderung an. Am 20. Mai wird gleichzeitig in Moskau und Washington mitgeteilt, daß bei den ins Stocken geratenen SALT-Verhandlungen jetzt die Defensivwaffen Verhandlungsthema seien. Damit ist der tote Punkt überwunden, es werden baldige Fortschritte erwartet.

18. Mai: Erich Honeckers erste Auslandsreise als Erster Sekretär des ZK der SED führt ihn nach Moskau, er leitet bei diesem «Freundschaftsbesuch» die Partei- und Regierungsdelegation.

15. bis 19. Juni: Der kurzfristig um einen Tag verschobene achte Parteitag der SED in Ost-Berlin bringt keine Abrechnung mit der «Ära Ulbricht». Walter Ulbricht wird im Gegenteil beauftragt, den Parteitag zu eröffnen – er bleibt jedoch wegen «Krankheit» fern, seine Ansprache verliest Hermann Axen. Dafür reist Leonid Breschnew an, in dessen Beisein Erich Honecker einen realistischeren Kurs ausruft: «Allzu viele ‹außerplanmäßige Wunder›» könne die Wirtschaft nicht verkraften. Vor allem unter dem Eindruck der blutigen polnischen Unruhen vom Dezember 1970 soll die konkrete Lebenslage des «kleinen Mannes» verbessert werden. Unter anderem wird zur Abhilfe der unverändert katastrophalen Wohnungssituation der Neu- und Ausbau von 500000 Wohnungen beschlossen. Diese Betonung der Sozialpolitik führt in der Folgezeit dazu, daß die DDR immer mehr verbraucht, als sie produziert – denn die Wirtschaft macht bei weitem nicht die erhofften Fortschritte.

Im ideologischen Bereich wird Ulbrichts These vom Sozialismus als relativ selbständiger Gesellschaftsformation verworfen und durch die sowjetische Theorie ersetzt. Nunmehr werden Sozialismus und Kommunismus als zwei Phasen der einheitlichen kommunistischen Gesellschaftsformation bezeichnet, zwischen denen es keine starren Grenzen gibt.

Obgleich dieser Parteitag später als «besonders wichtige Zäsur in der Geschichte der DDR» und «als Beginn eines neuen Ent-

‹SBZ›, in Kurzform auch als ‹Sowjetzone› bezeichnet.»

7. bis 10. Juli: Als erster Bundesaußenminister besucht Walter Scheel Israel. Er erklärt: «Die israelische Regierung versteht sehr wohl, daß das Interesse der Bundesrepublik ein ausgewogenes Verhältnis zu allen Ländern dieser Region bedingt.»

15. Juli: Nach zweieinhalbjährigen Geheimverhandlungen kündigt US-Präsident Richard M. Nixon öffentlich an, er werde China besuchen. Während eines Pakistan-Aufenthaltes reist sein Sicherheitsberater Henry Kissinger vom 9. bis 11. Juli heimlich nach Peking, um den Besuch endgültig festzuzurren. Diese sensationelle Nachricht, daß die USA mit einem ihrer Hauptfeinde diplomatische Beziehungen aufnehmen, bringt die Weltpolitik in Bewegung. Bereits einen Monat später erhält Nixon die von ihm bereits 1970 erwartete Einladung nach Moskau.

1. September: Das am 28. August 1971 beschlossene «Bundesausbildungsförderungsgesetz» (BAföG) tritt in Kraft. Es löst das 1955 beschlossene und 1957 eingeführte «Honnefer Modell» ab, das eine Begabtenförderung betrieb. Mit dem BAföG können Schüler und Studenten, die die Kosten für die Ausbildung nicht selbst aufbringen können, eine leistungsunabhängige Förderung erhalten, auf die jedoch das Einkommen von Ehegatten und Eltern angerechnet wird.

3. September: Das Vier-Mächte-Abkommen über Berlin wird im ehemaligen Gebäude des Alliierten Kontrollrats in West-Berlin paraphiert. West-Berlin wird darin ausdrücklich als nicht «konstitutiver Teil» der Bundesrepublik bezeichnet, doch akzeptiert die Sowjetunion erstmals, daß seine Bindungen an die Bundesrepublik «aufrechterhalten und entwickelt werden». Überdies kann die Bundesrepublik West-Berlin in internationale Verträge einbeziehen und West-Berliner im Ausland konsularisch betreuen. Dafür sagt die Sowjetunion zu, daß der Transitverkehr von und nach West-Berlin «ohne Behinderungen sein», «erleichtert» und «Begünstigung erfahren wird». Auch werden West-Berlinern umfassende Reisemöglichkeiten nach Ost-Berlin und in die DDR gewährt. Die Auffassung der Sowjetunion, West-Berlin stelle eine eigene politische Einheit dar, wird lediglich dadurch bekräftigt, daß sie ein Generalkonsulat in West-Berlin errichten wird. Dieses umfangreiche, in mehrere Ebenen gegliederte Vertragswerk ist an weitere Abkommen gekoppelt und tritt erst in Kraft, wenn die deutsch-deutschen Zusatzvereinbarungen ausgehandelt und die Ostverträge ratifiziert sind.

Ein offizieller deutscher Text existiert nicht – die Franzosen lehnen ihn ab, da die Deutschen nicht Vertragspartner seien. So werden von der Bundesrepublik und der DDR zwei verschiedene deutsche Übersetzungen erstellt. Zunächst weichen sie in neunzehn Punkten voneinander ab, doch werden die meisten Differenzen ausgeräumt. Strittig bleibt der Name «Quadripartite Agreement», der von der DDR als «Vierseitiges Abkommen», von der Bundesrepublik als «Vier-Mächte-Abkommen» übersetzt wird. Gegensätzlich ist auch die Übersetzung des englischen «ties»: Die DDR will nur «Verbindungen» West-Berlins zur Bundesrepublik zulassen, die Bundesrepublik spricht von «Bindungen».

16. bis 18. September: Als erster westlicher Regierungschef wird Willy Brandt von Leonid Breschnew zu einem inoffiziellen Besuch empfangen. In Oreanda auf der Krim, nahe Jalta, wo Stalin, Roosevelt und Churchill im Februar 1945 ihre Pläne für Deutschland festzurrten, vereinbaren die beiden, die gegenseitigen Beziehungen auf wicklungsabschnitts» dargestellt wird, wird die politische Herrschaftsstruktur nicht angetastet, und es gibt kaum personelle Veränderungen. Neu ins Politbüro kommen Werner Krolikowski und Werner Lamberz als Mitglieder sowie Erich Mielke und Harry Tisch als Kandidaten. In der deutschen Frage bleibt die SED bei Ulbrichts Haltung: Die Geschichte habe über die nationale Frage entschieden, indem sich der Prozeß der Abgrenzung zwischen der Staats- und Gesellschaftsordnung der DDR und der Bundesrepublik vollständig durchgesetzt habe.

24. Juni: Walter Ulbricht verliert seine letzte Machtposition. Die Volkskammer wählt Erich Honecker anstelle Ulbrichts zum Vorsitzenden des Nationalen Verteidigungsrates der DDR. Die eigentlich bis zum 31. August fälligen Wahlen zur Volkskammer und zu den Bezirkstagen werden auf den 14. November festgesetzt.

1. Juli: Die DDR führt im Verkehr mit der Bundesrepublik und West-Berlin Auslandstarife ein. Briefe, Päckchen, Pakete, Telegramme sowie Telefonate werden damit deutlich teurer. Ein Drei-Minuten-Telefonat von Ost- nach West-Berlin kostet statt bisher 0,60 Mark nun 4,80 Mark.

7. Juli: Der Ministerrat beschließt die Auflösung des Staatssekretariats für westdeutsche Fragen. Eine Begründung wird nicht gegeben, doch ist diese Entscheidung als deutliches Zeichen der Abgrenzung zu verstehen. Tags zuvor wurde der Staatssekretär Joachim Herrmann zum neuen Chefredakteur des *Neuen Deutschlands* ernannt.

5. August: Am 2. August treffen sich die auf die Krim zur Erholung eingeladenen Parteiführer aus Bulgarien, Ungarn, Polen, der Tschechoslowakei, der DDR und der Mongolei mit der sowjetischen Führung. Sie beraten die veränderte Haltung Chinas gegenüber den USA, die die Sowjetunion antreibt, ihr westliches Vorfeld zu sichern. Heute kommt Erich Honecker in Moskau allein mit Leonid Breschnew und Nikolai Podgorny zusammen, wobei «besonders Fragen der Gewährleistung der europäischen Sicherheit und der Rolle, die dabei die Sowjetunion und die DDR» in Mitteleuropa spielen, erörtert werden.

12. August: Das Politbüro der SED und der Ministerrat stimmen dem vom RGW am 27. bis 29. Juli in Bukarest einstimmig beschlossenen «Komplexprogramm für die weitere Vertiefung und Vervollkommnung der Zusammenarbeit und Entwicklung der sozialistischen ökonomischen Integration der Mitgliedsländer des RGW» zu. Weil die wirtschaftliche Integration der westlichen Industrieländer weit voraus ist, wird im RGW seit 1970 über die «sozialistische ökonomische Integration» diskutiert. Das daraus hervorgegangene «Komplexprogramm» sieht für eine Übergangsperiode von 15 bis 20 Jahren eine Intensivierung der Zusammenarbeit vor, die dann in die ökonomische Integration münden soll, an der auch nicht dem RGW angehörende Länder teilnehmen können.

4. September: Über die Medien der DDR bezieht Erich Honecker Stellung zum «Vier-Mächte-Abkommen» über Berlin, dessen Verhandlungen Walter Ulbricht noch zu stören versuchte. Darin, begrüßt Honecker, «haben sich die drei Westmächte (...) zum erstenmal über die DDR als einen souveränen Staat, über seine Grenzen und seine Beziehungen zur BRD und zu Westberlin verbindlich geäußert. Diese Tatsache schätzen wir sehr hoch ein.» Gleichwohl fanden viele der SED-Positionen zu West-Berlin keinen Eingang in das Abkommen, weil die Sowjetunion andere Gesichtspunkte verfolgte. Der scheidende sowjetische Botschafter Pjotr Abrassimow bestätigt dies am 13. September in einem Interview mit dem *Neuen*

Unterzeichnung des Schlußprotokolls der Vier Mächte (v. r.): Maurice Schumann (Frankreich), Alec Douglas-Home (Großbritannien), Andrej Gromyko (Sowjetunion) und William Rogers (USA)

verschiedenen Gebieten zu erweitern und politische Konsultationen einzuführen. Breschnew fragt, ob der «Moskauer Vertrag» ratifiziert werden würde – ein Scheitern könne einen Rückschlag um Jahrzehnte bedeuten. Wegen des inoffiziellen Charakters der Gespräche wird Brandt von der heimischen Opposition vorgeworfen, er habe Geheimverhandlungen über die deutsche Einheit geführt, die womöglich die Neutralisierung bringen würden.

4. und 5. Oktober: Auf dem Bundesparteitag der CDU in Saarbrücken treten erstmals in der bundesdeutschen Parteiengeschichte zwei Kandidaten für das Amt eines Parteivorsitzenden an: der Vorsitzende der CDU/CSU-Bundestagsfraktion, Rainer Barzel, und der Ministerpräsident von Rheinland-Pfalz, Helmut Kohl. Barzel wird erneut zum Vorsitzenden gewählt, Kohl wird sein Stellvertreter.

20. Oktober: Für seine Ostpolitik wird Bundeskanzler Willy Brandt der Friedensnobelpreis zuerkannt. Die Verleihung findet am 10. Dezember in Oslo statt.

25. bis 27. Oktober: Der Bundesparteitag der FDP verabschiedet die «Freiburger Thesen», die als neues Grundsatzprogramm das «Berliner Programm» von 1957 ablösen. Sie sind wesentlich von Karl Hermann Flach inspiriert, von 1959 bis 1962 Geschäftsführer der FDP, dann Chefredakteur der *Frankfurter Rundschau* und nun ins neu geschaffene Amt des Generalsekretärs der FDP gewählt. In vier Grundthesen zum Liberalismus werden die Freiburger Aussagen zusammengefaßt:

«1. Liberalismus nimmt Partei für Menschenwürde durch Selbstbestimmung,

2. Liberalismus nimmt Partei für Fortschritt durch Vernunft,

3. Liberalismus fordert Demokratisierung der Gesellschaft,

4. Liberalismus fordert Reform des Kapitalismus.»

17. Dezember: In Bonn unterzeichnen die

Deutschland indirekt, wo er die untergeordnete Rolle der DDR betont: «In den Verhandlungen mit den drei Mächten – USA, Großbritannien und Frankreich – handelte die Sowjetunion auf Grund ihrer Rechte und Verantwortungen, die Westberlin betreffen. Bei den bevorstehenden Verhandlungen mit der BRD und dem Westberliner Senat wird die DDR in Verwirklichung ihrer souveränen Kompetenz – sowohl was die Fragen des zivilen Transits angeht als auch in Fragen des Besuchs von Westberlinern auf dem Territorium der DDR und ihrer Hauptstadt – handeln, die in den Verträgen zwischen der UdSSR und der DDR von 1955 festgelegt worden sind.»

18. bis 20. September: Eine Delegation unter Erich Honecker und Willi Stoph besucht Polen und unterzeichnet dabei einen Beschluß, der den paß- und visafreien Reiseverkehr zwischen beiden Staaten einführt.

30. September: In Ost-Berlin unterzeichnen Vertreter der beiden deutschen Postministerien nach langem Streit ein Protokoll über die Ausweitung des Post- und Fernmeldeverkehrs und die Verkürzung der Laufzeiten sowie eine Vereinbarung über die Errichtung einer Richtfunkstrecke zwischen der Bundesrepublik und der DDR. Es wird insofern ein Durchbruch erzielt, als die DDR auf sowjetischen Druck erstmals eine Abmachung mit einem Bonner Ministerium unterzeichnet, die auch West-Berlin einschließt.

9. Oktober: In Karl-Marx-Stadt enthüllt Erich Honecker das zwölf Meter hohe und 42 Tonnen schwere Karl-Marx-Monument: «Wer wissen will, wie der Marxismus auf deutschem Boden lebendige Wirklichkeit geworden ist, der mag in diese Stadt kommen.» Der wuchtige Bronzekopf wurde vom Bildhauer Lew Kerbel in Leningrad in Einzelteilen gegossen, mit einem ganzen Zug herbeitransportiert und vor Ort zusammengesetzt.

21. Oktober: Der Ministerrat beschließt, ab 1972 den privaten Wohnungsbau für Arbeiter und Kinderreiche zu fördern.

14. November: Bei den Volkskammerwahlen entfallen bei einer Wahlbeteiligung von 98,48 Prozent 99,85 Prozent der Stimmen auf die Einheitslisten der Nationalen Front. Die Verteilung der Sitze auf die Parteien und Massenorganisationen erfolgt abermals nach dem festgelegten Schlüssel.

15. November: Anstelle des am Vortag eingestellten *Deutschlandsenders* und der *Berliner Welle* sendet nun der Rundfunksender *Stimme der DDR*.

18. November: Das Politbüro der SED und der Ministerrat regeln, was nach der offiziellen Ideologie gar nicht existiert. «Zur Sicherung der Stabilität der Verbraucherpreise» verhängen sie für den Fünf-Jahr-Plan 1971 bis 1975 einen Preisstopp für Konsumgüter.

23. November: In Bukarest unterzeichnen die DDR und Rumänien ein Abkommen, das den gegenseitigen Reiseverkehr vereinfacht. Ab dem 2. April 1972 ist die bestätigte Einladungsbescheinigung nicht mehr erforderlich.

26. November: In den konstituierenden Sitzungen der Volkskammer und des Staatsrates wird die Führungsspitze wiedergewählt: Walter Ulbricht als Vorsitzender des Staatsrates, Willi Stoph als Vorsitzender des Ministerrates, Erich Honecker als Vorsitzender des Nationalen Verteidigungsrates und Gerald Götting (CDU) als Präsident der Volkskammer.

16. und 17. Dezember: Vor dem ZK der SED geht Erich Honecker auf die akuten wirtschaftlichen Probleme und Lösungsmöglichkeiten ein. «Die Planentwürfe müssen natürlich auch den Anspannungen

Willy Brandt in der Sowjetunion: Bootsfahrt mit Leonid Breschnew und Egon Bahr (r.) auf dem Schwarzen Meer vor der Halbinsel Krim

Staatssekretäre Egon Bahr und Michael Kohl das am 11. Dezember paraphierte «Abkommen zwischen der Regierung der Bundesrepublik Deutschland und der Regierung der Deutschen Demokratischen Republik über den Transitverkehr von zivilen Personen und Gütern zwischen der Bundesrepublik Deutschland und Berlin (West)». Mit zahlreichen Regelungen für den Straßen-, Eisenbahn- und Schiffsverkehr werden die Vorgaben des «Vier-Mächte-Abkommens» umgesetzt. Dementsprechend lautet der Grundsatz des «Transitabkommens»: «Der Transitverkehr wird erleichtert werden und ohne Behinderung sein. Er wird in der einfachsten, schnellsten und günstigsten Weise erfolgen, wie es in der internationalen Praxis vorzufinden ist.» Transitreisende benötigen Visa der DDR, die beim Kraftfahrzeugverkehr nun am Auto, bei durchgehenden Bussen und Zügen im Verkehrsmittel ausgestellt werden. «Abgaben, Gebühren und andere Kosten, die den Verkehr auf den Transitwegen betreffen, einschließlich der Instandhaltung der entsprechenden Wege, Einrichtungen und Anlagen, die für diesen Verkehr benutzt werden, werden von der Bundesrepublik Deutschland an die Deutsche Demokratische Republik in Form einer jährlichen Pauschalsumme gezahlt.» Darin sind die Straßenbenutzungsgebühren, die Steuerausgleichsabgabe, die Visagebühren sowie der Ausgleich finanzieller Nachteile der DDR etwa durch Wegfall der Lizenzen im Buslinienverkehr enthalten. Für die Jahre 1972 bis 1975 wird die Pauschalzahlung auf 234,9 Millionen DM jährlich festgesetzt. Damit entfallen ab 1. Januar 1972 die bisher individuell zu zahlenden Gebühren und Abgaben für Transitreisende.

Rechnung tragen, die in unserer Wirtschaft anzutreffen sind. Ungünstige Witterungsbedingungen haben nun schon drei Jahre hintereinander erhebliche Ernteeinbußen gebracht, die wir durch zusätzliche Aufwendungen für Importe ausgleichen mußten. Außerdem hatten wir auf dem achten Parteitag über bestimmte Disproportionen gesprochen, die zum Teil erst im Verlauf einiger Jahre zu überwinden sind. Alle unsere Erfahrungen besagen, daß solche Disproportionen wie eine Bremse der wirtschaftlichen Entwicklung wirken.»

In seinem Schlußwort vor dem ZK findet Honecker Sätze, die auf eine Liberalisierung des Geisteslebens hindeuten. «Wenn man von der festen Position des Sozialismus ausgeht, kann es meines Erachtens auf dem Gebiet von Kunst und Literatur keine Tabus geben. Das betrifft sowohl die Fragen der inhaltlichen Gestaltung als auch des Stils – kurz gesagt: die Fragen dessen, was man die künstlerische Meisterschaft nennt.»

20. Dezember: In Ost-Berlin werden die am 11. Dezember geschlossene «Vereinbarung zwischen dem Senat und der Regierung der DDR über Erleichterungen und Verbesserungen des Reise- und Besuchsverkehr» sowie die «Vereinbarung zwischen dem Senat und der Regierung der DDR über die Regelung der Frage von Enklaven durch Gebietsaustausch» unterzeichnet. West-Berliner erhalten die Möglichkeit, ein- oder mehrmals bis zu dreißig Tage im Jahr «aus humanitären, familiären, religiösen, kulturellen und touristischen Gründen» die DDR zu besuchen. In den «Büros für Besuchs- und Reiseangelegenheiten» müssen Berechtigungsscheine beantragt werden, aufgrund deren an den Grenzübergängen die Einreisegenehmigung ausgestellt wird. Zum Verdruß der DDR-Führung wird Ost-Berlin weder als Hauptstadt der DDR angeführt noch genannt. Nach dem Vorbild des Vier-Mächte-Abkommens wird lediglich von «an Berlin (West) grenzenden Gebieten» gesprochen. Beim Gebietsaustausch gehen fünf Gebiete mit 15,6 Hektar von West-Berlin an die DDR über, drei Gebiete mit 17,1 Hektar von der DDR an West-Berlin. Die Exklave Steinstücken wird einen Zugang nach West-Berlin erhalten: Auf einem etwa einen Kilometer langen und zwanzig Meter breiten Streifen wird eine Straße gebaut, die das Wohngebiet fest und von der DDR unkontrollierbar mit Zehlendorf verbindet.

Das Karl-Marx-Monument in Karl-Marx-Stadt (Chemnitz)

1972

Terror von links

1936 kam die Welt zu Hitlers Olympiade nach Berlin, als im nahen Konzentrationslager Sachsenhausen bereits Häftlinge dem Tod ins Auge blickten. Die Spiele von München sollen heitere Spiele werden, die der Welt ein neues Deutschland nahebringen. Doch jäh wird der friedliche Wettstreit der Nationen vom Terror eingeholt. Daß beim gescheiterten Befreiungsversuch alle israelischen Geiseln sterben, lastet schwer auf den Deutschen. Und es wirkt wie ein Fanal, denn auch die Verhaftung führender Köpfe der RAF mindert den heimischen Terror nicht.

4. Januar: Der CDU-Vorsitzende Rainer Barzel bewertet anläßlich der Eröffnung des Ratifikationsverfahrens die Ostverträge: «Die DDR, wie sie ist, ist eine politische Realität. Sie ist aber deshalb nicht schon eine annehmbare Realität, der wir ohne Gegenleistung Brief und Siegel zu geben haben.» Am 24. Januar lehnt der Bundesausschuß der CDU die Ostverträge einstimmig ab, da sie «von den Vertragspartnern der Bundesrepublik Deutschland gegen die deutschen Interessen interpretiert und verwendet werden».

9. Januar: Während der Durchfahrt durch den Nord-Ostsee-Kanal flieht ein Mann vom DDR-Motorschiff «Eichsfeld» nach Kiel-Holtenau. Er teilt dem Bundesgrenzschutz mit, daß sich seine Frau und sein Kind als blinde Passagiere noch an Bord des Schiffes befinden. Darauf betreten Beamte des Bundesgrenzschutzes das Schiff, dessen Kapitän Frau und Kind bereits entdeckt und in eine Kajüte eingesperrt hatte. Unter Einsatz körperlicher Gewalt werden die beiden befreit. Während die Bundesregierung das Vorgehen verteidigt, da die Flüchtlinge das Recht auf Freizügigkeit in Anspruch nehmen wollten, bezeichnet die DDR dies als «Willkürakt, der in der internationalen Praxis kaum seinesgleichen hat».

1972

Kleine Freiheiten

Die neue Führung weiß, daß große Teile der Bevölkerung unverändert gegen das System eingestellt sind. Weil wirtschaftliche Fortschritte auf solcher Grundlage nur schwer zu erzielen sind, werden kleine Freiheiten gewährt. Auf verschiedenen Gebieten wird eine Art Mitwirkung der Bürger eingeführt, durch die indes die absolute Herrschaft der SED nicht in Frage gestellt werden darf. Zudem werden, da sich die Westdeutschen anschicken, zum Reiseweltmeister aufzusteigen, kleine Auflockerungen der umfassenden Reisebeschränkungen eingeführt.

6. Januar: Vor Soldaten der NVA auf Rügen bezeichnet Erich Honecker die Bundesrepublik erstmals als «Ausland»: «Unsere Republik und die BRD verhalten sich zueinander wie jeder von ihnen zu einem anderen dritten Staat. Die BRD ist somit Ausland, und noch mehr: sie ist imperialistisches Ausland.»

15. Januar: Erich Honeckers neuer Kurs gewährt kleine Freiheiten. DDR-Bürger können nach der Sowjetunion und Polen ab heute auch die Tschechoslowakei im paß- und visafreien Reiseverkehr besuchen. Zur Ein- und Ausreise genügt das Vorlegen des Personalausweises.

11. Februar: Der *Deutsche Fernsehfunk* wird in *Fernsehen der DDR* umbenannt. Zugleich wird der Ausbau des Sendernetzes vorangetrieben, so daß Ende 1972 etwa die Hälfte des Gebietes der DDR versorgt wird.

23. Februar: Auf «Anregung» aus Moskau läßt die DDR einseitig die Reiseerleichterungen der noch nicht in Kraft getretenen Abkommen wirksam werden. Das ZK der SED und der Ministerrat geben bekannt, daß befristet auf Ostern und Pfingsten 1972 der Transitverkehr zwischen der Bundesrepublik und West-Berlin gemäß dem Transitabkommen abgewickelt wird und daß West-Berliner die DDR und Ost-Berlin be-

19. Januar: Das novellierte Betriebsverfassungsgesetz tritt in Kraft, es löst das gleichnamige Gesetz von 1952 ab, behält aber einen Teil seiner Regelungen bei. Erfaßt werden alle Betriebe der Privatwirtschaft mit mindestens fünf wahlberechtigten Arbeitnehmern. Das Gesetz gilt für alle Arbeitnehmer eines Betriebes, jedoch nicht, was die FDP für ihre Klientel des «neuen Mittelstandes» durchsetzt, für die leitenden Angestellten.

22. Januar: In Brüssel werden die EG-Beitrittsverträge für Großbritannien, Irland, Dänemark und Norwegen unterzeichnet. Am 25. und 26. September sprechen sich die Norweger in einer Volksabstimmung gegen den Beitritt aus. Die Beitrittsverträge der anderen Länder treten am 1. Januar 1973 in Kraft.

28. Januar: Bundeskanzler Willy Brandt und die Ministerpräsidenten der Bundesländer formulieren in Bonn den «Extremistenbeschluß», der später zum Erlaß erhoben und dann als «Radikalenerlaß» bekannt wird. Damit soll eine einheitliche Behandlung der Frage der Verfassungstreue im öffentlichen Dienst erreicht werden. Aufgrund der Verpflichtung von Beamten, Angestellten und Arbeitern im öffentlichen Dienst, sich positiv zum Grundgesetz zu bekennen und jederzeit, auch außerhalb des Dienstes, für die freiheitlich-demokratische Grundordnung einzutreten, entscheidet der Dienstherr bei Pflichtverstößen im Einzelfall. Bei Bewerbern für den öffentlichen Dienst rechtfertigen begründete Zweifel an seiner Verfassungstreue eine Ablehnung. Bis 1980 werden etwa 1,5 Millionen Bewerber für den öffentlichen Dienst durch die «Regelanfrage» bei den Ämtern für Verfassungschutz überprüft. 0,07 Prozent davon werden abgelehnt, was in der politischen Diskussion als «Berufsverbot» bezeichnet wird. Im Mai 1975 erklärt das Bundesverfassungsgericht die «Regelanfrage» für zulässig, stellt aber gleichzeitig fest, daß die Zugehörigkeit zu einer extremistischen Partei allein nicht für die Ablehnung eines Bewerbers ausreicht. 1976 scheitert eine gesetzliche Regelung, einige Bundesländer schränken darauf ihre Überprüfungspraxis erheblich ein.

21. bis 28. Februar: Erstmals besucht ein amerikanischer Präsident China. Richard M. Nixon zieht als Fazit: «Das Hauptziel der Reise war es, die Kommunikation zur Volksrepublik China nach einer Generation der Feindseligkeiten wiederherzustellen. Wir haben dieses Ziel erreicht.»

23. bis 25. Februar: Der Bundestag debattiert über die Ostverträge mit der Sowjetunion und Polen. Die Entscheidung darüber gehört nach dem Oppositionsführer Rainer Barzel (CDU) «zu den ernstesten und folgenschwersten, die je im Bundestag zu treffen waren». In dieser «geschichtlichen Entscheidung» wird die tiefe Kluft zwischen Regierung und Opposition deutlich. Die Verträge werden an die zuständigen Ausschüsse überwiesen.

20. März: In Moskau äußert sich Leonid Breschnew zur Ratifizierungsdebatte über den «Moskauer Vertrag»: «Die BRD steht jetzt vor einer verantwortungsvollen Wahl, die das Schicksal ihres Volkes, das Verhalten anderer Staaten ihr gegenüber für viele kommende Jahre bestimmen wird. Das ist eine Wahl zwischen der Zusammenarbeit und der Konfrontation, zwischen der Minderung und der Erhöhung der Spannung und, letzten Endes, eine Wahl zwischen der Politik des Friedens und der Politik des Krieges.»

24. März: Der Trotzkist Ernest Mandel, belgischer Wirtschaftswissenschaftler deutscher Herkunft, kann eine Professur an der West-Berliner FU nicht annehmen, über ihn suchen können. An Ostern nutzen 450000, an Pfingsten 626000 West-Berliner diese Besuchsmöglichkeit, nahezu alle Reisenden bezeichnen die Abfertigung als höflich, zuvorkommend, unbürokratisch und schnell.

9. März: Erstmals wird das Prinzip der Einstimmigkeit in der Volkskammer durchbrochen. Das Gesetz über die Schwangerschaftsunterbrechung wird bei vierzehn Gegenstimmen und acht Enthaltungen angenommen. Eine Schwangerschaftsunterbrechung wird Frauen innerhalb der ersten drei Monate der Schwangerschaft freigestellt, jedoch gebunden an einen Antrag, an eine ärztliche Aufklärung und Beratung über die künftige Verhütung der Frau sowie an eine stationäre Ausführung des Eingriffes.

10. April: In Washington, London und Moskau unterzeichnen die drei Außenminister sowie die Botschafter von über siebzig Staaten die am 16. Dezember 1971 von der UN-Vollversammlung angenommene «Konvention über das Verbot der Entwicklung, Herstellung und Lagerung bakteriologischer (biologischer) und toxischer Waffen und deren Vernichtung». Unter den Unterzeichnerstaaten sind auch die Bundesrepublik und die DDR; Frankreich und China unterzeichnen die Konvention nicht.

24. und 25. April: Auf der Tanzmusikkonferenz werden Jazz und Beat rehabilitiert, nicht aber der Rock 'n' Roll. Im Referat des stellvertretenden Kulturministers Werner Rackwitz (SED) heißt es: «Wir verzichten nicht auf Jazz, Beat, Folklore, nur weil die imperialistische Massenkultur sie zur Manipulierung der ästhetischen Urteilsfähigkeit im Interesse der Profitmaximierung mißbraucht (...) Entscheidend für uns ist und bleibt, alle Anstrengungen darauf zu lenken und zu konzentrieren, unser eigenes Tanzmusikaufkommen in der DDR und international so attraktiv und wirksam zu machen, so daß es vor allem die Jugend erreicht und von ihr aufgenommen wird.»

27. und 28. April: Das ZK der SED beschließt nach Konsultationen mit dem Bundesvorstand des FDGB und dem Ministerrat weitere sozialpolitische Maßnahmen. Für 3,4 Millionen Menschen werden die Mindestrenten und Sozialfürsorgesätze erhöht. Für Neubauwohnungen werden die Mieten zum 1. Juli und zum 1. September partiell gesenkt. Zudem sollen berufstätige Mütter und junge Ehen mehr gefördert werden.

11. und 12. Mai: In Bukarest unterzeichnet eine Delegation unter Erich Honecker und Willi Stoph einen neuen «Vertrag über Freundschaft, Zusammenarbeit und gegenseitigen Beistand» zwischen der DDR und Rumänien. Erstmals wird darin West-Berlin wieder als «eine besondere politische Einheit» bezeichnet.

18. Mai: Nach Angaben des «Informationsbüros West» erklärt Alois Pisnik, Mitglied des ZK der SED, den Abschluß der letzten Verstaatlichungswelle. Ende 1951 gab es noch 200000 Privatfirmen in der DDR, zumeist Gaststätten, Einzelhandelsgeschäfte und Handwerksbetriebe. Ende 1962 war bereits mehr als die Hälfte von ihnen verstaatlicht, Anfang 1972 sind nur noch etwa 11000 Betriebe nicht-staatlich. Am 8. Februar beschließt das Politbüro der SED auch deren Verstaatlichung, den Inhabern bleibt keine Wahl. Formal werden die privaten, halbstaatlichen oder genossenschaftlichen Betriebe vom Staat aufgekauft und in Volkseigentum umgewandelt, doch ist der Kaufpreis von eher symbolischem Charakter. Die Inhaber können zwischen einem niedrigeren Kaufpreis bei Weiterbeschäftigung als Betriebsleiter und einem höheren Kaufpreis bei Ausscheiden wählen. In der Folgezeit werden zahlreiche dieser Betriebe zu reinen wird ein Einreiseverbot für die Bundesrepublik verhängt.

6. April: In Bonn verstirbt der frühere Bundespräsident Heinrich Lübke (CDU).

24. April: Im Angesicht der erbitterten Debatte über die Ostverträge verliert die sozialliberale Koalition ihre absolute Mehrheit im Bundestag. Bereits am 29. Februar tritt der SPD-Abgeordnete und Bundesvorsitzende der «Landsmannschaft Schlesien», Herbert Hupka, wegen seiner ablehnenden Haltung aus der SPD aus. Heute verläßt der FDP-Abgeordnete Wilhelm Helms seine Partei, ihm folgen die FDP-Abgeordneten Knut von Kühlmann-Stumm und Gerhard Kienbaum. Auch der SPD-Abgeordnete Günter Müller tritt aus seiner Partei aus.

27. April: Angesichts der unsicheren Mehrheit der sozialliberalen Koalition im Bundestag setzt der Oppositionsführer Rainer Barzel (CDU) auf weitere abtrünnige Abgeordnete von SPD und FDP. Er ist sich sicher, durch das heutige konstruktive Mißtrauensvotum Bundeskanzler Willy Brandt (SPD) abzulösen. Doch das Vorhaben scheitert zur Überraschung beider Seiten. Barzel erhält zwei Stimmen weniger als erforderlich, weil mindestens zwei, vielleicht auch drei Abgeordnete der CDU / CSU gegen ihn stimmen. Zwar bleibt Brandt damit im Amt, doch ist seine Regierung politisch handlungsunfähig. Im Sommer 1973 gibt der CDU-Abgeordnete Julius Steiner zu, vom Geschäftsführer der SPD-Fraktion, Karl Wienand, 50000 DM erhalten und gegen Barzel gestimmt zu haben.

11. bis 24. Mai: Eine Serie von Bombenanschlägen der RAF erschüttert die Bundesrepublik. In Frankfurt / Main, Augsburg, München, Karlsruhe, Hamburg, Heidelberg werden bei Anschlägen auf die US-Armee, auf Polizisten und Richter vier Menschen getötet und zahlreiche verletzt.

15. Mai: Der Bundesvorstand der CDU gibt die Abstimmung über die Ostverträge für die CDU-Abgeordneten frei, weil entscheidende «Klarstellungen» erreicht seien. Am 9. Mai einigten sich alle Parteien auf eine gemeinsame Entschließung zu den Ostverträgen, die feststellt, daß die Ostverträge «keine Rechtsgrundlage für die heute bestehenden Grenzen» schaffen, das Selbstbestimmungsrecht der Deutschen nicht berühren und die deutsche Frage nicht präjudizieren.

17. Mai: Der Bundestag trifft eine historische Entscheidung, er befindet über die Ostverträge. Die Angehörigen der Unionsfraktion enthalten sich zumeist der Stimme. So werden der «Moskauer Vertrag» und der «Warschauer Vertrag» ratifiziert, am 19. Mai stimmt auch der Bundesrat bei Stimmenthaltung der von CDU und CSU geführten Länder zu, so daß die Verträge bei der Unterzeichnung des «Vier-Mächte-Abkommens» in Kraft treten können. Die gemeinsame Entschließung zu den Ostverträgen wird mit großer Mehrheit angenommen.

22. bis 30. Mai: Beim Besuch des amerikanischen Präsidenten Richard M. Nixon in der Sowjetunion werden mehrere Kooperations- und Abrüstungsabkommen unterzeichnet, darunter eines über die «Begrenzung von ballistischen Raketenabwehrsystemen», das aus den SALT-Runden von Wien und Helsinki hervorgeht.

1. Juni: Nach der größten Fahndungsaktion in der Geschichte der Bundesrepublik werden in Frankfurt / Main nach einem Feuergefecht die drei führenden Terroristen der RAF, Andreas Baader, Holger Meins und Jan-Carl Raspe, verhaftet. Am 16. Juni wird in Hamburg Gudrun Ensslin, in Hannover kurz darauf Ulrike Meinhof verhaftet. Obwohl damit die führenden Köpfe der RAF in Haft sind, ist kein Rückgang des Terrors, sondern eine Zunahme der Anschläge zu

Zulieferern degradiert, wodurch ihre bisherigen Erzeugnisse, zumeist die kleinen Dinge des täglichen Bedarfs, zum Leidwesen der Kunden vom Markt verschwinden.

26. Mai: In Ost-Berlin unterzeichnen die Staatssekretäre Egon Bahr und Michael Kohl den am 12. Mai paraphierten und veröffentlichten «Verkehrsvertrag» zwischen der Bundesrepublik und der DDR. Beide Seiten «verpflichten sich, den Verkehr in und durch ihre Hoheitsgebiete entsprechend der üblichen internationalen Praxis auf der Grundlage der Gegenseitigkeit und Nichtdiskriminierung in größtmöglichem Umfang zu gewähren, zu erleichtern und möglichst zweckmäßig zu gestalten». Zahlreiche Verbesserungen werden für Bundesbürger geschaffen, vor allem soll die Einreise mit dem eigenen Fahrzeug «in

Die Zahnbürsten-Krise

«Es gab größere Probleme, ich erinnere mich. Das war immer schmerzlich, weil es eigentlich nicht hätte vorkommen dürfen. Daß in der Hauptproduktionsstätte von Bürsten, darunter Zahnbürsten, in Stützengringen-Erz im Vogtland der Produktionsteil Zahnbürsten durch Brand ausgefallen ist, war an sich kein Unglück, das kann überall und zu jeder Zeit mal passieren. Bloß die Möglichkeit, zu verhindern, daß sich das unmittelbar in der Versorgung ausdrückt, die war einfach nicht da. Hätte der schon zuständige Generaldirektor für den Handelsbereich Waren des täglichen Bedarfs, wie das damals genannt wurde, eine Devisenreserve gehabt, dann wäre der Mangel von der Bevölkerung überhaupt nicht wahrgenommen worden. Aber weder der Generaldirektor, wie alle Generaldirektoren, noch der Minister für Handel und Versorgung, wie alle Minister, hatten Verfügungsberechtigung über Devisen, so daß versucht wurde, über sozialistische Länder den Mangel zu beheben, was nicht gelang. Denn da trat ein typisches Symptom in Erscheinung. Wenn etwas fehlte, eine Lücke entstand, reagierte unsere Bevölkerung darauf, indem sie sofort alles, was sie kriegen konnte, aufkaufte. Wir hatten bei den Zahnbürsten in den ersten vierzehn Tagen nach Produktionsabfall vielleicht eine Million zusätzlich aus dem sozialistischen Ausland beschafft, aber die wurden innerhalb von zwei, drei Tagen aufgekauft, so daß pro Familie zehn oder zwanzig Zahnbürsten gar keine Seltenheit waren. Erinnern Sie sich an die berühmte Abkürzung SKET? Das ist nicht nur der Name des Magdeburger Kombinats gewesen, sondern es hieß: Sehen – Kaufen – Einlagern – Tauschen. Und so ging das mit den Zahnbürsten. Es hat vier Wochen gedauert, und es hat weitere vier Wochen gedauert und doch Devisen erfordert, um wieder eine Ruhe in die Zahnbürstenversorgung zu bekommen. Das war Ausdruck sowohl wirtschaftlicher Schwächen als auch des Devisenmangels, aber auch einer Organisation, die hochgradig zentralisiert war und gerade in solchen Situationen nicht reaktionsfähig.» (Günter Sieber, von 1965 bis 1972 Minister für Handel und Versorgung)

CDU / CSU-Fraktionschef Rainer Barzel (l.) gratuliert Willy Brandt nach der Ablehnung des konstruktiven Mißtrauensvotums

verzeichnen. Am 7. Juni kündigt Bundesinnenminister Hans-Dietrich Genscher eine Verbesserung der Sicherheitseinrichtungen des Bundes, vor allem durch erhebliche Personalausweitungen, sowie die Verabschiedung neuer Gesetze an.

3. Juni: Im ehemaligen Gebäude des Alliierten Kontrollrats in West-Berlin unterzeichnen die Außenminister der Vier Mächte bei ihrem ersten Berlin-Treffen seit 1954 das Schlußprotokoll zum «Vier-Mächte-Abkommen». Damit tritt dieses Abkommen in Kraft. Vereinbarungsgemäß treten nun auch der «Moskauer Vertrag», der «Warschauer Vertrag», das «Transitabkommen» zwischen der Bundesrepublik und der DDR sowie die Abkommen zwischen dem Berliner Senat und der DDR über den Reise- und Besuchsverkehr und den Gebietsaustausch in Kraft. Der sowjetische Außenminister Andrej Gromyko: «Es ist schwer, die Bedeutung dieses Abkommens zu überschätzen. Es legt eine zuverlässige Grundlage für die Gesundung der Lage in diesem Raum, der im Laufe von mehr als zwei Jahrzehnten ein Herd von gefährlichen Komplikationen und ständigen Reibungen zwischen den Staaten war.» Um die andauernde Gültigkeit des Vier-Mächte-Status von ganz Berlin zu demonstrieren, unternimmt der amerikanische Außenminister William P. Rogers anschließend eine Rundfahrt durch Ost-Berlin.

23. Juni: Der Bundestag verkürzt den Wehrdienst von achtzehn auf fünfzehn Monate, die Dauer des Ersatzdienstes wird unter Berücksichtigung der Dauer von Wehrübungen und der Verfügungsbereitschaft der Wehrpflichtigen auf sechzehn Monate festgesetzt.

24. Juni: In diesem Jahr legt der *Club of Rome,* ein 1968 vom Industriellen Aurelio Peccei gegründeter unabhängiger Kreis von Wirtschaftsführern, Wissenschaftlern und Politikern, seinen aufsehenerregenden Bericht «Die Grenzen des Wachstums» vor. Darin wird die von zahllosen Politikern vertretene These, nur anhaltendes Wirtschaftswachstum bringe Auswege aus der Wirtschaftskrise und darüber hinaus Wohlstand für alle, demontiert. In mehreren Industrieländern haben sich zu dieser Zeit bereits Basisgruppen und -bewegungen gebildet, die für den Umweltschutz eintreten. Sechzehn dieser «Bürgerinitiativen» aus der ganzen Bundesrepublik gründen heute in Mörfelgrößerem Umfang als bisher» gestattet werden.

Was in der DDR zunächst nicht veröffentlicht wird, ist eine Zusage für den Reiseverkehr von Ost nach West: «Die Regierung der Deutschen Demokratischen Republik wird in dringenden Familienangelegenheiten Bürgern der DDR die Reise nach der Bundesrepublik Deutschland ermöglichen.» Als dringende Familienangelegenheiten werden Geburten, Eheschließungen, lebensgefährliche Erkrankungen und Sterbefälle verstanden, die jeweils durch Urkunden oder amtliche Bestätigungen nachzuweisen sind. Diese Regelung können nur in der DDR wohnhafte Großeltern, Eltern, Kinder und Geschwister in Anspruch nehmen.

Mit dem «Verkehrsvertrag» wird erstmals ein Vertrag zwischen beiden deutschen Staaten aus eigenem Recht und nicht im Rahmen alliierter Vereinbarungen geschlossen. Am 22. September billigt der Bundestag bei neun Enthaltungen, am 16. Oktober die Volkskammer den Vertrag, der darauf am 17. Oktober in Kraft tritt.

6. Juni: Für den Besuch Ost-Berlins werden anstelle der bisherigen Tagesaufenthaltsgenehmigungen nun Visa an Bundesbürger ausgegeben.

8. bis 10. Juni: Bisher hieß er «Deutscher Bauernkongreß», nun wird er in «Bauernkongreß der DDR» umbenannt. In Leipzig tagt er zum elften Mal; seine zwölfte Tagung findet erst im Mai 1982 in Ost-Berlin statt.

15. Juni: In Ost-Berlin beginnt erneut ein «Meinungsaustausch» zwischen den Staatssekretären Egon Bahr und Michael Kohl. Sie erörtern einen deutsch-deutschen Grundlagenvertrag und treten am 16. August in offizielle Verhandlungen ein.

28. Juni: Der Vatikan gibt eine Neuregelung der Bistums- und Kirchenprovinzgrenzen in den ehemaligen deutschen Ostgebieten bekannt. Im Bereich der DDR wird das Bistum Berlin direkt dem heiligen Stuhl unterstellt, der zur DDR gehörende Teil des Bistums Breslau wird zur Apostolischen Administratur mit Sitz in Görlitz erhoben.

6. und 7. Juli: Das ZK der SED berät über die Kulturpolitik. Kurt Hager bekräftigt als «Kampferfahrung», die die Partei unter keinen Umständen preisgeben werde, daß der Kampf gegen den Imperialismus ästhetisch-künstlerisch immer ein Kampf gegen den bürgerlichen Modernismus gewesen sei. «Wenn wir uns entschieden für die Weite und Vielfalt aller Möglichkeiten des Sozialistischen Realismus, für einen großen Spielraum des schöpferischen Suchens in dieser Richtung aussprechen, so schließt das jede Konzession an bürgerliche Ideologien und imperialistische Kunstauffassungen aus.» Hager läßt sich auch über die Grundlagen der Kultur in der DDR aus: «Ordnung und Sauberkeit am Arbeitsplatz, auf dem Betriebsgelände, auf der Baustelle, in den Produktionsanlagen der Genossenschaften sind elementare Bedingungen der Kultur – wo sie nicht angestrebt werden, kann von sozialistischer Kultur keine Rede sein.»

24. Juli: Zum ersten Mal werden Ferngespräche von West-Berlin in die DDR im Selbstwählfernsprechdienst möglich. Ab sofort können 32 Ortsnetze im Bezirk Potsdam vollautomatisch angewählt werden.

6. Oktober: Der Staatsrat beschließt eine Amnestie für politische und kriminelle Häftlinge und Verurteilte, erstmals wird dabei der Begriff «politische Straftäter» verwendet. Mehr als 32 000 Häftlinge und Verurteilte werden nach Angaben Erich Honeckers amnestiert, etwa 2000 von ihnen werden in die Bundesrepublik entlassen.

16. Oktober: Die Volkskammer verabschiedet das «Gesetz über den Ministerrat», das dessen Befugnisse zu Lasten des Staats-

Ein arabischer Terrorist auf dem Balkon der Unterkunft der israelischen Olympiamannschaft in München 1972

den den *Bundesverband Bürgerinitiativen Umweltschutz* (BBU). Er wirkt als Dachverband für die bald mehrere tausend lokalen Bürgerinitiativen.

6. Juli: Bundeswirtschafts- und -finanzminister Karl Schiller tritt aufgrund von Differenzen über die Haushalts-, Finanz- und Währungspolitik zurück. Im Mai forderte er noch für 1972 eine drastische Ausgabenkürzung in Höhe von wenigstens 2,5 Milliarden DM sowie Steuererhöhungen. Schillers Nachfolger wird Helmut Schmidt. Schiller tritt aus der SPD aus und wird Anfang 1974 Mitglied der CDU, 1980 wechselt er zurück zur SPD.

19. Juli: Der Berliner Senat kauft von der DDR ein bisher zu Ost-Berlin gehörendes Gelände am Potsdamer Platz. Die 8,5 Hektar, deren Kaufpreis 31 Millionen DM beträgt, sollen eine neue Verbindungsstraße zwischen den nördlichen und südöstlichen Bezirken West-Berlins ermöglichen.

5. und 6. September: Während der Olympischen Spiele in München überfallen acht Mitglieder der arabischen Terrorgruppe «Schwarzer September» das Quartier der israelischen Mannschaft, wobei sie zwei Sportler ermorden. Die Geiselnehmer fordern die Freilassung von 200 arabischen Freischärlern, die in Israel inhaftiert sind. Auf dem Flughafen Fürstenfeldbruck mißlingt die geplante Überwältigung durch die Polizei. Bei diesem dramatischen Vorfall werden elf israelische Geiseln, fünf Terroristen und ein Polizist getötet. Am 13. September beschließen die Innenminister von Bund und Ländern die Aufstellung einer Sondereinheit des Bundesgrenzschutzes zur Terrorbekämpfung, die dann als «GSG 9» bekannt wird.

13. und 14. September: Beim Besuch des polnischen Außenministers Stefan Olszowski wird die Umwandlung der Handelsmissionen in Botschaften vereinbart. Der Austausch von Botschaftern wird für einen späteren Zeitpunkt vorgesehen.

20. September: In einer Kampfabstimmung beschließt der Bundestag mit einer Stimme Mehrheit das Rentenreformgesetz nicht in der Vorlage der Bundesregierung, sondern in der Vorlage der CDU/CSU-Opposition. Damit wird die seit 1916 bestehende starre Altersgrenze von 65 Jahren durch eine flexible Grenze ersetzt; die Arbeitnehrates stärkt, ihn indes ausdrücklich den Weisungen der SED unterstellt. So leitet der Ministerrat die Volkswirtschaft «entsprechend den Direktiven der SED» und die Außenpolitik «auf der Grundlage der Beschlüsse der SED». Ferner billigt die Volkskammer das «Gesetz zur Regelung von Fragen der Staatsbürgerschaft», wonach alle Personen, die vor dem 1. Januar 1972 aus der DDR geflohen sind, die Staatsbürgerschaft der DDR verlieren, aber auch außer Strafverfolgung gesetzt werden. Diese Regelung ist offenkundig eine Vorleistung auf den derzeit verhandelten deutsch-deutschen Grundlagenvertrag.

18. und 19. Oktober: In Ost-Berlin treffen erstmals seit dem Abbruch interzonaler Gewerkschaftsgespräche im Jahr 1948 Vertreter des Bundesvorstandes des FDGB unter Herbert Warnke und des Bundesvorstandes des DGB unter Heinz Oskar Vetter zu einem offiziellen Meinungsaustausch zusammen. Dem Gespräch ging ein langes Hin und Her voraus, weil der FDGB eine Einreise der DGB-Delegation von West-Berlin aus ablehnte – nun akzeptiert er sie doch.

7. November: Angesichts der eingeleiteten deutsch-deutschen Entspannung versucht das Politbüro der SED, den zu erwartenden Einflüssen auf die Menschen in der DDR entgegenzutreten. Es faßt einen Beschluß über «die Aufgaben der Agitation und Propaganda»: «Ein fester Klassenstandpunkt ist auch wesentlicher Faktor für neue Erfolge in der Klassenauseinandersetzung mit

Die neuen Leiden des jungen W.

Ursprünglich verfaßt Ulrich Plenzdorf den Text für eine Verfilmung, doch er gelangt zunächst auf die Bühnen der DDR und macht Furore. Die Uraufführung findet am 18. Mai 1972 im Landestheater Halle statt. Noch davor veröffentlicht die Kulturzeitschrift *Sinn und Form* in ihrem Heft 2/1972 einen Vorabdruck, der der Redaktion unter Wilhelm Girnus (SED), vom gefürchteten Dogmatiker der fünfziger Jahre zum Verfechter der offenen Diskussion gewandelt, heftigste Anwürfe einträgt. «Die neuen Leiden des jungen W.» präsentiert einen Helden und eine Sprache, die zwar der gesellschaftlichen Wirklichkeit entlehnt sind, doch weithin nicht für «literaturfähig» erachtet werden.

Edgar Wibeau ist ein junger Aussteiger, er schmeißt seine Lehre und zieht in ein Gartenhäuschen. Auf dem Klo findet er das Reclamheftchen mit Goethes «Werther». Durch die Lektüre angeregt, spricht er Tonbandbriefe an seinen Freund Willi, in denen er im rotzigen Jugendjargon die Verhältnisse kritisiert oder seine Jeans-Philosophie ausbreitet. Edgar will nicht das kleine Rädchen im Getriebe sein, sondern ganz allein etwas Großes schaffen – beim Experimentieren kommt er zu Tode. Stephan Hermlin (SED) rühmt das Stück, weil «es vielleicht zum erstenmal, jedenfalls in der Prosa, authentisch die Gedanken, die Gefühle der DDR-Arbeiterjugend zeigt». Unter der Jugend wird es wie eine Art Befreiungsschlag gegen die vorbestimmten, nervtötenden, öden Lebensverhältnisse aufgenommen.

mer können selbst entscheiden, wann sie in Rente gehen – Männer ab 63 und Frauen ab 60 Jahren.

22. September: Angesichts der Handlungsunfähigkeit seiner Regierung stellt Bundeskanzler Willy Brandt im Bundestag die Vertrauensfrage, um den Weg für die nunmehr von allen Parteien befürworteten Neuwahlen zu bereiten. Wie erwartet wird Brandt mit 248 Stimmen das Mißtrauen ausgesprochen.

3. Oktober: Ab sofort gibt die DDR an West-Berliner «Berechtigungsscheine zum mehrmaligen Empfang eines Visums» aus. Von westlicher Seite wurde Kritik geübt, weil die DDR nach den neuen Regelungen ab dem 4. Juni kaum Sofortbesuche ermöglicht. Die neuen Mehrfachberechtigungsscheine, die bis zu acht Besuche in Ost-Berlin oder der DDR innerhalb von drei Monaten ermöglichen, sollen das Verfahren beschleunigen.

10. bis 14. Oktober: Beim Besuch von Bundesaußenminister Walter Scheel in China wird am 11. Oktober die Aufnahme diplomatischer Beziehungen vereinbart.

12. und 13. Oktober: Auf ihrem außerordentlichen Parteitag verabschiedet die SPD in Dortmund ein Wahlprogramm, dessen für die sozialliberale Reformpolitik zentraler Satz von Willy Brandt stammt: «Lebensqualität ist mehr als höherer Lebensstandard, Lebensqualität setzt Freiheit voraus, auch Freiheit von Angst. Sie ist Sicherheit durch menschliche Solidarität, die Chance zu Selbstbestimmung und Selbstverwirklichung, zu Mitbestimmung und Mitverantwortung, zum sinnvollen Gebrauch der eigenen Kräfte in Arbeit, zu Spiel und Zusammenleben, zur Teilhabe an der Natur und den Werten der Kultur, die Chance, gesund zu bleiben oder zu werden; Lebensqualität meint Bereicherung unseres Lebens über den materiellen Konsum hinaus.»

19. und 20. Oktober: Auf ihrem Gipfeltreffen in Paris bekunden die Staats- und Regierungschefs der nunmehr neun Länder der *Europäischen Gemeinschaften* ihre Absicht, die Gesamtheit der Beziehungen der Mitgliedstaaten in eine *Europäische Union* umzuwandeln. So soll die Wirtschafts- und Währungsunion bis spätestens Ende 1980 verwirklicht werden. Die Bundesregierung unternimmt einen vielbeachteten Vorstoß für eine gemeinsame «Sozial- und Gesellschaftspolitik» und machte konkrete Vorschläge von der Arbeitsmarktpolitik bis zur sozialen Strukturpolitik.

29. Oktober: Zwei palästinensische Terroristen entführen eine «Lufthansa»-Maschine und fordern die Freilassung von drei Arabern, die wegen des Überfalls auf die israelische Mannschaft während der Olympischen Spiele von München in der Bundesrepublik inhaftiert sind. Noch am selben Tag läßt die Bundesregierung die drei frei, was von Israel scharf kritisiert wird – die Freilassung sei ein Beweis für die Kleinmütigkeit Deutschlands.

8. November: In Bonn paraphieren die Staatssekretäre Egon Bahr vom Bundeskanzleramt und Michael Kohl vom Ministerrat der DDR den «Vertrag über die Grundlagen der Beziehungen zwischen der Bundesrepublik Deutschland und der Deutschen Demokratischen Republik». Diesem «Grundlagenvertrag» sind weitere Dokumente beigefügt, die zahlreiche Einzelfragen regeln. Von seiten der Bundesrepublik werden drei wesentliche Zugeständnisse gemacht: In Artikel 3 wird die «Unverletzlichkeit» der innerdeutschen Grenze bekundet, womit die bisherige «Zonengrenze» als Staatsgrenze der DDR anerkannt wird. Artikel 4 beendet den Alleinvertretungsanspruch der Bundesrepublik, dem Imperialismus, eines immer schärfer werdenden Kampfes, der sich auf verschiedenen Ebenen und in unterschiedlichen Formen vollzieht und dabei alle Bereiche des gesellschaftlichen Lebens erfaßt.» Neben der Intensivierung der ideologischen Arbeit werden folgende konkrete Maßnahmen ergriffen: Die SED-Organisationen sollen alle Bürger erfassen, die Verwandte im Westen haben; die Stasi soll alle DDR-Bürger nach Besuchen im Westen observieren; alle Mitarbeiter des Partei- und Staatsapparates sollen sich schriftlich verpflichten, keine Beziehung zu Westdeutschen oder West-Berlinern aufzunehmen; SED-Mitglieder mit Verwandten oder Bekannten im Westen sollen sich schriftlich verpflichten, keine Einladungen an diese auszusprechen; in allen Betrieben sollen Resolutionen gefaßt werden, keine West-Kontakte aufzunehmen.

21. November: Die DDR wird als 131. Mitgliedsstaat in die *United Nations Educational, Scientific and Cultural Organization* (UNESCO) aufgenommen, der die Bundesrepublik bereits seit 1951 angehört. Am 24. November erhält die DDR den Beobachterstatus bei den Vereinten Nationen. Am 4. Dezember überreicht der Ständige Beobachter Horst Grunert sein Beglaubigungsschreiben.

22. November: Erich Honecker gibt erstmals einem westlichen Zeitungsvertreter ein Interview. Auf Fragen von Cyrus L. Sulzberger von der *New York Times* antwortet er zur Wiedervereinigung: «Meines Erachtens besteht diese Frage überhaupt nicht (...) Wir denken, es ist ein großes Glück für die Welt, daß die Deutsche Demokratische Republik besteht.»

26. November: Im Reiseverkehr zwischen der DDR und Polen treten wirtschaftliche Probleme auf, die Einschränkungen der neuen Freizügigkeit bringen. Seit Anfang 1972 reisten 9,3 Millionen Polen in die DDR (gegenüber 200000 im Jahr 1971) und 6,3 Millionen DDR-Bürger nach Polen. Weil polnische Bürger in einem wahren Ansturm die Regale in der DDR leerkaufen, werden nun auf Druck der DDR Beschränkungen eingeführt. Polen dürfen ab morgen nicht mehr als 200 Mark der DDR eintauschen, zudem dürfen sie pro Person und Jahr nicht mehr als 7000 Zloty für Reisen in sozialistische Länder umtauschen. Am 17. Dezember wird von den Regierungen der DDR und Polens beschlossen, ab 1. Januar 1973 wieder normale Zollsätze von Reisenden beider Staaten zu erheben. Polen dürfen ab dann Babywäsche, Berufskleidung, Tonbandgeräte, Porzellan, Fleisch und Fleischwaren nicht mehr aus der DDR ausführen.

6. und 7. Dezember: Das ZK der SED begrüßt den «Grundlagenvertrag», spricht aber auch eine Warnung aus: «In dem Maße, wie wir den Gegner daran hindern, zu militärischen Aggressionen Zuflucht zu nehmen, wie wir ihn zur friedlichen Koexistenz, zu der von uns gewollten Form der internationalen Klassenauseinandersetzung veranlassen, verschärft sich besonders der Kampf an der ideologischen Front.» Verteidigungsminister Armeegeneral Heinz Hoffmann sichert die weitere Erfüllung des «Klassenauftrages» vor allem bei der Grenzsicherung zu, obwohl «wir eine lange Zeit viele Armeeangehörige auf Großbaustellen der chemischen Industrie – in Schwarzheide, in Schwedt, in Dessau und Böhlen – im Einsatz hatten und haben, die wesentlich dazu beitrugen, Planrückstände aufzuholen (...) Weiterhin hatten wir über einen Zeitraum von vier bis sechs Wochen bis zu 30000 Armeeangehörige in der sozialistischen Landwirtschaft eingesetzt.»

11. Dezember: In Wien kündigt Simon Wiesenthal, Präsident des «Bundes jüdi-

Während der Verhandlungen über den Grundlagenvertrag (v. l.): Egon Bahr und Michael Kohl beantworten Fragen von Journalisten

in Artikel 6 erkennt die Bundesrepublik die DDR als unabhängigen und selbständigen Staat an. Dafür sagt die DDR zu, «im Zuge der Normalisierung der Beziehungen praktische und auch auch humanitäre Fragen zu regeln».

9. November: Die Regierungen der USA, Großbritanniens, Frankreichs und der Sowjetunion veröffentlichen eine Erklärung, die ihre Botschafter während neun Sitzungen im ehemaligen Gebäude des Alliierten Kontrollrats in West-Berlin ausgearbeitet haben. Sie unterstützen die Aufnahme beider deutscher Staaten in die Vereinten Nationen, die Mitgliedschaft dürfe jedoch die «Rechte und Verantwortlichkeiten» der Vier Mächte nicht berühren.

14. November: Die Bundesregierung gibt bekannt, daß zwischen dem Bundeskanzleramt in Bonn und dem Sitz des Vorsitzenden des Ministerrats in Ost-Berlin ein «heißer Draht» eingerichtet wird. Er soll in dringenden Fällen unmittelbare Kontakte ermöglichen.

16. November: In Genf unterzeichen die Bundesrepublik und Polen ein Entschädigungsabkommen, das die Zahlung von 100 Millionen DM für 6000 noch lebende polnische Staatsangehörige vorsieht, die in nationalsozialistischen Konzentrationslagern Opfer pseudomedizinischer Versuche geworden waren.

19. November: Die vorgezogenen Bundestagswahlen stehen im Zeichen der völligen Konfrontation. Im Lande werden sie als eine Richtungsentscheidung verstanden zwischen SPD und FDP, die erstmals mit einer klaren Koalitionsaussage für die SPD in die Wahl geht, einerseits und der CDU/CSU andererseits. Aus dieser Polarisierung ergibt sich mit 91,17 Prozent die höchste jemals erreichte Wahlbeteiligung bei Bundestagswahlen. Überraschend wird die SPD («Deutsche, wir können stolz sein auf unser Land») mit 45,8 Prozent der Stimmen stärkste Partei – erst- und vorerst letztmals. Die CDU/CSU («Wir bauen den Fortschritt auf Stabilität») folgt knapp dahinter mit 44,9 Prozent. Die FDP («Vorfahrt für Vernunft») erringt mit 8,4 Prozent deutliche Gewinne. Erstmals unterscheidet sich das Wahlverhalten von Frauen und Männern nur noch geringfügig. Bei den vorherigen Wahlen stimmten acht bis zehn Prozent mehr Frau-

Vertrag über die Grundlagen der Beziehungen zwischen der Bundesrepublik Deutschland und der Deutschen Demokratischen Republik

(...)

Artikel 4

Die Bundesrepublik Deutschland und die Deutsche Demokratische Republik gehen davon aus, daß keiner der beiden Staaten den anderen international vertreten oder in seinem Namen handeln kann.

Artikel 5

Die Bundesrepublik Deutschland und die Deutsche Demokratische Republik werden friedliche Beziehungen zwischen den europäischen Staaten fördern und zur Sicherheit und Zusammenarbeit in Europa beitragen.

Sie unterstützen die Bemühungen um eine Verminderung der Streitkräfte und Rüstungen in Europa, ohne daß dadurch Nachteile für die Sicherheit der Beteiligten entstehen dürfen.

Die Bundesrepublik Deutschland und die Deutsche Demokratische Republik werden mit dem Ziel einer allgemeinen und vollständigen Abrüstung unter wirksamer internationaler Kontrolle der internationalen Sicherheit dienende Bemühungen um Rüstungsbegrenzung und Abrüstung, insbesondere auf dem Gebiet der Kernwaffen und anderen Massenvernichtungswaffen, unterstützen.

Artikel 6

Die Bundesrepublik Deutschland und die Deutsche Demokratische Republik gehen von dem Grundsatz aus, daß die Hoheitsgewalt jedes der beiden Staaten sich auf sein Staatsgebiet beschränkt. Sie respektieren die Unabhängigkeit und Selbständigkeit jedes der beiden Staaten in seinen inneren und äußeren Angelegenheiten.

Artikel 7

Die Bundesrepublik Deutschland und die Deutsche Demokratische Republik erklären ihre Bereitschaft, im Zuge der Normalisierung ihrer Beziehungen praktische und humanitäre Fragen zu regeln. Sie werden Abkommen schließen, um auf der Grundlage dieses Vertrages und zum beiderseitigen Vorteil die Zusammenarbeit auf dem Gebiet der Wirtschaft, der Wissenschaft und Technik, des Verkehrs, des Rechtsverkehrs, des Post- und Fernmeldewesens, des Gesundheitswesens, der Kultur, des Sports, des Umweltschutzes und auf anderen Gebieten zu entwickeln und zu fördern. Einzelheiten sind in dem Zusatzprotokoll geregelt.

Artikel 8

Die Bundesrepublik Deutschland und die Deutsche Demokratische Republik en für die CDU/CSU, und fünf Prozent mehr Männer für SPD.

21. November: In Genf beginnt die SALT-II-Verhandlungsrunde zwischen den USA und der Sowjetunion über die Begrenzung strategischer Offensivwaffen. Amerikanische Diplomaten werfen den europäischen NATO-Regierungen Desinteresse an den SALT-Verhandlungen vor, bei denen indes für das Bündnis viel auf dem Spiel stehe.

22. November: Mit Vorgesprächen der Botschafter in Finnland beginnt die *Konferenz über Sicherheit und Zusammenarbeit in Europa* (KSZE). Am 28. November wird die Vorbereitungskonferenz eröffnet, an der alle Länder Europas, mit Ausnahme Albaniens, sowie die USA und Kanada teilnehmen. Bei der Sitzordnung lehnt der Botschafter der Bundesrepublik ab, unter «Federal Republic of Germany» zu firmieren. Er besteht auf der Bezeichnung «Germany, Federal Republic of», akzeptiert aber letztlich die Sitzordnung nach französischer Bezeichnung «Allemagne, République Fédérale». Danach sitzt die DDR zwischen der Bundesrepublik und den USA («Amérique, Etats Unis»).

10. Dezember: Dem Schriftsteller Heinrich Böll wird der diesjährige Nobelpreis für Literatur zuerkannt.

13. Dezember: In Bonn konstituiert sich der neue Bundestag. Zur Präsidentin wird mit Annemarie Renger (SPD) erstmals eine Frau gewählt. Am 14. Dezember wird Willy Brandt erneut zum Bundeskanzler gewählt. Bei der Auszählung erscheint es zunächst, als hätten achtzehn Unionsabgeordnete für Brandt gestimmt – worauf der erregte Oppositionsführer Rainer Barzel seinen Rücktritt erwägt. Bei der Nachzählung ergibt sich, daß nicht nur keine CDU/CSU-Stimmen auf Brandt entfielen, sondern zwei Abgeordnete von SPD oder FDP gegen ihn votierten. Brandt bildet eine Koalitionsregierung von SPD und FDP, in die Hans Friderichs (FDP) als Wirtschaftsminister, Hans-Jochen Vogel (SPD) als Minister für Raumordnung, Bauwesen und Städtebau und Katharina Focke (SPD) als Ministerin für Jugend, Familie und Gesundheit neu eintreten. Am 20. Dezember verabschiedet der Bundestag den neuen Bundeshaushalt, für dessen Deckung Kredite von knapp fünf Milliarden DM aufgenommen werden müssen.

werden ständige Vertretungen austauschen. Sie werden am Sitz der jeweiligen Regierung errichtet.

Die praktischen Fragen, die mit der Einrichtung der Vertretungen zusammenhängen, werden zusätzlich geregelt.

Artikel 9
Die Bundesrepublik Deutschland und die Deutsche Demokratische Republik stimmen darin überein, daß durch diesen Vertrag die von ihnen früher abgeschlossenen oder sie betreffenden zweiseitigen und mehrseitigen internationalen Verträge und Vereinbarungen nicht berührt werden.

scher Verfolgter des Naziregimes», an, daß mit der diplomatischen Anerkennung nun Wiedergutmachungsleistungen auch von der DDR gefordert werden. Die Bundesrepublik habe bisher 44,3 Milliarden DM Schadenersatzleistungen und Renten für rassisch und politisch Verfolgte des Naziregimes gezahlt. Die Höhe der Forderungen an die DDR werde mehrere Milliarden DM betragen. Keinesfalls würden die jüdischen Opfer sich mit der bisherigen DDR-Formel zufriedengeben, ihre Gutmachung bestehe darin, daß sie ehemaligen Nazis den Aufstieg verwehre. Er könne im Gegenteil eine ganze Reihe namhafter Nazis anführen, die in der DDR hohe und höchste politische und exekutive Ämter innehaben. Auch der israelische Außenminister Abba Eban leitet Schritte ein, um Wiedergutmachungszahlungen von der DDR zu erhalten. Bereits 1952 forderte Israel von der DDR 150 Millionen Dollar als Entschädigung für die Aufnahme vertriebener Juden aus dem Gebiet der DDR, erhielt jedoch keine Antwort aus Ost-Berlin.

Am 8. März 1973 veröffentlicht die *Junge Welt* die erste offiziöse Stellungnahme zu diesen Forderungen. Die DDR habe die größte Wiedergutmachung dadurch geleistet, «daß wir Nazismus und Rassismus bei uns mit der Wurzel ausrotteten». Im übrigen erhielten alle Verfolgten des Nazi-Regimes, auch die jüdischen Bürger, eine ständige finanzielle Entschädigung.

21. Dezember: In Ost-Berlin unterzeichen der Bundesminister für besondere Aufgaben, Egon Bahr, und der Staatssekretär beim Ministerrat der DDR, Michael Kohl, den «Vertrag über die Grundlagen der Beziehungen zwischen der Bundesrepublik Deutschland und der Deutschen Demokratischen Republik». Ursprünglich sollte Bundeskanzler Willy Brandt die Unterzeichnung vornehmen, doch scheitert dies an Terminproblemen. Sie werden offenbar von der DDR-Regierung geschaffen, um es nicht zu Sympathiebekundungen der Bevölkerung für Brandt kommen zu lassen. Der von der Bundesregierung dem Vertrag hinzugefügte «Brief zur deutschen Einheit», der das politische Ziel formuliert, «auf einen Zustand des Friedens in Europa hinzuwirken, in dem das deutsche Volk in freier Selbstbestimmung seine Einheit wiedererlangt», wird in der DDR nicht veröffentlicht. Bahr bewertet den Vertrag so: «Bisher hatten wir keine Beziehungen, jetzt werden wir schlechte haben – und das ist der Fortschritt.»

1973

Ölkrise

Bisher schienen einem stetigen Wirtschaftswachstum im Wirtschaftswunderland lediglich konjunkturelle Schranken gesetzt. Doch schlagartig wird die ungeheure Abhängigkeit der gesamten Weltwirtschaft vom Rohstoff Öl deutlich. Lieferkürzungen und Preiserhöhungen treffen die exportabhängige Wirtschaft der Bundesrepublik schwer. Vor allem die Chemie-, die Fahrzeugindustrie und der Verkehr leiden. Sinnbild dieser ungeahnten Hürde, die sich dem ungebrochenen Aufschwung entgegenstellt, werden die Fahrverbote mit ihren autofreien Straßen und Autobahnen.

1. Januar: In Hamburg und München nehmen die «Hochschulen der Bundeswehr», 1985 in «Universitäten der Bundeswehr» umbenannt, den Lehrbetrieb auf.

4. Januar: In Salzgitter teilt die Zentrale Erfassungsstelle der Landesjustizverwaltungen mit, 1972 seien 96 Todesfälle und 127 Verletzungen durch Schüsse und Minen an der innerdeutschen Grenze ohne Berlin registriert worden. Am 12. Februar gibt der Bundesgrenzschutz bekannt, daß bis 1972 nur noch 368 Zivilisten und 33 Angehörige von NVA oder Grenztruppen geflüchtet seien. Die Zahlen für 1969 lagen bei 578 und 73, im Jahr 1970 bei 460 und 57, im Jahr 1972 bei 398 und 55. Die Verringerung sei auf den Ausbau der Sperranlagen zurückzuführen. Nun seien mindestens 1,7 Millionen Minen verlegt und auf 79 Kilometern Strecke Selbstschußanlagen installiert. Der doppelte Stacheldrahtzaun sei 836 Kilometer, der Metallgitterzaun 590 Kilometer lang. Etwa 500 Spürhunde seien im Einsatz.

21. Januar: In Düsseldorf beziffert der «Jüdische Pressedienst» die Zahl der Juden in aller Welt auf 14,2 Millionen. Etwa 30000 davon leben in der Bundesrepublik, nur 2000 in der DDR.

12. Februar: Nach Angaben des Bundesministeriums für innerdeutsche Beziehungen

1973

Internationale Anerkennung

Mit der faktischen Anerkennung durch die Bundesrepublik im Grundlagenvertrag wird die DDR in die internationale Gemeinschaft aufgenommen. Wie sehr dürstet sie nach dem Eintritt auf das diplomatische Parkett: Nach der Anerkennung durch Spanien und Indonesien läßt die Führung die dortigen Diktatoren und Kommunistenfresser Francisco Franco und Kemusu Suharto vom *Neuen Deutschland* schönreden. Nur einmal gibt es eine störende Stimme: Als die DDR ihren Sitz bei den Vereinten Nationen einnimmt, protestiert Israel. Das Land der Juden erinnert die DDR-Führung daran, daß sie ihren Platz in der Geschichte nicht nach eigenem Gutdünken wählen kann, sondern in der historischen Verantwortung steht.

1. Januar: Die Grenztruppen werden aus der NVA herausgelöst, damit die DDR sie bei den MBFR-Abrüstungsverhandlungen in Wien nicht auf die geplanten Maßnahmen anrechnen lassen muß.

26. Januar: Auf einer gemeinsamen Tagung des Präsidialrates des Kulturbundes mit den Präsidenten der Künstlerverbände und der Akademie der Künste verabschiedet Kurt Hager (SED) endgültig die These vom Fortbestand einer einheitlichen deutschen Kulturnation.

31. Januar: Der bisherige Kulturminister Klaus Gysi (SED) wird abberufen, sein Nachfolger wird Hans Joachim Hoffmann, bisher Leiter der Abteilung Kultur im ZK der SED.

2. Februar: Die DDR tritt der Wiener Konvention über diplomatische Beziehungen vom 18. April 1961 bei, um die internationale Anerkennung auch von wichtigen westlichen Ländern zu erhalten. Am 8. und 9. Februar nehmen Großbritannien und Frankreich als 70. und 71. Staat diplomatische Beziehungen zur DDR auf und beziehen Botschaften in Ost-Berlin.

7. Februar: Nach Angaben des Bundesministers für innerdeutsche Beziehungen, Egon Franke (SPD), erteilte die DDR seit Inkrafttreten des «Verkehrsvertrages» 12000

zahlte die Bundesrepublik der DDR 1972 aufgrund entsprechender Vereinbarungen insgesamt 312 Millionen DM. Davon waren 234,9 Millionen DM die Jahrespauschale für den Transitverkehr, 20 Millionen DM Visagebühren im Berlin-Verkehr, sechs Millionen DM «Achskilometervergütung» für die Deutsche Reichsbahn sowie 30 Millionen DM Ausgleichszahlungen an die Deutsche Reichspost für Mehrleistungen.

17. Februar: Im Rahmen ihrer Sparbeschlüsse streicht die Bundesregierung zum 1. Juli die Erstattung der Visagebühren für Bundesbürger und West-Berliner bei Reisen nach Ost-Berlin und in die DDR. Gegen diesen Beschluß, der Einsparungen von 80 Millionen DM bringen soll, erhebt sich scharfer Protest. Darauf erklärt die Bundesregierung am 22. Februar, zumindest die Erstattung für West-Berliner fortzusetzen.

29. März: Im Zuge der Bildungsreform läßt der hessische Kultusminister Entwürfe für neue Lehrpläne erarbeiten, die im Schuljahr 1972/73 einer freiwilligen Teilerprobung unterzogen werden. Diese «Rahmenrichtlinien» beziehen sich auf Schulstufen, versuchen Inhalte und Methoden von übergeordneten Lernzielen abzuleiten, schaffen das neue Fach «Gesellschaftslehre», in das die bisherigen Fächer Geschichte, Geographie, Politik und Wirtschaftslehre eingehen, und versuchen an die Lebenswelt der Schüler anzuknüpfen. Mit einer großen Anfrage des Koalitionspartners FDP im Wiesbadener Landtag und der heutigen Antwort des Kultusministers Ludwig von Friedeburg (SPD) entbrennt eine erbitterte Kontroverse um

Das Ende des Vietnamkrieges

Am 27. Januar unterzeichnen in Paris die Außenminister der USA, Nordvietnams und der Revolutionsregierung Südvietnams ein «Abkommen über die Beendigung des Krieges und die Wiederherstellung des Friedens in Vietnam», das vom amerikanischen Sicherheitsberater Henry A. Kissinger und dem nordvietnamesischen Sonderbeauftragten Le Duc Tho ausgehandelt wurde. Noch während der Verhandlungen unternahmen die USA schwere Bombenangriffe auf Nordvietnam, was scharfe Kritik in aller Welt auslöste. Der schwedische Ministerpräsident Olof Palme verglich das Vorgehen der USA gar mit den schlimmsten Verbrechen der Nazi-Führung. Erst am 15. Januar geben die USA die Einstellung der Bombardierungen bekannt.

Seit Anfang 1965 verbrauchten die USA in Vietnam eine Munitionsmenge, die 720 Hiroshima-Bomben entspricht. Insgesamt wurde das Dreifache der Munitionsmenge des Zweiten Weltkrieges eingesetzt. Unter der Zivilbevölkerung forderte der Krieg knapp eine Million Todesopfer, weiterhin ein Vielfaches an Verletzten und Vergifteten; zudem wurden mehrere Millionen Menschen zu Flüchtlingen. An militärischen Verlusten beklagt Nordvietnam mit dem Vietcong 920000 Tote, Südvietnam 190000 Tote, Amerika 56000 Tote, die Alliierten Australien, Neuseeland, Südkorea und Thailand zusammen 5000 Tote. Weite Teile Vietnams wurden mit chemischen Waffen vor allem zur Entlaubung angegriffen und sind nunmehr verseucht, unabsehbar sind die Langzeitschäden für Menschen und Natur.

Nachdem die USA abgezogen sind, unternehmen die Rebellen Südvietnams mit regulären Truppen Nordvietnams ab Dezember 1974 eine Großoffensive, in deren Verlauf sie schließlich ganz Südvietnam erobern. Am 30. April 1975 kapituliert Südvietnam.

Personen die Genehmigung zu Westbesuchen in dringenden Familienangelegenheiten.

1. März: Die DDR läßt die dauerhafte Akkreditierung westlicher Journalisten zu. Eine Verordnung des Ministerrats über die Tätigkeit von Publikationsorganen anderer Staaten und deren Korrespondenten in der DDR vom 21. Februar wird veröffentlicht. Ab dem 5. März werden auf dieser Rechtsgrundlage zunächst Korrespondenten der *Frankfurter Rundschau* sowie von ARD, ZDF und dpa, dann auch von weiteren Zeitungen und Zeitschriften aus der Bundesrepublik akkreditiert. In ihrer Berichterstattung haben sie «Grundsätzen» zu folgen, die von der DDR festgelegt werden. So haben sie «Verleumdungen oder Diffamierungen der DDR, ihrer staatlichen Organe und ihrer führenden Persönlichkeiten sowie der mit der DDR verbündeten Staaten zu unterlassen, wahrheitsgetreu, sachbezogen und korrekt zu berichten sowie keine böswillige Verfälschung von Tatsachen zuzulassen». Mit der letzten Formulierung wird ein Journalist auch für die Inhalte seines Mediums verantwortlich gemacht, die er nicht selbst erstellt. Nahezu alle journalistischen Vorhaben sind anmelde- oder genehmigungspflichtig.

13. März: Auf der Leipziger Messe übergibt Staatssekretär Detlev Karsten Rohwedder vom Bundeswirtschaftsministerium dem Minister für Außenwirtschaft, Horst Sölle (SED), eine Liste von Vorschlägen zur praktischen Ausweitung des Handels zwischen BRD und DDR. Im Jahr 1972 erreichte der innerdeutsche Handel mit einem Volumen von 5,35 Milliarden Verrechnungseinheiten einen neuen Höchststand. Vor allem importiert die DDR verstärkt Konsumgüter.

15. und 16. März: Auf einer internationalen Konferenz des ZK der SED zum 125. Jahrestag des «Manifests der kommunistischen Partei» betont Kurt Hager die These vom «unüberbrückbaren Gegensatz» zwischen der «sozialistischen Nation in der DDR» und der «fortbestehenden kapitalistischen Nation» in der BRD. «Die DDR ist ein souveräner sozialistischer Staat, ein festes Glied der sozialistischen Staatengemeinschaft und nicht durch irgendwelche ‹nationalen› Elemente und Besonderheiten mit der BRD verknüpft.» Hager kritisiert die «rechten Führer der Sozialdemokratie», die die tatsächlichen Ausbeutungs- und Machtverhältnisse verschleierten, wenn sie die Überführung des kapitalistischen Eigentums in das Eigentum des Volkes für überholt erklärten. Mit der Ostpolitik der sozialliberalen Koalition sieht sich die SED unter einem dauernden Abgrenzungsdruck.

12. und 13. Mai: Auf dem Plenum des ZK der KPdSU am 26. und 27. April wird die Außenpolitik von Generalsekretär Leonid Breschnew einstimmig gebilligt: «Umfassende Anerkennung haben die Prinzipien der friedlichen Koexistenz als Norm der Beziehungen von Staaten unterschiedlicher Gesellschaftsordnung gefunden, es vollzieht sich eine Wende vom ‹kalten Krieg› zur Entspannung.» Vor seinen Reisen in die Bundesrepublik und in die USA stattet Breschnew nun der DDR einen «Freundschaftsbesuch» ab. Dabei überreicht er Erich Honecker die höchste Auszeichnung der Sowjetunion, den Lenin-Orden, der Honecker anläßlich seines 60. Geburtstages am 25. August 1972 verliehen wurde.

28. und 29. Mai: Durch eine beiläufige Bemerkung beendet Erich Honecker vor dem ZK der SED die Zeit der «Aktion Ochsenkopf», in der der Empfang des Westfernsehens mit nahezu allen, auch gewaltsamen Mitteln wie Antennenabriß unterbunden wurde: «Die westlichen Massenmedien, vor allem der Rundfunk und das Fernsehen der diese «Rahmenrichtlinien». Vorherrschen des Konfliktdenkens, Klassenkampfmentalität, Aufruf zur Zerstörung der Familie, Abrichtung zu ideologisch programmierten Revoluzzern lauten die Vorwürfe. Obgleich im Dezember eine abgeschwächte Fassung der «Rahmenrichtlinien» vorgelegt wird, wirkt die Kontroverse noch auf die Landtagswahlen im Oktober 1974, als SPD und FDP deutlich weniger Stimmen erhalten.

10. bis 14. April: Der SPD-Parteitag in Hannover steht im Zeichen heftiger Flügelkämpfe. Im März fordern die «Jungsozialisten der SPD», die Mehrheit im Bundestag zur Durchsetzung überfälliger Reformen im Vorfeld sozialistischer Politik zu nutzen. Am 26. März treten in Frankfurt/Main dreißig Jusos der «Stamokap-Gruppe», die für die Bundesrepublik den «staatsmonopolistischen Kapitalismus» annehmen, aus der SPD aus, zwanzig wechseln zur DKP. Gegen diese linken Tendenzen wendet sich eine konservative Strömung, die wesentliche ihrer marktwirtschaftlichen Vorstellungen im Entwurf für ein «Langzeitprogramm» für die Jahre von 1973 bis 1985 festschreibt.

8. Mai: Der Partei- und Fraktionsvorsitzende der CDU, Rainer Barzel, wird nach dem gescheiterten konstruktiven Mißtrauensvotum von Teilen der Partei kritisiert. Mehrmals fordert er Solidarität in der Wahlniederlage und Verzicht auf Intrigen. Heute beschließt das Präsidium der CDU unter Barzel einstimmig, im Bundestag den Beitritt der Bundesrepublik zu den Vereinten Nationen zu befürworten. Auf einer anschließenden Fraktionssitzung spricht sich die Mehrheit um Alfred Dregger und Franz Josef Strauß jedoch gegen den Beitritt aus. Die Vertretung West-Berlins sei nicht gesichert, die Anwendung der Feindstaatenklausel der UN-Charta ungeklärt, der Schießbefehl der DDR verletze die Menschenrechte. Unter diesen Bedingungen sei einem Offenhalten der deutschen Frage mit einer Ablehnung des Beitritts besser gedient. Angesichts dieser Vertrauenskrise legt Barzel am 9. Mai den Fraktionsvorsitz nieder und lehnt am 16. Mai die erneute Kandidatur für den Parteivorsitz ab. Am 17. Mai wird Karl Carstens zum neuen Fraktionsvorsitzenden gewählt.

9. bis 11. Mai: Der Bundestag debattiert über den «Grundlagenvertrag» mit der DDR und den Beitritt zu den Vereinten Nationen. Nach hitziger Diskussion wird der «Grundlagenvertrag» gegen alle Stimmen von CDU/CSU ratifiziert, der UN-Beitritt gegen etwa die Hälfte der CDU/CSU-Stimmen angenommen.

17. Mai: Am 15. Mai fällt ein spielender 5-jähriger Junge an der Berliner Mauer in die Spree und ertrinkt, weil DDR-Organe westliche Rettungsmaßnahmen unterbinden, eigene aber zu spät einleiten. Heute bevollmächtigen die Westalliierten den Senat, mit der DDR über die Vermeidung solcher Unglücksfälle zu verhandeln.

18. bis 22. Mai: Zum ersten Mal besucht der Generalsekretär des ZK der KPdSU, Leonid Breschnew, die Bundesrepublik – unter den bisher größten Sicherheitsmaßnahmen, zu denen auch Hausdurchsuchungen bei mehreren maoistischen Gruppen gehören. In den Gesprächen wird vor allem die Ausweitung der Zusammenarbeit erörtert, dementsprechend werden Abkommen über die Entwicklung der wirtschaftlichen, industriellen, technischen sowie kulturellen Zusammenarbeit unterzeichnet. Durch ein Protokoll wird der «Lufthansa» nunmehr das Befliegen der Route über Moskau und Sibirien nach Japan gestattet.

22. Mai: Während die CDU/CSU-Bundestagsfraktion diesen Schritt ausdrücklich ablehnt, beschließt die Bayerische Staatsregierung auf Druck des CSU-Vorsitzenden

«Geheimgespräche» mit Erich Honecker (M.): Herbert Wehner (l.) und Wolfgang Mischnick am Wandlitzsee

Bundesrepublik Deutschland, die ja bei uns jeder nach Belieben ein- oder ausschalten kann (...)» Im gleichen Atemzug gibt er jedoch die ersten Warnschüsse in der Kulturpolitik ab. Er nennt keine Namen, doch jeder weiß, daß es gegen Volker Brauns «Kipper», einer abgeschwächten Version der noch unter Rudolf Bahro im *Forum* veröffentlichten Erstfassung, und Ulrich Plenzdorfs «Die neuen Leiden des jungen W.» geht. «Hier dem Neuen nachzuspüren, es aufzudecken und mitzugestalten, gelingt wohl nicht immer beim ersten Versuch und am wenigsten dadurch, daß versucht wird, eigene Leiden der Gesellschaft aufzuoktroyieren. Die in verschiedenen Theaterstücken und Filmen dargestellte Vereinsamung und Isolierung des Menschen von der Gesellschaft, ihre Anonymität in bezug auf die gesellschaftlichen Verhältnisse machen schon jetzt deutlich, daß die Grundhaltung solcher Werke dem Anspruch des Sozialismus an Kunst und Literatur entgegensteht.»

30. Mai: Die DDR teilt der Bundesrepublik mit, daß im Rahmen des geplanten «Kleinen Grenzverkehrs» zahlreiche Ortschaften ganz oder teilweise für westliche Besucher gesperrt sind. Von den 694 Grenzgemeinden sind nur 105 uneingeschränkt zugänglich, bei 274 sind Teilbereiche ausgeschlossen, und 315 sind ganz gesperrt.

30. und 31. Mai: In Ost-Berlin führt der Vorsitzende der SPD-Bundestagsfraktion, Herbert Wehner, heimlich Gespräche mit Erich Honecker, an denen zeitweise auch der FDP-Fraktionsvorsitzende, Wolfgang Mischnik, teilnimmt. Wehner bezeichnet die Unterredungen als «Gedanken- und Meinungsaustausch», bei dem beide Seiten die baldige Inkraftsetzung des «Grundlagenvertrages» befürworten.

12. Juni: Die DDR stellt in New York den Antrag auf Aufnahme in die Vereinten Nationen.

13. Juni: Die Volkskammer ratifiziert einstimmig den «Grundlagenvertrag».

18. bis 20. Juni: Eine polnische Delegation unter Edward Gierek und Piotr Jaroszewicz besucht die DDR. Es wird die Vertiefung der 1972 begonnenen Koordinierung der Wirtschaftspläne für 1976 bis 1980 beschlossen.

3. bis 7. Juli: Während der ersten Phase der KSZE in Helsinki führen die deutschen Außenminister Otto Winzer (SED) und

Franz Josef Strauß, das Bundesverfassungsgericht gegen den Grundlagenvertrag anzurufen. Am 5. Juni lehnt das Gericht den ersten Antrag Bayerns ab, durch einstweilige Verfügung das Inkrafttreten des Grundlagenvertrages zu verhindern. Am 31. Mai bringt Bayern den Antrag auf ein Normenkontrollverfahren in Karlsruhe ein.

29. Mai: Das Bundesverfassungsgericht erklärt ein niedersächsisches Gesetz über die Zusammensetzung der Selbstverwaltungsorgane an den Hochschulen für verfassungswidrig. Es schwäche die Stellung der Hochschullehrer so sehr, daß sie aus der Verantwortung für wissenschaftliche Entscheidungen verdrängt würden.

30. Mai: In Genf tritt die Ständige Konsultativkommission von USA und Sowjetunion zur konstituierenden Sitzung von SALT-II zusammen. Erst am 25. September werden in der zweiten Sitzung die SALT-II-Verhandlungen begonnen.

31. Mai: Die Fluglotsen beginnen einen «Bummelstreik»; mit ihrem «Dienst nach Vorschrift» protestieren sie gegen Überlastung und zu geringe Bezahlung. In der Zeit bis zum 25. November fallen insgesamt 47722 Flüge aus, und 82038 Flüge verspäten sich um mehr als eine halbe Stunde. Die «Lufthansa» schätzt ihre finanziellen Verluste auf mehr als 200 Millionen DM.

6. Juni: Angesichts oftmals unmenschlicher Zustände bei der Unterbringung von Gastarbeitern verabschiedet die Bundesregierung ein Aktionsprogramm, das den Zustrom verringern soll. So wird die Vermittlungsgebühr für neue Gastarbeiter heraufgesetzt, die Verlängerung auslaufender Verträge wird vorerst untersagt, und die Bestimmungen für Gastarbeiter-Unterkünfte werden verschärft.

7. bis 11. Juni: Als erster Bundeskanzler besucht Willy Brandt Israel, wo er die Erfahrungen seiner Ostpolitik für die Verbesserung des israelisch-arabischen Verhältnisses anbietet.

12. Juni: Auf ihrem Bundesparteitag in Bonn wählt die CDU den Ministerpräsidenten von Rheinland-Pfalz, Helmut Kohl, zum neuen Vorsitzenden. Neuer Generalsekretär wird der von Kohl nominierte Kurt Biedenkopf. Kohl fordert seine Partei auf, sich auf die neue Lage in Europa einzustellen: «Die Ostverträge binden auch uns, denn wir sind eine Verfassungspartei.» Kohls Vorgänger Rainer Barzel stellt fest, für die zweite Phase der Volkspartei CDU fehle die klare Konzeption.

15. Juni: Die Bundesrepublik stellt in New York den Antrag auf Aufnahme in die Vereinten Nationen. Sie erklärt, daß sie außer in Fragen der Sicherheit und des Status auch West-Berlin vertritt. Am 22. Juni empfiehlt der Sicherheitsrat ohne Abstimmung der Vollversammlung die Aufnahme beider deutscher Staaten.

Die 1970 gegründete Bund-Länder-Kommission für Bildungsplanung verabschiedet den ersten «Bildungsgesamtplan», der von der Bundesregierung und allen Bundesländern, auch den weniger reformbereiten, verabschiedet wird. Erstmals wird das Bildungswesen über Schule, Hochschule und berufliche Bildung erweitert. So sieht der Plan einen Ausbau der Kindergärten für die Drei- bis Vierjährigen vor. Die Zahl der Plätze soll von 27 Prozent eines Jahrgangs im Jahr 1970 auf 52 Prozent im Jahr 1975 und 70 Prozent im Jahr 1980 gesteigert werden. Auch soll das Zahlenverhältnis zwischen Erziehern und Kindern verbessert werden. Tatsächlich werden die Ziele für 1975 erreicht und übertroffen. Für die Fünfjährigen sollen Vorschulklassen eingerichtet werden, die an den Grundschulen (Primarstufe) angesiedelt sein können. Zu Beginn der Sekundarstufe 1, den Klassen fünf bis

Walter Scheel erstmals direkte Gespräche. Dabei kommen sie überein, trotz bestehender grundsätzlicher Meinungsverschiedenheiten eine Konfrontation nach Möglichkeit zu vermeiden.

23. Juli: Der Vatikan ernennt drei der vier in der DDR amtierenden Bischöflichen Kommissare zu Apostolischen Administratoren, die die Rechte und Pflichten von residierenden Bischöfen haben und direkt dem Vatikan unterstellt sind. Ihre Sitze sind Erfurt, Magdeburg und Schwerin – bisher wurden diese Gebiete von den Diözesen Fulda, Hildesheim, Paderborn, Würzburg und Osnabrück verwaltet.

28. Juli bis 5. August: Die zehnten Weltfestspiele der Jugend und Studenten finden in Ost-Berlin statt. Zu diesem Anlaß fordern die Jugendsendungen des DDR-Rundfunks landeseigene Rockbands auf, Mitschnitte einzusenden – die tatsächlich auch gesendet werden. Der Musiker Klaus Jentzsch von der «Renft-Combo» schildert den unerwarteten Effekt: «Das Publikum hatte nur Westrundfunk gehört. Das konnte sich gar nicht vorstellen, daß Musik im Rundfunk läuft, die die Jugend interessiert.»

1. August: Im Alter von 80 Jahren verstirbt Walter Ulbricht.

10. August: Ein Kommentar im *Neuen Deutschland* kritisiert scharf die Fluchthilfe auf den Transitwegen, auf deren Unterbindung die staatlichen Organe offenkun-

Menschliche Erleichterungen

Nach dem Inkrafttreten des «Grundlagenvertrages» wird eine Reihe von Erleichterungen verwirklicht, die bis dahin geltende äußerst restriktive Bestimmungen entschärfen. Im Rahmen der Familienzusammenführung können Ehegatten leichter zusammenziehen, auch soll der Umzug von Eltern, die von ihren Kindern betreut werden müssen, vereinfacht werden. In besonderen Ausnahmefällen wird die DDR auch die Eheschließung zwischen Verlobten aus dem jeweils anderen Staat erlauben. Bei Reisen von DDR-Bürgern in den Westen wird der Begriff «dringende Familienangelegenheiten» auf silberne und goldene Hochzeiten sowie auf 60-, 65- und 70jährige Ehejubiläen ausgedehnt. Nunmehr können auch Halbgeschwister, doch nur solche mit derselben Mutter, diese Reisemöglichkeit in Anspruch nehmen. Für die Bewohner von 56 grenznahen Stadt- und Landkreisen der Bundesrepublik wird ab dem 5. Juli der «Kleine Grenzverkehr» eingerichtet. Sie können zu Tagesaufenthalten in 54 grenznahe Kreise der DDR reisen, sowohl zu Besuchen von Verwandten und Bekannten als auch aus touristischen Gründen. Innerhalb von drei Monaten sind bis zu neun Einreisen möglich. In der zweiten Jahreshälfte 1973 nutzen 193 000 Westdeutsche diese Möglichkeit, im Jahr 1978 wird mit 480 000 Reisenden der Höchstwert erreicht. Vier neue Grenzübergänge werden eröffnet: Uelzen / Salzwedel, Duderstadt / Worbis, Bad Neustadt / Meiningen und Coburg / Eisfeld. Die bisher geltenden generellen Einfuhrverbote der DDR für Filme, Fotoplatten, Diapositive und Fotopapier werden aufgehoben; künftig ist die Mitnahme von Schallplatten mit «Werken des kulturellen Erbes und des wirklich kulturellen Gegenwartsschaffens» gestattet. Die Höchstmenge für die Einfuhr von Kaffee in die DDR wird auf 1000 Gramm heraufgesetzt. Zudem wird die Freigrenze für Geschenkpakete und -päckchen aus der DDR von 30 auf 100 Mark erhöht.

Gratulation von Ludwig Erhard: Helmut Kohl wird Vorsitzender der CDU

zehn, soll in den Klassen fünf und sechs eine Orientierungsstufe eingerichtet werden. Als neue Regelschule für diesen Bereich wird die Gesamtschule gefordert. Zur Sekundarstufe 2 gehören die reformierte Oberstufe des Gymnasiums sowie berufliche Teilzeit- und Vollzeitschulen.

20. Juni: Durch den heutigen Notenaustausch zwischen der Bundesrepublik und der DDR in Bonn tritt der «Grundlagenvertrag» am 21. Juni in Kraft.

3. bis 7. Juli: Die Außenminister der Teilnehmerstaaten eröffnen in Helsinki die eigentliche KSZE-Konferenz.

31. Juli: Das Bundesverfassungsgericht in Karlsruhe erklärt den «Grundlagenvertrag» für vereinbar mit dem Grundgesetz. Wegen seiner Begründung wird das Urteil in Ost-Berlin und Moskau jedoch als Abkehr von der Entspannungspolitik kritisiert.

8. August: Nach heftigen Vorwürfen der DDR, Bonn dulde «kriminelle Aktionen» der Fluchthilfeorganisationen auf den Transitwegen, äußert sich nun die Bundesregierung. Sie habe an der Einhaltung des «Vier-Mächte-Abkommens» und des «Transitabkommens» ein vitales Interesse und werde im Rahmen ihrer Möglichkeiten Vorkehrungen treffen, damit ein Mißbrauch der Transitwege verhindert wird. Doch stehe die Flucht aus der DDR nicht unter Strafe und werde auch nicht unter Strafe gestellt.

9. August: Der bisherige «Ersatzdienst» für Wehrdienstverweigerer wird in «Zivildienst» umbenannt und dem Wehrdienst gleichgestellt. Erst Ende der sechziger Jahre übersteigt die Zahl der Anträge auf Anerkennung als Kriegsdienstverweigerer zehntausend pro Jahr; im Jahr 1970 erreicht sie fast 20000, im Jahr 1975 sind es bereits mehr als 32000. Seit 1956 muß sich jeder Antragsteller auf Anerkennung als Kriegsdienstverweigerer einem «Prüfungsausschuß» stellen, der die Glaubhaftigkeit der «Gewissensentscheidung» beurteilt.

28. August: Der Leiter der US-Aufklärung in der Bundesrepublik, Generalmajor Harold R. Aaron, wird nach Washington zurückversetzt. Er ließ Telefongespräche von Bundesbürgern nach «manchmal fragwürdigen» Sicherheitskriterien abhören. Die amerikanischen Anträge wurden von den zuständigen deutschen Behörden genehmigt, worauf die Bundespost die betreffenden Telefonanschlüsse auf Sonderschaltungen nahm und die Tonbänder zur Verfügung stellte.

18. September: Die Bundesrepublik

Vollmitgliedschaft bei den Vereinten Nationen: Die DDR-Delegation unter Außenminister Otto Winzer nimmt ihre Plätze ein

dig noch nicht eingestellt sind: «Von der BRD und von Westberlin aus sind Verbrecherbanden am Werk, die gegen Kopfgelder von 40000 bis 80000 Westmark, unter Mißbrauch der Transitwege, Leute über die Grenze schleusen – Leute, die sich ein luxuriöses Leben in der BRD oder in Westberlin erhoffen (...) Das schmutzige Geschäft geht so weit, daß seine Organisatoren bzw. Hintermänner in Zeitungen und Zeitschriften der BRD und Westberlins diese ihre Geschäfte offen annoncieren können. Die zuständigen Organe der DDR waren allein im ersten Halbjahr 1973 gezwungen, 77 Menschenhändler festzunehmen.»

21. August: Zur bevorstehenden Leipziger Messe nennt Außenhandelsminister Horst Sölle (SED) neueste Zahlen: «Der Außenhandel zwischen der DDR und kapitalistischen Industrieländern hat sich in den vergangenen Jahren recht gut entwickelt. Der Warenaustausch stieg 1972 im Verhältnis zu 1971 um 17 Prozent, die Exporte der DDR um 12 Prozent und die Importe um 22 Prozent.» Den Großteil ihres Außenhandels, 68 Prozent, bestreitet die DDR indes mit den Ländern des RWG.

18. September: Als 133. Staat wird die DDR Vollmitglied der Vereinten Nationen. Einzig Israel protestiert: «Die Vereinten Nationen wurden geboren aus dem internationalen Ringen gegen den Nazismus und seine Drohung gegenüber der gesamten Menschheit. Für das jüdische Volk, das durch das Nazi-Regime des Deutschen Reiches einer Hölle von Schlächtertum und Zerstörung unterworfen, und für den Staat Israel, der den Überlebenden dieser Tragödie zur Heimat wurde, ist diese Frage vor der Vollversammlung von dunklen Schatten überdeckt.» Deutschland als Ganzes trage nach Gesetz und Moral die Verantwortung, doch habe nur die Bundesrepublik diese schwere Bürde stets anerkannt. Die DDR habe die historische Verantwortung und die daraus resultierenden moralischen Verpflichtungen dagegen ignoriert.

21. September: Nach dem Militärputsch vom 11. September bricht die DDR gemeinsam mit der Sowjetunion ihre diplomatischen Beziehungen zu Chile ab. In der Folgezeit nimmt die DDR zahlreiche politische Flüchtlinge aus dem Andenland auf. Sonja Honecker, die Tochter von Erich und Margot Honecker, heiratet einen der chilenischen Exilpolitiker.

27. September: Die Sowjetunion unterzeichnet die «Internationale Konvention

Deutschland wird als 134. Vollmitglied in die Vereinten Nationen aufgenommen.

24. September bis 1. Oktober: Bereits seit dem Frühjahr wirft der SPD-Fraktionsvorsitzende Herbert Wehner Bundeskanzler Willy Brandt vor, die Parteiarbeit zu vernachlässigen, sich nicht genügend um die Innenpolitik zu kümmern und die neue Ostpolitik versanden zu lassen. Während der Reise einer Bundestagsdelegation nach Moskau greift Wehner Brandt scharf an, er sei führungsschwach und tue nichts, um die Ostverträge mit Leben zu erfüllen. Am 8. Oktober veröffentlicht der *Spiegel* Bemerkungen Wehners, Brandt sei «entrückt» und «abgeschlafft». Am 26. November schließt sich auch Brandts alter Helfer Günter Grass der Kritik an, der Sieg bei der Wahl habe «zu allseits lähmender Selbstgefälligkeit verführt».

30. Oktober: In Wien werden im Rahmen der MBFR-Verhandlungen über einen Truppenabbau in Zentraleuropa Gespräche unter der Bezeichnung *Mutual Reduction of Forces and Armament and Associated Measures in Central Europe* (MURFAAMCE) eröffnet.

23. November: Die Gastarbeiter werden zur Manövriermasse degradiert. Weil bei weiteren Energieverknappungen gewisse «Beschäftigungsrisiken» nicht ausgeschlossen werden können, untersagt die Bundesregierung die weitere Anwerbung und Ver-

«Ölkrise»

Vom 6. bis 25. Oktober wird zwischen Israel und seinen arabischen Nachbarländern der vierte, der Jom-Kippur-Krieg geführt. Erst nach einer dramatischen Konfrontation zwischen den USA und der Sowjetunion verständigen sich die Großmächte auf eine friedliche Beilegung. Nach dieser Nahost-Krise setzen die arabischen Förderländer erstmals das Erdöl als politische Waffe ein, sie beschließen drastische Produktionsminderungen und Preiserhöhungen – so lange, bis Israel die besetzten Gebiete in Ägypten und Jordanien wieder räumt.

Mit dieser von der *Organization of Petrol Exporting Countries* (OPEC) konsequent durchgesetzten Politik werden die westlichen Industrieländer in die schwerste Krise seit 1929 gestürzt. In der Bundesrepublik verdreifacht sich der Preis für Erdöl binnen eines Jahres. Das Bruttosozialprodukt stagniert 1974 und sinkt 1975 sogar, die Zahl der Arbeitslosen steigt von 273 000 im Jahr 1973 auf 582 000 im Jahr 1974 und über eine Million im Jahr 1975. Ein Teil der Arbeitslosigkeit wird noch exportiert: Die Zahl der Gastarbeiter fällt zwischen 1973 und 1975 von knapp 2,5 Millionen auf zwei Millionen.

Politik und Wirtschaft zeigen sich von der neuen Situation überrascht. Als erste Maßnahme in der Bundesrepublik beschließt der Bundestag am 9. November das vorerst auf ein Jahr befristete «Energiesicherstellungsgesetz». Es erlaubt den Erlaß verschiedener Verordnungen, um die Lieferminderungen in Höhe von 10 bis 15 Prozent durch Energieeinsparungen auszugleichen. Die Bundesregierung beschließt darauf vier «autofreie Sonntage», am 25. November sowie am 2., 9. und 16. Dezember, und verringerte Höchstgeschwindigkeiten von 100 km / h auf Autobahnen und 80 km / h auf Landstraßen. Die autofreien Straßen und Autobahnen, von Fußgängern, Radfahrern und Pferdekutschen in Beschlag genommen, werden zum Symbol der ausgebrochenen Energiekrise.

Das Urteil zum Grundlagenvertrag

«1. Das Grundgesetz (...) geht davon aus, daß das Deutsche Reich den Zusammenbruch 1945 überdauert hat und weder mit der Kapitulation noch durch Ausübung fremder Staatsgewalt (...) untergegangen ist; das ergibt sich aus der Präambel, aus Artikel 16, Artikel 23, Artikel 116 und Artikel 146 Grundgesetz. Das entspricht auch der ständigen Rechtsprechung des Bundesverfassungsgerichtes, an der der Senat festhält. Das Deutsche Reich existiert fort (...), ist allerdings als Gesamtstaat mangels Organisation, insbesondere mangels institutionalisierter Organe selbst nicht handlungsfähig. Im Grundgesetz ist auch die Auffassung vom gesamtdeutschen Staatsvolk und von der gesamtdeutschen Staatsgewalt ‹verankert› (...). Mit der Errichtung der Bundesrepublik Deutschland wurde nicht ein neuer westdeutscher Staat gegründet, sondern ein Teil Deutschlands neu organisiert (...). Die Bundesrepublik Deutschland ist also nicht ‹Rechtsnachfolger› des Deutschen Reiches, sondern als Staat identisch mit dem Staat ‹Deutsches Reich› (...). Die Bundesrepublik umfaßt also (...) nicht das ganze Deutschland, unbeschadet dessen, daß sie ein einheitliches Staatsvolk des Völkerrechtssubjekts ‹Deutschland› (Deutsches Reich), zu dem die eigene Bevölkerung als untrennbarer Teil gehört, und ein einheitliches Staatsgebiet ‹Deutschland› (Deutsches Reich), zu dem ihr eigenes Staatsgebiet als ebenfalls nicht abtrennbarer Teil gehört, anerkennt. Sie beschränkt staatsrechtlich ihre Hoheitsgewalt auf den Geltungsbereich des Grundgesetzes (...), fühlt sich aber auch verantwortlich für das ganze Deutschland (...). Die DDR gehört zu Deutschland und kann im Verhältnis zur Bundesrepublik Deutschland nicht als Ausland angesehen werden (...).

2. Zum Wiedervereinigungsgebot und Selbstbestimmungsrecht, das im Grundgesetz enthalten ist, hat das Bundesverfassungsgericht bisher erkannt und daran hält der Senat fest: (...) Die Wiedervereinigung ist ein verfassungsrechtliches Gebot. Es muß jedoch den zu politischem Handeln berufenen Organen der Bundesrepublik überlassen bleiben zu entscheiden, welche Wege sie zur Herbeiführung der Wiedervereinigung als politisch richtig und zweckmäßig ansehen (...) Aus dem Wiedervereinigungsgebot folgt zunächst: Kein Verfassungsorgan der Bundesrepublik Deutschland darf die Wiederherstellung der staatlichen Einheit als politisches Ziel aufgeben (...) – das schließt die Forderung ein, (...) alles zu unterlassen, was die Wiedervereinigung vereiteln würde.»

Am 16. August kommentiert das *Neue Deutschland* dieses Urteil: «Erneut wird in ihm deutlich, daß in der BRD nach wie vor einflußreiche Kräfte am Werk sind, die sich der Entspannung entgegenstemmen. Wie anders soll man es bewerten, wenn von den Richtern in Karlsruhe behauptet wird, es bestehe noch ein Völkerrechtssubjekt ‹Deutsches Reich› und die BRD sei als Staat ‹identisch› mit dem Staat ‹Deutsches Reich›?»

mittlung von Gastarbeitern. Nicht betroffen sind Gastarbeiter aus EG-Ländern, da ihnen die EG Freizügigkeit garantiert. Den in der Bundesrepublik lebenden Gastarbeitern wird versichert, für sie bestehe vorerst kein Anlaß zu ernster Besorgnis. Anfang des Jahres werden in der Bundesrepublik 2,3 Millionen legale Gastarbeiter gezählt, davon 528000 Türken, 466000 Jugoslawen, 409000 Italiener, 268000 Griechen und 179000 Spanier. Etwa 30 Prozent davon sind Frauen. Die Zahl der Familienangehörigen wird auf eine Million geschätzt. Hinzu kommen etwa 100000 bis 200000 illegal eingewanderte Gastarbeiter.

11. und 12. Dezember: Bundeskanzler Willy Brandt und Außenminister Walter Scheel reisen nach Prag. Sie unterzeichnen mit Ministerpräsident Lubomir Strougal und Außenminister Bohuslav Chnoupek den «Vertrag über die gegenseitigen Beziehungen» (Prager Vertrag). Die beiden Staaten nehmen diplomatische Beziehungen auf.

14. Dezember: Am 14. November hat Bundespräsident Gustav Heinemann seinen Verzicht auf eine zweite Amtsperiode erkärt. Heute nominiert die FDP Außenminister Walter Scheel als Kandidaten.

14. und 15. Dezember: Auf einem informellen Treffen in Kopenhagen verabschieden die Staats- und Regierungschefs der EG das Dokument «Die europäische Identität». Die «Vielfalt der Kulturen» verleihe dem europäischen Einigungswerk einen unverwechselbaren Charakter und eine eigene Dynamik, es stehe allen europäischen Nationen offen, die «die Wertvorstellungen und Ziele der Neun teilen».

19. Dezember: Das Gesetz zur Verbesserung von Leistungen in der gesetzlichen Krankenversicherung verpflichtet die Krankenkassen, ab dem 1. Januar 1974 Krankenhauspflege zeitlich unbegrenzt zu gewähren. Unter bestimmten Umständen werden Versicherten bei Krankenhaus- oder Kuraufenthalten zudem Haushaltshilfen finanziert, auch wird bei Erkrankung eines Kindes die Zahlung von Krankengeld ermöglicht.

21. Dezember: Mit der Unterzeichnung des «Prager Vertrages» sind die letzten Hindernisse aus dem Weg geräumt – die Bundesrepublik kann diplomatische Beziehungen mit Bulgarien und Ungarn aufnehmen.

28. Dezember: Das Bundesfinanzministerium gibt den für 1945 errechneten Verkehrswert der deutschen Vermögensverluste in den «Vertreibungsgebieten» mit 58 Milliarden DM, den Einheitswert mit 23 Milliarden DM an. In diese Summe gehen nur verlorenes land- und forstwirtschaftliches Vermögen sowie Grund- und Betriebsvermögen natürlicher, nicht aber juristischer Personen ein. Solche Verluste entstanden in der Tschechoslowakei, in Polen, Danzig, im Baltikum, in Bulgarien, in der Sowjetunion, in Jugoslawien, Ungarn und Rumänien.

über wirtschaftliche, soziale und kulturelle Rechte» sowie die «Internationale Konvention über bürgerliche und politische Rechte» von 1966. Damit ist der Weg frei für die DDR, die 1974 diesen Menschenrechtskonventionen beitritt.

2. Oktober: Das ZK der SED bezeichnet den «Grundlagenvertrag» als «definitive völkerrechtliche Grundlage für die Regelung der Beziehungen» zwischen der DDR und der Bundesrepublik. Der Verlauf der wirtschaftlichen Entwicklung in der DDR wird als kontinuierlich und stabil bezeichnet. Ein Wohnungsbauprogramm wird entworfen, das in den Jahren 1976 bis 1990 Neubau oder Überholung von 2,8 bis 3 Millionen Wohnungen vorsieht. Kosten von etwa 200 Milliarden Mark werden dafür veranschlagt. Damit sollen die Wohnbedingungen für zehn Millionen der knapp 17 Millionen DDR-Bürger wesentlich verbessert, die Wohnungsfrage soll als soziales Problem gelöst werden. Neu ins Politbüro ziehen der Verteidigungsminister Armeegeneral Heinz Hoffmann als Mitglied sowie Werner Felfe, SED-Bezirkssekretär von Halle, Joachim Herrmann, Chefredakteur des *Neuen Deutschlands*, Inge Lange, Leiterin der ZK-Abteilung Frauen, Konrad Naumann, SED-Bezirkssekretär von Ost-Berlin, und Gerhard Schürer, Chef der Plankommission, als Kandidaten ein.

3. Oktober: Die Volkskammer wählt Willi Stoph zum neuen Vorsitzenden des Staatsrates, er nimmt den Platz des verstorbenen Walter Ulbricht ein. Der bisherige Erste Stellvertreter des Vorsitzenden des Ministerrates, Horst Sindermann (SED), wird anstelle von Stoph zum Vorsitzenden gewählt. Günter Mittag (SED) wird neuer Erster Stellvertreter.

30. Oktober bis 5. November: Vor dem Stadtgericht in Ost-Berlin findet der erste große Prozeß gegen gewerbsmäßige westliche Fluchthelfer statt. Die Bundesbürger Hans-Dieter Voss und Jens Uwe Runge sowie der West-Berliner Karl-Heinz Hetzschold werden wegen «staatsfeindlichen Menschenhandels» zu Freiheitsstrafen von sieben bis elfeinhalb Jahren verurteilt. Diese drakonischen Strafen sollen der Abschreckung dienen. Am 15. August 1974 gibt das Bundesministerium für innerdeutsche Beziehungen bekannt, daß seit Abschluß des Grundlagenvertrages am 21. Dezember 1972 167 Bundesbürger oder West-Berliner wegen «staatsfeindlichen Menschenhandels», also kommerzieller Fluchthilfe, verhaftet und 112 von ihnen auch verurteilt wurden. 169 wurden wegen «Beihilfe zum ungesetzlichen Grenzübertritt», also Hilfe zur Republikflucht, verhaftet und 46 von ihnen auch verurteilt.

5. November: Das Finanzministerium ordnet an, daß ab dem 15. November die Mindestumtauschsätze für einreisende Bürger nichtsozialistischer Staaten und West-Berliner verdoppelt werden. Beim Aufenthalt in der DDR müssen statt bisher zehn nun 20 DM, beim Besuch Ost-Berlins statt bisher fünf nun zehn DM pro Person und Tag im Verhältnis 1:1 getauscht werden.

14. bis 16. November: Auf seinem siebten Kongreß in Ost-Berlin benennt sich der «Deutsche Schriftstellerverband» um, er heißt nun «Schriftstellerverband der DDR». Zur Präsidentin wird erneut Anna Seghers (SED) gewählt.

19. Dezember: Durch eine Lockerung des Devisengesetzes ist DDR-Bürgern nunmehr erlaubt, Devisen als Geschenk entgegenzunehmen, zu besitzen und damit in den «Intershops» einzukaufen.

1974

Spion stürzt Kanzler

Entsetzen in Westdeutschland. Viele empfinden es als Schmach, daß die DDR einen Top-Spion so dicht am Bundeskanzler plazieren konnte. Daß die Affäre für vielerlei innenpolitische Ränkespiele genutzt wird, mag kaum überraschen. Doch wie stark die Spannungen hinter den Kulissen sind, veranschaulicht die aufkommende Theorie, Bundeskanzler Brandt sei eine Falle gestellt worden – von persönlichen Gegnern innerhalb des eigenen Lagers oder Opponenten der neuen Ostpolitik. Wie dem auch sei, die Tatsache, daß Guillaume bereits 1956 mit Agentenauftrag in die Bundesrepublik kam und trotz der neuen Ostpolitik aktiv blieb, nährt die alte Anschauung: Einer DDR-Führung sei nie zu trauen.

7. Februar: Im Tätigkeitsbericht des Bundesgrenzschutzes wird die Anzahl der im Jahr 1973 von der DDR verlegten Minen auf 1,5 Millionen beziffert. Der doppelte Stacheldrahtzaun ist nun 600 Kilometer lang, der Metallgitterzaun und der Minengürtel sind auf über 700 Kilometer verlängert worden. Selbstschußanlagen sind auf 83 Kilometer installiert.

11. bis 13. Februar: Die Gewerkschaft ÖTV geht mit der ungewöhnlich hohen Forderung, Löhne und Gehälter im Öffentlichen Dienst um 15 Prozent zu erhöhen, in die Tarifgespräche. Obwohl die Arbeitgeber letztlich eine Erhöhung von 9,5 Prozent anbieten, tritt die ÖTV nach einer Urabstimmung in den Streik. Nach drei Tagen geben zunächst die Gemeinden und die Länder, dann auch der Bund nach – Löhne und Gehälter steigen um elf Prozent. Daß eine sozialdemokratisch geführte Bundesregierung ihren Sparkurs gegen eine eng verbundene Gewerkschaft nicht durchsetzen kann, schwächt ihre Autorität erheblich. Was die ÖTV durchsetzt, gelingt auch anderen Gewerkschaften: Trotz der beginnenden Wirtschaftskrise, erstmals seit Jahren übersteigt die Zahl der Arbeitslosen wieder die der offenen Stellen, steigen die Bruttolöhne in diesem Jahr um 11,4 Prozent.

1974

Erfolgserlebnis

Das Gefühl eines ewigen Unterlegenseins nagt an vielen Menschen in der DDR, beileibe nicht nur an den Linientreuen. Trotz angestrengter Bemühungen ist die Sportgroßmacht DDR im Fußball ein Zwerg, in dieser Disziplin vermag auch Doping mangelnde Qualität nicht aufzuwiegen. So tritt sie bei der Fußballweltmeisterschaft in Westdeutschland praktisch ohne Chancen gegen den Gastgeber an. Daß sie sensationell einen Sieg landet, beschert der DDR erstmals ein Wir-Gefühl: Denen haben wir's aber gezeigt! Auch die rasche Wiederherstellung der eigentlichen Machtverhältnisse trübt dieses Erfolgserlebnis nicht, nach dieser einzigen Niederlage wird die Bundesrepublik zum zweiten Mal Weltmeister.

1. Januar: Auf Anordnung des Innenministeriums müssen alle Fahrzeuge im internationalen Verkehr das Länderschild «DDR» anstelle des bisherigen «D» tragen.

Das bisherige «Kommando Grenze» wird in «Grenztruppen der DDR» umbenannt. Es erhält damit auch einen neuen Status als eigenständiges bewaffnetes Organ innerhalb des Verteidigungsministeriums.

8. Januar: Der Stellvertretende Vorsitzende der CDU-Bundestagsfraktion Heinrich Windelen veröffentlicht Auszüge aus einer angeblich geheimen Analyse der Bundesregierung. Darin werden die Maßnahmen der DDR aufgelistet, die die persönlichen Kontakte eindämmen sollen. Danach ist der Briefkontakt nach Westen für Angehörige der Streitkräfte grundsätzlich untersagt, eingehende Briefe müssen von den Vorgesetzten gelesen werden. Briefträger müssen die Empfänger von Westpost an die SED melden. Besuchskontakte sollen abgebaut werden, durch unmittelbaren Druck wie durch die Errichtung bürokratischer Hürden. In den «Hausbüchern» müssen alle übernachtenden Besucher eingetragen werden. Die Überwachung und Bespitzelung sei so vorangetrieben worden, daß auf 50 Bewohner ein hauptamtlicher Angehöriger der Sicherheitskräfte (ohne informelle Spit-

Als Spion der DDR enttarnt:
Günther Guillaume (das Foto entstand 1972)

20. Februar: Der Bundestag ratifiziert mit großer Mehrheit den Vertrag über die Nichtweiterverbreitung von Atomwaffen aus dem Jahr 1968.

3. März: Bei den Hamburger Bürgerschaftswahlen, den ersten seit der Bundestagswahl 1972, erleidet die SPD eine verheerende Niederlage. Von bisher 55,3 Prozent fällt ihr Anteil auf nur noch 44,9 Prozent der Stimmen – ein deutliches Anzeichen für den Ansehensverlust.

14. März: In Bonn unterzeichnen die Staatssekretäre Günter Gaus (SPD) und Kurt Nier (SED), stellvertretender Außenminister der DDR, das Protokoll über die Errichtung der Ständigen Vertretungen. Weil die DDR nicht als Ausland betrachtet wird, kann die Zuständigkeit für die Ständige Vertretung der Bundesrepublik in der DDR nicht beim Bundesaußenministerium liegen. Eine Zuständigkeit des Bundesministeriums für innerdeutsche Beziehungen wird von der DDR abgelehnt. So wird die Ständige Vertretung in Ost-Berlin schließlich dem Bundeskanzleramt unterstellt.

22. März: Mit großer Mehrheit setzt der Bundestag die Altersgrenzen für Volljährigkeit und Ehemündigkeit von 21 auf 18 Jahre herab. Von dieser Neuregelung sind knapp 2,5 Millionen Menschen betroffen.

25. April: In Bonn werden Günter Guillaume (SPD), persönlicher Referent von Bundeskanzler Willy Brandt, und seine Ehefrau Christel unter dem dringenden Verdacht der Spionage für die DDR verhaftet. Bei den ersten Vernehmungen gibt Guillaume zu, «Bürger der DDR und ihr Offizier», genauer Hauptmann der DDR-Armee, zu sein. Nachdem er 1954 und 1955 Probeaufträge in der Bundesrepublik zufriedenstellend erledigt hatte, ließ die Stasi das Ehepaar 1956 mit konkretem Auftrag nach Frankfurt/Main übersiedeln. Beide traten 1957 in die SPD ein und agierten dort der besseren Tarnung wegen als Anhänger des rechten Flügels. Trotz bestehender Verdachtsmomente wird Guillaume durch den Minister im Bundeskanzleramt, Horst Ehmke, 1970 eingestellt. Vor allem während eines Urlaubs von Brandt in Norwegen im Juli 1973 kann Guillaume zahlreiche Geheimakten einsehen, die Differenzen zwischen Europa und den USA über die strategische und militärpolitische Zukunft der NATO offenbaren. Am 15. Dezember 1975 verurteilt der Staatsschutzsenat des Oberlandesgerichtes Düsseldorf Günter Guillaume wegen schwerwiegenden Landesverrats zu dreizehn und Christel Guillaume wegen Landesverrats zu acht Jahren Freiheitsstrafe. Mehrfach versucht die DDR, eine vorzeitige Entlassung des Ehepaares zu erreichen, doch werden die beiden erst 1981 ausgetauscht. 1988 veröffentlicht Guillaume seine Memoiren, abgesegnet von Markus Wolf, dem ausgeschiedenen Leiter der Hauptabteilung Aufklärung der Stasi. Brandt zeigt sich gegenüber Honecker, der mehrfach seine Unkenntnis über den Spion Guillaume beteuert, befremdet – Honecker läßt das Buch einziehen und vernichten.

26. April: Der Bundestag reformiert mit den Stimmen von SPD und FDP den Paragraphen 218 des Strafgesetzbuches. Er ver-

Egon Krenz und Jugendliche im Bezirk Suhl (im Juli 1976)

zel) komme. Am 9. und 10. Februar weist Erich Honecker in Ost-Berlin alle Kritik zurück: «Es ist eine infame Lüge, wenn die Massenmedien in der BRD behaupten, daß die DDR die Verwirklichung des Grundlagenvertrages verzögere. Die Tatsachen beweisen jedoch das Gegenteil. Alle aufgetretenen Schwierigkeiten sind ausschließlich auf das Konto jener Kreise in der BRD zurückzuführen, die, gestützt auf die Urteilsbegründung des Bundesverfassungsgerichts, einen ordnungsgemäßen, völkerrechtsgültigen Vertrag in eine innerdeutsche Klappermühle umwandeln wollen.»

9. Januar: Der Zentralrat der FDJ wählt als Nachfolger von Günter Jahn Egon Krenz (SED) zum Ersten Sekretär des Zentralrats.

25. und 26. Januar: Von einem Testgebiet am Aralsee schießt die Sowjetunion eine neue Trägerrakete für mehrere, auf verschiedene Ziele gerichtete Atomsprengköpfe über 7200 Kilometer in den Pazifik.

28. Januar: Die Volkskammer verabschiedet das dritte «Jugendgesetz», in dessen Präambel es heißt: «In der Deutschen Demokratischen Republik stimmen die grundlegenden Ziele und Interessen von Gesellschaft, Staat und Jugend überein.»

12. Februar: Die Führung in Moskau erkennt dem Schriftsteller Alexander Solschenizyn die sowjetische Staatsbürgerschaft ab und weist ihn außer Landes. Solschenizyn trifft am 13. Februar in der Bundesrepublik ein, wo er von Heinrich Böll aufgenommen wird, und läßt sich darauf in der Schweiz nieder, von wo er 1976 in die USA umsiedelt. Der Grund liegt in seinem Buch «Archipel GULAG» (von dem russischen Begriff für «Hauptverwaltung der Lager»), das das riesige Lagersystem von 1918 bis 1956 in tatsächlichen Vorgängen beschreibt. Ende Dezember 1973 erschien in einem Pariser Emigrantenverlag der erste Band der russischen Ausgabe. Am Tage seiner Verhaftung läßt Solschenizyn einen Aufsatz verbreiten, in dem er die Situation in der Sowjetunion so charakterisiert, daß moralisch und geistig noch tiefer zu sinken praktisch nicht mehr möglich sei. Jeder stehe jetzt vor der Wahl, aus Feigheit weiter Sklave der Falschheit zu bleiben oder den einzigen Weg zu gehen, der ohne unmittelbare Gefährdung noch offen sei: die Lügen abzuschütteln und ein ehrlicher Mensch zu werden. Auf der Bezirksdelegiertenkonferenz der SED am 9. und 10. Februar in Ost-Berlin verurteilt Erich Honecker eine Kampagne der reaktionären Kräfte «wie des weißgardistischen Verräters und Renegaten Solschenizyn».

abschiedet die Fristenregelung, die nach vorhergehender sozialer Beratung und Ablauf einer Drei-Tage-Frist den Schwangerschaftsabbruch in den ersten drei Monaten für straffrei erklärt. Am 10. Mai lehnt der Bundesrat mit der knappen Mehrheit der CDU / CSU-geführten Länder die Gesetzesvorlage ab, worauf der Bundestag den Einspruch des Bundesrates am 5. Juni zurückweist. Darauf ruft die Landesregierung von Baden-Württemberg mit Unterstützung der CDU / CSU-Bundestagsfraktion und der bayerischen Landesregierung das Bundesverfassungsgericht mit einem Antrag auf Einstweilige Verfügung gegen das Inkrafttreten sowie mit einer Normenkontrollklage an. Am 21. Juni erläßt das Bundesverfassungsgericht eine Einstweilige Verfügung, die die Fristenregelung aussetzt und bis zum Urteil im Hauptverfahren die teilweise modifizierte Indikationsregelung gelten läßt. Am 25. Februar 1975 verwirft das BVG mit fünf zu drei Stimmen die Fristenregelung endgültig, weil sie der Verpflichtung des Grundgesetzes, «das werdende Leben wirksam zu schützen, nicht in dem gebotenen Umfang gerecht geworden ist». Das Mehrheitsvotum betrachtet den Schwangerschaftsabbruch als «Tötungshandlung», die zu ahnden sei.

2. Mai: In Bonn wird die Ständige Vertretung der DDR in der Bundesrepublik eröffnet, ihr Leiter ist Michael Kohl.

6. Mai: Die Guillaume-Affäre erschüttert Bundeskanzler Willy Brandt, zumal unter dem Vorwand, Guillaume hätte ihn möglicherweise auch in dieser Hinsicht ausspioniert, sein Privatleben vor der Öffentlichkeit ausgebreitet wird. Am 4. Mai treffen sich führende Sozialdemokraten, um über einen möglichen Rücktritt Willy Brandts zu beraten. Brandt gewinnt den Eindruck, vor allem Herbert Wehner wolle seinen Amtsverzicht. Am 5. Mai verfaßt Brandt sein Rücktrittsgesuch, ohne es abzusenden. Herbert Wehner versucht am 6. Mai, die Nachfolge Brandts zu klären. Sein Favorit Helmut Schmidt lehnt mit der Begründung ab, er traue sich das Amt nicht zu. Wehner entwickelt darauf den Plan, Bundespräsident Gustav Heinemann für eine weitere Amtszeit zu gewinnen. Dann sei der für Heinemanns Nachfolge vorgesehene Walter Scheel frei, das Amt des Bundeskanzlers zu übernehmen. Als Wehner das Verzweifelte dieses Vorhabens erkennt, besinnt er sich auf Helmut Schmidt und beschwört diesen. Wehner später: «Ich habe diesen Kanzler gemacht.» Im Laufe des Tages übermittelt Willy Brandt seine Rücktrittserklärung an den Bundespräsidenten. Am 9. Mai nominiert die SPD Helmut Schmidt als Kanzlerkandidaten.

15. Mai: Die Bundesversammlung wählt in Bonn im ersten Wahlgang den bisherigen Außenminister Walter Scheel (FDP, auch er ein ehemaliges NSDAP-Mitglied) zum neuen Bundespräsidenten. Scheel erhält 530 Stimmen, sein Gegenkandidat Richard von Weizsäcker (CDU) 498 Stimmen.

16. Mai: Der Bundestag wählt Helmut Schmidt zum neuen Bundeskanzler. Er bildet eine Koalitionsregierung aus SPD und FDP. Neuer Außenminister und Vizekanzler wird Hans-Dietrich Genscher (FDP). Am 17. Mai kündigt Schmidt in seiner Regierungserklärung an, die bisherige Leitlinie des sozialliberalen Bündnisses konsequent weiterzuverfolgen.

26. Mai: In Köln bricht die «Herstatt-Bank» zusammen. Wegen riesiger Verluste durch Fehlspekulationen im Devisengeschäft wird die Privatbank durch das Bundesaufsichtsamt für das Kreditwesen geschlossen. Am 16. Dezember wird ein Vergleich erzielt, nach dem die privaten Gläubiger nur 65 Prozent ihrer Einlagen erhalten.

12. März: Seit 1966 bereits wirkt in Leipzig das «Zentralinstitut für Jugendforschung» unter Leitung des Psychologen Walter Friedrich (SED). Friedrich leitet auch den nun in Ost-Berlin konstituierten «Wissenschaftlichen Rat für Jugendforschung», ein Kontrollgremium, dem neben Experten Vertreter von SED, FDJ und anderen Massenorganisationen angehören. Er legt bis 1989 zahlreiche ungeschminkte Analysen vor, die häufig für immer in den Panzerschränken verschwinden.

21. März: In Moskau unterzeichnen die DDR und die Sowjetunion ein Protokoll über die Hilfe beim Bau eines weiteren Atomkraftwerkes bei Stendal.

25. April: In Ost-Berlin wird das Gesundheitsabkommen zwischen beiden deutschen Staaten unterzeichnet, das bei akuten Erkrankungen und Unfällen kostenfreie ambulante und stationäre Behandlung für Reisende aus dem jeweils anderen Staat festlegt. Alle Unwägbarkeiten sind geregelt: Sollte ein Bundesbürger durch einen Krankenhausaufenthalt länger in der DDR bleiben müssen, als es seine Aufenthaltsgenehmigung vorsieht, ist kein weiterer Mindestumtausch notwendig.

30. April: Ein gemeinsamer Beschluß des Politbüros der SED, des Ministerrats und des Bundesvorstands des FDGB über «weitere Maßnahmen zur Durchführung des sozialpolitischen Programms des achten Parteitags der SED» wird veröffentlicht. Der Mindesturlaub wird ab 1975 von 15 auf 18 Tage erhöht. Außerdem wird ein Beschluß des Ministerrats über Preissenkungen für verschiedene Textilien bekanntgegeben.

2. Mai: In Ost-Berlin wird entsprechend dem Protokoll vom 14. März die Ständige Vertretung der Bundesrepublik Deutschland eröffnet, die West-Berlin mitvertritt. Am 20. Juni überreicht Günter Gaus sein Beglaubigungsschreiben und nimmt als erster Ständiger Vertreter der Bundesrepublik seine Amtsgeschäfte auf.

3. Mai: Auf einer Sitzung des Nationalen Verteidigungsrates bestätigt dessen Vorsitzender Erich Honecker ausdrücklich den 1961 angeordneten «Schußwaffeneinsatz gegen Grenzverletzer» für «Grenzdurchbruchsversuche».

30. Mai: In einem Interview mit der amerikanischen Nachrichtenagentur AP antwortet Erich Honecker auf eine Frage nach der Mauer: «Was Sie Mauer nennen, sind militärische Sperrgebiete, die durch unsere Grenztruppen bewacht werden.»

22. Juni: Während der in Deutschland ausgetragenen Fußballweltmeisterschaft kommt es in Hamburg zum ersten Aufeinandertreffen der beiden deutschen Auswahlmannschaften. Unter den 65000 Zuschauern sind 1500 aus der DDR, von der Stasi handverlesen. Durch ein Tor des Magdeburgers Jürgen Sparwasser in der 78. Minute gewinnt die DDR völlig überraschend 1:0. Die Spieler der Bundesrepublik gehen geschwächt in die Begegnung – vom Ringen mit dem DFB um die Höhe der Titelprämie, das bis in die frühen Morgenstunden währt. Trotz dieser Niederlage wird die Mannschaft der Bundesrepublik Weltmeister, der offenbar heilsame Schock wird rasch als «Sparwasser-Effekt» bezeichnet.

27. Juni bis 3. Juli: Der amerikanische Präsident Richard M. Nixon besucht die Sowjetunion, wo er mehrere Abkommen mit der sowjetischen Führung schließt. In einem Vertrag werden die unterirdischen Atomwaffenversuche jenseits einer Sprengkraft von 150 Kilotonnen ab dem 31. März 1976 eingestellt. Ausgenommen sind friedliche unterirdische Atomexplosionen, wie sie vor allem in der Sowjetunion zuweilen für größere Bauprojekte eingesetzt werden.

Helmut Schmidt wird Bundeskanzler, Willy Brandt gratuliert, zwischen beiden im Hintergrund: Herbert Wehner

31. Mai: Die CDU/CSU-Fraktion bietet der neuen Bundesregierung in der Deutschland- und Ostpolitik einen neuen, gemeinsamen Anfang an. Ihr stellvertretender Vorsitzender Heinrich Windelen erklärt: «Wir wissen, wie der Osten die abgeschlossenen Verträge auslegt. Wir sehen auch, wie sich im Westen Mißverständnisse ausbreiten. Deshalb muß nach innen und nach außen klargemacht werden: Abgeschlossene Verträge sind für alle Fraktionen dieses Hauses gültig. Diese Verträge bedeuten nicht den Untergang und nicht die endgültige Anerkennung der Teilung und Amputation Deutschlands.» Gemeinsam müsse die DDR zu Zugeständnissen bei Freiheit und Menschenrechten bewegt werden.

5. Juni: In West-Berlin wird in einem Fememord Ulrich Schmücker von Gesinnungsgenossen erschossen, weil er die «Bewegung 2. Juni» verraten habe. Am 22. Juni 1976 verurteilt das Landgericht Berlin Ilsa Jandt, Wolfgang Weßlau, Jürgen Bodeux (der für den Verfassungsschutz arbeitet), Wolfgang Strüken, Sönke Löffler und Annette von Wedel zu Freiheitsstrafen zwischen vier Jahren und lebenslänglich.

18. Juni: Die erste Kontroverse um die Auslegung des «Vier-Mächte-Abkommens» über Berlin entbrennt. Der Bundestag billigt einstimmig das Gesetz zur Errichtung des Umweltbundesamtes in West-Berlin, am 12. Juli stimmt das Berliner Abgeordnetenhaus einer Übernahme des Gesetzes zu, das am 25. Juli in Kraft tritt. Um die Zustimmung der Westalliierten zu erlangen, fehlt dem neuen Amt die ursprünglich geplante Weisungsbefugnis in allen wichtigen Fragen, vor allem aber bei der Reaktorsicherheit und im Strahlenschutz. Damit stellt dieses Amt eine nur zu Empfehlungen befugte Bundesoberbehörde dar. Dennoch protestieren die DDR und die Sowjetunion in aller Schärfe gegen die Errichtung des Amtes in West-Berlin, sie betrachten dies als offene Verletzung des «Vier-Mächte-Abkommens». Moskau droht mit Gegenmaßnahmen und deutet eine Revision des Abkommens an. Die DDR verweigert am 20. Juli den Mitarbeitern des neuen Amtes die Durchreise im Transit wie auch die Beförderung des Eigentums und der Dokumentationen des Amtes «auf den Kommunikationswegen der DDR». Ab dem 26. Juli beginnen die Grenz-

29. Juni: Die «Grenzkommission» der beiden deutschen Staaten schließt in Ost-Berlin eine Vereinbarung über den Grenzverlauf und den Fischfang in der Lübecker Bucht. Danach dürfen bis zu 110 Lübecker Stadtfischer in einem Teil der Territorialgewässer der DDR östlich von Travemünde fischen.

4. Juli: Das Politbüro der SED wertet die Ergebnisse der Entspannung. «Die bestehenden Grenzen sind anerkannt. Das Münchener Abkommen wurde annulliert. Die Lage um Westberlin ist gesünder geworden. Im wesentlichen sind damit alle Probleme gelöst, die Gegenstand eines deutschen Friedensvertrages gewesen wären.»

4. September: Als letzte Siegermacht des Zweiten Weltkrieges nehmen die USA nach einer Verhandlungspause wegen des Konfliktes um das Umweltbundesamt diplomatische Beziehungen mit der DDR auf. Die amerikanische Botschaft in Ost-Berlin wird am 9. Dezember eröffnet. Damit hat die DDR ihr Ziel der internationalen Anerkennung im wesentlichen erreicht.

14. September: Die Staatsbank der DDR beginnt mit der Ausgabe neuer Banknoten mit der Währungsbezeichnung «Mark der DDR» anstelle von «Mark der Deutschen Notenbank».

27. September: Die Volkskammer beschließt das «Gesetz zur Ergänzung und Änderung der Verfassung der Deutschen Demokratischen Republik vom 7. Oktober 1974». Es eliminiert den Begriff der «ganzen deutschen Nation», der bisher in mehreren Passagen verwendet wurde, aus der Verfassung. Statt dessen wird das Bündnis mit der Sowjetunion verfassungsrechtlich festge-

Triumph im Hamburger Volksparkstadion: Jürgen Sparwasser (l.) schießt zum 1:0-Endstand ein (v. l.): Horst Höttges, Berti Vogts und Torwart Sepp Maier haben keine Chance organe der DDR mit Stichproben im Transitverkehr, um Mitarbeiter und befördertes Gut des Umweltbundesamtes identifizieren zu können. Darauf suspendieren die USA am 31. Juli ihre Verhandlungen mit der DDR über die Aufnahme diplomatischer Beziehungen.

19. und 20. Juni: Am 8. März lehnte der Bundesrat mit der Mehrheit der CDU / CSU-geführten Ländern den «Prager Vertrag» ab. Jetzt debattiert der Bundestag das Dokument und verabschiedet mit der sozialliberalen Mehrheit das Ratifizierungsgesetz. Dagegen ruft der Bundesrat am 21. Juni den Vermittlungsausschuß an, der dieses Begehren am 27. Juni ablehnt. In einer Sondersitzung erhebt der Bundesrat darauf am 1. Juli Einspruch, den der Bundestag am 10. Juli in namentlicher Abstimmung zurückweist. Am 15. Juli ratifiziert die Bundesversammlung der Tschechoslowakei den Vertrag, der damit am 19. Juli in Kraft tritt.

31. Juli: Noch die Große Koalition beschloß 1969, eine Dokumentation über die Verbrechen erstellen zu lassen, die an Deutschen im Zusammenhang mit den Vertreibungen nach dem Ende des Zweiten Weltkrieges begangen wurden. Nach deren Fertigstellung ermöglicht die Bundesregierung nun zwar die wissenschaftliche Arbeit, doch erteilt sie die geforderte Freigabe für die Öffentlichkeit nicht. Die Dokumentation behandelt den gewaltsamen Tod von etwa 2,3 Millionen deutschen Zivilisten.

9. August: Erstmals tritt ein amerikanischer Präsident zurück. Mit seinem Abgang wegen der Watergate-Affäre kommt der US-Präsident Richard M. Nixon der drohenden Absetzung (Impeachment) zuvor. Einen Monat später bewahrt ihn ein Gnadenakt seines bisherigen Vizepräsidenten und Nachfolgers Gerald R. Ford vor Strafverfolgung.

22. August: Die Ständige Abrüstungskonferenz in Genf gibt den Beitritt neuer Mitglieder zum 1. Januar 1975 bekannt, darunter die Bundesrepublik Deutschland und die DDR.

27. August: Der Parlamentarische Geschäftsführer der SPD-Fraktion, Karl Wienand, erklärt in einem Schreiben an den Fraktionsvorsitzenden Herbert Wehner seinen Rücktritt. Wienand erhielt ein stattliches Beraterhonorar der Fluggesellschaft *Paninternational*. Am 6. September 1971 fielen bei einer Maschine dieser Gesellschaft wegen Wartungsfehlern beide Triebwerke aus; beim Versuch der Notlandung auf der Autobahn Hamburg-Kiel kommen 22 Menschen ums Leben. Wienand intervenierte mehrmals zugunsten der Fluggesellschaft, als ihr wegen mangelnder Sicherheit die Betriebsgenehmigung entzogen werden sollte – zuletzt im Juli 1973.

12. September: Die 59 inhaftierten Terroristen der RAF beginnen abermals einen gemeinsamen, koordinierten Hungerstreik gegen ihre «Isolationshaft». Am 9. November stirbt Holger Meins in der Haftanstalt Wittlich / Eifel an den Folgen der Unterernährung. Darauf wird am 10. November in West-Berlin der Präsident des Berliner Kammergerichtes, Günter von Drenkmann, von Terroristen an der Tür seines Hauses erschossen, als er sich gegen eine Entführung wehrt.

1. Oktober: Auf ihrem Bundesparteitag in Hamburg wählt die FDP den Bundesaußenminister Hans-Dietrich Genscher zum neuen Vorsitzenden.

28. bis 31. Oktober: Bundeskanzler Helmut Schmidt und Außenminister Hans-Dietrich Genscher besuchen die Sowjetunion. Mit der sowjetischen Führung um Leonid Breschnew werden regelmäßige Konsultationen vereinbart und weitere Möglichkeiten des Handels besprochen, der schrieben: «Die DDR ist für immer und unwiderruflich mit der UdSSR verbündet. Das enge und brüderliche Bündnis mit ihr garantiert dem Volk der DDR das weitere Voranschreiten auf dem Wege des Sozialismus und des Friedens. Die DDR ist untrennbarer Teil der sozialistischen Staatengemeinschaft.» Zudem wird die Verfassung um die Artikel 104 und 105 gekürzt, in denen die Möglichkeit gegeben war, Beschwerden gegen Entscheidungen zentraler Organe beim Staatsrat vorzubringen.

5. bis 8. Oktober: Bei den Feiern zum 25. Jahrestag der Gründung der DDR ist auch Leonid Breschnew zu Gast. Er bekundet mit Erich Honecker «die erstrangige Bedeutung eines raschen Abschlusses der KSZE sowie der Durchführung ihrer Abschlußphase auf höchster Ebene». Die Sowjetunion zeigt wegen ihres anhaltenden Konfliktes mit China starkes Interesse an der Regelung der Sicherheit in Europa und nimmt deshalb die Passagen zu den Menschenrechten, zu menschlichen Kontakten oder zum Informationsaustausch in Kauf.

26. Oktober: Das Finanzministerium ordnet an, daß die Mindestumtauschsätze, die am 15. November 1973 für Besucher aus dem nichtsozialistischen Ausland und West-Berlin verdoppelt wurden, ab 15. November deutlich gesenkt werden. Ab dann müssen pro Person und Tag beim Besuch der DDR 13 DM, beim Besuch Ost-Berlins 6,50 DM in «Mark der DDR» getauscht werden.

5. November: Im Fußball-Europapokal der Landesmeister tritt der FC Bayern München beim 1. FC Magdeburg an. Aus völlig übersteigerter Furcht bringen die Münchner eigenes Essen und eigene Köche mit, sie nehmen ihre Mahlzeiten im eigens mitgebrachten Bus ein. Später bekundet Torwart Sepp Maier, er schäme sich für dieses Verhalten.

17. November: In den katholischen Kirchen wird ein Hirtenbrief der Bischöfe verlesen. Er wendet sich dagegen, daß der Staat ein Erziehungsmonopol beansprucht und mit allen Mitteln seine Ideologie des dialektischen Materialismus durchsetzt. «Wir müssen sprechen, um die heranwachsende Generation vor Schaden zu bewahren. Wir müssen für ihre Glaubens- und Gewissensfreiheit eintreten und für ihr Recht auf Bildung (...) Wir möchten wünschen, daß die staatlichen Stellen die Worte der Verfassung und die Erklärung der Menschenrechte ernst nehmen und auch Praxis werden lassen. Denn die gegenwärtige Situation gibt Anlaß zu ernster Sorge.»

22. November: Der 1946 gegründete, dem Ministerrat unterstehende *Allgemeine Deutsche Nachrichtendienst* (ADN), die staatliche Nachrichten- und Fotoagentur der DDR, schließt mit der *Deutschen Presse-Agentur* (dpa) einen Vertrag über den Austausch von Nachrichten.

23. und 24. November: In Wladiwostok, das von 1918 bis 1922 von amerikanischen Truppen besetzt war, unterzeichnen Leonid Breschnew und US-Präsident Gerald R. Ford eine weitere SALT-Vereinbarung. Darin sehen sie für 1975 ein neues, von 1977 bis 1985 geltendes Abkommen über die Begrenzung strategischer Offensivwaffen vor. Es wird als bedeutender Beitrag zur Verbesserung der Beziehungen, Verringerung der Kriegsgefahr und Förderung des Weltfriedens bezeichnet. Die Sowjetunion sucht den Abbau von Spannungen nicht nur mit den USA, sondern auch mit China. Vom 25. bis zum 27. November reist Breschnew in die Mongolei, wo er sich bereit erklärt, «Freundschaft und Zusammenarbeit mit dem chinesischen Volk (...) wiederherzustellen».

9. Dezember: Nach der Einigung über ein neues, von 1976 bis 1981 geltendes «Swingsich von 1971 bis 1974 verdreifacht. Zudem wird der Bau eines Atomkraftwerkes auf sowjetischem Territorium prinzipiell verabredet, das nach Fertigstellung Strom nach West-Berlin liefern soll. Am 5. November gibt das *Rheinisch-Westfälische Elektrizitätswerk* (RWE) bekannt, daß es einen Vertrag über ein Volumen von einer Milliarde DM mit der Sowjetunion geschlossen hat, der die Lieferung von sowjetischem Uran für zwei bundesdeutsche Atomkraftwerke bis 1990 sicherstellt.

19. November: In einer internen Rede in Sonthofen entwirft der CSU-Vorsitzende Franz Josef Strauß ein Programm, das eine umfassende innenpolitische «Feindschaftserklärung» (Herbert Wehner) darstellt. Laut Strauß «ist das Bewußtsein der Öffentlichkeit noch nicht so stark schockiert, daß sie bereit wäre, die Rezepte, die wir zur langsamen Heilung der Krise für notwendig halten, in Kauf zu nehmen (...) Es muß wesentlich tiefer sinken, bis wir Aussicht haben, politisch mit unseren Vorstellungen, Warnungen, Vorschlägen gehört zu werden. Es muß also eine Art Offenbarungseid und ein Schock im öffentlichen Bewußtsein erfolgen (...) Wir müssen die Auseinandersetzung im Grundsätzlichen führen. Da können wir nicht genug an allgemeiner Konfrontation schaffen (...) Wir müssen sagen, die SPD und FDP überlassen diesen Staat kriminellen und politischen Gangstern. Und zwischen kriminellen und politischen Gangstern ist nicht der geringste Unterschied, sie sind alle miteinander Verbrecher. Und wenn wir hinkommen und räumen so auf, daß bis zum Rest dieses Jahrhunderts von diesen Banditen keiner es mehr wagt, in Deutschland das Maul aufzumachen.

29. November: Ein West-Berliner Schwurgericht verurteilt wegen versuchten Mordes und vollendeter Gefangenenbefreiung den Rechtsanwalt Horst Mahler zu vierzehn und die Publizistin Ulrike Meinhof zu acht Jahren Freiheitsstrafe. Am 4. Dezember stattet der französische Philosoph Jean-Paul Sartre dem damals von Mahler und Meinhof befreiten Andreas Baader, der in Stuttgart in Untersuchungshaft sitzt, einen Besuch ab. Das Zusammentreffen wird von Klaus Croissant, Verteidiger von Gudrun Ensslin, arrangiert. Sartre kritisiert die Isolation der Häftlinge und kündigt an, er werde dem im Frühjahr 1975 beginnenden Prozeß beiwohnen. Baader habe ihm erklärt, seine Gruppe mit den Arbeitermassen verbinden zu wollen. Offenbar sei in Deutschland jedoch eine längere Aufklärung nötig, da der Faschismus die Traditionen des Proletariats unterbrochen habe. Der Kampf zwischen den Massen und dem Kapitalismus sei nur als Bürgerkrieg vorstellbar.

2. Dezember: Das Bundeswirtschaftsministerium gibt bekannt, daß Kuwait von der Quandt-Gruppe deren Aktienpaket an der *Daimler-Benz AG* erworben hat. Jürgen Ponto, Vorstandsvorsitzender der beauftragten *Dresdner Bank,* hielt den Verkauf zunächst geheim und informierte erst jetzt die Bundesregierung. Nunmehr ist Kuwait nach der *Flick-Gruppe* und der *Deutschen Bank* drittgrößter Aktionär der Daimler-Benz AG, es hält 14,6 Prozent der Aktien, für die es einen Kaufpreis von knapp 1,2 Milliarden DM zahlte. In den ersten neun Monaten des Jahres legen die Ölförderländer insgesamt 27 Milliarden Dollar in Westeuropa und Nordamerika an.

9. und 10. Dezember: Die Staats- und Regierungschefs der EG schaffen in Paris einen «Rat der Gemeinschaft», in dem sie dreimal jährlich und so oft wie nötig mit den Außenministern zusammentreten werden. Sie planen die allgemeinen Wahlen zum Europäischen Parlament für das Jahr 1978.

Abkommen» im deutschen-deutschen Handel, das der DDR einen jährlichen Überziehungskredit über 850 Millionen Verrechnungseinheiten einräumt, überreicht die DDR «Vorschläge» zur weiteren Normalisierung der Beziehungen an die Bundesregierung. Bundesbürgern soll die Einreise in die DDR «in großzügiger Weise» mit dem eigenen PKW gestattet werden, ohne daß besondere Voraussetzungen vorliegen müssen. Die für den Transit genutzten Autobahnen und Eisenbahnlinien sollen erneuert oder ausgebaut, eine Autobahn von Berlin in Richtung Hamburg neu gebaut werden, wobei die Bundesrepublik die Kosten zu tragen hat. Der Bau eines Atomkraftwerkes durch Firmen aus der Bundesrepublik soll geprüft werden.

Am gleichen Tag überreicht die Regierung dem Senat von Berlin ein Aide-mémoire mit Vorschlägen für Verbesserungen. Auch West-Berliner dürfen nunmehr ihren eigenen PKW benutzen, zudem wird ihre Aufenthaltsgenehmigung bei jeder Einreise in die DDR auf die gesamte DDR ausgedehnt. Darüber hinaus erklärt sich die DDR bereit, Strom an West-Berlin zu liefern, über die Öffnung des Teltowkanals und den Neubau einer Schleusenkammer in Spandau zu verhandeln, Abfall und Abwasser aus West-Berlin aufzunehmen sowie Verbesserungen im Transitverkehr einzuführen. «Dabei geht die DDR natürlich davon aus, daß Lösungen gefunden werden, die der DDR keine zusätzlichen ökonomischen Belastungen bringen.»

10. Dezember: Nach anhaltender Kritik aus dem Westen werden Personen unter 16 Jahren und Personen im Rentenalter mit Wirkung vom 20. Dezember vom Mindestumtausch beim Besuch der DDR oder Ost-Berlins wieder ausgenommen.

11. und 12. Dezember: Gegen Devisen nimmt die DDR auch westlichen Müll auf. Ein Abkommen über die Verbringung von Abfallstoffen aus West-Berlin in die DDR wird unterzeichnet. Die West-Berliner Firma *Consult GmbH* und ein Außenhandelsbetrieb der DDR wickeln diese Transporte ab. Zudem wird vom Berliner Senat und der Regierung ein Vertrag über die Verbringung von Abwässern aus West-Berlin in die DDR unterschrieben.

12. bis 14. Dezember: Vor dem ZK der SED äußert sich Erich Honecker zu seinem Briefwechsel mit Bundeskanzler Helmut Schmidt. «Jegliche Konzessionen an die ideologische Koexistenz schließen wir aus. Möglichkeiten aber öffnen sich für eine breite Zusammenarbeit auf außenpolitischem, wirtschaftlichem, wissenschaftlich-technischem und kulturellem Gebiet. In diesem Sinne ist auch der Briefwechsel zwischen dem Bundeskanzler der BRD und mir zu bewerten.»

1975

Gegen Atomkraft

Das ist neu für die Bundesrepublik. Nicht mehr nur Jugendliche, Studenten oder Randgruppen engagieren sich und gehen auf die Straße. Auch ehrbare und situierte Bürger machen nun von ihren demokratischen Rechten Gebrauch und ergreifen die Initiative. Schon drei Prozent der Bevölkerung geben an, in einer Bürgerinitiative tätig zu sein oder mitgewirkt zu haben. Weil die Politiker nach der Ölkrise als Königsweg die Nutzung der Atomkraft entdecken, wächst der Widerstand der einzelnen Bürgerinitiativen bald zur starken Anti-AKW-Bewegung zusammen.

4. Januar: In einem Interview mit dem Wirtschaftsmagazin *Business Week* droht der amerikanische Außenminister Henry A. Kissinger, seine Regierung würde eine militärische Intervention in den Ölförderländern «nur im äußersten Notfall» erwägen. Am selben Tag erklärt die Bundesregierung, sie würde ihre eigenen Kräfte überschätzen und ihre bisherige Nahost-Politik verleugnen, wenn sie auch nur theoretisch solchen Überlegungen zu folgen versuchte.
12. bis 26. Januar: Auf eine Einladung vom Mai 1974 besucht als erster führender bundesdeutscher Politiker Franz Josef Strauß China, sein erster Besuch in einem kommunistischen Land. Außer Unterredungen mit dem Ministerpräsidenten Zhou Enlai und führenden Politikern sowie Militärs wird Strauß zur allseitigen Überraschung auch von Mao Zedong empfangen, der höchst selten mit Personen zusammentrifft, die nicht Staats- oder Parteichefs sind. Von chinesischer Seite wird wiederholt die Sowjetunion kritisiert, die als «potentieller Angreifer Chinas» bezeichnet wird. Aus Moskau wird Peking darauf als Mekka der Entspannungsfeinde angegriffen.
18. Januar: Die Bundesrepublik nimmt wieder diplomatische Beziehungen mit Kuba auf, die aufgrund der «Hallstein-Dok-

1975

Menschenrechte

Eigentlich gewährt die Verfassung der DDR alle denkbaren Freiheiten, doch gibt es so gut wie keine Möglichkeiten, die Einhaltung zu erzwingen. In ihrem Streben nach internationaler Gleichrangigkeit läßt sich die Führung darauf ein, auf der KSZE auch die Garantie von Menschenrechten und Grundfreiheiten zu unterschreiben. Sie ahnt nicht, welche weitreichenden innenpolitischen Folgen auf sie zukommen. Mit einemmal kann die Frage der individuellen Freiheiten nicht mehr auf die DDR oder das deutsch-deutsche Verhältnis begrenzt werden. Weil die Menschenrechte nun zum europäischen Thema geworden und sogar der Überprüfung unterworfen sind, sehen sich zahllose Bürger ermutigt, ihre Einhaltung einzuklagen.

1. Januar: Die FDJ errichtet ein eigenes Reisebüro speziell für junge Leute. Unter dem Namen «Jugendtourist» vermittelt es im Jahr 1982 869000 Reisen innerhalb der DDR und 1,5 Millionen Reisen in sozialistische Länder.

20. Januar: Oskar Fischer (SED) wird anstelle des zurückgetretenen Otto Winzer (SED) neuer Außenminister.

23. Januar: Zwischen der DDR und Österreich ist ein Konsularabkommen paraphiert, das von der Bundesregierung heftig kritisiert wird. Es enthält die Formel, daß sich «die Tatsache des Besitzes der Staatsbürgerschaft nach der jeweiligen nationalen Gesetzgebung» regele. Bonn sieht damit eine eigene DDR-Staatsbürgerschaft festgeschrieben. Österreich versucht mit diesem Entgegenkommen eine Lösung für 10000 bis 15000 Personen zu finden, die während der Nazizeit ungefragt Deutsche wurden und denen von der DDR die Wiederannahme ihrer österreichischen Staatsangehörigkeit verwehrt wird. Heute überreicht die DDR eine Protestnote an die Bundesregierung, sie habe im Zusammenhang mit dem Konsularabkommen «Aktivitäten unternommen, die darauf gerichtet sind, die Beziehungen der DDR zu diesen Staaten zu stören».

Heinrich Albertz und Gabriele Kröcher-Tiedemann kurz vor dem Abflug der gegen Peter Lorenz freigepreßten Terroristen

trin» am 14. Januar 1963 abgebrochen waren.

20. Januar: Einstimmig beschließt der Ministerrat der EG, in West-Berlin das Europäische Zentrum für Berufsausbildung zu errichten. Am 6. Februar legt die Sowjetunion Protest ein, da nach dem «Vier-Mächte-Abkommen» Organe der EG nicht über West-Berlin zu befinden hätten.

30. Januar: In seinem «Bericht zur Lage der Nation» erklärt Bundeskanzler Helmut Schmidt: «Weder in diesem Hause noch anderswo auf der Welt gibt es gegenwärtig eine gangbare alternative Konzeption zu unserer innerdeutschen Politik (...) Die Bundesregierung würde lebhaft begrüßen, wenn sie die Politik für die eine Nation in Zusammenarbeit mit der Opposition fortsetzen könnte.»

In Düsseldorf empfängt der DGB-Vorsitzende Heinz Oskar Vetter den Vorsitzenden des Zentralrates der sowjetischen Gewerkschaften, Alexander Scheljepin. Erste Kontakte gab es bereits 1967, die dann nach der Invasion der Tschechoslowakei abgebrochen wurden. Scheljepin war von 1958 bis 1961 Chef der Geheimpolizei KGB, als solcher wurde er 1962 vom Bundesgerichtshof in Karlsruhe der Ermordung des ukrainischen Nationalisten Stefan Bandera für schuldig befunden. Damit Scheljepin nicht verhaftet wird, setzen die Justizbehörden die Strafverfolgung außer Kraft.

27. Februar: Terroristen der «Bewegung 2. Juni» entführen in West-Berlin den Vorsitzenden der Berliner CDU, Peter Lorenz. Sie fordern die Freilassung von sechs inhaftierten Terroristen und benennen Pastor Heinrich Albertz (SPD) als «Garantieperson». Darauf läßt die Bundesregierung die Terroristen Verena Becker, Gabriele Kröcher-Tiedemann, Ina Siepmann, Rolf Pohle und Rolf Heißler frei. Horst Mahler lehnt seine Freipressung ab. Am 3. März werden die fünf Terroristen in Begleitung von Albertz in den Jemen geflogen, wo ihnen Asyl gewährt wird. Tags darauf fliegt Albertz in die Bundesrepublik zurück. In einer Fernsehansprache dankt er «öffentlich allen politisch Verantwortlichen, daß sie brutale Gewalt nicht mit Fallen oder Täuschung beantwortet haben». Kurz nach Mitternacht am 5. März wird Peter Lorenz freigelassen.

2. März: Bei den Wahlen zum Berliner Abgeordnetenhaus wird die CDU mit 44,0 Prozent der Stimmen zum ersten Mal stärkste Partei, die SPD erhält nur 42,7 Prozent, kann aber mit der FDP einen Koalitionssenat bilden.

31. März: Bereits im Jahr 1972 beginnen erste Proteste gegen ein geplantes Atomkraftwerk. In Wyhl nahe dem Kaiserstuhl wenden sich große Teile der örtlichen Bevölkerung dagegen, daß sie vor vollendete Tatsachen gestellt werden sollen. Winzer, Bauern und Fischer sehen ihre Existenz durch die Auswirkungen der Großanlage gefährdet. Ungeachtet dieser Bedenken erteilt die Landesregierung am 22. Januar die vorläufige Baugenehmigung, worauf unter der konservativen Bevölkerung ein Sturm der Entrüstung ausbricht. Heute erlebt die Bundesrepublik in Wyhl die erste große

25. Januar bis 2. Februar: Eine Delegation unter Leitung von Günter Mittag vereinbart in Japan den Ausbau der Handelsbeziehungen. Zudem erhält die DDR einen Kredit über 22 Millionen Dollar für den Bau eines internationalen Handelszentrums in Ost-Berlin bis 1977.

31. Januar: Die DDR und die Sowjetunion unterzeichnen das Protokoll für den Warenaustausch 1975. Erstmals fehlt ein Hinweis auf die weitere Steigerung sowjetischer Erdöllieferungen. Statt dessen wird eine Vereinbarung «zu Fragen der Preiskorrektur» getroffen. Bisher wähnte sich die DDR-Führung sicher vor der Explosion der Rohölpreise auf dem Weltmarkt und setzte auf die ungeminderte Versorgung zu festen Preisen durch die Sowjetunion. Der Vertreter der DDR im RGW, Gerhard Weiss, erklärt am 18. Februar im *Neuen Deutschland*: «So wird zum Beispiel in den nächsten Jahren der Erdölpreis, den wir für Importe aus der UdSSR zu zahlen haben, nur die Hälfte von dem betragen, was vergleichsweise eine Tonne Erdöl auf den kapitalistischen Märkten kostet.» Doch Moskau will nun auch von der Verteuerung profitieren und erhöht die Ölpreise ab jetzt schrittweise. Damit bricht für die DDR eine feste Größe weg, was sie indes noch nicht wahrhaben will. Am 29. Januar schreibt das *Neue Deutschland* zur Frage, ob die Verbraucherpreise stabil gehalten werden können: «Die Antwort darauf ist ein eindeutiges Ja, obwohl die DDR als rohstoffarmes Land stark von Importen abhängig ist. Die Partei- und Staatsführung der DDR hat trotz negativer Auswirkungen der steigenden Preise für Roh- und Brennstoffe auf die Volkswirtschaft nach eingehender Prüfung festgelegt, daß auch weiterhin die Einzelhandelspreise nicht erhöht werden.»

13. bis 15. März: Mit einem Festakt der SED-Spitze und des Ministerrats wird das Richtfest für einen Bau begangen, der bei Bad Frankenhausen als Gedenkstätte für den deutschen Bauernkrieg dienen soll. Auf dem Schlachtberg wird der riesige Rundbau ein Gemälde bergen, das in seinen Dimensionen einzigartig ist. 1983 wird der Maler Werner Tübke mit der Arbeit an seinem Panoramagemälde zum Bauernkrieg beginnen, das nach Fertigstellung 123 Meter lang und 14 Meter hoch sein wird.

18. bis 20. März: Erstmals seit der gescheiterten Münchener Konferenz der Ministerpräsidenten von 1947 gibt es ein deutsch-deutsches Gespräch auf dieser Ebene. Hessens Ministerpräsident Albert Osswald besucht den Bezirk Erfurt und trifft mit dem Vorsitzenden des Rates des Bezirkes, Richard Gothe, zusammen.

6. bis 26. April: Unter dem Namen «Ozean 1975» führen die sowjetischen Kriegsflotten weltweite Seekriegsmanöver durch – das bisher größte Kriegsmarinemanöver der Geschichte.

22. April: Das ZK der SED, der Staatsrat und der Ministerrat beschließen, aus Anlaß des 30. Jahrestages der Befreiung, den 9. Mai 1975 als Staatsfeiertag mit zahlreichen Veranstaltungen und Tagungen festlich zu begehen.

25. April: In Ost-Berlin unterzeichnet die DDR ein Rahmenabkommen mit der *Hoechst AG*, das zunächst die Lieferung von drei schlüsselfertigen Chemiewerken im Wert von 600 Millionen DM vorsieht, die bis 1979 im Raum Schkopau fertiggestellt werden sollen.

27. April: In Tscherkassi am Dnjepr trifft die erste Baukolonne aus der DDR ein, um an der Erdgasleitung von Orenburg am Ural nach Ushgorod an der Grenze zur Tschechoslowakei zu arbeiten. Jedes RGW-Land stellt einen eigenen Abschnitt fertig, die DDR erklärt ihr Projekt zum zentralen Jugendobjekt der FDJ. Trotz zahlreicher Aufrufe ha-

Demonstration gegen ein geplantes Atomkraftwerk, Tausende protestieren, besetzen den Bauplatz und errichten dort ein Hüttendorf. Parallel beginnen gerichtliche Auseinandersetzungen, die erst 1982 ihren Abschluß finden. Zwar könnten die Atomkraftswerksgegner noch in die Revision gehen, doch sieht die Landesregierung davon ab, den Bau noch zu realisieren.

1. April: Nach vierjähriger Bauzeit wird West-Berlins neuer Großflughafen Tegel in Betrieb genommen, über den bis 1990 nahezu der gesamte zivile Flugverkehr verläuft. Der bisherige Zentralflughafen Tempelhof wird geschlossen, bleibt aber bis Juni 1993 unter amerikanischer Kontrolle und Nutzung. Im Dezember beschweren sich Vertreter der DDR über den unzumutbaren Lärm, den der umfangreiche Luftverkehr von und nach Tegel hervorruft.

15. April: Im hessischen Biblis geht das bisher größte Atomkraftwerk der Welt ans Netz.

24. April: Die mit der Entführung von Peter Lorenz bewirkte Freipressung von Terroristen soll wiederholt werden. In Stockholm dringen sechs Terroristen des «Kommandos Holger Meins» in die deutsche Botschaft ein. Sie verlangen im Austausch für die Freilassung von zwölf Geiseln die Freilassung von 26 inhaftierten Terroristen, darunter Gudrun Ensslin, Andreas Baader, Ulrike Meinhof und Jan-Carl Raspe. Um ihrer Forderung Nachdruck zu verleihen, erschießen die Terroristen zunächst den Botschaftsangehörigen Andreas von Mirbach, nach Ablehnung ihrer Forderungen durch die Bundesregierung auch den Attaché Heinz Hillegaart. Mit mehreren Explosionen wollen die Terroristen das Botschaftsgebäude sprengen, den schwedischen Sicherheitskräften gelingt darauf die Festnahme aller Terroristen.

21. Mai: Im eigens errichteten Hochsicherheitstrakt des Gefängnisses von Stuttgart-Stammheim beginnt unter schärfsten Vorkehrungen der Prozeß gegen Andreas Baader, Gudrun Ensslin, Ulrike Meinhof, Holger Meins und Jan-Carl Raspe. Bereits am 5. Juni werden die Wahlverteidiger Klaus Croissant, Kurt Groenewold und Christian Ströbele wegen des Verdachts der Konspiration mit ihren Mandanten von der Teilnahme am Prozeß ausgeschlossen und durch das Gericht entpflichtet. Der Vorsitzende Richter Theodor Prinzing erweist sich in der Folgezeit als wenig souverän, nach dem 85. Befangenheitsantrag wird er am 20. Januar 1977 von der Prozeßführung entbunden.

12. Juni: Griechenland beantragt in Brüssel die Aufnahme in die Europäische Gemeinschaft.

19. Juni: Zwischen CDU und CSU bestehen tiefe Meinungsverschiedenheiten über den Kanzlerkandidaten der Union für die Bundestagswahlen 1976. Am 12. Mai nominiert die CDU Helmut Kohl, der am 20. Mai erneut zum Ministerpräsidenten von Rheinland-Pfalz gewählt wird. Am 7. Juni betont die CSU auf ihrem Kleinen Parteitag dagegen, daß sie Franz Josef Strauß für den geeigneteren Kandidaten hält. Heute nominieren die Präsidien beider Parteien Kohl, doch meldet die CSU weiterhin Vorbehalte an. Später droht sie mit ihrer bundesweiten Ausdehnung, für die bereits einige «Freundeskreise» außerhalb Bayerns werben. Am 17. November muß die CSU der CDU jedoch einen Verzicht auf diese Pläne zugestehen.

13. Juli: In einem Interview mit dem *Hessischen Rundfunk* erläutert Bundesverteidigungsminister Georg Leber (SPD) einen möglichen Atomwaffeneinsatz der NATO. Unter folgenden Umständen werde der Westen zuerst atomare Waffen einsetzen: «Das bedeutet, daß der Westen in dem Augenben sich nur 1500 Freiwillige gemeldet, 5000 Werktätige werden benötigt. Im September 1978 wird die Leitung «Sojus» fertiggestellt.

28. April: Harry Tisch, Kandidat des Politbüros der SED, wird anstelle des am 26. März verstorbenen Herbert Warnke zum Vorsitzenden des Bundesvorstands des FDGB gewählt.

6. Mai: Als ersten Westbanken erteilt die DDR den französischen *Crédit Lyonnais* und *Société Générale* sowie der italienischen *Banco Commerciale Italiana* die Erlaubnis, in Ost-Berlin ständige Vertretungen einzurichten.

11. Mai: Im West-Berliner Bezirk Kreuzberg fällt ein 5jähriger türkischer Junge an einem ungesicherten Steilufer in die Spree, die hier in ganzer Breite zu Ost-Berlin gehört, und ertrinkt. Grenzorgane der DDR untersagen der West-Berliner Feuerwehr Rettungsmaßnahmen. Dies ist bereits der vierte Todesfall an dieser Stelle, er löst eine heftige Kontroverse aus. Die DDR verweist auf den Entwurf einer Vereinbarung, den sie am 4. Juli 1973 vorlegte und der West-Berliner Organen Rettungsmaßnahmen erlaubt. Weil Senat und Westalliierte diesen Text ablehnten, trügen sie die volle Verantwortung für die Unglücksfälle. In ihrem Entwurf bezeichnet die DDR die Sektorengrenze als «Staatsgrenze der DDR zu Westberlin», was von der Westseite als Verletzung des Vier-Mächte-Status der Stadt betrachtet wird.

12. Juni: Der Zweite Vorsitzende der westdeutschen IG Metall, Hans Mayr, hält sich zu Gesprächen mit der IG Metall im FDGB der DDR in Riesa auf. Weil er während eines nächtlichen Spazierganges die Kantine eines Röhrenwerkes aufsucht und dort mit den Arbeitern redet, wird er heute aus der DDR abgeschoben.

19. Juni: Die Volkskammer verabschiedet ein neues Zivilgesetzbuch sowie eine neue Zivilprozeßordnung, die beide am 1. Januar 1976 in Kraft treten. Das nur 480 Paragraphen umfassende Zivilgesetzbuch löst das bisher noch gültige «Bürgerliche Gesetzbuch» (BGB) von 1886 ab, das als «junkerlich-bourgeoises Gesamtwerk» verworfen wird. Im alten BGB sei es vor allem um die Regelung des Privateigentums an Produktionsmitteln gegangen, «dieses Problem besteht in der sozialistischen Gesellschaft nicht», wie Justizminister Hans-Joachim Heusinger (LDPD) erklärt. «Hier geht es um ganz andere Fragen, die das sozialistische und das private, das persönliche Eigentum berühren.»

30. Juli und 2. August: Während der Abschlußphase der KSZE in Helsinki kommen Erich Honecker und Bundeskanzler Helmut Schmidt erstmals zu zwei Gesprächen zusammen. Sie erörtern den Reiseverkehr, die Familienzusammenführung, zahlreiche technische Fragen wie auch finanzielle Probleme. Einig zeigen sich beide, daß die KSZE ohne den deutsch-deutschen Grundlagenvertrag nicht möglich gewesen wäre. Am 6. August veröffentlicht das *Neue Deutschland* ein Interview mit Honecker. Er bekundet seine Übereinstimmung mit Schmidt, in den gegenseitigen Beziehungen «den Geist von Helsinki wirksam werden zu lassen». Zum Reiseverkehr äußert Honecker: «Wenn man die Zahlen des grenzüberschreitenden Verkehrs der DDR, unter Berücksichtigung ihrer Größe, mit den entsprechenden Zahlen anderer Länder vergleicht, so muß man sagen, die DDR ist eines der weltoffensten Länder.» Schließlich garantiert er die Information der DDR-Bürger: «Die Dokumente von Helsinki, die gewiß für alle Menschen in Europa interessant und bedeutungsvoll sind, wurden in einigen Tageszeitungen der DDR (…) im vollen Wortlaut veröffentlicht.»

KSZE

Nach zweijähriger Verhandlungsdauer wird am 30. Juli und 1. August in Helsinki die Schlußakte der *Konferenz für Sicherheit und Zusammenarbeit in Europa* (KSZE) verabschiedet. Die Staats- und Regierungschefs der 35 Teilnehmerstaaten unterzeichnen ein Dokument, das kein verbindliches Abkommen darstellt, sondern Absichtsbekundungen enthält. Indes erklären sich die Staaten in politisch verpflichtender Form bereit, die niedergelegten Grundsätze auch tatsächlich einzuhalten. Die Gültigkeit für West-Berlin sieht die Bundesregierung durch die Formulierung gewährleistet, daß den Ergebnissen «in ganz Europa» Wirksamkeit verliehen werden soll.

Als «Prinzipien, die die Beziehungen der Teilnehmerstaaten leiten», werden bestimmt: «Souveräne Gleichheit, Achtung der der Souveränität innewohnenden Rechte»; «Enthaltung von der Androhung oder Anwendung von Gewalt»; «Unverletzlichkeit der Grenzen»; «Territoriale Integrität der Staaten»; «Friedliche Regelung von Streitfällen»; «Nichteinmischung in innere Angelegenheiten»; «Achtung der Menschenrechte und Grundfreiheiten, einschließlich der Gedanken-, Gewissens-, Religions- oder Überzeugungsfreiheit»; «Gleichberechtigung und Selbstbestimmungsrecht der Völker»; «Zusammenarbeit zwischen den Staaten» und «Erfüllung völkerrechtlicher Verpflichtungen nach Treu und Glauben».

Die Themenbereiche sind in sogenannte Körbe gegliedert. Als «Korb 1» firmieren die «Fragen der Sicherheit in Europa», zu denen die Schlußakte «vertrauensbildende Maßnahmen» vorsieht. Dazu gehört die Verpflichtung, Manöver von Streitkräften mit mehr als 25 000 Mann in der Regel 21 Tage vor Beginn anzukündigen und ausländische Beobachter einzuladen. Zu «Korb 2», der «Zusammenarbeit in den Bereichen der Wirtschaft, der Wissenschaft und der Technik sowie der Umwelt», werden Richtlinien etwa über Geschäftskontakte, Handelsförderung, Harmonisierung von Normen oder Förderung des Tourismus formuliert.

In «Korb 3» ist die «Zusammenarbeit in humanitären und anderen Bereichen» geregelt. «Menschliche Kontakte» sollen gefördert und entwickelt werden. Im einzelnen sind dies «Kontakte und regelmäßige Begegnungen auf der Grundlage familiärer Bindungen», die «Familienzusammenführung», die «Eheschließung zwischen Bürgern verschiedener Staaten», «Reisen aus persönlichen oder beruflichen Gründen», «Verbesserung der Bedingungen für den Tourismus auf individueller und kollektiver Grundlage», «Begegnungen der Jugend», der «Sport» sowie die «Erweiterung von Kontakten». Im Bereich «Information» werden die «Verbesserung der Verbreitung von, des Zugangs zu und des Austausches von Informationen», die «Zusammenarbeit im Bereich der Information» sowie die «Verbesserung der Arbeitsbedingungen für Journalisten» vereinbart.

Um den eingeleiteten Meinungsaustausch fortsetzen und die Einhaltung der Bestimmungen prüfen zu können, wird für 1977 in Belgrad die erste KSZE-Folgekonferenz anberaumt.

Im Bundestag bringt die CDU / CSU am 26. Juli einen Entschließungsantrag ein, in dem die Bundesregierung aufgefordert wird, die KSZE-Schlußakte nicht zu unterzeichnen. Deren Ergebnisse drohten «zu Instrumenten zur Durchsetzung langfristiger sowjetischer Ziele insbesondere in ganz Deutschland zu werden». Mit den Stimmen von SPD und FDP wird dieser Antrag jedoch abgelehnt.

18. August: Der Parlamentarische Staatssekretär beim Minister für innerdeutsche Beziehungen, Karl Herold, teilt mit, daß nach Informationen der Bundesregierung 443 Bundesbürger und West-Berliner in der DDR inhaftiert seien. 335 seien zumeist wegen Fluchthilfe, einige auch wegen schwerer Verkehrsdelikte oder «ungesetzlichen Eindringens in die DDR» in Strafhaft, 108 in Untersuchungshaft.

4. September: In der Moskauer Regierungszeitung *Iswestija* wertet Georgi Arbatow die KSZE-Vereinbarungen. Die Sowjetunion und ihre Verbündeten hätten keine Verpflichtung übernommen, «den sozialen Status quo in der Welt zu garantieren». Er wendet sich scharf gegen westliche Bestrebungen, die humanitären «Vereinbarungen zu einem Instrument der Einmischung in die inneren Angelegenheiten der sozialistischen Länder und zur Untergrabung der Gesetze und der Gesellschaftsordnung dieser Länder zu machen». Am 11. September engt Erich Honecker vor Jagdfliegern in Rostock die KSZE-Intentionen noch weiter ein: «Daher versteht es sich von selbst, daß wir weder offene noch getarnte Versuche zulassen, unter der Flagge der Informationsfreiheit und der menschlichen Kontakte Spionage, Sabotage und ideologische Diversion in der DDR zu treiben.»

13. September: Erstmals werden offizielle Zahlen zu den personellen Veränderungen nach der Niederschlagung des «Prager Frühlings» veröffentlicht. Der amerikanischen KP-Zeitung *Daily World* sagt Vasil Bilak, Sekretär des ZK der KPČ, mehr als 70000 Mitglieder seien ausgeschlossen und bei 390000 die Mitgliedschaft ausgesetzt worden. Ein Viertel davon seien Vertreter «unverbesserlicher konterrevolutionärer Kreise», die noch heute durch Briefe und Petitionen den Eindruck erweckten, es gebe eine organisierte Opposition.

24. September: Vor der UN-Vollversammlung in New York erklärt Außenminister Oskar Fischer den Standpunkt der DDR zur deutschen Frage. Erich Honecker habe vor der KSZE festgestellt, «nunmehr sind jene wesentlichen Probleme gelöst, die in der Nachkriegsperiode die Beziehungen zwischen den Staaten belastet haben». Fischer erläutert: «Das betrifft ebenso die sogenannte deutsche Frage. Sie fand durch die Entwicklung zweier voneinander unabhängiger deutscher Staaten mit gegensätzlicher sozialer Ordnung ihre Lösung.»

Seit geraumer Zeit verkaufen DDR-Firmen vor allem Textilien zu Dumpingpreisen an die Bundesrepublik, Hemden werden für eine DM, ganze Anzüge für zehn DM angeboten. Viele Betriebe suchen so ihre unrealistischen Planauflagen zur Devisenbeschaffung zu erfüllen. Nach den dadurch verursachten Störungen im westdeutschen Markt konferiert heute die Treuhandstelle für den Interzonenhandel mit dem Ministerium für Außenhandel der DDR. Anschließend erläßt die Bundesregierung für 1975 und 1976 Mengenbeschränkungen bei Anzügen, Herrenoberhemden, Damenfeinstrumpfhosen, Socken und Handstrickgarn. Auch in der DDR entsteht Unruhe unter der Bevölkerung, da viele der in den Westen verschleuderten Erzeugnisse aus den heimischen Geschäften verschwinden.

6. bis 13. Oktober: Eine Delegation unter Erich Honecker besucht die Sowjetunion. Obwohl die 20jährige Laufzeit des am 12. Juni 1964 geschlossenen «Vertrages über Freundschaft, Zusammenarbeit und gegenseitigen Beistand» zwischen beiden Staaten noch nicht abgelaufen ist, unterzeichnen Honecker und Leonid Breschnew am 7. Oktober einen neuen Vertrag gleicher Bezeichnung. Er gilt für 25 Jahre, mit der Möglichkeit einer Verlängerung um je zehn Jahre.

blick, in dem er mit konventionellen Waffen überfallen wird und ein Zustand eintreten sollte, der so ist, daß er sich mit konventionellen Kräften nicht genügend dagegen wehren kann, also unterliegen würde, in dem Augenblick muß der Westen entschlossen sein, muß, konkret gesagt, Amerika entschlossen sein, atomare Waffen einzusetzen, damit ein Gegner sich keinen Erfolg ausrechnen kann.»

4. September: Wegen der Guillaume-Affäre hat der DGB seine Antwort auf eine seit längerer Zeit vorliegende Einladung des FDGB hinausgezögert. Heute nimmt er die Einladung zu Gesprächen in Ost-Berlin an. Ebenfalls heute wird jedoch der dienstälteste Spitzenfunktionär der IG Metall, Heinz Dürrbeck, verhaftet. Er soll für die DDR spioniert haben. Darauf tritt der DGB am 5. September von dem Treffen mit dem FDGB zurück.

10. September: Weil der Tiefpunkt der Rezession noch nicht erreicht ist, beschließt die Bundesregierung haushaltspolitische Maßnahmen. Für 1975 wird ein Nachtragshaushalt über 6,3 Milliarden DM verabschiedet, für die Jahre bis 1979 werden «Maßnahmen zur Verbesserung der Haushaltsstruktur» 44 Milliarden DM einsparen, Steuererhöhungen sollen im selben Zeitraum 29 Milliarden DM einbringen. Die Nettokreditaufnahme des Bundes soll von 38 Milliarden DM in den Jahren 1975 und 1976 auf elf Milliarden im Jahr 1979 verringert werden.

22. bis 30. September: Der CDU-Vorsitzende Helmut Kohl besucht die Sowjetunion. Als am 25. September die *Prawda* einen scharfen Angriff gegen Franz Josef Strauß veröffentlicht, «den ungekrönten König der westdeutschen Reaktion», droht Kohl seinen Besuch abzubrechen. Erst nachdem er eine «befriedigende Antwort» erhalten hat, setzt Kohl sein Programm fort. Nach Abschluß erklärt er, die Sowjetunion wolle die Zusammenarbeit mit der Bundesrepublik auf allen Gebieten weiterentwickeln.

24. September: Vor der UN-Vollversammlung in New York erklärt Bundesaußenminister Hans-Dietrich Genscher den Standpunkt der Bundesregierung zur deutschen Frage. «Ich bekräftige unsere Überzeugung, daß die Geschichte über die Teilung des deutschen Volkes nicht ihr letztes Wort gesprochen hat. Der Wille der Nation zur Einheit wird seine geschichtliche Kraft behalten.»

3. Oktober: Im Gegensatz zur Parteiführung, die eine Fortsetzung der sozialliberalen Koalition nach den Bundestagswahlen 1976 befürwortet, fordert der FDP-Generalsekretär Martin Bangemann ein Zurückstellen der Koalitionsaussage bis nach der Wahl. Nach heftiger Kontroverse tritt Bangemann heute zurück.

9. und 10. Oktober: Die Bundesregierung schließt mehrere Abkommen mit Polen. Sie betreffen die Renten- und Unfallversicherung, die pauschale Abgeltung von Rentenansprüchen in Höhe von 1,3 Milliarden DM, einen Kredit über eine Milliarde DM, den Ausbau der wissenschaftlich-technischen Zusammenarbeit und ein Protokoll über die Ausreise von 120000 Deutschen innerhalb von vier Jahren. Bundeskanzler Helmut Schmidt wertet diese Regelungen als Durchbruch in der deutsch-polnischen Verständigung. Am 19. Februar 1976 stimmt der Bundestag mit den Stimmen der sozialliberalen Koalition und von fünfzehn Oppositionsabgeordneten zu. Weil er um den drohenden Bankrott des polnischen Regimes weiß und die Gegenleistung Polens für zu gering hält, spricht sich der CSU-Vorsitzende Franz Josef Strauß unnachgiebig gegen die Abkommen aus. Am 12. März billigt jedoch auch der Bundesrat einstimmig den

Nach Abschluß der KSZE und Erreichen wichtiger Entspannungsschritte sollen die Beziehungen den veränderten Bedingungen angepaßt werden. Nunmehr fehlt jeder gesamtdeutsche Bezug, Berlin wird nicht mehr als besondere politische Einheit genannt, die Betonung des sozialistischen Internationalismus wird noch vor die staatliche Souveränität gestellt, die Unantastbarkeit der Grenzen wird nicht nur auf die Unterzeichnerstaaten bezogen, sondern auf alle Länder des Warschauer Paktes ausgedehnt.

7. Oktober: Erstmals wird der Gründungstag der DDR als «Nationalfeiertag» begangen.

12. Oktober: In Ost-Berlin trifft der Vorsitzende der «Gewerkschaft der Mitarbeiter der Staatsorgane und der Kommunalwirtschaft», Heiner Bartsch, mit dem Vorsitzenden der westdeutschen Gewerkschaft ÖTV, Heinz Kluncker, zusammen.

20. bis 25. Oktober: Im «Internationalen Jahr der Frau» richtet die DDR den Frauen-Weltkongreß mit 2000 Delegierten aus 135 Ländern in Ost-Berlin aus. Sein Leitsatz «Gleichberechtigung, Entwicklung, Frieden» wird für die DDR als gewährleistet betrachtet.

28. Oktober: Das Politbüro der SED und der Ministerrat stiften als staatliche Auszeichnung den Ehrentitel «Held der Deutschen Demokratischen Republik». Er wird jährlich an etwa zehn Personen für «Heldentaten bei der Gewährleistung des militärischen Schutzes und der staatlichen Sicherheit» sowie für außergewöhnliche Leistungen und Verdienste bei der Entstehung, Entwicklung und allseitigen Stärkung der DDR verliehen.

29. Oktober: In Ost-Berlin tauschen Beauftragte der Regierung und des Senats von Berlin Briefe aus, in denen endlich Regelungen über gegenseitige Hilfeleistung bei Unglücksfällen in den Gewässern an den Berliner Sektorengrenzen vereinbart werden. Am 30. Oktober veröffentlicht ADN eine Erklärung der sowjetischen Botschaft in Ost-Berlin, daß ein sowjetischer Sektor in Berlin längst nicht mehr existiere.

1. bis 6. Dezember: In Budapest beschließt der Ständige Ausschuß des RGW eine Verbesserung des dürftigen Autobahnnetzes in Osteuropa. Ins Langzeitprogramm von 1976 bis 1990 werden nun vier Hauptautobahnen aufgenommen, von denen zwei in der DDR beginnen: Marienborn–Berlin–Warschau–Moskau sowie Rostock–Berlin–Prag–Budapest–Bukarest–Konstanza.

16. Dezember: Am Vortag berichtet der *Spiegel*, seit einiger Zeit würden durch Gerichtsbeschluß Kinder, deren Eltern wegen «Republikflucht» verhaftet seien, zwangsweise zur Adoption durch andere DDR-Bürger freigegeben. Heute wird dem in Ost-Berlin akkreditierten *Spiegel*-Korrespondenten Jörg Mettke, der den Artikel weder recherchierte noch verfaßte, wegen «grober Verleumdung» der DDR und Verstoßes gegen die Korrespondenten-Verordnung die Arbeitserlaubnis entzogen, Mettke wird ausgewiesen. Am 17. Dezember erklärt das Außenministerium zur Zwangsadoption: «Das ist frei erfunden und eine Verleumdung.» Am 20. Dezember drücken vierzehn der sechzehn westdeutschen Korrespondenten in Ost-Berlin, zwei vertreten kommunistische Zeitungen, in einem gemeinsamen Schreiben den zuständigen Behörden ihr Befremden über die Maßnahmen gegen Mettke aus.

19. Dezember: Zwischen der Bundesrepublik und der DDR werden mehrere Verbesserungen im Berlin-Verkehr festgelegt. Wichtigstes Vorhaben ist die Grunderneuerung der arg ramponierten Autobahn zwischen Berlin und Marienborn. Die Bauar-

Vertrag. Bayern stimmt zu, weil eine Spaltung der Union in einer so bedeutsamen Frage die Chancen bei den Wahlen vom Herbst 1976 verschlechtern würde.

29. Oktober bis 2. November: Vom 5. bis 18. September findet in Peking die erste deutsche Industrieausstellung in China statt. Zu dieser erfolgreichen Veranstaltung kommt auch Franz Josef Strauß zum zweiten Mal nach China. Nun besucht als erster Bundeskanzler Helmut Schmidt das Reich der Mitte. Ihm wird die Unterstützung Chinas in seiner «Opposition gegen eine dauerhafte Teilung der deutschen Nation» versichert. Schmidt wird von Mao Zedong sowie Deng Xiaoping empfangen und unterzeichnet mehrere Abkommen zur Verbesserung der Beziehungen.

7. November: Bei der Zeremonie am sowjetischen Ehrenmal in West-Berlin zum Jahrestag der russischen Oktoberrevolution betreten erstmals zwei Angehörige der NVA der DDR in voller Uniform den Westteil der Stadt. Sie kommen als Fahrer sowjetischer Offiziere. Sofort erheben die Westalliierten Protest, worauf ihnen am 10. November erklärt wird, ein Offizier habe vergessen, die NVA-Fahrer gegen sowjetische Fahrer auszutauschen.

10. bis 15. November: Als erster Bundespräsident besucht Walter Scheel die Sowjetunion. Gemeinsam mit Leonid Breschnew würdigt er die Normalisierung der Beziehungen und die enorme Ausweitung der wirtschaftlichen Zusammenarbeit in den vergangenen fünf Jahren.

15. bis 17. November: Erstmals kommen die stärksten westlichen Industrienationen zum «Weltwirtschaftsgipfel» zusammen. Die Staats- und Regierungschefs der USA, Großbritanniens, Frankreichs, Japans, Italiens und der Bundesrepublik treffen sich in Paris; Kanada kritisiert seine Nicht-Einladung scharf. Wenige konkrete Maßnahmen werden vereinbart, dafür herrscht Einmütigkeit in der Perspektive: «Das Ziel muß heißen: stetiges und dauerhaftes Wachstum.»

21. Dezember: In Wien überfallen sechs Terroristen unter Leitung von «Carlos», der richtig Iljitsch Ramirez Sanchez heißt, die Ölministertagung der OPEC. Zwei Sicherheitsbeamte und ein OPEC-Angestellter werden getötet, der deutsche Terrorist Hans-Joachim Klein wird mit einem Bauchschuß in ein Krankenhaus gebracht. Über den österreichischen Rundfunk wird eine Erklärung der Terroristen verlesen, in der sie einen «totalen Befreiungskrieg» gegen Israel und die Zerschlagung reaktionärer arabischer Regimes wie im Iran und in Ägypten fordern. Nach Verhandlungen können die Terroristen, darunter auch der verwundete Klein, mit 33 Geiseln, darunter zehn Ministern, nach Algier ausfliegen. Dort, bei ihrem nächsten Stopp im libyschen Tripolis sowie wieder in Algier lassen sie alle Geiseln frei. Algerien gewährt den Terroristen politisches Asyl und läßt sie am 31. Dezember nach Libyen ausreisen.

beiten beginnen bereits am 2. Januar 1976, die Bauzeit soll vier Jahre betragen. Die Kosten werden auf 405 Millionen DM veranschlagt, von denen die Bundesregierung 259,5 Millionen DM übernimmt. Die Verhandlungen über eine neue Autobahn zwischen Berlin und Hamburg sollen 1978 beginnen, schon 1976 wird die DDR den Grenzübergang Stolpe im Norden West-Berlins eröffnen. Weitere Verbesserungen betreffen den Schienenverkehr sowie den Teltowkanal. Für die Jahre 1976 bis 1979 wird die Transitpauschale auf 400 Millionen DM pro Jahr festgesetzt.

Bei einem Fluchtversuch erschießt der DDR-Bürger Werner Weinhold die DDR-Grenzer Klaus-Dieter Seidel und Jürgen Lange, nach eigenen Angaben in Notwehr. In der Bundesrepublik wird Weinhold in Untersuchungshaft genommen, Auslieferungsersuchen der DDR werden abgelehnt. Nach einer vorübergehenden Freilassung Weinholds veröffentlicht das *Neue Deutschland* einen Steckbrief, der eine Belohnung von 100 000 Mark auslobt. Am 2. Dezember 1976 spricht das Landgericht Essen Weinhold von der Anklage des Totschlages frei – die DDR lehnte die erbetene Übergabe von Beweismitteln sowie die Entsendung von Zeugen ab. Am 5. Dezember 1976 kommentiert das *Neue Deutschland*: «Das Urteil ermuntert zu neuen Grenzprovokationen und Morden.» Später rügt der Bundesgerichtshof die Eilfertigkeit des Urteils, er hebt es auf und weist das Verfahren an einen anderen Gerichtsort zurück. Am 1. Dezember 1978 verurteilt das Landgericht Hagen Weinhold wegen Totschlages in zwei Fällen zu fünfeinhalb Jahren Freiheitsstrafe. Weil auf ihn nicht geschossen worden war, liege keine Notwehr vor. Das Gericht erhält und verwertet Protokolle aus der DDR, die im April 1978 während einer «gerichtlichen Beweissicherung» in Dresden erstellt wurden.

1976

«Freiheit statt Sozialismus»

Derart polarisiert und aufgeladen war die Innenpolitik höchst selten. Vor allem die CSU betreibt einen offenen Konfrontationskurs, auf den, wegen der Drohung der Abspaltung, auch die CDU eingeht. Die Opposition stilisiert die Bundestagswahl zur Schicksalswahl hoch, die über die Weichenstellung «Freiheit» oder «Sozialismus» entscheide. Ihre Ineinssetzung von SPD, Sozialismus, Kommunismus und Unfreiheit beschert der Union zwar kräftige Gewinne, doch behält die sozialliberale Koalition die Mehrheit. Der Kanzlerkandidat Helmut Kohl nutzt seine Niederlage taktisch, bei der nächsten Wahl läßt er Franz Josef Strauß den Vortritt.

19. Januar: Das Bundesministerium für innerdeutsche Beziehungen berichtet von Rekordzahlen im deutsch-deutschen Reiseverkehr. Im Jahr 1975 seien 3,1 Millionen Westdeutsche und 2,7 Millionen West-Berliner nach Ost-Berlin und in die DDR gereist. Aus der DDR seien mehr als 1,3 Millionen Besuche von Rentnern sowie 40000 Besuche von Personen, die nicht im Rentenalter sind, in dringenden Familienangelegenheiten registriert worden. Im Transitverkehr von und nach West-Berlin habe es 14,8 Millionen Reisende gegeben, gegenüber dem Jahr 1971, also vor Abschluß des Transitabkommens, fast eine Verdoppelung.

6. Februar: Bei seiner Wiederwahl als Ministerpräsident von Niedersachsen erklärt Alfred Kubel (SPD) seinen vorzeitigen Rücktritt aus Altersgründen in der Mitte der Legislaturperiode. Am 14. Januar 1976 erfolgt der Rücktritt, ein erster Wahlgang bringt keine Mehrheit. Obwohl SPD und FDP eine Stimme Mehrheit haben, wird im zweiten Wahlgang der CDU-Kandidat Ernst Albrecht gewählt. Sowohl SPD als auch FDP lehnen eine Koalition mit der CDU ab, worauf ein dritter Wahlgang erfolgt, in dem Albrecht nunmehr endgültig zum neuen Ministerpräsidenten gewählt wird. Er regiert mit einer Minderheitsregierung der

1976

Bruchstellen

Offensichtlicher kann kaum werden, daß nur der ein DDR-Bürger sein darf, der konform, angepaßt und parteifromm ist. Wie hinterhältig die Ausbürgerung von Wolf Biermann, bis dahin im Osten weit weniger bekannt als im Westen, betrieben wird, empört auch die eher zurückhaltenden Menschen in der DDR. Noch entsteht keine politische Bewegung, aber diese Protestwelle ist die größte, die die DDR seit vielen Jahren erlebt. Mit ihren fadenscheinigen Argumenten verliert die SED-Führung nicht nur Glaubwürdigkeit, sie treibt die innere Abwendung erheblicher Gruppen von der DDR erheblich voran.

20. bis 26. Januar: Vor dem Strafgericht Berlin wird gegen «den professionellen Menschenhändler Rainer Schubert» aus West-Berlin verhandelt. Er hat «Bürger der DDR und der Tschechoslowakei abgeworben und ausgeschleust». Seine eigens gegründete Organisation gehöre der Züricher Tarnfirma *Armaco AG* an, deren Leiter Hans Ulrich Lenzlinger sei. Schubert wird zu fünfzehn Jahren Freiheitsstrafe verurteilt. In der Prozeßwelle gegen Fluchthelfer, die im November 1977 beginnt, werden wiederholt Angeklagte als zur «internationalen kriminellen Lenzlinger-Bande» gehörig bezeichnet. Am 5. Februar 1979 fällt Lenzlinger in Zürich einem Mordanschlag zum Opfer, für den mutmaßlich die Stasi verantwortlich ist.

4. Februar: Angesichts einer Ankündigung der Kommunistischen Partei Frankreichs, beim bevorstehenden Parteitag die Formel von der «Diktatur des Proletariats» aus ihrem Statut zu streichen, bezieht das *Neue Deutschland* Stellung. «Wir sprechen von unserem Staat als einer Form der Diktatur des Proletariats (...) Die Arbeiterklasse mit ihren Verbündeten kann die sozialistische Ordnung nicht schaffen, wenn sie nicht die Macht dazu hat.» Als die KPF beim Parteitag vom 4. bis 8. Februar die Streichung

CDU. Der SPD-Vorsitzende Willy Brandt spricht von «Mehrheiten, die im Zwielicht gebildet wurden». Anfang 1977 gehen CDU und FDP eine Koalition ein.

12. Februar: Der Bundestag verabschiedet eine Neufassung des Paragraphen 218, der eine erweiterte ethische wie medizinische Indikation sowie eine neue soziale Indikation zum Schwangerschaftsabbruch enthält. Grundsätzlich bleibt der Abbruch strafbar, doch ist er bei Einwilligung der Schwangeren und Vornahme durch einen Arzt legal, wenn eine medizinische, eugenische, ethische oder soziale Indikation vorliegt. Am 20. März lehnt der Bundesrat mit der Mehrheit der CDU/CSU-geführten Länder das Gesetz ab, der Vermittlungsausschuß nimmt jedoch keine Änderungen vor. Darauf erhebt der Bundesrat am 17. April Einspruch, der am 6. Mai vom Bundestag zurückgewiesen wird. Damit gilt ab 21. Juni die weitgefaßte Indikationenregelung.

18. März: Nach heftigen Kontroversen verabschiedet der Bundestag das auf vielen Kompromissen aufgebaute neue «Mitbestimmungsgesetz» mit großer Mehrheit. Es gilt für etwa 650 Unternehmen, die mehr als 2000 Beschäftigte haben. Auf Drängen der FDP werden «Tendenzbetriebe» wie Pressekonzerne oder kirchliche Einrichtungen ausgenommen, auf Drängen der SPD auch die Montanbetriebe, in denen weiterhin die Montanmitbestimmung von 1951 gilt. Bei Betrieben mit weniger als 2000 Beschäftigten bleibt die Ein-Drittel-Vertretung der Arbeitnehmer im Aufsichtsrat nach dem Betriebsverfassungsgesetz von 1951 erhalten. Das neue Gesetz schreibt in den Aufsichtsräten die Parität zwischen Arbeitgeber- und Arbeitnehmervertretern fest, doch erhalten die leitenden Angestellten, die oftmals auf Arbeitgeberseite mitstimmen, mindestens einen Sitz auf der Arbeitnehmerseite. Die Gewerkschaften können nun keine Vertreter mehr entsenden, sondern nur noch zur Wahl vorschlagen. Gegen das Gesetz protestieren die Gewerkschaften. Im Juni 1977 erheben 29 Arbeitgeberverbände und neun Unternehmen Klage beim Bundesverfassungsgericht. Am 1. März 1979 erklärt das BVG das Gesetz für grundgesetzkonform, es verletze kein Grundrecht.

26. März: Die Stuttgarter Privatfirma «OTRAG» schließt mit Zaire einen Vertrag, der die «uneingeschränkte Nutzung eines Territoriums» im Nordosten der Provinz Shaba des afrikanischen Landes für Raketenversuche vorsieht. Auf dem 100000 Quadratkilometer großen Areal werden im Mai 1977 und Mai 1978 die ersten Raketenversuche unternommen, worauf die DDR und die Sowjetunion heftig protestieren. Im April 1979 untersagt Zaire der «OTRAG» die Fortsetzung ihrer Aktivitäten.

22. April: Mit dem vierzehnten Strafrechtsänderungsgesetz stellt der Bundestag die verfassungsfeindliche Befürwortung von Gewalt und die Verbreitung und den Bezug von Schriften, die Straftaten befürworten oder zu ihnen anleiten, unter Strafe.

28. April bis 13. Mai: Die IG Druck und Papier fordert Lohnerhöhungen von neun Prozent. Nach einem Schiedsspruch über 5,4 Prozent ruft die Gewerkschaft aufgrund einer Urabstimmung den Streik aus. Er wird als Schwerpunktstreik begonnen, worauf die Arbeitgeber mit der ersten bundesweiten Aussperrung von allen 6000 Mitgliedsunternehmen des «Bundesverbandes Druck» antworten. Von den normalen 21,5 Millionen Exemplaren der Tagespresse werden nur 1,5 Millionen gedruckt und ausgeliefert. Nach dem Scheitern von Einigungsversuchen ruft die Gewerkschaft am 6. Mai den Generalstreik aus. Weil die Streikfront jedoch bröckelt, wird am 13. Mai eine Einigung erzielt, die Lohnerhöhungen von sechs tatsächlich beschließt, verschweigt das *Neue Deutschland* dies in seiner Berichterstattung. Auch die Äußerung des KPF-Vorsitzenden Georges Marchais, kein Weg zum Sozialismus sei besser und kürzer als Freiheit und Demokratie, wird nicht wiedergegeben.

11. Februar: In Ost-Berlin empfängt Erich Honecker den DKP-Vorsitzenden Herbert Mies zu einem «Meinungsaustausch».

27. Februar: In Ost-Berlin werden ein Regierungsabkommen zwischen der DDR und der Bundesrepublik zum Post- und Fernmeldewesen sowie drei Verwaltungsabkommen über den Postverkehr, den Fernmeldeverkehr und die Abrechnung im Post- und Fernmeldetransit paraphiert. Während die Bundesrepublik weiterhin Inlandsgebühren ansetzt, will die DDR bei den 1971 eingeführten Auslandstarifen bleiben. Die Abkommen werden am 30. März in Bonn unterzeichnet und treten am 1. Juli in Kraft.

14. März: Auf der Leipziger Messe ist die Bundesrepublik nach der DDR größter Aussteller. Weil die DDR drei Korrespondenten von *Deutschlandfunk* und *Deutscher Welle* die Akkreditierung als Messe-Berichterstatter verweigert, brechen Bundeswirtschaftsminister Hans Friderichs (FDP), Staatssekretär Detlev Karsten Rohwedder und der niedersächsische Finanzminister Walther Leisler Kiep (CDU) ihren Messebesuch am 15. März vorzeitig ab.

1. April: Der Bundesminister für innerdeutsche Beziehungen, Egon Franke (SPD), teilt mit, daß nach Verhandlungen der Bundesregierung mit der DDR im Jahr 1975 die Ausreise von 5499 Personen, darunter mehr als tausend Kinder, sowie die Freilassung und Ausreise von 1200 politischen Gefangenen aus der DDR in die Bundesrepublik erreicht wurde.

5. April: Zwischen der SED-Führung und der Evangelischen Kirche kommt es zur Annäherung. Mitglieder des Vorstandes und Präsidiums der Synode des Bundes der Evangelischen Kirchen in der DDR führen ein Gespräch mit dem Staatssekretär für Kirchenfragen, Hans Seigewasser (SED). Als Thema werden Fragen des Entspannungsprozesse und der Abrüstung genannt. Daß indes eine grundlegende Verbesserung des Verhältnisses eingeleitet ist, zeigen mehrere Entscheidungen der Folgezeit: In sozialistischen Neubausiedlungen und Vorstädten dürfen ab dem Sommer Kirchen und Gemeindezentren errichtet werden – seit zwanzig Jahren bemühten sich die Kirchen vergeblich um eine solche Regelung. Im Mai 1981 wird in Eisenhüttenstadt, der «ersten sozialistischen Stadt der DDR», ein Kirchengebäude eingeweiht. Auch werden Auf- und Umbauten kirchlicher Gebäude in die staatliche Planung aufgenommen. Auf Wunsch Erich Honeckers wird auch der Berliner Dom zum Wiederaufbau bestimmt und seine ausschließlich kirchliche Nutzung garantiert. Zudem unternimmt der Staat weitere Schritte der Anerkennung der kirchlichen Diakonie.

1. Mai: Der aus der DDR «freigekaufte», ehemalige politische Häftling Michael Gartenschläger kämpft gegen den «Unrechtscharakter der DDR» dadurch, daß er Selbstschußgeräte aus den Grenzanlagen abbaut. Am 30. März und 24. April gelingt es ihm, bei Büchen zwei Geräte «SM 70» in seinen Besitz zu bringen. Heute unternimmt er am selben Ort den dritten Versuch. Kurz vor Mitternacht wird er von «Grenzaufklärern», einer Stasi-geleiteten Spezialeinheit, auf DDR-Territorium erschossen.

4. Mai: Zwischen der DDR und Großbritannien wird in Ost-Berlin ein Konsularabkommen unterzeichnet. Dazu teilt die britische Regierung der DDR mit, daß jeder Deutsche im Sinne von Artikel 116 des

Prozent und eine Sonderzahlung von 275 DM vorsieht.

5. und 6. Mai: Auf ihrer Tagung in Bayreuth teilt die deutsch-deutsche «Grenzkommission» mit, daß sie die Markierung und Dokumentation der 1393 Kilometer langen Grenze nahezu vollendet habe. Lediglich ein Abschnitt im Harz sowie der umstrittene Elbeabschnitt seien noch aufzunehmen.

9. Mai: In den frühen Morgenstunden erhängt sich Ulrike Meinhof in ihrer Zelle der Haftanstalt Stuttgart-Stammheim. Am 4. Mai kam es im Prozeß gegen Meinhof und andere zu einer Wende, als Gudrun Ensslin eine Erklärung mit einem Geständnis verliest: «Wir sind in der RAF seit 1970 organisiert.» Nach dem Selbstmord von Meinhof kommt es zu Straßenschlachten in West-Berlin und Frankfurt/Main sowie zu Bombenanschlägen auf deutsche Einrichtungen in Italien, Frankreich und Spanien.

8. bis 12. Juni: Erstmals besucht ein polnischer Parteichef die Bundesrepublik. Edward Gierek, der Polen in eine dramatische Krise mit riesiger Verschuldung im Westen führte, die in diesem Jahr den 10-Milliarden-Dollar Wert überschreitet, sucht Hilfe beim befreundeten Bundeskanzler Helmut Schmidt. Es werden insgesamt vierzehn Verträge unterzeichnet, die laut Schmidt ein Volumen von über drei Milliarden DM ausmachen.

16. Juni: Bei den MBFR-Verhandlungen legt die Sowjetunion erstmals Zahlenangaben über die Mannschaftsstärken der Bodentruppen des Warschauer Paktes in der DDR, der Tschechoslowakei und Polen vor. Westliche Angaben beziffern bisher die Truppenstärke des Ostens auf 925 000, davon 460 000 sowjetische Soldaten, wohingegen die Sowjetunion nur 805 000 Mann nennt. Für alle Waffengattungen sei die Gesamtstärke 990 000 Mann, die NATO dagegen schätzt die Gesamtzahl auf 1,1 Millionen Mann. Die Stärke ihrer eigenen Bodentruppen in der Bundesrepublik und den Benelux-Staaten gibt die NATO mit 770 000 Mann an, davon 193 000 amerikanische Soldaten.

21. Juni: Nach der Aufdeckung mehrerer spektakulärer Spionagefälle, etwa der Sekretärin Helga Berger, des Offiziers Dieter Joachim Haase und des im Verteidigungsministeriums tätigen Ehepaares Renate und Lothar-Erwin Lutze, äußert sich der Präsident des Bundesamtes für Verfassungsschutz im *Spiegel*. Richard Meier kündigt an, es sei nur noch eine Frage der Zeit, bis der gesamte Agenten- und Spionageapparat der DDR in der Bundesrepublik ausgehoben sei.

1. Juli: Das erste Element des neuen Ehe- und Familienrechts tritt in Kraft. Mit dem neuen Namensrecht wird die Tradition beendet, daß der Name des Mannes automatisch gemeinsamer Familienname wird. Nun kann entweder der Name des Mannes oder der der Frau zum Familiennamen gewählt werden, der jeweils andere Partner kann seinen Geburtsnamen dem Familiennamen voranstellen.

7. Juli: In den frühen Morgenstunden gelingt den Terroristinnen Inge Viett, Gabriele Rollnick, Monika Berberich und Juliane Plambeck der Ausbruch aus der Frauenhaftanstalt Berlin-Tiergarten. Der Justizsenator und Stellvertretende Bürgermeister Hermann Oxfort (FDP) tritt darauf am 10. Juli zurück.

In Essen verstirbt der frühere Bundespräsident Gustav Heinemann (SPD).

12. und 13. Juli: In Brüssel beschließt der «Europäische Rat», daß das «Europäische Parlament» im Mai oder Juni 1978 direkt gewählt werden soll. Von den dann 410 Sitzen entfallen je 81 auf die bevölkerungsstärksten Länder Frankreich, Großbritannien, Italien und die Bundesrepublik. Am 3. Au-

Grundgesetzes auch weiterhin die konsularische Betreuung der Bundesrepublik in Anspruch nehmen kann.

13. Mai: In Moskau geben neun Regimekritiker die Gründung der «Öffentlichen Gruppe zur Verwirklichung der Kontrolle der Erfüllung der Helsinki-Abkommen in der Sowjetunion» bekannt. Ihr gehören Juri Orlow, Jelena Bonner (die Ehefrau von Andrej Sacharow), Alexander Ginsberg, Anatoli Martschenko und Pjotr Grigorenko an. Dies ist die erste Gruppe in Osteuropa, die sich auf die Einhaltung der in der KSZE-Schlußakte anerkannten Menschen- und Bürgerrechte beruft.

18. bis 22. Mai: Am 23. April wird der «Palast der Republik» am Ost-Berliner Marx-Engels-Platz eingeweiht, nun tagt als erste Großveranstaltung der neunte Parteitag der SED im repräsentativen Neubau. Er beschließt das neue Programm der SED, das im Vergleich zu dem von 1963 deutlich nüchterner ausfällt. Innenpolitisch schreibt der Parteitag den Kurs von Erich Honecker, der nun als Generalsekretär des ZK der SED firmiert, fest. Mit der «Einheit von Wirtschafts- und Sozialpolitik» werden die Verbesserungen der Lebenslage an das effektivere Arbeiten der Wirtschaft geknüpft. Zwar wird das Wohnungsbauprogramm zum «Kernstück der Sozialpolitik» erklärt, es soll bis 1980 550000 Neubauwohnungen und 200000 Modernisierungen erreichen und damit die Wohnungsfrage lösen, doch werden andere Fortschritte weit vager behandelt.

27. Mai: Weil beim Parteitag der SED die vielfach erhofften Beschlüsse über sozialpolitische Verbesserungen ausblieben, zeigen sich viele Menschen unwirsch. Rasch reagiert die Führung auf den Unmut, offenbart dabei aber unfreiwillig den niedrigen Lebensstandard von Millionen Menschen. In einem gemeinsamen Beschluß des ZK der SED, des Bundesvorstandes der FDGB und des Ministerrats werden «weitere planmäßige Verbesserungen der Arbeits- und Lebensbedingungen der Werktätigen» festgelegt. Etwa eine Million vollbeschäftigter Arbeiter und Angestellter, die nur zwischen 350 und 550 Mark brutto verdienen, erhalten Lohnerhöhungen, der Mindestlohn wird von 350 auf 400 Mark erhöht. Für 3,5 Millionen Rentner werden die Mindestrenten erhöht; bei bis zu vierzehn Arbeitsjahren von 200 auf 230 Mark, bei mehr Arbeitsjahren von 240 auf 300 Mark. Der Schwangerschafts- und Wochenurlaub wird von 18 auf 26 Wochen verlängert, bei voller Weiterzahlung des Nettoeinkommens. Nur für Arbeiter im Drei-Schichten-System wird die 40-Stunden-Woche, für diejenigen im Zwei-Schichten-System die 42-Stunden-Woche eingeführt. Alle anderen Werktätigen müssen weiterhin 43 $^{3}/_{4}$ Stunden in der Woche arbeiten.

24. Juni: Die Volkskammer beschließt im Gesetz über die Wahlen zu den Volksvertretungen, daß diese künftig auf allen Ebenen einheitlich für fünf Jahre gewählt werden. Alle Bürger erhalten nun statt mit 21 mit 18 Jahren das aktive wie passive Wahlrecht.

29. und 30. Juni: In Ost-Berlin treffen sich 29 Delegationen von kommunistischen und Arbeiterparteien Europas. Im Vorfeld erklärt die italienische KP, sie werde sich gegen jede Maßnahme stellen, welche «die chinesischen Genossen verurteilen und eine neue Komintern zu schaffen versuchen würde». Auch die KP Jugoslawiens, die zuletzt 1957 an einer Weltkonferenz mitwirkte, und Rumäniens nehmen nur teil, weil ihnen der Verzicht auf allgemein verbindliche Beschlüsse zugesichert wird. Vor allem die als «eurokommunistisch» bezeichneten KPs Italiens, Frankreichs und Spaniens kritisieren, daß der sowjetische Kurs der Entspan-

«Das Signal von Zeitz»

Vor der Michaeliskirche im sächsischen Zeitz verbrennt sich am Vormittag des 18. August der evangelische Pfarrer Oskar Brüsewitz aus Rippicha. Zuvor stellt er zwei Transparente auf, die als «Funkspruch an alle» betitelt sind und diese Texte zeigen: «Wir klagen den Kommunismus an wegen Unterdrückung der Kirchen in Schulen an Kindern und Jugendlichen»; «Die Kirche in der DDR klagt den Kommunismus an! Wegen Unterdrückung in Schulen an Kindern und Jugendlichen.» Brüsewitz erliegt am 22. August in Halle-Dölau seinen schweren Verbrennungen.

Brüsewitz, der sich, auch mit ungewöhnlichen Aktionen, kämpferisch für Glauben und Kirche einsetzte, wurde nicht nur von SED und Staat angegriffen. Die Kirchenleitung betrachtete ihn als Störenfried und kündigte ihm die Abberufung aus Rippicha an. Brüsewitz nahm diese Ankündigung widerspruchslos auf, berichtete jedoch darüber, daß ihn die staatlichen Stellen bei Weigerung in die Bundesrepublik ausweisen würden. Staatliche wie kirchliche Vertreter sind sich einig, daß dieses Vorkommnis die Beziehungen zwischen Kirche und Staat nicht belasten dürfe. In einer gemeinsamen Sitzung sagt der Oberkonsistorialrat Manfred Stolpe wörtlich: «Für mich ist hier eine Solidaritätssituation mit dem Staat gegeben, wenn er von der Westpresse massiv angegriffen werden sollte.»

Am nächsten Tag informiert Stolpe führende Kirchenmänner «vertraulich» über die Selbstverbrennung in Zeitz: «Falls der Vorgang westlichen Massenmedien bekannt wird, ist mit massiver Anti-DDR-Propaganda zu rechnen, die eine aus tragischen Verwicklungen entstandene Verzweiflungstat eines Einzelnen generalisieren und zur Hetze auch gegen die Kirchenleitungen in der DDR mißbrauchen wird.» Das Verschweigen bleibt nicht lange erfolgreich: Am 20. August wird die Nachricht von der Selbstverbrennung im westlichen Rundfunk und Fernsehen veröffentlicht.

Darauf beeilen sich die offiziellen Medien, den Vorfall herunterzuspielen. Am 21. August erscheint im *Neuen Deutschland* die erste Meldung. Ihr zufolge ist Brüsewitz ein «abnormal und krankhaft veranlagter Mensch, der oft unter Wahnvorstellungen litt». Kirchenvertreter hätten erklärt, daß «sie sich von der Handlungsweise des Pfarrers Brüsewitz distanzieren». Westliche Medien nutzten «diesen Selbstmordversuch zu einer verleumderischen Hetze gegen die DDR».

Wie Horst Sindermann, Vorsitzender des Ministerrats, am 3. September gegenüber Kirchenvertretern in einem vertraulichen Gespräch äußert, trifft der Opfergang von Brüsewitz auf staatlicher Seite «den Nerv». Die SED-Führung hegt die Befürchtung, das «Signal von Zeitz» könne weitreichende Folgen zeitigen.

nung und Zusammenarbeit das Moskauer Interesse an stabilen Verhältnissen im Westen bedinge. Dadurch würden die guten Chancen der KPs, in Italien durch den «Historischen Kompromiß» oder in Frankreich durch eine neue «Volksfront» auf friedlichem und demokratischem Wege an die Macht zu gelangen, erheblich gemindert.

Erstmals werden auf dieser Konferenz die Differenzen offen ausgetragen. Bedingungslose Unterstützung sichert der Sowjetunion Erich Honecker zu: «Mag es zu diesen oder jenen Fragen unserer Zeit verschiedene Meinungen geben – entscheidend ist das, was uns eint.» Für die Parteien des «Eurokommunismus» ist kennzeichnend, was Santiago Carillo, Chef der spanischen KP, ausführt: «Jahrelang war Moskau, wo unsere Träume begannen, Wirklichkeit zu werden, unser Rom. Wir sprachen von der Großen Sozialistischen Oktoberrevolution, als wäre sie unsere Weihnacht. Das war unsere Kinderzeit. Heute sind wir erwachsen (...) Wir verlieren immer mehr den Charakter einer Kirche. Der wissenschaftliche Gehalt unserer Theorien setzt sich gegenüber dem Glauben und der Mystik von der Vorbestimmung durch (...) Es besteht jedoch kein Zweifel daran, daß wir Kommunisten heute kein Führungszentrum haben, an keine internationale Disziplin gebunden sind (...) Die Hegemonie der Kräfte der Arbeit und der Kultur, die heute im Kampf für den Sozialismus in unseren Ländern in der ersten Reihe stehen, wird nicht mit diktatorischen Formen durchgesetzt werden, sondern durch die Anerkennung des politischen und ideologischen Pluralismus, ohne Einparteiensystem und bei ständiger völliger Achtung der Ergebnisse allgemeiner Wahlen.»

Gemäß den getroffenen Absprachen veröffentlicht das *Neue Deutschland* alle Redebeiträge der Delegationsleiter sowie das Abschlußdokument «Für Frieden, Sicherheit, Zusammenarbeit und sozialen Fortschritt in Europa» im vollen Wortlaut. Zum ersten Mal können die Menschen in der DDR aus ihren eigenen Medien Alternativen zur Politik der SED entnehmen. Diese Dokumente werden ein bedeutsamer Katalysator für die wachsende Kritik am Kurs der SED-Führung.

10. Juli: In Riesa verfaßt der Arzt Karl-Heinz Nitschke, der bereits mehrere Fluchtversuche unternahm und Ausreiseanträge stellte, eine «Petition zur vollen Erlangung der Menschenrechte», die von 32 weiteren Personen mit vollem Namen und voller Anschrift unterzeichnet wird. Nitschke übersendet die Petition an das Menschenrechtskomitee der UN, an die Regierungen aller KSZE-Signatarstaaten einschließlich der DDR und an westliche Medien. 46 weitere Personen aus Riesa, Karl-Marx-Stadt und Umgebung schließen sich rasch der Petition an. Letztlich trägt sie mehr als 200 Unterschriften. Auf diese neuartige Initiative, die sich auf die Menschen- und Bürgerrechte beruft, wissen die Staatsorgane zunächst nicht zu reagieren. Sie betreiben nur eine intensive Überwachung. Erst am 7. August wird Nitschke festgenommen, einige Unterzeichner werden später in Haft genommen und wegen «staatsfeindlicher Hetze» und «staatsfeindlicher Verbindungen» zu Freiheitsstrafen verurteilt. Am 26. August 1977 wird Nitschke in die Bundesrepublik abgeschoben, gleiches widerfährt bis zum Herbst 1978 allen anderen Unterzeichnern.

24. Juli: Im Raum Ratzeburg überschreitet der Hamburger Urlauber Willi Bubbers irrtümlich die Grenze zur DDR. Er wird von Grenzern beschossen, schwer verletzt und in ein Krankenhaus der DDR verbracht. Nach achtzehn Tagen wird er in die Bundesrepublik zurückgeführt. An anderer Stelle gust protestiert die Sowjetunion bei den Westalliierten gegen die Einbeziehung West-Berlins in die Wahlen, dies sei ein Verstoß gegen das Vier-Mächte-Abkommen. Am 20. September weisen die Westmächte den Protest zurück.

16. Juli: In Washington verkündet Bundeskanzler Helmut Schmidt vor Journalisten, die USA, Großbritannien, Frankreich und die Bundesrepublik seien sich einig, bei einer Regierungsbeteiligung der Kommunisten in Italien dem Land keine Finanzhilfen mehr zu gewähren. Noch vor wenigen Wochen bekundete Schmidt gegenüber dem Vorsitzenden der italienischen KP, Enrico Berlinguer, er halte einen Regierungseintritt der Kommunisten nicht notwendigerweise für eine Katastrophe.

18. August: Das sogenannte Anti-Terror-Gesetz, das den Paragraphen 129 a ins Strafgesetzbuch einführt, tritt in Kraft. Es stellt die «Bildung einer terroristischen Vereinigung», die auf Mord, Totschlag, Völkermord, Entführungen oder ähnliche gemeingefährliche Straftaten ausgerichtet ist, unter Strafe und verlegt die Strafverfolgung bereits auf den Zeitpunkt der Gründung einer solchen Vereinigung.

1. Oktober: Griechenland liefert den Terroristen Rolf Pohle an die Bundesrepublik aus.

3. Oktober: Bei den Wahlen zum achten Bundestag wird die CDU/CSU («Freiheit statt Sozialismus») bei einer hohen Wahlbeteiligung von 90,7 Prozent wieder stärkste Partei, sie erhält 48,6 Prozent der Stimmen. Die SPD kommt auf 42,6 Prozent, sie büßt 3,2 Prozent ein und verliert damit zum ersten Mal seit 1953 wieder Anteile. Die FDP («Freiheit – Fortschritt – Leistung») verliert leicht und erzielt 7,9 Prozent.

1. November: Bundesverteidigungsminister Georg Leber (SPD) untersagt dem Kommandierenden General der Luftflotte, Generalleutnant Werner Krupinski, und seinem Stellvertreter, Generalmajor Karl-Heinz Franke, die Ausübung ihres Dienstes. Nach einer Beschwerde werden die Offiziere am 8. November in den einstweiligen Ruhestand versetzt. Die beiden sind für eine Veranstaltung verantwortlich, die vom 22. bis zum 24. Oktober im Fliegerhorst Bremgarten stattfand. Dazu lud das Aufklärungsgeschwader 51 «Immelmann» auch den früheren Kampfflieger und Oberst der Deutschen Wehrmacht, Hans-Ulrich Rudel, als Mitglied des «Traditionsverbandes Immelmann» ein. Rudel war Mitglied der 1952 verbotenen SRP, dem einzigen ernstzunehmenden Versuch, eine neue Nazipartei zu gründen, und gilt als «rechtsextrem». Daß Rudel durchaus hoffähig ist, belegt ein späterer Vorfall: Während der Fußballweltmeisterschaft im von einer Militärdiktatur regierten Argentinien im Juni 1978 läßt der *Deutsche Fußball-Bund* die Spieler im Camp in Asconchinga von Rudel besuchen.

2. November: James («Jimmy») Earl Carter gewinnt die amerikanischen Präsidentschaftswahlen gegen den bisherigen Präsidenten Gerald R. Ford.

10. November: Die Bundesregierung beschließt ein Sonderprogramm zur Wiederbeschäftigung der etwa 200 000 Langzeitarbeitslosen, für das sie 430 Millionen DM zur Verfügung stellt.

13. November: Im Oktober 1973 beschließt die Landesregierung von Schleswig-Holstein den Bau eines Atomkraftwerkes in Brokdorf an der Unterelbe. Auch dort protestieren Zigtausende Bürger gegen das Vorhaben. Am 25. Oktober findet eine erste Demonstration statt, woraufhin der Bauplatz mit Wassergräben, Stacheldrahtzäunen und einer Mauer in die «Festung Brokdorf» verwandelt wird. Heute demonstrieren 25 000 Menschen am Bauplatz, es kommt zur «Schlacht von Brokdorf» mit Gewalttätigüberschreiten drei Touristen, darunter ein 6jähriges Kind, versehentlich die Grenze. Sie werden vorübergehend festgenommen und stundenlangen Verhören unterzogen. Am 26. Juli protestiert das DDR-Außenministerium gegen «die in letzter Zeit zunehmenden provokatorischen Verletzungen der Staatsgrenze der DDR».

5. August: In den frühen Morgenstunden wird am Grenzübergang Hirschberg/Rudolphstein der italienische Lastwagenfahrer Benito Corghi von DDR-Grenzern erschossen. Corghi, der diese Route häufig befährt, ist mit seinem Kühllaster bereits auf bayerischer Seite angekommen, als er bemerkt, daß er seine Papiere vergessen hat. Er geht zu Fuß über die hell erleuchtete Fahrbahn zurück, wo er von einem Gefreiten der Grenztruppen der DDR angerufen und beschossen wird. Corghi rennt daraufhin in Richtung Bayern, bis ein dritter Schuß ihn schwer verwundet. Es dauert etwa eine Stunde, bis ein Arzt eintrifft, der Corghis Leben jedoch nicht mehr retten kann.

Die DDR teilt der Familie zunächst mit, Corghi sei an Herzversagen gestorben. Als die italienische Regierung darauf protestiert, gestehen die DDR-Behörden den Vorfall ein. Die Witwe von Benito Corghi, der Mitglied der Kommunistischen Partei Italiens war, schreibt an die Botschaft der DDR in Rom: «Ich bin der Ansicht, daß das, was geschehen ist, Folge einer absurden, unqualifizierten und unverständlichen Art und Weise ist, den Sozialismus zu verteidigen. Wir haben einen hohen, sehr hohen Preis gezahlt. Wir hoffen, daß er Euch hilft, zu begreifen, daß der Sozialismus nicht dadurch verteidigt wird, daß man Leute umbringt.»

13. August: Mit der Begründung des «Verdachts auf Mißbrauch der Transitwege» verweigern DDR-Behörden Gruppen der «Jungen Union» in dreizehn von insgesamt zwanzig Omnibussen die Durchreise durch die DDR. Die Busse nehmen an einer Sternfahrt nach West-Berlin teil, die anläßlich des Jahrestages des Mauerbaus stattfindet.

9. September: In Peking verstirbt Mao Zedong.

10. und 11. September: Die Konferenz der Evangelischen Kirchenleitungen beschließt in Ost-Berlin einstimmig einen «Brief an die Gemeinden» zum Fall Brüsewitz, der am 19. September in allen Gottesdiensten verlesen wird. Darin wird Selbstkritik geübt: «Es wird sichtbar, daß wir dem Leben in unserer Gesellschaft und unserer Kirche nicht dienen, wenn wir Probleme und Widersprüche verdrängen, statt an ihrer Lösung offen mitzuarbeiten. So haben wir dafür einzutreten, daß in unserer Gesellschaft Achtung und Respekt vor der Überzeugung des anderen das Zusammenleben und die Zusammenarbeit der Menschen wirklich prägen (...) Wir alle sind auch herausgefordert, eindeutiger und überzeugender als bisher unseren Kindern darin zur Seite zu stehen (...) Viele Pfarrer, Mitarbeiter und Gemeindeglieder leiden unter dem Kleinerwerden der Gemeinden, unter Gleichgültigkeit und mangelndem Mut.»

In der Nikolaikirche von Prenzlau singt und redet der Liedermacher Wolf Biermann auf Einladung des Pfarrers in einer als kirchlich deklarierten und damit genehmigungsfreien Veranstaltung. Zum ersten Mal seit elf Jahren wird ein Auftritt Biermanns, der bis dahin Angebote zu kirchlichen Auftritten stets ablehnte, nicht verboten oder unterbunden. Biermann greift auch die Flucht von Pfarrer Brüsewitz in den Tod auf und schreibt über die Veranstaltung: «Es wurde ein Traktat gegen das Abhaun, eine Predigt gegen die Republikflucht. Was soll aus der DDR werden, wenn immer diejenigen da-

«Festung Brokdorf»

keiten. Am 19. Februar 1977 folgt eine friedliche Demonstration von 20000 Menschen in Itzehoe. Auch hier beginnen gerichtliche Auseinandersetzungen, die jedoch den Baubeginn nur verzögern können. Im Januar 1981 beginnt der Bau des Atomkraftwerks Brokdorf. Am 2. Februar 1981 stimmt ein Sonderparteitag der Hamburger SPD gegen den Weiterbau, der Hamburger Senat versucht, einen dreijährigen Baustopp zu erwirken. Doch erteilt die Landesregierung von Schleswig-Holstein am 19. Februar die zweite Teilerrichtungsgenehmigung. Trotz richterlichen Verbots protestieren darauf am 28. Februar knapp 100000 Menschen in der Wilster Marsch – die bis dahin größte Anti-AKW-Demonstration. In der Folge tritt der zum Atomkraftgegner gewordene Hamburger Bürgermeister Hans-Ulrich Klose (SPD) am 25. Mai 1981 zurück.

18. und 19. November: Nach 27 Jahren kündigt die CSU im Wildbad Kreuth die Auflösung der Fraktionsgemeinschaft mit der CDU im Bundestag und droht abermals die Gründung einer vierten Partei auf Bundesebene an. Darauf kontert die CDU mit dem Plan für die Bildung eines bayerischen Landesverbandes. Nach heftigen Diskussionen nimmt die CSU den Trennungsbeschluß am 12. Dezember zurück, weil als neue Grundlage der Fraktionsgemeinschaft «politische Parität» ausgehandelt wird.

14. Dezember: Karl Carstens (CDU) wird zum Bundestagspräsidenten gewählt.

14. bis 16. Dezember: Nach der höchsten Lösegeldzahlung in der Geschichte der Bundesrepublik endet die Entführung des Industriellensohnes Richard Oetker in München mit der Freilassung des verletzten und dann dauerhaft behinderten Opfers. Die Entführer erhalten 21 Millionen DM in Tausendmarkscheinen. Als einer der Entführer wird Dieter Zlof 1980 nach einem Indizienprozeß zu 15 Jahren Haft verurteilt, im Januar 1994 kommt er frei. Das Lösegeld ist bis dahin nicht aufgetaucht.

vonlaufen, die endlich in Widerspruch zu den Verhältnissen geraten sind?»

14. September: Das Politbüro der SED erörtert den von der Konferenz der Evangelischen Kirchenleitungen verabschiedeten «Brief an die Gemeinden». Folgende Bewertung wird vorgenommen: «Es handelt sich um einen der größten konterrevolutionären Akte gegen die DDR. Wir halten es jedoch nicht für zweckmäßig, vor den Wahlen offiziell gegen den Brief Stellung zu nehmen. Wir werden jedoch zur gegebenen Zeit die erforderlichen Schlußfolgerungen ziehen.» Ähnlich äußert sich der Minister für Staatssicherheit, Erich Mielke in einer Rede vor der Zentralen Dienstkonferenz am 27. September.

«35 junge Marxisten» richten einen Brief an das ZK der SED, «z. Hd. Gen. Honecker, Generalsekretär». Sie protestieren gegen einen Kommentar des *Neuen Deutschlands* vom 31. August, in dem Brüsewitz als «geisteskrank» bezeichnet wird. «Nach unserer Ansicht kann es für diesen Kommentar keine Rechtfertigung geben, weder eine sachliche noch eine politische und schon gar keine moralische (...) Wir kennen die religiösen und politischen Auffassungen des Pfarrers Brüsewitz nicht. Daß aber ein Mensch sich so ohnmächtig fühlt, daß er für seine Ziele kein anderes politisches Mittel sieht, als sich selbst öffentlich zu verbrennen, bedeutet für uns eine ernste Mahnung.»

5. Oktober: In einem Interview mit dem französischen Fernsehen kritisiert der Generalsekretär des ZK der KPdSU, Leonid Breschnew, die Kräfte in den USA und in der Bundesrepublik, «die für die Rückkehr des Kalten Krieges und der Spannungen sind». Dadurch sehe sich sein Land «zur Vervollkommnung unserer Verteidigung gezwungen – ich wiederhole: gezwungen, weil wir mit einem zügellosen Wettrüsten konfrontiert sind».

17. Oktober: Bei den Volkskammerwahlen entfallen bei einer Wahlbeteiligung von 98,58 Prozent 99,86 Prozent der Stimmen auf die Einheitsliste der Nationalen Front. Die Sitze in der Volkskammer werden nach dem bestehenden Schlüssel auf die Parteien und Massenorganisationen verteilt.

26. Oktober: Durch ein heute veröffentlichtes Dekret des Vatikans wird die bisherige «Berliner Ordinarienkonferenz» der katholischen Bischöfe in der DDR in eine von der Fuldaer «Deutschen Bischofskonferenz» unabhängige «Berliner Bischofskonferenz» für das Kirchengebiet der DDR umgewandelt.

29. Oktober: Anstelle von Gerald Götting (CDU), dem am 25. Oktober von Erich Honecker im Namen des Politbüros der SED das Ende seiner Amtszeit mitgeteilt wird, wählt die Volkskammer in ihrer konstituierenden Sitzung Horst Sindermann (SED) zum neuen Präsidenten. Bei den anderen Parteien stößt der Wechsel dieses, wenn auch nur repräsentativen Amtes durch die SED nicht auf Begeisterung. Doch da CDU, LDPD, NDPD und DBD zum größten Teil durch die SED finanziert werden, wagen sie keinen Widerspruch. Erich Honecker wird anstelle von Willi Stoph zum Vorsitzenden des Staatsrates gewählt und als Vorsitzender des Nationalen Verteidigungsrates bestätigt. Stoph wird anstelle von Sindermann zum Vorsitzenden des Ministerrats gewählt. In der anschließenden Debatte greift Kurt Hager (SED) die Bundesrepublik scharf an. Dort «nimmt die Hetze gegen den Sozialismus und im besonderen gegen die DDR in der letzten Zeit geradezu abnorme Formen an».

Der Bezirksverband Erfurt/Gera des Schriftstellerverbandes, in dessen Bereich sein Wohnort Greiz liegt, schließt Reiner Kunze aus. Im September veröffentlicht er

Die Ausbürgerung Wolf Biermanns

Bereits im Mai 1974 bieten die DDR-Behörden Wolf Biermann an, er könne zur Entgegennahme des Offenbach-Preises nach Köln reisen, sofern er auf die Staatsbürgerschaft der DDR verzichte und im Westen bleibe. Biermann lehnt empört ab. 1976 sammelt eine Initiative der Bochumer Ruhr-Universität Unterschriften, die IG Metall übernimmt die Organisation für die Auftrittsreise Biermanns, für die er nun das Visum erhält. Am 13. November gibt Biermann vor 7000 Zuhörern das erste Konzert in Köln. Auch die Tatsache, daß er die DDR kritisiert, aber auch einschließlich des «Genossen Erich Honecker» vor linksradikaler Kritik in Schutz nimmt, hilft ihm nicht. Am 16. November verkündet die DDR offiziell die Ausbürgerung Biermanns. Ihm wird von den «Behörden der DDR... das Recht auf weiteren Aufenthalt in der DDR entzogen». Ein illegaler Akt, denn nach dem Gesetz über die Staatsbürgerschaft der DDR hätte erst Biermanns Rückkehr in die DDR abgewartet werden müssen, um ein Gericht entscheiden zu lassen.

Weil Biermanns hinterhältige Ausbürgerung, ein schon von den Nazis gern und häufig gegen Kommunisten angewandtes Mittel, nicht hingenommen werden kann, ohne die Selbstachtung zu verlieren, beginnt eine bisher einmalige Solidarisierung unter Künstlern. Auf Initiative von Stephan Hermlin unterzeichnen am 17. November elf weitere bekannte Schriftsteller und ein Bildhauer eine loyal-kritische Protesterklärung gegen die Zwangsausbürgerung Wolf Biermanns. Es handelt sich um Sarah Kirsch, Christa Wolf, Volker Braun, Franz Fühmann, Stefan Heym, Günter Kunert, Heiner Müller, Rolf Schneider, Gerhard Wolf, Jurek Becker, Erich Arendt und den Bildhauer Fritz Cremer (der seine Unterschrift indes später widerruft, nachdem sein Schwiegersohn wegen eines Biermann-Protestes verhaftet worden war).

«Wolf Biermann war und ist ein unbequemer Dichter – das hat er mit vielen Dichtern der Vergangenheit gemein. Unser sozialistischer Staat, eingedenk des Wortes aus Marxens ‹18. Brumaire›, demzufolge die proletarische Revolution sich unablässig selbst kritisiert, müßte im Gegensatz zu anachronistischen Gesellschaftsformen eine solche Unbequemlichkeit gelassen nachdenkend ertragen können. Wir identifizieren uns nicht mit jedem Wort und jeder Handlung Wolf Biermanns und distanzieren uns von den Versuchen, die Vorgänge um Biermann gegen die DDR zu mißbrauchen. (...) Wir protestieren gegen seine Ausbürgerung und bitten darum, die beschlossenen Maßnahmen zu überdenken.»

In den folgenden Tagen schließen sich mehr als hundert Künstler dem über die Westmedien verbreiteten Protest an, darunter Manfred Krug, Nina Hagen, Armin Mueller-Stahl, Angelica Domröse.

Im Gegenzug organisiert die SED eine Zustimmungskampagne, die über die Medien der DDR verbreitet, am 23. November aber abrupt abgebrochen wird. Damit vertieft sich die Kluft zwischen der SED und zahlreichen Künstlern, die die bisher errungenen Freiräume verteidigen wollen. Gleichzeitig werden die Protestierenden differenziert bestraft: Enge Freunde von Biermann wie Jürgen Fuchs, Gerulf Pannach und Christian Kunert sowie Protestorganisatoren aus der Provinz werden verhaftet. Einigen Schriftstellern und Schauspielern werden die oft lange geäußerten Ausreisewünsche rasch erfüllt – die SED ist froh, sie loszuwerden. Für die meisten, die nur Rügen erhalten, beginnen indes zermürbende Auseinandersetzungen mit Parteiführung und Funktionären.

im S. Fischer Verlag in Frankfurt/Main das Buch «Die wunderbaren Jahre», das ungeschminkte Momentaufnahmen aus dem beengten, unfreien Leben Jugendlicher in der DDR enthält. Kunzes Ausschluß, der am 3. November vom zentralen Präsidium des Verbandes bestätigt wird, erfolgt ohne konkrete Begründung – er dient der Abschreckung. Am 14. April 1977 siedelt Kunze mit seiner Familie in die Bundesrepublik über. Ihm folgen ab 1977 unzählige weitere Schriftsteller, Künstler, Schauspieler, Regisseure und Oppositionelle nach.

11. November: Das amerikanische Landwirtschaftsministerium gibt bekannt, daß die DDR bis 1980 jährlich 1,5 bis zwei Millionen Tonnen Getreide aus den USA beziehen werde. Für den Transport dürfen DDR-Schiffe erstmals in US-Häfen einlaufen.

26. November: Trotz intensiver Stasi-Überwachung gelangen immer wieder Manuskripte von Robert Havemann in den Westen. Dort wird auch ein Brief Havemanns an Erich Honecker veröffentlicht, der Wolf Biermanns Rückkehr fordert. Die Stasi erarbeitet darauf ein Konzept, um Havemann total zu isolieren. Entsprechend diesen Vorgaben verhängt das Kreisgericht Fürstenwalde über Havemann einen unbefristeten Hausarrest, den er in seinem Haus in Grünheide verbringen muß. Ein absurdes Spektakel beginnt: Volkspolizei und Stasi sperren die Straße ab und nehmen alle dort wohnenden Personen sowie Besucher unter Kontrolle. Niemand gelangt unkontrolliert hinein oder hinaus. Selbst die Wasserseite von Havemanns Grundstück wird rund um die Uhr beobachtet. Nach Angaben der Staatsorgane hat Havemann keinen Anspruch darauf, doch wird ihm ‹großmütig› gestattet, zu Arzt- und Verwandtenbesuchen wegzufahren – natürlich nicht ohne Stasi-‹Eskorte›. Havemanns Verteidiger Götz Berger legt gegen das Urteil Berufung ein, er wird darauf aus der Anwaltschaft ausgeschlossen. Am 4. Januar 1977 wird die Berufung verworfen.

Im November 1978 schreibt Havemann dazu: «Seit jenen Novembertagen lebe ich nun mit meiner Familie hier draußen in Grünheide unter den sehr merkwürdigen Bedingungen, die sich ein krankhaftes Gehirn ausgedacht haben mag. Der Zweck der Übung ist sicherlich nicht, irgendwelche Ermittlungen gegen mich durchzuführen, denn was über mich zu wissen ist oder was man brauchen könnte, um gegen mich vorzugehen, da bedarf es keiner weiteren neuen Erkenntnisse. Der Sinn der Sache ist ganz offensichtlich: Mir die DDR zu verekeln, mich hier rauszuekeln und rauszutreiben: man will mich loswerden. Man will, daß ich auch den Weg der anderen gehe, es vorziehe, meine Zelte abzubrechen und mein Heil im Westen zu versuchen. Das geschieht nun seit über achtzehn Monaten und jährt sich nun im November 1978 zum zweitenmal. Ein Ende ist nicht abzusehen.»

28. November: Israelische Medien berichten, die DDR habe als Entschädigung für die jetzt in den USA lebenden Juden, die während der Nazizeit auf dem Gebiet der heutigen DDR verfolgt wurden, eine Million Dollar angeboten. In Israel wird die Summe als lächerlich gering bezeichnet, doch betont, daß die DDR damit erstmals eine Verpflichtung zur Entschädigung anerkannt habe.

18. Dezember: Der sowjetische Dissident Wladimir Bukowski wird in der Schweiz gegen den Generalsekretär der chilenischen KP, Luis Corvalan, ausgetauscht. Bukowski teilt mit, daß es in der Sowjetunion derzeit 250000 politische Häftlinge gebe und daß Dissidenten zwangsweise psychiatrisiert werden. Als erster ausgetauschter Regimekritiker werde er sein Leben fortan der

15. Dezember: Der Bundestag wählt Helmut Schmidt erneut zum Bundeskanzler. Er bildet eine neue Bundesregierung aus SPD und FDP, die im wesentlichen die alte ist. In seiner Regierungserklärung kündigt Schmidt an, vor allem «unsere wirtschaftliche Kraft weiterzuentwickeln. Und die Zeichen stehen gut, daß uns dies gelingen wird. Allerdings sollten wir uns, mehr noch als in der Vergangenheit, bewußtmachen, daß Wachstum nicht unendlich ist und daß Reformen nicht unbedingt bedeuten, daß der Staat fortwährend neue, zusätzliche Leistungen erbringen kann.» Als eine der wichtigsten Aufgaben nennt er die Bekämpfung der Arbeitslosigkeit, zumal unter Jugendlichen.

Aufgabe widmen, sich für die politischen Gefangenen in der Sowjetunion einzusetzen.

21. Dezember: Die politischen Beziehungen zwischen den beiden deutschen Staaten gehen einem Tiefpunkt entgegen. Das *Neue Deutschland* kommentiert die Regierungserklärung von Bundeskanzler Helmut Schmidt vom 15. Dezember 1976. «Der Vorstoß in der Regierungserklärung Schmidts gegen die Souveränität, Unabhängigkeit, Selbständigkeit, territoriale Integrität der DDR ist – wie international verstanden wird – ein Versuch, an abgeschlossenen Verträgen vorbei eine revanchistische Politik gegen die DDR zu betreiben.»

22. Dezember: Dem ARD-Fernsehkorrespondenten Lothar Loewe wird wegen gröbster «Diffamierung des Volkes und der Regierung» der DDR die Akkreditierung entzogen, er wird ausgewiesen. In einem Kommentar hatte Loewe gesagt, in der DDR wisse jedes Kind, «daß die Grenztruppen den strikten Befehl haben, auf Menschen wie auf Hasen zu schießen».

1977

Deutscher Herbst

Die RAF steigert ihren Terror von links derart, daß die Demokratie in Gefahr gerät. Zwar schwört aus dem Untergrund Hans-Joachim Klein, einer der Terroristen des Wiener Überfalls auf die OPEC im Dezember 1975, spektakulär dem Terrorismus ab. Er übersendet dem *Spiegel* seinen Revolver und warnt vor geplanten Anschlägen. Doch unbeirrt sucht die RAF mit ihren Morden eine Faschisierung des Staates herbeizuschießen. Vor allem die Entführung von Hanns Martin Schleyer versetzt die Republik in einen Ausnahmezustand, der die Freiheit bedroht.

11. Januar: Auf die Ständige Vertretung der DDR in Bonn wird ein Anschlag verübt, der beträchtlichen Sachschaden anrichtet. Am 22. Januar meldet die Ständige Vertretung einen Gasanschlag, am 23. Januar eine massive Bombendrohung. Wegen aller Vorfälle legt der Ständige Vertreter der DDR, Michael Kohl (SED), Protest beim Staatsminister im Bundeskanzleramt, Hans-Jürgen Wischnewski (SPD) ein.

1. Februar: Der Besuchsbeauftragte des Berliner Senats protestiert bei der DDR gegen die Einreiseverbote, die im Januar gegen etwa 200 West-Berliner ausgesprochen wurden. Trotz gültiger Einreisepapiere wurde ihnen an den Grenzübergangsstellen mitgeteilt, ihre Einreise sei unerwünscht.

11. Februar: In einer Rede in München äußert sich Bundespräsident Walter Scheel nachdenklich zum gesellschaftlichen Wandel. «Vielleicht haben wir das Wohl des Menschen doch zu ausschließlich unter wirtschaftlichen Gesichtspunkten gesehen und darüber andere Grundbedürfnisse des Menschen vernachlässigt. An die Stelle des Ladens an der Ecke sind Selbstbedienungsläden und Kaufhäuser getreten. Städte und Landschaften werden durch breite Straßen getrennt (...) Überall findet ein Abbau menschlicher Beziehungsmöglichkei-

1977

Konsumwünsche

Dank der Belebung von Reiseverkehr wenigstens in die DDR und internationalen Kontakten werden neue Begehrlichkeiten geweckt. Seit 1970 stiegen die monatlichen Nettoeinkommen der Arbeiter um fast ein Drittel auf nunmehr 850 Mark. Doch es wird immer schwieriger, das Geld wunschgemäß auszugeben, der Kaufkraftüberhang wächst stetig. So gewinnt die Frage der quantitativ wie qualitativ unzureichenden Versorgung mit Konsumgütern politische Brisanz. Sinnfällig wird dies an den 10 000 VW Golf, die die DDR für ihre Besserverdienenden einführen und nach Protesten aus der Bevölkerung im Preis deutlich reduzieren muß.

1. Januar: Die DDR läßt mehrere Regelungen in Kraft treten, die den Berlin-Status berühren. So wird die 1962 von Walter Ulbricht angekündigte Visapflicht für Ausländer und Staatenlose bei Tagesreisen von West-Berlin nach Ost-Berlin eingeführt, das Visum ist gebührenpflichtig. Die seit Kriegsende an den Ausfallstraßen Ost-Berlins zur DDR bestehenden Kontrollstellen, die mit Volkspolizisten und teils auch mit Sowjetsoldaten besetzt waren, werden aufgehoben. Des weiteren wird die besondere Verkündung von Gesetzen und Verordnungen der Regierung der DDR im Verordnungsblatt für Ost-Berlin eingestellt.

In der Tschechoslowakei unterzeichnen 257 Personen, darunter der frühere Außenminister Jiri Hajek und die Literaten Václav Havel und Pavel Kohout, das Manifest zur Gründung der *Charta 77*. Die Unterzeichner wollen sich «einzeln und gemeinsam für die Respektierung der Bürger- und Menschenrechte in unserem Land und in der ganzen Welt» einsetzen.

11. Januar: Volkspolizisten beginnen DDR-Bürger, die die Ständige Vertretung der Bundesrepublik in Ost-Berlin aufsuchen wollen, zu behindern. Erst nach energischen Protesten der Bundesregierung werden die Schikanen nach zwei Wochen eingestellt.

ten statt. Alles drängt zum Großen, Massenhaften. Der einzelne fühlt sich zunehmend isoliert. Die seelische Temperatur in unserem Lande sinkt. Das ist ein politisches Problem; ich halte es für das politische Problem unserer Zeit.»

24. Februar: Das Oberlandesgericht Braunschweig erklärt die DDR-Strafbarkeit für das Einfahren in ihre Hoheitsgewässer für nichtig. Im August 1976 leitete die DDR der Bundesregierung den Entwurf eines «Grenzvertrages» zu, in dem zur Elbe folgende Passage enthalten ist: «In fließenden, schiffbaren Gewässern verläuft die Grenze in der Mitte des Gewässers, sofern nichts anderes vereinbart ist.»

26. Februar: Der *Spiegel* deckt auf, daß im Vorjahr Angehörige des Verfassungsschutzes illegal den Atomwissenschaftler Klaus Traube abhörten. Weil sie vermuteten, daß Traube Kontakte zu einer terroristischen Vereinigung haben könnte, wurden in sein Haus bei Köln Wanzen eingebaut.

7. März: Auf dem CDU-Bundesparteitag in Düsseldorf wird Helmut Kohl als Vorsitzender bestätigt, Heiner Geißler löst Kurt Biedenkopf als Generalsekretär ab.

19. März: Auch gegen das geplante Atomkraftwerk in Grohnde bei Hameln wird demonstriert. 5000 Polizisten sichern den abgesperrten Bauplatz vor mehr als 10000 Demonstranten, bei Auseinandersetzungen werden mehr als 300 Menschen verletzt.

23. März: Angesichts der wirtschaftlichen Probleme beschließt die Bundesregierung ein mehrjähriges «Programm für Zukunftsinvestitionen». Es hat ein Volumen von mehr als sechzehn Milliarden DM, von denen der Bund 8,2 Milliarden aufbringen will. Die damit finanzierten Verbesserungen im Verkehrswesen und in der Wohnumwelt, Maßnahmen zur rationelleren Energieverwendung und die Sicherung der Wasserversorgung schaffen nach Angaben der Finanzministeriums in der Folgezeit etwa 60000 bis 70000 Arbeitsplätze.

28. März: Portugal beantragt die Aufnahme in die Europäische Gemeinschaft.

1. April: Trotz vorheriger Proteste der Sowjetunion, nach deren Auffassung die Flugkorridore zwischen West-Berlin und der Bundesrepublik nur für deutsche Verbindungen dienen dürfen, eröffnet die amerikanische Fluggesellschaft «PanAm» mit Genehmigung der Westalliierten die erste internationale Direktverbindung zwischen West-Berlin und Zürich.

7. April: In Karlsruhe werden der Generalbundesanwalt Siegfried Buback und sein Fahrer Wolfgang Göbel auf offener Straße von einem vorbeifahrenden Motorradfahrer erschossen. Der Justizbeamte Georg Wurster erleidet schwere Verletzungen, denen er am 13. April erliegt. Zu dem Mord bekennt sich am 13. April ein «Kommando Ulrike Meinhof – Rote Armee Fraktion»: Es habe Buback «hingerichtet. Buback war direkt verantwortlich für die Ermordung von Holger Meins, Siegfried Hausner und Ulrike Meinhof. Er hat in seiner Funktion als Generalbundesanwalt (...) ihre Ermordung inszeniert und geleitet (...) Was revolutionärer Krieg ist – und das werden Bullen wie Buback nie begreifen – ist die Kontinuität, die Solidarität, die Liebe, die die Aktion der Guerilla ist.» Am 24. April erscheint in der Zeitung des AStA der Universität Göttingen ein anonymer, mit «Mescalero» gezeichneter Nachruf, der «klammheimliche Freude über den Abschuß» Bubacks bekundet. In der vom Rektorat angestrengten gerichtlichen Auseinandersetzung rechtfertigt der AStA den «Nachruf» damit, daß Buback, der «Kopf des Staatsschutzes, der Vater der Isolationsfolter und der Verteidigerausschlüsse» (im Stammheimer Prozeß), für Programm und Praxis des Polizeistaates stehe. Freu-

25. Januar: Das Politbüro der SED faßt einen Beschluß «über die politisch-ideologische Führung des geistig-kulturellen Lebens», der nicht veröffentlicht wird. Lediglich einzelne Passagen werden von Erich Honecker andernorts zitiert: «Jeder Künstler, dessen Werke dem Frieden, dem Humanismus, der Demokratie, der antiimperialistischen Solidarität und dem realen Sozialismus verpflichtet sind, hat reiche Wirkungsmöglichkeiten. Die Grundfrage ist und bleibt die künstlerische Verantwortung im und für den Sozialismus. Durch ihre Kulturpolitik fördert die SED die Entwicklung einer schöpferischen Atmosphäre, die durch hohe ideelle, moralische und ästhetische Ansprüche und durch prinzipienfestes und zugleich vertrauensvolles Verhalten gegenüber den Schriftstellern und Künstlern gekennzeichnet ist.»

4. bis 6. Februar: Eine Delegation unter Erich Honecker besucht Rumänien. Der Aufenthalt endet ohne bilaterale Vereinbarungen, statt des üblichen Kommuniqués wird im *Neuen Deutschland* lediglich eine «Mitteilung» veröffentlicht.

17. Februar: Die *Saarbrücker Zeitung* veröffentlicht ein Interview mit dem gebürtigen Saarländer Erich Honecker, das verändert am 22. Februar auch im *Neuen Deutschland* erscheint. Auf die Frage nach Ausreiseanträgen von DDR-Bürgern antwortet er: «Bei der Kampagne in der BRD gegen die DDR werden märchenhafte Zahlen über Auswanderungsanträge genannt.» Auf die Zusatzfrage, ob 1976 mehr als 10000 Auswanderungsanträge genehmigt worden seien, sagt Honecker: «Sie können davon ausgehen, daß diese Zahl stimmt. Bei einigen wenigen, die nicht genehmigt werden, macht man Geschrei, über die große Zahl der genehmigten Anträge schweigt man.» Eine generelle Reisefreiheit ins westliche Ausland könne es ohne Anerkennung der DDR-Staatsbürgerschaft nicht geben.

21. Februar: Am 11. Januar weist die sowjetische Führung die Vorwürfe, sie würde Regimekritiker zwangsweise psychiatrisieren, als falsch zurück. Heute veröffentlicht *Xinhua*, die offizielle Nachrichtenagentur Chinas, einen Kommentar dazu, der den bisher schärfsten Angriff auf Moskau darstellt und von der Heftigkeit der Spannungen zeugt: «Um die faschistische Diktatur zu stärken, benutzt die Breschnew-Renegatenclique ‹Irrenhäuser› als ein Instrument der Unterdrückung des sowjetischen Volkes (...) Die Unterdrückung in diesen Anstalten ist so grausam, daß sie bei weitem die in Hitlers Konzentrationslagern und Zuchthäusern übertrifft.»

22. Februar: In den sowjetischen Medien beginnen heftige Angriffe gegen die Rundfunksender *Radio Free Europe*, *Radio Liberty*, *Voice of America* und die *Deutsche Welle*. Zudem wird ein neuer Störsender eingesetzt, der 20mal so stark ist wie die bisherigen.

25. Februar: Das Verkehrsministerium teilt mit, daß von West-Berlin nach Ost-Berlin einfahrende Kraftfahrzeuge mit Wirkung vom 1. März eine Straßenbenutzungsgebühr von zehn Mark, aufgrund des Pflichtumtausches faktisch zehn DM, zu entrichten haben.

2. und 3. März: Auf einer Beratung der Sekretäre für internationale und ideologische Fragen der ZKs der kommunistischen und Arbeiterparteien Osteuropas in Sofia wird angesichts der Menschenrechtskampagnen des Westens «die Notwendigkeit der entschiedenen Entlarvung des Antikommunismus» betont. «Diese Kampagnen werden von imperialistischen Kreisen organisiert.» Am 10. März berichtet das *Neue Deutschland* über das Treffen und greift die Bundesdenbekundungen über seinen Tod seien durch die politische Disziplinierung an den Hochschulen, durch die Drohung des Staatsapparates mit Ordnungsrecht, Relegationen und Berufsverbot provoziert. Am 5. April 1978 werden die beiden presserechtlich verantwortlichen Redakteure Klaus Lodewick und Hajo Karbach vom Landgericht Göttingen wegen Verunglimpfung Verstorbener sowie des Staates und seiner Symbole zu einer Geldstrafe von je 1800 DM verurteilt.

28. April: Im Stammheimer Prozeß werden die Urteile über die drei überlebenden Angeklagten gesprochen. Wegen Mordes in vier und versuchten Mordes in 34 Fällen sowie wegen Bildung einer kriminellen Vereinigung werden Andreas Baader, Gudrun Ensslin und Jan-Carl Raspe zu je dreimal lebenslanger Freiheitsstrafe verurteilt. Am 17. März bestätigt der Justizminister von Baden-Württemberg, Traugott Bender, daß Gespräche zwischen Anwälten und Angeklagten abgehört wurden. Er begründet dies mit einem «übergeordneten Notstand», da eine konspirative Absprache auch über neue Terrorakte möglich gewesen sei. Der Verteidiger Otto Schily, als einziger Vertrauensanwalt nicht entpflichtet und von Anfang an dabei, fordert darauf vergeblich die Einstellung des Verfahrens. Am 2. Juni verurteilt das Landgericht Kaiserslautern, das seit dem 2. September 1975 im «Kleinen Baader-Meinhof-Prozeß» verhandelt, die RAF-Terroristen Manfred Grashof und Klaus Jünschke zu lebenslanger Freiheitsstrafe sowie Wolfgang Grundmann zu vier Jahren Haft. Am 20. Juli verurteilt das Oberlandesgericht Düsseldorf die überlebenden Terroristen des Anschlages auf die bundesdeutsche Botschaft in Stockholm: Lutz Manfred Taufer, Bernhard Maria Rössner, Karl-Heinz Dellwo und Hanna Elise Krabbe erhalten je zweimal lebenslängliche Freiheitsstrafe.

2. Mai: Weil er weit besser über einen Skandal um die Königlich-Preußische Porzellanmanufaktur informiert war, als er bisher zugab, erklärt der Regierende Bürgermeister von Berlin, Klaus Schütz (SPD), am 8. Februar seinen Rücktritt. Als sich seine Partei zunächst nicht auf einen Nachfolger einigen kann, nimmt Schütz seine Ankündigung zurück. Am 29. April nominiert die SPD Dietrich Stobbe als Nachfolger, der nach dem formellen Rücktritt von Schütz am 2. Mai zum neuen Regierenden Bürgermeister gewählt wird.

5. Mai: Im Alter von 80 Jahren verstirbt in Bonn der frühere Bundeskanzler Ludwig Erhard (CDU).

22. Mai: In einer Rede vor der Universität Notre Dame in South Bend, Indiana, umreißt US-Präsident Jimmy Carter fünf Grundsätze, die für seine neue Außenpolitik gelten sollen: Förderung der Menschenrechte, enge Zusammenarbeit der industriellen Demokratien, Verbesserung der Beziehungen zur Sowjetunion und zu China, Milderung der Leiden in den Entwicklungsländern und übernationale Lösungen für Probleme wie Atomkrieg, Umweltschäden oder Hunger. Am 1. Juni unterzeichnet Carter die «Amerikanische Menschenrechtskonvention».

27. Mai: Gegen die Stimmen von CDU und CSU beschließt der Bundestag eine Änderung des Wehrpflichtgesetzes, wonach die bisher übliche «Gewissensprüfung» für Kriegsdienstverweigerer entfällt. Künftig können Wehrpflichtige durch ein formloses Schreiben gegenüber dem Kreiswehrersatzamt erklären, sie verweigerten aus Gewissensgründen den Kriegsdienst und leisteten statt dessen Zivildienst. Darauf ruft die CDU/CSU das Bundesverfassungsgericht an, das am 15. Dezember eine Einstweilige republik heftig an. Die «entspannnungsfeindlichen Kräfte in verschiedenen imperialistischen Ländern, besonders auch in der BRD», seien aktiver geworden.

8. März: Der *Spiegel* berichtet, daß Willi Stoph eine geheime Anweisung an alle Parteifunktionäre getroffen hat, daß das Stellen von Ausreiseanträgen grundsätzlich als rechtswidrig behandelt werden soll. Verstöße gegen dieses Antragsverbot seien arbeits- und strafrechtlich zu ahnden, unbelehrbare Antragsteller seien zu entlassen und in schlechter bezahlte Arbeitsverhältnisse umzusetzen. Ausgenommen von dieser Regelung sind Maßnahmen der Familienzusammenführung.

10. März: Eine Arbeitsgruppe des Staatsrates unter Vorsitz von Horst Sindermann beginnt in Frankfurt (Oder), die Erfahrungen der örtlichen Volksvertretungen bei der Bearbeitung von Eingaben von Bürgern zu erkunden. Nach Artikel 103 der Verfassung kann jeder Bürger Eingaben an Volksvertretungen oder staatliche Organe richten, was einen (unzureichenden) Ersatz für die feh-

Zensur

Am 10. März 1977 flieht der Pole Tomasz Strzykowski nach Schweden. Er arbeitete als Angehöriger der Zensurbehörde in Krakau und nimmt bei seiner Flucht den Richtlinienkatalog des Hauptamtes zur Kontrolle von Presse, Publikationen und Aufführungen mit. Damit sind erstmals ausführliche und detaillierte Zensurbestimmungen veröffentlicht, die so oder ähnlich in allen anderen Ländern Osteuropas gelten – auch in der DDR. Kurze Auszüge: «Angesichts der Existenz zweier deutscher Staaten kann unsere Westgrenze als Oder-Neiße-Grenze oder als Grenze zwischen der DDR und Polen bezeichnet werden; die Bezeichnung ‹deutsch-polnische Grenze› darf nicht verwendet werden. Für die Hauptstadt der DDR gilt die Bezeichnung ‹Berlin› – im Unterschied zu ‹West-Berlin› (...) Bezeichnungen wie ‹Militärdiktatur, Gorillas, Militärjunta› dürfen in bezug auf Staaten, mit denen wir diplomatische Beziehungen unterhalten, nicht benutzt werden (...) In Nachrichten über den RGW sind kritische Kommentare unzulässig, welche die Zweckmäßigkeit und die Grundsätze der wirtschaftlichen Zusammenarbeit der sozialistischen Länder in Frage stellen, das Vorhandensein von Meinungsverschiedenheiten zwischen den einzelnen Mitgliedsstaaten preisgeben oder eine Kritik an ihnen enthalten. Die Existenz der RGW-Kommission für Rüstungsindustrie sowie die Verbindungen zwischen RGW und dem Warschauer Pakt dürfen nicht bekanntgegeben werden (...) Berichte über die von Polen in kapitalistischen Ländern angekauften Lizenzen sind aus den Massenmedien zu eliminieren (...) Eigene Redaktionsberichte, die Verhandlungen über Getreidekäufe im Ausland betreffen, sind nicht zu genehmigen. Damit die Höhe des Re-Exports von Kaffee nicht bekannt wird, dürfen keine Zahlen über den jährlichen Kaffeekonsum im Lande veröffentlicht werden. Jegliche Berichterstattung über die Fleischausfuhr von Polen in die Sowjetunion ist zu unterbinden.»

Anordnung erläßt und die am 1. August in Kraft getretene Neuregelung suspendiert. Seitdem verdreifachten sich die Zahlen der Anträge auf Kriegsdienstverweigerung gegenüber dem Vorjahr, 1977 unternimmt ein Viertel aller Wehrpflichtigen diesen Schritt. Weil für so viele Kriegsdienstverweigerer bei weitem nicht genug Zivildienstplätze vorhanden sind, kann ein erheblicher Teil mit der Nichtheranziehung rechnen. Dadurch sieht das Gericht die allgemeine Dienstpflicht verletzt. Am 13. April 1978 erklärt das Gericht die Neuregelung für verfassungswidrig und damit nichtig.

9. Juni: Der Rechtsanwalt Klaus Croissant flieht nach Frankreich und beantragt dort am 27. Juli politisches Asyl. Wegen des Verdachtes auf Mittäterschaft bei Terrorakten war er im Juni/Juli 1975 und im Juli 1976 kurzfristig in Untersuchungshaft, im Mai 1977 erhielt er ein vorläufiges beschränktes Berufsverbot. Croissant baute ein zentrales, internationales Informationssystem für terroristische Gruppen auf. Am 17. November wird er von Frankreich an die Bundesrepublik ausgeliefert. Vom Stuttgarter Landgericht wird er am 16. Februar 1979 wegen Unterstützung einer kriminellen Vereinigung zu zweieinhalb Jahren Freiheitsstrafe verurteilt, außerdem wird ein vierjähriges Berufsverbot über ihn verhängt.

1. Juli: Vor den Bundestagswahlen 1976 versprachen SPD und FDP, zum heutigen Tag die Renten zu erhöhen. Unmittelbar nach den Wahlen nehmen sie dieses Versprechen jedoch zurück und planen eine Verschiebung der Rentenerhöhung um ein halbes Jahr. So sollen die strapazierten Finanzen von Renten- und Krankenversicherung entlastet werden. In der Öffentlichkeit bricht ein Sturm der Entrüstung über diesen «Rentenbetrug» aus. Die Bundesregierung sieht sich gezwungen, die versprochene Erhöhung um 9,9 Prozent zum heutigen Tag vorzunehmen. Die nächste Erhöhung der Renten wird jedoch vom 1. Juli 1978 auf den 1. Januar 1979 verschoben. Zudem wird durch das Rentenanpassungsgesetz vom 25. Juli 1978 die Bindung an die Bruttolöhne für die nächsten drei Jahre aufgehoben, wodurch die Erhöhungen bis 1981 um etwa vier Prozent geringer ausfallen.

Nachdem im September 1971 der erste Entwurf vorgelegt worden war, tritt nun nach langen parlamentarischen Beratungen der Hauptteil des ersten Gesetzes zur Reform des Ehe- und Familienrechts in Kraft. Im Eherecht wird die Hausarbeit in der Familie dem Beitrag zum Familienunterhalt gleichgestellt. Im Scheidungsrecht wird das alte «Schuldprinzip» durch das «Zerrüttungsprinzip» ersetzt und die Unterhaltspflicht so geregelt, daß der wirtschaftlich stärkere Partner den wirtschaftlich schwächeren unterstützt. Zudem werden der Versorgungsausgleich und die Errichtung von Familiengerichten mit alleiniger Zuständigkeit für Scheidung und Scheidungsfolgen festgelegt.

27. Juli: Spanien beantragt in Brüssel die Aufnahme in die Europäische Gemeinschaft.

30. Juli: Bei einem mißlungenen Entführungsversuch erschießen drei Terroristen der RAF den Vorsitzenden der Dresdner Bank, Jürgen Ponto, in seinem Privathaus in Oberursel. Zu den Tätern gehört auch Susanne Albrecht, ein Patenkind des Ermordeten.

8. August: US-Präsident Jimmy Carter gibt Gelder für die Entwicklung einer neuen Waffe frei, der «Neutronenbombe», die mit ihrer Strahlung Menschen töten, Gegenstände jedoch unbeschädigt lassen soll. Der Bundesgeschäftsführer der SPD, Egon Bahr, bezeichnete sie deshalb am 17. Juli als «Symbol der Perversion des Denkens». Carter lende Verwaltungsgerichtsbarkeit darstellen soll. Das «Gesetz über die Bearbeitung der Eingaben der Bürger» vom 19. Juni 1975 schreibt eine Beantwortung binnen vier Wochen vor.

14. und 15. März: Einer größeren Anzahl von Bundesbürgern wird die Einreise zur Leipziger Messe verwehrt, wogegen die Bundesregierung protestiert. Es handelt sich überwiegend um legal aus der DDR Ausgereiste oder Personen, deren Verwandte in der DDR Ausreiseanträge gestellt haben.

22. bis 25. März: Beim Besuch des ungarischen Parteichefs János Kádár in DDR wird ein neuer «Vertrag über Freundschaft, Zusammenarbeit und gegenseitigen Beistand» unterzeichnet, obwohl der bestehende Vertrag von 1967 noch nicht abgelaufen ist. Nach dem Vorbild des Vertrages mit der Sowjetunion entfallen alle gesamtdeutschen Bezüge. Weitere neue Verträge gleicher Bezeichnung werden am 28. und 29. Mai mit Polen, am 13. und 14. September mit Bulgarien und am 3. bis 5. Oktober mit der Tschechoslowakei geschlossen. Mit der Mongolei wird vom 3. bis 7. Mai ein «Vertrag über Freundschaft und Zusammenarbeit» unterzeichnet.

18. Mai: Das ZK der SED beschließt über «die weiteren Aufgaben der politischen Massenarbeit der Partei», um die Bevölkerung auf ihrem Kurs zu halten: «Es gibt keine ideologische Koexistenz zwischen Sozialismus und Imperialismus – es kann sie nicht geben.» Am 25. und 26. Mai tritt das ZK zu einer Konferenz über die politische Massenarbeit zusammen, auf der fast tausend Agitatoren, Journalisten und Kulturschaffende aus der gesamten DDR die jüngsten Weisungen entgegennehmen.

8. bis 10. Juni: Zu seinem ersten formellen Staatsbesuch kommt Rumäniens Staats- und Parteichef Nicolae Ceauşescu in die DDR. Im Gegensatz zu den anderen osteuropäischen Staaten schließt Rumänien keinen Freundschafts- und Beistandsvertrag mit der DDR, sondern lediglich eine «Deklaration über die Vertiefung und Entwicklung der brüderlichen Zusammenarbeit».

16. Juni: Die Volkskammer verabschiedet das neue «Arbeitsgesetzbuch», das am 1. Januar 1978 in Kraft tritt. Es gewährt das «Recht auf Arbeit» und weitgehenden Kündigungsschutz der Werktätigen. Eine fristlose Kündigung ist zwar bei schwerwiegender Verletzung der «sozialistischen Arbeitsdisziplin» wie der «staatsbürgerlichen Pflichten» möglich, bedarf aber der Zustimmung der Gewerkschaftsleitung und kommt in der Praxis kaum vor. Ein Streikrecht ist nicht vorgesehen.

In Moskau wird Leonid Breschnew zum Vorsitzenden des Obersten Sowjets und damit zum Staatsoberhaupt der Sowjetunion gewählt. Der bisherige Amtsinhaber Nikolai Podgorny «tritt in den Ruhestand»; er wurde am 24. Mai bereits aus dem Politbüro der KPdSU ausgeschlossen.

23. und 24. Juni: Das ZK der SED stellt die Weichen auf dem Gebiet der Elektrotechnik und Elektronik. In der Folge der hier gefaßten Beschlüsse werden zum 1. Januar 1978 neue Kombinate vor allem in der Elektronik gebildet, so das *Kombinat Mikroelektronik* in Erfurt. Dem bereits bestehenden *Kombinat Robotron* in Dresden wird das größere *Kombinat Zentronik* eingegliedert, das neue *Kombinat Robotron* ist mit 70000 Beschäftigten das größte der DDR. 1972 konnte Robotron die ersten eigenen Rechnersysteme der dritten, im Westen 1962 angebrochenen Generation vorstellen. 1978, als im Westen die vierte Generation auf den Markt kommt, wird der neue Computer «EC 1055» der mittleren Leistungsklasse präsentiert, des

Deutscher Herbst

Die Bundesrepublik erlebt in diesem Herbst einen politischen Ausnahmezustand. Am 5. September entführen Terroristen der RAF in Köln den Präsidenten der «Bundesvereinigung Deutscher Arbeitgeberverbände», Hanns Martin Schleyer, wobei dessen Fahrer und drei Polizisten getötet werden. Die Entführer fordern die Freilassung und freie Ausreise zunächst von zehn, dann elf inhaftierten RAF-Mitgliedern, darunter Andreas Baader, Gudrun Ensslin, Jan-Carl Raspe, sowie später noch die Freilassung von Palästinensern, die in der Türkei einsitzen. Trotz mehrerer Appelle von Frau Schleyer, die Forderungen zu erfüllen, entscheidet sich die Bundesregierung dagegen. Sie setzt auf eine Hinhaltetaktik, die der entführte Schleyer in einem «Lebenszeichen» am 6. Oktober kritisiert: «Ich habe in der ersten Erklärung nach der Entführung zum Ausdruck gebracht, daß die Entscheidung über mein Leben in der Hand der Bundesregierung liegt, und habe damit diese Entscheidung akzeptiert. Aber ich sprach von Entscheidung und dachte nicht an ein jetzt über einen Monat dauerndes Dahinvegetieren in ständiger Ungewißheit.»

Am 13. Oktober kapern vier Terroristen eines «Kommandos Martyr Halimeh» das in Mallorca gestartete Lufthansa-Flugzeug «Landshut». Sie fordern die Entlassung von «Kampfgenossen», die in der Bundesrepublik und der Türkei inhaftiert sind. Nach mehreren Zwischenstationen, wobei in Aden der Flugkapitän Jürgen Schumann ermordet wird, landet die Maschine auf dem Flughafen von Mogadischu in Somalia. Im Austausch gegen die etwa achtzig Passagiere bietet sich Papst Paul VI. vergeblich als Geisel an. Am 18. Oktober kurz nach null Uhr wird das Flugzeug von der eingeflogenen Sondertruppe

Hanns Martin Schleyer in Händen der RAF

«GSG 9» des Bundesgrenzschutzes gestürmt, wobei drei der Entführer erschossen werden. Die überlebende Terroristin Souhaila Sami Andrawes Sayah wird Ende 1994 in Norwegwen festgenommen. In Bonn wird gegen 2 Uhr eine «Gemeinsame Erklärung» von Bundesregierung, den vier Partei- und drei Fraktionsvorsitzenden sowie den vier involvierten Länderministerpräsidenten veröffentlicht. Sie appelliert an die Entführer von Schleyer: «Geben Sie Ihren Gefangenen frei, und begreifen Sie, daß der Weg des Terrorismus der Weg in die Selbstzerstörung ist.»

Am 18. Oktober gegen 8 Uhr werden in der Strafvollzugsanstalt Stammheim Andreas Baader und Gudrun Ensslin tot, Jan-Carl Raspe und Irmgard Möller schwer verletzt aufgefunden. Raspe stirbt wenig später in einem Krankenhaus. Baader und Raspe brachten sich Schußverletzungen mit Pistolen bei, Ensslin erhängte sich mit einem Elektrokabel, Möller stach sich mit einem Messer des Eßbestecks ins Herz. Nach Bekanntwerden dieser mutmaßlich in den frühen Morgenstunden begangenen Selbst-

«Nicht freiwillig gekommen»

Auch im Namen von Christian Kunert und Gerulf Pannach veröffentlicht der Schriftsteller Jürgen Fuchs eine Erklärung dazu, daß diese drei und zwei andere DDR-Bürger am 26. August aus der Haft entlassen und nach West-Berlin abgeschoben wurden.

«Wir sind nicht freiwillig nach West-Berlin gekommen. Über ein dreiviertel Jahr hinweg versuchten wir, den widerlichen Methoden der Staatssicherheit unsere feste Absicht entgegenzusetzen, daß wir in der DDR leben wollen, um dort als Künstler mitzuhelfen, eine fortschrittliche, menschenwürdige Gesellschaft zu verwirklichen. Ich wiederhole: In der DDR zu leben und nicht im Gefängnis zugrunde zu gehen.

Da wir weder bereit waren, unsere künstlerische Arbeit zu widerrufen und als ‹Hetze im verschärften Falle› zu begreifen noch Gemeinheiten gegenüber unseren engsten Freunden zu begünstigen, wurde uns eine Haftstrafe bis zu zehn Jahren nachdrücklich versprochen.

Wir sind froh, nicht mehr im Untersuchungsgefängnis zu sein, und wir danken allen in Ost und West, die sich mit uns solidarisierten.

Gleichzeitig sind wir in großer Sorge um unseren Freund und Genossen Robert Havemann, weil wir die Abscheulichkeit und die Absicht des Geheimapparates, der unser Land beherrscht und noch fester in den Griff bekommen möchte, unverhüllt kennengelernt haben und der Ansicht sind, daß sein Leben bedroht ist. Ganz besonders deshalb, weil Robert Havemann den gegen ihn und seine Familie gerichteten hektischen und brutalen Schikanen gelassen und kompromißlos entgegentritt und sich keinem Psychoterror beugen wird.

Das gleiche trifft unseres Erachtens für Rudolf Bahro zu, der sich jetzt dort befindet, woher wir kommen, und der in diesen Tagen ein äußerst bedeutungsvolles Buch im Westen veröffentlicht. Die ‹Alternative› der Staatssicherheit besteht möglicherweise in dem Versuch, die Persönlichkeit des Autors mit wissenschaftlicher Akribie zu vernichten. Wir wissen, wovon wir sprechen, diese Einschätzung resultiert nicht aus der Unkenntnis der Umstände.

Wohin treibt unser Land?

Und wer treibt es wohin?

Dabei gibt es doch zu den Absichten der Staatssicherheit nur eine Alternative: eine menschenfreundliche, fortschrittliche und sozialistische Gesellschaft, in der der Mensch atmen kann, keinen Polizeistaat, der seine Bürger bespitzelt, einsperrt, ausbürgert oder aus ihrem eigenen Lande drängt.»

morde wird Hanns Martin Schleyer gegen 4 Uhr von seinen Entführern ermordet. Am 19. Oktober um 17.30 Uhr geben die Terroristen den Hinweis, daß der Leichnam im Kofferraum eines abgestellten Autos im französischen Mulhouse gefunden werden kann.

Unmittelbar danach wird die bisher verdeckte Fahndung öffentlich betrieben. In der größten Fahndung der Geschichte der Bundesrepublik werden wegen des Mordes an Buback, Ponto und Schleyer folgende Terroristen gesucht: Susanne Albrecht, Rolf Heißler, Christian Klar, Friederike Krabbe, Silke Meier-Witt, Brigitte Mohnhaupt, Adelheid Schulz, Angelika Speitel, Sigrid Sternebeck, Willy Peter Stoll, Christoph Wackernagel, Rolf Clemens Wagner, Elisabeth von Dyck, Juliane Plambeck, Inge Viett und Jörg Lang. Regelmäßig erscheinen in den Zeitungen sowie in Rundfunk und Fernsehen Fahndungsaufrufe, eine Belohnung von 800 000 DM wird ausgelobt. Als erster der Gesuchten wird nach einem Feuergefecht am 11. November Wackernagel in Amsterdam verhaftet.

An der offiziellen Version, Baader und Raspe hätten Waffen benutzt, die in den Hochsicherheitstrakt eingeschmuggelt worden wären, werden umgehend Zweifel verbreitet. In mehreren Ländern, darunter in Italien, Frankreich und Griechenland, kommt es zu Protesten, bei denen die Toten von Stammheim als Opfer des staatlichen Mordapparates in der Bundesrepublik und als Märtyrer im Kampf gegen den Imperialismus bezeichnet werden. In Frankfurt / Main wird Daniel Cohn-Bendit von RAF-Sympathisanten verprügelt, als er erklärt, er könne sich nicht vorstellen, daß die Bundesregierung den Augenblick ihres größten Triumphes in Mogadischu durch Morde in Stammheim verderbe. Es handele sich mit Sicherheit um Selbstmorde. Wegen der offenkundigen Mängel in Stammheim werden am 19. Oktober der Anstaltsleiter und der Sicherheitsbeauftragte entlassen, am 20. Oktober tritt der baden-württembergische Justizminister Traugott Bender (CDU) zurück.

Von diesen Vorgängen wird die Republik zutiefst erschüttert. Die Bundesregierung weiß sich in ihrer Haltung, die Forderungen der Terroristen um den Preis von Menschenleben abzulehnen, mit weiten Teilen der Öffentlichkeit einig. Zugleich gilt, was am 12. September achtzig linke Wissenschaftler und Theologen in einem Aufruf konstatieren: «Wenn heute Staatsbürger, insbesondere Justiz- und Polizeibeamte rücksichtslos niedergeknallt werden, dann sind solche Taten eine Gefahr für die deutsche Republik. Solch brutales Vorgehen ist eine reale Bedrohung der Schutzrechte des Bürgers – auch weil auf diese Weise staatliche Organe dazu gebracht werden, als Reaktion demokratische Freiheitsrechte einzuschränken.»

Noch während der Schleyer-Entführung verabschiedet der Bundestag in angespannter Atmosphäre am 28. September das «Kontaktsperregesetz», das nach der Zustimmung des Bundesrates am 30. September bereits am 2. Oktober in Kraft tritt und in siebzig Fällen angewendet wird. Bei Personen, die wegen «Bildung terroristischer Vereinigungen» verurteilt oder verhaftet sind, können die Kontakte untereinander oder zur Außenwelt für bis zu dreißig Tage total unterbunden werden. Heftige Diskussionen über die Bekämpfung des Terrorismus «bis an die Grenzen der Rechtsstaatlichkeit» werden geführt. So stellt der Historiker Golo Mann am 17. Oktober die Erschießung von politischen Häftlingen als «Gegengeiseln» zur Diskussion.

Zudem bricht sich eine Distanzierungshysen Geschwindigkeit bei 450000 Operationen pro Sekunde liegt. Vergleichbare westliche Rechner bieten ein Vielfaches dieser Kapazität, zudem sind bereits die ersten PC auf dem Markt.

9. August: Die Industrialisierung der Landwirtschaft wird vorangetrieben. Das Politbüro der SED und der Ministerrat bestätigen die neuen Musterstatuten und Musterbetriebsordnungen für die nunmehr zu zergliedernden LPG Pflanzenproduktion und Tierproduktion.

22. August: Der *Spiegel* veröffentlicht ein Interview mit Rudolf Bahro, jetzt Abteilungsleiter beim VEB Gummikombinat in Ost-Berlin, früher stellvertretender Chefredakteur bei der Zeitschrift *Forum*, sowie einen Vorabdruck aus dessen Buch «Die Alternative – Zur Kritik des real existierenden Sozialismus». Weitere Interviews werden in ARD und ZDF gesendet sowie in der *Süddeutschen Zeitung* publiziert. Angesichts der zu erwartenden Verhaftung sprach Bahro überdies ein Selbstinterview auf Band und verfaßte eine 50seitige Zusammenfassung seiner brisanten Thesen. Am 23. August wird Bahro in Ost-Berlin unter dem Vorwurf «nachrichtendienstlicher Tätigkeit» verhaftet. Am 31. August stellt die *Europäische Verlagsanstalt* das Buch in Bonn vor, das rasch auf den Bestsellerlisten landet. Bahro wird am 30. Juni 1978 vom Stadtgericht Berlin wegen angeblichen Geheimnisverrats und «nachrichtendienstlicher Tätigkeit» zu acht Jahren Freiheitsstrafe verurteilt. Seine Berufung wird am 1. August 1978 vom Obersten Gericht zurückgewiesen.

26. August: Auf Anweisung des Außenministeriums wird der CDU/CSU-Bundestagsfraktion, die in West-Berlin tagt, eine geplante und bereits genehmigte Reise nach Potsdam untersagt.

11. September: Nach eigenem Bekunden

Rudolf Bahro

gründen ehemalige SED-Mitglieder den «Bund Deutscher Kommunisten» und beantragen beim Staats- und Ministerrat die Legalisierung gemäß der Verfassung der DDR. Die anonym bleibende Gruppe übersendet drei Pressemitteilungen an ost- wie westdeutsche Redaktionen und im Januar 1978 einen offenen Brief an den Staats- und Ministerrat der DDR. Sie «vertritt die Grundthesen von Marx, Engels, Lenin und Rosa Luxemburg und steht anderen und neueren Denkern und Philosophen wie Mao Zedong, Ernst Bloch, Robert Havemann, Rudolf Bahro und anderen positiv gegenüber». Im wesentlichen werden das Ende der Repressalien und die «Einhaltung der Menschenrechte in der DDR» gefordert.

21. September: Die DDR hebt die bisher bestehenden Beschränkungen für die Mitführung von Genußmitteln wie Kaffee, Kakao, Schokolade oder Spirituosen bei der Einreise auf. Auch im Geschenkverkehr werden die Beschränkungen für Genußmittel aufgehoben. Am 23. September äußert sich das Ministerium für Handel und Versorgung im *Neuen Deutschland* zur Kaffeeversorgung. Zu dem gegenüber 1975 verdreifachten Weltmarktpreis müsse die DDR wegen steigenden Verbrauchs 56000 Tonnen Kaffee importieren und dafür 300 Milsterie Bahn. Jeder, der sich nicht ausdrücklich von den terroristischen Morden distanziert, wird als «Sympathisant» verdächtigt. Vor allem die CDU / CSU sucht den Terrorismus aus der allgemeinen «Linkstendenz» abzuleiten und Politiker wie Intellektuelle des linken Lagers verantwortlich zu machen. Am 11. Oktober legt die Bundeszentrale «Eine Auswahl von Zitaten» vor, die Äußerungen etwa von Willy Brandt, Helmut Schmidt, Hans-Jochen Vogel (alle SPD), Werner Maihofer, Gerhart Baum (beide FDP) und zahlreichen Intellektuellen wie Heinrich Böll, Alexander Mitscherlich, Helmut Gollwitzer, Herbert Marcuse und Erich Fried versammelt. Sie ist in fünf Abschnitte gegliedert: «Verharmlosung und Beschwichtigung», «Ablenkung von Ursachen und Verantwortung», «Entschuldigung und Sympathie», «Agitation gegen den freiheitlichen Rechtsstaat» sowie «Bekenntnis zu Gewalt und Terror».

Am 13. September stellt das SPD-Präsidium fest: «Die terroristischen Mörder sind nicht zu Unrecht als späte Kinder Hitlers bezeichnet worden. Sie würden den Faschismus bei uns erneut herbeischießen, wenn sie es nur könnten. Unsere junge Demokratie in der Bundesrepublik soll offensichtlich gezwungen werden, vieles von dem zu zerstören, was wir an demokratischer, liberaler und sozialer Rechtsstaatlichkeit aufgebaut haben. Das dürfen wir nicht zulassen.»

behält sich jedoch die Entscheidung über den endgültigen Bau der «Neutronenbombe» vor. Die Sowjetunion erhebt darauf heftige Proteste. Am 2. November schlägt sie gar ein Verbot der Produktion aller Atomwaffen einschließlich der «Neutronenbombe» vor, kündigt aber am 23. Dezember an, sie werde diese Waffe auch bauen, wenn die USA sie bauen sollten. Am 8. Januar 1978 schreibt Leonid Breschnew einen Brief an zahlreiche Staatsoberhäupter des Westens, in der er die Ächtung der «Neutronenbombe» fordert.

Am 7. April 1978 macht Carter die Entscheidung über Bau oder Nichtbau vom Verhalten der Sowjetunion in der Abrüstung sowie in der Weltpolitik abhängig. In einem Interview mit der *Welt* übt darauf Franz Josef Strauß am 8. April 1978 heftige Kritik: «Zweifel an der Führungsfähigkeit sind in diesem Falle nicht nur erlaubt, denn sie stellen keine leichtfertige oder hämische Kritik dar, sondern sie sind leider berechtigt und im Sinne einer offenen und ehrlichen Partnerschaft durchaus angebracht. Ich räume ein, daß die Europäer in der Frage der Einführung der Neutronenwaffe eine jämmerliche Haltung eingenommen haben. Einige haben diese Waffe rundweg abgelehnt, andere haben ausweichend geantwortet, die Bundesregierung hat sich ein Jahr lang um die Entscheidung herumgedrückt.»

15. August: Der in Italien als Kriegsverbrecher zu lebenslänglicher Haft verurteilte ehemalige SS-Offizier Herbert Kappler wird von seiner Ehefrau Anneliese aus einem Militärhospital in Rom entführt und in die Bundesrepublik gebracht. Am 24. März ließ er auf Weisung Hitlers am Stadtrand Roms mehr als 300 Geiseln erschießen. Auslieferungsersuchen Italiens werden abgelehnt, da nach Artikel 16 des Grundgesetzes kein Deutscher ans Ausland ausgeliefert werden darf. Es werde jedoch eine Strafverfolgung nach deutschem Recht erwogen. Am 9. Februar 1978 verstirbt Kappler in Soltau.

9. September: Bundeswirtschaftsminister Hans Friderichs (FDP) erklärt seinen Rücktritt, um Nachfolger des ermordeten Jürlionen Dollar bezahlen. (Erich Honecker am 26. September dazu: «Sie auszugeben, fällt uns nicht leicht.») Wegen der günstigen Entwicklung des Außenhandels könne das Ministerium die Sorten «Mona» und «Rondo» weiterhin zum alten Preis von 40 Mark pro Pfund anbieten lassen. Ausgewählte Sorten zu höheren Preisen würden demnächst in «Delikat»- und anderen Spezialgeschäften angeboten. Die seit einiger Zeit angebotene Malz-Bohnenkaffee-Mischung werde von bisher 24 Mark auf 16 Mark pro Pfund verbilligt und in der Qualität verbessert. Daß nicht alle Kaffeemaschinen für diese Sorte geeignet seien, könne nicht geändert werden.

26. September: Vor 2400 Parteimitgliedern eröffnet Erich Honecker in Dresden das Parteilehrjahr 1977/78. Er wirft der Bundesrepublik vor, sie weigere sich immer noch, die «Staatsgrenze der DDR mit allen sich daraus ergebenden Schlußfolgerungen anzuerkennen» und die Bewohner der DDR als deren «Staatsbürger» zu betrachten. «Hier liegt die eigentliche Wurzel dafür, daß es immer wieder Belastungen in den Beziehungen zwischen der DDR und der BRD gibt.» Honecker muß indes zugestehen, daß die Wirtschafts- und Sozialprogramme seiner Führung nicht mehr ohne DM verwirklicht werden können. Die «Intershop-Läden» seien «kein ständiger Begleiter des Sozialismus», sie geben nur die Möglichkeit, daß die Devisen im Lande bleiben. «Natürlich übersehen wir nicht, daß nun Bürger der DDR, die keine Devisen besitzen, im gewissen Sinne im Nachteil gegenüber denen sind, die über solche Währung verfügen. Mit dieser Frage haben wir uns befaßt und festgelegt, das Netz der Exquisitläden auszubauen, so daß in jedem Kreis Bürger unserer Republik die Möglichkeit haben, Waren der höheren Preisklasse für Mark der DDR zu kaufen.»

4. Oktober: In Belgrad beginnt die KSZE-Überprüfungskonferenz mit Delegationen aus 35 Staaten. Am 22. Dezember vertagt sie sich bis zum 17. Januar 1978, benötigt dann aber wegen erheblicher Differenzen noch bis zum 9. März 1978 für einen Abschlußtext. Statt der vorgesehenen Wertung der Entwicklung seit Helsinki und des geplanten Programms der Fortsetzung und Vertiefung können sich die Teilnehmerstaaten lediglich auf ein «Abschließendes Dokument» einigen, das angesichts der Uneinigkeit bereits den Meinungsaustausch als «einen wertvollen Beitrag» bezeichnet. Die nächste Überprüfungskonferenz wird für November 1980 in Madrid angesetzt.

7. Oktober: Nach den offiziellen Feiern zum «Nationalfeiertag» der DDR kommt es auf dem Alexanderplatz in Ost-Berlin zu Prügeleien zwischen Jugendlichen und Volkspolizei. Angeblich werden drei Menschen getötet, davon zwei Polizisten, und 200 verletzt. Die Medien der DDR berichten zwei Tage darauf, Rowdies hätten die Rettung von Verunglückten behindert, worauf empörte Bürger und Volkspolizei Ruhe und Ordnung gesichert hätten.

13. Oktober: Der Stellvertretende Außenminister Kurt Nier (SED) legt beim Ständigen Vertreter der Bundesrepublik, Günter Gaus, «entschieden Verwahrung» gegen das Urteil des Bundesverfassungsgerichts vom 29. September ein. Im November beginnt eine Welle von Prozessen gegen Fluchthelfer und angebliche Spione, wobei langjährige Freiheitsstrafen verhängt werden.

November: Das Politbüro der SED bestimmt die «Aufgaben der Literatur- und Kunstkritik» neu. Nach dem Niederzwingen der Proteste gegen die Ausbürgerung Wolf Biermanns, nach dem Weggang zahlreicher Künstler, darunter Reiner Kunze, Sarah Kirsch, Jurek Becker, Hans-Joachim gen Ponto im Vorstand der *Dresdner Bank* zu werden. Am 7. Oktober wird Otto Graf Lambsdorff (FDP) neuer Wirtschaftsminister.

14. September: Die Bundesregierung bringt das Steueränderungsgesetz auf den Weg, das durch die Erhöhung der Freibeträge in der Gewerbesteuer und die Senkung der Vermögenssteuersätze Konsum und Investition ankurbeln soll. Zusammen mit anderen Änderungen bringt das «Steuerpaket» Steuererleichterungen in Höhe von neunzehn Milliarden DM.

19. September: Die 1947 begründete «Gruppe 47» löst sich formell auf, nachdem bereits 1968 die letzte Tagung stattfand.

24. September: Gegen den seit 1973 im niederrheinischen Kalkar in Bau befindlichen «Schnellen Brüter», einen Typ von Atomkraftwerk, der mehr Spaltmaterial herstellt, als er verbraucht, demonstrieren 35 000 Menschen. Der Polizei gelingt es, die Demonstranten weiträumig vom Bauplatz fernzuhalten. 1991 wird das Projekt aus wirtschaftlichen Gründen, es hat bis dahin sieben Milliarden DM verschlungen, und wegen sicherheitstechnischer Bedenken eingestellt, ohne daß es je Strom produziert hätte.

29. September: Das Bundesverfassungsgericht erklärt in drei gleichzeitig verhandelten Revisionsverfahren Verträge mit Fluchthilfeorganisationen, die die Flucht aus der DDR zum Inhalt haben, für rechtswirksam, wenn sie nicht im Einzelfall für das «Rechts- und Anstandsgefühl unerträglich» seien, wenn das vereinbarte Entgelt nicht zu hoch sei und wenn dritte Personen nicht gefährdet würden.

1. Oktober: Erstmals seit Einführung der Montanmitbestimmung im Jahr 1947 setzen sich Arbeitnehmer gegen die Eigentümervertreter im Aufsichtsrat in einer Kampfabstimmung durch. Eine von den Eigentümern erst geplante Modernisierung der Stahlwerke Röchling-Burbach soll rasch vorgenommen werden.

9. Oktober: Der Journalist Günter Wallraff enthüllt, daß er monatelang unter dem falschen Namen Hans Esser bei der *Bild*-Zeitung gearbeitet hat. Sein Buch «Der Aufmacher» schildert fragwürdige journalistische Praktiken.

10. November: Die Hoffnung der Atomkraftgegner, in den Gewerkschaften einen Bündnispartner zu finden, werden enttäuscht. Der DGB und die Einzelgewerkschaften halten den Abbau der Arbeitslosigkeit nur durch Wirtschaftswachstum für möglich, was wiederum eine Sicherung der Energieversorgung und damit auch das Offenhalten der Option Atomenergie erfordere. Heute demonstrieren in Dortmund 40 000 Gewerkschafter sogar für den Ausbau der Atomenergie. Um gegen den Einsatz der Atomenergie zu demonstrieren, setzt sich am 16. November der Tübinger Lehrer Hartmut Gründler in Brand, er erliegt seinen schweren Verletzungen.

9. und 10. Dezember: Auf Schloß Gymnich bei Bonn tritt die von Willy Brandt geleitete internationale «Nord-Süd-Kommission» zu ihrer konstituierenden Tagung zusammen. Brandt bezeichnet das Thema «Zusammenarbeit von Nord und Süd» als «ausschlaggebend für die Zukunft des Weltfriedens und für die Struktur der Welt, in der unsere Kinder leben müssen».

29. Dezember: Das hohe Zahlungsbilanzdefizit der USA, vor allem durch den Ölimport aus den OPEC-Ländern und die Einfuhr von Fertigwaren aus Japan verursacht, läßt den Dollar verfallen. Er sinkt in Frankfurt/Main auf ein historisches Tief von 2,085 DM.

Schädlich, Manfred Krug, soll das zerrüttete Verhältnis zur Kunst verbessert werden. Nunmehr sollen «Probleme nicht verwischt oder verschwiegen werden, Fehler oder Schwächen einzelner Kunstwerke sollten mit Verständnis für die Kompliziertheit künstlerischer Schaffensprobleme offen besprochen werden».

9. November: Das Präsidium des Obersten Gerichtes beschließt, daß zum territorialen Geltungsbereich von Gesetzen der DDR davon auszugehen ist, daß die Grenze zwischen der DDR und der Bundesrepublik «in der Mitte des Talweges» der Elbe verläuft.

15. November: Vor Funktionären und Bestarbeitern der Konsumgüterindustrie gibt Günter Mittag in Karl-Marx-Stadt Leitlinien für Produktion und Verhalten in diesem Bereich aus, dem angesichts der oft unerfüllten Konsumwünsche der Bevölkerung, den Lebensstandard der Bundesrepublik tagtäglich vor Augen, wachsende Brisanz innewohnt. «Wir gehen an die Verwirklichung der Hauptaufgabe weder von einer Position asketischer Genügsamkeit aus heran, noch huldigen wir sinnloser Verschwendung. Einige, die in Fragen der Gestaltung eines qualitätsgerechten Sortiments, der Produktion von modischen Erzeugnissen, die attraktiv und schick sind, immer noch sehr schwerhörig sind, engen den Inhalt und den Sinn der Hauptaufgabe ein (...) Andere, zumeist jene, die ohne konkrete Verantwortung für den Gang der Dinge sind, klopfen scheinbar weise Sprüche über eine weitgehende Beschränkung der Bedürfnisse, selbst jedoch führen sie eine oftmals recht aufwendige Lebensweise.»

30. November: Das Wolfsburger *VW-Werk* bestätigt, daß die DDR im Rahmen eines Kompensationsgeschäftes mit «artgerechten Dingen» 10000 VW-Golf bestellt hat, die ab Februar 1978 geliefert werden sollen. Mit dieser Entscheidung sucht die Führung die wachsende Unzufriedenheit der Bevölkerung über fehlende oder mangelhafte Konsumgüter zu mindern. Die Autos sollen ab 31000 Mark kosten. Nach heftigem Unmut in der Bevölkerung wird Anfang Februar 1978 überraschend eine Preissenkung verkündet, das preiswerteste Modell kostet nun nur noch 19000 Mark, das teuerste mit Dieselmotor 25500 Mark. Zum Vergleich: Ein «Trabant», Lieferzeit sieben Jahre, kostet 8000 Mark, ein «Wartburg», Lieferzeit zehn Jahre, 17000 Mark. Nahezu jeder DDR-Bürger hat deshalb einen Kaufvertrag geschlossen, die regelrecht gehandelt werden und bei naher Fälligkeit hohe Preise erzielen. An Westwagen führte die DDR bisher pro Jahr etwa 500 Volvo-PKW ein; die wenigen, die nicht als Dienstwagen verwendet, sondern frei verkauft werden, kosten 42000 Mark.

11. bis 17. November: Die DDR-Führung bemüht sich um den Ausbau der Beziehungen zu Japan. Günter Mittag hält sich dort zu Verhandlungen auf, die eine Erweiterung der Wirtschaftsbeziehungen auf Kompensationsbasis zum Ziel haben. Die unterzeichneten Vereinbarungen sehen den Export einer Chemieanlage des Petrochemischen Kombinates Schwedt/Oder sowie den Bau eines Hotels in Leipzig durch japanische Firmen vor. Am 27. Dezember gewährt ein japanisches Bankenkonsortium der DDR einen Kredit über 140 Millionen Dollar.

22. Dezember: In Ost-Berlin wird ein Briefaustausch zwischen der DDR und der Bundesrepublik vollzogen, in dem der sechsspurige Ausbau der Autobahn zwischen der Grenzabfertigungsanlage Marienborn und der Grenze vereinbart wird. 1993 wird bekannt, daß die Bundesregierung neben der offiziellen Kostenbeteiligung von 2,73 Millionen DM weitere 5,8 Millionen DM an die DDR zahlt.

1978

Wettrüsten

Trotz politischer Entspannung zwischen Ost und West und des ersten Rüstungsbegrenzungsabkommens SALT I wachsen die Waffenarsenale auf beiden Seiten an. Seit 1977 stationiert die Sowjetunion eine neue Boden-Boden-Rakete, die treffgenaue und mit drei Atomsprengköpfen versehene «SS 20» (vom englischen «surface-to-surface»). Vor allem wegen der mobilen und damit kaum auszuschaltenden Abschußbasen sehen westliche Militärs und Politiker darin eine neue Dimension der atomaren Bedrohung. Die NATO beschließt darauf ein langfristiges Programm, das für jeden Mitgliedsstaat eine jährliche Erhöhung der Verteidigungsausgaben um mindestens drei Prozent festlegt.

1. Januar: Bereits am 7. Oktober 1970 regelte Hessen die Probleme eines neuen gesellschaftlichen Themas, es verabschiedete ein Datenschutzgesetz. Heute tritt das am 27. Januar 1977 verabschiedete «Bundesdatenschutzgesetz» in Kraft.

2. und 9. Januar: In ihrem «Parlamentarisch-Politischen Pressedienst» tut die SPD das vom *Spiegel* veröffentlichte Manifest des «Bundes Demokratischer Kommunisten Deutschlands» als «Neujahrscocktail» ab. Viel mehr als zusammengeklaubte Zitate aus allen Arten des Kommunismus würden da nicht geboten. Letztlich sei dies ein «Schuß gegen die Entspannungspolitik».

6. Januar: Das Bundesjustizministerium teilt mit, es habe bei der Beschaffung des «Starfighters» keine Beweise für eine Bestechung deutscher Parteien oder Personen durch die amerikanische Firma «Lockheed» finden können.

11. Januar: Der Berliner Senat veröffentlicht ein 14-Punkte-Programm zur dringend gebotenen Stärkung der Wirtschaft. Am 19. Juni geben die Vorsitzenden der Bundestagsparteien eine Berlin-Erklärung ab, die die Sicherung der Lebensfähigkeit der Stadt als «nationale Aufgabe» deklariert.

19. Januar: Der Bundestag debattiert über

1978

Militarisierung

Unverhofft erfahren die Menschen, daß sie doch Deutsche sind. Die Rundfunksendungen werden für die Sondermeldung unterbrochen, in riesigen Lettern macht das *Neue Deutschland* mit der Schlagzeile auf: «Der erste Deutsche im All!» Wie krampfhaft verbreitet die Führung ihr ideologisches Konstrukt von der eigenständigen DDR-Nation – doch im Augenblick des Triumphes kann sie es sich nicht versagen, das sonst verpönte «Deutsche» hervorzuholen. Daß der Raumfahrer Oberstleutnant der NVA ist, paßt bestens in die nun betriebene Militarisierung der Gesellschaft.

2. und 9. Januar: Der *Spiegel* veröffentlicht das Manifest eines «Bundes Demokratischer Kommunisten Deutschlands» in der DDR, der sich als illegale Organisation demokratisch und humanistisch denkender Kommunisten bezeichnet. Nach Angaben des *Spiegels* wird er von mittleren und höheren Funktionären der SED getragen. Das Manifest tritt für «einen theoretisch und politisch total reformierten Kommunismus» ein, es wendet sich scharf «gegen die Einparteien-Diktatur», gegen den «demokratischen Zentralismus» sowie «gegen die Diktatur des Proletariats, die eine Diktatur der Bürokratie über das Proletariat und gegen das gesamte Volk ist». Es fordert «Parteienpluralismus», «ein unabhängiges Parlament», eine «unabhängige Regierung» und einen «unabhängigen Obersten Gerichtshof». In der Deutschlandpolitik spricht sich das Manifest «für eine offensive, nationale Politik, für ein Konzept, das auf die Wiedervereinigung Deutschlands zielt», aus.

Nach einer schonungslosen, mit zahllosen Interna gespickten Analyse der Wirklichkeit in der DDR ruft das Manifest auf: «Genossen, propagiert unsere Kritik, popularisiert das Ideengut der Reformkommunisten Europas und Japans, fordert die Veröffentlidas vom *Spiegel* veröffentlichte Manifest der DDR-Opposition und seine Folgen, eine Diskussion, die die unterschiedlichen Standpunkte deutlich macht. Bundeskanzler Helmut Schmidt kritisiert in einer Regierungserklärung die Reaktionen der DDR, besteht indes auf seinem im Jahr zuvor geäußerten Leitsatz: «Wir dürfen und werden uns von Scharfmachern von jenseits oder von diesseits der innerdeutschen Grenze in unserer auf Entspannung und Normalisierung gerichteten Politik nicht beirren und von ihr nicht abbringen lassen.»

Oppositionsführer Helmut Kohl, dem wie anderen Unionspolitikern Tage zuvor die Einreise nach Ost-Berlin verweigert wurde, wendet sich gegen die Haltung der Bundesregierung. «Sie tun dies, weil dieses Manifest und diese freiheitliche Entwicklung nicht in Ihr Konzept und auch nicht in das politische Konzept der Bundesregierung paßt, in ein Konzept (...), das von der Behauptung ausgeht, daß nur eine stabile DDR über genügend Handlungsfreiheit für eine Entspannungspolitik verfüge. Deshalb muß alles getan werden, um das Selbstvertrauen des SED-Regimes zu stärken, und alles verhindert werden, was sich, wie das Manifest, destabilisierend auswirken könnte.»

Für die FDP formuliert Bundesaußenminister Hans-Dietrich Genscher den größeren Zusammenhang: «Deshalb werden wir auch die Signale nicht auf Konfrontation

Der Käfer

Am 31. Januar läuft im VW-Werk Emden der letzte «Käfer» vom Band, mit knapp zwanzig Millionen produzierten Exemplaren erfolgreichster Autotyp der Bundesrepublik. 1934 baute der Ingenieur Ferdinand Porsche die ersten Prototypen, die ab 1936 praktisch erprobt wurden. Bald nahm sich die Naziorganisation «Kraft durch Freude» (KdF) des «Volkswagens» an, Adolf Hitler legte 1938 den Grundstein für die «KdF-Stadt» und die «KdF-Fabrik». Nur 990 Reichsmark sollte der Wagen kosten, mehr als 300 000 Menschen schlossen Kaufverträge und begannen den Kaufpreis meist in 5-Reichsmark-Beträgen anzusparen. Nach Ausbruch des Zweiten Weltkrieges wurden in den Werkhallen jedoch keine «Käfer», sondern Kübel- und Schwimmwagen für die Wehrmacht produziert.

Am 10. April 1945 besetzten amerikanische Truppen die Stadt, die am 25. Mai in Wolfsburg umbenannt wurde. Die bald zuständige britische Besatzungsmacht begann, die Produktion zu fördern – schon im Oktober 1946 wurde der zehntausendste Wagen fertiggestellt. Unter dem neuen Betriebsleiter Heinrich Nordhoff begann der «Käfer» nun auch im Ausland seinen Siegeszug. Der «stromlinienförmige Gebrauchswagen mit luftgekühltem Motor» überrundete am 17. Februar 1972 den bis dahin erfolgreichsten Wagen der Welt, Fords «Tin Lizzy». In der Bundesrepublik wird die Produktion nun wegen zu hoher Kosten eingestellt, doch läuft das Fahrzeug noch in Brasilien, Mexico, Nigeria und Südafrika vom Band. Er läuft und läuft...

Zwischenbilanz

Am 17. Februar zieht Erich Honecker vor Parteisekretären der SED eine Zwischenbilanz seiner Politik, die in Richtung dessen geht, was für Ungarn «Gulaschkommunismus» genannt wird. Die Hebung des Lebensstandards, überdies mit teils untauglichen Mitteln betrieben, wird zum Hauptzweck der ansonsten von Inhaltslosigkeit geprägten Politik. «Unsere sozialen Fortschritte beruhen auf den Ergebnissen einer eindrucksvollen wirtschaftlichen Entwicklung. Die industrielle Warenproduktion betrug 1977 (...) 300,5 Milliarden Mark, seit 1970 stieg sie in diesen wenigen Jahren um 52,1 Prozent (...) Insgesamt wurden in dem Zeitraum von 1971 bis 1972 922 000 Wohnungen geschaffen (...) So stieg das durchschnittliche Arbeitseinkommen je Arbeiter und Angestellten in der volkseigenen Wirtschaft von 762 Mark im Jahr 1970 auf 956 Mark im Jahr 1977. Die Mindestlöhne erhöhten sich in dieser Zeit zweimal, und zwar 1971 von 300 auf 350 Mark und 1976 auf 400 Mark (...)

1970 wurden 985 300 Tonnen Fleisch und Fleischwaren für die Bevölkerung bereitgestellt, 1977 waren es 1 264 000 Tonnen. Im gleichen Zeitraum stieg der Warenfonds bei Südfrüchten und Nüssen von 161 400 Tonnen auf 270 300 Tonnen. Eindrucksvoll sind die Wachstumsraten auch bei den industriellen Konsumgütern. Wurden vor sieben Jahren 277 000 Fernseher angeboten, so im Vorjahr 557 000. Im Zusammenhang mit dem beschleunigten Wohnungsbau stieg die Bereitstellung von Möbel- und Polsterwaren. 1977 kam davon ein Volumen von 2,6 Milliarden Mark in unsere Geschäfte. 1970 betrug es 1,5 Milliarden Mark. Die Anzahl der jährlich bereitgestellten Autos schließlich wuchs von 106 000 im Jahre 1970 auf 152 000 im Jahre 1977 (...)

Besonders deutlich wird die Dynamik unserer Sozialpolitik im stürmischen Anstieg der gesellschaftlichen Fonds, die ein Wesenszug des Sozialismus sind und der ständigen Fürsorge für die Menschen dienen. In den Jahren 1971 bis 1977 erreichten sie zusammengenommen 247 Milliarden Mark. Das ist von entscheidender Bedeutung für die immer bessere Befriedigung der materiellen und kulturellen Bedürfnisse. Allein im vergangenen Jahr wurden 44,7 Milliarden Mark eingesetzt, das sind 19,1 Milliarden Mark mehr als 1970. Im einzelnen verteilt sich diese Summe wie folgt: Für stabile Verbraucherpreise solcher Nahrungsgüter wie Milch, Butter, Brot, Fleisch, Geflügel, Fisch und Speisekartoffeln gaben wir 7,4 Milliarden Mark aus. Bei Industriewaren des Bevölkerungsbedarfs, wozu Brennstoffe, Kinderoberbekleidung und anderes gehören, waren es 2,7 Milliarden Mark. Für stabile Preise auf dem Gebiet der Reparaturen und Dienstleistungen sowie der Verkehrstarife wendeten wir 3,4 Milliarden Mark auf. Damit wurden im Jahr 1977 für stabile Verbraucherpreise und Tarife insgesamt 13,5 Milliarden Mark eingesetzt. Hinzu kommen aus den gesellschaftlichen Fonds allein 1977 Aufwendungen für die Wohnungswirtschaft und die niedrigen Mieten in Höhe von 5,4 Milliarden Mark.»

chung der grundsätzlichen Dokumente der westeuropäischen und japanischen Bruderparteien, entlarvt mit allen Mitteln die widerlichen Praktiken der selbsternannten Parteibürokraten auf Lebenszeit! Zeigt den moralischen Verfall der SED, beweist, wie widerlich Karrieristen, Zyniker, angepaßte Apparatschiks mit den primitivsten Regeln stellen. Mit einem Rückfall in den Kalten Krieg würde nichts gewonnen, wohl aber das Erreichte gefährdet oder gar verspielt werden. Von einer Regierung in einer geteilten Nation wird Nüchternheit und Augenmaß verlangt. Wir müssen mit der ungelösten nationalen Frage leben, so schmerzlich diese Einsicht ist. Unser Ziel bleibt, auf einen Zustand des Friedens in Europa hinzuwirken, in dem das deutsche Volk in freier Selbstbestimmung seine Einheit wiedererlangt.»

21. Januar: In einem Interview mit *Radio Bremen* bewertet Fraktionsführer Herbert Wehner (SPD) die Veröffentlichung des Manifestes der Opposition im *Spiegel*: «Auf jeden Fall haben diejenigen, die mit riesigem Aufwand von kostspieligen Annoncen und viel sonstiger Begleitmusik dies hier zum Jahresbeginn in der Bundesrepublik gestartet und durch alle Medien auch in der DDR zur Wirksamkeit zu bringen bemüht waren, dabei die Absicht gehabt, daß die Politik der Regelung des Verhältnisses zwischen den beiden Staaten im getrennten Deutschland auf der Grundlage des Vertrages und der Zusatzabkommen zunächst einmal gestört wird. Und deshalb nenne ich das Provokation.»

2. Februar: Im Zusammenhang mit Abhöraktionen des MAD tritt Verteidigungsminister Georg Leber (SPD) zurück, sein Nachfolger wird Hans Apel (SPD). Am 9. März werden die bundesdeutschen Nachrichtendienste, der MAD, der BND und das Bundesamt für Verfassungsschutz, per Gesetz unter die Kontrolle des Parlaments gestellt.

6. Februar: Der Tschechoslowake Ladislav Molnar entführt ein Flugzeug, das von Ost-Berlin nach Prag unterwegs ist, nach Frankfurt/Main. Von den 41 Passagieren stammen 33 aus der DDR, ein Ehepaar mit Kind nutzt die unerwartete Gelegenheit, um in der Bundesrepublik zu bleiben. Die DDR protestiert scharf dagegen, daß die Passagiere insgesamt acht Stunden verhört worden seien und daß der Ständigen Vertretung der DDR die Kontaktaufnahme verwehrt worden sei. Am 3. Oktober 1978 verurteilt das Oberlandesgericht Frankfurt/Main Molnar zu vier Jahren Freiheitsstrafe.

14. März: In der Druckindustrie beginnt ein bundesweiter Streik, der erstmals den Schutz vor Auswirkungen von technologischen Veränderungen zum Inhalt hat. Die Umstellung vom Bleisatz zum Lichtsatz macht eine ganze Berufsgruppe überflüssig. Was bisher die hochqualifizierten Setzer leisteten, können nun Sekretärinnen oder Redakteure erledigen. Die Gewerkschaft fordert die soziale Absicherung der Setzer, am 19. März wird eine Einigung erzielt, die die Weiterbeschäftigung der Setzer sichert. Dieser Streik wird bis zum 20. März mit Aussperrungen beantwortet, ebenso der am 20. März beginnende Streik in der Metallindustrie von Nordwürttemberg-Nordbaden. Wegen der Aussperrungen rufen die Gewerkschaften das Bundesverfassungsgericht an, das am 10. Juni 1980 die Aussperrung als rechtmäßiges Mittel im Arbeitskampf bewertet. Allerdings darf der Umfang der Aussperrungen den des Angriffsstreiks nicht übersteigen.

19. März: Der *Südwestfunk* sendet Zitate aus einer Dissertation des Jahres 1936 über «Die leitenden Grundgedanken bei der Entmannung gefährlicher Sittlichkeitsverbrecher». Darin heißt es: «Nur ein rassisch wertvoller Mensch hat innerhalb der Gesellschaft eine Daseinsberechtigung», deshalb sei die «Ausscheidung minderwertigen Lebens» und die Unterordnung des Strafrechts unter «rassische und völkische» Gesichtspunkte zu fordern. Am 24. März erklärt der Autor, Niedersachsens Justizminister Hans menschlichen Anstands unablässig auf Kriegsfuß leben! Propagiert und organisiert! Die weltweite Tendenz in der internationalen Arbeiterbewegung läuft auf den Verfall der moskowitischen Theorie und Praxis hinaus. Es entwickelt sich ein schöpferischer, undogmatischer, demokratisch-humanistischer Reformkommunismus.»

Von den Medien der DDR wird das «miserable Machwerk» als Produkt von Bundesnachrichtendienst und *Spiegel* bezeichnet. Am 6. Januar wird dem neuen Korrespondenten des *Spiegels*, Karlheinz Vater, in Ost-Berlin die bereits zugesagte Akkreditierung verweigert. Am 10. Januar schließen die DDR-Behörden das Büro des *Spiegels* in Ost-Berlin «wegen fortgesetzter und böswilliger Verleumdungen der DDR».

15. und 16. Januar: Mehreren Abgeordneten der CDU/CSU-Bundestagsfraktion, darunter dem CDU-Vorsitzenden Helmut Kohl, wird die Einreise von West-Berlin nach Ost-Berlin verweigert.

28. Januar: In Ost-Berlin wird ein offizieller Meinungsaustausch von Hermann Axen, Mitglied des Politbüros der SED, Außenminister Oskar Fischer (SED) und Herbert Häber, Leiter der Abteilung West des ZK der SED, mit Hans-Jürgen Wischnewski (SPD), Staatsminister im Bundeskanzleramt, geführt. Am 17. Februar erklärt Erich Honecker dazu, es sei keine der anstehenden Fragen ausgeklammert worden.

1. Februar: Das Ministerium für Volksbildung erläßt eine Direktive zur Einführung und Gestaltung des Wehrunterrichts an den Klassen 9 und 10 der allgemeinbildenden polytechnischen Oberschulen ab dem 1. September. In der Klasse 9 umfaßt er vier Doppelstunden im Jahr zur «sozialistischen Landesverteidigung» sowie das zweiwöchige Lager zur «Wehrausbildung» für Jungen oder zur «Zivilverteidigung» für Mädchen und Jungen, die nicht an der Wehrausbildung teilnehmen können oder wollen. Auf Antrag der Eltern können die Kinder von der Ausbildung an den Kleinkaliberwaffen befreit und anderweitig eingesetzt werden. In der Klasse 10 umfaßt der Wehrunterricht jährlich vier Doppelstunden Unterricht und drei Tage «Wehrbereitschaft», wobei ein «Marsch der Waffenbrüderschaft», ein militärisches Geländespiel, stattfindet.

6. März: Als Anfang 1976 der Entwurf des neuen Parteiprogramms der SED veröffentlicht wurde, erhoben sich Befürchtungen bei den Kirchen. Denn darin waren alle Grundrechte der DDR-Verfassung aufgeführt – mit Ausnahme des Rechtes auf Glaubens- und Gewissensfreiheit. Da die Kirchen eine neuerliche Welle der Unterdrückung fürchteten, forderten sie öffentlich eine Korrektur des Entwurfs. Darauf ging die SED erstmals von ihrem kirchenfeindlichen Kurs ab, im verabschiedeten Programm heißt es: «Der sozialistische Staat garantiert allen Bürgern die politischen Freiheiten und sozialen Rechte: (...) die Gleichberechtigung der Bürger unabhängig von rassischer und nationaler Zugehörigkeit, von Weltanschauung, religiösem Bekenntnis und sozialer Stellung.» Von den Evangelischen Kirchen wird dies als Zeichen des Entgegenkommens gewertet. Es beginnen vertrauliche Verhandlungen, die heute zur ersten offiziellen Begegnung zwischen SED-Spitze und Kirchenleitung führen.

Erich Honecker führt ein Gespräch mit Vorstandsmitgliedern der Konferenz der Evangelischen Kirchenleitungen in der DDR unter Bischof Albrecht Schönherr, darunter Bischof Werner Krusche und Oberkonsistorialrat Manfred Stolpe, Leiter des Sekretariats des Bundes der Evangelischen Kirchenleitungen. Die Ergebnisse werden als offizielle Erklärung des Staatsra-

Leonid Breschnew und Helmut Schmidt im Bonner Bundeskanzleramt

Puvogel (CDU), seinen Rücktritt, um seine Partei während des Wahlkampfes nicht zu belasten. Am 23. Juni 1979 veröffentlicht der CDU-nahe *Weser Report* Auszüge aus Artikeln der *Bremer Zeitung* von 1944, die der heutige Bremer Bausenator Hans-Stefan Seifriz (SPD) als 17jähriger verfaßte. Seifriz tritt am 25. Juni zurück, um seine Partei nicht zu belasten.

11. April: Die katholischen Bischöfe der Bundesrepublik äußern sich zum Terrorismus, der «ein Schlaglicht auch auf diese Gesellschaft» werfe. Sie beklagen, «wie rasch und wie kraß das Feld der Sinnleere zwischen dem behäbigen Pragmatismus und der schnellebig-nervösen Wegwerfkultur wächst». Ihre Forderung: «Statt Konsum, Verschwendung und Wegwerfen muß Ehrfurcht vor dem Leben und vor dem Lebensraum des Menschen die politischen Entscheidungen und den politischen Stil bestimmen.»

21. April: In Bulgarien werden vier gesuchte Terroristen der RAF festgenommen. Noch am selben Tag werden Till Meyer, Gabriele Rollnick, Gudrun Stürmer und Angelika Goder an die Bundesrepublik ausgeliefert. Am 11. Mai werden in Zagreb vier weitere Terroristen der RAF verhaftet. Die Bundesregierung beantragt die Auslieferung von Brigitte Mohnhaupt, Rolf Clemens Wagner, Peter Jürgen Boock und Sieglinde Hofmann. Seit geraumer Zeit fordert Jugoslawien von der Bundesrepublik die Auslieferung inhaftierter Exilkroaten, was Bonn jedoch verweigert. Am 17. November wird die Auslieferung der RAF-Terroristen abgelehnt, Jugoslawien läßt sie in «ein Land ihrer Wahl» ausreisen.

4. bis 7. Mai: Zu seinem zweiten Besuch

tes tags darauf auf der ersten Seite des *Neuen Deutschlands* veröffentlicht. Gemeinsame Basis ist die Formel von der «Kirche im Sozialismus», die bereits 1971 in Eisenach von der Bundessynode geprägt wurde: «Wir wollen nicht Kirche neben, nicht gegen, sondern im Sozialismus sein.»

Honecker führt dazu aus: «Den Kirchen als Kirchen im Sozialismus eröffnen sich heute und künftig viele Möglichkeiten des Mitwirkens an diesen zutiefst humanistischen Zielen. Wir gehen von der Beteiligung aller Bürger am Werk des Sozialismus aus, das im gesellschaftlichen wie individuellen Interesse liegt.» Er erklärt, daß die sozialistische Gesellschaft jedem Bürger, unabhängig von Alter und Geschlecht, Weltanschauung und religiösem Bekenntnis, Sicherheit und Geborgenheit biete. «Wir bringen sehr viel Verständnis auf».

Bei dem Gespräch werden zahlreiche Sachfragen gelöst, darunter die Pachtzahlung für Kirchenland, das von LPG genutzt wird, und die verbesserte Seelsorge an Strafgefangenen.

24. März: Zusätzlich zur traditionellen sonntäglichen Gottesdienstübertragung wird den Kirchen in Fernsehen und Rundfunk erstmals Sendezeit für eigenverantwortete Beiträge eingeräumt. Bischof Albrecht Schönherr spricht ein «geistliches Wort zum Karfreitag». Künftig erhält die Kirche monatlich fünfzehn Minuten Sendezeit im Radio und sechs Sendetermine im Zweiten Fernsehprogramm.

30. März bis 1. April: Erstmals besucht ein westlicher Regierungschef offiziell die DDR. (Willy Brandts Besuch in Erfurt wird, da noch vor Aufnahme der gegenseitigen Beziehungen erfolgt, protokollarisch nicht als offiziell eingestuft.) Österreichs Bundeskanzler Bruno Kreisky (SPÖ), seit langem Vorreiter in der Zusammenarbeit mit und Anerkennung der DDR, schließt mehrere Abkommen, Verträge und Vereinbarungen.

12. bis 14. April: Außenminister Oskar Fischer (SED) besucht erneut den Iran, eines der wichtigsten Ölförderländer. Er überreicht Schah Rezah Pahlewi eine persönliche Botschaft von Erich Honecker, worin dieser bedauert, daß am 27. Februar iranische Studenten aus West-Berlin in die Ost-Berliner Botschaft des Iran eindrangen. Die Studenten protestierten gegen den Diktator in ihrem Heimatland. Am 5. März stellte der Iran aus Protest sämtliche Handelsbeziehungen mit der DDR ein. Am 3. Mai übergibt der iranische Botschafter in Ost-Berlin eine persönliche Botschaft des Schahs an Honecker. Am 5. September wird offiziell ein Staatsbesuch des Schahs in der DDR für den 14. bis 17. September angekündigt. Am 9. September wird der Besuch jedoch wegen der angespannten innenpolitischen Situation im Iran abgesagt.

11. und 12. Mai: Der sowjetische Außenminister Andrej Gromyko informiert die DDR-Führung über den Breschnew-Besuch in der Bundesrepublik.

Mai: Vor dem ZK der SED knüpft das Politbüro-Mitglied Konrad Naumann an das berüchtigte ZK-Plenum vom November 1965 an, um Künstler zu diffamieren: «Einige wenige verstehen es noch nicht, ihre Schaffensprobleme in produktiver Übereinstimmung mit der Lösung der tatsächlich revolutionären und eben deshalb komplizierten und großartigen Aufgaben unseres Parteiprogramms zu meistern, und flüchten sich, statt die jederzeit mögliche offene und kritische Diskussion mit Genossen und Kollegen in den Künstlerverbänden zu suchen, in ‹Verbesserungsvorschläge› für den realen Sozialismus in der DDR, die sie uns dann über bürgerliche Massenmedien servieren. Dafür haben sie dann auch noch ein entsprechendes Geldkonto.»

kommt Leonid Breschnew, Generalsekretär des ZK der KPdSU und Vorsitzender des Obersten Sowjets, in die Bundesrepublik. Wichtigstes Ergebnis ist die Unterzeichnung eines «Abkommens über die Entwicklung und Vertiefung der langfristigen Zusammenarbeit» auf dem Gebiet von Wirtschaft und Industrie. Es gilt zunächst für zehn Jahre und kann um jeweils fünf Jahre verlängert werden. Zur militärischen Entspannung gibt es keine Ergebnisse – bis auf eine Bekundung. Im Gespräch mit Franz Josef Strauß ruft Breschnew zu den Unionsvorwürfen, er hege aggressive Absichten, aus: «Glauben Sie uns doch, wir wollen Sie nicht überfallen!» Zum Abschluß seines Aufenthaltes geht Breschnew in einer Fernsehansprache an die Bundesbürger auf die Verlangsamung des Entspannungsprozesses ein: «Der Hauptgrund besteht darin, daß es bisher nicht gelungen ist, das ungeheuerliche Wettrüsten zu zügeln.»

22. bis 26. Mai: Königin Elisabeth II. besucht zum zweiten Mal die Bundesrepublik und West-Berlin, wo sie die britische Garantie für die Freiheit der Stadt erneuert.

6. Juni: Bundesinnenminister Werner Maihofer (FDP) tritt wegen der Fahndungsfehler im Fall des ermordeten Hanns Martin Schleyer zurück. Sein Nachfolger wird Gerhart Baum (FDP). Am 6. August können die drei zu den meistgesuchten Terroristen der RAF zählenden Christian Klar, Willy Peter Stoll und Adelheid Schulz in Michelstadt einem Kommando des BKA entkommen. Stoll wird am 6. September beim Versuch seiner Verhaftung in Düsseldorf erschossen.

29. Juni: In Stockholm gibt das Internationale Institut für Friedensforschung (SIPRI) bekannt, daß derzeit etwa 10500 taktische Atomwaffen in Europa stationiert seien – 7000 in Westeuropa und 3500 in Osteuropa.

13. bis 15. Juli: Der US-Präsident Jimmy Carter besucht die Bundesrepublik und West-Berlin. Beide Seiten bekräftigen die Notwendigkeit des am 30. und 31. Mai in Washington vom NATO-Gipfel beschlossenen langfristigen Verteidigungsprogramms mit einer realen Erhöhung der Ausgaben um drei Prozent jährlich, «um jedweder militärischen Bedrohung zu begegnen». In West-Berlin stellt sich Carter in einem «Town Meeting», wie er es in den USA häufig veranstaltet, den Fragen von etwa tausend Bürgern. Im Zusammenhang mit dem Berlin-Besuch Carters behindert die DDR am 15. etwa fünfzehn Stunden lang den Transitverkehr von und nach West-Berlin, um gegen die Anwesenheit von Bundeskanzler Helmut Schmidt und Außenminister Hans-Dietrich Genscher zu protestieren. Im Anschluß an den Staatsbesuch findet am 16. und 17. Juli erstmals ein Weltwirtschaftsgipfel in Bonn statt. Auf dem vierten Treffen dieser Art werden im Rahmen einer «umfassenden Strategie» Maßnahmen zur Ankurbelung der Weltkonjunktur, zur Bekämpfung der Inflation, zur Sicherung der Energieversorgung und zur Arbeitsplatzsicherung vereinbart.

8. August: Die Nürnberger Bundesanstalt für Arbeit weitet die Zumutbarkeit von Arbeitsstellen für Arbeitslose aus. Von vornherein muß ein Arbeitsloser bereit sein, zumindest verwandte und andere gleichwertige Beschäftigungen hinzunehmen, auch wenn er dabei vom Angestellten zum Arbeiter wechseln muß. Mit fortschreitender Dauer der Arbeitslosigkeit müssen immer niedrigere Qualifikationsstufen und weiter entfernte Arbeitsplätze akzeptiert werden.

30. August: Der DDR-Bürger Detlef-Alexander Tiede entführt ein polnisches Flugzeug, das von Danzig nach Ost-Berlin unterwegs ist, zum West-Berliner Flughafen Tempelhof. Der Entführer, seine Begleiterin und ihr Kind werden von ameri-

26. bis 28. Mai: Seit dem Kirchentag von 1954 findet das größte Kirchentreffen statt – erstmals nicht von staatlichen Stellen behindert oder eingeschränkt. Zum Kirchentag der Evangelischen Kirche Sachsens kommen in Leipzig unter dem Motto «Leben heißt ein Ziel haben» bis zu 50000 Menschen zusammen.

29. bis 31. Mai: Der achte Schriftstellerkongreß der DDR steht unter dem Motto «Der Schriftsteller in den Kämpfen unserer Zeit» – in ungewollt zweifacher Hinsicht. Denn durch Manipulationen bei den Delegiertenwahlen können einige bekannte Autoren nicht teilnehmen, aus Protest verzichten weitere auf ihre Mitwirkung. Stephan Hermlin, der Initiator der Protest-Erklärung gegen die Biermann-Ausbürgerung, wendet sich gegen die jüngsten Äußerungen vor dem ZK der SED: «Man muß schon eine Reihe von Jahren zurückdenken – ich sage einmal aufs Geratewohl dreizehn oder vierzehn Jahre –, um auf Ähnliches zu stoßen. In Ermangelung wirklicher Argumente greift man zu einer Demagogie, die in Deutschland, wenn es um das Herabsetzen von Intellektuellen geht, eine lange und schmähliche Geschichte hat. Wenn die Literatur Einwände erhebt, wenn der Geist Sorgen oder Trauer äußert, weist man mit Augurenlächeln auf das Pekuniäre im Hintergrund. Die bürgerliche Schreiberbande ist bestochen, die tieferen Ursachen sind enthüllt, und der Volkszorn steht vor der Tür. Schriftsteller tragen Verantwortung, das steht mit Recht zur Diskussion, aber tragen nicht auch andere Verantwortung, zumal solche, die Macht besitzen?» Anstelle der aus Altersgründen zurückgetretenen Anna Seghers wird Hermann Kant (SED) zum neuen Präsidenten gewählt.

1. Juni: Bischof Albrecht Schönherr wird vom Staatssekretär für Kirchenfragen, Hans Seigewasser (SED), offiziell über die Einführung des Fachs «sozialistische Wehrerziehung» an den Oberschulen unterrichtet. Schönherr bringt die erheblichen Bedenken der Kirche vor. Am 12. Juni drückt der Vorsitzende der Berliner Bischofskonferenz, Alfred Kardinal Bengsch, seine tiefe Besorgnis gegenüber Seigewasser aus. So stünden Eltern, die ihre Kinder nicht zur Wehrerziehung schickten, in der Gefahr, als politisch unzuverlässig diffamiert zu werden. Bengsch übergibt auch eine Eingabe an die Regierung, in der schwere Bedenken ausgedrückt werden und eine Überprüfung der geplanten Maßnahmen erbeten wird. Die Eingabe wird allen katholischen Priestern zur Information, allerdings nicht zum Verlesen in den Gemeinden übergeben. Angesichts der starren Haltung der Staats- und Parteiführung verabschiedet die Konferenz der Evangelischen Kirchenleitungen am 14. Juni ein «Wort an die Gemeinden» und eine «Orientierungshilfe», die beide am 25. Juni in den evangelischen Kirchen verlesen werden. In den Texten heißt es: «Ein von Angst und Bedrohung bestimmtes Sicherheitsdenken stellt nach unserer Überzeugung keinen Schritt auf mehr Frieden dar, weil es zu Handlungen führt, die auf der Gegenseite ebenfalls Angst erzeugen und zur Gegendrohung verleiten. Weil der beabsichtigte Unterricht ein Teil dieses gefährlichen Mechanismus ist, erscheint er uns als Mittel der Friedenssicherung wenig geeignet.»

5. bis 8. Juni: In Frankreich führt Günter Mittag Wirtschaftsverhandlungen, die die Ausgestaltung einer im November 1977 geschlossenen langfristigen Rahmenvereinbarung zum Inhalt haben. So wird der Bau von Nutzfahrzeugen mit dem Automobilkonzern *Citroën* erörtert.

11. Juni: Nach der Unterzeichnung des Grundlagenvertrages wurden am 27. November 1973 Verhandlungen zwischen den

«Furchtbare Juristen»

Der Ministerpräsident von Baden-Württemberg, Hans Karl Filbinger (CDU), verkündet am 7. August vor dem Stuttgarter Landtag seinen Rücktritt. «Dies ist die Folge einer Rufmordkampagne (...) Es ist mir schweres Unrecht angetan worden.» Zuvor verlor er die Unterstützung seiner Partei. Am 30. August wählt der Landtag Lothar Späth (CDU) zum neuen Ministerpräsidenten. Filbingers Rücktritt wirft ein Schlaglicht auf die noch in großen Teilen unbewältigte und deshalb immer wieder aufbrechende Nazivergangenheit.

Am 10. April 1972 veröffentlicht der *Spiegel* den Wortlaut des Urteils, das der Marinerichter Filbinger im norwegischen Steinsnes gegen den Obergefreiten Kurt Petzold (siehe Seite 17) fällte. Am 17. Februar 1978 führt der Schriftsteller Rolf Hochhuth in der *Zeit* den Fall des Matrosen Walter Gröger an. Noch in britischer Gefangenschaft bestätigte Filbinger in der Revisionsverhandlung das Todesurteil wegen Fahnenflucht, es wurde in seiner Anwesenheit vollstreckt. Filbinger ist für Hochhuth «ein so furchtbarer Jurist gewesen, daß man vermuten muß – denn die Marinerichter waren schlauer als die von Heer und Luftwaffe, sie vernichteten bei Kriegsende die Akten –, er ist auf freiem Fuß dank des Schweigens derer, die ihn kannten.»

Filbinger leitet gerichtliche Schritte gegen Hochhuth ein und erklärt am 12. Mai 1978 im «Deutschlandfunk»: «Ich habe – außer im Fall Gröger – in keinem anderen Verfahren, das zum Todesurteil geführt hat, mitgewirkt.» Tags darauf bekräftigt er gegenüber dem ZDF: «Ich habe kein einziges Todesurteil gefällt. Die Aussicht auf weitere Todesfälle aus dem Archiv ist null, null, eindeutig null.» Am 24. Mai teilt das Bundesarchiv in Koblenz der Landesregierung in Stuttgart mit, daß Unterlagen über zwei Strafverfahren gefunden wurden, in denen Filbinger an der Fällung von Todesurteilen in Abwesenheit mitgewirkt hat. Filbinger erklärt diese Urteile zu «Phantomurteilen», die lediglich der Abschreckung gedient hätten.

Vor dem Landtag offenbart Filbinger am 9. Juni ein typisches Verhaltensmuster, mit dem sich Nazitäter zu heimlichen Widerstandskämpfern erklären: «Als ich 1943 der Kommandierung zu einem Marinerichter nicht entgehen konnte, habe ich mich entschlossen, dieses Amt so führen, wie es meiner inneren Einstellung zum Recht und meiner Einstellung gegen das NS-Regime entsprach. Ich wollte überall dort helfen, wo irgendeine Aussicht auf Hilfe war und wo ich eine Möglichkeit zum Eingreifen hatte. So habe ich dann auch gehandelt. Das war meine Gewissensentscheidung. Ich habe Menschen das Leben gerettet, ich habe viele Soldaten vor harter Strafe bewahrt. Und wie das in jener Zeit gar nicht anders möglich war, hat das Gefahren heraufbeschworen für mich selbst, für Leib und Leben von mir selbst.»

beiden deutschen Staaten über die kulturelle Zusammenarbeit aufgenommen. Nach fünf ergebnislosen Runden wurde im Oktober 1975 kein neuer Termin vereinbart. Nun legt die DDR einen gewaltigen Stolperstein in den Weg. Als Voraussetzung für weitere Verhandlungen fordert sie, was heute im Gesetzblatt als «Verordnung über den Staatlichen Museumsfonds der DDR» veröffentlicht wird. Danach gehören zum Museumsfonds alle Kunst- und Kulturgegenstände, «die ihren ursprünglichen Standort in musealen Einrichtungen auf dem Gebiet der DDR haben und sich in Folge von Verlagerungen oder aus anderen Gründen gegenwärtig nicht in diesen Einrichtungen bzw. nicht auf dem Territorium der DDR befinden. Sie sind ebenfalls Volkseigentum.» Mit dieser Formel reklamiert die DDR den größten Teil der Kunstschätze von vierzehn staatlichen Museen West-Berlins für sich, die 1947 vom Alliierten Kontrollrat an die Nachfolgeländer des aufgelösten Staates Preußen übergeben und 1957 in die bundesunmittelbare «Stiftung Preußischer Kulturbesitz» eingebracht wurden.

15. Juni: In Polen verabschieden die katholischen Bischöfe unter Stefan Kardinal Wyszynski einen Hirtenbrief, der die Aufhebung der Zensur sowie eigene Zeitungen und Sendezeiten der Kirche fordert. Der Brief wird am 17. September in den Kirchen verlesen.

16. Juni: Der Staatssekretär für Kirchenfragen, Hans Seigewasser (SED), besucht den Paul-Gerhardt-Stift in Wittenberg. Er würdigt die Arbeit der Kirchen im Gesundheits- und Sozialwesen der DDR. Allein im Bereich der evangelischen Diakonie sind 15000 hauptamtliche Mitarbeiter in 51 Krankenhäusern und Heilstätten, 89 Behindertenheimen, 226 Feierabend- und Pflegeheimen, 11 Säuglingsheimen, 21 Kinderheimen, 117 Erholungs- und Freizeitheimen sowie Hunderten Kindertagesstätten und Gemeindepflegestationen tätig.

21. Juni: Unter Berufung auf die *Chase Manhattan Bank* veröffentlicht die *Neue Zürcher Zeitung* Zahlen über die Verschuldung osteuropäischer Länder im Westen. Danach waren Ende 1977 die DDR mit 6,58 Milliarden Dollar, Polen mit 13,95 Milliarden Dollar und die Sowjetunion mit 16,34 Milliarden Dollar als größte Schuldner vor allem bei britischen, französischen und bundesdeutschen Banken verschuldet. Im laufenden Jahr muß die DDR etwa 40 Prozent ihrer Deviseneinnahmen für den Schuldendienst aufwenden.

30. Juni: Seit seinem Tod am 1. August 1973 wurde Walter Ulbricht weitgehend totgeschwiegen. Nach ihm benannte Straßen, Schulen oder Institutionen wurden umbenannt. Zum 85. Geburtstag des Verstorbenen veröffentlicht die Presse nun eine ausführliche Würdigung. «Als ein bedeutender Führer unserer Partei und der Arbeiterklasse, als großer proletarischer Revolutionär hat Walter Ulbricht seinen bleibenden Platz in der Geschichte unserer Partei und unseres sozialistischen Staates.»

5. Juli: Erich Honecker nutzt abermals ein Interview mit der *Saarbrücker Zeitung*, um sich zu brisanten Fragen zu äußern. Zu den «Intershops» sagt er, sie hätten sich bewährt. «Große Summen fremder Währungen, die bisher in dunkle Kanäle flossen, kommen nun in die Staatskasse (...) An ihren Ausbau denken wir nicht. Im Gegenteil. Wir haben ihre Zahl im letzten Jahr um hundert reduziert.» Zur Ausreisefrage teilt er mit, daß vom 1. Juli 1977 bis zum 30. Juni 1978 15453 Bürger der DDR für immer in die Bundesrepublik oder nach West-Berlin hätten ausreisen dürfen. Damit seien in den letzten beiden Jahren mehr als 30000 Menschen übergesiedelt.

«Heißer Sex am Alex»

Die Verschlechterung der deutsch-deutschen Atmosphäre erreicht einen neuen Höhepunkt. Ein Thema der Halbwelt wird zum Anlaß für politische Warnschüsse genommen, die sowohl gegen den Westen als auch ins Innere gerichtet sind. Das *Neue Deutschland* reagiert am 8. August auf einen Artikel der *Bild*-Zeitung vom Vortag: «Das Blatt geht politisch auf den Strich – mit einer ‹Reportage›, die angeblich aus der Hauptstadt der DDR berichtet. ‹Für harte D-Mark: Heißer Sex am Alex›, heißt die Schlagzeile, unter der marktschreierisch die neueste Errungenschaft der westlichen Kultur angepriesen wird: Übersättigt von dem zu Hause gebotenen Sex würden immer mehr Westberliner ‹nach drüben› fahren. ‹Für 50 DM ist dort der Abend inklusive Sex exzellent gelaufen!› heißt es fett gedruckt. Und mit ‹drüben› meint man Berlin, die Hauptstadt der DDR. Diese geschmacklose Beleidigung der Berliner, insbesondere der Frauen in der Hauptstadt der DDR, ist so unerhört, daß sich einem die Haare sträuben (...) Schließlich geht es wohl nicht an, daß die DDR in der Frage der Besuchsgenehmigungen sehr großzügig handelt und gleichzeitig eine solch infame Herabsetzung ihrer Bürger hinnimmt. Man könnte doch in der DDR überlegen, den Umtausch freikonvertierbarer Währungen durch ein entsprechendes System stärker unter Kontrolle zu nehmen. Es ist ja durchaus vorstellbar, daß generell die Mark der DDR als einziges Zahlungsmittel gilt und daß es nur Ausländern – dazu gehören die Westberliner und die BRD-Bürger – gestattet ist, in den Intershops einzukaufen. Am zweckmäßigsten wäre es wohl, nur jenen ständigen Einwohnern Westberlins die Einreise in die DDR-Hauptstadt zu gestatten, die wirklich Verwandte besuchen wollen, die aus humanitären, familiären, religiösen, kulturellen oder touristischen Gründen kommen. Im übrigen sollte man bestimmten Typen, die keine Verwandten besuchen, sondern nur ein billiges Wochenende in der DDR verleben wollen, die Einreise verwehren.»

kanischen Behörden in Gewahrsam genommen. Sieben weitere DDR-Bürger bleiben in West-Berlin, der Rest kehrt in die DDR zurück.

4. Oktober: Die Bundesregierung beschließt, den dreißig ärmsten Entwicklungsländern nicht mehr Darlehen, sondern nichtrückzahlbare Finanzhilfen zu gewähren. Mit dieser Maßnahme soll der rasant steigenden Verschuldung der Entwicklungsländer nach der Ölpreisexplosion Rechnung getragen werden.

16. Oktober: Erstmals wird ein Osteuropäer Papst. Der polnische Erzbischof von Krakau Karol Kardinal Wojtyla wird in Rom vom Kardinalskollegium gewählt. Er nimmt

7. Juli: Anfang des Jahres erklärt der 22jährige Ost-Berliner Nico Hübner, Sohn einer Funktionärsfamilie, den zuständigen Behörden, er verweigere wegen des entmilitarisierten Sonderstatus von Groß-Berlin den Wehrdienst. Dann veröffentlicht er im Westen Aufzeichnungen, die die Gleichgültigkeit vieler DDR-Jugendlicher gegenüber Partei, Staat und Armee verdeutlichen. Am 14. März wird Hübner verhaftet, heute wird er wegen «ungesetzlicher Nachrichtenübermittlung» zu fünf Jahren Freiheitsstrafe verurteilt.

Als neuer Ständiger Vertreter der DDR in der Bundesrepublik erhält Ewald Moldt (SED) das Agrément der Bundesregierung. Moldt folgt Michael Kohl (SED) nach.

15. August: Das Außenministerium weist den ARD-Fernsehkorrespondenten Lutz Lehmann darauf hin, ein von ihm geplanter Film über die Situation der Schriftsteller in der DDR sei nicht genehmigt – im Falle der Nichtbefolgung habe er die Konsequenzen zu tragen. Als die ARD beschließt, das Vorhaben dennoch zu realisieren, wird Lehmann ab dem 19. August ständig und demonstrativ von der Stasi beschattet. Weil nachteilige Folgen für die vorgesehenen Interview-Partner Helga Schütz, Günter Kunert, Karl-Heinz Jakobs, Erich Loest und Klaus Poche nicht auszuschließen seien, stellt die ARD das Projekt dann zurück.

17. August: Erstmals bekennt Verteidigungsminister Heinz Hoffmann (SED) öffentlich den militärischen Auftrag der «Kampfgruppen», denen etwa 350000 bis 400000 Mann angehören: «Ist die Grenzsicherung schnell zu verstärken, die staatliche Ordnung aufrechtzuerhalten, sind Diversionskräfte und Luftlandeeinheiten zu zerschlagen, wichtige Objekte im eigenen Hinterland zu sichern und die Operationsfreiheit der Vereinten Streitkräfte zu gewährleisten, dann rechnet jeder Kommandeur und jeder Stab in der Nationalen Volksarmee und in der Gruppe der Sowjetischen Streitkräfte auch mit den Formationen unserer Kampfgruppen als einsatzstarken und zuverlässigen Waffengefährten.»

18. August: Die Konferenz der Evangelischen Kirchenleitungen gibt bekannt, daß die ab 1. September an den Oberschulen obligatorische «sozialistische Wehrerziehung» nach der breiten Kritik nicht in der bisher geplanten Form beginnen werde. Zunächst würden statt des militärischen Inhalts Fragen der Ersten Hilfe und des Katastrophenschutzes behandelt, Lager für die Schießausbildung werde es frühestens 1979 geben.

24. und 25. August: Bisher gibt es 54 zentralgeleitete Kombinate, nun beschließt das ZK der SED einen Schub in der Entwicklung vorhandener und Bildung neuer Kombinate. Sie soll der «Vervollkommnung der Leitung und Planung» dienen, schafft aber faktisch den letzten Rest von Wettbewerb oder Konkurrenz zwischen verschiedenen Unternehmen ab. Die Zahl der zentralgeleiteten Kombinate wird bis 1982 auf 133 erweitert, daneben gibt es dann noch 93 bezirksgeleitete Kombinate. Ihr bisher horizontaler Zusammenschluß wird nun vertikal ergänzt, so daß ein Kombinat eine autarke Wirtschaftseinheit wird, die von der Entwicklung der Produkte über die Erzeugung jeder Schraube bis hin zum Absatz alle Stufen einschließt. Um die dringend benötigten Devisen erwirtschaften zu können, erhalten die Kombinate zudem schrittweise mehr Rechte im Außenhandel. Durfte dieser bisher nur über spezialisierte, dem Ministerium unterstellte «Außenhandelsbetriebe» (AHB) abgewickelt werden, werden die AHB nun an die Kombinate angegliedert, teilweise sogar integriert. So sollen sie die Planauflagen für Deviseneinnahmen besser erfüllen können.

den Papstnamen Johannes Paul II. an. Leonid Breschnew spricht dem Papst seine Wünsche für ein «fruchtbares Wirken im Interesse der internationalen Entspannung, der Freundschaft und des Friedens zwischen den Völkern» aus. In einer Generalaudienz am 8. November würdigt der Papst «die große Anstrengung unserer Zeit», die «darauf abzielt, die Rechte des Menschen im Leben der heutigen Menschheit, der Völker und der Staaten zu bestimmen und zu festigen».

6. November: Der CSU-Vorsitzende Franz Josef Strauß wird vom neuen Landtag zum bayerischen Ministerpräsidenten gewählt.

16. November: Vertreter der Bundesregierung und der DDR einigen sich über Verbesserungen im Berlin-Verkehr, über eine langfristige Festlegung der Transitpauschale und über Verbesserungen im nichtkommerziellen Zahlungsverkehr. Binnen vier Jahren wird die DDR eine Autobahn von Berlin nach Hamburg bauen, die die alte Transitstrecke auf der «F 5» ersetzen wird. Die Bundesregierung zahlt 1,2 Milliarden DM, die DDR kauft für 100 Millionen DM Baumaschinen und Ausrüstungen in der Bundesrepublik. Entlang der Transitwasserstraßen stellt die Bundesregierung 120 Millionen DM für dringend notwendige Reparaturen, unter anderem am Schiffshebewerk Rothensee, zur Verfügung. Um die bisher notwendigen Umwege zu vermeiden, wird der Teltowkanal instand gesetzt und wiedereröffnet. Für den gesamten Zeitraum von 1980 bis 1989 wird die Transitpauschale auf 525 Millionen DM jährlich festgesetzt. Die DDR stellt bis 1980 200 Millionen DM

Die markierte Grenze

Am 29. November unterzeichnen in Bonn Vertreter der Bundesrepublik und der DDR ein Protokoll «über die Überprüfung, Erneuerung und Ergänzung der Markierung der zwischen der Bundesrepublik Deutschland und der Deutschen Demokratischen Republik bestehenden Grenze, die Grenzdokumentation und die Regelung sonstiger» Probleme. Darin wird die Grenze wie folgt bestimmt: «Die Grenzkommission hat entsprechend den ihr übertragenen Aufgaben die Grenze in den Abschnitt Lübecker Bucht und die Grenzabschnitte 1 bis 58 unterteilt. Nach den geodätischen Vermessungen beträgt die Länge der bisher festgestellten Grenze zwischen den beiden Staaten 1296,7 Kilometer; hiervon entfallen 14,9 Kilometer auf den Abschnitt Lübecker Bucht. Noch nicht festgestellt ist der Grenzverlauf in den insgesamt rund 95 Kilometer langen Grenzabschnitten 7 bis 9 – Elbe – und in einem rund 1,2 Kilometer langen Teil des Grenzabschnittes 24 – Warme Bode vom Grenzpunkt Nummer 12 (24-c) bis zum Grenzpunkt Nummer 1 (24-d).

Die Grenze ist auf dem Festland durch Grenzzeichen und in der Lübecker Bucht, dem Dutzower See, dem Schaalsee sowie dem Schwarzmühlenteich durch Hilfsgrenzzeichen markiert. Nach Abschluß der Arbeiten zur Überprüfung, Erneuerung und Ergänzung der Markierung sind vermarkt 17 236 Grenzpunkte, davon 16 337 Grenzpunkte direkt – und zwar 15 028 mit Grenzsteinen, 1242 mit Grenzpfählen, 67 mit sonstigen Grenzzeichen – und 899 Grenzpunkte indirekt. 30 Grenzpunkte sind durch Hilfsgrenzzeichen gekennzeichnet, und zwar 12 durch Tonnen und 18 durch Bojen.»

26. August: An Bord des sowjetischen Raumschiffes «Sojus 31» startet der erste Deutsche in den Weltraum: NVA-Oberstleutnant Sigmund Jähn aus Rautenkranz im Vogtland. Am 21. September wird Jähn von der SED- und Staatsführung in Ost-Berlin empfangen und hoch dekoriert.

2. und 3. September: Eine offizielle Delegation der DDR unter Leitung von Gerald Götting, stellvertretender Vorsitzender des Staatsrates und Vorsitzender der CDU, nimmt in Rom an der Amtseinführung von Papst Johannes Paul I. teil. Der Papst erlebt jedoch nur eine Amtszeit von 33 Tagen, er verstirbt überraschend am 28. September.

3. bis 6. September: Auf der Leipziger Herbstmesse werden in Gesprächen und Abschlüssen die Wirtschaftsbeziehungen zwischen der DDR und der Bundesrepublik vertieft. Im Jahr 1978 nähert sich das Volumen des gegenseitigen Warenaustausches neun Milliarden Verrechnungseinheiten.

17. September: In seiner Kirche in Falkenstein im Vogtland verbrennt sich vor dem Altar der Pfarrer Rolf Günther, er verstirbt binnen kurzer Zeit. Nach verschiedenen Bekundungen stand Günther im heftigen Konflikt mit zwei weiteren Pfarrern der Gemeinde, die unter starkem Zulauf vor allem von jungen Leuten eine charismatische Erweckungstheologie predigen. Als Vertreter einer liberalen Theologie vereinsamte Günther.

28. September: Der Ministerrat erläßt eine neue Verordnung über den Erholungsurlaub der Werktätigen, die zum 1. Januar 1979 in Kraft tritt. Der bezahlte Jahresurlaub erhöht sich damit von bisher fünfzehn auf achtzehn Tage. Ein erhöhter Grundurlaub gilt für Jugendliche mit 21 Arbeitstagen, für Lehrlinge mit 24 Arbeitstagen und für vollbeschäftigte Mütter mit zwei und mehr Kindern. Schichtarbeiter erhalten einen Zusatzurlaub von drei bis sechs Tagen.

Der erste Deutsche im Weltraum: Die Kosmonauten Waleri Bykowski (oben) und Sigmund Jähn vor dem Start von Sojus 31

4. Oktober: Am 12. Oktober 1972 wurde das erste Teilstück, heute wird das letzte Teilstück der Autobahn zwischen Berlin und Rostock dem Verkehr übergeben. Damit ist die 228,5 Kilometer lange Verbindung zwischen den beiden Großstädten fertiggestellt, nach der 1971 vollendeten, 74 Kilometer langen Verbindung zwischen Leipzig und Dresden erst das zweite Nachkriegsprojekt im Autobahnbau.

13. Oktober: Einstimmig beschließt die Volkskammer ein neues «Gesetz über die Landesverteidigung der DDR», das das Verteidigungsgesetz von 1961, die Gesetze über den Nationalen Verteidigungsrat von 1960 und 1964 sowie das Zivilverteidigungsgesetz von 1971 ersetzt. Verteidigungsminibereit, um den bisher stockenden Transfer von Guthaben Westdeutscher im nichtkommerziellen Zahlungs- und Verrechnungstransfer zu ermöglichen.

5. Dezember: In Brüssel beschließt der Europäische Rat der EG die Einführung des *Europäischen Währungssystems* (EWS), das am 13. März 1979 in Kraft tritt, sowie die Schaffung einer europäischen Währungseinheit, des ECU (European Currency Unit), in dessen Wert die DM mit 33 Prozent, der französische Franc mit 19,8, das britische Pfund mit 13,3 und der niederländische Gulden mit 10,5 Prozent eingehen.

ster Armeegeneral Heinz Hoffmann (SED) begründet die Neufassung: Die «Konsequenzen der Verfassung von 1974» seien zu ziehen und «die militärpolitischen und militärwissenschaftlichen Erkenntnisse und Erfordernisse der Gegenwart und absehbaren Zukunft zu berücksichtigen.» Welchen Stellenwert die Armee einnimmt, belegt Paragraph 7: «Die Volkswirtschaft ist so zu leiten und zu planen, daß die Landesverteidigung jederzeit ökonomisch sichergestellt ist.» Damit rangieren Armee und Rüstung noch vor den Bedürfnissen der Bevölkerung oder den Erfordernissen der Wirtschaft.

8. Dezember: Willi Stoph, Günter Mittag und Gerhard Schürer erörtern in Moskau mit Leonid Breschnew und Alexej Kossygin die wirtschaftliche Zusammenarbeit von DDR und Sowjetunion. Am 28. Dezember wird das Jahresprotokoll für den Warenaustausch 1979 mit einem geplanten Außenhandelsumsatz von acht Milliarden Rubel unterzeichnet.

12. Dezember: Auch der FDGB wird nun in die «Wehrerziehung» einbezogen. Das Verteidigungsministerium und der Bundesvorstand des FDGB unterzeichnen eine Vereinbarung, nach der die Gewerkschaften in ihren Grundorganisationen breitangelegte Maßnahmen betreiben müssen. Sie umfassen die Vorbereitung berufstätiger Jugendlicher auf den Wehrdienst, die Einflußnahme auf Söhne «klassenbewußter Arbeiter», um sie für die Laufbahn als Berufsoffizier zu gewinnen, die Pflege der Kontakte zu Wehrdienstleistenden, die Hilfe bei ihrer beruflichen und sozialen Wiedereingliederung sowie den betrieblichen «Wehrsport» und Maßnahmen der Zivilverteidigung.

31. Dezember: Nach Angaben des Generalstaatsanwalts wurden in der SBZ und DDR von 1945 bis heute 12861 Personen wegen «Kriegsverbrechen» oder «Verbrechen gegen die Menschlichkeit» verurteilt. Der Großteil der Urteile, nämlich 12147, wurde bis 1950 gesprochen, im Zeitraum von 1950 bis 1978 wurden 714 Personen verurteilt.

1979

«Nachrüstung»

Nach siebenjährigen Verhandlungen unterzeichnen die Sowjetunion und die USA im Sommer das «SALT-II-Abkommen», das die strategischen Waffen begrenzt. Die Systeme, mit denen sie gegenseitig ihr Territorium erreichen können, suchen die Großmächte einzudämmen. Eine Einigung bei den «eurostrategischen» Systemen, zu denen die sowjetischen «SS 20» zählen, wird indes gar nicht versucht. Erst auf Druck aus Westeuropa erklären sich die USA zu einer Modernisierung bereit, wobei die Westeuropäer das Verhandlungselement des NATO-«Doppelbeschlusses» durchsetzen. Die Bundesregierung besteht verständlicherweise auf der Stationierung auch in anderen Ländern, nachdem die Stationierung auf See als zu teuer verworfen wird.

5. und 6. Januar: In Saint François auf Guadeloupe treffen sich informell die Staats- und Regierungschefs der USA, Großbritanniens, Frankreichs und der Bundesrepublik. Sie begrüßen die «Öffnung der Volksrepublik China zur übrigen Welt», drängen auf den baldigen Abschluß des SALT-II-Abkommens und stimmen darin überein, weltweit das Gleichgewicht zu stabilisieren. Dahinter verbirgt sich die Vorbereitung dessen, was die NATO im Dezember als «Doppelbeschluß» fassen wird.

15. bis 20. Januar: Erstmals besucht ein sowjetischer Justizminister die Bundesrepublik. Wiederholt wird Wladimir Terebilow auf die Amnestierung des letzten lebenden Kriegsverbrechers Rudolf Heß angesprochen. Am 31. Januar strahlt *Radio Moskau* ein Interview mit ihm aus. Er habe jeden, der sich für Heß engagierte, gefragt, ob er «Holocaust» gesehen habe. «Dann können Sie sich also vorstellen, wie es aussehen würde, wenn ich zu Hause zu den Sowjetbürgern nach einem solchen Film sagen würde: Wollen wir doch human sein und den alten, kranken Nazi begnadigen, obwohl er einer der Hauptverantwortlichen an dem schrecklichen Massaker ist, welches dieser Film nochmals lebendig machte.»

17. Januar: Die Bundesregierung beschließt neue Grundsätze zur Handhabung des «Extremistenbeschlusses», darunter die

1979

«Realer» Sozialismus

Es gab sie stets, die demokratischen Strömungen innerhalb des Kommunismus. Doch an den entscheidenden Weichenstellungen unterlagen sie dem stalinistischen Kurs und wurden gewaltsam unterdrückt. Um jeglichen Gedanken an einen anderen Sozialismus ins Reich der Utopie zu verbannen, wurde die armselige Formel vom «real existierenden Sozialismus» geprägt. In einem letzten Aufbäumen entwirft Robert Havemann zum dreißigsten Gründungstag der DDR ein demokratisches Reformprogramm. Seine Kernforderung geht an den Nerv des Systems: die «Aufhebung der unkontrollierten Herrschaft des Parteiapparates».

12. und 13. Januar: In Ost-Berlin konferiert der Staatsminister im Bundeskanzleramt, Hans-Jürgen Wischnewski, gemeinsam mit dem Ständigen Vertreter der Bundesrepublik in der DDR, Günter Gaus, mit Außenminister Oskar Fischer und dessen Stellvertreter Michael Kohl. Sie ziehen eine Bilanz der innerdeutschen Verhandlungen des Jahres 1978 und legen als zukünftige Verhandlungsschwerpunkte unter anderem Fragen des Gewässerschutzes und die Zusammenarbeit auf dem Energiesektor fest.
25. bis 28. Januar: Vertreter der drei Dachorganisationen der protestantischen Kirchen beschließen in Eisenach, die acht evangelischen Gliedkirchen bis 1981 schrittweise zur «Vereinigten Evangelischen Kirche in der DDR» zusammenzuschließen, um eine bessere Handlungsfähigkeit zu erreichen.
15. bis 24. Februar: Im Rahmen der Einbindung der Länder Afrikas in die Lager der Ost-West-Konfrontation besucht Erich Honecker die der Sowjetunion verbundenen Libyen, Angola, Sambia und Moçambique. Außer den Führern dieser Länder trifft er auch mit Vertretern von Befreiungsbewegungen zusammen: der SWAPO von Namibia unter Sam Nujoma, des ANC von Südafrika unter Oliver Tambo und der ZAPU von Zimbabwe unter Joshua Nkomo.
17. Februar: Unter dem vorgeblichen Grund, Vietnam begehe andauernd Grenz-

Joseph Beuys als Wahlhelfer der Grünen (hier auf einer Veranstaltung im September 1980)

«Berücksichtigung aller Umstände des Einzelfalles». Anfragen an die Verfassungsschutzbehörden dürfen deshalb «nicht routinemäßig» erfolgen. Ablehnende Entscheidungen dürfen «nur auf gerichtsverwertbare Tatsachen gestützt werden». In der Folgezeit übernehmen mehrere Bundesländer diese Grundsätze für ihren Zuständigkeitsbereich.

22. bis 26. Januar: In den Dritten Fernsehprogrammen der ARD wird die amerikanische Serie *Holocaust* gesendet, die die Judenverfolgung am Beispiel zweier Familien erzählt, der des jüdischen Arztes Josef Weiss und der des deutschen Juristen Erik Dorf. Noch vor der Ausstrahlung löst die Serie heftige Diskussionen über die ungenügend bewältigte deutsche Vergangenheit aus. «Holocaust», dessen Titel der biblische Begriff für «Brandopfer» ist, erreicht erstaunliche Einschaltquoten zwischen 31 und Prozent.

9. Februar: Das seit 1951 so firmierende *NOK für Deutschland* beschließt einstimmig, gemäß der 1977 vom IOC geänderten Regel, nach der der Name eines NOK die territoriale Ausdehnung eines Landes wiederzugeben hat, seine Olympiamannschaften künftig als «Mannschaft der Bundesrepublik Deutschland» zu entsenden.

6. März: Im Februar 1974 wurde zwischen der Deutschen Reichsbahn der DDR und dem Berliner Senat eine Grundsatzvereinbarung erzielt, die den Bau eines neuen zentralen Güterbahnhofs in West-Berlin nach einem umfangreichen Gebietsaustausch («Schöneberger Südgelände») vorsieht. Nach mehrjährigen Expertengesprächen über die Einzelheiten wird das Abkommen heute paraphiert.

17. und 18. März: In Frankfurt/Main gründen etwa 500 Delegierte verschiedener regionaler Gruppierungen die «Sonstige Politische Vereinigung Die Grünen», die zu den bevorstehenden Europa-Wahlen antreten soll. Zur Spitzenkandidatin wird Petra Kelly gewählt, Ersatzbewerber wird der frühere Bundestagsabgeordnete Herbert Gruhl, der 1975 mit seinem Buch «Ein Planet wird geplündert» Aufsehen erregte, am 10. Juli 1978 aus der CDU austrat und zwei Tage darauf die neue «Grüne Aktion Zukunft» gründete. Auch der Düsseldorfer Künstler Joseph Beuys wird auf die Kandidatenliste gesetzt.

31. März: Am 9. Februar unterzeichnen die Bundesregierung und das Land Niedersachsen ein Abkommen über den Bau eines nuklearen «Entsorgungszentrums» in Gorleben. Am 28. März ereignet sich im amerikanischen Atomkraftwerk Three-Mile-Island bei Harrisburg ein schwerer Unfall, bei dem der Reaktorkern teilweise schmilzt, auch wenn der Sicherheitsbehälter als letzte Barprovokationen, marschieren chinesische Truppen zu einer «begrenzten Strafexpedition» nach Vietnam ein – Auftakt eines über viele Jahre dauernden Grenzkrieges. Dazu erklärt die sowjetische Führung am 1. März: «Ein schmachvolles Verbrechen hat die chinesische Führung verübt. Der Überfall auf die SR Vietnam ist ein unverfrorener und barbarischer Akt der internationalen Räuberei. Die chinesische Aggression gegen Vietnam hat wie nichts anderes zuvor das hegemonistische Wesen der Politik der Pekinger Führung enthüllt.»

24. Februar: Beflügelt durch den Raumflug von Sigmund Jähn, konstituiert die DDR ihre 1960 gegründete «Astronautische Gesellschaft» neu als «Gesellschaft für Weltraumforschung und Raumfahrt der DDR». Die DDR beteiligt sich mit zahlreichen Bodenapparaturen und Bordgeräten an den sowjetischen Raumfahrtprogrammen.

30. März: Anläßlich der bevorstehenden Stadtbezirkswahlen wird erstmals ein neuer, neunter Stadtbezirk von Ost-Berlin erwähnt. Das Neubaugebiet Berlin-Marzahn wird aus dem Bezirk Lichtenberg ausgegliedert und zum eigenständigen Stadtbezirk erklärt.

8. und 9. April: Eine Delegation des Bundesjugendringes unter Leitung seines Vorsitzenden Konrad Gilges besucht die DDR. Bei einer Pressekonferenz in Ost-Berlin kommt es zu einer Auseinandersetzung zwischen Gilges und Egon Krenz, Erster Sekretär des Zentralrates der gastgebenden FDJ, über die Voraussetzungen für eine Erweiterung der Jugendkontakte. Gilges fordert die Einbeziehung von Jugendlichen aller Organisationen und auch nichtorganisierter. Krenz will dagegen nur FDJ-Mitglieder am Austausch teilnehmen lassen.

14. April: Eine neue Durchführungsbestimmung zur Verordnung über die Tätigkeit von Publikationsorganen anderer Staaten und deren Korrespondenten in der DDR vom 21. Februar 1973 wird veröffentlicht. Danach sind Interviews und Befragungen ab sofort genehmigungs- und Reisen außerhalb von Ost-Berlin in die DDR meldepflichtig. Bei Einzel- wie Straßenbefragungen durch Westkorrespondenten nahmen immer mehr DDR-Bürger kein Blatt vor den Mund.

16. April: Eine Anordnung des Außenhandelsministeriums tritt in Kraft, nach der DDR-Bürger in Intershops, bei Intertank und Genex nicht mehr mit baren DM, sondern nur noch mit entsprechenden «Wertschecks» der «Forum-Außenhandelsgesellschaft» einkaufen dürfen. DDR-Bürger sollen ihre DM bei Banken in diese Wertschecks eintauschen, damit soll eine bessere Kontrolle des DM-Umlaufs erreicht werden. Mit dieser Maßnahme soll die brisante Bedeutung der DM, die für viele Güter und Dienstleistungen in der DDR offen gefordert wird und deshalb den Rang einer Zweitwährung einnimmt, gemindert werden – ohne daß dem Staat die Deviseneinnahmen verlorengehen. Der Jahresumsatz von Intershops, Intertank und dem 1957 gegründeten «Genex»-Geschenkdienst wird auf mindestens 1,6 Milliarden DM geschätzt.

14. Mai: In Anwendung der neuen Durchführungsbestimmung zur Journalistenverordnung wird der ZDF-Korrespondent Peter von Loyen aus der DDR ausgewiesen. Für einen Bericht über den Schriftsteller Stefan Heym holte von Loyen keine Genehmigung ein. In diesem Interview verteidigt Heym die Veröffentlichung seines Romans «Collin» in der Bundesrepublik, für die er nicht die erforderliche Genehmigung des «Büros für Urheberrechte» beim Kulturministerium einholte. In dieser Angelegenheit verurteilt das Stadtbezirksgericht Berlin-Köpenick Heym am 22. Mai wegen «Devisenvergehens» zu einer Geldstrafe von 9000 Mark.

Demonstration gegen die Atommüll-Deponie Gorleben am 31. März in Hannover

riere wirksam bleibt. Unter dem Eindruck dieses nur um Minuten vermiedenen GAU, des größten anzunehmenden Unfalls, in Harrisburg demonstrieren in Hannover 40000 Menschen gegen die geplante Anlage in Gorleben. Im Mai teilt die niedersächsische Landesregierung mit, sie werde aus politischen Gründen auf den Bau der Anlage verzichten.

6. April: Die drei Westmächte erklären, daß sie davon ausgehen, daß die Bildung des Ost-Berliner Stadtbezirkes Marzahn eine rein verwaltungstechnische Maßnahme ist und keine Veränderung der Stadtgrenze bedeutet. Der Vier-Mächte-Status der Stadt bleibe unberührt.

17. Mai: In seinem «Bericht zur Lage der Nation» wertet Bundeskanzler Helmut Schmidt die Ausweisung von Journalisten aus der DDR als ernsten Rückschlag im Verhältnis der beiden deutschen Staaten zueinander.

23. Mai: Erstmals wird ein Vertreter der Bundestagsopposition zum Bundespräsidenten gewählt. In Bonn wählt die Bundesversammlung den bisherigen Bundestagspräsidenten Karl Carstens (CDU, auch er ein ehemaliges NSDAP-Mitglied) mit der Mehrheit der CDU/CSU-Vertreter zum neuen Staatsoberhaupt.

24. Mai: Der CSU-Vorsitzende Franz Josef Strauß fordert die Kanzlerkandidatur der Unionsparteien 1980 für sich, da er für die achtziger Jahre Krisen für die Bundesrepublik voraussieht, die er zumindest mildern helfen will. Als die CDU ihrerseits am 28. Mai auf Vorschlag des Parteivorsitzenden Helmut Kohl den niedersächsischen Mini-

1. bis 3. Juni: In Ost-Berlin findet das «Nationale Jugendfestival» der FDJ statt, an dem 700000 junge Menschen teilnehmen. Am 3. Juni wird hundert Angehörigen der westdeutschen «Falken» die Einreise zum Festival verweigert.

7. Juni: Nach der Verurteilung Stefan Heyms wegen «Devisenvergehens» protestieren acht Ost-Berliner Schriftsteller in einem Brief an Erich Honecker. Jurek Becker, Klaus Poche, Klaus Schlesinger, Erich Loest, Kurt Bartsch, Adolf Endler, Dieter Schubert und Martin Stade wenden sich dagegen, «engagierte kritische Schriftsteller zu diffamieren, mundtot zu machen» oder strafrechtlich zu verfolgen. Heute werden Heym, Bartsch, Endler, Poche, Schlesinger, Schubert sowie Rolf Schneider, Karl-Heinz Jakobs und Joachim Seyppel wegen angeblicher Verletzung des Statuts vom Berliner Bezirksverband aus dem Schriftstellerverband ausgeschlossen. Becker und Stade traten bereits vor der Sitzung aus, Loest vollzieht diesen Schritt später.

20. Juni: Mehrmals gelingt es Robert Havemann, die von November 1976 bis April 1979 über ihn verhängte Isolation zu durchbrechen und Texte in den Westen schmuggeln zu lassen. Nun plant die Stasi, eine «geistige» Isolation durch Entzug der Arbeitsmittel durchzusetzen. So werden im April die Wohnungen Havemanns in Grünheide und Ost-Berlin durchsucht. Nahezu die gesamte Bibliothek sowie Manuskripte und Arbeitsmittel werden beschlagnahmt. Beim Kreisgericht Fürstenwalde wird ein Prozeß wegen «Devisenvergehens» eingeleitet, in dem heute das Urteil gesprochen wird. Havemann wird zu einer Geldstrafe von 10000 Mark verurteilt. Die Berufung seines Verteidigers Gregor Gysi (SED) wird vom Bezirksgericht Frankfurt (Oder) verworfen, am 23. Juli bestätigt das Justizministerium die Rechtskraft des Urteils.

28. Juni: Die Volkskammer ändert das Wahlgesetz. Danach werden die Abgeordneten von Ost-Berlin in der Volkskammer künftig nicht mehr von der Ost-Berliner Stadtverordnetenversammlung entsandt, sondern direkt gewählt. Mit dieser ab 1981 praktizierten Regelung wird Ost-Berlin endgültig zum Bestandteil der DDR. Als Reste des einstigen Vier-Mächte-Status verbleiben damit nur noch die ungehinderte Bewegungsfreiheit alliierter Soldaten in ganz Berlin, die Alliierte Luftsicherheitszentrale und das Alliierte Kriegsverbrechergefängnis in Spandau mit dem einzigen Insassen Rudolf Heß.

Zudem billigt die Volkskammer das dritte Strafrechtsänderungsgesetz, das unter dem Vorwand, «das friedliche Schaffen der Bürger und ihre Geborgenheit in der sozialistischen Gesellschaft allseitig zu schützen», erhebliche Verschärfungen im politischen Strafrecht beinhaltet. Zahlreiche Straftatbestände wie Landesverrat, Terror, Diversion, Sabotage, staatsfeindlicher Menschenhandel, staatsfeindliche Hetze, ungesetzliche Verbindungsaufnahme, öffentliche Herabwürdigung oder Beeinträchtigung der öffentlichen Ordnung und Sicherheit durch asoziales Verhalten werden so gefaßt, daß jede kritische Äußerung oder nicht ausdrücklich genehmigte Aktion geahndet werden kann. Bestraft werden auch DDR-Bürger, die von Auslandsaufenthalten rechtswidrig nicht oder nicht fristgerecht in die DDR zurückkehren. Außerdem werden das Zoll- und Devisengesetz derart geändert und ergänzt, daß jegliche Transaktion der staatlichen Genehmigung bedarf.

3. bis 5. Juli: In Ost-Berlin treffen die für Internationales und Ideologie zuständigen Sekretäre regierender KPs zusammen. Sie sehen ihre Parteien in die Defensive gedrängt und erklären deshalb, es sei «eine insterpräsidenten Ernst Albrecht nominiert, wird dies von der CSU als offener Affront gewertet. Am 2. Juli spricht sich die CDU/CSU-Bundestagfraktion mit 135 zu 192 Stimmen für Strauß aus, der für den Fall einer Niederlage die Spaltung der Union und eine bundesweite Ausdehnung der CSU androhte, was für viele CDU-Abgeordnete den sicheren Verlust ihrer Direktmandate bedeuten würde.

31. Mai: Erstmals wird ein CSU-Politiker in eines der höchsten Ämter des Bundes gewählt. Der Bundestag wählt Richard Stücklen zu seinem Präsidenten.

7. bis 10. Juni: Erstmals finden in Dänemark, Großbritannien, Irland, den Niederlanden, Belgien, der Bundesrepublik, Frankreich, Italien und Luxemburg direkte Wahlen zum *Europäischen Parlament* statt. Die 410 Mandate verteilen sich so auf die Fraktionen: Sozialisten 112 Sitze, Christliche Demokraten 106 Sitze, Konservative 63 Sitze, Kommunisten 44 Sitze, Liberale 40 Sitze, Europäische Demokraten für den Fortschritt 21 Sitze und andere 24 Sitze. In der Bundesrepublik kommen CDU/CSU auf 49,2 Prozent der Stimmen, die SPD erzielt 40,8 Prozent und die FDP 6,0 Prozent. Einen Achtungserfolg erringt die «Sonstige Politische Vereinigung Die Grünen». Zwar gelingt ihr der Einzug ins Europaparlament nicht, doch erhält sie mit knapp 900000 Stimmen beachtliche 3,2 Prozent.

15. bis 18. Juni: In Wien treffen US-Präsident Jimmy Carter und Leonid Breschnew, Generalsekretär des ZK der KPdSU und Vorsitzender des Obersten Sowjets, zusammen. Erstmals seit dem Ende des Zweiten Weltkrieges begegnen sich dabei auch wieder die höchsten Militärs beider Staaten. Am 18. Juni unterzeichnen Carter und Breschnew das *SALT-II-Abkommen*, das vor allem die Zahl strategischer Abschußsysteme auf maximal 2250 begrenzt, so daß die Sowjetunion solche Anlagen abbauen muß. Weiterhin wird die Anzahl von Abschußeinrichtungen für Raketen mit Mehrfachgefechtsköpfen, die als gefährlichster Teil des Waffenarsenals gelten, auf 820 begrenzt. Bereits am 9. Mai wertete der US-Verteidigungsminister Harold Brown das Abkommen: «Mit dem SALT-II-Abkommen werden wir in der Lage sein, den Druck und die Ungewißheiten eines zahlenmäßig unbegrenzten Wettrüstens auf dem Gebiet der strategischen Streitkräfte zu vermeiden. Die Vereinigten Staaten könnten und würden in eine solche Konkurrenz eintreten, wenn es notwendig wäre. Aber das Ergebnis wären nur mehr Systeme, höhere Kosten und größere Risiken ohne größere Sicherheit – und noch weniger eine Situation amerikanischer Überlegenheit.»

Noch kurz vor dem Gipfeltreffen genehmigt US-Präsident Jimmy Carter am 8. Juni den Bau einer neuartigen «MX»-Rakete, die im Rahmen von SALT erlaubt und jeder nur möglichen sowjetischen Rakete gleichwertig ist. Dies sei die erste strategische Entscheidung über ein neues Waffensystem seit den sechziger Jahren, während die Sowjetunion kontinuierlich neue strategische Waffen disloziert habe. Die «MX» soll für die SALT-III-Verhandlungen, die nach Ablauf von SALT-II am 31. Dezember 1985 beginnen sollen, ein echtes Gleichgewicht herstellen. Hauptgegenstand von SALT-III-Verhandlungen sollen Atomwaffensysteme werden, von denen die USA keine Mittelstreckenraketen, bei den Kurzstreckenraketen bisher 78 «Lance», 72 «Pershing 1» und 156 «F-111»-Schwenkflügelbomber in Europa stationiert haben. Dagegen hat die Sowjetunion bei den Mittelstreckenraketen 500 «SS 4», 100 «SS 5» und 130 «SS 20», bei den Kurzstreckenraketen 132 «Scud A und B» und 125 «TU-22M»-Bomber in tensive ideologische Tätigkeit erforderlich, um in der Öffentlichkeit aller Länder darüber Klarheit zu schaffen, daß die Verantwortung für das Wettrüsten der Imperialismus, die militaristischen Kreise der NATO tragen, und daß die Versuche, die Schuld dafür den sozialistischen Ländern anzulasten, jeglicher Grundlage entbehren».

23. und 24. Juli: Der französische Außenminister Jean François-Poncet besucht Ost-Berlin und wird von Erich Honecker und Willi Stoph empfangen. Während die französische Seite dies als «Besuch bei der Regierung der DDR» bezeichnet, spricht die DDR von einem «Besuch in der DDR».

29. August: Bei einem «Kampfmeeting» vor dem Jagdfliegergeschwader «Wladimir Komarow» bei Cottbus begründet Erich Honecker die trotz des SALT-II-Abkommens notwendige Aufrüstung: «Die Androhung und auch die Anwendung militärischer Gewalt ist Praxis des imperialistischen Paktsystems. Wir finden dies an den verschiedensten Punkten der Welt bestätigt – ob im Persischen Golf oder im Indischen Ozean, im Nahen Osten oder im Süden Afrikas (...) Wie die Dinge liegen, kommen die sozialistischen Staaten nicht umhin, ihre Verteidigungskraft auch künftig stets auf dem erforderlichen Niveau zu halten.» Am 19. September bekräftigt Honecker vor sowjetischen Einheiten im «Südwesten der DDR»: «Niemand kann übersehen, daß der Imperialismus die materielle Basis für Aggressionen ständig ausbaut und die psychologische Kriegsvorbereitung steigert.»

4. September: In Ost-Berlin unterzeichnen die DDR und die USA einen Konsularvertrag, dessen Formulierungen so gehalten sind, daß DDR-Bürger in den USA auch die konsularische Betreuung durch die Bundesrepublik in Anspruch nehmen können. Die Ratifikationsurkunden werden erst am 19. Januar 1981 in Washington ausgetauscht, dreißig Tage später tritt der Vertrag in Kraft. Die USA erklären, an ihrer Verantwortung für Berlin als Ganzes und für Deutschland ändere sich nichts.

5. September: Während der Messe unterzeichnen in Leipzig Vertreter der DDR und der Bundesrepublik ein Abkommen über energiewirtschaftliche Zusammenarbeit, das erstmals die gegenseitigen Lieferungen von 1980 bis 1985 und damit langfristig festschreibt. Die Bundesrepublik wird jährlich eine Million Tonnen Erdöl und etwa 750000 Tonnen Steinkohle, die DDR wird jährlich 400000 Tonnen schweres Heizöl an die Bundesrepublik sowie 370000 Tonnen Benzin und 1,15 Millionen Tonnen Diesel- und leichtes Heizöl nach West-Berlin liefern. Damit deckt die DDR etwa die Hälfte des West-Berliner Bedarfs.

16. September: Einer der spektakulärsten Fluchtversuche gelingt. Mit einem selbstgebauten Heißluftballon fliehen die Familien Strelzyk und Wetzel von Thüringen über die Grenze nach Bayern. Acht Personen drängen sich während der knapp halbstündigen Fahrt auf der Plattform, die weniger als zwei Quadratmeter mißt. Diese Flucht wird später verfilmt.

25. September: Ein gemeinsamer Beschluß des ZK der SED, des Ministerrats sowie des FDGB-Bundesvorstands erhöht die Renten für drei Millionen Menschen zum 1. Dezember. Die Alters- und Invalidenrenten werden um 40 Mark monatlich auf 270 Mark, die Sozialfürsorgesätze für Ledige um 30 Mark auf 230 Mark und für Ehepaare um 60 Mark auf 360 Mark angehoben, der Höchstbetrag der Sozialfürsorge wird um 60 Mark auf 420 Mark erhöht. Frauen mit fünf oder mehr Kindern erhalten Anspruch auf Alters- oder Invalidenrente in Höhe von 270 Mark, auch wenn die Vorversicherungszeit nicht erreicht wird.

Europa stationiert. Obwohl die Ratifizierung von SALT-II durch die USA wegen der sowjetischen Invasion Afghanistans nicht erfolgt, halten sich beide Seiten auch während der dann einsetzenden erneuten Konfrontation an das Abkommen. Zu den Gesprächen über SALT-III kommt es jedoch nicht.

21. Juni: Der Oberste Gerichtshof Brasiliens lehnt die Anträge der Bundesrepublik, Israels, Österreichs und Polens ab, den im April 1978 in Brasilien entdeckten SS-Hauptscharführer Gustav Franz Wagner auszuliefern. Wagner, der für die Ermordung von 100000 jüdischen Insassen der KZs Sobibor und Treblinka verantwortlich gemacht wird, lebte seit April 1950 unter dem Namen Günter Mendel in Brasilien, nur durch einen Zufall wird seine wahre Identität bekannt. Nach der Entscheidung wird er auf freien Fuß gesetzt. Auch der deutsche Revisionsantrag wird am 20. September verworfen. Am 3. Oktober 1980 begeht Wagner Selbstmord.

3. Juli: Zum dritten Mal wird in der Bundesrepublik eine heftige Debatte über die Verjährung von Naziverbrechen geführt, am 31. Dezember 1979 würden Mordtaten der Nazizeit verjähren. Nach den Veränderungen in der Verjährung für Kriegs- und Naziverbrechen von 1965 und 1969 hebt der Bundestag nun die Verjährungsfrist für Mord gänzlich auf.

4. September: In ihrem neuen «Weißbuch 1979 zur Sicherheit der Bundesrepublik» konstatiert die Bundesrepublik ein dynamisches Gleichgewicht im atomstrategischen Potential beider Weltmächte. Bei einer Komponente trete jedoch einseitig eine drastische Veränderung ein: «Der Ausbau des sowjetischen Mittelstreckenpotentials durch die SS-20-Rakete und den ‹Backfire›-Bomber (TU-22M) schafft eine strategische Bedrohung neuer Dimension.»

28. September: Die *Frankfurter Rundschau* veröffentlicht ein Interview mit Edmund Stoiber, Generalsekretär der CSU. Darin betritt er eine neue Stufe der innenpolitischen Konfrontation: «Wir haben in der Vergangenheit nicht deutlich gemacht, daß Nationalsozialisten in erster Linie Sozialisten waren, die im großen und ganzen kollektivistische Lösungen angestrebt und durchgeführt hatten.»

7. Oktober: In zahlreichen Orten und Gebieten der Bundesrepublik bilden Vertreter von Bürgerinitiativen «grüne» Listen, die zunächst bei Kommunalwahlen Erfolge erringen. Auf Landesebene scheitern «grüne» oder «bunte» Listen am 18. März 1978 in Hamburg mit 3,5 Prozent, am 4. Juni 1978 in Niedersachsen mit 3,9 Prozent, am 8. und 15. Oktober 1978 in Bayern und Hessen, am 18. März 1979 in West-Berlin mit 3,7 Prozent und am 29. April 1979 in Schleswig-Holstein mit 2,4 Prozent. Heute gelingt erstmals einer «grünen» Gruppierung der Einzug in ein Landesparlament: Bei den Bürgerschaftswahlen in Bremen erringt die «Bremer Grüne Liste» 5,1 Prozent der Stimmen und vier Sitze. Diese Gründung geht auf 27 SPD-Abgeordnete zurück, die aus Protest gegen die Umweltpolitik aus ihrer Partei austraten.

14. Oktober: In Bonn kommen mehr als 100000 Menschen zur bisher größten Demonstration gegen den Einsatz der Atomenergie zusammen.

16. bis 19. Oktober: Erstmals besucht ein Regierungsmitglied der DDR offiziell die Bundesrepublik. Bauminister Wolfgang Junker (SED) erwidert den Besuch von Bundesminister Dieter Haack (SPD) in der DDR.

21. bis 28. Oktober: Hua Gofeng, der überraschend nach dem Tode Zhou Enlais im Februar 1976 das Amt des Ministerpräsidenten und nach dem Tode Mao Zedongs im Oktober 1976 das Amt des Vorsitzenden des

Zehn Thesen

Am 1. September verfaßt Robert Havemann für die spanische KP-Zeitung *Mundo Obrear* und die italienische linke Zeitung *Paese Sera* zehn Thesen zum bevorstehenden dreißigsten Jahrestag der Gründung der DDR. Auszüge:

«1. In den seit ihrer Gründung vergangenen dreißig Jahren hat die DDR viele materielle und politische Folgen des Zweiten Weltkriegs überwunden. Durch den Aufbau einer leistungsfähigen modernen Industrie und durch erhebliche Verbesserungen auf dem Gebiet der Landwirtschaft wurden die materiellen Grundlagen geschaffen, die die Voraussetzungen für die schrittweise Entwicklung einer freien sozialistischen Gesellschaftsordnung sind. (...)

2. Der Wiederaufbau des vom Krieg verwüsteten Landes hat von den Arbeitern und Bauern schwere Opfer gefordert. (...)

3. Aber die wirtschaftliche und politische Entwicklung der DDR wurde nicht nur von außen und nicht nur von den westdeutschen und den internationalen Gegnern des Sozialismus behindert. Der Stalinismus (...) war noch bis zum Jahre 1956 in voller Blüte. (...) Aber die Diktatur des zentralen Parteiapparats, der keiner demokratischen Kontrolle unterliegt, dauert in den Ländern des realen Sozialismus an bis auf den heutigen Tag.

4. Noch im Jahre 1968 – also 19 Jahre nach der Gründung der DDR – wurden wichtige Grundrechte (...) in einer neuen Verfassung aufgehoben, so das Streikrecht und das Recht auf ein unabhängiges Gericht, vor dem der Bürger Klage gegen Maßnahmen der Organe des Staates führen kann. (...)

5. (...) Die Unterdrückung jeder von den Organen der Partei und des Staates unabhängigen Kritik, die Maßregelung kritischer Schriftsteller, die Nichtzulassung einer Opposition in der Volkskammer, das Nichtbestehen auch nur eines einzigen kritischen und unabhängigen Presseorgans, die Bedingungen, unter denen die Kandidaten für die Volksvertretung nominiert und gewählt werden, das praktisch (...) bestehende Westreise-Verbot – all dies und mehr ruft den Eindruck hervor, daß die Partei- und Staatsführung der DDR die Zahl ihrer Gegner für groß und bedrohlich hält.

6. Es ist ganz offensichtlich, daß alle diese Repressionen und Freiheitsbeschränkungen das Gegenteil dessen bewirken, was mit ihnen erreicht werden soll. Sie sollen der Sicherheit des Staates dienen, sind aber tatsächlich die Hauptursachen der zunehmenden Staatsunsicherheit. (...)

7. Das politische System, das in der DDR wie auch in einigen osteuropäischen Staaten besteht, bezeichnet sich selbst als ‹realen› Sozialismus. Damit will man sagen, daß es einen ‹idealen› Sozialismus nur in den Träumen sektiererischer Utopisten gibt, nicht aber in Wirklichkeit. (...)»

4. bis 8. Oktober: Zu den Feierlichkeiten für den 30. Gründungstag der DDR reist auch eine Delegation der KPdSU unter Leonid Breschnew an. Beim Festakt am 6. Oktober kündigt er den einseitigen Abzug von 20 000 Soldaten und 1000 Panzern sowie an-

Der Einmarsch nach Afghanistan

Ende 1979 erhebt sich so heftiger Widerstand gegen die kommunistische Regierung in Kabul, daß sie zu stürzen droht. Unter Berufung auf den am 5. Dezember 1978 in Moskau unterzeichneten «Vertrag über Freundschaft, gute Nachbarschaft und Zusammenarbeit» läßt die sowjetische Führung ab dem 24. Dezember 1979 umfangreiche Truppen einfliegen und nach Afghanistan einmarschieren. 1980 wird ein Truppenstationierungsvertrag geschlossen, auf dessen Grundlage die sowjetischen Einheiten einen mehrjährigen Bürgerkrieg gegen den muslimischen Widerstand führen. Mit dieser Invasion verschärfen sich die weltpolitischen Spannungen enorm. Zudem erlebt die Sowjetunion ihr «Vietnam», denn trotz der Überlegenheit ihrer Waffen gelingt es ihr niemals, den in der Bevölkerung verankerten Widerstand zu brechen. Bis zum Abzug ihrer Truppen im Februar 1989 fordert dieser Krieg etwa 45 000 sowjetische Todesopfer. Über die afghanischen Opfer sind nur ungenaue Zahlen bekannt, es sind wohl Hunderttausende, die ums Leben kamen.

ZK sowie des Militärausschusses der KP Chinas übernimmt, besucht während seiner ersten Auslandsreise die Bundesrepublik. Am 24. Oktober wird ein Kulturabkommen unterzeichnet, doch steht für Hua die wirtschaftliche Aufbauleistung der Bundesrepublik, die mittlerweile zweitgrößter Handelspartner Chinas ist, im Vordergrund.

13. November: Aufgerufen von der Gewerkschaft Erziehung und Wissenschaft, streiken erstmals Lehrer, sie fordern eine Verminderung ihrer wöchentlichen Unterrichtszeit. In Hamburg, Niedersachsen und Hessen legen sie nach der dritten Stunde die Arbeit nieder und nehmen sie erst zwei Stunden später wieder auf.

11. bis 14. Dezember: Die NATO faßt in Brüssel ihren «Doppelbeschluß» zur Stationierung von Mittelstreckenraketensystemen, die aber Gegenstand von Rüstungskontrollverhandlungen werden sollen. 108 Abschußvorrichtungen für neue «Pershing 2» und 464 bodengestützte Marschflugkörper vom Typ «Cruise Missile» sollen stationiert werden, die Pershing ausschließlich in der Bundesrepublik, falls nicht binnen vier Jahren die der Sowjetunion angebotenen Verhandlungen zu einem Ergebnis führen. Gleichzeitig ziehen die USA tausend atomare Sprengköpfe aus Europa ab. Auf diese «Nachrüstung» erklärt die sowjetische Führung am 14. Dezember: «Der NATO-Rat hat die Basis für Gespräche über Mittelstreckenwaffen zerstört und damit eine schwerwiegende Verantwortung für eine neue Runde des Wettrüstens übernommen.»

derer Militärtechnik der Sowjetarmee aus der DDR innerhalb von zwölf Monaten an.

31. Oktober: In Ost-Berlin unterzeichnen Vertreter der DDR und der Bundesrepublik ein Abkommen, das den gegenseitigen Verzicht auf die Erhebung von Kraftfahrzeugsteuern für LKW und Busse aus der DDR und die Erhebung von Straßenbenutzungsgebühren für LKW und Busse aus der Bundesrepublik einschließlich West-Berlin festlegt. Da die Verkehrsströme bei PKW extrem unausgewogen sind, sind sie nicht in das Befreiungsabkommen aufgenommen. Statt der bisher individuell zu entrichtenden Straßenbenutzungsgebühr für westdeutsche Fahrzeuge zahlt die Bundesregierung nun einen jährlichen Pauschalbetrag. Für die Jahre 1980 bis 1989 wird der Betrag auf 50 Millionen DM jährlich festgesetzt.

November: Unter großem Aufwand und unter Mitwirkung zahlreicher Unternehmen aus anderen RGW-Ländern entwickelte der *VEB Sachsenring Automobilwerke Zwickau* den Kleinwagen vom neuen Typ «P 610» bis zur Produktionsreife. Nachdem bereits im März 1973 die 1970 begonnenen Arbeiten am Typ «P 760» abgebrochen wurden, erhalten die Zwickauer nun den schwersten Schlag. Obwohl zwanzig Funktionsmuster des neuen PKW gefertigt und die Vorbereitungen für die Produktionsaufnahme sehr weit gediehen sind, müssen auf Weisung aus Ost-Berlin nun die Arbeiten am «P 610» abgebrochen werden. Mit dieser Entscheidung bleibt nicht nur der Trabant das rückständigste Fahrzeug der Welt, von 1964 bis 1990 nur geringfügig verändert, der gesamte Fahrzeugbau der DDR hinkt endgültig weit hinter dem Weltniveau her.

7. November: Nachfolger des am 18. Oktober verstorbenen Hans Seigewasser (SED) im Amt des Staatssekretärs für Kirchenfragen wird Klaus Gysi (SED), früherer Kulturminister und Botschafter in Italien.

13. und 14. Dezember: Vor dem ZK der SED kündigt Erich Honecker unter Hinweis auf den NATO-Nachrüstungsbeschluß die Erhöhung des Verteidigungshaushaltes an. Für das Frühjahr 1980 wird die Kontrolle der Parteidokumente und die Registrierung aller Mitglieder und Kandidaten der SED beschlossen.

14. Dezember: Nach einem Bericht des *Neuen Deutschlands* wird von der Führung ein neuer Grundsatz der Preispolitik beschlossen: «Unsere Preispolitik wird die Stützungen für die Waren des Grundbedarfs, für Dienstleistungen und Mieten weiter ansteigen lassen. Bei den neuen hochwertigen Industriewaren muß der Preis (aber) die Kosten decken und einen normalen Ertrag einschließen.» Mit dieser Abkehr vom bisher propagierten Prinzip stabiler Preise sollen die stetig steigenden Ausgaben für Preisstützungen und Subventionen eingedämmt werden. Ab 1980 beginnen mehrere Wellen von Preiserhöhungen, zumal bei importierten oder Produkten, die importierte Teile enthalten. Trotz dieser Maßnahmen steigen die aus dem Staatshaushalt bestrittenen Subventionen von siebzehn Milliarden Mark im Jahr 1980 auf 21,4 Milliarden Mark im Jahr 1983.

Am 24. September beschließt der Staatsrat eine bedingte «Amnestie für Straftäter» zum dreißigsten Jahrestag der Gründung der DDR. Heute wird die Freilassung von 21298 Strafgefangenen, darunter 149 Ausländer, sowie der Erlaß von 34115 Geld- und sonstigen Strafen abgeschlossen. Die bekanntesten der Freigelassenen sind Rudolf Bahro und Nico Hübner, die bereits am 17. Oktober in die Bundesrepublik ausreisen konnten.

1980

Antipartei-Partei

Schritt für Schritt näherten sich die außerparlamentarischen Initiativen, Gruppen und Vereinigungen einander an. Nach heftigen Geburtswehen bringt die Umweltschutzbewegung eine politische Partei hervor. Sie will ganz anders sein als die etablierten Parteien, eben eine Antipartei-Partei. Von oben herab belächeln die Bundestagsparteien, seit Jahrzehnten Monopolisten der politischen Macht, die neue Konkurrenz. Noch können sie sich nicht vorstellen, daß ihr liebgewonnenes Drei-Parteien-System durch die «Grünen» aufgebrochen werden könnte.

4. Januar: US-Präsident Jimmy Carter fordert den sofortigen Rückzug der sowjetischen Truppen aus Afghanistan. Er kündigt scharfe Maßnahmen an: Die Ratifizierung des SALT-II-Abkommens wird verschoben, Exportbeschränkungen, unter anderem für zusätzliche Getreidelieferungen, werden verhängt, die Olympischen Spiele in Moskau werden boykottiert. Am 8. Januar nennt Carter die Invasion einen brutaleren Akt als die Interventionen in Ungarn 1956 und der Tschechoslowakei 1968. Der Einmarsch nach Afghanistan sei die größte Bedrohung des Friedens seit dem Zweiten Weltkrieg.

13. Januar: Auf einem Kongreß in Karlsruhe gründen über tausend Delegierte verschiedener Gruppen und Vereinigungen die Bundespartei der *Grünen.* Auf ihrem Bundesparteitag am 21. bis 23. März in Saarbrücken verabschiedet sie ihr Grundsatzprogramm. Als Bundesvorstand werden August Haussleiter, Vorsitzender der konservativen «Aktionsgemeinschaft Unabhängiger Deutscher», Petra Kelly und der Familienrichter Norbert Mann gewählt. Auf ihrem dritten Bundesparteitag entscheiden sich die *Grünen* am 22. Juni in Dortmund für die Teilnahme an den bevorstehenden Bundestagswahlen.

1980

Abgrenzung

Als die Streikwelle in Polen zur Bildung der unabhängigen Gewerkschaft «Solidarnosc» führt, ist erstmals in Osteuropa legal das Machtmonopol der Kommunisten gebrochen. In höchstem Maße beunruhigt, betreibt die SED doppelte Abgrenzung. Der geplante Besuch von Bundeskanzler Helmut Schmidt wird verschoben, der Mindestumtausch für Westbesucher wird ohne Ankündigung verdoppelt, mit seinen «Geraer Forderungen» fällt Erich Honecker auf Maximalpositionen zurück. Auch gegen Polen schottet sich die DDR ab. Sie bereitet gar gemeinsam mit der Sowjetunion eine Invasion des Nachbarlandes vor, die Polens Verteidigungsminister Wojciech Jaruzelski in letzter Minute verhindern kann.

22. Januar: In Moskau wird der Atomphysiker, Regimekritiker und Friedensnobelpreisträger von 1975, Andrej Sacharow, wegen «subversiver Aktivitäten» verhaftet. Ihm werden alle Auszeichnungen und Titel, darunter «Held der sozialistischen Arbeit», aberkannt. Mit seiner Frau Jelena Bonner wird er kurz darauf in die für Ausländer gesperrte Stadt Gorki (das frühere Nischni Nowgorod) verbannt. Diese im Westen heftig kritisierte Maßnahme ist der bisherige Höhepunkt der Verfolgung von Menschen- und Bürgerrechtlern in der Sowjetunion.
25. Januar: Vor den Ersten Sekretären der Kreisleitungen der SED führt Erich Honecker aus, daß der aus den USA nach Europa exportierte Kalte Krieg sich negativ auf die Beziehungen zwischen der DDR und der Bundesrepublik auswirken könne.
13. bis 24. Februar: Bei den Olympischen Winterspielen im amerikanischen Lake Placid erringt die DDR erstmals den Spitzenplatz in der (inoffiziellen) Nationenwertung.
15. Februar: In Ost-Berlin führt der Ständige Vertreter der Bundesrepublik, Günter Gaus, Konsultationen mit dem Hauptabteilungsleiter im Außenministerium, Ernst Krabatsch (SED), über Fragen der geplanten KSZE-Nachfolgekonferenz in Madrid.

30. Januar: Bundeskanzler Helmut Schmidt sagt seinen für März oder April geplanten Arbeitsbesuch bei Erich Honecker wegen der sowjetischen Invasion Afghanistans ab. In Bonn und Ost-Berlin wird gleichzeitig bekanntgegeben, man sei sich einig, den Besuch «auf einen für beide Seiten geeigneten Zeitpunkt zu verschieben».

Der Bundesinnenminister verbietet im Einvernehmen mit den Bundesländern Bayern, Hessen und Baden-Württemberg bundesweit die «Wehrsportgruppe Hoffmann», nach ihrem Leiter Karl-Heinz Hoffmann aus Heroldsburg benannt. Ziel der Vereinigung sei es, eine militärische Kampfeinheit aufzubauen und den totalen Staat zu errichten. Am 2. Dezember weist das Bundesverwaltungsgericht die Klage Hoffmanns gegen das Verbot ab.

12. Februar: In New York übergibt Willy Brandt den Abschlußbericht der von ihm geleiteten «Nord-Süd-Kommission» an UN-Generalsekretär Kurt Waldheim. Darin werden die Verantwortlichen aufgerufen, gemeinsam eine gerechtere «neue internationale Ordnung» zur Beseitigung von Hunger und Elend wie zur Sicherung des Friedens zu schaffen. Die Industrieländer sollen die öffentliche Entwicklungshilfe bis 1985 auf 0,7 Prozent, bis zum Jahr 2000 auf ein Prozent des Bruttosozialproduktes steigern. Erst ein Jahr später, im Juli 1981, verabschiedet die Bundesregierung «Entwicklungspolitische Grundlinien», die am 5. März 1982 vom Bundestag angenommen werden. Darin wird die 0,7-Prozent-Quote zwar als Ziel akzeptiert, doch legt sich die Bundesregierung auf einen Zeitplan zur Erreichung dieses Ziels nicht fest.

4. bis 6. März: Bundeskanzler Helmut Schmidt besucht die USA und trifft mit US-Präsident Jimmy Carter zusammen. Sie stimmen überein, daß die sowjetische Invasion Afghanistans eine ernste Bedrohung für den Frieden geschaffen hat. Dagegen liegt ihre Bewertung der Auswirkungen nur «ganz nahe beieinander». Die Bundesrepu-

Die Antipartei-Partei

Bei der Europa-Wahl von 1979 brauchten die *Grünen* nicht als Partei anzutreten, sie nutzten die Möglichkeit des Europa-Wahlrechts, als «Sonstige Politische Vereinigung» zu kandidieren. Aus ihrem Achtungserfolg erwächst rasch ein Sog, durch Bildung einer Partei das offensichtlich vorhandene Wählerpotential besser erschließen und vertreten zu können. Während viele Vertreter der zerfallenden dogmatischen wie undogmatischen Linken die Möglichkeit einer Doppelmitgliedschaft fordern, lehnt dies der Gründungsparteitag ab – ein wichtiger Schritt, um die Vielfalt der Strömungen, Gruppierungen, Orientierungen unter ein Dach zu bekommen. Weil die *Grünen* die außerparlamentarischen Aktionen ins Zentrum ihrer Arbeit stellen und das Parlament nicht als Ziel, sondern als Teil einer Strategie begreifen, schaffen sie Mechanismen, die eine «Verfilzung» wie bei den etablierten Parteien verhindern sollen: die Rotation der gewählten Vertreter nach zwei Jahren; das imperative Mandat, das Parlamentarier an die Beschlüsse der Basis bindet; die Begrenzung der Gehälter auf 2000 DM monatlich, übersteigende Beträge müssen an die Partei abgeführt werden. Petra Kelly prägt den Begriff von der «Antipartei-Partei»: «Dieses System muß es ertragen können, daß eine Opposition innerhalb und außerhalb des Parlaments wirklich reine Opposition macht.»

9. April: In Ost-Berlin unterzeichnen die DDR und die Sowjetunion ein Protokoll über die weitere Zusammenarbeit in der Atomenergie, dabei wird eine Vereinbarung über die erste Baustufe eines Atomkraftwerkes bei Stendal getroffen.

25. April: Papst Johannes Paul II. ernennt Joachim Meisner zum Nachfolger des am 13. Dezember 1979 verstorbenen Bischofs von Berlin, Alfred Bengsch. Das Bistum hat seinen Sitz in Ost-Berlin, ihm gehören 164000 Gläubige in Ost- und 268000 in West-Berlin an. Zum neuen Vorsitzenden der Berliner Bischofskonferenz und damit zum Oberhaupt der 2,4 Millionen Katholiken der DDR wird der Bischof von Dresden-Meißen, Gerhard Schaffran, gewählt.

27. April: Noch überbrückt der Antifaschismus die Gegensätze zwischen Regierenden und Kritikern. Zum 35. Jahrestag der Befreiung des nationalsozialistischen Zuchthauses in Brandenburg-Görden findet dort eine Gedenkveranstaltung statt. Erich Honecker hält eine Rede, sein Kritiker Robert Havemann ist anwesend – beide waren hier während der Nazizeit inhaftiert.

29. April: Verteidigungsminister Armeegeneral Heinz Hoffmann (SED) dementiert in der SED-Zeitschrift *Einheit* die Anwesenheit von «Einheiten unserer Nationalen Volksarmee in irgendeinem afrikanischen Land». Dies wurde von westlicher Seite indes nie behauptet, es wurde vielmehr über die Anwesenheit von Hunderten Militärberatern und Ausbildern aus der DDR berichtet, die von Hoffmanns Dementi indirekt bestätigt wird.

30. April: In Ost-Berlin unterzeichnen die DDR und die Bundesrepublik drei Abkommen zur Verkehrsverbesserung und eine Erklärung über den Gewässerschutz, nach der Expertengespräche zur Versalzung von Werra und Weser sowie zur Frage der Berliner Abwässer beginnen sollen. Zwischen Berlin und der Grenze bei Herleshausen wird die Autobahn durchgehend ausgebaut, einschließlich einer Brücke über das Werratal; der Mittellandkanal zwischen der Grenze und Haldensleben wird verbreitert; der letzte eingleisige Abschnitt der Eisenbahnstrecke Berlin–Helmstedt zwischen Wannsee und Potsdam / Werder wird zweigleisig ausgebaut. Für diese Maßnahmen wird die Bundesregierung, verteilt auf fünf Jahre, 507 Millionen DM zahlen.

8. Mai: Nach dem Tode des jugoslawischen Präsidenten Josip Tito am 4. Mai kommt es in Belgrad am Rande der Beisetzungsfeiern zum Gespräch zwischen Erich Honecker und Bundeskanzler Helmut Schmidt. Dies ist ihre zweite Begegnung, das erste Treffen fand auf der KSZE 1975 statt.

21. und 22. Mai: Vor dem ZK der SED würdigt Erich Honecker sein Belgrader Gespräch mit Bundeskanzler Helmut Schmidt. Beide Seiten seien sich einig, daß Europa ein Zentrum des Friedens bleiben müsse. Zur Lage der SED nennt Honecker die Zahl von derzeit 2130671 Mitgliedern und Kandidaten, die zu 56,9 Prozent Arbeiter, zu 4,7 Prozent Genossenschaftsbauern und zu 21,7 Angehörige der Intelligenz seien. Zwischen dem 1. März und dem 30. April seien mit allen Mitgliedern und Kandidaten der SED «persönliche Gespräche» über ihre Mitarbeit geführt worden. Es habe lediglich 3944 Ausschlüsse gegeben.

27. Mai bis 1. Juni: Kurz nach einer Fluchtwelle, in deren Verlauf 100000 Kubaner in die USA fliehen, besucht eine DDR-Delegation unter Erich Honecker Kuba. Dabei wird am 31. Mai ein «Vertrag über Freundschaft und Zusammenarbeit» mit einer Laufzeit von 25 Jahren unterzeichnet. Am 11. Juni schließen die DDR und Kuba ein Abkommen über gegenseitigen Warenaustausch für 1981 bis 1985, blik wickelt einen achtmal höheren Außenhandel mit der Sowjetunion ab als die USA, zudem deckt die Sowjetunion bereits vierzehn Prozent des westdeutschen Erdgasbedarfs und liefert wichtige Rohstoffe.

7. bis 9. März: Die 1970 gegründete maoistische und nach dem Tod Mao Zedongs an Albanien orientierte Splitterpartei KPD beschließt auf ihrem Parteikongreß die Selbstauflösung. Nach Angaben des Vorsitzenden Christian Semler habe man die Entwicklung des Klassenkampfes falsch eingeschätzt und fälschlicherweise die Übertragbarkeit des chinesischen Modells angenommen.

16. März: Erstmals ziehen die *Grünen* in den Landtag eines Flächenstaates ein. Bei den Landtagswahlen in Baden-Württemberg erhalten sie 5,3 Prozent der Stimmen und sechs Mandate.

16. bis 18. April: Günter Mittag, für Wirtschaft zuständiges Mitglied des Politbüros der SED, besucht die Hannover-Messe sowie einige Industriebetriebe in der Bundesrepublik. Mit Bundeskanzler Helmut Schmidt erörtert er die internationale Entwicklung und die deutsch-deutschen Beziehungen. Mittag gibt zu erkennen, daß die DDR weitere Aufträge an die Konzerne *Krupp* und *Hoechst* erteilen werde.

23. April: Dem Beispiel der USA folgend, spricht sich der Bundestag für den Boykott der Olympischen Sommerspiele in Moskau aus. Am 15. Mai stimmt das NOK zu. Mehr als sechzig Länder boykottieren die Olympiade vom 19. Juli bis zum 3. August, voran die USA, Kanada, Japan und China. Aus Europa bleiben nur Albanien, Liechtenstein, Norwegen und die Bundesrepublik fern.

6. Mai: Im Bremer Weserstadion werden anläßlich des 25. Jahrestags des Beitritts des Bundesrepublik zur NATO 1200 Rekruten der Bundeswehr öffentlich vereidigt. Bei einer linken Protestdemonstration von mehreren tausend Menschen kommt es zu Auseinandersetzungen mit der Polizei, bei denen mehr als 300 Menschen verletzt werden.

11. Mai: Dadurch, daß die FDP die Fünf-Prozent-Hürde knapp verfehlt, erringt die SPD bei den Landtagswahlen in Nordrhein-Westfalen mit 48,4 Prozent der Stimmen erstmals die absolute Mehrheit der Mandate.

27. Mai: In letzter Instanz stellt das Bundesverwaltungsgericht in West-Berlin fest, daß die von Schleswig-Holstein am 8. Juni 1978 ausgesprochene Kündigung des Staatsvertrages über den NDR den Austritt dieses Landes bewirkt hat. Dadurch wird der Sender ab dem 1. Januar 1981 allein von Niedersachsen und Hamburg getragen. Die von der CDU geführte Landesregierung Schleswig-Holsteins kritisierte vor allem die Berichterstattung über Brokdorf von 1977 und 1978 als «linkslastig» und einseitig, sie bezeichnet den NDR als «Rotfunk». Am 17. Juli einigen sich die drei Bundesländer auf einen neuen Staatsvertrag über den NDR, der jedem Land ein eigenes Landesrundfunkhaus mit eigener Radiowelle und zweistündigem Regionalfernsehen von 18 bis 20 Uhr zugesteht. Zudem entfällt zum 1. Januar 1983 die Monopolklausel, so daß dann auch private Anbieter auf den Markt dürfen.

2. Juni: In Düsseldorf/Neuss und West-Berlin beginnt mit 5000 Teilnehmern und vorerst 640 Anbietern der Feldversuch zum «Bildschirmtext» (BTX). Am 18. März 1983 unterzeichnen die Regierungschefs der Bundesländer einen Staatsvertrag, der die bundesweite Einführung dieses neuen Mediums festlegt.

4. Juni: Seit Anfang Mai halten Atomkraftgegner die Bohrstelle 1004, den für das Atommüllendlager Gorleben vorgesehenen Salzstock, besetzt. Das Hüttendorf «Freie Republik Wendland» mit etwa 2000 Besetdas eine Steigerung von 45 Prozent vorsieht.

13. Juni: In Ost-Berlin konstituiert sich das staatliche Martin-Luther-Komitee, das die Feiern zum 500. Geburtstag des Reformators am 10. November 1983 vorbereiten soll. Den Vorsitz übernimmt Erich Honecker (SED), an der Tagung nimmt als Vertreter des kirchlichen Martin-Luther-Komitees auch der thüringische Landesbischof Werner Leich teil.

16. Juni: In Ost-Berlin schließen die DDR und Frankreich einen Konsularvertrag und ein Kulturabkommen.

19. und 20. Juni: Auf der Baukonferenz des ZK der SED fordert Wolfgang Junker, Minister für Bauwesen und Mitglied des ZK der SED, eine stärkere materiell-technische Basis für die Durchführung des Wohnungsbauprogramms.

3. Juli: In Bonn teilt der Bundesminister für innerdeutsche Beziehungen, Egon Franke (SPD) mit, daß durch «besondere Bemühungen» der Bundesregierung zwischen 1964 und 1980 rund 13000 politische Häftlinge aus der DDR vorzeitig in die Bundesrepublik entlassen wurden. Im gleichen Zeitraum konnten über 30000 DDR-Bürger im Rahmen der Familienzusammenführung in die Bundesrepublik ausreisen.

19. Juli bis 3. August: In Moskau finden die Olympischen Spiele statt, an denen wegen des von den USA initiierten Boykotts Sportler aus nur 81 Nationen teilnehmen. In der (inoffiziellen) Nationenwertung belegt die DDR mit deutlichem Abstand hinter dem Gastgeberland den zweiten Rang. Bei der Abschlußfeier wird nicht, wie sonst üblich, die Flagge des nächsten Gastlandes gehißt, sondern auf Aufforderung von US-Präsident Jimmy Carter nur die Flagge der Stadt Los Angeles, Austragungsort der nächsten Spiele.

1. August: Die Sowjetunion erklärt den im Dezember 1979 begonnenen Abzug von 20000 Soldaten, 1000 Panzern und anderem Kriegsgerät aus der DDR vorfristig für beendet. Die NATO teilt dazu mit, der Abzug sei nur scheinbar ein Abzug, in Wirklichkeit würden die sowjetischen Streitkräfte in Osteuropa umstrukturiert.

11. August: Allsommerlich empfängt Leonid Breschnew in seiner Residenz auf der Krim die Partei- und Staatschefs, die dort zur Erholung weilen, zu Einzelgesprächen. Heute konferiert er mit Erich Honecker, wobei auch die Vertiefung der wirtschaftlichen Zusammenarbeit erörtert wird. So wird die Kooperation «im Maschinen- und Gerätebau, in der Chemieindustrie und in anderen Bereichen, die für den wissenschaftlich-technischen Fortschritt bestimmend sind, einen noch größeren Umfang erfahren».

25. August: Der britische Verleger Robert Maxwell überreicht in Ost-Berlin Erich Honecker das erste Exemplar von dessen Autobiographie «Aus meinem Leben». Die nichtdeutschen Ausgaben erscheinen in Maxwells Verlag *Pergamon* in der Reihe «Leaders of the World». Bereits am 4. Juli gewährte Honecker Maxwell ein Interview, das am 26. August im *Neuen Deutschland* erscheint.

31. August: Am Stand der *Hoechst AG* trifft Erich Honecker bei seinem Eröffnungsrundgang der Leipziger Messe mit Günter Gaus zusammen. Honecker bezeichnet den Frankfurter Chemiekonzern als «Vorreiter zur Entwicklung der ökonomischen und technischen Beziehungen». Er bekundet, die DDR sei «sehr interessiert» an der weiteren Normalisierung der Beziehungen.

4. bis 12. September: Unter der Bezeichnung «Waffenbrüderschaft 80» findet in der gesamten DDR sowie in den anliegenden Seegebieten der Ostsee ein Manöver von

Eine «Villa» in der «Republik Freies Wendland» (Gorleben)

zern wird heute von einem starken Polizeiaufgebot geräumt. Tags darauf beginnen die Erkundungsbohrungen.

19. Juni: Die Bundesregierung hebt die bisherige Begrenzung des Operationsgebietes für die Bundesmarine auf. Seit ihrer Gründung 1956 war die Bundesmarine einem NATO-Befehlshaber unterstellt, der ausschließlich für die Ostsee und einen schmalen Streifen der Nordseeküste von Holland bis Dänemark zuständig war. 1973 wurde der Einsatzraum im Westen bis zum Ärmelkanal und im Norden bis zum 61. Breitengrad erweitert. Deutsche Kriegsschiffe sollten von jedem Punkt binnen 24 Stunden die Ostseezugänge erreichen können, deren Blockade für sowjetische Schiffe ihre Aufgabe ist. Auf Wunsch der NATO wird das Operationsgebiet nun bis in die Norwegensee hinein ausgeweitet. Am 21. Juli hebt der Ministerrat der WEU alle Tonnage- und Typenbeschränkungen der «Pariser Verträge» für deutsche Kriegsschiffe auf.

30. Juni und 1. Juli: Ein halbes Jahr nach der sowjetischen Invasion Afghanistans besuchen Bundeskanzler Helmut Schmidt und Außenminister Hans-Dietrich Genscher die Sowjetunion. In ihren Gesprächen über die Krise der Entspannungspolitik und einen Neuanfang bei den Rüstungskontrollverhandlungen rückt die sowjetische Führung um Leonid Breschnew erstmals von ihrem überstürzt gefaßten Nein ab. Sie macht Verhandlungen über Mittelstreckenwaffen nicht länger von der Aufhebung des Nachrüstungsbeschlusses der NATO abhängig.

7. bis 11. Juli: Zum zweiten Mal besucht ein französischer Staatspräsident offiziell die Bundesrepublik. Nach Charles de Gaulles Visite im Jahr 1962 kommt nun Valéry Giscard d'Estaing, der Bundeskanzler Helmut Schmidt ein engeres deutsch-französisches Verhältnis auch in Verteidigungsfragen vorschlägt. Während Giscard eine größere Unabhängigkeit (West-)Europas erreichen möchte, will Schmidt nur «den Zusammenhalt in Europa» und «das Bewußtsein der europäischen Identität» stärken. Giscard besucht auch das 1963 gegründete «Deutsch-Französische Jugendwerk» in Bad Honnef, dessen Angebote bisher etwa vier Millionen junge Menschen nutzten.

13. August: Zwar wendet das Bundesarbeitsgericht das Grundgesetzgebot der Gleichberechtigung von Mann und Frau in ständiger Rechtsprechung auf das Arbeits-

Stäben und Truppen des Warschauer Paktes mit 40000 Soldaten statt.

17. bis 25. September: Nach dem Zweiten Weltkrieg übertrugen die Alliierten die Betriebsrechte an der Groß-Berliner S-Bahn der Deutschen Reichsbahn der SBZ. Bereits 1949 kommt es zu einem Streik der West-Berliner Bediensteten, die nach Einführung der DM als einziges Zahlungsmittel in West-Berlin eine Bezahlung in DM fordern. Nachdem die Reichsbahn im Januar 1980 wegen des defizitären Betriebs, der sie jährlich 140 Millionen DM Zuschuß kostet, 78 West-Berliner Angestellten gekündigt hat, treten nun viele ihrer 3000 West-Berliner Bediensteten in einen Streik für Lohnerhöhungen und soziale Verbesserungen. Die Streikenden besetzen wichtige Stellwerke, ab dem 20. September auch am Bahnhof Zoo, wodurch der Personenzugverkehr mit der Bundesrepublik blockiert wird. Die DDR bezeichnet den Streik als politische Provokation und brandmarkt die Streikleitung als «Rädelsführer von terroristischen Aktionen». Darauf empfiehlt die Streikleitung den Abbruch der Verhandlungen mit der Reichsbahn. Sie fordert den West-Berliner Senat auf, über die Übernahme der Betriebsrechte zu verhandeln, was der Senat als unerfüllbar bezeichnet. Am 23. September räumt DDR-Transportpolizei sämtliche besetzten Stellwerke. Am 25. September erklärt die Streikleitung den Streik für beendet, sie empfiehlt allen Streikenden, sich bei West-Berliner Arbeitsämtern arbeitslos zu melden. Darauf legt die Deutsche Reichsbahn vier der sieben S-Bahn-Linien und 36 der 67 Bahnhöfe still. Als sie beginnt, Signale, Weichen und Schienen abzubauen, untersagen die westalliierten Stadtkommandanten diese Demontage am 20. November. Nach diesen Ereignissen verliert der S-Bahn-Verkehr seine Bedeutung in West-Berlin.

Streik der Angestellten und Arbeiter der von der DDR verwalteten Reichsbahn in West-Berlin: Transport-Bahnpolizisten verhandeln mit einem Streikenden, der mit Kollegen das Stellwerk des S-Bahnhofs Halensee besetzt hat

23. September: Der sowjetische Außenminister Andrej Gromyko schlägt der Vollversammlung der Vereinten Nationen einen Katalog «unaufschiebbarer Maßnahmen zur Verringerung der Kriegsgefahr» vor. Die Militärbündnisse sollten nicht erweitert werden, die konventionelle Rüstung sollte auf dem heutigen Stand eingefroren werden, Atomwaffenversuche sollten vollständig und allgemein eingestellt werden.

3. Oktober: Der ADN-Bericht über «Grenzprovokationen» des zurückliegenden Monats offenbart, welch unnormale Situation an der innerdeutschen Grenze herrscht: «Im Monat September verletzten in 129 Fällen Zivilpersonen sowie Angehörige der Grenzüberwachungsorgane der BRD und der NATO-Streitkräfte die Staatsgrenrecht an. Eine Verankerung schafft jedoch erst heute das Gesetz über Gleichbehandlung von Männern und Frauen am Arbeitsplatz. In Durchführung einer EG-Bestimmung werden darin ein allgemeines Benachteiligungsverbot aufgrund des Geschlechts sowie das Gebot der geschlechtsneutralen Stellenausschreibung ausgesprochen.

15. August: Der wegen terroristischer Delikte verurteilte Horst Mahler wird nach Verbüßung von zwei Dritteln seiner Freiheitsstrafe auf Bewährung aus der Haft entlassen. Während seiner Haftzeit wendete sich der Rechtsanwalt vom Terrorismus ab. Er verweigerte seine Freipressung und kritisierte öffentlich die Entführung von Hanns Martin Schleyer als «Verrat an unseren Idealen».

22. August: Terror kommt nun auch aus dem rechtsextremen Lager. Am 2. August werden beim bis dahin blutigsten Anschlag der europäischen Nachkriegszeit auf dem Bahnhof des italienischen Bologna 83 Personen durch eine von Rechtsradikalen gelegte Bombe getötet. Heute wird ein Anschlag auf ein Hamburger Ausländerwohnheim verübt, dem zwei Vietnamesen zum Opfer fallen. Anfang September werden sechs Rechtsextremisten verhaftet, darunter der vor zwei Jahren untergetauchte ehemalige Rechtsanwalt Manfred Roeder. Am 28. Juni 1982 wird er zu einer Freiheitsstrafe von dreizehn Jahren verurteilt.

26. August: In der EG erreicht die Arbeitslosigkeit einen Höchststand. Im Juli 1980 sind in den neun Mitgliedsstaaten 6,65 Millionen Menschen ohne Arbeit, das entspricht einer Arbeitslosenquote von 6,1 Prozent. Die Bundesrepublik weist mit 3,3 Prozent nach Luxemburg den zweitgünstigsten Wert auf.

4. September: Die Bundesregierung gibt bekannt, daß Polen seine in den Verträgen von 1976 gegebene Zusage eingehalten habe, etwa 125 000 Deutsche ausreisen zu lassen. Insgesamt seien von 1969 bis 1974 122 500 Aussiedler aus ganz Osteuropa in die Bundesrepublik gekommen. Nach Abschluß der KSZE stieg die Zahl erheblich: Von 1975 bis 1979 kamen mehr als 230 000 Aussiedler.

25. September: In New York einigen sich der amerikanische Außenminister Edmund Muskie und sein sowjetischer Amtskollege Andrej Gromyko darauf, ab Oktober in Genf über eine Begrenzung der in Europa stationierten Mittelstreckenraketen zu verhandeln.

26. September: Der Terror von rechts nimmt neue Ausmaße an. Vor dem Haupteingang des Münchener Oktoberfests detoniert offenbar vorzeitig eine Bombe, die dreizehn Menschen tötet, darunter vier Kinder, und 211 Menschen zum Teil schwer verletzt. Auch der Attentäter Gundolf Köhler ist unter den Todesopfern. Er hatte Verbindungen zur «Wehrsportgruppe Hoffmann» – eine Spur, die von der Polizei kaum verfolgt wird.

5. Oktober: Bei den Wahlen zum neunten Bundestag erzielt die CDU / CSU mit ihrem Spitzenkandidaten Franz Josef Strauß das schlechteste Ergebnis seit 1949. Bei einer Wahlbeteiligung von 88,6 Prozent kommt die Union («Frieden und Freiheit») auf 44,5 Prozent der Stimmen. Die SPD («Sicherheit für Deutschland») kann jedoch von den Vorbehalten gegen Strauß nicht profitieren, sie steigert sich nur geringfügig auf 42,9 Prozent. Wähler des bürgerlichen Lagers, die Strauß nicht wählen mögen, weichen vielmehr zur FDP aus; sie legt 2,7 Prozent zu und erzielt 10,6 Prozent. Die *Grünen* erringen mit 570 000 Zweitstimmen 1,5 Prozent. Für diesen Wahlkampf schlossen die Parteien erstmals ein Wahlkampfabkommen, das ze der DDR. Dabei wurden in neun Fällen durch Provokateure die zur Kennzeichnung der Staatsgrenze aufgestellten Grenzsäulen der DDR zerstört. In weiteren elf Fällen bewarfen sie Anlagen und Einrichtungen auf dem Hoheitsgebiet der DDR mit Steinen und anderen Gegenständen. Der Luftraum der DDR wurde von der BRD aus in drei Fällen durch jeweils ein einmotoriges Sportflugzeug verletzt. 47 000 Zivilpersonen und über 7000 Militärangehörige wurden zur Hetze gegen die DDR an die Staatsgrenze geführt.»

9. Oktober: Ohne vorherige Konsultationen mit der Bundesregierung veröffentlicht das DDR-Finanzmisterium einen Erlaß, wonach ab dem 13. Oktober eine drastische Erhöhung des Mindestumtauschs für westliche Besucher in Kraft tritt. Mußten bisher

«Solidarnosc»

Aufgrund einer dramatischen wirtschaftlichen Krise erhöht die polnische Führung im Juni 1976 die Lebensmittelpreise drastisch. Augenblicklich brechen in allen Teilen des Landes Streiks aus. Die brutale Reaktion der Staatsmacht führt zu regelrechten Straßenschlachten und Aufständen, bei denen mehrere Arbeiter getötet werden. Als dann eine beispiellose Entlassungs- und Verhaftungswelle einsetzt, gründen einige Intellektuelle um Jacek Kuron und Adam Michnik am 23. September 1976 das «Komitee zur Verteidigung der Arbeiter» (Abkürzung der polnischen Bezeichnung: KOR). Dank breiter gesellschaftlicher Unterstützung kann das KOR 1977 eine Amnestie für die Arbeiter erzwingen. Nach diesem Erfolg benennt es sich am 29. September 1977 in «Komitee für gesellschaftliche Selbstverteidigung» (KOS «KOR») um und wendet sich nunmehr gegen jegliche Repression.

Seine und die Aktivitäten zahlreicher weiterer Gruppen sowie der Einfluß der katholischen Kirche bereiten den Boden für das, was nach einer anhaltenden Streikwelle am 22. September 1980 in Danzig von Arbeitervertretern beschlossen wird. Sie gründen die landesweite «Unabhängige Sich Selbst Verwaltende Gewerkschaft» (Abkürzung der polnischen Bezeichnung: NSZZ), der sie den Namen «Solidarnosc» (Solidarität) geben. Am 24. Oktober 1980 verkündet das Warschauer Woiwodschaftsgericht die Registrierung der Gewerkschaft «Solidarnosc». Allerdings ändert das Gericht die Statuten gegenüber dem Entwurf, es streicht Passagen über die Ausrufung und Organisation von Streiks und fügt eigenmächtig einen Absatz ein. Darin heißt es: «Die Gewerkschaft beabsichtigt nicht, die Rolle einer politischen Partei zu erfüllen.» Nach der Berufung der «Solidarnosc» läßt das Oberste Gericht am 10. November die Registrierung auf der Grundlage von einvernehmlichen Änderungen des Statuts zu.

Binnen kurzer Zeit treten der «Solidarnosc» zehn Millionen Mitglieder bei. Nach heftigen Auseinandersetzungen mit dem Staat wird am 12. Mai 1981 zudem die Gewerkschaft «Solidarität privater Bauern» registriert, der 2,5 Millionen der privaten Kleinbauern angehören. Damit haben sich die polnischen Werktätigen eine freie, demokratische Vertretung mit enormem politischem Einfluß geschaffen – der Anfang vom Ende des kommunistischen Systems. In ganz Osteuropa wissen die Führungen um die Bedeutung dieser neuen politischen Bewegung, die erstmals offen und legal das Machtmonopol der Kommunisten bricht.

Wahlkundgebung des Kanzlerkandidaten von CDU / CSU in der Ernst-Merck-Halle in Hamburg: (von links) Jürgen Echternach, Franz Josef Strauß, Erik Blumenfeld

die Grundsätze eines fairen Wahlkampfs, eine Begrenzung der Wahlkampfkosten sowie eine gemeinsame Schiedsstelle zur Überwachung des Abkommens regelte – es blieb weitgehend folgenlos.

4. November: Der frühere Filmschauspieler Ronald Reagan wird zum neuen US-Präsidenten gewählt, er siegt über den bisherigen Präsidenten Jimmy Carter. Carter unterliegt nicht nur wegen der Wirtschaftskrise der USA, sondern vor allem weil ihm keine Lösung in der Teheraner Geiselnahme gelingt. Am 4. November 1979 besetzen aus einer Protestdemonstration heraus, die sich gegen den Aufenthalt von Schah Rezah Pahlewi in den USA richtet, etwa 500 iranische Studenten die amerikanische Botschaft in Teheran. Sie nehmen etwa sechzig Amerikaner als Geiseln. Darauf entbrennt ein scharfer Konflikt, in dessen Verlauf die USA zahlreiche Zwangsmaßnahmen ergreifen. Doch gelingt es Präsident Jimmy Carter nicht, die Freilassung der Geiseln zu erreichen. Am 24. und 25. April 1980 endet eine Militäraktion der USA in der iranischen Wüste, mit der die Geiseln gewaltsam befreit werden sollten, in einem Fiasko. Wegen defekten Fluggeräts und falscher Navigation ereignet sich ein Unfall, bei dem acht US-Soldaten ums Leben kommen. Diese gescheiterte Aktion läßt das Ansehen von Carter auf einen Tiefpunkt sinken. Unter Vermittlung der Bundesrepublik und Algeriens werden die Geiseln am 20. Januar 1981 freigelassen, so daß sich der neue Präsident Reagan diesen Erfolg zugute halten läßt.

Der Bundestag wählt Richard Stücklen (CSU) wieder zu seinem Präsidenten.

5. November: Erneut wählt der Bundestag Helmut Schmidt zum Bundeskanzler, er bildet eine SPD-FDP-Regierung, die kaum verändert ist.

11. November: In Madrid beginnt die zweite KSZE-Folgekonferenz, in deren Mittelpunkt das Vorhaben einer gesamteuropäischen Abrüstungskonferenz (KVAE) steht, die «vertrauensbildende und sicherheitsschaffende Maßnahmen» vereinbaren soll. Neben einer Kontroverse über den Geltungsbereich solcher Maßnahmen überschatten die sowjetische Invasion Afghanistans und die Verhängung der Kriegsrechts in Polen, beides von westlicher Seite als Verstoß gegen die KSZE-Grundsätze kritisiert, die Konferenz. Sie vertagt sich am 12. März 1982 auf den 9. November 1982. Anders als

13 DM pro Person und Tag beim Besuch der DDR und 6,50 DM beim Besuch Ost-Berlins und im Kleinen Grenzverkehr getauscht werden, sind es nun einheitlich 25 DM. Dieser nahezu verdoppelte Satz gilt auch für Rentner, die zuvor befreit waren. Für Kinder zwischen sechs und fünfzehn Jahren, die zuvor befreit waren, müssen nun 7,50 DM Mindestumtausch getätigt werden. Ein Rücktausch findet nicht statt, nichtverbrauchte Beträge können auf DDR-Konten deponiert werden. Finanzminister Werner Schmieder (SED) rechtfertigt dies als «Eindämmung der Spekulation mit der Mark der DDR in Westberlin». «Schließlich ist es nicht normal, daß man in Westberlin für eine DM der BRD fünf Mark der DDR illegal tauscht. Es kann ja nicht so sein, daß Bürger aus der BRD oder Westberlin für eine DM zu diesem Schwindelkurs in einem Restaurant der DDR ein gutes Mittagessen bekommen, während sie dafür in der BRD oder Westberlin mindestens sechzehn DM bezahlen müssen.» In der Folgezeit sinken die Zahlen der Westbesucher in der DDR erheblich, so daß sich die Hoffnung der DDR auf vermehrte Deviseneinnahmen, Hauptmotiv der Erhöhung, nicht erfüllt.

13. Oktober: Zur Eröffnung des Parteilehrjahrs der SED hält Erich Honecker in Gera eine Grundsatzrede, die zumindest verbal eine neue Konfrontation einleitet. Aus Furcht vor einer Demokratisierungsbewegung nach polnischem Vorbild setzt er erneut auf Abgrenzung. Von einer Normalisierung sei man «noch ein beträchtliches Stück entfernt». In seinen «Geraer Forderungen» nennt Honecker als Voraussetzungen für eine weitere Normalisierung die Anerkennung der Staatsbürgerschaft der DDR durch die Bundesrepublik, die Umwandlung der Ständigen Vertretungen in Botschaften, die Auflösung der Zentralen Erfassungsstelle in Salzgitter und die Regelung des Grenzverlaufs an der Elbe «entsprechend dem internationalen Recht».

16. Oktober: In Dresden wird die erste Filmwoche der Bundesrepublik in der DDR eröffnet, die sieben ausgewählten Spielfilme werden anschließend in Frankfurt (Oder) und Potsdam gezeigt.

17. Oktober: Bisher war für akkreditierte Korrespondenten aus dem Westen die Teilnahme an Tagungen der evangelischen Synoden frei. Nun wird sie von einer Genehmigung des Außenministeriums abhängig gemacht, die jedoch vorerst nicht erteilt wird. So wird heute den Korrespondenten von dpa, EPD und «Rheinischer Post» verwehrt, von der Synode der Evangelischen Kirche Sachsens direkt aus Dresden zu berichten.

28. Oktober: Auf Drängen der DDR wurden zur Eindämmung des Einkaufstourismus polnischer Bürger bereits verschiedene Maßnahmen ergriffen: Seit dem 2. Juni muß jeder Pole pro Aufenthaltstag einen Mindestumtausch von 25 Mark tätigen, die Aufenthaltsdauer in der DDR ist auf vierzehn Tage beschränkt, Polen dürfen Benzin nicht mehr gegen Bargeld, sondern nur noch gegen Talons kaufen. (In der DDR kostet der Liter Superbenzin seit 1970 1,65 Mark, während der Preis in Polen auf über 2,30 Mark gestiegen ist.) Nun kündigen die DDR und Polen «zeitweilige Veränderungen im privaten Reiseverkehr» zum 30. Oktober an. Die DDR will einerseits Polen unter Druck setzen, andererseits die politische «Ansteckung» ihrer Bürger möglichst verhindern. Reisende aus der DDR müssen nun eine Einladung aus Polen vorlegen und sich damit eine Bestätigung der Volkspolizei holen, die bei Aus- und Wiedereinreise vorzulegen ist. Reisende aus Polen benötigen eine von der Volkspolizei bestätigte schriftliche Einladung aus der DDR.

die Belgrader Konferenz von 1978 endet sie am 9. September 1983 indes mit einem offiziellen Abschlußdokument, das die Menschenrechtsgrundsätze von Helsinki präzisiert. Die «Konferenz über Vertrauensbildung und Abrüstung in Europa» (KVAE) beginnt am 17. Januar 1984 in Stockholm. Sie endet am 19. September 1986 mit der Verabschiedung einer Schlußakte, die jedem Unterzeichnerstaat das Recht gewährt, auf dem Boden oder im Luftraum jedes anderen Vertragsstaates Inspektionen vorzunehmen – für die Sowjetunion ist deren Territorium bis zum Ural eingeschlossen. Für Manöver bestimmter Größenordnungen gelten Ankündigungs- und Einladungspflichten. Manöver mit mehr als 40000 Mann dürfen nur stattfinden, wenn sie ein Jahr im voraus, mit mehr als 75000, wenn sie zwei Jahre im voraus angekündigt werden.

13. und 14. November: In Brüssel billigen die Minister der Nuklearen Planungsgruppe der NATO die neue Strategie der USA, bei einem sowjetischen Atomangriff nicht mehr flächendeckend zu reagieren, sondern ausgesuchte politische, militärische und wirtschaftliche Ziele zu vernichten. Die vom «Doppelbeschluß» für die Stationierung ab 1983 vorgesehenen Waffen spielen in dieser nicht zur offiziellen Doktrin erhobenen Strategie eine wichtige Rolle.

15. November: Mit dem «Krefelder Appell» formuliert eine Strömung der Friedensbewegung ihre Forderungen nach einer Sicherheitspolitik, «die eine Aufrüstung Mitteleuropas zur nuklearen Waffenplattform nicht zuläßt, Abrüstung für wichtiger hält als Abschreckung, die Entwicklung der Bundeswehr an dieser Zielsetzung orientiert». Mehr als eine Million Menschen unterschreiben.

Um nicht den Vorwurf der Zusammenarbeit mit Kommunisten auf sich zu ziehen, schließen sich am 9. November zahlreiche Sozialdemokraten im «Bielefelder Appell» zusammen, der in seinen Forderungen dem «Krefelder Appell» ähnelt. Eine andere Strömung der SPD formuliert die «Heidelberger Erklärung», die im Gegensatz zu den anderen Texten eine beiderseitige Abrüstung fordert.

15. bis 19. November: Während seiner achten Auslandsreise besucht Papst Johannes Paul II. die Bundesrepublik. Hunderttausende Gläubige nehmen an den Gottesdiensten teil, nur einmal erfährt der Papst Kritik. Die Münchener Diözesan-Vorsitzende des «Bundes der Katholischen Jugend», Barbara Engl, verliest eine Erklärung, die vorher nicht nach Rom geschickt worden war: «Für Jugendliche ist aber die Kirche in der Bundesrepublik Deutschland schwer zu verstehen. Sie haben den Eindruck, daß sie ängstlich an den bestehenden Verhältnissen festhält, daß sie wieder mehr die Unterschiede zwischen den großen Konfessionen betont, statt die Gemeinsamkeiten herauszustellen, daß sie zu den Fragen der Jugendlichen, zu Freundschaft, Sexualität und Partnerschaft zu sehr mit Verboten reagiert, daß ihr Suchen nach Verständnis und Gesprächsbereitschaft zuwenig Antwort findet. Viele können nicht verstehen, warum die Kirche trotz des Priestermangels so unumstößlich am Zölibat festhält.»

23. Dezember: Nach Angaben der Bundesregierung sinkt im Jahr 1980 der Anteil des Mineralöls am gesamten Primärenergieverbrauch erstmals unter 50 Prozent, während er 1973 noch 55 Prozent betragen hatte.

24. Dezember: Am Grenzübergang Waldshut erschießt der Neonazi Frank Schuberth, Mitglied der militanten «Volkssozialistischen Bewegung Deutschlands / Partei der Arbeit», zwei Schweizer Grenzbeamte, anschließend begeht er Selbstmord.

9. bis 19. November: Nach den Auseinandersetzungen um den «sozialistischen Wehrunterrricht», Ausdruck einer von der Führung bewußt betriebenen und umfassenden Militarisierung der Gesellschaft, nach dem NATO-«Doppelbeschluß» und der sowjetischen Invasion Afghanistans bildet sich in der DDR eine eigenständige Friedensbewegung. Ausgehend vom «Friedenssonntag» am 1. September 1979, den die Evangelischen Kirchen der DDR und der Bundesrepublik mit einem gemeinsamen, in den Gemeinden verlesenen «Friedenswort» begingen, findet nun die erste «Friedensdekade» der evangelischen Jugend statt. Landesweit treffen junge Leute in meist kleinen, wenig spektakulären Veranstaltungen zusammen, die unter dem Motto stehen «Frieden schaffen ohne Waffen» – oft mit dem Zusatz «zu gebrauchen». Auf Stoff gedruckt wird dieser Satz als gemeinsames Symbol vielfach verteilt.

Zum Abschluß der «Friedensdekade» planten die Organisatoren eine «Friedensminute». Am Bußtag, in der DDR kein Feiertag, sollten alle Menschen um 13 Uhr gemeinsam für den Frieden beten. Zu diesem Zeitpunkt sollten in den Kirchen die Glocken geläutet werden – denn gleichzeitig findet im ganzen Land ein Probealarm für alle Sirenen statt. Dieses Vorhaben führt zu einem Eklat, der SED-Ideologe Albert Norden hält den einbestellten Bischöfen entgegen: «Soll das das Signal zum Generalstreik sein?» Ende Oktober werden Druck und Auslieferung von Kirchenzeitungen gestoppt, die die «Friedensminute» ankündigen. Zwar verschieben die Kirchenleitungen den Zeitpunkt auf 12 Uhr, doch überlassen sie die letzte Entscheidung den einzelnen Kirchengemeinden – manche läuten um 12 Uhr, manche um 13 Uhr, manche um 13.15 Uhr, manche erst am Abend.

10. bis 13. November: Erich Honecker unternimmt seinen ersten offiziellen Besuch in einem westlichen Land. In Österreich konferiert er mit Bundeskanzler Bruno Kreisky (SPÖ), der anschließend äußert, über die weitere Entwicklung der Entspannung solle man «nicht zu pessimistisch» sein. Es werden mehrere Abkommen unterzeichnet, darunter ein auf zehn Jahre befristetes Handels- und Zahlungsabkommen sowie ein Rahmenvertrag zwischen DDR-Betrieben und den Eisen- und Stahlwerken *Vöest-Alpine AG* in Linz über die Errichtung eines Stahlzentrums in Eisenhüttenstadt, der einen über Kredite finanzierten Auftragswert von fast zwei Milliarden DM umfaßt.

5. Dezember: In Moskau treffen sich die «führenden Repräsentanten» der Warschauer-Pakt-Staaten, um über die Situation in Polen zu beraten. Für die DDR nehmen Erich Honecker, Willi Stoph, Hermann Axen, Heinz Hoffmann und Erich Mielke teil. Die Runde zeigt sich überzeugt, daß Polens Kommunisten «die entstandenen Schwierigkeiten überwinden und die weitere Entwicklung des Landes auf dem sozialistischen Weg absichern werden». «Mit der brüderlichen Solidarität und Unterstützung» werde Polen festes Glied «der einträchtigen Familie der sozialistischen Länder» bleiben.

1981

Friedensbewegung

Längst sprengen die Waffenarsenale der Militärblöcke jedes Vorstellungsvermögen. Wie sehr sich die Logik des Rüstungswettlaufes verselbständigt hat, belegt die Kapazität zum x-fachen «Overkill» der gesamten Menschheit. Im Westen will eine wachsende Zahl von Menschen diesen Irrsinn nicht länger mittragen. Jenseits von Raketenzählerei und Gleichgewichtserwägungen fordern sie, vermeintlich naiv, das Ende des Wettrüstens und die Schaffung atomwaffenfreier Zonen.

1. Januar: Griechenland wird zehnter Mitgliedsstaat der Europäischen Gemeinschaft.

15. Januar: Wegen einer 1978 gewährten Bürgschaft des Landes Berlin über 115 Millionen DM für den nun in Konkurs gegangenen und untergetauchten Architekten Dietrich Garski erfolgen Anfang Januar die ersten Rücktritte von Senatoren. Weil Neubesetzungen im Abgeordnetenhaus scheitern, tritt der Regierende Bürgermeister Dietrich Stobbe (SPD) mit dem gesamten Senat von Berlin zurück. Da eine interne Lösung nicht in Sicht ist, muß ein auswärtiger «Retter» antreten. Am 23. Januar wird der bisherige Bundesjustizminister Hans-Jochen Vogel (SPD) zum neuen Regierenden Bürgermeister gewählt. Er bildet einen SPD-FDP-Senat, einigt sich aber am 29. Januar mit der oppositionellen CDU auf Neuwahlen am 10. Mai.

9. Februar: In Ost-Berlin überreicht Klaus Bölling (SPD) als neuer Ständiger Vertreter der Bundesrepublik sein Beglaubigungsschreiben an Erich Honecker. Bölling löst Günter Gaus (SPD) ab, der als Wissenschaftssenator in den West-Berliner Senat eintritt.

12. Februar: Nach langwierigen Beratungen einigt sich die Kultusministerkonferenz auf «Grundsätze für die einheitliche Dar-

1981

Existenzgefährdung

Völlig unerwartet erfährt Erich Honecker, daß die Sowjetunion ihre Öllieferungen drastisch kürzt. Angesichts der stets angespannten Situation der Wirtschaft begreift er die Tragweite dieses gänzlich unbrüderlichen Beschlusses sofort: Die Existenz der DDR wird aufs Spiel gesetzt. Was er nicht erkennt, ist die begonnene Neuorientierung der sowjetischen Strategie, in der letztlich kein Platz mehr ist für die DDR. Die Moskauer Führung gesteht sich den dramatischen wirtschaftlichen Niedergang ihres Imperiums ein und beginnt, die Konsequenzen zu ziehen.

14. und 15. Februar: Überraschend nimmt Erich Honecker den Begriff der «Vereinigung beider deutscher Staaten» in den Mund. Auf der Ost-Berliner Delegiertenkonferenz der SED sagt er: «Wenn der Tag kommt, an dem die Werktätigen der Bundesrepublik an die sozialistische Umgestaltung der Bundesrepublik Deutschland gehen, dann steht die Frage der Vereinigung beider deutscher Staaten vollkommen neu. Wie wir uns dann entscheiden, daran dürfte wohl kein Zweifel bestehen.»

16. Februar: Bevollmächtigte des Generalstaatsanwaltes übergeben erstmals Beweismaterial über ehemalige Richter und Staatsanwälte am NS-Volksgerichtshof an Vertreter des Generalstaatsanwaltes beim Kammergericht in West-Berlin. Weitere Übergaben erfolgen am 26. März und am 6. Oktober.

23. Februar bis 2. März: Auf dem 26. Parteitag der KPdSU in Moskau wird die hinfällige Verfassung von Leonid Breschnew unübersehbar – dennoch bleibt die Nachfolgefrage tabu. Kritik an der sowjetischen Invasion Afghanistans darf nicht geübt werden, weshalb die Führer der wichtigsten westeuropäischen KPs fernbleiben. Der Stellvertretende Vorsitzende der italienischen KP, Giancarlo Pajetta, darf seine Rede stellung Deutschlands in Schulbüchern und Schulatlanten». Das Fortbestehen der Vier-Mächte-Verantwortung für «Deutschland als Ganzes» sowie das Urteil des Bundesverfassungsgerichtes zum «Grundlagenvertrag» müsse deutlich werden. Deshalb sei Deutschland in den Grenzen von 1937 zu zeigen. Bei allen Karten der Bundesrepublik müsse der Ausschnitt so gewählt werden, daß auch Berlin gezeigt werde, wobei West- und Ost-Berlin voneinander abzuheben seien. Die innerdeutsche Grenze sei als «Grenze besonderer Art» zu kennzeichnen. Des weiteren einigen sich die Kultusminister, die Abkürzung «BRD» nicht zu verwenden. Am 15. Februar kritisiert die DDR die Regelung als «Landkartenrevanchismus».

14. Februar: Das Bundesverwaltungsgericht weist einen Antrag von Rudolf Heß, des letzten Insassen des Alliierten Kriegsverbrechergefängnisses in Spandau, zurück. Der 86jährige wollte die Verfassungsorgane der Bundesrepublik zwingen lassen, über rein humanitäre Bemühungen hinaus außenpolitische Schritte für seine Freilassung einzuleiten.

8. März: Nach einer Demonstration in Nürnberg verhaftet die Polizei 172 Besucher eines Jugendzentrums, von denen nur ein geringer Teil bei der Demonstration mitwirkte. 141 von ihnen, meist 15- und 16-jährige, werden tagelang in Haft gehalten.

13. März: Das Bundeswirtschaftsministerium teilt mit, daß der innerdeutsche Handel mit einem Umsatzzuwachs von 1,85 Milliarden Verrechnungseinheiten (VE, gleich DM) und 18,7 Prozent die bislang höchste Steigerung erreicht habe. Im neuen Rekordumsatz von 11,7 Milliarden VE liegen Bezüge aus der DDR und Lieferungen in die DDR jeweils bei 5,8 Milliarden VE.

19. März: Bundespäsident Karl Carstens (CDU) sagt «krankheitshalber» seinen für den 30. März bis 3. April geplanten Besuch in Rumänien ab. Staatspräsident Nicolae Ceauşescu lehnte ab, die gewünschte Begegnung mit der 250000 bis 300000 Menschen umfassenden deutschstämmigen Minderheit zu ermöglichen. Im Rahmen der Familienzusammenführung dürfen jährlich etwa 10000 Deutsche Rumänien verlassen, doch treiben die sich ständig verschlechternden Lebensverhältnisse weit mehr Menschen zur Ausreise. Carstens unternimmt seine Visite dann vom 26. bis 30. Oktober; dabei kann er auch Hermannstadt besuchen, wo es zu Kontakten mit der deutschstämmigen Bevölkerung kommt.

2. bis 4. April: Bundesaußenminister Hans-Dietrich Genscher führt in Moskau Gespräche mit der sowjetischen Führung. Nach einer Unterredung mit Leonid Breschnew sieht er die Sowjetunion nunmehr bereit, ohne Vorbedingungen in Verhandlungen über nukleare Mittelstreckenwaffen in Europa einzutreten. Das von Moskau vorgeschlagene Moratorium werde nicht länger als Vorbedingung, sondern als ergänzender Vorschlag verstanden.

7. und 8. April: In Bonn tagen die Minister der Nuklearen Planungsgruppe der NATO. Die Sowjetunion setze die Stationierung von «SS-20»-Raketen mit Mehrfachsprengköpfen in schnellem Rhythmus fort, ihr Arsenal umfasse schon jetzt mehr Gefechtsköpfe, als das Modernisierungsprogramm der NATO ab 1983 überhaupt vorsehe. Diese Überlegenheit berge die Gefahr der Destabilisierung. Zudem warnen die Minister die Sowjetunion vor einem militärischen Eingreifen in Polen.

8. April: Nach Plänen des *Mannesmann*-Konzerns, seine Montanwerke umzustrukturieren, verabschiedet der Bundestag heute eine Novelle für die Montanmitbestimmung. Danach gilt bei Unternehmen, bei nicht im Kreml-Palast halten, weil er seine Kritik zu Afghanistan nicht streichen will. Nach dem Parteitag findet am 4. März ein sowjetisch-polnisches Gipfeltreffen statt. Angesichts ernster Warnungen der Sowjetführung, sie würde «jegliche erforderliche Unterstützung gewähren», was auch ein militärisches Eingreifen einschließt, sichert Polen zu, «beharrlich nach einer vollkommenen Überwindung der Anarchie und des Chaos» zu streben.

26. Februar: In Weimar legt die deutsch-deutsche «Grenzkommission» ein Programm für die Instandhaltung von Grenzgewässern fest, das insgesamt 147 Maßnahmen umfaßt.

11. März: Im Pariser Museum für moderne Kunst wird die Ausstellung «Malerei und Grafik in der DDR» eröffnet.

17. März: Vor allem in Polen beginnen unter der Bezeichnung «Sojus 81» umfangreiche Manöver von Truppen des Warschauer Paktes. Sie werden über den ursprünglichen Termin verlängert und enden erst am 6. April.

19. März: In Ost-Berlin werden der Mathematiker Andreas Bortfeldt und der in der Druckerei des *Neuen Deutschlands* beschäftigte Schlosser Manfred Wilhelm verhaftet. Sie gehören der illegalen «Sektion DDR» der KPD/ML an, die nach Angaben der Mutterpartei in der Bundesrepublik seit Anfang 1975 existiert. Für diese ultralinke Splittergruppe herrscht in der DDR «eine neue Bourgeoisie» mit einer «sozialfaschistischen Diktatur». Flugblätter und Zeitschriften der KPD/ML werden auch in Rostock, Magdeburg, Frankfurt (Oder), Karl-Marx-Stadt, Dresden, Leipzig, Gera und Halle verteilt. Im Frühsommer 1982 werden Bortfeldt und Wilhelm wegen «staatsfeindlicher Hetze» zu je acht Jahren Freiheitsstrafe verurteilt, fünf weitere Mitglieder der Gruppe erhalten geringere Strafen.

10. April: Auf der Bahnfahrt nach Ost-Berlin wird der 23-jährige Matthias Domaschk, Mitglied der Jungen Gemeinde in Jena, von der Stasi verhaftet. Er wird ins Untersuchungsgefängnis Gera gebracht. Am 12. April erhalten seine Eltern die Nachricht, er habe Selbstmord durch Erhängen verübt.

11. bis 16. April: Im Ost-Berliner Palast der Republik tagt der zehnte Parteitag der SED. Er bringt keine bedeutsamen Veränderungen, der Kurs von Erich Honecker wird bestätigt. Die Führungsspitze bleibt nahezu gleich; aus dem Politbüro scheidet der langjährige Propaganda-Chef Albert Norden wegen Krankheit aus, als Kandidat kommt Günter Schabowski, seit 1978 Chefredakteur des *Neuen Deutschlands*, hinzu. Ins ZK rücken verstärkt Mitarbeiter des SED-Apparates ein, so daß dieses Gremium endgültig vom Beratungs- zum Zustimmungsorgan für die Parteispitze herabsinkt.

Wie die Direktiven des Parteitages im «sozialistischen Mehrparteiensystem» verbreitet werden, zeigt das Jahr 1982: Vom 5. bis 7. April sieht die LDPD auf ihrem Parteitag in Weimar den «entwickelten Sozialismus» als «solide Basis»; vom 22. bis 24. April bekundet die NDPD auf ihrem Parteitag in Leipzig «Übereinstimmung»; vom 5. bis 7. Mai bezeichnet die DBD auf ihrem Parteitag in Suhl die SED-Beschlüsse als «das Kampfprogramm für die achtziger Jahre»; vom 13. bis 15. Oktober verspricht die CDU auf ihrem Parteitag in Dresden «Anteil» an der Verwirklichung der SED-Beschlüsse.

25. April: Der Generalsuperintendent von Cottbus, Gottfried Forck, wird von der Regionalsynode Ost der Evangelischen Kirche Berlin-Brandenburg zum Nachfolger des Ost-Berliner Bischofs Albrecht Schönherr gewählt, der am 1. Oktober in den Ruhestand tritt.

Richard von Weizsäcker leistet seinen Amtseid als Regierender Bürgermeister von Berlin

denen die Voraussetzungen nach dem Montanmitbestimmungsgesetz von 1951 entfallen, die Montanmitbestimmung sechs Jahre weiter. Doch wird das Verfahren für die Entsendung externer Arbeitnehmervertreter zuungunsten der Gewerkschaften geändert.

27. bis 30. April: Bundeskanzler Helmut Schmidt besucht Saudi-Arabien und die Vereinigten Arabischen Emirate, wo er unter anderem über Waffenverkäufe verhandelt, auch des deutschen Kampfpanzers «Leopard 2». Darauf wird in Israel scharfe Kritik geäußert, so von Ministerpräsident Menachem Begin am 3. Mai: «Schmidt muß in Saudi-Arabien recht lukrative Geschäfte, in bezug auf Erdöl und wohl auch auf Waffen, gemacht haben, die sein Erinnerungsvermögen beeinflußten. Vielleicht hat er aber keine Ahnung von der jüdischen Geschichte und der Geschichte dieses Landes.» Der Knesset-Abgeordnete Gideon Hausner, 1961 Generalstaatsanwalt im Prozeß gegen Adolf Eichmann, bekundet am 5. Mai, Helmut Schmidt sei beim Volksgerichtshof-Prozeß gegen die Verschwörer des 20. Juli 1944 als offizieller Vertreter der Wehrmacht anwesend gewesen. Zu dieser Tatsache erklärte die Bundesregierung bereits 1978, der Luftwaffenoffizier Schmidt sei mit anderen Angehörigen von «Obersten Reichsbehörden» durch Befehl zur Beobachtung des Prozesses gegen Erwin von Witzleben, Ulrich von Hassell und Josef Wirmer abgestellt worden. Bereits am nächsten Tag habe er darum gebeten, nicht noch einmal abkommandiert zu werden.

10. Mai: Bei den Berliner Neuwahlen zieht die *Alternative Liste* (AL) mit 7,2 Prozent der Stimmen und neun Mandaten erstmals ins Abgeordnetenhaus ein. Dadurch gibt es keine klaren Mehrheitsverhältnisse mehr. Am 11. Juni wird Richard von Weizsäcker (CDU) zum neuen Regierenden Bürgermeister gewählt, er bildet mit Unterstützung der FDP einen CDU-Minderheitssenat.

François Mitterrand wird zum neuen französischen Staatspräsidenten gewählt. Am 24. Mai empfängt er Bundeskanzler Helmut Schmidt; beide bekunden, das militärische Gleichgewicht zwischen Ost und West müsse bewahrt und gegebenenfalls wiederhergestellt werden.

11. Mai: In Frankfurt/Main wird der hessische Wirtschaftsminister Heinz-Herbert Karry (FDP) von terroristischen Attentätern ermordet.

16. und 17. Mai: Auf einer SPD-Veranstaltung in Recklinghausen droht Bundeskanzler Helmut Schmidt mit Rücktritt, falls seine Partei auf dem bevorstehenden Bundesparteitag den NATO-Nachrüstungsbeschluß ablehnen sollte. Bei seinen ersten Begegnungen mit Ronald Reagan als neuem amerikanischen Präsidenten vom 20. bis zum 23. Mai in Washington erhält Schmidt

Existenzgefährdung

Am 19. März 1981 unterzeichnen in Moskau die Außenhandelsminister der DDR und der Sowjetunion das Handelsabkommen für 1981 bis 1985, das mit seinem Volumen von 58 Milliarden Rubel «zur weiteren allseitigen Annäherung» beider Staaten führen soll. Darin sagt die Sowjetunion die Lieferung von jährlich neunzehn Millionen Tonnen Erdöl zu, was knapp neunzig Prozent des Bedarfs der DDR entspricht, die damit nach der Tschechoslowakei zweitgrößter Abnehmer der Sowjetunion ist. Mit der zweiten Explosion der Ölpreise auf dem Weltmarkt ab 1979 sucht die Sowjetunion, nach Saudi-Arabien mit 164 Millionen Tonnen zweitgrößter Erdölexporteur der Welt, den Preisanstieg durch vermehrten Verkauf an den Westen zu nutzen.

Noch 1981 entsendet Leonid Breschnew seinen Sonderbeauftragten Konstantin Mussakow zu Erich Honecker, um der DDR die sofortige Kürzung der Erdöllieferungen von neunzehn auf siebzehn Millionen Tonnen jährlich mitzuteilen. Obgleich Honecker nach dieser verheerenden Nachricht verzweifelt versucht, Alternativen anzubieten, kann er keinerlei Entgegenkommen erreichen: «Teilen Sie Generalsekretär Breschnew mit, daß ich und unser Politbüro nicht verstehen kann, warum er wegen zwei Millionen Tonnen Erdöl die Existenz der DDR aufs Spiel setzt.» Mussakow deutet, wie Gesprächsteilnehmer Günter Sieber berichtet, «fast unter Tränen» an, die sowjetische Führung habe zu diesem Zeitpunkt den dramatischen wirtschaftlichen Niedergang ihres Landes erkannt und orientiere ihre Strategie neu.

Bis dahin bezog die DDR das sowjetische Erdöl äußerst preiswert, da die RGW-Preise erst mit großer zeitlicher Verzögerung den Weltmarktpreisen folgten. Zudem exportierte sie nach kurzer Verarbeitung allein in die Bundesrepublik jährlich zwei Millionen Tonnen Erdölprodukte und erzielte so dank günstiger RGW-Preise beträchtliche Deviseneinnahmen. Nun muß sich die DDR die ausbleibenden Öllieferungen zu hohen Preisen auf dem Weltmarkt beschaffen – und das in dem Jahr, wo ihre Verschuldung im Westen mit 29 Milliarden DM einen neuen Höchststand erreicht.

Gleichsam über Nacht werden alle verfügbaren Mittel umgelenkt, zum Teil für Einsparungen beim Energieverbrauch, zum größten Teil aber für den überstürzten Ausbau der Braunkohleförderung. Insgesamt zwölf Milliarden Mark müssen in den nächsten Jahren für die Umstellung auf den einzigen heimischen Energieträger aufgewendet werden. Da diese Mittel für die dringend erforderlichen Erneuerungen in der Produktion fehlen, kann die Leistungsfähigkeit der Wirtschaft kaum erhöht werden. Überdies erwachsen aus der Braunkohlenutzung zahllose Probleme: geringer Heizwert, Frostanfälligkeit durch hohen Wassergehalt und damit allwinterliche Versorgungsstörungen, steigender Anteil von Abraum, erhebliche Förderkosten, hoher Schadstoffausstoß bei der Verbrennung, Zwangsumsiedelung der Einwohner zahlreicher Ortschaften.

die Zusage, daß die USA Verhandlungen über Mittelstreckenwaffen mit der Sowjetunion aufnehmen werden. Auf dem FDP-Parteitag in Köln vom 29. bis 31. Mai spricht Bundesaußenminister Hans-Dietrich Genscher die gleiche Drohung wie Schmidt gegen seine Partei aus.

17. bis 21. Juni: Der Deutsche Evangelische Kirchentag in Hamburg steht ganz im Zeichen der Friedensbewegung. Vor allem junge Menschen strömen herbei, um ihre pazifistische Haltung zu bekunden.

29. Juni bis 2. Juli: In Moskau führt der SPD-Vorsitzende Willy Brandt Gespräche mit der sowjetischen Führung. Der bereits sieche Leonid Breschnew erklärt sich für die Sowjetunion «bereit, die Stationierung ihrer Mittelstreckenraketen im europäischen Teil unseres Landes an dem Tag zu stoppen, an dem die Verhandlungen über das Wesen der Sache beginnen», und unter der Voraussetzung, daß die USA ebenso verführen.

30. Juni: Im 1975 begonnenen Düsseldorfer Prozeß gegen ehemaliges Wachpersonal des Konzentrationslagers Majdanek werden milde Urteile gefällt. Es geht um die Ermordung von mindestens 250000 Häftlingen zwischen 1941 und 1944. Von den ursprünglich siebzehn Angeklagten sind vier verstorben oder prozeßunfähig, vier bereits wegen mangelnder Beweise vorzeitig freigesprochen. Wegen erwiesener Exzeßtaten wird nur Hermine Braunsteiner-Ryan, die 1973 von den USA ausgeliefert wurde, zu lebenslänglicher Haft verurteilt. Die übrigen Angeklagten erhalten vergleichsweise geringe Freiheitsstrafen: Hildegard Lächert zwölf Jahre, Hermann Hackmann zehn Jahre, Emil Laurich acht Jahre, Heinz Villain sechs Jahre, Fritz Petrick vier Jahre, Arnold Strippel dreieinhalb Jahre, Thomas Ellwanger drei Jahre, Heinrich Groffmann wird freigesprochen.

20. und 21. Juli: Im kanadischen Ottawa treffen sich die Staats- und Regierungschefs der sieben führenden westlichen Industrienationen zum «Weltwirtschaftsgipfel». Nach europäischer Kritik an Äußerungen der neuen US-Regierung teilt US-Präsident Ronald Reagan kurz vor dem Gipfel mit, er habe persönlich entschieden, noch vor Ende des Jahres Verhandlungen über Mittelstreckenwaffen mit den Sowjets aufzunehmen. Am 8. August ordnet Reagan an, daß die Komponenten für die «Neutronenbombe» montiert werden.

31. August: Am Fliegerhorst Ramstein verüben terroristische Täter einen Bombenanschlag auf das Hauptquartier der US-Luftstreitkräfte, zwanzig Personen werden verletzt. Am 15. September wird in Heidelberg das Fahrzeug des Oberbefehlshabers der US-Landstreitkräfte, General Frederick James Kroesen, mit Panzerabwehrgranaten und Schnellfeuergewehren beschossen, wobei Kroesen und seine Frau leicht verletzt werden.

2. September: Die Agrarpolitik der EG erlebt eine schwere Krise. Von den Gesamtausgaben der EG werden 1980 mehr als siebzig Prozent für den Agrarbereich verwendet. Mit dem komplizierten System der Festpreise und Beihilfen, der Produktionsquoten und der Marktordnung wird die Überschußproduktion vorangetrieben. Vor allem Fleisch, Butter, Magermilchpulver, Wein und Obst werden weit über den Bedarf hinaus erzeugt. Von 1967/68 bis 1979/80 wurden allein bei Obst und Gemüse unvorstellbare Mengen «vernichtet»: 228000 Tonnen Äpfel, 308000 Tonnen Birnen, 372000 Tonnen Pfirsiche, 524000 Tonnen Apfelsinen, 385000 Tonnen Tomaten, 251000 Tonnen Blumenkohl und 196000 Tonnen Mandarinen. Weitere Millionen Tonnen wurden verarbeitet, verfüttert oder verschenkt.

9. Mai: Bereits die allerersten Bausoldaten sorgten für Aufregung, als sich 1964 und 1966 knapp 300 der 500 Einberufenen weigerten, das offizielle Gelöbnis abzulegen. Im Frühjahr 1965 fordert eine komplette Bausoldaten-Einheit in einer Eingabe, nur noch für zivile Objekte eingesetzt zu werden. Ein Jahr später kritisieren, unter dem Eindruck des Vietnamkrieges, Prenzlauer und Garzer Bausoldaten, daß ihr Dienst «kein wirklicher Friedensdienst» ist. 1969, 1970, 1972 und 1976 unternehmen Bausoldaten weitere Initiativen, die auf die Schaffung einer echten Alternative zum Wehrdienst zielen. An diese Bemühungen knüpfen drei Mitarbeiter der Sächsischen Landeskirche, darunter Christoph Wonneberger, nun an. Sie unterzeichnen in Dresden einen mehrfach umformulierten, dabei auch entschärften Aufruf für einen «Sozialen Friedensdienst». Ursprünglich ist der Aufruf als Eingabe an die Volkskammer gedacht. Jetzt richtet sich der Text an alle Menschen in der DDR. Bis zum Weltfriedenstag am 1. September sollen sie in Briefen an die jeweilige Landeskirche diese um Unterstützung zu bitten. Die Resonanz übertrifft alle Erwartungen. Tausende von Schreiben gehen bei den Kirchen ein, alle Synoden befassen sich mit dem Thema und sichern der Initiative Unterstützung zu. Einzig die CDU-nahe «Christliche Friedenskonferenz» in Königswartha kritisiert die Gleichstellung der Rüstung in Ost und West. Allerdings setzen sich die Kirchenführer nicht für eine gesetzlich geregelte Alternative zur Wehrpflicht ein, sondern für einen «Friedensdienst im sozialen Bereich».

26. bis 31. Mai: Erich Honecker besucht Japan und schließt ein Abkommen über langfristige Wirtschaftsbeziehungen und gegenseitige Warenlieferungen in Milliardenhöhe. Japan wird eine komplette Gießerei und 10000 PKW vom Typ «Mazda 323» in die DDR liefern. Während einer Pressekonferenz in Tokio wird Honecker am 28. Mai gefragt, ob er eine Vorstellung darüber habe, wann die Mauer abgerissen werden könne. In seiner Antwort verwendet er erstmals den Begriff «Mauer»: «Die Berliner Mauer entstand in einer bestimmten historischen Situation. Sie war, wie Sie wissen, beileibe nicht die einzige in der Welt. Ich kann mich entsinnen, daß es in Jerusalem auch eine gab. Aber es gibt auch noch einige andere Beispiele. Wenn selbstverständlich alle Voraussetzungen wegfallen, die zur Errichtung des antifaschistischen Schutzwalles am 13. August 1961 führten, dann kann man sich vorstellen, daß man sich dann auch Gedanken macht über die Grenzsicherungsanlagen um Berlin (West).»

29. Mai: In einer Anweisung regelt die Ministerin für Volksbildung, Margot Honecker (SED), die vormilitärische Ausbildung in den Klassen 11 und 12 der Erweiterten Oberschulen (EOS). Neben einem fakultativen Lehrgang «Grundlagen der Militärpolitik und des militärischen Schutzes» der DDR wird ab dem 1. September die vormilitärische Ausbildung der GST zum Pflichtfach erklärt.

14. Juni: Bei den Wahlen zur Volkskammer werden die Ost-Berliner Abgeordneten erstmals direkt gewählt. Die drei Westalliierten und die Bundesregierung legen Protest ein, da sie dies als Verstoß gegen den Vier-Mächte-Status von Berlin betrachten. Bei einer Wahlbeteiligung von 99,21 Prozent entfallen 99,86 Prozent der Stimmen auf die Einheitsliste der Nationalen Front. Die Mandate werden nach dem bestehenden Schlüssel auf die Parteien und Massenorganisationen verteilt. Weil die Ost-Berliner Abgeordneten nun eingeschlossen werden, ergeben sich folgende Fraktionsstärken: SED 127 Sitze, CDU, NDPD, LDPD und

13. September: Während des Besuchs von US-Außenminister Alexander Haig in West-Berlin kommt es nach einer Demonstration von 30000 Menschen gegen die Aufrüstung der USA zu Zusammenstößen zwischen etwa tausend Jugendlichen und der Polizei.

22. September: Seit Jahren erlebt nicht nur West-Berlin Hausbesetzungen. Angesichts der enormen Schwierigkeiten, bezahlbare Wohnungen sowie Treffpunkte zu finden, besetzen junge Leute leerstehende, teilweise zum Abriß vorgesehene Mietshäuser und richten sich darin ein. Im Frühjahr 1979 prägen Besetzergruppen das neue Motto «Instandbesetzung» und fordern für die 800000 wohnungssuchenden West-Berliner bezahlbare Altbauwohnungen statt Spekulation, Entmietung und Modernisierung. Im März 1980 wird der «Besetzerrat» ins Leben gerufen, der die Forderungen politisch vertritt. Die verschiedenen Senate schwanken zwischen Duldung und Legalisierung einerseits sowie Räumung andererseits. Wiederholt kommt es zu Demonstrationen sowie zu Straßenschlachten mit zahlreichen Verletzten und Inhaftierungen. Am 22. Juni 1981 läßt der neue CDU-Senat das erste Haus räumen. Aus Protest ziehen am 12. Juli 400 Personen, von der Polizei umfassend überwacht, durch den Villenbezirk Grunewald – ihr Motto: «Demonstranten besuchen Spekulanten». Heute werden neun weitere Häuser von der Polizei geräumt. Dabei kommt der Besetzer Klaus-Jürgen Rattay ums Leben, Innensenator Heinrich Lummer (CDU) posiert wie ein Feldherr vor einem geräumten Haus. Erneut erlebt die Stadt eine große Demonstration, am 27. September gehen wiederum 30000 Menschen auf die Straße. Beim großen Aktionstag am 13. November, am «Tag X», gibt es einige Neubesetzungen, die

«Eine Wende ist notwendig»

Am 20. August schreibt der FDP-Vorsitzende und Außenminister Hans-Dietrich Genscher einen Brief an die Führungspersonen seiner Partei. Angesichts der laufenden Debatten über den Bundeshaushalt für 1982 erklärt er, es gehe «um weit mehr als nur um die Deckung von Haushaltslücken». «Unser Land steht an einem Scheideweg.» Es komme darauf an, «eine Anspruchsmentalität zu brechen, die nicht deshalb entstand, weil die heute lebende und arbeitende Generation weniger leistungsbereit wäre als ihre Vorgänger, sondern weil manches Gesetz geradezu zur ‹Inanspruchnahme› auffordert, um nicht zu sagen ‹verleitet›. Eine Wende ist notwendig.» Genscher sieht die Bürger willens, «an einer großen Gemeinschaftsleistung der aktiven Zukunftssicherung mitzuwirken. Sie werden das um so überzeugter tun, je deutlicher unser Wille zu einer Wende wird. Einer Wende, die die Rahmenbedingungen schaffen soll für eine Zukunft in sozialer Sicherheit, in Fortschritt und in Frieden nach innen und außen.» Der finanzielle Handlungsspielraum der Bundesregierung müsse durch eine strikte Sparpolitik wiederhergestellt werden. Dieses «Wende-Papier» leitet die Umorientierung der FDP weg von der SPD und hin zu CDU / CSU ein.

DBD je 52 Sitze, FDGB 68 Sitze, FDJ 40 Sitze, DFD 35 Sitze und Kulturbund 22 Sitze. Welche geringe Bedeutung der Volkskammer zukommt, zeigt die Tatsache, daß sie während der voraufgegangenen Legislaturperiode von 1976 bis 1981 lediglich dreizehn Mal tagte.

20. Juni: Das ehemalige Salzbergwerk Morsleben wird zur Zentralen Endlagerstätte für radioaktive Abfälle bestimmt. Es liegt nahe dem Grenzübergang Marienborn/Helmstedt nur wenig nördlich der Transitautobahn.

25. Juni: In ihrer konstituierenden Sitzung wählt die Volkskammer die Führungsspitze wieder: Erich Honecker als Vorsitzenden des Staatsrates und des Nationalen Verteidigungsrates, Willi Stoph als Vorsitzenden des Ministerrats, Horst Sindermann als Präsidenten der Volkskammer.

30. Juni: Das dreißig Kilometer lange Teilstück zwischen Wittstock und Putlitz der neuen Autobahn von Berlin nach Hamburg wird für den Verkehr freigegeben.

3. August: Erich Honecker wird von Leonid Breschnew in seiner Sommerresidenz auf der Krim empfangen. Beide einigen sich darauf, daß der bereits zweimal abgesagte Besuch von Bundeskanzler Helmut Schmidt in der DDR nach Breschnews Besuch in der Bundesrepublik stattfinden soll.

13. August: Die DDR begeht den zwanzigsten Jahrestag des Mauerbaus mit «einem machtvollen Kampfappell» in Ost-Berlin. Etwa 50000 Mann der «Kampfgruppen der Arbeiterklasse» defilieren an der Partei- und Staatsführung vorbei.

4. September: In Ost-Berlin führen das SPD-Präsidiumsmitglied Egon Bahr und der Ständige Vertreter der Bundesrepublik, Klaus Bölling (SPD), ein Gespräch über Fragen der Abrüstung mit Erich Honecker und Hermann Axen.

12. September: Die erste offizielle und öffentlich geäußerte Reaktion zur Initiative «Sozialer Friedensdienst» kommt von Klaus Gysi (SED), Staatssekretär für Kirchenfragen. Nach einem Vortrag vor der Sektion Theologie der Ost-Berliner Humboldt-Universität lehnt er den «Sozialen Friedensdienst» rundweg ab. Schon der Begriff würde bedeuten, «daß der Dienst mit der Waffe in der NVA ‹antisozialer Kriegsdienst› wäre, und die ganz überwiegende Mehrheit der jungen Christen leistet den Dienst mit der Waffe in der NVA – diese können nicht diffamiert werden.»

20. September: In Güstrow wählt die Konferenz der Evangelischen Kirchenleitungen den sächsischen Bischof Werner Krusche zu ihrem neuen Vorsitzenden. Er folgt Bischof Albrecht Schönherr nach, der mit dieser Kursbestimmung in den Ruhestand tritt: Die Kirche müsse ihren Weg zwischen totaler Anpassung und totaler Verweigerung gehen. «Nicht eingeigelt, aber auch nicht als Sammelbecken einer Opposition, nicht ein Stück Anti-Gesellschaft.»

In Grünheide bei Berlin verfaßt Robert Havemann einen «Offenen Brief an den Vorsitzenden des Präsidiums des Obersten Sowjet der UdSSR, Leonid Breschnew». Angesichts der «waffenstarrenden Militärmaschinen» bezeichnet Havemann es als dringende Notwendigkeit, «die Friedensverträge zu schließen und alle Besatzungstruppen aus beiden Teilen Deutschlands abzuziehen. (Selbstverständlich müßte die Stellung West-Berlins gesichert bleiben.)» In den folgenden Tagen unterzeichnen auch Gerd Poppe, Rainer Eppelmann, Rüdiger Rosenthal und Sascha Anderson den Brief, der einen «gesamtdeutschen Charakter» auch durch westdeutsche Unterschriften gewinnen soll. Doch stoßen sich zahlreiche Westdeutsche an dem Satz: «Wie wir Deutsche unsere nationale Frage dann lösen wer-

Friedensdemonstration in Bonn

jedoch umgehend von der Polizei beendet werden – der letzte Höhepunkt der Hausbesetzerbewegung, die in West-Berlin insgesamt mehr als 160 Häuser erfaßte.

23. September: In New York vereinbaren der amerikanische Außenminister Alexander M. Haig und sein sowjetischer Amtskollege Andrej Gromyko die Aufnahme ernsthafter Verhandlungen über Rüstungsbegrenzung für den 30. November in Genf.

10. Oktober: Die Friedensbewegung erreicht ihren vorläufigen Höhepunkt. In Bonn demonstrieren mehr als 300 000 Menschen friedlich gegen den NATO-Doppelbeschluß, die bisher größte Demonstration in der Geschichte der Bundesrepublik. Unter den Rednern ist Pastor Heinrich Albertz (SPD): «Ich frage, ob nach allem, was in den letzten Jahren geschehen ist – der NATO-Doppelbeschluß, die Entscheidung für die Neutronenbombe und die entsprechenden Entscheidungen der Sowjetunion – sich die Interessen der USA und die der Europäer noch decken.» Erhard Eppler, Präsidiumsmitglied der SPD, belegt die Spaltung innerhalb seiner Partei: «Man hat uns Einäugigkeit vorgeworfen, weil wir uns vor allem an unsere Regierung wenden, nicht an die sowjetische. Der Grund ist sehr einfach: Wir, die meisten unter uns, haben diese Regierung gewählt. Nicht die sowjetische. Sie ist unser Ansprechpartner. Wenn der Bundeskanzler meint, wir wollten ihn drängen, so hat er recht.»

20. und 21. Oktober: Im schottischen Gleneagles bieten die Minister der Nuklearen Planungsgruppe der NATO der Sowjetunion eine «Null-Lösung» an, offenbar in der Annahme, daß die Sowjetunion keinesfalls darauf einzugehen bereit sei. Gegen die Beseitigung der sowjetischen SS-20-Raketen werde die NATO auf die Stationierung nach dem Doppelbeschluß verzichten. Am 18. November spricht US-Präsident Ronald Reagan erstmals von Rüstungsbegrenzungen. Er teilt mit, daß er der sowjetischen Führung ein Vier-Punkte-Programm zur beiderseitigen Verringerung der konventionellen Streitkräfte, der atomaren Mittelstreckensysteme und strategischen Waffen unterbreitet hat.

27. Oktober: Bei Hanstedt in der Lüneburger Heide findet die Polizei ein umfangreiches Waffenlager von Rechtsextremisten.

den, muß man uns schon selbst überlassen, und niemand sollte sich davor mehr fürchten als vor dem Atomkrieg.» Am 6. Oktober erscheint der Brief als Anzeige in mehreren westlichen Tageszeitungen, letztlich unterzeichnen ihn 200 DDR-Bürger und mehrere tausend Westdeutsche.

24. September: Seit 1975 ist Rainer Eppelmann Pfarrer an der Samariter-Kirche im Ost-Berliner Bezirk Friedrichshain. Für Jugendliche organisiert er seit 1980 sogenannte Blues-Messen, die mittlerweile Tausende von Jugendlichen aus der ganzen DDR anziehen. Eppelmann verweigerte 1966 den Dienst mit der Waffe und wurde Bausoldat; wegen Befehlsverweigerung verurteilte ihn ein Militärgericht zu acht Monaten Gefängnis. Eigentlich gelernter Maurer, studierte er dann Theologie. Bereits im Juni 1981 sendet er einen Brief an Erich Honecker, den er heute, weil eine Antwort trotz Mahnung bisher ausblieb, veröffentlicht. «Als überzeugter Christ und Pazifist» fordert er Honecker auf, für den Friedenswillen der DDR deutlich sichtbare Zeichen zu setzen – vom Verbot von Kriegsspielzeug über die Abschaffung des Wehrunterrichts bis zum Verzicht auf militärische Demonstrationen.

8. Oktober: Das neu erbaute Gewandhaus in Leipzig wird feierlich eingeweiht.

8. bis 18. November: Zur zweiten «Friedensdekade» der evangelischen Jugend wird als Symbol eine Skulptur gewählt, die die Sowjetunion 1957 den Vereinten Nationen schenkte. Nach den Bibelworten Micha 4,3 und Jesaja 2,4 schuf der sowjetische Künstler Jewgeni Wutschetitsch seine Plastik «Schwerter zu Pflugscharen». Als Aufnäher und Lesezeichen wird dieses Bild vielfach verbreitet, binnen kurzem gilt es als allgemein akzeptiertes Symbol für die neue, nichtoffizielle Friedensbewegung in der DDR. Nach ersten Repressalien erhalten Kirchenvertreter die Zusage, es werde keine weiteren Maßnahmen gegen das Tragen des Aufnähers geben.

Diese zweite «Friedensdekade», deren Materialien unter dem Titel «Gerechtigkeit, Abrüstung, Frieden» stehen, erfährt trotz des Schweigens der offiziellen Medien erheblichen Zulauf. Am 8. November ziehen in Halle etwa 500 Jugendliche nach einem Bittgottesdienst offiziell zu einer anderen Kirche, doch ist ihr «Stiller Weg» natürlich ein Protestschweigemarsch. Zwar sprechen offizielle Vertreter der Kirche kaum von «Friedensbewegung», um den Verdacht einer organisierten Opposition nicht aufkommen zu lassen, doch ist diese zweite «Friedensdekade» die Geburtsstunde einer eng an die Kirche angelehnten, doch durchaus eigenständigen Friedensbewegung in der DDR.

11. November: Das ZK der SED befaßt sich mit einer Anthologie, die bisher nicht gedruckte Literatur junger Autoren versammelt. 1980 beauftragt Franz Fühmann die jungen Schriftsteller Sascha Anderson und Uwe Kolbe, Texte von Nachwuchsautoren zu sammeln. Im Oktober 1981 wird die Anthologie von der Akademie der Künste herausgegeben, sie läßt dreißig Autoren zu Wort kommen, darunter Wolfgang Hilbig, Monika Maron, Lutz Rathenow und Bettina Wegner. Augenblicklich erregt das Buch den Unwillen der SED-Führung, die es verbietet und die Manuskripte beschlagnahmen läßt. Nun verabschiedet das ZK eine «Konzeption zur Arbeit mit jungen Schreibenden und anderen am Schreiben interessierten Bürgern», die den Umgang mit nichtorganisierten Schriftstellern bis zum Ende der DDR regelt. Schriftsteller werden in drei Kategorien eingestuft; für den Sozialismus nutzbare Autoren sollen in die offiziellen Bahnen gelenkt, die anderen entweder einer geregel-

88 Kisten, die an den 31 verschiedenen Orten vergraben sind, enthalten unter anderem 156 Kilogramm Sprengstoff, 13 000 Schuß Munition und 50 Panzerfäuste.

2. November: In Frankfurt/Main kommt es zu Auseinandersetzungen zwischen der Polizei und Demonstranten, die den Bau der Startbahn-West verhindern wollen. Das von ihnen errichtete Hüttendorf wird geräumt. Als die Rodung der Bäume im betroffenen Wald beginnt, findet am 15. November eine Großdemonstration statt, bei der auch der Antrag auf Einleitung eines Volksbegehrens gestellt wird, den mehr als 220 000 Bürger unterzeichneten. Am 16. November blokkieren Startbahn-Gegner die Flughafenzufahrten, wobei es zu bürgerkriegsähnlichen Zuständen kommt. Während eines Polizeieinsatzes gegen Demonstranten am 30. Januar 1982 werden 140 Menschen schwer verletzt. Am 19. Januar 1983 wird der Sprecher der «Arbeitsgemeinschaft Volksbegehren», der suspendierte Frankfurter Magistratsdirektor Alexander Schubart, vom Oberlandesgericht Frankfurt wegen Nötigung der hessischen Landesregierung zu einer Freiheitsstrafe von zwei Jahren auf Bewährung verurteilt. Das Volksbegehren wird später vom Hessischen Verfassungsgericht für nicht zulässig erklärt.

12. November: Mit ihrer «Operation 82»

Kriegsrecht in Polen

Der bisherige Ministerpräsident und Verteidigungsminister Polens, General Wojciech Jaruzelski, verhängt am 13. Dezember den «kriegerischen Zustand» über das Land. Als Vorsitzender des neugeschaffenen «Militärrats der Nationalen Errettung» leitet er eine scharfe Repressionswelle ein. Die Gewerkschaft «Solidarnosc» wird suspendiert und am 8. Oktober 1982 durch das neue Gewerkschaftsgesetz zwangsweise aufgelöst. Der auf dem ersten Landeskongreß der «Solidarnosc» im September 1981 gewählte Vorsitzende Lech Walesa, früher Elektriker auf der Danziger Lenin-Werft, wird unter Hausarrest gestellt, viele andere Gewerkschafter und Oppositionelle werden interniert. Im Untergrund und im Ausland bleibt die Gewerkschaft, die erst am 17. April 1989 wieder legalisiert wird, jedoch weiterhin vielfältig aktiv.

General Jaruzelski, der seine Politik damit rechtfertigt, er müsse «Schlimmeres», ein militärisches Eingreifen der Sowjetunion, verhüten, kann eine gewisse «Normalisierung» herbeiführen. Am 21. Juli 1983 wird das Kriegsrecht suspendiert, jedoch durch verschiedene Sondergesetze fortgeführt und teilweise sogar verschärft – jedoch befristet bis zum 31. Dezember 1985. Der Sejm verabschiedet am 28. Juli 1983 Ergänzungen zum Strafrecht und zum Zensurgesetz, die ebenfalls Bestimmungen des Kriegsrechts ersetzen, aber unbefristet gelten. 1981 sinkt das Nationaleinkommen um dreizehn, 1982 um acht Prozent. Als die Militärregierung 1983 mit einem Anstieg von vier Prozent einen ersten wirtschaftlichen Erfolg verzeichnen kann, tritt Jaruzelski am 22. November 1983 vom Amt des Verteidigungsministers zurück. Nach den Wahlen zum Sejm im Oktober 1985, die eine gewisse politische Konsolidierung bringen, gibt er am 6. November 1985 auch das Amt des Ministerpräsidenten ab, läßt sich aber zum Staatspräsidenten wählen.

ten Arbeit zugeführt oder als asozial und staatsfeindlich behandelt werden. Die Stasi wird zu Aktionen ermuntert, und in den Bezirksstädten werden «Literaturzentren» eingerichtet, um Kontrolle und Einbindung möglichst früh betreiben zu können.

19. und 20. November: Das ZK der SED berät ausführlich über die «Zuspitzung der internationalen Lage» und die «Friedenspolitik». Werner Walde aus Cottbus, Kandidat des Politbüros, verrät die nervöse Gereiztheit der Führung, als er die pazifistische Initiative «Sozialer Friedensdienst» als verfassungsfeindlich einstuft: «Bei den Bürgern tat die imperialistische Lüge von der ‹Bedrohung aus dem Osten› keine Wirkung, und der Feind hat auch keine Chance, mit der Phrase des sogenannten sozialen ‹Friedensdienstes› Front zu machen gegen die notwendige militärische Stärkung des Sozialismus, wer auch zu solchen friedens-, sozialismus- und verfassungsfeindlichen Aktionen aufrufen möge. Dabei vergessen diese Leute, daß unsere ganze Republik sozialer Friedensdienst ist.»

Während die Kirchenführer öffentlich schweigen, findet der Cottbusser Pfarrer Hans-Jochen Tschiche den Mut zu einer Entgegnung. Am 21. Dezember schreibt er einen offenen Brief an Walde: «Was sollen da noch Ihre Drohungen? Sollten wir nicht gemeinsam jungen Leuten eine Chance geben, sich vom militärischen Aberglauben abzuwenden und mit ihrer Existenz in anderer Weise der sozialistischen Gesellschaft zu dienen? Ich sehe hier keine Friedensfeinde, keine Feinde des Sozialismus, keine Verfassungsfeinde. Ich sehe vielmehr junge Menschen, die – mich tief beschämend – nicht mehr mittun wollen, die Saat des Hasses und der Gewalt auszustreuen. An unserer Welt ist etwas verkehrt. Alle Rhetorik und alle Dialektik hilft nichts, es stimmt etwas nicht. Es ist richtig, sich am militärischen Drohritual nicht zu beteiligen. Es ist verkehrt, das kriminell zu nennen. Es ist die Liebe zu den Menschen, die hier spricht, nicht der Feind.»

20. November: Im Süden Berlins wird der Teltowkanal nach 36 Jahren für den zivilen Güterschiffsverkehr von und nach West-Berlin wiedereröffnet.

11. bis 13. Dezember: Nach mehr als elf Jahren treffen die beiden deutschen Regierungschefs wieder offiziell zusammen. In frostiger Atmosphäre reist Bundeskanzler Helmut Schmidt zum dritten Gipfel dieser Art in die DDR. Nach mehreren Verschiebungen und langen protokollarischen Auseinandersetzungen findet der Aufenthalt nicht in «Berlin, Hauptstadt der DDR» statt. Statt dessen empfängt Erich Honecker Schmidt im Schloß Hubertusstock am Werbellinsee und in einem Gästehaus am Döllnsee. Als am 13. Dezember in Polen das Kriegsrecht verhängt und eine Repressionswelle eingeleitet wird, erwägt Schmidt den Abbruch des Besuchs, setzt ihn schließlich aber doch fort. Als einzige Vereinbarung wird eine vorläufige Verlängerung des eigentlich auslaufenden zinslosen Überziehungskredits (Swing) für die DDR bis zum 30. Juni 1982 getroffen und am 17. Dezember unterzeichnet. Nach der Erhöhung des Mindestaumtausches durch die DDR waren Verhandlungen über ein neues Swing-Abkommen nicht zustande gekommen. Im Kommuniqué beteuern beide Seiten, «daß von deutschem Boden nie wieder Krieg ausgehen darf».

Auf der Rückreise macht Schmidt Station in Güstrow. Die Stasi hat das Städtchen in eine Gespensterstadt verwandelt, um Jubelausbrüche für den Bundeskanzler von vornherein zu unterbinden. In und um Güstrow sind etwa 30000 Geheim- und normale Polizisten im Einsatz. Das Zentrum ist total ab-

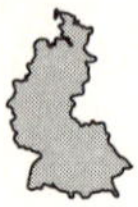

sucht die Bundesregierung die jährlichen Ausgabensteigerungen im Haushalt für 1982 wie in der Finanzplanung bis 1985 auf etwa vier Prozent zu begrenzen. Im Bundestag wird heute ein umfassendes «Sparpaket» verabschiedet, das Kürzungen beim Kindergeld, bei der Besoldung von Hochschullehrern, bei der Arbeitnehmersparzulage, beim Wohngeld und bei den Gesundheitskosten sowie Erhöhungen der Tabak-, Branntwein- und Sektsteuer sowie des Beitragssatzes zur Arbeitslosenversicherung vorsieht. Dagegen stimmen CDU / CSU und auch einige SPD-Abgeordnete, darunter Karl-Heinz Hansen, der am 14. Dezember aus der SPD ausgeschlossen wird, und Manfred Coppik, der am 27. Januar 1982 aus der SPD austritt. Am 27. November verwirft der Bundesrat die Gesetze, nach einigen Änderungen wird am 18. Dezember eine Einigung erzielt.

22. bis 25. November: Zu seinem dritten Besuch kommt Leonid Breschnew, Generalsekretär des ZK der KPdSU und Vorsitzender des Obersten Sowjets, in die Bundesrepublik. Er bietet als «Geste des guten Willens» an, einseitig «einen gewissen Teil unserer nuklearen Waffen mittlerer Reichweite im europäischen Teil» der Sowjetunion zu reduzieren. Erstmals spricht er davon, die Reduzierung «nicht um Dutzende, sondern um Hunderte Einheiten» vorzunehmen.

30. November: In Genf nehmen die USA und die Sowjetunion Verhandlungen über die Begrenzung der atomaren Mittelstreckenraketen in Europa auf. Nach zahlreichen Runden fassen die Verhandlungsführer Paul H. Nitze und Juli Kwizinski im Sommer 1982 während ihres «Waldspazierganges» einen Kompromiß ins Auge, der eine Begrenzung auf 75 «SS-20»-Raketen und 74 «Cruise Missiles» vorsieht, jedoch von beiden Regierungen abgelehnt wird.

29. Dezember: Wegen der Verhängung des Kriegsrechts in Polen erläßt US-Präsident Ronald Reagan Wirtschaftssanktionen gegen die Sowjetunion. Neben Exportbeschränkungen für Elektronik und Fördertechnik für Öl und Gas werden das Schiffahrtsabkommen und der Flugverkehr suspendiert sowie Verhandlungen über ein neues langfristiges Getreideabkommen ausgesetzt. Zudem werden die Ausfuhrverbote nach der COCOM-Liste verschärft. Am 18. Juni 1982 verschärft Reagan die Sanktionen, die nach Angaben aus Washington zu Kostenerhöhungen oder Verzögerungen beim Bau der neuen Erdgasleitung von Sibirien nach Westeuropa führen könnten. Bonn, Paris, London und Rom üben Kritik und kündigen an, Reagan umstimmen zu wollen.

geriegelt, vor jeder Haustür steht ein Stasi-Mann. Außer den bestellten «Erich, Erich»-Rufern dürfen nur von der Stasi sorgfältig ausgewählte und mit Sonderausweisen versehene Güstrower auf die Straße. Der überwiegende Teil der Bevölkerung muß in den Wohnungen bleiben.

13. bis 15. Dezember: Um den Besuch von Bundeskanzler Helmut Schmidt nicht zu belasten, halten sich die Staatsorgane in diesen Wochen gegenüber der Friedensbewegung merklich zurück. Mit ausdrücklicher Duldung von Erich Honecker wird sogar eine Veranstaltung möglich, auf der gänzlich abweichende Meinungen geäußert werden können. In Ost-Berlin treffen sich 95 zumeist deutsche Schriftsteller und Wissenschaftler aus Ost und West zur «Berliner Begegnung zur Friedensförderung», die auf Initiative von Stephan Hermlin stattfindet. Zu den Teilnehmern gehören Günter Grass, Bernt Engelmann, Heiner Kipphardt, Dieter Lattmann und Luise Rinser aus der Bundesrepublik, Volker Braun, Christa Wolf, Günter de Bruyn, Hermann Kant, Dieter Noll sowie die kritischen Autoren Stefan Heym, Thomas Brasch und Jurek Becker aus der DDR.

Erstmals kann in der DDR unbehindert und, wenn auch nur über das Westfernsehen, öffentlich Kritik an der sowjetischen Aufrüstung wie an der Unterdrückung der Friedensbewegung in der DDR geübt werden. Grass bekennt: «Meine Angst konzentriert sich nicht nur auf Pershing-Raketen, vor denen habe ich auch Angst, aber ich habe auch vor SS-20-Raketen Angst, und die gibt es auch.» De Bruyn kritisiert die Doppelzüngigkeit: «So erfreulich die Unterstützung der westeuropäischen Friedensbewegung durch die DDR auch ist, so fraglich wird ihr Nutzen bleiben, solange der Eindruck entstehen muß, daß das drüben Bejubelte hüben unerwünscht ist. Die auf Frieden gerichtete Politik der DDR, die das Bündnis mit den Friedensbewegungen in aller Welt anstrebt, schädigt sich selbst, lehnt sie das Bündnisangebot unabhängiger Friedensbestrebungen im eigenen Land ab, das junger Christen zum Beispiel, die einen sozialen Friedensdienst fordern. Drängt man die in den Untergrund ab, verliert man nicht nur wertvolle Friedenskräfte, sondern schädigt auch die eigene Glaubwürdigkeit.»

15. Dezember: In einer Erklärung der Presseagentur ADN begrüßt die DDR-Führung die am 13. Dezember erfolgte Verhängung des Kriegsrechts in Polen. Die entsprechenden Maßnahmen «haben die uneingeschränkte Unterstützung der DDR gefunden». Wie aus nach der Vereinigung gefundenen Dokumenten hervorgeht, schließt die DDR bereits Ende 1980 weitreichende Vorbereitungen für einen Einmarsch ihrer Truppen an der Seite sowjetischer Streitkräfte nach Polen ab. In einem Schreiben an Leonid Breschnew konstatierte Erich Honecker zuvor «eine dringende Notwendigkeit, kollektive Hilfsmaßnahmen für die polnischen Freunde bei der Überwindung der Krise auszuarbeiten».

18. Dezember: In Moskau verleiht Erich Honecker dem siechen Leonid Breschnew zu dessen 75. Geburtstag den Ehrentitel «Held der Deutschen Demokratischen Republik» und den Karl-Marx-Orden.

21. Dezember: In Ost-Berlin führen Erich Honecker und Günter Mittag «Wirtschaftsgespräche» mit dem Beauftragten des Essener *Krupp*-Konzerns, Berthold Beitz.

1982

Die Wende

Nach dreizehn Jahren scheitert die sozialliberale Koalition. Sie kann die Massenarbeitslosigkeit nicht verhindern und treibt den Bund in eine Verschuldung von 309 Milliarden DM. Die FDP will nicht von der SPD in einen Niedergang hineingezogen werden und spielt deshalb ihre Rolle als Zünglein an der Waage aus. In der Mitte der Wahlperiode vollzieht sie die «Wende» und bringt, ohne daß der Wähler befragt wird, Helmut Kohl ins Amt des Bundeskanzlers. Jäh endet damit die erste ausgesprochene Reformperiode der Bundesrepublik.

7. Januar: Die Bundesregierung gibt bekannt, daß sie ab dem 15. Februar aus Haushaltsgründen die Erstattung von Bahnfahrkarten innerhalb der Bundesrepublik für Besucher aus der DDR und Ost-Berlin einschränken wird. Zukünftig werden nur noch Rentner, deren Gastgeber Empfänger von Sozialhilfe oder Kriegsopferfürsorge sind, Beihilfen für die Bahnfahrt erhalten.

5. Februar: Bundeskanzler Helmut Schmidt koppelt angesichts der Probleme sowohl mit dem Koalitionspartner FDP wie innerhalb seiner eigenen Partei eine Abstimmung über ein Beschäftigungsprogramm der Bundesregierung mit der Vertrauensfrage. Dieser ungewöhnliche Schritt soll ein «Signal der Klarheit» bringen und, wie Willy Brandt es formuliert, «die volle Handlungsfähigkeit der Bundesregierung vor der deutschen, europäischen und internationalen Öffentlichkeit unter Beweis» stellen. Alle SPD- und FDP-Abgeordneten stimmen für, alle CDU / CSU-Abgeordneten gegen Schmidt.

8. Februar: Der *Spiegel* bringt mit ersten Enthüllungen den Skandal um den Gewerkschaftskonzern *Neue Heimat* ins Rollen. Anfang der siebziger Jahre, als sich die Baukonjunktur stark abschwächt hatte, begann die Krise von Westeuropas größtem Woh-

1982

Friedensbewegung

Aus dem Schoß der Evangelischen Kirchen, mit denen die SED 1978 ihren Burgfrieden schloß, entspringt die erste unabhängige gesellschaftliche Bewegung der DDR. Sie stellt die SED vor eine neuartige Herausforderung, denn die Ziele dieser Bewegung propagiert auch die Staatspartei, zudem unterstützt sie gleichartige Bewegungen in westlichen Ländern. Wie die SED gegen die Friedensbewegung im eigenen Lande vorgeht, vom Kampf gegen das Symbol «Schwerter zu Pflugscharen» bis zur Kriminalisierung, führt ihre Doppelzüngigkeit vor Augen.

20. Januar: In Bonn gibt das Bundesministerium für innerdeutsche Beziehungen bekannt, daß 1981 die Zahl der Reisen aus der DDR in die Bundesrepublik bei Personen im Rentenalter leicht gestiegen ist, während die Zahl der Besuche in dringenden Familienangelegenheiten von etwa 40000 im Jahr 1980 auf 37000 im Jahr 1981 sank. Der Reiseverkehr von der Bundesrepublik in die DDR hat sich infolge der Erhöhung des Mindestumtausches um etwa ein Viertel verringert.

25. Januar: Auf Initiative von Pfarrer Rainer Eppelmann verfassen 35 Geistliche, Intellektuelle, aber auch Arbeiter den «Berliner Appell – Frieden schaffen ohne Waffen». Die Erstunterzeichner, darunter Robert Havemann, Ralf Hirsch und Hans-Jochen Tschiche, fordern die Entfernung aller Atomwaffen, den Abzug aller Besatzungstruppen aus ganz Deutschland und Friedensvertragsverhandlungen. «Wir schlagen vor, in einer Atmosphäre der Toleranz und der Anerkennung des Rechts auf freie Meinungsäußerung die große Aussprache über die Fragen des Friedens zu führen.» Eppelmann wird am 9. Februar festgenommen. Schon vorher informiert ein persönliches Telegramm von Erich Honecker die führenden Genossen in den Ministerien über diese Maßnahme, damit

Die Parteispenden-Affäre

Als der Erbe Friedrich Karl Flick 1975 die alleinige Verfügungsgewalt über den Flick-Konzern erlangt, veräußert er seinen Anteil von 29 Prozent am Kapital der *Daimler-Benz AG*. Er erzielt einen Buchgewinn von etwa 1,9 Milliarden DM, den er in zahlreiche Beteiligungen an verschiedenen Firmen reinvestiert. Wegen «besonderer volkswirtschaftlicher Förderungswürdigkeit» bleiben etwa 1,5 Milliarden DM dieser Neuanlagen auf Entscheid des Bundeswirtschaftsministeriums einkommensteuerfrei. Am 24. Februar 1982 teilt die Staatsanwaltschaft Bonn dem Bundestagspräsidium mit, daß sie gegen Hans Matthöfer (SPD), Otto Graf Lambsdorff (FDP), Hans Friderichs (FDP), Manfred Lahnstein (SPD) und andere Politiker ermittelt. Es geht um den Verdacht der «Vorteilsannahme»: Die Politiker hätten für die Steuerbegünstigung Flicks womöglich Spenden für ihre Parteien erhalten.

Nach «außerordentlich umfangreichen und schwierigen Ermittlungen» gibt die Bonner Staatswanwaltschaft am 29. November 1983 bekannt, daß sie in der Flick-Spendenaffäre Anklage wegen Bestechung oder Bestechlichkeit gegen die früheren Flick-Manager Eberhard von Brauchitsch und Manfred Nemitz sowie gegen die früheren Wirtschaftsminister Hans Friderichs (FDP) im Bund und Horst Ludwig Riemer (FDP) von Nordrhein-Westfalen erheben wird. Zudem beabsichtigt die Staatsanwaltschaft, Anklage auch gegen Bundeswirtschaftsminister Otto Graf Lambsdorff (FDP) zu erheben – sie hat die Aufhebung seiner Immunität beantragt. Die Manager haben in den siebziger Jahren hohe Bargeldbeträge an die Politiker übergeben, um für den Flick-Konzern günstige Entscheidungen herbeizuführen. Veröffentlichungen, in denen auch die konkreten Summen genannt werden, bezeichnet Lambsdorff als «Hinrichtungsjournalismus».

Friedrich Karl Flick mit seinem Manager Eberhard von Brauchitsch (links)

Am 28. Dezember 1983 erklärt die Bundesregierung, Flick habe die Steuerbefreiung zu Unrecht erhalten und müsse nun Nachzahlungen entrichten. Am 26. Juni 1984 tritt Lambsdorff zurück, als er erfährt, daß das Landgericht Bonn die am 8. Dezember 1983 gegen ihn erhobene Anklage wegen Bestechlichkeit zugelassen hat. Am 26. Februar 1987 spricht das Gericht die Urteile gegen drei Angeklagte. Wegen Steuerhinterziehung und Beihilfe dazu wird von Brauchitsch zu zwei Jahren Freiheitsstrafe verurteilt, die jedoch nach Zahlung einer Geldbuße von 550 000 DM auf drei Jahre zur Bewährung ausgesetzt werden. Lambsdorff und Friderichs werden vom Vorwurf der Bestechlichkeit freigesprochen, wegen Steuerhinterziehung werden sie zu Geldbußen von 180 000 DM und 61 500 DM verurteilt. Das Gericht beziffert den verursachten Steuerschaden bei von Brauchitsch auf 16,7 Millionen, bei Lambsdorff auf knapp 1,3 Millionen und bei Friderichs auf 1,6 Millionen DM.

sie nicht erst aus den Westmedien davon erfahren – ein bisher nicht dagewesener Vorgang. Auf «dringende Vorstellung» seiner Landeskirche wird Eppelmann nach zwei Tagen freigelassen, wobei das Ermittlungsverfahren wegen «staatsfeindlicher Hetze» formell eingestellt wird. Der Preis, den die Kirche zu zahlen hat: Sie rät davon ab, sich an Eppelmanns Unterschriftenaktion zu beteiligen. Dennoch unterschreiben 200 Menschen in der DDR und etwa 1000 Menschen in der Bundesrepublik den Appell.

27. Januar: Auf dem Territorium der DDR, aber noch vor den Sperranlagen demonstrieren westdeutsche Atomkraftgegner gegen den geplanten Bau des Atommüll-Lagers bei Gorleben.

27. und 28. Januar: Der sowjetische Außenminister Andrej Gromyko konferiert in Ost-Berlin mit Erich Honecker. Beide kritisieren die USA, die zum Schlag gegen den sozialistischen polnischen Staat ausholten und das Land zum Spannungsherd machen wollten.

11. Februar: Das Innenministerium teilt mit, daß der Katalog dringender Familienangelegenheiten, der auch DDR-Bürgern außerhalb des Rentenalters Reisen in den Westen erlaubt, erweitert wird. Nunmehr können DDR-Bürger im berufsfähigen Alter zu Geburten, Jugendweihen, Konfirmationen, Erstkommunionen, Eheschließungen einschließlich kirchlicher Trauungen, 25-, 50-, 60- 65- und 70jährigen Ehejubiläen, zum 60., 65., 70., 75. und jedem weiteren Geburtstag, lebensgefährlichen Erkrankungen und Sterbefällen reisen. Diese Erweiterung ist Ergebnis des deutsch-deutschen Gipfeltreffens vom Dezember 1981.

12. Februar: Vor den Ersten Sekretären der Kreis- und Bezirksleitungen der SED muß Erich Honecker wirtschaftliche Probleme einräumen. Er fordert die beschleunigte Reduzierung der Agrarimporte, eine größere Sparsamkeit mit Energie sowie die verstärkte Verwendung einheimischer Braunkohle statt Heizöl und Steinkohle.

14. März: Bei seinem traditionellen Rundgang auf der Leipziger Messe erklärt Erich Honecker, er wolle noch 1982 die Einladung von Bundeskanzler Helmut Schmidt zu einem Besuch der Bundesrepublik annehmen. In einem persönlichen Gespräch mit Otto Wolff von Amerongen, Vorsitzender der *Otto Wolff AG* und Präsident des DIHT, räumt Honecker wirtschaftliche Probleme durch den Ausfall polnischer Lieferungen ein. Doch brauche die Polen-Krise den deutsch-deutschen Handel nicht zu beeinträchtigen.

18. März: In Ost-Berlin treffen erstmals Abgeordnete von Volkskammer und Bundestag offiziell zusammen, eine bayerische SPD-Delegation spricht mit fünf Volkskammerabgeordneten. Die CDU kritisiert die Begegnung als «grobe politische Instinktlosigkeit».

22. März: Zum 150. Todestag von Johann Wolfgang von Goethe gibt es Ehrungen aus Ost und West. Während das ZK der SED, der Staatsrat und der Ministerrat einen Festakt in Weimar zelebrieren, läßt Bundespräsident Karl Carstens (CDU) einen Kranz in der Weimarer Goethe-Schiller-Gruft niederlegen.

25. März: Die Volkskammer beschließt ein neues Wehrdienstgesetz, das das Wehrpflichtgesetz von 1962 ersetzt, und ein neues Grenzgesetz, das die Verordnung zum Schutz der Staatsgrenze von 1964 ersetzt. Beide Gesetze treten zum 1. Mai in Kraft. Verteidigungsminister Armeegeneral Heinz Hoffmann (SED) rechtfertigt das neue Wehrdienstgesetz: Alle Menschen wüßten, «daß Frieden und Sozialismus untrennbar miteinander verbunden sind. Unsere Soldaten tragen ihre Waffen für den

nungs- und Städtebaukonzern. Von 1950 bis 1980 errichtete die *Neue Heimat* etwa 470000 Wohnungen im sozialen Wohnungsbau, sie verwaltet derzeit 420000 Wohnungen, davon 320000 eigene. Die Krise wird vertuscht, denn das Management paßt den Konzern nicht an die veränderten Bedingungen an, sondern wirtschaftet in atemberaubendem Ausmaß in die eigene Tasche. Über Jahre beschäftigt sich die Öffentlichkeit nun mit den Machenschaften der alten Führung um Albert Vietor, die noch im Februar entlassen wird. Die Eigentümer der *Neuen Heimat*, der DGB und die Einzelgewerkschaften, unternehmen Bemühungen für eine Sanierung, die indes fehlschlagen. Letztlich müssen sie den Konzern liquidieren und eine Milliarde DM aus ihren Mitgliedsbeiträgen zuschießen. Ende 1986 erklärt der DGB seinen vollständigen Rückzug aus der «Gemeinwirtschaft», wie gewerkschaftseigene Unternehmen bezeichnet werden.

9. Februar: Eine Schülerin erstreitet sich vor bayerischen Gerichten das Recht, in der Schule eine Plakette «Stoppt Strauß» tragen zu dürfen.

14. Februar: Neun Vereinigungen der etwa 50000 deutsche Sinti und Roma schließen sich zum *Zentralrat deutscher Sinti und Roma* zusammen, zu dessen Vorsitzendem Romani Rose gewählt wird. Angesichts der «neu aufkeimenden Fremdenfeindlichkeit» will sich der Zentralrat um Aussöhnung und Verständigung bemühen. Am 17. März empfängt Bundeskanzler Helmut Schmidt eine Delegation des Zentralrats und sichert ihr moralische Wiedergutmachung zu.

24. und 25. Februar: Der französische Staatspräsident François Mitterrand und Bundeskanzler Helmut Schmidt vereinbaren in Paris, in der Sicherheitspolitik eng zusammenzuarbeiten. Damit gibt Mitterrand seine bisherigen Vorbehalte gegen eine «Achse Paris–Bonn» auf.

7. März: Die letzten Elbefischer blockieren den Unterlauf des Flusses, um auf dessen Verschmutzung durch Chemiefirmen aufmerksam zu machen.

15. April: In Bonn schließen die Bundesrepublik und die USA das Abkommen «über die Unterstützung durch den Aufnahmestaat in Krise oder Krieg» (*Wartime Host Nation Support Agreement*). Danach stellt die Bundesrepublik sowohl Einrichtungen als auch Personal zur Unterstützung von US-Truppen bereit, so daß im Krisen- oder Kriegsfall nur amerikanische Soldaten über den Atlantik transportiert werden müssen.

Bundeskanzler Helmut Schmidt veröffentlicht in der SPD-Zeitung *Vorwärts* eine wirtschaftliche Zwischenbilanz für die Bundesrepublik. Danach steht sie 1981 mit einer Arbeitslosenquote von 6,5 Prozent und einer Inflationsrate von 6,3 Prozent unter den westlichen Industrieländern am besten da. Von 1970 bis 1981 seien die Nettolöhne um 30,5 Prozent, die realen Renten sogar um 42,5 Prozent gestiegen. Die enorme Steigerung der Sozialleistungen sei durch Steuern und Abgaben finanziert worden; die «Staatsquote» sei in diesem Zeitraum von 38,0 auf 48,4 Prozent, der Anteil der Lohnabzüge der Beschäftigten von 22,7 auf 31,2 Prozent gestiegen.

24. Mai: Hans Otto Bräutigam, unter Günter Gaus (SPD) bereits Stellvertreter, löst Klaus Bölling (SPD) als Ständigen Vertreter der Bundesrepublik in der DDR ab.

9. bis 11. Juni: Der US-Präsident Ronald Reagan besucht die Bundesrepublik und West-Berlin. Am 10. Juni treffen in Bonn die Staats- und Regierungschefs der NATO zusammen, wo sie erstmals das «Interesse an Frieden und Sicherheit in anderen Regionen der Welt» bekunden und Hilfe für Staaten in Aussicht stellen, «deren Sicherheit

Demonstranten mit dem «Symbol» der Friedensbewegung: Schwerter zu Pflugscharen (während der Militärparade der Alliierten in Berlin)

Das Friedensforum und die Folgen

Per Mundpropaganda rufen seit Wochen junge Pazifisten zu einer stillen Kundgebung für den Frieden auf, die am 13. Februar, dem Gedenktag für die Opfer der Bombardierung Dresdens im Jahr 1945, an den Ruinen der Frauenkirche stattfinden soll. Angesichts unerwartet großer Resonanz befürchtet die Sächsische Landeskirche, dieses erste große Treffen der eigenständigen Friedensbewegung könne zu einer offenen Konfrontation mit dem Staat führen. So lädt sie zu einem «Forum ‹Frieden› mit der Jugend» in die Kreuzkirche ein, um die Demonstration von der Straße zu holen. Obwohl nur eine versteckte Zeitungsnotiz darauf hinweist, kommen 5000 junge Menschen aus der ganzen DDR. In vielen Städten, auf Bahnhöfen und an den Autobahnen hindern Polizei und Stasi unzählige weitere an der Reise nach Dresden, lange Haare und die Aufnäher «Schwerter zu Pflugscharen» dienen als Verdachtsmomente. Nur in Dresden greifen die Sicherheitskräfte nicht ein.

In der überfüllten Kreuzkirche benennt Jugendpfarrer Manfred Bretschneider die Kontroversen, «im Bereich der Erziehung zum Frieden, im Bereich des Kriegsspielzeugs, im Bereich der Werbung für das Militär, auch im Bereich der vormilitärischen Ausbildung». Er stellt die brisante Frage: «In der Aktuellen Kamera sehen wir ausführliche Berichte über westeuropäische Friedensbewegungen – und es gibt viele junge Leute, die fragen, warum es bei uns mit solchen Möglichkeiten oft so schwierig ist (starker Beifall).»

Es schließt sich eine Diskussion an, bei der die Zuhörer ihre Fragen schriftlich auf das Podium geben, wo sie vorgelesen und beantwortet werden. Die Fragen geben ein getreues Spiegelbild der Nöte und Drangsale derer, die sich eigenständig für die Frieden, für vollständige Abrüstung, aber auch für die Alternative «eines einfachen Lebensstils» einsetzen. Nach Abschluß der Diskussion ziehen tausend Menschen zur Ruine der Frauenkirche, um dort Kerzen anzuzünden und ihren Friedenswillen zu bekunden.

und Unabhängigkeit in Gefahr sind». Während des NATO-Gipfels demonstrieren in Bonn nahezu 500000 Menschen friedlich gegen das Wettrüsten. Ein Mann setzt sich selbst in Brand und erliegt später seinen Verletzungen. Beim Besuch Reagans in West-Berlin am 11. Juni demonstrieren 80000 Menschen.

25. Juni: In Nürnberg erschießt der Rechtsextremist Helmut Oxner, der keiner politischen Gruppierung angehört, zwei schwarze Amerikaner und einen Ägypter und verletzt drei weitere Ausländer schwer, bevor er sich selbst tötet.

29. Juni: Trotz aller verbalen Attacken halten sich die beiden Großmächte an die Regelungen des nicht ratifizierten SALT-II-Abkommens. Heute nehmen in Genf die USA und die Sowjetunion die START-Verhandlungen über eine Begrenzung und Reduzierung der strategischen Rüstung auf.

16. August: Als im Jahr 1981 mehr als 107000 Asylbewerber in die Bundesrepublik kommen, werden erste Verschärfungen des Asylrechts vorgenommen. Der Visumzwang wird eingeführt und ein vorläufiges Arbeitsverbot für Asylbewerber erlassen, die Regelunterbringung erfolgt in Sammellagern, die Sozialhilfe kann in Naturalien gewährt werden. Heute verabschiedet der Bundestag das Asylverfahrensgesetz, das erstmals das bis zu sechs Jahren dauernde Asylverfahren umfassend regelt. Auch ohne Visum können Ausländer an den Grenzen um Asyl nachsuchen; ihnen darf die Einreise nur verweigert werden, wenn der Asylantrag unbeachtlich ist, etwa weil der Antragsteller in einem sicheren Staat bereits Zuflucht fand. Nach diesen und weiteren Maßnahmen sinkt die Zahl der Asylbewerber auf 49000 im Jahr 1981, 37000 im Jahr 1982 und 35000 im Jahr 1984, steigt dann jedoch wieder an.

9. September: Die Gemeinsamkeiten der Regierungsparteien SPD und FDP sind erschöpft. Führende Politiker der FDP deuten, mit dem hervorragenden Ergebnis der Bundestagswahlen im Rücken, seit langem die Möglichkeit eines Koalitionswechsels an, wobei die Deckung der Finanzierungslücken im Bundeshaushalt 1983 zum Vorwand genommen wird. Heute übergibt Bundeswirtschaftsminister Otto Graf Lambsdorff dem Bundeskanzler von ihm verfaßte Leitlinien zur Überwindung der Wachstumsschwäche und zur Bekämpfung der Arbeitslosigkeit, die am 13. September veröffentlicht wird. Sie sehen weitreichende Einschnitte ins soziale Netz und Lohnverzicht vor. Während Schmidt diese Leitlinien ablehnt, weil sie den Koalitionsvereinbarungen widersprächen, bezeichnet der stellvertretende CDU-Vorsitzende Kurt Biedenkopf das Papier als «Gründungsurkunde für neue Mehrheiten». Am 17. September bezeichnet Schmidt das Lambsdorff-Papier als «Scheidungsbrief» und kündigt vorgezogene Neuwahlen an. Darauf treten die FDP-Minister Hans-Dietrich Genscher, Otto Graf Lambsdorff, Gerhart Baum und Josef Ertl zurück. Schmidt regiert vorerst mit einer SPD-Minderheitsregierung weiter. Die FDP-Gremien beschließen mit Mehrheit die Aufnahme von Koalitionsverhandlungen mit der CDU/CSU, die dann am 20. September beginnen und am 28. September beendet werden. Sie sehen eine Neuaufstellung des Bundeshaushaltes, eine Zwangsanleihe für Besserverdienende, Kürzungen im sozialen Bereich, Maßnahmen gegen den Zuzug von Ausländern und den Zustrom von Asylbewerbern vor.

26. September: Bei den Landtagswahlen in Hessen wird die CDU stärkste Fraktion, jedoch scheitert die FDP. SPD und Grüne bilden rechnerisch eine Mehrheit. Noch am Wahlabend spricht der SPD-Vorsitzende

Auf dieses eindrucksvolle «Friedensforum», mit dem die eigenständige Friedensbewegung sich endgültig manifestiert, antwortet die DDR-Führung mit einer unverhüllten Kampfansage. Die sächsische Landessynode teilt ihren Jugendlichen in einem Brief vom April 1982 folgendes mit: «Am 22. März 1982 wurde Landesbischof Dr. Hempel und Präsident Domsch in einem Gespräch mit Staatssekretär Gysi mitgeteilt: Wegen Mißbrauches dürfen die Aufnäher «Schwerter zu Pflugscharen» in Schulen und Öffentlichkeit nicht mehr getragen werden. Es wurde behauptet, sie seien jetzt zum Zeichen einer unabhängigen Friedensbewegung geworfen; diese könne nicht geduldet werden. Sie beeinträchtige die staatliche und gesellschaftliche Tätigkeit zum Schutze des Friedens; daran werde deutlich, daß in Wirklichkeit der Frieden gar nicht gewollt werde. In einem anderen Gespräch wurde sogar gesagt, das Tragen der Aufnäher bekunde eine Mißachtung der Gesetze und fordere zu ihrer Mißachtung auf.»

Gegen den Protest der Kirchen werden massive Maßnahmen gegen jene ergriffen, die nicht bereit sind, die Aufnäher zu entfernen: Sie werden aus Erweiterten Oberschulen und Hochschulen entlassen, sie werden von einer Polytechnischen Oberschule zu einer anderen versetzt, die Zulassung zum Abitur wird verweigert, sie erhalten keine Lehrstelle, Schulen und Betriebe erteilen ihnen Hausverbot. An zahlreichen Orten zwingen Polizisten Jugendliche, die Aufnäher abzutrennen; wer sich weigert, wird, wie in Rudolstadt geschehen, auch schon mal zusammengeschlagen. Diese Welle von Repressionen und Kriminalisierung führt zu einem tiefen Bruch zwischen der SED und Teilen der Jugend.

Frieden, und je besser sie ihre Waffen beherrschen, um so zuverlässiger ist der Frieden gesichert! So gerne wir unsere Waffen dereinst verschrotten werden – noch braucht der Sozialismus, noch braucht der Frieden unsere Pflugscharen und unsere Schwerter.» Das Gesetz bringt keine neuen Regelungen für die «Bausoldaten», verschärft aber die Regelungen zu Wehrpflicht und Wehrdienst, die nun auch Frauen einschließen. Ausdrücklich wird «die Vorbereitung auf den Wehrdienst» zum «Bestandteil der Bildung und Erziehung an den allgemeinbildenden Schulen, Einrichtungen der Berufsbildung, Fachschulen, Hochschulen und Universitäten» erklärt.

Das Grenzgesetz legt erstmals fest, daß die Grenztruppen mit den anderen Schutz- und Sicherheitsorganen zusammenarbeiten müssen. Entsprechend der bisherigen Haltung der DDR wird die Grenze an der Elbe als «bewegliche Linie in der Mitte der Hauptfahrrinne (Talweg)» bestimmt. Als «Grenzverletzungen» werden auch das «Werfen von Gegenständen über die Staatsgrenze» sowie die «Beschädigung oder Zerstörung der zur Sicherung der Staatsgrenze errichteten Anlagen» eingestuft. Die bisher in «Vertraulichen Verschlußsachen» geregelte Anwendung von Schußwaffen wird formal an Bestimmungen westlicher Länder angeglichen. Doch wird durch die stets mündlich vorgenommene «Vergatterung» wie durch Aussetzung von Prämien für die Verhinderung von Republikfluchten der Schießbefehl faktisch durchgesetzt. Ab Mitte der achtziger Jahre werden die sogenannten Sicherungsperioden ausgedehnt, in de-

Willy Brandt von einer «Mehrheit diesseitig der Union». Seine Partei müsse zusammengehen «mit den vielen aus der Friedens- und der Umweltbewegung, die eigentlich auch soziale Demokratie gestalten wollen». Nach der Konstituierung des Landtags am 1. Dezember regiert Ministerpräsident Holger Börner, der eine Zusammenarbeit mit den *Grünen* ablehnt, mit einer Minderheitsregierung der SPD. Angesichts politischer Handlungsunfähigkeit beschließt der Landtag mit der Mehrheit von SPD und CDU, die beide auf eine Niederlage der *Grünen* hoffen, am 4. August 1983 seine Selbstauflösung. Bei den Neuwahlen am 25. September 1983 ziehen die *Grünen* erneut und die FDP wieder in den Landtag ein. Abermals fällt SPD und *Grünen* die rechnerische Mehrheit zu, doch lehnt Börner Gespräche mit den *Grünen* weiterhin ab. Erst am 6. November 1983 spricht sich der SPD-Landesparteitag in Baunatal für die Aufnahme von Verhandlungen mit den *Grünen* aus. Im Frühjahr 1984 erzielen SPD und *Grüne* endgültige Einigkeit über eine «Tolerierungsvereinbarung», aufgrund deren am 7. Juni 1984 Holger Börner (SPD), seit 1982 immer noch geschäftsführend regierend, zum Ministerpräsidenten einer SPD-Minderheitsregierung gewählt wird. Damit sind erstmals *Grüne*, wenn auch indirekt, an einer Regierung beteiligt.

29. September: Erstmals leitet eine Frau eine bundesdeutsche Gewerkschaft. Monika Wulf-Mathies wird in Wiesbaden zur Vorsitzenden der Gewerkschaft ÖTV gewählt.

1. Oktober: Im Bundestag stürzen CDU/CSU und FDP Bundeskanzler Helmut Schmidt durch ein konstruktives Mißtrauensvotum. Zum neuen Bundeskanzler wird der CDU-Vorsitzende Helmut Kohl gewählt. Er bildet am 4. Oktober eine Bundesregierung der «Wende» aus CDU/CSU und FDP. Hans-Dietrich Genscher bleibt Außenminister und Vizekanzler, Otto Graf Lambsdorff Wirtschaftsminister. Der CSU-Vorsitzende Franz Josef Strauß tritt nicht ins Kabinett ein, sein Statthalter wird Friedrich Zimmermann als Innenminister. Die wichtigsten Minister der CDU sind Gerhard Stoltenberg als Finanzminister, Norbert Blüm als Minister für Arbeit und Sozialordnung, Manfred Wörner als Verteidigungsminister, Heiner Geißler als Minister für Jugend, Familie und Gesundheit und Rainer Barzel als Minister für innerdeutsche Beziehungen. Am 13. Oktober umreißt Kohl in der ersten Regierungserklärung der «Koalition der Mitte» deren Schwerpunkte. Seine Regierung will die «noch andauernde Talfahrt» der Wirtschaft aufhalten, neue Arbeitsplätze schaffen, das soziale Netz durch Korrekturen sichern und eine neue Ausländerpolitik betreiben. In der Außenpolitik will Kohl «neue Wege zur Einigung Europas öffnen» und steht «uneingeschränkt zum Doppelbeschluß der NATO». Er kündigt an, die laufenden Verhandlungen und Gespräche und die Zusammenarbeit mit der DDR fortzusetzen, wobei er von der DDR die Rücknahme der Erhöhung des Mindestumtausches fordert. «Wir alle wissen: Die Überwindung der Teilung ist nur in historischen Zeiträumen denkbar (...) Die DDR kann sich darauf verlassen, daß wir zu übernommenen Verpflichtungen stehen.»

23. Oktober: Mehr als 200000 Arbeitnehmer protestieren auf Kundgebungen des DGB in Dortmund, Frankfurt/Main und Nürnberg gegen Arbeitslosigkeit, den Abbau sozialer Leistungen und Lohnverzicht. Der neuen Bundesregierung wird ein Dauerkonflikt angedroht, wenn sie nicht von ihren «sozial unausgewogenen» Sparplänen abrücke.

29. Oktober: Der Parteivorstand der SPD nominiert nach dem Verzicht von Helmut nen der Schießbefehl befristet ausgesetzt wird: etwa bei Besuchen Erich Honeckers im westlichen oder neutralen Ausland, bei hochrangigen internationalen Besuchen in der DDR oder bei Aufenthalten von Vertretern der Westalliierten in West-Berlin.

29. März: Der polnische Partei- und Regierungschef General Wojciech Jaruzelski besucht Erich Honecker in Ost-Berlin. Von Anfang an habe die DDR die Militärregierung unterstützt, deren Maßnahmen «den Feinden des polnischen Volkes eine empfindliche Niederlage» zufügten.

9. April: In seinem Haus in Grünheide bei Berlin verstirbt im Alter von 72 Jahren Robert Havemann, der bekannteste Regimekritiker. Während Wolf Biermann kurz vor Havemanns Tod der Besuch erlaubt wird, Biermanns erste Reise in die DDR seit seiner Ausbürgerung im Jahr 1976, werden im Zusammenhang mit der Beisetzung etwa fünfzig Einreiseverweigerungen für Westdeutsche verhängt.

11. April: In den evangelischen Kirchen der DDR wird ein vom Magdeburger Bischof Werner Krusche verfaßter Pfarrbrief verlesen, in dem er die Eigenständigkeit der christlichen Friedensarbeit unterstreicht und das staatliche Vorgehen gegen das Friedenssymbol «Schwerter zu Pflugscharen» kritisiert.

19. bis 21. Mai: Der afghanische Partei- und Staatschef von Moskaus Gnaden, Babrak Karmal, besucht die DDR. Beide Staaten schließen einen «Vertrag über Freundschaft und Zusammenarbeit».

27. Mai: Mit einer Großkundgebung beginnt die FDJ ihr «Pfingsttreffen der Jugend» in Ost-Berlin, das unter dem Motto «Gegen NATO-Waffen Frieden schaffen» steht.

8. bis 10. Juni: In Budapest verabschieden die Ministerpräsidenten des RGW ein Programm für die Koordinierung der Volkswirtschaftspläne für den Zeitraum 1986 bis 1990. Zudem wird ein Generalabkommen unterzeichnet, das die gemeinsame Entwicklung und Anwendung der Mikroprozessortechnik regelt.

16. bis 18. Juni: In Moskau schließt die Paritätische Regierungskommission für ökonomisch und wissenschaftlich-technische Zusammenarbeit sechzehn Kooperationsabkommen zwischen der DDR und der Sowjetunion. Dabei wird auch die Schaffung einer Fährverbindung zwischen Mukran auf Rügen und Klaipeda, dem früheren Memel, vereinbart, die die Lieferungen vom Landweg durch das krisengeschüttelte Polen unabhängig machen soll.

18. Juni: In einem Briefwechsel vereinbaren die DDR und die Bundesrepublik eine Verlängerung des «Swing» bis zum 31. Dezember 1985. Dabei wird dieser zinslose Überziehungskredit für die DDR schrittweise von 850 Millionen auf 600 Millionen Verrechnungseinheiten (gleich DM) reduziert. Als Gegenleistung erhöht die DDR ihren Jahresbetrag für den nichtkommerziellen Zahlungsverkehr zwischen 1983 und 1985 von 50 auf 60 Millionen DM. Zudem erkennt sie allen DDR-Bürgern, die das Land vor dem 1. Januar 1981 illegal verlassen haben, die Staatsbürgerschaft ab – wodurch diese keine Strafverfolgung durch die DDR mehr fürchten müssen. Ab 1. Juli brauchen Tagesbesucher aus West-Berlin ihre Aufenthalte in Ost-Berlin und der DDR nicht mehr um 24 Uhr, sondern erst um 2 Uhr des folgenden Tages zu beenden. Im Norden Berlins wird der neue Grenzübergang Heiligensee/Stolpe auch für Fußgänger geöffnet.

2. Juli: Die Volkskammer verabschiedet das Wassergesetz. Am 31. August protestieren die drei Westalliierten bei der sowjetischen Botschaft in Ost-Berlin, weil die DDR sich

Helmut Schmidt gratuliert seinem Nachfolger Helmut Kohl nach der Abstimmung zum konstruktiven Mißtrauensvotum

Schmidt einstimmig Hans-Jochen Vogel, derzeit Führer der SPD-Opposition im Berliner Abgeordnetenhaus, zum Kanzlerkandidaten für die anstehenden Bundestagsneuwahlen. Am 21. Januar 1983 bestätigt der Wahlparteitag in Dortmund Vogel.

8. bis 22. November: Durch die Richtungsänderung ihrer Führung wird die FDP zutiefst erschüttert. Von der Parteizentrale wird betont, daß nur 4000 der 85000 Mitglieder ausgetreten seien, zugleich habe man 1000 Neuzugänge verzeichnet. Mehrere führende Köpfe und Bundestagsabgeördnete treten aus der FDP aus, darunter Helga Schuchardt, Friedrich Hölscher, Ingrid Matthäus-Maier, Andreas von Schoeler und Günter Verheugen.

11. November: In Heusenstamm bei Frankfurt/Main gelingt es der Polizei, die führenden RAF-Terroristinnen Brigitte Mohnhaupt und Adelheid Schulz zu verhaften. Am 16. November wird im Sachsenwald bei Hamburg auch der seit 1977 gesuchte Christian Klar verhaftet. Im gesamten Bundesgebiet werden in der Folgezeit dreizehn Waffenlager der RAF entdeckt. Das «Bundeskriminalamt» glaubt, damit die Führungsspitze der RAF gefaßt zu haben.

22. November: US-Präsident Ronald Reagan kündigt an, hundert Interkontinentalraketen «MX», «Peacekeeper» genannt, im Bundesstaat Wyoming aufzustellen. Er begründet dies mit einer strategischen Überlegenheit der Sowjetunion, die allerdings von Teilen der amerikanischen Öffentlichkeit angezweifelt wird.

16. Dezember: Der Bundestag verabschiedet das Kriegsdienstverweigerungs-Neuordnungsgesetz, wonach die mündliche Gewissensprüfung abgeschafft und durch eine darin in allen, auch die Wasserstraßen West-Berlins betreffenden Fragen für zuständig erklärt. Bedienstete des DDR-Wasserstraßenhauptamtes kassieren in West-Berlin Schleusengebühren, erheben Liegegelder und bessern schadhafte Uferstreifen aus.

15. Juli: Die sowjetischen Streitkräfte in der DDR beginnen damit, die ersten Kurzstreckenraketen «SS 21» zu stationieren, für die insgesamt 124 mobile Abschußbasen vorgesehen sind.

11. August: Entgegen einer vorherigen Ankündigung empfängt der kranke Leonid Breschnew auf der Krim doch die osteuropäischen Parteichefs. Beim heutigen Treffen mit Erich Honecker zeigt er sich beunruhigt über die Weltlage, da die USA einen «Kreuzzug» gegen die sozialistische Gemeinschaft begonnen hätten.

1. September: Während einer Solidaritätskundgebung für die polnische Gewerkschaft «Solidarnosc» wird in Jena Roland Jahn festgenommen. Am 17. Januar 1983 wird Jahn zu einer Freiheitsstrafe von einem Jahr und zehn Monaten verurteilt. Nach seiner vorzeitigen Freilassung entledigen sich die Staatsorgane des unliebsamen Bürgers durch eine noch nie dagewesene Aktion. Mit Handschellen gefesselt wird Jahn in Probstzella in ein Abteil eines Interzonenzuges gesperrt, das Abteil wird verriegelt, die Ausbürgerungsurkunde wird dem Zugpersonal mitgegeben. Auf diese Weise wird Jahn gegen seinen erklärten und entschiedenen Willen in die Bundesrepublik abgeschoben.

12. bis 15. September: Der Staatsminister im Bundeskanzleramt, Hans-Jürgen Wischnewski (SPD), besucht die DDR. In Ost-Berlin eröffnet er die westdeutsche Ausstellung «Stadt-Park – Park-Stadt», die danach auch in Magdeburg und Karl-Marx-Stadt gezeigt wird. Er führt Gespräche mit dem Wirtschaftsführer Günter Mittag (SED), Außenminister Oskar Fischer (SED) sowie mit Erich Honecker, in denen die Verantwortung von DDR und Bundesrepublik für den Frieden in Europa betont wird.

19. und 20. September: Eine Delegation des «Deutschen Bundesjugendringes» unter seinem Vorsitzenden Josef Homberg besucht auf Einladung des FDJ-Zentralrates die DDR. In einer «Gemeinsamen Presseerklärung» wird nicht nur die beiderseitige Bereitschaft zur Intensivierung des «Jugend-Touristenaustausches» unter Befreiung vom Mindestumtausch erklärt, es werden erste Regelungen vereinbart, die auch nichtorganisierte Jugendliche einschließen. Während bisher vor allem westdeutsche Schulklassen die DDR besuchen, können nun unter devisenloser Verrechnung Reisegruppen mit etwa dreißig Teilnehmern in beide Richtungen reisen.

28. September: In Ost-Berlin unterzeichnen die DDR und die Bundesrepublik eine Vereinbarung über den Gewässerschutz in Berlin. Darin verpflichtet sich die DDR, bis 1986 die von Ost- nach West-Berlin fließenden Abwässer in dritten Reinigungsstufen dreier Großklärwerke von schädlichen Phosphaten zu reinigen. Die Bundesrepublik beteiligt sich an Baukosten mit einem Betrag von 68 Millionen DM, die ursprüngliche Forderung der DDR lag bei 150 Millionen DM.

14. November: Am Rande der Trauerfeiern für den am 10. November verstorbenen Leonid Breschnew in Moskau treffen Erich Honecker und Bundespräsident Karl Carstens (CDU) zu einem Meinungsaustausch zusammen. Carstens erklärt, die von der früheren Bundesregierung ausgesprochene Einladung an Honecker gelte auch unter der neuen. Honecker würdigt die Äußerungen von Bundeskanzler Helmut Kohl über die Kontinuität der gegenseitigen Beziehungen positiv. Breschnews Nachfolger, der bisheri-

Computerisierung

Am 27. Dezember 1982 gibt das amerikanische Magazin «Time» seine Wahl für den «Mann des Jahres» bekannt. Ausersehen wird nicht ein Wesen aus Fleisch und Blut, sondern eine Maschine – der Computer. Waren die noch unförmigen Elektronengehirne bisher bei Militär, Raumfahrt und Industrie im Einsatz, bricht sich eine neue Entwicklung Bahn. Vorreiter sind die USA, wo sich der Verkauf von «Personal Computern» von Jahr zu Jahr verdoppelt, bei rapide sinkenden Preisen und extrem anwachsender Leistungsfähigkeit der Geräte. Bereits 1977 kreierten die Garagentüftler Steve Jobs und Steve Wozniak ihren «Apple», 1981 zieht der Gigant IBM mit seinem ersten PC nach – der unaufhaltsame Siegeszug des Computers auch in kleine Büros und private Haushalte beginnt. Die Informationsrevolution bringt nicht nur eine neue Wirtschaftsbranche hervor, sie ist auch der Motor beim Wandel zur Dienstleistungsgesellschaft. Waren 1960 in der Bundesrepublik nur knapp 39 Prozent der Beschäftigten im tertiären Sektor tätig, wird 1979 erstmals die Fünfzig-Prozent-Marke überschritten – und in den neunziger Jahren werden es sechzig Prozent sein.

schriftliche Erklärung ersetzt wird. Im Zweifelsfall soll allerdings eine mündliche Prüfung erfolgen. Die Dauer des Zivildienstes wird so festgesetzt, daß er ein Drittel länger ist als der Grundwehrdienst.

17. Dezember: Um den Weg für Neuwahlen zu bereiten, stellt Bundeskanzler Helmut Kohl im Bundestag die Vertrauensfrage. Gemäß den vorher getroffenen Absprachen enthalten sich CDU / CSU und FDP, so daß Kohl bei den Neinstimmen der SPD die erforderliche Mehrheit verfehlt. Bundespräsident Karl Carstens (CDU), der den Bundestag am 7. Januar 1983 auflöst, erhebt in dieser bisher einmaligen Situation schwere verfassungsrechtliche Bedenken – denn eigentlich verfügen die Koalitionsparteien CDU / CSU und FDP über eine ausreichende Mehrheit.

19. Dezember: Bei den Hamburger Bürgerschaftswahlen vom 6. Juni wird die CDU zwar stärkste Fraktion, jedoch scheitert die FDP. SPD und «Grün-Alternative Liste» (GAL) bilden rechnerisch die Mehrheit, doch enden die Tolerierungsverhandlungen wegen Meinungsverschiedenheiten über das Atomkraftwerk Brokdorf, die Hafenerweiterung und die Hausbesetzerfrage am 24. Oktober erfolglos. Bei den heutigen Neuwahlen kann die SPD unter Bürgermeister Klaus von Dohnanyi die absolute Mehrheit erringen, die FDP scheitert abermals.

ge KGB-Chef Juri Andropow, empfängt als ersten westlichen Gast den ehemaligen CIA-Chef und jetzigen US-Vizepräsidenten George Bush. Anschließend konferiert er mit Carstens und Außenminister Hans-Dietrich Genscher.

In Jena bildet sich die «Jenaer Friedensgemeinschaft», ein Kreis von etwa achtzig jungen Leuten, denen die Kirchenleitungen zu zurückhaltend sind. Sie suchen nach neuen Wegen und treten deshalb bewußt und eigenständig an die Öffentlichkeit. Auf dem Platz der Kosmonauten bilden sie einen Kreis. Die Gesichter nach außen gewandt und Schilder mit der Aufschrift «Frieden» tragend verharren sie zwei Minuten. Bereits die nächste Schweigekundgebung am 24. Dezember wird von einem starken Polizeiaufgebot gewaltsam unterbunden. Zum 38. Jahrestag der Bombardierung Jenas am 18. März 1983 beantragt die «Friedensgemeinschaft» die Genehmigung einer eigenen Kundgebung, was selbstverständlich untersagt wird. Als sich die jungen Leute darauf mit eigenen Plakaten wie «Verzicht auf Gewalt» oder «Militarismus raus aus unserem Leben» an der offiziellen Kundgebung beteiligen, werden sie mit brutaler Gewalt abgedrängt.

20. November: Zur Freigabe der 265 Kilometer langen Autobahn zwischen Berlin und Hamburg treffen sich die Verkehrsminister Otto Arndt (SED) und Werner Dollinger (CSU) am Grenzübergang Gudow/Zarrentin. Damit wird der Transitverkehr zwischen West-Berlin und Hamburg von der Landstraße F 5 auf die Autobahn verlegt.

2. Dezember: Der Staatsminister im Bundeskanzleramt, Philipp Jenninger (CDU), spricht in Ost-Berlin mit Außenminister Oskar Fischer und Günter Mittag. Fischer erneuert dabei die «Geraer Forderungen» Erich Honeckers, erhebt deren Erfüllung jedoch nicht zur Vorbedingung für Fortschritte in den Beziehungen. Jenninger teilt mit, daß Bundeskanzler Helmut Kohl den Besuch Honeckers im nächsten Jahr «erwartet». Beide vereinbaren die Wiederaufnahme der 1975 abgebrochenen Verhandlungen über den Kulturaustausch für Anfang 1983.

3. Dezember: Die Volkskammer verabschiedet das Gesetz über den Volkswirtschaftsplan 1983, der siebzig Prozent aller Industrie-Investitionen für die Stärkung der Rohstoff- und Energiebasis der DDR vorsieht. Vor allem der Ausbau der Braunkohlenutzung bindet umfangreiche Mittel, die der Erneuerung der Anlagen fehlen.

17. Dezember: Die DDR fordert West-Berlin auf, den S-Bahn-Verkehr zu subventionieren. Man dürfe nicht erwarten, «daß die DDR das Defizit für den S-Bahn-Verkehr in Berlin (West) weiter trägt».

1983

Waldsterben

Den Kampf gegen Wirtschaftskrise und Massenarbeitslosigkeit trauen die Bundesbürger am ehesten den Konservativen zu. CDU / CSU und FDP erzielen bei den Bundestagswahlen eine massive Regierungsmehrheit, wie es sie seit Jahrzehnten nicht gab. Daß die «Grünen» den Sprung in den Bundestag schaffen, zeigt aber auch die wachsenden Bedenken gegen eine bedingungslose Ankurbelung des Wirtschaftswachstums. Mit dem nunmehr unübersehbaren Waldsterben ist die Politik gefordert, die schädlichen Folgen des Wachstums zu verringern.

4. Januar: Die Zahl der Arbeitslosen beträgt Ende Dezember 1982 2,2 Millionen, was einer Arbeitslosenquote von 9,1 Prozent entspricht. Im Januar steigt die Zahl auf 2,49 Millionen Menschen oder 10,2 Prozent, im Februar auf 2,53 Millionen Menschen oder 10,4 Prozent. Im Durchschnitt des Jahres 1982 waren 1,8 Millionen Menschen ohne Arbeit, dies eine Quote von 7,5 Prozent – gegenüber 1981 ein Anstieg um 44 Prozent.

15. Januar: Das Zündholzmonopol läuft aus. Am 26. Oktober 1926 nahm das Deutsche Reich eine Anleihe über 125 Millionen Dollar beim schwedischen Zündholzkonzern auf – bis zur Rückzahlung der letzten Rate mußte den Schweden ein Monopol gewährt werden.

16. bis 19. Januar: Auch mit der neuen Bundesregierung will die Sowjetunion den aktiv unterhaltenen Dialog fortsetzen. Außenminister Andrej Gromyko konferiert in Bonn mit Bundeskanzler Helmut Kohl und Außenminister Hans-Dietrich Genscher; beide Seiten bekräftigen, den Kurs der Entspannung beibehalten zu wollen.

29. Januar: Ein erster Konflikt um die Ostpolitik der neuen Bundesregierung entbrennt. Vor der Landesversammlung des Bundes der Vertriebenen erklärt Innenminister Friedrich Zimmermann (CSU): «Ten-

1983

Kredit in der Not

Die DDR lebt über ihre Verhältnisse. In Erich Honeckers erstem Jahrzehnt wird für 21 Milliarden DM mehr importiert als exportiert. Um die wachsenden Konsumwünsche von Bevölkerung und Führung, sie zumal giert nach Westprodukten, zu erfüllen, wird eine gigantische Verschuldung in Kauf genommen. Als Retter in der Not ist da sogar ein Erzreaktionär willkommen, ohne Skrupel wird die bisherige ideologische Einschätzung des CSU-Vorsitzenden zu den Akten gelegt. Später wird Honecker gar erklären, er habe Franz Josef Strauß «nie als einen Feind der DDR gesehen».

4. und 5. Januar: In Prag kommen die Parteichefs der Staaten des Warschauer Paktes zur Sitzung des Politischen Beratenden Ausschusses zusammen. Unter dem neuen KPdSU-Chef Juri Andropow bieten sie in einer Politischen Deklaration der NATO an, «einen Vertrag über den gegenseitigen Verzicht auf Anwendung militärischer Gewalt» abzuschließen.

12. Januar: Dem Korrespondenten des *sterns*, Dieter Bub, wird wegen «wahrheitswidriger und verleumderischer Berichterstattung» die Akkreditierung entzogen, er wird ausgewiesen. Bub hatte im *stern* vom Vortag berichtet, am Silvestertag habe nördlich von Ost-Berlin bei Klosterfelde der Ofensetzer Klaus Eßling einen Attentatsversuch auf Erich Honecker unternommen. ADN bestreitet den Attentatsversuch, bestätigt jedoch einen «Zwischenfall» mit einem «volltrunkenen Autofahrer», der mit einer Handfeuerwaffe einen Polizisten schwer verletzt und sich dann selbst erschossen habe.

15. Januar: Die Zentralverwaltung für Statistik berichtet im *Neuen Deutschland* über die Planerfüllung im Jahr 1982. Obgleich das Wirtschaftswachstum mit drei Prozent im internationalen Durchschnitt ansehnlich ist, bleibt es hinter den Planvorgaben zurück

denzen, die deutsche Frage auf die Bundesrepublik Deutschland und die DDR zu beschränken und die ostdeutschen Gebiete jenseits von Oder und Neiße nicht einzubeziehen, wird es bei der neuen Bundesregierung nicht geben.«

30. Januar bis 1. Februar: Während seines Besuches in der Bundesrepublik verliest US-Vizepräsident George Bush in West-Berlin einen offenen Brief seines Präsidenten Ronald Reagan «an die Menschen in Europa». Darin bietet er dem neuen Generalsekretär des ZK der KPdSU, Juri Andropow, ein Gipfeltreffen an, um alle amerikanischen und sowjetischen landgestützten Atomraketenwaffen mittlerer Reichweite abzuschaffen. Erstmals wird damit angeboten, eine Waffenkategorie zu beseitigen.

4. Februar: Wegen eines Betrugsdeliktes wird Klaus Barbie von Bolivien, wo er seit 1951 unter dem falschen Namen Klaus Altmann lebte und 1971 vom Ehepaar Klarsfeld entdeckt wurde, an Frankreich ausgeliefert. Als Chef der Gestapo in Lyon war er für die Ermordung von mehr als 4000 Menschen, für die Deportation von 7500 Juden und die Verhaftung von 14000 Widerstandskämpfern zuständig. Während der Ermittlungen stellt sich heraus, daß Barbie von 1947 bis 1951 bezahlter Agent des US-Geheimdienstes CIC war, der ihm auch die Flucht nach Bolivien ermöglichte. Nach Presseberichten entdeckte die bundesdeutsche Justiz 1961 den Aufenthaltsort Barbies, stellte ihre Auslieferungsbemühungen jedoch ein, als sie von der Tätigkeit für US-Dienste erfuhr. Nach mehrfacher Verschiebung beginnt der Prozeß gegen Barbie vor dem Schwurgericht Lyon am 11. Mai 1987, am 5. Juli 1987 wird er zu lebenslanger Haft verurteilt. Er verstirbt am 25. September 1991 im Gefängniskrankenhaus.

16. Februar: Bundeskanzler Helmut Kohl lehnt in seinem Antwortschreiben den Vorschlag Erich Honeckers ab, eine von atomaren Gefechtsfeldwaffen freie Zone in Europa zu schaffen. Statt dessen sollten sich die Abrüstungsbeauftragten beider Staaten im April oder Mai in Bonn treffen.

20. Februar: Das Bundesjustizministerium teilt mit, nunmehr seien alle Unrechtsurteile der Nazi-Zeit aus dem Bundeszentralregister getilgt – darunter die letzten drei noch eingetragenen der 37127 Urteile des Volksgerichtshofes und die letzten neun der 339 Urteile von Sondergerichten. Damit sei ein «Schlußstrich unter das dunkelste Kapitel deutscher Strafrechtsgeschichte» gezogen.

6. März: Die vorgezogenen Wahlen zum zehnten Bundestag stehen im Zeichen scharfer Konfrontation über die Verantwortung für die Wirtschaftskrise. Die CDU/CSU propagiert den wirtschaftlichen und politischen Aufschwung – sie legt 4,3 Prozent zu und erringt mit 48,8 Prozent einen klaren Sieg. Bei einem Verlust von 4,7 Prozent wird die SPD mit 38,2 Prozent klar geschlagen. Auch die FDP verliert deutlich, ihr Anteil sinkt um 3,6 Prozent auf 7,0 Prozent. Den *Grünen* gelingt mit 5,6 Prozent erstmals der Einzug in den Bundestag. Mit diesem Ausgang ist erstmals wieder seit den fünfziger Jahren eine massive Mehrheit der Regierungsparteien geschaffen.

8. März: Vor der größten Vereinigung rechtsgerichteter Protestanten in den USA erklärt US-Präsident Ronald Reagan, die Sowjetunion sei das «Zentrum des Bösen in der modernen Welt», die USA dürften sich niemals in eine «Position der militärischen und moralischen Unterlegenheit» begeben. «Der Kommunismus ist ein trauriges und seltsames Kapitel in der Geschichte der Menschheit, dessen letzte Seiten gerade geschrieben werden.» Am 23. März ruft Reagan ein Verteidigungsprogramm für das 21. Jahrhundert aus, defensive Waffen sollen und ist die niedrigste Wachstumsrate seit zwanzig Jahren. Für die «sozialistische Landwirtschaft» wird die bisher beste Getreideernte verzeichnet. Nicht erwähnt werden die erheblich geringeren Ernten bei Kartoffeln, Zuckerrüben und Futterpflanzen, weshalb die Bestände an Schweinen, Rindern und Hühnern deutlich geringer sind. Erich Honecker muß vor dem ZK eingestehen, daß Hunderttausende Tiere verendet sind. Weiterhin gab es Probleme bei der Versorgung mit Butter, Gemüse und Obst, zum Teil auch mit Brot.

18. Januar: Das Bundesministerium für innerdeutsche Beziehungen teilt mit, daß die Zahl der DDR-Bürger, die 1982 zu dringenden Familienangelegenheiten in den Westen reisen konnten, um fast 25 Prozent auf 45 700 stieg.

7. Februar: Ein Brief Erich Honeckers an Bundeskanzler Helmut Kohl wird übergeben. Darin schließt sich Honecker dem Vorschlag der schwedischen Regierung an, «eine von nuklearen Gefechtsfeldwaffen freie Zone» in Europa zu schaffen, die sich bis an die nördlichsten und südlichsten Flanken der beiden Bündnisse erstreckt. Über den schwedischen Vorschlag hinausgehend bietet er das gesamte Territorium der DDR dafür an – «bei Beachtung des Prinzips der Gleichheit und der gleichen Sicherheit».

10. und 11. März: In Leipzig tagt das ZK der SED mit den Generaldirektoren und Parteiorganisatoren der 156 zentral- und 66 bezirksgeleiteten Kombinate. Günter Mittag fordert die Verbesserung der Versorgung der Bevölkerung, so durch eine reichhaltigere Gestaltung des Sortiments industrieller Konsumgüter. Die Kombinate verpflichten sich für 1983 zu einer einprozentigen Steigerung der Arbeitsproduktivität und zur überplanmäßigen Produktion im Wert von 3,8 Milliarden Mark.

13. März: Zum Beginn der Leipziger Messe erklärt Erich Honecker seine Bereitschaft zum Besuch der Bundesrepublik in diesem Jahr, «soweit es meinem Terminkalender entspricht».

22. März: Nachdem die USA am 15. März eine Untersuchung über die Beziehungen zwischen Klaus Barbie und amerikanischen Stellen ankündigen, erklärt in Moskau der stellvertretende Generalstaatsanwalt der Sowjetunion, Nikolai Baschenow, seit sechs Jahren habe sein Land von den USA die Auslieferung von 140 Naziverbrechern erbeten. Keine dieser Personen, die schwerste Verbrechen auf sowjetischem Territorium begangen hätten, sei ausgeliefert worden. Die Sowjetunion unternehme alles, um Aufklärung und Ahndung zu bewirken, in der Bundesrepublik dagegen hätten nur acht Prozent der 84 463 gerichtlich untersuchten Fälle zu Kriegsverbrechen zu Verurteilungen geführt.

April: Im Herbst 1979 unternahm die Junge Gemeinde in Schwerin die erste größere Aktion zum neuen Thema Umweltschutz. Mit Unterstützung des örtlichen VEB Grünanlagen setzten fünfzig junge Menschen etwa 5000 Sträucher und Bäume entlang einer neuen Straßenbahnlinie. Zum Dank für ihr Engagement schenkte der VEB den Jugendlichen einen Baum, der vor einer Kirche eingepflanzt wurde. In zahlreichen Orten der DDR entstanden ähnliche Initiativen. Jetzt treffen in Wittenberg dreißig Abgesandte von autonomen Ökogruppen aus Rostock, Potsdam, Ost-Berlin, Leipzig, Dresden, Karl-Marx-Stadt, Naumburg, Jena-Neulobeda und Rötha erstmals zu Erfahrungsaustausch und Koordination zusammen.

10. April: Am Grenzkontrollpunkt Drewitz stirbt während einer Vernehmung durch DDR-Grenzer, die nach dem Transitabkommen zulässig ist, weil er im Transit Gegenstände an Verwandte aus der DDR übergab,

Die Fraktion der Grünen zwischen SPD und CDU: (von links) Hans-Jochen Vogel (SPD), Petra Kelly, Marie Luise Beck-Oberdorf, Otto Schily (alle Grüne), Rainer Barzel, Helmut Kohl (beide CDU)

angreifende strategische Raketen abfangen oder vernichten, bevor sie den Boden der USA oder ihrer Verbündeten erreichen. Anfang 1984 wird diese «Strategische Verteidigungsinitiative» (*Strategic Defense Initiative*, SDI) mit der Gründung der SDI-Organisation zur Planung und Koordinierung der notwendigen Forschungen unter anderem zu Laserwaffen gestartet. Reagan betont wiederholt, SDI werde die Sowjetunion zu Zugeständnissen zwingen. 1986 werden erste Abstriche vorgenommen.

13. März: Richard von Weizsäcker (CDU), Regierender Bürgermeister von Berlin, erklärt, es werde unter der neuen Bundesregierung keine Wende in der Deutschlandpolitik geben. «Man kann, will und wird nicht in unserer geopolitischen Situation den untauglichen Versuch machen, quasi herauszuspringen aus der eigenen Geschichte. Wir können nicht wieder da anfangen, wo wir vor fünfzehn Jahren waren.»

26. März: In der Chemieindustrie wird ein neuer Tarifvertrag unterzeichnet, der die 40-Stunden-Woche durchbricht, jedoch nur für einen geringen Teil der Arbeitnehmer. Ältere Arbeitnehmer erhalten vom 58. Lebensjahr alle zwei Wochen eine vierstündige Altersfreizeit, ab 1. Januar 1987 wird sie wöchentlich gewährt.

29. März: Der Bundestag wählt Rainer Barzel (CDU) zu seinem Präsidenten und sodann Helmut Kohl zum Bundeskanzler. Kohl bildet eine Bundesregierung aus CDU / CSU und FDP, die nur auf zwei Posten gegenüber der bisherigen verändert ist. Der CSU-Vorsitzende Franz Josef Strauß zieht abermals nicht ein, er erklärt, er werde weiterhin aus München zur Bundespolitik «Stellung nehmen oder auf sie Einfluß nehmen».

30. März: In West-Berlin unterzeichnen die *Ruhrgas AG* und die sowjetische *Sojusgasexport* einen Vertrag, nach dem die Stadt der Bundesbürger Rudolf Burkert. Am 16. April wird offiziell Herzversagen als Todesursache mitgeteilt, angesichts verschiedener Verletzungen vermuten die Angehörigen jedoch äußere Gewalteinwirkung. Der CSU-Vorsitzende Franz Josef Strauß spricht von einem «Mordfall». Am 26. April stirbt am Grenzkontrollpunkt Wartha der Bundesbürger Heinz Moldenhauer während einer Belehrung durch DDR-Grenzer an Herzversagen. Gleichen Tags kommentiert *Die Welt*: Es ist besser, wenn Honecker «nicht kommt. Wir wollen ihn hier nicht sehen, jedenfalls so lange nicht, wie Bürger aus Westdeutschland vor Angst sterben, wenn sie drüben Verwandte besuchen wollen und im Honecker-Staate von Honecker-Schergen in die Baracke eskortiert und schikanös verhört werden.»

Mit der Begründung, verschiedene Pressekommentare zum Fall Burkert hätten die Beziehungen zwischen beiden deutschen Staaten leiden lassen, sagt Erich Honecker am 28. April seinen für 1983 vorgesehenen Besuch in der Bundesrepublik ab. Das hindert die DDR-Führung jedoch nicht, Anfang Mai insgeheim den Staatssekretär Alexander Schalck-Golodkowski (SED) zu Strauß zu entsenden. Strauß offeriert ihm bei diesem ersten Zusammentreffen weitere Kontakte, auch bezüglich «eines Überbrückungskredites zur Entlastung der Zahlungsbilanz der DDR», wenn die unerträglichen Schikanen bei den Grenzabfertigungen eingestellt würden. Tatsächlich beginnen zwei Wochen später die DDR-Grenzorgane an allen Übergangsstellen, Reisende normal zu behandeln – der Beleg, daß die bisherige Unfreundlichkeit zentral angeordnet war.

11. bis 17. April: In Ost-Berlin findet zum 100. Todestag von Karl Marx eine internationale wissenschaftliche Konferenz statt. Unter dem Motto «Karl Marx und unsere Zeit – der Kampf für Frieden und sozialen Fortschritt» nehmen 145 Abordnungen kommunistischer, nationalrevolutionärer und sozialdemokratischer Parteien teil, darunter auch eine Delegation der Friedrich-Ebert-Stiftung der SPD.

21. April: Anläßlich des bevorstehenden 500. Geburtstages des Reformators Martin Luther wird in Eisenach die restaurierte Wartburg wiedereröffnet. Als Leiter des staatlichen Luther-Komitees ist Erich Honecker, als Leiter des kirchlichen Luther-Komitees Landesbischof Werner Leich anwesend. Beide betonen ihr Bemühen um ein konstruktives Verhältnis – in der Tat stellt das Luther-Jahr 1983 den bisherigen Höhepunkt in der Kooperation von Staat und Kirche dar. Von beiden Seiten wird dies als Modell für zukünftige Beziehungen gewertet.

3. bis 7. Mai: Eine große Delegation unter Erich Honecker besucht die Sowjetunion. Der Generalsekretär des ZK der KPdSU, Juri Andropow, überreicht ihm den «Lenin-Orden» und den «Goldenen Stern eines Helden der Sowjetunion». Beide klagen die USA wegen ihres aggressiven Kurses an, der sich nicht nur gegen die sozialistische Gemeinschaft, sondern gegen die Menschheit richte: «Er treibt die Welt in eine nukleare Katastrophe.»

5. Juni: Eine Fahrraddemonstration von etwa 200 jungen Leuten im Raum Halle-Merseburg, die gegen die Umweltbelastung durch die Chemiewerke *Leuna* und *Buna* protestieren wollen, wird gewaltsam aufgelöst. Der Initiator Lothar Rochau, früherer Hallenser Jugendpfarrer, wird verhaftet, am 23. Juni wegen «staatsfeindlicher Hetze» zu drei Jahren Freiheitsstrafe verurteilt und bald in die Bundesrepublik abgeschoben.

7. Juni: In Ost-Berlin verurteilt das Stadtgericht den ehemaligen SS-Offizier Heinz Barth wegen Kriegsverbrechen und Verbreab 1. Oktober 1985 mit sowjetischem Erdgas beliefert wird, wobei die volle Liefermenge von jährlich 650 Millionen Kubikmeter 1988 erreicht sein soll. Der Vertrag hat eine Laufzeit bis zum Jahr 2008. In der DDR wird dazu eine 235 Kilometer lange Pipeline errichtet.

1. bis 4. April: Bei den diesjährigen Ostermärschen nehmen mehr als 500000 Menschen teil, sie werfen den USA eine unverantwortliche Hochrüstungspolitik vor.

7. April: Zwar unterzeichnete die Bundesregierung das Übereinkommen über das Verbot der Entwicklung, Herstellung und Lagerung von bakteriologischen und Toxinwaffen bereits am 10. April 1972. Doch wollte sie in die Ratifikation West-Berlin mit einschließen, was die Westalliierten unter Verweis auf ihre alleinige Zuständigkeit in Sicherheitsfragen ablehnten. Erst 1981 wurde ein Kompromiß erzielt, so daß der Bundestag am 10. Dezember 1982 die Ratifikation vornahm. Heute wird die Ratifikationsurkunde hinterlegt.

13. April: Das Bundesverfassungsgericht erläßt eine Einstweilige Anordnung gegen die für den 27. April angesetzte Volkszählung, sie wird bis zu einem endgültigen Urteil ausgesetzt. In der Öffentlichkeit werden Befürchtungen gehegt, die erhobenen Daten könnten mißbraucht werden. Am 15. Dezember 1983 erklärt das Gericht drei Absätze im Paragraph 9 des Volkszählungsgesetzes für verfassungswidrig. In seinem Urteil stellt das Gericht ein Recht auf «informationelle Selbstbestimmung» auf und formuliert Anforderungen an die Volkszählung, die dieses Recht sichern sollen. Als Ausfluß des allgemeinen Persönlichkeitsrechts und der Menschenwürde komme jedem Bürger das Recht zu, grundsätzlich selbst über Preisgabe und Verwendung seiner persönlichen Daten zu bestimmen. Gegen eine breite Boykottkampagne findet die Volkszählung auf entsprechend veränderter gesetzlicher Grundlage am 25. Mai 1987 statt.

18. und 19. April: Das Mitglied des SED-Politbüros, Günter Mittag, trifft nach einem Besuch der Messe in Hannover in Bonn mit Alfred Dregger (CDU), Wolfgang Mischnik (FDP) und Hans-Jochen Vogel (SPD) sowie mit Wirtschaftsminister Otto Graf Lambsdorff (FDP) zusammen. Bundeskanzler Helmut Kohl sagt wegen des Todes des Transitreisenden Rudolf Burkert in Drewitz den Empfang von Mittag ab und telefoniert darauf mit Erich Honecker.

25. April: Auf einer Pressekonferenz in Hamburg stellt die Führungsmannschaft der Illustrierten *stern* die «größte journalistische Sensation» der Nachkriegszeit vor. Gegen Zahlung von neun Millionen DM erwarb *stern*-Reporter Gerd Heidemann 62 Bände mit Tagebüchern Adolf Hitlers und druckt Auszüge. Wenig später stellen sich die Bände als Fälschung aus der Hand des Malers Konrad Kujau heraus. Wegen fortgesetzten schweren Betrugs werden am 8. Juli 1985 Heidemann zu vier Jahren und acht Monaten und Kujau zu viereinhalb Jahren Freiheitsstrafe verurteilt.

26. April: Das US-Justizministerium gibt bekannt, daß als erster männlicher Nazi-Kriegsverbrecher Hans Lipschis an die Bundesrepublik ausgeliefert wurde. Der gebürtige Litauer Lipschis gehörte der SS-Division Totenkopf an und arbeitete in den KZs Auschwitz und Birkenau.

17. bis 19. Juni: Auf dem Treffen der zehn Staats- und Regierungschefs der EG in Stuttgart wird eine «Feierliche Deklaration zur Europäischen Union» verabschiedet. Sie fordert eine Vertiefung des Zusammenhalts, eine Wiederbelebung der Dynamik sowie eine Stärkung der europäischen Institutionen.

chen gegen die Menschlichkeit zu lebenslänglicher Haft und Aberkennung der staatsbürgerlichen Rechte. Barth nahm 1942 an Erschießungen in der Tschechoslowakei und 1944 am Massaker im französischen Oradour-sur-Glane teil. Er kehrte 1946 in seinen Geburtsort Gransee im Bezirk Potsdam zurück. In seiner Laufbahn als Textilkaufmann wird ihm stets Fleiß und Einsatz bestätigt. Barth wird 1981 verhaftet.

10. Juni: Erich Honecker empfängt den bisherigen sowjetischen Botschafter Pjotr Abrassimow zum Abschiedsbesuch. Vom Dezember 1962 bis Ende 1971 und dann wieder ab März 1975 wirkte Abrassimow als Statthalter Moskaus, der von der Souveränität der DDR wenig hielt. Am 11. August übergibt der neue Botschafter Wjatscheslaw Kotschemassow sein Beglaubigungsschreiben.

16. und 17. Juni: In Moskau wählt der Oberste Sowjet einstimmig den Generalsekretär des ZK der KPdSU, Juri Andropow, zu seinem neuen Vorsitzenden und damit zum Staatsoberhaupt.

28. Juni: In Moskau kommen die Partei- und Staatschefs der Staaten des Warschauer Paktes zu einer nicht angekündigten Gipfelkonferenz zusammen. Juri Andropow sucht eine gemeinsame Linie gegen die NATO-Nachrüstung zu finden, zumal die Sowjetunion die Aufstellung weiterer Raketen plant. Auf Betreiben von Rumäniens Nicolae Ceauşescu verzichtet die offizielle Erklärung auf Drohungen, so daß im Westen Hoffnung auf eine Öffnung zu größerer Flexibilität bei den Genfer Verhandlungen aufkeimt.

Erstmals werden offizielle Angaben zur Religionszugehörigkeit der DDR-Bürger publiziert. Am 1. März gehörten von den 16,7 Millionen Menschen etwa 7,7 Millionen den evangelischen Kirchen, 1,2 Millionen der katholischen Kirche und 200 000 Freikirchen und anderen Religionsgemeinschaften an. Zudem leben noch 600 Juden in der DDR. Bei den evangelischen Kirchen zählen die Evangelisch-lutherische Landeskirche in Sachsen 2,35 Millionen, die Evangelische Kirche der Kirchenprovinz Sachsen 1,4 Millionen sowie die Kirchen in Berlin-Brandenburg 1,4 Millionen, in Thüringen eine Million, in Mecklenburg 750 000, in Greifswald 450 000 in Anhalt 220 000 und in Görlitz 125 000 Gläubige.

24. bis 27. Juli: Die Fernsehzuschauer in Ost und West glauben ihren Augen nicht zu trauen. Der bayerische Ministerpräsident und CSU-Vorsitzende Franz Josef Strauß, Erzfeind jedes Kommunisten, wird von Erich Honecker im Schloß Hubertusstock am Werbellinsee empfangen. Das einträchtige Beisammensein stellt den Auftakt zu einer privaten Besuchsreise dar, die Strauß nach Dresden, Meißen, Naumburg und Weimar führt. Zuvor besuchte Strauß die Tschechoslowakei und erstmals Polen. Er und Honecker würdigen den Anfang Juni zwischen Strauß und Staatssekretär Alexander Schalck-Golodkowski (SED) verabredeten und am 1. Juli unterzeichneten Milliardenkredit unter Federführung der *Bayerischen Landesbank* an die DDR. Offene politische Bedingungen werden an die Gewährung nicht geknüpft, doch sagt die DDR nach Bekundung von Strauß folgende Gegenleistungen zu: «Beseitigung der Selbstschußanlagen vom kommenden Herbst – 1983 – an, Änderung in Art und Ton der Grenzabfertigungen, wesentlich erleichterte Familienzusammenführungen, Verbesserungen im Reiseverkehr und weitere Punkte.»

15. August: Angesichts der wachsenden wirtschaftlichen Probleme seines Riesenreiches ruft der Generalsekretär des ZK der KPdSU, Juri Andropow, wirtschaftliche Re-

25. Juni: Während eines Festaktes zum 300. Jahrestag der ersten deutschen Auswanderung nach Amerika spricht in Krefeld auch der amerikanische Vizepräsident George Bush. Aus einer Demonstration von 25 000 Menschen der Friedensbewegung heraus entwickeln sich die «Krefelder Krawalle», bei denen 400 Demonstranten «mit ungeahnter Brutalität» gegen die Polizei vorgehen. Fast hundert Menschen werden verletzt.

29. Juni: Die Bundesregierung beschließt, zur Gänze die Bürgschaft für den von Franz Josef Strauß angebahnten Milliardenkredit an die DDR zu übernehmen. Erstmals wird damit ein Kredit zu hundert Prozent staatlich abgesichert, ein Fall ohne Vorbild. Daß er «die Union insgesamt und die CSU im besonderen aus einem toten Winkel herausgeholt und Handlungsspielraum hergestellt habe», bewertet Strauß als das Entscheidende dieses Kredits. Zwar habe Bundeskanzler Helmut Kohl gesagt, wer Strauß wegen des Milliardenkredits kritisiere, kritisiere auch ihn. «Aber sonst hat Bonn gemauert.» Der Grund liegt darin, daß Strauß der CDU-Führung um Helmut Kohl zuvorkommt, die über den Staatsminister im Kanzleramt, Philipp Jenninger (CDU), und den Schweizer Bankier Holger Bahl seit Herbst 1982 ein «Züricher Modell» zu realisieren sucht. Danach soll eine Schweizer Bank der DDR einen Kredit bis zu fünf Milliarden DM zukommen lassen. Im Gegenzug soll die DDR die Mindestumtauschsätze für Besucher aus dem Westen senken sowie das Reisealter für DDR-Bürger herabsetzen. Aber auch innerhalb seiner Partei wird Strauß kritisiert: Auf dem Parteitag der CSU in München am 15. und 16. Juli erhält er die niedrigste Zustimmung seit seiner Wahl zum Vorsitzenden 1961.

4. bis 7. Juli: Bundeskanzler Helmut Kohl und Außenminister Hans-Dietrich Genscher besuchen die Sowjetunion, um die gegenseitigen Beziehungen zu stabilisieren. In mehreren Bereichen werden Vereinbarungen über eine Intensivierung der Zusammenarbeit geschlossen. Kohl erkennt sowjetische «Reserven der Flexibilität» in der Rüstungsbegrenzung.

30. August: Der türkische Asylbewerber Kemal Altun springt aus dem Fenster eines Sitzungssaales des West-Berliner Verwaltungsgerichtes, er erliegt seinen Verletzungen. Altun floh aus der Türkei, wo er nach eigenen Angaben wegen Beteiligung an einem politischen Mord gesucht wird, und reiste 1981 illegal in die Bundesrepublik ein. Seit Juli 1982 sitzt er in Auslieferungshaft. «Im Interesse der guten polizeilichen Zusammenarbeit» mit dem Militärregime in der Türkei befürworten Innen- und Justizministerium die baldige Auslieferung, während das Außenministerium empfiehlt, das von Altun angestrengte Verfahren vor der Europäischen Menschenrechtskommission abzuwarten.

1. September: Am Weltfriedenstag beginnt eine dreitägige friedliche Blockade des US-Raketenstützpunktes in Mutlangen. Zahlreiche Prominente beteiligen sich, darunter die SPD-Politiker Erhard Eppler und Oskar Lafontaine sowie die Politiker der *Grünen* Petra Kelly und Gert Bastian. Auch Intellektuelle wirken an diesem Protest gegen die Überrüstung mit, so Heinrich Albertz, Helmut Gollwitzer, Dorothee Sölle, Robert Jungk, Heinrich Böll, Peter Härtling und Walter Jens. In den folgenden Monaten entbrennt eine harte öffentliche Debatte: Die Friedensbewegung, die *Grünen* und große Teile der SPD lehnen es ab, die geplante Raketenstationierung zu vollziehen. CDU / CSU und FDP werfen ihnen deshalb vor, kommunistisch beeinflußt und antiwestlich eingestellt zu sein. Am 5. Oktober formen aus. Man müsse «das Versäumte nachholen». Bereits im April wird der Parteispitze eine geheime Studie von Wirtschaftsexperten aus Nowosibirsk vorgelegt. Danach kann das System der zentralen Planung keine Grundlage für einen leistungsfähigen, modernen Industriestaat abgeben. Bereits Ende 1982 rief Andropow eine Kampagne gegen Schlendrian und für eine bessere Arbeitsdisziplin aus.

16. bis 18. August: Erstmals seit 1974 besucht Erich Honecker Polen, als erster osteuropäischer Parteichef nach den Umwälzungen vom Sommer 1980. Angesichts der schwierigen gegenseitigen Beziehungen bleibt die Reise ohne konkrete Ergebnisse. Die Hoffnung der Menschen auf eine Rücknahme der Reisebeschränkungen erfüllt sich nicht, vage wird lediglich die «Vorbereitung einer Konzeption für die Entwicklung des Reiseverkehrs entsprechend den gegenwärtigen Bedingungen» in Aussicht gestellt.

24. und 25. August: Zum Abschluß einer privaten Reise trifft Egon Bahr, SPD-Vorstandsmitglied und Abrüstungsexperte, in Ost-Berlin mit Erich Honecker zusammen. Honecker kündigt angesichts der bevorstehenden «Verwandlung des Territoriums der BRD in eine Startrampe von US-Erstschlagswaffen» Gegenmaßnahmen der Sowjetunion an. Bahr konstatiert, daß sich die Beziehung der beiden deutschen Staaten bisher nicht verschlechtert habe. Niemand könne sagen, wie es nach der Stationierung weitergehe: «Die beiden deutschen Staaten sind keine Oase.» Darauf wird Bahr von der CDU/CSU scharf kritisiert, er spiele sich mit Honecker die Bälle zu, um der westlichen Öffentlichkeit Angst vor sowjetischen Gegenmaßnahmen einzuflößen.

1. September: Die internationalen Spannungen fordern unschuldige Opfer. Sowjetische Kampfflugzeuge schießen ein süd-

Ein kaum jemals für möglich gehaltenes Treffen: Franz Josef Strauß zu Besuch bei Erich Honecker

koreanisches Verkehrsflugzeug «B 747» mit 269 Menschen an Bord ab, als es weit von seinem Kurs abweicht und in sowjetisches Sperrgebiet eindringt. Alle Insassen kommen ums Leben. Die Sowjetunion spricht von einer «Spionageoperation unter Benutzung eines Zivilflugzeugs».

5. September: In Leipzig treffen Mitglieder des innerdeutschen Ausschusses des Bundestages aller Parteien mit DDR-Politikern zusammen. Danach erklärt der Vorsitzende des Ausschusses, Gerhard Reddemann (CDU), «daß sich hier etwas bewegt». In Ost-Berlin kommt der frühere Bundeskanzler Helmut Schmidt mit Erich Honecker zusammen. Schmidt erklärt danach vor der Presse, offensichtlich habe der Bonner Regierungswechsel den deutsch-deutschen Beziehungen bisher nicht geschadet.

15. September: Erstmals trifft der Staats-

Wald und Auto

Ein neues deutsches Wort, das auch in andere Sprachen Eingang findet: «Waldsterben». Nach eigenen Angaben prägt der *Bund für Umwelt und Naturschutz Deutschland* (BUND) den Begriff bereits 1972, als er auf verbreitete Baumschäden im Raum Ingolstadt und Nürnberg hinweist. 1979 erhärtet die erste Studie über das «Ökosystem Wald» die Annahme, daß die Luftverunreinigung und damit auch der Kraftfahrzeugverkehr zu den Hauptursachen des Waldsterbens gehört. Ende 1983 erhebt die Bundesregierung, daß bereits 34,4 Prozent der Waldfläche geschädigt sind. 24,7 Prozent in der niedrigsten Schadstufe (kränkelnd), 8,7 Prozent in der zweiten (krank) und ein Prozent in der dritten (sehr krank). Angesichts dramatisch steigender Schäden muß bald die vierte Schadstufe eingeführt werden: abgestorben.

Neben den Großfeuerungsanlagen, deren Entschwefelung bis 1988 durchgesetzt wird, gilt das Lieblingskind der Deutschen als Hauptübeltäter. Das Auto, dessen Siegeszug den Aufstieg der westdeutschen Wirtschaft wie kein anderes Produkt symbolisierte, gerät heftig in die Kritik. Waren 1960 gerade 4,5 Millionen PKW in der Bundesrepublik unterwegs, sind es 1970 14 Millionen, 1980 schon 23,2 Millionen und 1990 bereits mehr als 30 Millionen – LKW und Busse nicht eingerechnet. Es wächst nicht nur die Zahl der Autos, die Motoren werden größer, und die Wagen werden mehr gefahren. Die dramatische Motorisierung, die der einzelne als Gewinn an Mobilität erlebt, geht einher mit der fatalen Neigung, Opfer in Kauf zu nehmen. Seit 1953 wurden fast neunzehn Millionen Menschen bei Straßenverkehrsunfällen verletzt, etwa 550 000 Menschen kamen ums Leben – der schreckliche Höhepunkt liegt mit 19 193 Getöteten im Jahr 1970.

Schließlich kann die Bundesregierung nicht länger umhin, etwas zu tun. Am 20. Juli 1983 beschließt das Kabinett als erste Maßnahme ihres Aktionsprogramms «Rettet den Wald», daß ab dem 1. Januar 1986 nur noch Neuwagen mit Katalysator zugelassen werden sollen. Eine niemals wirklich durchgesetzte Maßnahme, Ende 1986 verfügen gerade mal 340 000 PKW über einen Katalysator. Erst 1993 wird es in den Ländern der EU Pflicht, daß Neuwagen mit geregelten Drei-Wege-Katalysatoren ausgerüstet sein müssen. Führend ist die Bundesrepublik dagegen bei der Verwendung bleifreien Benzins, 1992 beträgt der Anteil verbleiten Kraftstoffs nur noch fünfzehn Prozent. Während also die Bleibelastung deutlich vermindert werden kann, sinkt der Stickoxid-Ausstoß des Straßenverkehrs nur geringfügig – was der wachsenden Fahrzeugzahl und Fahrleistung wegen aber bereits als Erfolg gilt. Dem Wald hilft es kaum – 1994 sind nur noch 36 Prozent der Waldfläche der neuen Bundesrepublik ohne Schadensmerkmale. Für den Beginn des nächsten Jahrtausends wird eine Vergrößerung des Fahrzeugbestandes auf unglaubliche fünfzig Millionen prognostiziert.

Die Westverschuldung der DDR

Ausmaß und Bedeutung der Verschuldung der DDR im westlichen Ausland waren, was nicht genügend beachtet wurde, eine der brisantesten Überlebensfragen. Werner Krolikowski, seit 1963 Mitglied des ZK und seit 1971 Mitglied des Politbüros der SED, fertigt am 19. Januar 1990 handschriftliche Aufzeichnungen an. Zuvörderst sollen sie seinem Schutz dienen, denn auch gegen ihn wird dann wegen Verdachts auf Amtsmißbrauch sowie Korruption ermittelt. Doch selbst wenn seine Rolle geschönt sein sollte, Krolikowskis Notizen offenbaren die Sprengkraft des Themas.

«Nachdem ich meine neue Arbeit als Sekretär des ZK im Oktober 1973 begann, stieß ich auf das Problem der Auslandsverschuldung der DDR im NSW (= nichtsozialistisches Wirtschaftsgebiet, H. B.), von dem ich bis dahin nichts wußte (...) Da in der Honeckerzeit die Westverschuldung eine rasante Zunahme aufwies, ersuchte ich darum, eine Hochrechnung darüber zu machen, welchen Stand der Westverschuldung die DDR in den achtziger Jahren erreicht, wenn Honecker und Mittag so weitermachen (...) Mit diesem Papier ging ich zu Honecker (...) Ich setzte mich mit ihm auseinander, daß dieser Weg der Verschuldung im Westen für die DDR nicht geht, daß es ein Weg ins Unglück ist (...) daß wir zu einem Ausbeutungsobjekt des Imperialismus werden (wegen der großen Höhe der Zinsen und Gebühren), daß uns früher oder später die Zahlungsunfähigkeit (Bankrott) droht (...) Auch habe der achte Parteitag dazu kein Mandat erteilt. Honecker stand auf und setzte mir auseinander, daß das seine Sache sei, daß es zur Panikmache keinen Grund gebe und daß ich ein Panikmacher sei. Er verlangte von mir und beauftragte mich, daß dieses Papier (die Hochrechnung über die Westverschuldung) sofort vernichtet wird und niemand etwas davon erfährt (...) Als Breschnew 1979 zum dreißigsten Jahrestag der DDR in Berlin war – (die DDR hatte damals gerade ca. 30 Milliarden Valutamark Westverschuldung) – schlug Breschnew vor dem gesamten Politbüro mit der Faust auf den Tisch und warf Honecker sehr ernst vor, daß er mit seiner Westverschuldung die DDR in den Bankrott führt.

Doch Honecker, Mittag und Schalck trieben die Westverschuldung in den achtziger Jahren weiter in die Höhe – so gewissenlos und abenteuerlich, daß in den achtziger Jahren für die DDR-Wirtschaft ein Zustand eintrat, daß aufgrund der Höhe der Westverschuldung die DDR entweder zahlungsunfähig ist (bankrott und damit kreditunwürdig) oder nun bereits Schulden im Westen aufgenommen werden mußten, um die Tilgungs-, Zins- und Gebührenzahlungen an die Westbanken überhaupt termingerecht leisten zu können (...) Offensichtlich spielte die Aufnahme des 1-Milliarden-Kredits mit Hilfe von F. J. Strauß im Jahre 1983 die Rolle, den Bankrott, d. h. die Zahlungsunfähigkeit der DDR zeitlich hinauszuschieben und ihre Verschuldung, sprich Abhängigkeit vom Westen, noch mehr zu erhöhen. Honecker war sehr glücklich über diesen ‹Strauß-Kredit› (...) Die Aufnahme dieses Kredits wurde nicht etwa im Politbüro oder im Ministerrat beschlossen, sondern einfach von Honecker und Mittag eingefädelt, wobei Schalck ihr direkter Handlanger war. Es ist verrückt, aber Tatsache: die Genossen des Politbüros und der Regierung hörten vom Milliardenkredit mittels Strauß zuerst aus der Westpresse bzw. dem Westfernsehen oder -funk.»

folgen mehrere Millionen Arbeitnehmer dem Aufruf des DGB zu «fünf Mahnminuten für den Frieden» von 11.55 bis 12.00 Uhr. Vom 16. bis zum 22. Oktober veranstaltet die Friedensbewegung eine bundesweite Aktionswoche, an der sich unter anderem mit Menschenketten mehr als eine Million Menschen beteiligt. Zum Abschluß demonstrieren am 22. Oktober im Bonner Hofgarten mehr als 300000 Menschen gegen die Raketenstationierung. Am 29. Oktober demonstriert eine Gruppe von Bundestagsabgeordneten der *Grünen* auf dem Roten Platz

Kriegsgefahr?

Am 28. September gibt Juri Andropow in Moskau unangekündigt eine Grundsatzerklärung ab, die bedrohliche Sätze enthält, aber auch eine Fehleinschätzung der Situation im Westen offenbart. Indem er die aktuelle Kriegsgefahr überbetont, hofft er einen Keil zwischen Westeuropa und die USA treiben und in der Bundesrepublik auf eine Art Volkserhebung gegen die Stationierung bauen zu können. «Kurz gesagt, handelt es sich dabei um einen militärischen Kurs, der eine ernste Gefahr für den Frieden darstellt. Er läuft darauf hinaus, unter Mißachtung der Interessen anderer Staaten und Völker zu versuchen, den Vereinigten Staaten von Amerika dominierende Positionen in der Welt zu sichern. Diese Ziele sind es, denen der bisher beispiellose Ausbau des Militärpotentials der USA und die großangelegten Programme zur Produktion aller Arten von Waffen – von nuklearen, chemischen und konventionellen – gelten. Das zügellose Wettrüsten soll nunmehr auch auf den Weltraum ausgedehnt werden.»

«Von der Warte Washingtons stellt sich die Operation zur Aufstellung dieser amerikanischen Nuklearraketen in Europa äußerst einfach und für die USA in höchstem Maße vorteilbringend dar, vorteilbringend auf Kosten Europas. Die europäischen Bündnispartner der USA werden als Geiseln betrachtet. Das ist eine ebenso unverhohlene wie zynische Politik. Wirklich unbegreiflich ist nun aber folgendes: Denken denn darüber jene europäischen Politiker nicht nach, die unter Mißachtung der Interessen ihrer Völker und der Interessen des Friedens der US-Administration bei der Verwirklichung ihrer militaristischen Pläne helfen? Hier darf es keine Unklarheiten geben. Wenn amerikanische nukleare Raketen entgegen dem Willen der Mehrheit der Bevölkerung der westeuropäischen Länder auf dem europäischen Kontinent erscheinen, wird das von seiten der Führung der USA und der mit ihr konform gehenden Politiker der anderen NATO-Länder ein friedensfeindlicher Schritt von prinzipieller Tragweite sein.»

Am 4. Oktober schließen sich in einer gemeinsamen Stellungnahme das Politbüro der SED und der Ministerrat der Einschätzung an, daß die Stationierung neuer amerikanischer Raketen in der Bundesrepublik weitgehende politische und militärische Konsequenzen haben könne.

und Parteichef der DDR mit einem Regierenden Bürgermeister von Berlin zusammen. Im Ost-Berliner Schloß Niederschönhausen empfängt Erich Honecker Richard von Weizsäcker (CDU). Während die Westalliierten zustimmen, kritisiert die Bundesregierung, daß Weizsäcker sich nicht vom Ständigen Vertreter der Bundesrepublik in der DDR begleiten läßt. Beide Seiten bezeichnen das Gespräch über eine Vielzahl von Fragen als «äußerst nützlich».

27. September: Die Bundesregierung gibt bekannt, daß die DDR die 1980 auch auf Kinder zwischen sechs und fünfzehn Jahren ausgedehnte Pflicht zum Mindestumtausch in Höhe von 7,50 DM pro Tag bei Reisen in die DDR und nach Ost-Berlin aufhebt.

Eine am 15. September erlassene «Verordnung zur Regelung von Fragen der Familienzusammenführung und der Eheschließung zwischen Bürgern der DDR und Ausländern» wird veröffentlicht. Die auch für Bundesbürger geltenden Bestimmungen sind nunmehr den Dokumenten der KSZE angeglichen, in jedem Fall ist die Genehmigung der staatlichen Organe einzuholen.

3. Oktober: In Athen versucht der Staatssekretär im Bonner Innenministerium, Carl-Dieter Spranger (CSU), die griechische Regierung von der Ratifizierung des bereits 1982 paraphierten Rechtshilfeabkommens mit der DDR abzubringen. Es erkennt die Staatsbürgerschaft der DDR an, was zu einer Auslieferung von DDR-Bürgern an die DDR führen könnte. Sollte das Abkommen in Kraft treten, müßte sich die Bundesregierung vorbehalten, in jedem Einzelfall zu intervenieren, um eine Rückführung in die DDR zu verhindern.

5. Oktober: In einem Interview mit österreichischen Journalisten verkündet Erich Honecker die Beseitigung der nunmehr 60 000 Selbstschußanlagen «SM 70» an der gesamten Länge der Grenze. Bis zum Jahresende 1984 sind sie tatsächlich abgebaut. Bis Anfang November 1985 verschwinden auch die letzten Bodenminen, die bereits seit Beginn der achtziger Jahre stark reduziert wurden. Damit wird die Grenze weniger blutig, indes nicht durchlässiger, da zahlreiche neue Sperr- und Kontrollmaßnahmen bereits im Binnenland eingeführt werden.

Dem polnischen Arbeiterführer Lech Walesa wird der Friedensnobelpreis zuerkannt. Polens Regierung bewertet dies als «Nobelpreis für die Teilung in Europa, für Konflikt und gegen Frieden und Koexistenz».

10. Oktober: Das *Neue Deutschland* veröffentlicht einen Brief von Erich Honecker an Bundeskanzler Helmut Kohl. Er ruft zur einer «Koalition der Vernunft» auf und appelliert an die Bundesregierung, ihre Haltung zur Stationierung neuer US-Atomraketen zu überdenken. In Bonn werden Honeckers Schlußsätze als bemerkenswert bezeichnet. Sie lauten: «Ein atomwaffenfreies Europa ist letzten Endes das Ziel der europäischen Völker. Wir schließen uns im Namen des deutschen Volkes an.»

17. und 18. Oktober: Der sowjetische Außenminister Andrej Gromyko unterrichtet Erich Honecker in Ost-Berlin über seine Wiener Gespräche mit Bundesaußenminister Hans-Dietrich Genscher. Sie drohen der Bundesrepublik, die Zustimmung zur Stationierung würde deren «lebenswichtige Interessen aufs Spiel» setzen.

31. Oktober: In Ost-Berlin empfängt Erich Honecker eine achtköpfige Delegation der *Grünen.* Petra Kelly, Gert Bastian, Otto Schily, Lukas Beckmann und der später als Stasi-Spitzel enttarnte Dirk Schneider drängen Honecker, seinen Einfluß in Moskau für einen einseitigen Abrüstungsschritt der Sowjetunion geltend zu machen. Um ihre Solidarität mit der unabhängigen Friedensbewegung in der DDR deutlich zu machen, in Moskau für Abrüstung in Ost und West sowie die Auflösung der Militärblöcke.

12. September: Der stellvertretende Vorsitzende der CDU-Bundestagsfraktion, Volker Rühe, prägt den Begriff von der «Verantwortungsgemeinschaft» der beiden deutschen Staaten, die von beiden Seiten anerkannt werde.

29. September: Nach Besetzungen wegen der drohenden Stillegung von Werften in Hamburg und Bremen demonstrieren 100000 Arbeiter in Bonn gegen die Werftenpolitik der Bundesregierung.

12. Oktober: In München unterzeichnen die Bundesrepublik und die DDR eine Vereinbarung über Maßnahmen zur Sanierung des Flusses Röden im Grenzgebiet von Bayern und Thüringen. Danach wird die DDR ein Abwasserreinigungssystem einschließlich einer Kläranlage in der Stadt Sonneberg bauen, an dem sich die Bundesregierung und der Freistaat Bayern mit je neun Millionen DM beteiligen. Vom 11. bis zum 14. Oktober besucht auch der DDR-Minister für Umweltschutz und Wasserwirtschaft, Hans Reichelt (DBD), Bayern.

15. und 16. Oktober: In Wien trifft Außenminister Hans-Dietrich Genscher mit seinem sowjetischen Amtskollegen Andrej Gromyko zusammen. Angesichts der bevorstehenden Billigung der Nachrüstung durch den Bundestag müßten der Dialog und die Zusammenarbeit fortgesetzt werden – stationierte Raketen könnten auch wieder abgebaut werden.

17. Oktober: Auf dem Kaiser-Wilhelm-Koog bei Brunsbüttel nimmt die bisher größte Windkraftanlage der Welt («Growian») ihren Betrieb auf.

25. Oktober: Amerikanische Truppen landen auf der Karibikinsel Grenada. US-Präsident Ronald Reagan erklärt, sie sollen «Ordnung und Demokratie» wiederherstellen, nachdem eine brutale Gruppe linksradikaler Banditen die Macht an sich gerissen habe. Am 27. Oktober erklärt Reagan, die Invasion habe auch dem Tun der Russen und Kubaner einen Riegel vorschieben sollen. Bei der Aktion werden nach US-Angaben 116 Menschen getötet. Am 16. Dezember sind die US-Einheiten bis auf 300 Mann wieder abgezogen.

In Bonn erörtern erstmals Experten beider deutscher Staaten Probleme des Strahlenschutzes und Fragen der Sicherheit von Atomkraftwerken und anderen Anlagen.

18. und 19. November: Auf dem SPD-Sonderparteitag in Köln stimmen nur vierzehn der 400 Delegierten mit dem früheren Bundeskanzler Helmut Schmidt für den Vollzug der NATO-Nachrüstung. Bei drei Enthaltungen wird mit überwältigender Mehrheit von den USA ein Stopp der Stationierung von neuen Mittelstreckensystemen gefordert.

21. und 22. November: Mehr als fünfzig Redner treten während der heftige Bundestagsdebatte über den NATO-Doppelbeschluß an. Die Positionen bleiben unversöhnlich. Mit der Mehrheit von CDU/CSU und FDP beschließt der Bundestag gegen die Minderheit von SPD und *Grünen*, im Rahmen der Nachrüstung mit der Aufstellung von Mittelstreckenraketen zu beginnen. Darauf bricht die Sowjetunion am 23. November die Genfer Verhandlungen über Rüstungsbegrenzung (*Intermediate-Range Nuclear Forces*, INF) mit den USA ab, doch sendet Generalsekretär Juri Andropow ein Schreiben an Bundeskanzler Helmut Kohl, in dem er die entstandene Situation nicht als unumkehrbar betrachtet. Am 1. Januar 1984 tritt die erste Batterie von neun «Pershing-II»-Raketen in Mutlangen in Einsatzbereitschaft.

25. November: In München verurteilt das Bayerische Oberste Landesgericht den Neoträgt Kelly ein T-Shirt mit dem Emblem «Schwerter zu Pflugscharen». Beckmann legt Honecker einen «Persönlichen Friedensvertrag» vor, wie ihn auf Anregung der mecklenburgischen Kirche bereits eine Reihe von DDR- und Bundesbürgern individuell abgeschlossen haben. Nach längerer Diskussion unterzeichnet Honecker zwei Punkte, den Ausschluß gegenseitiger Gewaltanwendung und den Abbau gegenseitiger Feindbilder. Die Verpflichtung zu einseitigen Abrüstungsschritten könne er mit seiner Verantwortung nicht vereinbaren. Die Delegation übergibt Honecker eine Liste mit Namen von in der DDR inhaftierten Bürgern, die in der unabhängigen Friedensbewegung engagiert sind. Honecker sagt eine Überprüfung dieser Fälle zu. Eine Betroffene wird bereits am folgenden Tag freigelassen. Die Delegation unterrichtet Honecker, daß am 4. November Bundestagsabgeordnete der *Grünen* mit nichtoffiziellen Friedensgruppen Petitionen an die Ost-Berliner Botschaften der Sowjetunion und der USA überreichen wollen. Massiver Polizeieinsatz unterbindet diese Aktion jedoch, es gibt vorbeugende Festnahmen, zwei Abgeordnete der *Grünen* werden nach West-Berlin abgeschoben.

10. November: Am 9. November zelebriert das staatliche Luther-Komitee unter Erich Honecker seine offizielle Festveranstaltung in der Deutschen Staatsoper in Ost-Berlin. Heute findet am 500. Geburtstag des Reformators Martin Luther die zentrale kirchliche Gedenkfeier in Eisleben statt. Für die Evangelischen Kirchen bietet das Luther-Jahr bisher ungekannte Möglichkeiten der öffentlichen Selbstdarstellung, es finden sieben Kirchentage statt. Zumeist gelangen sie zu einer ähnlichen Standortbestimmung, wie sie der Konsistorialpräsident Manfred Stolpe in der Dresdner Heilandkirche gibt: «Auch Antragsteller und Dissidenten können gern zu uns kommen. Aber die Kirchenleitung wird nicht zulassen können, daß aus Gemeindegruppen Auswanderungszentralen und Oppositionslokale werden.» Mehrfach wird eingestanden, Kirchenleitungen und Staat seien vom Aufbruch der Basis «überrascht und erschreckt» worden.

15. November: Nach mehr als einjährigen Verhandlungen schließt ein Briefwechsel ein neues Post- und Fernmeldeabkommen zwischen der DDR und der Bundesrepublik. Die Laufzeiten in der DDR sollen erheblich verkürzt werden, die jährliche Begrenzung auf zwölf Sendungen je Empfänger entfällt, Arzneimittel dürfen versandt werden, die Telefonverbindungen werden deutlich ausgeweitet, ein Glasfaserkabel wird von der Bundesrepublik durch die DDR nach West-Berlin verlegt. Dafür erhöht die Bundesrepublik ihre jährliche Pauschalleistung an die DDR von derzeit 85 auf 200 Millionen DM für die Jahre 1983 bis 1990; ursprünglich forderte die DDR 430 Millionen DM.

24. und 25. November: Das ZK der SED wählt Egon Krenz als Jüngsten in den engsten Kreis der Parteiführung. Seit 1976 ist der bisherige FDJ-Chef vom Jahrgang 1937 bereits Kandidat des Politbüros, jetzt wird er zum Mitglied sowie Sekretär des ZK gewählt. Erich Honecker kritisiert den Stationierungsbeschluß des Bundestages scharf, erklärt zugleich seine Bereitschaft, «den Schaden möglichst zu begrenzen» und die deutsch-deutschen Beziehungen «auf ein normales Gleis zu bringen».

26. November: In Torgau wird der amerikanische Taxifahrer und Angehörige einer christlichen Erweckungsbewegung Joseph Polowsky beigesetzt. Je vier amerikanische und sowjetische Soldaten geben ihm auf dem örtlichen Friedhof das letzte Geleit. Polowsky gehörte der US-Patrouille an, die nazi Friedhelm Busse, Gründer der «Volkssozialistischen Bewegung Deutschlands / Partei der Arbeit» wegen Begünstigung von Bankräubern, Strafvereitelung, Hehlerei und illegalen Waffenbesitzes zu einer Freiheitsstrafe von drei Jahren und neun Monaten.

26. November: In München gründen Franz Schönhuber und die wegen des Milliardenkredits an die DDR aus der CSU ausgetretenen Bundestagsabgeordneten Franz Handlos und Ekkehard Voigt als neue Bundespartei *Die Republikaner*. Nach Streitigkeiten mit Schönhuber verlassen Handlos und Voigt die *Republikaner* im März 1985 wieder.

28. November: An Bord der amerikanischen Raumfähre «Columbia» startet der erste Bundesbürger ins All. Als erster Nichtamerikaner wirkt der Stuttgarter Physiker Ulf Merbold, 1960 aus der DDR gekommen, bis zur Landung am 9. Dezember an der Mission zur Erprobung des europäischen Raumlabors «Spacelab» mit.

1. Dezember: Am 25. November billigt der Bundestag gegen die Stimmen der *Grünen* und einzelner Abgeordneter anderer Fraktionen eine Erhöhung der Diäten und Unkostenpauschalen – rückwirkend zum 1. Juli 1983. Ebenfalls gegen die Stimmen der *Grünen* beschließt der Bundestag heute das Parteienfinanzierungsgesetz, das die bisher praktizierte «Umwegfinanzierung» über Stiftungen oder Verbände untersagt und die Nennung von Spendern über 20000 DM verlangt. Rückwirkend für die Bundestagswahl vom 6. März wird die Wahlkampfkostenpauschale um eine DM auf 4,50 DM je Stimme erhöht, für die bevorstehenden Wahlen wird sie auf fünf DM heraufgesetzt.

7. Dezember: Das Bundesinnenministerium verbietet die rechtsextreme «Aktionsfront Nationaler Sozialisten / Nationaler Aktivisten», deren Vorsitzender der ehemalige Bundeswehrleutnant Michael Kühnen ist. Innenminister Friedrich Zimmermann (CSU) bezeichnet die Organisation als bedeutendste unter den neonazistischen. Allein in diesem Jahr soll sie an mehr als fünfzig Gewalttaten beteiligt gewesen sein.

14. Dezember: Der Staatsminister im Auswärtigen Amt, Alois Mertes (CDU), erklärt im Bundestag, daß im Oder-Neiße- und im Danziger Gebiet heute elf Millionen Menschen lebten, von denen neun Prozent oder eine Million Deutsche im Sinne von Artikel 116 des Grundgesetzes seien. Gegenüber diesen habe die Bundesrepublik «eine Schutzpflicht», die Bundesregierung dränge auf die Verwirklichung der Volksgruppenrechte wie auf die Verminderung des Ausreisedrangs. Darauf erklärt die polnische Regierung am 20. Dezember, es gebe in Polen keine deutsche Minderheit, sondern nur kleine Gruppen von Deutschen. Am 4. Januar bezeichnet sie westdeutsche Ansprüche auf polnische Bürger als «Bruch der Verträge von 1970» und «Bedrohung der gesamten europäischen Struktur».

Die Bundesregierung teilt mit, daß die Bevölkerungszahl nach dem Höchststand von 1973 mit 62 Millionen Menschen stetig sinke. Wegen der niedrigsten Geburtenrate der Welt hat sich die deutsche Bevölkerung seitdem um 1,5 Millionen verringert, während die Zahl der Ausländer um 0,8 Millionen auf 4,7 Millionen stieg. Derzeit leben 61,4 Millionen Menschen in der Bundesrepublik.

1945 als erste auf sowjetische Soldaten traf – am Mittag des 25. April 1945 bei Strehla an der Elbe, dreißig Kilometer südlich von Torgau. Da keine Kamera zur Hand war, wurde die historische Begegnung für die Fotografen am Nachmittag auf der zerstörten Elbbrücke von Torgau nachgestellt. (Diese symbolträchtige Brücke wird am 16. Juni 1994 gesprengt, ihre Renovation wäre zu teuer; nur ein kleiner Rest bleibt als Monument erhalten.) Polowsky wurde von den damaligen Ereignissen so nachhaltig bewegt, daß er 1947 den «Schwur von Torgau» niederschrieb, oft an diesen Ort zurückkehrte und Treffen mit sowjetischen Veteranen organisierte. In seinem Schwur heißt es:

«Niemals wieder darf sich das wiederholen!
Alle Völker sollen sich versöhnen!
Wir widmen unser Leben der Freundschaft unserer beiden Nationen –
daß niemals mehr ein solches Grauen über die Menschheit kommt!»

1. Dezember: Der Zentralrat der FDJ wählt Eberhard Aurich zum neuen Ersten Sekretär, er folgt dem ins Politbüro der SED aufgestiegenen Egon Krenz nach. Am 2. Dezember empfängt Erich Honecker die Mitglieder des Sekretariats des FDJ-Zentralrates und zeichnet bei dieser Gelegenheit Krenz für seine Verdienste mit dem «Karl-Marx-Orden» aus.

8. Dezember: Die Volkskammer beschließt den Volkswirtschaftsplan 1984, dem zufolge das produzierte Nationaleinkommen erstmals mehr steigen soll als die industrielle Warenproduktion – ein Zeichen für die Senkung des Produktionsverbrauchs. Auch wird das Atomenergiegesetz verabschiedet, das deren Anwendung und «den Schutz vor ihren Gefahren» regelt.

12. Dezember: Das «Wehrdienstgesetz» vom 25. März 1982 erlaubt «während der Mobilmachung und im Verteidigungszustand» die Einberufung von Frauen. Auf eigene Faust beginnen einige Wehrkreiskommandos mit der Erfassung von für den Wehrdienst geeigneten Frauen. Die Grafikerin Bärbel Bohley und die Historikerin Ulrike Poppe bilden daraufhin die Initiative «Frauen für den Frieden». Etwa 300 Frauen senden ein Schreiben an Erich Honecker, in dem sie sich dagegen wenden, eines Tages in der NVA dienen zu müssen. Das Schreiben bleibt unbeantwortet. Heute werden Bohley und Poppe von der Stasi verhaftet, nach heftigen Protesten auch aus dem Ausland kommen sie am 25. Januar 1984 wieder frei.

12. und 13. Dezember: Während seines Besuches in Frankreich weiht Außenminister Oskar Fischer (SED) im Beisein seines Amtskollegen Claude Cheysson das Kulturzentrum der DDR in Paris ein. Dies ist die erste DDR-Einrichtung dieser Art im westlichen Ausland.

26. und 27. Dezember: Auch der Breschnew-Nachfolger Juri Andropow ist krank. Am Plenum des ZK der KPdSU in Moskau kann er nicht teilnehmen, seine Rede wird verlesen.

30. Dezember: Die DDR und der Senat von Berlin vereinbaren in Ost-Berlin die Übernahme der bisher von der «Deutschen Reichsbahn» der DDR betriebenen S-Bahn auf West-Berliner Gebiet durch den Senat. Am 9. Januar 1984 um 3 Uhr geht die S-Bahn ohne Entgelt an die West-Berliner BVG über. Während die Reichsbahn noch 72 Kilometer des 147 Kilometer umfassenden Schienennetzes betrieb, wird die BVG zunächst nur 21 Kilometer betreiben. Bis zum Jahr 2005 sollen 117 Kilometer befahren werden. Die Westalliierten stimmen der Regelung zu.

1984

Die deutsche Frage

Was viele erwarteten, tritt nicht ein. Die neue Bundesregierung vollzieht keinen Kurswechsel gegenüber der Ostpolitik der sozialliberalen Koalition. Ohne großes Aufheben davon zu machen, setzen Bundeskanzler Helmut Kohl und Außenminister Hans-Dietrich Genscher die Politik der Zusammenarbeit sowohl mit der DDR als auch der Sowjetunion fort. So verlagert sich die Kontroverse zwischen Regierung und Opposition darauf, ob die deutsche Frage noch «offen» sei oder nicht.

1. Januar: Die Verkabelung beginnt. In Ludwigshafen nimmt das Kabelpilotprojekt mit 1200 Teilnehmern den Betrieb auf, am 1. April folgt das in München mit 500 Teilnehmern. Obwohl medienpolitische Grundsatzentscheidungen erst nach der wissenschaftlichen Auswertung dieser Pilotprojekte getroffen werden sollen, bereiten die CDU-geführten Bundesländer die Rechtsgrundlage für Programme privater Anbieter vor. In Ludwigshafen gehören schon jetzt eine Reihe von deutschen wie internationalen Zeitungs- und Buchverlagen, Banken und Bausparkassen zu den Trägern oder Programmveranstaltern. Am 1. Januar 1985 beginnt das neue Medienzeitalter endgültig: Der Privatsender «SAT 1», von zehn Verlagen und Programmgesellschaften getragen, nimmt den Betrieb auf.

4. Januar: Bundeswehr und Verteidigungsministerium erleben eine Affäre, die einem schlechten Roman zu entstammen scheint. Das Bundesverteidigungsministerium gibt bekannt, daß Günter Kießling, einer von zwei Vier-Sterne-Generalen der Bundeswehr, mit Wirkung vom 31. Dezember in den vorzeitigen Ruhestand versetzt worden sei. Durch Berichte des MAD sei Kießling «in der Homosexuellenszene von Köln eindeutig identifiziert» worden und damit ein

1984

Unzufriedenheit

Die DDR läßt Dampf ab, denn der Druck im Innern droht explosiv zu werden. Unter dem Einfluß des Westens ergreift die Unzufriedenheit über politische Erstarrung und wirtschaftlichen Stillstand weite Teile der Bevölkerung. Hunderttausende sehen die einzige Perspektive in der Flucht und stellen Ausreiseanträge – sie handeln sich Ablehnungen sowie Repressalien ein. Aufgrund der großen Zahl sprechen die Funktionäre zynisch von einem «Überhang», dieser wird nun ansatzweise abgebaut. Fast 40000 Menschen treffen während dieses Jahres in den westdeutschen Notaufnahmelagern ein.

20. Januar: Sechs DDR-Bürger bleiben nach einer Filmvorführung in der Ost-Berliner US-Botschaft und beantragen dort politisches Asyl. In einem Brief an US-Präsident Ronald Reagan schildern sie angesichts von Inhaftierungen und Repressalien ihre «verzweifelte Lage». Am 22. Januar werden die sechs nach der Entlassung aus der DDR-Staatsbürgerschaft vom persönlichen Beauftragten Erich Honeckers, dem Rechtsanwalt Wolfgang Vogel, nach West-Berlin gefahren.

26. und 27. Januar: Unter den Linden in Ost-Berlin eröffnet der französische Außenminister Claude Cheysson das Kulturzentrum seines Landes, das erste westliche in der DDR. Cheysson wird auch von Erich Honecker empfangen, wobei beide den 1983 trotz der Stagnation im Welthandel um 16 Prozent gestiegenen Warenaustausch würdigen.

30. Januar bis 1. Februar: Die DDR intensiviert ihre Kontakte zum westlichen Ausland. Kanadas Ministerpräsident Pierre Elliot Trudeau besucht die DDR und spricht mit Erich Honecker. Der schwedische Ministerpräsident Olof Palme kommt am 29. und 30. Juni in die DDR, in Stralsund trifft er mit Honecker zusammen. Am 9. und 10. Juli besucht als erster Regierungschef Italiens Mi-

Sicherheitsrisiko. Kießling gibt sein Ehrenwort, daß die Vorwürfe gegenstandslos sind. Bundesverteidigungsminister Manfred Wörner (CDU) gerät angesichts der fragwürdigen Ermittlungen des MAD bald in Beweisnot. Am 20. Januar läßt er einen Schriftsteller aus der Schweiz einfliegen und spricht stundenlang mit diesem «Zeugen», der über die angeblichen Verfehlungen des Generals berichtet. Schließlich brechen alle Vorwürfe in sich zusammen, am 1. Februar wird Kießling voll rehabilitiert. Wörner bleibt trotz vielfacher Rücktrittsaufforderungen zum allseitigen Erstaunen im Amt. Er verabschiedet Kießling sogar mit dem Großen Zapfenstreich am 31. März in den lange vor der Affäre von Kießling selbst beantragten einstweiligen Ruhestand.

16. Januar: In einer Fernsehansprache zeigt sich US-Präsident Ronald Reagan «überzeugt, daß das Jahr 1984 die USA in ihrer stärksten Position seit Jahren vorfindet, um eine konstruktive und realistische Arbeitsbeziehung zur Sowjetunion herzustellen». Die siebziger Jahre seien Jahre des Selbstzweifels und der Vernachlässigung der Verteidigung gewesen.

24. bis 29. Januar: In Israel prägt Bundeskanzler Helmut Kohl seine Formel von der «Gnade der späten Geburt». Er erläutert: «Eine junge deutsche Generation begreift die Geschichte Deutschlands nicht als Last, sondern als Auftrag für die Zukunft. Sie ist bereit, Verantwortung zu tragen. Aber sie weigert sich, sich selbst kollektiv für die Taten der Väter schuldig zu bekennen. Wir sollten diese Entwicklung begrüßen.»

4. bis 7. März: Während seines Besuches in den USA werten Bundeskanzler Helmut Kohl und der amerikanische Präsident Ronald Reagan die dichten Konsultationen im westlichen Bündnis vor Beginn der Nachrüstung als Modell für die Zukunft. Mehrere von der Raketenstationierung betroffene Länder fühlen sich von den USA nicht ausreichend einbezogen. Auch Kohl stimmt in diese Kritik ein, vor allem im Fall der Invasion Grenadas.

15. März: In seinem «Bericht zur Lage der Nation» verzeichnet Bundeskanzler Helmut Kohl eine positive Entwicklung der innerdeutschen Beziehungen im vergangenen Jahr. Er schließt jeden deutschen «Sonderweg» aus und bekundet: «Die Deutsche Frage bleibt offen.»

3. April: Eine Premiere im Bundestag. Die Fraktion der *Grünen* wählt ausschließlich Frauen zu Sprecherinnen und Geschäftsführerinnen. Rasch ist dafür die neue Bezeichnung «Feminat» geschaffen.

12. April: In der Druckindustrie weitet die IG Druck und Papier ihre Warnstreiks aus, nachdem die Gewerkschaft die Tarifverhandlungen über die Einführung der 35-Stunden-Woche bei vollem Lohnausgleich für gescheitert erklärt hat. Auch in der Metallindustrie scheitern die Verhandlungen. Für den Tarifbezirk Nordwürttemberg/Nordbaden ruft die IG Metall ab 14. Mai den von einer Urabstimmung mit 80 Prozent befürworteten Streik aus, ab dem 16. Mai wird auch in Hessen gestreikt. Ab dem 22. Mai antworten die Arbeitgeber der Metallindustrie mit Aussperrungen. Bald müssen nahezu die gesamte Autoindustrie und zahlreiche Zeitungsverlage ihre Arbeit einstellen. Die in beiden Wirtschaftsbereichen über Wochen geführten Tarifauseinandersetzungen zählen zu den härtesten in der Geschichte der Bundesrepublik. Am 29. Juni endet der Arbeitskampf in der Metallindustrie, am 6. Juli in der Druckindustrie. Beide Tarifeinigungen schaffen den Durchbruch der «40-Stunden-Schallmauer». Sie sehen die 38,5-Stunden-Woche mit Lohnausgleich vor, lassen allerdings auf Betriebsebene flexible Regelungen zu.

nisterpräsident Bettino Craxi offiziell die DDR, auch er kommt mit Honecker zusammen.

9. Februar: In Moskau verstirbt der Generalsekretär des ZK der KPdSU, Juri Andropow. Am 13. Februar wird Konstantin Tschernenko zu seinem Nachfolger gewählt, am 11. April übernimmt er auch den Vorsitz des Obersten Sowjets und damit den Rang des Staatsoberhauptes. Am Rande der Trauerfeiern für Andropow treffen Erich Honecker und Bundeskanzler Helmut Kohl zu einem Gespräch zusammen, bei dem sie einem friedlichen Miteinander beider deutscher Staaten günstige Wirkungen für die Entwicklung in Europa zusprechen.

Auf einer Kundgebung in Ost-Berlin übergibt Erich Honecker (SED) die zweimillionste Wohnung, die im Rahmen des 1971 begonnen Wohnungsbauprogramms gebaut oder modernisiert wurde. Am gleichen Tag legt er den Grundstein für ein Neubaugebiet im Stadtteil Hohenschönhausen, wo bis 1988 35000 Wohnungen erstellt werden sollen.

Das Wolfsburger Volkswagenwerk bestätigt, daß die DDR eine Fertigungsstraße des Werks in Hannover für den Bau von Motoren sowie 2000 VW-Transporter und andere Fahrzeuge erwerben werde. Im Gegenzug werde VW von 1988 bis 1993 aus der DDR jährlich 100000 Rumpfmotoren beziehen. Mit der Fertigungsstraße wolle die DDR auch neue Motoren für die Fahrzeuge «Wartburg» und «Trabant» einführen, deren jetzige Zwei-Takt-Maschinen in den dreißiger Jahren entwickelt worden seien. Am 12. November werden die entsprechenden Verträge in Ost-Berlin unterzeichnet.

22. bis 24. Februar: Beim Besuch einer Delegation des DGB-Bundesvorstands unter Ernst Breit beim FDGB-Bundesvorstand unter Harry Tisch wird eine Arbeitsvereinbarung unterzeichnet, die den Ausbau der gegenseitigen Kontakte vorsieht.

23. Februar: Nach Angaben des Bundesministeriums für innerdeutsche Beziehungen stieg die Zahl der DDR-Bürger, die in dringenden Familienangelegenheiten in den Westen reisen konnten, von 1982 auf 1983 um vierzig Prozent auf 64000 Menschen. Die Zahl der Besuche von Personen im Rentenalter sei dagegen um 5,8 Prozent gesunken.

24. Februar: In der Botschaft der Bundesrepublik in Prag befinden sich bereits vierzehn DDR-Bürger, um ihre Ausreise zu erzwingen. Heute kommt die Familie des Hans-Dieter Berg hinzu, dessen Ehefrau eine Tochter des verstorbenen Staatssekretärs Kurt Stoph ist, eines Bruders von Willi Stoph (SED). Tatsächlich kann die Bundesregierung die Ausreise der Flüchtlinge erreichen.

5. März: In Ost-Berlin empfängt Erich Honecker den Vorsitzenden der FDP-Bundestagsfraktion, Wolfgang Mischnik, der eine Botschaft des Bundeskanzlers überbringt. Darin äußert sich Helmut Kohl froh, «daß es trotz der Nachrüstung gelungen ist, die Beziehungen zwischen den beiden deutschen Staaten aus einer Verschlechterung des Klimas herauszuhalten». Mischnik bezeichnet das vernünftige Klima als «Ergebnis des Vertragsgeflechts der letzten zehn bis fünfzehn Jahre».

8. März: Eine 18köpfige Delegation der SPD-Bundestagsfraktion unter Horst Ehmke besucht in Ost-Berlin die Volkskammer. Auch die anderen Bundestagsfraktionen waren zu diesem ersten offiziellen Treffen eingeladen, lehnten jedoch eine Teilnahme ab.

11. März: Während der Eröffnung der Leipziger Messe spricht Erich Honecker mit Franz Josef Strauß, wobei er mitteilt, auf-

Der neue Bundespräsident Richard von Weizsäcker neben seinem Amtsvorgänger Karl Carstens; (links) Veronica Carstens, (rechts) Marianne von Weizsäcker

13. April: In Stuttgart wird Reiner Paul Fülle wegen Agententätigkeit für die DDR zu einer Freiheitsstrafe von sechs Jahren verurteilt. Vom 1964 bis 1979 lieferte er bedeutende Informationen aus dem Kernforschungszentrum in Karlsruhe. Dann wurde er durch den Übertritt seines Führungsoffiziers Werner Stiller in den Westen enttarnt, konnte aber während der Fahrt zur Haftanstalt entweichen. Er fuhr mit einem gestohlenen Fahrrad zur sowjetischen Militärmission in Baden-Baden und wurde von dort in einer Holzkiste versteckt in die DDR gebracht. 1981 kehrte er freiwillig in die Bundesrepublik zurück.

26. April: Anläßlich des 90. Geburtstages von Rudolf Heß, letzter Insasse des Spandauer Kriegsverbrechergefängnisses, appelliert Bundeskanzler Helmut Kohl an die Sowjetunion, den ehemaligen Stellvertreter Adolf Hitlers zu begnadigen. Die Zustimmung der Westalliierten habe er bereits erhalten.

14. Mai: In Santiago de Chile verstirbt Walter Rauff, früherer SS-Standartenführer und Erfinder der fahrbaren Gaskammern, mit denen im Zweiten Weltkrieg etwa 250000 Menschen ermordet wurden. Obgleich die Bundesrepublik wie andere Staaten Auslieferungsersuchen an Chile stellte, die die chilenischen Behörden stets ablehnten, konnte Rauff noch 1962 mit deutschem Paß in die Bundesrepublik ein- und unbehelligt wieder ausreisen.

16. Mai: Die Regierungsparteien müssen nach heftiger Kritik von Opposition, Öffentlichkeit, aber auch aus den eigenen Reihen zumal der FDP ihren Gesetzentwurf zur Amnestie von Steuerhinterziehungen bei Parteispenden zurückziehen.

23. Mai: Nachdem Karl Carstens (CDU) auf eine erneute Kandidatur verzichtet hat, wird Richard von Weizsäcker (CDU) in Bonn zum neuen Bundespräsidenten gewählt. Da nicht nur die Regierungsparteien, sondern auch die meisten SPD-Vertreter für ihn stimmen, erreicht er das zweitbeste Ergebnis nach Theodor Heuss (FDP) im Jahr 1954.

14. und 17. Juni: In den zehn Ländern der Europäischen Gemeinschaft findet die zweite Direktwahl zum Europäischen Parlament statt. Bei einer Wahlbeteiligung von durchschnittlich 60 Prozent gewinnen die Sozialisten 131 Sitze, die Christdemokraten 109, die Konservativen 48, die Kommunisten 42, die Liberalen 33, die Gaullisten 28, die Rechtsextremen 16, die *Grünen* 11, die Unabhängigen 11 und andere fünf Sitze. In der Bundesrepublik entfallen auf die grund einer Verordnung vom September 1983 würden Ausreisen sehr großzügig genehmigt – bis zu hundert täglich. Ob der Anwesenheit weiterer Politiker in Leipzig spricht der CDU-Abgeordnete Manfred Abelein kritisch von einer «Prozession von Unionspolitikern», die dem SED-Regime eine «Legitimation von außen» geben würden, die es «von den eigenen Menschen nicht erhält».

14. März: Auf dem Rückweg von Moskau wird eine hochrangige SPD-Delegation mit Hans-Jochen Vogel, Egon Bahr, Karsten Voigt und Hans-Jürgen Wischnewski in Ost-Berlin von den SED-Spitzen Erich Honecker, Egon Krenz, Hermann Axen und Günter Mittag empfangen. Beide Seiten stimmen überein, daß der Grundlagenvertrag in den ersten zehn Jahren seiner Geltung eine konstruktive Basis abgeben habe, auf der auch nach dem Bonner Regierungswechsel Fortschritte möglich wurden. Beide Parteien setzen eine gemeinsame Arbeitsgruppe ein, die abwechselnd in Ost-Berlin und Bonn tagt.

16. März: In einem Interview mit der schwedischen Zeitung *Dagens Nyheter* weist Viktor Afanasjew, Chefredakteur der *Prawda*, den Westen auf eine aufsteigende Persönlichkeit hin. Das Politbüro-Mitglied Michail Gorbatschow sei nun die «Nummer 2» im Kreml.

6. April: Aus der Prager Botschaft der Bundesrepublik kehren 35 DDR-Bürger, die dort vor fünf Wochen eindrangen um ihre Ausreise zu erzwingen, in die DDR zurück. Ihnen wird die baldige Ausreise zugesichert. Zugleich erklärt die DDR, dies sei das absolut letzte Mal, daß derartige Zugeständnisse gemacht würden; in Zukunft würde der Weg über bundesdeutsche Botschaften nicht mehr zur Ausreise führen.

8. Mai: Das sowjetische NOK beschließt, die bevorstehenden Olympischen Spiele in Los Angeles zu boykottieren – eine Spätfolge des Boykotts der Moskauer Olympiade. Am 10. Mai schließt sich das NOK der DDR dem Boykott an.

14. Mai: In Moskau teilt das sowjetische Verteidigungsministerium mit, daß «in Übereinstimmung» mit der DDR als Antwort auf die Stationierung amerikanischer Raketen eine «zusätzliche Anzahl sowjetischer operativ-taktischer Raketenkomplexe größerer Reichweite stationiert» wird.

17. Mai: Gemeinsam beschließen das ZK der SED, der Ministerrat und der FDGB-Bundesvorstand «Maßnahmen zur Verbesserung der Arbeits- und Lebensbedingungen für Familien mit drei und mehr Kindern», die am 1. Juni in Kraft treten. Bevorzugte Wohnungsversorgung, eine verlängertes Mutterjahr sowie eine Sonderstellung bei Arztbesuchen, Aufnahme in Kinderkrippen und -gärten sowie Zuteilung von Ferienplätzen sollen angesichts sinkender Geburtenraten der verbreiteten Benachteiligung entgegenwirken. Am 22. Mai beschließen dieselben Gremien Rentenerhöhungen, die am 1. Dezember 1984 die Mindestrenten um 30 Mark auf 300 Mark heraufsetzen und am 1. Dezember 1985 Verbesserungen bei der Festsetzung der Invalidenrente bringen.

24. Mai: Das ZK der SED erhebt Werner Jarowinsky, Günther Kleiber und Günter Schabowski von Kandidaten zu Mitgliedern des Politbüros. Herbert Häber, Experte für die Bundesrepublik und bisher nur Mitglied des ZK, überspringt die Kandidatenstufe und wird ebenfalls zum Mitglied des Politbüros wie zum Sekretär des ZK gewählt.

12. bis 14. Juni: Eine Delegation unter Erich Honecker reist zum dritten, lange geforderten Gipfeltreffen des RGW nach Moskau. Die Teilnehmer vereinbaren, einen neuen Schritt zu unternehmen, in Zukunft

CDU/CSU 46,0 Prozent der Stimmen, auf die SPD 37,4 Prozent und auf die *Grünen* 8,2 Prozent. Die FDP unter ihrem Spitzenkandidaten Martin Bangemann scheitert erstmals auf nationaler Ebene an der Fünf-Prozent-Hürde, sie erreicht nur 4,8 Prozent.

28. Juni: Martin Bangemann (FDP) wird neuer Bundeswirtschaftsminister, nachdem Otto Graf Lambsdorff zwei Tage zuvor zurückgetreten ist.

9. Juli: Das Landgericht Kleve lehnt die Eröffnung des Hauptverfahrens gegen Wolfgang Otto ab, der als Angehöriger des SS-Wachpersonals im KZ Buchenwald Beihilfe bei der Ermordung des KPD-Führers Ernst Thälmann geleistet haben soll. Seit 22 Jahren bemüht sich Thälmanns Tochter um eine Ahndung des Mordes an ihrem Vater. 1983 gab das Oberlandesgericht Köln ihrem Klageerzwingungsersuchen statt.

13. Juli: In Bonn paraphieren die Bundesrepublik und Frankreich ein Abkommen über den Abbau der Grenzkontrollen in drei Stufen bis Ende 1986. Als erste Stufe wird die «Europa-Spur» für Wagen aus der EG geschaffen, die mit einem grünen Aufkleber signalisieren, daß die Insassen EG-Bürger sind und keine zollpflichtigen Waren mitführen.

25. Juli: Erneut übernimmt die Bundesregierung die Bürgschaft für einen Kredit an die DDR. Er wird von der Luxemburger Tochter der «Deutschen Bank» als Eurokredit in Höhe von 950 Millionen DM gewährt. Staatsminister Philipp Jenninger (CDU) verkündet elf Verbesserungen im Reiseverkehr, die die DDR «in eigener Souveränität» beschlossen hat und die am 1. August in Kraft treten. Am 27. Juli erklärt Bundeskanzler Helmut Kohl, er könne das Geben und Nehmen dieses Kredits «voll und ganz vertreten»

29. Juli bis 12. August: In Los Angeles finden die Olympischen Spiele statt, an denen Mannschaften aus 140 Ländern teilnehmen. Trotz der Abwesenheit von zwanzig Staaten, darunter siebzehn kommunistischen, wird damit ein neuer Teilnahmerekord erzielt.

31. Juli: In seiner ersten Sondersitzung während der Sommerpause seit 1978 genehmigt der Bundestag nach monatelangen Diskussionen die Inbetriebnahme des Kraftwerkes Buschhaus. Noch am 28. Juni lehnte der Bundestag dies ab, weil die «Dreckschleuder der Nation», die Braunkohle und Salzkohle verheizen soll, nicht über eine Entschwefelungsanlage verfügt. Am 31. August setzt das Verwaltungsgericht Braunschweig auf Antrag von sechs betroffenen Bürgern, darunter einem aus der DDR, die Inbetriebnahme am 3. September aus.

11. August: Während einer Sprechprobe für eine Fernsehansprache findet US-Präsident Ronald Reagan folgende Sätze: «Liebe Amerikaner, es ist mir ein Vergnügen, Ihnen heute mitzuteilen, daß ich ein Gesetz unterzeichnet habe, das Rußland für immer ächtet. Wir beginnen mit der Bombardierung in fünf Minuten.»

13. August: In einem Interview zum 23. Jahrestag des Mauerbaus erklärt der Spitzenkandidat der Berliner SPD, der frühere Verteidigungsminister Hans Apel, die deutsche Frage sei nicht mehr offen.

22. September: Frankreichs Staatspräsident François Mitterrand und Bundeskanzler Helmut Kohl reichen sich symbolträchtig die Hände. Auf dem Schlachtfeld von Verdun, wo von Ende Februar bis Mitte Dezember 1916 eine der bedeutendsten wie verlustreichsten Schlachten des Ersten Weltkriegs tobte, gedenken sie der Toten beider Weltkriege. Beide Seiten beklagten in Verdun mehr als 700000 Gefallene, Vermißte, Verwundete und Gefangene.

sollen Direktbeziehungen zwischen Vereinigungen, Betrieben und Organisationen der einzelnen Staaten möglich sein. Zudem wird ein Programm des wissenschaftlich-technischen Fortschritts für die nächsten fünfzehn bis zwanzig Jahre ausgearbeitet. Nach dem Gipfel trifft Honecker mit Konstantin Tschernenko zusammen.

27. Juni: Nachdem insgesamt 55 DDR-Bürger in die Ständige Vertretung der Bundesrepublik in Ost-Berlin eingedrungen sind, um ihre Ausreise in den Westen durchzusetzen, wird diese vorübergehend geschlossen. Nach Verhandlungen mit dem Beauftragten der DDR-Regierung, Rechtsanwalt Wolfgang Vogel, verlassen bis zum 5. Juli alle Ausreisewilligen «freiwillig und ohne Nachteile» die Vertretung, die noch bis zum 30. Juli geschlossen bleibt.

Juli: Zwanzig Jahre nach Schaffung des waffenlosen Dienstes in der NVA besucht erstmals ein Verteidigungsminister die Bausoldaten. Armeegeneral Heinz Hoffmann (SED) lobt ihren Beitrag zum Bau des Eisenbahnfährhafens Mukran auf Rügen. Die Bausoldaten hätten mit einem Pionierbataillon der NVA und den Werktätigen aus den VEB beim größten Verkehrsprojekt zwischen der DDR und der Sowjetunion sozialistische Hilfe geleistet. Auch die Bausoldaten hätten bei der Errichtung dieser Freundschaftsbrücke ihren Beitrag zum noch engeren Zusammenrücken der Bruderländer geleistet. Diese demonstrative Geste soll offenkundig der Besänftigung der Kirchen dienen.

6. Juli: Mit einem Beitrag der Agentur *Nowosti* beginnt in der Sowjetunion eine breite Pressekampagne gegen die Bundesregierung. Kritisiert werden «unverhüllte militaristische Vorbereitungen», «eine ständige Vergiftung von Jugendlichen», «die Welle der Revanchistensabbate», das «pangermanische Revanchistenfieber», die geforderte «Einverleibung der DDR». Am 28. Juli druckt das *Neue Deutschland* kommentarlos einen entsprechenden Artikel der *Prawda* nach, übernimmt am 30. Juli aber auch einen Artikel der ungarischen Gewerkschaftszeitung *Nepszava,* der die gute Entwicklung der deutsch-deutschen Beziehungen anerkennt. In der Bundesrepublik wird die sowjetische Pressekampagne als Zeichen an die DDR gewertet, nicht zu gut und eng mit der Bundesrepublik zusammenzuarbeiten.

1. August: Nach der Gewährung eines Kredits über 950 Millionen DM durch die Bundesrepublik setzt die DDR elf Reiseerleichterungen in Kraft, von denen jedoch nur ein Teil für West-Berliner gilt. Für alle Rentner wird der Mindestumtausch von 25 auf 15 DM herabgesetzt. Dabei wird jedoch das Rentenalter der DDR angewendet, so daß die Senkung nur für Frauen über 60 und Männer über 65 Jahre, nicht aber für Vorruhestandsrentner gilt. Die mögliche Aufenthaltsdauer pro Jahr wird von 30 auf 45 Tage ausgedehnt, die Geltungsdauer der Mehrfachberechtigungsscheine im Kleinen Grenzverkehr wird auf sechs Monate verdoppelt, die Aufenthaltsdauer auf zwei Tage erweitert, die mögliche Aufenthaltsdauer von Rentnern und Invalidenrentern aus der DDR in der Bundesrepublik wird auf sechzig Tage pro Jahr verdoppelt. Zudem soll die Einfuhr von Literatur- und anderen Druckerzeugnissen sowie Schallplatten großzügiger gehandhabt werden.

4. September: Der Ständige Vertreter der DDR in der Bundesrepublik, Ewald Moldt (SED), teilt der Bundesregierung mit, der vorgesehene Termin für den Besuch von Erich Honecker sei «nicht mehr real». Moldt beklagt, daß Stil und öffentliche Auseinandersetzungen in der Bundesrepublik im Zusammenhang mit diesem Besuch äußerst unwürdig und ihm abträglich sowie

Ein versöhnender Händedruck: Helmut Kohl und François Mitterrand auf einem Soldatenfriedhof bei Verdun

25. Oktober: Bundestagspräsident Rainer Barzel (CDU) tritt zurück. Vor dem Flick-Untersuchungsausschuß muß er eingestehen, nach seinem Rücktritt als Vorsitzender von CDU wie Bundestagsfraktion 1973 bis 1979 bei der Frankfurter Anwaltskanzlei Albert Paul gearbeitet und mehr als 1,5 Millionen DM erhalten zu haben. Im gleichen Zeitraum erhielt die Kanzlei vom Flick-Konzern mehr als 1,8 Millionen DM Honorar. Zwar bestreitet Barzel, daß diese Zahlungen identisch waren und somit beim Wechsel zu Kohl Geld im Spiel war, doch bezeichnet er den politischen und psychischen Druck als «unerträglich». Sein Nachfolger wird am 5. November Philipp Jenninger (CDU). Am 16. November wird Wolfgang Schäuble (CDU) neuer Minister im Bundeskanzleramt.

6. November: Bei den Präsidentschaftswahlen in den USA erringt der für eine zweite Amtszeit kandidierende Ronald Reagan einen überwältigenden Sieg.

20. November: Kurz vor seinem geplanten Abflug nach Warschau sagt Bundesaußenminister Hans-Dietrich Genscher seine Reise nach Polen ab, weil Warschau die Kranzniederlegung am Grab eines deutschen Soldaten wie den Besuch am Grab des vom Geheimdienst ermordeten Priesters Jerzy Popieluszko ablehnt.

17. Dezember: In Köln stellt Erzbischof Josef Kardinal Höffner die Dokumentation «Priester unter Hitlers Terror» vor, die die Deutsche Bischofskonferenz in Auftrag gab. Danach gerieten etwa 8000 deutsche Priester und Mönche der katholischen Kirche mit dem Nazi-Regime in Konflikt, mehr als ein Drittel der damals in der Seelsorge tätigen Pfarrer und Kapläne. 418 Priester, 55 mehr als zuvor bekannt, waren in KZ-Haft, 110 davon verloren ihr Leben. Weitere 59 wurden hingerichtet, ermordet oder starben an den Folgen von Mißhandlungen.

18. Dezember: Das Bundesverfassungsgericht weist die Klage der Bundestagsfraktion der *Grünen* ab, die die Zustimmung der Bundesregierung zur Stationierung von «Pershing-II»-Raketen und «Cruise Missiles» für verfassungswidrig erklären lassen wollte.

im Verkehr zwischen souveränen Staaten absolut unüblich sind.

8. Oktober: Nach erneutem Eindringen von DDR-Bürgern in die Botschaft der Bundesrepublik in Prag verstärken DDR-Organe an der Grenze zur Tschechoslowakei, die als einzige für DDR-Bürger allein durch Vorweisen des Personalausweises passierbar ist, die Kontrollen.

16. November: In einem Interview mit der amerikanischen Fernsehgesellschaft NBC zeigt sich der sowjetische Partei- und Staatschef Konstantin Tschernenko zu einem Gipfeltreffen mit US-Präsident Ronald Reagan bereit. Am 22. November wird in Moskau und Washington bekanntgegeben, daß die Außenminister beider Länder im Januar 1985 in Genf zusammentreffen werden. Vom 15. bis 21. Dezember besucht eine Delegation des Obersten Sowjets Großbritannien, deren Leiter damit nach einem Besuch der Bundesrepublik im Jahr 1975 wieder in den Westen kommt: Michail Gorbatschow.

1. Dezember: Bei einem Fluchtversuch im Ost-Berliner Stadtbezirk Pankow nordwestlich der Wollankstraße wird der 20jährige Michael-Horst Schmidt gezielt beschossen. Schmidt wird schwer verletzt. 1991 wird ein beteiligter Grenzoffizier vor Gericht aussagen, der herbeigerufene Krankenwagen habe nicht schnell genug eintreffen können. Deshalb habe er mit dem Gedanken gespielt, das Opfer «auf eigene Faust» in eine Klinik zu bringen. Dies sei ihm von Vorgesetzten in scharfem Ton untersagt worden. Schmidt erliegt drei Stunden nach dem Beschuß seinen Verwundungen.

1985

«Krieg der Sterne»

Weil die vom NATO-«Doppelbeschluß» genannte Frist für eine Verhandlungslösung ergebnislos abläuft, beginnt im November 1983 die Stationierung neuer westlicher Mittelstreckenraketen. Zudem setzen die USA die Sowjetunion mit ihrem Anfang 1984 ins Leben gerufenen SDI-Programm unter Druck. Dieses als «Star Wars» bezeichnete Vorhaben, angreifende Raketen bereits im Weltraum abzufangen, wird nun von der Bundesregierung unterstützt. Weil ein Gegenhalten die Wirtschaftskraft seines Landes übersteigen würde, zeigt sich Michail Gorbatschow bald entgegenkommend.

7. und 8. Januar: In Genf treffen der amerikanische Außenminister George Shultz und sein sowjetischer Amtskollege Andrej Gromyko zusammen. Sie bezeichnen ihre Gespräche über Abrüstungsfragen als «bedeutsamen Anfang» und einigen sich, den vor dreizehn Monaten abgebrochenen Dialog wiederaufzunehmen. Am 8. und 9. Januar werden nach fünfjähriger Unterbrechung in Moskau Gespräche über die Entwicklung der Wirtschaftsbeziehungen wiederaufgenommen. Am 12. März beginnen in Genf auch wieder Verhandlungen über Atom- und Weltraumwaffen.

11. Januar: Auf dem «Pershing-II»-Stützpunkt Waldheide bei Heilbronn ereignet sich ein schwerer Unfall, bei dem sich eine Antriebsstufe entzündet. Drei US-Soldaten werden getötet, zahlreiche weitere zum Teil schwer verletzt.

15. Januar: In Paris verbreiten die RAF und die französische Terrorgruppe «Action directe» eine Erklärung, nach der sie sich zusammenschließen, um eine «westeuropäische Guerilla» zu schaffen. Die «Angriffe gegen die multinationalen Strukturen der NATO (...) waren eine erste große Mobilisierung im Hinblick auf die Bildung einer proletarischen politischen Strategie». Am 25. Januar wird in Paris der Direktor für

1985

Neue Kraft in Moskau

Es sieht aus wie eine Verzweiflungsentscheidung. Nach drei Generalsekretären, die der Alterstod aus dem Amt reißt, nominiert das Politbüro der KPdSU, wenn auch nur mit einer Stimme Mehrheit, sein jüngstes Mitglied für dieses wichtigste Amt. Doch der Mann, der nicht mehr steif parteiamtliche Formeln herunterbetet, sondern locker und offen auftritt, steht für ein neues Programm. Allerdings wird dies zunächst weder im Westen noch im Osten erkannt, denn als erste Schritte unternimmt Michail Gorbatschow eher unverfängliche Abrüstungsinitiativen.

15. Januar: Erneut endet in Prag ein Flüchtlingsdrama. Die letzten sechs von zeitweise 168 DDR-Bürgern verlassen die Botschaft der Bundesrepublik, nachdem ihnen der Ost-Berliner Rechtsanwalt Wolfgang Vogel seitens der DDR Straffreiheit und Prüfung ihrer Ausreiseanträge zugesichert hat. Zugleich erklärt Vogel, daß seine Verhandlungs- und Zusicherungsvollmacht endet. Auch die Flüchtlinge in den bundesdeutschen Botschaften in Warschau, Budapest und Bukarest kehren in die DDR zurück.

Wegen des schlechten Gesundheitszustandes von Konstantin Tschernenko, Generalsekretär des ZK der KPdSU und Vorsitzender des Obersten Sowjets, wird das vorgesehene Gipfeltreffen des Warschauer Pakts in Sofia verschoben. Erst am 6. Februar wird die Erkrankung in Moskau halboffiziell bestätigt.

30. Januar: Nach den Versuchen zahlreicher DDR-Bürger, über diplomatische Vertretungen der Bundesrepublik ihre Ausreise zu bewirken, bringt das *Neue Deutschland* eine Klarstellung. Die Inanspruchnahme von Bürgern der DDR durch die Bundesrepublik sei völkerrechtswidrig, entsprechende Aktivitäten müßten eingestellt werden.

6. Februar: Das Ministerium für Staatssi-

Waffenexport im französischen Verteidigungsministerium, René Audran, ermordet. Am 1. Februar erschießen Terroristen der RAF in seinem Haus in Gauting bei München den Vorstandsvorsitzenden der «Motoren- und Turbinen-Union» (MTU), Ernst Zimmermann.

18. bis 20. Januar: Das Gesundheitsministerium von Nordrhein-Westfalen ruft, kurz nachdem der Landtag die Grenzwerte herabgesetzt hat, für das westliche Ruhrgebiet den Smogalarm der höchsten Stufe III aus. Damit gilt in Städten wie Duisburg, Essen und Oberhausen erstmals rund um die Uhr ein totales Fahrverbot.

22. Januar: Nach öffentlichen Protesten auch von Bundeskanzler Helmut Kohl ändert die Landsmannschaft Schlesien das Motto für ihr Deutschlandtreffen im Juni in Hannover. Statt «Vierzig Jahre Vertreibung – Schlesien bleibt unser» heißt es nun «Vierzig Jahre Vertreibung – Schlesien bleibt unsere Zukunft – im Europa der freien Völker».

23. Januar: Die Bundesregierung verabschiedet ein Entsorgungskonzept für Atomkraftwerke, das die Wiederaufbereitung verbrauchter Brennstoffe in Wackersdorf in der Oberpfalz vorsieht. Am 4. Februar beschließt die zuständige «Deutsche Gesellschaft für Wiederaufarbeitung von Kernbrennstoffen» den Bau dieser Wiederaufbereitungsanlage. Doch die Oberpfälzer sind nicht so duldsam, wie die Politiker sie einschätzen: Schon am 16. Februar findet die erste Protestdemonstration mit 30000 Teilnehmern statt. Später wird der Bauplatz besetzt, jedoch am 7. Januar 1986 von der Polizei geräumt.

Angesichts katastrophaler Hungersnöte in Teilen Afrikas appellieren Politiker und Popstars, Schauspieler und Sportler an die Bundesbürger. Am «Tag für Afrika» halten Postämter und Banken länger geöffnet, um die Spenden gebührenfrei entgegenzunehmen. Nach großem Medienrummel kommen 120 Millionen DM zusammen, von denen die großen Hilfswerke nur widerstrebend einen Teil an den Verbund kleinerer Hilfsorganisationen abgeben.

1. Februar: Erstmals wird die EG nicht größer, sondern deutlich kleiner. Grönland tritt aus und besitzt fortan den Status eines überseeischen Gebiets der EG wie die ehemaligen Kolonien Frankreichs, Großbritanniens und der Niederlande.

23. und 24. Februar: Auf ihrem Parteitag in Saarbrücken wählt die FDP Martin Bangemann zum neuen Vorsitzenden, er folgt Hans-Dietrich Genscher. Zudem wird «Das Liberale Manifest» verabschiedet, das die Programmatik für «eine Gesellschaft im Umbruch» modifiziert.

28. Februar und 1. März: Erstmals seit Monaten treffen wieder Bundesminister und SED-Spitzen zusammen. In Bonn spricht Hermann Axen (SED), der mit der SPD-Führung konferiert, auch mit Bundesminister Wolfgang Schäuble (CDU) und Außenminister Hans-Dietrich Genscher. Am 18. April empfängt Bundeskanzler Helmut Kohl das SED-Politbüro-Mitglied Günter Mittag.

5. März: Nach jahrzehntelanger Vorarbeit erscheint die Luther-Bibel in neuer Fassung. Sie wird vom Rat der Evangelischen Kirche in Deutschland und dem Bund der Evangelischen Kirchen in der DDR gemeinsam herausgegeben.

13. März: In der Bundestagsfraktion der *Grünen* entbrennt ein Konflikt um einen Brief, den die Abgeordneten Antje Vollmer und Christa Nickels an die inhaftierten und zu der Zeit im Hungerstreik befindlichen RAF-Terroristen Christian Klar, Brigitte Mohnhaupt, Adelheid Schulz und Sieglinde Hofmann geschrieben haben. Darin setzen

Die Dresdner Semperoper, nach der Rekonstruktion

cherheit wird «für vorbildliche Pflichterfüllung» mit dem Karl-Marx-Orden und einem Ehrenbanner des ZK der SED ausgezeichnet. Erich Honecker würdigt die Stasi: «Mit dem Ministerium wurden zum erstenmal in der deutschen Geschichte Sicherheitsorgane ins Leben gerufen, die den Interessen der Mehrheit, den Interessen der herrschenden Arbeiterklasse und des ganzen werktätigen Volkes dienen.»

7. Februar: In Ost-Berlin konstituiert sich das Komitee der DDR zum 750jährigen Bestehen von Berlin. Dessen Vorsitzender, Erich Honecker, formuliert in einer Broschüre die Leitlinien für das Jubiläum der geteilten Stadt. Berlin soll zur «sozialistischen Metropole» ausgebaut werden. Vorzeigestück soll das wiederherzustellende Nikolaiviertel sein, der Kern der alten Stadt Berlin.

11. Februar: Erich Honecker empfängt den Vorsitzenden der Konferenz der Evangelischen Kirchenleitungen in der DDR, Landesbischof Johannes Hempel. Beide bekräftigen die im März 1978 vereinbarten Grundsätze für eine konstruktive Zusammenarbeit, doch fordert Hempel «handhabbare Richtlinien» für die Gleichberechtigung der Christen.

13. Februar: In Dresden wird die im Februar 1945 zerstörte Semperoper feierlich wiedereröffnet.

15. Februar: Die DDR setzt eine neue Anordnung für den Transit in Kraft, nach der jetzt jeder für den Transitverkehr zugelassene Grenzübergang benutzt werden kann. Die bisher geltenden Routenbeschränkungen entfallen, doch muß stets die kürzeste Verbindung gewählt werden.

sich Vollmer und Nickels von der Mehrheitsmeinung der *Grünen* ab, die die Terroristen zum Abbruch ihres Hungerstreiks aufgefordert hat. Sie fordern vielmehr die «Aufhebung der derzeitigen Haftbedingungen» der Terroristen.

15. März: In Bonn vereinbaren die Bundesrepublik und die DDR Einzelheiten der Verlegung des neuen, angeblich abhörsicheren Glasfaserkabels durch die DDR nach West-Berlin. Zudem wird eine digitale Richtfunkverbindung, die vom niedersächsischen Gartow über drei Richtfunktürme in der DDR nach West-Berlin führt, vereinbart; sie soll am 30. Juni 1986 in Betrieb gehen.

18. März: Die Evangelische Kirche in Deutschland und der Bund der Evangelischen Kirchen in der DDR veröffentlichen ein gemeinsames «Wort zum Frieden» anläßlich des vierzigsten Jahrestages des Kriegsendes. «Die erschreckenden Berichte über das, was in den Konzentrationslagern und in den besetzten Ländern im Namen der Deutschen geschehen war, zeigten jetzt unausweichlich jedem, welch verbrecherisches Regime in Deutschland diesen Krieg ausgelöst und unbarmherzig zu Ende geführt hatte. Entsetzt stand die Welt vor dem Judenmord. Unter dem Wort Gottes erfuhren viele Christen als Gericht Gottes, was jetzt geschah: Deutschland wurde in Besatzungszonen geteilt. Ungezählte Soldaten gingen den Weg in die Gefangenschaft. Viele Flüchtlinge konnten nicht in ihre Heimat zurückkehren. Viele mußten erst jetzt die Heimat verlassen.» Die gequälte Menschheit habe bisher nicht die Erlösung gefunden, die die «Stuttgarter Erklärung» von 1945 verheißen habe. Auch der Kirche sei es schwergefallen, die Realität zweier deutscher Staaten anzuerkennen. «Aber wir haben erkannt: Die Erhaltung des Friedens hat den Vorrang vor allem anderen (...) Als Kirchen in beiden deutschen Staaten treten wir gemeinsam dafür ein, daß von deutschem Boden nie wieder ein Krieg ausgeht. Gemeinsam fordern wir, daß der Rüstungswettlauf beendet wird.»

19. März: Das Landgericht Bonn eröffnet das Hauptverfahren gegen den früheren Bundesminister für innderdeutsche Beziehungen, Egon Franke (SPD), und dessen ehemaligen Ministerialdirektor Edgar Hirt. Ihnen wird Untreue und Urkundenunterdrückung vorgeworfen. Es geht um den Verbleib von etwa sechs Millionen DM aus dem Haushalt des Ministeriums, die die beiden nach eigenem Bekunden 1979 bis 1982 für den «Freikauf» von Häftlingen aus der DDR verwendet haben. Um den Kreis der Mitwisser möglichst klein zu halten, hätten sie die Belege vernichtet. Nach einem Geheimprozeß wird Franke am 17. Dezember 1986 freigesprochen, Hirt indes wegen Veruntreuung und Betruges zu dreieinhalb Jahren Freiheitsstrafe verurteilt.

1. April: Die FDP sucht Profil zu zeigen. Ihr Generalsekretär Helmut Haussmann fordert die teilweise Abkoppelung Arbeitsloser von den Tariflöhnen. Am 11. April fordert ihr Vorsitzender, Wirtschaftsminister Martin Bangemann, eine völlige Änderung des Rentensystems. Beide Vorstöße verpuffen ohne Ergebnis.

2. April: Das Oberlandesgericht Stuttgart verurteilt die RAF-Terroristen Christian Klar und Brigitte Mohnhaupt wegen ihrer Beteiligung an den Mordanschlägen des Jahres 1977 zu je fünfmal lebenslänglicher plus fünfzehn Jahren Freiheitsstrafe.

18. April: In einer Regierungserklärung spricht sich Bundeskanzler Helmut Kohl für das umstrittene amerikanische SDI-Projekt aus. «Das US-Forschungsprogramm ist daher aus unserer Sicht gerechtfertigt, politisch notwendig und liegt im Sicherheitsinteresse des Westens insgesamt. Folglich un-

6. März: Das *Neue Deutschland* meldet, in Schreiben an die staatlichen Organe hätten bisher 20 000 ehemalige DDR-Bürger ihren Wunsch nach Rückkehr in die DDR geäußert. Sodann werden achtzig Personen namentlich genannt, von denen einige gegenüber westlichen Medien entschieden bestreiten, diesen Wunsch geäußert zu haben. Am 7. März meldet ADN, Rückreiseanträge von Familien mit Kindern würden bevorzugt geprüft, weil die Kinder «nicht ohne ihre Schuld dem Leben im Kapitalismus ausgesetzt werden sollten».

12. März: Am 10. März verliert die KPdSU den dritten Generalsekretär in Folge durch Alterstod, Konstantin Tschernenko verstirbt nach nur 13monatiger Amtszeit. Am 11. März wählt das ZK einmütig sein jüngstes Mitglied zum Nachfolger, den 54jährigen Michail Gorbatschow, der vom Politbüro jedoch mit nur einer Stimme Mehrheit nominiert wurde – Andrej Gromyko spielt das Zünglein an der Waage. Bei den Trauerfeiern treffen Erich Honecker und Bundeskanzler Helmut Kohl zu ihrem ersten Gespräch zusammen. Beide hoffen nach dem Stillstand der Tschernenko-Ära auf «eine neue Phase in den West-Ost-Beziehungen», dem Dialog und der Zusammenarbeit komme «gerade jetzt großes Gewicht zu». «Von deutschem Boden darf nie wieder Krieg ausgehen, von deutschem Boden muß Frieden ausgehen.»

24. März: Der amerikanische Major Arthur D. Nicholson wird in oder an einem militärischen Sperrgebiet bei Ludwigslust von einem sowjetischen Wachsoldaten erschossen. Nach dem Abkommen der Alliierten vom 3. April 1947 dürfen die Angehörigen ihrer Militärmissionen sich frei bewegen, doch dürfen sie Standorte von Truppenteilen nicht betreten. Nicholson gehörte der Militärmission der USA in Potsdam-Nedlitz an, wo auch die britische und französische Militärmission ansässig sind. Die Sowjetunion unterhält Militärmissionen in Bünde, Frankfurt-Niederrad und Baden-Baden, nahe den früheren Hauptquartieren der westlichen Besatzungsmächte. Die USA gestehen bald ein, daß Nicholson durch das Fenster eines sowjetischen Militärgebäudes Ausrüstungsgegenstände fotografierte. Am 7. Juni wird ein Jeep der britischen Militärmission südlich von Cottbus von sowjetischen Fahrzeugen gerammt und anschließend mit Steinen beworfen. Am 13. Juli ereignet sich ein ähnlicher Zwischenfall mit einem Fahrzeug der US-Militärmission, bei dem ein amerikanischer Soldat verletzt wird. Darauf entschuldigt sich die Sowjetunion erstmals.

5. April: Der neue Generalsekretär des ZK der KPdSU, Michail Gorbatschow, ist «voller Energie», wie der *Prawda*-Chefredakteur Viktor Afanasjew erklärt. «Es ist verständlich, daß er diese Energie in den Arbeitsstil einbringen möchte.» Heute beginnt das Politbüro den Kampf gegen den Alkoholismus, der aus der sowjetischen Gesellschaft verbannt werden soll. Am 16. Mai wird der Maßnahmenkatalog veröffentlicht, er reicht von der Verringerung der Alkoholproduktion über die Bestrafung öffentlichen Trinkens bis zur Einschränkung der Zeiten für Alkoholverkauf.

8. bis 10. April: Als erster britischer Außenminister reist Geoffrey Howe in die DDR. Gegenüber Erich Honecker und Willi Stoph bringt er das Interesse seines Landes zum Ausdruck, die Beziehungen zu verbessern und Handel wie Investitionen auszuweiten.

23. und 24. April: Erstmals besucht Erich Honecker ein NATO-Land. In Italien bekundet er, es müsse wieder ein Klima des Vertrauens in der Welt geschaffen werden. Der im katholischen Glauben aufgewachse-

Stein des Anstoßes: Ronald Reagan (mit Ehefrau Nancy) und Helmut Kohl (mit Ehefrau Hannelore) während des Besuchs des Soldatenfriedhofs in Bitburg

terstützen wir in der Bundesregierung im Grundsatz das amerikanische Programm zur strategischen Verteidigung.» Während die US-Wirtschaft dank SDI auf gigantische Staatsaufträge hofft, protestieren in Zeitungsanzeigen 700 Wissenschaftler, darunter 53 Nobelpreisträger, gegen die «Star-Wars»-Pläne. Am 14. Mai kündigt das SDI-Büro das erste Experiment beim Raumflug der «Discovery» Mitte Juni an. Frankreich sucht zu verhindern, daß Europa im Bereich der Spitzentechnologie von den USA abhängig wird. Es setzt gegen das SDI-Projekt eine europäische Technologie-Gemeinschaft «Eureka», die im Juli in Paris von siebzehn Ländern offiziell begründet wird. Am 5. und 6. November verabschieden in Hannover Vertreter von achtzehn Ländern und der EG die «Eureka Grundsatzerklärung».

1. bis 6. Mai: Der amerikanische Präsident Ronald Reagan besucht die Bundesrepublik. Dabei nimmt er vom 2. bis 4. Mai am Weltwirtschaftsgipfel der sieben führenden westlichen Industrienationen teil, der zum zweiten Mal in Bonn stattfindet. Dieser Gipfel endet mit einer Wirtschaftserklärung «Für dauerhaftes Wachstum und höhere Beschäftigung». Am 5. Mai besuchen Reagan und Bundeskanzler Helmut Kohl den deutschen Soldatenfriedhof in Bitburg, auf dem auch knapp fünfzig Angehörige der Waffen-SS begraben sind. Dieser Programmpunkt, von Reagan und Kohl als Geste der Versöhnung gerechtfertigt, rief weltweite und stürmische Proteste hervor. Erst aufgrund dieser Kontroverse wurde der vorherige Besuch im ehemaligen KZ Bergen-Belsen ins Programm aufgenommen. Verne Honecker wird am 24. April auch von Papst Johannes Paul II. empfangen. Er überreicht dem Oberhaupt der katholischen Kirche ein höchstpersönlich ausgesuchtes Gastgeschenk, eine Meißner Porzellanplastik von 1737/38 mit dem Namen «Madonna mit Jesuskind, über das Böse triumphierend».

25. April: Am vierzigsten Jahrestag der historischen Begegnung von 1945 verfassen sowjetische und amerikanische Veteranen in Torgau einen gemeinsamen Friedensaufruf. Der neue Generalsekretär der KPdSU, Michail Gorbatschow, sendet eine Grußbotschaft, in der er den Händedruck der Soldaten an der Elbe als «Symbol der Hoffnung und Freundschaft» bezeichnet. Die Sowjetbürger seien «überzeugt, daß ein konstruktives Zusammenwirken der früheren Verbündeten und aller Staaten im Kampf um die Erhaltung des Friedens zu einem mächtigen Faktor der Gesundung der internationalen Atmosphäre werden» könne. Grußworte kommen auch von den amerikanischen Ex-Präsidenten Richard Nixon und Jimmy Carter.

26. April: In Warschau treffen hochrangige Delegationen der Staaten des Warschauer Paktes zusammen. Sie beschließen, daß der am 14. Mai 1955 geschlossene Warschauer Vertrag weitere zwanzig Jahre in Kraft bleibt und ohne Aufkündigung noch weitere zehn Jahre gilt.

8. Mai: Die Feiern zum vierzigsten Jahrestag des Kriegsendes werden offiziell als «Tag des Sieges über den Hitlerfaschismus und der Befreiung des deutschen Volkes begangen». Der Ständige Vertreter der Bundesrepublik, Hans Otto Bräutigam, nimmt nicht teil, seine Absage wird als «Ausdruck der unterschiedlichen Bewertungen von Inhalt, Ziel und Verständnis der Veranstaltung» begründet.

9. Mai: Zum vierzigsten Jahrestag des Endes des Zweiten Weltkrieges erklärt Michail Gorbatschow, Generalsekretär des ZK der KPdSU, in Moskau: «Wir halten daran fest, den Entspannungsprozeß wiederzubeleben. Das bedeutet jedoch keine einfache Rückkehr zu dem in den siebziger Jahren erreichten Stand. Man muß sich höhere Ziele setzen.»

21. Mai: Erstmals geht die Nachrichtenagentur ADN auf einen Grenzzwischenfall ein. Am 19. Mai hören im West-Berliner Bezirk Spandau Anlieger Schüsse und berichten der herbeigerufenen Polizei glaubhaft, eine offenbar leblose Person habe jenseits der Mauer auf dem Boden gelegen. Darauf berichten westliche Medien, ein Flüchtling sei erschossen worden. ADN erklärt nun, eine Jagdgesellschaft habe auf einen Rehbock und ein Wildschwein geschossen.

6. Juni: Abermals betreibt Herbert Wehner seine eigene Deutschlandpolitik. Er wird von Erich Honecker auf Schloß Hubertusstock am Werbellinsee zum «ausführlichen Meinungsaustausch» empfangen.

10. und 11. Juni: Erstmals besucht der Regierungschef einer der drei Westalliierten die DDR und Ost-Berlin. Der französische Ministerpräsident Laurent Fabius will vor allem die Wirtschaftsbeziehungen ausweiten und intensivieren. Gegenüber Erich Honecker mahnt Fabius, der Frankreich als «das Land der Menschenrechte» bezeichnet, die Einhaltung der Bestimmungen der KSZE-Schlußakte an.

11. Juni: Parteichef Michail Gorbatschow bricht mit einem Tabu. In einer Grundsatzrede umreißt er die neue Wirtschaftspolitik der KPdSU und übt heftige Kritik. Das Politbüro habe den Wirtschaftsplan für die Jahre 1986 bis 1990 abgelehnt und eine Überarbeitung gefordert. «Dringende Maßnahmen» zur Modernisierung seien erforderlich, «alle Reserven bei der Erhöhung der

Erinnerung

Am 8. Mai hält Bundespräsident Richard von Weizsäcker (CDU) im Deutschen Bundestag eine weltweit beachtete Rede zum vierzigsten Jahrestag der Beendigung des Zweiten Weltkrieges und der nationalsozialistischen Gewaltherrschaft. Er findet deutliche Worte, wie sie führenden deutschen Politikern nur selten über die Lippen kommen: «Der 8. Mai war ein Tag der Befreiung. Er hat uns alle befreit von dem menschenverachtenden System der nationalsozialistischen Gewaltherrschaft (...) Wir dürfen den 8. Mai 1945 nicht vom 30. Januar 1933 trennen. Wir haben wahrlich keinen Grund, uns am heutigen Tag an Siegesfesten zu beteiligen. Aber wir haben allen Grund, den 8. Mai 1945 als das Ende eines Irrweges deutscher Geschichte zu erkennen, das den Keim der Hoffnung auf eine bessere Zukunft barg (...) Gewiß, es gibt kaum einen Staat, der in seiner Geschichte immer frei blieb von schuldhafter Verstrickung in Krieg und Gewalt. Der Völkermord an den Juden jedoch ist beispiellos in der Geschichte (...) Wer aber vor der Vergangenheit die Augen verschließt, wird blind für die Gegenwart. Wer sich der Unmenschlichkeit nicht erinnern will, der wird wieder anfällig für neue Ansteckungsgefahren (...) Das Geheimnis der Erlösung heißt Erinnerung.»

treter jüdischer Organisationen sagen wegen des Bitburg-Besuches ihre Teilnahme in Bergen-Belsen ab. Reagans Aufenthalt endet mit einer Rede vor 10000 Jugendlichen auf dem Hambacher Schloß.

11. Juni: Auf der «Brücke der Einheit» zwischen Potsdam und West-Berlin findet ein Agentenaustausch statt. 23 Mitarbeiter amerikanischer Nachrichtendienste werden gegen vier Spione ausgetauscht, die in den USA verurteilt wurden.

12. Juni: In Nesselwang im Allgäu treffen sich ehemalige Angehörige der Waffen-SS. Proteste gegen die Veranstaltung münden in schwere Auseinandersetzungen zwischen Demonstranten und Polizei.

17. Juni: Auf dem Deutschlandtreffen der Landsmannschaft Schlesien bekräftigt Bundeskanzler Helmut Kohl, daß die deutsche Frage zwar offen bleibe, die Bundesrepublik aber keine Gebietsansprüche an Polen erhebe.

23. Juni: Die von internationalen Experten beratene brasilianische Bundespolizei bestätigt, daß es sich bei der Leiche des am 7. Februar 1979 verstorbenen Wolfgang Gerhard mit «an Sicherheit grenzender Wahrscheinlichkeit» um den KZ-Arzt Josef Mengele handelt. Mengele wird Beteiligung am Tod von 400000 Menschen vorgeworfen. Er gelangte 1949 nach Südamerika, wo er unter falschen Namen lebte. Am 8. April 1992 bestätigt die Staatsanwaltschaft Frankfurt/Main nach einer DNS-Untersuchung den Tod Mengeles.

25. Juni: Als erstes Bundesland hebt das Saarland den «Extremistenbeschluß» formell und ersatzlos auf.

28. Juni: Der Bundestag beschließt das «Vermummungsverbot» wie das Verbot des Tragens von Schutzwaffen bei Demonstrationen, das zur Ordnungswidrigkeit, bei Gewälttätigkeit der Demonstrationen zur Straftat erklärt wird.

Effektivität und der Qualität der Produktion» müßten mobilisiert werden, der Verschwendung müsse Einhalt geboten werden.

Ende Juni: Die DDR zahlt aufgrund einer am 3. Oktober 1984 nach elfjährigen Verhandlungen erzielten Vereinbarung an Finnland 6,1 Millionen Finnmark, dies ist eine Entschädigung für Enteignungen von Vermögenswerten nach dem Zweiten Weltkrieg. Erstmals erkennt die DDR damit solche Ansprüche von Ausländern an.

1. bis 3. Juli: Nach zahlreichen Umbesetzungen auf unteren und mittleren Ebenen verändert Generalsekretär Michail Gorbatschow nun auch die Führungsspitze von KPdSU und Staat. Der bisherige Außenminister Andrej Gromyko, weltweit als «Mister Njet» bekannt, wird neuer Vorsitzender des Obersten Sowjets und damit Staatsoberhaupt. Neuer Außenminister wird Eduard Schewardnadse, langjähriger Parteichef von Georgien. Am 3. Juli wird in Moskau und Washington bekanntgegeben, daß sich Gorbatschow und US-Präsident Ronald Reagan auf ein Gipfeltreffen im November in Genf geeinigt haben. Vermittelt wurde dies vom amerikanischen Industriellen Armand Hammer, der 1921 noch unter Lenin seine ersten Geschäfte mit der Sowjetunion tätigte.

5. Juli: Die DDR und die Bundesrepublik vereinbaren die Erhöhung des Swing für die Jahre 1986 bis 1990 von 600 Millionen auf 850 Millionen DM. Im gleichen Zeitraum wird die DDR ihren jährlichen Einschuß in den nichtkommerziellen Zahlungsverkehr von 60 Millionen auf 70 Millionen DM erhöhen. In Bonn werden diese Vereinbarungen als politisches Signal gewertet.

13. Juli: Eine einwöchige gemeinsame Großübung von sowjetischen Land- und Luftstreitkräften und Nationaler Volksarmee endet. Daran nahmen Truppen und Stäbe mit über 25000 Mann im Raum Templin, Magdeburg, Jüterbog und Cottbus teil.

18. Juli: Gerhard Schröder (SPD), Bundestagsabgeordneter und Spitzenkandidat in Niedersachsen, wird in Ost-Berlin von Erich Honecker empfangen. Dabei spricht sich Schröder für die Respektierung der DDR-Staatsbürgerschaft, die Festlegung der Elbgrenze in der Mitte des Flusses und für die Auflösung der Zentralen Erfassungsstelle in Salzgitter aus.

6. August: Die Sowjetunion ruft einseitig ein Moratorium für alle Atomexplosionen aus, das vorerst bis zum 31. Dezember befristet wird. Die USA gehen darauf nicht ein, sondern führen im Gegenteil bis zum Ende des Jahres sieben Atomtests durch.

15. August: Die DDR und die Bundesrepublik vereinbaren Verbesserungen im Transitverkehr. In den Jahren 1986 und 1987 wird die DDR die schweren Schäden am Südabschnitt der Autobahn Berlin-Hirschberg sowie zwischen dem Berliner Ring und dem Grenzübergang Drewitz-Dreilinden durch Grunderneuerung beseitigen. Die ebenfalls notwendige Fahrbahnerneuerung auf der Saale-Brücke wird von der Bundesrepublik durchgeführt, die sich an allen Baumaßnahmen mit 148 Millionen DM beteiligt.

12. und 13. September: Erich Honecker und der tschechoslowakische Ministerpräsident Lubomir Strougal schlagen in Briefen an Bundeskanzler Helmut Kohl dreiseitige Verhandlungen über die Schaffung einer von chemischen Waffen freien Zone vor. In seiner Antwort gibt Kohl Ende September zu erkennen, daß er solche Verhandlungen für unzweckmäßig hält.

17. September: Als fünfter Westdeutscher nach dem *Krupp*-Bevollmächtigten Berthold Beitz, dem Verleger Joseph Drexel, dem Sammler Peter Ludwig und dem Arzt Peter

28. und 29. Juni: Beim EG-Gipfeltreffen in Mailand drohen Großbritannien, Dänemark und Griechenland, wenn auch aus unterschiedlichen Gründen, mit dem Bruch der Gemeinschaft. Um die gemeinschaftlichen Institutionen zu stärken, will die Mehrheit die bisher zwingende Einstimmigkeit der Beschlüsse und damit das Vetorecht einzelner Staaten abschaffen.

3. Juli: Der Landtag von Schleswig-Holstein verabschiedet ein Gesetz, das das Wattenmeer von der Elbmündung bis zur dänischen Grenze zum Nationalpark erklärt. Nach dem Berchtesgadener Land und dem Bayerischen Wald ist dies der dritte Nationalpark der Bundesrepublik.

8. August: Terroristen von RAF und AD verüben einen Bombenschlag auf die US-Air-Base am Rhein-Main-Flughafen in Frankfurt/Main. Zwei Menschen werden getötet, sechzehn verletzt.

16. August: Der frühere Bürgermeister von Arolsen, Ernst-Hubert von Michaelis (CDU), wird nach Bemühungen der Bundesregierung vorzeitig aus DDR-Haft entlassen. Er war 1977 in einen Fluchtversuch verwickelt, bei dem ein Kleinkind zu Tode gekommen war. Am 14. Dezember 1984 wird Michaelis am Grenzübergang Marienborn auf der Fahrt nach West-Berlin verhaftet und am 21. Februar 1985 vom Ost-Berliner Stadtgericht wegen «staatsfeindlichen Menschenhandels» zu sechs Jahren Freiheitsstrafe verurteilt.

19. August: Der Regierungsdirektor im Bundesamt für Verfassungsschutz, Hans-Joachim Tiedge, setzt sich in die DDR ab. Am 23. August bestätigt ADN seinen Übertritt, er habe um politisches Asyl gebeten. Tiedge war seit neunzehn Jahren in «sensitiven» Positionen und zuletzt als Gruppenleiter in der Spionageabwehr tätig. Nach Günter Guillaume gilt dieser Fall als schwerste Beeinträchtigung der Sicherheitsinteressen der Bundesrepublik. Am 29. August wird Heribert Hellenbroich, bis 31. Juli Leiter des Verfassungsschutzes und jetzt Präsident des Bundesnachrichtendienstes, in den einstweiligen Ruhestand versetzt. Nach Tiedges Übertritt in die DDR beginnt dort eine Verhaftungswelle unter Mitarbeitern westlicher Nachrichtendienste.

6. September: Zum ersten Mal seit dem Scheitern der «Konzertierten Aktion» im Jahr 1977 treffen Bundesregierung, Arbeitgeberverbände und DGB wieder zu einem Gespräch zusammen. Im Juli erreichte die Arbeitslosenquote mit neun Prozent, absolut 2,2 Millionen Menschen, den höchsten Stand in einem Juli seit 1951. Der DGB-Vorsitzende Ernst Breit erklärt anschließend, zwar bestehe tendenzielle Übereinstimmung in Einzelfragen, doch seien Bundesregierung und Arbeitgeber zu einer gemeinsamen Kraftanstrengung in der Bekämpfung der Arbeitslosigkeit nicht bereit.

18. September: In Frankfurt/Main wird während einer Demonstration gegen die NPD der Demonstrant Günter Sare von einem Wasserwerfer der Polizei überrollt und stirbt.

26. September: Heiner Geißler scheidet aus seinem Ministeramt aus, um sich als Generalsekretär der CDU voll auf den Bundestagswahlkampf 1986 zu konzentrieren. Seine Nachfolgerin als Minister für Familie, Jugend und Gesundheit wird die Dortmunder Professorin Rita Süssmuth, die bisher nur als Vorsitzende des Bundesfachausschusses Frauenpolitik der CDU hervorgetreten ist.

2. bis 5. Oktober: Michail Gorbatschow nutzt seinen ersten Besuch im westlichen Ausland als Generalsekretär des ZK der KPdSU, um die Initiative in der Abrüstung zu ergeifen. In Paris erklärt er, er habe den USA ein vollständiges Verbot von Weltraumangriffswaffen und die Halbierung der

Beckmann (Sohn des Malers Max Beckmann) erhält der Industrielle Otto Wolff von Amerongen in Jena die Ehrendoktorwürde einer DDR-Universität. Am 25. September wird mit William Borm (FDP) in Leipzig der erste westdeutsche Politiker mit der Ehrendoktorwürde bedacht. Borm wurde 1952 in der DDR verhaftet und wegen «Kriegs- und Boykotthetze» zu zehn Jahren Haft verurteilt und 1959 freigelassen. Er ging in die Bundesrepublik, wo er von 1965 bis 1972 dem Bundestag angehörte. 1982 brach er mit der FDP, seitdem engagiert er sich in der Friedensbewegung und für die Anerkennung der DDR. Der 1987 verstorbene Borm wird 1991 als Stasi-Mitarbeiter enttarnt.

18. bis 20. September: Der SPD-Vorsitzende Willy Brandt, der nach der Enttarnung des Spions Günther Guillaume Besuche in der DDR ablehnte, reist erstmals wieder in den anderen deutschen Staat. Er wird auch von Erich Honecker empfangen, der Brandt versichert, nichts von dem Spion gewußt zu haben. Andernfalls würde er gesagt haben «Weg mit dem Mann!» Beide Politiker treten für die Aufnahme offizieller Kontakte zwischen Volkskammer und Bundestag sowie eine Förderung des Jugendaustausches ein.

24. September: Zum Abschluß ihrer Tagung in Dresden-Strehlen beschließt die Synode des Bundes der Evangelischen Kirchen in der DDR, das der Zusammenschluß der acht Landeskirchen künftig «Evangelische Kirche in der DDR» heißen wird.

26. September: Im Ost-Berliner Brecht-Zentrum findet die Premiere des Romans «Hinze-Kunze» von Volker Braun statt. 1981 reichte der Autor sein Manuskript beim Mitteldeutschen Verlag in Halle ein – Auftakt zu einem vierjährigen Kampf mit Lektoren, Zensoren und Funktionären. Wiederholt wird die Entschärfung politisch brisanter Anspielungen und Passagen gefordert, worauf Braun nicht eingeht. Klaus Höpcke (SED), als stellvertretender Minister für Kultur auch «Buchminister» genannt, sorgt letztlich für das Erscheinen des Werkes – und wird wegen ideologischer Unzuverlässigkeit abgemahnt. Die bereits angelaufene Auslieferung der nur 15000 Exemplare betragenden Erstauflage wird auf Anweisung höchster Stellen überstürzt gestoppt. In den Worten des Reclam-Lektors Jürgen Teller: «Der ‹Hinze-Kunze-Roman› hat also den traurigen Rekord gemacht, als erste Dichtung aus dem bereits öffentlichen Verkehr gezogen zu werden.» Wenige Tage darauf trifft mutmaßlich das Politbüro der SED die Entscheidung, diesen Bannstrahl aufzuheben und die Auslieferung doch zu gestatten.

13. Oktober: Die Sächsische Evangelische Landeskirche beklagt, staatliche Stellen würden zunehmend Einreiseverweigerungen gegen Westdeutsche verhängen, wodurch die Zusammenarbeit mit Partnergemeinden und -organisationen erheblich behindert werde.

15. Oktober: In Budapest beginnt das «Kulturforum» der KSZE, das sich mit Fragen von Kunst und Kultur befaßt, aber am 25. November ohne Schlußdokument endet. Bürgerrechtsgruppen aus Osteuropa, deren Angehörigen Ungarn die Einreise gestattet, veranstalten in den ersten Tagen parallel ein «Kultursymposium», auf dem Fragen der nationalen Identität, das Recht auf Geschichte und das Recht auf Abweichung im Mittelpunkt stehen.

22. und 23. Oktober: In Sofia tagt der Warschauer Pakt, der sich scharf gegen das amerikanische SDI-Programm wendet. «Besondere Besorgnis ruft die Gefahr der Ausdehnung des Wettrüstens auf den Weltraum hervor. Das würde die gesamte strate-

strategischen Atomwaffen angeboten und das Einfrieren der «SS-20»-Stationierung auf dem Stand vom Juni 1984 mitgeteilt, damit diese auf ihr SDI-Projekt verzichten.

8. bis 11. Oktober: Als erster Bundespräsident besucht Richard von Weizsäcker Israel. Staatspräsident Chaim Herzog würdigt seine Rede vom 8. Mai als «eines der eindrucksvollsten Dokumente unseres Zeitalters». Weizsäcker bekräftigt, «unsere Geschichte wäre zu Ende, wenn wir versuchen würden, die Jahre des Schreckens aus unserem Bewußtsein zu tilgen (...) Schuld ist, wie Unschuld, persönlich. Schuld oder Unschuld eines ganzen Volkes gibt es nicht. Aber jeder Deutsche trägt die Erbschaft der Geschichte seines Volkes – die Erbschaft der ganzen Geschichte mit ihren hellen und dunklen Kapiteln. Es steht ihm nicht frei, die dunklen Teile auszuschlagen.»

16. Oktober: Erstmals seit 22 Jahren erhält wieder ein Deutscher den Nobelpreis für Physik. Klaus von Klitzing entgegnet auf Äußerungen von Politikern, falls er in die USA abwandern wolle, könne man mit sich reden lassen, Grundlagenforschung müsse grundsätzlich gefördert werden und nicht erst, wenn jemand Abwanderungsgedanken hege.

27. Oktober: In den Niederlanden übergeben Vertreter der Friedensbewegung der Regierung die Unterschriften von 3,7 Millionen Bürgern, die sich gegen die Aufstellung von 48 «Cruise Missiles» aussprechen. Trotz dieses Votums von einem Viertel der Gesamtbevölkerung und der Mehrheit der Wähler beschließt die Regierung am 1. November, bis Ende 1988 die Marschflugkörper auf dem Luftwaffenstützpunkt Woensdrecht aufzustellen.

14. November: In Buenos Aires wird Walter Kutschmann verhaftet, der als früherer SS-Obersturmbannführer an mindestens fünf Massenexekutionen, an Deportationen und an der Erschießung von mindestens zwanzig polnischen Hochschullehrern beteiligt gewesen sein soll. Er lebte seit 1947 unter dem Mädchennamen seiner spanischen Mutter in Argentinien und wurde 1975 vom «Nazijäger» Simon Wiesenthal entdeckt.

19. bis 21. November: In Genf treffen US-Präsident Ronald Reagan und der Generalsekretär des ZK der KPdSU, Michail Gorbatschow, zusammen – das erste amerikanisch-sowjetische Gipfeltreffen seit sechs Jahren. Zwar verzichtet Reagan nicht, wie Gorbatschow fordert, auf das SDI-Projekt, doch erklären beide, ein Atomkrieg dürfe «niemals geführt werden», und keine Seite werde «militärische Überlegenheit anzustreben versuchen». Der persönliche Kontakt stelle einen neuen Anfang dar, der seine Fortsetzung in einem Besuchs Gorbatschows in den USA und Reagans in der Sowjetunion finden werde.

12. Dezember: Erstmals erlebt die Bundesrepublik eine rot-grüne Landesregierung. In Hessen bildet Ministerpräsident Holger Börner (SPD) ein neues Kabinett, in das Josef (Joschka) Fischer von den *Grünen* als Umweltminister einzieht. Was die Öffentlichkeit am meisten bewegt: Kommt er in Turnschuhen? Fischer tritt sein Amt in Turnschuhen und legerem Jackett an. Nach einem heftigen Streit über die Hanauer Plutoniumfabrik «Alkem», deren Stillegung er fordert und durchzusetzen sucht, wird Fischer am 9. Februar 1987 von Börner entlassen – die rot-grüne Koalition zerbricht.

15. Dezember: Der mit absoluter Mehrheit regierende Ministerpräsident von Nordrhein-Westfalen, Johannes Rau, wird von den Parteigremien zum Kanzlerkandidaten der SPD erklärt.

gische Lage destabilisieren und den Kosmos in eine neue Quelle tödlicher Gefahr für die Menschheit verwandeln.» Die Partei- und Staatschefs unterstützen den sowjetischen Vorschlag, Weltraumangriffswaffen vollständig zu verbieten und die strategischen Atomwaffen von Sowjetunion und USA zu halbieren.

13. bis 15. November: Der saarländische Ministerpräsident Oskar Lafontaine (SPD) sucht die saarländische Herkunft Erich Honeckers zu nutzen. Während seines Besuches in der DDR erklärt er, daß das Saarland ein eigenes Wirtschaftsbüro in Ost-Berlin errichten und daß Honecker verstärkt Aufträge an die Montanindustrie der Saar erteilen werde. Auch habe man grundsätzliche Einigkeit erzielt, daß Saarlouis und Eisenhüttenstadt die erste deutsch-deutsche Städtepartnerschaft aufnehmen werden. Auf einer Pressekonferenz erklärt Lafontaine, wenn man einen normalen Reiseverkehr wolle, werde man «irgendwann in der Frage der Staatsbürgerschaft so entscheiden müssen, daß man eben die Staatsbürgerschaft anerkennt».

22. November: Das ZK der SED enthebt Konrad Naumann, Mitglied des Politbüros und des ZK sowie Erster Sekretär der Bezirksleitung Berlin, «aus gesundheitlichen Gründen» seiner Funktionen. Vorwand ist eine Rede Naumanns, in der er Wissenschaftler und Künstler als hochbezahlte Nichtstuer abqualifizierte. Auf einen Beschwerdebrief hin erörtert zunächst das Politbüro den Fall, eines der wenigen Male, wo alle Anwesenden engagiert diskutieren. Seit langem wird Naumann wegen seiner Praßsucht und seines Gehabes kritisiert, nun fehlen ihm die Freunde, die ihn vor dem von Erich Honecker betriebenen Rauswurf bewahren könnten.

3. Dezember: Nachfolger des am Vortag verstorbenen Armeegenerals Heinz Hoffmann (SED) als Verteidigungsminister wird sein bisheriger Stellvertreter, Generaloberst Heinz Keßler (SED), ein Jugendfreund Erich Honeckers aus FDJ-Anfängen.

16. Dezember: Erich Honecker besucht das konsolidierte Polen, um die wirtschaftliche Zusammenarbeit wieder in geordnete Bahnen zu bringen. Mit General Wojciech Jaruzelski schließt er ein «langfristiges Programm der Entwicklung der Zusammenarbeit» bis zum Jahr 2000.

1986

«Asylantenstrom»

Seit Ende der siebziger Jahre steigt der Anteil der Bundesbürger, die angesichts der damals auf die Zwei-Millionen-Marke zusteuernden Arbeitslosigkeit eine Rückkehr der Gastarbeiter in ihre Heimatländer befürworten. Rechtsextreme Gruppen machen sich diese Stimmung zunutze und fordern den «Ausländerstopp». In verzweifeltem Protest gegen die zunehmend menschenunwürdige Behandlung der Ausländer verbrennt sich am 26. Mai 1982 in Hamburg die Türkin Semra Ertan Bilir. Nach den Gastarbeitern wird nun ein weiterer Sündenbock unter den Ausländern gefunden, die Asylbewerber. Im Wahlkampf wird deren erneut steigende Zahl zum «Asylantenstrom» hochgeredet, der eingedämmt werden müsse.

1. Januar: Durch den Beitritt Spaniens und Portugals umfaßt die EG nun zwölf Mitgliedsstaaten.
8. Januar: Die *Feldmühle-Nobel-AG* in Düsseldorf, die frühere Friedrich-Flick-Industrieverwaltung, bezahlt an die jüdische «Claims Conference» fünf Millionen DM. Diese Entschädigung für die Beschäftigung jüdischer Zwangsarbeiter im Zweiten Weltkrieg werde allein aus «humanitären Gründen» gezahlt.
16. Januar: Im Bundestag scheitern Anträge von SPD und *Grünen*, den Umweltschutz als Staatsziel in das Grundgesetz aufzunehmen.
28. Januar: Fernsehzuschauer in aller Welt erleben die Explosion der amerikanischen Raumfähre «Columbia» kurz nach dem Start in Cape Canaveral. Sieben Astronauten, darunter die als erste Zivilistin für einen Raumflug ausgewählte Lehrerin Christa McAuliffe, kommen bei diesem Unglück ums Leben. Nicht nur die Programme der NASA, sondern auch das SDI-Projekt erfahren nun erhebliche Verzögerung.

Im Saarland beschließt das mit absoluter Mehrheit regierende SPD-Kabinett, die Gesamtschule zur Regelschule zu erheben.
29. Januar: Der wegrotierte Bundestagsabgeordnete der *Grünen*, Otto Schily, stellt

1986

Atomunfall

Nach der anfänglichen Vertuschung und Verharmlosung des GAUs von Tschernobyl tritt unübersehbar zutage, daß in der Sowjetunion nachlässig und inkompetent mit der risikoreichen Atomenergie umgegangen wird. Wie leichtfertig und gewissenlos Leben und Gesundheit vieler Millionen Menschen gefährdet werden, weckt vielerorts Zweifel, ob dieses politische und gesellschaftliche System den Herausforderungen der Neuzeit überhaupt noch gewachsen ist. Wie die anderen Länder Osteuropas betreibt auch die DDR Atomkraftwerke sowjetischer Bauart.

15. Januar: Generalsekretär Michail Gorbatschow verlängert das im Dezember ausgelaufene einseitige Moratorium für alle Atomexplosionen und schlägt ein Programm für die vollständige stufenweise Beseitigung aller Atomwaffen in der ganzen Welt vor. Kurz vor Ablauf des Moratoriums am 31. März führen die USA am 22. März erneut und demonstrativ einen unterirdischen Atomversuch durch, worauf weltweit und auch in den USA heftige Kritik erhoben wird.

31. Januar: In einem Interview mit der Hamburger *Zeit* erklärt Erich Honecker, er betrachte die Diskussion über das Offenhalten der Deutschen Frage als überflüssig. «Es ist geradezu ein Glück für die Menschheit, daß es zwei deutsche Staaten gibt.»

9. Februar: Die DDR erweitert die Reisemöglichkeiten in dringenden Familienangelegenheiten. Durften bisher nur Verwandte ersten Grades reisen, wird die Regelung nun großzügiger gehandhabt. Als Anlässe gelten nun auch runde Geburtstage vom 50. aufwärts oder familiäre Ereignisse bis hin zu Einschulungen. Die neuen Bestimmungen werden allerdings nicht veröffentlicht.

13. Februar: In Dresden nehmen mehr als 150000 Menschen an der Gedenkkundge-

Strafanzeige gegen Bundeskanzler Helmut Kohl, da dieser vor dem Flick-Untersuchungsausschuß des Bundestages und einem rheinland-pfälzischen Untersuchungsausschuß die Unwahrheit gesagt habe. Die Staatsanwaltschaften in Bonn und Koblenz nehmen zwar Ermittlungen auf, stellen diese jedoch im Mai ein.

11. Februar: Auf der «Brücke der Einheit» zwischen West-Berlin und Potsdam findet abermals ein spektakulärer Gefangenenaustausch statt. Fünf im Westen inhaftierte Ostspione werden gegen drei im Osten inhaftierte Westspione ausgetauscht. Eine halbe Stunde vor diesen acht Agenten wird Anatoli Schtscharanski freigelassen, der als jüdischer Bürgerrechtler in der Sowjetunion 1978 zu Gefängnis und Lagerhaft verurteilt wurde. 400 Tage verbrachte Schtscharanski, der sogleich nach Israel weiterreist, in Einzelhaft.

17. Februar: Ende 1985 veröffentlicht der Journalist Günter Wallraff sein Buch «Ganz unten». Es schildert seine Erlebnisse als türkischer Hilfsarbeiter Ali Levent, der sich bei Elendsjobs verdingt. «Ganz unten» wird das meistverkaufte Buch der westdeutschen Nachkriegsgeschichte. Heute läuft die Verfilmung des Buches an.

19. bis 21. Februar: Auf Einladung der SPD-Bundestagsfraktion kommt Horst Sindermann (SED), Präsident der Volkskammer der DDR, nach Bonn. Der SPD-Fraktionsvorsitzende Hans-Jochen Vogel erklärt, diese Initiative sei «einmal mehr von den Sozialdemokraten ausgegangen», sie werde dem Dialog eine neue Qualität geben. Auch Bundestagspräsident Philipp Jenninger (CDU) empfängt Sindermann. Um den Eindruck offizieller Kontakte zu vermeiden, allerdings nicht in seinen Amtsräumen, sondern in seiner Dienstvilla.

28. Februar: Der Bundestag beschließt die Einführung des maschinenlesbaren, angeblich fälschungssicheren Personalausweises, den die Bundesrepublik als erstes europäisches Land ab dem 1. April 1987 einführt. Ein entsprechender Reisepaß soll ab 1988 ausgegeben werden. Zugleich wird die Strafprozeßordnung so geändert, daß die computergestützte «Schleppnetzfahndung» zulässig wird.

20. März: Trotz einer Protestwelle der Gewerkschaften beschließt der Bundestag die Änderung des Paragraphen 116 des Arbeitsförderungsgesetzes. Künftig erhalten von Streiks betroffene Arbeitnehmer in nichtstreikenden Tarifbezirken keine finanzielle Hilfe der Bundesanstalt für Arbeit mehr.

27. März: Als zweites Land nach Großbritannien schließt sich die Bundesrepublik dem SDI-Projekt an. In Washington unterzeichnen der amerikanische Verteidigungsminister Caspar Weinberger und Wirtschaftsminister Martin Bangemann (FDP) eine Vereinbarung, die die Mitwirkung deutscher Firmen regelt. Eine staatliche Beteiligung wird von der Bundesregierung ausgeschlossen.

7. und 8. April: Nach einem monatelangen Skandal um Schmiergelder von Bauunternehmern, Parteispenden, bezahlte Reisen und Spenden für Rechtsextreme treten die Berliner Senatoren Heinrich Lummer (CDU), Klaus Franke (CDU) und Horst Vetter (FDP) zurück. Der Regierende Bürgermeister Eberhard Diepgen (CDU) wehrt Forderungen nach dem Rücktritt des gesamten Senats ab: «Sofern es eine Senatskrise gegeben hat, ist diese nun beendet.»

15. April: Am 5. April explodiert in der vor allem von amerikanischen Soldaten besuchten Diskothek «La Belle» in West-Berlin eine Bombe. Zwei Menschen werden getötet, mehr als 230, darunter fünfzig US-Soldaten, zum Teil schwer verletzt. US-Nachrichtendienste erklären libysche Terroristen, die bung zum Jahrestag der Bombardierung der Stadt teil.

25. Februar bis 6. März: Auf dem 27. Parteitag der KPdSU in Moskau fordert Generalsekretär Michail Gorbatschow zwar die Beschleunigung des Fortschritts auf allen Gebieten, doch begnügt er sich hinsichtlich der Umsetzung seiner Vorstellungen mit zahlreichen Appellen.

17. bis 21. April: Auf ihrem elften Parteitag in Ost-Berlin setzt die SED ihre Politik unbeirrt fort. Der Einwand des sowjetischen Gastes Michail Gorbatschow, Selbstkritik sei eine «unerläßliche Bedingung für den Erfolg», bleibt unbeachtet. Erich Honecker lobt seine SED: «Sie wurde, wie das Leben zeigt, ihrer Verantwortung als führende Kraft der Gesellschaft jederzeit gerecht.» Ein «unerschütterliches Vertrauensverhältnis zwischen Partei und Volk» habe große Fortschritte ermöglicht. Das Volk habe «einen Lebensstandard erzielt wie noch nie in seiner Geschichte». Allerdings sei «das Erreichte noch nicht das Erreichbare». Die Führungsspitze der SED wird nahezu unverändert bestätigt. Vor diesem Parteitag veröffentlicht das *Neue Deutschland* am 9. Januar erstmals die wirkliche Zahl der Arbeiter unter den SED-Mitgliedern und -Kandidaten. Offiziell gelten 58,2 Prozent als «Arbeiter», doch werden dabei Funktionäre und Rentner mitgezählt. Nur 37,9 Prozent der knapp 2,3 Millionen Mitglieder, das ist jeder sechste Erwachsene der DDR, sind «wirkliche» Produktionsarbeiter.

Am 18. April ergänzt Gorbatschow vor dem Parteitag seine bisherigen Abrüstungsvorschläge zu Nuklearwaffen durch eine neue Initiative, die den konventionellen Rüstungen und Streitkräften gilt. Vom Atlantik bis zum Ural sollte eine bedeutende Reduzierung vorgenommen werden, unter Möglichkeit von Inspektionen auch vor Ort.

23. April: Eisenhüttenstadt und Saarlouis schließen eine Grundsatzvereinbarung über die Errichtung der ersten deutsch-deutschen Städtepartnerschaft. Ursprünglich wollte Saarlouis eine Verbindung mit Halberstadt eingehen, zu dem aus Kriegszeiten zahlreiche persönliche Kontakte bestehen. Doch lehnte die DDR den Ende 1984 gestellten Antrag prinzipiell ab. Auch soll die nun genehmigte Partnerschaft vorerst die einzige bleiben. Aber bereits Ende 1986 schließen Lübben und Neunkirchen, im März 1987 dann Cottbus und Saarbrücken weitere Städtepartnerschaften.

26. April: Im vierten Block des sowjetischen Atomkraftwerkes Tschernobyl bei Kiew kommt es aufgrund menschlichen Versagens zum bisher schlimmsten Atomunfall der Geschichte. Als in Skandinavien erhöhte Werte gemessen werden und ein Atomreaktorunfall vermutet wird, schweigt die Sowjetunion noch. Erst am 28. April wird der GAU offiziell bestätigt. Vier Tage nach dem Unfall wird eine 45fach erhöhte Radioaktivität gemessen, die ein Gebiet von 25 000 Quadratkilometern und eine Bevölkerung von einer Million Menschen betrifft. Eine hochradioaktive Wolke zieht von Tschernobyl in Richtung Moskau, worauf die sowjetische Führung sie durch Bewurf mit Silberjodid aus Flugzeugen abregnen läßt. Deshalb ist die weit vom Unglücksort entfernte Region um Gomel in Weißrußland eine der am stärksten verseuchten. Durch weitere atmosphärische Ausbreitungen werden weite Teile Europas belastet, am stärksten Rumänien, Polen, Finnland und Schweden. In der DDR wird nach offiziellen Angaben am 1. Mai der Höchststand der Luftradioaktivität gemessen. Trotz des Abklingens beträgt der Wert am 2. Mai immer noch das Hundertfache des Normalwertes. Mit ihrer auf Verschweigen und Verharmlosen gerichteten, angesichts der Gesundüber Ost-Berlin gekommen seien, für verantwortlich. Darauf befiehlt US-Präsident Ronald Reagan den heutigen Bombenangriff auf die libysche Hauptstadt Tripolis und die Großstadt Bengasi. Achtzehn Bomber steigen in Großbritannien auf, umfliegen Frankreich und Spanien, da deren Regierungen keine Überfluggenehmigungen erteilen; fünfzehn Jagdbomber starten von amerikanischen Flugzeugträgern im Mittelmeer. Libyen spricht von Dutzenden Todesopfern des Angriffs, darunter eine achtzehn Monate alte Adoptivtochter des Revolutionsführers Oberst Muammar al-Kadhafi. Zahlreiche europäische Regierungen verurteilen diese Militäraktion als «Schlag ins Gesicht Europas». Bundeskanzler Helmut Kohl begrüßt den Angriff zwar nicht, rechtfertigt ihn jedoch durch eine Verurteilung Libyens als «feste Basis» des Terrorismus.

17. April: Der Bundestag billigt das «Gesetz zur Verbesserung der Wehrgerechtigkeit und Verlängerung der Dauer des Grundwehrdienstes», das die Dienstpflicht ab dem 1. Juni 1989 von fünfzehn auf achtzehn Monate verlängert.

4. bis 6. Mai: Beim Weltwirtschaftsgipfel in Tokio vereinbaren US-Präsident Ronald Reagan und Bundeskanzler Helmut Kohl, bis spätestens Ende 1992 alle in der Bundesrepublik lagernden chemischen Waffen abzuziehen. Eine Stationierung neuer C-Waffen ist nur mit Zustimmung der Bundesregierung möglich. Der Schein eines Abrüstungsschrittes trügt jedoch: Vor siebzehn Jahren unterbrachen die USA die Produktion von C-Waffen. Der US-Kongreß macht Gelder für die von Reagan geforderte Wiederaufnahme der Herstellung vom eindeutigen Ja der einzelnen Verbündeten zu einer Stationierung abhängig. Abgezogen werden die veralteten Kampfstoffe.

3. Juni: Nach dem Unfall von Tschernobyl am 26. April herrscht in der Bundesrepublik heillose Verwirrung über mögliche Gefahren wie geltende Grenzwerte. Klar ist, daß eine erhöhte Belastung an Radioaktivität für Luft und Boden besteht, wenn auch regional sehr unterschiedlich. Becquerel (Bq), das Maß für die Aktivität einer Strahlenquelle, wird zum jedermann geläufigen Begriff. Am 3. und 4. Mai empfiehlt die Bundesregierung als Vorsorgemaßnahme, keine Frischmilch zu trinken, die Bauern sollten ihr Vieh von den Weiden holen. Am 12. Mai gibt die Bundesregierung offiziell Entwarnung, doch sorgen vor allem Milch, Süßwasserfische, Pilze und Wildbret sowie die Verfütterung des Heus vom Frühjahr im folgenden Winter für eine anhaltende Beunruhigung der Verbraucher. Um dem Kompetenzgewirr und der Ungewißheit abzuhelfen, wird heute das Bundesministerium für Umwelt, Naturschutz und Reaktorsicherheit geschaffen. Bundeskanzler Helmut Kohl ernennt am 6. Juni Walter Wallmann (CDU), bisher Oberbürgermeister von Frankfurt/Main, zum ersten Bundesumweltminister.

6. Juni: Die Bewegung gegen die Atomenergie wacht wieder auf. In Brokdorf, Wackersdorf und Hamm-Uentrop demonstrieren 100000 Menschen gegen die Atomenergie, es kommt zu gewalttätigen Auseinandersetzungen mit der Polizei. Am 8. Juni demonstrieren in Hamburg 800 Menschen gegen die Polizeimaßnahmen bei den Großdemonstrationen. Darauf kesselt die Polizei auf dem Heiligengeistfeld die komplette Demonstration ein. Bis zu sechzehn Stunden werden die 800 Menschen von der Polizei im «Hamburger Kessel» festgehalten.

8. Juni: Die Österreicher wählen Kurt Waldheim, früherer Außenminister und von 1972 bis 1981 UN-Generalsekretär, im zweiten Wahlgang zum neuen Bundespräsidenten. Anfang März dringen erste Berich-

Die Mauer am Potsdamer Platz

heitsgefahren zudem völlig unzulänglichen Behandlung dieses Unglücks verlieren sowohl die sowjetische als auch die DDR-Führung ein Gutteil ihrer Glaubwürdigkeit. So verkündet Michail Gorbatschow am 14. Mai, «daß das Schwierigste hinter uns liegt. Das Schlimmste konnte verhütet werden.»

6. Mai: Nach zwölf Jahre währenden Verhandlungen unterzeichnen die DDR und die Bundesrepublik ein Kulturabkommen. Fortschritte wurden erst im Spätherbst 1982 möglich, als Erich Honecker die Streitfrage des ehemaligen preußischen Kulturbesitzes auszuklammern vorschlug. Das Kulturabkommen regelt den Austausch in den Bereichen Wissenschaft, Musik, Film, Malerei, Thater, Verlagswesen, Denkmalpflege und Sport. Es ist auf eine Laufzeit von fünf Jahren angelegt. Bereits in den nächsten Monaten finden mehrere bemerkenswerte Ausstellungen statt.

9. Mai: In Ost-Berlin wird ein Schreiben bekannt, das 21 Angehörige der autonomen Friedensbewegung als Eingabe an Erich Honecker sandten. Darin üben sie Kritik an der gesellschaftlichen Entwicklung und fordern einen «konstruktiven Dialog».

26. Mai: Eigenmächtig verlangt die DDR von den Angehörigen der diplomatischen Missionen in Ost-Berlin, daß sie beim Grenzübertritt von und nach West-Berlin nicht mehr nur die vom DDR-Außenministerium ausgestellten Dienstausweise, sondern auch ihre Pässe vorlegen. Die Westalliierten ignorieren diese Regelung.

8. Juni: Bei den Wahlen zur Volkskammer entfallen bei einer Wahlbeteiligung von 99,74 Prozent 99,94 Prozent der Stimmen auf die Einheitsliste der Nationalen Front.

25. bis 27. Juni: Bei seinem Besuch in Schweden bereitet Erich Honecker ein Abkommen vor, daß Ende Oktober in Ost-Berlin unterzeichnet wird. Darin erklärt sich die DDR zur Zahlung von etwa 20 Millionen DM an zehn schwedische Unternehmen und 200 Privatpersonen bereit, deren Eigentum nach dem Ende des Zweiten Weltkrieges enteignet worden war.

te über die Nazi-Vergangenheit Waldheims an die Öffentlichkeit, nach denen er auf dem Balkan an Deportationen griechischer Juden und der brutalen Bekämpfung jugoslawischer Partisanen beteiligt war. Zudem wird bekannt, daß Waldheim Angehöriger einer NS-Reiterstaffel war. Der «Jüdische Weltkongreß» in New York teilt mit, er wolle keinen Kriegsverbrecherprozeß, sondern nur erreichen, daß Waldheim die Wahrheit über seine Vergangenheit sage. Der Betroffene kritisiert die «größte Verleumdungskampagne in Österreich seit 1945», die gegen ihn geführt werde.

9. Juli: RAF-Terroristen ermorden den Atomphysiker und Siemens-Manager Karl-Heinz Beckurts und seinen Fahrer Eckart Groppler in Straßlach bei München durch eine ferngezündete Bombe.

10. Juli: Unter dem Eindruck von Tschernobyl proben erste Gliederungen der SPD den Atomausstieg. Mit ihrer Mehrheit beschließt der Landtag von Nordrhein-Westfalen, den Schnellen Brüter von Kalkar nicht ans Netz gehen zu lassen, dessen Weiterbau die Bundesregierung am 17. Februar 1982 beschlossen hatte.

25. bis 29. August: Tschernobyl zeigt weitere Wirkung. In Nürnberg beschließt der SPD-Parteitag bei nur zwei Gegenstimmen und einer Enthaltung den stufenweisen Ausstieg aus der Atomenergie innerhalb von zehn Jahren. Auch der DGB, bisher entschiedener Befürworter, fordert auf seinem Bundeskongreß in Hamburg nun einen Ausstieg aus der Atomenergie «so rasch wie möglich». Die FDP beschließt im Mai auf ihrem Parteitag in Hannover, so lange an der Atomenergie festzuhalten, bis umweltfreundliche Energiegewinnung den Bedarf decken kann.

26. August: Von Januar bis Ende August kommen 66814 Menschen in die Bundesrepublik und 5229 Menschen nach West-Berlin, die politisches Asyl beantragen. Angesichts der Bundestagswahlen im Januar 1987 wird die «Eindämmung des Asylantenstroms» zum Wahlkampfthema. Heute beschließt die Bundesregierung entsprechende Maßnahmen. Fluggesellschaften und Schiffahrtslinien müssen Strafgelder zahlen und den Rücktransport bezahlen, wenn sie Passagiere ohne ordnungsgemäße Papiere in die Bundesrepublik transportieren. Die Visaausgabe im Ausland wird stark eingeschränkt; auf wirtschaftliche oder allgemeine Gründe gestützte Asylanträge gelten als «offensichtlich unbegründet»; das Arbeitsverbot für noch nicht anerkannte Asylbewerber wird von zwei auf fünf Jahre ausgedehnt, für Ostblockflüchtlinge mit einem Jahr eingeführt; das Abschiebungsverfahren soll erleichtert und verkürzt werden. Am 31. August erklärt Bundeskanzler Kohl, falls diese Maßnahmen nicht zum gewünschten Ergebnis führten, müßte der Artikel 16 des Grundgesetzes geändert werden.

19. September: Der Aufsichtsrat der Holdinggesellschaft für die *Neue Heimat* beschließt, 270000 Wohnungen des mit siebzehn Milliarden DM verschuldeten Gewerkschaftskonzerns für den symbolischen Preis von einer DM an den West-Berliner Brotfabrikanten Horst Schiesser zu verkaufen. Dieser verzweifelte Sanierungsversuch scheitert. Letztlich erwerben mehrere Bundesländer große Teile des Wohnungsbestandes der Neuen Heimat.

Erstmals seit dem Ende des Zweiten Weltkriegs wird in West-Berlin wieder eine jüdische Schule eröffnet.

28. September: Der Bundestagspräsident Philipp Jenninger (CDU) und der Schweizer Bankier Holger Bahl, die bereits 1982 und 1983 erfolglos versuchten, einen Milliardenkredit an die DDR einzufädeln, verfassen ein Geheimpapier «Länderspiel». Darin

13. August: Zum 25. Jahrestag des Mauerbaus erklärt Erich Honecker vor dem Vorbeimarsch der Kampfgruppen: «Unsere Maßnahmen vom 13. August dienten dem Frieden. Sie ebneten (...) den Weg von der Konfrontation zur Entspannung. Sie dienten der Sicherheit und Zusammenarbeit in Europa, sie dienten dem Frieden.»

18. August: Die Führung der DDR versucht, aus dem Asylthema in der BRD politischen Nutzen zu ziehen. Seit 1984 steigt die Zahl der Ausländer, zumeist Tamilen, die über den Flughafen Schönefeld unkontrolliert nach West-Berlin gelangen, dramatisch an. Die DDR sucht dies offenkundig zu nutzen, um Statusänderungen West-Berlins zu erzwingen, sie weist jedoch alle Kritik von sich. Am 18. September gibt der Kanzlerkandidat der SPD, Johannes Rau, nun bekannt, daß die DDR endlich den ungehinderten Zustrom von Asylbewerbern von Ost- nach West-Berlin unterbinden werde. Aus Unterlagen, die nach der Vereinigung zugänglich werden, ergibt sich die Vermutung, daß Rau damit tatsächlich Wahlkampfunterstützung aus der DDR erhält. Am 5. September reist Egon Bahr (SPD) zu Erich Honecker und Hermann Axen (SED). Nach den Protokollen des Büros Axen sagt Bahr in der Unterredung, daß die DDR «mit diesem Problem an Einfluß auf die BRD wie nie zuvor» gewinne. «Es erhebt sich nur die Frage: Gibt es eine Möglichkeit, eine Regelung zu erreichen – nicht eine geschriebene Vereinbarung, sondern eine Regelung, bei der jeder entscheidungsfrei bleibt –, die auch im Hinblick auf das Wahlergebnis vom 25.1.87 günstig wäre?» Als Gegenleistung bietet Bahr: «Im Auftrag von Willy Brandt möchte ich mitteilen: Wir wollen in aller Form erklären, daß bei einer Regierungsübernahme durch die SPD die Regierung der BRD voll die Staatsbürgerschaft der DDR respektieren wird und damit dieses Thema beerdigt wird.» Es wird vereinbart, daß Raus Erklärung zur Asylantenfrage vor Veröffentlichung der SED-Führung vorgelegt wird.

16. September: Erstmals nehmen mit Hermann Axen und Kurt Hager Mitglieder des Politbüros der SED an einer Veranstaltung in der Ständigen Vertretung der Bundesrepublik in Ost-Berlin teil. Nach dem Vortrag von Carl Friedrich von Weizsäcker über «Fragen der Friedenssicherung in Europa» beteiligen sie sich ungewohnt offen an der Diskussion.

2. Oktober: Die Fährverbindung zwischen Mukran auf Rügen und dem sowjetischen Klaipeda, dem früheren Memel, wird eröffnet. Bis 1990 sollen sechs Fährschiffe im Acht-Stunden-Takt verkehren.

2. und 3. Oktober: In Moskau weihen Michail Gorbatschow und Erich Honecker gemeinsam ein Denkmal für den ermordeten KPD-Führer Ernst Thälmann ein. Im Gespräch hebt Honecker die erfolgreiche wirtschaftliche Entwicklung der DDR hervor.

11. und 12. Oktober: In der isländischen Hauptstadt Reykjavik kommen US-Präsident Ronald Reagan und Generalsekretär Michail Gorbatschow zu ihrem zweiten Gipfeltreffen zusammen. Beide Seiten unterbreiten weitgehende Abrüstungsvorschläge. Reagan: «Wir haben die radikalsten und großzügigsten Rüstungskontrollvorschläge der Geschichte unterbreitet. Wir haben die völlige Abschaffung aller – sowohl der amerikanischen als auch der sowjetischen – ballistischen Raketen von der Erdoberfläche bis 1996 angeboten.» Gorbatschow: «Wir sind mit einem ganzen Paket bedeutender Vorschläge gekommen, die, wenn sie angenommen würden, wirklich in kurzer Zeit eine Wende in allen Richtungen des Kampfes für die Begrenzung der Atom-

wird die Anerkennung der Staatsbürgerschaft der DDR und die Umwandlung der beiderseitigen Ständigen Vertretungen in Botschaften gegen die Gewährung der vollen Reisefreiheit für alle DDR-Bürger ins Auge gefaßt. Unklar ist, ob und wieweit Bundeskanzler Helmut Kohl von diesen Überlegungen weiß, ob er sie womöglich selbst angeregt hat.

10. Oktober: Terroristen der RAF ermorden den Leiter der Politischen Abteilung im Auswärtigen Amt und engen Mitarbeiter des Außenministers Hans-Dietrich Genscher, Gerold von Braunmühl, auf offener Straße. Dieses ist der erste politische Mord in Bonn, seit es Hauptstadt ist. Die fünf Brüder des Opfers richten später einen offenen Brief an die RAF: «Kommt zurück. Habt den Mut, Euer geistiges Mordwerkzeug zu überprüfen. Es hält der Prüfung nicht stand.»

20. Oktober: In einem Interview mit *Newsweek* läßt sich Bundeskanzler Helmut Kohl über Michail Gorbatschow aus. Das Magazin veröffentlicht diesen Satz: «Er ist ein moderner kommunistischer Führer, der sich auf Public Relations versteht. Goebbels, einer von jenen, die für die Verbrechen der Hitler-Ära verantwortlich waren, war auch ein Experte in Public Relations.» Als nicht nur in der Sowjetunion heftige Reaktionen, darunter zahlreiche Besuchsabsagen, ausbrechen, bekundet Kohl, die Passage gebe Sinn und Inhalt seiner Äußerung nicht wieder. Darauf veröffentlicht *Newsweek* die originale Tonbandaufzeichnung: «Er ist ein moderner kommunistischer Führer. Der war nie in Kalifornien, nie in Hollywood, aber er versteht was von PR. Der Goebbels verstand auch was von PR. Man muß die Dinge doch auf den Punkt bringen.»

1. November: Wieder einmal wird die Umweltverschmutzung unübersehbar. Bei einem Großbrand im Baseler Chemieunternehmen *Sandoz* gelangen mit dem Löschwasser zig Tonnen hochgiftiger Stoffe in den Rhein. Am 6. November erreicht die Giftwelle Mainz, wo kein Abbau der Schadstoffe, sondern nur eine Verringerung der Konzentration festgestellt wird. Am 12. November wird durch Presseberichte bekannt, daß während des Sandoz-Brandes bei der benachbarten Firma *Ciba-Geigy* 400 Kilogramm Unkrautvernichtungsmittel «Atrazin» in den Rhein gelangten – angeblich durch eine «Havarie». Auch andere Firmen sollen die Gelegenheit genutzt haben, illegal Schadstoffe in den Rhein zu «entsorgen». Am 21. November gelangen bei der BASF in Ludwigshafen zwei Tonnen Pflanzenschutzmittel in den Rhein, darauf werden ufernahe Wasserwerke in Rheinland-Pfalz und Nordrhein-Westfalen abgeschaltet.

9. November: Bei den Bürgerschaftswahlen in Hamburg verliert die SPD knapp zehn Prozent der Stimmen und büßt ihre absolute Mehrheit ein. Die CDU wird mit geringem Vorsprung stärkste Fraktion, die GAL erhält mehr als zehn Prozent, und die FDP scheitert abermals. Als die Gespräche von SPD und CDU über die Bildung einer Großen Koalition scheitern, löst sich die Bürgerschaft am 19. März 1987 wieder auf. Bei den Neuwahlen am 17. Mai 1987 gewinnt die SPD hinzu, die CDU verliert leicht; GAL und FDP ziehen beide in die Bürgerschaft ein. Am 2. September wird ein SPD-FDP-Senat unter Bürgermeister Klaus von Dohnanyi (SPD) gewählt.

13. November: Der Bundestag verschärft erneut das Asylrecht. Rechtskräftig abgewiesene Asylbewerber können schneller abgeschoben werden.

26. November: Die Staatsanwaltschaft ermittelt gegen die *Howaldtswerke-Deutsche Werft AG* in Kiel wegen des Verdachts, Konstruktionspläne für den Bau von U-Booten illegal an Südafrika weitergegeben zu hawaffen herbeiführen und die Gefahr eines Atomkrieges real bannen könnten.» Ein Druchbruch wird nur knapp verfehlt, weil Gorbatschow lediglich SDI-Labortests zulassen, Reagan aber Erprobungen durchführen will.

12. Oktober: Im Neuen Palais von Potsdam wird die seit August präsentierte Ausstellung «Friedrich II. und die Kunst» aufgrund «des starken Besucherandrangs» verlängert. Über Jahrzehnte identifizierte die SED Preußen ausschließlich mit Junkertum und Militarismus. In dieser Haltung ließ die Führung 1950 das Reiterstandbild Friedrichs des Großen von Unter den Linden in Ost-Berlin entfernen und 1968 die Potsdamer Garnisonkirche sprengen. Nun revidiert die Partei im Rahmen der «Aneignung des geschichtlichen Erbes» ihr bisheriges Preußenbild. So wurde auf ausdrückliche Anregung von Erich Honecker das Friedrich-Denkmal wieder an seinem angestammten Platz aufgebaut, und die Potsdamer Ausstellung liefert zum 200. Todestag eine differenzierte Bewertung des deutschen Preußenkönigs.

18. bis 28. Oktober: Während seiner Asienreise besucht Erich Honecker Nordkorea und die Mongolei. Sein wichtigstes Reiseziel ist jedoch China, wo er vom 21. bis 26. Oktober als wichtigstes Abkommen das zur «Entwicklung der langfristigen wirtschaftlichen und wissenschaftlich-technischen Zusammenarbeit» unterzeichnet. Es gilt für fünzehn Jahre und soll einen «regen Austausch» ermöglichen.

19. Oktober: In Budapest und Warschau geben 122 Kritiker aus mehreren Ländern Osteuropas, auch der DDR, eine Erklärung heraus, die an die ungarische Revolution von 1956 erinnert. «Wir erklären unsere gemeinsame Entschlossenheit, für die politische Demokratie in unseren Ländern zu kämpfen, für ihre Unabhängigkeit, für den Pluralismus, der auf den Grundsätzen der Selbstbestimmung, der friedlichen Wiedervereinigung des geteilten Europa und seiner demokratischen Integration beruht.»

4. November: Eine Gruppe junger Menschen zieht von West-Berlin aus einen weißen Strich entlang der Mauer, wobei sie häufig Territorium der DDR betreten. Nach etwa zwei Kilometer Malen ergreifen Grenzbeamte den 23jährigen Wolfgang Hasch, der in der DDR wegen Aufruf zum Wahlboykott verurteilt und 1985 in die Bundesrepublik abgeschoben wurde. Er wird nun in Ost-Berlin wegen «mehrfachen ungesetzlichen Grenzübertritts» zu einem Jahr und acht Monaten Haft verurteilt, hinzu kommt eine Reststrafe von anderthalb Jahren.

In Wien beginnt die dritte KSZE-Folgekonferenz, die bis zum 15. Januar 1989 tagen wird. Sie gibt das Mandat für zwei wesentliche Abrüstungsverhandlungen. Zum einen für die «Verhandlungen über konventionelle Streikräfte in Europa», die an die Stelle der MBFR-Konferenzen treten, zum anderen für die «Verhandlungen über vertrauens- und sicherheitsbildende Maßnahmen», die am 24. März 1989 beginnen.

12. November: Die DDR und die Bundesrepublik einigen sich nach dem Kulturabkommen vom Mai, kriegsbedingt verlagertes Archivgut zurückzuführen. Von der DDR werden Bestände der Archive von Bremen, Hamburg, Kiel, Lübeck, Mainz, Koblenz, Marburg und Nürnberg zurückgegeben. Aus der Bundesrepublik werden Materialien an Schwerin, Oranienburg, Greifswald, Rostock, Calau, Lübben, Prenzlau, Templin sowie Originalkarten des früheren KZ Buchenwald rückgeführt.

12. bis 14. November: In Bukarest tagt der Militärrat des Warschauer Paktes, dem Parben. Am 10. Dezember konstituiert sich ein Untersuchungsausschuß des Deutschen Bundestages. Unter Duldung der Bundesregierung liefert HDW noch bis Anfang 1987 Unterlagen an den Apartheid-Staat.

27. November: Die USA geben bekannt, daß sie am folgenden Tag erstmals die Obergrenzen des nicht ratifizierten, aber stets eingehaltenen SALT-II-Abkommens durchbrechen. Präsident Ronald Reagan entschied am 25. November, den 131. «B-52»-Bomber der mit «Cruise Missiles» ausgerüstet ist, in Dienst zu stellen, ohne dafür etwa eines der «Poseidon»-U-Boote stillzulegen. Während die Bundesregierung Kritik nur andeutet, erschüttert für den SPD-Vorsitzenden Willy Brandt dieses Signal die «Glaubwürdigkeit der Abrüstungsvorschläge der westlichen Führungsmacht».

5. Dezember: Der Bundestag verabschiedet neue Bestimmungen zur Terrorismusbekämpfung. Danach werden Anschläge auf Bahnanlagen oder Strommasten sowie Anleitungen zur Herstellung von Sprengstoffen als terroristische Straftaten verfolgt.

tei- und Staatschef Nicolae Ceauşescu die bevorstehende fünfprozentige Verringerung der rumänischen Waffen, Truppen und Militärausgaben mitteilt. Sie wird am 23. November durch eine Volksbefragung mit einer Zustimmung von 99,99 Prozent beschlossen und verleiht Rumänien den Schein der Friedensliebe.

15. November: In Ost-Berlin wird nach eingehender Renovierung die Deutsche Staatsoper wiedereröffnet.

20. und 21. November: Vor dem ZK der SED erklärt Erich Honecker seine Hoffnung auf eine Lösung bei der Abrüstung der Mittelstreckenraketen. Mit einer Einigung bestünde auch keine Notwendigkeit mehr, taktische Raketen mit einer Reichweite unter tausend Kilometer in der DDR stationiert zu lassen. «Dann wäre die Möglichkeit gegeben, dieses Teufelszeug vom Boden der DDR zu entfernen.»

16. Dezember: Mit einem Telefonanruf setzt Generalsekretär Michail Gorbatschow, der im Februar erstmals von «Glasnost» (vom altrussischen «Glas» für Stimme) spricht, ein deutliches Zeichen. Er teilt dem nach Gorki verbannten Andrej Sacharow mit, daß er mit seiner Frau Jelena Bonner nach Moskau zurückkehren darf.

1987

750 Jahre Berlin

Ein merkwürdiges Fest. Die frühere Hauptstadt Deutschlands begeht ihren 750jährigen Geburtstag. In einer geteilten Stadt kann wohl auch ein solches Jubiläum nur getrennt gefeiert werden. Der Ostteil, die «Hauptstadt der DDR», wird zur eigenständigen «sozialistischen Metropole» ausgerufen. Der Westteil gestaltet sein Fest, in den Worten des Regierenden Bürgermeisters Eberhard Diepgen (CDU), als «Bekenntnis Berlins zu sich selbst, doppelt und doch eins.» Viele Deutsche belächeln US-Präsident Ronald Reagan, als er mit der Unbefangenheit des Fremden den Abriß der Mauer fordert.

4. Januar: Bei einer Wahlkampfveranstaltung erklärt Bundeskanzler Helmut Kohl, bei allen Kontakten mit der DDR-Führung vergesse er nicht, «mit wem wir es zu tun haben: mit einem politischen Regime, das über 2000 unserer Landsleute in Gefängnissen und Konzentrationslagern hält». Innenminister Friedrich Zimmermann (CSU) fügt hinzu: «Die DDR ist das größte Gefangenenlager der Welt.» Die DDR legt in Bonn Verwahrung ein, reagiert sonst aber zurückhaltend.

25. Januar: Bei den Wahlen zum elften Deutschen Bundestag ist eine mit 84,3 Prozent deutlich geringere Wahlbeteiligung zu verzeichnen, 1983 lag sie noch bei 89,9 Prozent. Unerwartet erzielt die CDU / CSU mit 44,3 Prozent der Stimmen ihr schlechtestes Ergebnis nach 1949. Auch die SPD büßt leicht ein und kommt auf 37,0 Prozent, ihr schlechtestes Ergebnis seit 1961. Kanzlerkandidat Johannes Rau lehnte jedes Zusammengehen mit dem *Grünen* ab und setzte auf die (illusorische) absolute Mehrheit seiner Partei. Die FDP («Zukunft durch Leistung») kann sich dank heftiger Kontroversen mit der CSU, die vor allem Außenminister Hans-Dietrich Genscher attackierte, profilieren. Sie legt 2,1 Prozent zu und erzielt 9,1 Prozent. Den höchsten Zuwachs er-

1987

Gegen das sowjetische Modell

Bezeichnend für die Haltung der SED-Führung: Erstmals findet sie den Mut und läßt in diesem Jahr niederschreiben, welche Probleme und Belastungen die sowjetischen Truppen mit ihren 400 000 und mehr Soldaten im Lande verursachen. Fehlende Konsultationen, Verletzungen der Souveränität der DDR, ernste Probleme bei Sicherheit und Ordnung, aber auch eine deutliche Verschlechterung der Beziehungen zur Bevölkerung werden da ziemlich wahrheitsgetreu aufgelistet. Doch dann fehlt den SED-Führern der Mumm, diese Kritik dem Adressaten Michail Gorbatschow auch zuzustellen.

8. Januar: Offensichtlich glaubt nur noch die Führung ihren Erfolgsmeldungen. Sie teilt mit, daß die Werktätigen im Jahr 1986 die bisher höchsten Leistungen in Produktion und Effektivität erbracht haben. Das Wachstum des produzierten Nationaleinkommens von 4,3 Prozent sei ausschließlich durch die Steigerung der Arbeitsproduktivität um 8,8 Prozent bei gleichzeitiger Senkung des spezifischen Produktionsverbrauchs in der Industrie um 1,7 Prozent erreicht worden.

2. bis 4. Februar: In Ost-Berlin informiert der sowjetische Außenminister Eduard Schewardnadse Erich Honecker und Willi Stoph über das statutenwidrig dreimal verschobene Plenum des ZK der KPdSU vom 27. und 28. Januar. Dort brandmarkt Michail Gorbatschow die Fehler der Vergangenheit, er fordert «Maßnahmen revolutionären Charakters», «Demokratie in der Produktion» und Veränderungen des Wahlsystems. Seine Quintessenz: «Wir brauchen die Demokratie wie die Luft zum Atmen.» Was Honecker davon hält, offenbaren seine Äußerungen vor dem Politbüro und den Ersten Sekretären der Kreisleitungen am 6. Februar: «Unsere Volksvertreter haben das Vertrauen ihrer Wähler.» «Das System unserer sozialistischen Planwirtschaft funktioringen indes die *Grünen*, sie steigern sich um 2,7 Prozent auf 8,3 Prozent.

18. Februar: Der Bundestag wählt erneut Philipp Jenninger (CDU) zu seinem Präsidenten.

25. Februar: Die bayerische Staatsregierung beschließt, ab sofort alle Personen, bei denen die Vermutung besteht, sie seien mit der Immunschwächekrankheit Aids infiziert, von den Behörden zu HIV-Tests vorzuladen. Im Mai wird der Aids-Test auch für Anwärter für den Staats- oder Richterdienst zwingend.

10. März: Der Regierende Bürgermeister von Berlin, Eberhard Diepgen (CDU), lädt Erich Honecker als Vorsitzenden des Ost-Berliner Festkomitees zur 750-Jahr-Feier am 30. April im West-Berliner ICC ein. Am 13. April sagt Honecker unter Verweis auf einen am Vortag veröffentlichten Brief ab, in dem Diepgen die Ministerpräsidenten der Bundesländer ermahnt, wegen des Vier-Mächte-Status nicht an den Staatsakten in Ost-Berlin teilzunehmen. Nach der West-Berliner Feier am 30. April übt die DDR scharfe Kritik an den Reden, die Diepgen und Bundeskanzler Helmut Kohl auf dem Festakt gehalten haben: «Herr Diepgen hat unter Mißbrauch der Jubiläumsfeierlichkeiten durch verleumderische Ausfälle gegen die Deutsche Demokratische Republik den Boden für Gemeinsames anläßlich der 750-Jahr-Feier verlassen.» Seine Teilnahme an den DDR-Veranstaltungen sei «zur Zeit nicht vorstellbar». Darauf sagt Diepgen am 6. Mai die Einladung Honeckers zur Teilnahme am Ost-Berliner Staatsakt am 23. Oktober ab.

11. März: Der Bundestag wählt Helmut Kohl erneut zum Bundeskanzler. Kohl bildet eine Bundesregierung aus CDU/CSU und FDP, die kaum verändert ist. In seiner Regierungserklärung spricht Kohl am 17. März zur Deutschlandpolitik: «Auch vier Jahrzehnte nach dem Ende des Zweiten Weltkrieges ist die deutsche Frage rechtlich, politisch und geschichtlich offen.»

12. März: Nach jahrelangem Streit einigen sich die Ministerpräsidenten der Bundesländer über die Neuordnung des Rundfunkwesens. Der Medienstaatsvertrag wird am 3. April unterzeichnet und tritt am 1. Dezember in Kraft. Darin wird ländereinheitlich das duale System von öffentlich-rechtlichen Anstalten und privaten Anbietern geregelt.

23. März: Der SPD-Vorsitzende Willy Brandt kündigt seinen vorzeitigen Rücktritt an, nachdem seine ungewöhnliche Entscheidung vom 17. März, die parteilose, in Deutschland geborene Griechin Margarita Mathiopoulos zur neuen Parteisprecherin zu machen, auf heftige Kritik gestoßen ist.

27. März: Die zuständigen Minister von Bund und Ländern treffen zu einer Aids-Sonderkonferenz zusammen. Knapp tausend Erkrankte sind in der Bundesrepublik bekannt, von denen die Hälfte bereits gestorben ist. Die Zahl der Aids-Infizierten wird auf mehrere zehntausend geschätzt. Angesichts der neuartigen Erkrankung und ihrer dramatischen Ausbreitung beschließen die Minister ein zentrales Aids-Register und eine anonyme Berichtspflicht über positiv ausgefallene Aids-Tests. Am 8. Mai setzt der Bundestag eine Enquète-Kommission ein.

5. April: Nach dem Zerfall der rot-grünen Koalition gewinnt die CDU bei den Landtagswahlen in Hessen klar. Sie löst die SPD nach 44 Jahren als stärkste Partei ab. Am 23. April wird der bisherige Bundesumweltminister Walter Wallmann (CDU) zum Ministerpräsidenten einer CDU-FDP-Koalition gewählt.

6. bis 10. April: Erstmals besucht ein Staatsoberhaupt Israels die Bundesrepublik und West-Berlin, obwohl sich Teile der israniert gut, ist leistungsfähig und flexibel.» «Fester denn je sind Partei, Staat und Volk miteinander verbunden.»

6. Februar: Das *Neue Deutschland* veröffentlicht eine ungewöhnliche Meldung. «Generaloberst Markus Wolf, der auf eigenen Wunsch aus dem aktiven Dienst des Ministeriums für Staatssicherheit ausscheidet, wurde für seine großen Verdienste Dank und Anerkennung ausgesprochen und der Karl-Marx-Orden verliehen.» Seit 1952 gehörte «Mischa» Wolf (SED) zur Geheimdienst-Spitze, seit 1956 war er Leiter der Hauptverwaltung Aufklärung. Wolf, der von 1934 bis 1945 im sowjetischen Exil lebte, gilt als Befürworter des Reformkurses von Michail Gorbatschow. Er bekundet nach einem Gespräch mit Erich Honecker Anfang 1988, «daß von diesem Mann keine Einsicht in die Notwendigkeit tiefgreifender Veränderungen in unserem Land zu erwarten war.»

Nachdem die USA am 3. Februar den ersten Atomtest des Jahres 1987 unternommen haben, hebt die Sowjetunion ihr einseitiges Moratorium für Atomversuche auf und führt am 26. Februar einen eigenen Atomtest durch.

12. Februar: Um die Jahreswende 1986/87 setzt Erich Honecker nach späterem eigenem Bekunden durch, daß «den Angehörigen der Grenztruppen empfohlen wurde, von der Schußwaffe nicht mehr Gebrauch zu machen, es sei denn zur Abwehr des Angriffs auf den eigenen Leib und das Leben (...) Wir wollten uns nicht mehr stören lassen durch Schüsse an der Grenze.» Doch noch am 21. November 1986 werden an der Berliner Mauer die DDR-Bürger René Groß und Manfred Mäder getötet, am 24. November 1986 wird Michael Bittner erschossen. Im Januar wird ein unbekannter Mann an der innerdeutschen Grenze erschossen, er ist dort der letzte, der durch Schüsse ums Leben kommt. Fünf DDR-Bürger ertrinken im November 1988 und Mai 1989 bei Fluchtversuchen in der Ostsee. Heute versuchen zwei Männer vom Ost-Berliner Bezirk Treptow in den West-Berliner Bezirk Neukölln zu flüchten. Während Peter Schulze die Flucht gelingt, wird Lutz Schmidt von mehreren Schüssen tödlich getroffen. Und weiterhin wird von der Schußwaffe Gebrauch gemacht: Am 29. September wird an der Berliner Mauer Falk Schröder erschossen.

25. März: Erstmals reisen Offiziere der Bundeswehr als Manöverbeobachter in die DDR. Nach den Regelungen der KVAE, die Anfang 1987 in Kraft treten, müssen alle Teilnehmerstaaten zu Manövern mit mehr als 17000 Soldaten eingeladen werden. Die beiden Oberstleutnants verfolgen mit anderen westlichen und östlichen Beobachtern ein Manöver bei Brandenburg, an dem 23500 sowjetische und 1500 Soldaten der NVA mitwirken.

28. Mai: Am «Tag der sowjetischen Grenztruppen», die sich rühmen, jeden Meter der sowjetischen Grenze zuverlässig zu bewachen, fliegt der 19jährige Mathias Rust aus Wedel bei Hamburg mit einem Sportflugzeug von Finnland nach Moskau. Zwar entdeckt, aber unbehelligt legt er die fast tausend Kilometer lange Strecke über sowjetischem Territorium zurück, um abends am Roten Platz in Moskau zu landen. Nach dieser dramatischen Düpierung der militärischen Weltmacht rollen Köpfe in Moskau: Hohe Militärs und der Verteidigungsminister müssen gehen. Am 4. September wird Rust zu vier Jahren Arbeitslager verurteilt. Seine Behauptung, der Flug sei eine «Friedensmission» gewesen, wird vom Obersten Gerichtshof der Sowjetunion als nicht überzeugend bewertet. Nach 14monatiger Haft im Moskauer Lefortowo-Gefängnis wird

elischen Öffentlichkeit dagegen aussprechen («Wir schulden den Deutschen gar nichts, sie schulden uns alles»). Präsident Chaim Herzog beginnt seinen Aufenthalt im ehemaligen KZ Bergen-Belsen, an dessen Befreiung er 1945 als Angehöriger der britischen Truppen teilnahm. Herzog mahnt die Nachgeborenen: «Kein Volk kann aus seiner Geschichte ausbrechen und sie verleugnen. Sie ist ein Vermächtnis, das nicht negiert werden kann. Unsere Kinder – Ihre und unsere – werden die Erben der Vergangenheit bleiben. Das schafft ein Problem und ein Bündnis; es schafft aber auch eine Pflicht und eine Verantwortung füreinander und der Menschheit gegenüber, die Verantwortung, eine Sachlage zu schaffen, die eine Wiederholung von Auschwitz unmöglich macht.» Herzog erinnert an die «historische Verantwortung» Deutschlands, Israel beim Überleben und bei der Existenzsicherung zu helfen – womit er sich gegen deutsche Waffenverkäufe an arabische Staaten ausspricht. An der DDR übt Herzog Kritik, weil sie die Verantwortung für die schreckliche Vergangenheit ablehne.

6. Mai: Erstmals seit zwölf Jahren veröffentlicht die Bundesregierung wieder einen von unabhängigen Wissenschaftlern erstellten Wirtschaftsvergleich mit der DDR. Das Fazit: Trotz aller Anstrengungen sei die DDR eher noch weiter hinter die Bundesrepublik zurückgefallen, als dies bereits 1970 der Fall war. Intern gesteht auch die SED-Führung bald ein, daß die Arbeitsproduktivität der DDR um vierzig Prozent unter der der Bundesrepublik liegt.

17. Mai: Nach sechzehn Jahren verliert die CDU ihre absolute Mehrheit in Rheinland-Pfalz. Bei den Landtagswahlen bleibt sie jedoch deutlich stärkste Partei, muß jedoch eine Koalition mit der FDP eingehen.

23. Mai: Das Bundesverteidigungsministerium bestätigt, daß die NVA der Bundeswehr einen Austausch von Offizieren und die Aufnahme von Beziehungen zwischen einzelnen Regimentern und Bataillonen beider Armeen vorgeschlagen hat.

4. Juni: Nach der endgültigen Einigung innerhalb der Koalition am 1. Juni spricht sich Bundeskanzler Helmut Kohl in einer Regierungserklärung für die doppelte Null-Lösung beim Abbau der Mittelstreckenraketen in Europa aus.

12. Juni: Aus Anlaß der 750-Jahr-Feier kommen die Staatsoberhäupter der Westalliierten nach West-Berlin. Am 11. Mai besucht der französische Staatspräsident François Mitterrand, am 26. und 27. Mai die britische Königin Elisabeth II. die Stadt. Vor dem heutigen Besuch von US-Präsident Ronald Reagan demonstrieren mehrere Zehntausend Menschen, trotz eines Demonstrationsverbotes kommt es auch heute zu Ausschreitungen. Auf einer Kundgebung vor dem Brandenburger Tor wendet sich Reagan direkt an Generalsekretär Michail Gorbatschow: «Aus Moskau ist viel von einer neuen Politik der Reformen und Offenheit zu vernehmen. Einige politische Gefangene sind freigelassen worden. Bestimmte ausländische Nachrichtensendungen werden nicht länger gestört. Manche Wirtschaftsunternehmen können jetzt freier von staatlicher Kontrolle operieren. Sind dies die Anfänge tiefgreifender Veränderungen im Sowjetstaat? (...) Die Sowjets würden ein unmißverständliches Zeichen setzen, das die Sache von Freiheit und Frieden dramatisch vorantreiben würde. Generalsekretär Gorbatschow, wenn Sie nach Frieden streben, wenn Sie Wohlstand für die Sowjetunion und für Osteuropa wünschen, wenn Sie die Liberalisierung wollen, dann kommen Sie hierher zu diesem Tor. Herr Gorbatschow, öffnen Sie dieses Tor! Herr Gorbatschow, reißen Sie diese Mauer nieder!» Eine Koope-

Rust am 3. August 1988 vorzeitig freigelassen und kehrt in die Bundesrepublik zurück.

29. und 30. Mai: In Ost-Berlin treffen die Parteichefs der Staaten des Warschauer Paktes zusammen. Auf dieser Tagung des Politischen Beratenden Ausschusses wird erstmals eine Erklärung über die Militärdoktrin veröffentlicht, da es unter den derzeitigen Bedingungen wichtig sei, die militärischen Ziele und Absichten des Bündnisses richtig zu verstehen. Die Doktrin habe ausschließlich Verteidigungscharakter, es entspreche dem Wesen des Sozialismus, Konflikte friedlich zu lösen. Michail Gorbatschow setzt diesen Schritt durch, um seine Abrüstungsinitiativen zu untermauern. So erklären die Teilnehmerstaaten, sie «werden niemals und unter keinen Umständen militärische Handlungen gegen irgendeinen Staat oder ein Staatenbündnis beginnen, wenn sie nicht selbst einem bewaffneten Überfall ausgesetzt sind. Sie werden niemals als erste Kernwaffen einsetzen. Sie erheben keinerlei territoriale Ansprüche, weder gegenüber einem europäischen noch außereuropäischen Staat. Sie betrachten keinen Staat und kein Volk als ihren Feind (...) Die Streitkräfte der verbündeten Staaten werden in einer Gefechtsbereitschaft gehalten, die ausreicht, um nicht überrascht zu werden.»

3. bis 5. Juni: Nach langem Drängen der DDR kann Erich Honecker die Niederlande besuchen. Während er Abrüstungsfragen in den Mittelpunkt stellt, hält ihm Ministerpräsident Ruud Lubbers entgegen: «Die Teilung Europas bleibt etwas Unnatürliches. Es liegt uns fern, die Grenzen in Europa antasten zu wollen. Es ist aber in unser aller Interesse, diese Grenzen weniger undurchlässig zu machen.»

6. bis 8. Juni: Unter dem Motto «Rock Salute to Berlin» findet vor dem Reichstag in West-Berlin ein Open-air-Konzert mit Genesis, David Bowie, Eurythmics und anderen weltbekannten Musikern statt. Einige der Lautsprecherbatterien werden nach Osten gerichtet, wo sich Tausende junger Leute in der Nähe der Grenzabsperrungen drängen. Am Abend des Pfingstsamstags kommt es zu ersten Zusammenstößen mit Volkspolizisten auf dem Schiffbauerdamm. Am Abend des Pfingstsonntags greifen zivile Stasi-Trupps einzelne Jugendliche aus der Menge. Nach Rufen «Weg mit der Mauer» werden die jungen Menschen von Volkspolizisten mit Schlagstöcken auseinandergetrieben. Darauf werden am nächsten Tag Ausweiskontrollen in der Nähe des Brandenburger Tores vorgenommen und die Absperrungen ausgedehnt. Am Abend des Pfingstmontags sammeln sich etwa 4000 Ju-

Jugendliche vor Absperrungen am Brandenburger Tor: Sie sollen daran gehindert werden, die Musikgruppe «Genesis» zu hören, die in West-Berlin vor dem Reichstagsgebäude auftritt

«Herr Gorbatschow, öffnen Sie dieses Tor!»

ration von Ost und West könnte zum Ausbau Berlins zum «Zentrum der Luftfahrt» sowie zur Abhaltung der Olympischen Spiele in beiden Teilen der Stadt führen.

13. Juni: Auf dem Bonner Hofgarten demonstrieren über 100000 Menschen für die uneingeschränkte Null-Lösung bei den Mittelstreckenraketen in Europa.

14. Juni: Der Sonderparteitag der SPD in Bonn wählt Hans-Jochen Vogel zum neuen Parteivorsitzenden und Oskar Lafontaine, Repräsentant der «Enkel»-Generation, zum zweiten Stellvertreter neben Johannes Rau. Für Willy Brandt, der in seiner Abschiedsrede die Fortsetzung der Reformpolitik beschwört, wird das Amt des Ehrenvorsitzenden auf Lebenszeit geschaffen.

26. August: Entgegen seiner zuvor geäußerten Ansicht zeigt sich Bundeskanzler Helmut Kohl nun bereit, auf die 72 «Pershing-I A»-Raketen der Bundeswehr zu verzichten und ihren Abbau in ein amerikanisch-sowjetisches Abkommen über Mittelstreckenraketen einzubringen.

Die Bundesregierung erhöht das «Begrüßungsgeld» für DDR-Bürger von bisher zweimal jährlich 30 DM auf einmal hundert DM pro Besucher und Jahr.

gendliche vor den Ketten der Volkspolizei, um die herübergewehten Musikfetzen aufzuschnappen. Etwa tausend Demonstranten gelingt es, die Absperrungen zu durchbrechen – darauf sucht die Volkspolizei durch Greifkommandos und brutale Schlagstockeinsätze die Menge zu zerstreuen. Es kommt zu den schwersten Auseinandersetzungen seit 1977, die über mehrere Stunden anhalten und in deren Verlauf etwa 200 Menschen verhaftet werden. Die Jugendlichen reagieren mit zahlreichen Rufen: «Gorbatschow, Gorbatschow», «Die Mauer muß weg», «Lang lebe Freiheit und Demokratie». Zudem singen sie die «Internationale» und die erste Strophe des «Deutschlandliedes». Am 9. Juni bezeichnet ADN die Zusammenstöße als «Hirngespinste einiger westlicher Korrespondenten», von Zusammenstößen zwischen Polizei und Jugendlichen könne «überhaupt keine Rede» sein.

24. bis 28. Juni: Erstmals seit dem Mauerbau findet wieder ein Evangelischer Kirchentag in Ost-Berlin statt. Weil Veranstaltungen wie die der «Frauen für den Frieden» nicht ins offizielle Programm aufgenommen werden, rufen verschiedene Basisgruppen den «Kirchentag von unten» ins Leben.

25. Juni: In der FDJ-Zeitung *Junge Welt* be-

Genex

Als *Geschenkdienst- und Kleinexport GmbH* wird 1957 gegründet, was schon damals zur Erzielung zusätzlicher Deviseneinnahmen gedacht war. Offizieller Auftrag ist die «Vermittlung von Aufträgen aus Staaten des westlichen Auslandes oder aus West-Berlin für zollfreie Geschenksendungen an Empfänger in der DDR». Abgewickelt werden die Aufträge über die *Palatinus GmbH* in Zürich und die *Jauerfood* in Kopenhagen.

Die Angebotspalette der dann in *Genex Geschenkdienst Gmbh* umbenannten Firma umfassen Qualitäts- oder Mangelwaren aus östlicher Produktion, in der DDR zu erbringende Dienstleistungen wie zahlreiche Produkte westlicher Herkunft. In Katalogen, die im Laufe der Zeit den Hochglanzkatalogen der westlichen Versandhäuser ähnlich werden, können die Schenkenden aussuchen, was sie ihren Verwandten oder Freunden zukommen lassen wollen. Sie bestellen per Postkarte, überweisen den entsprechenden DM-Betrag, und dann werden die Produkte in der DDR ohne weitere Formalitäten ausgeliefert. Für den Beschenkten entstehen keine Kosten.

Daß Unmut bei denen aufkommen muß, die keine Verwandten und Freunde im Westen haben, verdeutlichen die Autos. Der PKW «Wartburg» kostet in der DDR offiziell 20 000 Mark und ist erst nach langjähriger Lieferzeit erhältlich. Bei «Genex» kostet er 9000 DM einschließlich Betankung, Steuer und Haftpflicht – und wird sofort ausgeliefert! Im Laufe der Jahre erweitert «Genex» seine Angebotspalette beträchtlich, von täglichen Bedarfsartikeln bis hin zum kompletten Bungalow für sechsstellige DM-Beträge. Alle eingenommenen Valuta wandern in die Kassen des SED- Devisenbeschaffers Alexander Schalck-Golodkowski.

Uwe Barschel, Ministerpräsident von Schleswig-Holstein, weist die Vorwürfe, die der *Spiegel* gegen ihn erhoben hat, weit von sich: Ehrenwort

27. August: Auf Pressekonferenzen in Bonn und Ost-Berlin wird ein Dokument vorgestellt, das die Grundwertekommission der SPD und die Akademie für Gesellschaftswissenschaften beim ZK der SED erarbeitet haben. Nach den Worten von Erhard Eppler (SPD) ist es «das erste Grundsatzpapier zwischen deutschen Sozialdemokraten und Kommunisten seit 1919». Unter dem Titel «Der Streit der Ideologien und die gemeinsame Sicherheit» werden zahlreiche Grundsätze, Bekundungen und Forderungen, aber auch Differenzen niedergelegt. Die SPD will das Streben der SED nach Anerkennung nutzen, um sie auf weiter gehende Positionen festzulegen, die SED zeigt sich bereit, für die Gleichstellung mit der SPD diesen hohen Preis zu zahlen. In fünf Abschnitten umreißt das Dokument die friedliche Koexistenz wie den politischen Meinungsstreit: «Friedenssicherung durch gemeinsame Sicherheit», «Friedlicher Wettbewerb der Gesellschaftssysteme», «Notwendigkeit einer Kultur des politischen Streits und des Dialogs», «Ansätze für eine Kultur des politischen Streits» und «Grundregeln einer Kultur des politischen Streits». Mit ihrem zeitlichen Horizont gehen die Verfasser des Dokumentes fehl: «Beide Seiten müssen sich auf einen langen Zeitraum einrichten, während dessen sie nebeneinander bestehen und miteinander auskommen müssen.»

7. bis 11. September: Erich Honeckers auf Anerkennung der DDR gerichtete Außenpolitik erlebt ihren Höhepunkt. Der Generalsekretär der SED und Staatsratsvorsitzende bereist zu einem «offiziellen Besuch» die Bundesrepublik. In Bonn wird er von Bundeskanzler Helmut Kohl mit korrektem Zeremoniell empfangen, allerdings sollen protokollarische Spitzfindigkeiten die Aufwertung der DDR in Grenzen halten. Kohl erklärt: «Die Menschen in Deutschland leider unter der Trennung (...) Die Menschen in Deutschland erwarten, daß nicht Barrieren aufgetürmt werden. Sie wollen, daß wir neue Brücken bauen.» Honecker erwidert: «Wir tun am meisten für Menschen, wenn wir den Frieden sicherer machen und ihnen die Angst vor einem Krieg nehmen.» Trotz der angespannten Atmosphäre werden Vereinbarungen zum Umweltschutz, zum Informations- und Erfahrungsaustausch beim Strahlenschutz sowie über verstärkte Zusammenarbeit in Wissenschaft und Technik unterzeichnet. Die von Honecker erwartete und dringend benötigte Wirtschaftshilfe für die DDR wird nur in Aussicht gestellt.

13. September: Die heutigen Landtagswahlen in Schleswig-Holstein stehen unter dem Eindruck eines vorab veröffentlichten Berichts im *Spiegel* vom 14. September. Danach hat der bisherige Ministerpäsident dankt sich Erich Honecker für die Lederjacke, die ihm Rocksänger Udo Lindenberg nach seinem Song «Sonderzug nach Pankow» zukommen ließ, um endlich die Genehmigung für eine Tournee durch die DDR zu erhalten. Honecker mit ungewohntem Anflug von Humor: «Natürlich ist das Äußere Geschmackssache, aber was die Jacke selbst betrifft: sie paßt (...) Da Sie gelegentlich auf meine musikalische Vergangenheit zu sprechen kommen, schicke ich Ihnen eine Schalmei. Viel Spaß beim Üben.» In seiner saarländischen Jugend wirkte Honecker in einer Schalmeienkapelle.

1. Juli: Mit sofortiger Wirkung kürzt die DDR drastisch die DM-Beträge, die Reisende aus der DDR bei Westbesuchen eintauschen können. Bisher konnten Reisende in dringenden Familienangelegenheiten gegen Mark der DDR zehn DM pro Tag, höchstens 70 DM im Verhältnis 1:1 eintauschen. Nun gilt auch für sie der Höchstbetrag von 15 DM, der bisher nur für Rentner galt. Hintergrund für diese Maßnahme sind die Devisennöte der DDR. Im Jahr 1986 konnten 573 000 Personen unterhalb des Rentenalters in die Bundesrepublik reisen, im ersten Quartal 1987 waren es bereits 216 000 Menschen. Zahlreiche Politiker in der Bundesrepublik kritisieren die Kürzung scharf, sie verweisen auf die Deviseneinnahmen der DDR, die allein aus dem Reiseverkehr «Überschüsse in Milliardenhöhe» erziele. Hinzu kämen die Transitpauschale und die Postpauschale sowie noch etwa eine Milliarde DM aus den Einnahmen des Geschenkdienstes «Genex».

10. bis 12. Juli: Unter dem Leitsatz «Gottes Macht – Unsere Hoffnung» findet in Dresden der erste Katholikentag in der Geschichte der DDR statt. Vor fast 100 000 Gläubigen erklärt Bischof Joachim Meisner, daß die Christen zwar ihre Fähigkeiten in die Gesellschaft einbringen wollen, aber «ohne einem anderen Stern zu folgen als dem von Bethlehem».

17. Juli: In Ost-Berlin werden Beschlüsse des Staatsrates veröffentlicht, die zum 7. Oktober, dem 38. Jahrestag der Gründung der DDR, eine Amnestie in Kraft setzen. Betroffen sind Straftäter, die zu Strafen mit oder ohne Freiheitsentzug verurteilt wurden. Lebenslängliche Strafen werden auf fünfzehn Jahre herabgesetzt. Am 12. Oktober wird diese nach 1979 erste Amnestie abgeschlossen: 24 621 Personen werden aus dem Strafvollzug entlassen, bei 2741 Verurteilten werden die Freiheitsstrafen nicht vollstreckt, und bei 1753 Personen in Untersuchungshaft werden die Verfahren eingestellt. Des weiteren schlägt der Staatsrat der Volkskammer vor, die Todesstrafe abzuschaffen. Die DDR dokumentiere damit «ihre Position zu einem Recht der Menschheit auf ein friedliches und menschenwürdiges Leben, zur Wahrung der Menschenrechte in ihrer Gesamtheit».

13. August: An der Ostseite des Brandenburger Tores demonstrieren etwa 300 Menschen mit Sprechchören gegen die Mauer; zwar kommt es zu Festnahmen, doch nicht zu Zusammenstößen.

2. bis 4. September: Der Olof-Palme-Friedensmarsch wird in der DDR als «Pilgerweg» vom KZ Ravensbrück zum KZ Sachsenhausen begangen. Erstmals nehmen Vertreter sowohl der offiziellen als auch der unabhängigen Friedensbewegung gleichberechtigt an einer solchen Aktion teil.

5. und 6. September: Zum ersten Mal wird eine nichtoffizielle Demonstration geduldet, Volkspolizisten begleiten den Zug nur. In der Nacht ziehen in Ost-Berlin etwa tausend Mitglieder unabhängiger Friedensgruppen von der Zionskirche zur zwei Kilometer entfernten Gethsemanekirche. Die

Uwe Barschel (CDU) seinen Gegenkandidaten Björn Engholm (SPD) bespitzeln lassen. Als Zeuge tritt der frühere Mitarbeiter Barschels Reiner Pfeiffer auf, der in einer eidesstattlichen Versicherung von einer Detektiv-Überwachung mit dem Ziel, ausschweifende Lebensführung oder homosexuelle Belastungen Engholms zu ermitteln, spricht. Außerdem sei ihm eine anonyme Steueranzeige gegen Engholm von Barschel diktiert worden. Am 18. September weist Barschel mit seinem «Ehrenwort» alle Vorwürfe zurück, am 25. September übernimmt Barschel die «politische Verantwortung» und erklärt seinen Rücktritt. Am 11. Oktober wird er von Journalisten des *Stern* tot in der Badewanne eines Genfer Hotelzimmers aufgefunden und fotografiert. Alle Behörden vermuten Selbstmord, doch geht im Dezember 1994 die Staatsanwaltschaft Lübeck mit neuen Ermittlungen dem Verdacht auf Mord nach. Der heute gewählte Landtag beschließt angesichts einer Pattsituation am 9. März 1988 seine Auflösung. Bei den Neuwahlen am 8. Mai 1988 erringt die SPD die absolute Mehrheit, am 31. Mai 1988 wird Engholm zum neuen Ministerpräsidenten gewählt – die erste SPD-Regierung seit 38 Jahren.

15. September: 42 Jahre nach dem Ende des Zweiten Weltkrieges vereinbaren in Tirana Albanien und die Bundesrepublik die Aufnahme diplomatischer Beziehungen. Albanien, das auf seine Vorbedingung einer Reparationszahlung über 4,6 Milliarden Dollar verzichtete, ist das letzte europäische Land, zu dem Bonn noch keine Beziehungen hatte.

24. September: Bundeskanzler Helmut Kohl und Frankreichs Staatspräsident François Mitterrand vereinbaren die Schaffung eines deutsch-französischen Verteidigungsrates, der die gemeinsame Sicherheitspolitik koordinieren soll. Er wird am 22. Januar 1988 in Paris durch die Unterzeichnung eines Protokolls konstituiert. Am 12. November 1987 einigen sich die Bundesrepublik und Frankreich auf die Aufstellung einer gemeinsamen Brigade.

29. September bis 1. Oktober: Seine zweite Auslandsreise nach einem Besuch Frankreichs führt den neuen SPD-Vorsitzenden Hans-Jochen Vogel nach Polen. Dort erklärt er, die breite Mehrheit der deutschen Bevölkerung stelle die polnische Westgrenze nicht mehr in Frage: «Wir wollen keine Grenzänderungen. Wir wollen durchlässige Grenzen.» Vogel, der auch mit Vertretern der illegalen «Solidarnosc» zusammenkommt, sagt nach seiner Rückkehr, es gebe keine politischen Gefangenen mehr in Polen.

7. bis 10. Oktober: Beim Besuch des ungarischen Regierungschefs Karoly Grosz bezeichnet Bundeskanzler Helmut Kohl die angekündigte Reisefreiheit der Ungarn als richtungweisend und vorbildlich. Die Bundesrepublik werde dies in einem ersten Schritt durch Visaerleichterungen und -befreiungen honorieren.

19. bis 22. Oktober: Bei einem Besuch der Bundesrepublik bezeichnet der französische Staatspräsident François Mitterrand Atomwaffen als unverzichtbar für die Sicherheitsstrategie seines Landes. Er warnt vor dem Bau der Neutronenbombe, erklärt aber zugleich, daß auch Frankreich zu ihrem Bau in der Lage sei und sie bauen werde, wenn andere Staaten sie besäßen.

20. Oktober: Die Bundesregierung weist Forderungen Polens nach Wiedergutmachungszahlungen zurück, da bilaterale Reparationsvereinbarungen erst nach einem endgültigen Friedensvertrag möglich seien. Außerdem habe Polen nach dem Abschluß des Londoner Schuldenabkommens 1953 auf weitere Zahlungen verzichtet. Im De-

Teilnehmer tragen Transparente, unter anderem mit diesen Aufschriften: «Gorbatschow ist unsere Hoffnung», «Mehr Reisemöglichkeiten», «Raketen weg in Ost und West».

16. September: Polens Partei- und Staatschef, General Wojciech Jaruzelski, besucht Ost-Berlin. Wichtigstes Ergebnis seiner Gespräche mit Erich Honecker (SED) ist die Ankündigung, schrittweise den Tourismus zwischen der DDR und Polen zu erweitern, ohne daß indes die Wiederaufnahme des visafreien Reiseverkehrs erwähnt wird. Derzeit wird vor allem organisierter Austausch betrieben, in diesem Jahr besuchen etwa 300000 Jugendliche, 70000 Gewerkschafter und mehrere zehntausend Gruppenreisende das jeweils andere Land.

23. September: Erstmals seit 22 Jahren werden die 180 Mitglieder der Jüdischen Gemeinde in Ost-Berlin wieder von einem Rabbiner betreut. Der Amerikaner Isaac Neuman gibt seine Tätigkeit jedoch schon im Mai 1988 wieder auf, er sieht sich vom Vorstand der Jüdischen Gemeinde in seiner Arbeit behindert.

1. Oktober: Zum Abschluß des Besuches des finnischen Präsidenten Mauno Koivisto schließen die DDR und Finnland ein Abkommen über den visafreien Reiseverkehr – das erste derartige Abkommen der DDR mit einem nichtöstlichen Land. Allerdings benötigen DDR-Bürger weiterhin einen Reisepaß und die Genehmigung der Behörden, wenn sie Finnland besuchen wollen.

12. Oktober: Vor seinem Besuch in Belgien vom 13. bis 15. Oktober äußert sich Erich Honecker gegenüber belgischen Journalisten über das Verhältnis der DDR zur Sowjetunion. Die DDR verfolge die dortigen wirtschaftlichen und gesellschaftlichen Umgestaltungen mit Sympathie und Interesse. Doch könne diese Reformpolitik kein Modell für die DDR sein, da diese eine eigenständige Reformpolitik betrieben habe und weiter betreiben werde. Die DDR sei durchaus nicht reformfeindlich, Beispiele der Reformpolitik seien die Schaffung der Kombinate, die Intensivierung der Produktion, die Anwendung von Schlüsseltechnologien.

13. und 14. Oktober: Die sowjetische Führung erkennt immer dringlicher die Notwendigkeit von tiefgreifenden Wirtschaftsreformen. Generalsekretär Michail Gorbatschow nimmt auch den RGW nicht aus, es bestehe die «objektive Notwendigkeit» einer Umgestaltung. Die Staatschefs der RGW-Länder werden zu einer außerordentlichen Sitzung nach Moskau gerufen. Doch nur Ungarn zeigt an Reformen wie der Einführung eines «freien gemeinsamen Marktes» oder der Stärkung des «Transfer-Rubel» als gemeinsamer Verrechnungseinheit Interesse. Willi Stoph rühmt statt dessen die Koordinierung der Wirtschaftspläne als bewährtes Instrument einer stabilen Zusammenarbeit. Die DDR lehnt gemeinsam mit Rumänien und Vietnam sogar ab, was die Mehrheit beschließt: in den direkten Beziehungen zwischen Betrieben und gemeinsamen Unternehmen die gegenseitige Konvertierbarkeit der nationalen Währungen einzuführen. In den Beschlüssen dieser Sondertagung finden die Reformhoffnungen keinen Niederschlag.

1. November: Die DDR läßt ab sofort Einfuhr und Versand von Fachzeitschriften, Kalendern, Briefmarken, Schallplatten und, was für viele kranke Menschen in der DDR eine bedeutende Erleichterung bedeutet, von verschiedenen Arzneimitteln zu.

4. und 5. November: In Moskau wird unter Teilnahme von Delegationen aus 119 Ländern der 70. Jahrestag der Oktoberrevolution begangen. Generalsekretär Michail Gorbatschow spricht erstmals den Stalinzember 1986 machte die Regierung in Warschau zivilrechtliche Ansprüche polnischer Staatsbürger geltend, die während der Nazizeit verfolgt wurden. Eine Wiedergutmachung für diese etwa 800000 Personen, die nach deutschen Berechnungen mehrere Milliarden DM ausmachen würde, wird von Polen zum Prüfstein erklärt, «der zu einer wirklichen Versöhnung» führe.

2. November: Bei schweren Auseinandersetzungen an der geplanten Startbahn-West des Flughafens Frankfurt/Main werden aus einer Demonstration heraus zwei Polizisten erschossen und neun weitere verletzt. Nach der Festnahme des Tatverdächtigen Andreas Eichler, der der «autonomen militanten Szene» angehört, bricht erneut eine politische Diskussion über die Verschärfung des Demonstrationsrechtes aus.

19. November: In Hamburg wird ein sechs Jahre andauernder Konflikt um die besetzten Häuser in der Hafenstraße beendet. Nachdem die jugendlichen Besetzer die letzte Forderung erfüllen und Stacheldrahtverhaue abbauen, unterzeichnet der SPD-FDP-Senat einen Pachtvertrag mit ihnen. Bundesinnenminister Friedrich Zimmermann (CSU) kritisiert dies als «Prämierung des Rechtsbruchs».

7. bis 11. Dezember: In Washington kommen US-Präsident Ronald Reagan und Generalsekretär Michail Gorbatschow zu ihrem dritten Gipfeltreffen und einer historischen Unterschrift zusammen. Am 8. Dezember unterzeichnen sie das erste wirkliche Abrüstungsabkommen «über die Eliminierung ihrer Raketen mittlerer und kürzerer Reichweite» (INF-Vertrag). In einer doppelten Null-Lösung müssen alle atomwaffenfähigen Mittelstreckenraketen mit Reichweiten zwischen 500 und 5500 Kilometer binnen drei Jahren nach dem Inkrafttreten des Abkommens am 1. Juni 1988 abgebaut werden. Einbezogen sind: auf amerikanischer Seite die «Pershing-II»-Raketen, die «Cruise Missiles», die «Pershing-I A»-Raketen; auf sowjetischer Seite die Raketen vom Typ «SS 20», «SS 4», «SS 5», «SS 23» und «SS 12 mod.». Die Sprengköpfe sind nicht einbezogen. Aufgrund des Abkommens müssen von den USA 817 Systeme, von der Sowjetunion 1754 Systeme beseitigt werden.

Auf der Grundlage dieser Einigung werden weitere Abrüstungsschritte vor allem bei den weitreichenden Offensivwaffen vereinbart, bei denen eine Halbierung ins Auge gefaßt wird. Danach sollen die konventionellen Rüstungen und die chemischen Waffen, von denen die USA allerdings die binären Waffen ausnehmen wollen, Gegenstand von Abrüstungsverhandlungen sein. In der Behandlung der «regionalen Konflikte» zeigt sich Gorbatschow zu einer raschen Lösung des Afghanistan-Problems bereit, zumal von amerikanischer Seite bedeutet wird, das Vorlegen eines Zeitplans für den Abzug der sowjetischen Truppen würde die Aussichten auf die Ratifizierung des «INF-Vertrages» wesentlich verbessern. Am 16. Dezember beginnen die USA nach einem Moratorium von achtzehn Jahren mit der Produktion neuer, binärer Chemiewaffen.

9. Dezember: Als erster Deutscher wird der Verteidigungsminister Manfred Wörner (CDU) von den NATO-Außenministern einstimmig zum NATO-Generalsekretär designiert. Er tritt sein Amt am 1. Juni 1988 an.

10. Dezember: Am 26. November erklären *Krupp-Stahl, Mannesmannröhren-Werke* und *Thyssen-Stahl* gemeinsam, den Stahlstandort Duisburg-Rheinhausen stillzulegen. Augenblicklich erheben sich Proteste der über 5000 betroffenen Arbeiter, die heute ihren Höhepunkt erreichen. Am 3. Mai 1988 endet der Konflikt in einem Komproschen Massenterror mit seinen «vielen Tausenden» Opfern an. Es wird auch über eine Neubewertung der Okkupation der Tschechoslowakei im Jahr 1968 gemunkelt, worauf der tschechoslowakische Partei- und Staatschef Gustav Husák vorzeitig abreist. Am 11. November verliert auf persönliches Betreiben von Gorbatschow der Moskauer Parteichef Boris Jelzin seinen Posten, er kritisierte den Parteiapparat zu heftig.

10. und 11. November: Als bisher ranghöchster US-Politiker besucht der amerikanische Vizeaußenminister John Whitehead Ost-Berlin, wo er mit Erich Honecker (SED) über eine Verbesserung und Intensivierung der gegenseitigen Beziehungen spricht. Whitehead nennt als Voraussetzung die Lösung der vermögensrechtlichen Ansprüche der USA sowie der Jüdischen Gemeinde an die DDR. Er trifft auch Peter Kirchner, den Vorsitzenden der Jüdischen Gemeinde.

24. bis 26. November: Der zehnte Kongreß des Schriftstellerverbands der DDR in Ost-Berlin wird in Anwesenheit Erich Honeckers und anderer Mitglieder des SED-Politbüros eröffnet. Hermann Kant und Stephan Hermlin, die beiden Vorsitzenden der Verbandes, bedauern den Fortgang zahlreicher wichtiger Autoren aus der DDR. Es hänge «gewiß mit bürokratischen und dogmatischen Behinderungen» zusammen, die Ausschlüsse müßten nicht für die Ewigkeit gelten.

25. November: Die im Keller der Ost-Berliner Zionsgemeinde angesiedelte «Umweltbibliothek», ein Zentrum der Friedens-, Ökologie- und Menschenrechtsgruppen, wird in den frühen Morgenstunden von der Stasi gestürmt und durchsucht. Hier steht

Menschenfeindlich

In seiner Rede vor dem Kongreß des Schriftstellerverbandes fordert Christoph Hein erstmals öffentlich und in aller Deutlichkeit die Aufhebung der Zensur: «Das Genehmigungsverfahren, die staatliche Aufsicht, kürzer und nicht weniger klar gesagt: Die Zensur der Verlage und Bücher, der Verleger und Autoren ist überlebt, nutzlos, paradox, menschenfeindlich, volksfeindlich, ungesetzlich und strafbar.» Nach dem Zweiten Weltkrieg, als die «geistige Schlacht um Deutschland» noch nicht entschieden gewesen sei, habe sie ihre Berechtigung gehabt. Aber spätestens mit den Lebensmittelmarken hätte sie im Februar 1956 verschwinden müssen.

Sie sei menschenfeindlich, weil ihretwegen Schriftsteller, die das Land wegen ihres Widerspruchs und Zuspruchs gebraucht habe, fortgegangen seien. Zudem treibe sie Autoren zur Selbstzensur oder zum Anschreiben gegen die Zensur – beides sei ein Verrat am Text. «Welche Weisheit zeichnet eigentlich die Leute aus, die Druckgenehmigungen erteilen oder nicht, die sich anmaßen, einem ausgewiesenen oder befähigten Menschen (...) Die Leser unserer Bücher sind souverän genug, um selbst urteilen zu können. Die Vorstellung, ein Beamter könne darüber entscheiden, was einem Volk zumutbar und was ihm unbekömmlich sei, verrät nur die Anmaßung, den Übermut der Ämter.»

miß. Der erste der beiden Hochöfen in Duisburg-Rheinhausen wird zum 30. Juni 1989 stillgelegt, doch soll der andere noch bis Ende 1990 weiterarbeiten. In dieser Zeit sollen Ersatzarbeitsplätze gefunden oder geschaffen sowie Vorruhestandsregelungen verwirklicht werden. Am 24. Februar 1988 findet in Bonn eine Ruhrgebiets-Konferenz statt, auf der Vertreter von Politik, Arbeitgebern und Gewerkschaften Maßnahmen zum Strukturwandel erörtern. In der Stahlindustrie sollen 35 000, im Bergbau 30 000 Arbeitsplätze abgebaut werden.

17. Dezember: Bundesumweltminister Klaus Töpfer (CDU) entzieht der Firma *Transnuklear* in Hanau die Genehmigung zum Transport radioaktiver Abfälle. Gegen Zahlung von Schmiergeldern in Höhe von zwanzig Millionen DM lieferte die Firma Atommüllfässer an die belgische Kernforschungsanlage Mol, deren hochbelastetes Material nicht ausreichend deklariert worden war. Von dort übernimmt «Transnuklear» ebenfalls falsch ausgewiesene Fässer mit plutoniumhaltigem Atommüll.

22. Dezember: Nach öffentlicher Kritik an seiner publizistischen Tätigkeit in der Nazizeit gibt der Journalist Werner Höfer die Leitung der Fernsehdiskussionsrunde «Internationaler Frühschoppen» ab, die er seit 1952 geleitet hat.

eine Vervielfältigungsmaschine, auf der nichtoffizielle Publikationen wie der *Grenzfall* oder die *Umweltblätter* hergestellt werden. Sieben Personen werden verhaftet, die Maschine wird beschlagnahmt. Als etwa 200 Personen eine Mahnwache vor der Zionskirche beginnen, erfolgen fünfzehn weitere Festnahmen. Anderntags werden die meisten Verhafteten freigelassen, doch erfolgen zugleich ähnliche Aktionen der Stasi in Dresden, Halle, Wismar, Weimar, Erfurt und Saalfeld. Am 27. November findet eine Gemeindeversammlung statt, die eine wachsende Solidarität über die autonomen Gruppen hinaus dokumentiert – darauf wird die Zionskirche «baupolizeilich geschlossen». Die Leitung der Evangelischen Kirche in Berlin-Brandenburg wertet dieses Vorgehen als Einschüchterung und Warnung des wachsenden Protestpotentials. Sie stellt sich schützend vor «ihre Gemeinden und anderen Gruppen» und ermutigt sie, «ihre in der Friedensdekade verstärkt aufgenommenen Aktivitäten für Gerechtigkeit, Frieden und Bewahrung der Schöpfung unbeirrt und geduldig fortzusetzen». Oberkonsistorialrat Manfred Stolpe erklärt ergänzend, die «Umweltbibliothek» werde von einer kirchlichen Gruppe betrieben: «Ihre gesamte Tätigkeit wird von uns gedeckt.»

11. Dezember: In Ost-Berlin tagen die Parteichefs der Staaten des Warschauer Paktes. Das Treffen endet mit der Unterzeichnung eines Abkommens zwischen der Sowjetunion, der DDR und der Tschechoslowakei, das die vom INF-Vertrag vorgesehenen Inspektionen auf dem Territorium der beiden Stationierungsländer regelt.

16. Dezember: In einem Brief an Bundeskanzler Helmut Kohl schlägt Erich Honecker vor, die Anzahl der nuklearen Raketen in Europa mit einer Reichweite bis 500 Kilometer bis zu ihrer Beseitigung einzufrieren.

17. Dezember: Vor dem ZK der SED ruft Erich Honecker auf, den Werktätigen stets «ein realistisches, ungeschminktes Bild vom Stand der Dinge» zu vermitteln. Kritische Worte müßten fallen, wo Kritik am Platze sei.

18. Dezember: Die Volkskammer beschließt die Abschaffung der Todesstrafe und führt zugleich beim Obersten Gericht eine zusätzliche Instanz ein. Bei ihr sollen Berufungen, Revisionen und Beschwerden verhandelt werden, die bisher in besonderen Fällen, etwa schwerer Spionage, nicht möglich waren, in denen das Oberste Gericht in erster und letzter Instanz urteilte.

1988

Steuerreform

Obgleich sie dem Schuldenmachen der sozialliberalen Bundesregierung ein Ende bereiten wollten, steigern CDU / CSU und FDP den Schuldenberg des Bundes von 309 Milliarden DM bei ihrer Regierungsübernahme auf nunmehr 475 Milliarden DM. Ihrer Wählerschaft versprachen sie eine große Steuerreform. Sie bringt nun eine Entlastung von etwa neunzehn Milliarden DM, vor allem für die Bezieher mittlerer und höherer Einkommen, und eine Entlastung der Unternehmen von etwa zwei Milliarden DM. Im gleichen Atemzug werden zahlreiche Verbrauchssteuern erhöht, Vergünstigungen gestrichen und Abgaben heraufgesetzt, so daß vor allem Bezieher niedrigerer Einkommen nicht ent-, sondern belastet werden.

1. Januar: Nach der Rückkehr von seiner Reise in die Sowjetunion vom 28. bis 31. Dezember beerdigt der CSU-Vorsitzende und bayerische Ministerpräsident Franz Josef Strauß ein altes Schreckgespenst. Er habe den Eindruck gewonnen, die Sowjetunion verfolge die Ausbreitung des sozialistischen Gesellschaftssystems nicht mehr mit gewaltsamen Mitteln. Michail Gorbatschow habe ihm versichert, der Export der Revolution sei kein Thema für die Sowjetunion.

17. bis 19. Januar: Der sowjetische Außenminister Eduard Schewardnadse schlägt der Bundesregierung bei seinem Besuch in Bonn vor, ein neues Kapitel in den gegenseitigen Beziehungen zu beginnen. Zu den bisherigen Bedenken Moskaus gegen eine Einbeziehung West-Berlins äußert er eine gänzlich neue Haltung – erlaubt sei alles, was nach dem Vier-Mächte-Abkommen nicht untersagt sei.

20. bis 30. Januar: Franz Josef Strauß, CSU-Vorsitzender und bayerischer Ministerpräsident, bereist als heimlicher Außenpolitiker Südafrika, Moçambique und Namibia. Er spricht sich gegen die Apartheid aus, Südafrika befinde sich bereits in einer Nach-Apartheids-Phase. Die südafrikanische Opposition kritisiert ihn indes scharf, er setze sich über alle Forderungen nach «di-

1988

Solidaritätswelle

Nach wie vor ist es die Sowjetunion, die die staatliche Existenz der DDR garantiert. Viele Menschen hoffen, aufgrund dieser Abhängigkeit würden «Neues Denken», «Glasnost» oder «Perestroika» endlich auch in der DDR Einzug finden. Doch sie sehen sich grundlegend getäuscht. Mit Methoden, die bisher gegen westliche Einflüsse angewandt wurden, geht die SED-Spitze nun auch gegen unliebsame Impulse aus dem «Bruderland» Sowjetunion vor. Aber selbst Zensur, Einschüchterung und Repression vermögen die Kritik nicht mehr zu unterdrücken. Eine Solidaritätswelle zieht durch das Land, mehr und mehr gewinnen die Menschen Mut zum Handeln.

7. bis 9. Januar: Erstmals wird Erich Honecker von einem der drei Westalliierten zum Staatsbesuch empfangen. Zuvor gab die DDR wertvolle Archivalien an Frankreich zurück. Staatspräsident François Mitterrand bezeichnet die Teilung Europas als von der jüngsten Geschichte aufgezwungen und hält seinem Gast entgegen: «Wie paradox wäre es, wenn auf beiden Seiten und im beiderseitigen Interesse der Austausch von materiellen Gütern ausgebaut würde und die anachronistischen Behinderungen im Personenverkehr und im Gedankenaustausch nicht gleichzeitig abgebaut würden?»

10. Januar: Erstmals seit seinem Parteiausschluß im Juni 1970 nach der Niederschlagung des Prager Frühlings äußert sich Alexander Dubček öffentlich. Im Organ der italienischen KP *L'Unità* bezeichnet er die Perestroika unter Michail Gorbatschow als unvermeidbar, ob ihrer Analogien zum Prager Frühling begrüßt und unterstützt Dubček sie.

Mitte Januar: Die ohnehin beschränkten Reisemöglichkeiten der DDR-Bürger werden weiter eingeengt. Bei Reisen in die Tschechoslowakei wird der Umtausch auf 440 Mark, bei Reisen nach Ungarn auf 360 Mark beschränkt – pro Person und Jahr.

plomatischer und politischer Isolierung des Apartheid-Regimes» hinweg und stütze damit die Herrschaft der Weißen. Als erster bekannter westlicher Politiker besucht Strauß das «Homeland» Bophuthatswana und fordert dessen internationale Anerkennung. In der Bundesrepublik wird Strauß heftig kritisiert, in der Folge stimmt die Bundesregierung Anfang März im UN-Sicherheitsrat nicht mehr gegen verbindliche Sanktionen gegen Südafrika, sondern enthält sich erstmals der Stimme. Vom 1. bis zum 16. März bereist dann Bundespräsident Richard von Weizsäcker (CDU) Mali, Nigeria, Simbabwe und Somalia. In Simbabwe verurteilt er die Apartheid scharf, sie sei ein Unrecht, das sich gegen die Würde und die Grundrechte des Menschen richte.

26. und 27. Januar: Während seines Besuches in der Tschechoslowakei gedenkt Bundeskanzler Helmut Kohl in Lidice der Opfer des SS-Massakers von 1942 und erinnert zugleich an die Vertreibung der Deutschen nach Kriegsende.

17. und 18. Februar: In Washington bringt Bundeskanzler Helmut Kohl gegenüber der US-Regierung Differenzen zum Ausdruck. Er äußert seine Vorbehalte gegen eine Modernisierung der atomaren Kurzstreckenraketen, die in der Bundesrepublik stationiert sind, und erinnert an die Zusage, daß bis 1992 alle in der Bundesrepublik lagernden chemischen Kampfstoffe der USA abgezogen werden sollen.

24. Februar: Bundesverteidigungsminister Manfred Wörner (CDU) legt die Bundeswehr-Planung für die nächsten fünfzehn Jahre vor; danach soll die gegenwärtige Stärke von 495 000 Mann beibehalten werden.

26. Februar: Erstmals sinkt die wöchentliche Arbeitszeit unter 38 Stunden. In ihren Tarifverhandlungen einigen sich Arbeitgeber und IG Metall für die Stahlindustrie im Tarifbezirk Nordrhein-Westfalen, Bremen und Osnabrück darauf, ab dem 1. November bei vollem Lohnausgleich die Wochenarbeitszeit von 38 auf 36,5 Stunden zu verkürzen.

9. März: In Tübingen verstirbt der frühere Bundeskanzler Kurt Georg Kiesinger (CDU).

9. und 10. März: Während seines Besuches in Ungarn eröffnet Außenminister Hans-Dietrich Genscher in Budapest das Kultur- und Informationszentrum der Bundesrepublik, das nach dem in Rumänien zweite derartige Zentrum in Osteuropa. Ungarn zeigt sich enttäuscht darüber, daß Genscher eine Assoziierung mit der EG nicht vor 1998 für erreichbar hält.

20. März: Heinz Galinski, Vorsitzender der Jüdischen Gemeinde Berlins, wird zum neuen Vorsitzenden des Zentralrates der Juden in Deutschland gewählt. Im Mai wird bekannt, daß sein verstorbener Vorgänger Werner Nachmann etwa 33 Millionen DM Zinsen unterschlagen hat, die bei einer 1980 geleisteten Wiedergutmachungszahlung der Bundesregierung in Höhe von 400 Millionen DM anfielen.

23. März: Nach einer Schlichtung gilt für die 2,3 Millionen Arbeiter und Angestellten im öffentlichen Dienst ein neuer Tarifvertrag, der neben Lohn- und Einkommenserhöhungen die Einführung der 38,5-Stunden-Woche in zwei Stufen bis 1990 vorsieht. Die Regelung wird auch für die 1,8 Millionen Beamten übernommen.

5. April: SPD, SED und die Kommunistische Partei der Tschechoslowakei veröffentlichen eine gemeinsame Erklärung, die die Schaffung einer chemiewaffenfreien Zone in Europa fordert. Zunächst sollte das Territorium der drei Staaten von chemischen Waffen geräumt werden.

18. Mai: Bundeskanzler Helmut Kohl ernennt den bisherigen Berliner Senator für

17. Januar: Wenn die SED noch über einen Rest Glaubwürdigkeit verfügte, dann verliert sie ihn jetzt. An der offiziellen Demonstration in Ost-Berlin zum 69. Jahrestag der Ermordung von Rosa Luxemburg und Karl Liebknecht suchen auch Kritiker der SED teilzunehmen. Sie tragen unter anderem ein Transparent mit dem Satz von Rosa Luxemburg «Freiheit ist immer nur Freiheit des Andersdenkenden». Stasi und Polizei reißen die Plakate herunter und verhaften insgesamt etwa 120 Personen.

Etwa 25 Menschen, die im Bereich der Zionskirche aktiv sind, werden vor der Demonstration aufgefordert, eine Erklärung über ihre Nichtteilnahme zu unterschreiben. Als sie dies verweigern, werden sie am 15. Januar ausgebürgert und am 16. Januar in den Westen abgeschoben. Dagegen werden mehrere Menschen, die in der DDR bleiben und gesellschaftliche Veränderungen erreichen wollen, in Haft genommen und gehalten. Darunter die Mitarbeiter der «Umweltbibliothek» Wolfgang Schlegel, Andreas Kalk und Till Böttcher sowie die Mitbegründerin der «Kirche von unten» Vera Wollenberger und der mit Auftrittsverbot belegte Liedermacher Stephan Krawczyk. Am 25. Januar werden seine Frau Freya Klier, die in Appellen westliche Künstler aufforderte, nicht in der DDR aufzutreten, solange Krawczyk in Haft sei, Wolfgang und Regina Templin, Bärbel Bohley, Werner Fischer und Ralf Hirsch, die in der «Initiative für Frieden und Menschenrechte» aktiv waren, verhaftet.

Am 25. Januar werden mehrere inhaftierte Demonstranten zu Freiheitsstrafen zwischen zwei Monaten und einem Jahr verurteilt. Vera Wollenberger wird am 28. Januar zu sechs Monaten Freiheitsstrafe ohne Bewährung verurteilt; am 1. Februar werden drei Mitarbeiter der Umweltbibliothek zu je sechs Monaten Freiheitsstrafe verurteilt. Die ganze Republik wird von einer Verhaftungswelle durchzogen. Mit diesen Vorfällen beginnt zugleich die größte Solidaritätswelle seit der Ausbürgerung Wolf Biermanns. Allerorten finden Unterschriftensammlungen, Mahnwachen und Fürbittgottesdienste statt, Geld wird gesammelt für die Versorgung der Kinder, deren Eltern verhaftet sind, Protestbriefe werden geschrieben und versandt.

Auf diesen Druck hin läßt die DDR am 2. Februar überraschend Stephan Krawczyk und Freya Klier frei und in die Bundesrepublik ausreisen. In den folgenden Tagen dürfen die anderen Verhafteten ebenfalls ausreisen. Während der Ost-Berliner Rechtsanwalt Wolfgang Vogel verkündet, die Freigelassenen hätten sich frei entscheiden können, ob sie in der DDR bleiben oder ausreisen wollten, berichten die Freigelassenen von der Androhung hoher Haftstrafen. Nur einige erhalten Dokumente, die eine Wiedereinreise in die DDR möglich machen: Dem Ehepaar Templin wird ein längerer «Studienaufenthalt» in der Bundesrepublik bewilligt, Bärbel Bohley und Werner Fischer erhalten ein Visum für einen halbjährigen Studienaufenthalt in Großbritannien. Auf Bitten der Kirchenleitung erlauben Erich Honecker und Egon Krenz ihnen am 3. August die Rückkehr in die DDR.

12. Februar: Berlins Regierender Bürgermeister, Eberhard Diepgen (CDU), wird in Ost-Berlin von Erich Honecker (SED) empfangen. Dabei werden Reiseerleichterungen vereinbart: Ab dem 1. März können bei Tagesbesuchen in Ost-Berlin nun auch West-Berliner, wie Bundesbürger seit 1984, einmal übernachten. Zudem wird Einigkeit über den dritten, seit 1983 verhandelten Gebietsaustausch erzielt. Am 1. April wird der Vertrag unterzeichnet, der achtzehn unbewohnte Flächen umfaßt. Vierzehn Flächen

Bundesangelegenheiten, Rupert Scholz (CDU), zum neuen Verteidigungsminister.

8. Juni: In einer ganz großen Koalition legen die Schatzmeister von CDU, SPD, FDP und CSU einen Entwurf für die Änderung des Parteiengesetzes vor, der den Parteien mehr Staatsgelder zuschanzen würde. Zusätzlich zur Wahlkampfkostenerstattung sollen die Parteien von 1989 an eine jährliche Grundfinanzierung erhalten. Allein die *Grünen* lehnen diese Pläne ab. Nur zwei Tage darauf beschließen die Regierungsparteien Erhöhungen der Verbrauchssteuern über zehn Milliarden DM jährlich sowie eine Erhöhung der Beiträge zur Arbeitslosenversicherung.

23. Juni: Mit Mehrheit verabschiedet der Bundestag die Steuerreform, die am 8. Juli auch vom Bundesrat gebilligt wird. Zum 1. Januar 1990 bringt sie den gleichmäßigen Anstieg der Progression von neunzehn bis zum Höchstsatz von 53 Prozent. Sie entlastet vor allem die Bezieher mittlerer und höherer Einkommen um etwa neunzehn Milliarden DM. Knapp gebilligt wird auch die «Lex Strauß», die Steuerbefreiung von Flugbenzin für Hobby- und Privatflieger. Heftigste Proteste auch aus CSU und CDU bringen sie jedoch bald zu Fall.

25. Juni: In Luxemburg unterzeichnen Vertreter von EG und RGW eine Erklärung, die offizielle Beziehungen zwischen beiden Wirtschaftsbündnissen herstellt.

27. und 28. Juni: Beim EG-Gipfeltreffen in Hannover wird bekräftigt, daß die geplante Wirtschafts- und Währungsunion schrittweise verwirklicht werden soll.

3. Juli: Im Persischen Golf schießt ein amerikanisches Kriegsschiff mit einer Rakete ein iranisches Verkehrsflugzeug ab, da dieses für ein angreifendes Kampfflugzeug gehalten wird. Alle 274 Passagiere kommen ums Leben.

7. Juli: In Bonn stellen SPD und SED einen Plan für eine «Zone des Vertrauens und der Sicherheit in Zentraleuropa» vor, nach dem eine bessere gegenseitige und gemeinsame Information der KSZE-Staaten geschaffen werden soll.

18. Juli: Wieder einmal schlägt die EG ihre Agrarüberschüsse zum Spottpreis los. An die Sowjetunion werden 100000 Tonnen Butter aus Lagerbeständen zu einem Fünfzehntel des Preises verkauft, zu dem die EG die Butter aufkaufte. Anfang 1987 begann das Programm zum Abbau des 1,4 Millionen Tonnen umfassenden «Butterberges»; 500000 Tonnen wurden bereits an die Sowjetunion verkauft, 400000 Tonnen zu Viehfutter verarbeitet.

24. Juli: Auf mehreren nordfriesischen Inseln protestieren Menschenketten gegen die anhaltende Nordseeverschmutzung. Das massenhafte Robbensterben dieser Monate verdeutlicht den Ernst der Lage. Etwa 8000 Tiere verenden in Dänemark, der Bundesrepublik und den Niederlanden, wodurch sich die Gesamtzahl drastisch verringert. Umweltminister Klaus Töpfer erklärt: «Die Nordsee steht an der Grenze ihrer Belastbarkeit.» Am 17. November vereinbaren die Umweltminister der drei Anrainerländer in Bonn ein Abkommen zum Schutz der Seehunde.

18. August: Mit Waffengewalt beendet die Polizei auf der Autobahn Köln–Frankfurt/Main ein Geiseldrama, das seit dem 16. August die Bundesrepublik bewegt. Auf ihrer Flucht von einem Banküberfall in Gladbeck werden zwei Gangster von zahlreichen Journalisten verfolgt, bleiben aber trotz eines Mordes in Bremen von der Polizei weitgehend unbehelligt. Die Medien kennen keine Grenzen mehr: So können die Fernsehzuschauer mehrfach live dabeisein, die Gangster werden mit der Pistole in der Hand gar vor laufenden Kameras interviewt. Bei mit 96,7 Hektar kommen zu West-Berlin, vier Flächen mit 87,3 Hektar zu Ost-Berlin. Die DDR erhält eine Ausgleichszahlung von 76 Millionen DM. Damit sind die letzten, noch von der Gründung Groß-Berlins im Jahr 1921 herrührenden En- und Exklaven beseitigt.

25. Februar: In Bischofswerda und Waren an der Müritz beginnt der Abzug sowjetischer Atomraketen kürzerer Reichweite vom Territorium der DDR.

6. März: Durch den wachsenden Ausreisedruck wird die Kirche in ein Dilemma getrieben. Zum einen erwarten die Ausreisewilligen Schutz und Unterstützung, zum anderen drängt der Staat, sich jeder derartigen Betätigung zu enthalten. Demonstrativ werden heute zahlreiche Besucher des Gottesdienstes in der Ost-Berliner Sophienkirche von der Polizei kontrolliert, zugleich erfolgen weitere Verhaftungen von Ausreisewilligen. Am 15. März fordert die Konferenz der Kirchenleitung der Evangelischen Kirche der DDR den ungehinderten Zugang zu kirchlichen Veranstaltungen und ruft die Bürger zum Bleiben auf. Die Kirche brauche jedes Gemeindeglied: «Unser Land wird ärmer, wenn Menschen sich zurückziehen und ausreisen.» Am 9. April bittet der Ost-Berliner Bischof Gottfried Forck die Bundesregierung, sich gegenüber den Ausreisewünschen vor allem der in der DDR dringend benötigten Fachkräfte restriktiver zu verhalten, was die Bundesministerin für innerdeutsche Beziehungen, Dorothee Wilms (CDU), am 22. April ablehnt. Mitte April macht die SED ihre Drohungen wahr und verhindert das Erscheinen von vier der fünf evangelischen Kirchenzeitungen sowie des Evangelischen Nachrichtendienstes.

13. März: In der Zeitung *Sowjetskaja Rossija* erscheint ein Leserbrief der unbekannten Leningrader Dozentin Nina Andrejewa. Sie rechnet scharf mit der Politik von Michail Gorbatschow ab und tritt für stalinistische Positionen ein – ein von den konservativen Kräften um Jegor Ligatschow bestellter Anlaß, um die Machtposition Gorbatschows anzugreifen, was jedoch fehlschlägt. Auf Veranlassung von Erich Honecker wird der Beitrag unter dem Titel «Ich kann meine Prinzipien nicht preisgeben» vom *Neuen Deutschland* ungekürzt nachgedruckt.

14. März: Nach einem Friedensgebet in der Leipziger Nikolaikirche ziehen etwa 300 der tausend Teilnehmer in einem spontanen Schweigemarsch zur Thomaskirche, ohne daß die Polizei eingreift.

1. bis 6. Mai: Der bisher hochrangigste DDR-Politiker kommt in die USA. Hermann Axen (SED) wird auch vom amerikanischen Außenminister George Shultz empfangen, wobei sie einen Besuch Erich Honeckers in den USA erörtern, der aus Sicht der DDR Höhe- und Endpunkt ihrer internationalen Anerkennung darstellen soll.

29. Mai bis 2. Juni: Zu ihrem vierten Gipfeltreffen kommen in Moskau Generalsekretär Michail Gorbatschow und US-Präsident Ronald Reagan zusammen. Zwar werden keine bedeutenden Abkommen abgeschlossen, doch wird der «offene Dialog» in Abrüstungs-, Menschenrechts- und weltpolitischen Fragen vorangetrieben. Besonderes Aufsehen erregt ein Treffen Reagans mit etwa fünfzig Dissidenten und Regimekritikern in der amerikanischen Botschaft.

5. bis 7. Juli: Die Spannungen im RGW nehmen zu. Bei seiner Tagung in Prag treten nur die DDR und Rumänien tiefgreifenden Reformen vehement entgegen. Willi Stoph fordert statt Veränderungen «Stabilität», die für sein Land von außerordentlicher Bedeutung sei.

11. bis 13. Juli: Bundesumweltminister Klaus Töpfer (CDU) trifft in der DDR mit

Auf ihrem 33. Parteitag in Münster verabschiedet die SPD eine Quotenregelung

der Beendigung der Geiselnahme wird eine der beiden weiblichen Geiseln getötet.

28. August: Beim Flugtag auf dem US-Stützpunkt Ramstein kollidieren drei Jets einer italienischen Kunstflugstaffel, einer stürzt in die Zuschauermenge. Siebzig Menschen sterben sofort oder später, mindestens 500 werden zum Teil schwer verletzt.

30. August bis 2. September: Der SPD-Parteitag in Münster beschließt mit großer Mehrheit die «Quotenregelung» für Frauen. Bis 1998 sollen alle Ämter und Mandate zu 40 Prozent mit Frauen besetzt sein. Zudem wird der Posten eines dritten stellvertretenden Parteivorsitzenden geschaffen und mit Herta Däubler-Gmelin besetzt. CDU und FDP kritisieren diesen Beschluß, Frauen würden nicht mehr nach ihren Fähigkeiten, sondern nach ihrem Geschlecht beurteilt.

31. August: Angesichts der seit 1986 jährlich etwa 200000 Aussiedler, die aus den Staaten Osteuropas in die Bundesrepublik kommen, beschließt die Bundesregierung ein «Sonderprogramm zur Eingliederung». Bis 1989 sieht es Mittel in Höhe von 1,7 Milliarden DM vor, mit denen Sprachförderung, berufliche Eingliederung und Hilfen zum Wohnungsbau geleistet werden sollen.

1. September: Aus dem Stützpunkt Mutlangen werden entsprechend dem «INF-Vertrag» die ersten «Pershing-II»-Raketen abgezogen.

9. September: Erstmals erklärt das Bundesverwaltungsgericht die komplette Betriebsgenehmigung für ein Atomkraftwerk für rechtswidrig, da die Behörden wesentliche Sicherheitsfragen außer acht gelassen haben. Das AKW Mülheim-Kärlich muß abgeschaltet werden.

Gesellschaftliche Erneuerung

Namens des Wittenberger Friedenskreises trägt der Pfarrer Friedrich Schorlemmer Anfang Juni auf dem Evangelischen Kirchentag in Halle «Zwanzig Thesen» zur gesellschaftlichen Erneuerung der DDR vor. Einige der Thesen greifen die Eckpfeiler der SED-Herrschaft offen an:

«1. Weil wir uns als Christen in der Freiheit und Bindung des Glaubens mitverantwortlich und damit auch mitschuldig fühlen für das, was aus diesem Lande wird, halten wir es für nötig und geboten, daß wir unsere Angst, unser Mißtrauen und unsere Erwartungslosigkeit überwinden, die Chancen der Umkehr sehen und ergreifen und einen Freimut gewinnen, aus dem wir in kritischer Solidarität auf die Erneuerung unserer Gesellschaft drängen.

2. Weil sich in der Gesellschaft Gleichgültigkeit, Resignation und Stagnation ausbreiten und sich die Zahl der Menschen erhöht, die sich deshalb zurückziehen oder hier nicht mehr leben wollen, halten wir es für nötig, (...) die gesellschaftlichen Rahmenbedingungen so umzugestalten, daß mehr Bürger gesellschaftliche Mitarbeit als sinnvoll erleben.

3. Weil sich auch in der Entwicklung sozialistischer Staaten gezeigt hat, wie es durch Bürokratismus und Amtsmißbrauch, Konformismus und Dogmatismus, Behördenwillkür und Obrigkeitsfurcht zur gesellschaftlichen Depression kommt und dem Sozialismus in seinem Weg geschadet wird, halten wir es für dringlich, solche Erscheinungen offenzulegen und auch bei uns auftretende Mißstände zu überwinden.

4. Weil jeder Bürger eine legitimen Anspruch auf umfassende Information über alle relevanten Lebensfragen hat, halten wir es für erforderlich, unsere Medienpolitik so zu verändern, daß die Komplexität und Widersprüchlichkeit der Wirklichkeit widergespiegelt wird, um eine eigene Urteilsbildung zu ermöglichen und bewußtes Handeln zu fördern. (...)

6. Weil das bisherige Wahlsystem den Wettstreit behindert hat, halten wir es für erforderlich, bei allen Wahlen erkennbare Entscheidungsmöglichkeiten zwischen mehreren Kandidaten zuzulassen. (...)

11. Weil die nach außen gerichtete Friedenspolitik unseres Landes dann glaubhafter und wirksamer wird, wenn sie mit der gleichen Beharrlichkeit auch innerhalb der Gesellschaft gewährt wird, halten wir es für dringlich, im gesamten Erziehungskonzept vom Kindergarten bis zur Berufsbildung und darüber hinaus aus dem jetzigen System der Wehrerziehung in ein neues System der friedlichen Konfliktbewältigung überzugehen. (...)

13. Weil es ein unbegreiflicher Anachronismus ist, wenn ausgerechnet die Grenzen zwischen den sozialistischen Staaten so wenig durchlässig sind, halten wir es für erforderlich, die politischen, sozialökonomischen, juristischen und geistigen Bedingungen für die Freizügigkeit der Begegnungen zu schaffen. (...)»

Schießbefehl

Am 30. September 1988 veröffentlicht die *Zeit* ein Interview mit Heinz Keßler (SED), Minister für Nationale Verteidigung der DDR. Darin antwortet dieser auf Fragen nach dem Schießbefehl:

«*Keßler:* Erst einmal also grundsätzlich zur Grenze: Ich teile voll die Auffassung von Willy Brandt, der kürzlich gesagt hat, der 13. August wurde auch für die Regierungen der drei Westmächte zu einem Tag der Erleichterung, weil ihre Rechte nicht berührt und die befürchtete Kriegsgefahr abgewendet worden war. Das war der Hauptgrund, warum das aus unserer Sicht gemacht werden mußte. Es gab aber auch noch einen zweiten Grund. Wie die Bedingungen waren, als die Grenze noch offen war, haben wir dabei mächtig bezahlt. Wir haben bezahlt mit gutem Material. Leute, die sich mit diesen Dingen beschäftigt haben – nicht nur bei uns, sondern auch Institute anderswo – haben eine Größenordnung von Hunderte Milliarden Mark (im Original mit «Hunderte Millionen» falsch zitiert, Wochen später von der *Zeit* korrigiert) errechnet; ich glaube, daß das nicht einmal reicht. Viele Menschen wurden, wie man es auch nennen will, weggezogen, abgeworben.

Zeit: Auch angezogen.

Keßler: Auch, vielleicht – nur kommt es darauf an, durch was, zu was. Aber das war für uns der Tatbestand, neben der Tatsache, daß für uns eine sehr ernste militärpolitische Lage entstanden war (...) *Zeit:* Daß die NATO damals, was immer schon Ihre offizielle Version war, einen Angriff auf die DDR vorgehabt hätte – das ist einfach unzutreffend.

Keßler: Zum Charakter dieser Grenze: Am Anfang war diese Grenze sowohl zur BRD wie auch zu Berlin-West, was ihren organisatorischen, technischen Ausbau anbetrifft, noch sehr einfach und sehr leicht, nicht anders als sonst auf der Welt. Sie ist erst im Verlaufe der Zeit, aufgrund von Erkenntnissen, die wir hatten und gewonnen haben, ausgebaut worden, so daß sie nach Möglichkeit nicht überwindbar ist, außer mit schweren Waffen, und daß sie für den, der sie überwindet, wo auch immer, ein Risiko darstellt.

Zeit: Geschossen wird ja nicht auf Leute, die von Westen her gegen diese Grenze anrennen!

Keßler: Ich komme noch zum Schießen, ich drücke mich nicht – es gibt keinen Grund, sich zu drücken. Wir haben immer gesagt, der Charakter dieser Grenze – wie jeder anderen Grenze der Welt – wird so sein, wie die Bedingungen sich entwickeln, die es gestatten, andere Voraussetzungen zu schaffen (...) Es hat nie – nie! – einen Schießbefehl gegeben. Den gibt es auch jetzt nicht, das bitte ich mir so abzunehmen – in der Lesart, wie er von bestimmten Seiten verbreitet wurde und zum Teil verbreitet wird.

Zeit: In welcher Lesart gab und gibt es ihn?

Keßler: Das will ich Ihnen sagen. Das Schießen war nur erlaubt beim gewaltsamen Überwinden der Grenze von beiden Seiten und beim Angriff auf denjenigen, der von der Deutschen Demokratischen Republik den Auftrag hat, die Grenze zu schützen, auf seine eigene Person.

Zeit: Warum veröffentlichen Sie nicht die Vorschrift, die Sie zitieren?

Keßler: Wir haben sie veröffentlicht.

Zeit: Aber nicht so – bisher jedenfalls –, daß unsere Öffentlichkeit das lesen konnte.

Keßler: Es ist veröffentlicht, aber man nimmt es nicht zur Kenntnis.»

seinem Amtskollegen Hans Reichelt (DBD) zusammen. Zwar können sie sich über einen Rahmen der Zusammenarbeit einigen, doch bleiben die zentralen Probleme ungelöst. Die DDR verbindet die Verbesserung der Wasserqualität der Elbe mit der Grenzfrage, zeigt kein Entgegenkommen, um die Versalzung der Werra oder die grenzüberschreitende Luftreinhaltung zu vermindern.

13. Juli: Kurt Löffler wird neuer Staatssekretär für Kirchenfragen, sein Vorgänger Klaus Gysi (SED) tritt in den Ruhestand.

13. August: Ungewöhnlich ausführlich gehen das *Neue Deutschland*, die *Berliner Zeitung* und die *Junge Welt* auf den Jahrestag ein. Eine der Überschriften lautet: «Als die Sonne aufging, war die Grenze gesichert.» Ausdrücklich wird die Rolle Erich Honeckers herausgehoben: «Samstag, 16 Uhr, hatte Walter Ulbricht, Vorsitzender des Nationalen Verteidigungsrates, die Befehle für Sicherungsmaßnahmen an der Staatsgrenze der DDR zu Berlin (West) und zur BRD unterzeichnet. Er übergab sie Erich Honecker, der als Sekretär des Nationalen Verteidigungsrates von seinem Stab im Berliner Polizeipräsidium aus die Aktion leitete.» Alle drei Zeitungen veröffentlichen eine ganze Seite mit den Fotos von 25 seit Gründung der DDR getöteten Grenzpolizisten und -soldaten, die «Opfer bewaffneter Anschläge und Provokationen an der Staatsgrenze der DDR zur BRD und Berlin (West)» geworden seien. Erstmals werden Probleme zugestanden, so im *Neuen Deutschland*: «Aber auch für viele anständige Leute und ihre Familien, niemand leugnet das, brachte der 13. August Probleme, die persönlich nicht leicht zu bewältigen waren.»

18. August: Der saarländische Ministerpräsident und stellvertretende SPD-Vorsitzende Oskar Lafontaine wird auf Jagdschloß Hubertusstock am Werbellinsee von Erich Honecker empfangen. Nach der Unterredung äußert Lafontaine vor Journalisten: Die Bundesregierung solle nicht noch ein Jahr warten, um bei der Feststellung der Elbgrenze, bei der Respektierung der DDR-Staatsbürgerschaft und in der Frage der Zentralen Erfassungsstelle der Landesjustizverwaltungen in Salzgitter zu Lösungen zu kommen, «die insgesamt die Deutschlandpolitik voranbringen».

21. August: Vor zahlreichen Augenzeugen flüchten nahe dem Reichstag vier junge Leute schwimmend durch die Spree. Verfolgt von einem DDR-Wachboot, erreichen drei Männer West-Berliner Ufer nur knapp. Eine Frau wird von der Strömung abgetrieben und landet noch auf Ost-Berliner Gebiet, aber diesseits der Absperrungen. Die Zuschauer zögern zunächst aus Furcht vor Maßnahmen der DDR-Grenzer, ihr aus dem Wasser zu helfen.

29. August: Ungewöhnlich schnell meldet ADN die Flucht des jetzigen Sportmediziners und früheren Skispringers Georg Aschenbach, der sich am 27. August von einem internationalen Wettkampf im Schwarzwald absetzte. Laut ADN distanzieren sich die Sportler der Skisprung-Nationalmannschaft der DDR «entschieden von diesem Verrat».

9. September: Im laufenden Jahr sind bisher etwa 6300 DDR-Bürger in die Bundesrepublik und nach West-Berlin geflüchtet, teilt die «Arbeitsgemeinschaft 13. August» in West-Berlin mit. 314 Flüchtlinge überwanden als sogenannte Sperrbrecher unter Gefahr für Leib und Leben die Grenzanlagen. Der Großteil der Menschen sei über Drittländer geflüchtet. Etwa 70 Prozent der Flüchtlinge seien jünger als 25 Jahre. Bei den gescheiterten Fluchtversuchen würden die Flüchtlinge meist schon in den Sperrzonen des Hinterlandes gestellt. Die Zahl der dort

Otto Graf Lambsdorff

3. Oktober: In Regensburg stirbt der bayerische Ministerpräsident und CSU-Vorsitzende Franz Josef Strauß. Unter diesem politischen Urgestein konnte kein Nachfolgekandidat stark genug werden, um beide Ämter zu übernehmen. Am 19. Oktober wird Max Streibl zum neuen Ministerpräsidenten, am 10. November Theo Waigel zum neuen CSU-Vorsitzenden gewählt.

7. bis 9. Oktober: Auf dem Parteitag der FDP in Wiesbaden wird Otto Graf Lambsdorff, der angesichts seiner Verurteilung wegen Steuerhinterziehung erklärt, er suche in der Kandidatur nicht «Wiedergutmachung», als Nachfolger von Martin Bangemann zum neuen Vorsitzenden gewählt.

16. Oktober: Im Namen der Bundesregierung unterbreitet Walther Leisler Kiep, CDU-Bundesschatzmeister und DDR-Emissär von Bundeskanzler Helmut Kohl, der DDR-Führung das Angebot, ein neues Telefonnetz in der DDR zu errichten und zu finanzieren. Der Münchener *Siemens-Konzern* soll in Zusammenarbeit mit DDR-Kombinaten die Verkabelung und den Bau neuer Schaltstellen übernehmen, die *Deutsche Bank* ein geldgebendes Bankenkonsortium bilden.

24. bis 27. Oktober: Bundeskanzler Helmut Kohl und Außenminister Hans-Dietrich Genscher besuchen die Sowjetunion; mit Rupert Scholz (CDU) kommt erstmals ein bundesdeutscher Verteidigungsminister nach Moskau. Im Vorfeld ruft Generalsekretär Michail Gorbatschow auf, die beiden Staaten sollten sich «nicht als frühere potentielle Feinde», sondern als «Partner und mögliche Freunde» sehen. In den politischen Gesprächen wird eine umfassende Annäherung erzielt. Dabei erklärt Kohl: «Wir wissen, daß das Ziel der Einheit nur mit Zustimmung der für Deutschland als Ganzes verantwortlichen Mächte zu erreichen sein wird. Für uns sind Krieg und Gewalt kein Mittel der Politik. Dennoch bleibt wahr: Diese Teilung ist widernatürlich.» Es werden mehrere Regierungsabkommen und zahlreiche Geschäftsabschlüsse unterzeichnet. Darunter einer über den Bau eines Hochtemperatur-Reaktors durch die *Asea Brown Boverie AG* (ABB) und die Siemens-Tochter *KWU* in Dimitrowgrad, den ersten Export dieser Technologie aus der Bundesrepublik überhaupt.

8. November: Der bisherige Vizepräsident George Bush wird zum neuen amerikanischen Präsidenten gewählt, er bekennt sich zur Fortsetzung der Innen- wie Außenpolitik von Ronald Reagan.

10. November: Bundestagspräsident Philipp Jenninger (CDU) hält eine Rede in der Gedenkstunde zum 50. Jahrestag der sogenannten Reichskristallnacht. Darin versucht er, den Aufstieg des Nationalsozialismus zu erklären, doch klingen seine Formulierungen wie eine nachträgliche Rechtfertigung. Ein Beispiel: «Und was die Juden eingesetzten Grenzaufklärer sei in diesem Jahr mehrmals erhöht worden.

14. September: In Ost-Berlin und Bonn werden verschiedene Verbesserungen im Transitverkehr bekanntgegeben. In Berlin-Lichtenrade wird ein neuer Transitgrenzübergang gebaut, der am 1. Januar 1994 eröffnet werden soll, die DDR errichtet dafür einen Autobahnzubringer. Mehrere Streckenabschnitte werden renoviert. Im Gegenzug werden die Transitpauschale, die Bonn an Ost-Berlin zahlt, für 1990 bis 1999 von derzeit 525 Millionen auf 860 Millionen DM pro Jahr, die Pauschale für die Straßenbenutzungsgebühren von 50 Millionen auf 55 Millionen DM heraufgesetzt.

24. September: Am 35. Jahrestag der Gründung der «Kampfgruppen der Arbeiterklasse» nimmt Erich Honecker in Ost-Berlin deren Vorbeimarsch ab. Er dankt ihnen für die «hohe Einsatzbereitschaft zum Schutze ihrer Heimat und der sozialistischen Errungenschaften der DDR». Laut ADN erklärt Honecker weiter: «Ich möchte im Gegensatz zu manchem verantwortungslosen Gerede von Leuten, die es besser wissen müßten, sagen, daß das Antlitz des Sozialismus auf deutschem Boden noch nie so menschlich war wie heute.» Die drei westlichen Stadtkommandanten protestieren scharf gegen die bewaffnete Parade, die eine «eindeutige Verletzung des entmilitarisierten Status von Berlin» darstelle.

27. bis 29. September: Zu einem «Arbeitsbesuch» reist Erich Honecker in die Sowjetunion. Er wird von Generalsekretär Michail Gorbatschow umfassend über die Reformpolitik in Kenntnis gesetzt. Unbeirrt will Honecker jegliche Reform auf das Bruderland beschränken, er sichert «einmütige Unterstützung für den Kurs der Erneuerung der sowjetischen Gesellschaft» zu.

1. Oktober: Generalsekretär Michail Gorbatschow setzt am 30. September handstreichartig personelle Veränderungen an der Spitze der KPdSU durch. Sein konservativer Gegenspieler Jegor Ligatschow wird aus dem Politbüro entfernt. Auch Andrej Gromyko scheidet aus dem Politbüro aus. Heute muß Gromyko zudem vom Amt des Staatsoberhauptes zurücktreten, um Platz für Gorbatschow zu machen.

3. bis 5. Oktober: Während des Besuches von Erich Honecker in Spanien sprechen mehrere einheimische Politiker die Mauer an. Der Präsident der spanischen Abgeordnetenkammer, der Sozialist Alfonso Pons, fordert Honecker direkt auf, «die Mauern, die materiellen wie die geistigen, abzureißen – Mauern, die von der Angst gebaut wurden». Als ein Journalist nach Honeckers Gespräch mit Ministerpräsident Felipe Gonzalez fragt, ob auch über die Mauer gesprochen worden sei, antwortet der Sprecher der DDR-Delegation verärgert: «Die Mauer? Was für eine Mauer denn? Nein, keiner sprach von einer Mauer.»

16. bis 18. Oktober: Edgar Bronfman, Präsident des einflußreichen Jüdischen Weltkongresses, besucht die DDR. Am 14. Oktober trifft bereits der Generalsekretär des Jüdischen Weltkongresses, der Rabbiner Israel Singer, in Ost-Berlin ein. Erich Honecker (SED) erklärt Bronfman, daß die DDR nunmehr ihre Mitverantwortung für den Holocaust anerkenne. Zudem sei sie zur Zahlung symbolischer Entschädigungen an die Opfer der nationalsozialistischen Judenverfolgung bereit. Honecker verleiht Bronfman den Orden «Großer Stern der Völkerfreundschaft». Am 8. November gedenkt die Volkskammer in einer Sondersitzung «der Opfer der faschistischen Pogromnacht vom 9. November 1938». Zwei Tage später wird der Grundstein für den Wiederaufbau der Synagoge an der Oranienburger Straße gelegt.

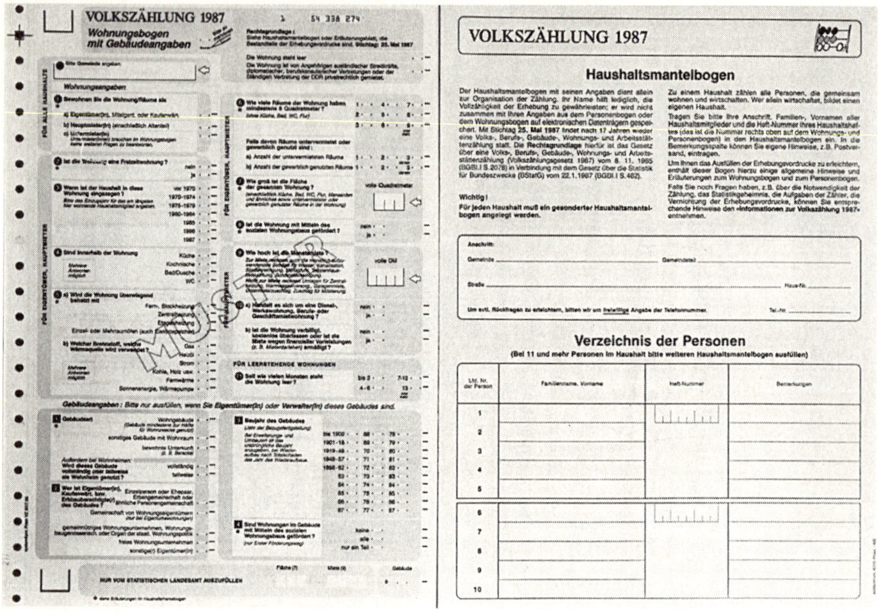

anging: Hatten sie sich nicht in der Vergangenheit doch eine Rolle angemaßt, die ihnen nicht zukam? Mußten sie nicht endlich einmal Einschränkungen in Kauf nehmen? Hatten sie es nicht vielleicht sogar verdient, in ihre Schranken gewiesen zu werden?» Noch während seiner Rede verlassen etwa fünfzig Abgeordnete aus Protest den Bundestag. Tags darauf tritt Jenninger, von allen Parteien gedrängt, zurück. Am 25. November wird Rita Süssmuth (CDU) zur neuen Bundestagspräsidentin gewählt.

12. bis 16. November: In den USA trifft Bundeskanzler Helmut Kohl mit dem scheidenden US-Präsidenten Ronald Reagan und seinem Nachfolger George Bush zusammen. Bei einer Ehrung für den «Nazijäger» Simon Wiesenthal, den er als «Anwalt der Menschlichkeit» bezeichnet, erklärt Kohl über die Bürde der Deutschen: «Das Unrecht, das unter der nationalsozialistischen Gewaltherrschaft begangen wurde, ist Teil ihrer gemeinsamen Geschichte.»

25. November: Der Bundestag verabschiedet das Gesetz über die Gesundheitsreform, das zahlreiche Zuzahlungspflichten für Patienten einführt. Die Leistungen der Krankenkassen werden auf das medizinisch Notwendige beschränkt, so daß einige Leistungen verringert werden oder ganz entfallen. Jährlich sollen die Krankenkassen um 14 Milliarden DM entlastet werden.

29. November: Innenminister Friedrich Zimmermann (CSU) legt die Ergebnisse der Volkszählung vom 25. Mai 1987 vor. Danach leben 61 Millionen Menschen in der Bundesrepublik, davon 4,1 Millionen Ausländer. Gegenüber der letzten Zählung von 1970 verringerte sich die Zahl der deutschen Staatsbürger von 58,2 Millionen auf 56,9 Millionen.

5. Dezember: Erst jetzt wird ein Störfall im hessischen Atomkraftwerk Biblis A bekannt, der bereits im Dezember 1987 zum Austritt radioaktiver Kühlflüssigkeit aus dem Primärkreislauf führte. Die Betreiber-

27. Oktober: Im *Neuen Deutschland* werden die Äußerungen von Bundeskanzler Helmut Kohl bewertet, die dieser während seines Besuches in Moskau zur deutschen Frage tat. Autor ist Karl-Eduard von Schnitzler (SED), der damit erstmals seit 1971 außer in seinem «Schwarzen Kanal» an prominenter Stelle unter seinem Namen kommentieren darf. Wenn Kohl die Teilung Deutschlands als «widernatürlich» bezeichne, müsse er, der sich doch gerne als Enkel Adenauers ausgebe, wissen, daß Adenauer der «Urvater der Spaltung» sei. Denn dieser habe mit der separaten Währungsreform die ökonomische Spaltung Deutschlands betrieben.

17. und 18. November: Die Menschen in der DDR werten es als zynisch, daß Erich Honecker in dieser Zeit des Wandels ausgerechnet dem rumänischen Diktator Nicolae Ceauşescu, dessen «Systematisierungsprogramm» zur Vernichtung der Dörfer kürzlich bekannt wurde, während seines Besuches den «Karl-Marx-Orden» an die Brust heftet.

19. November: Die SED-Spitze macht schlagartig und für jedermann erkennbar deutlich, daß sie die von Moskau ausgehende Reformierung nicht nur ablehnt, sondern einzudämmen sucht. Erstmals verbietet sie eine sowjetische Zeitschrift. Bereits das Oktoberheft der deutschen Ausgabe von *Sputnik* wird nicht mehr ausgeliefert. Es erwähnt den Hitler-Stalin-Pakt von 1939, der Text des Abkommens wurde in der Sowjetunion im August erstmals veröffentlicht. Wegen «Verzerrung der Geschichte» wird *Sputnik* nun von der Postzeitungsliste gestrichen und ist damit in der DDR nicht mehr erhältlich. Gleichzeitig werden fünf sowjetische Filme aus den Kinos genommen.

28. November: Das ZK der SED, der Ministerrat und der Bundesvorstand des FDGB beschließen die «umfassendste Rentenreform seit Bestehen der DDR». Ab dem 1. Dezember werden die Mindestrenten wenigstens um 30, höchstens um 100 Mark heraufgesetzt. Etwa drei Millionen Menschen profitieren von dieser Anhebung, die den Staatshaushalt jährlich mit 2,3 Milliarden Mark belastet.

1. und 2. Dezember: Vor dem ZK der SED erklärt Erich Honecker, «im Grunde genommen» sei «der Lebensstandard in der DDR höher» als in der Bundesrepublik. Abermals lehnt er Reformen nach sowjetischem Vorbild ab, es gebe kein für alle sozialistischen Länder geltendes Modell. Das ZK beschließt, den nach dem Statut erst 1991 fälligen zwölften Parteitag schon für Mai 1990 einzuberufen. Angeblich, um noch vor dem Fünf-Jahr-Plan von 1991 bis 1995 die Perspektiven bis zum Jahr 2000 festzulegen; tatsächlich, um noch Einfluß auf die politischen Veränderungen ausüben zu können.

7. Dezember: In seinem bisher wichtigsten Auftritt vor der Weltöffentlichkeit kündigt Generalsekretär Michail Gorbatschow vor der UN-Generalversammlung einseitige Abrüstungsschritte der Sowjetunion an. Erstmals wird eine Militärmacht ohne vertragliche Grundlage und ohne jegliche Vorleistung einseitig abrüsten. Bis 1991 wird die Sowjetunion 500 000 Soldaten demobilisieren, 10 000 Panzer, 8500 Geschütze und 800 Flugzeuge ausmustern. Davon werden aus den Ländern Osteuropas 50 000 Soldaten und 5000 Panzer abgezogen. Die dort stationierten sowjetischen Truppen werden zudem umorganisiert und dann «eindeutig defensiv sein».

Erstmals werden in der DDR offiziell die «Säuberungen» Stalins auch unter deutschen Kommunisten erwähnt. Die *Berliner Zeitung* schreibt: «Die KPD verlor durch diese dem Wesen des Sozialismus widerfirma *RWE* wird wegen Verharmlosung des Störfalls heftig kritisiert.

20. Dezember: Gegen erhebliche Widerstände und unter Außerkraftsetzung des eigentlich anzuwendenden Wahlrechts beruft Papst Johannes Paul II. den in Ost-Berlin amtierenden Berliner Kardinal Joachim Meisner zum neuen Erzbischof von Köln.

sprechenden Vorgänge bewährte und der Partei treu ergebene Mitglieder und Funktionäre.»

14. Dezember: Eine neue Verordnung über Reisen «nach dem Ausland» wird veröffentlicht, sie tritt zum 1. Januar 1989 in Kraft. Neben Dienst-, Touristen- und Privatreisen regelt sie auch «ständige Ausreisen». Auch wenn der Katalog der Reiseanlässe und der Kreis der Berechtigten deutlich erweitert werden, erhalten DDR-Bürger kein generelles Recht auf Reisen. Zudem sind fast nur Kann-Bestimmungen in der Verordnung aufgeführt. Erstmals ist jedoch ein Beschwerderecht gegen die Versagung von Reiseanträgen vorgesehen.

Die Volkskammer verabschiedet ein «Gesetz über die Zuständigkeit und das Verfahren der Gerichte zur Nachprüfung von Verwaltungsentscheidungen». Es soll die verbreitete Willkür eindämmen und einen Ersatz für die fehlende Verwaltungsgerichtsbarkeit darstellen.

1989

Zusammenwachsen?

Mit Genugtuung verfolgen die Bundesbürger den Exodus aus der DDR, bestätigt der Treck gen Westen doch abermals, welches das bessere Deutschland ist. Auf die Aufnahme von Flüchtlingen ist die Bundesrepublik vorbereitet, der Andrang wird generalstabsmäßig gemeistert. Auch die Öffnung der Mauer wird organisatorisch gut bewältigt, nur gelegentlich mangelt es an Barmitteln bei der Auszahlung des Begrüßungsgeldes. Daß die Menschen jenseits der Abwicklung einer Herausforderung zutiefst bewegt sind, zeigen die Tränenmeere nach dem 9. November. Doch innerlich sind die Westdeutschen noch lange nicht auf das Ziel eingestellt, dem der Zug der Zeit nun entgegenzurasen beginnt.

1. Januar: In den USA wird bekannt, daß eine kurz vor der Vollendung stehende Chemiewaffenfabrik im libyschen Rabta, die Präsident Ronald Reagan bereits bombardieren lassen wollte, führend von bundesdeutschen Firmen errichtet wurde. Die Bundesregierung muß bald zugeben, daß ihr bereits seit August 1987 Hinweise vorliegen. Am 27. Juni 1990 wird der Unternehmer Jürgen Hippenstiel-Imhausen, dessen Firma wichtige Elemente für Rabta lieferte, zu fünf Jahren Freiheitsstrafe verurteilt.

29. Januar: Das Ergebnis der Wahlen zum Berliner Abgeordnetenhaus sorgt für Furore. Überraschend verlieren die bisherigen Regierungsparteien CDU und FDP dramatisch – gemeinsam büßen sie dreizehn Prozent ein. Doch können SPD und AL davon noch nicht einmal die Hälfte für sich verbuchen. Aus dem Stand gewinnen die rechtsextremen *Republikaner* 7,5 Prozent der Stimmen. In einem ihrer Wahlwerbespots zeigten sie Bilder von spielenden türkischen Kindern, während im Hintergrund die Titelmusik aus «Spiel mir das Lied vom Tod» zu hören war. Am 16. März wird Walter Momper (SPD) zum neuen Regierenden Bürgermeister eines rot-grünen Senats aus SPD und AL gewählt.

9. Februar: Das Bundesinnenministerium

1989

Wir sind das Volk

In einer sich wandelnden Welt ist die DDR erstarrt, ihre Führung zeigt sich völlig unbeweglich. Die Menschen reagieren entsprechend und wählen den einzig möglichen Ausweg, die Flucht. Niemand zeigt mehr Interesse am Fortbestand dieser DDR. Ungarn öffnet die Grenzen, Michail Gorbatschow schreibt Honecker ab. Die, die bleiben wollen, treten für grundlegenden Wandel ein und entziehen dem Führungsanspruch der Partei den Boden: «Wir sind das Volk!» Mit der von unten erzwungenen Wende brechen alle bestehenden Dämme. Endlich erfahren die Menschen die Wahrheit über ihr Land – bis hin zur bahnbrechenden Erkenntnis, daß das geheimnisumwitterte Prominenten-Ghetto Wandlitz nichts als eine spießige Kleinbürger-Idylle ist.

15. Januar: Während in Ost-Berlin die offizielle Gedenkdemonstration zum 70. Jahrestag der Ermordung von Rosa Luxemburg und Karl Liebknecht stattfindet, versammeln sich in Leipzig mehrere hundert Menschen zu einer Gegendemonstration. Sie fordern das Recht auf freie Meinungsäußerung, Versammlungs- und Pressefreiheit, etwa 80 Personen werden verhaftet.

19. Januar: Vor dem Thomas-Müntzer-Komitee findet Erich Honecker Worte, die die letzte Hoffnung auf Reformen mit der SED begraben. Der Schutzwall bleibe, so lange «die Bedingungen nicht geändert werden, die zu seiner Errichtung geführt haben. Er wird in fünfzig oder auch in hundert Jahren noch bestehenbleiben.»

5. Februar: Kurz vor Mitternacht gelangen bei einem Fluchtversuch am Berliner Teltowkanal zwei junge Männer bis an den letzten Metallgitterzaun, ehe sie die Alarmanlagen auslösen und von Grenzern bemerkt werden. Unmittelbar nach den Warnrufen fallen zahlreiche Schüsse. Während der 20jährige Christian Gaudian am rechten Fuß getroffen wird, wird der gleichaltrige Chris Gueffroy von einem Grenzer aus 37 Metern Entfernung durch drei Schüsse in den Rücken getötet. Ein anderer Grenzer schießt Dauerfeuer, zwei weitere geben nach

verbietet die neonazistische Gruppe «Nationale Sammlung» (NS). Ihr Wahlkampfleiter in Hessen, der wegen Volksverhetzung und Aufruf zum Rassenhaß mehrfach vorbestrafte Michael Kühnen, kündigte an, nach den Kommunalwahlen die Stadt Langen zur ersten «ausländerfreien Stadt» zu machen.

14. Februar: Der Landtag von Schleswig-Holstein beschließt das kommunale Wahlrecht für Ausländer aus Dänemark, Schweden, Norwegen, den Niederlanden, Irland und der Schweiz, die mindestens fünf Jahre in der Bundesrepublik leben. In diesen Staaten wird auch dort lebenden Deutschen das kommunale Wahlrecht zugestanden. Am 16. Februar gewährt die Hamburger Bürgerschaft Ausländern, die mindestens acht Jahre in der Bundesrepublik leben und über eine Aufenthaltserlaubnis verfügen, das Wahlrecht für die Bezirksversammlungen. Von seiten der CDU/CSU wird heftige Kritik geübt. Der Vorsitzende der Bundestagsfraktion, Alfred Dregger (CDU) erklärt, Ausländer seien «Gäste, nicht Bürger, und von daher nicht Mitbürger». Man solle sie gut behandeln, aber «ihnen nicht einen Teil der Herrschaft überlassen». Innenminister Friedrich Zimmermann (CSU) äußert, in Hamburger Bezirken mit hohem Ausländeranteil hätte «die deutsche Bevölkerung nichts mehr zu sagen». Auf eine Klage der CDU/CSU-Bundestagsfraktion erklärt das Bundesverfassungsgericht am 31. Oktober 1990 das neue Wahlrecht in beiden Bundesländern für verfassungswidrig, da das Wahlrecht auch auf kommunaler Ebene die deutsche Staatsangehörigkeit voraussetze.

8. März: Im Einvernehmen mit der SPD beschließt die Bundesregierung die Rentenreform, die der demographischen Entwicklung Rechnung tragen soll. Nunmehr orientieren sich die Rentenanpassungen nicht mehr an den Brutto-, sondern an den Nettolöhnen; die Lebensarbeitszeit wird schrittweise verlängert; der Bundeszuschuß wird erhöht und dynamisiert. So soll der Anstieg des Beitragssatzes zur Rentenversicherung von derzeit 18,7 auf nur 21,4 Prozent im Jahr 2010 begrenzt werden; andernfalls würde er auf 24,5 Prozent steigen. Am 9. November verabschiedet der Bundestag die Rentenreform.

Die Bundesregierung führt für vierzehn Staaten Afrikas, Asiens und Südamerikas die Visumpflicht ein. Damit glaubt sie «den zunehmenden Mißbrauch des Asylrechts durch sogenannte Wirtschaftsflüchtlinge zu bekämpfen. 1988 haben bei uns 103000 Ausländer Asyl beantragt. Gegenüber 1987 ist dies eine Zunahme von achtzig Prozent. Dagegen hat die Anerkennungsquote weiterhin abgenommen. Sie lag 1988 bei 8,6 Prozent. Das heißt: Über neunzig von hundert Asylbewerbern berufen sich zu Unrecht auf politische Verfolgung.»

12. März: Bundespräsident Richard von Weizsäcker begnadigt die frühere RAF-Terroristin Angelika Speitel, die 1979 wegen Polizistenmordes zu lebenslänglicher Haft verurteilt wurde. Sie wird am 30. Juni 1990 auf Bewährung entlassen.

14. März: Die nur noch von den Westalliierten besetzte Alliierte Kommandantur in Berlin ordnet die Streichung der Todesstrafe in allen alliierten Gesetzen für Berlin an.

5. April: Im Jahr 1988 kommen knapp 30000 der 103000 Asylbewerber aus Polen. Die Bundesregierung will die «dramatische Zahl der Scheinasylanten» aus Polen verringern, sie erschwert die Einreisemöglichkeiten zum 15. April. Abgewiesen wird, wer nicht über fünfzig DM pro Reisetag verfügt und nicht krankenversichert ist. Die polnische Regierung erklärt darauf, jahrelang habe Bonn freie Reisemöglichkeiten gefordert, nun beschränke es sie selbst.

eigenem Bekunden einzelne Schüsse auf die Füße ab. Obwohl die Familie über die wahre Todesursache im unklaren gelassen wird, ahnt sie den tatsächlichen Hintergrund. Es gelingt ihr sogar, erstmals bei einem Maueropfer, eine Todesanzeige in die *Berliner Zeitung* einzurücken, in der von «einem tragischen Unglücksfall» gesprochen wird.

Fast drei Jahre später wird dieser Fall im ersten «Mauerschützen»-Prozeß nach der Vereinigung aufgerollt. Er wird am 20. Januar 1992 mit einer Verurteilung von Ingo Heinrich wegen Totschlags mit bedingtem Vorsatz zu dreieinhalb Jahren Haft und von Andreas Kühnpast, der Gueffroy mit Dauerfeuer beschossen hatte, wegen versuchten Totschlags zu zweijähriger Haft auf Bewährung enden. Die beiden anderen Grenzer, Peter Schmett und Mike Schmidt, werden freigesprochen.

3. März: Die Volkskammer ergänzt das Wahlrecht, so daß in der DDR lebende Ausländer bei Kommunalwahlen das aktive wie passive Wahlrecht ausüben können. Etwa 85000 Ausländer leben, befristet auf maximal fünf Jahre, in der DDR: 53000 Vietnamesen, 14000 Moçambiquaner, 10000 Kubaner, 6500 Polen, 1000 Angolaner und 900 Chinesen.

8. März: Mit einem selbstgebastelten Heißluftballon überquert ein Mann die Mauer nach West-Berlin, wo er jedoch über dem Bezirk Zehlendorf abstürzt und seinen Verletzungen erliegt.

28. März: Nach anhaltender Kritik aus der Bevölkerung wird die Reiseverordnung vom Dezember 1988 erweitert. Die heute veröffentlichte Regelung, die am 1. April in Kraft tritt, erlaubt erstmals auch den angeheirateten Ehepartnern Besuchsreisen zu Verwandten – allerdings nur zu festgelegten Anlässen. Am 3. April spricht sich die Evangelische Kirche von Berlin-Brandenburg für eine «gerechtere Reisepraxis» aus.

27. April: Die NVA beginnt mit der von Erich Honecker im Februar angekündigten Reduzierung. Bis 1990 soll sie um 10000 Soldaten, 600 Panzer und fünfzig Flugzeuge verkleinert werden.

2. Mai: Ungarn beginnt damit, den «Eisernen Vorhang» an der Grenze zu Österreich zu demontieren. Die bewaffnete Bewachung bleibt indes bestehen, sie wird an manchen Stellen sogar verstärkt.

7. Mai: Bei den heutigen Kommunalwahlen treten erstmals Menschen an, ihre verbrieften Rechte auf Kontrolle der Stimmabgabe und -auszählung wahrzunehmen. Obwohl in allen Wahllokalen Stasileute anwesend sind, gelingt es den beobachtenden Bürgern in vielen Orten, eigene Zahlen zu erheben. Sie belegen eindeutig, daß bereits in den einzelnen Wahllokalen Fälschungen vorgenommen werden. Am Abend verkündet Egon Krenz (SED) als Vorsitzender der Zentralen Wahlkommission das offizielle Wahlergebnis: Bei einer Wahlbeteiligung von 98,78 Prozent entfielen auf die jeweiligen Einheitslisten 98,85 Prozent der Stimmen. Immerhin ist der Anteil der Nein-Stimmen mit 1,15 Prozent der höchste in der Geschichte der DDR.

Später weist Krenz den Verdacht, er habe manipuliert, entschieden zurück – er habe lediglich die Ergebnisse aller 227 Wahlkreise zusammengefaßt. Bereits am Wahlabend demonstrieren tausend Menschen in Leipzig, von denen hundert festgenommen werden. In der Folgezeit erheben zahlreiche Bürger Einspruch, verfassen Eingaben, erstatten Strafanzeige oder protestieren auf verschiedenste Weise gegen die offensichtliche Verfälschung des Wählerwillens. Indes bleiben diese Bemühungen ergebnislos.

4. Juni: In Peking läßt die kommunistische Führung die seit Monaten anhaltenden Demonstrationen, Hungerstreiks und Kund-

13. April: Nach mehreren Wahlniederlagen der CDU erhebt sich Kritik an Helmut Kohl. Er wird aufgefordert, den Parteivorsitz abzugeben, da er, als Bundeskanzler in die Koalitionsdisziplin eingebunden, die CDU nicht ausreichend profilieren könne. Am 17. März kündigt er eine Kabinettsumbildung unter den CDU/CSU-Ministern an, die die Regierungsarbeit verbessern soll. Gerhard Stoltenberg (CDU) wird Verteidigungsminister, Theo Waigel (CSU) wird Finanzminister, Wolfgang Schäuble (CDU) wird Innenminister, neuer Minister im Bundeskanzleramt wird Rudolf Seiters (CDU). Der Generalsekretär der CDU, Heiner Geißler, lehnt das Angebot zur Übernahme eines Ministeramtes ab – Ausdruck einer heftigen innerparteilichen Kontroverse.

20. April: Das Bundeskartellamt untersagt die Fusion der *Daimler-Benz AG* mit dem Luft- und Raumfahrtunternehmen *Messerschmitt-Bölkow-Blohm GmbH* (MBB). Einem solchen Konzern, der fast 400000 Beschäftigte vor allem in der Rüstungstechnik zählen und einen Jahresumsatz von knapp achtzig Milliarden DM haben würde, käme eine marktbeherrschende Stellung zu. Auch bestünde die Gefahr der politischen Einflußnahme. Am 2. August befürwortet die Monopolkommission mit knapper Mehrheit den Zusammenschluß, sofern wichtige militärische Produktionsbereiche aus dem Konzern ausgegliedert werden. Am 8. September erteilt Wirtschaftsminister Helmut Haussmann (FDP) eine Sondergenehmigung für die Fusion, spricht allerdings mehrere Auflagen aus. Als ungelöstes Problem bezeichnet er wegen der Beteiligung der *Deutschen Bank* an der *Daimler-Benz AG* «die Macht der Banken».

21. April: Der Bundestag billigt eine Verschärfung des Demonstrationsrechtes, die Vermummung und passive Bewaffnung zum Straftatbestand erhebt sowie eine vorerst bis 1992 befristete Einführung der Kronzeugenregelung für Terroristen vorsieht.

27. April: In einer Regierungserklärung nennt Bundeskanzler Helmut Kohl den gefundenen Kompromiß in der Frage der Kurzstreckenraketen. Die USA und Großbritannien fordern von Bonn die sofortige Zustimmung, ab 1996 die als veraltet geltenden «Lance»-Raketen mit einer Reichweite von 120 Kilometern durch neue Raketen mit einer Reichweite von 480 Kilometern zu ersetzen. Kohl fordert den Verzicht auf die Modernisierungsentscheidung bis 1992 und die baldige Aufnahme von Verhandlungen über die beiderseitige Reduzierung dieser Raketen.

1. Mai: In West-Berlin liefern sich 2000 Randalierer der autonomen Szene Straßenschlachten mit der Polizei, die erstmals nach dem vom rot-grünen Senat verfolgten Konzept der Deeskalation vorgeht. Etwa 350 Polizisten werden verletzt, etwa siebzig Geschäfte demoliert und geplündert, dreißig Autos in Brand gesetzt.

3. bis 6. Mai: Als erster Generalinspekteur der Bundeswehr besucht Admiral Dieter Wellershoff die Sowjetunion.

10. Mai: Die Bundesregierung beschließt, die 1988 eingeführte Quellensteuer von zehn Prozent auf Kapitalerträge zum 1. Juli wieder abzuschaffen. Finanzminister Theo Waigel (CSU) erklärt, die Steuer habe zu einem erheblichen Kapitalabfluß aus der Bundesrepublik etwa nach Luxemburg geführt.

11. Mai: Der Vorsitzende der Gewerkschaft Nahrung, Genuß, Gaststätten (NGG), Günter Döding, tritt zurück. Nach Berichten des *Spiegels* über kriminelle Machenschaften in der Spitze der *Co op AG*, dessen stellvertretender Aufsichtsratsvorsitzender Döding ist, ermittelt seit November 1988 die Staatsanwaltschaft. Vom Vorstandsvorsitzenden gebungen von Studenten für mehr Demokratie, die von weiten Teilen der Bevölkerung unterstützt werden, vom Militär blutig niederschlagen. Nach dem Massaker auf dem Platz des Himmlischen Friedens, bei dem Hunderte Menschen getötet werden, durchzieht eine Verhaftungs- und Repressionswelle das Reich der Mitte. Am 5. Juni bezeichnet ADN die Demokratiebewegung als «konterrevolutionären Aufruhr»; die «Aufrührer hätten den Sturz der sozialistischen Ordnung beabsichtigt». Am 8. Juni bewertet die Volkskammer einstimmig das Massaker als die Wiederherstellung von Ordnung und Sicherheit «unter Einsatz bewaffneter Kräfte». «Dabei sind bedauerlicherweise zahlreiche Verletzte und auch Tote zu beklagen.» Noch im Juni entsendet das SED-Politbüro sein Mitglied Günter Schabowski nach China, um der dortigen Führung die Solidarität der DDR zu bekunden. Zum vierzigsten Jahrestag der Gründung der Volksrepublik am 1. Oktober reist das Politbüro-Mitglied Egon Krenz (SED) nach China, er leitet eine der ranghöchsten Abordnungen. Auch wenn Schabowski und Krenz dementieren, den blutigen Machthabern gratuliert zu haben, die Menschen in der DDR verstehen es so.

7. Juni: Um an die Wahlfälschungen zu erinnern, beschließt der Friedenskreis in Ost-Berlin, am 7. jeden Monats auf dem Alexanderplatz zu demonstrieren.

22. und 23. Juni: Das Politbüro der SED begrüßt die Absicht der Stadt Leipzig, sich «zum gegebenen Zeitpunkt» um die Ausrichtung der Olympischen Spiele des Jahres 2004 zu bewerben.

25. bis 27. Juni: Während seines Besuches in Österreich reist der ungarische Außenminister Gyula Horn mit seinem Amtskollegen Alois Mock zur gemeinsamen Grenze bei Szopron. Beide greifen zur Drahtschere, um in einer symbolischen Aktion ein Stück Stacheldraht zu entfernen. Am 1. August hebt Ungarn die Sperrgebiete an der Grenze, die bislang nur mit Genehmigung betreten werden durften, auf.

27. und 28. Juni: Erich Honecker besucht die Sowjetunion. Nachdem er sich von Michail Gorbatschow erneut zu Reformen drängen lassen muß, pflegt er Erinnerungen: Er reist zum 60. Jahrestag des ersten Stahlabstichs im Eisenhüttenkombinat in die Stadt Magnitogorsk – diese erste große Waffenschmiede der Sowjetunion besuchte er bereits 1930/31. Später schreibt Honecker: «Was mir während des Aufenthaltes auffiel: Niemand sprach über Gorbatschow, Perestroika und Glasnost, dafür aber wurde viel über Mängel in der Versorgung gesprochen.»

29. Juni: Die in der DDR stationierten sowjetischen Truppen erhalten eine neue Bezeichnung. Sie heißen nicht mehr «Gruppe der sowjetischen Streitkräfte in Deutschland» (GSSD), sondern «West-Gruppe der sowjetischen Streitkräfte».

7. und 8. Juli: Bei ihrem Gipfeltreffen in Bukarest einigen sich die Partei-, Regierungs- und Staatschefs der Staaten des Warschauer Paktes darauf, ihr Bündnis von einer «militärisch-politischen» zu einer «politisch-militärischen» Organisation zu wandeln. Michail Gorbatschow ruft die «eigenständige Lösung nationaler Probleme» aus und setzt damit die «Breschnew-Doktrin» endgültig außer Kraft. Erich Honecker erleidet einen Zusammenbruch und muß vorzeitig heimreisen.

24. Juli: Zwei evangelische Theologen, Markus Meckel und Martin Gutzeit, verfassen den «Aufruf zur Bildung einer Initiativgruppe mit dem Ziel, eine sozialdemokratische Partei in der DDR ins Leben zu rufen». Ihrer Initiative schließen sich die Theologen Arndt Noack und Helmut Becker sowie der

Kundgebung der Republikaner in Planegg bei München (1988)

Bernd Otto und unter dem Aufsichtsratsvorsitzenden Alfred Lappas wurde dieser fünfgrößte Handelskonzern der Bundesrepublik mit 46000 Beschäftigten und zwölf Milliarden DM Umsatz förmlich ausgeplündert. Durch eine Verschachtelung von 300 in- und ausländischen Einzelfirmen sind die Besitzverhältnisse bewußt verschleiert, die tatsächliche Verschuldung von 4,5 Milliarden DM wird durch Bilanzfälschung auf eine Milliarde DM heruntergerechnet, enorme Summen flossen in private Taschen. Am 18. September einigen sich die Gläubigerbanken auf ein Sanierungskonzept, bei dem sie auf Forderungen in Höhe von 1,7 Milliarden DM verzichten. Am 25. November wird Lappas, am 4. Dezember, nach seiner freiwilligen Rückkehr aus Südafrika, auch Otto verhaftet.

12. Mai: Am 1. Februar beginnen die ersten inhaftierten Terroristen der RAF einen Hungerstreik, um die Zusammenlegung aller gefangenen RAF-Mitglieder in zwei Großgruppen zu erreichen. Zeitweilig sind bis zu vierzig Häftlinge im Hungerstreik. Während die SPD-regierten Bundesländer eine Zusammenlegung zu Gruppen von vier bis sechs Personen anbieten, lehnen die unionsgeführten Länder jede Zusammenlegung ab. Heute brechen die Inhaftierten den Hungerstreik ab, ihre Forderungen werden nicht erfüllt.

23. Mai: Richard von Weizsäcker (CDU) wird in Bonn zum zweiten Mal zum Bundespräsidenten gewählt. Erneut erhält er die zweitgrößte Mehrheit nach Theodor Heuss (FDP) im Jahr 1954.

29. und 30. Mai: Auf dem Gipfeltreffen in Brüssel einigen sich die Staats- und Regierungschefs der NATO auf einen Kompromiß bei den Kurzstreckenraketen. Dem Warschauer Pakt sollen Abrüstungsvor-

Historiker Manfred «Ibrahim» Böhme an. Am 26. August wird der Text vor einem Menschenrechtsseminar der Evangelischen Kirche verlesen, am 7. Oktober treffen sich im Dorf Schwante im Bezirk Potsdam 43 Personen und gründen die «Sozialdemokratische Partei in der DDR». Sie beschließen vorerst nur zehn grundlegende Paragraphen des Statuts der SDP, die eine «ökologisch orientierte soziale Marktwirtschaft» und Demokratie anstrebt. Eine Legalisierung wird nicht beantragt, dem Ministerium des Inneren wird lediglich eine Mitteilung über die Gründung zugestellt.

1. August: Die DDR setzt neue Erleichterungen für Besucher aus dem Westen in Kraft. Bei in Reisebüros gebuchten Reisen wird die Aufenthaltsgenehmigung nunmehr für die ganze DDR und nicht mehr nur für den betreffenden Bezirk erteilt; die Übernachtungsmöglichkeit bei Tagesbesuchen wird auf die Bezirke Potsdam und Frankfurt (Oder) ausgedehnt.

11. August: Der Schriftsteller Stefan Heym äußert in einem Interview mit der ARD, daß die Ausreisewelle ein «fürchterliches Phänomen» sei, das drohe, «die ganze DDR zu vernichten».

12. August: Einen Tag vor dem 28. Jahrestag des Mauerbaus droht das *Neue Deutschland* abermals: «Die Mauer wird nicht niedergelegt, solange die Bedingungen weiterbestehen, die zu ihrer Errichtung führten, und solche Bedingungen bestehen weiter.»

14. August: In Ost-Berlin werden Erich Honecker die ersten Musterexemplare von 32-Bit-Mikroprozessoren aus dem Erfurter Kombinat Mikroelektronik übergeben. In seinem einzigen öffentlichen Auftritt von Anfang Juli bis Ende September führt Honecker aus, «daß das Triumphgeschrei westlicher Medien über das ‹Scheitern der sozialistischen Gesellschaftskonzeption› nicht das Geld wert ist, das dafür ausgegeben wird. Den Sozialismus in seinem Lauf, wie man bei uns zu sagen pflegt, hält weder Ochs noch Esel auf.»

18. August: Als einziger der an der Okkupation beteiligten Staaten rechtfertigt die DDR noch die Niederschlagung des «Prager Frühlings». Das *Neue Deutschland* bezeichnet in einem Kommentar zum bevorstehenden 21. Jahrestag den Einmarsch von fünf Staaten des Warschauer Paktes in die Tschechoslowakei als einzigen Weg, mit dem «der Sozialismus geschützt und eine Veränderung des politischen und militärischen Kräfteverhältnisses zugunsten des Imperialismus verhindert» worden sei.

31. August: Bei einem Treffen in Ost-Berlin setzt der ungarische Außenminister Gyula Horn seinen Amtskollegen Oskar Fischer sowie Günter Mittag (SED), der den erkrankten Erich Honecker vertritt, vom Beschluß in Kenntnis, die DDR-Flüchtlinge ausreisen zu lassen. Mittag protestiert, bittet dann aber um eine Verschiebung, um die Fluchtwilligen doch noch zur Rückkehr überreden zu können. Die Vertreter der DDR werden jedoch von den Flüchtlingen aus den Lagern in Ungarn hinausgeworfen.

1. September: ADN meldet, Erich Honecker habe «nach erfolgreicher Gallenblasenoperation in gutem Gesundheitszustand aus stationärer Behandlung entlassen werden» können und einen Genesungsurlaub angetreten.

2. September: In einem Brief an Erich Honecker bittet die Konferenz der Evangelischen Kirchen in der DDR angesichts der Ausreisewelle «erneut und dringlich» um «längst überfällige Veränderungen in der Gesellschaft».

4. September: In Leipzig demonstrieren zum vierten Mal nach dem montäglichen Friedensgebet in der Nikolaikirche mehrere hundert Menschen. Ein Transparent mit der

Der Exodus

Viele Menschen verzweifeln am politischen und gesellschaftlichen Stillstand der DDR. Im Juli flüchten zum wiederholten Male DDR-Bürger in die Ständige Vertretung der Bundesrepublik in Ost- Berlin sowie in die bundesdeutschen Botschaften von Budapest und Prag. Am 4. August wird in Bonn inoffiziell bestätigt, daß die Menschen ihre Ausreise erzwingen wollen. Am 5. August erklärt die DDR-Führung über ADN, daß «einige DDR-Bürger Botschaften der BRD im Ausland beziehungsweise die Ständige Vertretung der BRD in der DDR» aufsuchen, um «dort persönliche Angelegenheiten vorzubringen». Jedoch hätten «Vertretungen der BRD keinerlei Rechte und Obhutspflichten gegenüber Bürgern der DDR. Für ihre Angelegenheiten ist einzig und allein die DDR zuständig, vor deren Gesetzen alle Bürger der DDR gleich sind. Außergesetzliche Behandlung einzelner durch den Besuch in Botschaften anderer Länder ist nicht erreichbar.»

Am 8. August wird die Ständige Vertretung der Bundesrepublik in Ost-Berlin bis auf weiteres für den Publikumsverkehr geschlossen, weil dort über 130 Menschen eingedrungen sind, um ihre Ausreise zu bewirken. Es wird bekannt, daß der Beauftragte Erich Honeckers, Rechtsanwalt Wolfgang Vogel, nur noch ein eingeschränktes Mandat innehat. Er kann den Ausreisewilligen in den diplomatischen Vertretungen der Bundesrepublik nur noch Straffreiheit zusichern, nicht aber, wie bisher üblich, wohlwollende Prüfung ihrer Ausreiseanträge. Am 10. August legt Vogel den Ausreisewilligen in Ost-Berlin nahe, sich mit der Zusicherung der Straffreiheit zufriedenzugeben. Am 14. August kehren nur fünfzehn in ihre Heimatorte zurück, erst am 8. September verlassen die restlichen 117 die Vertretung.

In der bundesdeutschen Botschaft in Budapest halten sich nun 181 DDR-Bürger auf, die Mission wird am 13. August wegen Überfüllung geschlossen. Ob des anhaltenden Andrangs müssen bald erste Lager außerhalb der Botschaft eingerichtet werden. Weil sie erkennt, daß Ungarn ihren Kurs nicht mehr mitträgt, verbreitet die Botschaft der DDR in Budapest am 15. August die Mitteilung, daß «der Aufenthalt von Bürgern der DDR in der Budapester Botschaft der BRD für diese bei der Rückkehr in die DDR keine Folgen haben wird und daß das auch für Bürger der DDR zutrifft, die keine gültigen Reisedokumente mehr besitzen».

Dieser Appell muß folgenlos verhallen, denn zwei Ereignisse öffnen den Fluchtwilligen den Weg in den Westen. Am 19. August veranstalten die «Paneuropa-Bewegung Österreichs» und das «Ungarische Demokratischen Forum» ein «Paneuropäisches Picknick» an der österreichisch-ungarischen Grenze bei Szopron. Während dieses Treffens wird ein Tor in der Grenze aufgedrückt, durch das über 900 DDR-Bürger nach Österreich fliehen können – die erste Lücke im Eisernen Vorhang. Am 24. August gestattet Ungarn aus humanitären Erwägungen den 108 DDR-Bürgern, die sich in der bundesdeutschen Botschaft aufhalten, die Ausreise nach Österreich – mit Reisedokumenten des «Internationalen Komitees vom Roten Kreuz». Zuvor hatten die weiteren DDR-Bürger die Mission verlassen, um auf eigene Faust über die zunehmend weniger bewachte «grüne Grenze» nach Österreich zu gelangen.

Anfang September halten sich in Ungarn etwa 3500 ausreisewillige DDR-Bürger auf, ihre Zahl nimmt rasch zu. Zu einer möglichen Massenausreise der DDR-Bürger aus Ungarn sagt der dortige Botschafter der DDR, Gerd Vehres, am 7. September: «Eine solche

Aufschrift «Reisefreiheit statt Massenflucht» wird ihnen von Stasi-Angehörigen gewaltsam entrissen. Andere Forderungen wie «Für ein offenes Land mit freien Menschen», «Versammlungsfreiheit – Vereinigungsfreiheit» signalisieren, daß neben die Perspektive Ausreise nun die Perspektive Reformen tritt. In den kommenden Wochen werden bei diesen Montagsdemonstrationen zahlreiche Personen festgenommen, von denen einige Dutzend nach Paragraph 217 des Strafgesetzbuches wegen «Zusammenrottung» zu Freiheitsstrafen von mehreren Monaten verurteilt werden.

9. und 10. September: In Grünheide bei Ost-Berlin gründen dreißig Personen aus elf Bezirken der DDR, darunter Bärbel Bohley, Katja Havemann, Sebastian Pflugbeil, Jens Reich, Hans-Jochen Tschiche, Rolf Henrich und Reinhard Schult, das *Neue Forum*. Zwar beobachtet die Stasi das Treffen, doch sie greift nicht ein. Vorerst wirkt die Absicht, nicht eine Partei mit festem Programm, sondern eine legale politische Vereinigung zu schaffen, die als Forum für die Diskussion der überfälligen Veränderungen dienen will, als Schutzschild. Am 19. September beantragt das *Neue Forum* beim Innenministerium und in den elf Bezirken der Gründungsmitglieder unter Berufung auf Artikel 29 der Verfassung der DDR seine Zulassung als «Vereinigung». Doch die SED blockt ab: Am 21. September meldet ADN die Ablehnung des Antrages des *Neuen Forums* durch das Innenministerium: «Ziele und Anliegen der beantragten Vereinigung widersprechen der Verfassung der Deutschen Demokratischen Republik und stellen eine staatsfeindliche Plattform dar.» Mit diesem Entscheid droht dem *Neuen Forum* die Kriminalisierung, den Gründungsmitgliedern drohen Haftstrafen bis zu zehn Jahren.

12. September: Die *Bürgerbewegung Demokratie Jetzt* tritt mit einem Aufruf an die Öffentlichkeit, zu dessen Erstunterzeichnern Wolfgang Ullmann, Ludwig Mehlhorn, Hans-Jürgen Fischbeck, Ulrike Poppe und Konrad Weiß gehören. Er fordert eine friedlich-demokratische Erneuerung der DDR: «Der Sozialismus muß nun seine eigentliche, demokratische Gestalt finden, wenn er nicht geschichtlich verlorengehen soll. Er darf nicht verlorengehen, weil die bedrohte Menschheit auf der Suche nach überlebensfähigen Formen menschlichen Zusammenlebens Alternativen zur westlichen Konsumgesellschaft braucht, deren Wohlstand die übrige Welt bezahlen muß.»

In Budapest übergibt die DDR-Botschaft der Regierung eine scharfe Protestnote; die DDR erwarte die sofortige Rücknahme der Entscheidung, «einzelne Bestandteile des Abkommens über den visafreien grenzüberschreitenden Verkehr einseitig außer Kraft zu setzen».

15. September: Horst Sindermann (SED), Präsident der Volkskammer, sagt den für den 18. September geplanten Besuch einer SPD-Delegation in der DDR ab.

18. September: Ab heute unterzeichnen insgesamt 3000 Künstler, die der Rock-, Pop- und Liedermacherszene angehören, eine Resolution, die wegen angedrohter Repressalien erst am 16. Oktober auf einer Protestversammlung veröffentlicht wird. Darin heißt es: «Wir sind besorgt über den augenblicklichen Zustand unseres Landes, über den massenhaften Exodus vieler Altersgenossen, über die Sinnkrise dieser gesellschaftlichen Alternative und über die unerträgliche Ignoranz der Staats- und Parteiführung (...) Unser Land muß endlich lernen, mit andersdenkenden Minderheiten umzugehen, vor allem dann, wenn sie vielleicht gar keine Minderheiten sind (...) Wir wollen in diesem Land leben, und es macht uns krank, tatenlos mitansehen zu müssen, wie Versuche einer Demokratisierung igno-

Aktion wäre eine präzedenzlose Mißachtung des Völkerrechts und von Verträgen, Abkommen und Vereinbarungen». Am 10. September gibt die ungarische Regierung ihre Entscheidung bekannt, ab 0 Uhr des 11. September DDR-Bürger in jedes Land ihrer Wahl ausreisen zu lassen. Das 1969 mit der DDR geschlossene Reiseabkommen wird einseitig außer Kraft gesetzt. ADN meldet, die ungarische Regierung habe sich dazu verleiten lassen, «diese von der BRD von langer Hand vorbereitete Aktion zu unterstützen».

Aus Ungarn setzt eine große Fluchtwelle von DDR-Bürgern über Österreich in die Bundesrepublik ein, binnen drei Tagen kommen 15000 Menschen vor allem in Bayern an. Aus der DDR strömen ständig Menschen nach Ungarn. Noch am 11. September publiziert ADN unter dem Titel «Der große Coup» einen Kommentar, in dem es heißt: «Auch der Zeitpunkt dieser Aktion ist nicht verwunderlich. Sie wurde am Vorabend des 40. Jahrestages der DDR inszeniert. Hier wirken die Gesetze des Klassenkampfes unbarmherzig.»

In Prag und Warschau halten sich derweil Hunderte DDR-Bürger in den bundesdeutschen Botschaften auf. Trotz hektischer Bemühungen von Rechtsanwalt Vogel kann er nur wenige zur Rückkehr in die DDR bewegen – und das auch nur, als er nicht mehr nur «anwaltlichen Beistand», sondern die Genehmigung der Ausreise binnen sechs Monaten zusagt. Am 30. September ist die Prager Botschaft mit etwa 7000 Flüchtlingen hoffnungslos überfüllt – die Tschechoslowakei ist das einzige Land, in das DDR-Bürger allein unter Vorlage des Personalausweises reisen können. In den Abendstunden ruft ihnen Außenminister Hans-Dietrich Genscher (FDP) den berühmt gewordenen Halbsatz «Daß heute Ihre Ausreise ...» zu. Der Rest geht in einem Jubelsturm unter, Genscher spricht vom «bewegendsten Augenblick» seines Lebens. Am 27. September konnte er am Rande der UN-Vollversammlung in New York eine Vereinbarung mit der DDR, der Tschechoslowakei und Polen erzielen.

Noch vor den bevorstehenden Jubelfeiern zum 40. Jahrestag der DDR-Gründung will die DDR-Führung die für sie blamable Fluchtwelle beenden. Deshalb willigt sie in diese als «einmalig» bezeichnete Regelung ein, dank deren Tausende Menschen aus Prag in verriegelten Zügen der «Deutschen Reichsbahn» der DDR in die Bundesrepublik gefahren werden. Allerdings nicht auf direktem Wege, sondern in erheblichem Umweg über DDR-Territorium – wo den Flüchtlingen Urkunden über ihre Entlassung aus der Staatsbürgerschaft der DDR ausgehändigt werden. Damit will die DDR die Fiktion einer genehmigten Ausreise schaffen, um ihr Gesicht zu wahren.

Weil abermals Tausende DDR-Bürger in der Prager Botschaft der Bundesrepublik Zuflucht und Ausreise suchen, willigt die DDR-Führung am 3. Oktober ein, die «einmalige» Regelung abermals für etwa 7000 Menschen anzuwenden. Diesmal kommt es zu erheblichen Verzögerungen für die Sonderzüge, denn entlang der Fahrtrouten durch die DDR kommt es trotz der Absperrung vieler Abschnitte zu Menschenansammlungen, Demonstrationen und Straßenschlachten. Am Hauptbahnhof von Dresden sammeln sich am 4. Oktober etwa 3000 Menschen, die sich Zugang zu den Flüchtlingszügen verschaffen wollen. Unter unerbittlichem Einsatz von Schlagstöcken und Wasserwerfern wird die Menge vertrieben, sie revanchiert sich mit Steinwürfen. Seit 1953 hat die DDR eine solche Straßenschlacht nicht mehr erlebt.

riert werden (...) Wir fordern Änderungen der unaushaltbaren Zustände. Die Zeit ist reif. Wenn wir nichts unternehmen, arbeitet sie gegen uns.»

19. September: Im *Neuen Deutschland* erscheint ein ganzseitiger Bericht unter dem Titel «Menschenhandel». Er schildert, wie Bürger der DDR unter «Anwendung aller Methoden der Versprechungen, der Verlockungen, des psychologischen Drucks und unverhüllter Abwerbung» veranlaßt würden, «über dritte Länder ihre Heimat zu verlassen».

23. September: Sächsische Superintendenten und Kirchenjuristen, unter ihnen der Superintendent Christoph Ziemer und der Kirchenamtsrat Steffen Heitmann aus Dresden sowie der Plauener Superintendent Thomas Küttler, protestieren in einem Schreiben an den Ministerrat gegen die Nichtzulasssung des *Neuen Forums*. «Damit wird ein unabhängiges Engagement für die Gesellschaft erschwert und wieder eine Hoffnung zerschlagen.»

25. September: Erich Honecker nimmt seine Amtsgeschäfte wieder auf.

Georg Sterzinsky, der neue katholische Bischof von Ost-Berlin, nimmt in einer Predigt zur Ausreisewelle Stellung: «Gott hat uns hierher gestellt. Und wem es möglich ist, der soll hier bleiben, denn wir dürfen Verantwortung nicht abwälzen.» Erst wenn einer zu Handlungen gegen sein Gewissen genötigt sei, «ist er gehalten, seinen Lebensraum zu verlassen und einen neuen zu suchen».

1. Oktober: ADN verbreitet einen Kommentar über die anhaltende Flucht- und Ausreisewelle, der auch in der *Aktuellen Kamera* verlesen wird: «Sie alle haben durch ihr Verhalten die moralischen Werte mit Füßen getreten und sich selbst aus unserer Gesellschaft ausgegrenzt. Man sollte ihnen deshalb keine Träne nachweinen.» Der letzte Satz wird von Erich Honecker persönlich in den Kommentar hineinredigiert.

2. Oktober: Am 25. September nehmen bereits 5000 Menschen an der Leipziger Montagsdemonstration teil. Heute demonstrieren mehr als 20000 Menschen für Reformen in der DDR. Bei Zusammenstößen mit Sicherheitskräften, zu denen erstmals auch «Betriebskampfgruppen» gehören, werden einige Personen verletzt. Es kommt zu Festnahmen.

Aus verschiedenen, zum Teil seit Juli aktiven Gruppen konstituiert sich der *Demokratische Aufbruch – Sozial, Ökologisch* (DA). Dieser Vereinigung, die nach eigener Einschätzung «noch zur DDR und zum Sozialismus» steht, gehören unter anderem Rainer Eppelmann, Friedrich Schorlemmer, Wolfgang Schnur, Edelbert Richter und Erhart Neubert an. Am 30. Oktober wandelt sich der DA in Dresden zur Partei, der Rostocker Rechtsanwalt Wolfgang Schnur wird zum Vorsitzenden gewählt.

3. Oktober: Nachdem sie abermals in eine Massenausreise aus der Prager Botschaft der Bundesrepublik über ihr Territorium einwilligen mußte, setzt die Regierung der DDR gemeinsam mit der Tschechoslowakei «zeitweilig den visafreien Reiseverkehr zwischen beiden Ländern für die Bürger der DDR mit sofortiger Wirkung aus». Nun können DDR-Bürger in kein Land mehr nur mit dem Personalausweis reisen.

6. Oktober: In der Ost-Berliner Erlöserkirche treffen sich Vertreter überregionaler Oppositionsgruppen. In einer «Gemeinsamen Erklärung» formulieren sie zum ersten Mal die Grundlagen einer Zusammenarbeit, sie verlangen eine gewaltlose, demokratische Umgestaltung der DDR und freie Wahlen unter Kontrolle der UNO.

7. Oktober: Zum heutigen 40. Jahrestag der Gründung der DDR werden eine Parade der

schläge im konventionellen Bereich vorgelegt werden. Wird darüber innerhalb eines Jahres Einigkeit erzielt, soll mit dem Ziel der «teilweisen Reduzierung» auch über die Kurzstreckenraketen verhandelt werden. Obgleich US-Präsident George Bush eine dritte Null-Lösung ausdrücklich ausschließt, zeigt sich die Bundesregierung zufrieden.

30. und 31. Mai: Der neue US-Präsident George Bush besucht die Bundesrepublik, wo er als Beleg für die «immer enger» werdenden Beziehungen die Aufhebung der Visapflicht für Bundesbürger ankündigt. In Mainz hält Bush eine Ansprache «Für ein ungeteiltes Europa». Er bekundet, die USA wollten mit dem Wandel in Osteuropa nicht die «legitimen Sicherheitsinteressen» der Sowjetunion untergraben. «Vierzig Jahre des kalten Krieges waren ein Prüfstein für unsere Entschlossenheit und die Stärke unserer Werte. Nun ist die erste Aufgabe der NATO nahezu vollendet.» Bush kündigt die Abkehr von seiner bisher eher abwartenden Haltung an: «Wir werden diese Gelegenheit nicht ungenutzt verstreichen lassen.» Allerdings sei das von Michail Gorbatschow beschworene gemeinsame europäische Haus nicht möglich, «wenn sich nicht all seine Bewohner von Raum zu Raum frei bewegen können».

1. Juni: Der Bundestag verschiebt die Verlängerung des Grundwehrdienstes von fünfzehn auf achtzehn Monate und des Zivildienstes von zwanzig auf 24 Monate, die

Geheimtreffen

Auf dem militärischen Teil des Flughafens Köln / Bonn landet am Mittag des 25. August eine Sondermaschine, ein Jumbo. Die beiden einzigen Passagiere werden rasch zu einem Hubschrauber der Luftwaffe geführt, der sie auf Schloß Gymnich fliegt. Unter strengster Geheimhaltung treffen sich Ungarns Ministerpräsident Miklós Németh und Außenminister Gyula Horn mit Bundeskanzler Helmut Kohl und Außenminister Hans-Dietrich Genscher. Es seien bereits 30 000 rumänische Flüchtlinge nach Ungarn gekommen. Sie wüßten nicht, wie sie mit den Zehntausenden zusätzlichen Flüchtlingen aus der DDR angesichts des bevorstehenden Herbstes fertig werden sollten.

Nur eines stehe fest: An die DDR würde Ungarn diese Menschen nicht ausliefern. Man könne sich vorstellen, in einer Nacht von einem bestimmten Zeitpunkt an die ungarisch-österreichische Grenze zu öffnen – doch sei das eine riskante Sache. Kohl habe tief bewegt geantwortet: «Das deutsche Volk wird Ihnen diese Entscheidung nie vergessen.» Zwar habe Kohl auch gefragt: «Was wollen Sie dafür haben?», doch seien damit politische Verbesserungen und nicht finanzielle Gegenleistungen gemeint gewesen. Später versuchen Németh und Horn in einander widersprechenden und in sich widersprüchlichen Erklärungen, den Erfolg auf die jeweils eigene Fahne zu schreiben. Németh will die endgültige Entscheidung in einer Sitzung des Rumpfkabinetts noch vor der Bonner Begegnung, Horn in einer schlaflosen Nacht vom 9. auf den 10. September getroffen haben. Wie dem auch sei: Während des Besuches von Genscher in Budapest am 23. und 24. November wird ein Kreditabkommen unterzeichnet. Der von deutschen Banken gewährte ungebundene Kredit über 500 Millionen DM wird von der Bundesregierung verbürgt.

Nationalen Volksarmee in Ost-Berlin und eine Flottenparade vor Rostock veranstaltet. Erich Honecker und Michail Gorbatschow treffen zu einem «ausführlichen Meinungsaustausch» zusammen. Im Gespräch unter vier Augen erklärt Gorbatschow, der einzige Weg, Ausreise und Demonstrationen zu beenden, sei eine deutsche Version der Perestroika. Honecker erwidert, bei seinem letzten Besuch in der Sowjetunion habe er in die Läden geschaut und sei angesichts der leeren Regale entsetzt gewesen. Die Bürger der DDR seien die wohlhabendsten der sozialistischen Hemisphäre. Nach dem Gespräch erklärt Gorbatschow: «Gefahren warten nur auf jene, die nicht auf das Leben reagieren.»

In den Abendstunden kommt es in zahlreichen Städten zu Demonstrationen für Reformen, darunter Leipzig, Dresden, Potsdam, Jena, Magdeburg, Karl-Marx-Stadt, Halle, Erfurt, Ilmenau und Arnstadt. Ost-Berlin erlebt die größte Demonstration seit dem Juni 1953 – Zigtausende sind es letztlich, die unbemerkt von den Ehrengästen im Palast der Republik auf die Straße gehen. Sie rufen in Sprechchören «Freiheit, Freiheit», «Neues Forum, Neues Forum», «Wir bleiben hier» und «Gorbi, hilf uns». In rücksichtslosen Einsätzen versuchen Sicherheitskräfte, die Demonstration gewaltsam aufzulösen.

8. Oktober: Über Erich Mielke sendet Erich Honecker ein geheimes Fernschreiben an alle Ersten Sekretäre der Bezirksleitungen der SED. Darin werden die Demonstrationen des Vortages als «gegen die verfassungsmäßigen Grundlagen unseres sozialistischen Staates gerichtet» charakterisiert. Honecker weiß auch, wo die Massenbasis der Proteste am größten ist: «Vor allem in Dresden, Plauen und Leipzig trugen sie den Charakter rowdyhafter Zusammenrottungen und gewalttätiger Ausschreitungen, die unsere Bürger in höchstem Maße beunruhigen. Es ist damit zu rechnen, daß es zu weiteren Krawallen kommt. Sie sind von vornherein zu unterbinden.»

Die letzte Parade: Erich Honecker und Michail Gorbatschow während der Jubelfeiern zum vierzigjährigen Bestehen der DDR

Erneut gehen Bürger auf die Straße. Die Menschen, die nach der Fürbittandacht aus der Ost-Berliner Gethsemanekirche kommen, werden von der Polizei eingekesselt. Als sie sich weigern, einzeln den Polizeikordon zu passieren, werden sie zusammengeprügelt. In Dresden demonstrieren 5000 Menschen, auch hier schreitet die Polizei brutal ein, worauf Steine und auch Brandflaschen fliegen. Am Abend erklärt sich, da der Parteichef des Dresdner SED-Bezirks, Hans Modrow, nicht erreichbar ist, Oberbürgermeister Wolfgang Berghofer (SED) bereit, anderntags eine Abordnung von zwanzig Personen zu empfangen. Spontan melden sich aus der Demonstration heraus Teilnehmer, die die «Gruppe der 20» bilden. Dies ist der erste Schritt zu einem Dialog.

Ankunft von DDR-Flüchtlingen auf dem Bahnhof von Hof

heute in Kraft treten sollte, auf den 1. Juni 1992. Unter den heute einberufenen Rekruten treten die ersten fünfzig weiblichen Sanitätsoffiziersanwärterinnen ihren Dienst bei den Streitkräften an.

6. Juni: Der anhaltende Widerstand der örtlichen Bevölkerung hat Erfolg. Bundesregierung und bayerische Staatsregierung beschließen, den Bau der atomaren Wiederaufbereitungsanlage Wackersdorf einzustellen. Verbrauchte Brennelemente bundesdeutscher Atomkraftwerke sollen in den Anlagen im französischen La Hague und im britischen Sellafield aufbereitet werden. Als erstes Ersatzprojekt soll eine Fabrik für Solarzellen auf dem WAA-Gelände entstehen.

12. bis 15. Juni: Generalsekretär Michail Gorbatschow besucht die Bundesrepublik, wo er nach eigenen Worten mit «Wärme und Sympathie» empfangen wird. Es werden elf Abkommen unterzeichnet, die einer besseren Zusammenarbeit den Weg ebnen sollen. Gorbatschow erklärt: «Wir ziehen den Strich unter die Nachkriegsperiode.» Die Gemeinsame Erklärung sei das erste Dokument von großer Dimension, in der zwei Staaten unterschiedlicher Gesellschaftsordnung die Ziele ihrer Politik darlegen. Darin wird als vorrangiges Ziel formuliert, «zur Überwindung der Trennung Europas beizutragen». Erstmals bekennt sich die Sowjetunion in einer bilateralen

9. Oktober: Der Tag, der darüber entscheidet, ob die DDR die «chinesische» oder eine friedliche Lösung erlebt. In Leipzig demonstrieren in dramatisch angespannter Atmosphäre nach den traditionellen Friedensgebeten in der Nikolaikirche und anderen Gotteshäusern etwa 70000 Menschen für demokratische Reformen. Vor dem Gebäude der Staatssicherheit stockt der Zug, aber die Demonstranten rufen nur «Polizisten, schließt euch an!» Ihre weiteren Parolen: «Wir sind das Volk», «Gorbi, Gorbi», «Wir sind keine Rowdies».

Alle Initiatoren rufen nachhaltig zur Gewaltlosigkeit auf, denn zu den Sicherheitskräften zählen auch Betriebskampfgruppen, die zuvor folgendes angekündigt haben: «Wir sind bereit und willens, das von uns mit unserer Hände Arbeit Geschaffene wirksam zu schützen, um diese konterrevolutionären Aktionen endgültig und wirksam zu unterbinden. Wenn es sein muß, mit der Waffe in der Hand!» Daß diese entscheidende Demonstration ohne Gewalt ausgeht, ist zwei Entwicklungen zu verdanken. Zum einen weist Michail Gorbatschow sogleich nach seiner Rückkehr in den Kreml die sowjetischen Streitkräfte in der DDR an, keinesfalls einzugreifen. Zum anderen findet Leipzig eine eigene Lösung. Drei Sekretäre der SED-Bezirksleitung, Kurt Meier, Jochen Pommert und Roland Wötzel, verfassen auf eigene Faust gemeinsam mit dem Gewandhaus-Kapellmeister Kurt Masur, dem Pfarrer Peter Zimmermann und dem Kabarettisten Bernd Lutz Lange einen Aufruf zur Besonnenheit. Er wird in den Andachten und über das Stadtradio, dessen Lautsprecher sonst nur Propaganda verbreiten, verlesen und erreicht damit große Teile der Bevölkerung.

11. Oktober: Es wird eine Erklärung veröffentlicht, die das um zahlreiche ZK-Mitglieder «erweiterte» Politbüro der SED auf seiner gestrigen Sitzung verabschiedet hat. Erstmals wird das Hauptproblem dieser Tage benannt und eine Art Dialog angeboten: Es läßt «uns nicht gleichgültig, wenn sich Menschen, die hier arbeiteten und lebten, von unserer Deutschen Demokratischen Republik losgesagt haben (...) Die Ursachen für ihren Schritt mögen vielfältig sein. Wir müssen und werden sie auch bei uns suchen.»

13. Oktober: Erich Honecker empfängt die Vorsitzenden der «befreundeten Parteien» Manfred Gerlach (LDPD), Günther Maleuda (DBD), Gerald Götting (CDU), Heinrich Homann (NDPD) sowie Lothar Kolditz, den Präsidenten des Nationalrates der Nationalen Front der DDR, zu einer «Beratung über aktuelle Aufgaben bei der weiteren Gestaltung der entwickelten sozialistischen Gesellschaft in der DDR».

In Ost-Berlin verbreitet der Rechtsanwalt Wolfgang Vogel eine Erklärung, in der er die Strafverfahren gegen DDR-Bürger wegen Fluchtversuchen als Verletzung des Gleichheitsprinzips kritisiert. Es sei «unvertretbar, einerseits Sonderwege nach der BRD zuzulassen und andererseits für analoges Verhalten Haftbefehle zu verkünden». Des weiteren seien Strafverfahren gegen nicht gewalttätige Demonstranten «juristisch bedenklich». Im Laufe des Tages teilt die Generalstaatsanwaltschaft mit, daß «nach Durchführung der erforderlichen Untersuchungen die wegen Störung der Volksfeste am 7. Oktober sowie im Zusammenhang mit gesetzwidrigen Ansammlungen festgenommenen Personen aus der Haft entlassen» werden. Elf Personen befänden sich «wegen Begehung von Brandstiftungen, Plünderungen und Gewalttätigkeiten sowie Aufwiegelung zu Gewaltakten in Untersuchungshaft».

15. Oktober: In der Ost-Berliner Erlöser-

Erklärung zur «Achtung des Selbstbestimmungsrechts der Völker», zur «Verwirklichung der Menschenrechte» und zum Schutz nationaler Minderheiten. Zur Berliner Mauer erklärt Gorbatschow: «Die Mauer kann auch verschwinden, wenn jene Voraussetzungen entfallen, die sie ins Leben gerufen haben.»

15. und 18. Juni: Zum dritten Mal wird das Europäische Parlament direkt gewählt. In den zwölf Mitgliedsstaaten sind 241 Millionen Bürger wahlberechtigt, die Wahlbeteiligung liegt bei 58,5 Prozent. Die Fraktionen erringen folgende Stärken: Sozialisten und Sozialdemokraten 182 Sitze, Christdemokraten 107 Sitze, Konservative 48 Sitze, Liberale 44 Sitze, Kommunisten 42 Sitze, Grüne 23 Sitze, Gaullisten 19 Sitze, Rechtsextreme 16 Sitze und andere 37 Sitze. Das Ergebnis in der Bundesrepublik bringt dramatische Verluste für die CDU/CSU, die nur noch auf 37,7 Prozent der Stimmen kommen. Die SPD bleibt mit 37,3 Prozent nahezu konstant, ebenso wie die *Grünen* mit 8,4 Prozent. Die FDP gewinnt und zieht mit 5,6 Prozent wieder ins Europaparlament ein. Doch wird sie noch von den *Republikanern* überflügelt, die mit 7,1 Prozent problemlos die Fünf-Prozent-Hürde überspringen.

17. Juni: Im Bundestag hält der SPD-Politiker Erhard Eppler eine Rede zum Gedenken des Volksaufstandes in der DDR, die neue Akzente setzt. Vom Begriff «Wiedervereinigung» solle man Abstand nehmen, die Nachbarn hörten dabei vor allem das «Wieder». Die deutsche Politik müsse deutlich machen, «daß wir nicht Vergangenes restaurieren, sondern Neues schaffen wollen, und zwar gemeinsam mit unseren Nachbarn». Und dort seien Vorbehalte zu überwinden: «Es gibt wesentlich mehr Europäer, die an der Teilung Deutschlands festhalten wollen, als solche, die mit dem politischen System der DDR sympathisieren.» Zur «Entgiftung» der deutschlandpolitischen Diskussion würde beitragen, wenn der Bundestag sage: «Weder hat Adenauer die deutsche Einheit noch Brandt die deutschen Ostgebiete verraten. Sie taten – bei allem Risiko des Irrtums –, was sie für nötig hielten, um Schaden von unserem Volk abzuwenden.»

1. Juli: Vor dem Schlesiertreffen in Hannover erklärt der CSU-Vorsitzende und Bundesfinanzminister Theo Waigel, die deutsche Frage sei «rechtlich, politisch und geschichtlich offen» und schließe auch die Gebiete östlich von Oder und Neiße ein. Waigel erntet heftige Kritik aus Polen, von der SPD, aber auch vom Koalitionspartner FDP. Am 11. Juli warnt Bundeskanzler Helmut Kohl, die Betonung von Rechtsstandpunkten für praktische Politik zu halten.

4. Juli: Im Verfassungsschutzbericht für 1988 wird von einer «bedenklichen Zunahme des Rechtsextremismus» gesprochen. Innenminister Wolfgang Schäuble (CDU) erklärt diese Entwicklung durch den Zulauf junger Menschen, die sich von «starken Worten» und «einfache Lösungen für schwierige Problembereiche» angesprochen fühlten. Die *Republikaner* gelten nicht als verfassungsfeindlich und sind deshalb in dem Bericht nicht berücksichtigt.

12. Juli: Im Rahmen eines deutsch-polnischen Umschuldungsabkommens gewährt die Bundesregierung Polen einen dringend benötigten Zahlungsaufschub über Kredite in Höhe von sieben Milliarden DM bis 1993.

17. Juli: Österreich beantragt die Mitgliedschaft in der EG.

10. August: Zwischen der DDR und der Bundesrepublik wird der regelmäßige Linienflugverkehr aufgenommen. Heute wird die «Lufthansa»-Verbindung zwischen Leipzig und Frankfurt/Main, anderntags die «Interflug»-Linie zwischen Leipzig und kirche führen zahlreiche Musiker und Künstler ein Benefizkonzert für die Opfer der Polizeiübergriffe durch. Sie zitieren Gedächtnisprotokolle, geben eine Gegendarstellung zu einem Bericht der *Jungen Welt* und rufen zur geplanten Demonstration am 4. November auf. Der Schriftsteller Christoph Hein fordert die Einsetzung eines Ausschusses, um den «offenbar gelenkten Exzeß der Sicherheitskräfte» vom 7. Oktober zu untersuchen.

16. Oktober: In Leipzig vereinigen sich 120 000 Menschen zu einer riesigen Demonstration, «Wir sind das Volk» ist die beherrschende Parole. Sogar ADN muß melden, daß sich «Zehntausende Bürger der Messestadt sowie aus dem Bezirk Leipzig und aus angrenzenden Territorien zu einer Demonstration» zusammengefunden hätten. «Der Zurückhaltung der Sicherheitskräfte und der eingesetzten Ordnungskräfte ist es zu danken, daß es zu keinen Ausschreitungen kam.» Auch in Ost-Berlin, Dresden, Halle, Magdeburg und Plauen gehen Menschen für Reformen auf die Straße.

In Dresden trifft Oberbürgermeister Wolfgang Berghofer (SED) laut ADN «mit Bürgern der Stadt, Vertretern der Evangelisch-Lutherischen Landeskirche Sachsens und der Katholischen Kirche» zusammen, um diese Themen zu bereden: «Recht und Sicherheit, Medienpolitik, Bürgermitverantwortung, Gesellschaftskonzept des Sozialismus in der DDR, Reise- und Ausreisemöglichkeiten, Bildung und Kultur, Entwicklung der Stadt Dresden, Ökonomie und Ökologie sowie Wirtschaft, Handel und Versorgung.» Beide Seiten kommen überein, den «begonnenen Dialog fortzusetzen».

17. Oktober: Nach einem wesentlich von Erich Mielke und Egon Krenz vorbereiteten Vorgehen schlägt Willi Stoph auf der heutigen Sitzung des Politbüros der SED einen neuen Tagesordnungspunkt vor: «Erster Punkt – Ablösung von Erich Honecker und Wahl von Egon Krenz zum Generalsekretär.» Dem überraschten Honecker bleibt nichts, als reihum die Meinungen einzuholen, wobei sich zu seinem Erstaunen auch seine engsten Vertrauten Günter Mittag und Joachim Herrmann für seinen Abtritt aussprechen. Das Politbüro beantwortet diesen Opportunismus mit der Ablösung auch dieser beiden.

18. Oktober: Das Zentralkomitee der SED entbindet Erich Honecker «aus gesundheitlichen Gründen» von seinem Amt als Generalsekretär und wählt Egon Krenz an seine Stelle. Honecker tritt auch von seinen Ämtern als Vorsitzender des Staatsrates und des Nationalen Verteidigungsrates sowie von seinem Sitz im Politbüro zurück. Auch Günter Mittag, verantwortlich für Wirtschaft, und Joachim Herrmann, verantwortlich für Agitation und Propaganda, verlieren ihre Posten in Politbüro und ZK. Wegen Zeitmangels verliest Krenz abends genau die Rede, die er vor dem ZK gehalten hat, im DDR-Fernsehen, so daß die Kontinuitäten besonders deutlich hervortreten: So «werden wir eine Wende einleiten, werden wir vor allem die politische und ideologische Offensive wieder erlangen». Im Sinne der «Politik von Kontinuität und Erneuerung» sieht Krenz «die Tür breit geöffnet für den ernstgemeinten innenpolitischen Dialog». Tatsächlich werden in der Folgezeit Probleme offen angesprochen und viele gesellschaftliche Kräfte angehört.

19. Oktober: Bei einem mehrstündigen Besuch im VEB Werkzeugmaschinenkombinat «7. Oktober» spricht Egon Krenz (SED) vor laufenden Kameras offen mit den Arbeitern über alle drängenden Probleme. Danach trifft er auf Schloß Hubertusstock am Werbellinsee mit den evangelischen Kirchenführern Werner Leich, Manfred Stolpe und

Düsseldorf aufgenommen. Diese Flüge müssen über das Territorium der Tschechoslowakei geführt werden, da das Fehlen eines innerdeutschen Luftverkehrsabkommens und alliierte Vorbehalte ein Überfliegen der innerdeutschen Grenze nicht zulassen. Ihren Inlandsflugverkehr stellte die DDR 1980 aus energiewirtschaftlichen Gründen ein.

21. August: Bundeskanzler Helmut Kohl gibt bekannt, daß er den bisherigen Generalsekretär der CDU, Heiner Geißler, auf dem bevorstehenden Parteitag in Bremen nicht zur Wiederwahl vorschlagen werde. Sein Nachfolger soll Volker Rühe werden. Zahlreiche Politiker der CDU kritisieren diese Entscheidung. Geißler bezeichnet sie als «Signal in die falsche politische Richtung». Die CDU könne nur mehrheitsfähig bleiben, «wenn sie modern und aufgeschlossen bleibt für moderne Fragen und Antworten, wieder zum Ansprechpartner wird für junge Menschen, für Arbeitnehmer, für Frauen». Zudem könne die CDU den Rechtsradikalismus nicht dadurch bekämpfen, «daß man dessen Themen aufgreift oder hochredet».

22. August: Das Bundesministerium für innerdeutsche Beziehungen teilt mit, daß vom 1. Januar bis zum 31. Juli dieses Jahres 55 970 DDR-Bürger in die Bundesrepublik gekommen seien, darunter 46 634 mit Ausreisegenehmigung.

30. August: Auf Bitten des Bundesinnenministeriums beginnt Bayern mit der Errichtung von vier Notaufnahmelagern mit insgesamt 5000 Plätzen. Die Österreichischen Bundesbahnen werden gebeten, zum 6. September fünfzig Waggons zur Verfügung zu stellen. Ein Sprecher des Innenministeriums erklärt, das einzige, was Bonn wisse, sei das Ende der DDR-Ferien und damit das Auslaufen der Visa der DDR-Bürger für Ungarn. Die Bundesregierung wolle nur für Eventualitäten gerüstet sein. Am 31. August lehnt es Kanzleramtsminister Rudolf Seiters (CDU) ab, Angaben über Zeitpunkt und Umfang einer Massenausreise zu machen. In der Öffentlichkeit überstürzen sich die Meldungen über eine bevorstehende Welle von Umsiedlern.

6. September: Der Sprecher der Bundesregierung, Hans Klein (CSU), zeigt sich überzeugt, «daß die ungarische Regierung um eine befriedigende humanitäre Lösung für die Deutschen bemüht ist, die sich gegenwärtig in Ungarn aufhalten und in die Bundesrepublik Deutschland ausreisen wollen». Die organisatorischen Vorbereitungen für die Aufnahme und rasche Verteilung der Flüchtlinge auf die Bundesländer seien weitgehend abgeschlossen. Zwar stehe die Bundesregierung mit der DDR in Verbindung, doch sei wegen der Erkrankung von Erich Honecker noch kein telefonischer Kontakt mit ihm zustande gekommen.

11. September: Ein Flüchtlingstreck setzt sich in Bewegung. Um drei Uhr treffen die ersten DDR-Flüchtlinge aus Ungarn in der Bundesrepublik ein. Viele kommen mit dem eigenen Auto, andere mit bereitgestellten Bussen. Wer ein festes Reiseziel hat, kann dorthin weiterreisen. Die anderen werden in die bayerischen Erstaufnahmelager eingewiesen, aber rasch in die aufnehmenden Bundesländer weitergeleitet. Bis zum Nachmittag des 12. September werden 10 000 Flüchtlinge gezählt.

1. Oktober: Am Morgen trifft in Helmstedt der Zug mit den DDR-Flüchtlingen ein, die aus der Warschauer Botschaft der Bundesrepublik kommen. Im Laufe des Tages erreichen die Sonderzüge aus Prag das bayerische Hof. Insgesamt werden 7000 Menschen gezählt, eine höhere Zahl als erwartet. Der Bundesgrenzschutz erklärt dies damit, daß in der DDR weitere Menschen auf die Züge

Christoph Demke zusammen. Anschließend äußert Leich den «Eindruck, daß es Veränderungen geben wird».

Im DDR-Fernsehen findet erstmals eine Live-Diskussion mit Politikern, Wissenschaftlern und Journalisten statt, denen die Zuschauer Fragen zu allen bisherigen Tabuthemen stellen können – und sogar Antworten erhalten.

20. Oktober: Nach fast einem Jahr Streichung wird die sowjetische Zeitschrift *Sputnik* wieder in die Postzeitungsliste aufgenommen und ist damit lieferbar.

22. Oktober: Im Leipziger Gewandhaus findet unter Leitung von Gewandhauskapellmeister Kurt Masur die erste öffentliche Diskussion zwischen Funktionären, Theologen und Bürgern statt. Als «Dialog am Karl-Marx-Platz» wird sie an den drei nächsten Sonntagen fortgesetzt.

In Böhlen formiert sich die neue Gruppe «Vereinigte Linke», an der Angehörige der Ost-Berliner «Umweltbibliothek», der Vereinigung «Kirche von unten» und des Friedrichsfelder Friedenskreises mitwirken.

23. Oktober: Eine halbe Millionen Menschen demonstrieren in zahlreichen Städten gegen die bevorstehende Wahl von Egon Krenz (SED) zum Vorsitzenden des Staatsrates und für die demokratische Erneuerung des Landes. Die größte Kundgebung findet in Leipzig statt, wo 300000 Menschen auf die Straße gehen – selbst das DDR-Fernsehen meldet noch 150000 Teilnehmer. In Schwerin ruft das *Neue Forum* auf, worauf die SED-Bezirksleitung am selben Ort zur selben Zeit zu einer eigenen Kundgebung aufruft, um die 50000 Anwesenden als SED-Sympathisanten erscheinen zu lassen. Als das *Neue Forum* zum Verlassen des Platzes aufruft, folgen ihm fast alle Demonstranten. Weitere Demonstrationen werden aus Ost-Berlin, Dresden, Magdeburg, Halle, Stralsund und Zwickau, aber auch aus kleineren Städten wie Aue, Forst, Glauchau, Olbernau, Reichenbach gemeldet.

In Ost-Berlin informieren kirchliche und andere Gruppen über die Übergriffe der Sicherheitskräfte am 7. und 8. Oktober. Sie übergeben dem anwesenden stellvertretenden Generalstaatsanwalt Klaus Voß eine hundertseitige Dokumentation und fordern Konsequenzen.

24. Oktober: Mit 26 Gegenstimmen und 26 Enthaltungen wird Egon Krenz von der Volkskammer zum Vorsitzenden des Staatsrates, mit 8 Gegenstimmen und 17 Enthaltungen zum Vorsitzenden des Nationalen Verteidigungsrates gewählt. In der Ost-Berliner Innenstadt protestieren bis zu 12000 Demonstranten gegen Krenz' Wahl und für mehr Demokratie; das Amt solle so lange unbesetzt bleiben, bis das Volk einen geeigneten Kandidaten bestimmt habe.

Abends findet im «Haus der Jungen Talente» eine Podiumsdiskussion unter dem Thema «DDR – wie ich sie träume» statt. Erstmals sitzen Vertreter eines breiten Meinungsspektrums nebeneinander: die Schriftsteller Stefan Heym und Christoph Hein, der Staatssekretär im Kulturministerium Dietmar Keller und der stellvertretende Kulturminister Hartmut König, der ehemalige stellvertretende Minister für Staatssicherheit Markus («Mischa») Wolf, Philipp Dyck vom FDJ-Zentralrat, Bärbel Bohley und Jens Reich vom *Neuen Forum*.

27. Oktober: Vom Staatsrat wird eine Amnestie beschlossen. Allen Bürgern, die geflüchtet sind, bei Fluchtversuchen gefaßt oder bei Demonstrationen «Straftaten gegen die staatliche oder öffentliche Ordnung» begangen haben sollen, werden die Strafen erlassen. Alle wegen dieser Vorwürfe in Haft befindlichen Bürger werden bis zum 30. November freigelassen; ihnen wird die Wiedereingliederung zugesichert.

aufgesprungen sind. Politiker aller Parteien begrüßen die Entscheidung der DDR, die Ausreise zu ermöglichen. Der Vorsitzende der CDU/CSU-Bundestagsfraktion, Alfred Dregger (CDU), fordert die SED-Spitze auf, nach polnischem und ungarischem Vorbild einen «runden Tisch» einzuberufen, an dem alle gesellschaftlichen Kräfte über Auswege aus der Krise beraten sollten.

12. bis 16. Oktober: Erstmals nach 77 Jahren läuft ein deutscher Flottenverband einen sowjetischen Hafen an. Der Zerstörer «Rommel», die Fregatte «Niedersachsen» und das Troßschiff «Coburg» gehen in Leningrad vor Anker.

18. Oktober: Bundeskanzler Helmut Kohl erklärt zum Führungswechsel in Ost-Berlin: «Generalsekretär Krenz wird daran zu messen sein und daran gemessen werden, ob er nun, gemeinsam mit der Führung der DDR, den Weg frei macht zu den überfälligen Reformen oder ob es nur um eine bloße Verteidigung des Machtmonopols der SED geht.» Am 19. Oktober legt Wirtschaftsminister Helmut Haussmann (FDP) eine Liste mit umfangreichen Wirtschafts- und Finanzhilfen an die DDR vor, deren Gewährung von grundlegenden Änderungen in Wirtschaft und Gesellschaft der DDR abhängig gemacht wird.

8. November: Einen Tag vor der Reise von Bundeskanzler Helmut Kohl nach Polen verabschiedet der Bundestag gegen vier Stimmen und bei 33 Enthaltungen eine Entschließung, die die bisher weitgehendste Aussage zur Oder-Neiße-Grenze enthält. Die SPD kündigte einen Antrag an, der Äußerungen von Außenminister Hans-Dietrich Genscher wörtlich zitierte. Damit die FDP nicht mit der SPD stimmt, einigen sich CDU und FDP auf einen Text, der die CDU-Position und die Äußerungen Genschers aneinanderreiht. So heißt es zunächst, «daß wir noch keinen Friedensvertrag haben». Und: «Wir können und wollen keine Rechtspositionen ändern.»

Der Ministerrat hebt «die zeitweilige Aussetzung des paß- und visafreien Reiseverkehrs für Bürger der DDR» nach der Tschechoslowakei ab 1. November auf; damit können DDR-Bürger wieder wie vor dem 3. Oktober 1989 einfach mit dem Personalausweis in das Nachbarland reisen.

28. Oktober: Im Deutschen Theater in Ost-Berlin findet eine Veranstaltung statt, die den Altkommunisten und Spanienkämpfer Walter Janka, der in einem politischen Prozeß nach dem Ungarnaufstand 1956 zu Zuchthaus verurteilt worden war, ehrt. Janka bezeichnet diese Solidarität als moralische Rehabilitierung.

29. Oktober: Unter riesigem Andrang beginnen an verschiedenen Orten Ost-Berlins die «Sonntagsgespräche» unter dem Motto «Offene Türen – offene Worte». Dabei nehmen die Bürger kein Blatt vor den Mund; vor dem Roten Rathaus sagt Günter Schabowski vorher: «Die Demo wird zur politischen Kultur der Stadt gehören.»

30. Oktober: In Leipzig demonstrieren mehr als 200000 Menschen; in einer Live-Schaltung berichtet die *Aktuelle Kamera*. Erstmals findet sich auch der Oberbürgermeister Bernd Seidel (SED) ein, der das *Neue Forum* ausdrücklich als Gesprächspartner anerkennt. In Schwerin gehen 40000, in Halle 50000, in Cottbus 20000, in Karl-Marx-Stadt 20000 und selbst in Pößneck noch 5000 Menschen auf die Straße.

Mit der 1519. Sendung seines «Schwarzen Kanals» verabschiedet sich Karl-Eduard von Schnitzler vom Fernsehpublikum.

31. Oktober und 1. November: Egon Krenz trifft in Moskau mit Michail Gorbatschow zu einer dreistündigen Unterredung zusammen. Beide stimmen überein, daß das Thema Wiedervereinigung «nicht auf der Tagesordnung» stehe.

2. November: Harry Tisch (SED) tritt von seinem Posten als Vorsitzender des FDGB zurück, an seine Stelle wird die Ost-Berliner Bezirksvorsitzende Annelis Kimmel gewählt. Kurz darauf treten die Parteivorsitzenden der CDU, Gerald Götting, und der NDPD, Heinrich Homann, zurück. Auch in der SED treten mehrere Erste Sekretäre von Bezirksleitungen zurück. ADN meldet, Margot Honecker (SED) habe bereits am 20. Oktober den Ministerrat um Entbindung vom Amt des Volksbildungsministers gebeten; ihrem Wunsch sei nun entsprochen worden. Nach einem Zeitungsbericht über einen privaten Villenbau mit betrieblichen Kapazitäten tritt Gerhard Nennstiel, Vorsitzender der IG Metall im FDGB, zurück.

Wegen verschiedener Übergriffe gegen Demonstranten werden in Dresden Ermittlungsverfahren gegen 70 Angehörige der Sicherheitskräfte eingeleitet.

3. November: In einer Fernsehansprache teilt Egon Krenz mit, das Politbüro der SED habe gestern ein «Aktionsprogramm» beschlossen, das unter anderem die Schaffung eines Verfassungsgerichtes und die Einführung eines zivilen Wehrersatzdienstes vorsehe. Des weiteren kündigt er den Rücktritt der SED-Politbüromitglieder Hermann Axen, Kurt Hager, Erich Mielke, Erich Mückenberger und Alfred Neumann an.

Das Keisgericht Dresden-Ost verurteilt drei Männer wegen Rowdytum, Zusammenrottung und Widerstand gegen staatliche Maßnahmen am 4. Oktober vor dem Hauptbahnhof. Es werden Freiheitsstrafen von 2 Jahren 3 Monaten, 2 Jahren 6 Monaten und 4 Jahren verhängt. In Ost-Berlin setzt das Stadtparlament eine Kommission ein, die die Polizeiübergriffe vom 7. und 8. Oktober untersuchen soll.

4. November: In der größten nichtstaatlichen, vor Wochen angemeldeten, später genehmigten Demonstration der Geschichte der DDR ziehen Hunderttausende von Men-

Begrüßungsjubel auf der Böse-Brücke im Bezirk Wedding

Zum Ende werden Genschers Formulierungen aufgeführt: «Das polnische Volk ist vor fünfzig Jahren das erste Opfer des von Hitler-Deutschland vom Zaune gebrochenen Krieges geworden. Es soll wissen, daß sein Recht, in sicheren Grenzen zu leben, von uns Deutschen weder jetzt noch in Zukunft durch Gebietsansprüche in Frage gestellt wird. Das Rad der Geschichte wird nicht zurückgedreht.»

9. November: Die Nachricht von der Öffnung der Mauer erreicht den Bundestag während einer Debatte über das Vereinsförderungsgesetz. Spontan führen die Abgeordneten eine Aussprache über die Vorgänge. Sprecher aller Parteien begrüßen diesen Schritt der DDR-Führung. Zum Schluß der Debatte stimmen die Parlamentarier die dritte Strophe des Deutschlandliedes an.

Nach der Maueröffnung drängen Zigtausende Menschen nach West-Berlin, wo ein Tage währendes Volksfest ungekannten Ausmaßes und in nie dagewesener Begeisterung beginnt. Hunderttausende feiern rund um die Uhr, unvergeßliche Szenen des Willkommens und der Verbrüderung spielen sich ab. In den folgenden Tagen und Wochen strömen viele Millionen Menschen aus der DDR mit allen verfügbaren Verkehrsmitteln in den Westen, wo sich Behörden wie Geschäfte, Kirchen wie Kinos mit verlängerten Öffnungszeiten, ermäßigtem oder freiem Eintritt auf die Gäste einstellen. Ob des Andrangs und des zu zahlenden «Begrüßungsgeldes» geht den Auszahlungsstellen in vielen Orten das Bargeld aus.

10. November: Am 9. November reisen Bundeskanzler Helmut Kohl und Außenminister Hans-Dietrich Genscher nach Polen. Heute unterbrechen sie ihren Besuch und fahren nach Berlin, wo sie am Nachmittag an einer Kundgebung vor dem Rathaus schen durch Ost-Berlin. Manche Schätzungen sprechen von einer Million Teilnehmern. 26 Redner fordern auf der Kundgebung wirkliche Reformen in der DDR, darunter die Schriftsteller Stefan Heym, Christoph Hein, Christa Wolf, Heiner Müller, die Vertreter neuer Vereinigungen Jens Reich, Friedrich Schorlemmer. Angesichts der ebenfalls auftretenden Günter Schabowski, Markus Wolf und Alexander Schalck-Golodkowski wird der neue Begriff «Wendehälse» geprägt. Dem eingeladenen Wolf Biermann wird die Einreise verweigert.

6. November: In den Zeitungen wird der Entwurf des Reisegesetzes veröffentlicht und ausdrücklich zur Diskussion gestellt; aufgrund seiner vielen einschränkenden Regelungen erntet er rasch harte Kritik.

Rudolf Mittig, stellvertretender Minister für Staatssicherheit, kündigt im *Neuen Deutschland* an, die Staatssicherheit wolle «gründlich überprüfen, inwieweit unsere Arbeit den gegenwärtigen und absehbaren Bedingungen noch entspricht».

Bei der Demonstration der halben Million in Leipzig zeigen sich die Teilnehmer mit ihren Forderungen noch entschlossener als bisher. Ordner des *Neuen Forums*, das nunmehr als Dach für alle neuen Gruppierungen wirkt, schützen das Gebäude der Staatssicherheit.

7. November: Nach der breiten Kritik am Entwurf des Reisegesetzes tritt der Ministerrat unter Willi Stoph geschlossen zurück.

Erstmals demonstrieren mehrere tausend Menschen vor dem Ost-Berliner Sitz des ZK der SED; sie kritisieren den Wahlbetrug vom 7. Mai und fordern freie Wahlen.

8. November: Das ZK der SED nimmt den geschlossenen Rücktritt des Politbüros an; das neugewählte Politbüro umfaßt statt bisher 21 nur noch elf Mitglieder. Bestätigt werden Egon Krenz, Hans-Joachim Böhme, Werner Eberlein, Werner Jarowinsky, Heinz Keßler, Siegfried Lorenz, Günter Schabowski. Neu werden Hans Modrow, Wolfgang Herger, Wolfgang Rauchfuß und Gerhard Schürer gewählt. Des weiteren werden Klaus Höpcke und Gregor Schirmer, die dem ZK nicht angehören, als Leiter der neugegründeten Kommissionen für Kultur sowie Wissenschaft und Bildung an den Sitzungen des Politbüros teilnehmen.

Vor dem Gebäude des ZK demonstrieren während der Sitzung unter dem Motto «Wir sind die Partei» Ost-Berliner SED-Mitglieder, die dem jetzigen ZK die Legitimation bestreiten, ein neues Politbüro zu wählen. Zunächst spricht Günter Schabowski, dann auch Egon Krenz zu den Basisvertretern. Dabei stellt er eine «freie, allgemeine, demokratische und geheime Wahl» in Aussicht.

In der *Aktuellen Kamera* verliest die Schriftstellerin Christa Wolf einen eindringlichen Appell an die Bürger der DDR, im Lande zu bleiben. Tag für Tag verlassen immer noch etwa 10000 Menschen das Land.

9. November: Auf nachhaltiges Drängen mehrerer Fraktionen und der Öffentlichkeit beruft das Präsidium der Volkskammer unter Horst Sindermann (SED) endlich für den 13. November eine Plenartagung ein.

Vier der Mitglieder und Kandidaten des neu gewählten Politbüros der SED werden heute und morgen in ihren Bezirksleitungen abgewählt oder treten zurück: Hans-Joachim Böhme, Werner Walde, Johannes Chemnitzer, Inge Lange.

Auf der nunmehr allabendlich stattfindenden und live im Fernsehen übertragenen Pressekonferenz nach der Sitzung des ZK der SED teilt der für Information zuständige Günter Schabowski eher beiläufig mit, daß der Ministerrat auf Anregung des Polit-

Die Wende in Plauen

Wie tief die Erbitterung über die SED und ihre Herrschaft reicht, offenbaren die Proteste in der Provinz. Die wohl eindrucksvollste Demonstration dieses 7. Oktober erlebt Plauen im Vogtland – dort gehen von den 75000 Bewohnern mehr als zehntausend spontan auf die Straße. Durch einige hektographierte Handzettel, vor allem aber Flüsterpropaganda herbeigerufen, ziehen die Menschen mit Sprechchören wie «Freiheit», «Gorbi», «Neues Forum», «Stasi raus», «Reformen», «Wir bleiben hier» und einigen Spruchbändern wie «Für Reformen und Reisefreiheit gegen Massenflucht – vor allem Frieden» durch die Innenstadt. Nach anfänglichen Gewalttätigkeiten seitens der Sicherheitskräfte verläuft der Zug friedlich, endet jedoch am späten Abend mit erneuten Übergriffen und Verhaftungen durch Volkspolizei und Kampfgruppen.

Wie in vielen anderen Orten begann die Wende auch in Plauen mit den Kommunalwahlen vom 7. Mai 1989. Sie sollten in der üblichen Routine durchgezogen werden, als einziges Zugeständnis fanden öffentliche Wahlversammlungen statt, zu denen erstmals jeder Zutritt hatte. Eine kleine Schar junger Leute um Klaus Hopf und Steffen Kollwitz, die Gruppe «Umdenken durch Nachdenken», sorgte durch Anwesenheit in der Hälfte aller Wahllokale, durch penetrantes Überprüfen der Stimmenauszählung, durch anschließende Eingaben zwecks Anfechtung der gefälschten Ergebnisse und eine große Versammlung für ein Ende des Stillhaltens.

In den frühen Morgenstunden des 5. Oktober rollen zum zweiten Mal die Flüchtlingszüge aus Prag durch Plauen, wo sie halten müssen – Bahnhof und Geleise sind hermetisch abgeriegelt. Der Augenzeuge Wolf Thier: «Wir hören Schreie und Jubeln von Zuginsassen (...) Das erstemal geht es mir durch und durch (...) die unheimliche Begegnung mit Menschen, die frei sind. Man fühlte das Glück mit, welches sie empfanden, und zugleich aber die Hilflosigkeit, der man selbst ausgesetzt ist.»

Der neugewonnene Schwung der Vogtländer läßt einige Entwicklungen früher und deutlicher hervortreten als andernorts. Nur scheinbar eine Kleinigkeit: Am 8. Oktober verurteilt die Freiwillige Feuerwehr mit ihrem Wehrleiter Gerold Kny den Einsatz ihrer Löschfahrzeuge als Wasserwerfer während der Demonstration am 7. Oktober «auf das schärfste». Die Machtübernahme: Am 23. November tritt der Oberbürgermeister Norbert Martin zurück, ab dem 14. Dezember wirkt der «runde Tisch» als Leitungsorgan der Stadt, am 17. Januar kommt der «runde Tisch» des Kreises hinzu.

Vor allem aber steht rasch die Frage der deutschen Einheit auf der Tagesordnung. Während von Ost-Berlin der Aufruf «Für unser Land» ausgeht, wird im grenznahen Plauen, bis zur Partnerstadt Hof sind es noch nicht einmal dreißig Kilometer, eine offizielle Volksabstimmung über die Frage der deutschen Einheit gefordert, auch vom *Neuen Forum*.

büros eine neue Reiseregelung beschlossen habe, die kurzfristige Visaerteilung ohne Voraussetzungen vorsehe. Von den späten Abendstunden an strömen unübersehbare Menschenmengen zur Mauer und zu den Grenzübergängen. Sie wollen erkunden, ob die versprochene Reisefreiheit tatsächlich besteht; viele Eltern haben ihre schlafenden Kinder zurückgelassen und wollen in der Nacht zurückkehren. Angesichts des riesigen Andrangs verlieren die DDR-Behörden Überblick und Kontrolle. Zigtausende DDR-Bürger strömen zum Teil unkontrolliert in den Westteil der Stadt, begrüßt von Zigtausenden West-Berlinern. Am Brandenburger Tor verliert die Mauer vollends ihre Bedeutung: Menschen klettern ungehindert hinüber und herüber und spazieren durch das seit 1961 unzugängliche Tor. Erst nach drei Stunden gelingt es den Grenzern, diese neue Art des Grenzverkehrs durch sanfte Abdrängung zu unterbinden. Noch über Tage besetzen meist junge Berliner die hier sehr breite Mauerkrone, einige brechen Stücke heraus. Auch an der innerdeutschen Grenze spielen sich ähnliche Szenen ab.

10. November: Nach Angaben der Jüdischen Gemeinde tauchen in Ost-Berlin die ersten Flugblätter der *Republikaner* auf.

Am Nachmittag kündigt in einer Fernsehansprache der amtierende DDR-Innenminister Friedrich Dickel an, die neue Reiseregelung sei dauerhaft. Zum Zeichen dafür würden bald weitere Grenzübergänge geöffnet oder geschaffen und das Grenzregime an der Staatsgrenze wesentlich eingeschränkt. Bereits ab 18 Uhr können DDR-Bürger über die Glienicker Brücke aus- und einreisen. In der Nacht wird von Grenztruppen ein Loch in die Mauer an der Bernauer Straße gebrochen, in einem besonders blutbefleckten Abschnitt. Am nächsten Morgen um 8 Uhr wird hier ein provisorischer Übergang, nur aus Schreibtischen unter freiem Himmel bestehend, in Betrieb genommen.

Nachdem das ZK auf seiner Sitzung die Rücktritte der vier Politbüromitglieder oder -kandidaten angenommen hat, führt die SED im Ost-Berliner Lustgarten ab 18.30 Uhr eine Kundgebung mit etwa 100 000 Mitgliedern und Kandidaten durch, bei der erstmals Vertreter der Basis unzensierte Reden halten. Sie kritisieren die bisherige Politik und Struktur der Partei und fordern zumeist die Einberufung eines Sonderparteitages statt der vom ZK für Mitte Dezember vorgesehenen Parteikonferenz, denn nur jener kann ein gänzlich neues ZK wählen.

12. November: Um acht Uhr treffen sich die beiden Berliner Bürgermeister Erhard Krack (SED) und Walter Momper (SPD) im während der Nacht geschaffenen Mauerdurchbruch am Potsdamer Platz, dem einstmaligen Verkehrsknotenpunkt der Stadt. Sie eröffnen einen weiteren neuen Grenzübergang, an dem im ersten Trubel einige West-Berliner ohne vorherige Formalitäten nach Ost-Berlin einreisen können – sie erhalten das Visum an Ort und Stelle.

Das Politbüro der SED beschließt, dem ZK nun doch die Einberufung eines Sonderparteitages statt der Parteikonferenz für Mitte Dezember vorzuschlagen. Am Vormittag treffen in Leipzig 6000 SED-Mitglieder zu einer Protestveranstaltung zusammen, sie kritisieren den örtlichen Parteiapparat und dessen Leiter.

Die CDU der DDR wählt den Rechtsanwalt Lothar de Maizière zu ihrem neuen Vorsitzenden; er will einen eigenständigen Kurs steuern und das «gestörte Verhältnis» zu den Kirchen verbessern.

Der amtierende Verteidigungsminister Heinz Keßler (SED) gibt die offizielle Aufhebung des Schießbefehls an der Grenze bekannt. Am 13. November werden alle Sperr-

Schöneberg teilnehmen. Willy Brandt (SPD) sagt dort: «Wir sind jetzt in der Situation, wo wieder zusammenwächst, was zusammengehört.» Es sei ein langer Weg gewesen, und «noch sind wir nicht am Ende des Weges». Kohl erklärt, die Bundesrepublik werde eine Reformpolitik in der DDR unterstützen. Genscher wendet sich an Polen: «Zu der sicheren Zukunft unserer europäischen Nachbarn gehört es auch, daß das polnische Volk weiß: Von uns Deutschen wird niemals mehr die Grenze zwischen Deutschen und Polen in Frage gestellt.»

12. bis 14. November: Bundeskanzler Helmut Kohl und Außenminister Hans-Dietrich Genscher setzen ihren Besuch in Polen fort. Angesichts der absehbaren Vereinigung beider deutscher Staaten fordert Polen Garantien, «daß das neue wiedervereinigte Deutschland als ein zweifellos mächtiger Staat nicht die Sicherheit und Zusammenarbeit Europas bedroht. Und hier gibt es natürlich eine grundlegende Frage für Polen, und zwar die Dauerhaftigkeit der Grenze an Oder und Neiße.» Kohl besucht die ehemaligen KZs Auschwitz und Birkenau sowie gemeinsam mit Ministerpräsident Tadeusz Mazowiecki eine auf deutsch gehaltene Messe in Kreisau, einem Zentrum des deutschen Widerstands gegen Hitler. Kohls ursprünglich geäußerter und dem «Bund der Vertriebenen» als unverzichtbar dargestellter Wunsch, Annaberg in Oberschlesien, Symbol des ewigen und blutigen Streits um Schlesien, zu besuchen, wurde von polnischer Seite entschieden abgelehnt. Zahlreiche Abkommen werden geschlossen. In einer Gemeinsamen Erklärung wird der Warschauer Vertrag von 1970 als «festes Fundament» der Beziehungen bezeichnet. Der deutschen Minderheit in Polen wird das Recht auf Wahrung und Entfaltung ihrer kulturellen Identität gewährt.

21. November: In Bonn vereinbaren die Umweltminister von Bund und Ländern mit Unternehmens- und Gewerkschaftsvertretern der Chemie, die Verbrennung von deutschem Giftmüll auf See bis Ende 1991 zu beenden.

28. November: Im Bundestag legt Bundeskanzler Helmut Kohl einen Zehn-Punkte-Plan zur Erlangung der deutschen Einheit vor. Um die Reisefreiheit der DDR-Bürger zu gewährleisten, sei die Bundesregierung zur Beteiligung an einem Devisenfonds bereit, wenn der Mindestumtausch entfalle. Auf allen Gebieten soll die Hilfe und Zusammenarbeit intensiviert werden, «wenn ein grundlegender Wandel des politischen und wirtschaftlichen Systems in der DDR verbindlich beschlossen und unumkehrbar in Gang gesetzt wird». Die Bundesregierung sei bereit, «konföderative Strukturen» zu entwickeln, «mit dem Ziel, eine Föderation, das heißt eine bundesstaatliche Ordnung, in Deutschland zu schaffen. Das setzt aber eine demokratisch legitimierte Regierung in der DDR zwingend voraus.» Als politisches Ziel verfolge die Bundesregierung «die Wiedergewinnung der staatlichen Einheit Deutschlands», indes «eingebettet in den gesamteuropäischen Prozeß». SPD und FDP stimmen Kohls Vorstellungen zu, während die *Grünen* sich für eine klare «Politik der Zweistaatlichkeit» aussprechen.

29. November: Der Bundestag beschließt ein Sofortprogramm zur Linderung der Wohnungsnot. Von 1990 bis 1993 sollen zusätzlich zwei Milliarden DM pro Jahr für den sozialen Wohnungsbau ausgegeben, Baukredite begünstigt und der Wohnheimbau für Studenten vorangetrieben werden.

30. November: In Bad Homburg ermorden Terroristen der RAF den Vorstandssprecher der *Deutschen Bank*, Alfred Herrhausen. Eine ferngezündete Bombe zerreißt sein Auto während der Fahrt. In einem Bekengebiete an Mauer und Grenze aufgehoben, zu allen Ortschaften wird freier Zugang gewährt.

13. November: Die Volkskammer wählt im zweiten Wahlgang und mit knapper Mehrheit Günther Maleuda (DBD) zum Präsidenten. Mit nur einer Gegenstimme wird dann der Erste Sekretär der SED-Bezirksleitung Dresden, Hans Modrow, zum neuen Vorsitzenden des Ministerrats gewählt.

Erstmals findet in der Volkskammer eine offene Aussprache statt, bei der auch frühere Minister kritisiert und zu ihrer Verantwortung befragt werden. Unter anderem wird das bisher geheimgehaltene Ausmaß der Staatsverschuldung bekannt, die nach Abzug der Guthaben etwa zehn Milliarden Dollar beträgt. Nach der Volkskammer-Sitzung billigt das ZK der SED den Vorschlag des Politbüros, für den 15. bis 17. Dezember einen Sonderparteitag einzuberufen. Er soll ein neues ZK wählen sowie Progamm und Statuten diskutieren.

Auch nach den neuen Reiseerleichterungen kommen in Leipzig knapp 300 000 Menschen zu einer Demonstration zusammen, bei der die Forderung nach freien Wahlen nachdrücklich erhoben wird. Zugleich warnen Sprecher des *Neuen Forums* über Megaphon vor einem Ausverkauf des Landes (eine Lautsprecheranlage konnte nicht beschafft werden).

17. November: Die Volkskammer wählt den von Hans Modrow (SED) vorgeschlagenen Ministerrat, dem siebzehn Minister der SED, vier der LDPD, drei der CDU und je zwei von DBD und NDPD angehören. Neun der Minister werden aus dem vorherigen Kabinett übernommen. In einer Regierungserklärung äußert Modrow die feste Absicht, den eingeleiteten Reformprozeß unumkehrbar zu machen. Zudem spricht er sich dafür aus, die «Verantwortungsgemeinschaft beider deutscher Staaten durch eine Vertragsgemeinschaft zu untersetzen».

26. November: Christa Wolf, Friedrich Schorlemmer, Günter Krusche, Volker Braun, Stefan Heym und andere verbreiten den Aufruf «Für unser Land». Er fordert die «Eigenständigkeit der DDR» statt eines Ausverkaufs «unserer materiellen und moralischen Werte». Als wenige Tage darauf auch Egon Krenz und Hans Modrow (SED) den Aufruf unterzeichnen, ist er seiner politischen Kraft beraubt.

1. Dezember: Die Volkskammer streicht auf Antrag aller zehn Fraktionen ohne Gegenstimme den Führungsanspruch der SED aus Artikel 1 der Verfassung. Damit entfällt nur der letzte Halbsatz: «Die DDR ist ein sozialistischer Staat der Arbeiter und Bauern. Sie ist die politische Organisation der Werktätigen in Stadt und Land unter Führung der Arbeiterklasse und ihrer marxistisch-leninistischen Partei.»

In Leipzig tritt Wolf Biermann erstmals seit 25 Jahren wieder in der DDR auf, 6000 Zuhörer sind gekommen.

3. Dezember: Nach anhaltender Kritik der Parteibasis treten Politbüro und ZK der SED geschlossen zurück, nachdem sie zuvor Erich Honecker, Willi Stoph, Horst Sindermann, Erich Mielke, Harry Tisch, Günter Mittag, Alexander Schalck-Golodkowski und andere wegen «schwerer Verstöße gegen das Statut der SED» aus der Partei ausgeschlossen haben. Ein Arbeitsausschuß, dem unter anderem Gregor Gysi, Wolfgang Berghofer und Markus Wolf angehören, übernimmt die Geschäfte. Gysi tritt vor die demonstrierenden Parteimitglieder: «Es geht um die Rettung unserer Partei, wir wollen eine Neuformierung einer modernen sozialistischen Partei von unten.»

Eine Menschenkette durchspannt nahezu die gesamte DDR von Nord nach Süd. Bei

Beseitigung der Sperranlagen an der Grenze zur Tschechoslowakei: Außenminister Hans-Dietrich Genscher (links) und sein Amtskollege Jiři Dienstbier zerschneiden symbolisch den Stacheldrahtzaun bei Waldhaus

nerschreiben wird Herrhausen als der mächtigste Wirtschaftsführer Europas bezeichnet, durch die Geschichte der *Deutschen Bank* ziehe sich die «Blutspur zweier Weltkriege».

1. Dezember: Bundeskanzler Helmut Kohl protestiert in einem Schreiben an Israels Ministerpräsident Yitzhak Schamir, daß dieser zum wiederholten Male erklärt, von einem vereinigten Deutschland könne «eine tödliche Gefahr für die Juden» ausgehen. Am 10. Dezember antwortet Shamir, niemand könne sagen, «was das Endergebnis der gegenwärtigen Welle von Enthusiasmus und Emotion sein wird, am wenigsten das jüdische Volk».

2. und 3. Dezember: Bei schlechtem Wetter und hohem Seegang kommen US-Präsident George Bush und Michail Gorbatschow vor Malta zu einem informellen Gipfeltreffen zusammen. Ihre beiden Gespräche finden auf dem sowjetischen Schiff «Maxim Gorki» statt. Zwar führen die Unterredungen kaum zu konkreten Ergebnissen, doch werden weitere Schritte der Abrüstung, des Dialogs und der Zusammenarbeit ins Auge gefaßt. Gorbatschow sichert Bush zu, «niemals einen heißen Krieg» gegen die USA zu beginnen.

6. Dezember: Die Bundesregierung beschließt, die Mannschaftsstärke der Bundeswehr ab 1995 von 495 000 auf 420 000 Soldaten zu verringern.

7. und 8. Dezember: Erstmals treffen in

nur wenigen Lücken halten sich von Kap Arkona bis Fichtelberg Hunderttausende an der Hand, um ein Zeichen für eine friedliche und demokratische Erneuerung zu setzen.

6. Dezember: Egon Krenz legt nach massiver Kritik von Opposition, Blockparteien und SED-Parteibasis die Ämter als Vorsitzender des Staatsrates und Nationalen Verteidigungsrates nieder. Der Staatsrat ernennt Manfred Gerlach (LDPD) zum amtierenden Staatsoberhaupt. Zudem beschließt er eine Amnestie für alle Bürger, die vor dem 6. Dezember 1989 zu Freiheitsstrafen bis zu drei Jahren verurteilt wurden. Ausgenommen sind wegen schwerer Straftaten wie Raub, Erpressung oder Sexualdelikten Verurteilte.

7. Dezember: Heute treffen sich in Ost-Berlin CDU, LDPD und DBD, die am 5. Dezember den «Demokratischen Block» verlassen haben, SED und NDPD zum ersten Mal mit Vertretern von sieben Oppositionsgruppen am «runden Tisch»: «Neues Forum», «Demokratie Jetzt», «Demokratischer Aufbruch», «Grüne», «Initiative Frieden und Menschenrechte», SDP, «Vereinigte Linke». Der «Unabhängige Frauenverband» und der FDGB nehmen als Beobachter teil. Der «runde Tisch» «versteht sich als Bestandteil der öffentlichen Kontrolle in unserem Land. Geplant ist, seine Tätigkeit bis zur Durchführung freier, demokratischer und geheimer Wahlen fortzusetzen.» Einer der ersten Beschlüsse fordert die Auflösung des «Amtes für Nationale Sicherheit», wie die Stasi seit dem 18. November heißt, unter ziviler Kontrolle. Die zweite Tagung des «runden Tisches» findet am 18. und 19. Dezember statt. Dort spricht das «Neue Forum» der Regierung Modrow die Legitimität ab und bezeichnet sie als Übergangsregierung, weshalb dem «runden Tisch» ein Vetorecht zukommen müsse. Die dritte Tagung des «runden Tisches» findet am 22., die vierte am 27. Dezember statt.

8. Dezember: In Ost-Berlin entschuldigt sich der Sonderparteitag der SED «im Namen der Partei beim Volk aufrichtig dafür, daß die ehemalige Führung der SED unser Land in diese existenzgefährdende Krise geführt hat». Zum neuen Parteivorsitzenden wird der Rechtsanwalt Gregor Gysi gewählt, zu seinen Stellvertretern gehören Hans Modrow und Wolfgang Berghofer. Nach einwöchiger Unterbrechung wird der Parteitag am 16. und 17. Dezember fortgesetzt. Die Partei benennt sich um in SED-PDS (Sozialistische Einheitspartei Deutschlands – Partei des Demokratischen Sozialismus). Sie spricht sich ausdrücklich gegen die deutsche Einheit aus, die «die DDR in ein unterentwickeltes Bundesland mit ungewisser sozialer Zukunft für seine Bürger» verwandeln würde. Erich Honecker übersendet dem Sonderparteitag eine Erklärung, in der er «die volle Verantwortung für die entstandene» Lage übernimmt und «Fehlentscheidungen» eingesteht. Er habe «das reale Leben im Lande in der letzten Zeit nicht unmittelbar wahrgenommen» und sich «oft bei Besuchen im Lande täuschen» lassen.

19. und 20. Dezember: Bundeskanzler Helmut Kohl besucht die DDR. In Dresden vereinbart er mit Ministerpräsident Hans Modrow (SED-PDS) zahlreiche praktische Schritte, so die Aufhebung von Visumpflicht und Mindestumtausch für Westbesucher ab dem 24. Dezember, die Öffnung des Brandenburger Tores, die Festsetzung des Wechselkurses vom DM und Mark auf 1:3 und die Gewährung umfassender Finanzhilfen. Modrow lehnt allerdings Kohls Zehn-Punkte-Plan zur Erlangung der deutschen Einheit ab und besteht auf der Eigenstaatlichkeit der DDR. Dennoch wird mit den Dresdner Vereinbarungen die zwei

Frankfurt/Main die Umwelt- und Gesundheitsminister von 29 Staaten Europas zusammen. Sie verabschieden eine «Europäische Charta Umwelt und Gesundheit», die grundlegende Prinzipien formuliert. Jeder Mensch habe Anspruch auf eine Umwelt, «die ein höchstmögliches Maß an Gesundheit und Wohlbefinden ermöglicht», auf uneingeschränkte Information über die Situation der Umwelt und Teilnahme am Entscheidungsprozeß.

11. Dezember: Erstmals seit achtzehn Jahren treffen sich die Botschafter der Vier Mächte im ehemaligen Gebäude des Alliierten Kontrollrats in West-Berlin – ein Ergebnis des Gipfels auf Malta. Auf der Grundlage der Initiative der Westalliierten von 1987 und des sowjetischen Vorschlags vom 15. September 1988, die Lufthoheit der drei Korridore an die DDR zu übergeben, erörtern sie vor allem den Luftverkehr in Berlin. Als Warnung gegen ungeduldige Vereinigungsbestrebungen sprechen die Außenminister in ihrer Erklärung von der «Stabilität», die in und um Berlin gewahrt bleiben müsse.

12. Dezember: Der amerikanische Außenminister James Baker trifft in West-Berlin mit Bundeskanzler Helmut Kohl zusammen, wobei er eine «neue Architektur» in Europa vorschlägt. Die Teilung Deutschlands und Berlins müsse im Rahmen der Teilung Europas überwunden werden, wobei die Sicherheit Amerikas an die Sicherheit Europas gebunden bleibe. Später erläutert Baker diese Leitsätze in Potsdam auch DDR-Ministerpräsident Hans Modrow.

18. bis 20. Dezember: In West-Berlin verabschiedet die SPD auf ihrem Sonderparteitag ihr neues Grundsatzprogramm. Das «Berliner Programm» tritt an die Stelle des «Godesberger Programms» von 1959, es setzt neue Schwerpunkte vor allem im Bereich der ökologischen Erneuerung der Industriegesellschaft. Der Erhaltung der Umwelt müsse Vorrang eingeräumt werden vor wirtschaftlichem Wachstum. Zudem bilde die Erwerbsarbeit nicht länger den Mittelpunkt des Lebens, Arbeiten für Familie und Gemeinschaft müßten genauso belohnt werden. Es werden die 30-Stunden-Woche und der Sechs-Stunden-Arbeitstag gefordert.

Gregor Gysi, der neugewählte Vorsitzende der SED

Jahrzehnte währende Phase des Nebeneinanders beendet, es beginnt der Abschnitt des Miteinanders der beiden deutschen Staaten. Zum Abschluß spricht Kohl an der Ruine der Frauenkirche zu Zehntausenden Dresdnern, die Einheit sei nicht von heute auf morgen möglich. Augenmaß und Rücksicht auf die Interessen und Ängste der Nachbarn seien nötig.

20. bis 22. Dezember: Demonstrativ besucht der französische Staatspräsident François Mitterrand als erstes Staatsoberhaupt der Westalliierten die DDR. Zwar sucht er auch den wirtschaftlichen Wandel für sein Land zu nutzen, doch machen zahlreiche Äußerungen klar, daß er nachhaltig für den Fortbestand der DDR eintritt. Eine Diskussion über bestehende Grenzen bezeichnet er als «sehr gefährlich».

22. Dezember: Ministerpräsident Hans Modrow (SED-PDS) und Bundeskanzler Helmut Kohl eröffnen zwei Fußgängerüberwege am Brandenburger Tor. Damit ist dieses Symbol der Teilung erstmals seit 28 Jahren wieder für Deutsche aus Ost und West zugänglich. Kohl bezeichnet dies «als eine der glücklichsten Stunden meines Lebens»; Modrow erklärt den Bau zum «Tor des Friedens», nie mehr dürfe hier der «Brandgeruch des Krieges wehen». Am 31. Dezember feiern rund um das Brandenburger Tor Hunderttausende aus Ost und West nicht nur den Jahres-, sondern auch den politischen Wechsel.

1990

Eine Wirtschaft

Mittlerweile erkennen die Westdeutschen, daß die Einheit kommen muß und daß sie rasch kommen muß. Doch viele der Verantwortlichen betrachten sie lediglich als Überstülpen vor allem des westdeutschen Wirtschaftssystems auf Ostdeutschland – und machen sich keinen Begriff über Dauer, Schwierigkeiten und Folgen. Daß die Einheit kein einmaliger Akt ist, sondern ein langwieriger Vereinigungsprozeß, bei dem auch die Westdeutschen Veränderungen hinnehmen müssen, das wird vielen erst im Laufe dieses Jahres deutlich.

2. Januar: Mit der Öffnung der Mauer beginnen westdeutsche Unternehmen einen beispiellosen Siegeszug durch Ostdeutschland. Sie werfen in großem Maßstab Lebensmittel, Konsumgüter oder Autos auf den dortigen Markt, sie suchen Partner für eine Zusammenarbeit oder gründen gemeinsame Unternehmen, sie sichern sich die besten Standorte für eigene Niederlassungen, sie fahnden nach zu SBZ- oder DDR-Zeiten enteigneten Vermögenswerten. Beim Einzug der westlichen Marktwirtschaft werden auch rabiate oder dubiose Methoden angewandt, die rasch für böses Blut in der DDR sorgen. Große Hoffnungen werden auf die seriösen Unternehmen gesetzt, so auf die Banken. Heute eröffnet die *Dresdner Bank* als erstes westdeutsches Kreditinstitut eine Zweigstelle in der DDR, der neuen Filiale in Dresden folgen rasch weitere in Ost-Berlin und Leipzig. Am 17. Januar wird die erste westliche Bankenbeteiligung besiegelt. Die West-Berliner *Volksbank* beteiligt sich mit zehn Prozent an der

1990

Ein Volk

Anfang des Jahres überschlagen sich Nachrichten und Ereignisse. Das Ausmaß von politischer Unmoral, Machtmißbrauch und Korruption wird von Tag zu Tag deutlicher, die Wirtschaftskrise nimmt, erheblich beschleunigt durch den Kaufrausch bei Westprodukten, dramatische Züge an. Aus eigener Kraft und in eigener Staatlichkeit kann die DDR keine Perspektive gewinnen. Da ihre bisherige Welt vor ihren Augen zusammenbricht, stimmen die DDR-Bürger ab – mit den Füßen und mit den Stimmzetteln. Ihr Votum ist eindeutig.

3. Januar: Die SED-PDS veranstaltet am sowjetischen Ehrenmal in Berlin-Treptow eine Demonstration mit 250000 Teilnehmern gegen «Neofaschismus und Antisowjetismus», nachdem dort rechtsradikale Schmierereien auftauchten. Die Partei spricht von einer neonazistischen Gefahr und begründet damit ihre Forderung, die Struktur der Stasi zu bewahren und in einen neuen «Verfassungsschutz», «Sicherheits-» oder «Nachrichtendienst» zu überführen.

8. Januar: Die erste Leipziger Montagsdemonstration des Jahres setzt ein unübersehbares politisches Signal. «Deutschland, einig Vaterland» wird zur beherrschenden Forderung.

9. Januar: Egon Krenz (SED-PDS) legt sein Mandat als Abgeordneter der Volkskammer nieder und hat nunmehr kein politisches Amt mehr inne.

9. und 10. Januar: In Sofia beschließt der RGW, bei der Verrechnung seines Handels zu frei konvertibler Währung und Weltmarktpreisen überzugehen.

Ost-Berliner *Volksbank – Genossenschaftskasse für Handwerk und Gewerbe*. Bis 1952 bildeten beide Banken noch ein gemeinsames Kreditinstitut.

19. Januar: In Bonn verstirbt der frühere Vorsitzende der SPD-Bundestagsfraktion, Herbert Wehner. 1964 sagte er voraus: «Das SED-Experiment wird fürchterlich enden, mit einem moralischen Katzenjammer und einer sittlichen Vernichtung derer, die einmal aus ehrlichen Absichten kommunistische oder sozialistische Vorstellungen solcher Art zu realisieren versucht haben.» Im März 1993 wird in Moskau seine Kaderakte freigegeben, die während seines dortigen Exils seit 1937 geführt wurde. Als «Herbert Funk» war er Funktionär der KPD, er arbeitete mit vielen späteren Führern der DDR und Osteuropas zusammen. Während der Stalinschen «Säuberungen» denunzierte Wehner andere, überlebte diese seinerseits und wurde 1941 sogar nach Stockholm delegiert. Dort wurde er verhaftet, verurteilt und interniert. Wegen «infamen Verrats» schloß die KPD ihn aus. Nach dem Zweiten Weltkrieg kehrt Wehner, gezeichnet von den Moskauer Verfolgungen, nach Deutschland zurück, offenbart sich Kurt Schumacher und tritt der SPD bei. Viele seiner politischen Alleingänge gen Osten könnten mit der Existenz seiner Kaderakte der «Komintern» N82 / 11 646 zusammenhängen – nach Moskau wagte sich Wehner erst wieder 1973, nachdem ihm von der KPdSU mitgeteilt wurde, seine Akte sei «geschlossen».

7. Februar: Im Januar verlassen mehr als 75 000 Menschen die DDR, um in den Westen zu gehen. Angesichts der wirtschaftlichen Krise der DDR droht diese Abwanderung anzuhalten. Um dem entgegenzuwirken, setzt die Bundesregierung einen Ausschuß «Deutsche Einheit» unter Leitung von Bundeskanzler Helmut Kohl ein. Und dieser Ausschuß setzt ein Signal: Gegen die ausdrückliche Stellungnahme von Bundesbankpräsident Karl Otto Pöhl bietet er der DDR-Regierung die Aufnahme von Gesprächen über eine Wirtschafts- und Währungsunion an. Am 12. Februar beklagt sich die DDR-Regierung indes, von diesem Vorhaben bisher allein aus den Medien erfahren zu haben.

11. und 12. Februar: Bundeskanzler Helmut Kohl und Außenminister Hans-Dietrich Genscher verhandeln in Moskau mit Michail Gorbatschow und Eduard Schewardnadse über den Weg zur deutschen Einheit. Dabei sagen beide nach Kohls Worten zu, «daß es Sache der Deutschen ist, den Zeitpunkt und den Weg der Einigung selbst zu bestimmen». Er bezeichnet die Gespräche als «Durchbruch», wobei die sowjetische Seite zur Kenntnis genommen habe, daß die geforderte «Neutralität» für die Bundesregierung nicht in Frage komme. Kohl und Genscher stellen finanzielle Hilfen, die Übernahme der Handelsverträge der DDR mit Moskau, eine Reduzierung der deutschen Streitkräfte und Unterstützung für die in der DDR stationierten sowjetischen Truppen in Aussicht.

13. und 14. Februar: Ministerpräsident Hans Modrow (PDS) trifft in Bonn mit Bundeskanzler Helmut Kohl zusammen. Im Auftrag des «runden Tisches» fordert Modrow einen sofortigen Solidarbeitrag der Bundesrepublik an die DDR in Höhe von zehn bis fünfzehn Milliarden DM, was Kohl rundweg ablehnt. Die Bundesregierung gewährt nur zinsgünstige ERP-Existenzgründungskredite. Da beide Regierungschefs mit einer raschen Einheit rechnen, setzen sie eine Kommission ein, die alsbald über die Schaffung der Wirtschafts- und Währungsunion verhandeln soll. Nach Kohls Worten soll an einem bestimmten Stichtag die «Mark der DDR» durch die DM ersetzt wer-

11. Januar: In einer Regierungserklärung sagt Ministerpräsident Hans Modrow (SED-PDS), eine Währungsreform sei nicht vorgesehen. Er ruft zum Konsens auf, daß die DDR einen Geheimdienst benötige, der zivil geleitet und parlamentarisch kontrolliert werden solle. Nachdrücklich wendet sich Modrow gegen den Einsatz bundesdeutscher Politiker im bevorstehenden Wahlkampf. In der Debatte am 12. Januar drohen LDP, NDPD und CDU die Regierungskoalition zu verlassen, falls sich die SED-PDS nicht von ihrem überkommenen Machtanspruch trenne.

12. bis 14. Januar: Auf ihrer ersten Landesdelegiertenkonferenz in Ost-Berlin ändert die SDP ihren Namen in SPD und stellt sich in die Tradition der 1946 mit der KPD zwangsvereinigten SPD der SBZ. Infolgedessen fordert sie von der SED alle damals übernommenen Vermögenswerte zurück. Die SPD bekennt sich sich zur «Einheit der deutschen Nation».

15. Januar: Nach seiner anfänglichen Weigerung erscheint Ministerpräsident Hans Modrow (SED-PDS) doch vor dem «runden Tisch» und bietet der Opposition eine Regierungsmitarbeit an.

21. Januar: Der Vorstand der SED-PDS lehnt die von Teilen der Mitgliedschaft geforderte Selbstauflösung der Partei ab, dieser Schritt würde die Spannungen nicht abbauen, sondern verstärken. Darauf treten vierzig Dresdner Mitglieder um den stellvertretenden Parteivorsitzenden Wolfgang Berghofer aus, der den Weg der DDR als «Irrweg» bezeichnet. Die Partei schließt Egon Krenz, Kurt Hager, Joachim Herrmann, Werner Jarowinsky, Heinz Keßler, Günter Schabowski, Erich Mückenberger, Hans-Joachim Böhme, Horst Dohlus, Alfred Neumann, Gerhard Schürer, Inge Lange, Werner Walde und andere aus. Zugleich werden knapp fünfzig Personen rehabilitiert, die «im Zuge stalinistischer Repression» verdammt worden waren. Von den vormals 3,3 Millionen Mitgliedern sind 1,1 Millionen bereits ausgetreten.

In Leipzig gründen elf christliche und konservative Gruppen die *Deutsche Soziale Union* (DSU), zu deren Vorsitzendem der Leipziger Pfarrer Hans-Wilhelm Ebeling gewählt wird. Die DSU wird bald zur Schwesterpartei der CSU.

22. bis 24. Januar: Der britische Außenminister Douglas Hurd besucht die DDR, um Vorbehalte gegen eine Vereinigung zum Ausdruck zu bringen. Er unterstützt das «Recht auf freie Selbstbestimmung der Deutschen», stellt aber die ausdrückliche Bedingung, daß ein vereintes Deutschland Mitglied der NATO sein müsse.

27. und 28. Januar: In Ost-Berlin gibt sich das *Neue Forum* zwar Programm und Statut, entscheidet sich aber, eine Bürgerbewegung zu bleiben. Nach heftigen Diskussionen befürwortet die Konferenz eine «neue Einheit Deutschlands», über die in beiden deutschen Staaten in einer Volksabstimmung befunden werden soll.

28. Januar: Ministerpräsident Hans Modrow (PDS) und der «runde Tisch» einigen sich darauf, angesichts der Krisensituation die Volkskammerwahlen vom Mai auf den 18. März vorzuverlegen.

29. Januar: Obwohl Erich Honecker, der sich einer Krebsoperation unterziehen mußte, nach Angaben der Ärzte haftunfähig ist, wird er aus dem Krankenhaus heraus festgenommen. Bereits am nächsten Tag muß Honecker freigelassen werden. Auf Vermittlung von Bischof Gottfried Forck und Konsistorialrat Manfred Stolpe wird das Ehepaar Honecker darauf von Pastor Uwe Holmer, dem Leiter der Hoffnungsthaler Anstalten in Lobetal bei Bernau, dem Bethel der DDR, aufgenommen.

«Ich liebe doch alle»

Am 15. Januar informiert der Sprecher des Ministerrats, Manfred Sauer, den «runden Tisch» über den Stand der «Auflösung» des «Amtes für Nationale Sicherheit». Von den 85000 Stasi-Mitarbeitern seien bisher 30000 entlassen, weitere 20000 würden bald ausgemustert. 22500 Mitarbeiter sollen von der Wirtschaft oder anderen bewaffneten Organen übernommen und 12500 zur Auflösung weiterbeschäftigt werden. Außer den hauptamtlichen seien 109500 «Inoffizielle Mitarbeiter» für die Stasi tätig gewesen. Der Waffenbestand habe 125000 Pistolen und Revolver, 76500 Maschinenpistolen, 3600 Gewehre und zahlreiche andere Waffen umfaßt.

Am späten Nachmittag erlebt die bisher friedliche Bürgerbewegung die erste Gewaltaktion. Nach einem Aufruf des *Neuen Forums* ziehen Zehntausende aufgebrachter Demonstranten zur riesigen Stasi-Zentrale in der Ost-Berliner Normannenstraße, um gegen die schleppende Auflösung und das Weiterwirken der Geheimpolizei zu demonstrieren. Als sie symbolisch den Eingang zumauern wollen, werden plötzlich die Tore von innen geöffnet. Die darauf folgende Erstürmung wird, wie später belegt wird, von Stasi-Mitarbeitern vorangetrieben. So soll demonstriert werden, welche gefährliche Situation durch das *Neue Forum* heraufbeschworen wird und daß ein «Staatsschutz» dringend notwendig ist. Das Fernsehen unterbricht sein Programm mehrmals und sendet Warnungen, daß «die Demokratie in allerhöchster Gefahr» sei.

Überdies wird das Eindringen der Demonstranten unauffällig gelenkt, so daß sie lediglich in ein Nebengebäude gelangen. Als sich die Lage beruhigt, werden Journalisten durch das Hauptgebäude geführt – die dortigen «Verwüstungen» sind von der Stasi selbst angerichtet. Zwar kann nun das biedere Arbeitszimmer von Erich Mielke besichtigt werden, doch sind brisante Unterlagen kaum noch vorhanden. Nach dem absurden Auftritt von Mielke, der am 13. November 1989 vor der Volkskammer stotterte «Ich liebe, ich liebe doch alle, alle Menschen, na, ich liebe doch – ich setze mich doch dafür ein ...», beschließt der Ministerrat Tage darauf ein verändertes Sicherheitskonzept. Das «Ministerium für Staatssicherheit» wird zum 18. November umbenannt in «Amt für Nationale Sicherheit» (AfNS oder «Nasi»). Im Postbuch trägt das letzte Stasi-Dokument die Nummer 330, das erste Nasi-Dokument die Nummer 331.

Bereits am 17. November 1989 wurde die «Vernichtung von Unterlagen u. Mat. im MfS» angeordnet. Seitdem werden in allen Dienststellen unzählige Dokumente dem Reißwolf übergeben, verbrannt oder beiseite geschafft. Alarmiert von dieser Vernichtung von Beweisen bilden sich «Bürgerkomitees», die die Aktivitäten des AfNS kontrollieren. Am 4. Dezember 1989 besetzt das Komitee in Erfurt als erstes die dortige AfNS- Zentrale, rasch folgen Besetzungen in allen Bezirks- und vielen Kreisstädten.

Diese Kontrolle eines noch tätigen Geheimdienstes durch Bürger ist in der Geschichte ohne Beispiel. Bald arbeiten die «Bürgerkomitees» in einer «Sicherheitspartnerschaft» mit Staatsanwaltschaft und Polizei zusammen, um sowohl Selbstjustiz als auch Angriffe seitens des AfNS zu verhindern. Dem Druck der Bürger muß sich der Ministerrat nach wochenlangen Versuchen, die Stasi-Strukturen zu retten, letztlich beugen – am 8. Februar verzichtet er auf jeden Ersatz für die Stasi und setzt ein staatliches «Komitee zur Auflösung des ehemaligen MfS / AfNS» ein.

30. Januar: Ministerpräsident Hans Modrow (PDS) konferiert in Moskau mit Michail Gorbatschow, der erklärt, er habe «prinzipiell» nichts gegen eine Vereinigung beider deutscher Staaten einzuwenden. Angesichts dieser Haltung muß auch Modrow zugestehen, «daß diese Perspektive vor uns liegt». Am 1. Februar legt Modrow sein «persönliches» Konzept «Für Deutschland, einig Vaterland» vor. Unter der Voraussetzung der militärischen Neutralität beider Staaten soll die Einheit über eine Vertragsgemeinschaft, Bildung einer Konföderation, Übertragung von Souveränitätsrechten an die Konföderation zur «Bildung eines einheitlichen deutschen Staates» führen.

4. Februar: Der Parteivorstand der SED-PDS beschließt die Streichung des Bestandteils «SED» aus ihrem Namen, fortan heißt die Partei nur noch PDS. Ferner wird beschlossen, 3,041 Milliarden Mark, die aus «nichtverbrauchten Gewinnen der Parteibetriebe» der letzten zwanzig Jahre stammen, an den Staatshaushalt abzuführen.

5. Februar: Die Volkskammer wählt acht von den Oppositionsgruppen benannte Kandidaten zu Ministern ohne Geschäftsbereich, darunter Rainer Eppelmann, Sebastian Pflugbeil, Gerd Poppe und Wolfgang Ullmann. Nur die «Vereinigte Linke» lehnt eine Regierungsbeteiligung ab. Damit wird die DDR nun von einer «Regierung der nationalen Verantwortung» regiert.

7. Februar: Das *Neue Forum, Demokratie Jetzt* und die *Initiative Frieden und Menschenrechte* erklären in Ost-Berlin, daß sie unter dem Namen *Bündnis 90* gemeinsam in die Wahlen gehen werden.

20. Februar: Die Volkskammer verabschiedet das Wahlgesetz für die bevorstehenden Neuwahlen. Es enthält keine Sperrklausel, setzt das aktive und passive Wahlalter auf achtzehn Jahre fest und schreibt die Benutzung der Wahlkabine als Pflicht vor. Tags darauf werden das Parteiengesetz, das den Parteien ab dem 1. Januar 1991 die Annahme «ausländischer» Unterstützung untersagt, und das Versammlungsgesetz, das allen Bürgern die Versammlung «ohne staatliche Genehmigung» erlaubt, gebilligt.

22. bis 25. Februar: Auf ihrem ersten ordentlichen Parteitag wählt die SPD in Leipzig ihren bisherigen Geschäftsführer Ibrahim Böhme zum Vorsitzenden. Der anwesende Willy Brandt wird zum Ehrenvorsitzenden gewählt. Die SPD fordert die Einsetzung eines «Rates der Deutschen Einheit», der ab Frühjahr auf der Basis des Grundgesetzes eine neue, gesamtdeutsche Verfassung ausarbeiten soll.

1. März: Die drei Parteien der «Allianz für Deutschland» (CDU, DSU, DA) stellen in Bonn ihren Wahlaufruf unter dem Leitsatz «Freiheit und Wohlstand – Nie wieder Sozialismus» vor. Sie sprechen sich für eine baldige Vereinigung auf der Grundlage von Artikel 23 des Grundgesetzes aus. Am 14. März wird der Vorsitzende und Spitzenkandidat des *Demokratischen Aufbruchs*, Rechtsanwalt Wolfgang Schnur, als Inoffizieller Mitarbeiter der Stasi enttarnt. Er tritt zurück und wird anderntags aus der Partei ausgeschlossen. Zum neuen Parteivorsitzenden wird Pfarrer Rainer Eppelmann gewählt.

5. und 6. März: In Moskau erörtert Ministerpräsident Hans Modrow (PDS) die Entwicklung mit Michail Gorbatschow, der sich gegen den Beitritt der DDR zur Bundesrepublik wendet und statt dessen eine Vereinigung in Etappen fordert. Beide sprechen sich gegen die NATO-Mitgliedschaft eines vereinten Deutschland aus. In allen Phasen des Vereinigungsprozesses müßten die Verpflichtungen beider deutschen Staaten gegenüber der Sowjetunion und dem RGW erfüllt werden.

den. Bis dahin müsse die DDR alle rechtlichen Voraussetzungen für eine soziale Marktwirtschaft schaffen. Die DDR-Delegation zeigt sich unzufrieden mit den Ergebnissen des Besuchs, die Bundesregierung habe sich nicht zu konkreten Hilfen bereit erklärt, sondern einzig die Währungsunion zugesagt, die jedoch die Aufgabe der staatlichen Souveränität der DDR beinhalte.

19. Februar: Seit dem 28. Dezember 1989 durfte die DDR-Außenhandelsfirma *Limex-Bau Export-Import* die Berliner Mauer vermarkten – Echtheitszertifikat inklusive. Heute wird mit dem Abriß im Zentrum der Stadt begonnen. Als die Nachfrage gesättigt scheint, beginnt am 13. Juni der endgültige Abriß der 47 Kilometer langen Mauer.

24. und 25. Februar: Bundeskanzler Helmut Kohl konferiert in den USA mit Präsident George Bush, um jeden möglichen Einwand der Sowjetunion gegen die Wiedervereinigung vorab zu berücksichtigen. Während Westdeutschland «Vollmitglied» der NATO bleiben soll, könne man für die DDR einen militärischen Sonderstatus unter Berücksichtigung der «berechtigten Sicherheitsinteressen aller betroffenen Länder einschließlich der Sowjetunion» anbieten. Bush drängt Kohl auch zu einem klaren Bekenntnis zur Oder-Neiße-Grenze, doch angesichts der bevorstehenden Volkskammerwahlen will Kohl sich nicht festlegen – Bush erwartet dieses Bekenntnis nach den Wahlen.

25. Februar: In einem Interview äußert die britische Premierministerin Margaret Thatcher heftige Vorbehalte gegen die deutsche Vereinigung: «Man kann nicht einfach die Geschichte dieses Jahrhunderts ignorieren, als sei sie nicht geschehen, und sagen, ‹wir werden uns vereinen, und alles andere muß danach geregelt werden›. So geht es nicht.» Beim Besuch von Bundeskanzler Helmut Kohl am 30. März stellt Thatcher drei Bedingungen: die NATO-Mitgliedschaft eines geeinten Deutschland, die fortdauernde Stationierung von Atomwaffen der NATO sowie von amerikanischen und britischen Truppen.

2. März: Nach vielfacher Kritik an seiner Weigerung, vor den Volkskammerwahlen eine Festlegung zur Oder-Neiße-Grenze zu treffen, stellt Bundeskanzler Helmut Kohl nun plötzlich ein Junktim zwischen der Regelung der Grenzfrage und einem Reparationsverzicht Polens sowie der Sicherung der «Rechte der Deutschen» in Polen her. Mit Ausnahme der Unionsparteien üben alle Parteien scharfe Kritik, diese Haltung Kohls sei «unverantwortlich» und habe im Ausland eine «verheerende Wirkung». Darauf einigen sich die Koalitionsparteien auf eine Entschließung, die nach den Wahlen in der DDR beide deutschen Parlamente verabschieden sollen: «Das polnische Volk soll wissen, daß sein Recht, in sicheren Grenzen zu leben, von uns Deutschen weder jetzt noch in Zukunft durch Gebietsansprüche in Frage gestellt wird.»

14. März: Beim Besuch von Außenminister Hans-Dietrich Genscher (FDP) in Ungarn wird die Abschaffung der Visumspflicht zwischen der Bundesrepublik und Ungarn ab dem 1. Mai vereinbart.

24. und 25. März: In Dortmund hält die DKP einen «Erneuerungsparteitag» ab, der jedoch nach dem Ausbleiben der Zahlungen aus der DDR und der weitgehenden Auflösung des Parteiapparates die Talfahrt nicht aufhalten kann. Die Mitgliederzahl ist bereits auf die Hälfte geschrumpft. Anfang 1990 wird bekannt, daß seit Mitte der siebziger Jahre besonders vertrauenswürdige DKP-Genossen in der DDR im Partisanenkampf geschult wurden. Diese bis zu 300 Mann bildeten die geheime und illegale «Militärische Organisation» in der Bundes-

6. und 7. März: Auf ihrer letzten Tagung vor den Wahlen billigt die Volkskammer eine von Regierung und «rundem Tisch» eingebrachte umfassende «Sozialcharta», die den Währungs- und Wirtschafts- um einen Sozialverbund erweitern soll. So sollen soziale Sicherungen erhalten bleiben, die in der Bundesrepublik nicht vorhanden sind, darunter das Recht auf Arbeit, das Recht auf Wohnen und die Gleichstellung von Mann und Frau. Die Volkskammer stimmt einer Verordnung der Regierung zu, die die Bildung einer «Treuhandgesellschaft» vorsieht, die Schutz und Verwaltung des «Volksvermögens» übernehmen soll.

18. März: Insgesamt 24 Parteien, politische Vereinigungen und Listenvereinigungen treten zu den ersten freien Volkskammerwahlen an. 12,2 Milionen Menschen sind wahlberechtigt, die Wahlbeteiligung liegt bei 93,39 Prozent. Überraschend erringt die konservative «Allianz für Deutschland» mit 47,8 Prozent der Stimmen einen überwältigenden Sieg; die CDU erzielt 40,6 Prozent, die DSU 6,3 Prozent und der *Demokratische Aufbruch* 0,9 Prozent. Obwohl Medien, Wähler und ihre Führung die SPD als Gewinner erwarteten, landen die Sozialdemokraten abgeschlagen bei 21,8 Prozent. Ihnen folgt die PDS, die auf 16,3 Prozent kommt. Der *Bund Freier Demokraten* aus «Deutscher Forumspartei», «Liberaldemokratischer Partei» und «Freier Demokratischer Partei» erzielt 5,3 Prozent. Das *Bündnis 90* aus «Neuem Forum», «Demokratie Jetzt» und der «Initiative Frieden und Menschenrechte» landet abgeschlagen bei 2,9 Prozent. Als ehemalige Blockpartei kann die DBD immerhin noch 2,2 Prozent auf sich vereinigen und neun Sitze gewinnen, während die NDPD mit 0,4 Prozent nur ein Mandat erringt. Die Grünen und der «Unabhängige Frauenverband» erzielen gemeinsam 2,0 Prozent und noch acht Sitze.

22. März: Auch der Vorsitzende der SPD der DDR, Manfred («Ibrahim») Böhme, wird als Inoffizieller Mitarbeiter der Stasi enttarnt. Er läßt ab dem 26. März seine Ämter zunächst ruhen, tritt aber am 2. April zurück. Der stellvertretende Parteivorsitzende Markus Meckel fungiert vorerst als Vorsitzender. Am 2. Juli 1992 wird Böhme aus der SPD ausgeschlossen.

3. April: Am 23. März besucht Ministerpräsident Hans Modrow (PDS) seinen früheren Parteigenossen Erich Honecker in Lobetal, um ihm die Unterbringung in einem Gästehaus der Regierung in Lindow anzubieten. Als das Ehepaar Honecker dort eintrifft, erheben sich so wütende Proteste, daß es am 24. März nach Lobetal zurückkehrt. Auf Vermittlung der Regierung übersiedeln die Honeckers heute ins sowjetische Militärhospital Beelitz.

5. April: Die Volkskammer wählt auf ihrer konstituierenden Sitzung Sabine Bergmann-Pohl (CDU) zur Präsidentin. Am 10. April übernimmt sie auch die Amtsgeschäfte des Staatsratsvorsitzenden und ist damit amtierendes Staatsoberhaupt der DDR.

In Ost-Berlin, Dresden und Leipzig demonstrieren etwa 100000 Menschen gegen eine Währungsumstellung von «Mark der DDR» auf DM im Verhältnis 2:1. SPD, PDS, Grüne und Neues Forum unterstützen diesen Protest gegen den «2:1-Schwindelkurs».

11. bis 14. April: Erst am vorletzten Tag des Besuches des polnischen Staatspräsidenten Wojciech Jaruzelski in der Sowjetunion gesteht die sowjetische Führung erstmals ein, daß das Massaker von Katyn 1941 an 15000 polnischen Offizieren nicht, wie jahrzehntelang behauptet, von Deutschen begangen wurde. «Das zutage geförderte Archivmaterial läßt als Ganzes den Schluß zu, daß Lawrenti Berija, Merkulow und deren Helfershelfer die unmittelbare Verantworrepublik, die an die DKP angelehnt war. Im Krisenfall sollten sie Terroranschläge ausführen und Gefangene befreien.

27. März: Der Parteirat der SPD nominiert den saarländischen Ministerpräsidenten Oskar Lafontaine zum Kanzlerkandidaten für die geplanten gesamtdeutschen Bundestagswahlen. Als er während des nordrhein-westfälischen Landtagswahlkampfes am 25. April in Köln auftritt, sticht die offenbar geistesgestörte Adelheid Streidel Lafontaine nieder und verletzt ihn schwer. Er kann gerettet werden und übersteht den Anschlag ohne körperliche Schäden.

29. März: Als erstes Parlament einer Industrienation verabschiedet der Bundestag ein Gentechnik-Gesetz, das die Arbeit der bereits mehr als tausend Gentechnik-Labors regelt. Für die Verbreitung und Freisetzung von gentechnischen Organismen in der Umwelt werden Auflagen ausgesprochen.

24. April: Die Ankündigung der Wirtschafts-, Währungs- und Sozialunion dämmt die Abwanderung aus der DDR ein. Im Februar verlassen noch 64000, im März 46000 und im April bisher nur noch 16000 Menschen die DDR. Heute verständigt sich Ministerpräsident Lothar de Maizière (CDU) in Bonn mit Bundeskanzler Helmut Kohl auf das Inkrafttreten der Wirtschafts-, Währungs- und Sozialunion zum 2. Juli.

26. April: Der Bundestag verabschiedet die Neufassung des Ausländergesetzes, das Ausländern aus Nicht-EG-Staaten, die länger als acht Jahre in der Bundespublik leben, einen Rechtsanspruch auf Aufenthalt gewährt. Andererseits wird als erhebliche Beschränkung des Zuzugs der Nachweis von Wohnraum verlangt.

28. April: In Dublin treffen die Staats- und Regierungschefs der EG zu einem Sondergipfel zusammen. Sie einigen sich auf Richtlinien für die Eingliederung der DDR in die EG. Wenn das wirtschaftliche Gleichgewicht und die monetäre Stabilität gewährt bleiben, werde der Beitritt «reibungslos und harmonisch» vollzogen. Der französische Staatspräsident François Mitterrand und Bundeskanzler Helmut Kohl wollen angesichts der tiefgreifenden Umwälzungen den Ausbau der EG beschleunigen. In einem Schreiben an den EG-Ratsvorsitzenden sprechen sie sich am 19. April dafür aus, am 1. Januar 1993 nicht nur die zweite Stufe der Wirtschafts- und Währungsunion, sondern auch die politische Union in Kraft zu setzen. Darüber entbrennt nun eine Kontroverse, die britische Premierministerin Margaret Thatcher bezeichnet dies als «esoterische Pläne».

2. bis 5. Mai: Als erstes deutsches Staatsoberhaupt besucht Bundespräsident Richard von Weizsäcker (CDU) Polen, eine Reise, die er als wichtigste und schwerste seiner Amtszeit bezeichnet. Er greift die Ressentiments gegen den Aufstieg des vereinten Deutschland zu einer Großmacht auf und bekräftigt, daß die Versöhnung zwischen Deutschen und Polen Voraussetzung für die Einheit Europas sei. Deshalb gibt er eine Garantie für die polnische Westgrenze ab: «Wir haben jetzt und in Zukunft keinerlei Gebietsansprüche gegenüber Polen oder irgendeinem anderen Nachbarn.» Auch die Deutschen, die ihre Heimat verlassen mußten, wissen, daß es nicht die Polen waren, die das polnische Territorium am Ende des Zweiten Weltkrieges nach Westen verlagerten.

5. Mai: In Bonn eröffnet Außenminister Hans-Dietrich Genscher die erste Runde der «2 + 4»-Konferenz über die äußeren Fragen der deutschen Vereinigung. Daran nehmen außer Genscher für die DDR Außenminister Markus Meckel (SPD) sowie die Außenminister der vier Siegermächte des Zweiten Weltkrieges teil. Wichtigstes Thema ist die Bündniszugehörigkeit eines vereinten

Manfred («Ibrahim») Böhme (rechts) mit seinem späteren Nachfolger im Amt des Vorsitzenden der SPD der DDR, Markus Meckel

tung für die Greueltaten im Wald von Katyn tragen.»

12. April: Volkskammerpräsidentin Sabine Bergmann-Pohl (CDU) verliest eine Erklärung aller Fraktionen, die ohne Gegenstimmen bei 21 Enthaltungen angenommen wird. Darin bekennen sich «die ersten frei gewählten Parlamentarier der DDR» zur «Verantwortung der Deutschen in der DDR für ihre Geschichte und ihre Zukunft». Für den Holocaust bitten sie «die Juden in aller Welt um Verzeihung». «Wir bitten das Volk in Israel um Verzeihung für Heuchelei und Feindseligkeit der offiziellen DDR-Politik gegenüber dem Staat Israel und für die Verfolgung und Entwürdigung jüdischer Mitbürger auch nach 1945 in unserem Land.» Auch an die Tschechoslowakei wendet sich die Erklärung: «Die Volkskammer der DDR bekennt sich zur Mitschuld der DDR an der Niederschlagung des ‹Prager Frühlings› (...) Der Einmarsch der Volksarmee geschah unter Verletzung des Artikels 8 (2) der Verfassung der DDR. Wir haben in Angst und Mutlosigkeit diesen Völkerrechtsbruch nicht verhindert.»

Die Volkskammer wählt anschließend mit großer Mehrheit Lothar de Maizière (CDU) zum Ministerpräsidenten. Nach heftigen Auseinandersetzungen bildet er ein Kabinett der Großen Koalition, das neben ihm 23 Minister von CDU, DSU, DA, SPD, Liberalen und parteilose umfaßt. Die wichtigsten unter ihnen: Markus Meckel (SPD) wird Außenminister, Gerhard Pohl (CDU) Wirtschaftsminister, Walter Romberg (SPD) Finanzminister, Peter-Michael Diestel (DSU) Innenminister, der Pfarrer und Pazifist Rainer Eppelmann (DA) Abrüstungs- und Verteidigungsminister und Regine Hildebrandt (SPD) Ministerin für Arbeit und Soziales.

19. April: In seiner Regierungserklärung bekennt sich Ministerpräsident Lothar de Maizière (CDU) zur Wirtschafts-, Währungs- und Sozialunion im Sommer, wobei er als grundlegenden Umstellungskurs von «Mark der DDR» auf DM 1:1 nennt. Beim Weg zur Einheit wolle seine Regierung «sichern, daß die DDR-Bürger nicht das Gefühl bekommen, zweitklassige Bundesbürger zu werden». Die «Anliegen, Tempo und Qualität, lassen sich am besten gewährleisten, wenn wir die Einheit über einen vertraglich zu vereinbarenden Weg gemäß Artikel 23 des Grundgesetzes verwirklichen».

9. Mai: Auf seinem Kongreß am 31. Januar und 1. Februar in Ost-Berlin konstituierte sich der FDGB, dem 8,6 Millionen Men-

Deutschland. Die Sowjetunion lehnt eine Mitgliedschaft in der NATO ab, doch überraschend entkoppelt Außenminister Eduard Schewardnadse die inneren und äußeren Fragen der Einheit.

14. Mai: Bei den gestrigen Landtagswahlen in Nordrhein-Westfalen kann die SPD unter Ministerpräsident Johannes Rau ihre absolute Mehrheit der Sitze behaupten. Bei den Wahlen in Niedersachsen löst die SPD mit Gerhard Schröder die CDU mit dem bisherigen Ministerpräsidenten Ernst Albrecht als stärkste Partei ab. Die CDU-FDP-Koalition verliert ihre Mehrheit an die rot-grüne Koalition, womit auch die CDU-FDP-Mehrheit im Bundesrat gebrochen wird.

Die Westdeutschen beginnen allmählich, die wahren Kosten der Einheit zu ahnen. Weil er fürchtet, seine bisherige Planung, gesamtdeutsche Wahlen erst Ende 1991 abzuhalten, könnte zu Lasten der CDU gehen, rückt Bundeskanzler Helmut Kohl plötzlich davon ab: Er sei «offen» für einen Termin Ende 1990. Zudem wachsen in der Bundesregierung starke Besorgnisse über die zunehmend instabile Lage in der Sowjetunion. Das sowjetische Militär könne womöglich im Verein mit orthodoxen Teilen der Führung die Vereinigung blockieren oder gar verhindern.

Deshalb entsendet Kohl heute insgeheim seinen Berater Horst Teltschik (CDU) mit einer Reihe Bankiers nach Moskau, um Michail Gorbatschow dieses Angebot vorzulegen: Nach der Vereinigung werde Bonn die 360000 sowjetischen Soldaten in Ostdeutschland mehrere Jahre lang finanzieren und versorgen sowie in der Sowjetunion Wohnungen bauen, um sie nach ihrer Heimkehr unterbringen zu können. Gorbatschow deutet darauf an, er könne eine frühere Vereinigung akzeptieren, falls Deutschland sich überdies für eine Unterstützung der Sowjetunion durch die westlichen Länder einsetze. Es wird ein Treffen zwischen Gorbatschow und Kohl ins Auge gefaßt.

15. Mai: Bundeskanzler Helmut Kohl und die Ministerpräsidenten der Länder einigen sich in Bonn, den Fonds «Deutsche Einheit» einzurichten. Er soll bis Ende 1994 115 Milliarden DM umfassen; 95 Milliarden DM sollen durch die Aufnahme einer langfristigen Anleihe, 20 Milliarden DM durch Einsparungen im Bundeshaushalt aufgebracht werden.

16. Mai: Bundeskanzler Helmut Kohl und DDR-Ministerpräsident Lothar de Maizière (CDU) treten gemeinsam vor das Europäische Parlament in Straßburg. Sie wollen Befürchtungen über einen «deutschen Sonderweg» zerstreuen.

18. Mai: In Washington erhält Bundeskanzler Helmut Kohl die Zusicherung von US-Präsident George Bush, das vereinte Deutschland «sollte volle Kontrolle über sein gesamtes Territorium ohne irgendwelche neuen diskriminierenden Beschränkungen der deutschen Souveränität haben».

schen angehören, als unabhängiger Dachverband von sechzehn eigenständigen Mitgliedsgewerkschaften neu. Ein Bericht enthüllt, daß unter dem früheren Vorsitzenden Harry Tisch Amtsmißbrauch und Korruption in großem Maßstab betrieben wurden. Weil die Mißstände in Verwaltungsstrukturen und Vermögensverhältnissen nicht zu beheben sind, fordern heute die Vorsitzenden der Mitgliedsgewerkschaften die Auflösung des FDGB. Auf dem FDGB-Kongreß am 14. September beschließen die Delegierten nahezu einstimmig die Auflösung des FDGB zum 30. September. Bis zum Ende des Jahres 1990 können alle Mitglieder einzeln oder korporativ den Beitritt zu den DGB-Gewerkschaften vollziehen.

10. Mai: In der Volkskammer wird die Lage der DDR-Wirtschaft erörtert. Nur 32 Prozent der Betriebe arbeiten rentabel, 54 Prozent wirtschaften mit Verlust, gelten aber als förderungswürdig, und vierzehn Prozent müßten Konkurs anmelden. Die Auslandsschulden liegen bei 27,2 Milliarden DM, die Binnenverschuldung der Betriebe wird auf 247 Milliarden «Mark der DDR» geschätzt. Bis zum Ende des Jahre werde sich das Defizit im Staatshaushalt auf 120 Milliarden «Mark» vergrößern.

16. Mai: Die Volkskammer ändert für die Währungs-, Wirtschafts- und Sozialunion die Verfassung. Das Privateigentum, das Tarifrecht und eine unabhängige Rechtsprechung werden verankert, der Begriff «Sozialismus» wird aus Artikel 1 gestrichen. Wegen fehlender Legitimation werden die vierzehn Bezirkstage zum 31. Mai aufgelöst; bis zur Bildung neuer Länder werden Regierungsbevollmächtigte eingesetzt. Auch wird ein Antrag von *Bündnis 90* und *Grünen*, daß künftig alle Volksvertreter auf eine Tätigkeit für die Stasi überprüft werden sollen, verabschiedet.

1990 bis 1999 –
Vereintes Deutschland

Vereintes Deutschland

Es war die erste reale Chance und wäre, hätte man sie nicht genutzt, wohl auf längere Sicht auch die letzte geblieben, die deutsche Einheit auf friedlichem Wege zu erlangen. Eine sowjetische Führung, die aus wirtschaftlichen Gründen die Überdehnung ihres Imperiums radikal zurücknimmt; eine amerikanische Führung, die diesen Freiraum nicht als sogleich zu erobernd betrachtet; eine Bereitschaft der ehemaligen Kriegsgegner Großbritannien und Frankreich, angesichts der westlichen Einbindung der Bundesrepublik ihre Vorbehalte gegen die Einheit und die neue Großmacht Deutschland aufzugeben; eine Bundesregierung, die endlich von ihrer früheren Haltung abrückt und die Oder-Neiße-Grenze als Westgrenze Polens anerkennt. Die deutsche Einheit – ein historischer Glücksfall?

Zwei Territorien werden zusammengefügt, die Jahrzehnte zuvor den wesentlichen Teil des Deutschen Reiches bildeten. In dieser Hinsicht ist es tatsächlich eine «Wieder»vereinigung. Zwei Gesellschaften werden zusammengefügt, die über Jahrzehnte eine unterschiedliche, großenteils gegensätzliche Entwicklung genommen haben. In dieser Hinsicht ist es eine «Neu»vereinigung, die die Menschen erleben. Das Drehbuch könnte abgegeben haben, was Konrad Adenauers großer Gegenspieler, der SPD-Vorsitzende Kurt Schumacher, dereinst als «Magnet-Theorie» formulierte. Danach sollte allein die Anziehungskraft westlicher Lebensverhältnisse zu politischen Ergebnissen führen, Verhandlungen oder gar Kompromisse mit der Ostführung betrachtete Schumacher als sinnlos oder gar schädlich.

So ähnlich geschieht es nun. Was staatsrechtlich als Beitritt zum Geltungsbereich des Grundgesetzes vollzogen wird, ist gesellschaftlich nichts anderes als ein Anschluß. Allerdings, und das macht den entscheidenden Unterschied aus, ein von Volk und frei gewähltem Parlament gewollter Anschluß. Mit ihrer wirtschaftlichen Stärke und politischen Stabilität bringt die Westseite das in der Geschichte nie dagewesene «Geschenk» der Wirtschafts- und Währungsunion ein. Dafür setzt sie im wesentlichen die Bedingungen, denen die Ostseite zu folgen hat.

Aus diesem Ungleichgewicht ergeben sich weitreichende Konsequenzen, die über rein wirtschaftliche Probleme hinausgehen. Obgleich die deutsche Einheit niemandem ein schlechteres Leben bescheren sollte, werden zwei Gruppen so hart getroffen, daß sie als eindeutige Verlierer dastehen. Zum einen sind dies die Arbeiter der früheren großen Industriekomplexe. Zwar sollen die industriellen Kerne Ostdeutschlands erhalten bleiben, doch rauben zahlreiche

Entlassungswellen Hunderttausenden den Arbeitsplatz. Zum anderen zählen die Frauen zu den Verlierern; ihnen werden der eigenständige Erwerb und die Betreuungsmöglichkeiten für ihre Kinder genommen, gegeben wird ihnen nahezu nichts.

Während die westliche Sicht stets den Gewinn der Freiheit in den Vordergrund stellt, erleben viele Ostdeutsche die Veränderungen als Verlust. Arbeiter verlieren eben nicht nur ihren Arbeitsplatz, sondern ein Stück Heimat. Die großen Industriebetriebe prägten als alleiniger Arbeitgeber nicht nur ganze Städte und Regionen, sondern gaben mit Kindergärten, Krankenhäusern, Sportvereinen oder Kultur- und Freizeiteinrichtungen einen Lebensrahmen ab. Fast neunzig Prozent der Frauen waren zu DDR-Zeiten berufstätig, sie verlieren nicht nur eine Einnahmequelle, sondern ihre mühsam errungene soziale Gleichwertigkeit. So kann nicht ausbleiben, daß bald von einer «Mauer in den Köpfen» geredet wird, die «Ossis» und «Wessis» noch geraume Zeit trennen wird.

Neben diesen inneren Schwierigkeiten bringt die Vereinigung eine bedeutsame Veränderung der Situation Europas. Argwöhnisch verfolgten zahlreiche Länder die Entwicklung, zumeist mit einer Haltung, die der italienische Politiker Giulio Andreotti 1984 so formulierte: «Es gibt zwei deutsche Staaten, und zwei müssen es bleiben.» Schließlich erkannten die meisten Regierungen, es sei klüger zu befürworten, was ohnehin nicht verhindert werden kann. Nur das Zögern der Bundesregierung bei der Anerkennung der polnischen Westgrenze drohte diese Befürwortung noch einmal zu gefährden.

Das vereinte Deutschland wird nicht eben geliebt, viele Länder des alten Kontinents fürchten eine erdrückende Vorherrschaft des Bevölkerungs- und Wirtschaftsriesen. Selbst in den USA wird in engen Beziehungen zwischen Deutschland und Rußland die Gefahr einer neuen Achse gesehen. Von daher ist es eine Frage von weltpolitischer Bedeutung, wie das neue Deutschland seine Stärke, seine Macht, seinen Einfluß nutzt. Denn keineswegs ist, wie zeitgeisternde Theoretiker meinten, das «Ende der Geschichte» gekommen. Im Gegenteil, die Auflösung der Nachkriegsordnung mündet in eine turbulente Periode, deren Entwicklungslinien kaum absehbar sind. Um so bedeutsamer ist, daß die Deutschen nicht in überkommenes, andernorts noch gerne praktiziertes Großmachtgehabe zurückfallen, sondern ihre Verantwortung vor der Geschichte und vor der Welt erkennen und für Frieden und Freiheit eintreten.

1990

Vereinigung

Mit dem Vertrag über die Währungs-, Wirtschafts- und Sozialunion wird die Vereinigung faktisch vollzogen, der 3. Oktober besiegelt diese Entwicklung lediglich. Rasch folgt der Freude die Ernüchterung, bei Politikern wie Bevölkerung. Fassungslos werden im Westen die unermeßlichen Summen registriert, die in Ostdeutschland benötigt werden. Ebenso fassungslos wird in Ostdeutschland der rasante Anstieg der bisher versteckten Arbeitslosigkeit beobachtet.

18. Mai: In Bonn unterzeichnen die Finanzminister Theo Waigel (CSU) und Walter Romberg (SPD) den Staatsvertrag zur Währungs-, Wirtschafts- und Sozialunion. Ein historisches Abkommen, das die Wirtschaft eines ganzen Landes von einem Tag auf den anderen umstellt. Kernstück dieses gigantischen Wirtschaftsexperimentes: Zum 1. Juli wird in der DDR die DM eingeführt, die Umstellung erfolgt ausschließlich über Konten. Löhne, Gehälter, Stipendien, Renten, Mieten und Pachten werden im Verhältnis 1:1 umgestellt. Alle auf «Mark der DDR» lautenden Forderungen und Verbindlichkeiten werden 2:1 umgestellt. Guthaben werden nach Lebensalter gestaffelt zwischen 2000 und 6000 «Mark der DDR» 1:1, bei höheren Beträgen 2:1 umgestellt. Nach westlichem Vorbild werden Renten-, Kranken-, Unfall- und Arbeitslosenversicherung sowie Arbeitsförderungsmaßnahmen eingeführt. Bundeskanzler Helmut Kohl erklärt in seiner Ansprache: Die Einführung der sozialen Marktwirtschaft biete «die Chance, ja die Gewähr dafür, daß Mecklenburg-Vorpommern und Sachsen-Anhalt, daß Brandenburg, Sachsen und Thüringen bald wieder blühende Landschaften in Deutschland sein werden, in denen es sich für jeden zu leben und zu arbeiten lohnt».

Der Vertrag wird am 21. Juni von Bundestag und Volkskammer gebilligt, der Bundesrat stimmt am 22. Juni zu. Die PDS spricht von unnötiger «Unterwerfung» der DDR, das *Neue Forum* wertet den Vertrag als sozial und demokratisch unausgewogen. Während die SPD der DDR zustimmt, droht die SPD der Bundesrepublik mit der Ablehnung im Bundesrat. Nach heftigen Kontroversen innerhalb der Partei stimmen nur Gerhard Schröder für Niedersachsen und Oskar Lafontaine für das Sarland gegen den Staatsvertrag.

30. Mai: Die Ost-Berliner Stadtverordnetenversammlung wählt Tino Schwierzina (SPD) zum Oberbürgermeister eines SPD-CDU-Magistrats, dem als Stadtrat für Wirtschaft auch der frühere West-Berliner Wirtschaftssenator Elmar Pieroth (CDU) angehört. Schwierzina spricht sich für ein zügiges Zusammenwachsen beider Teile der Stadt aus.

31. Mai: Der Bundestag verabschiedet ein neues Datenschutzgesetz, das nicht nur elektronische, sondern auch in Schriftform gespeicherte Daten unter Schutz stellt. Erstmals wird ein grundsätzliches Auskunftsrecht des Betroffenen über seine persönlichen Daten verankert.

31. Mai bis 4. Juni: Bei seinem Besuch in den USA erzielt der sowjetische Präsident Michail Gorbatschow mit US-Präsident George Bush Einigkeit in zahlreichen Fragen, darunter in weiteren Abrüstungsschritten. Zur deutschen Frage legt Bush neun Zusicherungen vor, die die sowjetischen Bedenken gegen eine NATO-Mitgliedschaft des vereinten Deutschland ausräumen sollen.

5. bis 8. Juni: Erneut reist Bundeskanzler Helmut Kohl zu US-Präsident George Bush, von dem er über seine Gespräche mit Michail Gorbatschow unterrichtet wird. Kohl bezeichnet die neun Punkte als wichtige Grundlage für die weiteren Verhandlungen. Ziel müsse aber in jedem Fall die «Herstellung der vollständigen Souveränität eines geeinten Deutschland sein». Vom 9. bis zum 12. Juni besucht als erster Regierungschef der DDR Ministerpräsident Lothar de Maizière (CDU) die USA. Auch er wird anderthalb Stunden von Bush empfangen, der ihm weitergehende Veränderungen der westlichen Position auf dem bevorstehenden NATO-Gipfel ankündigt.

6. Juni: DDR-Innenminister Peter-Michael Diestel (DSU) bezeichnet als «teuflische Verbindung», was da zutage tritt. In Ost-Berlin wird Susanne Albrecht verhaftet, eine seit dreizehn Jahren per Steckbrief gesuchte RAF-Terroristin. Sie lebt als Ingrid Becker, geborene Jäger, mit Mann und Kind im Neubauviertel Marzahn. Kurz darauf werden andere Terroristen in verschiedenen Orten der DDR verhaftet: Inge Viett, Monika Helbing, Werner Lotze, Sigrid Sternebeck, Silke Maier-Witt, Henning Beer und weitere, die jedoch wegen Verjährung wieder auf freien Fuß gesetzt werden. Mutmaßlich seit 1980 gewährte die Stasi den Terroristen Unterschlupf, sie verschaffte ihnen neue Namen einschließlich der Staatsbürgerschaft der DDR sowie kleinbürgerliche Existenzen. Obgleich alle DDR-Führer leugnen, von der Zusammenarbeit zwischen Stasi und RAF gewußt zu haben, kann eine solch brisante Entscheidung nur auf höchster Ebene gefallen sein. Offenbar wollte die Führung die Terroristen in einer Art Bereitschaft halten, um sie im Bedarfsfall zur Destabilisierung der Bundesrepublik einzusetzen. Bereits 1986 erlangte das Bundeskriminalamt Hinweise darauf, daß sich mindestens fünf RAF-Terroristen in der DDR aufhielten. Das BKA gab diese Informationen an den Generalstaatsanwalt der DDR, erhielt aber keine Antwort. Statt dessen sorgte die Stasi für rasche Umzüge und Identitätswechsel der Terroristen. Albrecht und Lotze werden 1991 zu zwölf Jahren, Beer zu sechseinhalb Jahren Freiheitsstrafe verurteilt – die drei sagen umfassend aus und profitieren von der Strafmilderung der Kronzeugenregelung.

7. Juni: Die Volkskammer setzt einen parlamentarischen Sonderausschuß ein, um die inzwischen dem Innenministerium überantwortete Auflösung der Stasi/Nasi zu kontrollieren. Sein Vorsitzender wird der Rostocker Pfarrer Joachim Gauck (*Bündnis 90*).

In Moskau wehrt Präsident Michail Gorbatschow bei der Tagung des Warschauer Paktes Ungarns Forderung nach einer unverzüglichen Auflösung ab. Das Bündnis könne, «natürlich gewandelt im Sinne der Zeit», eine konstruktive Rolle spielen. Ministerpräsident Lothar de Maizière (CDU) spricht sich für die Schaffung einer europäischen Sicherheitsunion aus. Im Rahmen einer Übergangslösung sei die Mitgliedschaft eines vereinten Deutschland in der NATO «bei einem militärischen Sonderstatus des Territoriums der DDR» hinnehmbar.

9. und 10. Juni: Auf ihrem Sonderparteitag in Halle wählt die SPD der DDR den Kulturwissenschaftler Wolfgang Thierse zum neuen Vorsitzenden.

12. Juni: Vor dem Obersten Sowjet deutet Michail Gorbatschow erstmals an, die Sowjetunion könne ein vereintes Deutschland in der NATO akzeptieren, falls die Streitkräfte der DDR in einer Übergangszeit weiterhin dem Warschauer Pakt als «assoziiertes Mitglied» angehörten.

16. Juni: Bundesregierung und Ministerrat erklären gemeinsam, daß in der DDR enteignetes Grundvermögen, mit Ausnahme der Enteignungen durch Besatzungsrecht zwischen 1945 und 1949, grundsätzlich den Eigentümern oder ihren Erben zurückgegeben werden soll.

17. Juni: Im Ost-Berliner Schauspielhaus gedenken Bundestag und Volkskammer gemeinsam des Volksaufstandes von 1953. Anschließend befindet die Volkskammer in einer Sondersitzung über den Antrag des Abgeordneten Jürgen Schwarz (DSU), den Beitritt zur Bundesrepublik gemäß Artikel 23 des Grundgesetzes am heutigen Tag zu vollziehen – er wird an die Ausschüsse verwiesen. Verabschiedet wird das Gesetz über Verfassungsgrundsätze, nach dem die DDR nun «ein freiheitlicher, demokratischer, föderativer, sozialer und ökologisch orientierter Rechtsstaat» ist. Mit dem ebenfalls gebilligten Treuhandgesetz wird zum 1. Juli die bisherige «Treuhandgesellschaft» zur «Treuhandanstalt» beim Ministerrat erhoben. Sie soll die etwa 8000 VEB und Kombinate in private Kapitalgesellschaften umwandeln, bisher sind nur etwa 700 Betriebe als AG oder GmbH eingetragen.

18. Juni: Die West-Berliner «Tageszeitung» veröffentlicht einen Sonderdruck mit einer Liste von Wohnungen, Häusern und Dienstgebäuden, die die Stasi unterhielt. Sie wurden der Kommission zur Auflösung der Stasi aus der ganzen DDR gemeldet – bisher 9251 Adressen.

19. Juni: Am 14. Juni 1985 schlossen in Schengen (Luxemburg) die Bundesrepublik, Frankreich und die Benelux-Staaten das «Schengener Abkommen», dem später auch Italien, Spanien und Portugal beitraten, wonach ab 1991 die Personenkontrollen an den gemeinsamen Binnengrenzen entfallen sollen. Dieser Termin kann jedoch nicht eingehalten werden. Heute wird ein Zusatzabkommen unterzeichnet, das für die künftig wegfallenden Personenkontrollen ein umfangreiches Sicherheits- und Informationssystem vorsieht. Erst am 30. Juni 1993 einigen sich die dann neun Unterzeichner-Staaten, das sind alle EG-Staaten ohne Großbritannien, Irland und Dänemark, ab dem 1. Dezember 1993 den freien grenzüberschreitenden Personenverkehr in Frankreich, Spanien, den Benelux-Staaten und Deutschland einzuführen. Italien, Portugal und Griechenland wollen sich später anschließen. Kontrollen finden dann nur noch an den Außengrenzen dieser Staaten statt.

21. Juni: Bundestag und Volkskammer verabschieden mit überwältigender Mehrheit eine gleichlautende Erklärung zur polnischen Westgrenze. Im Bundestag stimmen nur fünfzehn Abgeordnete von CDU und CSU, in der Volkskammer nur sechs der DSU dagegen. Das vereinte Deutschland werde mit Polen einen völkerrechtlichen Vertrag schließen, der den Verlauf der Oder-Neiße-Grenze endgültig bekräftigt.

In Niedersachsen wählt der Landtag Gerhard Schröder (SPD) zum Ministerpräsidenten einer rot-grünen Koalitionsregierung.

22. Juni: Vor ihrem zweiten «2 + 4»-Treffen in Ost-Berlin nehmen die sechs Außenminister an der feierlichen Schließung des berühmten «Checkpoint Charlie» teil, dem Ort, wo der Kalte Krieg in einen heißen umzuschlagen drohte. Bei den Gesprächen schlägt der sowjetische Außenminister Eduard Schewardnadse überraschend vor, ein vereintes Deutschland solle für fünf Jahre alle Verträge der Teilstaaten einhalten – damit wäre Westdeutschland Mitglied der NATO, Ostdeutschland Mitglied des Warschauer Paktes.

Die Volkskammer führt alle kirchlichen Feiertage wieder ein und schafft den 7. Oktober, den Jahrestag der DDR-Gründung, als Feiertag ab.

1. Juli: Die Zeit der Aluchips ist vorüber, die harte DM kommt. Der Staatsvertrag über die Währungs-, Wirtschafts- und Sozialunion tritt in Kraft. Insgesamt 25 Milliarden DM sind über die gesamte DDR verteilt, 6000 Tonnen Scheine und 500 Tonnen Münzen. Schon Tage vorher stehen die Menschen, vielleicht zum letzten Mal, Schlange, um die Umtauschanträge auszufüllen. Erstaunlich ruhig vollzieht sich der Übergang, am ersten Tag wird nur ein Viertel der bereitgestellten 25 Milliarden DM ausgegeben.

Die Innenminister Wolfgang Schäuble (CDU) und Peter-Michael Diestel, der tags zuvor aus der DSU austrat und bald in die CDU eintritt, unterzeichnen ein Abkommen über den sofortigen Wegfall der Personenkontrollen an der innerdeutschen Grenze.

5. und 6. Juli: «Der Kalte Krieg ist vorbei» – dieser historische Satz steht über dem Gipfeltreffen der Staats- und Regierungschefs der NATO in London. Nahezu alle Teilnehmer stimmen überein, daß nunmehr die «Sowjetunion und die Länder Mittel- und Osteuropas als potentielle Partner und Freunde» betrachtet werden. Einzig die britische Premierministerin Margaret Thatcher ist entsetzt über die von den USA vorgelegten Kooperationsangebote an die Sowjetunion und besteht darauf, daß wesentliche Aufgabe der NATO die Abschreckung bleibe.

9. bis 11. Juli: Noch vor einem Jahr erklärte Michail Gorbatschow in einem Brief an die Teilnehmer des damaligen Weltwirtschaftsgipfels in Paris, daß die Sowjetunion direkte westliche Hilfen weder brauche noch wünsche. Nun setzt Gorbatschow die heimische Wirtschaftskrise und die Bedrohung seiner Reformpolitik ein, um vom Weltwirtschaftsgipfel in Houston langfristige Kredite und andere Hilfen zu erbitten. Er will sich seine Zustimmung zur NATO-Mitgliedschaft eines vereinten Deutschland teuer bezahlen lassen. Indes stimmen die anderen Teilnehmer dem Drängen der Bundesrepublik, Frankreichs und Italiens, einen Kredit über fünfzehn Milliarden Dollar zu gewähren, nicht zu.

14. bis 16. Juli: Bundeskanzler Helmut Kohl reist in die Sowjetunion, um mit Michail Gorbatschow über die deutsche Einheit zu verhandeln. In Moskau, in Stawropol, der Heimatstadt von Gorbatschow, und im Erholungsort Archis im Kaukasus geht Gorbatschow auf die Angebote Kohls ein. Kohl erklärt sich bereit, die Streitkräfte des vereinten Deutschland auf 370000 Soldaten zu begrenzen, während die Sowjetunion bisher 200000 bis 250000 Soldaten als Obergrenze verlangte. Gorbatschow gibt sein wichtigstes Zugeständnis: Deutschland soll «frei und selbst entscheiden», welchem militärischen Bündnis es angehören will. Kohl drückt den Wunsch eines vereinten Deutschland aus, der NATO anzugehören – er sei sicher, daß dies auch die Auffassung der DDR sei. Die sowjetischen Truppen in der DDR sollen innerhalb von drei bis vier Jahren abgezogen werden, so lange sollen «NATO-Strukturen» nicht auf diesen Teil Deutschlands ausgedehnt werden und die westalliierten Truppen in West-Berlin verbleiben. Kohl gibt finanzielle Zusagen über Kredite und Hilfen beim Truppenabzug. Bereits jetzt ist die Bundesrepublik größter Handelspartner der Sowjetunion im Westen, die DDR im Osten – Kohl bietet eine «umfassende Zusammenarbeit» und den baldigen Abschluß eines Generalvertrages an. Noch ein oder zwei Jahre zuvor wäre dieser Durchbruch, bei dem die Sowjetunion aufgibt, was sie im Zweiten Weltkrieg errang, undenkbar gewesen. Mit dieser historischen Einigung, über die Kohl am 17. Juli DDR-Ministerpräsident Lothar de Maizière (CDU) «unterrichtet», beginnt das Ende von Kaltem Krieg und Nachkriegszeit.

16. Juli: In Ost-Berlin hält die «Treuhandanstalt» ihre konstituierende Sitzung ab. Zu ihrem Leiter wird Reiner Maria Gohlke ernannt, der jedoch bereits am 20. August zurücktritt. Die DDR-Wirtschaft sei ein «Chaos», die Privatisierungen verliefen weit schwieriger, als er erwartet habe. Neuer Leiter wird der bisherige Vorsitzende des Verwaltungsrates, Detlev Karsten Rohwedder (SPD). Dieser erklärt, die «Treuhandanstalt» könnte ihre Aufgaben innerhalb von zwei Jahren weitgehend abschließen.

22. Juli: Die Volkskammer beschließt das Gesetz über die Wiedereinführung der 1952 abgeschafften Länder, die Wahl der Landtage wird für den 14. Oktober festgesetzt. Die Bezirke Neubrandenburg, Rostock und Schwerin bilden das Land Mecklenburg-Vorpommern; die Bezirke Potsdam, Frankfurt (Oder) und Cottbus das Land Brandenburg; die Bezirke Halle und Magdeburg das Land Sachsen-Anhalt; die Bezirke Erfurt, Suhl und Gera das Land Thüringen; die Bezirke Dresden, Leipzig und Chemnitz das Land Sachsen. Die Landeshauptstädte werden noch nicht bestimmt.

27. Juli: Die RAF verübt einen Bombenanschlag auf den Staatssekretär im Bundesinnenministerium, Hans Neusel, der nur leicht verletzt wird. Er ruft die Terroristen, die die deutsche Vereinigung als «Viertes Reich» bekämpfen, zur Aufgabe auf.

2. August: Mit allen Tricks und Kniffen suchen die Parteien in Ost und West das Wahlrecht für die bevorstehenden gesamtdeutschen Bundestagswahlen zu ihrem Vorteil zu formulieren. Vor allem die Regelung der Sperrklausel erregt die Gemüter. Am 24. Juli verlassen die Liberalen die Ost-Berliner Regierung, die SPD droht mit ihrem Auszug. Heute unterzeichnen Innenminister Wolfgang Schäuble (CDU) und Staatssekretär Günther Krause (CDU) den Wahlvertrag. Der neue Bundestag soll statt bisher 518 nun 656 Sitze haben und im Dezember in einem einheitlichen Wahlgebiet nach einheitlichem Wahlrecht mit einer Fünf-Prozent-Sperrklausel gewählt werden. Tags darauf schlägt Ministerpräsident Lothar de Maizière (CDU) in Abstimmung mit Bundeskanzler Helmut Kohl eine Vorverlegung der Wahlen vom 2. Dezember auf den 14. Oktober vor, was vor allem von der SPD als leicht durchschaubarer Versuch gewertet wird, die schwindenden Chancen der CDU zu bewahren.

12. August: In Hannover vereinigen sich die FDP der Bundesrepublik und die liberalen Parteien der DDR, Otto Graf Lambsdorff wird zum Vorsitzenden gewählt.

15. August: In Ost-Berlin demonstrieren 250000 Bauern gegen den drohenden «totalen Zusammenbruch der DDR-Landwirtschaft», sie fordern Sofortmaßnahmen der Regierungen in Ost-Berlin und Bonn.

22. August: Am 15. August entläßt Ministerpräsident Lothar de Maizière (CDU) zwei Minister, darunter den Finanzminister Walter Romberg (SPD), zwei weitere Minister gehen freiwillig. Am 20. August verlassen alle verbliebenen Minister der SPD die Regierung, die Große Koalition ist über den Streit um Wahl- und Beitrittstermin zerbrochen. Heute befindet die Volkskammer auf einer Sondersitzung endgültig über den Termin des Beitritts der DDR zur Bundesrepublik Deutschland. Mehrere Vorschläge werden verworfen, erst in der Nacht findet als Kompromißvorschlag der 3. Oktober eine Mehrheit. Auch das Wahlgesetz wird gebilligt, wenig später auch vom Bundestag. Am 29. September erklärt jedoch das Bundesverfassungsgericht wesentliche Teile des Wahlgesetzes für verfassungswidrig, vor allem die einheitliche Sperrklausel und die Möglichkeit der Listenverbindungen von Parteien, die regional nicht miteinander konkurrieren. Am 4. Oktober ändert der Bundestag das Gesetz entsprechend, am 18. Oktober muß eine weitere Änderung vorgenommen werden.

31. August: Am 24. August enden die Verhandlungen über den Einigungsvertrag auf Regierungsebene, eine Vielzahl strittiger Detailfragen wird nur noch zum Teil geklärt. Heute unterzeichnen im Ost-Berliner Palais Unter den Linden Innenminister Wolfgang Schäuble (CDU) und Staatssekretär Günther Krause (CDU) den «Vertrag über die Herstellung der Einheit Deutschlands». Als Beitrittsgebiet werden die fünf neuen Länder bestimmt, Berlin wird als Hauptstadt Deutschlands festgelegt, beitrittsbedingte und künftige Grundgesetzänderungen werden benannt, die Bodenreform-Enteignungen auf hoheitsrechtlicher bzw. besatzungsrechtlicher Grundlage (1945 bis 1949)» werden nicht rückgängig gemacht, das unterschiedliche Abtreibungsrecht gilt vorerst für zwei Jahre weiter. Eine unüberschaubare Fülle weiterer Fragen wird geregelt, bis zu den Kehrbezirken der Bezirksschornsteinfegermeister. Am 20. September billigen Bundestag und Volkskammer auf ihren letzten ordentlichen Sitzungen den Einigungsvertrag, nachdem das Bundesverfassungsgericht am 18. September eine Klage von acht CDU/CSU-Bundestagsabgeordneten wegen der Festschreibung der Oder-Neiße-Grenze abweist.

Der Krieg um Kuwait

Mit der Vereinigung Deutschlands und dem dramatischen Wandel in Osteuropa, der die Blockkonfrontation beendet, erwächst die Hoffnung, eine neue internationale Ordnung könnte auf das friedliche Zusammenleben der Völker gegründet sein. Diese Hoffnung wird durch den Einmarsch des Irak in Kuwait zerstört, der am 2. August 1990 beginnt. Gegen die Invasion und Annexion, die Diktator Saddam Hussein als verzweifelten Ausweg aus der verheerenden Wirtschaftskrise seines Landes betreibt, erhebt sich weltweit Widerstand.

Zum zweiten Mal nach dem Krieg in Korea schaffen die Vereinten Nationen eine internationale Allianz, die gemeinsam gegen einen Aggressor vorgeht. Siebzehn Staaten stellen Soldaten: die USA, Saudi-Arabien, Großbritannien, Ägypten, Syrien, Frankreich, Bangla Desh, Kanada, Afghanistan, Marokko, Niger, Senegal, Bulgarien, die Tschechoslowakei, Sierra Leone und Honduras. Elf weitere Länder leisten militärische Unterstützung, zumeist durch die Bereitstellung von Kriegsschiffen. Sechzehn Länder gewähren humanitäre, wirtschaftliche oder andere Unterstützung. Nach einem mehrwöchigen Luft- und einwöchigen Bodenkrieg werden die irakischen Truppen bis Ende Februar 1991 aus Kuwait vertrieben.

Wiederholt wird vom vereinten Deutschland die Übernahme von «Führungsverantwortung» und damit die direkte militärische Beteiligung gefordert. Doch beläßt es die Bundesregierung bei einer «Scheckbuchpolitik», sie zahlt siebzehn Milliarden DM in die Kriegskasse der Alliierten. Am 16. August 1990 laufen fünf Minensuchboote und zwei Versorgungsschiffe mit etwa 500 Marinesoldaten von Wilhelmshaven aus. Sie werden zunächst in das östliche Mittelmeer entsandt, später im Persischen Golf zur Minenräumung eingesetzt und kehren am 25. Juli 1991 zurück. Auf Bitten der Türkei, die sich durch den Irak bedroht fühlt, gelangen im Rahmen einer NATO-Eingreiftruppe am 6. Januar 1991 erstmals Bundeswehrsoldaten in ein ausländisches Krisengebiet. Zusammen mit italienischen und belgischen Einheiten werden achtzehn Alpha-Jets und 200 Soldaten auf den türkischen Flugplatz Erhac verlegt. Später werden weitere Einheiten mit Raketenabwehrsystemen nach Erhac und Diyarbakir verlegt, um die dortigen NATO-Verbände zu schützen.

Die erwiesene Beteiligung zahlreicher deutscher Firmen an der gewaltigen Aufrüstung des Irak, unter anderem bei Raketen und Giftgas, sorgt für weltweite Empörung. Vor allem Israel greift die Bundesregierung an, so Außenminister David Levy: «All die chemischen Waffen, auch die Atomtechnologie – all dies kommt aus Deutschland, und all dies macht es Saddam Hussein möglich, Israel nicht nur zu bedrohen, sondern zu vernichten. Israels Menschen tragen auf ihrer Haut noch die Narben der schweren Vergangenheit. Die Bevölkerung sitzt heute mit Gasmasken in abgedichteten Räumen. Wir hätten nie geglaubt, daß sich das wiederholen würde.» Der Besuch von Außenminister Hans-Dietrich Genscher am 24. und 25. Januar 1991 gerät zur Sühnemission, auf der er Hilfszahlungen über 250 Millionen DM und die Lieferung von Waffen zusagt – womit eine Bundesregierung erstmals Rüstungsgüter in ein Spannungsgebiet verkauft.

Unterzeichnung des Vertrags über den Beitritt der DDR zur Bundesrepublik Deutschland im Palais «Unter den Linden» in Berlin: Austausch der Urkunden durch die Verhandlungsführer Günther Krause (rechts) und Wolfgang Schäuble

5. September: Am 24. August verabschiedet die Volkskammer ein Gesetz, das den Verbleib der Stasi-Akten auf DDR-Gebiet, ihre «politische, historische und juristische Aufarbeitung» und ein Auskunftsrecht für Betroffene festlegt. Doch wird im Entwurf des Einigungsvertrages kurzerhand eine Übergabe an das Bundesarchiv in Koblenz vorgesehen, das sie unter Verschluß halten soll. Bundesnachrichtendienst und Verfassungsschutz soll bevorzugter, Betroffenen und Historikern nur eingeschränkter Zugang gewährt werden. Am 30. August spricht sich die Volkskammer mit nur einer Gegenstimme gegen diese Bestimmung aus, so daß der Einigungsvertrag nur vage von der Belassung auf DDR-Territorium spricht.

Gegen die «Konfiskation» durch den Westen wenden sich Bürgerrechtler aus der DDR. In einer spektakulären Aktion besetzen sie heute den Vorraum der ehemaligen Stasi-Zentrale und treten bald in den Hungerstreik: «Die Stasi-Akten gehören uns.» Dieser von vielen politischen Kräften der DDR unterstützte Protest erreicht tatsächlich eine Nachbesserung zum Einigungsvertrag. Am 17. September nehmen Schäuble und Krause einen Zusatzartikel zum Einigungsvertrag auf, nach dem die Akten dezentral auf DDR-Territorium belassen werden und nur von einem Sonderbeauftragten eingesehen werden dürfen. Am 3. Oktober nimmt in Ost-Berlin der «Sonderbeauftragte der Bundesregierung für die personenbezogenen Daten des ehemaligen Staatssicherheitsdienstes» seine Arbeit auf, der die

Unterzeichnung des Abschlußdokuments der «2+4»-Gespräche über die Vereinigung von BRD und DDR in Moskau: (von links) Roland Dumas (F), Eduard Schewardnadse (UdSSR), James Baker (USA), Michail Gorbatschow (UdSSR), Hans-Dietrich Genscher (BRD), Lothar de Maizière (DDR) und Douglas Hurd (GB)

Akten zunächst sichern und verwahren soll. Zum Beauftragten wird Joachim Gauck (Bündnis 90) gewählt, bisher maßgeblich an der Liquidierung der Stasi beteiligt. Am 18. Dezember legt Gauck eine vorläufige Benutzungsordnung für das Stasi-Archiv vor, nach der Betroffene und «zuständige Stellen» das Recht auf Auskunft haben.

6. September: Die Volkskammer verabschiedet ein Rehabilitierungsgesetz, das die «Menschen vom Makel strafrechtlicher Verurteilung und anderer Diskriminierung» befreien soll. Es sieht neben der Rehabilitierung auch finanziellen Entschädigungen für gesundheitliche Schäden vor, die während der Haft erlitten wurden. Zur Umsetzung dieses Gesetzes kommt es jedoch nicht mehr.

11. und 12. September: Beim vierten und letzten Treffen der «2+4»-Verhandlungen in Moskau wird von den sechs Außenministern der «Vertrag über die abschließende Regelung in bezug auf Deutschland» unterzeichnet. Alle Beteiligten sagen eine rasche Ratifizierung zu; da diese dennoch Monate in Anspruch nehmen wird, verzichten die Siegermächte des Zweiten Weltkrieges bereits ab dem 3. Oktober auf ihre bisherigen Rechte. Nach schwierigen Verhandlungen, an denen auch Präsident Michail Gorbatschow teilnimmt, einigen sich die sechs Parteien auf Folgendes: Deutschland erhält volle Souveränität; jegliche Gebietsansprüche Deutschlands werden ausgeschlossen; Deutschland verzichtet auf Herstellung, Besitz und Verfügungsgewalt über atomare, biologische und chemische Waffen; die deutschen Streitkräfte werden auf 370000 Soldaten begrenzt; die sowjetischen Truppen werden bis 1994 aus Ostdeutschland abgezogen; nach dem 3. Oktober dürfen nur deutsche, nicht in die NATO integrierte und keine ausländischen Verbände nach Ostdeutschland einrücken; Gesamtdeutschland darf nach freier Entscheidung der NATO angehören; die Vier Mächte verzichten auf ihre Rechte und Verantwortlichkeiten für Deutschland als Ganzes und Berlin.

14. September: DDR-Innenminister Peter-Michael Diestel wird heftig angegriffen, er verzögere die Auflösung der Stasi, verschleiere ihre Machenschaften und decke alte Seilschaften. Nach Hinweisen des Volkskammer-Ausschusses zur Stasi-Auflösung werden 57 frühere Stasi-Offiziere enttarnt, darunter auch der Büroleiter des Staatlichen Komitees für die Stasi-Auflösung beim Innenministerium. Heute entzieht Ministerpräsident Lothar de Maizière (CDU) Diestel die Stasi-Auflösung und beauftragt Staatssekretär Eberhard Stief (FDP) damit. In der Volkskammer gelten etwa fünfzig Abgeordnete aller Fraktionen als verdächtig, Stasi-Mitarbeiter gewesen zu sein. Am 20. September bekennt sich als erster Parlamentarier ein PDS-Mitglied zu seiner Stasi-Tätigkeit. Am 23. September äußert Diestel die Befürchtung, es komme wegen der Stasi-Problematik zu einem «Bürgerkrieg»; zudem hätten Stasi-Mitarbeiter «hochbrisante» Unterlagen beiseite geschafft, mit denen jetzt Erpressung und ein schwunghafter Handel betrieben würden.

27. und 28. September: Auf getrennten Parteitagen beschließen die beiden sozialdemokratischen Parteien Deutschlands ihren Zusammenschluß, der den Zustand vor der Zwangsvereinigung zur SED wiederherstellen soll. Anderntags kommen die Delegierten zu einem gemeinsamen Parteitag zusammen, sie bestätigen die Vereinigung und wählen mit einer Zustimmung von 99 Prozent Oskar Lafontaine zum gemeinsamen Kanzlerkandidaten für die bevorstehenden Wahlen.

1. und 2. Oktober: Auf dem Vereinigungsparteitag in Hamburg treten die fünf ostdeutschen Landesverbände der CDU der Gesamtpartei bei. Bundeskanzler Helmut Kohl wird mit einer Zustimmung von 98,5 Prozent als Parteivorsitzender bestätigt, Ministerpräsident Lothar de Maizière mit 97 Prozent zum alleinigen ersten Stellvertreter gewählt.

2. Oktober: Die Alliierten Stadtkommandanten Berlins erklären ihre Vorbehaltsrechte für suspendiert und ihren Auftrag für erfüllt. Mit ihrer 618. Sitzung beendet die Interalliierte Kommandantur, aus der sich die Sowjets 1948 zurückzogen, ihre Tätigkeit.

In seiner letzten Ansprache als Ministerpräsident der DDR erklärt Lothar de Maizière (CDU) am Abend, der Abschied der DDR aus der Staatengemeinschaft sei ein «Abschied ohne Tränen».

2. und 3. Oktober: Um 24 Uhr des 2. Oktober endet die Existenz der DDR, um 0 Uhr des 3. Oktober beginnt die Existenz der neuen Bundesrepublik. Ab heute gehören 144 Abgeordnete, die die Volkskammer am 28. September bestätigt, dem Bundestag an. Ihre Parteizugehörigkeit entspricht der Stärke der Fraktionen in der Volkskammer. Mit einer offiziellen Zeremonie an Reichstag und Brandenburger Tor sowie zahllosen weiteren Feiern begrüßen die Menschen die Wiedererlangung der staatlichen Einheit Deutschlands.

Eine besondere Herausforderung ist die in der Geschichte beispiellose Übernahme der «Nationalen Volksarmee» (NVA) der DDR durch den ehemaligen Feind Bundeswehr.

Ab heute hat der Bundesverteidigungsminister die Befehls- und Kommandogewalt über die Streitkräfte des vereinten Deutschland inne. Von vornherein wird das Ziel verfolgt, die NVA mit ihren 175000 Mann und ihren Vorräten an Kriegsgerät und Munition, die größer sind als die Bestände der 495000 Mann starken Bundeswehr, «abzuwickeln». In den folgenden drei Jahren werden von den 50000 Berufssoldaten 35600 entlassen, davon 24000 auf eigenen Wunsch. Von den restlichen 14400 Mann, die sich als Soldaten auf Zeit bei der Bundeswehr bewerben, werden 11800 Mann übernommen, darunter 3000 Offiziere.

Die Soldaten erleben nun innerhalb weniger Monate die dritte Eidesformel. Bis zum 19. Juli 1990 galt der alte Fahneneid, der den Gehorsam gegenüber der «Arbeiter-und-Bauern-Regierung» und den Kampf «an der Seite der Sowjetarmee und der Armeen der mit uns verbündeten sozialistischen Länder» beinhaltete. Er endete mit dem Satz: «Sollte ich jemals diesen meinen feierlichen Fahneneid verletzen, so möge mich die harte Strafe der Gesetze unserer Republik und die Verachtung des werktätigen Volkes treffen.» Ab dem 20. Juli 1990 galt ein neuer Text: «Ich schwöre, getreu dem Recht und dem Gesetz der Deutschen Demokratischen Republik meine militärischen Pflichten diszipliniert und ehrenhaft zu erfüllen. Ich schwöre, meine ganze Kraft zur Erhaltung des Friedens und zum Schutz der Deutschen Demokratischen Republik einzusetzen.» Ab sofort gilt der knappe Satz der Bundeswehr: «Ich schwöre, der Bundesrepublik Deutschland treu zu dienen und das Recht und die Freiheit des deutschen Volkes tapfer zu verteidigen.»

In den Zentralen der NVA entdeckt die Bundeswehr weitreichende Pläne für Angriffe nach Westeuropa, die das Ziel verfolgten, den Gegner auf dessen Territorium zu schlagen. Im Rahmen der Truppen des Warschauer Paktes war der NVA die Aufgabe zugeteilt, mit 32000 Soldaten zunächst West-Berlin zu erobern und dann bis nach Jütland sowie gegen das Ruhrgebiet und Luxemburg vorzudringen – wenn auch nur als Reaktion auf eine «imperialistische Provokation». Taktische Atomschläge waren dabei fest miteingeplant. Selbst Besatzungsgeld, neue Straßenschilder und Coupons für Kriegerwitwen waren gedruckt.

4. Oktober: Im Berliner Reichstag tritt der

Die Bevölkerung

Am Tag der Vereinigung leben, wie das Statistische Bundesamt später mitteilt, 79,67 Millionen Menschen im deutschen Staatsgebiet. In den alten Bundesländern sind es 63,56 Millionen, in den neuen 16,11 Millionen Menschen. Auf die Bundesländer verteilt sich die Bevölkerung wie folgt:

Nordrhein-Westfalen 17,31 Millionen
Bayern 11,41 Millionen
Baden-Württemberg 9,79 Millionen
Niedersachsen 7,37 Millionen
Hessen 5,75 Millionen
Sachsen 4,79 Millionen
Rheinland-Pfalz 3,75 Millionen
Berlin 3,43 Millionen (im Westteil 2,16 Millionen, im Ostteil 1,27 Millionen)
Sachsen-Anhalt 2,89 Millionen
Thüringen 2,63 Millionen
Schleswig-Holstein 2,62 Millionen
Brandenburg 2,59 Millionen
Mecklenburg-Vorpommern 1,93 Millionen
Hamburg 1,65 Millionen
Saarland 1,07 Millionen
Bremen 0,68 Millionen

Konstituierende Sitzung des ersten gesamtdeutschen Parlaments im Berliner Reichstag: Bundestagspräsidentin Rita Süssmuth vereidigt den neuernannten Minister für besondere Aufgaben, Lothar de Maizière (links im Hintergrund Bundeskanzler Helmut Kohl und Sabine Bergmann-Pohl)

neuformierte Bundestag zusammen. Fünf Minister der ehemaligen DDR-Regierung werden als «Minister für besondere Aufgaben» in die Bundesregierung aufgenommen: von der CDU Lothar de Maizière, Sabine Bergmann-Pohl und Günther Krause, von der FDP Rainer Ortleb und von der DSU deren Vorsitzender Hansjoachim Walther.

12. Oktober: Außenminister Hans-Dietrich Genscher und der sowjetische Botschafter in Bonn, Wladislaw Terechow, unterzeichnen einen Vertrag, der Regelungen für die in Deutschland verbleibenden sowjetischen Truppen sowie deren Abzug enthält. Zusätzlich zu den bereits zugesagten zwölf Milliarden DM für den Wohnungsbau in der Sowjetunion wird ein zinsloser Kredit von drei Milliarden DM eingeräumt.

Während einer Wahlkampfrede in Oppenau bei Offenburg schießt der geistesgestörte Dieter Kaufmann Bundesinnenminister Wolfgang Schäuble (CDU) nieder. Schäuble wird schwer verletzt und bleibt zeit seines Lebens an den Rollstuhl gefesselt.

14. Oktober: Bei einer durchschnittlichen Wahlbeteiligung von 68,7 Prozent werden die Landtage der fünf neuen Bundesländer gewählt. Nur in Brandenburg wird die SPD mit dem Konsistorialpräsidenten Manfred Stolpe, der am 1. November als Ministerpräsident einer «Ampelkoalition» gewählt wird, stärkste Partei, der CDU-Spitzenkandidat war der umstrittene frühere Innenminister Peter-Michael Diestel. Mit dem am 27. Oktober zum Ministerpräsidenten gewählten Kurt Biedenkopf erringt die CDU im «Freistaat» Sachsen die absolute Mehrheit. In den drei anderen Ländern werden jeweils CDU-FDP-Koalitionen gebildet, wodurch die Mehrheit im Bundesrat an CDU/CSU und FDP zurückfällt. Am 25. Oktober wird in Thüringen Josef Duchac

(CDU) zum Ministerpräsidenten gewählt und Erfurt zur Landeshauptstadt bestimmt. Am 26. Oktober wird in Mecklenburg-Vorpommern Alfred Gomolka (CDU) zum Ministerpräsidenten gewählt, Schwerin wird Landeshauptstadt. Und am 27. Oktober wird in Sachsen-Anhalt Gerd Gies (CDU) zum Ministerpräsidenten gewählt, Magdeburg setzt sich gegen Halle und Dessau als Landeshauptstadt durch. In allen Ländern verliert die PDS zwar deutlich, bleibt aber drittstärkste Kraft.

Bei den Landtagswahlen in Bayern kann die CSU mit Ministerpräsident Max Streibl ihre absolute Mehrheit mit 54,9 Prozent der Stimmen behaupten.

15. Oktober: Dem sowjetischen Präsidenten Michail Gorbatschow wird der Friedensnobelpreis zuerkannt.

19. Oktober: Ohne Durchsuchungsbefehl durchsucht die Berliner Polizei die Zentrale der PDS unter dem Verdacht, die Partei habe an der Kontrolle der «Treuhandanstalt» vorbei illegal Gelder ins Ausland verschoben. Am 22. Oktober sperrt die «Treuhandanstalt» Konten in Utrecht und Oslo, auf die im September und Oktober 107 Millionen DM flossen. Wenig später wird in Oslo das PDS-Vorstandsmitglied Karl-Heinz Kaufmann beim Versuch verhaftet, 70 Millionen DM in bar abzuheben. Ende Oktober muß der PDS-Vorsitzende Gregor Gysi seine Angaben über das Vermögen der PDS mehrfach nach oben korrigieren, letztlich beziffert er es mit vier Milliarden DM. Ein Spitzenfunktionär bezeichnet die Transaktionen ins Ausland nur als «Spitze des Eisberges». Enorme Summen wurden als extrem günstige Darlehen an Parteimitglieder gegeben, zahlreiche neugegründete Firmen mit Genossen als Leitern und Angestellten wurden üppig ausgestattet, schwarze Konten wurden geführt, Immobilien wurden unrechtmäßig ausgegliedert. Später gerät auch die CDU der DDR in Verdacht, im Dezember 1989 Gelder ins Ausland verschoben zu haben.

27. Oktober: Der Vorsitzende der «Treuhandanstalt», Detlev Karsten Rohwedder (SPD), zieht eine erste Bilanz. Bis zum Jahresende würden 500 der insgesamt 8000 volkseigenen Betriebe verkauft sein. Bisher seien Verkaufserlöse von 1,5 Milliarden DM erzielt, der gleiche Betrag stehe in Aussicht. Eine neue «zähe Symbiose» aus westdeutschen Unternehmen und stasi- oder SED-durchsetzten Betriebsleitungen in Ostdeutschland bereite erhebliche Probleme.

3. November: Durch einen Pressebericht in Italien wird die Existenz geheimer Organisationen der NATO bekannt, die im Fall einer kommunistischen Besetzung bewaffneten Widerstand leisten sollten. Die CIA initiierte 1951 die Gründung dieser von der geheimen NATO-Abteilung «Allied Coordination Comittee» gesteuerten Kommandotrupps. In Italien heißen sie «Gladio». In der Bundesrepublik wurden sie 1954 gegründet, hießen «Stay behind» (Zurückbleiben hinter den feindlichen Linien) und waren dem BND unterstellt. Verteidigungsminister Gerhard Stoltenberg (CDU) hat nach eigenem Bekunden keine Kenntnis von dieser Gruppe, deren Existenz jedoch später von der Bundesregierung bestätigt wird.

9. und 10. November: Der Wegbereiter der deutschen Einheit, der sowjetische Präsident Michail Gorbatschow, besucht unter dem Jubel der Bevölkerung die Bundesrepublik. Mit Bundeskanzler Helmut Kohl unterzeichnet er den «Vertrag über gute Nachbarschaft, Partnerschaft und Zusammenarbeit», der als Generalvertrag den «Moskauer Vertrag» von 1970 ersetzt. Beide Seiten verpflichten sich, eventuelle Streitigkeiten ausschließlich friedlich auszutragen, und sagen eine umfassende Entwicklung der Beziehungen zu. Da zudem ein Wirtschaftsabkommen geschlossen wird, spricht Gorbatschow mehrfach von einer neuen Phase der Beziehungen.

14. November: Während eines kurzen Zusammentreffens mit dem polnischen Ministerpräsidenten Tadeusz Mazowiecki am 8. November in Frankfurt (Oder) sagt Bundeskanzler Helmut Kohl (CDU) nun eine rasche Unterzeichnung des deutsch-polnischen Grenzvertrages zu. Heute unterzeichnen in Warschau die Außenminister Krzysztof Skubiszewski und Hans-Dietrich Genscher den Grenzvertrag, der die Oder-Neiße-Grenze endgültig bestätigt.

Im Ostteil Berlins werden dreizehn besetzte Häuser von 1500 Polizisten geräumt, wobei es zu massiven Auseinandersetzungen mit den 300 Besetzern kommt. Nie zuvor wäre ihr eine so starke kriminelle Energie entgegengeschlagen, erklärt die Polizeiführung. Tags darauf kommt es während einer Protestdemonstration von 10000 Menschen erneut zu einer Straßenschlacht. Aus Kritik am Polizeieinsatz verläßt die AL die rot-grüne Senatskoalition im Westteil der Stadt.

19. bis 21. November: Am 18. November paraphieren die Vertreter der sechzehn NATO-Staaten und der sechs Staaten des Warschauer Paktes den «Vertrag über konventionelle Abrüstung in Europa» (KSE). Er begrenzt die Zahl der schweren Waffen vom Atlantik bis zum Ural, die Obergrenzen müssen binnen vierzig Monaten erreicht sein. Erstmals seit dem Zweiten Weltkrieg erlebt Europa damit den systematischen Abbau von Waffensystemen, mehr als 100000 Systeme müssen abgebaut werden. Nur noch je 20000 Kampfpanzer dürfen beide Seiten besitzen, womit der Westen seinen Bestand um 3000, der Osten aber um 21000 Panzer verringern muß. Dieses in letzter Minute erzielte KSE-Abkommen wird nun während des Gipfeltreffens der wegen des Ausfalls der DDR nur noch 34 Staats- und Regierungschefs der KSZE-Staaten in Paris unterzeichnet. Einstimmig verabschieden die Teilnehmer die «Charta von Paris», die die Spaltung Europas für beendet erklärt, und sagen die Gewährleistung von Menschenrechten und Grundfreiheiten zu.

25. November: Erstmals fordert im vereinten Deutschland die Ausländerfeindlichkeit ein Todesopfer. In Eberswalde wird der Angolaner Amadeu Antonio Kiowa von mehreren Dutzend Rechtsradikalen so stark geprügelt und gegen den Kopf getreten, daß er seinen Verletzungen am 6. Dezember erliegt. Am 14. September 1992 verurteilt das Bezirksgericht Frankfurt (Oder) fünf Haupttäter im Alter zwischen neunzehn und 21 Jahren zu Freiheitsstrafen. Diese Tat ist der Auftakt zu einer beispiellosen Welle von Gewalttaten gegen Ausländer und Asylbewerber, später auch gegen Obdachlose und Behinderte, die ganz Deutschland erfaßt. Im März 1991 stoßen in Dresden Skinheads den Moçambiquaner Jorge Gomandai aus einer Straßenbahn – das Opfer erliegt seinen Verletzungen.

Die ostdeutschen Eisenbahner der Reichsbahn treten in den Streik, um angesichts drohender Massenentlassungen Kündigungsschutz nach westlichem Vorbild sowie Einkommenserhöhungen durchzusetzen. Derzeit liegen Löhne und Gehälter bei 45 Prozent des Niveaus der Bundesbahn, sie sollen auf fünfzig bis sechzig Prozent steigen. Rasch kommt der nahezu der gesamte Bahnverkehr zum Erliegen. Am 29. November wird ein Kompromiß erzielt, der jedoch in den Hauptforderungen nur die Zusage weiterer Gespräche bringt.

14. und 15. Dezember: In Rom leiten die Staats- und Regierungschefs der EG einen neuen Abschnitt ein. Regierungskonferenzen sollen die «Europäische Politische

Gemeinsames Parlament

Am 2. Dezember wählen erstmals alle Deutschen in Ost und West den Deutschen Bundestag, wobei die Fünf-Prozent-Hürde getrennt für Ost- und Westdeutschland gilt. Vierzig Parteien, darunter die Listenverbindung Grüne / Bündnis 90 in den fünf neuen Bundesländern, treten an. Bei einer Wahlbeteiligung von 77,8 Prozent erhalten CDU / CSU und FDP eine deutliche Mehrheit. Die CDU / CSU kommt auf 43,8 Prozent der Stimmen (im Westen 44,3 Prozent, im Osten 41,8 Prozent), ein eindeutiger Vertrauensbeweis für Helmut Kohl. Die SPD erzielt mit 33,5 Prozent (35,7 Prozent im Westen, nur 24,3 Prozent im Osten) ihr schlechtestes Ergebnis seit mehr als dreißig Jahren, eine deutliche Niederlage für Oskar Lafontaine. Die FDP verzeichnet mit 11,0 Prozent (im Westen 10,6 Prozent, im Osten 12,9 Prozent) ein Traumergebnis, das vor allem Hans-Dietrich Genscher zu verdanken ist. Die westdeutschen Grünen erhalten wegen ihrer Anti- oder Nichthaltung zur deutschen Einheit eine «schallende Ohrfeige», sie verfehlen mit 3,9 Prozent den Einzug in den Bundestag.

Wegen der in den beiden Wahlgebieten getrennt geltenden Fünf-Prozent-Hürde ziehen zwei weitere Parteien in den Bundestag ein. Die Listenverbindung Grüne / Bündnis 90 kommt in Ostdeutschland auf 6,0 Prozent der Stimmen und erhält acht Mandate. Die PDS erzielt in Westdeutschland nur 0,3 Prozent, dafür aber in Ostdeutschland 11,1 Prozent der Stimmen; sie zieht mit siebzehn Abgeordneten in den Bundestag ein, Gregor Gysi gewinnt das einzige Direktmandat der PDS. Die Republikaner scheitern deutlich, im Westen kommen sie auf 2,3 Prozent, im Osten nur auf 1,3 Prozent.

Union» und die «Wirtschafts- und Währungsunion» entscheidend vorantreiben, so daß beide mit dem EG-Binnenmarkt am 1. Januar 1993 in Kraft treten können.

17. Dezember: Der Minister ohne Geschäftsbereich im Kanzleramt, Lothar de Maizière (CDU), tritt zurück, nachdem Hinweise auf eine Stasi-Mitarbeit zwischen 1981 und 1989 veröffentlicht wurden.

20. Dezember: Im Berliner Reichstag tritt der erste gesamtdeutsche Bundestag zu seiner konstituierenden Sitzung zusammen. Mit überwältigender Mehrheit wird Rita Süssmuth (CDU) erneut zur Präsidentin gewählt. Weder *Grüne / Bündnis 90* noch PDS erhalten den von ihnen verlangten Fraktionsstatus.

In Moskau bekräftigt Außenminister Eduard Schewardnadse mit seinem überraschenden Rücktritt die Befürchtungen, die die Bundesregierung zum möglichst raschen Vollzug der deutschen Vereinigung trieben: «Eine Diktatur ist im Anmarsch – dies erkläre ich mit voller Verantwortung. Niemand weiß, wie die Diktatur sein wird und was für ein Diktator kommt, was für Zustände.»

20. und 21. Dezember: Erstmals seit 1947 treffen die Ministerpräsidenten aller deutschen Länder in München zusammen. Angesichts der drohenden Zahlungsunfähigkeit der ostdeutschen Bundesländer fordern sie eine Aufstockung des «Fonds Deutsche Einheit», der bis 1994 115 Milliarden DM vorsieht, um mindestens 25 Milliarden DM. In ihrer «Münchener Erklärung» betonen die Ministerpräsidenten die Bedeutung des Föderalismus für die «Europäische Union». Die EU dürfe nicht eigenständig Kompetenzen an sich ziehen, sondern müsse den Ländern und Regionen mehr Rechte einräumen.

1991

Umgestaltung

Wovon die reformwilligen Länder Osteuropas nur träumen können, wird für die ehemalige DDR Wirklichkeit. Das alte System wird im wahrsten Sinne des Wortes abgeschafft, ein komplettes Gesellschaftssystem wird importiert, mit allen Vorzügen und allen Nachteilen. Doch das erhoffte rasche «Wirtschaftswunder» läßt auf sich warten, worauf sich «Ossis» und «Wessis» mit wechselseitigen Vorwürfen eindecken. Eines ist gewiß: Während die Ostdeutschen eine radikale Veränderung ihres Lebens erfahren, sträuben sich die Westdeutschen noch gegen die geringste Veränderung für ihr Leben. Bezeichnend ist der Widerstand gegen die wegen ihres symbolischen Gehalts dringend gebotene Verlegung von Bundestag und Bundesregierung in die Hauptstadt Berlin.

4. und 5. Januar: Der RGW beschließt in Moskau seine Auflösung. Noch wird die Gründung einer «Organisation für Internationale Wirtschaftliche Zusammenarbeit» vorbereitet, doch werden diese Bemühungen bald eingestellt. Am 28. Juni wird in Budapest das offizielle Auflösungsprotokoll unterzeichnet.

11. Januar: Bei der ersten Gesamtberliner Wahl seit 1946 am 2. Dezember 1990 erzielt die CDU mit 40,4 Prozent die Mehrheit vor der SPD mit 30,4 Prozent. Heute konstituiert sich in der Nikolaikirche das erste frei gewählte Abgeordnetenhaus für ganz Berlin. Es setzt die Ost-Berliner Verfassung außer Kraft und dehnt den Geltungsbereich der West-Berliner Verfassung von 1950 auf ganz Berlin aus. Am 24. Januar wird ein Senat der Großen Koalition von CDU und SPD unter dem Regierenden Bürgermeister Eberhard Diepgen (CDU) gewählt.

13. Januar: Nach Presseberichten über eine Vielzahl von Reisen, die er sich von der Industrie bezahlen ließ, tritt der Ministerprä-

Demonstration gegen den Golfkrieg im Bonner Hofgarten

sident von Baden-Württemberg, Lothar Späth (CDU), zurück. Am 22. Januar wird der bisherige Vorsitzende der CDU-Fraktion im Landtag, Erwin Teufel, zum neuen Ministerpräsidenten gewählt.

17. Januar: Der Bundestag wählt Helmut Kohl zum dritten Mal zum Bundeskanzler. Er bildet ein Kabinett mit neunzehn Ministern, dem jedoch nur drei Ostdeutsche angehören: Angela Merkel (CDU) als Ministerin für Frauen und Jugend, Günther Krause (CDU) als Verkehrsminister und Rainer Ortleb (FDP) als Bildungsminister.

20. Januar: Bei der Landtagswahl in Hessen sinkt die Wahlbeteiligung gegenüber 1987 um 9,5 Prozent auf nur noch 70,8 Prozent, den niedrigsten Wert seit 1950. SPD und *Grüne* erhalten eine knappe Mehrheit gegenüber CDU und FDP, am 5. Mai wählt der Landtag eine rot-grüne Landesregierung unter Ministerpräsident Hans Eichel (SPD). Sein Stellvertreter wird der Minister für Umwelt und Energie sowie Bundesangelegenheiten, Joschka Fischer (Grüne).

26. Januar: Wie in anderen Hauptstädten der westlichen Welt demonstrieren auch in Bonn zahlreiche Menschen gegen den Krieg um Kuwait, sie fordern die Einstellung der Kampfhandlungen. Mit 200000 Teilnehmern ist die Bonner Kundgebung die bei weitem größte. Die Zahl der Kriegsdienstverweigerer in der Bundesrepublik steigt in diesen Wochen sprunghaft an.

25. Februar: Am 15. Februar treffen sich im ungarischen Visegrad die Präsidenten der Reformstaaten Ungarn, Polen und Tschecho-Slowakei. Sie einigen sich auf eine enge Kooperation «auf dem Weg zur Europäischen Gemeinschaft». Ihre Hauptforderung, den Warschauer Pakt aufzulösen, erübrigt sich nach dem Einlenken von Michail Gorbatschow am 11. Februar. Heute treffen in Budapest die Außen- und Verteidigungsminister des Warschauer Pakts zusammen, sie beschließen die Auflösung der militärischen Zusammenarbeit zum 31. März 1991. Am 19. Juni ziehen die letzten sowjetischen Truppen aus Ungarn und der Tschecho-Slowakei ab, am 1. Juli wird in Prag das Protokoll über die Beendigung der Tätigkeit des Warschauer Paktes unterzeichnet.

8. März: Am 30. Januar kündigt Bundeskanzler Helmut Kohl in seiner Regierungserklärung Steuererhöhungen an. Als Grund nennt er nicht etwa die Folgen der deutschen Einheit, sondern den deutschen Beitrag zum Krieg um Kuwait. Die Opposition greift diese Pläne heftig an und fordert, auf die geplante Beseitigung der Vermögens- und Gewerbekapitalsteuer mit einem Volumen von neun Milliarden DM zu verzichten. Am 18. Februar gibt die FDP ihren Widerstand gegen Steuererhöhungen auf, sie gesteht zu, man habe sich in der Einschätzung der ostdeutschen Wirtschaft geirrt. Heute verabschiedet die Bundesregierung Steuererhöhungen über 46 Milliarden DM, die zur Hälfte aus dem «Solidaritätszuschlag» von 7,5 Prozent stammen, der ab 1. Juli vorerst für ein Jahr auf die Lohn-, Einkommens- und Körperschaftssteuer erhoben wird.

13. März: Die Sowjets erweisen Erich Honecker einen letzten Freundschaftsdienst und entziehen ihn der deutschen Strafverfolgung. Unter Verletzung der deutschen Souveränität fliegt ihn sowjetisches Militär vom Hospital in Beelitz nach Moskau aus. Die Bundesregierung wird erst eine Stunde vor dem Abflug informiert, sie protestiert gegen dieses Vorgehen und fordert Honeckers Rückkehr. Als sich in Moskau im Laufe des Jahres die politischen Gegebenheiten grundlegend ändern und die Rückführung Honeckers an die Bundesrepublik droht, flüchtet er mit seiner Frau Margot am 11. Dezember in die chilenische Botschaft in Moskau.

1. April: Terroristen der RAF ermorden in Düsseldorf den Präsidenten der Treuhandanstalt, Detlev Karsten Rohwedder (SPD). Seine Nachfolgerin wird am 13. April Birgit Breuel (CDU), bisher Vorstandsmitglied der Treuhandanstalt.

21. April: Bei den Landtagswahlen in Rheinland-Pfalz gewinnt die SPD deutlich, die CDU erzielt ihr schlechtestes Ergebnis. Am 21. Mai wird eine Landesregierung von SPD und FDP unter Ministerpräsident Rudolf Scharping gewählt.

16. Mai: Die Bundesrepublik und die Sowjetunion schließen ein Abkommen, das die Tätigkeit der *Sowjetisch-Deutschen Aktiengesellschaft Wismut* beendet. Von 1946 bis 1990 wurden nach vorsichtigen Schätzungen aus 400 Abbaustätten mindestens 220000 Tonnen des radioaktiven Elements Uran gefördert und an den einzigen Abnehmer Sowjetunion geliefert. 1990 gibt das Unternehmen selbst erschreckende Zahlen bekannt, etwa 7000 Bergleute leiden an Lungenkrebs, etwa 6000 gelten als «Silikose-Verdachtsfälle». Die Sanierung der gesamten Region wird mehr als zehn Jahre dauern und Zigmilliarden DM kosten.

21. Mai: Nach der Flucht Erich Honeckers in die Sowjetunion werden die weiteren früheren Mitglieder des «Nationalen Verteidigungsrates» der DDR, Willi Stoph, Heinz Keßler, Fritz Streletz und Hans Albrecht, verhaftet. Ihnen wird vorgeworfen, den Schießbefehl an der Grenze erteilt und damit zum Totschlag angestiftet zu haben. Erich Mielke befindet sich bereits in Untersuchungshaft.

28. bis 31. Mai: Auf dem Parteitag der SPD in Bremen wird der Ministerpräsident von Schleswig-Holstein, Björn Engholm, zum neuen Vorsitzenden gewählt. Der scheidende Vorsitzende Hans-Jochen Vogel wertet dies als gelungenen Generationswechsel.

Bundesparteitag der SPD in Bremen: Willy Brandt und Hans-Jochen Vogel gratulieren dem neugewählten Parteivorsitzenden Björn Engholm

2. Juni: Bei den Bürgerschaftswahlen in Hamburg sinkt die Wahlbeteiligung auf 66,1 Prozent, das sind 13,4 Prozent weniger als 1987. Die SPD erzielt knapp die absolute Mehrheit der Sitze, der Senat unter dem Ersten Bürgermeister Henning Voscherau (SPD) wird am 26. Juni gewählt.

17. Juni: In Bonn schließen die Bundesrepublik und Polen einen Vertrag über gute Nachbarschaft und freundschaftliche Zusammenarbeit, der die Kooperation auf zahlreichen Gebieten vorsieht. Ausdrücklich werden der deutschen Minderheit in Polen und den Polen in Deutschland weitgehende Rechte garantiert. Des weiteren wird in Bonn ein Abkommen über das «Deutsch-Polnische Jugendwerk» unterzeichnet, das nach dem Vorbild des «Deutsch-Französischen Jugendwerks» Austausch und Begegnungen organisieren soll.

20. Juni: Nach leidenschaftlicher Debatte befindet der Bundestag über den zukünftigen Sitz von Parlament und Regierung. Während die Befürworter Bonns vor allem die gewaltigen Kosten für einen Umzug anführen, wollen die Befürworter Berlins ein Zeichen der Solidarität setzen. Die Spaltung geht quer durch alle Fraktionen, bei CDU/CSU und SPD sind die Befürworter Bonns in der Mehrheit, bei den kleinen Parteien die Befürworter Berlins. Mit knapper Mehrheit entscheidet sich der Bundestag, Bundestag und Regierung nach Berlin zu verlegen. Am 28. Juni erklärt Bundespräsident Richard von Weizsäcker (CDU), er werde seine Präsenz in Berlin deutlich verstärken. Am 5. Juli entscheidet sich der Bundesrat, weiterhin in Bonn zu residieren, diesen Entschluß jedoch in den kommenden Jahren zu überprüfen.

25. Juni: Die «Treuhandanstalt» teilt mit, daß sie alle Konten sowie 768 Grundstücke der PDS, die direkt oder indirekt dem alten SED-Vermögen zugehören, unter Kontrolle nimmt. Weil sie ihre Rechte als politische Partei beschnitten sieht, ruft die PDS das Bundesverfassungsgericht an. Dieses erklärt am 10. Juli die Verwaltung des vor dem 7. Oktober 1989 erworbenen Parteivermögens durch die «Treuhandanstalt» für rechtmäßig, zumal die PDS versäumt habe, die Vermögensmasse vor und nach diesem Stichtag zu trennen. Am 25. Juli nimmt die «Treuhandanstalt» auch das Immobilien-

Krieg in Europa

Der Vielvölkerstaat Jugoslawien, als sozialistische föderative Republik aufgebaut, wird von heftigen Spannungen auseinandergerissen. Um sich den von Serbien dominierten Bundesinstitutionen zu entziehen, ändert das stark westlich ausgerichtete Slowenien bereits am 29. September 1990 seine Verfassung. Vor allem wird Belgrad das Kommando über die Territorialverteidigung entzogen. Am 20. Februar 1991 beschließt Slowenien seine Loslösung und konstituiert sich als selbständiger Staat. Im März 1991 beginnen die kriegerischen Auseinandersetzungen zunächst in Kroatien, wo Milizen der serbischen Minderheit ihren ausgerufenen Anschluß an Serbien durchzusetzen suchen. Angesichts dieser Eskalation erklären Slowenien und Kroatien am 25. Juni 1991 ihre volle Souveränität und Unabhängigkeit, ihre Grenzen werden zu Staatsgrenzen erklärt. Wenige Tage darauf greift die serbisch beherrschte Bundesarmee Stützpunkte der slowenischen Territorialverteidigung an, vor allem in Ljubljana und Maribor sowie an der slowenisch-österreichischen Grenze bei Spielfeld, Bleiburg und Lavamünd. Aus diesen ersten Gefechten entwickelt sich ein grauenhafter, anhaltender Krieg, der rasch die Hilflosigkeit der internationalen Gemeinschaft offenbart.

In dieser Situation unternehmen Bundeskanzler Helmut Kohl und Außenminister Hans-Dietrich Genscher eine Initiative, die von vielen Regierungen als neuer Führungsanspruch beargwöhnt wird: Erstmals seit Kriegsende betreibt die Bundesregierung mit Unterstützung der Opposition einen außenpolitischen Alleingang. Sie fordert die USA wie die Vereinten Nationen heraus und zwingt die EG-Partner auf ihre Seite. Am 3. und 5. Dezember 1991 empfängt Bundeskanzler Helmut Kohl die Präsidenten von Slowenien, Milan Kucan, und Kroatien, Franjo Tudjman. Er sichert ihnen die völkerrechtliche Anerkennung zu, sofern sie die Rechte der Minderheiten achten. Nach einer von Deutschland am 16. Dezember durchgesetzten Anerkennungsofferte der EG vollzieht die Bundesrepublik als erstes Land am 23. Dezember die Anerkennung der beiden Staaten.

Tatsächlich verlagern die Serben ihren brutalen Eroberungsfeldzug in der Folgezeit nach Süden. Bosnien-Herzegowinas Bevölkerung zählt 44 Prozent Muslime (Bosniaken), 32 Prozent Serben und 17 Prozent Kroaten, deren Siedlungsgebiete jeweils ineinander verwoben sind. Als dieser Staat am 7. April 1992 von den Regierungen der EG anerkannt wird, eskaliert der Krieg schlagartig in voller Schärfe. Trauriges Symbol dieses grausamen Krieges wird die bald von serbischen Einheiten eingekreiste und belagerte Hauptstadt Sarajevo. An diesem dritten Feldzug der Serben scheitern alle Versuche von EG, KSZE, Vereinten Nationen und NATO, eine wirksame Eindämmung des Krieges mit seinen «ethnischen Säuberungen», Massenvergewaltigungen, Kriegsverbrechen und Menschenrechtsverletzungen zu erreichen.

vermögen der FDP, der Rechtsnachfolgerin der früheren Blockparteien LDPD und NDPD, unter Kontrolle.

1. Juli: In Ostdeutschland steigen die Renten um fünfzehn Prozent. Damit erhöhen sie sich innerhalb eines Jahres von durchschnittlich 493 DM auf 820 DM. Die Obergrenze für Stasi-Renten wird von 990 DM auf 600 DM heruntergesetzt, Sonder- und Zusatzrenten werden auf 1500 DM begrenzt.

2. Juli: Der Ministerpräsident von Sachsen-Anhalt, Gerd Gies (CDU), tritt zurück. Ihm wird vorgeworfen, mit Stasi-Beschuldigungen Landtagsabgeordnete zur Aufgabe des Mandats zu drängen, um selbst einen Sitz zu erhalten. Am 4. Juli wird der bisherige Finanzminister Werner Münch (CDU) zum neuen Ministerpräsidenten gewählt. Wenig später müssen zwei Minister wegen ihrer Stasi-Vergangenheit zurücktreten, am 8. August Gerd Brunner (FDP) und am 13. August Otto Mintus (CDU). Auch in zwei anderen der neuen Bundesländer wechselt der Ministerpräsident vorzeitig. Am 23. Januar 1992 tritt der Ministerpräsident von Thüringen, Josef Duchac (CDU), auf Druck auch aus der eigenen Partei zurück. Ihm wird Verstrickung in das frühere System vorgeworfen, weil er Mitglied einer Betriebskampfgruppe war. Am 27. Januar 1992 wird Bernhard Vogel (CDU), zum neuen Ministerpräsidenten gewählt, er ist damit der einzige, der Ministerpräsident von zwei verschiedenen Bundesländern wurde. Am 16. März 1992 tritt Mecklenburg-Vorpommerns Ministerpräsident Alfred Gomolka (CDU) zurück. In der Werftenkrise seines strukturschwachen Bundeslandes unternahm er einen Alleingang gegen seine Partei, zudem wird ihm Führungsschwäche vorgeworfen. Zu seinem Nachfolger wird am 19. März 1992 Berndt Seite (CDU) gewählt.

29. Juli bis 1. August: Bei seinem Besuch in der Sowjetunion unterzeichnen US-Präsident George Bush und Präsident Michail Gorbatschow den «START-Vertrag» mit Federhaltern aus eingeschmolzenen Atomraketenteilen. Nach neunjährigen Verhandlungen wird damit die Reduzierung der strategischen Atomsprengköpfe festgeschrieben, bei der Sowjetunion von 11 000 auf 7000, bei den USA von 12 000 auf 9000. Das militärische Gleichgewicht wird auf ein deutlich verringertes Niveau herabgesetzt.

17. August: Im Schloß Sanssouci in Potsdam werden die preußischen Könige Friedrich II. und Friedrich Wilhelm I., die bisher im Hohenzollern-Stammschloß in Hechingen aufgebahrt waren, zur endgültigen Ruhe beigesetzt. Als privater Gast der Hohenzollern-Familie nimmt Bundeskanzler Helmut Kohl teil. Weil zudem Offiziere der Bundeswehr Ehrenwache halten, wird die Veranstaltung als Wiederbelebung des preußischen Militarismus kritisiert.

19. August: Die, die die alte Sowjetunion retten wollen, treiben sie endgültig in den Untergang. In Moskau unternehmen konservative Kräfte von KPdSU und KGB einen Putsch gegen Michail Gorbatschow. Unter Führung des Präsidenten der Russischen Republik, Boris Jelzin, treten dem weite Teile der Bevölkerung und Teile des Militärs entgegen. Am 21. August bricht der Putsch zusammen. Jelzin nutzt den Rückhalt, um mit der Zerschlagung der alten Machtstrukturen zu beginnen. Auch erklären mehrere Republiken der Sowjetunion ihre Unabhängigkeit. Verzweifelt versucht der politisch stark angeschlagene Gorbatschow, den Zerfall des Sowjetreiches aufzuhalten. Im Angesicht der sich zuspitzenden Wirtschaftskrise gewinnt Jelzin, der entschiedene Reformen fordert, so sehr an Gewicht, daß er am 28. Oktober erklären kann: «Rußland wird die Wiedererstehung einer anderen, der Russischen Republik und den anderen souveränen Staaten übergeordneten Kommandozentrale nicht zulassen.» Am 6. November verbietet Jelzin die Tätigkeit der KPdSU in Rußland. Auf seine Initiative gründen am 23. Dezember elf Präsidenten von Republiken der ehemaligen Sowjetunion in Kasachstans Hauptstadt Alma-Ata die «Gemeinschaft Unabhängiger Staaten» (GUS), Gorbatschow wird für abgesetzt erklärt. Darauf tritt dieser am 25. Dezember als Präsident der Sowjetunion zurück. Am Abend dieses Tages wird die rote Fahne, die sieben Jahrzehnte ununterbrochen über dem Kreml wehte, eingeholt und durch die Trikolore Rußlands ersetzt.

21. August: CDU-Generalsekretär Volker Rühe kritisiert den Zustand seiner Partei in Ostdeutschland und fordert in den dortigen Landesverbänden Führungspersonen aus dem Westen. Die schärfste Entgegnung erfährt Rühe vom brandenburgischen CDU-Vorsitzenden Lothar de Maizière. Am 30. August wirft er Rühe im CDU-Bundesvorstand vor, die ostdeutschen Landesverbände disziplinieren und «Personen, die nicht ins Konzept passen, an die Seite drängen zu wollen». Am 6. September tritt de Maizière von allen Parteiämtern zurück und erklärt, sein Fehler sei gewesen, «nicht meiner inneren Überzeugung gefolgt zu sein, mit dem 3. Oktober 1990 meine politische Tätigkeit, in die ich mich nicht gedrängt habe, zu beenden».

29. August: Die Staatsanwaltschaft leitet nach langem Zögern ein Ermittlungsverfahren gegen Alexander Schalck-Golodkowski wegen des Verdachts der geheimdienstlichen Tätigkeit ein. Am 2. Dezember 1989 trifft Schalck-Golodkowski, Stasi-Oberst und Lenker des SED-Firmenimperiums «KoKo», in Bonn mit Innenminister Wolfgang Schäuble (CDU) zusammen. Er bespricht mit ihm seine anderntags erfolgte Flucht aus der DDR, wo ihm Strafverfolgung droht. Ende Dezember 1989 wird der Auslieferungsantrag der DDR abgelehnt, «eine Gefährdung von Leib und Leben könne nicht ausgeschlossen werden». Schalck-Golodkowski wird vom BND in Obhut genommen, dem er zahllose Informationen liefert und von dem er sogar falsche Pässe für eine Auslandsreise erhält. Bald reaktiviert Schalck-Golodkowski seine Kontakte zum bayerischen Fleisch- und Käsefabrikanten Josef März, die im Zuge des durch Franz Josef Strauß (CSU) vermittelten Milliardenkredits zustande kamen. Er wird bei März beschäftigt und bezieht eine stattliche Villa am Tegernsee.

10. September bis 4. Oktober: In Moskau findet die dritte Menschenrechtskonferenz der KSZE statt. Erstmals erklärt sie, daß Demokratie und Menschenrechte über dem Prinzip der Nichteinmischung in innere Angelegenheiten stehen. Damit wird das bisher geltende Konsensprinzip der KSZE teilweise durchbrochen.

17. bis 23. September: Seit drei Wochen überfallen rechtsradikale Jugendliche mehrfach Unterkünfte von Asylbewerbern und Ausländern, so in Spremberg, Cottbus, Schwedt, Leipzig, Freital und Saarlouis. Im sächsischen Hoyerswerda, einst zweite «sozialistische Stadt der DDR» und laut Erich Honecker «das Herz der Republik», bricht die gewalttätige Ausländerfeindlichkeit unübersehbar aus. Unter dem Beifall der Anwohner greifen einheimische und zugereiste Rechtsextremisten über mehrere Tage ein Ausländerwohnheim an, in dem etwa 150 Gastarbeiter aus Vietnam und Moçambique leben. Während die Jugendlichen Steine, Stahlkugeln und Brandsätze auf das Heim werfen, erschallen Rufe wie «Deutschland den Deutschen», «Ausländer raus» und «Sieg Heil». Der weitgehend hilflosen Polizei zufolge nehmen die Krawalle

Aufbewahrung der Akten des ehemaligen Ministeriums für Staatssicherheit der DDR in der Normannenstraße in Berlin

Volksfestcharakter an. Bald wird auch ein Asylbewerberheim angegriffen, dessen Bewohner zuvor vergeblich ihre Verlegung forderten. Unter dem Beifall der Angreifer werden die Opfer zwei Tage später mit Autobussen an andere Orte gebracht. Diese Vorfälle in Hoyerswerda, bei denen die Staatsmacht de facto vor den gewalttätigen Angreifern kapituliert, führen zu einer Welle von Gewalttaten gegen Asylbewerber und Ausländer in ganz Deutschland.

24. September: An der deutsch-österreichischen Grenze stellt sich Markus Wolf den Behörden. Er kam am 30. August aus seinem sowjetischen Exil nach Österreich und ersuchte dort um Asyl, was die Regierung am 16. September abwies. Wolf wird in Deutschland zunächst in Haft genommen, aber am 4. Oktober auf Anweisung des Bundesgerichtshofes unter erheblichen Auflagen auf freien Fuß gesetzt. Am 24. September 1992 wird Anklage gegen ihn erhoben, die ihm in zwölf ausgewählten Spionagefällen Landesverrat in Tateinheit mit Bestechung von Amtsträgern vorwirft. Am 6. Dezember 1993 verurteilt das Oberlandesgericht Düsseldorf Wolf in drei dieser Fälle zu einer Freiheitsstrafe von sechs Jahren. Da auch juristisch umstritten ist, warum die Spionage der DDR gegen die Bundesrepublik strafbar sein, die der Bundesrepublik gegen die DDR aber straffrei bleiben soll, legen die Verteidiger Revision ein.

27. September: Angesichts des Umbruchs in Moskau kündigt US-Präsident George Bush wichtige Abrüstungsschritte an, so werden die landgestützten Kurzstreckenraketen vollständig abgebaut und die Beseitigung weiterer Waffengattungen angeboten. Am 5. Oktober geht der sowjetische Präsident Michail Gorbatschow auf diese Initiative ein und gibt seinerseits einseitige Abrüstungsschritte bekannt.

29. September: Bei den Bürgerschaftswahlen in Bremen erringt die rechtsradikale DVU 6,1 Prozent der Stimmen, im Landesteil Bremerhaven wird sie mit zehn Prozent gar drittstärkste Kraft. Nach dramatischen Verlusten muß die SPD ihre 20jährige Alleinregierung beenden, am 11. Dezember wird ein Senat der «Ampel-Koalition» von SPD, Grünen und FDP unter Bürgermeister Klaus Wedemeier (SPD) gewählt.

10. Oktober: CDU/CSU, FDP und SPD einigen sich auf Zielvorstellungen im Asylrecht, die ohne eine Grundgesetzänderung erreichbar sind. Über offensichtlich unbegründete Asylanträge soll innerhalb von sechs Wochen rechtskräftig entschieden und der Aufenthalt beendet werden, Abschiebungen sollen innerhalb einer Woche vollzogen werden.

7. und 8. November: In Rom verabschiedet die Gipfelkonferenz der sechzehn NATO-Staaten ein neues strategisches Konzept, das die seit Mitte der sechziger Jahre gültige Doktrin der «flexiblen Antwort» ablöst. Es wird auch von Frankreich mitgetragen und erstmals veröffentlicht. Sein Kern in den Worten von US-Präsident George Bush: «Der Feind ist jetzt die Unsicherheit.» Eine angemessene Verteidigungsfähigkeit soll aufrechterhalten bleiben, konventionell wie atomar bewaffnete Streitkräfte der USA bleiben in Europa stationiert, insgesamt sollen die Streitkräfte kleiner und flexibler werden, um auf Instabilitäten und Spannungen besser reagieren zu können. Es wird ein Kooperationsrat mit den Ländern des früheren Warschauer Paktes eingerichtet.

14. November: Der Bundestag billigt das Gesetz über die Stasi-Unterlagen, nach dem jeder Deutsche ab dem 1. Januar 1992 bei der von Joachim Gauck geleiteten Behörde («Gauck-Behörde») die ihn betreffenden Unterlagen, Akten und Aufzeichnungen der Stasi einsehen kann. Es sind etwa sechs Millionen Personenakten vorhanden, davon zwei Millionen über Westdeutsche.

21. bis 23. November: Obgleich Rußland völkerrechtlich noch nicht als Staat anerkannt ist, wird sein Präsident Boris Jelzin auf seiner ersten Auslandsreise nach dem Putsch in Bonn wie ein Staatsoberhaupt empfangen. Mit Bundeskanzler Helmut Kohl vereinbart er eine umfassende Zusammenarbeit beider Staaten. Kohl gibt indes keine weiteren Finanzzusagen, statt dessen sichert er für den bevorstehenden Winter Lebensmittelhilfe zu. Jelzin stellt die Wiedererrichtung einer Wolga-Republik der Rußlanddeutschen in Aussicht.

1992

Terror von rechts

Eine Saat geht auf, eine Saat, die für die Probleme des Gemeinwesens Sündenböcke heranzieht. Mit der aufgekeimten Feindseligkeit gegen Ausländer bringen alte und neue Nazis, Skinheads und Jugendbanden das vereinte Deutschland in den Ruch des Vierten Reiches. In brutalem Ausländerhaß werden siebzehn Menschen ermordet – die Reaktion des Staates wird zumal im Ausland als völlig ungenügend kritisiert. In der Welt geht die Furcht um, die deutsche Demokratie sei womöglich doch nicht so gefestigt, wie bislang angenommen wurde.

7. Januar: Vor dem Bezirksgericht Dresden beginnt der Prozeß gegen den früheren Oberbürgermeister Wolfgang Berghofer und den früheren Ersten Sekretär der SED-Stadtleitung, Werner Moke, wegen Wahlfälschung bei den Kommunalwahlen vom Mai 1989. Berghofer gesteht ein, die Wahlbeteiligung nachträglich um zehn Prozent angehoben und die Zahl der Gegenstimmen von zwölf auf 2,5 Prozent reduziert zu haben. Er habe sich damit jedoch nur dem Diktat der SED-Zentrale gebeugt, um nicht politisch kaltgestellt zu werden. Seit Beginn der fünfziger Jahre seien alle Wahlen in der DDR systematisch manipuliert worden. Beide Angeklagten werden zu einem Jahr Freiheitsstrafe auf Bewährung und einer Geldbuße verurteilt. Am 27. Mai 1993 wird der frühere DDR-Ministerpräsident Hans Modrow (PDS), der hier als Zeuge auftritt, vom Dresdner Landgericht wegen Wahlfälschung verwarnt und zu einer Geldstrafe verurteilt, die auf Bewährung ausgesetzt wird. Modrow wird zugute gehalten, daß sein Drängen auf korrekte Zahlen ergebnislos blieb.

11. Januar: Wie andere Bürgerrechtler der früheren DDR entdeckt auch Bärbel Bohley in ihrer Stasi-Akte Berichte des Inoffiziellen Mitarbeiters «Notar» über Gespräche, die sie unter vier Augen mit ihrem damaligen Rechtsanwalt Gregor Gysi führte. Weitere Hinweise sprechen dafür, daß der IM «Notar» und Gysi identisch sind – was Gysi entschieden dementiert. In diesen Tagen erfährt die Bürgerrechtlerin Vera Wollenberger aus ihren Stasi-Akten, daß ihr Ehemann Knud als IM «Donald» seit 1972 für die Stasi tätig war und sie seit ihrer Heirat bespitzelte.

20. Januar: Im *Spiegel* wird ein Vorabdruck aus dem Buch «Aufbruch – Vom Vorgestern ins Übermorgen» veröffentlicht. Darin gesteht der Autor, Brandenburgs Ministerpräsident Manfred Stolpe (SPD), ab Ende der sechziger Jahre regelmäßige Treffen und Gespräche mit der Stasi gehabt zu haben. Zudem habe er von Mitte der siebziger Jahre an versucht, «politische Ziele gezielt auch auf dem Umweg über die Staatssicherheit zu erreichen». Um eine mögliche Stasi-Verstrickung Stolpes zu klären, setzt der Landtag unter Zustimmmung des Betroffenen einen Untersuchungsausschuß ein. Während dessen Arbeit wird bekannt, daß die Stasi eine Akte über Stolpe unter dem Decknamen «Sekretär» und ihn als Inoffiziellen Mitarbeiter führte. 1978 wurde ihm anläßlich des 29. Jahrestags der DDR-Gründung die «Verdienstmedaille» der DDR verliehen – auf Anweisung von Erich Mielke. Zudem erwächst der Verdacht, Stolpe habe gemeinsam mit der Stasi jahrelang die Entfernung des regimekritischen Pfarrers Rainer Eppelmann betrieben. Trotz dieser und anderer Verdachtsmomente für eine Stasi-Mitarbeit weist Stolpe alle Vorwürfe zurück und bleibt im Amt.

5. Februar: Die Arbeitslosigkeit steigt vor allem in Ostdeutschland rapide an. Nach einer Kündigungswelle zum Ende des Jahres 1991 klettert die Arbeitslosenquote um 5,2 Prozent auf siebzehn Prozent. Mehr als 1,3 Millionen Menschen sind arbeitslos – jeder sechste Erwerbstätige. Gegenüber 1989 hat sich die Zahl der Vollerwerbstätigen in Ostdeutschland halbiert. Werden ABM-Empfänger und Kurzarbeiter nicht einbezogen, stehen nur noch fünf Millionen Menschen in Lohn und Brot.

7. Februar: Am 9. und 10. Dezember 1991 tagten die Staats- und Regierungschefs der EG im niederländischen Maastricht. Sie handelten den Vertrag aus, den in ihrem Auftrag heute die Außen- und Finanzminister unterzeichnen. Dieser «Vertrag von Maastricht» sieht die Weiterentwicklung der EG zu einer «Europäischen Union» mit einheitlicher Währung sowie gemeinsamer Außen- und Sicherheitspolitik vor. Zur gemeinsamen Währung, die bis 1999 eingeführt werden soll, wird der ECU bestimmt. Am 2. Juni lehnen die Dänen das Vertragswerk in einer Volksabstimmung mit 50,7 Prozent ab, worauf auf dem EG-Gipfel in Edinburgh verschiedene Punkte revidiert werden. Am 2. Dezember billigt der Bundestag den Vertrag und nimmt zahlreiche entsprechende Gesetzesänderungen und -ergänzungen vor. Der Bundesrat stimmt am 18. Dezember den Verträgen, nicht aber allen begleitenden Gesetzen zu. Am 18. Mai 1993 wird in Dänemark eine erneute Volksabstimmung durchgeführt, nun befürworten 56,8 Prozent der Wähler den Vertrag. Als letztes Land ratifiziert die Bundesrepublik den Vertrag am 12. Oktober 1993, als das Bundesverfassungsgericht mehrere Klagen als unzulässig oder unbegründet abweist.

8. bis 23. Februar: Erstmals seit 1960 nimmt wieder eine gesamtdeutsche Mannschaft an den Olympischen Spielen teil. Bei den Winterspielen im französischen Albertville belegt die Bundesrepublik Deutschland den ersten Platz in der (inoffiziellen) Nationenwertung.

27. und 28. Februar: In Prag und Bratislava unterzeichnen Bundeskanzler Helmut Kohl und Außenminister Hans-Dietrich Genscher den deutsch-tschecho-slowakischen Vertrag über gute Nachbarschaft und freundschaftliche Zusammenarbeit. Wie schon im Prager Vertrag von 1973, der ausdrücklich bestätigt wird, wird das Münchener Abkommen von 1938 für nichtig erklärt. Auch jetzt besteht die tschecho-slowakische Seite, bestärkt von Frankreich, Italien und Großbritannien, auf der Ungültigkeit von Anfang an, während die deutsche Seite die Ungültigkeit erst später anerkennt. In der Präambel des nun geschlossenen Vertrages wird ausdrücklich die Vertreibung der Deutschen als «Gewaltakt» bezeichnet.

29. März bis 2. April: Als erstes frei gewähltes Staatsoberhaupt Polens besucht Lech Walesa Deutschland. Seine freimütige Art behält er auch in kontroversen Fragen bei: Auf den Vorschlag, Orts- und Straßenbezeichnungen in Schlesien auch in deutscher Sprache anzugeben, erwidert er, seinetwegen könnten es sieben Sprachen sein – leider habe Polen kein Geld dafür. Wichtigste politische Botschaft ist sein Vorschlag, eine «EG-B» und eine «NATO-B» zu schaffen, um den beitrittswilligen Ländern Mittel- und Osteuropas eine schrittweise Heranführung zu ermöglichen. Am 6. Mai stimmen auch die anderen Mitglieder des «Visegrad-Dreierbundes», Ungarn und die Tschecho-Slowakei, dieser Forderung zu.

31. März: Bundesverteidigungsminister Gerhard Stoltenberg (CDU) erklärt seinen Rücktritt. Trotz eines gegenteiligen Beschlusses des Bundestags wurden fünfzehn Panzer «Leopard I», Mannschaftstransportfahrzeuge und Ausrüstungsgüter an die Türkei geliefert, die diese beim Kampf gegen aufständische Kurden in Anatolien einsetzte, wie Fernsehbilder dokumentierten. Neuer Minister wird am 2. April der bisherige CDU-Generalsekretär Volker Rühe.

5. April: Bei den Landtagswahlen in Baden-Württemberg verliert die CDU nach zwanzig Jahren Alleinregierung ihre absolute Mehrheit. Mit 10,9 Prozent der Stimmen ziehen die Republikaner als drittstärkste Kraft in den Landtag ein, so daß keine der in Aussicht genommenen Koalitionen möglich ist. CDU und SPD bilden eine Große Koalition, die am 11. Juni unter Ministerpräsident Erwin Teufel (CDU) gewählt wird. Bei den Landtagswahlen in Schleswig-Holstein erhält die SPD mit Björn Engholm die absolute Mehrheit der Sitze, da die Grünen denkbar knapp scheitern. Mit der *Deutschen Volksunion* (DVU) des Münchener Verlegers Gerhard Frey, der seine Partei nicht als «ausländerfeindlich», sondern als «deutschfreundlich» bezeichnet, ziehen auch hier Rechtsextreme als drittstärkste Fraktion in den Landtag ein.

9. April: Das Bundesverfassungsgericht erklärt Teile der Parteienfinanzierung für verfassungswidrig und gibt damit einer Klage der Grünen gegen ein seit dem 1. Januar 1989 geltendes Gesetz statt. Dem Grundgesetz widersprechen die steuerliche Abzugsfähigkeit von Firmenspenden, ein Zuschlag zusätzlich zu der Wahlkampfkostenerstattung für Parteien mit mehr als zwei Prozent der Stimmen sowie die Publizitätspflicht für Spenden erst ab 40000 DM. Erstmals erklärt das Gericht eine staatliche Parteienfinanzierung im Grundsatz für legal, doch führt es gleichzeitig für den Anteil staatlicher Zuwendungen am Gesamtetat einer Partei die Obergrenze von fünfzig Prozent ein.

27. April: Überraschend kündigt Hans-Dietrich Genscher, dienstältester Außenminister der Welt, seinen Rücktritt für den 17. Mai, den achtzehnten Jahrestag seiner Ernennung zum Außenminister, an. In seiner letzten Rede vor dem Bundestag führt Genscher aus: Jeder Versuch, die deutsche Einheit «im nationalen Alleingang zu erreichen, hätte Europa in neues Unglück gestürzt und uns Deutschen die letzte Chance für die Einheit genommen. Das dürfen wir niemals vergessen.» Genschers Nachfolger wird nach heftigen Turbulenzen in der FDP der bisherige Justizminister Klaus Kinkel (FDP), diesem folgt Sabine Leutheusser-Schnarrenberger (FDP) als erste Justizministerin nach. Neuer Vizekanzler wird Wirtschaftsminister Jürgen Möllemann (FDP), was der CSU-Vorsitzende und Finanzminister Theo Waigel als «Zumutung» bezeichnet.

Erstmals seit 1974 kommt es zu einem flächendeckenden Arbeitskampf im öffentlichen Dienst. Zeitweise treten mehr als 400 000 Beschäftigte in den Streik, im Nahverkehr, bei Bahn, Post und Müllabfuhr gibt es erhebliche Störungen. Erstmals seit Jahrzehnten ruht auch der Betrieb auf dem Flughafen Frankfurt / Main. Als die Führung der Gewerkschaft ÖTV nach ihrer Ausgangsforderung, die Bezüge um 9,5 Prozent anzuheben, am 7. Mai in einen Kompromiß von durchschnittlich 5,4 Prozent einwilligt, stimmen nur 44,1 Prozent der Mitglieder für diesen Abschluß. Der Gewerkschaftsvorstand unter Monika Wulf-Mathies bleibt trotz Rücktrittsforderungen der Basis im Amt und billigt den Kompromiß.

28. April bis 3. Mai: Bundespräsident Richard von Weizsäcker (CDU) besucht die USA, die erste offizielle Visite eines deutschen Staatsoberhauptes seit 1983. Als einer von wenigen Ausländern wird er eingeladen, eine Rede vor beiden Häusern des Kongresses zu halten. Er würdigt die Geschichte der gegenseitigen Partnerschaft: «Als nach dem Zweiten Weltkrieg großes Elend in Europa herrschte, bot Amerika seine Hand und half mit einem Großmut, der in der Geschichte siegreicher Weltmächte seinesgleichen sucht. Die Unterstützung galt jedem, auch den besiegten Feinden. Amerika brachte seine eigene Würde zum Ausdruck, indem es die Würde anderer Völker wahrte. Ein halbes Jahrhundert dienten über zehn Millionen amerikanischer Soldaten in dem weit von ihrer Heimat entfernt liegenden Europa und hielten Wache für die Freiheit; ihr Einsatz gipfelte in der unvergeßlichen Berliner Luftbrücke, als die Stadt durch Stalins Blockade von ihren Versorgungslinien abgeschnitten war. Sie haben uns geholfen, so daß sich unser Land erholen und wir eine solide Demokratie aufbauen konnten. Gemeinsam sind wir in eine verläßliche Partnerschaft hineingewachsen und in ein starkes Bündnis, das schließlich entscheidend dazu beitrug, der Spaltung Europas ein Ende zu bereiten.»

2. Mai: Im portugiesischen Porto unterzeichnen die Außenminister der neunzehn Mitgliedsstaaten von EG und EFTA den Vertrag über den «Europäischen Wirtschaftsraum» (EWR), der zum 1. Januar 1993 in Kraft treten soll. Damit sollen die «Vier Freiheiten» der EG auf ganz West-, Süd-, und Nordeuropa ausgedehnt werden. Der EWR umfaßt mit 377 Millionen Menschen nur sieben Prozent der Weltbevölkerung, doch werden dreißig Prozent der Weltindustrieproduktion und mehr als vierzig Prozent des Welthandels hier bestritten.

11. Mai: Als erste deutsche Soldaten nehmen 140 Sanitäter der Bundeswehr, die sich freiwillig gemeldet haben, an einer UN-Mission teil. Sie errichten und betreiben ein Feldkrankenhaus für UN-Truppen in der kambodschanischen Hauptstadt Pnom Penh. Am 14. Oktober 1993 kommt der erste Bundeswehrsoldat während eines Auslandseinsatzes ums Leben: Der Feldwebel Alexander Arndt wird während einer Autofahrt von unbekannten Tätern erschossen.

18. Mai: Nach elfmonatigem Prozeß verurteilt das Landgericht Stuttgart den früheren SS-Oberscharführer Josef Schwammberger wegen Mordes an jüdischen Insassen eines Arbeitslagers zu lebenslänglicher Freiheitsstrafe.

21. und 22. Mai: In La Rochelle beschließen der französische Präsident François Mitterrand und Bundeskanzler Helmut Kohl, ein «Europäisches Korps» aufzustellen. Zunächst sollen dem Korps nur französische und deutsche Einheiten angehören, doch sind alle Mitglieder der WEU zur Beteiligung eingeladen. Das «Euro-Korps» soll in Straßburg stationiert sein, etwa 40000 Mann umfassen und zum 1. Oktober 1995 voll einsatzbereit sein. Die bereits bestehende deutsch-französische Brigade in Böblingen wird eingegliedert. Mitterrand und Kohl wollen mit diesem Schritt den europäischen Pfeiler der NATO stärken.

22. Mai: Die Bundesregierung erleichtert für Bürgerkriegsflüchtlinge aus dem ehemaligen Jugoslawien Einreise und Aufenthalt. 1991 kamen 74000 Menschen, im laufenden Jahr bisher 48000 Menschen.

24. Mai: Erstmal seit 1946 finden Wahlen zu allen Berliner Bezirksversammlungen statt. Während sie im Westteil nur 0,9 Prozent der Stimmen erhält, wird die PDS im Ostteil mit 29,7 Prozent zweitstärkste Kraft nach der SPD. Für das gesamte Stadtgebiet bleibt die SPD mit 31,8 Prozent vorn, gefolgt von der CDU mit 27,4 und der PDS mit 11,3 Prozent.

30. Mai: In Meckenheim verstirbt der frühere Bundespräsident Karl Carstens.

26. Juni: Vor dem Ende der Übergangsphase, während der in Ostdeutschland die alte Fristenregelung weiter gilt, befindet der Bundestag über die Angleichung des Abtreibungsrechts. Nach vielstündiger Debatte über die Ursachen der jährlich etwa 120000 Schwangerschaftsabbrüche in Deutschland verabschiedet eine Mehrheit von 355 Stimmen aus allen Fraktionen einen überparteilichen Gruppenantrag, der eine Fristenregelung mit Beratungspflicht vorsieht. Grundsätzlich bleibt die Abtreibung ein Straftatbestand, wird aber in den ersten zwölf Wochen einer Schwangerschaft als «nicht rechtsdwidrig» erklärt, wenn eine medizinisch diagnostizierte Not- oder Konfliktlage gegeben ist. Die Entscheidung liegt allein bei der Frau.

247 Abgeordnete von CDU/CSU sowie die bayerische Staatsregierung rufen daraufhin das Bundesverfassungsgericht an, das am 4. August eine Einstweilige Verfügung gegen das Inkrafttreten der Neuregelung erläßt. Im Hauptverfahren erklärt das Gericht am 28. Mai 1993 wichtige Teile der Reform für verfassungswidrig. Grundsätzlich sei das Leben des Ungeborenen ein, auch gegenüber der Mutter zu schützendes Rechtsgut. Eine Abtreibung auch in den ersten zwölf Schwangerschaftswochen gilt als rechtswidrig, kann aber unter besonderen, indes exakt zu definierenden Fällen straffrei gestellt werden. Bis zu einer Neuregelung treten Übergangsbestimmungen in Kraft, die der verworfenen Regelung nahekommen. Krankenkassen müssen die Kosten ab sofort nur noch bei medizinischer oder eugenischer Indikation übernehmen. Darauf werden im Jahr 1993 nur noch 48000 Schwangerschaftsabbrüche bezahlt, gegenüber 91000 im Jahr 1992. Tausende Frauen in vielen Städten Deutschlands protestieren gegen dieses Urteil.

6. bis 8. Juli: Zum achtzehnten Mal tagt der Weltwirtschaftsgipfel der sieben führenden westlichen Industrienationen, diesmal in München. Mehr und mehr kritisiert die Öffentlichkeit, daß extreme Sicherheitsmaßnahmen verhängt werden, die in keinem Verhältnis zum politischen Nutzen stehen. Mehrere hundert Personen, die mit Trillerpfeifen beim Empfang der Staatsgäste protestieren, werden von der Polizei über drei Stunden eingekesselt und wegen versuchter Nötigung durch Lärm festgenommen, aber anderntags von einem Amtsrichter freigelassen. Ministerpräsident Max Streibl (CSU) rechtfertigt diese «bayerische

Vorteilsgesellschaft und Parteienfunktionalismus

Am 18. Juni erscheint das Buch «Richard von Weizsäcker im Gespräch mit Gunter Hofmann und Werner A. Perger». Gegenüber den Bonner Redakteuren der «Zeit» äußert sich der Bundespräsident ungewöhnlich kritisch über Parteien und Politiker in der Bundesrepublik: «Es gibt oder ich kenne jedenfalls keine Alternative zu politischen Parteien in demokratischen Massengesellschaften. Wir brauchen sie dringend, und daß sie starken politischen Einfluß haben, ist selbstverständlich. Um so wichtiger ist es, klarer zu wissen, welche Rechte und Pflichten sie haben und wie sich ihr Ansehen entwickelt (...) Die Parteien haben sich zu einem ungeschriebenen sechsten Verfassungsorgan entwickelt, das auf die anderen fünf einen immer weitergehenden, zum Teil völlig beherrschenden Einfluß entwickelt hat (...) In der Tat geht der Einfluß weit über den öffentlichen, staatlichen Bereich hinaus. Er reicht direkt oder indirekt in die Medien und bei der Richterwahl in die Justiz, aber auch in die Kultur und den Sport, in kirchliche Gremien und Universitäten (...) Wenn das Parteiengesetz die Parteien legitimiert, auf die Gestaltung der öffentlichen Meinung Einfluß zu nehmen, dann fördert es damit – ob gewollt oder nicht – eine Entwicklung, die zu einem Mißstand geworden ist. Man denke nur an die unaufhörliche und ungenierte Tätigkeit von Parteien in den öffentlich-rechtlichen elektronischen Medien (...) Bei uns ist ein Berufspolitiker im allgemeinen weder ein Fachmann noch ein Dilettant, sondern ein Generalist mit dem Spezialwissen, wie man politische Gegner bekämpft. Selbstverständlich ist die Befähigung zum Generalisten nichts Schlechtes, sondern etwas unvermeidlich Notwendiges für einen Politiker. Dennoch ist es ein spürbarer Mangel, daß wir auf wichtigen Fachgebieten in der Politik zum Beispiel viel zu wenig wirkliche Kenner haben (...) Die Parlamente haben eher an Gewicht verloren. (...) Die wichtigsten gesetzgeberischen Entscheidungen werden, wie gesagt, seit langem vorab und oft außerhalb der Ausschuß- und Plenararbeit des Parlaments vollzogen (...) Es ist eine merkwürdige und ungute Wechselwirkung: Auf der Höhe der äußeren und inneren Freiheit, auf einem vorher nie erreichten Niveau von materiellem Wohlstand und geprägt von gewachsenem Ansehen und Einfluß in der Welt, wirken eine zuverlässig demokratische Vorteilsgesellschaft und ein dazu passender Parteienfunktionalismus zusammen, der stark ist in seinen Machtstrukturen, aber in der langfristigen, konzeptionellen Führungsaufgabe zu kurz greift.»

Polizeiübergriffe gegen Demonstranten während des Weltwirtschaftsgipfels in München

Art», man müsse eben «härter hinlangen».

9. und 10. Juli: In Helsinki findet ein Gipfeltreffen der KSZE statt, an dem aufgrund des Wandels in Osteuropa nunmehr 51 Staaten teilnehmen. Rußlands Präsident Boris Jelzin versichert: «Das Gespenst des Kommunismus hat Europa für immer verlassen.» Um die Wirksamkeit der KSZE zu erhöhen, werden regelmäßige Gipfeltreffen, die Fortsetzung der Überprüfungskonferenzen sowie die Durchführung «friedenserhaltender Operationen» zivilen wie militärischen Charakters beschlossen.

22. Juli: Der Bundestag billigt den Beschluß der Bundesregierung vom 15. Juli, die Bundesmarine ab dem 16. Juli an den internationalen Kontrollmaßnahmen in der Adria zu beteiligen, mit denen das Embargo der Vereinten Nationen gegen Serbien und Montenegro überwacht wird.

25. Juli bis 9. August: Erstmals seit 1972 werden die Olympischen Sommerspiele von keinem Staat aus politischen Gründen boykottiert. Bei der Olympiade in Barcelona belegt das gesamtdeutsche Team in der (inoffiziellen) Nationenwertung den dritten Platz.

29. Juli: Nach 232 Tagen muß Erich Honecker die chilenische Botschaft in Moskau verlassen. Mit intensiven diplomatischen Bemühungen konnte die Bundesregierung die chilenische Regierung bewegen, die Duldung der Honeckers zu beenden. Honecker wird nicht von den russischen Behörden verhaftet, sondern direkt nach Berlin geflogen, wo er verhaftet und in die Justizvollzugsanstalt Moabit gebracht wird.

12. August: Die Bundesregierung verabschiedet die von Gesundheitsminister Horst Seehofer (CSU) vorgelegte Gesundheitsreform, die im Jahr 1993 Einsparungen von etwa elf Milliarden DM bringen soll. Neben der erhöhten Selbstbeteiligung der Patienten über 3,2 Milliarden DM erhalten Ärzte, Krankenhäuser und Pharmaindustrie 8,2 Milliarden DM weniger. Um gegen diese Regelung zu protestieren, treten am 27. Juli die Zahnärzte Nordrhein-Westfalens in einen eintägigen Ausstand – worauf der DGB vom «Streik der Millionäre» spricht. Am 9. Dezember billigt der Bundestag mit großer Mehrheit das «Gesundheitsstrukturgesetz».

17. August: Im ersten Prozeß gegen frühere Richter der DDR spricht das Landgericht Berlin zwei Angeklagte vom Vorwurf der Rechtsbeugung frei. Sie hatten die Kündigungsschutzklage eines DDR-Bürgers abgewiesen, der die Mitwirkung in einer «Betriebskampfgruppe» verweigerte und deshalb nicht nur aus der SED ausgeschlossen wurde, sondern auch seine Anstellung beim FDGB verlor.

22. bis 27. August: Die Ausländerfeindlichkeit erreicht einen neuen Höhepunkt. In Rostock-Lichtenhagen greifen Hunderte Gewalttäter wiederholt die in einer Trabantensiedlung untergebrachte Zentrale Aufnahmestelle für Asylbewerber von Mecklenburg-Vorpommern an. Aufgrund verschiedener Versäumnisse ist diese Stelle völlig überfüllt, die katastrophalen Verhältnisse erregen den Unmut vieler Bewohner. So erhalten die Gewalttäter an den ersten Tagen ihrer mit Steinen, Molotowcocktails und Feuerwerkskörpern vorgetragenen Attacken offene Sympathie der vielen Schaulustigen. Die Polizei wird niemals Herr der Lage, so daß auch ein benachbartes Wohnheim in Brand gesetzt wird und die hundert vietnamesischen Bewohner in Lebensgefahr geraten. Die schwersten Angriffe erfolgen, als die betroffenen Gebäude bereits geräumt sind. Insgesamt werden dreißig Haftbefehle vollstreckt. Am 29. August demonstrieren mehr als 15000 Menschen aus dem gesamten Bundesgebiet in Lichtenhagen gegen Ausländerfeindlichkeit und Rechtsradikalismus.

30. August: In Hamburg wird die erste evangelisch-lutherische Bischöfin der Welt, Maria Jepsen, in ihr Amt eingeführt.

11. bis 13. September: Auf einer Klausurtagung in Bad Salzuflen billigt der Parteivorstand der SPD einen Kurswechsel in der Asylpolitik, den der Parteivorsitzende Björn Engholm betreibt. Erstmals wird schriftlich erklärt, die SPD werde «erforderliche Änderungen oder Ergänzungen der Verfassung mit auf den Weg bringen». Am 16. September befürwortet als erster führender Politiker der SPD der saarländische Ministerpräsident Oskar Lafontaine den Verzicht auf das individuelle, einklagbare Asylrecht im Grundgesetz. CDU/CSU und FDP, die sich in einem Spitzengespräch bei Bundeskanzler Helmut Kohl am 13. Oktober auf einen Kompromiß zur Neuformulierung von Artikel 16 des Grundgesetzes einigen, bewerten die veränderte SPD-Linie als Annäherung. Ein SPD-Sonderparteitag am 16. und 17. November in Bonn billigt Änderungen am Artikel 16. Darauf einigen sich CDU/CSU, FDP und SPD am 6. Dezember, im Grundgesetz den Artikel 16 durch einen umfangreichen Artikel 16a zu ersetzen. Darin wird das Asylrecht zwar beibehalten, doch werden zahlreiche Einschränkungen formuliert – das Recht auf Asyl kann nicht beanspruchen, wer aus einem EG-Staat einreist, aus einem «verfolgungsfreien» oder einem Land stammt, das die Genfer Flüchtlingskonvention und die Europäische Menschenrechtskonvention beachtet. So können Asylsuchende, die aus Polen oder der Tschecho-Slowakei einreisen, bereits an der Grenze abgewiesen werden. Als der Bundestag am 26. Mai 1993 über diese Grundgesetzänderung entscheidet, umkreisen etwa

10000 Demonstranten den Bundestag und sperren die Zufahrtswege, um die «Festung Deutschland» augenfällig zu machen. Abgeordnete müssen mit Hubschraubern eingeflogen und mit einer Fähre angelandet werden. Unter starkem Polizeischutz an der Bannmeile verabschiedet das Parlament den «Asylkompromiß», der am 1. Juli 1993 in Kraft tritt.

26. September: Die Gedenkstätte des ehemaligen KZ Sachsenhausen wird durch einen Brandanschlag von Rechtsextremisten zerstört.

28. September: Die Bundesregierung sagt nach heftigem Protest aus dem Ausland eine für den 3. Oktober geplante Feierstunde in Peenemünde ab, die an den fünfzigsten Jahrestag des Starts des «Aggregats 4» (A 4) erinnern sollte. «A 4» stieß als erster Flugkörper ins All vor und war Vorläufer der «V 2» (Vergeltungswaffe 2), der Rakete, die in Großbritannien Tausende Todesopfer forderte.

8. Oktober: In Unkel bei Bonn verstirbt der frühere Bundeskanzler Willy Brandt (SPD) im Alter von 78 Jahren.

9. Oktober: Der Bundestag verabschiedet das erste Gesetz zur Bereinigung von SED-Unrecht. Neben der Aufhebung von Unrechtsurteilen und der rechtlichen Rehabilitierung wird eine einmalige Haftentschädigung gezahlt. Jeder Monat Haft wird mit 300 DM, oder, sofern die Entlassenen in der DDR verblieben waren, mit 150 DM entschädigt, wobei aber Leistungen nach dem Häftlingsgesetz angerechnet werden. Nach Angaben des Justizministeriums werden etwa 180000 Menschen diese Leistungen in Anspruch nehmen können, von denen etwa 100000 in Ostdeutschland leben.

19. Oktober: In ihrem Haus in Bonn werden die beiden Politiker der *Grünen*, Petra Kelly und Gert Bastian, erschossen aufgefunden. Alle Anzeichen sprechen dafür, daß Bastian Anfang Oktober zuerst die schlafende Kelly und dann sich mit seiner Pistole erschoß.

19. bis 23. Oktober: Angesichts verschiedener Verstimmungen im deutsch-britischen Verhältnis besucht Königin Elisabeth II. während ihrer Deutschlandreise auch Dresden. In der Kreuzkirche wohnt sie einem Gottesdienst bei, der vom Bischof von Coventry zelebriert wird, jener Stadt, die 1940 von der deutschen Luftwaffe zerstört wurde. In Dresden, aber auch in anderen bombardierten Städten wie Pforzheim, Köln und Würzburg wurde heftige Kritik daran geübt, daß am 31. Mai in London ein Denkmal für den Luftmarschall Arthur Harris enthüllt wurde, der für die britischen Bombenangriffe verantwortlich war.

29. Oktober: In Moskau werden die geheimen Zusatzprotokolle zum Hitler-Stalin-Pakt von 1939 vorgestellt, deren Existenz bisher strikt geleugnet wurde, Kopien wurden als Fälschung bezeichnet. Die Originaldokumente wurden im Geheimarchiv der KPdSU aufbewahrt; der frühere Außenminister Andrej Gromyko kannte ihren Inhalt, leugnete aber bis zu seinem Tode im Juli 1989 ihr Vorhandensein. In diesen Zusatzprotokollen teilen die Sowjetunion und Deutschland ihre Einflußsphäre auf: Ostpolen, Lettland und Estland werden dem sowjetischen, Westpolen und Litauen dem deutschen Machtbereich zugeschlagen. Gegen eine Goldzahlung wird später Litauen an die Sowjetunion «verkauft». Insbesondere für das Baltikum besitzen diese Dokumente enorme politische Sprengkraft.

31. Oktober: Einen Tag bevor die ersten Asylbewerber eintreffen, wird im brandenburgischen Dörfchen Dolgenbrodt südöstlich von Berlin das aufnehmende Heim in Brand gesetzt. Der Haupttatverdächtige behauptet in der späteren Gerichtsverhandlung, Bewohner des Dorfes hätten Geld ge-

Erich Honecker und Erich Mielke beim Prozeßbeginn im Gerichtssaal Moabit

sammelt und ihn und andere rechtsradikale Jugendliche als Brandstifter angeworben. Zuvor wehrten sich die meisten der 145 Bewohner heftig dagegen, daß ein leerstehendes Kinderferienheim zu dem Asylbewerberheim umgebaut wurde.

8. November: In Berlin demonstrieren 350000 Menschen gegen Fremdenhaß. Der Bundespräsident, der Bundeskanzler, die Bundestagspräsidentin sowie alle Ministerpräsidenten mit Ausnahme des bayerischen sind anwesend. Auf Richard von Weizsäcker und Helmut Kohl werden Eier geworfen.

12. November: Nach den unteren Rängen steht nun auch die ehemalige DDR-Führung vor Gericht. Vor dem Berliner Landgericht beginnt der Prozeß gegen die noch lebenden Mitglieder des «Nationalen Verteidigungsrates» der DDR in der Besetzung von 1974, weil eine schießbefehlähnliche Notiz vom Mai jenes Jahres gefunden wurde: Erich Honecker, Erich Mielke, Willi Stoph, der wegen Verhandlungsunfähigkeit am 14. August aus der Untersuchungshaft entlassen wurde, Heinz Keßler, Fritz Streletz und Hans Albrecht. Die Anklage lautet auf gemeinschaftlichen Totschlag, ein Vorwurf, der sich auf ausgewählte Fälle von Todesschüssen an der Grenze sowie Tötungen durch Erdminen und Selbstschußanlagen gründet. Honecker, der am 15. September in die 1990 neu gegründete KPD eintrat, kritisiert das «Gericht der Sieger über die Besiegten».

Am 17. November wird der Prozeß gegen Mielke abgetrennt und vorläufig eingestellt. Mielke muß sich bereits in einem anderen Prozeß verantworten – er kann nur einer Verhandlung folgen. In diesem anderen Prozeß wird ihm die Beteiligung am Mord an den Polizisten Paul Anlauf und Franz Lenk auf dem Berliner Bülowplatz vorgeworfen, der am 9. August 1931 begangen wurde. Unter den Nazis wurde Mielke damals als Täter betrachtet – in Abwesenheit, da er sich nach Moskau abgesetzt hatte. Die Akten mit den Ermittlungsergebnissen und der Anklageschrift verschwanden aus der SBZ in die Sowjetunion. Nach dem Ende der DDR wurden die zwölf Bände in Mielkes Wohnung aufgefunden. Willkommenes Material für die Justiz, denn dieser Prozeß ist wesentlicher einfacher zu führen. Mielke wird in dieser Sache am 26. Oktober 1993 zu sechs Jahren Haft verurteilt.

Das Verfahren gegen Stoph wird am 17.

Brandanschlag auf ein Wohnhaus in Mölln, bei dem drei türkische Bewohnerinnen ums Leben kamen

August 1993 eingestellt. Am 16. September 1993 spricht das Landgericht Berlin die Urteile gegen die verbliebenen Angeklagten. Wegen Anstiftung und Beihilfe zum Totschlag werden Heinz Keßler, von 1985 bis 1989 Verteidigungsminister der DDR, zu siebeneinhalb, sein Stellvertreter Fritz Streletz zu fünfeinhalb und der Suhler SED-Bezirkssekretär Hans Albrecht zu viereinhalb Jahren Gefängnis verurteilt. Während Albrecht aufgrund seines Gesundheitszustandes Haftverschonung erhielt, werden Keßler und Streletz nach 860 Tagen Untersuchungshaft einstweilen freigelassen.

13. November: In einer Wuppertaler Kneipe schlagen zwei Skinheads, angestachelt vom Wirt, einen Mann jüdischer Abstammung nieder. Anschließend übergießen sie den Wehrlosen mit Schnaps und zünden ihn an. Während der Fahrt nach Holland, wo sie das Opfer verschwinden lassen wollen, ersticken sie den Mann. Am 7. Februar 1992 verurteilt die Jugendkammer des Wuppertaler Landgerichts die Angeklagten zu Haftstrafen, die Skinheads zu vierzehn und acht, den Wirt zu zehn Jahren.

23. November: Die Welle der Gewalt gegen Asylbewerber und Ausländer erreicht einen neuen schrecklichen Höhepunkt. Seit Beginn des Jahres sind in West- und Ostdeutschland bereits vierzehn Menschen rechtsradikalen Gewalttaten zum Opfer gefallen, Asylbewerber, Ausländer und Obdachlose; 452 Menschen wurden verletzt. In den frühen Morgenstunden werden Brandsätze in zwei Häuser in Mölln geworfen, in denen seit vielen Jahren türkische Familien leben. Die 51jährige Bahide Arslan, die 14jährige Ayse Yilmaz und die zehnjährige Yeliz Arslan sterben. Vor allem in Israel, der Türkei und den Niederlanden ruft diese Tat wütende Proteste und schwere Besorgnis über die Entwicklung in Deutschland hervor. Am 6. Dezember 1993 verurteilt das Oberlandesgericht in Schleswig als Täter den zur Tatzeit 25jährigen Michael Peters zu lebenslanger und den damals 19-jährigen Lars Christiansen zu zehn Jahren Jugendstrafe.

27. November: Bundesinnenminister Rudolf Seiters (CDU) erklärt die neonazistische *Nationalistische Front* (NF) für illegal. Am 10. Dezember verbietet er auch die *Deutsche Alternative* (DA), die im Mai 1989 vom inzwischen verstorbenen Neonazi Michael Kühnen gegründet wurde.

6. Dezember: In vielen Orten Deutschlands demonstrieren Menschen mit Lichterketten gegen Fremdenhaß und Rassismus. In München findet die größte Kundgebung seit dem Ende des Zweiten Weltkrieges statt. Unter dem Motto «Eine Stadt sagt nein» bilden 400000 Menschen eine 45 Kilometer lange Lichterkette.

15. und 16. Dezember: In Moskau einigen sich Rußlands Präsident Boris Jelzin und Bundeskanzler Helmut Kohl in den drängenden finanziellen und militärischen Problemen. Die Bundesregierung gewährt Rußland eine zinslose Stundung von Schulden über 17,6 Milliarden Mark bis zum Jahr 2000, die aus Geschäften der Endphase der DDR herrühren. Dafür soll der Abzug der russischen Truppen aus Deutschland vorgezogen werden und bereits am 31. August 1994 beendet sein. Um Wohnraum für die heimkehrenden Soldaten zu schaffen, stockt die Bundesregierung ihre Zahlungen um 550 Millionen DM auf 8,35 Milliarden DM auf. Dafür erhält sie die ehemals sowjetischen Liegenschaften in Ostdeutschland unentgeltlich.

1993

Kosten der Einheit

Die Führungsschicht der Bundesrepublik macht weniger durch die Bewältigung der neuen Herausforderungen als durch unzählige Affären mit vielen Rücktritten von sich reden. Nachdem der Wirtschaftsboom, der sich der Stillung des Nachholbedarfs der Ostdeutschen verdankte, abflaut, treten die ökonomischen Schwierigkeiten deutlich hervor. Der gigantische Finanzbedarf in Ostdeutschland wird auf absehbare Zeit bleiben, der «Solidarpakt» sieht ab 1995 jährliche Transferzahlungen von West nach Ost von mehr als 100 Milliarden DM vor. Überdies stellt der veränderte Weltmarkt die westdeutsche Wirtschaft vor neue Probleme.

1. Januar: In den zwölf Staaten der Europäischen Gemeinschaft mit ihren 340 Millionen Einwohnern tritt der Binnenmarkt in Kraft. Er bringt weitgehende Freizügigkeit für den Verkehr von Waren, Dienstleistungen und Kapital. Arbeitnehmer und Selbständige dürfen nun in jedem Land tätig werden, bei Nachweis ausreichender finanzieller Mittel dürfen sich auch nichterwerbstätige Personen überall niederlassen. An den Grenzen entfallen vorerst nur die Zollkontrollen bei Privatreisenden, die Personenkontrollen werden bis zum Inkrafttreten des «Schengener Abkommens» weitergeführt.

3. Januar: In Moskau unterzeichnen der scheidende US-Präsident George Bush und Rußlands Präsident Boris Jelzin den «START-II»-Vertrag, der die Wende zur Abrüstung einleitet. Mit dem Verzicht auf mehr als 14 000 Atomsprengköpfe bauen die Großmächte ihr strategisches Atomwaffenpotential um etwa zwei Drittel ab. Vollständig abgebaut werden die landgestützten

Erich Honeckers Abflug nach Chile

Interkontinentalraketen mit Mehrfachsprengköpfen.

Wegen Werbebriefen, die er für Produkte eines angeheirateten Vetters versandte, tritt Bundeswirtschaftsminister und Vizekanzler Jürgen Möllemann (FDP) zurück. Sein Nachfolger wird am 21. Januar das bisherige Vorstandsmitglied der Berliner «Treuhandanstalt», Günter Rexrodt (FDP).

13. Januar: Nach 169 Tagen Untersuchungshaft wird Erich Honecker aus dem Gefängnis Berlin-Moabit entlassen. Die gegen ihn ausgesprochenen Haftbefehle wegen Totschlag, Untreue und Amtsmißbrauch sowie anderslautende Entscheidungen unterer Instanzen werden vom Berliner Verfassungsgerichtshof aufgehoben, da eine weitere Haft «mit dem Gebot der Menschenwürde» des an Krebs erkrankten Angeklagten nicht vereinbar sei. Am 14. Januar fliegt Honecker zu Frau und Tochter nach Santiago de Chile. Das Berliner Landgericht stellt den am 7. Januar zwecks Beschleunigung abgetrennten Prozeß am 13. April endgültig ein.

17. Januar: Einen Beitritt, wie ihn die anderen Ost-Parteien nach der Vereinigung vollzogen, lehnt das *Bündnis 90* ab. Heute wird auf einem gemeinsamen Parteitag in Hannover die Vereinigung von *Grünen* und *Bündnis 90* zur neuen Partei *Bündnis 90/Grüne* vollzogen. Für eine Übergangszeit werden dem *Bündnis 90* mit seinen 2600 Mitgliedern Minderheitenschutz und Sonderrechte gewährt. Am 14. April entscheiden in einer Urabstimmung die Mitglieder beider Parteien über den Assoziationsvertrag. Bei einer Wahlbeteiligung von 60 Prozent stimmen 85,7 Prozent bei *Bündnis 90,* bei einer Wahlbeteiligung von 49,4 Prozent

91,8 Prozent der 37000 Mitglieder der *Grünen* für den Vertrag. Der erste Parteitag der neuen Partei setzt ihn am 14. bis 16. Mai in Leipzig in Kraft.

30. Januar: Zum Jahrestag der Machtergreifung der Nationalsozialisten demonstrieren mehrere hunderttausend Menschen gegen Rassismus und Fremdenhaß. In Rostock beteiligt sich Bundespräsident Richard von Weizsäcker (CDU) als Privatmann: «Lichterketten sind kein Ersatz für Politik, aber Lichterketten sind ein Zeichen des Engagements.»

In Berlin wählt der dritte Bundesparteitag der PDS, die nur noch 170000 Mitglieder zählt, Lothar Bisky zum neuen Vorsitzenden. Der bisherige Vorsitzende Gregor Gysi kündigte im November 1992 seinen Rücktritt an, weil er von der langjährigen Stasi-Vergangenheit des Berliner Landesvorsitzenden Kenntnis hatte, ohne Konsequenzen zu ziehen.

6. Februar: Innenminister Rudolf Seiters (CDU) legt den Jahresbericht 1992 des Bundesamtes für Verfassungsschutz vor. Die Zahlen offenbaren einen dramatischen Anstieg beim Terror von rechts: Wurden 1991 noch 1483 rechtsextreme Gewalttaten gezählt, bei denen drei Menschen getötet wurden, waren es 1992 bereits 2285 Gewalttaten, die insgesamt siebzehn Todesopfer forderten. 2235 dieser Anschläge richteten sich gegen Asylbewerber und Ausländer, wobei die Täter fast ausschließlich Jugendliche oder junge Erwachsene waren.

17. Februar: In einer «Nacht der tausend Feuer» protestieren die Stahlarbeiter des Ruhrgebiets gegen Massenentlassungen, sie blockieren die wichtigsten Verkehrsadern des Reviers. Der Krupp-Hoesch-Konzern kündigte erstmals die Schließung eines kompletten Standortes an. Am 15. August wird sein Stahlwerk in Duisburg-Rheinhausen, das 1960 mehr als 15000 Arbeiter beschäftigte und dessen Stillegung 1987 noch verhindert wurde, geschlossen.

18. Februar: Erstmals in der Nachkriegsgeschichte kündigen Arbeitgeber einen Tarifvertrag vorzeitig. Der «Verband der Sächsischen Metall- und Elektroindustrie» kündigt den geltenden, im März 1991 mit der IG Metall geschlossenen Tarifvertrag, der ab April 1993 eine Lohnerhöhung von 26 Prozent und die stufenweise Anhebung auf westdeutsches Niveau bis 1994 vorsieht.

1. März: Die Affäre des Jahres 1987 um den damaligen Ministerpräsidenten von Schleswig-Holstein, Uwe Barschel (CDU), erfährt eine Fortsetzung. Günther Jansen, zu jener Zeit SPD-Landesvorsitzender, heute Gesundheits- und Sozialminister und stellvertretender Ministerpräsident, muß einräumen, Barschels damaligem Medienreferenten Reiner Pfeiffer 1989 und 1990 40000 DM angeblich aus privaten Mitteln gezahlt zu haben. Am 23. März tritt Jansen zurück. Im April wird bekannt, daß Björn Engholm, Ministerpräsident, SPD-Vorsitzender und Kanzlerkandidat, vor dem Untersuchungsausschuß des Kieler Landtags die Unwahrheit sagte. Er wußte von Pfeiffers Enthüllungen früher, als er bis jetzt zugestand. Am 3. Mai erklärt Engholm den Rücktritt von allen Ämtern, damit ist er seit 1982 der vierte gescheiterte Kanzlerkandidat der SPD. Als neue Ministerpräsidentin von Schleswig-Holstein wird am 19. Mai Heide Simonis (SPD) gewählt, sie ist die erste Ministerpräsidentin der Bundesrepublik.

4. März: Der frühere RAF-Anwalt Klaus Croissant wird vom Kammergericht Berlin wegen geheimdienstlicher Agententätigkeit für die DDR zu einem Jahr und neun Monaten Haft auf Bewährung sowie einer Geldstrafe verurteilt.

7. März: Die Kommunalwahlen in Hessen finden bei der mit 71,3 Prozent niedrigsten

Wahlbeteiligung seit 1949 statt. Nach dramatischen Verlusten erzielt die SPD ihr schlechtestes Ergebnis seit Kriegsende, bleibt aber stärkste Partei vor der CDU, den Grünen, den Republikanern und der FDP.

11. bis 13. März: Bundesregierung, Länder und Parteien einigen sich in Bonn auf einen «Solidarpakt», mit dem die Kosten der deutschen Einheit finanziert werden sollen. Der Finanzausgleich wird zugunsten der ostdeutschen Bundesländer neu geordnet; ein Solidaritätszuschlag in Höhe von 7,5 Prozent auf die Lohn- und Einkommensteuer wird ab dem 1. Januar 1995 eingeführt; Maßnahmen zur Arbeitsbeschaffung werden wieder ermöglicht; Einsparungen, Ausgabenkürzungen und Bekämpfung des Mißbrauchs von Sozialleistungen sollen Milliarden DM freisetzen. Im Jahr 1992 machten die öffentlichen Haushalte 103 Milliarden DM neue Schulden, so daß der Schuldendienst im Haushalt 1993 zum zweitgrößten Ausgabenposten wird.

15. März: Als *DKK Scharfenstein* steht die Firma im sächsischen Niederschmiedeberg kurz vor der Abwicklung. Dank einer Kooperation mit *Greenpeace* entwickelt sie dann als *Foron Hausgeräte GmbH* den weltweit ersten Kühlschrank, der ohne FCKW und FKW, die zur Zerstörung der Ozonschicht beitragen, auskommt. Heute geht der Öko-Kühlschrank in Serie, angesichts der großen Zahl der Vorbestellungen unterstützt auch die «Treuhandanstalt» den Fortbestand des Unternehmens.

27. März: Die RAF beendet ihren «zeitweiligen Gewaltverzicht». Das «Kommando Katharina Hammerschmidt» überwältigt das Wachpersonal der noch in Bau befindlichen modernsten Justizvollzugsanstalt Deutschlands im hessischen Weiterstadt und zündet etwa 200 Kilogramm Sprengstoff. Der Neubau wird weitgehend zerstört, der Schaden beläuft sich auf 100 Millionen DM. Am 1. April geht ein Bekennerschreiben ein, das die Freilassung aller inhaftierten RAF-Mitglieder fordert und weitere Anschläge androht.

6. April: Das Bundesverfassungsgericht hebt ein anderslautendes Urteil des Bundesarbeitsgerichtes auf und erklärt den Einsatz von Beamten bei rechtmäßigen Streiks als verfassungswidrig.

12. April: Erstmals seit dem Ende des Zweiten Weltkrieges nehmen deutsche Soldaten an einem Kampfeinsatz teil. 162 Bundeswehrangehörige wirken als technisches Personal in AWACS-Aufklärungsflugzeugen der NATO mit, die die Durchsetzung des von den Vereinten Nationen verhängten Flugverbotes über Bosnien-Herzegowina überwachen. Am 2. April billigt die Bundesregierung diesen Einsatz, doch rufen die Regierungspartei FDP wie auch die SPD das Bundesverfassungsgericht an. Dieses lehnt am 8. April den Erlaß einer Einstweiligen Verfügung gegen den Einsatz ab, um einen «Vertrauensverlust bei den Bündnispartnern» zu vermeiden. Am 12. Juli 1994 erklärt das Gericht die Teilnahme deutscher Soldaten an Kampfeinsätzen der Vereinten Nationen für zulässig, sofern der Bundestag zuvor seine Zustimmung erteilt. Auf Drängen der NATO-Partner, die eine uneingeschränkte Bundeswehr-Beteiligung an den laufenden NATO-Einsätzen erwarten, tritt am 22. Juli 1994 der Bundestag zu einer Sondersitzung zusammen und billigt nachträglich die Teilnahme deutscher AWACS-Besatzungen, Kriegsschiffe und Seefernaufklärer zur Überwachung des Flugverbots über Bosnien-Herzegowina.

19. April: In Warschau gedenken Tausende des Beginns des Aufstandes im Warschauer Ghetto am 19. April 1943, der bis zum 16. Mai 1943 von deutschen Truppen unter dem SS-Brigadeführer Jürgen Stroop grausam niedergeschlagen wurde. Für die Bundesre-

Deutsche UNO-Soldaten patrouillieren auf dem Marktplatz von Belet Huen, Somalia

publik nimmt Bundestagspräsidentin Rita Süssmuth (CDU) teil. Als am 22. April in Washington Bill Clinton, der erste nach dem Zweiten Weltkrieg geborene US-Präsident, das «United States Holocaust Memorial Museum» eröffnet, sind abermals hohe Gäste aus zahlreichen Länder anwesend. Für die Bundesrepublik kommen weder der Bundespräsident noch der Bundeskanzler, sondern nur Außenminister Klaus Kinkel (FDP), weil das Bonner Angebot, eine ergänzende Ausstellung über den Aufbau der deutschen Demokratie einzurichten, abgelehnt wurde.

21. April: Die Bundesregierung beschließt auf Ersuchen der Vereinten Nationen die Entsendung von 1640 deutschen Soldaten nach Somalia, die am «UNOSOM-II-Einsatz» zu Befriedung des Landes mitwirken sollen. Am gleichen Tag stimmt der Bundestag zu. Am 14. Mai treffen die ersten Soldaten in Somalia ein, wo die deutschen Einheiten in der Stadt Belet Huen stationiert werden. Die SPD kritisiert diesen Einsatz heftig, da er nicht mehr rein humanitär und deshalb verfassungswidrig sei, und ruft das Bundesverfassungsgericht an. Am 23. Juni erläßt dieses eine Einstweilige Verfügung, die den Einsatz als nicht grundgesetzwidrig betrachtet, aber eine förmliche Zustimmung des Bundestages fordert. Am 2. Juli stimmt der Bundestag in der geforderten Form zu. Nach der Entscheidung der USA vom Juni 1993, ihre Truppen abzuziehen, beschließt die Bundesregierung am 23. November, die Beteiligung der Bundeswehr am Somalia-Einsatz der Vereinten Nationen zum 31. März 1994 zu beenden.

25. April: Ein Brandanschlag vernichtet Teile des Zentralen Grundbucharchivs der früheren DDR in Barby bei Magdeburg, mutmaßlich sollten die für die Rückgabe von Grundstücken bedeutungsvollen Akten vernichtet werden.

3. Mai: Ostdeutschland erlebt den ersten Arbeitskampf seit mehr als sechzig Jahren. Die Metall- und Stahl-Arbeitgeber kündigen die laufenden Tarifverträge, statt der darin vorgesehenen Lohnerhöhung bieten sie wegen der schlechten wirtschaftlichen Entwicklung nur noch neun Prozent an. Heute beginnt die IG Metall den Streik in Sachsen und Brandenburg, tags darauf wird er auf Mecklenburg-Vorpommern ausgedehnt. Der Streik endet am 23. Mai, als ein Kompromiß von allen Tarifbezirken übernommen wird. Er sieht die Angleichung an das westdeutsche Lohnniveau nicht mehr bis 1994, sondern bis 1996 vor, wobei in begründeten Fällen vorübergehend untertarifliche Bezahlung gestattet ist.

4. Mai: Erstmals wird eine Landtagswahl durch Gerichtsurteil annulliert. Das Hamburger Verfassungsgericht erklärt die Bürgerschaftswahl vom 2. Juni 1991 sowie fünf von sieben Wahlen für Bezirksversammlungen für ungültig, da es bei der CDU eine undemokratische Kandidatenaufstellung gegeben habe. Die Wahlen müssen wiederholt werden. Bei der Neuwahl am 19. September erteilt der Wähler SPD, CDU und FDP die «vielleicht letzte Abmahnung», wie es der Erste Bürgermeister Henning Voscherau (SPD) ausdrückt. Die drei Parteien erzielen ihr jeweils schlechtestes Ergebnis seit Kriegsende. Neben der GAL mit 13,5 Prozent zieht noch die von der CDU abgespaltene Wählervereinigung *Statt Partei* mit 5,6 Prozent in die Bürgerschaft ein. SPD und GAL können ihre Meinungsverschiedenheiten zu mehreren Großprojekten nicht überwinden, so daß am 15. Dezember ein Koalitionssenat von SPD und *Statt Partei* gewählt wird. Damit ist erstmals in der Geschichte der Bundesrepublik eine Wählervereinigung auf Landesebene in einer Regierung vertreten.

6. Mai: Nach mehreren Affären, die den Verdacht der persönlichen Bereicherung und privaten Nutzung dienstlicher Privilegien erwecken, tritt Verkehrsminister Günther Krause (CDU) zurück. Um die Zahl von drei ostdeutschen Ministern zu halten, ernennt Bundeskanzler Helmut Kohl Paul Krüger (CDU) aus Neubrandenburg zum Forschungsminister.

7. Mai: Die Bundesrepublik und Polen schließen in Bonn ein Abkommen, dem zufolge Polen Asylbewerber zurücknehmen muß, deren Asylanträge von deutschen Behörden abgewiesen werden. Bis Ende 1994 zahlt die Bundesregierung dafür 120 Millionen DM.

12. Mai: Im Januar wird durch Presseberichte bekannt, daß der bayerische Ministerpräsident Max Streibl (CSU) zahlreiche Reisen auf Kosten verschiedener Firmen unternahm. Zwar weist er alle Vorwürfe dieser «Amigo-Affäre» zurück, muß aber auf Druck aus seiner eigenen Partei heute seinen Rücktritt erklären. Gegen den Bundesfinanzminister und CSU-Vorsitzenden Theo Waigel setzt sich der bisherige bayerische Innenminister Edmund Stoiber durch, am 28. Mai wird Stoiber zum neuen Ministerpräsidenten gewählt.

Das Landgericht Berlin stellt das Verfahren gegen Günter Mittag, ehemals für Wirtschaft zuständiges Mitglied des SED-Politbüros, wegen Verhandlungsunfähigkeit ein. Mittag werden Amtsmißbrauch und Amtshandlungen ohne rechtliche Grundlage vorgeworfen.

13. Mai: Die USA geben offiziell das «SDI-Programm» auf, das als «Krieg der Sterne» von Beginn an heftig umstritten war.

25. Mai: Franz Steinkühler, Vorsitzender der größten deutschen Einzelgewerkschaft IG Metall, tritt zurück, da er als Aufsichtsratsmitglied der *Daimler-Benz AG* Insider-Geschäfte an der Börse tätigte, die ihm Gewinne von 160000 DM bescherten.

Der neugewählte SPD-Parteivorsitzende Rudolf Scharping

29. Mai: Vom 19. bis 21. Mai besuchte Bundeskanzler Helmut Kohl (CDU) die Türkei, wo er entschlossene Maßnahmen von Polizei und Justiz zusichert, um die rechtsextremistischen Gewalttaten einzudämmen. Nur wenige Tage darauf verüben Rechtsextremisten den bisher schwersten Anschlag. In den frühen Morgenstunden dieses Pfingsonntags wird ein Brandanschlag in Solingen verübt, wo etwa 20000 der 166000 Bewohner Ausländer sind. In dem Haus schlafen neunzehn Angehörige einer türkischen Familie. Weil die Flammen das Treppenhaus zerstören, springt die 27jährige Gürsün Ince in den Tod. Die 18jährige Hatice Genc, die 12jährige Gülistan Öztürk, die neunjährige Hülya Genc und die vierjährige Saime Genc kommen in den Flammen um, drei weitere Kinder werden lebensgefährlich verletzt. Dieser Anschlag ruft eine Welle von Protesten vor allem unter der türkischen Bevölkerung in Deutschland hervor. Vielerorts wird zum bewaffneten Selbstschutz aufgerufen. Der amtierende türkische Ministerpräsident Erdal Inönü appelliert an seine Landsleute in der Bundesrepublik, Ruhe zu bewahren, fordert von der Bundesregierung aber auch die rechtliche Gleichstellung der Türken.

11. bis 13. Juni: Auf ihrem Parteitag in Münster wählt die FDP Außenminister und Vizekanzler Klaus Kinkel, der erst 1991 der Partei beitrat, als Nachfolger von Otto Graf Lambsdorff zum neuen Vorsitzenden.

13. Juni: Nach dem Rücktritt Björn Engholms muß die SPD einen neuen Vorsitzenden und Kanzlerkandidaten suchen. Erstmals in der Geschichte einer Partei wird eine Befragung der knapp 870000 Mitglieder durchgeführt, die Wahlbeteiligung liegt bei

56,6 Prozent. Von den drei Kandidaten für den Parteivorsitz erzielt der Ministerpräsident von Rheinland-Pfalz, Rudolf Scharping, mit 40,3 Prozent der Stimmen einen deutlichen Vorsprung vor dem niedersächsischen Ministerpräsidenten Gerhard Schröder mit 33,2 Prozent. Abgeschlagen wird Heidemarie Wieczorek-Zeul mit 26,5 Prozent. Am 25. Juni wählt der außerordentliche Parteitag in Essen Scharping zum neuen Parteivorsitzenden. Er reklamiert die Kanzlerkandidatur für sich, nachdem der saarländische Ministerpräsident Oskar Lafontaine seine Bewerbung am 22. Juni zurückzog.

22. Juni: Roman Herzog, Präsident des Bundesverfassungsgerichtes, kritisiert die wachsende Verlagerung politischer Kontroversen vor das Karlsruher Gericht.

Die EG sagt Polen, Ungarn, Bulgarien, Rumänien, der Slowakei und der Tschechei ein festes Anrecht auf den EG-Beitritt zu.

24. Juni: In München besetzen zwölf Kurden und ein staatenloser Ex-Libanese das türkische Generalkonsulat und nehmen das Personal als Geiseln. Mit der falschen Behauptung, sie seien schwer bewaffnet, drohen sie ein Blutbad an und verlangen, Bundeskanzler Kohl solle in einer Fernseherklärung auf das Kurdenproblem aufmerksam machen und die Einstellung der deutschen Militärhilfe für die Türkei verfügen. Nach 14 Stunden wird die Besetzung unblutig beendet.

Am 12. April 1994 beginnt der Prozeß unter schärfsten Sicherheitsvorkehrungen, an denen 3000 Beamte von Polizei und Bundesgrenzschutz mitwirken. Die dreizehn Angeklagten werden am 6. Juli 1994 zu Freiheitsstrafen zwischen zweieinhalb und viereinhalb Jahren verurteilt.

26. Juni: Tausende Menschen demonstrieren in zahlreichen Städten in einer «Nacht der Wohnungslosen» für Solidarität mit den Obdachlosen, deren Zahl offiziell mit 40 000 angegeben wird.

27. Juni: Auf dem Bahnhof des mecklenburgischen Bad Kleinen versuchen etwa fünfzig Beamte von Bundeskriminalamt und Polizei die als Terroristen der RAF gesuchten Birgit Hogefeld und Wolfgang Grams festzunehmen. Die beiden seit 1984 Untergetauchten treffen sich hier mit Klaus Steinmetz, dem einzigen V-Mann, den die Behörden am Zentrum der RAF plazieren konnten. Als die Festnahme versucht wird, erschießt Grams den «GSG 9»-Angehörigen Michael Newrzella und stirbt anschließend durch einen Schuß aus seiner eigenen Waffe. Aufgrund sich widersprechender Gutachten bleiben Zweifel, ob sich Grams tatsächlich selbst tötete. Die Spurensicherung dieser Aktion mündet in ein Fiasko, ein späterer Untersuchungsbericht der Bundesregierung listet siebzehn gravierende Fehler auf. In der Folge tritt am 4. Juli Bundesinnenminister Rudolf Seiters (CDU) zurück, sein Nachfolger wird Manfred Kanther (CDU). Generalbundesanwalt Alexander von Stahl (FDP) wird am 7. Juli von Justizministerin Sabine Leutheusser-Schnarrenberger zwangspensioniert.

30. Juni: Für hundert Tage ersteht in Berlin das 1950 gesprengte Stadtschloß neu, wenn auch nur als Attrappe. Bis auf die fehlende Kuppel entspricht sie dem Originalbau. Ein Förderverein will mit dieser Aktion für den Wiederaufbau des Schlosses als Stadtmittelpunkt werben.

1. Juli: Weil nach der deutschen Vereinigung mehr als 800 Postleitzahlen doppelt belegt sind, führt die Post ab heute ein neues System mit fünfstelligen Postleitzahlen ein.

In einem Schreiben an UN-Generalsekretär Boutros Boutros-Ghali erklärt sich die Bundesregierung offiziell bereit, «Verantwortung auch im Rahmen einer ständi-

Kundgebung der Freiheitlichen Arbeiterpartei FAP (Bonn 1992)

gen Mitgliedschaft im Sicherheitsrat der Vereinten Nationen zu übernehmen».

29. Juli: 1988 wird der frühere SS-Wachmann John Demjanjuk aus der Ukraine in Israel wegen der Teilnahme an der Ermordung und Folterung von 800000 Menschen im KZ Treblinka zum Tode verurteilt. Demjanjuk war 1951 amerikanischer Staatsbürger geworden, da er seine SS-Zugehörigkeit verschwieg; 1981 wird ihm deshalb die US-Staatsbürgerschaft aberkannt. 1986 wurde er an Israel ausgeliefert und dort in Haft genommen. Aufgrund neuerer, erstmals zugänglicher Dokumente aus den Archiven des KGB spricht der Oberste Gerichtshof Israels Demjanjuk heute im Berufungsverfahren frei. Am 22. September wird Demjanjuk in die USA abgeschoben.

14. August: In Fulda können 500 Rechtsextremisten der 1979 gegründeten *Freiheitlichen Deutschen Arbeiterpartei* (FAP) unbehelligt eine Demonstration zum Gedenken für Rudolf Heß abhalten. An allen anderen Orten werden solche Veranstaltungen verboten. Darauf stellt die Bundesregierung am 15. September beim Bundesverfassungsgericht einen Verbotsantrag gegen die FAP, die Partei arbeite auf die Zerstörung der freiheitlich-demokratischen Grundordnung hin.

15. August: Angesichts der Lage in Deutschland erklärt es Bundeskanzler Helmut Kohl für «außerordentlich wichtig», daß der künftige Bundespräsident aus dem Osten stammt. Am 8. September erklärt sich Kohls Wunschkandidat, der sächsische Justizminister Steffen Heitmann (CDU), offiziell zur Kandidatur bereit, am 3. Oktober wird er vom CDU-Bundesvorstand einstimmig nominiert. In der Folgezeit zieht Heitmann mit verschiedenen Äußerungen heftige Kritik auf sich. Er spricht von «Überfremdung» und einer «unkontrollierten Asylantenschwemme»; man müsse «die Mutterschaft wieder ins Zentrum der Gesellschaft rücken»; der Holocaust stelle «ein einmaliges Ereignis» dar, indes gebe es «viele einmalige historische Vorgänge». Selbst Kohl zeigt sich verärgert, weil Heitmann den Maastricht-Vertrag als «von oben verordnet» bezeichnet. Am 25. November erklärt Heitmann seinen Verzicht auf die Kandidatur.

1. September: Unter dem Vorsitzenden Richter Wolfgang Helbig verurteilt das Landgericht Leipzig den 87jährigen Otto Jürgens wegen Rechtsbeugung und Freiheitsberaubung zu zwei Jahren Haft auf Bewährung. Jürgens war 1950 als Richter und Staatsanwalt an den «Waldheim-Prozessen» beteiligt, auch an einem Todesurteil. Als einziger Richter dieser Willkürprozesse muß sich Jürgens vor Gericht verantworten. Er zeigt sich von seiner Unschuld überzeugt: «Was damals Recht war, kann das heute Unrecht sein?» Damit wird erstmals in der bundesdeutschen Justizgeschichte ein Richter bestraft, weil er offenkundiges Unrecht bewirkte.

12. bis 14. September: Auf dem Bundesparteitag der CDU in Berlin gesteht Bundeskanzler Helmut Kohl ein, daß bis zur Herstellung der inneren Einheit Deutschlands noch eine «große Wegstrecke» zurückzulegen sei. Er fordert die Deutschen zum «Umdenken in allen gesellschaftlichen Bereichen» auf, damit der Industriestandort Deutschland gesichert bleibe.

17. September: Das Flaggschiff der deutschen Industrie, die *Daimler-Benz AG*, muß eine Krise eingestehen. Im ersten Halbjahr 1993 geht der Umsatz um dreizehn Prozent zurück, der Gewinn sackt gegenüber dem Vorjahreszeitraum von 1,02 Milliarden DM auf nur noch 168 Millionen DM ab. Auch diese Zahl wird nur durch die Auflösung von Reserven erreicht. In der amerikanischen Bilanz dürfen solcherart erzielte Gewinne nicht ausgewiesen werden – dort wird ein Verlust des Konzerns von 949 Millionen DM ausgewiesen. Bis Ende 1994 will der Konzern weltweit 40000 Arbeitsplätze abbauen, davon 27000 in der Autoproduktion und 10000 im Raumfahrtbereich.

3. und 4. Oktober: In Moskau kann Präsident Boris Jelzin einen Putschversuch von Nationalkommunisten um Alexander Ruzkoj und Ruslan Chasbulatow durch den Einsatz von Armee und Spezialtruppen blutig niederschlagen lassen. Die bürgerkriegsähnlichen Auseinandersetzungen in der russischen Hauptstadt fordern fast 200 Menschenleben.

6. Oktober: Gesundheitsminister Horst Seehofer (CSU) bestätigt, daß das Berliner Bundesgesundheitsamt in den letzten neun Jahren mindestens 373 Meldungen über den Verdacht auf Aids-Infektionen durch Blutkonserven verschwieg. Auch wurden Aids-infizierte Medikamente nicht vom Markt genommen, bei mehreren Unternehmen gab es Mißstände in Produktion und Kontrolle. Als Konsequenz löst Seehofer das Bundesgesundheitsamt am 13. Oktober auf, die darin vereinten sechs Einzelinstitute arbeiten nun selbständig.

8. und 9. Oktober: In Wien findet das erste Gipfeltreffen des 1949 gegründeten Europarates statt, dem nunmehr 32 Staaten angehören. Als Schlüssel für den Aufbau eines neuen, friedlichen Europa wird der Schutz der Minderheiten bewertet, indes können sich die Teilnehmer nicht auf eine Definition einigen.

11. Oktober: Nach Protesten der ostdeutschen Parteigliederungen weist die SPD-Führung die Forderung ihres wirtschafts- und finanzpolitischen Sprechers Oskar Lafontaine zurück, die Entwicklung der Einkommen und Renten in Ostdeutschland müsse verlangsamt werden.

20. Oktober: Erstmals wird ein früherer DDR-Grenzer wegen Mordes verurteilt. In der Revision hebt der Bundesgerichtshof ein Urteil des Bezirksgerichtes Potsdam auf, das auf Totschlag erkannte. Am 18. Oktober 1965 hatte der Grenzer einen Flüchtling, der sich bereits ergeben hatte, erschossen. Der Bundesgerichtshof spricht nun wegen heimtückisch begangenen Mordes eine zehnjährige Haftstrafe aus, die nach dem anzuwendenden DDR-Recht zulässige Mindeststrafe.

22. Oktober: Mit den Stimmen von Union und FDP verabschiedet der Bundestag das Spar-, Konsolidierungs- und Wachstumsprogramm der Bundesregierung. Es beinhaltet auch Einsparungen von 13,7 Milliarden DM bei arbeitsmarktpolitischen Maßnahmen.

28. Oktober: In Bonn demonstrieren 100 000 Bauarbeiter gegen die bevorstehende Abschaffung des Schlechtwettergeldes. Ihre Proteste erreichen, daß die zum 31. Juli 1994 vorgesehene Streichung erst nach dem Winter 1995/96 wirksam werden soll.

Die gemeinsame Verfassungskommission von Bund und Ländern, die nach der Vereinigung Änderungen des Grundgesetzes vorbereiten soll, schlägt nach zweijähriger Arbeit die Änderung von 22 Artikeln vor. So sollen die Durchsetzung der Gleichberechtigung von Frau und Mann, der Umwelt- und Minderheitenschutz sowie das kommunale Ausländerwahlrecht für EG-Angehörige ins Grundgesetz aufgenommen werden.

29. Oktober: In einer Diskothek im thüringischen Oberhof beleidigen Skinheads einen schwarzen amerikanischen Rennrodler. Dann schlagen sie dessen weißen Kollegen sowie einen einheimischen Studenten zusammen, die sich schützend vor den Schwarzen stellen. Das US-Außenministerium protestiert in Bonn, das Olympische Komitee der USA stuft Starts in Deutschland als Sicherheitsrisiko ein. Im Januar 1994 werden zwei der Angreifer zu Freiheitsstrafen von zwei Jahren acht Monaten sowie einem Jahr ohne Bewährung verurteilt.

1. November: Der Vertrag von Maastricht tritt in Kraft. Damit wandelt sich die Europäische Gemeinschaft (EG) zur Europäischen Union (EU), die eine gemeinsame Außen- und Sicherheitspolitik sowie eine abgestimmte Innen- und Justizpolitik betreibt und die Wirtschafts- und Währungsunion herbeiführt. Erstmals kritisiert ein führender deutscher Politiker diese Entwicklung offen: Der bayerische Ministerpräsident Edmund Stoiber (CSU) kündigt einen «historischen Bruch» mit der «Europapolitik Adenauers» an. Die CSU habe den von der CDU ausdrücklich angestrebten europäischen Bundesstaat auch als Fernziel endgültig aufgegeben. Der Integrationsprozeß müsse verlangsamt werden. Am 14. November nennt Stoiber Bundeskanzler Helmut Kohl (CDU) einen «europäischen Illusionisten», der einen «verhängnisvollen Weg» gehe.

2. November: Der Nationale Sicherheitsrat Rußlands unter Präsident Boris Jelzin verabschiedet eine neue Militärdoktrin, nach der das Land keinen Staat mehr als Feind betrachtet, kein konkretes Feindbild mehr pflegt und seine Atomwaffen nur noch als politisches Mittel der Abschreckung hält.

14. November: Unter strengen Sicherheitsvorkehrungen und Beteiligung der Bonner Prominenz wird die umgestaltete Neue Wache in Berlin als «Zentrale Gedenkstätte der Bundesrepublik Deutschland» eingeweiht. Seit zehn Jahren erörterte die Bundesregierung den Plan, eine Gedenkstätte zu errichten. In der Neuen

«Pietà» von Käthe Kollwitz in der Neuen Wache

Wache, zu DDR-Zeiten «Mahnmal für die Opfer des Faschismus und Militarismus» mit martialischer Ehrenwache, steht nun eine vierfach vergrößerte Kopie von Käthe Kollwitz' Skulptur «Mutter mit totem Sohn» (Pietà). 1938 formte sie das Original zum Gedenken an den Tod ihres Sohnes Peter im Ersten Weltkrieg.

15. bis 20. November: Bei seinem dritten Besuch in China stellt Bundeskanzler Helmut Kohl den Ausbau der Wirtschaftsbeziehungen ganz obenan. Während seines Aufenthaltes werden Verträge, so über den U-Bahn-Bau in Guangzhou (Kanton), über drei Milliarden DM und Vorverträge über vier Milliarden DM unterzeichnet. In Menschenrechtsfragen hält sich Kohl merklich zurück. Dafür kritisieren zahlreiche Demonstranten den chinesischen Ministerpräsidenten Li Peng beim Gegenbesuch in Deutschland vom 4. bis zum 9. Juli 1994, so daß er mehrere Programmpunkte wütend abbricht.

25. November: Auch der VW-Konzern befindet sich in wirtschaftlichen Schwierigkeiten. Um drohende Massenentlassungen von 30000 der insgesamt 108000 Beschäftigten der sechs inländischen Werke zu vermeiden, einigen sich *Volkswagen AG* und Gewerkschaften auf ein neues Arbeitszeitmodell.

Für die Beschäftigten verringert sich ab dem 1. Januar 1994 die wöchentliche Arbeitszeit von 36 auf 28,8 Stunden in einer Vier-Tage-Woche, ihr Jahreseinkommen sinkt um etwa zehn Prozent. Dafür verzichtet VW bis Ende 1994 auf betriebsbedingte Kündigungen.

28. November: Nach Vorwürfen, vier ihrer Minister sowie Ministerpräsident Werner Münch (CDU), die alle aus Westdeutschland nach Magdeburg kamen, hätten mit unlauteren Methoden Aufbesserungen ihres Gehaltes bewirkt, tritt die gesamte Landesregierung von Sachsen-Anhalt zurück. Am 2. Dezember wird Christoph Bergner (CDU) zum neuen Ministerpräsidenten gewählt.

1. Dezember: Die Bundesanwaltschaft beginnt Ermittlungen, nachdem in einer neonazistischen Broschüre «gegen zunehmenden Rotfront- und Anarcho-Terror» Namen von 250 Personen sowie zahlreiche Treffpunkte aufgeführt werden. Da auch Telefonnummern, Kraftfahrzeugkennzeichen und Lebensgewohnheiten der Nazigegner enthalten sind, stellt diese Liste einen Aufruf zu Anschlägen dar.

5. Dezember: Die heutigen Kommunalwahlen in Brandenburg spiegeln bei einer Wahlbeteiligung von 59,7 Prozent, mehr als fünfzehn Prozent niedriger als 1990, die zentrale politische Stimmungen Ostdeutschlands. In 350 Orten finden sich nicht einmal Kandidaten für das Bürgermeisteramt. Die SPD steigert ihren Stimmenanteil um 6,4 auf 34,5 Prozent und wird damit stärkste Partei vor der PDS mit 21,2 Prozent und der CDU mit 20,5 Prozent. In der Landeshauptstadt Potsdam wird der frühere informelle Stasi-Mitarbeiter und jetzige PDS-Funktionär Rolf Kutzmutz, der mit den Slogans «Meine Biografie beginnt nicht erst 1989» und «Ich lasse mir den Mut nicht nehmen» warb, erst in der Stichwahl vom Amtsinhaber Horst Gramlich (SPD) geschlagen. Die Kleinstadt Altlandsberg nahe Berlin setzt ein Zeichen gegen Fremdenhaß: Der indische Arzt Ravindra Gujjula, der dort seit 1982 lebt und praktiziert, wird zum ehrenamtlichen Bürgermeister gewählt.

17. Dezember: Die Wirtschaftsminister der EU billigen die Sanierung der *EKO-Stahl AG* in Eisenhüttenstadt, dafür werden Subventionen von 812 Millionen DM bereitgestellt. Nach der Sanierung soll das mit 3000 Beschäftigten größte Stahlwerk in Ostdeutschland privatisiert und an den italienischen Stahlkonzern *Riva* übergeben werden. Am 13. Mai 1994 verzichtet dieser Konzern jedoch, als neuer Interessent tritt der belgische Stahlkonzern *Cockerill Sambre* auf. Am 8. Dezember 1994 billigt die EU den Sanierungsplan der Bundesregierung für die *EKO Stahl AG*, ihr Verkauf an die Belgier kann nun mit 900 Millionen DM subventioniert werden.

31. Dezember: Nach einem Jahr geht der härteste Konflikt um einen Betrieb der «Treuhandanstalt» zu Ende, der auch mit mehrwöchigen Hungerstreiks verzweifelt geführte Arbeitskampf um die Kaligrube in Bischofferode. Die Grube wird endgültig geschlossen. Fast alle der noch 700 Beschäftigten unterzeichnen einen Überleitungsvertrag, der ihnen Beschäftigung in der treuhandeigenen «Gesellschaft zur Verwahrung und Verwertung stillgelegter Bergwerke» (GVV) oder in einer Arbeitsbeschaffungsgesellschaft sowie Abfindungen garantiert.

1994

Ungewißheiten

Wirtschaftliche Probleme bedrängen mehr und mehr Menschen. Die Arbeitslosigkeit erreicht den höchsten Stand der Nachkriegszeit, allerorten werden weitere Arbeitsplätze abgebaut, Einkommenserhöhungen bleiben deutlich unter der Inflationsrate, soziale Einschnitte drohen. Zudem erreicht die Steuer- und Abgabenlast bisher nie erreichte Höhen. Rechnerisch arbeiten die Bundesbürger erst ab Anfang Juni wieder für ihr eigenes Portemonnaie, bis dahin sind sie ausschließlich für Steuern und Abgaben tätig.

1. Januar: Der von den Ländern der EU und der EFTA gebildete «Europäische Wirtschaftsraum» (EWR) tritt in Kraft.

Nach mehrjährigen Verhandlungen beschließt die Bundesregierung am 1. Dezember 1993 die Bahnreform, die heute wirksam wird. Die Deutsche Bundesbahn mit 225 000 Mitarbeitern und die Deutsche Reichsbahn mit 170 000 Mitarbeitern werden zur *Deutschen Bahn AG* vereinigt, deren Mehrheitsgesellschafter der Bund bleibt. Ab 1996/97 soll diese Aktiengesellschaft in drei selbständige Gesellschaften für das Schienennetz, für den Personenverkehr und für den Güterverkehr aufgeteilt werden. Da für die zugesagte Entschuldung über siebzig Milliarden DM die Mittel fehlen, wird ab heute die Mineralölsteuer um sechzehn Pfennig pro Liter Benzin erhöht.

10. und 11. Januar: Bei ihrem Gipfeltreffen in Brüssel bietet die NATO den ehemaligen Feinden in Osteuropa eine «Partnerschaft für den Frieden» an, die jedoch keine Sicherheitsgarantie beinhaltet. Über eine engere Zusammenarbeit in allen Feldern könne sich die Perspektive einer «späteren» Aufnahme in das Bündnis ergeben. Voraussetzung ist jedoch, daß die Streitkräfte des jeweiligen Landes von Regierung und Parlament kontrolliert werden. In rascher Folge treten alle Länder Osteuropas, aber auch Aserbeidschan, Turkmenistan, Kasachstan, Kirgisistan und Usbekistan bei. Rußland erklärt seinen Beitritt, zögert ihn jedoch stets hinaus. Von den westlichen Ländern treten die neutralen Staaten Finnland, Schweden und Österreich bei.

11. Januar: Für die Chemieindustrie in Nordrhein-Westfalen wird ein Tarifvertrag abgeschlossen, der erstmals Lohnzahlungen unter Tarif erlaubt – bei Neueinstellungen.

12. Januar: Erstmals seit Jahren werden in Deutschlands einzigem Endlager für Atommüll in Morsleben Abfälle eingelagert, sie stammen aus dem stillgelegten Atomkraftwerk Lubmin bei Greifswald.

14. Januar: Im Bonner Bundeskanzleramt trifft sich eine sogenannte Allparteienrunde, von der jedoch *Bündnis 90/Grüne* und PDS ausgeschlossen sind. Der Kreis bekräftigt den Beschluß der Bundesregierung vom Oktober 1993, den Umzug der Regierung von Bonn nach Berlin zwischen 1998 und 2000 durchzuführen und abzuschließen. Die Kosten des Umzugs und der Ausgleichsmaßnahmen sollen 20 Milliarden DM nicht übersteigen, doch wird diese Summe Beteiligten zufolge nicht allzu ernst genommen, zumal sich die bisherigen Kostenschätzungen bei 25 bis 30 Milliarden DM bewegten.

18. Januar: Die «Prüfgruppe Währungsumstellung» hat bisher 8000 von etwa 60000 Konten überprüft, die bei der Umstellung der «Mark der DDR» auf DM besonders auffielen. Dabei mußte in 400 eher einfach gelagerten Fällen ein Gesamtbetrag von einer Milliarde Mark der DDR beanstandet werden. Die Überprüfungen, vor allem der komplizierteren Fälle, sollen bis Ende 1998 abgeschlossen sein.

19. Januar: Wegen starker Sicherheitsbedenken wird das für den 20. April in Hamburg vorgesehene Fußballänderspiel zwischen Deutschland und England abgesagt. Der 20. April ist Adolf Hitlers Geburtstag. Nach heftigen Protesten, damit würde den Neonazis nachgegeben, setzt der «Deutsche Fußball-Bund» das Spiel Tage darauf für das Berliner Olympiastadion wieder an. Am 6. April sagt der Englische Fußballverband trotz gegenteiliger Bemühungen des DFB das Spiel ab, da er Ausschreitungen deutscher wie britischer Neonazis und Hooligans befürchtet. Egidius Braun, Präsident des DFB, dazu: «Hitler ist 1945 gestorben. Er sollte für uns alle gestorben sein. Ich kann nicht verstehen, seinen Geburtstag nun zum Gedenktag zu machen. Einem toten Tyrannen darf es nicht gelingen, auch heute noch bestimmend auf unser Leben einzuwirken.»

20. Januar: Der «Deutsche Paritätische Wohlfahrtsverband» und der DGB legen den ersten gesamtdeutschen Armutsbericht vor. Danach leben derzeit 7,25 Millionen Menschen in Armut, 4,65 Millionen in West- und 2,6 Millionen in Ostdeutschland. In Westdeutschland blieb der Anteil mit 7,5 konstant, in Ostdeutschland stieg er auf 14,8 Prozent. Als einkommensarm werden in dem Bericht Haushalte bezeichnet, die über weniger als die Hälfte des durchschnittlichen Haushaltseinkommens verfügen.

3. Februar: Otto Ernst Remer, einer der führenden deutschen Alt-Nazis und Leugner des Holocaust, flüchtet einen Tag, bevor er eine 22monatige Gefängnisstrafe wegen Volksverhetzung und Aufstachelung zum Rassenhaß antreten muß, nach Spanien.

Bildungsminister Rainer Ortleb (FDP) aus Rostock tritt zurück. Als einer von ganz wenigen gescheiterten Politikern macht er kaum einen Hehl daraus, daß der Bonner Politikbetrieb ihn persönlich zerstört und gesundheitlich angeschlagen hat.

7. Februar: Eine unabhängige Jury sucht im Auftrag der «Gesellschaft für deutsche Sprache» das «Unwort des Jahres 1993» (1991 war es «ausländerfrei», 1992 «ethnische Säuberung»). Aus 518 eingesandten Wörtern und Formulierungen wird «Überfremdung» gewählt, da es als Pseudoargument dumpfe Ängste wecke, von angeblich minderwertigen Ausländern majorisiert zu werden. Auf den zweiten Platz kommt der «kollektive Freizeitpark», den Bundeskanz-

Christo vor seinem Modell des verhüllten Reichstagsgebäudes von Berlin

ler Helmut Kohl für die Bundesrepublik konstatierte, worauf die Gesellschaft von der CDU scharf angegriffen wird.

8. Februar: Im Januar 1994 sind erstmals in der Nachkriegszeit mehr als vier Millionen Menschen als arbeitslos registriert, 2,736 Millionen in West- und 1,293 Millionen in Ostdeutschland. Das entspricht einer Arbeitslosenquote von 8,8 Prozent in West- und 17,0 Prozent in Ostdeutschland.

15. Februar: Nach Minenfunden in Gebieten, die von den DDR-Grenztruppen als geräumt übergeben worden waren, werden 150 Kilometer der früheren deutsch-deutschen Grenze gesperrt.

17. Februar: In Berlin wird der Leiter der zentralen Stasi-Postkontrolle, Rudi Strobel, von der Anklage der Unterschlagung freigesprochen. Zwischen 1984 bis 1989 hatten Stasi-Mitarbeiter unter seiner Leitung aus West-Postsendungen Devisen im Wert von etwa 32 Millionen DM sowie Schmuck und Konsumgüter im Wert von etwa 10 Millionen Mark der DDR entnommen. Das Gericht sah den Tatbestand der Unterschlagung als nicht erfüllt an, da das Geld nicht in die Taschen des Angeklagten, sondern in die Staatskasse der DDR geflossen sei.

18. Februar: Der wohl letzte Prozeß gegen einen Kriegsverbrecher wird in Münster ausgesetzt. Angeklagt ist der frühere SS-Angehörige und Exil-Lette Boleslav Maikovskis. Ihm werden Greueltaten im Jahr 1942 vorgeworfen: Morde und Beihilfe zu Morden auch an Frauen und Kindern sowie der Befehl zur Erhängung eines jüdischen Partisanen in Lettland. Nach mehr als vierjähriger Prozeßdauer wird dem mutmaßlich neunzigjährigen Angeklagten, der in der Sowjetunion 1965 bei Abwesenheit im sogenannten Riga-Prozeß zum Tode verurteilt wurde, Verhandlungsunfähigkeit attestiert.

Nach Angaben des Bundesinnenministeriums ist die Zahl der Drogentoten erstmals seit Jahren gesunken. 1993 starben 1738 Menschen in Deutschland an den Folgen von Rauschgiftkonsum, 1992 waren es 2099.

25. Februar: Nachdem weder der Bundeskanzler noch die Bundestagspräsidentin noch der Ältestenrat eine Entscheidung treffen mochten, muß der Bundestag erstmals in seiner Geschichte über ein Kunstwerk befinden – über die geplante Verhüllung des Berliner Reichstages durch den Künstler Christo. Der gebürtige Bulgare floh 1956 aus seinem Land und demonstrierte im Juni 1962 gegen den Bau der Berliner Mauer, indem er eine Straße in Rom mit einem Wall aus Fässern blockierte. Die Gegner des Vorhabens um Bundeskanzler Helmut Kohl und CDU-Fraktionschef Wolfgang Schäuble fürchten «Schaden für die Demokratie». In namentlicher Abstimmung ohne Fraktionszwang stimmt der Bundestag dem Vorhaben zu.

1. März: Der Film «Schindlers Liste» von Steven Spielberg erlebt seine deutsche Uraufführung. Er schildert eindringlich und überzeugend die tatsächliche Geschichte des «guten Nazis» Oskar Schindler, der eine völlig unproduktive Fabrik gründete und 1944 ins Sudetenland verlegte, um die die auf «Schindlers Liste» verzeichneten Männer, Frauen und Kinder zu retten. Am 22. März wird der Film mit sieben Oscars geehrt. Er findet innerhalb von sechs Wochen mehr als drei Millionen Zuschauer.

10. März: Der Bundestag streicht den seit 1871 geltenden Paragraphen 175 des Strafgesetzbuches, der für Männer homosexuelle Handlungen mit Minderjährigen unter Strafe stellt.

13. März: Bei den Landtagswahlen in Niedersachsen steht die bisherige rot-grüne Koalition auf dem Prüfstand. Während die SPD ihren Stimmenanteil geringfügig auf 44,3 Prozent steigern kann, gewinnen *Bündnis 90/Grüne* leicht hinzu und gelangen auf 7,4 Prozent. Die CDU erzielt mit 36,4 Prozent ihr schlechtestes Ergebnis seit mehr als drei Jahrzehnten. FDP und *Republikaner* scheitern. Bei der Sitzverteilung erreicht die SPD knapp die absolute Mehrheit. Ministerpräsident Gerhard Schröder, der am 16. Juli auch den SPD-Landesvorsitz übernimmt, bildet darauf eine alleinige SPD-Landesregierung.

15. März: Der Bundesgerichtshof hebt ein Urteil des Landgerichts Mannheim vom November 1992 gegen den NPD-Vorsitzenden Günter Deckert auf. Deckert wurde unter anderem wegen Aufstachelung zum Rassenhaß und Volksverhetzung zu einem Jahr Freiheitsstrafe auf Bewährung verurteilt. Einen Vortrag des Amerikaners Fred A. Leuchter, der wissenschaftlich nachgewiesen haben will, daß es in Auschwitz Gaskammern zur Menschenvernichtung nicht gegeben haben könne, übersetzte und kommentierte er positiv. Das allein stelle keine Volksverhetzung dar, entscheidet nun der Bundesgerichtshof und verweist das Verfahren zurück nach Mannheim. Am 22. Juni wird Deckert dort abermals zu einem Jahr Freiheitsstrafe auf Bewährung verurteilt. Die am 10. August veröffentlichte Urteilsbegründung löst einen Skandal aus, da sie Deckert als «charakterstarke, verantwortungsbewußte Persönlichkeit mit klaren Grundsätzen» bezeichnet. «Einem so gearteten Manne glaubt die Kammer das Bekenntnis zur Rechtstreue.» Am 15. Dezember 1994 hebt der Bundesgerichtshof dieses Urteil wiederum auf.

25. März: In den frühen Morgenstunden wird der erste Brandanschlag auf ein jüdisches Gotteshaus seit der Nazizeit verübt. Die Täter werfen Brandsätze auf die Lübecker Synagoge, die einzige in Schleswig-Holstein. Ein Vorraum brennt völlig aus, die Bewohner darüberliegender Wohnungen können sich retten. In den folgenden Tagen bekunden zahllose Menschen in ganz

Deutschland mit Mahnwachen, Demonstrationen und Solidaritätserklärungen ihren Protest gegen diesen Anschlag. Am 23. April werden unter dringendem Tatverdacht die 19- bis 24jährigen Niko Trapiel, Boris Holland-Moritz, Dirk Brusberg und Stephan Westphal verhaftet – alle arbeitslos und im Stadtteil Buntekuh, einem sozialen Brennpunkt, ansässig.

In Berlin einigen sich «Treuhandanstalt» und der französische Energiekonzern *Elf Aquitaine* auf einen Kompromiß, der die größte Einzelinvestition in Ostdeutschland, das Raffinerie-Projekt *Leuna,* rettet. 1992 verpflichtete sich *Elf Aquitaine* beim Erwerb des ostdeutschen Tankstellennetzes *Minol* zum Bau, schreckte jedoch in der Folgezeit vor dem Risiko zurück und ließ den Termin für den Baubeginn am 1. März 1994 verstreichen. Mit der Einbeziehung neuer Partner, der noch zur Treuhandanstalt gehörenden *Buna GmbH* sowie des russischen Mineralölkombinats *Rosneft,* verringert sich *Elf Aquitaines* Anteil am haftenden Kapital von 100 auf 43 Prozent.

In Berlin verstirbt Günter Mittag.

26. März: Auf einer Pressekonferenz im bayrischen Erding bezeichnet der Vorsitzende der *Republikaner,* Franz Schönhuber, den Vorsitzenden des Zentralrates der Juden in Deutschland, Ignatz Bubis, als einen der «schlimmsten Volksverhetzer": «Derjenige, der in Deutschland für den Antisemitismus sorgt, ist der Herr Bubis.» Und: «Die Volksverhetzer sind Herr Bubis, Herr Friedman und andere.» Zahlreiche Politiker von CDU, SPD und FDP fordern darauf rechtliche Schritte gegen Schönhuber. Bubis lehnt es ab, Strafantrag gegen Schönhuber zu stellen, «weil er in meinen Augen nicht satisfaktionsfähig ist». Am 7. April teilt die Staatsanwaltschaft Landshut mit, die Äußerungen von Schönhuber erfüllten nicht den Tatbestand der Volksverhetzung; die Behörde werde den *Republikaner*-Chef nicht von Amts wegen verfolgen. Der Generalsekretär des Jüdischen Weltkongresses bezeichnet diese Entscheidung in New York als «Affront gegen die Würde aller Juden».

30. März: Das Statistische Bundesamt in Wiesbaden teilt mit, daß Ende Dezember 1993 6,88 Millionen ausländische Staatsangehörige in Deutschland lebten, was einem Anteil an der Gesamtbevölkerung von acht Prozent entspricht. In den alten Bundesländern leben 97, in den neuen lediglich drei Prozent der Ausländer. Mit 1,9 Millionen bilden die Türken die größte Gruppe, 1,24 Millionen stammen aus dem ehemaligen Jugoslawien, 563 000 aus Italien, 352 000 aus Griechenland und 261 000 aus Polen. Gegenüber den Vorjahren hat sich der Zuwachs der ausländischen Bevölkerung verringert.

Der Parlamentarische Geschäftsführer der CDU-Bundestagsfraktion, Jürgen Rüttgers, erklärt in einem Interview mit dem *Kölner Stadtanzeiger,* seine Partei wolle Einsätze der Bundeswehr im Inneren «als Risikoreserve im Notfall» erlauben. Eine entsprechende Verfassungsänderung gehöre zu den Zielen der nächsten Wahlperiode.

31. März: In Zeitungen und Zeitschriften der deutschsprachigen Länder erscheint ab heute die Anzeige «Gesucht: DDR-Parteivermögen» der «Unabhängigen Kommission zur Überprüfung des Vermögens der Parteien und Massenorganisationen der DDR» und des «Direktorats Sondervermögen» der Treuhandanstalt. Darin wird für Hinweise, die zum Aufspüren versteckten früheren SED-Vermögens führen, eine Belohnung von bis zu fünf Millionen DM ausgelobt. Wiederentdecktes Geld soll vor allem für wirtschaftliche Strukturmaßnahmen in den neuen Bundesländern verwendet werden. Viele hundert Millionen DM werden noch vermißt.

Anfang April: Als Einleitung zu dem Buch

«Rettet unsere Städte jetzt!» erscheint das «Manifest der Oberbürgermeister», in dem acht amtierende und ehemalige Stadtoberhäupter auf die Krise der Großstädte in Deutschland hinweisen. Sie warnen vor «Slums aus Wellblech» und «Arme-Leute-Siedlungen» am Stadtrand. «In vielen Metropolen der Welt sind Horrorvisionen Wirklichkeit geworden. Soweit darf es in unseren Großstädten nicht kommen. Das lassen wir nicht zu!» Als wichtigste Maßnahme sehen die Politiker «eisernes Sparen auf allen Ebenen». Denn im Jahr 1993 verzeichneten die westdeutschen Gemeinden bei rückläufigen Einnahmen ein Rekorddefizit von 10,5 Milliarden DM und vergrößerten damit ihren Schuldenberg auf 140 Milliarden DM.

4. April: Nach Angaben des Leiters der «Zentralen Ermittlungsstelle Regierungs- und Vereinigungskriminalität», Manfred Kittlaus, sind an der Mauer weit mehr Menschen zu Tode gekommen, als angenommen wurde. Lagen die bisherigen Zahlen bei 210 Todesopfern, deuten die Auswertungen militärischer Archive auf eine Zahl von etwa 400 Toten hin. Die genaue Zahl werde vermutlich erst 1995 feststehen.

6. April: Auf dem «Deutschen Suchtkongreß» in Tübingen wird mitgeteilt, daß die Deutschen im Jahr 1992 Weltspitzenreiter beim Alkoholkonsum wurden. (Europa ist ohnehin der Kontinent mit dem höchsten Alkoholkonsum.) Nach der zuverlässigsten Übersicht einer niederländischen Organisation trinken sie pro Kopf alljährlich 12,1 Liter reinen Alkohols, 1952 waren nur 3,1 Liter. Die Zahl der Alkoholiker in Deutschland wird auf drei Prozent der Bevölkerung und damit etwa 2,5 Millionen Menschen geschätzt, fünf Prozent der erwachsenen Männer und zwei Prozent der erwachsenen Frauen gelten als alkoholabhängig.

7. April: Nach Angaben des Bonner Finanzministeriums ist die Währungsumstellung von Mark der DDR auf DM nun «erfolg-

Vertrauen zu den Deutschen

In der ersten multinationalen Umfrage von *Spiegel*, der sie am 4. April veröffentlicht, *Guardian* in Großbritannien, *New York Times* in den USA und *Asahi Shimbun* in Japan wird auch nach dem Vertrauen zu den Deutschen gefragt. «Einiges Vertrauen» oder «viel Vertrauen» zu den Deutschen bekunden 64 Prozent der Amerikaner, 57 Prozent der Japaner, aber nur 47 Prozent der Briten. Dagegen glauben 71 Prozent der Deutschen, daß ihr Land einiges oder viel Vertrauen in der Welt genießt. Das Vertrauen der Deutschen zu den anderen Völkern ist gestaffelt; 71 Prozent vertrauen den USA und 67 Prozent Japan, aber nur 47 Prozent Großbritannien.

Auf die Frage «Wie zufrieden sind Sie mit der Situation auf der Welt heute?» zeigen sich 66 Prozent der Japaner, 67 Prozent der Amerikaner, 82 Prozent der Deutschen und 85 Prozent der Briten unzufrieden. Gefragt, welches sie für das derzeit wichtigste Weltproblem halten, steht bei den Deutschen der Krieg vornan – 42 Prozent fürchten ihn. Bei den Japanern sind es 27 Prozent, bei den Briten 26 Prozent und bei den Amerikanern, die in diesem Jahrhundert keinen Krieg auf ihrem Territorium erleben mußten, nur acht Prozent.

reich abgeschlossen». Ingesamt wurden 184 Milliarden Mark der DDR auf etwa 120 Milliarden DM sowohl in bar als auch auf Konten umgestellt. Dabei wurden 62 Milliarden Mark der DDR im Verhältnis eins zu eins und 122 Milliarden im Verhältnis zwei zu eins getauscht. Etwa 140 Millionen Mark der DDR wurden von den Finanzbehörden wegen Betrug oder Mißbrauch eingezogen.

11. April: Das Berliner Landgericht verurteilt den früheren Stasi-Oberstleutnant und Leiter der Abteilung XII/8 (Terrorismusbekämpfung) Helmut Voigt wegen Beihilfe zum vollendeten Mord sowie zum versuchten Mord zu vier Jahren Haft. Voigt gab 24 Kilogramm Sprengstoff, die 1982 von DDR-Behörden beim einreisenden Terroristen Johannes Weinrich beschlagnahmt wurden, an diesen zurück. Mit diesem Sprengstoff wurde am 25. August 1983 ein Anschlag auf das französische Kulturzentrum «Maison de France» in West-Berlin verübt, bei dem ein Besucher ums Leben kam und 23 Menschen zum Teil schwer verletzt wurden. Mutmaßlich führten Weinrich und Iljitsch Ramirez Sanchez, als «Carlos» bekannt, diesen Anschlag aus. Carlos wird am 14. August 1994 im Sudan verhaftet und tags darauf an Frankreich ausgeliefert.

14. April: Im Verfassungsschutzbericht für 1993 wird ein Rückgang der rechtsextremistischen Gewalttaten, die seit Ende 1990 deutlich anstiegen, verzeichnet. Bei 1814 Gewaltdelikten wurden acht Menschen getötet. Im selben Zeitraum ist jedoch die Zahl rechtsextremistisch motivierter Straftaten ohne Gewaltanwendung deutlich gestiegen.

15. April: Im marokkanischen Marrakesch unterzeichnen die Vertreter von mehr als hundert Staaten das neue Welthandelsabkommen. Nach mehr als siebenjährigen Verhandlungen der «Uruguay-Runde», an denen 125 Staaten teilnahmen, soll die GATT-Schlußakte den internationalen Handel steigern, zu Zollsenkungen führen, den Agrarinterventionismus zügeln sowie den Protektionismus im Textilbereich schrittweise beseitigen. Es wird eine Welthandelsorganisation (WTO) gegründet, die Anfang 1995 das 1948 gegründete, eher schwache GATT-Sekretariat ablösen soll.

Das Amtsgericht in Königstein eröffnet das Konkursverfahren gegen die Firmen des flüchtigen Immobilien-Unternehmers Jürgen Schneider, der sich mit 400 Millionen DM abgesetzt hatte. Er hinterläßt etwa fünf Milliarden DM Schulden bei etwa fünfzig Banken, die auf seine Finanzmanipulationen leichtfertig eingingen, und 250 Millionen DM Schulden bei Bauunternehmen und Handwerkern.

22. April: Mit großer Mehrheit billigt der Bundestag den im Vermittlungsausschuß von Bundestag und Bundesrat erzielten Kompromiß zur Pflegeversicherung. Am 29. April stimmt auch der Bundesrat zu. Damit endet das jahrelange Hin und Her um die Einführung dieser fünften Sozialversicherung, die zum 1. Januar 1995 in Kraft tritt. Formal bringen Arbeitnehmer und Arbeitgeber den Beitrag zu gleichen Teilen auf, doch wird der Arbeitgeberanteil durch den Wegfall eines Feiertages ausgeglichen. Welcher Feiertag wegfällt, entscheidet jedes Bundesland.

28. April: Das Bundesverfassungsgericht erklärt Herstellung, Erwerb und Handel auch mit «weichen» Drogen weiterhin für strafbar, erlaubt aber gleichzeitig, bei gelegentlichem oder geringfügigem Haschischkonsum von der Strafverfolgung absehen zu können. Am 13. Mai legt die Landesregierung von Nordrhein-Westfalen neue Grenzmengen für den Drogenbesitz fest. Danach sollen zehn Gramm Haschisch oder Marihuana, jeweils ein halbes Gramm Heroin, Kokain und Amphetamine sowie

Demonstration gegen die Rückübertragung von Immobilien in Ostdeutschland

drei Konsumeinheiten Morphium und LSD als «geringe Mengen für den Eigenverbrauch» gelten. In diesen Fällen können Staatsanwaltschaften Strafverfahren ohne Zustimmung der Gerichte einstellen.

Der Bundestag verabschiedet das «Sachenrechtsänderungsgesetz», das einen Ausgleich zwischen den früheren Alteigentümern mehrerer hunderttausend Grundstücke in der ehemaligen DDR und den jetzigen Nutzern anstrebt.

5. Mai: In einem Interview mit dem *Stern* übt der scheidende Bundespräsident von Weizsäcker Kritik an der Bundesregierung. Bei der deutschen Vereinigung habe es einen «gravierenden Fehler» gegeben: «Im Winter 1989/90 fand sich im Westen eine breite und tiefe Bereitschaft zu Solidarität und zu materiellen Opfern, die aber leider nicht abgerufen wurde. Statt dessen hat der Staat die gewaltigen Transfermittel vorzugsweise durch eine gigantische Verschuldung finanziert. Damit heute fertig zu werden ist eine sehr schwierige Aufgabe.»

9. Mai: Heinz-Werner Meyer, Vorsitzender des DGB, verstirbt überraschend. Zu seinem Nachfolger wählt der erste gesamtdeutsche DGB-Bundeskongreß am 14. Juni Dieter Schulte von der IG Metall. Die Gewerkschaften befinden sich in einer Krise, da ihnen die Mitglieder fortlaufen. Nach der Vereinigung stieg die Mitgliederzahl des DGB bis Ende 1991 auf den Höchststand von 11,8 Millionen. Seitdem sinken die Zahlen beständig, in diesem Jahr fallen sie unter zehn Millionen.

11. Mai: Am 12. Januar durchsuchte die Münchener Polizei Räume in der Redaktion des Nachrichtenmagazins *Focus* nach Belegen über Beamtenbestechung. Das Blatt hatte über die Polizeiaktion von Bad Kleinen und Ermittlungen des Bundeskriminalamtes berichtet. In den folgenden Wochen werden in unterschiedlichen Verfahren weitere Redaktions- wie Privaträume von Journalisten polizeilich durchsucht. Wilhelm Sandmann, Präsident des Bundesverbandes Deutscher Zeitungsverleger (BVDZ), konstatiert angesichts dieser Entwicklung, noch nie sei «das Redaktionsgeheimnis in so kurzer Zeit so häufig und willkürlich verletzt» worden. Auch die Parteien gehen gegen die Presse in die Offensive. Heute verabschiedet mit den Stimmen der SPD-Mehrheitsfraktion der saarländische Landtag eine Novellierung des Landespresse- und Rundfunkgesetzes, die von allen Journalisten- und Verlegerorganisationen entschieden abgelehnt und als verfassungswidrig gewertet wird. Nunmehr dürfen Redaktionen keine Stellungnahmen an eine Gegendarstellung anschließen; redaktionelle Erwiderungen müssen sich «auf tatsächliche Angaben beschränken» und dürfen nicht auf derselben Seite erscheinen.

12. Mai: Dutzende rechtsradikaler Jugendlicher machen am «Herrentag», wie der «Vatertag» in Ostdeutschland genannt wird, in der Magdeburger Innenstadt regelrecht Jagd auf Ausländer. Bei den Angriffen auf Schwarzafrikaner und Türken werden sechs Menschen verletzt. Ein behinderter Deutscher wird von den Schlägern aus einer Straßenbahn geworfen und getreten. Erst nach Stunden gelingt es der Polizei, die Ausschreitungen zu beenden. 49 Personen werden festgenommen, sie werden jedoch in den nächsten Stunden aus Mangel an Beweisen freigelassen. Erst nach heftiger öffentlicher Kritik an den raschen Freilassungen werden die Ermittlungen, auch gegen zwei Polizisten, in den folgenden Tagen vorangetrieben sowie Haftbefehle erlassen und vollstreckt. Am 22. Juli verurteilt das Amtsgericht Magdeburg drei Rädelsführer zu Jugendstrafen zwischen zwei und dreieinhalb Jahren.

15. Mai: Erstmals in der Geschichte der CDU stimmen die Mitglieder über die Kandidatur eines Spitzenpolitikers ab. Bei einer Beteiligung von 44,6 Prozent aller Mitglieder sprechen sich 59,6 Prozent für Helmut Linssen als Spitzenkandidaten im nordrhein-westfälischen Landtagswahlkampf aus.

16. Mai: Das Präsidium der FDP befürwortet die Änderung einer Passage ihres Wahlprogramms. Bezeichnete sich die FDP als «Partei der Leistungsträger und der Besserverdienenden von heute und von morgen», heißt es nun nach heftiger öffentlicher Kritik: «Wir ergreifen Partei für die, die zu besonderer Leistung und zu Verantwortungsübernahme bereit sind und es nicht verdient haben, Opfer einer Neidkampagne zu werden und mit dem Klassenkampfbegriff ‹Besserverdienende› belegt zu werden.»

20. Mai: Nach dreijährigem Streit verabschiedet der Bundestag das Entschädigungsgesetz für die Bodenreform der SBZ. Die enteigneten ehemaligen Besitzer sollen Schuldverschreibungen erhalten, die Grundstücke sollen von den Alteigentümern oder jetzigen Pächtern günstig erworben werden können.

Durch eine Gesetzesänderung stellt der Bundestag das Leugnen der nationalsozialistischen Massenmorde erstmals uneingeschränkt unter Strafe und bedroht es mit Freiheitsstrafen bis zu drei Jahren. Der Tatbestand der Volksverhetzung ist erst gegeben, wenn zusätzlich auch die Menschenwürde der Betroffenen verletzt wird.

23. Mai: Am 45. Jahrestag der Verkündung des Grundgesetzes wird der Bundespräsident nach 1969 wieder im Berliner Reichstag gewählt. Erstmals ging dem ein regelrechter Wahlkampf voraus. Roman Herzog (CDU),

Der neugewählte Bundespräsident Roman Herzog mit seinem Vorgänger Richard von Weizsäcker vor dem Amtssitz Schloß Bellevue in Berlin

bisher Präsident des Bundesverfassungsgerichtes, wird zum ersten Bundespräsidenten des vereinten Deutschland gewählt.

26. Mai: Der Bundestag verabschiedet mit einer knappen Mehrheit von vier Stimmen den Entwurf der Koalitionsparteien zum Paragraphen 218, der die Abtreibung regelt. Ein Abbruch bleibt in den ersten zwölf Wochen einer Schwangerschaft straffrei, wenn sich die Frau einer Beratung unterzieht. Dieser Entwurf scheitert am 8. Juli an der SPD-Mehrheit im Bundesrat.

29. Mai: In Santiago de Chile verstirbt Erich Honecker im Alter von 81 Jahren.

Anfang Juni: Im westfälischen Steinhagen wird bekannt, daß der weltgrößte Hersteller von Sportböden, die *Balsam AG*, zahlreiche Banken um 2,6 Milliarden DM schädigte. Bald stellt sich heraus, daß der Bielefelder Staatsanwaltschaft bereits im Dezember 1992 erste Hinweise zugegangen sind, die aber nicht verfolgt wurden.

4. bis 6. Juni: In Frankreich und Großbritannien finden große Feierlichkeiten zum fünfzigsten Jahrestag der Landung alliierter Truppen auf dem europäischen Festland statt. Im deutschen Sprachgebrauch wird diese Landung oft noch mit dem Nazi-Terminus «Invasion» bezeichnet. Als größtes Landungsunternehmen der Geschichte begann die «Operation Overlord» am 6. Juni 1944, dem «D-Day», und bildete die Westfront gegen Deutschland. Am ersten Tag waren 150000 Soldaten, binnen zehn Tagen 620000 Soldaten, knapp 100000 Fahrzeuge und 218000 Tonnen Material über den Ärmelkanal übergesetzt. Zunächst waren nur amerikanische, britische und kanadische Truppen, später auch französische, holländische, polnische, norwegische und andere Einheiten beteiligt.

Während die örtliche Bevölkerung weitgehend ausgeschlossen bleibt, treffen Zigtausende Veteranen zu der Gedenkfeier zusammen, deren ursprünglich geplanter martialischer Charakter erst auf Druck der Veteranenverbände gemildert wurde. Staatsoberhäupter und Regierungschefs aus dreizehn Ländern nehmen teil, darunter die britische Königin Elisabeth II., der französische Präsident Mitterrand, der amerikanische Präsident Clinton sowie die Repräsentanten von Holland, Belgien, Luxemburg, Norwegen, Polen, Tschechien, der Slowakei, Kanada, Australien und Neuseeland.

Deutsche Vertreter sind zu diesen Feiern, wie auch schon zum 40. Jahrestag, nicht eingeladen. Aus Verstimmung untersagte Bundeskanzler Kohl die Teilnahme deutscher Vertreter an militärisch geprägten Veranstaltungen.

7. Juni: Die OECD veröffentlicht eine Studie, nach der 35 Millionen Menschen in den Ländern der OECD arbeitslos sind, etwa 8,5 Prozent der Erwerbstätigen. Weitere fünfzehn Millionen Menschen suchen schon nicht mehr nach Arbeit oder akzeptierten unfreiwillig Teilzeitarbeit. Während die Arbeitslosigkeit in der OECD bis 1972 kaum mehr als zehn Millionen Menschen erfaßte, stieg die Zahl seit 1972 rasant an und verdreifachte sich bis 1982 auf 30 Millionen Menschen. Nach einem Rückgang auf 25 Millionen im Jahr 1990 ist nun ein weiterer Anstieg zu verzeichnen.

11. Juni: Mit einer Parade begehen die russischen Militärs in Wünsdorf südlich von Berlin, das seit 1871 deutschen Militärs als hochgeheime Kommandozentrale diente und am 23. April 1945 von sowjetischen Truppen erobert wurde, ihre eigene Abschiedsfeier. Erstmals darf die deutsche Bevölkerung dieses Hauptquartier der Westgruppe der jetzigen russischen und früheren sowjetischen Truppen in Deutschland betreten. Brandenburgs Ministerpräsident Manfred Stolpe (SPD) dankt den Militärs: «Für mich und viele Menschen in Deutschland verbindet sich mit Wünsdorf auch eine hohe Achtung vor der militärischen Führung der Westgruppe, die in der besonderen Situation der Jahre 1989 und 1990 durch besonnenes Handeln entscheidend dazu beigetragen hat, daß bei uns der Übergang zur Demokratie gewaltfrei blieb und der Weg zur Einheit Deutschlands möglich wurde.»

9. und 12. Juni: In den zwölf Staaten der Europäischen Union sind 269 Millionen Wähler aufgerufen, ein neues Europäisches Parlament zu wählen. Mit 200 Mandaten werden die Sozialdemokraten stärkste Fraktion, die Konservativen erhalten 148 Sitze, die Liberalen 44 Sitze, die *Grünen* und die «Regenbogenfraktion» 30 Sitze, die Gaullisten 24 Sitze, die Neofaschisten 13 Sitze, die Kommunisten 12 Sitze; 96 Abgeordnete sind fraktionslos oder haben sich noch nicht entschieden. Auf Deutschland entfallen im auf 567 Abgeordnete erweiterten Europaparlament mit 99 die meisten Mandate. Erstmals wählen die Ostdeutschen mit, wie auch 1,2 Millionen in Deutschland lebende Ausländer, die Angehörige von EU-Staaten sind. Bei einer Wahlbeteiligung von 60,1 Prozent gehen CDU/CSU mit 38,8 Prozent der Stimmen als klarer Sieger hervor. Die SPD verliert eindeutig, mit 32,2 Prozent erzielt sie ihr schlechtestes Ergebnis bei Europawahlen. Während *Bündnis 90/Grüne* deutlich auf 10,1 Prozent zulegt, scheitern alle anderen Parteien an der bundesweiten Fünf-Prozent-Hürde: die PDS mit 4,7 Prozent, die FDP mit 4,1 Prozent und die *Republikaner* mit 3,9 Prozent.

In vier ost- und drei westdeutschen Bundesländern finden auch Kommunalwahlen statt. Bei den Wahlen in Rheinland-Pfalz, Baden-Württemberg und im Saarland gewinnt die CDU leicht hinzu, während die SPD verliert. Nur im Saarland bleibt die SPD stärkste Partei, in Rheinland-Pfalz wird sie von der CDU abgelöst. In Mecklenburg-

Vorpommern, wo mit 60,1 Prozent Zustimmung auch die neue Landesverfassung angenommen wird, Sachsen-Anhalt, Sachsen und Thüringen bleibt die CDU zwar stärkste politische Kraft, doch können die SPD und die PDS deutliche Gewinne verbuchen. Damit entwickelt sich die PDS, die in Schwerin, Rostock, Neubrandenburg und Hoyerswerda die stärkste Rathausfraktion sowie dort mit Horst-Dieter Brähmig den Oberbürgermeister stellt, zur ostdeutschen Regionalpartei.

14. Juni: In Bonn wird nach vierjähriger Bauzeit das «Haus der Geschichte der Bundesrepublik Deutschland» eröffnet. Bundeskanzler Helmut Kohl brachte dieses Vorhaben mit seiner ersten Regierungserklärung am 13. Oktober 1982 auf den Weg: «Unsere Republik, die Bundesrepublik Deutschland, entstand im Schatten der Katastrophe. Wir wollen darauf hinwirken, daß möglichst bald in der Bundeshauptstadt Bonn eine Sammlung zur deutschen Geschichte seit 1945 entsteht, gewidmet der Geschichte unseres Staates und der geteilten Nation.» Mit der Vereinigung erweiterte sich das Konzept, so daß etwa vierzig Prozent der fünftausend Ausstellungsstücke

Keine Aussöhnung ohne Wahrheit

Am 12. März 1992 setzt der Bundestag eine Enquete-Kommission zur «Aufarbeitung von Geschichte und Folgen der SED-Diktatur in Deutschland» ein. Nach mehr als achtzig Sitzungen unter dem Vorsitz von Rainer Eppelmann (CDU) legt die Kommission am 17. Juni ihren 300seitigen Abschlußbericht vor. SPD und PDS geben zu zahlreichen Punkten Sondervoten ab, die zumeist Verharmlosungen liefern. Im Resümee, das sich gegen Verdrängung und Legendenbildung wendet, heißt es: «Durch die Erfahrungen in der Enquete-Kommission hat die Maxime ‹Keine Aussöhnung ohne Wahrheit› an Gewicht zugenommen. Gerade die Opfer des früheren Unrechtsregimes haben ein Recht auf Wahrheit. Erst wenn die Wahrheit offengelegt und Schuld von den Tätern eingestanden ist, kann auch die Versöhnung zur Sprache gebracht werden. In diesem Zusammenhang erscheint aber andererseits der Hinweis von Gewicht, daß es im Prozeß des Zusammenwachsens und der Herstellung der inneren Einheit Deutschlands keine pauschale und dauerhafte Ausgrenzung jener geben darf, die seinerzeit in ihren Funktionen an nachgeordneter Stelle an dem diktatorischen System mitgewirkt haben (...) Viele Erfahrungen aus der DDR-Vergangenheit gilt es für die Zukunft zu bewahren. Zum historischen Erbe der ehemaligen DDR gehören nicht nur Verhaltensweisen wie Anpassung an die alltäglichen Zwänge der Diktatur, Mitläufertum und Opportunismus aus Mangel an Zivilcourage. Dazu gehören auch Solidarität, Selbstbehauptung, widerständiges und oppositionelles Verhalten bis hin zur Rückbesinnung der Menschen auf den ‹aufrechten Gang› im revolutionären Herbst 1989.» In der Bundestagsdebatte erklärt der Abgeordnete Dietmar Keller (PDS): «Ich betrachte es (...) als meine moralische Pflicht und Verantwortung, mich bei den Opfern der SED-Diktatur zu entschuldigen.»

DDR- und gesamtdeutsche Themen spiegeln.

17. Juni: In Wiesbaden teilt das Statistische Bundesamt mit, zum Ende des Jahres 1992 habe die Zahl der Sozialhilfeempfänger einen neuen Höchststand erreicht. Mehr als 2,3 Millionen Menschen in 1,3 Millionen Haushalten erhielten Sozialhilfe im engeren Sinn, davon in Westdeutschland erstmals mehr als 2 Millionen, in Ostdeutschland knapp 290000. Der Anstieg betrug im Westen 12,1 und im Osten 33 Prozent.

18. Juni: Auf der Straße des 17. Juni in Berlin findet letztmals die alljährliche gemeinsame Truppenparade der Westalliierten statt. Luden früher die Westalliierten als Besatzungsmächte den Regierenden Bürgermeister ein, ist es nun umgekehrt.

21. Juni: Nach dreijähriger Tätigkeit legt in Bonn der Schalck-Untersuchungsausschuß des Bundestages seinen Abschlußbericht vor. Er kommt zu dem Schluß, daß die von Alexander Schalck-Golodkowski geleitete «Kommerzielle Koordinierung» (KoKo) eine mit der SED eng verflochtene Sonderabteilung der Stasi war. Sie habe mit weltweit etwa 160 Firmen der DDR von 1966 bis 1989 Deviseneinnahmen von 29 Milliarden DM verschafft, auch unter Ausnutzung illegaler Methoden. Spätestens seit Mitte der siebziger Jahre hätten alle westlichen Gesprächspartner über die Stasi-Verquickung von Schalck-Golodkowski und KoKo gewußt. Der abweichende Bericht der Abgeordneten Ingrid Köppe (*Bündnis 90/Grüne*) wird vom Ausschuß für dreißig Jahre für «geheim» erklärt. Köppe spricht von zweifelhaften Verbindungen von SPD wie CDU/CSU und Geschäftsleuten zur «KoKo», das Verhalten der zuständigen Bundesbehörden sei eine «Chronologie des Wegschauens», in vielen Fällen sogar Mittäterschaft. Da Schalck, der mehrfach als Zeuge vor dem Ausschuß erschien, weiter unbehelligt am Tegernsee lebt, vermutet Köppe, Wolfgang Schäuble (CDU) habe ihm am 2. Dezember 1989 Straffreiheit in der Bundesrepublik zugesichert.

22. Juni: Nach der verlorenen Europawahl und widersprüchlichen Äußerungen führender SPD-Politiker zum Kurs bestätigt der SPD-Parteitag in Halle Rudolf Scharping, der jegliche Koalitionsaussage für die bevorstehende Bundestagswahl verweigert, als Kanzlerkandidat.

24. Juni: Auf der griechischen Insel Korfu unterzeichnen die zwölf Staats- und Regierungschefs der EU und Rußlands Präsident Boris Jelzin ein Partnerschaftsabkommen zwischen der EU und Rußland. Damit unternimmt Rußland einen weiteren entscheidenden Schritt der Annäherung an Westeuropa.

25. Juni: Auf Drängen der deutschen Seite verabschieden sich die russischen Streitkräfte in Berlin mit einer getrennten Parade an der Wuhlheide im Stadtbezirk Köpenick von der Stadt. Zehntausende Berliner besuchen diese zweite und letzte Parade – die erste fand 1945 statt.

26. Juni: Bei der äußerst geringen Wahlbeteiligung von 54,8 Prozent, 10,3 Prozent unter der von 1990, geht die CDU mit 34,4 Prozent knapp als stärkste Partei aus den Landtagswahlen in Sachsen-Anhalt hervor. Allerdings verliert sie 4,6 Prozent, während die SPD 8,0 Prozent gewinnt und auf 34,0 Prozent kommt. Die FDP verliert gegenüber 1990 dramatische 9,9 Prozent und kehrt mit 3,6 Prozent nicht mehr in den Landtag zurück. Eigentlicher Gewinner ist die PDS, die 7,9 Prozent zulegt und mit 19,9 Prozent drittstärkte Partei wird. Bündnis 90/Grüne verlieren 0,2 Prozent und ziehen mit 5,1 Prozent knapp in den Landtag ein. Die SPD schlägt das Angebot der CDU zu einer Großen Koalition aus. Am 21. Juli wählt der neue Landtag den SPD-Kandidaten Rein-

Abschiedszeremonie der Alliierten Streitkräfte: Einrollen der Fahne der Berlin-Brigade im Beisein des US-Präsidenten Bill Clinton in der Mc-Nair-Kaserne, Berlin; rechts neben Clinton General Maddox und Generalmajor Yates

hard Höppner zum Ministerpräsidenten, auch mit Stimmen der PDS. Höppner bildet erstmals eine rot-grüne Minderheitsregierung, die von Duldung oder Unterstützung durch PDS oder CDU abhängig ist.

29. Juni: Begleitet von heftigen Tarifauseinandersetzungen, in denen die Postbediensteten mit Warnstreiks die Sicherung ihrer Besitzstände durchzusetzen suchen, billigt der Bundestag die zweite Postreform. Für diese größte Privatisierung in der Geschichte der Bundesrepublik sind Grundgesetzänderungen erforderlich, denen die Mehrheit von CDU / CSU, FDP und SPD zustimmt. Nachdem die Deutsche Bundespost in Post, Postbank und Telekom zergliedert wurde, werden diese Unternehmen mit 670 000 Beschäftigten und mehr als 90 Milliarden DM Umsatz nun in Aktiengesellschaften umgewandelt. Am 8. Juli gibt auch der Bundesrat seine Zustimmung. Bis März 1994 wurden bereits 163 000 Stellen abgebaut, bis zum Jahr 2000 sollen weitere 170 000 Stellen folgen.

30. Juni: Nach heftiger Debatte stimmt der Bundestag im Berliner Reichstag über die Vorschläge für Grundgesetzänderungen ab, die die gemeinsame Verfassungskommission von Bundestag und Bundesrat nach zweijähriger Arbeit vorlegt. Etwa achtzig Änderungsvorschläge stehen zur Abstimmung, doch erhalten nur drei die notwendige Zwei-Drittel-Mehrheit: Als Staatsziele werden der Umweltschutz, die Förderung der Gleichberechtigung von Frau und Mann sowie das Verbot der Diskriminierung Behinderter ins Grundgesetz aufgenommen.

1. Juli: Die USA übergeben das «Berlin Document Center» an die Bundesrepublik. Kernstück dieses Archivs ist die fast komplette Mitgliederkartei der NSDAP mit 10,7 Millionen Personalkarten. Sie wurde 1945 in einer Papiermühle bei München entdeckt, wo sie vernichtet werden sollte. Zusammen mit anderen Unterlagen umfaßt das Archiv 25 Millionen NS-Akten; in den achtziger Jahren gingen etwa 100 000 Unterlagen durch Diebstahl und Schwarzhandel von Mitarbeitern verloren. In diesen Tagen bestätigt der FDP-Ehrenvorsitzende Hans-Dietrich Genscher, er habe bereits Anfang der siebziger Jahre «zu seiner großen Überraschung» erfahren, daß er im Document Center als NSDAP-Mitglied seit 1944 verzeichnet ist.

11. bis 12. Juli: Der US-Präsident Bill Clinton drängt Deutschland bei seinem Besuch zur Übernahme größerer Verantwortung. In einem Interview der *Süddeutschen Zeitung* erklärte er am 4. Juli: «Ich sehe nicht, wie sich Deutschland einer Führungsrolle entziehen könnte. Es ist die drittgrößte Wirtschaftsnation und hat eine große Bevölkerung. Die Bundesrepublik hat Ostdeutschland integriert und es geschafft, seine Wirtschaftskraft beizubehalten.» Clinton nennt die Beziehungen zu Deutschland «einzigartig», was in Großbritannien, das sich als engster europäischer Partner der USA versteht, mit Irritation zur Kenntnis genommen wird.

14. Juli: Auf persönliche Einladung von Präsident Mitterrand nehmen an der traditionellen Parade zum französischen Nationalfeiertag auch Einheiten des Eurokorps teil. Damit beschreiten erstmals seit dem Zweiten Weltkrieg deutsche Soldaten den Champs-Élysées, was in Frankreich hitzige Reaktionen und Proteste hervorruft. Um Zwischenfälle zu vermeiden, marschieren die deutschen Soldaten nicht, sondern fahren in Schützenpanzern.

22. Juli: Nach Berechnungen des Statistischen Bundesamtes in Wiesbaden erreichten die Ausgaben für die Sozialhilfe im Jahr 1993 mit 49 Milliarden DM einen neuen Höchststand.

26. Juli: In Berlin hebt der Bundesgerichtshof ein Urteil des Landgerichtes gegen die Angehörigen des ehemaligen Nationalen Verteidigungsrates der DDR, Heinz Keßler, Fritz Streletz und Hans Albrecht wegen Anstiftung und Beihilfe zum Totschlag vom September 1993 auf. Die Angeklagten seien wegen ihrer Befehle für die Todesschüsse an der innerdeutschen Grenze nicht bloß der Anstiftung und Beihilfe schuldig, sie seien als direkt Handelnde des Totschlags schuldig. Erstmals werden damit nicht nur die «Mauerschützen», sondern auch die politisch Verantwortlichen als Täter bewertet. Das Strafmaß gegen Keßler und Streletz wird bestätigt, das gegen Albrecht von viereinhalb Jahren auf fünf Jahre und einen Monat erhöht.

Nach einem drastischen Anstieg der Ozonwerte löst Hessen erstmals in der Geschichte der Bundesrepublik Ozonalarm aus. Damit gilt ein landesweites Tempolimit von 90 km / h auf Autobahnen und 80 km / h auf Landstraßen.

9. August: Die am heftigsten umstrittene Industrieanlange der Bundesrepublik darf weitergebaut werden. In Berlin hebt das Bundesverwaltungsgericht anderslautende Urteile von Vorinstanzen zur Anlage für Plutoniumverarbeitung in Hanau auf. In der eine Milliarde DM teuren Anlage sollen jährlich mehrere Kilogramm des hochgiftigen Plutoniums aus abgebrannten Brennelementen von Atomkraftwerken gewonnen und in neue Brennstäbe eingearbeitet werden.

18. August: Heute wird die 1986 begonnene Demontage des 1974 stillgelegten Atomkraftwerkes in Niederaichbach bei Landshut beendet, das ganze achtzehn Tage Strom produzierte. Bei Kosten von 280 Millionen DM ist der Meiler als weltweit erster außer Betrieb genommener nun frei von Radioaktivität.

26. August: Der Politikwissenschaftler Dietrich Staritz, durch zahlreiche Veröffentlichungen zur DDR bekannt, gesteht ein, ab September 1961 als Inoffizieller Mitarbeiter der Stasi tätig gewesen zu sein. Allerdings sei dies mit Wissen des Bundesamtes für Verfassungsschutz geschehen, zudem habe er seine Stasi-Mitarbeit Anfang 1973 beendet. (Auch für dieses Buch wurden

Die letzten russischen Soldaten verlassen Deutschland (Bahnhof Lichtenberg)

Studien und Darstellungen von Dietrich Staritz herangezogen.)

31. August: Das augenfällige Ende der Nachkriegsära ist da. Nach fast 50jähriger Anwesenheit verlassen die russischen Truppen Deutschland. Aus Berlin ziehen die letzten 2000 Soldaten ab. Die Bundesregierung wollte den Abschied protokollarisch so niedrig wie möglich halten und ihn in Weimar stattfinden lassen, Rußland forderte dagegen eine offizielle und gemeinsame Verabschiedung mit den Westalliierten in Berlin. So ist der heutige Staatsakt, an dem Bundeskanzler Helmut Kohl und Rußlands Präsident Boris Jelzin sowie Bundespräsident Roman Herzog (CDU) teilnehmen, ein Kompromiß. Seit 1991 hat die Bundesrepublik insgesamt fünfzehn Milliarden DM aufgewendet, um den Abzug der einstmals etwa 500000 in der damaligen DDR stationierten Soldaten zu ermöglichen und vielfältig zu unterstützen. Am 8. September werden die letzten 6000 westalliierten Soldaten betont freundschaftlich aus Berlin verabschiedet. Auch sie werden in einem Staatsakt von Kohl, Frankreichs Staatspräsident François Mitterrand, dem britischen Premierminister John Major und dem amerikanischen Außenminister Warren Christopher verabschiedet.

1. September: In einem Thesenpapier äußert der CDU-Fraktionsvorsitzende Wolfgang Schäuble «Überlegungen zur europäischen Politik», die europaweit Kritik ernten. Angesichts der Ausweitung der EU dürfe das Vetorecht nicht länger gelten, ein «fester Kern von integrationsorientierten und kooperationswilligen Ländern» solle auch allein voranschreiten können. Diese geläufige Idee führt Schäuble weiter: Er weist die Plätze zu. Der «feste Kern» sind Deutschland, Frankreich und die Benelux-Staaten, wobei er Deutschland und Frankreich zum «Kern des festen Kerns» erhebt. Alle weiteren Länder ordnet Schäuble in konzentrische Kreise mit einer «variablen Geometrie» ein.

11. September: Bei den Landtagswahlen erhalten die Parteien der Ministerpräsidenten Manfred Stolpe (SPD) in Brandenburg mit 54,1 Prozent der Stimmen und Kurt Biedenkopf (CDU) in Sachsen mit 58,1 Prozent absolute Mehrheiten. Am 25. September behauptet trotz aller Affären auch die CSU in Bayern mit Ministerpräsident Edmund Stoiber mit 52,8 Prozent ihre absolute Landtagsmehrheit. Während *Bündnis 90/Grüne* nur in Bayern die Fünf-Prozent-Hürde nimmt, scheitert die FDP in allen drei Wahlen.

16. Oktober: Die zweiten Bundestagswahlen des vereinten Deutschland, die dreizehnten der Bundesrepublik, erleben eine leicht gestiegene Wahlbeteiligung von 79 Prozent. Ein Umbruch bleibt aus. CDU/CSU verlieren 2,3 Prozent, bleiben aber mit 41,5 Prozent der Stimmen deutlich stärkste Fraktion. Die SPD gewinnt 2,9 Prozent hinzu und steigert sich auf 36,4 Prozent. Von ihrem Traumergebnis 1990 büßt die FDP 4,1 Prozent ein, dank Leihstimmen aus dem Unionslager gelangt sie nach einer Zitterpartie mit 6,9 Prozent in den Bundestag. *Bündnis 90/Grüne* überspringen mit 7,3 Prozent deutlich die Fünf-Prozent-Hürde, ihr Kandidat Cem Özdemir ist der erste gebürtige Türke im Parlament. Die PDS profitiert von der Regelung, daß beim Gewinn von mindestens drei Direktmandaten alle Zweitstimmen zählen. Im Ostteil Berlins gewinnen Gregor Gysi, der parteilose Schriftsteller Stefan Heym, die frühere DDR-Wirtschaftsministerin Christa Luft und der Gewerkschaftssekretär Manfred Müller vier Direktmandate für die PDS, so daß die Partei mit ihrem Zweitstimmenanteil von 4,4 Prozent siebzehn Mandate erhält.

Wie bei den vorherigen sechs Landtagswahlen dieses Jahres, scheitert die FDP auch bei den heutigen drei. Sie ist jetzt nur noch in sieben, 1990 bis 1992 gewählten Länderparlamenten vertreten und droht damit überflüssig zu werden. *Bündnis 90/Grüne* können allein im Saarland den Einzug in den Landtag schaffen. Dort verteidigt die SPD unter Oskar Lafontaine, der am 9. November als Ministerpräsident bestätigt wird, ihre absolute Mehrheit der Mandate. In Thüringen kommt die CDU auf 42,6 Prozent, die SPD auf 29,6 Prozent und die PDS auf 16,6 Prozent. Am 30. November wird Bernhard Vogel (CDU) zum Ministerpräsidenten einer Großen Koalition von CDU und SPD gewählt. Ähnlich geht die Wahl in Mecklenburg-Vorpommern aus, dort erzielt die CDU 37,7 Prozent, die SPD 29,5 Prozent und die PDS 22,7 Prozent. Am 8. Dezember wird Berndt Seite (CDU) zum Ministerpräsidenten einer Großen Koalition gewählt.

10. November: Auf der konstituierenden Sitzung wählt der Bundestag im Reichstag Rita Süssmuth (CDU) erneut zur Bundestagspräsidentin. Bei den Wahlen zu ihren Stellvertretern kooperieren erstmals CDU/CSU und Bündnis 90/Grüne; mit den Stimmen der Union wird Antje Vollmer gegen eine Kandidatin der SPD gewählt.

15. November: Der Bundestag wählt Helmut Kohl zum fünften Mal zum Bundeskanzler, allerdings mit nur einer Stimme mehr als erforderlich. Er bildet eine nur wenig veränderte Bundesregierung, der aus Ostdeutschland nur noch Angela Merkel (CDU) als Umweltministerin und die mit 28 Jahren bisher jüngste Ministerin der Bundesrepublik, Claudia Nolte (CDU), im Ressort Familie, Senioren, Frauen und Jugend angehören.

23. November: In seiner Regierungserklärung ruft Bundeskanzler Helmut Kohl den «Aufbruch in die Zukunft» aus. Er will die Wettbewerbsfähigkeit der Wirtschaft erhöhen, dazu sollen das Steuerrecht vereinfacht und die Gewerbesteuer schrittweise abgeschafft werden. Der Arbeitslosigkeit sollen gemeinsame Beschäftigungsinitiativen von Bund, Ländern und Gemeinden entgegenwirken. Die Regierung will den Staat «verschlanken», bis 1998 soll der Personalbestand der Bundesbehörden jährlich um ein Prozent reduziert werden. Auch soll die Staatsquote, der Anteil der gesamten öffentlichen Ausgaben am Bruttosozialprodukt, von knapp fünfzig Prozent auf 46 Prozent, den Stand vor der deutschen Einheit, zurückgeschraubt werden. 1970 lag diese Staatsquote bei 38,6 Prozent, 1980 bei 48,5 Prozent.

4. bis 6. Dezember: Zum KSZE-Gipfeltreffen kommen 52 Staats- und Regierungschefs nach Budapest. Während nur 300 Kilometer entfernt der grausame Krieg im ehemaligen Jugoslawien tobt, kann sich die Konferenz nicht auf eine gemeinsame Erklärung einigen. Bosnien lehnt den vorbereiteten Entwurf ab, weil Serbien nicht eindeutig als Aggressor verurteilt wird – Rußland lehnt jede Schuldzuweisung ab. So bleibt als wichtigster Beschluß die Umbenennung der KSZE in «Organisation für Sicherheit und Zusammenarbeit» (OSZE) zum 1. Januar 1995.

9. und 10. Dezember: In Essen treffen die Staats- und Regierungschefs der EU zusammen. Sie sprechen sich grundsätzlich für den Beitritt von Polen, Ungarn, Bulgarien, Rumänien, der Tschechei und der Slowakei aus, doch legen sie sich angesichts der bevorstehenden Erweiterung nicht auf einen Zeitplan fest.

31. Dezember: Die Arbeit der «Treuhandanstalt» endet, sie hat seit 1990 etwa 95 Prozent aller vormals volkseigenen Betriebe privatisiert. Etwa 14500 Betriebe oder Betriebsteile konnten verkauft oder übergeben werden, davon 855 an ausländische Investoren. 354 Unternehmen sind noch nicht privatisiert. Die Käufer verpflichteten sich zur Erhaltung von 1,5 Millionen Arbeitsplätzen und zur Tätigung von Investitionen in Höhe von 200 Milliarden DM. Der Erlös aus den Privatisierungen beträgt allerdings nur 65 Milliarden DM, so daß die Anstalt Schulden von 300 Milliarden DM hinterläßt. Was die «Treuhandanstalt» nicht erledigen konnte, übernimmt ab dem 1. Januar 1995 die «Bundesanstalt für Vereinigungsbedingte Sonderaufgaben».

1995

Das Ende der Nachkriegsära

Ein Jahr, das im Zeichen der Rückschau und Besinnung steht. Zahlreiche fünfzigste Gedenktage werden begangen, der für die Deutschen zweifellos wichtigste am 8. Mai. Er stellt eine Zäsur von historischer Bedeutung dar. Auch wenn es zunächst unmerklich bleibt, die Zeiten lösen sich allmählich vom Bezug auf den Krieg. Das Erinnern, welche Entwicklung die deutsche Nation während der vergangenen fünf Jahrzehnte nahm, ist wichtig und richtig. Doch wird der Blick nun auch nach vorn gewendet? Das vereinte Deutschland steht nicht nur vor der Bewältigung innerer wie äußerer Herausforderungen und wirtschaftlicher Schwierigkeiten. Es ist auch aufgerufen, eine wichtige Rolle bei der Gestaltung der neuen europäischen Ära zu spielen.

1. Januar: Österreich, Schweden und Finnland werden Mitglieder der Europäischen Union. Die Norweger lehnen den Beitritt am 27. und 28. November 1994 wie schon 1972 in einer Volksabstimmung mit 52,2 Prozent der Stimmen ab.

Die Bundesrepublik wird größer. Entsprechend den Regelungen der «Internationalen Seerechtskonferenzen» von 1958 bis 1982 dehnt Deutschland sein Hoheitsgebiet vor der Nord- und Ostseeküste von drei auf zwölf Seemeilen aus.

18. Januar: Auf der Grundlage des «Maastrichter Vertrages» bedarf erstmals eine neue «Europäische Kommission» der Zustimmung des Europäischen Parlaments. In namentlicher Abstimmung bestätigen die Parlamentarier die neue Kommission unter Jacques Santer mit 416 Stimmen bei 103 Nein-Stimmen und 59 Enthaltungen, obgleich in der Debatte heftige Kritik an der mangelnden Qualifikation einiger der 20 Kommissare geübt wird.

27. Januar: An der Gedenkfeier zum fünfzigsten Jahrestag der Befreiung des Konzentrationslagers Auschwitz nimmt neben zahlreichen Überlebenden und Gästen aus aller Welt auch Bundespräsident Roman Herzog (CDU) teil. Er tut das Klügste, was ein Deutscher an dieser Stätte tun kann – er schweigt.

27. bis 29. Januar: Auf ihrem Parteitag in Ost-Berlin beschließt die PDS, einen Trennungsstrich zu stalinistischen Tendenzen zu

Der Palast der Republik nebst angebauter Stadtschloß-Attrappe aus der Luft gesehen (1993).

ziehen. Gleichzeitig wendet sie sich jedoch dagegen, die ehemalige DDR als «Unrechtsstaat» zu bewerten.

2. Februar: In einem der reichsten Länder der Welt ist nicht genügend Geld für die Kinder vorhanden. Die Bundesländer werden sich einig, die Umsetzung der 1992 vom Bund geschaffenen Gesetzesgarantie für einen Kindergartenplatz zu verschieben. Diese Garantie sollte die enorme Unterversorgung Westdeutschlands beheben. Weil Länder und Kommunen nichts für die Umsetzung taten, verschieben sie die Garantie kurzerhand vom 1. Januar 1996 auf den 1. Januar 1999. Beim Versorgungsgrad liegen die ostdeutschen mit Abstand vor den westdeutschen Bundesländern, sie bieten schon jetzt jedem Kind zwischen drei und sechs Jahren einen Kindergartenplatz.

6. Februar: Nachdem sich etwa siebzig Prozent der Ost-Berliner gegen, doch viele West-Berliner für den Abriß aussprechen, verschiebt der Ausschuß von Bund und Ländern zur Hauptstadtplanung die Entscheidung, ob der asbestbelastete Palast der Republik stehenbleiben oder abgerissen werden soll. Der seit 1990 gesperrte Prunkbau der DDR steht zum Teil am Standort des früheren Stadtschlosses. Am 22. Mai erteilt der Ausschuß den Auftrag für die 100 Millionen DM teure und mehrere Jahre erfordernde Asbestbeseitigung. Sie muß in jedem Fall vorgenommen werden und beginnt im Herbst 1997. Am 15. April 1998 erklärt die Bundesregierung, der nach der Asbestsanierung verbleibende Rohbau werde für die weitere Nutzung des Schloßplatzes nicht verwendet.

7. Februar: Erstmals wird die Arbeitslosenquote einheitlich für ganz Deutschland berechnet. Sie erreichte im Jahr 1994 den bisher höchsten Stand der Nachkriegszeit. Im Jahresdurchschnitt waren in Westdeutschland 2,55 Millionen Menschen (9,2 Prozent) und in Ostdeutschland 1,14 Millionen Menschen (16,0 Prozent) als arbeitslos gemeldet. Die Gesamtzahl von knapp 3,69 Millionen entspricht einer Quote von 10,6 Prozent. Im Jahr 1995 sinkt die Arbeitslosenquote leicht um 0,2 Prozent, um ab 1996 abermals auf neue Höchststände anzusteigen.

13. Februar: In einem Musterprozeß entscheidet das Bundesverwaltungsgericht, die entschädigungslose Enteignung von Ost-Berliner Grundstücken kurz nach Gründung der DDR sei auf besatzungsrechtlicher Grundlage erfolgt und damit gemäß Einigungsvertrag rechtmäßig. Am 2. Dezember 1949 zog der Magistrat die auf seiner «Liste 3» genannten 991 Privatgrundstücke, heute allesamt in bester Lage und etwa 40 Milliarden DM wert, sowie 589 Betriebe ein. Nun können der Bund, das Land Berlin und die «Treuhand Liegenschaftsgesellschaft» über die Immobilien verfügen. Am 9. Februar 1996 beschließt der Bundestag ein Gesetz, das den früheren Eigentümern den Rückkauf zu einem Viertel des heutigen Verkehrswertes ermöglicht – unbezahlbar für die meisten. Will der Bund die Immobilie behalten oder «im öffentlichen Interesse» verkaufen, wird eine Entschädigung von 75 Prozent gezahlt.

16. Februar: Nach Vorwürfen, in Ostdeutschland seien zig Milliarden DM staatlicher Fördermittel verschwendet worden, erklärt die Bundesregierung, an der vorerst bis zum Jahr 1998 vorgesehenen Förderung festzuhalten. Von 1991 bis 1994 flossen insgesamt 640 Milliarden DM von West- nach Ostdeutschland. Länder und Kommunen erhielten 237 Milliarden und die Bevölkerung aufgrund von Leistungsgesetzen 272 Milliarden DM; 130 Milliarden gab der Bund eigenverantwortlich aus.

19. Februar: Bei der Landtagswahl in Hessen wird erstmals eine rot-grüne Koalition bestätigt. Während SPD und CDU verlieren, erzielen *Bündnis 90/Grüne* starke Gewinne. Nach neun Fehlschlägen in Folge zieht die FDP bei gleichbleibendem Stimmenanteil erstmals wieder in einen Landtag ein. Hans Eichel (SPD) führt als Ministerpräsident die Koalition mit den *Grünen* weiter.

13. März: Erstmals bekennt sich ein traditionsreiches Unternehmen öffentlich zu seiner Nazi-Vergangenheit. Zu ihrem 125jährigen Bestehen läßt die *Deutsche Bank* von fünf Historikern eine Firmengeschichte schreiben, in der auch Schattenseiten ihres Wirkens in der Zeit von 1933 bis 1945 dargelegt werden. Die ab 1997 aufgedeckte Verstrickung der *Deutschen Bank* in den Handel mit Nazi-Raubgold bleibt allerdings unerwähnt.

15. März: Das «Institut der Deutschen Wirtschaft» in Köln teilt mit, daß in Deutschland immer weniger gestreikt wird. Von jährlich 52 Streiktagen je tausend Beschäftigte in den siebziger Jahren ist die Zahl in der ersten Hälfte der neunziger Jahre auf 21 Tage gesunken. Nur in den Niederlanden sowie in Österreich und der Schweiz sind noch geringere Zahlen zu verzeichnen. Da diese Tendenz anhält, fällt der deutsche Durchschnittswert für die neunziger Jahre auf 17 Ausfalltage.

Das Bundesverfassungsgericht entscheidet in Veränderung seiner früheren Rechtsprechung, daß friedliche Sitzblockaden keine gewaltsame Nötigung darstellen.

26. März: Mit mehrjähriger Verspätung tritt in Deutschland, den Benelux-Staaten, Frankreich, Spanien und Portugal das «Schengener Abkommen» in Kraft. Alle Personenkontrollen entfallen, auch für Personen aus Drittländern mit einem Visum für einen der Staaten – dafür werden die Kontrollen an den Außengrenzen verschärft. Österreich unterzeichnet das Abkommen am 28. April, doch erst am 17. Juli 1997 vereinbaren die Regierungschefs von Deutschland, Österreich und Italien die Abschaffung der Grenzkontrollen zwischen den drei Staaten ab dem 1. April 1998. Ende 1997 werden Österreich und Italien an das zentrale Fahndungscomputernetz angeschlossen. Von den fünf skandinavischen Staaten, die seit ihrer Paßunion von 1954 offene Grenzen untereinander haben, treten

Dänemark, Schweden und Finnland dem Abkommen am 19. Dezember 1996 bei; Norwegen und Island unterzeichnen ein Kooperationsabkommen. Von den EU-Staaten wollen allein Großbritannien und Irland die Personenkontrollen an ihren nationalen Grenzen beibehalten.

12. April: Moskau sendet bedrohliche Signale aus. Der populäre russische General Alexander Lebed, der wenig später das Militär verläßt und in die Politik geht, verschärft die Warnungen seiner Führung vor einer Osterweiterung der NATO erheblich. Die westliche Allianz sei eine große Gefahr für Rußland, die von den Reformländern Polen und Tschechien angestrebte Mitgliedschaft würde den Beginn des Dritten Weltkrieges bedeuten – der «selbstverständlich» von der NATO hervorgerufen werde. Am 18. April spricht der russische Außenminister Andrej Kosyrew die bisher schärfste Drohung gegen das «nahe Ausland» aus, wie Moskau die Staaten der GUS bezeichnet. Zum Schutze der Rechte der 25 Millionen außerhalb Rußlands lebenden Russen sei auch die «direkte Anwendung von Militärgewalt» möglich.

19. April: Der Berliner Senat teilt mit, daß 130000 einstige Ost-Berliner und weit mehr ehemalige DDR-Bürger noch keine Personalpapiere der Bundesrepublik beantragt haben. Zum 1. Januar 1996 verlieren Personalausweise und Reisepässe der ehemaligen DDR ihre Gültigkeit.

26. April: Erstmals seit Jahren erfährt die Abrüstung in Europa, den Krieg im ehemaligen Jugoslawien ausgenommen, einen ernsten Rückschlag. Nach dem abgewehrten Putschversuch vom Oktober 1993 muß Rußlands Präsident Boris Jelzin dem Militär weitreichende Zugeständnisse machen. Ab dem 11. Dezember 1994 darf das Militär die Teilrepublik Tschetschenien im Nordkaukasus, die bereits 1991 ihre Souveränität ausrief, in einer großangelegten und grausamen Strafaktion angreifen – ohne indes die Tschetschenen unterwerfen zu können. Mehrfach fordert Rußlands Verteidigungsminister Pawel Gratschow «Nachbesserungen» des «Vertrages über konventionelle Abrüstung in Europa» (KSE) vom November 1990, weil die Situation an der «Südflanke» eine andere geworden sei. Trotz aller Warnungen aus dem Westen kündigt heute der Oberkommandeur des russischen Heeres, Oberst Semjonow, die Bildung einer neuen russischen Armee zum 1. Juni und damit den Bruch des KSE-Vertrages an. Bei der ersten Konferenz zur Überprüfung der Einhaltung des Vertrages, die am 1. Juni 1996 in Wien endet, werden Modifikationen beschlossen. Rußland und die Ukraine müssen ihre konventionellen Rüstungsgüter in den «Flankenregionen» erst zum 31. Mai 1999 auf die festgelegten Obergrenzen reduzieren.

27. April: Im Jagdschloß Glienicke nahe der Grenze Brandenburgs und Berlins unterzeichnen Ministerpräsident Manfred Stolpe (SPD) und der Regierende Bürgermeister Eberhard Diepgen (CDU) den Staatsvertrag über die Fusion ihrer beiden Bundesländer. Am 5. Mai 1996 findet darüber in beiden Bundesländern eine Volksabstimmung statt. Während in Berlin 53,4 Prozent den Zusammenschluß befürworten und nur 45,7 Prozent ihn ablehnen, stimmen in Brandenburg nur 36,3 Prozent zu. Die deutliche Mehrheit von 63 Prozent lehnt die Fusion aus Furcht vor einer Dominanz der Hauptstadt innerhalb des neuen Bundeslandes ab. Damit scheitert diese für 1999, spätestens 2002 geplante erste Länderzusammenlegung der Bundesrepublik. Gleichwohl bleibt fortan eine Neugliederung der Bundesländer in der Diskussion.

2. Mai: Zum fünfzigsten Jahrestag des Endes des Zweiten Weltkrieges mahnen die beiden christlichen Kirchen in einer gemeinsamen Erklärung: «Wer vergißt, was geschah, reißt den Wegweiser für einen Weg in die bessere Zukunft aus. Das gilt besonders für das Verhältnis zum jüdischen Volk; das gilt auch für unsere Verpflichtung, Minderheiten zu schützen.»

5. Mai: Nach vierjähriger Verhandlung entscheidet das Bundesverfassungsgericht, daß hauptamtliche DDR-Agenten, die von der DDR als «Lebensmittelpunkt» aus gegen die Bundesrepublik oder einen ihrer Verbündeten tätig waren, strafrechtlich nicht verfolgt werden dürfen. Allein wegen anderer Straftaten wie Urkundenfälschung oder Bestechung, die im Zusammenhang mit der Spionage begangen wurden, dürfen sie belangt werden. Nun müssen mehrere hundert Verfahren eingestellt oder Urteile aufgehoben werden. Bis Januar 1998 sind von den 2303 gegen hauptamtliche Stasi-Mitarbeiter eingeleiteten Ermittlungsverfahren 2255 eingestellt, nur 12 Personen sind verurteilt. Auch die Verurteilung von Markus Wolf vom 6. Dezember 1993 zu sechs Jahren Freiheitsstrafe ist damit hinfällig. Am 7. Januar 1997 beginnt vor dem Oberlandesgericht Düsseldorf der neue Prozeß gegen Wolf. Er wird am 27. Mai 1997 wegen Freiheitsberaubung in vier Fällen, zweimal in Tateinheit mit Nötigung und Körperverletzung, zu einer Freiheitsstrafe von zwei Jahren verurteilt, die für drei Jahre zur Bewährung ausgesetzt wird.

Der 85jährige Literaturwissenschaftler und frühere Rektor der Technischen Hochschule Aachen, Hans Schwerte, gibt zu, in Wahrheit der ehemalige SS-Hauptsturmführer Hans Ernst Schneider zu sein. Er sei 1937 in die SS eingetreten, habe beim «SS-Ahnenerbe» von 1940 bis 1942 in den Niederlanden gearbeitet und sich nach dem Krieg die neue Existenz gegeben. Schneider wird durch Recherchen des niederländischen Fernsehens enttarnt. Im Jahr 1998 erscheinen vier Bücher zu diesem Fall, die allesamt eine ausgedehnte und langjährige Mitwisserschaft in Wissenschaft und Politik konstatieren.

7. Mai: Zum zweiten Mal in der Geschichte der Bundesrepublik wird ein Brandanschlag auf eine Synagoge verübt. Erneut ist die Synagoge von Lübeck das Ziel, der Brand kann gelöscht werden. Der erste Anschlag wurde am 25. März 1994 verübt, die vier Täter wurden am 13. April 1995 vom Oberlandesgericht Schleswig zu Haftstrafen zwischen zweieinhalb und viereinhalb Jahren verurteilt.

Nach mehrjähriger Restaurierung wird in Berlins Oranienburger Straße der Bau der großen Synagoge von 1861 feierlich wiedereröffnet. Im November 1943 durch einen Bombenangriff zerstört, blieb die Synagoge zu DDR-Zeiten Ruine. Um der Einladung für seinen Staatsbesuch in den USA den Weg zu bereiten, leitete Erich Honecker Ende 1988 als Geste für Amerikas Juden den teilweisen Wiederaufbau ein. Nun wirkt unter der goldenen Kuppel jedoch kein Gotteshaus, sondern das Centrum Judaicum, das über Kultur und Leben der einstmals 55000 und jetzt 10000 Berliner Juden informiert.

Erstmals entschuldigt sich die Schweiz offiziell für ihre Politik während der Nazi-Zeit. Bei einer Gedenkveranstaltung in Bern äußert Bundespräsident Kaspar Villiger: «Es geht um jene vielen Juden, denen durch die Zurückweisung an der Schweizer Grenze der sichere Tod erwartete (...) Es steht für mich außer Zweifel, daß wir mit unserer Politik gegenüber den verfolgten Juden Schuld auf uns geladen haben (...) Der Bundesrat bedauert das zutiefst, und er entschuldigt sich dafür, im Wissen darum, daß solches Versagen letztlich unentschuldbar ist.» Bereits 1957 legte der Schweizer Rechtsprofessor Carl Ludwig in einem offi-

Die Nachkriegsära endet

In zahlreichen Ländern Europas und anderer Kontinente bis Australien wird des Endes des Zweiten Weltkriegs vor fünfzig Jahren gedacht. Fast überall wird der Jahrestag als Ende der Nachkriegsära gewürdigt, einer Ära, die durch die Teilung Europas, den Kalten Krieg und die ungeheure Aufrüstung gekennzeichnet war.

Den Auftakt macht die frühere «Achsenmacht» Italien am 25. April, als «Tag der Befreiung» gesetzlicher Feiertag. Über die gefeierte «Selbstbefreiung» von Besatzung und Diktatur treten die zwei Jahrzehnte des italienischen Faschismus mit seinen Untaten völlig in den Hintergrund.

Ohne ausländische Gäste begehen die Niederlande den 4. und 5. Mai. Königin Beatrix erinnert an die Kollaboration vieler Niederländer mit den deutschen Besatzern. In der «Konfrontation mit der Wahrheit liegt der Schlüssel zur Versöhnung», auch mit Deutschland. Sie ruft ihre Landsleute auf, sich heute mit derselben Unbeugsamkeit für die Bewahrung der Freiheit einzusetzen, wie es damals die Angehörigen des Widerstands getan hätten.

In Deutschland hoffte Bundeskanzler Helmut Kohl ursprünglich, Israels Präsident Eser Weizman werde an den Feiern zum fünfzigsten Jahrestag des Endes des Zweiten Weltkrieges in Deutschland teilnehmen und damit das herausragende Zeichen der Versöhnung setzen. Doch angesichts heftiger Kritik in Israel, eine solche Geste würde als endgültiger Schlußstrich unter die Vergangenheit verstanden, kommt Weizman erst 1996 nach Deutschland.

Die deutschen Feierlichkeiten beginnen am 28. April mit einer gemeinsamen Gedenkstunde von Bundestag und Bundesrat. Als einziger ausländischer Gast spricht der neue polnische Außenminister Wladislaw Bartoszewski, ehemaliger Häftling im KZ Auschwitz. Er wertet die Nicht-Einladung seines Präsidenten Lech Walesa zur Gedenkfeier am 8. Mai als Verpassen einer historischen Chance in den deutsch-polnischen Beziehungen. Dessenungeachtet ruft Bartoszewski zur Versöhnung auf, gegründet auf das «Gefühl der moralischen Verantwortung für die ganze Geschichte, in der es – wie immer – helle und dunkle Seiten gibt. Als Volk, das vom Krieg besonders heimgesucht wurde, haben wir die Tragödie der Zwangsumsiedlungen kennengelernt sowie die damit verbundenen Gewalttaten und Verbrechen. Wir erinnern uns daran, daß davon auch unzählige Menschen der deutschen Bevölkerung betroffen waren und daß zu den Tätern auch Polen gehörten.»

Am Abend des 8. Mai findet der eher schlichte Staatsakt der Bundesrepublik statt. Im Gegensatz zu London und Paris stehen im Berliner Schauspielhaus die Reden im Vordergrund. Bundespräsident Roman Herzog bezeichnet den 8. Mai als Tag, «an dem ein Tor in die Zukunft aufgestoßen wurde». Als Vertreter der Siegermächte treten der russische Ministerpräsident Wiktor Tschernomyrdin, der britische Premierminister John Major, US-Vizepräsident Al Gore und François Mitterrand allesamt für ein gemeinsames, friedliches Europa ein. Mitterrand, der hier seine letzte große Rede als französischer Staatspräsident hält, formuliert als Quintessenz: «Der erste Sieg, der unser gemeinsamer Sieg sein wird, das wird der Sieg Europas über sich selbst sein. Und morgen? Morgen muß das begonnene Werk vollendet werden.»

Am 6. Mai beginnen im Londoner Hyde Park Großbritanniens größte Feierlichkeiten seit der Krönung von Elisabeth II. im Jahr 1952. Die dreitägigen Feiern stehen im Geiste von Verständigung und Aussöhnung, Königin Elisabeth II. mahnt einen «echten und langen Frieden» für Europa an. Am Versöhnungsgottesdienst in der St.-Pauls-Kathedrale am 7. Mai nehmen Repräsentanten von mehr als fünfzig am Weltkrieg beteiligten Nationen teil, darunter François Mitterrand, Wiktor Tschernomyrdin, Al Gore sowie Roman Herzog und Helmut Kohl.

In Frankreich beginnen die Feierlichkeiten am 7. Mai mit einer Veteranen-Parade in Reims, dem Ort der Unterzeichnung der Kapitulation Deutschlands. Tags darauf findet am Pariser Arc de Triomphe die größte Feier seit dem Begräbnis von General Charles de Gaulle im Jahr 1970 statt. Staatspräsident Mitterrand und sein am Vortag gewählter Nachfolger Jacques Chirac nehmen eine für französische Maßstäbe sehr bescheidene Militärparade ab. 53 Staats- und neun Regierungschefs, darunter John Major, Wiktor Tschernomyrdin, Al Gore sowie Helmut Kohl und Roman Herzog nehmen teil.

Polens Präsident Lech Walesa schlug bewußt alle Einladungen ins Ausland aus, um in Polen zu gedenken – allein die (nicht erfolgte) Einladung nach Deutschland hätte er angenommen. Vor dem Parlament spricht Walesa am 8. Mai von einem «bitteren Sieg» für sein Land, weil es danach noch ein halbes Jahrhundert lang um seine Souveränität habe kämpfen müssen. Er wirft den Westalliierten vor, Polen 1945 der sowjetischen Vorherrschaft überlassen zu haben. Auch heute stehe sein Land «in einem Vakuum zwischen einem isolationistischen Westeuropa und einem Reich, das versucht sich neu zu bilden».

Ebenso wie die frühere Sowjetunion begeht Rußland den 9. Mai als «Tag des Sieges» im «Großen Vaterländischen Krieg», als einziges Land mit ausgesprochen militärischem Gepräge. Bundeskanzler Helmut Kohl

Beifall für François Mitterrand (Mitte) nach seiner Rede zum 50. Jahrestag des Kriegsendes in Berlin; links Hannelore Kohl, hinter ihm Helmut Kohl, rechts John Major.

zögert lange, bis er seine Teilnahme an den Moskauer Feierlichkeiten erklärt. Erst als US-Präsident Bill Clinton, Großbritanniens Premierminister John Major und Frankreichs Staatspräsident François Mitterrand Rußlands Präsident Boris Jelzin ihr Kommen bestätigen, willigt auch Kohl ein.

Am 8. Mai weiht Jelzin nahe dem Moskauer Kreml ein neues Denkmal für Marschall Georgi Schukow ein, den von Stalin wegen seiner Popularität degradierten Eroberer Berlins. Am 9. Mai paradieren Tausende Veteranen unter den Augen Jelzins, der als Präsident erstmals auf dem Lenin-Mausoleum Platz nimmt, Clintons und Majors, die neben dem Mausoleum stehen, über den Roten Platz. Später findet die erste große Militärparade seit dem Untergang der Sowjetunion statt, zu der auch eine Luftparade gehört, wie sie letztmals 1957 über Moskau stattfand. Aus Protest gegen den Krieg in Tschetschenien nehmen die westlichen Staatsgäste nicht teil.

ziellen Bericht zur Flüchtlingspolitik dar, daß Schweizer Stellen ab 1938 in Berlin darauf gedrängt hatten, Deutschland solle die Pässe von «Nichtariern», also Juden, besonders kennzeichnen. Wer als Deutscher das große, rote «J» in den Paß gestempelt hatte, wurde von der Schweiz fortan der Visumspflicht unterworfen, was de facto eine Einreiseverweigerung bedeutete.

10. Mai: Der ehemalige außenpolitische Berater von Michail Gorbatschow, Anatoli Tschernjajew, erklärt am 7. Mai, während der Verhandlungen über die deutsche Vereinigung hätten westliche Politiker mehrfach eine Osterweiterung der NATO ausgeschlossen. Sowohl der damalige amerikanische Präsident George Bush, sein Außenminister James Baker als auch Bundeskanzler Helmut Kohl hätten mündlich zugesichert, die NATO solle nicht nach Osten erweitert werden. Wegen dieser und vorheriger Äußerungen aus Moskau erwächst weltweit die Befürchtung, ein neuer Kalter Krieg könne bevorstehen. Bei ihrem heutigen Gipfeltreffen in Moskau stimmen Rußlands Präsident Boris Jelzin und US-Präsident Bill Clinton, der eindringlich ein Ende des Krieges in Tschetschenien fordert, im Ziel eines politisch geeinten Europa überein. In der Frage der militärischen Neuordnung Europas bleiben die Positionen jedoch unverändert. Ohne Unterrichtung ihrer Verbündeten können die USA Rußland jedoch dazu bewegen, den immer wieder hinausgezögerten vollen Beitritt zur «Partnerschaft für den Frieden» der NATO am 31. Mai vorzunehmen. Nach langwierigen Verhandlungen wird am 27. Mai 1997 in Paris die «Grundakte über gegenseitige Beziehungen, Zusammenarbeit und Sicherheit» zwischen Rußland und der NATO unterzeichnet. Gegen die Zusage der NATO, in den neuen Mitgliedsländern weder Atomwaffen noch dauerhaft Kampftruppen zu stationieren, stellt Rußland seine Bedenken zurück.

11. Mai: In New York stimmen die USA und Rußland, damit immerhin in wesentlichen Fragen einig, sowie alle weiteren 176 Unterzeichnerstaaten der unbefristeten und nicht an Bedingungen geknüpften Verlängerung des Atomwaffensperrvertrages zu, der am 5. März 1970 in Kraft trat und in diesem Jahr auslaufen würde. Er beschränkt den Atomwaffenbesitz auf die USA, Rußland, Großbritannien, Frankreich und China. Die heimlichen Atommächte Israel, Indien und Pakistan treten dem Vertrag nicht bei, im Gegensatz zu Südafrika. Dieses hatte am 22. September 1979 womöglich in Zusammenarbeit mit Israel bei den vorgelagerten Prince-Edward-Inseln einen Atomversuch unternommen. Es vernichtete sein Arsenal von offiziell sechs, wahrscheinlich jedoch 24 Atombomben Anfang der neunziger Jahre freiwillig.

14. Mai: Die Landtagswahlen im bevölkerungsreichsten Bundesland Nordrhein-Westfalen bringen einen politischen Umbruch, der als Signal auch für die Bundesebene gewertet wird. Mit 46,0 Prozent der Stimmen büßt die SPD unter Johannes Rau nicht nur vier Prozent ein, sondern verliert auch ihre seit fünfzehn Jahren bestehende absolute Mehrheit im Landtag. Während die CDU nur leicht auf 37,7 Prozent zulegt, können *Bündnis 90/Grüne* ihren Stimmenanteil auf 10,0 Prozent verdoppeln. Nach schwierigen Verhandlungen bilden SPD und *Bündnis 90/Grüne* eine Koalitionsregierung unter dem alten und neuen Ministerpräsidenten Rau.

Nach dem Zerfall der Ampelkoalition von SPD, FDP und *Bündnis 90/Grüne* im Februar finden in Bremen vorgezogene Bürgerschaftswahlen statt. Die SPD verliert deutlich und erzielt ihr bisher schlechtestes Ergebnis, bleibt aber mit 33,4 Prozent der

Stimmen stärkste Fraktion. Die CDU steigert sich leicht auf 32,6 Prozent, *Bündnis 90/Grüne* legen zu und kommen auf 13,1 Prozent, die SPD-Abspaltung «Arbeit für Bremen» erzielt aus dem Stand 10,7 Prozent. SPD und CDU bilden einen Senat der Großen Koalition unter Hennig Scherf (SPD).

9. bis 11. Juni: Nachdem die FDP bei den Landtagswahlen in Nordrhein-Westfalen und Bremen scheitert, erklärt der Bundesvorsitzende, Außenminister Klaus Kinkel, seinen Verzicht auf den Parteivorsitz. An seiner Stelle wählt der FDP-Parteitag in Mainz den hessischen Landesvorsitzenden Wolfgang Gerhardt zum neuen Parteichef.

24. Juni bis 6. Juli: In Berlin ist nach einwöchiger Vorarbeit der Reichstag für knapp zwei Wochen verhüllt. Diese spektakuläre Aktion des Künstlerpaars Christo und Jeanne-Claude zieht fünf Millionen Besucher an und trägt das Bild einer friedlichen Republik in alle Welt.

29. Juni: Mit der Mehrheit von CDU/CSU, FDP und SPD verabschiedet der Bundestag das neue Abtreibungsrecht, nach dem ein Schwangerschaftsabbruch zwar rechtswidrig ist, aber in den ersten zwölf Wochen straffrei bleibt, wenn sich die Frau mindestens drei Tage vor dem Eingriff einer Beratung unterzogen hat. Um die am 1. Januar 1996 in Kraft tretenden Bundesregelungen einzuschränken, verabschiedet der bayerische Landtag Landesgesetze, die das Bundesgesetz deutlich verschärfen und am 1. Juli 1997 in Kraft treten sollen. Noch am 24. Juli 1997 setzt das Bundesverfassungsgericht diese Landesgesetze jedoch mit einer einstweiligen Verfügung in wesentlichen Teilen aus und erklärt am 27. Oktober 1998 mehrere Regelungen für verfassungswidrig. Zum einen besitze Bayern in einigen Fragen «keine Gesetzgebungskompetenz», da das Bundesrecht die meisten Themen umfassend und abschließend geregelt habe. Zum anderen seien einzelne Vorschriften grundgesetzwidrig: Die Begrenzung der Einnahmen aus Abtreibungen auf ein Viertel der Gesamteinkünfte eines Arztes; das Verbot für Ärzte, einen Schwangerschaftsabbruch vorzunehmen, wenn die Frau nicht ihre Gründe dargelegt hat; die Strafandrohung gegen Ärzte bei Verstößen gegen die staatliche Erlaubnispflicht.

30. Juni: Mit 386 gegen 258 Stimmen bei 11 Enthaltungen beschließt der Bundestag, bis zu 2000 Bundeswehrsoldaten zum Schutz der Internationalen Eingreiftruppe in Bosnien-Herzegowina zu entsenden. Aus «historischen Gründen» schickt die Bundeswehr keine Bodentruppen, sondern nur Sanitäts- und Lufttransportkräfte.

21. Juli: Deutschland und Vietnam einigen sich endgültig über die Rückführung von 40000 Vietnamesen, die als Vertragsarbeiter in die DDR kamen und nun illegal hier leben. Begleitet von Finanz- und Wirtschaftshilfe sollen sie bis zum Jahr 2000 in ihre Heimat zurückkehren. Insgesamt leben 97000 Vietnamesen in Deutschland.

2. August: In Brühl wird Peter Graf, Vater des Tennisstars Steffi Graf, verhaftet. Am 24. Januar 1997 wird Graf vom Landgericht Mannheim wegen Steuerhinterziehung in Höhe von 12 Millionen DM und versuchter Steuerhinterziehung in Höhe von 3 Millionen DM zu einer Haftstrafe von drei Jahren und neun Monaten verurteilt.

9. August: Der frühere SED-Politiker und DDR-Ministerpräsident Hans Modrow wird vom Landgericht Dresden wegen Fälschungen bei der DDR-Kommunalwahl vom Mai 1989 zu einer Freiheitsstrafe von 9 Monaten verurteilt. Seine erste Verurteilung vom 27. Mai 1993 wurde vom Bundesgerichtshof im November 1994 als zu milde bewertet und aufgehoben.

10. August: Das Bundesverfassungsgericht entscheidet, daß die in der bayerischen

Demonstration in München gegen das «Kruzifix-Urteil» des Bundesverfassungsgerichts.

Schulordnung vorgeschriebene Anbringung von Kruzifixen in staatlichen Schulen gegen die im Grundgesetz verankerte Religionsfreiheit und das Erziehungsrecht der Eltern verstößt. Nach heftigen Protesten vor allem von Kirchen und Unionsparteien «präzisiert» das Gericht am 21. August, allein die «staatlich angeordnete Anbringung» sei gemeint.

15. September: Der Bundesgerichtshof entscheidet in einem Grundsatzurteil, daß ehemalige DDR-Richter und -Staatsanwälte für die Verfolgung von Republikflüchtlingen und Regimekritikern in der Regel nicht bestraft werden dürfen. Nur wenn ihnen schwere Willkürakte bei der Anwendung des DDR-Rechts nachgewiesen werden können, sei eine Bestrafung zulässig.

22. Oktober: Bei den Wahlen zum Berliner Abgeordnetenhaus verliert die CDU, bleibt aber mit 37,4 Prozent stärkste Partei. Die SPD erzielt mit nur 23,6 Prozent ihr schlechtestes Ergebnis seit Kriegsende. Mit 14,6 Prozent etabliert sich die PDS als drittstärkste Partei, wobei sie im Ostteil auf 36,3 Prozent kommt; *Bündnis 90/Grüne* steigern sich auf 13,2 Prozent. CDU und SPD bilden unter Eberhard Diepgen (CDU) einen Senat der Großen Koalition, der mit der schweren Finanzkrise der völlig überschuldeten Hauptstadt zu kämpfen hat.

7. November: Das Bundesverfassungsgericht bestätigt sein Urteil vom 20. September 1994, daß die Äußerung des Zitates von Kurt Tucholsky «Soldaten sind Mörder» eine freie Meinungsäußerung darstellt und nur dann strafbar ist, wenn sie auf einzelne Soldaten zielt. Darauf wird in den Koalitionsparteien ein Gesetzesentwurf zum Ehrenschutz der Soldaten erarbeitet, der eine Strafandrohung bis zu drei Jahren Haft vorsieht. Er kommt jedoch nicht zur Verabschiedung, weil die Zustimmung in der FDP nicht sicher ist.

11. bis 16. November: Bundeskanzler Helmut Kohl (CDU) besucht China, wo er das freundschaftliche Verhältnis beider Länder auch durch einen Besuch bei einer Infanteriedivision der «Volksbefreiungsarmee» dokumentiert. Armee-Einheiten begingen im Juni 1989 das Massaker auf dem Tiananmen-Platz in Peking. Menschenrechtsfragen spricht Kohl nur äußerst zurückhaltend an. Trotz dieses Wohlverhaltens bleiben die wirtschaftlichen Ergebnisse dieses Besuches hinter den deutschen Erwartungen zurück.

14. bis 16. November: Zum erstenmal in der Nachkriegsgeschichte wählt die SPD ihren Parteivorsitzenden ab. Nach monatelangen Querelen in der Führungsspitze und einer regelrechten Demontage des bisher jüngsten Vorsitzenden ersetzt der Parteitag in Mannheim handstreichartig Rudolf Scharping durch Oskar Lafontaine. Der saarländische Ministerpräsident, 1990 als Kanzlerkandidat gegen Helmut Kohl (CDU) klar unterlegen, ist nach seinen gescheiterten Vorgängern Engholm und Scharping der dritte SPD-Vorsitzende aus der sogenannten «Enkel»-Generation. Er beruft wenig später Gerhard Schröder wieder zum wirtschaftspolitischen Sprecher der Partei, ein Amt, das ihm Scharping am 31. August entzogen hatte. Am 24. November modifiziert die SPD-Führung ihre Haltung zur PDS. Wurde eine Zusammenarbeit bisher prinzipiell ausgeschlossen, gilt nun der Grundsatz eines «fairen, demokratischen Umgangs».

19. November: Erstmals wird in Deutschland ein «Kirchenvolksbegehren» durchgeführt, dessen Ergebnisse heute veröffentlicht werden. Mehr als 1,85 Millionen Menschen haben das Begehren zwischen dem 16. September und 12. November mit ihrer Unterschrift unterstützt, davon 1,49 Millionen Katholiken. Die Hauptforderungen der Initiative «Wir sind Kirche» sind die Abschaffung des Zölibats sowie die volle Gleichberechtigung der Frauen und damit auch ihre Zulassung zum Priesteramt. Vorbild dieser Aktion war das österreichische Kirchenvolksbegehren vom Sommer 1995, bei dem knapp eine halbe Million Katholiken Reformen ihrer Kirche forderten.

21. November: Der ehemalige SS-Hauptsturmführer Erich Priebke, der 47 Jahre unbehelligt in Argentinien lebte, wird an Italien ausgeliefert. Dort wird ihm wegen Mitwirkung an der Erschießung von 335 italienischen Geiseln im Jahr 1944 in den Ardeatinischen Höhlen bei Rom der Prozeß gemacht. Am 1. August 1996 spricht ihn ein Militärgericht frei, denn er habe nicht grausam und mit Vorsatz gehandelt. Das Kassationsgericht hebt dieses Urteil am 15. September 1996 auf. Nach einem erneuten Prozeß wird Priebke am 22. Juli 1997 von einem Militärgericht zu fünfzehn Jahren Haft verurteilt, von denen er jedoch nur 5 Jahre verbüßen muß.

6. Dezember: Mit 543 von 656 Stimmen billigt der Bundestag den Einsatz von 4000 Soldaten zur Unterstützung der internationalen Friedenstruppe in Bosnien, den ersten NATO-Einsatz in der Geschichte der Bundeswehr. Nach den über Jahre gescheiterten europäischen und UN-Bemühungen für einen Frieden im ehemaligen Jugoslawien ist es die Weltmacht USA, die die Konfliktparteien im amerikanischen Dayton zwingt, in einen Friedensvertrag für Bosnien einzuwilligen. Die Beteiligten unterzeichnen ihn am 14. Dezember in Paris. Am 20. Dezember übergeben die UN das Kommando an die NATO, die damit ihre bisher größte Militäraktion beginnt. Erstmals seit dem Zweiten Weltkrieg unternimmt US-Militär einen Kampfeinsatz in Europa; erstmals beteiligt sich Rußland an einer Operation der

NATO. Das Mandat der insgesamt 60000 Soldaten umfassenden «Implementation Force» (IFOR), die zur Einhaltung des Friedensabkommens auch militärische Gewalt einsetzen darf, ist vorerst auf ein Jahr begrenzt. Durch einen Unfall an einer Fregatte der Bundesmarine, die in der Adria an der UN-Embargoüberwachung gegen Rest-Jugoslawien teilnimmt, kommt am 20. Dezember mit dem Unteroffizier Steffen Behrens der erste Bundeswehrsoldat ums Leben. Am 9. Februar 1996 erweitert der Bundestag den Einsatzauftrag der in Italien stationierten Bundeswehr-Tornados um die Unterstützung der IFOR-Truppen.

12. Dezember: Erstmals führt die FDP in einer Sachfrage einen Mitgliederentscheid durch, bei dem knapp 35000 der insgesamt 80000 FDP-Mitglieder ihr Votum abgeben. Das geplante elektronische Abhören von Wohnungen beim Verdacht schwerer Kriminalität wird von 63,6 Prozent befürwortet, 35,7 Prozent lehnen diesen «Großen Lauschangriff» ab. Aus Protest gegen dieses Resultat erklärt die FDP-Politikerin Sabine Leutheusser-Schnarrenberger am 14. Dezember ihren Rücktritt als Bundesjustizministerin, ihr Nachfolger wird der FDP-Politiker Edzard Schmidt-Jortzig.

19. Dezember: Der Hamburger Senat beschließt den Verkauf der Häuser an der Hafenstraße zum Preis von 2,04 Millionen DM. Die zwölf Gebäude wurden 1981 von jungen Leuten besetzt, seitdem gab es zahlreiche Konflikte, brennende Barrikaden und gescheiterte Räumungsversuche. Käufer ist die Genossenschaft «Alternativen am Elbufer», an der die ehemaligen Besetzer zu einem Drittel beteiligt sind.

Nationalstolz im Vergleich

Im Laufe des Jahres 1995 unternimmt das «National Opinion Research Center» der University of Chicago die bis dahin größte und umfassendste internationale Studie zum Nationalstolz, deren Ergebnisse im Mai 1998 veröffentlicht werden. In 22 Staaten, wobei Deutschland in West und Ost getrennt ist, werden 28000 Bürger nach ihrem Nationalstolz sowie nach dem Stolz auf bestimmte Leistungen ihrer Nation befragt. Eine Grundtendenz: Chauvinistische Haltungen sind auf dem Rückzug. Nur ein Drittel aller Befragten glaubt, daß die Bevölkerung das eigene Land auch auf einem falschen Weg unterstützen sollte; lediglich 21 Prozent bekunden, daß nichts ihr Land beschämen könnte.

Den größten allgemeinen Nationalstolz offenbaren die Österreicher; sie weisen den höchsten Anteil derer auf, die glauben, die Welt sei ein besserer Platz, wenn alle Länder wären wie ihres. Dichtauf liegen die Amerikaner, von denen fast neunzig Prozent keinem anderen Staat dieser Erde angehören möchten. Es folgen Bulgaren, Ungarn, Kanadier, Filipinos, Neuseeländer und Japaner. Im mittleren Bereich finden sich Iren, Spanier, Slowenen, Norweger, Polen, Briten, Russen und Niederländer. Am wenigsten stolz auf ihre Nation zeigen sich Schweden, Tschechen, Italiener, Letten und als Schlußlichter Westdeutsche, Ostdeutsche und Slowaken. Unter den Aggressorenstaaten des Zweiten Weltkrieges offenbaren allein die Deutschen in West und Ost deutliche Anzeichen, daß ihr Nationalbewußtsein unter der Kriegsschuld leidet. Österreicher, Italiener und Japaner zeigen, wenn auch aus verschiedenen Gründen, nur noch geringe Trübungen.

1996

Alte Rezepte versagen

Daß man dem Anstieg der Arbeitslosigkeit nicht länger tatenlos zusehen kann, diese Erkenntnis breitet sich immerhin aus. Was den Verantwortlichen einfällt, stammt jedoch aus den Zeiten, als es noch etwas zu verteilen gab. Das «Bündnis für Arbeit und Standortsicherung», bisher gewichtigster politischer Vorstoß, muß mit seinem althergebrachten Konsensglauben scheitern. Angesichts der neuen Herausforderungen, die unter dem Schlagwort «Globalisierung» zusammengefaßt werden, greifen vormalige politische Rezepte nicht mehr – doch neue sind nicht in Sicht. Womöglich ein Symbol für die frostiger werdenden Verhältnisse: Erstmals seit neun Jahren klingt das Jahr in einem klirrend kalten Winter aus.

3. Januar: Bundespräsident Roman Herzog (CDU) erklärt den 27. Januar, den Tag der Befreiung des Konzentrationslagers Auschwitz im Jahre 1945, zum offiziellen Gedenktag der Bundesrepublik Deutschland für die Opfer des Nationalsozialismus. Am 27. Januar 1998 begeht erstmals ein deutsches Parlament diesen Tag mit einer Sitzung in einem ehemaligen Konzentrationslager, als der Landtag von Rheinland-Pfalz im ehemaligen KZ Osthofen bei Worms zusammenkommt.

14. bis 17. Januar: Israels Staatspräsident Eser Weizman besucht Deutschland. Es sei kein leichter Besuch für ihn. «Erst 50 Jahre, ein Augenblick in der langen Geschichte meines Volkes, sind seit dem Ende des schrecklichen Krieges ... vergangen.» Er könne über die jüdischen Opfer des Nationalsozialismus trauern und ihrer gedenken, «aber ich kann nicht in ihrem Namen vergeben». Unverständnis und Unmut ruft seine Aufforderung an die Juden in Deutschland hervor, nach Israel auszuwandern.

15. Januar: Die Staatsanwaltschaften von Köln und Frankfurt/Main setzen eine Belohnung von 500 000 DM auf die Ergreifung von Alois Brunner aus, den weltweit als Kriegsverbrecher gesuchten SS-Hauptsturmführer. Seit Mitte der fünfziger Jahre lebt Brunner allen Indizien nach in Syrien, gedeckt von den dortigen Behörden. Zweimal wurden Sprengstoffanschläge auf ihn verübt, offenbar 1960 und 1980 vom israelischen Geheimdienst. 1987 stellte die Bundesrepublik, 1990 auch die DDR ein Auslieferungsersuchen, beides blieb erfolglos.

18. Januar: Bei der Brandstiftung eines Flüchtlingswohnheimes in Lübeck kommen zehn Bewohner ums Leben, 38 werden zum Teil schwer verletzt. Obgleich Hinweise auf die Täterschaft von vier rechtsextremen Jugendlichen aus Grevesmühlen in Mecklenburg vorliegen, wird der im Wohnheim lebende Libanese Safwan Eid wegen Brandstiftung und Mordes aus Rache angeklagt, aber am 30. Juni 1997 vom Landgericht Lübeck freigesprochen. Nach einer Revision der Nebenkläger hebt der Bundesgerichtshof am 24. Juli 1998 den Freispruch auf und verweist das Verfahren zur Neuverhandlung an das Landgericht Kiel.

23. Januar: In Bonn schließen Wirtschaftsverbände, Gewerkschaften und Bundesregierung auf Anregung des «IG Metall»-Vorsitzenden Klaus Zwickel ein «Bündnis für Arbeit und zur Standortsicherung». Alle Beteiligten sagen zu, zum Abbau der viel zu hohen Arbeitslosigkeit eng zusammenzuarbeiten und eigenverantwortlich Lösungen zu suchen. Auf diesem Weg soll die Zahl der Arbeitslosen bis zum Jahr 2000 halbiert und die Sozialabgabenquote, die 1996 erstmals die 40-Prozent-Marke durchbricht, wieder unter diesen Wert gedrückt werden. Weil die Arbeitgeber die von ihnen angestrebte Verminderung der Arbeitskosten um 20 Prozent nicht durchsetzen können, erklären sie das Bündnis bereits am 20. März 1996 für tot. Am 14. Mai 1996 erklärt auch die «IG Metall» das Projekt für beendet.

9. Februar: Der Bundestag beschließt die Kürzung der Arbeitslosenhilfe, der Unterstützungszahlung für Langzeitarbeitslose. Sie wird jährlich um 3 Prozent gesenkt, bis der unterste Tariflohn der jeweiligen Entgeltgruppe erreicht ist.

21. Februar: Die zahlungsunfähig gewordene «Bremer Vulkan Verbund AG» meldet beim Bremer Amtsgericht Vergleich an, am 1. Mai 1996 folgt der Konkurs. Mit 23000 Beschäftigten tätigt der Gesamtkonzern einen Jahresumsatz von 6 Milliarden DM, sein Werftenverbund ist der größte Europas. In Bremen ist der Vulkan mit 4500 Arbeitsplätzen zweitgrößter privater, in Mecklenburg-Vorpommern mit 9500 Arbeitsplätzen größter industrieller Arbeitgeber. Die Krise dieses De-facto-Staatsunternehmens wurde bereits im Sommer 1995 sichtbar, doch versagte jede politische Kontrolle. Insgesamt werden 2,5 Milliarden DM öffentliche Gelder von Bund, Land und EU bereitgestellt, großenteils für die Sanierung der Ostwerften – mehr als 850 Millionen DM davon wurden zweckentfremdet, der Rest diente einer künstlichen Schönung der Bilanzen. Der Vorstandsvorsitzende Friedrich Hennemann wird in Untersuchungshaft genommen, kommt aber nach knapp sechs Wochen gegen Stellung einer Kaution von 6 Millionen DM frei.

22. Februar: Im Dezember 1995 kündigt Frankreich an, in die Militärstruktur der NATO zurückzukehren, ohne allerdings seine Truppen dem NATO-Kommando zu unterstellen. Paris will mit diesem und anderen Druckmitteln eine größere Rolle Europas in der NATO erreichen, womit es vor allem sich selbst meint. Ohne seine Partner zu informieren oder gar zu konsultieren, verkündet Frankreichs Staatspräsident Jacques Chirac nun die Abschaffung der zuletzt zehnmonatigen Wehrpflicht und die deutliche Verkleinerung der Armee. Innerhalb von sechs Jahren wird Frankreich ein reines Berufsheer schaffen, das dann statt 500000 nur noch 350000 Soldaten umfaßt. Die rund 18000 in Deutschland stationierten Soldaten werden langfristig abgezogen.

23. Februar: Erstmals legt das Bundesjustizministerium eine bundesweite Statistik für NS-Verfahren vor. Danach waren im Jahr 1995 gegen 5570 Personen noch Verfahren wegen nationalsozialistischer Straftaten anhängig. Nach Schätzungen von Fachleuten sind noch etwa 1000 Altnazis unerkannt.

26. Februar: Fahnder des Bundeskriminalamtes verhaften in Witzhave bei Hamburg Bernhard Falk und Michael Steinau, die als Mitglieder der Terrorgruppe «Antiimperialistische Zellen» gelten. Die AIZ meldeten sich nach dem sogenannten «Gewaltverzicht» der RAF vom 10. April 1992 mit einer ersten Erklärung. Ihnen werden zehn Anschläge zugeschrieben, die nur dank glücklicher Umstände allein Sachschaden verursachen. Obgleich die Fahnder die personelle Stärke der AIZ bei 25 bis 50 Mann ansetzen, werden nach der Festnahme dieser beiden keine weiteren Anschläge verübt.

28. Februar: Nachdem am 9. November 1995 die Ukraine und Mazedonien als 37. und 38. Mitgliedsstaat in den Europarat aufgenommen wurden, überreicht heute in Straßburg Rußland die Beitrittsurkunde als 39. Mitgliedsstaat. Am 24. April wird die Aufnahme Kroatiens beschlossen, doch am 14. Mai suspendiert, da Kroatien nur unzureichend mit dem UN-Kriegsverbrechertribunal in Den Haag zusammenarbeitet. Als sich dieses bessert, nimmt der Europarat trotz Bedenken mehrerer Staaten Kroatien am 14. 10. 1996 als 40. Mitgliedsstaat auf.

24. März: Drei Landtagswahlen beweisen die föderale Eigenständigkeit, sie münden in drei verschiedene Koalitionen. Bei der Wahl in Baden-Württemberg endet die bisherige Große Koalition. Während sich die CDU als stärkste Partei auf 41,3 Prozent der Stimmen verbessert, verliert die SDP deutlich und erzielt mit nur 25,1 Prozent das schlechteste Ergebnis seit Gründung des Südweststaates im Jahr 1952. *Bündnis 90/Grüne* legen zu und kommen auf 12,1 Prozent; die FDP gewinnt ebenfalls außerordentlich und erzielt 9,6 Prozent; die Republikaner verlieren leicht und fallen auf 9,1 Prozent. Erst im zweiten Wahlgang wird der alte und neue Ministerpräsident Erwin Teufel (CDU) gewählt, der eine CDU / FDP-Koalition bildet.

In Rheinland-Pfalz verliert die SPD deutlich, bleibt aber mit 39,8 Prozent knapp stärkste Partei. Mit 38,7 Prozent hält die CDU ihr Ergebnis, während die FDP sich um 2 auf 8,9 Prozent und *Bündnis 90/Grüne* leicht auf 6,9 Prozent steigern. Der alte und neue Ministerpräsident Kurt Beck (SPD) setzt die sozialliberale Koalition fort.

Trotz erheblicher Verluste behauptet sich die SPD in Schleswig-Holstein mit 39,8 Prozent als stärkste Partei, verliert aber ihre absolute Mehrheit der Sitze. Die CDU gewinnt deutlich und folgt dichtauf mit 37,2 Prozent. *Bündnis 90/Grüne* erzielen 8,1 und die FDP 5,7 Prozent. Die alte und neue Ministerpräsidentin Heide Simonis (SPD) bildet eine Koalition von SPD und *Bündnis 90/Grüne*.

27. März: 1986 wurde in Großbritannien die Rinderkrankheit BSE («Rinderwahnsinn») offiziell registriert und 1990 an die EU gemeldet, von der bisher mehr als 160000 Fälle auf dem Inselreich, aber nur 383 in anderen Ländern entdeckt wurden. Nach vielen Jahren des Verharmlosens gesteht am 20. März eine britische Regierungsstudie ein, daß BSE auf den Menschen übertragen werden und das Creuzfeldt-Jakob-Syndrom auslösen kann. Deshalb beschließt die Europäische Kommission nun ein umfassendes Exportverbot für Rindfleisch, Rindfleischprodukte sowie lebende Rinder aus Großbritannien. Als dieses Exportverbot am 20. Mai verlängert wird, proklamiert der britische Premierminister John Major tags darauf, alle Entscheidungen in der EU zu blockieren. Erst beim EU-Gipfeltreffen in Florenz am 22. und 23. Juni wird der Streit entschärft: Gegen den Nachweis

Der Dalai Lama auf der Internationalen Konferenz der Tibet-Unterstützergruppe während seiner Eröffnungsrede im Bonner Wasserwerk.

erfolgreicher Bekämpfung der Seuche wird Großbritannien eine Lockerung des Embargos in Aussicht gestellt. Erst nach abermaligen Kontroversen läßt London die Schlachtung von knapp 150000 BSE-gefährdeten Rindern durchführen.

28. März: Der Landtag von Brandenburg schafft gegen den Widerstand der CDU-Opposition und der beiden Kirchen das Schulfach Religion ab und ersetzt es durch das neue Pflichtfach «Lebensgestaltung – Ethik – Religionskunde» (LER).

7. und 8. Mai: Gewerkschaften und Wohlfahrtsverbände veranstalten in Köln einen «Sozialgipfel», bei dem eine «Sozialcharta» verabschiedet wird. Sie wird von den beiden großen Kirchen in großen Teilen unterstützt, wenn auch nicht unterzeichnet. Die Sozialcharta warnt vor einer Rückkehr zur «ungezügelten» Marktwirtschaft.

14. Mai: Das Bundesverfassungsgericht erklärt in drei Urteilen die 1993 erfolgten Einschränkungen im Asylrecht für verfassungsgemäß. Sowohl die Drittstaatenregelung, nach der bei Einreise über einen EU- oder sicheren Drittstaat der Anspruch auf Asyl verlorengeht, als auch die Definition sogenannter «sicherer Herkunftsländer», bei denen Asylanträge von vornherein als unbegründet abzulehnen sind, wie das Flughafenverfahren, bei dem noch im exterritorialen Flughafenbereich über eine Aufnahme ins reguläre Asylverfahren entschieden und nur eine Eilüberprüfung durch ein Gericht ermöglicht wird, seien Rechtens. Heftige Kritik erhebt sich am Verzicht des Bundesverfassungsgerichtes, stets vorläufigen Rechtsschutz zu gewähren – es wird ein Präzedenzfall befürchtet, der in jeder Sache jeden Staatsbürger treffen könnte. Denn das Gericht erklärt ausdrücklich, es sei nicht verpflichtet, «in jedem Fall einzuschreiten, wenn eine Entscheidung, die möglicherweise auf einer Grundrechtsverletzung beruht, im Falle ihres Vollzuges vor einer Entscheidung über die Verfassungsbeschwerde schwerwiegende Auswirkungen haben kann».

20. Juni: Vom 14. bis zum 17. Juni veranstaltet die FDP-nahe Friedrich-Naumann-Stiftung gemeinsam mit der Exilregierung Tibets in Bonn eine Konferenz, an der auch der Dalai Lama teilnimmt. Schonungslos wird hier die tatsächliche Situation Tibets offengelegt. Nun wendet sich der Bundestag offen gegen die China-Politik der Bundesregierung. Er verabschiedet einstimmig eine Entschließung, in der die Volksrepublik China wegen ihrer anhaltenden Menschenrechtsverletzungen in Tibet scharf kritisiert und die Bundesregierung aufgefordert wird, Peking zum Dialog mit dem Dalai Lama zu bewegen. China reagiert mit heftigen Vorwürfen und sagt einen Besuch von Außenminister Klaus Kinkel (FDP) ab. Mehrere Bundesminister streichen darauf ihre Besuche in China. Erst im Vorfeld der Reise von Bundespräsident Roman Herzog (CDU) im November 1996 verständigen sich beide Seiten auf einen politischen Neuanfang und «zukunftsgerichteten» Ausbau der Beziehungen.

26. Juni: In Bonn beschlagnahmt die Staatsanwaltschaft am 16. Januar 1995 eine handschriftliche Notiz von Willy Brandt (SPD), in der er vertrauliche Informationen festhält, die ihm 1992 der damalige sowjetische Botschafter Valentin Falin mitteilte. Darin wird der frühere parlamentarische Geschäftsführer der SPD-Fraktion, Karl Wienand, der 1975 begonnenen Agententätigkeit für Stasi oder KGB verdächtigt. Von dieser Notiz gibt Brandt nur den SPD-Politikern Egon Bahr, Hans-Jochen Vogel und Johannes Rau Kenntnis. Alle verschwiegen die Existenz des Papiers, obgleich seit 1993 wegen des Verdachts der geheimdienstlichen Tätigkeit gegen Wienand ermittelt wird. Im Juni 1995 beginnt der Prozeß vor dem Oberlandesgericht Düsseldorf, das Wienand heute wegen geheimdienstlicher Tätigkeit für die DDR zwischen 1970 und 1989 zu einer zweieinhalbjährigen Haftstrafe verurteilt. Außerdem muß Wienand eine Million DM, die als Agentenlohn angesehen werden, an die Staatskasse zahlen. Am 27. August 1998 lehnt das Oberlandesgericht Düsseldorf einen Antrag auf Wiederaufnahme ab, mit dem Wienand vor allem durch eine Zeugenaussage von Markus Wolf beweisen wollte, daß er ohne sein Wissen von der Stasi abgeschöpft worden sei.

28. Juni: Zur bisher größten Protestaktion der Gewerkschaften kommen am 15. Juni 1996 mehr als 350000 Menschen nach Bonn, sie kritisieren die Sparpläne der Regierungsparteien vehement. Dennoch beschließt der Bundestag heute ein «Sparpaket», das die Haushalte von Bund und Ländern um 50 Milliarden DM entlasten soll. Kernpunkte sind der Abbau zahlreicher Steuervergünstigungen, die Kürzung der Lohnfortzahlung im Krankheitsfall um 20 Prozent (ersatzweise die Anrechnung eines Urlaubstages pro Krankheitswoche), die Kürzung des Krankengeldes um 10 Prozent, die Einschränkung der Inanspruchnahme und Dauer von Kuren und die Abkoppelung der Erhöhung von Lohnersatzleistungen von der Lohnentwicklung. Zu den weiteren Maßnahmen gehören die Aufhebung des Kündigungsschutzes in Kleinbetrieben mit höchstens 10 Mitarbeitern und die Abschaffung der Vermögenssteuer. Vor allem gegen die Kürzung der Lohnfortzahlung im Krankheitsfall erhebt sich so heftiger Widerstand, daß viele Unternehmen und Arbeitgeberverbände in eine hundertprozentige Fortzahlung einwilligen. Anfang 1998 gilt die volle Lohnfortzahlung für drei Viertel der 21 Millionen unter Tarifverträgen Beschäftigten.

15. September: Erstmals in der Geschichte der Bundesrepublik dürfen 16- und 17jährige bei Wahlen ihre Stimme abgeben. Bei den Kommunalwahlen in Niedersachsen nutzt etwa die Hälfte dieser Altersgruppe ihr am 8. November 1995 von der rot-grünen Koalition gewährtes Wahlrecht. Dennoch wird mit 64,5 Prozent die niedrigste Wahlbeteiligung seit Kriegsende verzeichnet. Erstmals gelingt es der PDS mit 1,5 Prozent der Stimmen in Hannover, einen Ratssitz in einer westdeutschen Großstadt zu erringen.

3. Oktober: Recherchen des westdeutschen Autors Karl Corino ergeben, daß der ostdeutsche Schriftsteller Stephan Hermlin Teile seines Lebenslaufes als Widerstandskämpfer gegen die Nazis, Aktivist im Spanischen Bürgerkrieg und KZ-Häftling erfand. Hermlin gesteht ein, mit Daten und Fakten «gelogen» zu haben. Er stirbt wenig später am 6. April 1997 im Alter von 81 Jahren.

Die Helfer der Stasi im Westen

Nach 1998 veröffentlichten Schätzungen der Gauck-Behörde waren während der Existenz der DDR 30000 Westdeutsche als «Inoffizielle Mitarbeiter» (IM) für die Stasi tätig, davon allein in West-Berlin 1300. Etwa 2500 von ihnen bekleideten (und bekleiden womöglich) leitende Funktionen in allen gesellschaftlichen Bereichen. Fachleute vermuten noch eine deutlich höhere Dunkelziffer. Allein an diesen Dimensionen läßt sich ablesen, daß die Stasi ihrer «Westarbeit» außerordentliche Bedeutung zumaß. Dabei ging es keineswegs nur um die klassischen Spionageaktivitäten, Geheimnisse und Absichten in Politik, Militär und Industrie auszukundschaften.

Nicht allein die von Markus Wolf geleitete «Hauptverwaltung Aufklärung» (HVA) des Ministeriums für Staatssicherheit wirkte im Westen. Alle Stasi-Diensteinheiten betrieben eigene Aktivitäten, führten eigene «operative Vorgänge» durch, unterhielten eigene IM-Netze – etwa 200 Einheiten agierten ständig im «Operationsgebiet». In den siebziger Jahren rückte ein Ziel eindeutig in den Vordergrund: die politische Einflußnahme. Seitdem war die «Westarbeit» ein, wie Joachim Gauck es bewertet, «mit ungeheurem Aufwand betriebener Versuch», demokratische Entscheidungen «zu beeinflussen, zu behindern oder sogar auszuhebeln»: Etwa durch «Enthüllungen» über die Nazi-Vergangenheit westdeutscher Politiker, die Machenschaften um die Wahl des Bundeskanzlers von 1972, die Unterstützung und versuchte Steuerung der Friedensbewegung, die gezielte «Bearbeitung» einzelner Entscheidungsträger, die systematische Diskreditierung DDR-kritischer Personen und Organisationen.

Die Stasi war nicht nur in allen Nervenzentren vertreten, sondern nahm oft erheblichen Einfluß auf das Geschehen in der Bundesrepublik. Der SPD-Politiker Wienand ist nur ein prominentes Beispiel; die Zahl der «Spitzenquellen», die auch ihren Einfluß geltend machen sollten, wird auf zuletzt 50 geschätzt. Die in Buchform veröffentlichten Analysen und Dokumentationen der Gauck-Behörde liefern Eindrücke über Ausmaße und Intensität ihrer Aktivitäten; nach rekonstruierten Unterlagen waren im Dezember 1988 1553 Bundesbürger und West-Berliner als IM tätig.

Ende 1989 und Anfang 1990 durfte Wolfs «HVA« mit Genehmigung von DDR-Regierung und «Rundem Tisch» ihre Unterlagen vernichten. In der Ost-Berliner Roedernstraße übergaben Offiziere dieses Herzstücks der Stasi ihre Dossiers, die Aufschluß über Täter wie Opfer hätten geben können, dem Reißwolf. In der Aktion «Rosewood» beschafften sich jedoch Mitarbeiter des US-Geheimdienstes CIA drei Rollfilme mit den Angaben über das gesamte Quellennetz der Stasi-Auslandsspione. Nur einmal, im Jahr 1993, wurde deutschen Behörden Einblick in einen Bruchteil der Unterlagen gewährt; Verfassungsschützer durften 1900 Karteikarten abschreiben. Immerhin führte dies zu einer Welle von neuen Ermittlungen der Bundesanwaltschaft in Karlsruhe und zu zahlreichen Strafverfahren.

Im Januar 1999 gelingt der Gauck-Behörde die Entschlüsselung einst hochgeheimer Datenbänder, deren Einträge das Gegenstück zu den Rollfilmen darstellen. Plötzlich sind die USA zum Austausch bereit, der Aufschluß über die Tätigkeit Westdeutscher und von Ausländern für Ost-Geheimdienste geben wird. All diese Unterlagen könnten dazu beitragen, nicht nur das Thema der Stasi-Helfer im Westen aufzuarbeiten, sondern endlich auch die Zehntausenden von IMs der «HVA» zu enttarnen, die in der DDR tätig waren und immer noch unentdeckt sind.

Georgiens Botschafter Gabaschwili (l.) gibt «Beutebücher» an die Bundesrepublik zurück; Außenminister Kinkel nimmt sie entgegen.

SED und Stasi waren diese Beschönigungen und Unwahrheiten früh bekannt, ungeachtet seiner Freundschaft mit Erich Honecker wurde Hermlin seit 1956 überwacht.

7. Oktober: Bibliothekare aus Berlin, Bremen, Hamburg, Leipzig, Lübeck, Magdeburg und Meiningen nehmen in Berlin erstmals knapp 100000 historische Bücher in Augenschein, die die Rote Armee im August 1946 in die Sowjetunion verbrachte. Auf Initiative des georgischen Germanisten Juri Mosidse, der 1959 bei einer Umlagerung der vom KGB in Tiflis bewachten Beute mitwirkte, ordnete Georgiens Präsident Eduard Schewardnadse diese erste große Rückführung von Beutekunst an.

11. Oktober: Der Bundestag beschließt seine Verkleinerung von derzeit 672 Abgeordneten auf 598 ab dem Jahr 2002. Entsprechend wird die Zahl der Wahlkreise von 328 auf 299 verringert.

1. November: Das nach heftigen und anhaltenden Debatten novellierte Ladenschlußgesetz tritt in Kraft. Nunmehr dürfen die Läden an Werktagen bis 20 Uhr, an Samstagen bis 16 Uhr und an Adventssamstagen bis 18 Uhr geöffnet sein. Die erwarteten Beschäftigungseffekte treten jedoch nicht ein.

18. November: Nach einer beispiellosen Werbekampagne, die mindestens 100 Millionen DM kostet, wird ab heute die Aktie der *Deutschen Telekom AG* an den Börsen in Deutschland, den USA und Japan gehandelt. Das frühere Staatsunternehmen gibt 713 Millionen Aktien aus, zum Nominalwert von 5 DM pro Stück, der Ausgabepreis beträgt 28,50 DM. Diese bisher größte Aktienmission Europas lockt auch viele Neulinge aufs Börsenparkett: Unter den Käufern sind etwa 2 Millionen Kleinaktionäre. Drei Viertel der Aktien bleiben im Besitz des Bundes, sie sollen ab 1999 stufenweise privatisiert werden. Doch schon Mitte 1997 überträgt der Bund einen Teil seines Aktienpakets an die bundeseigene «Kreditanstalt für Wiederaufbau» (KfW), der Verkaufserlös wird zur Verringerung der Haushaltslücken benötigt. Die KfW darf dieses Paket nicht vor dem Jahr 2000 veräußern.

9. Dezember: Bei ihren Konsultationen in Nürnberg vereinbaren Bundeskanzler Helmut Kohl (CDU) und Frankreichs Staatspräsident Jacques Chirac ein deutsch-französisches Sicherheits- und Verteidigungskonzept. Das Papier bleibt geheim, es wird erst am 29. Januar 1997 durch eine Indiskretion bekannt. Darin bekunden beide Seiten, «einen Dialog über die Rolle der nuklearen Abschreckung im Kontext der europäischen Verteidigungspolitik» aufnehmen zu wollen. In Frankreich erhebt sich heftige Kritik, weil dahinter die Absicht Deutschlands vermutet wird, Einfluß auf die französischen Atomwaffen zu erlangen. Mutmaßlich steht jedoch eher die Idee Frankreichs hinter diesen Überlegungen, Deutschland für die Mitfinanzierung der teuren Atomrüstung zu gewinnen.

13. Dezember: Der Bundestag beschließt mit 499 gegen 93 Stimmen bei 21 Enthaltungen den Einsatz deutscher Soldaten bei der weiteren Absicherung des Friedensprozesses in Bosnien. Am 20. Dezember wird als IFOR-Nachfolger der «Stabilization Force» (SFOR) in Dienst gestellt, deren 35 000 Soldaten für zunächst anderthalb Jahre den Friedensprozeß stabilisieren sollen. Neben den sechzehn NATO-Staaten entsenden zwanzig Nicht-NATO-Staaten Soldaten: Albanien, Bulgarien, Estland, Finnland, Irland, Lettland, Litauen, Polen, Rumänien, Rußland, Schweden, Slowenien, Tschechien, Ukraine und Ungarn sowie Ägypten, Jordanien, Malaysia und Marokko. Am 5. Februar 1997 unterstellen sich die in Bosnien stationierten Bundeswehrsoldaten offiziell dem SFOR-Kommando. Am 19. Juni 1998 billigt der Bundestag mit 529 gegen 37 Stimmen die weitere Beteiligung von 3000 Bundeswehrsoldaten am verlängerten SFOR-Einsatz, da die Befriedung in Bosnien nur zögerlich vorankomme.

13. und 14. Dezember: Auf ihrem Gipfeltreffen in Dublin einigen sich die Staats- und Regierungschefs der Europäischen Union auf einen «Pakt für Stabilität und Wachstum», der dauerhaft stabile Staatsfinanzen sichern soll. Es wird gar ein Sanktionsmechanismus eingeführt, der greift, wenn die Neuverschuldung eines Staates 3 Prozent des Bruttoinlandsprodukts übersteigt. Nur bei Naturkatastrophen oder einer Rezession wird von Strafen abgesehen. Am 4. und 5. April 1997 vereinbaren die Finanzminister der EU in Nordwijk die verbindliche Auslegung des Stabilitätspaktes.

1997

Der Bau des Hauses Europa

Was der Bundeskanzler ausruft stimmt tatsächlich. Ungeachtet der inneren Probleme und Schwierigkeiten, unter denen ein jedes Land zu leiden hat – dieses Jahr ist ein «Schlüsseljahr» für Europa. Endlich gelingt der längst überfällige Schritt der Versöhnungserklärung zwischen Deutschland und Tschechien, so unzureichend er auch ausfällt. Ohnehin kommt Deutschland die entscheidende Rolle bei der Annäherung des östlichen an das westliche Europa zu. In der Europäischen Union wie in der NATO werden die Weichen für den Beitritt von Reformstaaten gestellt – das gemeinsame Haus Europa nimmt allmählich Formen an. Jedoch bleibt unklar, welchen Platz darin die verblichene Weltmacht Rußland einnehmen will und soll. Auch mit der Türkei erwachsen Unstimmigkeiten, das Land an der Nahtstelle von Europa und Asien sieht sich ausgegrenzt.

5. Januar: Bundeskanzler Helmut Kohl (CDU) trifft bei Moskau mit Rußlands Präsidenten Boris Jelzin zusammen, um namens der USA, Großbritanniens und Frankreichs dessen Vorbehalte und Bedenken gegen die Osterweiterung der NATO zu mindern.

14. Januar: Christoph Meili, Angestellter einer Wachfirma, entdeckt und verhindert bei der «Schweizerischen Bankgesellschaft» (UBS) die Vernichtung von Akten über Geschäfte während des Zweiten Weltkrieges. Dafür wird er fristlos entlassen und in der Schweiz verunglimpft und gar bedroht; später erhält er Asyl in den USA. Mit dem fünfzigsten Jahrestag des Kriegsendes rücken die sogenannten «nachrichtenlosen» Vermögenswerte bei Schweizer Banken in den Blick jüdischer Organisationen wie der Öffentlichkeit. Am 7. Februar 1996 geben die Banken eine Umfrage bekannt, nach der es sich nur um 771 Konten mit Einlagen von lediglich 38,7 Millionen Schweizer Franken handele. Vor allem in den USA erhebt sich heftiger Protest, am 3. Oktober 1996 wird dort die erste Sammelklage von Naziopfern gegen Schweizer Banken eingereicht, um die Herausgabe von Vermögenswerten zu erzwingen. Am 7. Mai wird der erste «Eizenstat-Bericht» des US-Außenministeriums veröffentlicht, wonach die Schweiz als Hauptdrehscheibe für das NS-Kapital wirkte und daran massiv verdiente. Die «Schweizerische Bankiervereinigung» publiziert am 23. Juli eine erste Liste mit den Namen von 1872 Personen und 200 Institutionen, die Inhaber nachrichtenloser Konten sind. Daß die Banken niemals ernsthaft nach ihnen suchten, läßt sich daran erkennen, daß viele der Genannten leicht aufzufinden sind. In den USA werden bald erste Boykottmaßnahmen gegen Schweizer Banken ergriffen, zum 1. September 1998 sollen in 20 US-Bundesstaaten weitreichende Sanktionen in Kraft treten. Um den drohenden Wirtschaftskrieg zu vermeiden, willigen die UBS und die «Credit Suisse» am 13. August 1998 ein, 1,25 Milliarden US-Dollar an Holocaust-Opfer zu zahlen. Dafür werden alle Sammelklagen, deren 31500 Kläger eine Gesamtforderung von 20 Milliarden US-Dollar erhoben, sowie eine bevorstehende Klage gegen die «Schweizerische Nationalbank» zurückgezogen. Mit dieser Regelung sind die Hoffnungen anderer Banken und Großunternehmen auch in Deutschland zunichte gemacht, sich mit geringen Zahlungen freikaufen zu können, obgleich die Lage in der Bundesrepublik eine andere ist. Als Rechtsnachfolger des Deutschen Reiches zahlte der Bund erhebliche Rückerstattungen von jüdischen Konten, deren Einlagen bis 1945 an die NS-Finanzbehörden übertragen wurden. Zudem fielen 1975 alle seit 1955 nachrichtenlosen Konten der Banken an den Bund.

20. Januar: Beim Antritt seiner zweiten Amtszeit bezeichnet US-Präsident Bill Clinton die USA als «einzige unverzichtbare Nation auf der Welt», der deshalb eine unvergleichlich herausgehobene Führungsrolle zukomme.

21. Januar: In Prag unterzeichnen der tschechische Ministerpräsident Vaclav Klaus sowie Außenminister Josef Zieleniec und Bundeskanzler Helmut Kohl (CDU) sowie Außenminister Klaus Kinkel (FDP) die Deutsch-Tschechische Versöhnungserklärung. Über zwei Jahre wurde um die Formulierungen gerungen, die die heikle Frage der Vertreibung der 3,5 Millionen Sudetendeutschen berühren. Konsens wird nur darin erzielt, daß kein Konsens besteht: Während die deutsche Seite die Vertreibungen als rechtswidrig betrachtet, hält die tschechische Seite die der «Abfuhr» und Enteignung zugrundeliegenden Beneš-Dekrete für rechtmäßig. Am 30. Januar billigt der Bundestag die Erklärung mit 578 gegen 20 Stimmen, 23 Abgeordnete enthalten sich. Nach einer viertägigen, erbittert geführten Debatte stimmt das tschechische Parlament der Erklärung am 14. Februar zu; allein die Kommunisten und die rechtsextremen Republikaner stimmen geschlossen dagegen. Am 24. April bezeichnet der tschechische Staatspräsident Vaclav Havel die Erklärung vor dem Bundestag als «wahrhaft historische Chance, die nicht vertan werden darf». Sie habe beide Seiten «von der Angst vor der Wahrheit befreit». Havel tritt für eine Neudefinition des Begriffs «Heimat» ein, die nicht mehr trennt, sondern verbindet. Bundespräsident Roman Herzog (CDU) spricht am 29. April vor beiden Kammern des tschechischen Parlaments: «Heute bekennen wir Deutschen uns zu der historischen Verantwortung ... Wir Deutsche wollen um Vergebung bitten, und wir wollen auch vergeben.» Der in der Erklärung vereinbarte «Zukunftsfonds» wird wegen eines Streits um die Leitungspersonen erst am 29. Dezember geschaffen. Deutschland zahlt 140 Millionen DM, Tschechien 25 Millionen DM ein; vorrangig sollen die 8300 noch lebenden tschechischen Opfer der Nazi-Besetzung vom Zukunftsfonds unterstützt werden. In der Folgezeit kommt es wiederholt zu Kontroversen und Verstimmungen

Empfang nach der Unterzeichnung der deutsch-tschechischen «Versöhnungserklärung» in Prag: Bundeskanzler Helmut Kohl (l.) mit Präsident Václav Havel und dessen Frau Dagmar Havelowa.

zwischen Prag, Bonn und München, wo sich die bayerische Landesregierung zum Fürsprecher der großenteils in ihrem Bundesland lebenden Sudetendeutschen macht.

14. Februar: Mit einem fast hundert Kilometer langen «Band der Solidarität» durch das gesamte Ruhrgebiet fordern mehr als 200000 Menschen von der Bundesregierung, durch Fortführung der Subventionen von bisher zehn Milliarden DM jährlich den deutschen Steinkohlebergbau zu erhalten. Bonn will die Zahlungen bis zum Jahr 2005 schrittweise auf 3,8 Milliarden DM verringern. Während in den sechziger Jahren noch über 600000 Kumpel im Bergbau tätig waren, sind es jetzt nur noch 88000. Nach wochenlangen und heftigsten Protesten seit langem lenkt Bonn ein. Am 13. März schließen die «IG Bergbau und Energie», die Bundesregierung sowie die Landesregierungen Nordrhein-Westfalens und des Saarlandes einen Kompromiß. Danach werden die Subventionen bis zum Jahr 2005 auf 5,5 Milliarden DM verringert und die Zahl der Arbeitsplätze ohne betriebsbedingte Kündigungen auf unter 40000 abgebaut.

28. Februar: Nach dreijähriger Erörterung veröffentlichen die Evangelische und Katholische Kirche Deutschlands ihr Gemeinsames Wort «Für eine Zukunft in Solidarität und Gerechtigkeit». Es konstatiert: «Tiefe Risse gehen durch unser Land.» Angesichts «fundamentaler Herausforderungen» plädieren die Kirchen für einen «ökologischen Strukturwandel» sowie für einen «neuen Grundkonsens» über Freiheit und persönliche Verantwortung, wobei das Maß der Mensch sein müsse, nicht der Markt allein.

1. März: In München demonstrieren etwa 15000 Menschen sowohl gegen als auch für die Ausstellung «Vernichtungskrieg – Verbrechen der Wehrmacht von 1941 bis 1945», die zuvor in 15 anderen Städten zu sehen war. Die Gegner um die CSU sehen die deutschen Soldaten in ihrer Gesamtheit herab-

Deutsch-Tschechische Erklärung über die gegenseitigen Beziehungen und deren künftige Entwicklung vom 21. Januar 1997 (Auszug)

(...)

I.

Beide Seiten sind sich ihrer Verpflichtung und Verantwortung bewußt, die deutsch-tschechischen Beziehungen im Geiste guter Nachbarschaft und Partnerschaft weiter zu entwickeln und damit zur Gestaltung des zusammenwachsenden Europa beizutragen.

Die Bundesrepublik Deutschland und die Tschechische Republik teilen heute gemeinsame demokratische Werte, achten die Menschenrechte, die Grundfreiheiten und die Normen des Völkerrechts und sind den Grundsätzen der Rechtsstaatlichkeit und einer Politik des Friedens verpflichtet. Auf dieser Grundlage sind sie entschlossen, auf allen für die beiderseitigen Beziehungen wichtigen Gebieten freundschaftlich und eng zusammenzuarbeiten.

Beide Seiten sind sich zugleich bewußt, daß der gemeinsame Weg in die Zukunft ein klares Wort zur Vergangenheit erfordert, wobei Ursache und Wirkung in der Abfolge der Geschehnisse nicht verkannt werden dürfen.

II.

Die deutsche Seite bekennt sich zur Verantwortung Deutschlands für seine Rolle in einer historischen Entwicklung, die zum Münchner Abkommen von 1938, der Flucht und Vertreibung von Menschen aus dem tschechoslowakischen Grenzgebiet sowie zur Zerschlagung und Besetzung der Tschechoslowakischen Republik geführt hat.

Sie bedauert das Leid und das Unrecht, das dem tschechischen Volk durch die nationalsozialistischen Verbrechen von Deutschen angetan worden ist. Die deutsche Seite würdigt die Opfer nationalsozialistischer Gewaltherrschaft und diejenigen, die dieser Gewaltherrschaft Widerstand geleistet haben.

Die deutsche Seite ist sich auch bewußt, daß die nationalsozialistische Gewaltpolitik gegenüber dem tschechischen Volk dazu beigetragen hat, den Boden für Flucht, Vertreibung und zwangsweise Aussiedlung nach Kriegsende zu bereiten.

III.

Die tschechische Seite bedauert, daß durch die nach dem Kriegsende erfolgte Vertreibung sowie zwangsweise Aussiedlung der Sudetendeutschen aus der damaligen Tschechoslowakei, die Enteignung und Ausbürgerung unschuldigen Menschen viel Leid und Unrecht zugefügt wurde, und dies auch angesichts des kollektiven Charakters der Schuldzuweisung. Sie bedauert insbesondere die Exzesse, die im Widerspruch zu elementaren humanitären

Grundsätzen und auch den damals geltenden rechtlichen Normen gestanden haben, und bedauert darüber hinaus, daß es aufgrund des Gesetzes Nr. 115 vom 8. Mai 1946 ermöglicht wurde, diese Exzesse als nicht widerrechtlich anzusehen, und daß infolge dessen diese Taten nicht bestraft wurden.

IV.

Beide Seiten stimmen darin überein, daß das begangene Unrecht der Vergangenheit angehört, und werden daher ihre Beziehungen auf die Zukunft ausrichten. Gerade deshalb, weil sie sich der tragischen Kapitel ihrer Geschichte bewußt bleiben, sind sie entschlossen, in der Gestaltung ihrer Beziehungen weiterhin der Verständigung und dem gegenseitigen Einvernehmen Vorrang einzuräumen, wobei jede Seite ihrer Rechtsordnung verpflichtet bleibt und respektiert, daß die andere Seite eine andere Rechtsauffassung hat. Beide Seiten erklären deshalb, daß sie ihre Beziehungen nicht mit aus der Vergangenheit herrührenden politischen und rechtlichen Fragen belasten werden.

(...)

Prag, den 21. Januar 1997

Für die Regierung der	Für die Regierung der
Bundesrepublik Deutschland	Tschechischen Republik
Dr. Helmut Kohl	Prof. Václav Klaus
Dr. Klaus Kinkel	Josef Zieleniec

Quelle: Bulletin des Presse- und Informationsamtes der Bundesregierung vom 24. Januar 1997, Nr. 7, S. 61–62

gewürdigt, während die Befürworter ein bisher totgeschwiegenes Kapitel der Wehrmachtsgeschichte erhellt sehen.

3. März: Weil die DDR-Dokumente ihre Namen verschwiegen, mußte in mehrjähriger Suche die Identität der Beteiligten geklärt werden. Heute beginnt vor dem Berliner Landgericht der Prozeß wegen der Todesschüsse auf Peter Fechter am 17. August 1962. Angeklagt sind die beiden ehemaligen DDR-Grenzsoldaten Rolf Friedrich und Erich Schreiber. Gegen zwei weitere Grenzsoldaten wurde die Anklage eingestellt, da einer verstorben ist und der andere erwiesenermaßen gezielt daneben geschossen hatte. Ein überraschend wiederaufgetauchtes Gutachten des DDR-Gerichtsmediziners Otto Prokop besagt, daß Fechter angesichts der Schwere seiner Verwundung in keinem Fall hätte gerettet werden können. Fotos belegen

Sitzblockade von Atomkraftgegnern auf einer Straße nahe Dannenberg gegen den Castor-Transport nach Gorleben.

zudem, daß West-Berliner Polizisten, die Fechter Verbandsmaterial zuwarfen, ihre Pistolen gen Osten hielten. Wegen versuchten und vollendeten Totschlags werden die Angeklagten am 5. März zu Bewährungsstrafen von 20 und 21 Monaten verurteilt. Das Gericht kann jedoch nicht klären, wer den todbringenden Schuß abfeuerte. Nach diesem Urteil nimmt die Staatsanwaltschaft Ermittlungen gegen jene Grenzoffiziere auf, die für das Unterlassen der Hilfeleistung für Fechter verantwortlich waren. Dieser Prozeß ist der 48. gegen Mauerschützen. Bisher wurden 54 ehemalige Grenzsoldaten der DDR verurteilt, fast immer zu Bewährungsstrafen; 30 Angeklagte wurden freigesprochen.

5. März: Nach dem bisher größten Polizeieinsatz in der Geschichte der Bundesrepublik treffen sechs «Castor»-Atommüllbehälter im Zwischenlager Gorleben im Landkreis Lüchow-Dannenberg ein. Unter dem Schutz von mehr als 30000 Polizei- und Bundesgrenzschutzbeamten wird dieser bisher größte Transport von deutschem und französischem Atommüll gegen alle Proteste und Widerstände vom baden-württembergischen Walheim nach Gorleben geleitet. Seine Kosten belaufen sich auf etwa 100 Millionen DM. Auch spätere Castor-Transporte werden von ausgedehnten Polizeiaktionen begleitet. Im April 1998 wird bekannt, daß bei Castor-Transporten von Deutschland in die französische Wiederaufbereitungsanlage La Hague die zulässigen Strahlungsgrenzwerte teils um das Dreitausendfache überschritten wurden. Am 14. Mai 1998 setzt das Bonner Umweltministerium alle Transporte zunächst nach La Hague, dann ins gesamte Ausland sowie im Inland aus, womit der Entsorgungsnachweis der Atomwirtschaft in ernste Gefahr gerät. Die Betreiber der Atomkraftwerke teilen dem Ministerium am 20. Mai 1998 mit, sie hätten bereits seit Mitte der achtziger Jahre von der Verseuchung einzelner Transporte gewußt, aber Atomaufsicht und zuständige Behörden nicht informiert. Sie gestehen ein, dadurch das Vertrauen der Bevölkerung verloren zu haben.

14. März: Angesichts der sich zuspitzenden Krise in Albanien greifen erstmals seit dem Zweiten Weltkrieg deutsche Soldaten im eigenen Kommando im Ausland ein. In einer Blitzaktion evakuieren 89 Bundeswehrsoldaten mit sechs Hubschraubern, die aus Sarajewo anfliegen, über hundert Menschen aus Tirana, darunter 21 Deutsche. Dabei erwidern die Soldaten den Beschuß durch bewaffnete Albaner – das erste Feuergefecht der Bundeswehr. Die Bundesregierung holte zuvor das Einverständnis der Vorsitzenden aller Bundestagsfraktionen für die Evakuierungsaktion ein, der Bundestag billigt die Aktion am 20. März nachträglich.

26. März: Der Krupp-Hoesch-Konzern, der mit knapp 70000 Mitarbeitern 24 Milliarden DM Umsatz aufweist, scheitert mit seiner feindlichen Übernahme des größeren Konkurrenten «Thyssen AG», der mit 122000 Mitarbeitern 38,7 Milliarden DM Umsatz tätigt. Um auf dem schwieriger werdenden Stahlmarkt überleben zu können, beschließen die beiden Konzerne heute eine Verschmelzung ihrer Stahlbereiche zu einem neuen Unternehmen. Es wird fünftgrößter Stahlerzeuger der Welt und größter Europas sein, allerdings sollen von den derzeit 25000 Mitarbeitern bis zum Jahr 2002 fast 8000 abgebaut werden. Nachdem diese Verschmelzung zur «Thyssen Krupp Stahl AG» abgeschlossen ist, kündigen die Großkonzerne am 4. November ihre komplette Fusion zur «Thyssen Krupp AG» an. Sie wird zum 1. März 1999 mit der Börseneinführung und dem Aktienumtausch vollzogen.

10. April: Das Berliner Kammergericht spricht die Urteile im «Mykonos»-Prozeß. Im Restaurant dieses Namens wurden am 17. September 1992 vier Führer einer iranisch-kurdischen Oppositionspartei erschossen. Das Gericht verurteilt zwei Angeklagte, einen Iraner und einen Libanesen, zu lebenslanger, zwei weitere Angeklagte zu befristeten Freiheitsstrafen; ein Angeklagter wird freigesprochen. Erstmals benennt die Justiz die Drahtzieher und Anstifter dieses Terroranschlages: den religiösen Führer Irans, den Staatspräsidenten, den «für die Außenpolitik zuständigen Chef», den Geheimdienstchef und andere Führungspersonen in Teheran. In der Folgezeit kommt es zu schweren Belastungen des Verhältnisses Deutschlands und der EU mit dem Iran.

26. April: Erstmals holt ein Bundespräsident zu einem heftigen Rundumschlag über die Lage des Landes im allgemeinen und der Politik im besonderen aus. Zur Eröffnung des wiederaufgebauten Berliner «Hotel Adlon» hält Roman Herzog (CDU) eine Rede, in der er zum «Aufbruch ins 21. Jahrhundert» auffordert. In Deutschland «herrscht ganz überwiegend Mutlosigkeit, Krisenszenarien werden gepflegt. Ein Gefühl der Lähmung liegt über unserer Gesellschaft.» «Was ist los mit unserem Land? Im Klartext: Der Verlust wirtschaftlicher Dynamik, die Erstarrung der Gesellschaft, eine unglaubliche mentale Depression – das sind die Stichworte der Krise.» Die Gesellschaft pflege sinnlose politische Rituale. «Am Ende steht meist die Vertagung des Problems. Der Status quo setzt sich durch. Alle warten auf das nächste Thema.» Die Eliten in Politik, Wirtschaft, Medien und gesellschaftlichen Gruppen gingen nur den Weg des geringsten Widerstands. «Die Welt ist im Aufbruch, sie wartet nicht auf Deutschland. Aber es ist auch noch nicht zu spät. Durch Deutschland muß ein Ruck gehen. Wir müssen Abschied nehmen von liebgewordenen Besitzständen. Alle sind angesprochen, alle müssen Opfer bringen, alle müssen mitmachen.»

2. Mai: Bei den Parlamentswahlen in Großbritannien am 1. Mai erleiden die Konservativen unter John Major die schwerste Niederlage seit 1832. Die Labour Party erzielt das beste Ergebnis ihrer Geschichte, damit endet die 18jährige Ära der Tories. Heute wird der Labour-Vorsitzende Tony Blair zum Ministerpräsidenten ernannt, der jüngste seit fast zwei Jahrhunderten.

13. Mai: In Bremen beschlagnahmt die Polizei in der Kanzlei eines Rechtsanwalts ein Marmor-Mosaik, das aus dem legendären Bernsteinzimmer der Zarenresidenz von Zarskoje Selo bei Sankt Petersburg stammt. Dieser einzigartige Kunstschatz wurde 1941 von deutschen Soldaten demontiert und als Kriegsbeute nach Königsberg geschafft, wo sich seine Spur 1944 verliert. Das nur wenig beschädigte Marmor-Mosaik sollte für einen Bremer Rentner verkauft werden, der es von seinem Vater, einem früheren Oberleutnant, übernommen haben will. Am 21. Mai entdeckt eine West-Berlinerin, daß eine Kommode, die sie 1978 von der DDR-Firma «Kunst und Antiquitäten GmbH» aus dem KoKo-Imperium des Alexander Schalck-Golodkowski für 20000 DM erwarb, aus dem Bernsteinzimmer stammt. Beide als echt erachteten Kunstschätze werden von Rußland zurückgefordert, verbleiben jedoch wegen der anhaltenden Kontroversen vorerst in Deutschland. Am 5. Februar 1997 wird in Rußland ein Gesetz zur «Beutekunst» auf den Weg gebracht, das alle in und nach dem Zweiten Weltkrieg auf das Territorium Rußlands verbrachten ausländischen Kulturgüter zum Eigentum Rußlands erklärt. Sie seien Entschädigung für die verlorenen eigenen Kunstschätze. Präsident Boris Jelzin sucht dieses Gesetz zu blockieren, er bekundet verfassungsrechtliche Bedenken; wichtiger ist ihm jedoch die außenpolitische Brisanz dieser Regelung. Denn allein Deutschland fordert 200000 Kunstgegenstände und 2 Millionen Bücher zurück. Am 14. April 1998 muß Jelzin seinen Widerstand aufgeben, eine Entscheidung des Verfassungsgerichtes zwingt ihn zur Unterzeichnung des Gesetzes.

15. Mai: Nach Jahrzehnte währenden Kontroversen stellt der Bundestag mit großer Mehrheit Vergewaltigung in der Ehe unter Strafe, nachdem CDU/CSU und FDP die «Widerspruchsklausel» fallenließen, nach der eine Ehefrau das eingeleitete Strafverfahren gegen ihren Ehemann hätte stoppen können.

30. Mai: Vor dem Berliner Landgericht endet der erste Prozeß gegen Angehörige der militärischen Führungsspitze der DDR, des Kollegiums des Ministeriums für Nationale Verteidigung. Von 1986 bis 1989 wirkten die Angeklagten an der Ausarbeitung des jährlichen Grundsatzbefehls 101 zum «Grenzregime» mit, der die Grundlage für alle weiteren Befehle abgab, und stimmten diesem zu. Wegen Totschlag und Beihilfe zum versuchten Totschlag werden Generaloberst Joachim Goldbach, die Generalleutnants Harald Ludwig, Heinz Handke und Fritz Peter zu Freiheitsstrafen zwischen einem Jahr und zehn Monaten sowie drei Jahren und drei Monaten verurteilt. Die Verfahren gegen Admiral Wilhelm Ehm, die Generalobersten Horst Stechbarth und Wolfgang Reinhold sowie Generalleutnant Alfred Leibner wurden wegen Verhandlungsunfähigkeit abgetrennt. Am 24. Juli 1998 verurteilt das Gericht im zweiten Prozeß den Generaloberst Horst Brünner, die Generalleutnants Manfred Grätz und Heinz Tappert sowie den Zivilisten Wolfgang Herger, der ab 1985 Leiter der Abteilung Sicherheitsfragen beim ZK der SED war, wegen Beihilfe zum Totschlag zu Freiheitsstrafen zwischen einem und zwei Jahren.

2. Juni: Am 21. April löst Frankreichs Staatspräsident Jacques Chirac überraschend das Parlament auf, in der Absicht, mit seinem konservativen Lager eine stabile Mehrheit für die anstehenden Reformen sowie eine «Position der Stärke» in der europäischen Integration zu erlangen. Trotz Chiracs Parteinahme erzielt das Bündnis der Vereinigten Linken bei den Wahlgängen am 25. Mai und 1. Juni die Mehrheit. Heute tritt Lionel Jospin (Parti Socialiste) sein Amt als Ministerpräsident an.

3. Juni: Um die Deckungslücken im Bundeshaushalt zu verringern und damit die Stabilitätskriterien für den Euro erfüllen zu können, verlangt Finanzminister Theo Waigel (CSU) eine Höherbewertung der Goldreserven der Deutschen Bundesbank. Sie werden mit 13,7 Milliarden DM bewertet, während der Marktpreis bei 55,7 Milliarden DM liegt. Nun gibt die Bundesbank ihren entschiedenen Widerstand auf und willigt in eine Neubewertung ein, die daraus entstehenden Gewinne wird sie 1998 an die Bundeskasse zahlen.

4. Juni: Erstmals wird ein Tarifvertrag geschlossen, der eine Abweichung vom Tariflohn nach unten zuläßt. Für die Chemische Industrie wird vereinbart, daß diese Abweichung bis zu zehn Prozent betragen kann, wenn das jeweilige Unternehmen im Gegenzug zusichert, keine Entlassungen vorzunehmen.

16. bis 18. Juni: In Amsterdam einigen sich die Staats- und Regierungschefs der Europäischen Union auf den «Vertrag von Amsterdam», der den im November 1993 in Kraft getretenen «Maastrichter Vertrag» fortentwickelt. Vor allem Deutschland widersetzt sich in mehreren Fragen der Einführung von Mehrheitsentscheidungen statt einstimmigen Beschlüssen, so in der Asyl- und Visumspolitik. Gleichwohl wird die Liste der Bereiche, in denen Mehrheitsentscheidungen getroffen werden können, erweitert. Durch die Ausdehnung der «Mitentscheidung» im Gesetzgebungsverfahren wird die Mitwirkung des Europaparlaments gestärkt. Weitere Bereiche werden in Gemeinschaftsmechanismen übergeführt, in der Außen- und Sicherheitspolitik soll die bisher unzureichende Zusammenarbeit verbessert werden, der Präsident der Europäischen Kommission erhält größere Kompetenzen. Das Vertragswerk wird am 2. Oktober von den Außenministern der EU in Amsterdam unterzeichnet. Als erstes Parlament ratifiziert der Bundestag den «Vertrag von Amsterdam» am 5. März 1998; er tritt in Kraft, wenn alle Parlamente ihn ratifiziert haben. Um die im Vertrag zu kurz gekommenen weiteren Perspektiven in die Diskussion zu bringen, legt die Europäische Kommission am 15. Juli das Dokument «Agenda 2000 – Eine stärkere und erweiterte Union» vor.

26. Juni: Seit 1994 wird um die dringend als notwendig erachtete Große Steuerreform gerungen, doch sind die Parteien zu einer Einigung nicht fähig. Die Koalition will einen linear-progressiven Steuersatz beibehalten; der Eingangssteuersatz soll von 25,9 auf 15 Prozent, der Höchststeuersatz jedoch von 53 auf 39 Prozent sinken. Die Nettoentlastung von mehr als 30 Milliarden DM soll durch die Erhöhung der Mehrwertsteuer, den Abbau von Steuervergünstigungen sowie die Besteuerung von Renten, Arbeitsloseneinkommen und Schichtzuschlägen finanziert werden. Die SPD bewertet diese Steuerreform als sozial unausgewogen, scheitert aber mit ihrem Vorschlag zur Entlastung vor allem unterer Einkommensgruppen. Nun beschließt der Bundestag den Entwurf von CDU/CSU und FDP, doch lehnt die Mehrheit der SPD-geführten Bundesländer im Bundesrat die Steuerreform am 17. Oktober endgültig ab.

8. Juli: Das Bundesverfassungsgericht entscheidet über die Entlassung von DDR-Staatsdienern aus dem öffentlichen Dienst.

Anwohner und Helfer bauen einen Damm aus Sandsäcken gegen die Oderflut in Ratzdorf, wo Oder und Neiße zusammenfließen.

Zwar seien die im Einigungsvertrag geschaffenen Rechtsgrundlagen verfassungsgemäß, doch sei eine Reihe der mehr als 10000 «Sonderkündigungen» zu pauschal erfolgt. Wegen der Bedeutung des Grundrechts auf Berufsfreiheit müsse jeder Einzelfall geprüft werden.

8. und 9. Juli: Auf dem NATO-Gipfeltreffen in Madrid kommt es zu heftigen Kontroversen. Während die Mehrheit der Staaten nicht nur Polen, Tschechien und Ungarn, sondern auch Rumänien und Slowenien den Beitritt anbieten will, lehnen die USA dies ab. Vor allem Frankreich, obgleich militärisch immer noch nicht in die NATO integriert, fordert eine größere Erweiterung als «bessere Verteilung des Gleichgewichts» zugunsten Europas auf Kosten der USA. Weil die USA ihr Veto einlegen, werden nur Polen, Tschechien und Ungarn Beitrittsverhandlungen angeboten. Mit der Ukraine wird ein Kooperationsabkommen unterzeichnet, das sich an die im Mai mit Rußland geschlossene «Grundakte» anlehnt. Weil die Erweiterung der NATO auch neue Kommandostrukturen erfordert, entbrennt zwischen zahlreichen Mitgliedsstaaten heftiger Streit um Befehlsbereiche, Dienstsitze und Posten. Am 16. Dezember 1998 unterzeichnen die Außenminister der NATO und ihre Amtskollegen aus Ungarn, Polen und Tschechien in Brüssel die Protokolle für den Beitritt dieser Staaten. Er ist für den 4. April 1999 vorgesehen, den 50. Jahrestag der NATO-Gründung.

14. Juli: Erstmals finden die deutsch-polnischen Regierungskonsultationen statt, die Bundeskanzler Helmut Kohl (CDU) nach dem Vorbild der deutsch-französischen Regierungskonsultationen bei seinem Besuch in Polen im Juli 1995 vereinbarte. Die deutsche Seite sagt Polen volle Unterstützung bei der Integration in EU und NATO zu. Kohl und der polnische Präsident Aleksander Kwasniewski stimmen überein, die Beziehungen beider Länder seien in diesem Jahrhundert noch nie so gut gewesen.

23. Juli: Erstmals legt die Bundesregierung einen «Bericht zum Stand der deutschen Einheit» vor. Für die sieben Jahre seit der deutschen Vereinigung beziffert er die öffentlichen Transferzahlungen in die neuen Bundesländer nach Abzug der Rückflüsse auf knapp 1 Billion DM. Im Jahr 1996 wur-

Das Oderhochwasser

Im Juli 1997 rufen extreme Regenfälle in Polen, Tschechien und Deutschland verheerende Überschwemmungen hervor. An der Oder wird der mit Abstand höchste Pegelstand seit dessen Aufzeichnung gemessen. Während in den Nachbarländern die Maßnahmen des Katastrophenschutzes weitgehend versagen und deshalb mehr als hundert Menschen zu Tode kommen, kann in den gleichermaßen betroffenen Gebieten Deutschlands das Schlimmste verhütet werden. Zwar läßt die Jahrhundertflut mehrere Deiche brechen, so daß die Fluten im Oderbruch und in der Ziltendorfer Niederung große Flächen und mehrere Dörfer überschwemmen. Über 5000 Menschen werden nicht selten gegen ihren Willen evakuiert, aber es gibt keine Todesopfer.

In einer beispiellosen Welle von Einsatz- und Hilfsbereitschaft kommen insgesamt 50 000 Hilfskräfte an die Oder, von denen 14 000 ständig im Dienst sind. Vor allem die Bundeswehr gewinnt mit ihrer im Wortsinne Landesverteidigung große Anerkennung, weil ihre 30 000 Soldaten über Wochen hinweg bedrohte Deichabschnitte sichern und weitere Durchbrüche verhindern. Aber auch zahlreiche Privatpersonen aus ganz Deutschland melden sich oft spontan vor Ort, um in dieser Notsituation mitzuhelfen. Beim Krisenmanagement tut sich besonders der Umweltminister des betroffenen Bundeslandes Brandenburg hervor. Der frühere Bürgerrechtler, der 1990 ins Ministeramt gelangte und erst 1995 in die SPD eingetretene Matthias Platzeck, empfiehlt sich für höhere Aufgaben und wird am 27. September 1998 zum Oberbürgermeister von Potsdam gewählt.

Befördert von zahlreichen Medienkampagnen, zeigen sich die Bundesbürger so spendenfreudig wie bei kaum einer Naturkatastrophe zuvor. Es mutet an, als wollten die «Wessis» ihre Vorbehalte gegen die «Ossis» und die neuen Bundesländer mit einem Ablaß abgelten. Mehr als 130 Millionen DM kommen zusammen; sie reichen aus, um alle Schäden von Privatpersonen auszugleichen, die nicht von Versicherungen gedeckt werden. Sogar geschädigte Firmen können Unterstützung erhalten. Ein Teil der Spenden geht nach Polen und Tschechien, wo die Betroffenen von Behörden und Politikern weitgehend im Stich gelassen werden. Die Gesamtschäden werden von der Landesregierung Brandenburgs auf 647 Millionen DM beziffert, der Bund stellt 500 Millionen DM zur Verfügung. Davon gehen allerdings 200 Millionen DM sogleich an Bundeswehr, Bundesgrenzschutz und Technisches Hilfswerk, obgleich deren Einsatz deutlich weniger kostete.

de mit Zahlungen von 138 Milliarden DM der bisherige Höchstwert erreicht. Dennoch liege der Grad der Unterbeschäftigung in den neuen Bundesländern bei 25 Prozent.

Die Bundesregierung schafft die rechtlichen Rahmenbedingungen für das Planungsverfahren der seit 1969 konzipierten Magnetschwebebahn «Transrapid». Der Baubeginn der ersten Abschnitte ist für 1999 vorgesehen, die 292 Kilometer lange Gesamtstrecke zwischen Hamburg und Berlin soll bis zum Jahr 2005 fertiggestellt werden. Nahezu stetig müssen die Gewinnerwartungen dieser dann größten Einzelbaumaßnahme Deutschlands reduziert und die Kostenschätzungen von mindestens 10 Milliarden DM, die auf Bund, Privatwirtschaft und Banken verteilt werden, heraufgesetzt werden.

11. August: Zwischen 1949 und 1989 sind nach bisherigen Erkenntnissen der «Arbeitsgemeinschaft 13. August» 916 Menschen bei Fluchtversuchen aus der DDR ums Leben gekommen, davon 255 an der Berliner Mauer. Nach Auswertung aller Dokumente werde die endgültige Zahl bei mehr als 950 Todesopfern liegen. Im Mai 1998 entdeckt die Gauck-Behörde eine 1970 erlassene Stasi-Weisung zur «Bearbeitung von verletzten oder getöteten Grenzverletzern», in der vielfältige Maßnahmen zur Verschleierung festgelegt sind. Allein Verwandte ersten Grades sollten informiert und dabei zum strengsten Stillschweigen gezwungen werden, Totenscheine sollten falsche Todesursachen nennen, Verletzte sollten in eigens eingerichteten «Isolierzimmern» der Krankenhäuser untergebracht werden.

25. August: Das Berliner Landgericht spricht die Urteile im «Politbüro-Prozeß», bei dem sich politisch Verantwortliche der früheren DDR wegen der Todesschüsse an der Grenze verantworten müssen. Nach dreijährigen Ermittlungen reichte die Berliner Generalstaatsanwaltschaft am 9. Januar 1995 eine mehr als 1550seitige Anklageschrift gegen Egon Krenz, Günter Schabowski, Kurt Hager, Erich Mückenberger, Harry Tisch (der am 18. Juni 1995 verstirbt), Günther Kleiber und Horst Dohlus ein. Als lebende und verhandlungsfähige Mitglieder des SED-Politbüros wird ihnen aufgrund aufgefundener Dokumente mehrfacher gemeinschaftlicher Totschlag an der deutsch-deutschen Grenze vorgeworfen. Entgegen allen bisherigen Bekundungen der früheren SED-Führer faßte das Politbüro doch einen förmlichen Beschluß, «daß alle Versuche von Grenzverletzungen rechtzeitig erkannt und verhindert werden (...) Zur Sicherung der Schwerpunktrichtungen sind auch künftig Sperren mit richtungsgebundenen Splitterminen zu errichten.» Dieser Beschluß stammt vom 16. Januar 1973, zu diesem Zeitpunkt gehörten von den nun Beschuldigten nur Hager und Mückenberger dem Politbüro an. Diesen beiden wird aktives Handeln, den anderen «Totschlag durch Unterlassen» vorgeworfen, weil sie als spätere Politbüro-Mitglieder nicht die Beendigung dieses Grenzregimes herbeiführten. Der Prozeß beginnt am 13. November 1995. Aus gesundheitlichen Gründen scheiden 1996 die Angeklagten Hager und Mückenberger aus. Hager stirbt am 17. September 1998 im Alter von 86 Jahren, Mückenberger bereits am 10. Februar 1998 im Alter von 87 Jahren. Im Juni 1997 scheidet gleichfalls wegen einer schweren Erkrankung Dohlus aus. Um das Verfahren nicht endlos hinzuziehen, wird die Anklage von ursprünglich 66 Todesfällen auf vier exemplarische Todesfälle reduziert, darunter die tödlichen Schüsse auf Michael-Horst Schmidt am 1. Dezember 1984 und auf Chris Gueffroy, das letzte Maueropfer, am 5. Februar 1989. Als einziger der Angeklagten bekennt sich Schabowski am 17. Juli 1997 zu seiner Verantwortung: Er trage «politische und moralische Mitschuld daran, daß Menschen das Bürgerrecht auf Freizügigkeit verwehrt war und Flüchtlinge generell dem Risiko ausgesetzt waren, ihr Leben zu verlieren». Von den Toten will Schabowski erst aus den Westmedien erfahren haben. Dagegen gesteht Krenz ein, alle Einzelfälle seien den Politbüromitgliedern in Umlaufmappen zur Kenntnis gebracht worden. Die Existenz des Schießbefehls bestreitet er jedoch: «Es gab in der DDR keinen Befehl zum Töten.» Von daher betreibe die Justiz «Siegerpolitik» gegen ihn. Der frühere Honecker-Vertraute und Wirtschaftsexperte Kleiber bedauert die Toten an der Grenze, bestreitet indes jede politische wie persönliche Schuld. Das Landgericht verurteilt wegen Totschlags in mittelbarer Täterschaft Krenz zu sechseinhalb Jahren sowie Schabowski und Kleiber zu je drei Jahren Haft: «Ein Staat und seine politische Führung, die an seinen Grenzen unbewaffnete Bürger töten läßt und dies verheimlicht, weiß, daß sie Unrecht tut.» Krenz, der noch im Gerichtssaal verhaftet, aber bereits nach 18 Tagen wieder freigelassen wird, ruft aus: «Ich beuge mich nicht!» Dagegen spricht Kleiber von einem «fairen Urteil».

31. August bis 4. September: Erstmals seit der deutschen Vereinigung reist ein Bundespräsident nach Rußland. Gegenüber Roman Herzog (CDU) betont Präsident Boris Jelzin den besonderen Charakter der Beziehungen: Sie seien «die vorrangigsten unter den vorrangigen». Nach der auf den Weg gebrachten Osterweiterung der NATO sieht Rußland sich in der Gefahr der Isolation. Beide Staatsoberhäupter wollen künftig sensible Fragen der jüngeren Vergangenheit von einer gemeinsamen Historikerkommission untersuchen lassen.

17. September: Zum Abschluß einer von Kanada initiierten Konferenz in Oslo einigen sich 89 Staaten auf ein weltweit geltendes Verbot von Antipersonenminen. Rußland und China nehmen nicht teil; die USA nehmen teil, sie schließen sich dem Verbot aber nicht an, sondern legen nur einen Fünf-Punkte-Plan zur Beschränkung des Einsatzes dieser Waffen vor. Als Großmacht wollen sie das Mittel des Mineneinsatzes nicht aus der Hand geben, schon gar nicht als einzige Großmacht. Aber auch Finnland und die baltischen Staaten mit ihrer Grenze zu Rußland behalten sich die weitere Minenauslegung vor. Mit diesem Abkommen wird erstmals eine komplette Waffengattung geächtet. Weltweit sind in 64 Ländern etwa 110 Millionen Minen verlegt, teils stammen sie noch aus dem Zweiten Weltkrieg – so viele deutsche Minen in Nordafrika. Jährlich werden 2 Millionen Minen neu verlegt, aber nur 100 000 geräumt. Die Zahl der Todesopfer durch Minen wird auf 25 000 im Jahr geschätzt, darunter bis zu 10 000 Kinder. Am 2. und 3. Dezember steht das Abkommen von Oslo in Ottawa zur offiziellen Unterzeichnung, 122 Staaten treten ihm bei. Am 10. Dezember wird der «International Campaign to Ban Landmines» (ICBL), einem Zusammenschluß von mehr als 1000 Initiativen aus 60 Ländern, der Friedensnobelpreis verliehen. Im März 1995 verzichtete als erste Nation Belgien auf den Einsatz dieser Waffen, Verteidigungsminister Volker Rühe (CDU) erklärte den Verzicht für die Bundeswehr im April 1996.

21. September: Bei den Bürgerschaftswahlen in Hamburg fällt die SPD mit 36,2 Prozent auf ihr schlechtestes Ergebnis seit Kriegsende. Die CDU verbessert sich deutlich auf 30,7 Prozent, die *Grün-Alternative Liste* (GAL) erreicht 13,9 Prozent; FDP und Statt-Partei scheitern. Der bisherige Erste Bürgermeister Henning Voscherau erklärt noch am Wahlabend seinen Rücktritt. Sein Nachfolger Ortwin Runde (SPD) bildet einen Koalitionssenat von SPD und GAL.

30. September: Das Landgericht Frankfurt/Oder spricht sieben ehemalige DDR-Richter und -Staatsanwälte von der Anklage der Rechtsbeugung frei, die 1976 und 1979 die Verurteilungen von Robert Havemann wegen «Gefährdung der öffentlichen Ordnung» und «Devisenvergehen» herbeiführten.

26. November: Der Bundestag beschließt den Kauf von zunächst 140 Exemplaren des Jagdflugzeugs «Eurofighter 2000», früher «Jäger 90» genannt. Dadurch wird der Beginn der Produktion dieses Gemeinschaftsprojektes mit Großbritannien, Italien und Spanien gesichert. Sie sollen ab dem Jahr 2003 ausgeliefert werden, die Gesamtkosten belaufen sich nach heutigem Stand auf 23 Milliarden DM. Ab dem Jahr 2012 sollen 40 weitere Flugzeuge gekauft werden.

Dezember: Nach den Diskussionen über die Rolle der Schweiz im Goldhandel der Nazis wird im Februar 1997 aus Unterlagen der US-Militärverwaltung bekannt, daß deutsche Stellen umfangreiche Akten über den Goldhandel der Reichsbank besessen haben müssen. Ein am 28. Juli 1998 veröffentlichter «Rechercheberícht» von Bundesarchiv und Bundesbank konstatiert jedoch, daß wesentliche dieser Dokumente verschwunden sind. Sie seien offenbar ab 1976 vernichtet worden, was «weder nachvollziehbar noch entschuldbar» ist, darunter die bedeutsamen «Melmer-Hefte». SS-Hauptsturmführer Bruno Melmer war von 1942 bis 1945 für den Transport des Raubgoldes aus Gettos und KZs zur Reichsbank zuständig, darunter Gold, Schmuck, Devisen, Gebrauchsgegenstände und herausgebrochene Goldzähne. Melmer ließ sich jede Lieferung sorgsam quittieren, fünffach; vier Sätze gingen verloren, der letzte Satz wurde 1945 von US-Militär entdeckt und gesichert – Washington gab ihn 1948 an die «Bank Deutscher Länder» zurück. Die «Melmer-Hefte» offenbarten die Ausmaße des Handels mit Raubgold, an dem neben der SS noch weitere Stellen beteiligt waren: Die Reichsbank ließ das Gold in Barren umschmelzen und verkaufte es, einen kleinen Teil direkt in die Schweiz und einen beträchtlichen Teil in die Türkei. Der Großteil von fast einer Tonne jedoch ging an die Deutsche Bank und die Dresdner Bank. Beide Geldhäuser bekunden, von diesen Geschäften keine Kenntnis zu haben. Nun beauftragt die Deutsche Bank eine unabhängige Historiker-Gruppe, die am 31. Juli 1998 ihren Bericht vorlegt. Auch wenn keine unmittelbaren Beweise vorliegen, halten die Wissenschaftler für sehr wahrscheinlich, daß der damals für Auslandsgeschäfte zuständige Hermann Josef Abs wußte, daß er «Geschäfte mit Opfergold» tätigte. Ab Ende 1943 deponierte die Deutsche Bank ihre Devisenreserven in der Schweiz, darunter Goldbarren, deren Bestand im Februar 1945 bei 323 Kilogramm lag. Abs, von 1957 bis 1967 Vorstandssprecher, dann bis 1976 Aufsichtsratsvorsitzender, blockte wohl aus Schuldbewußtsein alle Versuche ab, dieses Gold zu verwerten. Erst nach seinem Tod im Jahre 1994 wurde der Bestand Ende 1995 für 5,6 Millionen DM verkauft. Als die Diskussion über das Raubgold aufkam, spendete die Deutsche Bank angesichts der ungeklärten Herkunft des Goldes 1998 diese Summe jüdischen Organisationen.

7. Dezember: Der *Spiegel* meldet, daß der 1982 als Terrorist verurteilte Neonazi Manfred Roeder im Januar 1995 als Referent bei einer «Offizierweiterbildung» der Hamburger Führungsakademie der Bundeswehr auftrat. Gegen die Verantwortlichen werden disziplinarische Maßnahmen ergriffen. Am 3. März 1998 legt die Wehrbeauftragte des Deutschen Bundestages, Claire Marienfeld, ihren Jahresbericht für 1997 vor, der eine Vervierfachung rechtsextremistischer und fremdenfeindlicher Vorfälle in der Bundeswehr gegenüber dem Vorjahr verzeichnet.

11. Dezember: Um den anstehenden Anstieg des Beitrages zur Rentenversicherung auf 21 Prozent zu vermeiden und den Beitragssatz bei 20,3 Prozent zu halten, beschließt der Bundestag eine Erhöhung der Mehrwertsteuer von 15 auf 16 Prozent zum 1. April 1998. Damit fließen den Rentenkassen 1998 etwa 9,6 Milliarden DM und 1999 etwa 15 Milliarden DM zu. Gleichzeitig wird mit dem Rentenreformgesetz ab 1999 das Rentenniveau stufenweise von derzeit 70 auf 64 Prozent der durchschnittlichen Nettoeinkommen herabgesetzt.

12. und 13. Dezember: Die Staats- und Regierungschefs der EU beschließen in Luxemburg, zehn Länder Ostmitteleuropas sowie Zypern in den Prozeß der Erweiterung der EU aufzunehmen. Der seit 1964 assoziierten Türkei wird ein solches Angebot jedoch nicht unterbreitet, da ihre innere Lage weiterhin als instabil betrachtet wird: die anhaltenden Menschenrechtsverletzungen, die ungelöste Kurdenfrage, die politische Macht der Militärs sowie die türkische Besetzung Nord-Zyperns. Ein weiterer Grund, der stets unausgesprochen bleibt, ist die Furcht, die Freizügigkeit werde zu einer erheblichen Zuwanderung aus der Türkei führen. Als Reaktion auf diese Abfuhr bricht Ankara den diplomatischen Dialog mit der EU ab. Der türkische Ministerpräsident Mesut Yilmaz wirft der EU vor, Europa zu einem «christlichen Club» machen zu wollen, und rückt besonders die Bundesregierung in die Nähe der Nazis. In der Folgezeit orientiert sich die Türkei mehr auf den Nahen Osten, vor allem durch eine Annäherung an Israel. Am 30. März 1998 beginnen in Brüssel die Beitrittsverhandlungen der Europäischen Union mit Polen, Ungarn, Tschechien, Slowenien, Estland und Zypern. Mit Rumänien, der Slowakei, Lettland, Litauen und Bulgarien werden Gespräche zur Vorbereitung von Beitrittsverhandlungen aufgenommen.

15. Dezember: Erstmals entscheiden die beiden Senate des Bundesverfassungsgerichtes gegensätzlich und gefährden, weil sie zu einer Einigung nicht willens sind, die Autorität des höchsten Gerichts. Während es der Zweite Senat in seinem Abtreibungsurteil vom Mai 1993 als unmoralisch und verfassungswidrig ansah, ein ungewolltes Kind als Schadensquelle und die Unterhaltspflicht für ein solches Kind als Schaden zu bewerten, entscheidet der Erste Senat nun in zwei Einzelfällen, daß eine fehlgeschlagene Sterilisation und eine fehlerhafte genetische Beratung sehr wohl einen Schaden darstellen und eine Unterhaltspflicht für ungewollte oder behinderte Kinder begründet.

1998

Stillstand auf hohem Niveau

Jeder weiß es, jeder beklagt es – niemand ändert es. Die Politik in Deutschland stagniert, ja, sie behindert sogar die gesellschaftliche Entwicklung. «Reformstau» wird zum geflügelten Wort. Gerichte sind es, denen viele Entscheidungen zugeschoben werden. Die Frage «Wie soll es weitergehen?» beunruhigt viele Menschen. Kein Wunder, daß die Hälfte der Wähler vor den Bundestagswahlen unentschlossen ist, so daß der rot-grüne Wahlsieg mehr Ausdruck vager Hoffnung als fester Zuversicht ist. Denn die Zeiten ändern sich dramatisch: Gerade noch die Hälfte aller Arbeitnehmer steht in einem regulären, unbefristeten, sozialversicherungspflichtigen Vollzeitarbeitsverhältnis. Zudem wartet der Euro vor der Tür, der neue Chancen, aber auch neue Risiken birgt.

8. Februar: Ein Volksentscheid bewirkt die Beseitigung eines Verfassungsorgans. Mit einer Mehrheit von 69,1 Prozent entscheiden die Bürger in Bayern, den Bayerischen Senat, eine in keinem anderen Bundesland vorhandene Zweite Kammer mit beratendem Charakter, dessen 60 Mitglieder von gesellschaftlichen Gruppierungen entsandt werden, zum 1. Januar 2000 abzuschaffen. Am 5. November beschließt der Senat, Klage vor dem Bayerischen Verfassungsgerichtshof gegen den Volksentscheid zu erheben, da an diesem nur 39,9 Prozent der Wahlberechtigten teilnahmen.

1. März: Der Ausgang der Landtagswahlen in Niedersachsen wird von Ministerpräsident Gerhard Schröder (SPD) zur Entscheidung über seine Kanzlerkandidatur erhoben, womit die Parteigremien zugunsten eines Plebiszits entmachtet werden. Bei einem Verlust von mehr als zwei Prozent werde er nicht gegen Helmut Kohl (CDU) antreten; der SPD-Vorsitzende Oskar Lafontaine stellt als Bedingung einen wenn auch geringen Zugewinn. Schröder erringt einen klaren Sieg: Die SPD steigert ihren Anteil um 3,6 auf 47,9 Prozent, die CDU verliert geringfügig und erzielt 35,9 Prozent. Während *Bündnis 90/Grüne* leicht auf 7,0 Prozent abfallen, scheitert die FDP erneut. Als Ministerpräsident auf Abruf bildet Schröder eine Alleinregierung der SPD. Als Kanzler-

SPD-Spitzen vor ihrem Aufstieg, auf dem Bundesparteitag in Leipzig (v. l.): Johannes Rau, Franz Müntefering, Harald Ringstorff, Gerhard Schröder, Oskar Lafontaine und Wolfgang Clement.

kandidat wird er am 17. April vom außerordentlichen SPD-Parteitag in Leipzig bestätigt, der nach dem Vorbild der erfolgreichen Kampagne von Tony Blair in Großbritannien erstmals als Showevent gestaltet ist.

5. März: Erstmals seit ihrer Bildung 1982 erlebt die Koalition von CDU / CSU und FDP einen «Verrat» im Bundestag. Bei der Abstimmung über das Ausführungsgesetz zum «Großen Lauschangriff» scheren neun FDP-Abgeordnete aus der Koalitionsdisziplin aus, darunter Hans-Dietrich Genscher, Otto Graf Lambsdorff und Sabine Leutheusser-Schnarrenberger. Sie verhelfen der Vorlage der Opposition, die das Abhören von Wohnungen restriktiver handhabt, zur Gesetzeskraft.

20. April: In einem vom «März 1998» datierten und nun bei einer Nachrichtenagentur eingegangenen Schreiben erklärt sich die terroristische «Rote Armee Fraktion» (RAF) für aufgelöst. Nachdem sie im April 1992 verkündete, «Angriffe auf führende Repräsentanten aus Wirtschaft und Staat» vorläufig einzustellen, setzte sie am 27. März 1993 mit der Sprengung des Gefängnisneubaus im hessischen Weiterstadt ihre Anschläge fort. Mit drei Erklärungen vom Dezember 1996 mokierte sich die RAF noch über die anhaltende Erfolglosigkeit der Fahnder: «Sie wissen nicht viel über uns, sie haben noch nie wirklich durchgeblickt.» Tatsächlich verfügen die Behörden seit 1982 nicht mehr über Sachbeweise, um die Täterschaft bestimmter Personen zu belegen. Nur ein einziges der seit 1985 verübten tödlichen Attentate konnten sie aufklären. Die Terroristen der sogenannten «dritten Generation», die seit Mitte der achtziger Jahre die RAF bilden, konnten niemals mit Gewißheit identifiziert werden. Am 8. September 1998 wird im französischen Sainte-Honorine-la-Guillaume Hans-Joachim Klein festgenommen, der am 21. Dezember 1975 am OPEC-Überfall in Wien beteiligt war. Bereits 1977 sagte er sich als erster prominenter Aussteiger vom Terrorismus los, seitdem lebte er im Untergrund. Offenbar wollte sich Klein ohnehin stellen.

Die Attentate der RAF haben auf beiden Seiten fast 60 Menschen das Leben gekostet. Etwa dreißig namenlose Opfer, Sicherheitsbeamte, Polizisten, Zöllner, Fahrer, Soldaten, wurden getötet oder schwer verletzt; einige sind für den Rest ihres Lebens behindert oder gezeichnet. Im Angesicht dessen klingen die Formulierungen der RAF-Erklärung wie Hohn, zumal sich kein einziges

Wort über die Opfer findet: «Vor fast 28 Jahren, am 14. Mai 1970, entstand in einer Befreiungsaktion die RAF: Heute beenden wir dieses Projekt. Die Stadtguerilla in Form der RAF ist nun Geschichte ... Das Ergebnis kritisiert uns. Aber die RAF – ebenso wie die gesamte bisherige Linke – ist nichts als ein Durchgangsstadium auf dem Weg zur Befreiung.» «Die RAF konnte keinen Weg zur Befreiung aufzeigen. Aber sie hat mehr als zwei Jahrzehnte dazu beigetragen, daß es den Gedanken an Befreiung heute gibt.»

26. April: Bei den Landtagswahlen in Sachsen-Anhalt, dem Bundesland mit der höchsten Arbeitslosigkeit, steht die rot-grüne Minderheitsregierung, die sich von der PDS tolerieren läßt, auf dem Prüfstand. Während sich die SPD leicht auf 35,9 Prozent der Stimmen steigert, sackt die oppositionelle CDU dramatisch um 12,4 Prozent auf 22,0 Prozent ab. Die PDS büßt nur geringfügig ein und erhält 19,6 Prozent der Stimmen, FDP und *Bündnis 90/Grüne* scheitern. Dagegen zieht die «Deutsche Volksunion» (DVU) mit 12,9 Prozent in den Landtag ein, erstmals schaffen damit Rechtsextreme den Sprung in einen Landtag der neuen Bundesländer. Die vom Münchener Verleger Gerhard Frey 1987 als Partei gegründete und von ihm finanzierte DVU gab mit 3 Millionen DM mehr Geld für den Wahlkampf aus als SPD und CDU zusammen. Die Wahlbeteiligung steigt gegenüber 1994 um 16,7 Prozent auf 71,5 Prozent. Im Vorfeld der Bundestagswahlen scheitern alle Bemühungen um eine Große Koalition. Darauf bildet Ministerpräsident Reinhard Höppner eine alleinige SPD-Minderheitsregierung, die von der Tolerierung durch die PDS abhängig ist.

1. bis 3. Mai: In Brüssel beschließt der Sondergipfel der Staats- und Regierungschefs der Europäischen Union endgültig die Einführung des «Euro». Am 1. Januar 1999 werden die elf Staaten die einheitliche Währung einführen, die im Jahr 1997 die gesetzten Kriterien der niedrigen Inflationsrate, der Begrenzung der Neuverschuldung und des Gesamtschuldenstands der öffentlichen Hand, des niedrigen Zinsniveaus und der Wechselkursstabilität erfüllten. Es sind Belgien, Deutschland, Finnland, Frankreich, Irland, Italien, Luxemburg, die Niederlande, Österreich, Portugal und Spanien. Großbritannien, Schweden und Dänemark wären ebenfalls qualifiziert, doch wagen sie wegen breiter Europa-Kritik in ihren Bevölkerungen diesen Schritt nicht. Allein Griechenland verfehlt die Kriterien deutlich. Am 1. Juni 1998 nimmt in Frankfurt/Main die «Europäische Zentralbank» (EZB) ihre Arbeit auf, die mit den Zentralbanken der elf Länder das neue «Europäische System der Zentralbanken» bildet. Ihr Präsident ist der Niederländer Wim Duisenberg, den Frankreich erst akzeptiert, nachdem er einen vorzeitigen Abgang in der Mitte seiner achtjährigen Amtszeit in Aussicht stellte und dann durch einen Franzosen ersetzt werden soll. Die nach dem Vorbild der «Deutschen Bundesbank» gestaltete EZB ist von Weisungen der Regierungen unabhängig und allein der Stabilität des Euro verpflichtet.

6. Mai: Die «Daimler-Benz AG», als größter Konzern Deutschlands 1997 auf Rang zehn der Weltspitze vorgerückt, bestätigt, daß sie mit der amerikanischen «Chrysler Corporation» zum neuen Konzern «DaimlerChrysler AG» fusionieren wird. Dieser größte Zusammenschluß der Industriegeschichte läßt den drittstärksten Autokonzern der Welt entstehen, der weltweit 428000 Mitarbeiter beschäftigt und einen Umsatz von 260 Milliarden DM tätigt. Zwar wird die Führungsebene zunächst gleichberechtigt gestaltet, doch ist der neue Konzern eine deutsche Aktiengesellschaft mit Sitz in Stuttgart, an der die bisherigen Daimler-Aktionäre 57 Prozent halten.

23. und 24. Mai: Unmittelbar nach seinem Wahlsieg in Niedersachsen betreibt der neue Kanzlerkandidat der SPD, Gerhard Schröder, Veränderungen in der SPD. Er drängt den 67jährigen Johannes Rau zum Rückzug aus seinen politischen Ämtern. Widerwillig erklärt Rau Mitte März, vorzeitig als Landesvorsitzender der SPD wie als Ministerpräsident von Nordrhein-Westfalen zurückzutreten. Nun wählt der außerordentliche Landesparteitag in Düsseldorf Franz Müntefering, Geschäftsführer der Bundes-SPD, zum neuen Landesvorsitzenden sowie den Kronprinzen Wolfgang Clement, bisher Wirtschaftsminister in Düsseldorf, zum Kandidaten für die Nachfolge als Ministerpräsident. Am 27. Mai wählt der Landtag Clement zum neuen Ministerpräsidenten; mit einem verkleinerten Kabinett setzt er die rot-grüne Koalition fort. Dabei werden Justiz- und Innenministerium zusammengelegt, was heftige Proteste und Befürchtungen um die Unabhängigkeit der Rechtsprechung hervorruft.

28. Mai: Nach vieljährigem Streit verabschiedet der Bundestag mit großer Mehrheit ein Gesetz zur Aufhebung aller nationalsozialistischen Unrechtsurteile, das mehrere hunderttausend Opfer rehabilitiert. Zuvor wurde die Aufhebung in den Bundesländern und damit höchst unterschiedlich gehandhabt, so daß zahlreiche Unrechtsurteile in Kraft blieben. Nunmehr, 53 Jahre nach dem Ende der Nazi-Herrschaft, erklärt eine Ge-

Atomwaffen nach dem Kalten Krieg

Seit dem Ende des Kalten Krieges wurden weltweit vier Fünftel aller Atomwaffendepots beseitigt. Ende 1997 gab es nach einer Analyse des amerikanischen «Natural Resources Defense Council» weltweit nur noch 142 Depots sowie 49 Atom-U-Boote. Die Zahl der Sprengköpfe wurde um die Hälfte abgebaut, sie sank von fast 70 000 auf weniger als 36 000, von denen 14 000 bereits zur Vernichtung vorgesehen sind. Allein die USA lagern von ihren insgesamt 12 070 Sprengköpfen einen Teil im Ausland, insgesamt 150 (gegenüber mehr als 6000 in den achtziger Jahren) in Deutschland, Großbritannien, Italien, Belgien, den Niederlanden, Griechenland und im asiatischen Teil der Türkei. Alle früheren Sowjetrepubliken verbrachten ihre Sprengköpfe nach Rußland, das damit über 22 500 verfügt, von denen jedoch nur 10 000 einsatzfähig sind. Frankreich verfügt über 500, Großbritannien über 380 atomare Sprengköpfe. Ungewiß ist das atomare Potential Chinas, Fachleute vermuten 450 Sprengköpfe in zwanzig Depots. Obgleich bis dahin 186 Nationen den Atomwaffensperrvertrag sowie 149 Nationen das Atomteststopp-Abkommen unterzeichnet haben, schlägt die Kontrollpolitik nun fehl: Am 11. und 13. Mai 1998 unternimmt das von einer nationalistischen Hindu-Regierung geführte Indien fünf unterirdische Atomversuche, ein sechster wird kurzfristig abgesagt. Weil die indischen Tests in Pokharan stattfinden, nur hundert Kilometer von der Grenze entfernt, fühlt sich das Nachbarland Pakistan unmittelbar bedroht und führt seinerseits am 28. und 30. Mai 1998 in der an Iran und Afghanistan grenzenden Provinz Belutschistan sechs unterirdische Versuche durch. In beiden äußerst armen Ländern werden die Tests von weiten Teilen der Bevölkerung mit Begeisterung aufgenommen. Indien mit seinen etwa 950 Millionen Einwohnern ruft sich als Atom- und Großmacht aus, Pakistan mit seinen 130 Millionen Einwohnern erklärt sich zur Atommacht.

neralklausel alle strafrechtlichen Verurteilungen, die nach dem 30. Januar 1933 ergingen und gegen elementare Grundsätze der Gerechtigkeit verstießen, pauschal für aufgehoben. Als Unrecht werden alle Urteile des Volksgerichtshofes und der Standgerichte erkannt; ein Katalog benennt weiterhin alle spezifisch nationalsozialistischen Unrechtsnormen. Zugleich hebt der Bundestag die 350000 Urteile der Nazi-Erbgesundheitsgerichte zur Zwangssterilisierung auf; von deren Opfern lebten 1996 noch etwa 55000.

30. Mai: Nach der bisher größten genetischen Massenuntersuchung, die im April in den Landkreisen Emsland und Cloppenburg stattfand, wird der Mörder der 11jährigen Christina Nytsch identifiziert und heute festgenommen. Nach dem Sexualmord gaben 12400 Männer der Region Speichelproben ab, etwa 6000 erschienen nicht zur Entnahme. Um in Zukunft allen Straftätern, die wegen bestimmter Straftaten verurteilt sind, DNA-Proben entnehmen zu können, schafft der Bundestag am 24. Juni die gesetzliche Grundlage für den Aufbau einer erweiterten «DNA-Anaylse-Datei» für genetische Fingerabdrücke beim Bundeskriminalamt (BKA).

3. Juni: Beim bislang schwersten Zugunglück der deutschen Nachkriegsgeschichte kommen 101 Menschen ums Leben, 88 werden zumeist schwer verletzt. Aufgrund eines Raddefektes entgleist bei Eschede nahe Celle ein 200 km/h fahrender ICE, dessen Bauart seit 1991 im Einsatz ist und bisher 120 Millionen Fahrgäste befördert hat; mehrere Waggons rasen gegen eine Brücke und bringen diese zum Einsturz.

16. Juni: Der Untersuchungsausschuß des Bundestages zum «DDR-Vermögen» legt nach dreijähriger Arbeit seinen Abschlußbericht vor. Er beziffert den finanziellen Schaden, der durch Veruntreuung, Betrug und andere kriminelle Aktionen bei der Privatisierung der DDR-Wirtschaft verursacht wurde, auf drei bis zehn Milliarden DM.

Der bisher größte Börsengang eines Unternehmens der neuen Bundesländer beginnt mit einer vielfachen Überzeichnung. 1991 übernahm das Land Thüringen den bereits von 60000 auf 30000 Mitarbeiter geschrumpften «VEB Carl Zeiss Jena» von der Treuhandanstalt, berief als Chef der neuen «Jenoptik AG» den CDU-Politiker Lothar Späth und gewährte ihm alle Vollmachten. Ende 1991 entließ Späth 16000 Mitarbeiter, die größte Entlassungsaktion der neuen Bundesländer nach der Vereinigung. Weite Produktionsbereiche werden an die westdeutsche Schwesterfirma in Oberkochen abgegeben, durch zahlreiche Firmenkäufe und Beteiligungen entsteht ein neuer Technologiekonzern mit knapp 7000 Mitarbeitern. Angesichts der unerwartet großen Nachfrage nach den Aktien wird die Hälfte der 22,7 Millionen Anteile an Kleinanleger ausgegeben.

21. Juni: Nach einem Spiel der deutschen Mannschaft bei der Fußball-Weltmeisterschaft ziehen deutsche Hooligans randalierend durch das nordfranzösische Lens. Eine Gruppe verübt einen Mordversuch am Gendarmen Daniel Nivel. Dieser wird lebensgefährlich verletzt, er liegt über Wochen im Koma. Nach diesen Vorfällen werden zahlreiche Gewalttäter am Grenzübertritt gehindert. In Deutschland und Frankreich werden mehrere mutmaßliche Täter verhaftet. Eine Spendenaktion für die Familie von Nivel erbringt in Deutschland eine siebenstellige Summe.

25. Juni: Ungeachtet aller Wahlkampfkonfrontation beschließt der Bundestag in einer ganz großen Koalition von CDU/CSU, SPD und der Mehrheit der FDP eine zunächst auf fünf Jahre befristete Änderung des Gesetzes über den Bundesgrenzschutz. Damit darf die 35000 Mann starke Truppe ab sofort auf

Rettungskräfte suchen nach Überlebenden: Beim Zugunglück bei Eschede starben 101 Reisende.

Bahnhöfen, Flughäfen, Autobahnen, in Zügen sowie an den Grenzen auch ohne konkreten Verdacht Kontrollen von Personen sowie deren Barschaft und Gepäck vornehmen. Allein eine bestimmte «polizeiliche Lage» reicht fortan als Grund für diese sogenannte «Schleierfahndung» aus, mit der Geldwäscher, Akteure des Organisierten Verbrechens sowie Schleuser wirksamer bekämpft werden sollen, die aber jederzeit jeden Bürger treffen kann.

1. Juli: Weil Deutschland im Kindschaftsrecht weit hinter der Entwicklung der Nachbarländer herhinkte, wurde auf Druck des Bundesverfassungsgerichtes eine grundlegende Reform erarbeitet, die heute in Kraft tritt. Alle rechtlichen Unterschiede zwischen ehelichen und nichtehelichen Kindern werden abgeschafft, das gemeinsame Sorgerecht der Elternteile wird nun als Regelfall vorgeschrieben, bei Trennungen werden die Belange des Kindes vorangestellt.

Das Bundesverfassungsgericht erklärt die Vergütung für die Arbeit von Strafgefangenen, die gesetzlich auf fünf Prozent des normalen Durchschnittslohnes und damit etwa 200 DM im Monat festgelegt ist, für grundgesetzwidrig. Sie verstoße gegen das Verfassungsgebot der Resozialisierung. Weil der Gesetzgeber seine Ankündigung zur Erhöhung der Gefangenenlöhne über zwanzig Jahre nicht wahrmachte, verpflichtet ihn das Gericht nun, bis zum Ende des Jahres 2000 sicherzustellen, daß die Arbeit der Gefangenen «angemessene Anerkennung findet». Dies könne auch durch Aufbau von Anwartschaften in der Sozialversicherung, Hilfen bei der Schuldentilgung oder Verkürzung und Erleichterung der Haftzeit geschehen.

2. Juli: Das Landgericht Berlin verurteilt die beiden früheren DDR-Juristen Karl-Heinz Knoche, Richter beim Militärstrafsenat des Obersten Gerichts der DDR, und den früheren Militärstaatsanwalt Hans Kadgien zu je vier Jahren Freiheitsstrafe. Sie wirkten an der Beantragung und Verhängung der beiden letzten in der DDR vollstreckten Todesurteile mit. 1979 und 1981 hatten die beiden Stasi-Offiziere Gert Trebeljahr und Werner Teske Geheimdokumente und

Agenten an westliche Geheimdienste verraten wollen, wurden aber zuvor festgenommen, so daß der DDR kein Schaden entstand. Dennoch wurden sie wegen vollendeter Spionage zum Tode verurteilt; Trebeljahr wurde am 10. Dezember 1979, Teske am 26. Juni 1981 in Leipzig hingerichtet. Das Landgericht bewertet diese Urteile wegen ihres Exzeß-Charakters auch nach damaligem DDR-Recht als Rechtsbeugung und deshalb Beihilfe zum Totschlag. Nach bisherigen Erkenntnissen verhängten deutsche Gerichte in der Sowjetischen Besatzungszone zwischen 1945 und 1949 insgesamt 142 Todesurteile, von denen 47 vollstreckt wurden. Ab 1949 sprachen DDR-Gerichte insgesamt 230 Todesurteile aus, von denen unter größter Geheimhaltung 150 vollstreckt wurden. Bis 1967 wurden Hinrichtungen mit der Guillotine vorgenommen, danach durch Genickschuß.

7. Juli: Am 3. Juli 1998 wird in London der Verkauf der britischen Nobelmarke Rolls-Royce zum Preis von 1,44 Milliarden DM an die «Volkswagen AG» besiegelt, den mit 280000 Mitarbeitern zweitgrößten Konzern Deutschlands. (Allerdings muß VW am 29. Juli nahezu alle Rechte aus diesem Kauf an den Mitbewerber BMW, 1997 siebtgrößter deutscher Konzern, übergeben.) Um zu den zehn Autokonzernen aufzusteigen, die allein auf dem Weltmarkt für überlebensfähig gehalten werden, kauft VW/Audi, das 1986 bereits Seat in Spanien und 1990 Skoda in Tschechien erwarb, in der Folgezeit weitere Firmen wie Lamborghini und die Motorenfabrik Cosworth. Angesichts dieser Milliardenausgaben gerät VW in die öffentliche Kritik, weil es sich bisher weigerte, Entschädigungen an seine früheren Zwangsarbeiter während der Nazi-Zeit zu zahlen. Derart angegriffen, entschließt sich VW nun, als erste deutsche Großfirma einen Entschädigungsfonds von 20 Millionen DM zu schaffen. Am 23. September folgt Siemens diesem Vorbild. Ganze sieben deutsche Firmen leisteten bereits Zahlungen, darunter Daimler-Benz, Krupp, Siemens und die I. G. Farben – doch fast ausschließlich an jüdische Zwangsarbeiter. Die große Mehrheit der 12000 Firmen, die insgesamt acht Millionen Zwangsarbeiter, zwei Millionen Kriegsgefangene und etwa eine Million KZ-Häftlinge aus zahllosen Ländern beschäftigten, ignorierte das Thema. Die Zahl der noch lebenden Zwangsarbeiter wird auf 500000 geschätzt. Als in den USA erste Sammelklagen von Betroffenen erhoben werden, schaffen am 12. November sechs große Versicherungskonzerne Europas, darunter die deutsche «Allianz AG», einen Fonds für Holocaust-Opfer. Im Grundsatz einigen sich zahlreiche deutsche Großfirmen und die rot-grüne Bundesregierung, einen weitgehend von der Wirtschaft finanzierten, aber von der Bundesregierung verwalteten Fonds zu schaffen.

8. Juli: Erstmals durchbricht der «Deutsche Aktienindex» (DAX) die Marke von 6000 Punkten. Damit hat sich der Aktienwert der vom DAX erfaßten 30 Großfirmen binnen anderthalb Jahren verdoppelt und binnen zehn Jahren versechsfacht. Im Herbst stürzt der DAX dann wegen der internationalen Finanzkrise unter die 5000er Marke, die er erst Anfang 1999 wieder erreicht.

14. Juli: Nach zahlreichen widersprüchlichen Urteilen unterer Instanzen entscheidet das Bundesverfassungsgericht über die Rechtschreibreform. Von Fachleuten Deutschlands, der Schweiz und Österreichs in Jahrzehnten erarbeitet, wurde diese erste systematische Bearbeitung seit der «Staatlichen Orthographiekonferenz» von 1901/02 am 1. Juli 1996 in Wien auf den Weg gebracht. Kultusbeamte und Sprachwissenschaftler aus Deutschland, Österreich, der Schweiz, Liechtenstein, Belgien,

Ungarn, Rumänien und der italienischen Provinz Südtirol unterzeichneten dort die «Gemeinsame Absichtserklärung zur Neuregelung der deutschen Rechtschreibung». In allen beteiligten Staaten soll die neue Rechtschreibung zwischen 1998 und 2005 umgesetzt werden; verbindlich ist sie indes nur für Schulen und Verwaltung, dem allgemeinen Schreibgebrauch soll sie aber als Vorbild dienen. Die Kultusminister der deutschen Bundesländer setzen die Rechtschreibreform durch bloße Erlasse in Kraft, mit großem Kostenaufwand werden darauf die meisten Nachschlage- und Lehrwerke umgestellt. Erst danach erhebt sich heftiger Widerstand von Eltern, Schriftstellern und anderen, der die Inhalte kritisiert und die fehlende demokratische Legitimation beklagt. Am 2. Juli weist bereits der Österreichische Verfassungsgerichtshof alle Anträge gegen die Rechtschreibreform aus formellen Gründen als «unzulässig» zurück. Nun stellt auch das höchste deutsche Gericht klar: «Grundrechte von Eltern und Schülern werden durch diese Neuregelung nicht verletzt», zumal der Umfang der Änderungen «verhältnismäßig gering» sei. Erstmals in seiner Geschichte urteilt das Gericht ohne Kläger, da das klagende Elternpaar seine Klage am 7. Juli, als die Tendenz des Urteils bereits bekannt wurde, zurückzog. Damit tritt die Rechtschreibreform in Deutschland zum 1. August in Kraft. Am 27. September findet jedoch in Schleswig-Holstein ein Volksentscheid statt, der durch das erfolgreiche Volksbegehren «Wir gegen die Rechtschreib-Reform» vom April 1998 erwirkt wurde. Mit einer deutlichen Mehrheit von 56,4 Prozent stimmen die Bürger für dessen Schulgesetzentwurf, der für die Schulen die alte Rechtschreibung festschreibt. Lediglich 29,1 Prozent stimmen für den Entwurf des Landtages, der die neue Rechtschreibung einführen will.

18. Juli: Nach fünfwöchigen Verhandlungen begründen die Vereinten Nationen in Rom einen Internationalen Strafgerichtshof, dessen unabhängiger Hauptankläger selbständig Ermittlungen einleiten kann. Zunächst soll das in Den Haag ansässige Gericht bei zwischen- wie innerstaatlichen Konflikten Völkermord, Verbrechen gegen die Menschlichkeit und Kriegsverbrechen verfolgen, später auch Angriffskriege, wenn die nationale Justiz dies nicht selbst tut. Angeklagte können sich ausdrücklich nicht darauf berufen, auf Befehl von Vorgesetzten gehandelt zu haben. Unerwartet groß ist der Rückhalt bei der geheimen Abstimmung: Delegierte von 120 Staaten stimmen zu, 21 enthalten sich. Unter den sieben Gegenstimmen sind die USA, China, Indien, Israel und vermutlich auch Libyen, weil diesen Staaten die Befugnisse des ersten ständigen Strafgerichtshofs der Weltgemeinschaft zu weit gehen. Er kann allerdings erst aktiv werden, wenn mindestens sechzig Staaten den zugrundeliegenden Vertrag ratifiziert haben.

20. Juli: Das Bundesverfassungsgericht weist die Klage von Gregor Gysi (PDS) gegen den Immunitätsausschuß des Bundestages zurück. In seinem mit knapper Mehrheit verabschiedeten Bericht hält es der Ausschuß für erwiesen, daß sich Gysi als Rechtsanwalt von 1977 bis 1986 «in die Strategien des Ministeriums für Staatssicherheit einbinden» ließ, um eine «möglichst wirksame Unterdrückung der demokratischen Opposition» zu erreichen. Gysis verfassungsrechtlich geschützter Status als Abgeordneter werde durch diese Bewertung nicht verletzt, urteilt das Gericht.

30. Juli: Nach Angaben des Statistischen Bundesamtes in Wiesbaden lebten Ende 1997 82 057 000 Menschen in Deutschland, nur 45 000 mehr als Ende 1996, als erstmals die Zahl von 82 Millionen überschritten wurde. Denn erstmals seit 1985 sind bei Ausländern die Fortzüge höher als die Zuzüge. Im Frühsommer 1997 erreichte zudem die Zahl der Ein-Personen-Haushalte einen neuen Höchstwert. Unter den insgesamt 37,5 Millionen Privathaushalten waren 13,3 Millionen oder 35 Prozent Single-Haushalte.

6. August: Alle führenden Politiker der PDS unterzeichnen einen Offenen Brief an den früheren Bundespräsidenten Richard von Weizsäcker (CDU), der ein klares Bekenntnis zum Grundgesetz und zur Marktwirtschaft als Voraussetzung für die Integration der Partei forderte. Die PDS-Führer gestehen ein, daß sie in der DDR «Strukturen der Unterdrückung mitgetragen und Verfolgung Andersdenkender zugelassen» haben und dafür in einer «andauernden moralischen Verantwortung» stehen. Als Konsequenz sei für sie die Wahrung der im Grundgesetz verbürgten Grundrechte «unverzichtbar geworden», auch seien sie nun von der «Beachtung marktwirtschaftlicher Prinzipien» überzeugt. Die orthodoxe Minderheit in der PDS bewertet dieses Schreiben als «Unterwürfigkeitsgeste».

8. August: Die Bundesregierung vereinbart mit der «Jewish Claims Conference», 200 Millionen DM an die 18000 Holocaust-Opfer in Osteuropa zu zahlen, die bei den bisherigen Wiedergutmachungszahlungen leer ausgingen.

10. August: Der Bundesgerichtshof hebt eine Verurteilung des früheren DDR-Rechtsanwalts und Honecker-Vertrauten Wolfgang Vogel wegen Erpressung ausreisewilliger DDR-Bürger auf. Als Schlüsselfigur der Ausreise von 215000 Menschen aus der DDR, des «Freikaufs» von 33755 politischen Häftlingen sowie des Agentenaustausches zwischen Ost und West wurde Vogel beschuldigt, Übersiedler zur Herausgabe von Grundstücken und Geldbeträgen erpreßt zu haben. Nicht Vogel, sondern das SED-Regime habe das Kopfgeld erpreßt, entscheidet nun der Bundesgerichtshof. Mit diesem Ende aller Verfahren gegen Vogel bleiben nur Verurteilungen wegen Meineides zu vierzehn Monaten Haft auf Bewährung und wegen Falschbeurkundung zu einer Geldstrafe bestehen.

12. August: Erstmals verhängen vier Bundesländer ein Kraftfahrverbot wegen erhöhter Ozonkonzentrationen in der Luft. Obgleich das zugrundeliegende Ozongesetz von 1995 das schärfste der Welt ist, bleibt das Verbot aufgrund weitreichender Ausnahmeregeln und fehlender öffentlicher Akzeptanz wirkungslos.

13. August: An der Bernauer Straße in Berlin wird um einen siebzig Meter langen Rest der Mauer eine Gedenkstätte eröffnet. Während die angrenzende westliche Kirchengemeinde das Projekt förderte, tat die angrenzende östliche Kirchengemeinde alles, den Bau zu verzögern.

22. August: Erstmals legen deutsche und polnische Soldaten in den Grenzstädten Guben und Gubin an der Neiße gemeinsam ihre Gelöbnisse ab. 1999 nimmt in Szczecin (Stettin) das Deutsch-Dänisch-Polnische Korps seinen Dienst auf, in das das bereits bestehende Deutsch-Dänische Korps «Landjut» aus Rendsburg eingegliedert wird. Dieses «Multinationale Korps Nord-Ost» ist der erste Militärverband, der die alte Ost-West-Grenze überwindet; er wird abwechselnd von einem deutschen, dänischen und polnischen General kommandiert.

24. August: Die 1990 eingesetzte «Unabhängige Kommission» zum DDR-Parteivermögen legt in Bonn ihren Abschlußbericht vor. Danach haben die Parteien und Massenorganisationen der DDR bis zur Vereinigung ein Vermögen von 3,4 Milliarden Mark angehäuft. Davon entfallen 2 Milliarden Mark auf die SED und ihre Nachfolgepartei PDS. 2,64 Milliarden Mark konnten gesichert werden, etwa 500 Millionen Mark sind umstritten, und 250 Millionen DM werden noch aus Verkaufserlösen erwartet. Mit der PDS wurden 1992 und 1995 Vergleiche geschlossen, nach denen die Partei nur das Vermögen behalten darf, das bereits die KPD in der Weimarer Republik besaß.

13. September: Bei den bayerischen Landtagswahlen kann die CSU mit 52,9 Prozent ihre absolute Mehrheit klar behaupten, während SPD auf 28,7 Prozent und *Bündnis 90/Grüne* auf 5,7 Prozent leicht abfallen. Ministerpräsident Edmund Stoiber bildet eine Alleinregierung der CSU.

22. September: Ein wichtiger Schritt zur Tarifgleichheit zwischen den alten und neuen Bundesländern wird unternommen. In Berlin einigen sich die «IG Metall» und der Arbeitgeberverband «Gesamtmetall» für die Metallindustrie, künftige Einkommensverbesserungen im Westen mit einem Monat Abstand in selber Höhe auf den Osten zu übertragen. Im Gegenzug stimmt die Gewerkschaft einer Verlängerung der 38-Stunden-Woche im Osten bis zum Ende des Jahres 2000 zu.

27. September: Erstmals in der Geschichte der Bundesrepublik wird ein Bundeskanzler durch Bundestagswahlen abgewählt. Nach einem inhaltsleeren Wahlkampf endet die sechzehnjährige Ära von Helmut Kohl, dem Bundeskanzler mit der längsten Amtszeit. Die CDU/CSU erleidet dramatische Verluste und erzielt mit 35,2 Prozent ihr schlechtestes Ergebnis seit 1949. Die SPD mit dem Kandidaten Gerhard Schröder gewinnt deutlich, mit 40,9 Prozent wird sie mit Abstand stärkste Partei. *Bündnis 90/Grüne* und FDP verlieren leicht und kommen auf 6,7 sowie 6,2 Prozent. Die PDS gewinnt hinzu und überspringt mit 5,1 Prozent die Fünf-Prozent-Hürde. Außer in Bayern erhält sie in allen westdeutschen Bundesländern mindestens 1,0 Prozent, in allen ostdeutschen mindestens 20 Prozent, in Berlin 13,5 Prozent. Dank vier gewonnener Direktmandate in Berlin wäre sie ohnehin in den Bundestag eingezogen. Mit 82,2 Prozent ist die Wahlbeteiligung deutlich höher als 1994.

Bei der Landtagswahl in Mecklenburg-Vorpommern verliert die CDU ebenfalls dramatisch, sie sinkt um 7,5 Prozent auf 30,2 Prozent. Die SPD gewinnt deutlich und wird mit 34,3 Prozent klar stärkste Partei. Dank leichter Gewinne kommt die PDS auf 24,4 Prozent, alle anderen Parteien scheitern. Der neue Ministerpräsident Harald Ringstorff (SPD) bildet eine Koalitionsregierung mit der PDS; die SPD übernimmt 5, die PDS 3 Ministerien. Erstmals seit der deutschen Vereinigung tritt damit die SED-Nachfolgepartei in die Regierungsverantwortung auf Landesebene ein. Die Koalition schafft in Mecklenburg-Vorpommern als drittem Bundesland nach Brandenburg und Sachsen-Anhalt die «Regelanfrage» für Bewerber im Öffentlichen Dienst ab, bei der die Gauck-Behörde wegen einer möglichen Stasi-Tätigkeit angefragt wird.

28. September: Nach der klaren Wahlniederlage erklären die Führungspersonen von CDU wie CSU ihren Rücktritt: Helmut Kohl tritt als Vorsitzender der CDU und Theo Waigel als Vorsitzender der CSU zurück. Auch die Generalsekretäre Peter Hintze (CDU) und Bernd Protzner (CSU) stellen ihre Ämter zur Verfügung. Der CDU-Parteitag am 7. November in Bonn wählt Wolfgang Schäuble zum neuen Vorsitzenden, Angela Merkel wird neue Generalsekretärin. Bei der Besetzung der Stellvertreter Schäubles kommt es zu Kontroversen, sowohl Erwin Teufel als auch Rita Süssmuth verzichten widerstrebend zugunsten jüngerer Kandidaten. Der CSU-Parteitag am 16. Januar 1999 in München wählt den bayerischen Ministerpräsidenten Edmund Stoiber zum neuen Parteivorsitzenden, Thomas Goppel wird neuer Generalsekretär.

6. Oktober: In Luxemburg beraten die Außenminister der EU-Staaten mit ihren Amtskollegen zehn beitrittswilliger Staaten Osteuropas sowie Zyperns. Erstmals nimmt auch die Schweiz teil. Die Schweizer lehnten in einer Volksabstimmung am 6. Dezember 1992 den von Parlament und Regierung gebilligten Beitritt zum von EU und EFTA gebildeten «Europäischen Wirtschaftsraum» (EWR) mit 50,3 Prozent ab. Während die frankophonen Kantone für den Beitritt stimmten, sprachen sich die deutschsprachigen Kantone dagegen aus. Am 10. November beginnt die EU offizielle Beitrittsverhandlungen mit Estland, Polen, Slowenien, Tschechien, Ungarn und Zypern. Malta, das bereits 1992 einen Aufnahmeantrag stellte, diesen aber im November 1996 zurückzog, bewirbt sich erneut um eine Vollmitgliedschaft in der EU.

Erstmals seit Anfang November 1996 gelingt es der Bundesregierung im Monat der Bundestagswahl (6.10.), die Zahl der Arbeitslosen unter 4 Millionen zu drücken. Im Dezember steigt sie wieder auf 4,19 Millionen an. Im Jahresdurchschnitt 1998 sind 4,27 Millionen Menschen arbeitslos, das entspricht 11,1 Prozent. Erstmals seit 1990 verringert sich die Gesamtzahl der Beschäftigten nicht mehr.

16. Oktober: Weil sich der neugewählte Bundestag noch nicht konstituiert hat, stimmt der alte Bundestag über eine Mitwirkung der Bundeswehr an einem möglichen NATO-Einsatz gegen die «Bundesrepublik Jugoslawien» ab, das von Serbien dominierte Rest-Jugoslawien. Seit Frühjahr 1998 läßt Staatspräsident Slobodan Milošević die serbische Sonderpolizei einen unerklärten Krieg nicht nur gegen albanische Widerstandskämpfer, sondern gegen die gesamte albanische Bevölkerung im Kosovo führen, das bis 1989 autonom war, seitdem aber von Serbien direkt verwaltet wird. Über Monate schaut die Staatengemeinschaft tatenlos zu. Erst im Herbst 1998 übt sie Druck auf Milošević aus, indem sie einen NATO-Militärschlag androht. (Teile der NATO-Pläne werden jedoch vom französischen Major Pierre Bunel an Milošević verraten.)

Nun stimmen im Bundestag von 584 anwesenden Abgeordneten 503 für und 63 gegen eine Bundeswehrbeteiligung, 18 enthalten sich.

19. Oktober: In Deutschland erreicht nach Angaben des Bundesgesundheitsministeriums der Krankenstand den tiefsten Wert seit der Vereinigung, in den alten Bundesländern sogar seit Bestehen der Bundesrepublik.

21. Oktober: Erstmals wird ein gewendeter Kommunist Regierungschef eines westeuropäischen Landes. In Rom wird nach dem Bruch einer Fünf-Parteien-Koalition Massimo D'Alema als neuer Ministerpräsident vereidigt. Er war seit jungen Jahren Funktionär der alten «Partito Comunista» und ist jetzt Parteichef der Linksdemokraten, der «Partito Democratici della Sinistra» (PDS), der seit den letzten Wahlen im April 1996 mit 21,1 Prozent stärksten politischen Kraft. D'Alema bildet die 56. Regierung seit 1945, eine Linksregierung.

24. und 25. Oktober: Nachdem nun mit Ausnahme Spaniens und Irlands in allen EU-Ländern Sozialdemokraten (mit)regieren, beginnen sich auf dem EU-Gipfel im österreichischen Pörtschach am Wörthersee die Koordinaten zu verschieben. Zunächst bleibt es noch eine Willensbekundung, eine übernationale Beschäftigungspolitik möglicherweise auch unter Inkaufnahme höherer Inflationsraten oder Verletzung der strengen Haushaltsdisziplin voranzutreiben. Am 1. Dezember ergreifen Deutschland und Frankreich bei ihrem Gipfel in Potsdam eine gemeinsame Initiative für einen europäischen Beschäftigungspakt, der auf dem EU-Gipfel am 3. und 4. Juni 1999 in Köln als Er-

Ernennung des neuen Bundeskabinetts durch Bundespräsident Roman Herzog (r.): Der Sozialdemokrat Gerhard Schröder (l.) ist Bundeskanzler, der Grünen-Politiker Joschka Fischer Außenminister.

gänzung des Stabilitäts- und Wachstumspaktes beschlossen werden soll.

26. Oktober: Letztmals konstituiert sich ein neuer Bundestag in Bonn. Zu seinem Präsidenten wird mit Wolfgang Thierse (SPD) erstmals ein Ostdeutscher gewählt.

27. Oktober: Der Bundestag wählt Gerhard Schröder (SPD) zum neuen Bundeskanzler. Er bildet eine Koalitionsregierung mit *Bündnis 90/Grünen,* die mit Joschka Fischer den Außenminister stellen, womit dieses Amt erstmals seit 29 Jahren nicht mehr durch einen FDP-Politiker besetzt ist. Der kleinere Koalitionspartner entsendet weiterhin Jürgen Trittin als Minister für Umwelt, Naturschutz und Reaktorsicherheit und Andrea Fischer als Gesundheitsministerin. Stärkste Kraft im Kabinett wird der SPD-Vorsitzende Oskar Lafontaine als Finanzminister, der Kompetenzen aus dem Wirtschaftsministerium herüberzieht. Auch deshalb sagte der von Schröder ursprünglich ausersehene Wirtschaftsminister, der parteilose Computerunternehmer Jost Stollmann, in letzter Minute ab. An seine Stelle tritt der ebenfalls parteilose frühere VEBA-Manager Werner Müller. Mit Otto Schily wird erstmals seit 1949 ein Sozialdemokrat Innenminister; der bisherige SPD-Fraktionsvorsitzende Rudolf Scharping wird auf Druck Lafontaines ins Verteidigungsministerium fortgelobt. Dem bisherigen stellvertretenden Vorsitzenden der «IG Metall», Walter Riester (SPD), fällt als Minister für Arbeit und Sozialordnung die schwierigste Aufgabe der Eindämmung der Arbeitslosigkeit zu. Erstmals wird mit dem früheren Verleger Michael Naumann (SPD) ein Staatsminister für «Angelegenheiten der Kultur und der Medien» bestellt.

28. Oktober: Als Nachfolger des zurückgetretenen Gerhard Schröder (SPD) wird Gerhard Glogowski (SPD) zum neuen Ministerpräsidenten Niedersachsens gewählt. Im Saarland wird am 10. November Reinhard Klimmt (SPD) als Nachfolger von Oskar Lafontaine (SPD) zum neuen Ministerpräsidenten gewählt.

29. und 30. Oktober: Acht Jahre nach der Vereinigung Deutschlands gelangen auch die Schriftstellerverbände in der Einheit an. In Berlin beschließt am 3. und 4. April der 170 Mitglieder starke Ost-PEN, der einen «Beitritt» oder «Anschluß» zum West-PEN stets ablehnte, einen «Verschmelzungsvertrag» mit diesem zu unterzeichnen. Am 15.

Mai stimmt auch der West-PEN, dem 500 Mitglieder angehören, der Vereinigung beider Verbände zu. Das erste gemeinsame PEN-Zentrum Deutschlands seit der Spaltung Ende 1951 konstituiert sich nun in Dresden. Präsident wird der Berliner Schriftsteller Christoph Hein, der zu DDR-Zeiten stets «Kraft und Mut und Rückgrat» zeigte, wie es Marcel Reich-Ranicki formulierte. Neben dem «PEN-Zentrum Deutschland» wirkt noch der Exil-PEN, das «PEN-Zentrum deutschsprachiger Autoren im Ausland» in London, dem unter anderen Sarah Kirsch, Günter Kunert und Jürgen Fuchs angehören.

1. November: In Straßburg nimmt der neue, ständige «Europäische Gerichtshof für Menschenrechte» unter dem Schweizer Präsidenten Luzius Wildhaber seine Arbeit auf. Erstmals wachen damit 40 Vollzeitrichter über die Einhaltung der Grundrechte in den 40 Mitgliedsstaaten des Europarats mit ihrer Gesamtbevölkerung von 800 Millionen Menschen.

3. November: Weil nach der Berliner Schulverfassung nicht der Staat, sondern allein «Religions- und Weltanschauungsgemeinschaften» den Religionsunterricht an Schulen erteilen, gibt das Berliner Oberverwaltungsgericht einer Klage der «Islamischen Föderation» statt. Damit ist diese Organisation, der 50000 Berliner Türken angehören, berechtigt, islamischen Religionsunterricht an den Berliner Schulen zu erteilen. Aus Furcht vor einer fundamentalistischen Beeinflussung der Schüler erkannte die Verwaltung die Föderation bisher nicht als Religionsgemeinschaft an.

10. November: Bundeskanzler Gerhard Schröder (SPD) gibt seine Regierungserklärung ab, in der er seine «Politik der Neuen Mitte» skizziert. Eine grundlegende Steuerreform soll die Wirtschaft beleben, allerdings werden deren Entlastungen erst mit der dritten Stufe im Jahr 2002 wirksam. Als Einstieg in eine «ökologische Steuer- und Abgabenreform» soll Energie besteuert werden, diese Einnahmen sollen die Senkung der gesetzlichen Lohnnebenkosten ermöglichen. Die «Beendigung der Kernenergienutzung» soll im Konsens erfolgen und «ohne daß es zu Regreßansprüchen kommt». Schröder will ein neues «Bündnis für Arbeit» als ständiges Instrument zur Bekämpfung der Arbeitslosigkeit schaffen. Den dauerhaft in Deutschland lebenden Ausländern soll die doppelte Staatsbürgerschaft ermöglicht werden. Schon in den ersten Wochen ihrer Regierungszeit muß die rot-grüne Koalition erhebliche Abstriche vornehmen. Die Energiesteuer soll eigentlich die Einsparung von Energie vorantreiben, doch werden gerade die energieintensiven Branchen ausgenommen. Politischer Widerstand soll klein gehalten werden, denn die Einnahmen werden rasch benötigt, um die versprochene Senkung der Rentenversicherungsbeiträge von 20,3 auf 19,5 Prozent finanzieren zu können. Auch die Neuregelung der «geringfügigen Beschäftigungsverhältnisse», deren Zahl wegen der Beitragsfreiheit zur Sozialversicherung sprunghaft auf mehr als 5 Millionen anstieg, mündet in einen überhasteten Kompromiß.

17. November: Der Europäische Rechnungshof legt dem Europäischen Parlament in Straßburg seinen Bericht für das Haushaltsjahr 1997 vor. Darin wirft er der Europäischen Kommission sowie den Mitgliedsstaaten massive Verschwendung von Steuergeldern vor. Große Beträge würden durch Korruption, Betrug, Nachlässigkeiten und Fehlentscheidungen vergeudet. Überdies würden durch mangelnde Zusammenarbeit Zoll- und Mehrwertsteuereinnahmen in zweistelliger Milliardenhöhe verlorengehen. Selbst die Europäische Kommission räumt ein, daß mindestens 5 Prozent des

EU-Haushaltes, jährlich etwa 8 Milliarden DM, in dunklen Kanälen verschwinden.

20. November: Rußland gleitet in tiefere Krisen. In Moskau rechnet der zwei Monate zuvor gewählte neue Ministerpräsident, der frühere Chef der Spionageabwehr Jewgenij Primakow, in einem Interview mit der Zeitung «Iswestija» in bisher ungekannter Schärfe mit den einheimischen Reformern ab. In Sankt Petersburg wird die bekannte und beliebte demokratische Politikerin Galina Starowojtowa in ihrem Wohnhaus erschossen, der bisher brutalste Akt des politischen Terrorismus.

21. November: Nach anhaltenden Versuchen gelingt es der bayerischen Landesregierung endlich, Deutschlands heikelste Immobilie zu verkaufen. Eine Tochterfirma der Bayerischen Landesbank wird auf dem Obersalzberg bis zum Jahr 2002 ein Hotel errichten und dabei das Entstehen einer Nazi-Pilgerstätte unterbinden. Adolf Hitlers früheres Refugium diente bis zum Frühjahr 1996 US-Truppen als Erholungsstätte.

Vom Raumfahrtbahnhof Baikonur in Kasachstan startet, von Rußland gebaut und den USA finanziert, das erste Modul der «Internationalen Raumstation» (ISS). Sie soll ab Januar 2000 ständig bewohnt sein; bis zur endgültigen Fertigstellung im Jahr 2004 müssen mehr als hundert Komponenten mit 45 Raumflügen ins All befördert werden. An diesem größten und mit 60 Milliarden DM teuersten Technikprojekt der Menschheitsgeschichte wirken 16 Nationen zusammen. Neben den USA und Rußland sind dies Kanada, Japan, Brasilien sowie die insgesamt nur zu acht Prozent beteiligten Europäer Belgien, Dänemark, Deutschland, Frankreich, Großbritannien, Italien, die Niederlande, Norwegen, Schweden, die Schweiz und Spanien.

29. November: Die «Deutsche Bank» übernimmt zum Preis von 17 Milliarden DM das US-Investmenthaus «Bankers Trust». Damit entsteht das größte Bankhaus der Welt, das eine Bilanzsumme von mehr als 1,4 Billionen DM aufweist. Von den 91400 Mitarbeitern sollen 5500 entlassen werden, allerdings nur in New York und London. Am 2. Dezember erwirbt die Deutsche Bank für eine Milliarde DM die «Credit Lyonnais Belgium», die belgische Tochter der französischen Großbank «Credit Lyonnais». Nur wenig später kauft sich die Deutsche Bank maßgebend bei der «EFG Eurobank», der zweitgrößten Privatbank Griechenlands, ein.

3. Dezember: Bei Enthaltung der PDS beschließt der Bundestag einmütig eine Änderung des Parteiengesetzes, die rückwirkend zum 1. Januar 1998 in Kraft tritt. Damit werden die Staatszuschüsse an die Parteien für dieses Jahr von 230 auf 245 Millionen DM erhöht.

4. Dezember: Die beiden westeuropäischen Atommächte Frankreich und Großbritannien streben eine echte EU-Verteidigungsmacht an. Bei ihrem Treffen im französischen Saint-Malo vereinbaren Präsident Jacques Chirac und Premierminister Tony Blair eine gemeinsame Initiative. Die EU «müsse Kapazitäten für eigenständige Aktionen» schaffen, gegründet auf «glaubwürdige militärische Kräfte». Entscheidungsstrukturen müßten aufgebaut und die Bereitschaft entwickelt werden, die Truppen im Falle internationaler Krisen auch einzusetzen. Großbritannien gibt damit seinen anhaltenden Widerstand gegen die militärische Stärkung Europas auf, weil es beim Euro nicht teilnimmt, will es zumindest militärisch eine Führungsrolle einnehmen. Frankreich, das der militärischen Integration der NATO immer noch nicht beigetreten ist, rückt damit von seinen Versuchen ab, eine europäische Verteidigungspolitik vor allem gegen die USA zu schaffen

7. Dezember: Die neue Bundesregierung versucht, ein «Bündnis für Arbeit, Ausbildung und Wettbewerbsfähigkeit» zu schmieden. Mit Arbeitgebern und Gewerkschaftern werden in Bonn erste Schritte erörtert. Beide Seiten sagen ihre Unterstützung für das Regierungsprogramm zu, das rasch 100000 Lehrstellen schaffen soll.

9. Dezember: Erstmals wird eine Frau Staatsoberhaupt eines deutschsprachigen Landes. 27 Jahre nach Einführung des Frauenstimmrechts wählt die Schweizer Bundesversammlung in Bern die Sozialdemokratin Ruth Dreifuss zur neuen Bundespräsidentin. Das Amt wird turnusgemäß jeweils für ein Jahr an die sieben Bundesräte (Minister) vergeben.

27. Dezember: Rußland will an einstige Weltmachtstärke anknüpfen. Es stellt eine neue, mobil abschießbare Generation von Atomraketen in Dienst, die vergleichbaren amerikanischen Systemen deutlich überlegen sein soll. Bei Saratow an der Wolga werden heute die ersten zehn Raketen vom Typ «Topol-M» stationiert, dem künftigen Kern der Atomstreitmacht. Im Einklang mit dem «START-II»-Abrüstungsabkommen vom 3. Januar 1993 tragen die landgestützten Interkontinatalraketen nur noch einen Sprengkopf.

Ein normales Volk?

Am 11. Oktober 1998 hält der Schriftsteller Martin Walser seine Dankesrede für die Verleihung des Friedenspreises des Deutschen Buchhandels. Unter anderem sagt er: «Kein noch zurechnungsfähiger Mensch deutelt an der Grauenhaftigkeit von Auschwitz herum; wenn mir aber jeden Tag in den Medien diese Vergangenheit vorgehalten wird, merke ich, daß sich in mir etwas gegen diese Dauerpräsentation unserer Schande wehrt. Anstatt dankbar zu sein für die unaufhörliche Präsentation unserer Schande, fange ich an wegzuschauen. ...ich glaube entdecken zu können, daß öfter nicht mehr das Gedenken, das Nichtvergessendürfen das Motitiv ist, sondern die Instrumentalisierung der Schande zu gegenwärtigen Zwecken. (...) Auschwitz eignet sich nicht dafür, Drohroutine zu werden, jederzeit einsetzbares Einschüchterungsmittel oder Moralkeule oder auch nur Pflichtübung. ...Aber in welchen Verdacht gerät man, wenn man sagt, die Deutschen seien jetzt ein normales Volk, eine gewöhnliche Gesellschaft?»
Ob dieser Sätze greift der Präsident des Zentralrats der Juden in Deutschland, Ignatz Bubis, Walser am 12. Oktober vehement an: «Leute wie der DVU-Vorsitzende Gerhard Frey und Ex-Republikaner-Chef Franz Schönhuber sagen es auch nicht anders. Das ist geistige Brandstiftung.» Am 30. November fügt Bubis in einem Interview mit dem «Spiegel» hinzu: «Ich spüre bei Martin Walser zwischen den Zeilen Antisemitismus.» Diese antisemitische Haltung besage im Klartext: «Die Juden machen aus allem Geld, sogar aus dem schlechten Gewissen der Deutschen.»
Um diese Positionen entbrennt eine wochenlange Großdebatte, die vornehmlich von der älteren Generation geführt wird. Auf Vermittlung der «Frankfurter Allgemeinen Zeitung» kommen Walser und Bubis am 12. Dezember zu einem Gespräch zusammen. Bubis nimmt den Vorwurf der «geistigen Brandstiftung» zurück, wirft Walser aber weiterhin vor, ein Tor «zur Befreiung vom Gewissen» geöffnet zu haben. Walser konstatiert eine «befreiende Wirkung» seiner Rede.

1999

Aufbruch ins Euro-Land

Eine zufällige Ehre: Zum fünfzigsten Jahrestag ihrer Gründung hat die Bundesrepublik Deutschland den Vorsitz der G7-Staaten sowie die Ratspräsidentschaft der EU inne. Damit ist die Würdigung des Erreichten gepaart mit großer Verantwortung: Das bevölkerungsreichste und wirtschaftsstärkste Land der EU wird, so hoffen viele, die Einigung des Kontinents vorantreiben, die Stabilität des Euro sichern und dringende Reformen der Union einleiten. Indes könnten sich Parteien und Politiker im Dauerwahlkampf dieses Jahres verlieren: Im Sommer wird das Europäische Parlament gewählt, zudem finden sieben Landtags- und zehn Kommunalwahlen statt.

1. Januar: Der Euro ist da. Auch wenn er bis zum Jahr 2002 allein Buchgeld ist, bringt er 290 Millionen Menschen gravierende Veränderungen. Preise für Waren und Dienstleistungen sind nun über alle Grenzen hinweg direkt vergleichbar; jegliche Käufe können in der neuen Währung bezahlt werden; wesentliche Kompetenzen der Finanz- und Wirtschaftspolitik gehen von der nationalen auf die europäische Ebene über. Tags zuvor wurden die Wechselkurse der elf Währungen zueinander und zum Euro unwiderruflich festgelegt. Ein Euro entspricht 1,95583 DM, eine DM 0,511292 Euro; ein Euro entspricht 13,7603 österreichischen Schillingen, ein Schilling 0,0726728 Euro.

Ab heute werden verschiedene Zuzahlungen und Eigenanteile im Gesundheitswesen aufgehoben oder verringert. Zudem gelten wieder die volle Lohnfortzahlung im Krankheitsfall und der volle Kündigungsschutz.

4. Januar: Heute beginnt der weltweite Handel mit dem Euro, er liegt zunächst bei 1,17 US-Dollar.

6. Januar: Die Zahl der Sozialhilfeempfänger hat 1997 einen neuen Höchststand erreicht: 2,89 Millionen Menschen, darunter eine Million Kinder und ein Drittel aller alleinerziehenden Mütter.

9. Januar: Die Bundesregierung plant, die doppelte Staatsangehörigkeit zu ermöglichen. Die CSU lehnt das strikt ab. «Grundlagen der Identität des deutschen Staatsvolkes» seien berührt. CSU und CDU beginnen eine bundesweite Unterschriftenaktion gegen die neue Regelung.

Personenregister

Sachregister

Diejenigen Ereignisse oder Sachverhalte, die vorrangig an Personen gebunden sind (wie Wahlen in ein Amt, Mißtrauensvoten, Ernennungen oder Reden), sind über die Namen im Personenregister zu erschließen. Um das Sachregister überschaubar und benutzbar zu halten, kann nicht jedes Ereignis aufgeführt werden. Vor allem wichtige Organisationen, Institutionen, Vertragsschlüsse und personenübergreifende Geschehnisse sind hier zugeordnet. Bei einigen Institutionen, zum Beispiel bei der Bundeswehr und der Nationalen Volksarmee, sind dort auch die Vorläufer wie die zuständigen Ministerien zu finden. Im Buch ständig erwähnte Begriffe wie Bundeskanzler, Bundesregierung, Bundesministerien, Bundestag oder Bundesrat und Politbüro sowie ZK der SED, Ministerrat oder Volkskammer sind im Sachregister nicht enthalten.

Abbildungsnachweis

Ullstein Bilderdienst: 13f, 18, 49, 63, 66, 81, 83, 93, 103, 119, 126, 132, 145, 147, 152, 154 (zwei), 162, 168, 183, 189, 194, 211, 214, 216, 218, 221, 228, 234, 235, 249, 260, 289
Ullstein – ADN: 35, 47, 84, 86, 137, 243, 319, 333, 416, 425, 437, 505, 672, 681, 701, 706, 709
Ullstein – amw Pressedienst GmbH: 749
Ullstein – AP: 261, 360, 393, 410, 441, 468, 482, 527, 568, 590, N7X, N10
Ullstein – Berlin-Bild: 372
Ullstein – Bild + News: 544
Ullstein – Bundesbildstelle: 91, 100, 136, 402, 412, 429, 440
Ullstein – dpa: 28, 37, 54, 70, 77, 93, 96, 98, 101, 110, 170, 190, 204, 252, 262, 280, 282, 305, 338, 358, 363, 385, 392, 448, 485, 530, 623, 626, 664, 728, 731f, 735, 760, N2X
Ullstein – European & Oversea: 158
Ullstein – Foto 2000: N4X, N6X, N11
Ullstein – LS-Press: N9X
Ullstein – Nowosti: 9, 223
Ullstein – Sarbach: 740
Ullstein – Poly-Press: 560, 640, 663
Ullstein – Presseagentur Spiegel: 701
Ullstein – Retill Pressefoto: 716
Ullstein – Reuters AG: 738
Ullstein – Fotoagentur Sven Simon: 436, 552, 573, 646
Ullstein – UPI: 308
Ullstein – Vario Press: 691, 720, 742
Ullstein – Zentralbild: 754
Ullstein: Fritz Eschen (21), Harry Croner (196), Rudolf Dietrich (240, N3X), Peter Leibing (264), Gert Hilde (266), Alex Waidmann (270), Wolfgang Bera (281), Heinz O. Jurisch (294), Hans-Jörg Schütt (316, 346), Heinz Wunnicke (318), Bettina Böhmer (342), Klaus Lehnartz (377, 403), Stark-Otto (384, 624), Andreas Schoelzel (389), Pavel Sticha (400), Andrea Gelpke (428), Werek (496, 586, 678, 705), Lothar Kucharz (510, 598), Henning Christoph (512), Paul Glaser, (526), Peter Rondholz (538), Günter Schneider (555), Joachim Diederich (595), Manfred Klöckner (611), Wolfgang M.Weber (644, 656), Günter Peters (670), Ralf G. Succo (695), Jürgen Lichtenberger (714), Herbert Schlemmer (745), Arne Weychardt (756, 762), Lothar Willmann (N1X), Buddy Bartelsen (N5X), Manfred Uhlenhut (N8X)